I0382755

ସାତବାହନ ହାଲ-ସଙ୍କଳିତ

ଗାଥା ସପ୍ତଶତୀ

ସାତବାହନ ହାଲ-ସଙ୍କଳିତ

ଗାଥା ସପ୍ତଶତୀ

ଅନୁବାଦ ଓ ବ୍ୟାଖ୍ୟା

ଡକ୍ଟର ବୈରାଗୀଚରଣ ଜେନା

BLACK EAGLE BOOKS
2020

BLACK EAGLE BOOKS

USA address:
7464 Wisdom Lane
Dublin, OH 43016

India address:
E/312, Trident Galaxy, Kalinga Nagar,
Bhubaneswar-751003, Odisha, India

E-mail: info@blackeaglebooks.org
Website: www.blackeaglebooks.org

First International Edition Published by
BLACK EAGLE BOOKS, 2020

Satabahan Hala-Sankalita:
GATHA SAPTASHATI
Translated and Elaborate by Dr. Bairagicharan Jena

Copyright © **Dr. Bairagicharan Jena**

All rights reserved. No part of this publication may be reproduced, stored in a retrieval system, or transmitted, in any form or by any means, electronic, mechanical, photocopying, recording or otherwise without the prior permission of the publisher.

Cover Art: **Sandhya Jena**
Interior Design: Ezy's Publication

ISBN- 978-1-64560-101-2 (Paperback)

Printed in United States of America

ଯାହାଙ୍କଠାରୁ ପ୍ରାକୃତଭାଷାର ପ୍ରଥମ ପାଠ ଗ୍ରହଣ କରିଥିଲି,
ସେଇ ପରମ ଭଟ୍ଟାରକ ଗୁରୁବର ଡକ୍ଟର କୁଂଜବିହାରୀ
ତ୍ରିପାଠୀଙ୍କ କରକମଳରେ ।

ବୈରାଗୀଚରଣ ଜେନା

ଅଭିମତ

ଅବିନାଶିନମ୍ ଅଗ୍ରାମ୍ୟମ୍ ଅକରୋତ୍ ସାତବାହନଃ
ବିଶୁଦ୍ଧଜାତିଭିଃ କୋଶଂ ରତ୍ନୈରିବ ସୁଭାଷିତୈଃ ॥ ୧୩ ॥
ବାଣଭଟ୍ଟ-ହର୍ଷଚରିତ, ୧ମ ଉଚ୍ଛ୍ୱାସ
(ସପ୍ତମ ଶତାବ୍ଦୀର ପ୍ରଥମାର୍ଦ୍ଧ) ଉପୋଦ୍‌ଘାତ ଶ୍ଳୋକ।

ସାତବାହନ ବା ହାଳଙ୍କ ସଙ୍କଳିତ ଗାଥା-ସପ୍ତଶତୀ ପ୍ରାକୃତ ସାହିତ୍ୟରେ ବିଶିଷ୍ଟ ସ୍ଥାନ ଲାଭ କରିଛି। ଏହି ଗ୍ରନ୍ଥର ଗାଥା ବା ଶ୍ଳୋକଗୁଡ଼ିକର ବହୁଳ ଅଂଶ ମାନବଜୀବନର ଅନୁଭୂତିସମ୍ବଳିତ ତତ୍ତ୍ୱ ଉପରେ ଆଧାରିତ। ଏଥିରେ ଏପରି କେତେକ ସୁଭାଷିତ ଅଛି, ଯାହାକି ବିଶ୍ୱସାହିତ୍ୟରେ ସ୍ଥାନ ପାଇବାର ଉପଯୁକ୍ତ -

ମୋ ଅତ୍‌ଥୋ ଜୋ ହତ୍‌ଥେ, ତଂ ମିତ୍ତଂ ଜଂ ଣିରନ୍ତରଂ ବସଣେ।
ତଂ ରୂଅଂ କତ୍‌ଥ ଗୁଣା, ତଂ ବିଣ୍ଣାଣଂ ଜହିଂ ଧମ୍ମୋ।

ଯାହା ହସ୍ତରେ ଅଛି ତାହା ଧନ, ଯେ ସର୍ବଦା ବିପଦରେ ରହନ୍ତି ସେ ମିତ୍ର, ସେହି ହେଉଛି ରୂପ ଯେଉଁଠାରେ ଗୁଣ ବିଦ୍ୟମାନ, ସେହି ହେଉଛି ବିଜ୍ଞାନ ଯାହା ଧର୍ମ ଉପରେ ଆଧାରିତ, ଅନ୍ୟଥା ବିଜ୍ଞାନ ନିଷ୍ଫଳ ଓ ଧ୍ୱଂସକାରୀ (୩, ୫୧)

ଏହାର ଅନେକ ଗାଥା ଶୃଙ୍ଗାରରସାଶ୍ରିତ। ବିପ୍ରଲମ୍ଭ ଓ ସମ୍ଭୋଗ ଏହି ଉଭୟ ବିଭାଗ ଏହାର ଗାଥାମାନଙ୍କରେ ପରିସ୍ଫୁଟ ହୁଏ; କିନ୍ତୁ ଏଥିରେ ପ୍ରାୟଶଃ ଗ୍ରାମ୍ୟଦୋଷ ପରିଦୃଷ୍ଟ ହୁଏ ନାହିଁ।

ଏହି ଗ୍ରନ୍ଥଟି ଭାରତୀୟ ଭାଷା ଓ ସାହିତ୍ୟର ବିବର୍ତ୍ତନ କ୍ଷେତ୍ରରେ ଏକ ବିଶେଷ ଭୂମିକା ଗ୍ରହଣ କରିଛି। ଭାରତୀୟ ଆର୍ଯ୍ୟ ଭାଷା ଓ ସାହିତ୍ୟ ପ୍ରତ୍ୟକ୍ଷ ଭାବରେ ସଂସ୍କୃତରୁ ଆସିନାହିଁ। ଏହା ପ୍ରାକୃତ ମାଧ୍ୟମ ଦେଇ ବୈଦିକ ଓ ସଂସ୍କୃତରୁ ବିବର୍ତ୍ତିତ ହୋଇଅଛି।

ଏ ଗ୍ରନ୍ଥଟିରେ ଅନେକ ଓଡ଼ିଆ ଶବ୍ଦ ବ୍ୟବହୃତ ହୋଇଛି - ଗାଅଇ (sings), ଜିଅଇ (lives), ଧୂଅଇ (washes), ଦିଶନ୍ତି (are Seen) ଇତ୍ୟାଦି। ଓଡ଼ିଆରେ ବ୍ୟବହୃତ ଅନେକ ଧାତୁ ଓ ଶବ୍ଦର ବ୍ୟବହାର ଏଥିରେ ଦେଖିବାକୁ ମିଳେ। ଧାତୁ- ଋଖିବା, ଫୁଙ୍କିବା, ପିଟିବା, ଛୁଇଁବା, ରୁଷିବା, ବୋଲିବା ଇତ୍ୟାଦି। ଶବ୍ଦ -ଛଲ୍ଲୀ- ଛେଲି ବା ଛାଲ, ପୋଟ୍ଟ-ପେଟ ଇତ୍ୟାଦି।

ଓଡ଼ିଆ ସର୍ବନାମମୂଳକ କ୍ରିୟାର ପ୍ରାଚୀନ ରୂପର ବ୍ୟବହାର ଏଥିରେ ମିଳେ; ଯଥା- ଣ କୁଣନ୍ତୋ ଢି ଅମଣଂ..... ଜଇସି ଜାଣନ୍ତୋ। (୧.୨୬)

ଅର୍ଥାତ୍, ଯଦି ବେଦନା ଜାଣନ୍ତ, ତାହାହଲେ ମାନ କରନ୍ତ ନାହିଁ। ଏଠାରେ କୁଣନ୍ତୋ ସ୍ଥାନରେ ବୈକଳ୍ପିକ ପ୍ରୟୋଗ କରନ୍ତୋ ମଧ୍ୟ ହେବ। 'କୁଣନ୍ତେ'ର ମୌଳିକ ବୈଦିକ ରୂପ ହେଉଛି 'କୃଣ୍ୱନ୍ତା'। ପ୍ରାକୃତ ଭାଷାର ଓଡ଼ିଆ ଭାଷା ସହ କିପରି ଘନିଷ୍ଠ ସଂପର୍କ ଅଛି ତାହା ବକ୍ଷ୍ୟମାଣ ଗାଥାଦ୍ୱୟରୁ ଜଣାଯାଏ -

କହଁ ସା ଣିବବର୍ଣ୍ଣଜଇ ଜୀଅ ଜହା ଲୋଇଅମ୍ମି ଅଙ୍ଗମ୍ମି।
ଦିଟ୍ଠୀ ଦୁବ୍‌ବଲ-ଗାଈ ବ୍ଵ ପଙ୍କ-ପଡ଼ିଆ ଣ ଉତ୍ତରଇ । ୩,୭୧
କଥଂ ସା ନିର୍ବର୍ଣ୍ୟତାଂ ଯସ୍ୟା ଯଥାଲୋକିତେଽଙ୍ଗେ
ଦୃଷ୍ଟିର୍ଦୁର୍ବଳା-ଗୌରିବ ପଙ୍କ-ପତିତା ନୋତ୍ତରତି। - ପର୍ବତ କୁମାର।

ଯାହାର କୌଣସି ଏକ ଅଙ୍ଗରେ ଦୃଷ୍ଟି ପଡିଲେ ତହିଁରୁ ପଙ୍କପତିତା ଦୁର୍ବଳ ଗାଈ ପରି ଉତ୍ତୀର୍ଣ୍ଣ। ହୁଏନାହିଁ, ତାହାର ସାମଗ୍ରିକ ସୌନ୍ଦର୍ଯ୍ୟ କିପରି ନିରୂପଣ କରାଯାଇପାରେ ?

ଗୋଲା-ଣଈଏ କଚ୍ଛେ ଚକ୍‌ଖନ୍ତୋ ରାଇଆଇ ପତ୍ତାଇଂ।
ଉପ୍ଫଡ଼ଇ ମକ୍‌କଡ଼ୋ ଖୋକ୍‌କଏଇ ପୋଟ୍‌ଟଂଅ ପିଟ୍‌ଟେଇ। (୨.୭୧)
(ଗୋଦା-ନଦ୍ୟାଃ କକ୍ଷେ ଚର୍ବ୍ୟନ୍ ରାଜିକାୟାଃ ପତ୍ରାଣି।
ଉତ୍ପତତି ମର୍କଟଃ ଖୋକ୍‌ଖଂ କରୋତି ଉଦରଂ ଚ ତାଡ଼ୟତି।) - ନରବାହନ

ଗୋଦାବରୀ ନଦୀ ନିକଟରେ ରାଇସୋରିଷ ଋଖନ୍ତା ମାଙ୍କଡ଼ ଖେଁ ଖେଁ କରି ଉପରକୁ ଡେଉଁଛି ଓ ପେଟକୁ ପିଟୁଛି। ଏଠାରେ ଋଖିବା, ପୋଟ୍‌ଟ=ପେଟ, ପିଟ୍‌ଟେଇ ଏସବୁ ଖାଣ୍ଟି ଓଡ଼ିଆ ଶବ୍ଦ।

ଏଥିରେ ମଧ୍ୟ ଓଡ଼ିଆ ସାହିତ୍ୟରେ ବହୁବର୍ଣ୍ଣିତ ଗୋପୀକୃଷ୍ଣ-ପ୍ରଣୟର ବର୍ଣ୍ଣନା ଦେଖିବାକୁ ମିଳେ।

ଏହି ଗାଥାଗୁଡ଼ିକରେ ବହୁତ ଦେଶଜ ଶବ୍ଦ (ଯାହାର ମୌଳିକ ରୂପ ସଂସ୍କୃତରେ ଦୃଷ୍ଟିଗୋଚର ହୁଏ ନାହିଁ) ବ୍ୟବହୃତ ହୋଇଅଛି। ଏଗୁଡ଼ିକ ପ୍ରାୟଶଃ ଆର୍ଯ୍ୟେତର ଭାଷାରୁ

ଗୃହୀତ ହୋଇଅଛି ବୋଲି କୁହାଯାଇପାରେ । ଯଥା -

ଅଇରିକ୍ କମ୍ମି = ବିଜନେ (୧,୮୮)

ଅଚ୍ଛିଜ୍ଜଇ = ସ୍ଥୀୟତେ ? (୧) ଅଚ୍ଛିଦ୍ୟତେ (୨) ଆକ୍ଷିପ୍ୟତେ (୧,୮୩)

ଇଡ଼ - କୀଟ (୧.୩୦)

ଉଅ = ପଶ୍ୟ (୧.୬୫)

ଉଅହ = ପଶ୍ୟତ (୧.୬୨)

ଉପଫୁଲ୍ଲିଆଇ = ପାଦ ଉପରେ ବସି ବାରମ୍ବାର ଉଚ୍ଚାନୀଚ୍ଚ ହେବା । (୨.୯୬)

(Prakrit Dictionary, P.165)

କରମରିଏଁ = ହିଠହୃତ ସ୍ତ୍ରୀ, (୧.୫୪) (Prakrit Dictionary, P.228)

କିଲିଞ୍ଚିଅକଣ୍ଟ ଏଣ = କ୍ଷୁଦ୍ରକଣ୍ଟକେନ (୧.୮୦)

ଗୋସେ = ପ୍ରଭାତ (୧.୨୩) (Prakrit Dictionary, P.303) ଗୋସର୍ଗେ ?

ଚିରିଡ଼ି = ବର୍ଣ୍ଣମାଳାମ୍ (୨.୯୧)

ଣବରଁ = କେବଳଂ, (Prakrit Dictionary, P.383) (୧.୩୨)

ଣିବଡ଼ନ୍ତ = ନିପତଦ୍ (Sanskrit) of ନିଉଡ଼େ (ଓଡ଼ିଆ) (୧.୩୪)

ଣୁମେନ୍ତି = ଗୋପାୟନ୍ତି (୧.୯୧)

ତର୍ଣକ = (୧.୧୦)

ପହୋଲି = ପ୍ରଘୂର୍ଣନ (୧.୬୮)

ପାଡି = ମହିଷୀ-ବତ୍ସା (a female calf. Marathi Dictionary, P.367) (୧.୬୫)

ଫଳହୀ-ବାହଣ-ପୁଣ୍ଣାହ (କାର୍ପାସୀ କ୍ଷେତ୍ର କର୍ଷଣ ପୁଣ୍ୟାହ) ?

କାଠ ଆଦିକା ତଖ୍ତା (Prakrit Dictionary ?(୨.୬୫)

ବାଲୁଙ୍କି = କର୍କଟୀ, (a kind of Cucumber, Kannad Dictionary, P.445) (୧.୧୦)

ଭରିମୋ = ସ୍ମରାମଃ (୧.୭୮)

ରଞ୍ଚୋଲୀ = ପଂକ୍ତି (୧.୬୫)

ସଅଜ୍ଝିଆ = ପ୍ରତିବେଶକ (neighbour),(୧.୩୬)

ହଲହଲ = ଔତ୍ସୁକ (୧.୨୧)

ହଲ୍ଲଫଲ = ହଡ଼ବଡ଼ୀ (in Hindi) (ଚଞ୍ଚଳ) ୧.୬୯)

ଏଠାରେ ଉଲ୍ଲେଖ କରାଯାଇପାରେ ଯେ, ଏଇ ଗାଥାଗୁଡ଼ିକର ବହୁ ପାଠଭେଦ

ପରିଲକ୍ଷିତ ହୁଏ; ତେଣୁ ଏଗୁଡ଼ିକର ସଂସ୍କୃତ ଛାୟାରେ ପାଠଭେଦ ପରିଲକ୍ଷିତ ହେବା ସ୍ୱାଭାବିକ।

ଏହି ଗ୍ରନ୍ଥଟିର ପ୍ରକାଶନ ଦ୍ୱାରା ଓଡ଼ିଆ ଭାଷା ଓ ସାହିତ୍ୟର ଏକ ବିଶେଷ ଅଭାବ ପୂର୍ଣ୍ଣ ହେଲା। ପ୍ରତ୍ୟେକ ଗାଥାର ଅନୁବାଦ ଓ ବ୍ୟାଖ୍ୟାନ ଅତ୍ୟନ୍ତ ହୃଦୟସ୍ପର୍ଶୀ ହୋଇଅଛି। ଏଥି ସକାଶେ ମୁଁ ଶ୍ରୀମାନ୍ ବୈରାଗୀଚରଣଙ୍କୁ ଆନ୍ତରିକ ଶୁଭେଚ୍ଛା ଜ୍ଞାପନ କରୁଅଛି। ଏହା ତାଙ୍କର ଦୀର୍ଘ ସାଧନା ଓ ପରିଶ୍ରମର ଫଳ।

ପ୍ରଫେସରପଡ଼ା
କଟକ-୩

କୁଂଜବିହାରୀ ତ୍ରିପାଠୀ
୨୬।୭।୮୫
କପିଳାଦ୍ଧ-୫୫୨

ନିବେଦନ

ଗାଥା ସପ୍ତଶତୀର ଅନୁବାଦ ମୋର ଦୀର୍ଘ ଦିନର ସ୍ୱପ୍ନ । ଏହାର କାବ୍ୟ-ସୌନ୍ଦର୍ଯ୍ୟରେ ମୁଗ୍ଧ ହୋଇ ବହୁକାଳ ଆଲୋଚନା ଓ ମନନରେ କଟାଇବା ପରେ ଏଇ ରସମୟୀ ପ୍ରାକୃତ ଭାରତୀକୁ ଉତ୍କଳ ଭାଷାରେ ରୂପାନ୍ତରିତ କରିବାକୁ ବଳବତୀ ଇଚ୍ଛା ହେଲା । ପ୍ରାୟ ତିନି ବର୍ଷ ପୂର୍ବେ ଏଇ ସ୍ୱପ୍ନ ଓ ଇଚ୍ଛାର ସଫଳ ରୂପାୟନ କରିସାରିବା ପରେ ମନେହେଲା, ରସିକ ପାଠକମାନେ କେବଳ ଅନୁବାଦରେ ସନ୍ତୁଷ୍ଟ ହେବେନାହିଁ । ତେଣୁ ବ୍ୟଙ୍ଗ୍ୟାର୍ଥର ଟୀକା ଦେବାର ପ୍ରୟୋଜନ ବୋଧକଲି । ଏ ପ୍ରୟାସ ନିମନ୍ତେ ମୁଁ ଗାଥାର ମର୍ମାର୍ଥ ଉଦ୍‌ଘାଟନ କରିବା ପାଇଁ ସେଗୁଡ଼ିକୁ ବାରମ୍ବାର ପାଠକରି ମୋର ରସଗ୍ରାହିଣୀ ବୁଦ୍ଧିକୁ ଟୀକାର ବିଶଦତା ଓ ପ୍ରାସଙ୍ଗିକତା ଦୃଷ୍ଟିରୁ ପ୍ରୟୋଗକଲି । ଦେଖିଲି, ଗୋଟିଏ ଗୋଟିଏ ଗାଥା ବିଭିନ୍ନ ରସାଭିବ୍ୟଂଜନ କରିବାକୁ ସମର୍ଥ ।

ଅନୁବାଦରେ ମୂଳାନୁଗତ୍ୟ ମୋର ପରମ ଧ୍ୟେୟ । ମୂଳାନୁଗତ୍ୟ ସତ୍ତ୍ୱେ ଅନୁବାଦକୁ ଜଟିଳତା ଓ ଅସ୍ପଷ୍ଟତାରୁ ରକ୍ଷା କରିବା ପାଇଁ ମଧ୍ୟ ଯତ୍ନ କରିଛି । ସେଥିପାଇଁ ବ୍ୟାଖ୍ୟାରେ ଧ୍ୱନ୍ୟାର୍ଥ ପରିସ୍ଫୁଟ କରାଯାଇଛି ।

ଧ୍ୱନି-ମାଧୁର୍ଯ୍ୟପୂର୍ଣ୍ଣ ଏଇ ପ୍ରାକୃତ କାବ୍ୟକୁ ଓଡ଼ିଆରେ ଅନୁବାଦ କରିବା ନିଶ୍ଚୟ ମୋ ପକ୍ଷରେ ଏକ ଦୁଃସାହସିକ ନାବିକ-ବୃତ୍ତି । ଏଇ ଗ୍ରନ୍ଥରେ ମୂଳ ପ୍ରାକୃତ ଶ୍ଳୋକ ସହ ସଂସ୍କୃତ-ଛାୟା, ଓଡ଼ିଆ ଅନୁବାଦ ଓ ବ୍ୟଙ୍ଗ୍ୟାର୍ଥର ବ୍ୟାଖ୍ୟା ତଥା ଭୂମିକାରେ କବି ଓ କାବ୍ୟ-ପରିଚୟ ପ୍ରଦାନ କରାଯାଇଛି । ଓଡ଼ିଆ ଭାଷାରେ କେହି ଏ ଯାବତ୍ ଏଇ ରସ-କଳସର ଅମୃତନିସ୍ୟନ୍ଦୀ ଭାବ ପରିବେଷଣ କରିନାହାନ୍ତି । ବହୁ ବର୍ଷ ପୂର୍ବେ 'ନବଭାରତ' ପତ୍ରିକାରେ ସୁରସିକ ଅଧ୍ୟାପକ ରାଧାମୋହନ ମହାପାତ୍ର 'ପଲ୍ଲୀକବି ସାତବାହନ ହାଳ' ନାମକ ଏକ କ୍ଷୁଦ୍ର ପ୍ରବନ୍ଧରେ ଗାଥା-ସପ୍ତସତୀର ପରିଚୟ ସହ କେତୋଟି ମନୋହର ଉଦାହରଣ ଦ୍ୱାରା ଗାଥାର ମାଧୁରୀ ସହ ପାଠକମାନଙ୍କୁ ପରିଚିତ କରାଇଥିଲେ । ଉତ୍କଳ ବିଶ୍ୱବିଦ୍ୟାଳୟର ଓଡ଼ିଆ ସ୍ନାତକୋତ୍ତର ପାଠ୍ୟକ୍ରମରେ ଅଳ୍ପ

କେତୋଟି ଗାଥା ସ୍ଥାନ ପାଇଥିଲା କେତେ ବର୍ଷ ପାଇଁ; କେଉଁ କାରଣରୁ ଏବେ ତାହା ଉଠିଯାଇଛି।

ଏହି ସଂକଳନର ପ୍ରତ୍ୟେକ ଗାଥା ସ୍ୱୟଂ-ସଂପୂର୍ଣ୍ଣ।ଏଇ ଅର୍ଥରେ ଯେ ପ୍ରସଙ୍ଗ ନିର୍ଣ୍ଣୟ ପରେ ପାଠକ ଗାଥାର ମର୍ମ ବୁଝିପାରେ। ତେଣୁ ପ୍ରସଙ୍ଗ ନିର୍ଣ୍ଣୟରେ କୁଶଳତା ଅର୍ଜନ କଲେ ଗାଥାର ରସୋପଭୋଗ ସହଜତର ହୁଏ।

ଗାଥା ସପ୍ତଶତୀର ଶ୍ଳୋକଗୁଡ଼ିକ ସହିତ ପରିଚିତ ନହେଲେ ସମଗ୍ର ପ୍ରାଚୀନ ଓଡ଼ିଆ କାବ୍ୟରେ ଶୃଙ୍ଗାରଭାବନାର ସ୍ୱରୂପ ପ୍ରକୃତି ଉପଲବ୍ଧି କରିହେବ ନାହିଁ। ଓଡ଼ିଆ କାବ୍ୟ ସହିତ ଗାଥା ସପ୍ତଶତୀର କେତେ ସାମ୍ୟ ରହିଛି, ଭାବିଲେ ଆଶ୍ଚର୍ଯ୍ୟ ହେବାକୁ ପଡ଼େ।

ପୂର୍ବବର୍ତ୍ତୀ ଅନୁବାଦକ ଓ ଟୀକାକାରମାନଙ୍କଠାରେ ମୁଁ ବିଶେଷ ଭାବରେ ଋଣୀ।

କାବ୍ୟରସପିପାସୁ ଉତ୍କଳୀୟ ପାଠକମାନଙ୍କ ହସ୍ତରେ ଏଇ ସ୍ୱଭାବ-ରମଣୀୟ ରସକୁମ୍ଭ ଧରାଇ ଦେଇ ମୁଁ କୃତକୃତ୍ୟ ମନେକରୁଛି।

ମୋର ପତ୍ନୀ ଶ୍ରୀମତୀ ସୁପ୍ରଭାଙ୍କର ପ୍ରେରଣା ଓ ଉତ୍ସାହ ଗାଥା-ସପ୍ତଶତୀର ଅନୁବାଦ ଓ ପ୍ରକାଶନ କାର୍ଯ୍ୟକୁ ତ୍ୱରାନ୍ୱିତ କରିଛି।

ମୁଦ୍ରଣଗତ ତ୍ରୁଟି ନିମନ୍ତେ ମୁଁ କ୍ଷମାପ୍ରାର୍ଥନା କରୁଛି।

ବୈରାଗୀଚରଣ ଜେନା

ଡକ୍ଟର ବୈରାଗୀଚରଣ ଜେନା

ଭୂମିକା

ଅମୃତମୟ ପ୍ରାକୃତ-କାବ୍ୟ 'ଗାଥା ସପ୍ତଶତୀ'ର ଅମର ସଂକଳୟିତା ନରେନ୍ଦ୍ର ସାତବାହନ ହାଳଙ୍କୁ ନମସ୍କାର। ଶୃଙ୍ଗାରରସ-ପ୍ରବାହର ବିଚିତ୍ର ବୀଚିଭଙ୍ଗାକୁଳ ଆର୍ଯ୍ୟା ଛନ୍ଦରେ ରଚିତ ପ୍ରକୀର୍ଣ୍ଣ-କାବ୍ୟ-ସନ୍ଦୋହ ଗାଥା-ସପ୍ତଶତୀ। ମନୋହର ବଚନଭଙ୍ଗୀ ମାଧ୍ୟମରେ ଏହି କାବ୍ୟରେ କାମର ତତ୍ତ୍ୱତନ୍ତ୍ରୀର ସୂକ୍ଷ୍ମ ବିଶ୍ଳେଷଣ କରାଯାଇଛି।

ଗାଥା-ସପ୍ତଶତୀ ପ୍ରାକୃତ ପ୍ରକୀର୍ଣ୍ଣ ଶ୍ଳୋକ ବା ସୂକ୍ତଗୁଡ଼ିକର ସଂଗ୍ରହ ବା କୋଷ। ଭାରତୀୟ ସାହିତ୍ୟରେ କେତେକ ଦୃଷ୍ଟିରୁ ଏହି ଗ୍ରନ୍ଥର ମହତ୍ତ୍ୱପୂର୍ଣ୍ଣ ସ୍ଥାନ ରହିଛି। ଏଇଠାରୁ ସପ୍ତଶତୀ-ପରଂପରାର ସୂତ୍ରପାତ ବୋଲି କୁହାଯାଇପାରେ।

କାବ୍ୟ-ମର୍ମଜ୍ଞ ରାଜା ହାଳ ଏହି ଗ୍ରନ୍ଥର ସଂକଳୟିତା ହୋଇଥିବାରୁ ତାଙ୍କରି ନାମରେ "ହାଳଙ୍କ ଗାଥା-ସପ୍ତଶତୀ" ନାମ ପ୍ରଚଳିତ; ହେଲେହେଁ ଏହି ସଂକଳନରେ ବହୁ କବିଙ୍କ କବିତା ସ୍ଥାନ ପାଇଛି। ସେଥିମଧ୍ୟରୁ ହାଳଙ୍କ କବିତା-ସଂଖ୍ୟା ସର୍ବାଧିକ। ହାଳ 'କବିପ୍ରମୁଖ'; ଅର୍ଥାତ୍ ତାଙ୍କର କବିତାସଂଖ୍ୟା ଅଧିକ ଓ ଏ ଜାତୀୟ ରଚନାରେ ସେ ଦକ୍ଷ।

ଶାଳିବାହନ ନରେନ୍ଦ୍ର ହାଳଙ୍କୁ ରସିକଜନହୃଦୟଦୟିତ, କବିବତ୍ସଳ, ସୁକବି ଓ ଆପନ୍ନର ଉଦ୍ଧାରକର୍ତ୍ତା ଭାବେ ବିଶେଷିତ କରାଯାଇଛି। ସେ ଯଥାର୍ଥରେ 'କବିବତ୍ସଳ'। ସେ ନିଜର ତଥା ପୂର୍ବବର୍ତ୍ତୀ ଓ ସମକାଳୀନ କବିମାନଙ୍କର ଗାଥାଗୁଡ଼ିକୁ ସଂକଳିତ କରିବାର ଦାୟିତ୍ୱ ନେଇ ନଥିଲେ ଆଜି ପ୍ରାକୃତ-ସାହିତ୍ୟର ଏଇ ରମଣୀୟ ଗାଥାକୋଷ ଲୋପ-ପାଇଯାଇଥାନ୍ତା। ଏହି ପ୍ରାକୃତ-କାବ୍ୟର ସଂକଳନ ହିଁ ତାଙ୍କର ପ୍ରାକୃତପ୍ରୀତିର ଦ୍ୟୋତକ। ଏଥିରୁ ଜଣାଯାଏ, ସେ ପ୍ରାକୃତ କବିମାନଙ୍କୁ ଆଶ୍ରୟଦାନ କରି ସେମାନଙ୍କ ରଚନାକୁ ସଂପାଦନ କରିଥିଲେ। ପ୍ରାକୃତଭାଷାର ଶୃଙ୍ଗାରୀ କବିମାନଙ୍କର କୋଟି ସଂଖ୍ୟକ ଗାଥା ମଧ୍ୟରୁ ବାଛି ବାଛି ସେ ସାତଶହ ଶ୍ଳୋକସମନ୍ୱିତ 'ଗାଥା-ସପ୍ତଶତୀ' ସଂକଳନ କରିଥିଲେ। ଏହାକୁ ମୂଳ ଗାଥାକୋଷର ଏକ ସଂକ୍ଷିପ୍ତ ସଂସ୍କରଣ କୁହାଯାଇପାରେ।

'ଗାଥାକୋଷ' ଓ 'ଗାଥା-ସପ୍ତଶତୀ' - ଏକ ନୁହେଁ; ଦୁଇଟି ଭିନ୍ନ କୃତି। ଗାଥା-ସପ୍ତଶତୀର ସଂଖ୍ୟା ସାତଶହ; ମାତ୍ର ଗାଥାକୋଷ କୋଟିସଂଖ୍ୟକ ଗାଥାର ସମାହାର। ବାଣଭଟ୍ଟଙ୍କ 'ହର୍ଷଚରିତ'ର ପ୍ରାରମ୍ଭରେ ଯେଉଁ ଶ୍ଳୋକ ମିଳେ (ଅବିନାଶିନ-ଅଗ୍ରାମ୍ୟ...), ତହିଁରେ ଯେଉଁ ସୁଭାଷିତ କୋଷ ସମ୍ବନ୍ଧରେ ଇଙ୍ଗିତ ପ୍ରଦାନ କରାଯାଇଛି, ତାହା ଗାଥା-ସପ୍ତଶତୀ ନୁହେଁ।

ହାଳଙ୍କ କୁଳ ବା ବଂଶର ନାମ ସାତବାହନ। 'ହାଳଃ ସ୍ୟାତ୍ ସାତବାହନଃ' ବୋଲି ହେମଚନ୍ଦ୍ର ସ୍ୱ ଭାଷାକୋଷରେ ଉଲ୍ଲେଖ କରିଛନ୍ତି। ଏଣୁ କୁଳ ଅନୁସାରେ ତାଙ୍କୁ ସାତବାହନ ହାଳ ବା ସାତବାହନ କୁହାଯାଏ। 'ହାଳ' ଶବ୍ଦଟି ଟୀକାକାରମାନଙ୍କ ଦ୍ୱାରା ନାନା ଭାବେ ରୂପାନ୍ତରିତ ହୋଇଛି - ଶୀଳେନ, ଶାଳବାହନେନ ବା ଶାଳିବାହନେନ। ଏଇ ଶାଳିବାହନ ଶବ୍ଦରୁ 'ସାଲାହଣୀ' ବା 'ହାଲାହଣ' ହୋଇ 'ହାଳ' ହୋଇଥିବା ସମ୍ଭବ।

ହାଳଙ୍କ ସମୟ ବିଷୟରେ ପଣ୍ଡିତମାନଙ୍କ ମଧ୍ୟରେ ମତଭେଦ ଦେଖାଯାଏ। ଖ୍ରୀଷ୍ଟୀୟ ପ୍ରଥମ ଶତାବ୍ଦୀରୁ ଆରମ୍ଭ କରି ଷଷ୍ଠ ଶତାବ୍ଦୀ ମଧ୍ୟରେ ତାଙ୍କର ଆବିର୍ଭାବ ସମୟ ନିର୍ଦ୍ଧାରିତ ହୋଇଛି। ସେ କୁନ୍ତଳ ଦେଶର ନରପତି ଓ ପ୍ରତିଷ୍ଠାନପୁର ସାତବାହନ ରାଜାମାନଙ୍କର ରାଜଧାନୀ ଥିଲା। ହାଳଙ୍କୁ 'କୁନ୍ତଳଜନପଦର ସ୍ୱାମୀ' କୁହାଯାଇଛି। କୁନ୍ତଳ ଦେଶ ମହାରାଷ୍ଟ୍ରର ଅନ୍ତର୍ଭୁକ୍ତ ଥିଲା।

ହାଳ ମାତ୍ର ପାଞ୍ଚବର୍ଷ ରାଜୁତି କରିଥିଲେ; ମାତ୍ର ଏତେ ସ୍ୱଳ୍ପକାଳ ରାଜତ୍ୱ ମଧ୍ୟରେ ସେ ଅବିନାଶୀ କୀର୍ତ୍ତି ରଖିଯାଇଛନ୍ତି। ଣ ପାଳିତ ସାତବାହନ ନରପତି ହାଳଙ୍କର ରାଜକବି ଥିଲେ। ଏହାଙ୍କର ଅନେକ ଗାଥା ଏହି ସଂକଳନରେ ସମାବିଷ୍ଟ। ଗାଥା-ସପ୍ତଶତୀରେ କେତେ ଜଣ ନାରୀକବିଙ୍କର ନାମ ମଧ୍ୟ ମିଳେ-ଅନୁଲକ୍ଷ୍ମୀ, ଶଶିପ୍ରଭା, ପୃଥିବୀ ଓ ମାଧବୀ ଆଦି।

ରାଜଶେଖର 'କର୍ପୂରମଂଜରୀ' ସଟ୍ଟକର ବିଦୂଷକ ମୁଖରେ ହାଳଙ୍କୁ କୋଟୀଶ, ହରିଚନ୍ଦ୍ର ଓ ନନ୍ଦିଚନ୍ଦ୍ର ଆଦି ପ୍ରାକୃତ-କବିମାନଙ୍କ ସହିତ ତୁଳନା କରିଛନ୍ତି।

ହାଳ ଜଣେ ବିଳାସୀ ସ୍ୱଭାବର ରାଜକବି। ଶୃଙ୍ଗାର-ରସ-ଗର୍ଭ କବିତା-ରଚୟିତାମାନଙ୍କର ସେ ଆଶ୍ରୟଦାତା। ପ୍ରାକୃତ ଜୀବନ ସହିତ ଘନିଷ୍ଠଭାବେ ଜଡ଼ିତ ତାଙ୍କ କବିତାର ଭାଷା ଓ ତା'ର ଅଭିବ୍ୟକ୍ତି। ବାଣ, ରୁଦ୍ରଟ, ମମ୍ମଟ, ବାଗଭଟ୍ଟ ଓ ବିଶ୍ୱନାଥ ପ୍ରଭୃତି କବି ଓ ଆଳଙ୍କାରିକଗଣ ଏହି କାବ୍ୟକୁ ମୁକ୍ତକଣ୍ଠରେ ପ୍ରଶଂସା କରିଛନ୍ତି। କାବ୍ୟମୀମାଂସାକାର ରାଜଶେଖର ହାଳଙ୍କ ପ୍ରାକୃତପ୍ରୀତିର ବିବରଣୀ ଦେଇଛନ୍ତି - "ସ୍ୱ ଭବନେ ହିଁ ଭାଷାନିୟମଂ ଯଥା ପ୍ରଭୁର୍ବିଦଧାତି ତଥା ଭବତି। ଶ୍ରୂୟତେ ଚ କୁନ୍ତଳେଷୁ

ଡକ୍ଟର ବୈରାଗୀଚରଣ ଜେନା

ସାତବାହନୋ ନାମ ରାଜା। ତେନ ପ୍ରାକୃତଭାଷାତ୍ମକମନ୍ତଃପୁର ଏବେତି ସମାନଂ ପୂର୍ବେଣ।" ଚନ୍ଦ୍ରଗୁପ୍ତ ବିକ୍ରମାଦିତ୍ୟଙ୍କ ଅନ୍ତଃପୁରରେ ସଂସ୍କୃତର ଓ କୁନ୍ତଳ ସାତବାହନଙ୍କ ଅନ୍ତଃପୁରରେ ପ୍ରାକୃତଭଷାର ପ୍ରଚଳନ ଥିଲା।

କେହି କେହି ଆଲୋଚକ ହାଳଙ୍କୁ ଜୈନ ଥିଲେ ବୋଲି ଅନୁମାନ କରନ୍ତି। ଗାଥା-ସପ୍ତଶତୀର ପ୍ରଥମ ଓ ଶେଷ ଶ୍ଳୋକରୁ ତାଙ୍କର ଧର୍ମ ସମ୍ବନ୍ଧରେ ସାମାନ୍ୟ ସୂଚନା ମିଳେ। ଶିବପାର୍ବତୀଙ୍କୁ ନମସ୍କାର ବିଧାନ କରି ଗ୍ରନ୍ଥର ଆରମ୍ଭ ଓ ସେହି ହରଗୌରୀଙ୍କୁ ନମସ୍କାର କରି ଗ୍ରନ୍ଥର ପରିସମାପ୍ତି। ତେଣୁ ସେ ଶୈବ ଥିଲେ ବୋଲି ଅନୁମାନ କରାଯାଇପାରେ। ହରଗୌରୀଙ୍କ ଭିନ୍ନ ରାଧା କୃଷ୍ଣ, ଗଣେଶ, ବାମନ ଓ ଲକ୍ଷ୍ମୀ ନାରାୟଣ ଆଦି ଦେବଦେବୀଙ୍କ ନାମ ଉଲ୍ଲେଖ କରାଯାଇଛି।

'କଥା-ସରିତ୍‌ସାଗର'ରେ ରାଜା ସାତବାହନ ଓ ତଦୀୟ ରାଣୀ ମଳୟବତୀଙ୍କ ସମ୍ବନ୍ଧରେ ଯେଉଁ ଲଘୁ-ହାସ୍ୟମୟ କାହାଣୀଟି ମିଳେ, ତହିଁରୁ ହାଳ ପ୍ରାକୃତପ୍ରେମୀ ଥିବା ଜଣାଯାଏ। ଜଳକ୍ରୀଡ଼ା ସମୟରେ ରାଣୀ 'ମୋଦକୈଃ ପରିତାଡ଼ୟମାମ୍' ବୋଲି କହିବାରୁ ରାଜା ସଂସ୍କୃତ ଜାଣି ନଥିବାରୁ ତାହାଙ୍କ କଥାର ସନ୍ଧି ବୁଝି ନପାରି ମୁଆଁ ଆଣିବା ପାଇଁ ପରିଚାରକମାନଙ୍କୁ ଆଦେଶ ଦେଲେ। ରାଣୀ ଏଥିରେ ହସିବାରୁ ରାଜା ନିଜର ସଂସ୍କୃତ ଅନଭିଜ୍ଞତା ସମ୍ବନ୍ଧରେ ସଚେତନ ହୋଇ କାତନ୍ତ୍ର ବ୍ୟାକରଣକାର ଶର୍ବବର୍ମାଙ୍କୁ ସଂସ୍କୃତ ଶିକ୍ଷାଦାନ ପାଇଁ ଅନୁରୋଧ କଲେ। ଷଟ୍‌ମାସ ମଧ୍ୟରେ ରାଜାଙ୍କୁ ସଂସ୍କୃତ ଶିକ୍ଷା ଦେବାର ପ୍ରତିଶ୍ରୁତି ଦେଲେ ଶର୍ବବର୍ମା। ଏଥିରେ ଗୁଣାଢ଼୍ୟ ନାମକ ପଣ୍ଡିତ ଉତ୍‌କ୍ଷିପ୍ତ ହୋଇ ଛ'ମାସ ମଧ୍ୟରେ ସଂସ୍କୃତ ଶିକ୍ଷା ଦେଇପାରିଲେ, ନିଜେ ସଂସ୍କୃତଭାଷାରେ ରଚନା କରିବେ ନାହିଁ କି ସଂସ୍କୃତରେ କଥା କହିବେ ନାହିଁ ବୋଲି ଶପଥ ନେଲେ। ଶର୍ବବର୍ମା କିନ୍ତୁ ନିରୁପିତ କାଳ ମଧ୍ୟରେ ରାଜାଙ୍କୁ ସଂସ୍କୃତ ଶିକ୍ଷା ଦେଇପାରିଥିଲେ। ଏଥିରେ ଅପମାନିତ ହୋଇ ଗୁଣାଢ଼୍ୟ ପୈଶାଚ ପ୍ରାକୃତରେ ବନର ପଶୁପକ୍ଷୀମାନଙ୍କୁ ସ୍ୱରଚନା 'ବଡ୍‌ଡ଼କହା' ଶୁଣାଇଥିଲେ।

ହାଳଙ୍କ ସମ୍ବନ୍ଧରେ ଅନେକ ସୂକ୍ତ ପ୍ରଚଳିତ -

ହାଳେ ଗତେ ଗୁଣିନ ଶୋକଭରାଦ୍ ବଭୂବୁ -
ରୁଚ୍ଛିନ୍ନବାଙ୍ମୟଜଡ଼ାଃ କୃତିନସ୍ତଥାଽମୀ।
ଯତ୍ତସ୍ୟ ନାମ ନୃପତେରନିଶଂ ସ୍ମରନ୍ତୋ
ହେତ୍ୟକ୍ଷରଂ ପ୍ରଥମମେବ ପରଂ ବିଦନ୍ତି। - ସୋଡ୍‌ଢଳ

ସାତବାହନ-ନୃପତି-ସଂକଳିତ ପ୍ରାକୃତ ଗାଥା-ସପ୍ତଶତୀ ସୁଲଳିତ ପ୍ରଣୟ-କବିତା ମଧ୍ୟରେ ଶୀର୍ଷସ୍ଥାନ ଅଧିକାର କରିଅଛି। ଖ୍ରୀଷ୍ଟ ପ୍ରଥମ ଶତାବ୍ଦୀରେ ଏପରି ଉତ୍‌କୃଷ୍ଟ

ଭାବପୂର୍ଣ୍ଣ କାବ୍ୟ ପ୍ରାକୃତରେ ରଚିତ ହୋଇଥିବା ଦେଖି କୌତୁହଳ ଜାତ ହୁଏ। ହର୍ଷଚରିତ ପ୍ରାରମ୍ଭରେ ବାଣଭଟ୍ଟ ଗାଥାର ଉଚ୍ଛ୍ୱସିତ ପ୍ରଶଂସା କରିଛନ୍ତି -

ଅବିନାଶିନମଗ୍ରାମ୍ୟମକରୋତ୍ ସାତବାହନଃ
ବିଶୁଦ୍ଧଜାତିଭିଃ କୋଶଃ ରତ୍ନୈରିବ ସୁଭାଷିତୈଃ।

ଅଗ୍ରାମ୍ୟ, ବିଶୁଦ୍ଧ 'ଜାତି' ଅଳଙ୍କାରରେ ଝଲମଲ ଏଇ କୋଷକାବ୍ୟ ସପ୍ତଶତୀ। ହାଳଙ୍କ ବାଣୀ ସ୍ୱଭାବୋକ୍ତିପୂର୍ଣ୍ଣ, ଗ୍ରାମ୍ୟତାଦୋଷବର୍ଜିତ, ସୁଭାଷିତାବଳୀର ଏକ ଆକର- ତେଣୁ ଏହା ଅବିନାଶୀ। ଶୃଙ୍ଗାରସର୍ବସ୍ୱ ହୋଇ ମଧ୍ୟ ଏଥିରେ ଗ୍ରାମ୍ୟତାଦୋଷ ପ୍ରକାଶ ପାଇନାହିଁ ବୋଲି ବାଣଭଟ୍ଟଙ୍କ ସମାଲୋଚନୀ-ପ୍ରତିଭା ମୁଗ୍ଧ ହୋଇ ଦୃଢ଼କଣ୍ଠରେ କହିପାରିଛି। କାମକାମନାର ପ୍ରତୁଳ ବର୍ଣ୍ଣନା ସତ୍ତ୍ୱେ, ବାଣଭଟ୍ଟ ଆଦିରସାତ୍ମକ ବର୍ଣ୍ଣନାରେ ପ୍ରାକୃତ କାବ୍ୟର ଶ୍ରେଷ୍ଠତା ସ୍ୱୀକାର କରି ହାଳଙ୍କ ରଚନାକୁ ଗ୍ରାମ୍ୟତାଦୋଷଦୁଷ୍ଟ ନୁହେଁ ବୋଲି କହି ନିର୍ଭୀକ ଦୃଷ୍ଟି-ଭଙ୍ଗୀର ପରିଚୟ ଦେଇଛନ୍ତି।

ହାଳଙ୍କ ଗାଥା-ସପ୍ତଶତୀ ଅନୁସରଣରେ ବହୁ ପରବର୍ତ୍ତୀ ସମୟରେ ଗୋବର୍ଦ୍ଧନାଚାର୍ଯ୍ୟ ସଂସ୍କୃତରେ ଆର୍ଯ୍ୟା-ସପ୍ତଶତୀ ରଚନା କରିଥିଲେ। ସଂସ୍କୃତରେ ସାତଶହ ଶ୍ଳୋକ ରଚନା କରି ମଧ୍ୟ ଗୋବର୍ଦ୍ଧନ ସ୍ୱରଚନାରେ ହାଳଙ୍କ ପ୍ରାକୃତ ଗାଥାର ସ୍ୱଭାବରମଣୀୟତା ଦୁର୍ଲଭ ବୋଲି ସ୍ୱୀକାର କରିଛନ୍ତି। ସେ ଅତି ସ୍ପଷ୍ଟ ଭାଷାରେ କହିଛନ୍ତି -

ବାଣୀ ପ୍ରାକୃତସମୁଚିତରସା
ବଳେନୈବ ସଂସ୍କୃତଂ ନୀତା
ନିମ୍ନାନୁରୂପନୀରା କଳିନ୍ଦକନ୍ୟେବ ଗଗନତଳମ୍। - ଅର୍ଥାତ୍ ଯେଉଁ ବାଣୀ ପ୍ରାକୃତଭାଷାରେ ସମୁଚିତ ରସଦାୟିନୀ ହୋଇଥାନ୍ତା, ମୁଁ ତାହାକୁ ବଳପୂର୍ବକ ସଂସ୍କୃତରୂପ ଦେଇଛି। ଆର୍ଯ୍ୟା-ସପ୍ତଶତୀର ବିଷୟ ପାଇଁ ପ୍ରାକୃତ ହିଁ ଉପଯୁକ୍ତ ଭାଷା ବୋଲି ସେ ସ୍ୱୀକାର କରିଛନ୍ତି। 'ପ୍ରାକୃତସମୁଚିତରସା' ବିଷୟକୁ 'ବଳେନୈବ ସଂସ୍କୃତଂ ନୀତା'- ଯମୁନାକୁ ଯେପରି ବଳରାମ ବଳପୂର୍ବକ ସ୍ୱର୍ଗକୁ ଉଠାଇଥିଲେ, ସେ ସେହିପରି ପ୍ରାକୃତସୁଲଭ ବିଷୟକୁ ସଂସ୍କୃତରେ ରୂପାନ୍ତରିତ କରିଛନ୍ତି। କାରଣ ଉଚ୍ଛ୍ୱାସପୂର୍ଣ୍ଣ କୋମଳ ପ୍ରଣୟ-କବିତା ଲଳନା-କଣ୍ଠର ଉପଯୋଗୀ ପ୍ରାକୃତଭାଷାରେ ଯେଭଳି ସ୍ୱାଭାବିକ ଓ ହୃଦୟଗ୍ରାହୀ ହୋଇଥାଏ, ସଂସ୍କୃତରେ ସେପରି ହୁଏନାହିଁ।

ପ୍ରାକୃତଭାଷାର ମଧୁରତ୍ୱ ଅବିସମ୍ବାଦିତ। ରାଜଶେଖର ସଂସ୍କୃତକୁ ପରୁଷ ଓ ପ୍ରାକୃତକୁ ସୁକୁମାର-ପୁରୁଷ ଓ ରମଣୀ ମଧ୍ୟରେ ପାର୍ଥକ୍ୟ ରୂପେ ପ୍ରତିପାଦନ କରିଛନ୍ତି। ଗାଥା - କବିତାରେ ପ୍ରାକୃତଭାଷାର ସ୍ୱଭାବ ମାଧୁରିମା ସ୍ୱୀକାର କରି ଜୟବଲ୍ଲଭ କହିଛନ୍ତି-

ଅଦ୍ଧକ୍ଖରଭଣିୟାଣଂ ନୂଣଂ ସବିଳାସମୁଦ୍ଧହସିୟାହଂ ।

ଅଦ୍ଧାଚ୍ଛି ପେଚ୍ଛି ଆହଂ ଗାହାହି ବିଣା ଣ ଣଜ୍ଜଂତି ।

ଲଳନାମାନଙ୍କର ଅର୍ଦ୍ଧାକ୍ଷର କଥା, ବିଳାସ ସହିତ ମୁଗ୍ଧ ହାସ ଓ କଟାକ୍ଷଯୁକ୍ତ ନିରୀକ୍ଷଣ ଗାଥା ବିନା ଜାଣିହୁଏ ନାହିଁ। ଗାଥାପ୍ରେମୀମାନେ କେବଳ ଏହାର ରସ ଆସ୍ୱାଦନ କରିପାରନ୍ତି।

ଜଣେ ଅଜ୍ଞାତ ରସିକ ଗାଥା-କବି କହିଛନ୍ତି -

ଗାହାଣ ଅ ଗେଆଣ ଅ ତଂତୀସଦ୍ଦାଣ ପୋଢ଼ମହିଲାଣ ।

ତାଣଂ ସୋ ଚ୍ଛିଅ ଦଣ୍ଡୋ, ଜେ ତାଣ ରସଂ ଣ ଆଣନ୍ତି ।

ଅର୍ଥାତ୍ ଗାଥାସମୂହର, ଗୀତର, ସଂଗୀତଶବ୍ଦର ଓ ପ୍ରୌଢ଼ମହିଳାମାନଙ୍କର ରସ ଯେଉଁମାନେ ଜାଣନ୍ତି ନାହିଁ, ସେମାନଙ୍କୁ ସେହି ଦଣ୍ଡ ସିନା !

ପ୍ରାକୃତଭାଷାର ମାଧୁର୍ଯ୍ୟ ଓ ପ୍ରାକୃତ କାବ୍ୟର ଆଦର ସଂପର୍କରେ ଭୂୟସୀ ପ୍ରଶଂସା କରି 'ବଜ୍ଜାଲଗଗ'ରେ ଜୟବଲ୍ଲଭ କହିଛନ୍ତି -

ଲଲିୟେ ମହୁରକ୍ଖରଏ ଜୁବଈଜଣ ବଲ୍ଲହେ ସସିଙ୍ଗାରେ ।

ସତେ ପାଉଅକଦ୍ଦେ କୋ ସକ୍କଇ ସକ୍କୟଂ ପଢିଉଂ ॥

(ଲଳିତେ ମଧୂରାକ୍ଷରେ ଯୁବତିଜନବଲ୍ଲଭେ ସଶୃଙ୍ଗାରେ ।

ସତି ପ୍ରାକୃତକାବ୍ୟେ କଃ ଶକ୍ନୋତି ସଂସ୍କୃତଂ ପଠିତୁମ୍ ॥)

ଅର୍ଥାତ୍ ଲଳିତ, ମଧୁରାକ୍ଷରଯୁକ୍ତ, ଯୁବତିଜନପ୍ରିୟ, ଶୃଙ୍ଗାରିକ ପ୍ରାକୃତ କାବ୍ୟ ଥାଉଁ ଥାଉଁ କିଏ ସଂସ୍କୃତ ପଢ଼େ ?

'ଗୌଡ଼ବହୋ' କାବ୍ୟର କବି ବାକ୍‌ପତିରାଜଙ୍କ ପ୍ରାକୃତ ପ୍ରଶଂସା କେତେ ଅନୁଭବସିଦ୍ଧ-

ହରିସବିସେସୋ ବିୟସାବ ଓ ଯ ମଉଳାବଓ ଯ ଅଚ୍ଛୀଣ ।

ଇହ ବହିହୁଳୋ ଅନ୍ତୋମୁହୋ ଯେ ହିୟୟସ୍‌ସ ବିପ୍ପୁଲେ ।

ପ୍ରାକୃତଭାଷାର କବିତା ଶୁଣିଲେ ଅନ୍ତଃକରଣରେ କି ଏକ ଅନିର୍ବଚନୀୟ ଆନନ୍ଦ ଜାତ ହୁଏ, ଆନନ୍ଦରେ ନେତ୍ର ବିକଶିତ ଓ ତୃପ୍ତିରେ ମୁକୁଳିତ ହୋଇଯାଏ। ସେଥିପାଇଁ ଗୋବର୍ଦ୍ଧନ ସଂସ୍କୃତରେ ଆର୍ଯ୍ୟ-ସପ୍ତଶତୀ ରଚନା କରି ମଧ୍ୟ ତହିଁରେ ପ୍ରାକୃତର ଲାଳିତ୍ୟ ଓ ରମଣୀୟତାର ଅଭାବ ଅନୁଭବ କରିଛନ୍ତି -

ହାଲଭ୍ୟୁଦୟିତୋ ଗାଥା ସମୁଦାୟୋ ରସବିଶେଷପୁର ଇବ ।

ଅଧକ୍ଷୀକୃତମାନ୍ତୋ ନାମତ୍ତେ କସ୍ୟ ପରିତୋଷମ୍ ?

ପ୍ରାକୃତମୟଂ ନିବନ୍ଧଂ ବିତନ୍ୱତା ଶାଳବାହନନୃପେଣ

କାବ୍ୟାନାମିତରେଷାଂ ତଦ୍‌ବିକୃତିତ୍ୱଂ କଥିତମର୍ଥାତ୍‌।

କାଳିଦାସଙ୍କ ଭାଷାରେ ସଂସ୍କୃତ 'ସଂସ୍କାରପୂତ' ଓ ପ୍ରାକୃତ 'ମୁଖଗ୍ରାହ୍ୟନିବନ୍ଧନ'; ଅର୍ଥାତ୍‌ ସଂସ୍କୃତ ପୁରୁଷମାନଙ୍କର ଭାଷା ଓ ପ୍ରାକୃତ ସୁଖଗ୍ରାହ୍ୟ ବା ସହଜବୋଧ ହେତୁ ନାରୀମାନଙ୍କର ପ୍ରିୟ ଭାଷା। ପ୍ରକୃତିର ଭାଷା ପ୍ରାକୃତ। ପ୍ରକୃତି ଅର୍ଥ ପ୍ରଜା। ସଂସ୍କୃତ ରାଜଭାଷା; ପ୍ରାକୃତ ପ୍ରକାର ଭାଷା। ଦରକାରୀ ଭାଷା ଓ ଗାଉଲି ଭାଷା ମଧ୍ୟରେ ଯେଉଁ ପ୍ରଭେଦ, ସଂସ୍କୃତ ଓ ପ୍ରାକୃତ ମଧ୍ୟରେ ସେଇ ପ୍ରଭେଦ। ରାଜା, ରାଜପୁରୁଷ ଓ ରାଜ ଦରବାରରେ ପ୍ରଚଳିତ ଭାଷା ଥିଲା ସଂସ୍କୃତ। ପ୍ରାକୃତ ଅନ୍ଦର ମହଲର ଭାଷା - ନାରୀକଣ୍ଠୋଚ୍ଚାରିତ ଓ ସୁଲଳିତ। ପ୍ରାକୃତ କବିତା ସୁକୁମାର, ଶୃଙ୍ଗାରରସପେଶଳ ଓ ଯୁବତିଜନପ୍ରିୟ। ସଂସ୍କୃତ ଦେବଭାଷା; ତାହା ହୁଏତ ରାଜଭାଷାର ଗୌରବ ଲାଭ କରିଥିଲା; ମାତ୍ର ସାଧାରଣ ଜନତାର ଭାଷା କେବେ ହୋଇ ପାରିନଥିଲା। ମୁନି, ରାଜା ଓ ରାଜପୁରୁଷମାନେ ସଂସ୍କୃତରେ କହୁଥିଲେ ମଧ୍ୟ ପୁରନ୍ଧ୍ରୀମାନେ ପ୍ରାକୃତରେ କଥାବର୍ତ୍ତା କରୁଥିଲେ।

'କାବ୍ୟାଲଙ୍କାର'ର ଟୀକାକାର ନମିସାଧୁ ପ୍ରାକୃତଭାଷାର ସ୍ୱରୂପ ପରିଚୟ ଦେଇଛନ୍ତି -

"ପ୍ରକୃତେତି। ସକଳଜଗଜ୍ଜନ୍ତୁନାଂ ବ୍ୟାକରଣାଦିଭିରନାହିତ ସଂସ୍କାରଃ ସହଜୋ। ବଚନ ବ୍ୟାପାରଃ ପ୍ରକତିଃ। ତନ୍ତ୍ରଭବଂ ସୈବ ବା ପ୍ରାକୃତମ୍‌।"

ଅର୍ଥାତ୍‌, ପ୍ରାକୃତ ସଂସ୍କୃତର ସଂସ୍କାରଶୂନ୍ୟ ଓ ବ୍ୟାକରଣ-ନିୟନ୍ତ୍ରଣମୁକ୍ତ ସାଧାରଣଜନଙ୍କ ସ୍ୱଭାବସିଦ୍ଧ କଥୋପକଥନର ଭାଷା ହିଁ ପ୍ରାକୃତଭାଷା।

'ଗାଥା-ସପ୍ତଶତୀ' ମହାରାଷ୍ଟ୍ରୀ ପ୍ରାକୃତରେ ରଚିତ। ଦଣ୍ଡୀ 'କାବ୍ୟାଦର୍ଶ'ରେ ମହାରାଷ୍ଟ୍ରୀ ପ୍ରାକୃତକୁ ପ୍ରକୃଷ୍ଟ ପ୍ରାକୃତ କହିଛନ୍ତି- 'ମହାରାଷ୍ଟ୍ରାଶ୍ରୟାଂ ଭାଷା ପ୍ରକୃଷ୍ଟ' ପ୍ରାକୃତଂ ବିଦୁଃ।" ମହାରାଷ୍ଟ୍ର ଅଞ୍ଚଳକୁ କେନ୍ଦ୍ର କରି ଏହି ଭାଷା ଗଢ଼ି ଉଠିଥିବାରୁ ଏହାର ଏପରି ନାମକରଣ କରାଯାଇଛି। ବରରୁଚିଙ୍କ 'ପ୍ରାକୃତ ପ୍ରକାଶ' ଗ୍ରନ୍ଥରେ ମହାରାଷ୍ଟ୍ରୀ, ପୈଶାଚୀ, ଶୌରସେନୀ ଓ ମାଗଧୀ - ଏପରି ଚାରି ପ୍ରକାର ପ୍ରାକୃତର ଉଲ୍ଲେଖ ମିଳେ। ଏଥିରୁ ମହାରାଷ୍ଟ୍ରୀ ପ୍ରାକୃତ ଉନ୍ନତ ଓ ସାହିତ୍ୟିକ ରଚନା ନିମନ୍ତେ ପ୍ରଶସ୍ତ। ସଂସ୍କୃତ ନାଟକରେ, ବିଶେଷତଃ କାଳିଦାସଙ୍କ ନାଟକରେ ଯେଉଁ ପ୍ରାକୃତ ସଂଗୀତାଂଶ ଓ ସଂଳାପମାନ ସଂଯୁକ୍ତ, ସେଗୁଡ଼ିକ ମହାରାଷ୍ଟ୍ରୀ ପ୍ରାକୃତରେ ରଚିତ। ସୁବୃହତ୍‌ କୋଷଗ୍ରନ୍ଥ 'ଗାଥା-ସପ୍ତଶତୀ' ଉଚ୍ଚ ସାହିତ୍ୟର ଭାବ ବହନ କରିଛି। ଲୋକଭାଷାକୁ ସାହିତ୍ୟିକ ଭାଷାର କୋଟିକୁ ଉନ୍ନୀତ କରି ଗାଥାର କବିମାନେ ଲୋକଭାଷାକୁ ସାହିତ୍ୟିକ ମର୍ଯ୍ୟାଦା ଦାନ କରିଛନ୍ତି।

ଡକ୍ଟର ବୈରାଗୀଚରଣ ଜେନା

ଦଣ୍ଡୀ ସର୍ଗବନ୍ଧ ବା ମହାକାବ୍ୟର ଅଙ୍ଗୀଭୂତ ଯେଉଁ ପଦ୍ୟ ଗ୍ରନ୍ଥର ଉଲ୍ଲେଖ କରିଛନ୍ତି, ସେଥିରେ କୋଷଗ୍ରନ୍ଥ ଅଦ୍ୱିତୀୟ। ତାଙ୍କ ପରେ ବିଶ୍ୱନାଥ 'ସାହିତ୍ୟ-ଦର୍ପଣ'ର ଷଷ୍ଠ ଅଧ୍ୟାୟରେ କୋଷ-କାବ୍ୟର ଲକ୍ଷଣ ଦେଇଛନ୍ତି -

କୋଶଃ ଶ୍ଳୋକସମୂହସ୍ତୁ ସ୍ୟାଦନ୍ୟୋନ୍ୟାନପେକ୍ଷକଃ।

ଅର୍ଥାତ୍, କୋଷ-କାବ୍ୟର ଶ୍ଳୋକଗୁଡ଼ିକ ପରସ୍ପର ନିରପେକ୍ଷ। କୌଣସି ଗୋଟିଏ ଶ୍ଳୋକର ପୂର୍ବବର୍ତ୍ତୀ ବା ପରବର୍ତ୍ତୀ ଶ୍ଳୋକ ସହିତ ସଂପର୍କ ନାହିଁ। ଗୋଟିକର ଅର୍ଥ ବୁଝିବାକୁ ଅନ୍ୟଟିର ସାହାଯ୍ୟ ଲୋଡ଼ାହୁଏ ନାହିଁ; ତାହା ସ୍ୱୟଂସଂପୂର୍ଣ୍ଣ, ଅନନ୍ୟ, ମୁକ୍ତା ଭଳି ଉଜ୍ଜ୍ୱଳ ଓ ନିଟୋଳ।

'ଗାଥା' ଅନିବନ୍ଧ ବା ମୁକ୍ତବନ୍ଧ କବିତା। ମୁକ୍ତକ ରଚନାରେ ପରସ୍ପର ନିରପେକ୍ଷ ଶ୍ଳୋକସମୂହ ସ୍ଥାନ ପାଇଥାଏ। ସେଗୁଡିକ ପ୍ରକୀର୍ଣ୍ଣ ଓ ବିଚ୍ଛିନ୍ନ ହୋଇଥିବାରୁ ମୁକ୍ତକ ନାମରେ କଥିତ ହୁଅନ୍ତି। ମୁକ୍ତକ ନାମରୁ ଜଣାଯାଏ, ଏହା ସ୍ୱାଧୀନ ରଚନା। ମୁକ୍ତକ କବିତାଗୁଡ଼ିକୁ ବିଷୟ ଅନୁସାରେ ସଜାଇ ରଖିଲେ ତାହାକୁ ବ୍ରଜ୍ୟା କୁହାଯାଏ। ବ୍ରଜ୍ୟା ପଦ୍ଧତିରେ ସଜ୍ଜାକୁ ବିଶ୍ୱନାଥ କହିଛନ୍ତି -

କୋଶଃ ଶ୍ଳୋକସମୂହସ୍ତୁ ସ୍ୟାଦନ୍ୟୋନ୍ୟାନପେକ୍ଷକଃ

ବ୍ରଜ୍ୟାକ୍ରମେଣ କଥିତଃ ସ ଏବାତିମନୋରମଃ।

ପ୍ରାକୃତରେ ବ୍ରଜ୍ୟା ପଦ୍ଧତିର ଉତ୍କୃଷ୍ଟ ନମୁନା 'ବଜ୍ଜା-ଲଗ୍ଗ'। ଏଥିରେ କୁହାଯାଇଛି -

ଏକତ୍ଥେ ପତ୍ଥାବେ ଜତ୍ଥ ପଢ଼ିଜନ୍ତି ପଉର ଗାହାଓ।

ତଂ ଖଲୁ ବଜ୍ଜାଲଗ୍ଗଂ ବଜ୍ଜ ତ୍ତି ଯ ପଦ୍ଧଇ ଭଣିୟା।

ବ୍ରଜ୍ୟା ଅର୍ଥ ବିଷୟ କ୍ରମରେ ସଂଗ୍ରହ କରିବା ପଦ୍ଧତି। ବିଶ୍ୱନାଥ 'ମୁକ୍ତାବଳୀ'କୁ ବ୍ରଜ୍ୟା-ପଦ୍ଧତିର ନମୂନା ରୂପେ ଉଲ୍ଲେଖ କରିଛନ୍ତି। ସାଧାରଣଦେବଙ୍କ ଟୀକାର ନାମ ମୁକ୍ତାବଳୀ। ସେ ଗାଥାଗୁଡ଼ିକୁ ବିଷୟକ୍ରମରେ ବିଭାଗୀକରଣ କରିଛନ୍ତି। ଏଇ ସଜ୍ଜା ଫଳରେ ଏକ ଭାବର ରଚନାବଳୀକୁ ଏକତ୍ର କରାଯାଇଥାଏ। ସଜାତୀୟ ରଚନାର ଏକତ୍ର ସନ୍ନିବେଶ ଫଳରେ ସମାନ-ରସର ରଚନା ପାଠ କରି ପାଠକର ରସାସ୍ୱାଦନ ସହଜସାଧ୍ୟ ହୁଏ। ହାଳଙ୍କ ଗାଥା ସାତଟି ଶତକରେ ବିଭକ୍ତ। ବ୍ରଜ୍ୟାପଦ୍ଧତିରେ ନ ସଜାଇ, ପାଠକକୁ ସମାନ ସ୍ୱାଦ ପରିବେଷଣ ନ କରି ପ୍ରତ୍ୟେକ ଗାଥାରୁ ଭିନ୍ନ ଭିନ୍ନ ସ୍ୱାଦ ଗ୍ରହଣ କରିବା ପାଇଁ ସେ ଗାଥାଗୁଡ଼ିକୁ ଶତକ-କ୍ରମରେ ଥୋଇ ଦେଇଛନ୍ତି।

ମୁକ୍ତକ କାବ୍ୟ ପ୍ରାକୃତ ସାହିତ୍ୟର ଏକ ବିଶେଷ ଅଙ୍ଗ। ଆନନ୍ଦବର୍ଦ୍ଧନଙ୍କ ମତରେ ମୁକ୍ତକ ରଚନା କ୍ଷେତ୍ରରେ ପ୍ରାକୃତ ସଂସ୍କୃତ ଅପେକ୍ଷା ଉନ୍ନତ। ଅଗ୍ନିପୁରାଣରେ

ଚମତ୍କାରକ୍ଷମ ଶ୍ଲୋକକୁ ମୁକ୍ତକ କୁହାଯାଇଛି । ମୁକ୍ତକ ସ୍ୱୟଂସଂପୂର୍ଣ୍ଣ, ଅନ୍ୟନିରପେକ୍ଷ ଓ ଛନ୍ଦାତ୍ମକ ରଚନା ବୋଲି ବହୁ ଆଚାର୍ଯ୍ୟ ସ୍ୱୀକାର କରିଛନ୍ତି । ବ୍ୟଂଜନା ଏହି କାବ୍ୟରେ ମୁଖ୍ୟ । ଏହା ଅପେକ୍ଷାକୃତ ଲଘୁ ରଚନା ଓ ବ୍ୟାପକ ନ ହୋଇ ମଧ୍ୟ ଏହାର ପ୍ରଭାବ ଅଧିକ ସୂକ୍ଷ୍ମ । ପୂର୍ବାପର ପ୍ରସଙ୍ଗ ବିନା ଏଥିରେ ରସାସ୍ୱାଦନ କରିହୁଏ ।

ମୁକ୍ତକ ରଚନା ହଠାତ୍ ଜଳିଉଠି ହଠାତ୍ ଲିଭିଯାଉଥିବା ଆଲୋକ-ବର୍ତ୍ତିକା ବା ସ୍ଫୁଲିଙ୍ଗ ସଦୃଶ । ଆଲୋକକଣିକାର ସ୍ଥାୟିତ୍ୱ ଅଧିକ କ୍ଷଣ ନୁହେଁ; ସ୍ୱଳ୍ପ ସ୍ଥାୟିତ୍ୱ ସତ୍ତ୍ୱେ ଚକ୍ଷୁ ଝଲସାଇ ଦେଇ ତାହା ନିର୍ବାଣ ଭଜେ । ମାତ୍ର ମୁକ୍ତକ କବିତା ଯେ ଚମତ୍କାରିତା ଜାତ କରିପାରେ, ଏ ବିଷୟରେ ଅଗ୍ନିପୁରାଣ ମୁକ୍ତକଣ୍ଠରେ କହନ୍ତି- ମୁକ୍ତକଃ ଶ୍ଲୋକ ଏକୈକଶ୍ଚମତ୍କାରକ୍ଷମଃ ସତାମ୍ ।

ଆନନ୍ଦବର୍ଦ୍ଧନ ମୁକ୍ତକ କବିତାର ମହତ୍ତ୍ୱ ସ୍ୱୀକାର କରି କହନ୍ତି-

ମୁକ୍ତକେଷୁ ପ୍ରବନ୍ଧେଷ୍ୱିବ ରସବନ୍ଧାଭିନିବେଶିନଃ କବୟୋ ଦୃଶ୍ୟନ୍ତେ । ତଥାହି ଅମରୁକସ୍ୟ କବେର୍ମୁକ୍ତକାଃ ଶୃଙ୍ଗାରରସସ୍ୟନ୍ଦିନଃ ପ୍ରବନ୍ଧାୟମାନାଃ ପ୍ରସିଦ୍ଧା ଏବ ।

ଅମରୁ ମଧ୍ୟ ନିଜ କ୍ଷୁଦ୍ର କବିତାଗୁଡିକ ସମ୍ବନ୍ଧରେ କହିଛନ୍ତି- 'ଅମରୁକକବେରେକଃ ଶ୍ଲୋକ ପ୍ରବନ୍ଧଶତାୟତେ ।' ସ୍ୱଳ୍ପ ପରିସର ମଧ୍ୟରେ ଗୋଟିଏ ମୁହୂର୍ତ୍ତ ଓ ଗୋଟିଏ ବିଶେଷ ମନୋଭାବକୁ ଧରିରଖିବା ମୁକ୍ତକ ରଚନାର ବିଶେଷତ୍ୱ । ଚତୁର୍ଦ୍ଦଶପଦୀର ଦୃଢବନ୍ଧ ଭିତରେ ଭାବ ଯେପରି ମୁହୂର୍ତ୍ତର ସ୍ମରଣ-ସ୍ତମ୍ଭ (moment's monument)ରେ ପରିଣତ ହୁଏ, ମୁକ୍ତକ କବିତାର କବି ସେହିପରି ସ୍ୱଳ୍ପ ପରିସର ଓ କଥା ମଧ୍ୟରେ ନିଜର ଭାବକୁ ଅଭିବ୍ୟକ୍ତି ଦାନ କରିଥାନ୍ତି । ସେଇଥିରେ ସେ କହିଥାନ୍ତି ପୋଥିଏ କଥା ।

ମୁକ୍ତକର କ୍ଷୁଦ୍ର କଳେବର ମଧ୍ୟରେ ଗୋଟିଏ ଘଟଣା ଓ ଗୋଟିଏ ମୁହୂର୍ତ୍ତର ଚିଦ୍‌ବିଳାସ ବୀଜାକାରରେ ନିହିତ; ତାହାକୁ ପ୍ରଲମ୍ବିତ କଲେ ସଂପୂର୍ଣ୍ଣ ପରିବେଶଟି ଓ ବକ୍ତାର ମନୋଭଙ୍ଗୀଟି ମୂର୍ତ୍ତ ହୋଇଉଠେ । ମୁକ୍ତକର ଶ୍ଲୋକଗୁଡ଼ିକ ନିଜେ ଅଳ୍ପ କଥା କହନ୍ତି; ମାତ୍ର ରସିକ ପାଠକ ବା ବୋଧାକୁ ବହୁତ ଅନୁଭବ କରିବାକୁ ଉପାଦାନ ଯୋଗାଇଦିଅନ୍ତି; ତେଣୁ ପ୍ରତ୍ୟେକ ପାଠକ ନବ ନବ ଅର୍ଥ ଉପଲବ୍‌ଧ କରିପାରନ୍ତି । ଏଗୁଡିକ ନିତ୍ୟ ନୂତନ ଓ ପ୍ରଚୁର ରସଦୁଗ୍‌ଧ ଦାନ କରିବାକୁ ସମର୍ଥ । ପ୍ରତ୍ୟେକ ଗାଥା ଏଇ ଏକ କାମଧେନୁ । ରସିକ-ଗୋପାଳ ଏଥିରୁ ମନୋନୁରୂପ ଦୋହନ ଓ ଆସ୍ୱାଦନ କରିପାରେ । ରସର ଗାଢ଼ତା କ୍ଷୁଦ୍ରାବୟବ ମୁକ୍ତକ ରଚନା ମଧ୍ୟରେ କିପରି ସମ୍ଭବ, 'ଗାଥା-ସପ୍ତଶତୀ' ତାହାର ଜ୍ୱଳନ୍ତ ଦୃଷ୍ଟାନ୍ତ । ଆଜି ଆଉ ମହାକାବ୍ୟ ରଚନାର ପରିବେଶ ନାହିଁ; ମୁକ୍ତକ ରଚନାର ଆଦର ଓ ପ୍ରସାର ବଢ଼ିଚାଲିଛି ।

ଡକ୍ଟର ବୈରାଗୀଚରଣ ଜେନା

ସଂସ୍କୃତର ଆର୍ଯ୍ୟଛନ୍ଦ ହିଁ ପ୍ରାକୃତର ଗାଥା-ଛନ୍ଦ-ଯେଉଁ ଛନ୍ଦର ପ୍ରଥମ ଚରଣ ବାରମାତ୍ରା, ଦ୍ୱିତୀୟ ଅଠର, ତୃତୀୟ ବାର ଓ ଚତୁର୍ଥ ପନ୍ଦର ମାତ୍ରା ବିଶିଷ୍ଟ, ତାହାର ନାମ ଆର୍ଯା।

ଗାଥା-ସପ୍ତଶତୀର ପ୍ରସିଦ୍ଧ ଟୀକାକାରମାନେ ହେଲେ - କୁଳନାଥ, ଗଙ୍ଗାଧର, ପୀତାମ୍ବର, ପ୍ରେମରାଜ, ଭୁବନପାଳ ଓ ସାଧାରଣଦେବ। ଗଙ୍ଗାଧର ଓ ପୀତାମ୍ବରଙ୍କ ଟୀକାରୁ ଗାଥାର କବିମାନଙ୍କ ନାମ ଜଣାଯାଏ। ତେବେ ପ୍ରତ୍ୟେକ ଗାଥାର କବିମାନଙ୍କ ନାମ ଜଣାଯାଇ ନାହିଁ; ମାତ୍ର ୨୬୦ ଜଣ କବିଙ୍କ ନାମ ଜଣାଯାଇଛି। ପଞ୍ଚମ ଶତକର ୨୨ ଶ୍ଳୋକ ପରେ କବିମାନଙ୍କ ନାମ ଚିହ୍ନିତ ହୋଇନାହିଁ। ଏହାପରେ ଆଉ ତିନୋଟି ଗାଥାରେ କବି ନାମ ଅଛି। ହାଳଙ୍କ ନାମରେ ୪୫ଟି ଗାଥା ଚିହ୍ନିତ। ଗୋଟିକରେ ଶାଳିବାହନ ବୋଲି ଉଲ୍ଲେଖ ଅଛି; ଯାହାକି ହାଳଙ୍କ ନାମ।

ଗାଥାର ଟୀକାକାରମାନେ ପ୍ରାୟ ପ୍ରତ୍ୟେକ ଗାଥାର କାମଶାସ୍ତ୍ରାନୁମୋଦିତ ଅର୍ଥ ଖୋଜୁଛନ୍ତି। "ଅମୃତମୟ ପ୍ରାକୃତ କାବ୍ୟ ଶ୍ରବଣ ଓ ପଠନ ନଜାଣିଥିବା ବ୍ୟକ୍ତି କାମଶାସ୍ତ୍ରୀୟ ତତ୍ତ୍ୱଚିନ୍ତାରେ ମଜ୍ଜିରହି ଲଜ୍ଜିତ ହୁଅନ୍ତି ନାହିଁ କିପରି ?" - ଏହି ଶ୍ଳୋକର 'କାମଶାସ୍ତ୍ର'- ଜ୍ଞାନ ଅପରିହାର୍ଯ୍ୟ ଭାବି ଟୀକାକାରମାନେ ଗାଥାଗୁଡିକରୁ ଶୃଙ୍ଗାରରସାନୁକୂଳ ଅର୍ଥ କାଢ଼ିଛନ୍ତି। ମାତ୍ର ଏପରି ବହୁ ଗାଥା ରହିଛି, ଯେଉଁଥିରେ ଶୃଙ୍ଗାର-ଭାବନା ଆରୋପ ନକଲେ କିଛି କ୍ଷତି ନାହିଁ। ତଥାପି ଏହା ସ୍ୱୀକାର କରିବାକୁ ହେବ ଯେ ଗାଥାର ଶୃଙ୍ଗାର-ଭାବନା ମୁଖ୍ୟ ସ୍ୱର। ଏଥିରେ ସମ୍ଭୋଗ, ବିପ୍ରଲମ୍ଭ ଓ ପରକୀୟା ରସର ବିଶେଷ ଉଲ୍ଲାସ ପରିଲକ୍ଷିତ ହୁଏ।

ପୀତାମ୍ବରଙ୍କ ଟୀକା ନୀତିମୂଳକ। ପ୍ରତ୍ୟେକ ଗାଥାରୁ ସେ ନୀତି, ଧର୍ମ ଓ ଯୁକ୍ତି ଖୋଜିଛନ୍ତି; ଫଳରେ ଗାଥାର ଶୃଙ୍ଗାର ଅଭିଧା ସାର୍ଥକ ହେଉନାହିଁ।

ଆଭ୍ୟନ୍ତରୀଣ ପ୍ରମାଣବଳରେ ଗାଥା-ସପ୍ତଶତୀ ରଚନାର ଭୌଗୋଳିକ ସୀମା ନିର୍ଦ୍ଦେଶ କରାଯାଇପାରେ - ଗୋଦାବରୀ, କୃଷ୍ଣା, ତାପ୍ତି, ନର୍ମଦା (ରେବା) ଓ ବିନ୍ଧ୍ୟପର୍ବତ ଆଦିର ଉଲ୍ଲେଖରୁ ଜଣାଯାଏ, ଗାଥା-କବିମାନେ ଏଇ ସୀମା ସରହଦ ମଧ୍ୟରେ ବାସକରୁଥିଲେ। ଉତ୍ତର-ଭାରତର ଯମୁନା ତଥା ମାନସରୋବର ଥରେ ମାତ୍ର ଉଲ୍ଲେଖିତ ହୋଇଛି। ଗୋଦାବରୀକୁ ଗାଥାକବି କେତେ ସ୍ନେହ-ଚକ୍ଷୁରେ ଦେଖିଛନ୍ତି ତାହା ଗୋଦାବରୀ ପ୍ରତି ସେମାନଙ୍କର ସ୍ନେହଦତ୍ତ ନାମରୁ ଜଣାଯାଏ। ଗୋଦା, ଗୋଦାବରୀ, ଗୋଆଅରୀ, ଗୋଲା, ଗୋଲାଈ, ଗୋଲାଣଈ, ଗୋଲାବଈ- ଗାଥା କବିମାନଙ୍କର କେତେ ପ୍ରିୟ ନାମ। ବିଶୀର୍ଣା ରେବା କାଳିଦାସଙ୍କର ସ୍ନେହଲାଭ କଲା ପରି ଗୋଦାବରୀ ଗାଥା-କବିଙ୍କର ସ୍ନେହଧନ୍ୟା।

'ଗାଥା-ଶପ୍ତଶତୀ'ର ଭାଷା ସହିତ ଓଡ଼ିଆ ଭାଷାର ପ୍ରଭୂତ ସାମ୍ୟ ପରିଲକ୍ଷିତ ହୁଏ। ଏଠାରେ କେତୋଟି ଉଦାହରଣ ଦିଆଯାଉଛି।

ପ୍ରାକୃତ	ଓଡ଼ିଆ	ପ୍ରାକୃତ	ଓଡ଼ିଆ
ଡୋର	ଡୋର	ଘର	ଘର
ଦଢ଼	ଦଢ଼	ସଂଘାଡ଼ି	ସଂଘାଡ଼ି
ତିଲବାଡ଼ି	ତିଲବାଡ଼ି	ଘିଅ	ଘିଅ
ତଡ଼	ତଡ଼	ମହୁ	ମହୁ
ଜାଆ	ଜାଆ	ବେଣ୍ଟ	ବେଣ୍ଟ
ବହୁ	ବହୁ	ଗଣ୍ଠି	ଗଣ୍ଠି
ବିହି	ବିହି	କଚ୍ଛା	କଚ୍ଛା
କୋଡ଼ର	କୋଡ଼ର	ସହୀ	ସହୀ
ଦିଅର	ଦିଅର	ବଣ	ବଣ
ଥରହର	ଥରହର	ଗାଇ	ଗାଇ
କହ୍ନା	କହ୍ନା, କାହ୍ନ		

ମହାର୍ଘ ରତ୍ନରାଜିଗ୍ରଥିତ ମଣିହାର ଭଳି ମନୋହର ଓ ଅବିନଶ୍ୱର ଗାଥା-ସପ୍ତଶତୀର କାବ୍ୟମୂଲ୍ୟ ବିଚାର କଲେ ଆମେ ଏହାର ପ୍ରକାଶଭଙ୍ଗୀର ଅନନ୍ୟ ଚମତ୍କାରିତାରେ ମୁଗ୍ଧ ହେଉଁ। କବି-କଳ୍ପନାର ବର୍ଣ୍ଣ-ଶାବଲ୍ୟ, କଳ୍ପନାର ଇନ୍ଦ୍ରଧନୁର ବହୁବର୍ଣ୍ଣୀ ଆଲିମ୍ପନ ପାଠକର ସୌନ୍ଦର୍ଯ୍ୟ-ଚେତନାକୁ ଉଦ୍‌ବୁଦ୍ଧ କରେ। ଭାବର ସୂକ୍ଷ୍ମ ଓ ସୁନ୍ଦର ପ୍ରକାଶ ପାଠକର ଆନନ୍ଦ-ପିପାସା ବୃଦ୍ଧି କରେ। ପାଠକକୁ ନିର୍ମଳ ଆନନ୍ଦ ପରିବେଷଣ କରିବା 'ଗାଥା-ସପ୍ତଶତୀ'ର ଉଦ୍ଦେଶ୍ୟ। ପ୍ରତ୍ୟେକ ଶତକର ପ୍ରାନ୍ତରେ 'ଆନନ୍ଦ' ଦାନ ଫଳଶ୍ରୁତି ସ୍ୱରୂପ ଉଲ୍ଲେଖ କରାଯାଇଛି। ଏହା ବିଦଗ୍ଧଜନଙ୍କର ପ୍ରିୟ ଓ ଏହାର ମନୋହାରିତା ଅବିସମ୍ବାଦିତ।

ସଂସ୍କୃତ ସାହିତ୍ୟରେ ସ୍ୱଭାବୋକ୍ତି ସ୍ୱଳ୍ପ; ମାତ୍ର ଗାଥା ସ୍ୱଭାବୋକ୍ତି ସମୃଦ୍ଧ। ଗାଥା ଭାଷାରେ - 'ପ୍ରାକୃତକାବ୍ୟ ସ୍ୱଭାବ ରମଣୀୟ'।

ଧ୍ୱନ୍ୟାର୍ଥସମୃଦ୍ଧ ଓ ମଧୁର ଗାଥା-ସପ୍ତଶତୀରେ ରସର ଦ୍ୟୁତି ଓ ପ୍ରକାଶର ଦୀପ୍ତି ଅଳଂକାରିକମାନଙ୍କୁ ମୁଗ୍ଧ କରିଛି। ଏହାର ଧ୍ୱନ୍ୟାତ୍ମକତା ଅପରିସୀମ; ତେଣୁ ଅଳଂକାର-ଶାସ୍ତ୍ରରେ ଏହାର ମୁକ୍ତକାବଳୀ ବହୁ ସଂଖ୍ୟାରେ ଉଦାହୃତ ହୋଇଥିବା ଦେଖାଯାଏ। ଗାଥାର କାବ୍ୟଗୁଣର ଅସାଧାରଣତ୍ୱ ଯୋଗୁ ଏହାର ଜନପ୍ରିୟତା ବୃଦ୍ଧି ପାଇଛି ଓ ପ୍ରାୟ ଅଧିକାଂଶ ପ୍ରସିଦ୍ଧ ଆଳଂକାରିକ ଏଗୁଡିକୁ ସେମାନଙ୍କ ମତବାଦର

ପ୍ରମାଣ ରୂପେ ଉଲ୍ଲେଖ କରିଛନ୍ତି । ସେମାନେ ହେଲେ - ଆନନ୍ଦବର୍ଦ୍ଧନ (ଧ୍ୱନ୍ୟାଲୋକ), ଧନଂଜୟ (ଦଶରୂପକ), ଭୋଜ (ସରସ୍ୱତୀକଣ୍ଠାଭରଣ), ବିଶ୍ୱନାଥ (ସାହିତ୍ୟ-ଦର୍ପଣ) ଓ ରୂପ ଗୋସ୍ୱାମୀ (ଉଜ୍ଜ୍ୱଳ-ନୀଳମଣି) ।

ଗାଥା-ସପ୍ତଶତୀର ବିଷୟ ବିଶୁଦ୍ଧ ଶୃଙ୍ଗାର । ଏହି ଶୃଙ୍ଗାର ରସୋଦ୍‌ଗାରୀ ଗାଥାମାନଙ୍କରେ ସଂଯୋଗବିପ୍ରଲମ୍ଭର ମଧୁର-କରୁଣ ଚିତ୍ର ଓ ସ୍ୱରର ସମାବେଶ ଘଟିଛି । ଶୃଙ୍ଗାରପ୍ରଧାନ ହୋଇ ମଧ୍ୟ ଏହି ରଚନା ନୀତିନିଷ୍ଠ । ଶୃଙ୍ଗାରରସ ମୁଖ୍ୟ ହେଲେ ହେଁ ଅନ୍ୟାନ୍ୟ ରସର; ଯଥା - ହାସ୍ୟ, ବାତ୍ସଲ୍ୟ, କରୁଣ ଓ ଶାନ୍ତ ରସମୂଳକ ଗାଥା ମଧ୍ୟ ମିଳେ ।

ଗାଥା-ସପ୍ତଶତୀ ଅଳଂକୃତ ରଚନା - ଶ୍ଳେଷ, ବକ୍ରୋକ୍ତି, ଅର୍ଥାନ୍ତରନ୍ୟାସ ଓ ଉପମା ପ୍ରଭୃତି ଅଳଂକାରପରିପୂର୍ଣ୍ଣ, ବୈଦଗ୍ଧ୍ୟ-ଭଙ୍ଗୀ-ଭଣିତିରେ ମନୋଜ୍ଞ, ବ୍ୟଂଜନାର ବିଦ୍ୟୁତ୍‌ଛଟାରେ ଚମତ୍‌କାର ଓ ରସୋଜ୍ଜ୍ୱଳ । ସଂଳାପଧର୍ମିତା ଗାଥାଗୁଡ଼ିକର ଅନ୍ୟ ଏକ ବୈଶିଷ୍ଟ୍ୟ ।

ଗାଥା-ସପ୍ତଶତୀର ଉପମାଗୁଡ଼ିକ ମଧ୍ୟ ସରସ ସାଦୃଶ୍ୟ-ବିଧାନରେ ଅତି ବାସ୍ତବ ଓ ତନ୍ତ୍ରତ୍ୟ ସ୍ଥାନରୁ ସଂଗୃହୀତ । ଏଥିରେ ଅସମ୍ଭବ ଓ ଅବାସ୍ତବର ଗନ୍ଧ ନାହିଁ । ଉପମା ପ୍ରୟୋଗରେ କବି ଲୋକ-ଜୀବନ ଓ ପ୍ରକୃତିରୁ ଉପାଦାନ ସଂଗ୍ରହ କରିଛନ୍ତି - କର୍କଟିକା ତନ୍ତୁ ପରି ପ୍ରେମର ରୀତି କୁଟିଳ, ଧୂମହୀନ ଚକ୍ଷୁ ନିଆଁପରି ଉଷ୍ମ ଶ୍ୟାମଳୀ ବଧୂର ବକ୍ଷ, ଭାଲୁ ଭଳି ପଲାଳ ଅଗ୍ନି (ପଲାଳ-ଅଗ୍ନି ଉପରେ କଳା, ଭିତରେ ଲାଲ) ଇତ୍ୟାଦି ।

କାମର ତତ୍ତ୍ୱଚିନ୍ତାର ବିଶ୍ଳେଷଣ କରି ଗାଥାର କବିମାନେ ବାତ୍ସ୍ୟାୟନଙ୍କ କାମଶାସ୍ତ୍ରର ସକଳ ରହସ୍ୟ ଫେଇଛନ୍ତି । ଏହାକୁ କାମଶାସ୍ତ୍ରର ଏକ କାବ୍ୟରୂପ କୁହାଯାଇପାରେ । ଗାଥା ସପ୍ତଶତୀର ବହୁ ସ୍ଥଳ ଆଧୁନିକ ରୁଚିର ବିରୋଧୀ । ଅନାବୃତ ହେଲେ ହେଁ ଶ୍ଳୀଳ-ଅଶ୍ଳୀଳର ବିଚାର ନ କରି ଅତି-ବାସ୍ତବବାଦୀ ଦୃଷ୍ଟିକୋଣରୁ ବିଚାର କଲେ ଏହାର ଅଶ୍ଳୀଳତା ବାସ୍ତବ ବୋଧ ହେବ । ପ୍ରାକୃତ ଜୀବନର ଆଦିମ ତୃଷ୍ଣାକୁ ଉନ୍‌ମୋଚିତ କରିଛନ୍ତି କବି ହାଳ ।

ରସ-ମାର୍ମିକମାନଙ୍କ ଉପରେ 'ଗାଥା-ସପ୍ତଶତୀ'ର ରସର ଆସ୍ୱାଦ ଓ ବିଚାର ନିର୍ଭର କରେ । ଏହା ରସିକଭୋକ୍ତାର ନବ ନବ ଅର୍ଥ-ପ୍ରକାଶିକା ଭାବନାଶକ୍ତିର ଅପେକ୍ଷା ରଖୁଥିବାରୁ ରସିକର ରସଗ୍ରାହିଣୀ, ବୁଦ୍ଧିର ତାରତମ୍ୟ ଅନୁସାରେ ରସ-ଅର୍ଥ ଉତ୍ପାଦିତ ହୋଇଥାଏ । ଏହାର ରସ-ଚର୍ବଣାରେ ଆମର କଳ୍ପନା ପ୍ରସାରିତ ହୁଏ । ଏପରି ରୂପ-ମାୟା ଓ ରସର ଉଲ୍ଲାସରେ ରସିକ ପାଠକ ଶତ ଶତ ବର୍ଷ ତଳେ ଯେଉଁ ଜନଜୀବନର ସ୍ରୋତ ପ୍ରବାହିତ ହେଉଥିଲା ତା' ସହିତ ଏକାତ୍ମ ହୋଇଯାଏ । ସେ

ଜୀବନଚିତ୍ରର ଆଜି ତିଳେମାତ୍ର ବ୍ୟତିକ୍ରମ ହୋଇନାହିଁ। ଯାହା ଯେମିତି ଥିଲା, ଆଜି ବି ସେହିପରି ଅଛି- ଗୋଦାବରୀର କେତେ ଜଳ ସମୁଦ୍ରକୁ ବହିଗଲାଣି; ମାତ୍ର ଜୀବନ-ନଦୀର ଧାରା ସେହିପରି ଉଜ୍ଜ୍ୱଳ ଓ ପ୍ରଖର। ହାଲ ସୃଷ୍ଟି କରିଛନ୍ତି ଏପରି ଏକ ପ୍ରାକୃତ କାବ୍ୟ-ମାୟା ଯାହା ଆଜି ବି ଜାନପଦଜୀବନର ସ୍ୱର ଓ ସୌରଭ ବହନ କରି ବିଦଗ୍ଧପାଠକର ରସ-ତୃଷ୍ଣା ପ୍ରଶମିତ କରେ।

ଗାଥା-ସପ୍ତଶତୀର ନିର୍ଦ୍ଦେଶ ଏଇ ହସ-କାନ୍ଦ, ମିଳନ-ବିଚ୍ଛେଦଭରା ପୃଥିବୀ ପ୍ରତି-ଏହାଠାରୁ ଦ୍ୱିତୀୟ ସ୍ୱର୍ଗ କାହିଁ ନାହିଁ। ଗାଥା-କବି ଧର୍ମ, ମୋକ୍ଷ ଆଦି ତତ୍ତ୍ୱର ପାଖ ମାଡ଼ିନାହାନ୍ତି। ଆଧ୍ୟାତ୍ମ୍ୟ-ଆକାଙ୍କ୍ଷା ଗାଥା-କବିର ନାହିଁ; କେତୋଟି ଗାଥାକୁ ଛାଡ଼ିଦେଲେ (ସେଥିରେ ପୁଣି ଶୃଙ୍ଗାର-ବ୍ୟଂଜନା ମୁଖ୍ୟ) ଅନ୍ୟ ଗାଥାଗୁଡିକରେ ସଂପୂର୍ଣ୍ଣ ଲୌକିକ ଜୀବନର ଚିତ୍ର ଉତ୍କୀର୍ଣ୍ଣ। ଯେଉଁ ଯୁଗରେ ସାହିତ୍ୟରେ କେବଳ ଦେବଦେବୀ ପ୍ରେମ ଓ ମହିମା ପ୍ରାଧାନ୍ୟ ଲାଭ କରିବା କଥା, ସେଇ ଯୁଗରେ ହାଲପ୍ରମୁଖ କବିସାଧାରଣ ନରନାରୀଙ୍କ ଜୀବନ ଅବଲମ୍ବନରେ ସୁଖ-ଦୁଃଖ-ବିଳାସପରିପୂର୍ଣ୍ଣ ପ୍ରେମାଖ୍ୟାନ ସୃଷ୍ଟି କରିଛନ୍ତି। ଏଥିରେ ମାନବୀୟ ପ୍ରେମର ସୂକ୍ଷ୍ମାତିସୂକ୍ଷ୍ମ ରସବୈଚିତ୍ର୍ୟ ସମୃଦ୍ଧ ଲୀଳା-ବିଳାସ-କଳାକୁତୂହଳର ଚିତ୍ର ଫୁଟିଉଠିଛି। ଗାଥାର ଆରମ୍ଭ ଓ ଶେଷ ଶ୍ଳୋକ ଦୁଇଟିକୁ ଛାଡ଼ିଦେଲେ ଅନ୍ୟ ଶ୍ଳୋକଗୁଡ଼ିକରେ ଆଧ୍ୟାତ୍ମିକ ଭାବନାର ଲେଶ ମାତ୍ର ନାହିଁ। ଏ ଦୁଇଟି ଶ୍ଳୋକରେ ଇଷ୍ଟ-ପ୍ରଣତି ବାଢ଼ି କବି ନରନାରୀଙ୍କର ଶୃଙ୍ଗାର -ବିଳାସ ବର୍ଣ୍ଣନାରେ ବିହ୍ୱଳ ହୋଇ ଉଠିଛନ୍ତି।

ଗାଥା-ସପ୍ତଶତୀର ଅଭିନୟ ସ୍ଥଳ କୋଳାହଳମୁଖରିତ, ହର୍ମ୍ୟରାଜିଶୋଭିତ, ସଭ୍ୟତା-ମତ୍ତ ନଗର ନୁହେଁ। ପ୍ରକୃତି ଯେଉଁଠି ନିଜର ସକଳ ସୌନ୍ଦର୍ଯ୍ୟ ଘେନି ବିରାଜିତ, ସରଳ ଗ୍ରାମୀଣ ମଣିଷର ପ୍ରାତ୍ୟହିକ ଜୀବନଯାତ୍ରା ଯେଉଁ ମଞ୍ଚରେ ଅଭିନୀତ, ସେହି ପଲ୍ଲୀ ପରିବଶେ ହିଁ ଗାଥାର ଉପାଦାନ। ପ୍ରାକୃତ ଜନ-ଜୀବନରେ ଯେଉଁ ସହଜ କାମନା, ଯେଉଁ ସ୍ୱାଭାବିକ ଉପଲବ୍ଧି-ହାଲପ୍ରମୁଖ କବି ସ୍ୱକୀୟ ଦକ୍ଷତାବଳରେ ତାହାକୁ ହିଁ ଭାଷାରୂପ ଦେଇଛନ୍ତି। ଅବିନଶ୍ୱର ଏଇ ନରନାରୀଙ୍କର ମୂର୍ତ୍ତି। ସଜୀବତା ଓ ସ୍ୱାଭାବକତା ଗାଥାର ଭାବଭୂମି। ସହଜ ସୁନ୍ଦରର ଏପରି ଆନନ୍ଦାଭିବ୍ୟକ୍ତି ଅନ୍ୟତ୍ର ଦୁର୍ଲ୍ଲଭ।

ଗାଥା-ସପ୍ତଶତୀକୁ ଲୋକ-ସାହିତ୍ୟର ଆଦି ନିଦର୍ଶନ କହିଲେ ଭୁଲ ହେବ ନାହିଁ। ଗାଥାକାର ଲୋକକବି-ଲୋକଜୀବନ ସେମାନଙ୍କର ଲକ୍ଷ୍ୟ। ସମଗ୍ର ସଂସ୍କୃତ-ଭାରତୀ କୁଳୀନ, ସମ୍ଭ୍ରାନ୍ତ ବା ରାଜା-ରାଜପୁରୁଷଙ୍କର ଚରିତ୍ର ଓ ଚିତ୍ର ବହନ କରିଛି। ସାଧାରଣ ଗ୍ରାମବାସୀଙ୍କ ଜୀବନଚିତ୍ର ତହିଁରେ ବିରଳ। ଭାରତୀୟ କାବ୍ୟ ଗାଥା-

ଡକ୍ଟର ବୈରାଗୀଚରଣ ଜେନା

ସପ୍ତାତୀରେ ହିଁ ରହିଛି । ଲୋକଜୀବନର ଏପରି ଜୀବନ୍ତ ଚିତ୍ରଣ ଏଇ ଶୈଳୀରେ ଅନ୍ୟ କୌଣସି ରଚନାରେ ମିଳେ ନାହିଁ । ଗ୍ରାମ୍ୟଜୀବନର ବିବିଧ ପଟଳର ଜୀବନ୍ତ ବର୍ଣ୍ଣନା ଏହି କାବ୍ୟରେ କରାଯାଇଛି । ଜଣେ ରାଜା ସାଧାଣର ଲୋକଙ୍କ ଜୀବନଯାତ୍ରାରେ ଏତେ ନିଖୁଣ ଚିତ୍ର ବାଢ଼ିପାରନ୍ତି ଓ ସେମାନଙ୍କ ମନୋଭାବ ଚିତ୍ରଣ କରିବାରେ ଏପରି ପଟୁତା ପ୍ରଦର୍ଶନ କରିପାରନ୍ତି - ଏହା ଭାବିଲେ ଆଶ୍ଚର୍ଯ୍ୟ ଲାଗେ । ରାଜା ଯେ ଜନଜୀବନ ସହିତ କେତେ ଘନିଷ୍ଠ ସଂପର୍କରେ ଆସୁଥିଲେ, ଗାଥା ତାହାର ପ୍ରମାଣ । ସାତବାହନ ସାମାଜ୍ର୍ୟ କାଳ-ଗର୍ଭରେ ବୁଦ୍‌ବୁଦ୍- ସମ ଲୋପ ପାଇଯାଇଛି । 'କୁନ୍ତଳ ଜନପଦର ସ୍ୱାମୀ' ସାତବାହନ ହାଳ ଯୁଗଯୁଗଧରି କୋଟି କୋଟି ରସ-ବିଚକ୍ଷଣମାନଙ୍କର ନମସ୍ୟ ହୋଇ ରହିଛନ୍ତି ଓ ରହିବେ ।

'ଗାଥା-ସପ୍ତଶତୀ'ରେ ପାରିବାରିକ ଜୀବନର ସୂକ୍ଷ୍ମ ସୁକୁମାର ଅନୁଭୂତିରାଜିର ଚିତ୍ରଣ ସଙ୍ଗେ ନାୟକ-ନାୟିକାଦିଙ୍କର ଚେଷ୍ଟା, ଭାବବିଳାସ ଓ ମନସ୍ତତ୍ତ୍ୱର ବ୍ୟଂଜନାତ୍ମକ ଅଭିବ୍ୟକ୍ତି ଲକ୍ଷ୍ୟ କରାଯାଏ । ନରନାରୀଙ୍କର ହୃଦୟକୁ ଘେନି ଖେଳିଛନ୍ତି ଗାଥା-କବି । ନାୟକ-ନାୟିକାଙ୍କ ମାନସିକ ଅବସ୍ଥାର ଚିତ୍ରଣ ଓ ହୃଦୟ-ବ୍ୟାପାରର ଅତି ସୂକ୍ଷ୍ମ ଇଙ୍ଗିତ କବି ଅଳ୍ପ କଥାରେ ପ୍ରକାଶ କରିଛନ୍ତି । ଦାଂପତ୍ୟ ପ୍ରେମାତ୍ମକ ଗୀତିକବିତାର ଧାରାରେ ପ୍ରାକୃତ ସାହିତ୍ୟର ଏହା ଅସାମାନ୍ୟ ଅବଦାନ । ନର-ନାରୀଙ୍କର ମନୋବିକାରର ଚିତ୍ର-ଭାବ-ଶାବଲ୍ୟ, ପ୍ରେମ-ବିହ୍ୱଳତା, ଲାଳସା, ଅତୃପ୍ତି, ସମାଗମମୁଖଜନିତ ଆତ୍ମବିସ୍ମୃତିର ମର୍ମସ୍ପର୍ଶୀ ଚିତ୍ର ଏଥିରେ ଅଙ୍କିତ ହୋଇଛି । ଏଥିରେ ପ୍ରେମର ଅଭିବ୍ୟଂଜନା ଅତ୍ୟନ୍ତ ହୃଦୟଗ୍ରାହୀ । ନରନାରୀଙ୍କର ପ୍ରେମ-ସମ୍ବନ୍ଧକୁ ଘେନି ଏଥିରେ ନାନା ରୂପରେ ନାନା ଭାବର ନିଦର୍ଶନ ମିଳେ । ଶୃଙ୍ଗାରରସର ପ୍ରତ୍ୟେକ ଅବସ୍ଥା ଏଥିରେ ରୂପାୟିତ ।

କୋଳାହଳପୂର୍ଣ୍ଣ ନଗରଜୀବନଠାରୁ ବହୁ ଦୂରରେ ପଲ୍ଲୀର ନିଭୃତ କୋଳରେ ଜୀବନ-ନାଟ୍ୟର ଯେଉଁ ବିଚିତ୍ର ଅଭିନୟ ସଂଘଟିତ, ଗାଥାର ତାହାର ଚିତ୍ର ଉତ୍‌କୀର୍ଣ୍ଣ । ମାନବୀୟ ପ୍ରବୃତ୍ତିସମୂହ ଉପରେ କବିମାନେ ଏତେ ସୂକ୍ଷ୍ମ ଭାବରେ ତୂଳି ସ୍ପର୍ଶ କରିଛନ୍ତି ଯେ ଭାବିଲେ ଆଶ୍ଚର୍ଯ୍ୟ ହେବାକୁ ପଡ଼େ । ଗାଥାର ସର୍ବସ୍ୱ ହେଲା ଜୀବନ-ମାନବଜୀବନ । ମାନବଚରିତ୍ରର ନାନା ଦିଗ ଏଥିରେ ଉଦ୍‌ଘାଟିତ । ନରନାରୀ ପ୍ରେମ-ସମ୍ବନ୍ଧ କେତେ ବିଚିତ୍ର ଓ ମନୋଜ୍ଞ ହୋଇପାରେ; ଗାଥା ତାହାର ଜ୍ୱଳନ୍ତ ଉଦାହରଣ । ଏଇ ଗାଥା - ସମୂହରେ ଭାରତୀୟ ମାନବୀୟ ପ୍ରେମ-କବିତାର ଧାରା ଉଚ୍ଛଳ ଗତିରେ ପ୍ରବାହିତ ।

ଗାଥାର ନରନାରୀମାନେ ମହାଜୀବନପ୍ରେମୀ । ନଗରର ବିଳାସ-ବ୍ୟସନଠାରୁ

ଦୂରରେ ଥିଲେ ସୁଦ୍ଧା ଗ୍ରାମବାସୀମାନଙ୍କ ହୃଦୟରେ ପ୍ରେମ, ଦୟା, ସହାନୁଭୂତି ଓ ଏକନିଷ୍ଠତା ଆଦିର ଆଧିକ୍ୟ ପରିଦୃଷ୍ଟ ହୁଏ। ଦାରିଦ୍ର୍ୟ ସତ୍ତ୍ୱେ ଲୋକଜୀବନରେ ଜୀବନୋପଭୋଗର ସ୍ପୃହା ଊଣା ନୁହେଁ; ଯଥା - ଶୀତ ଋତୁରେ ଶ୍ୟାମଳୀବଧୂର ଉଷ୍ମ ବକ୍ଷ ସ୍ମରଣ କରି ହାଳିକ ଯୁବା ତାହାର କମ୍ବଳ ଖଣ୍ଡିକୁ ମଧ୍ୟ ବିକିଦେବାକୁ ପଶ୍ଚାତ୍‌ପଦ ହୋଇନାହିଁ। ସେହିପରି ଅଭାବ ହେତୁ ସେମାନଙ୍କର ପରସ୍ପର ପ୍ରତି ସ୍ନେହ ମଧ୍ୟ ହ୍ରାସ ପାଇନାହିଁ। ଦରିଦ୍ର-ପତ୍ନୀ ଓ ମାତା ସ୍ୱାମୀ ଅନୁରାଗ ଓ ସନ୍ତାନବାତ୍ସଲ୍ୟ ପ୍ରଦର୍ଶନରେ ସୁମହତ୍ ପରିଚୟ ଦେଇଛନ୍ତି। ପଲାଳ-କୁଟୀରବାସିନୀ ପ୍ରୋଷିତପତିକାର ସନ୍ତାନବାତ୍ସଲ୍ୟ, କାକମାତାର ଅନାବିଳ ଆତ୍ମୋତ୍ସର୍ଗର ବର୍ଣ୍ଣନା ପାଠ କଲେ ଅଶ୍ରୁ ସମ୍ବରଣ କରିହୁଏ ନାହିଁ।

ଗାଥା-ସପ୍ତଶତୀର ଚରିତ୍ର କେଉଁମାନେ ? ରାଜା, ମହାରାଜା, ଧନିକମାନେ ଏଥିରେ ସ୍ଥାନ ପାଇନାହାନ୍ତି। ସାଧାରଣ ଜନତାର କୋଳାହଳମୁଖରିତ ଗାଥାର ଜଗତ। ଗ୍ରାମପତି, ଗ୍ରାମପତିପୁତ୍ର, ଗ୍ରାମଣୀଦୁହିତା, ହାଳିକ, ହାଳିକବଧୂ, ପାମର ଜନ, ବ୍ୟାଧ, ଯୁବା-ଯୁବତୀ, ଗୋପ-ଗୋପୀ, ବେଶ୍ୟା ଓ ବେଶ୍ୟାମାତା, ମାଳାକାରକନ୍ୟା, ପ୍ରପାପାଳିକା, ବୃଦ୍ଧା ଶାଶୁ, ମାତୁଳାନୀ ଆଦି ଏଥିରେ ବିଭିନ୍ନ ଭୂମିକାରେ ଅବତୀର୍ଣ୍ଣ ହୋଇଛନ୍ତି। ଏମାନେ କେହି ସମାଜର ଉଚ୍ଚ ସ୍ତରର ଅଧିବାସୀ-ଅଧିବାସିନୀ ନୁହନ୍ତି- ସମସ୍ତେ ସାଧାରଣ ଜନସଂଘର ଅନ୍ତର୍ଭୁକ୍ତ। ବିନ୍ଧ୍ୟ ପାଦମୂଳେ ଅବସ୍ଥିତ ବ୍ୟାଧ ପଲ୍ଲୀ କିମ୍ବା ରେବା-ଗୋଦାବରୀ ତୀରର କୌଣସି ପାହାଡ଼ିଆ ଗ୍ରାମରେ ଏମାନଙ୍କର ଅଧିବାସ। ନଦୀ, ବନ, ପର୍ବତ, ଉପବନ, ଧାନ୍ୟକ୍ଷେତ୍ର, ଗ୍ରାମ-ଉପାନ୍ତ ସେମାନଙ୍କର ବିହାରକ୍ଷେତ୍ର। ପ୍ରକୃତିର ପୃଷ୍ଠଭୂମିରେ ଗ୍ରାମ୍ୟ-ଜୀବନର ଅଭିନୟ-ମଞ୍ଚ ନିର୍ମିତ। ପ୍ରତ୍ୟେକ ନରନାରୀ ଏଥିରେ ଅଭିନେତା ଅଭିନେତ୍ରୀ। ସେମାନଙ୍କ ଜୀବନ-ନାଟ୍ୟ-ହସକାନ୍ଦ, ଆନନ୍ଦବେଦନା, ଉପଭୋଗ ଓ କଦର୍ଥନାର ସମାହାର। ଏମାନେ କେବଳ ରସିକ-ରସିକିନୀ ନୁହନ୍ତି; ମହାଜୀବନପ୍ରେମୀ।

ଗାଥାକବି ଗନ୍ଧଲୋକର କୌଣସି ଅଧରା ପଛରେ ଛୁଟିନାହାନ୍ତି। ହାଳିକ ଓ ହାଳିକ-ବଧୂ ଗାଥାକବିର ଅତୀବ ପ୍ରିୟପାତ୍ର। ସେମାନଙ୍କ ପ୍ରେମ-ଜୀବନର ସୁଖମୟ ଚିତ୍ର ଅଙ୍କନରେ ସେ କ୍ଲାନ୍ତି ଅନୁଭବ କରିନାହାନ୍ତି। ହାଳିକ-ବଧୂର ବୁକୁର ମଧୁ ପାନକରି ସେ ବିଭୋର। ତାର ଲୀଳାବିଳାସ ବିଭ୍ରମ ବର୍ଣ୍ଣନାରେ ସେ ଶତମୁଖ। ସପ୍ତାତୀର କାବ୍ୟ-ଜଗତରୁ ଯେଉଁ କାବ୍ୟ-ବଧୂ ଉତ୍ତରୀୟ ଟେକି ଚକିତ ଚମକରେ ଆମ ଦୃଷ୍ଟି ସମ୍ମୁଖରେ ଉଭାହୁଏ, ତାହାକୁ ମନୋଲୋକର ସଙ୍ଗିନୀ କରିବାକୁ କାହାର ଇଚ୍ଛା ନହୁଏ ? ସେ ଚିରସୁନ୍ଦରୀ; ତାର ରୂପର ମାଧୁରୀ ନିଃଶେଷରେ ପାନକରି ଯୁଗଯୁଗଧରି କାବ୍ୟରସିକମାନେ ବିଭୋର।

ଡକ୍ଟର ବୈରାଗୀଚରଣ ଜେନା

ଗାଥା-ସପ୍ତଶତୀର କାବ୍ୟ-ଜଗତ୍ ମହିଳାଜନ-କୋଳାହଳମୁଖରିତ। ପୁରୁଷଠାରୁ ନାରୀମାନେ ଏଥିରେ ଅଧିକ ଅଂଶ ଗ୍ରହଣ କରିଛନ୍ତି। ଅଧିକାଂଶ ଗାଥାର ବକ୍ତ୍ରୀନାରୀ, ତେଣୁ ନାରୀ-ପ୍ରାଧାନ୍ୟ ସହଜରେ ଅନୁଭୂତ ହୁଏ। ଗ୍ରାମ୍ୟ-ଜୀବନରେ ନାରୀର ଭୂମିକା ଓ ପ୍ରତ୍ୟେକ କଥାରେ ତାର ଉପସ୍ଥିତ ଲକ୍ଷ୍ୟ କରାଯାଏ। ତେଣୁ ପତ୍ନୀ, ପ୍ରେମିକା, ମାତା, ଅଭିସାରିକା, ଦୂତୀ, ବୃଦ୍ଧା, ଗୋପୀ ଓ ପ୍ରପାପାଳିକା ଆଦି ଭୂମିକାରେ ସେ ଅବତୀର୍ଣ୍ଣ।

କାଳିଦାସଙ୍କ କାବ୍ୟରେ ଆମେ ଦେଖୁ, ରାତ୍ରିର ନିବିଡ଼ ତମସା ମଧ୍ୟରେ ଅଭିସାରିକା ଚାଲିଛି ପ୍ରିୟମିଳନ ଆଶାରେ। ଗାଥାରେ ଅଭିସାରିକା ପ୍ରଚୁର; ମାତ୍ର ସେମାନଙ୍କର ମିଳନକ୍ଷେତ୍ର ଓ ମିଳନ-ପ୍ରୟାସ-ସମସ୍ତ ଗ୍ରାମୀଣ। କାର୍ପାସ କ୍ଷେତ, ବେତସବନ, ଶାଳିକ୍ଷେତ କିମ୍ବା ଶଣବନ, ଗୋଦାତଟ ବିକଟ ନିକୁଂଜ ସେମାନଙ୍କର ପ୍ରିୟ-ମିଳନ-ରାସର ସାକ୍ଷୀ। ମନରେ ସେମାନଙ୍କର କେତେ ଭୟ ଓ ଆଶଙ୍କା ! ଅଭିସାରରେ ବହିର୍ଗତ ହେବା ପୂର୍ବରୁ ସେ ରୁଦ୍ଧ ଗୃହ ମଧ୍ୟରେ ଅନ୍ଧକାରରେ ଯାତ୍ରା କରିବାର ଅଭ୍ୟାସ କରେ। ସପ୍ତଶତୀର ଜଗତରେ ସତୀ ଅଛନ୍ତି, ଅସତୀ ଅଛନ୍ତି; ସେହି ଏକା ଗ୍ରାମରେ ସେମାନଙ୍କର ବାସ। ସତୀର ବଞ୍ଚିବା ଓ ଅସତୀର ବଞ୍ଚିବାରେ କୌଣସି ପାର୍ଥକ୍ୟ ଦେଖିନାହାନ୍ତି ଗାଥାର କବି।

ଗାଥାର ନାୟିକା ଓ ଦୂତୀମାନେ ଉପାଲମ୍ଭ - ବଚନରେ ନିପୁଣା। ଚଟୁଳ ଭାଷଣରେ କେହି ସେମାନଙ୍କର ସମକକ୍ଷା ନୁହନ୍ତି। ମିଳନ ଉପାୟ ବତାଇଦେବାରେ ସଖୀ ଓ ଦୂତୀମାନଙ୍କର ଚାତୁର୍ଯ୍ୟ ଅସାଧାରଣ।

ଗ୍ରାମଣୀପୁତ୍ର ନାୟକ ରୂପରେ ବହୁ ଗାଥାରେ ଅବତୀର୍ଣ୍ଣ। ତା'ର ବୀରତ୍ୱ ହେତୁ ସାରା ଗାଁର ଜନପ୍ରାଣୀ ନିଶ୍ଚିନ୍ତରେ ନିଦ୍ରାସୁଖ ଭୋଗ କରନ୍ତି। ଗ୍ରାମଣୀପୁତ୍ରର ପତ୍ନୀର ଦୁଃଖ ପୁଣି କେତେ ! ସେ ବିଚାରୀ ସ୍ୱାମୀର ବ୍ରଣପୂର୍ଣ ବନ୍ଧୁର ବିଷମ ବକ୍ଷ ଉପରେ ମଥା ରଖି ଅତି କଷ୍ଟରେ ନିଦ୍ରା ଯାଏ।

ଦାଂପତ୍ୟଜୀବନର ଛୋଟ ଛୋଟ ଘଟଣା ସ୍ୱାମୀ-ସ୍ତ୍ରୀ ମଧ୍ୟରେ କୌତୁକ-ବିଳାସ ପାଇଁ ଉପାଦାନ ଯୋଗାଇଛି- କୌଣସି ଗୃହକର୍ମନିରତା ବଧୂଟିଏ ରନ୍ଧନଶାଳାରେ ଚୂଲି ଫୁଙ୍କି ଫୁଙ୍କି ଅସ୍ଥିର ହେଉଛି; କାରଣ ଚୂଲି ଜଳୁନାହିଁ, କେବଳ ଧୂଆଁ ଉଠି ତାର ସକଳ ଚେଷ୍ଟାକୁ ପଣ୍ଡ କରୁଛି। ଏଣୁ ସେ ରାଗିଯାଉଛି। ଏତିକିବେଳେ ସ୍ୱାମୀ ଆସି ତାକୁ ବୋଧ ଦେଇ କହୁଛି - ଅଗ୍ନି ଜଳିବାକୁ ଚାହୁଁ ନାହିଁ; କାରଣ ଜଳିଉଠିଲେ ତୁମେ ଆଉ ମୁଖ-ମାରୁତ ଦାନ କରିବ ନାହିଁ; ସେ ଦୀର୍ଘକାଳ ତୁମ ମୁଖର ସାନ୍ନିଧ୍ୟ ଲାଭ କରିବାକୁ ଚାହେଁ।

ଗାଥା ସପ୍ତଶତୀ

ସ୍ଥାନେ ସ୍ଥାନେ ଅତି ନିର୍ଦ୍ଦୋଷ ହାସ୍ୟରସ ପାରିବାରିକ ଜୀବନକୁ ଭିତ୍ତିକରି ପରିବେଷିତ ଅପରାଧୀ ସ୍ୱାମୀ ମାନିନୀ ପ୍ରିୟାର ମାନ ଦୂର କରିବାପାଇଁ ପାଦ ତଳେ ପଡ଼ିଛି। ସେମାନଙ୍କର ଶିଶୁପୁତ୍ର ଏଇ ଅବସ୍ଥାର ସୁଯୋଗ ନେଇ ପିତାର ପୃଷ୍ଠୋପରି ଆରୋହଣ କରି ବସିଛି। ସ୍ୱାମୀର ପାଦପତନ ଯୋଗୁ ନୁହେଁ, ଶିଶୁର ଏଇ ବ୍ୟବହାରରେ ରୁଷ୍ଟା ପତ୍ନୀ ରୋଷ ଭୁଲିଯାଇଛି।

ଗାଥାର ନାୟିକାମାନଙ୍କର ପ୍ରେମନିଷ୍ଠାର ପଟାନ୍ତର ନାହିଁ। ତରୁଣୀର ପ୍ରେମ-ଚାଞ୍ଚଲ୍ୟ, ପ୍ରେମର ତୀବ୍ରତା ଓ ସୂକ୍ଷ୍ମ-ସୌକୁମାର୍ଯ୍ୟ ବର୍ଣ୍ଣନାରେ କବିମାନେ ଅସାମାନ୍ୟ ଦକ୍ଷତା ପ୍ରଦର୍ଶନ କରିଛନ୍ତି। ପଙ୍କପୂର୍ଣ୍ଣ ଗ୍ରାମପଥ, ଶ୍ରାବଣଧାରା ଉଚ୍ଛ୍ୱସିତ ତିମିରାଚ୍ଛନ୍ନ ରାତ୍ରିରେ ପୂର୍ଣ୍ଣଗର୍ଭା ନଦୀ ପାର ହୋଇ ପ୍ରେମିକ ସହିତ ମିଳନାତୁରା ପ୍ରେମିକାର ଅଭିସାର ରଚନା, ପଥିକ ପ୍ରତି ନାୟିକାର ପ୍ରେମାଭିଳାଷ, ଗୋତ୍ରସ୍ଖଳନ ଅପରାଧରେ (ନାୟକ ତୁଣ୍ଡରେ ଅନ୍ୟ ନାୟିକାର ନାମ ଉଚ୍ଚାରଣ ଶୁଣି ନାୟିକାର କୋପ) ଅପରାଧୀ ପୁଂସ ପ୍ରତି ନାୟିକାର ମାନ କେତେ ହୃଦୟାବର୍ଜକ ଓ ମଧୁର! ପୁରୁଷର ପ୍ରେମଲାଭ କରିବାପାଇଁ ନାରୀ ତାର ଅସ୍ତିତ୍ୱ ବିସ୍ମୃତ ହୋଇ ଦୈବକୁ ପ୍ରାର୍ଥନା କରେ- ହେ ଦେବ, ମୋର ପ୍ରିୟତମଙ୍କ ପାଇଁ ଅନ୍ୟ ମହିଳା ଆସକ୍ତିର ବିଧାନ କର; ନହେଲେ ପୁରୁଷ ଏକରସାସ୍ୱାଦୀ ହୋଇଯିବେ ଓ କାହାରି ଗୁଣ-ଦୋଷକୁ ବିଶେଷ ରୂପେ ବୁଝିପାରିବେ ନାହିଁ। ବିରହିଣୀର ମାନ ଅଭିମାନ, ଉତ୍‌କଣ୍ଠା ଓ ଉଚ୍ଛ୍ୱାସରେ ପାଠକର ନୟନପତ୍ର ଆର୍ଦ୍ର ହୋଇଉଠେ। ଏହିପରି ମୁଗଧା, ମଧ୍ୟା, ପ୍ରଗଲ୍‌ଭା, ନବୋଢ଼ା, ସ୍ୱକୀୟା, ପରକୀୟା, ଖଣ୍ଡିତା, ଅନ୍ୟରତିଚିହ୍ନଦୁଃଖିତା, ଗୋତ୍ରସ୍ଖଳିତା, ମାନିନୀ, ପ୍ରୋଷିତପତିକା, ବିରହିଣୀ, ବାସକସଜ୍ଜା, ସ୍ୱାଧୀନଭର୍ତ୍ତୃକା, ବିପ୍ରଲବ୍‌ଧା, କଳହାନ୍ତରିତା, ଅଭିସାରିକା (ଦିବାଭିସାରିକା, ତିମିରାଭିସାରିକା, ଜ୍ୟୋତ୍ସ୍ନାଭିସାରିକା, ଦୁର୍ଦ୍ଦିନାଭିସାରିକା) ଆଦି କେତେ ଭିନ୍ନ ମତିଗତି ଓ ଅବସ୍ଥାର ନାୟିକାମାନଙ୍କର ଶୋଭାଯାତ୍ରା ଲମ୍ବିଯାଇଛି ଏହି ସାତଶହ ପ୍ରକୀର୍ଣ୍ଣ ଗାଥା-ସନ୍ଦୋହ ମଧ୍ୟରେ।

ପୂର୍ବରୁ କୁହାଯାଇଛି, ଗାଥା-ସପ୍ତଶତୀ ଭାରତର ଲୌକିକ ସାହିତ୍ୟ। ଏହା ଲୋକମର୍ଧୀ - ଲୋକଜୀବନ, ଲୋକବ୍ୟବହାର ଓ ବିଶ୍ୱାସ ଉପରେ ଆଧାରିତ ଏକ ଅତୁଲ୍ୟ ଗ୍ରନ୍ଥ। ଏହି ଗ୍ରନ୍ଥରୁ କୃଷିଜୀବୀ-ସଭ୍ୟତାର ଚିତ୍ର ମିଳେ। ଭାରତୀୟ ସମାଜ ଓ ସଂସ୍କୃତିର ଅଧ୍ୟୟନ କରୁଥିବା ଗବେଷକମାନଙ୍କର ଧ୍ୟାନ ଏଇ ଗ୍ରନ୍ଥ ପ୍ରତି ଆକୃଷ୍ଟ ହେବା ଉଚିତ୍। ଏଥିରେ ଦକ୍ଷିଣ-ଭାରତର ଗ୍ରାମୀଣ ଜୀବନର ଜୀବନ୍ତ ଚିତ୍ରଣ କରାଯାଇଛି। ଏହାର ସମାଜଶାସ୍ତ୍ରୀୟ ଅଧ୍ୟୟନରୁ ତତ୍‌କାଳୀନ ସମାଜ-ଜୀବନ ସଂପର୍କରେ ନାନା ତଥ୍ୟ ଉଦ୍‌ଘାଟିତ ହୁଏ। କୃଷି-ସଭ୍ୟତାର ରୀତିନୀତି, ଆଚାର-

ଡକ୍ଟର ବୈରାଗୀଚରଣ ଜେନା

ବିଚାର, ପଲ୍ଲୀଜୀବନର ଉତ୍ସବ ଅନୁଷ୍ଠାନ ଓ ପରିସ୍ଥିତି ସହିତ ନାରୀଜୀବନର ଆଶା ନିରାଶା, ଆନନ୍ଦ-ବେଦନାର ମାର୍ମିକ ଚିତ୍ର ବହନ କରିଥିବାରୁ ଭାରତୀୟ ସଂସ୍କୃତି ଓ ସମାଜ-ସଂପର୍କିତ ଆଲୋଚନା ନିମନ୍ତେ ଏହା ମହତ୍ତ୍ୱପୂର୍ଣ୍ଣ ଉପାଦାନ ଯୋଗାଇଦିଏ। ବସ୍ତ୍ରାଳଙ୍କାରପ୍ରିୟା କୃଷକବଧୂର ରୂପଚର୍ଯ୍ୟା, ବିଳାସବ୍ୟସନ, ଉତ୍ସବ ଅବକାଶରେ କୁସୁମ୍ଭ ବସ୍ତ୍ର ପରିଧାନ କରି ଗୃହେ ଗୃହେ ପ୍ରହେଣକ ବାଣ୍ଟିବା, ଋତୁକାଳରେ ମୁହଁରେ ହଳଦୀ ଲଗାଇବା, ଶୀତଦିନେ ମୁହଁରେ ମହମ ଲଗାଇବା ଆଦି ସୁଖ ଓ ଭୋଗର ଚିତ୍ରରୁ ସାମାଜିକ ପ୍ରଥାର ପରିଚୟ ମିଳେ। କୁମାରୀମାନଙ୍କର ତାଳଗଛ ଖେଳ ଓ ତଟ ଉପରେ ହସ୍ତ ରଖି ନିତମ୍ବ ଘୂର୍ଣ୍ଣନ ଖେଳା ବିଜ୍ଞାନସମ୍ମତ। ଶୀଳଭଙ୍ଗକାରୀ ଚପଳ ଦେବରର କୁଉଦ୍ଦେଶ୍ୟ ବୁଝିପାରି ଉପଦେଶ ଛଳରେ ଭ୍ରାତୃବଧୂର ରାମାୟଣ ଚିତ୍ର ପ୍ରଦର୍ଶନ ଯେଉଁପରି ସାମାଜିକ ଦୃଢ଼ତା ସୂଚାଏ, ସେହିପରି ସମାଜରେ ଉଚ୍ଛୃଙ୍ଖଳ ଦେବର ଭ୍ରାତୃବଧୂର ପ୍ରେମ-ବ୍ୟାପାରର ଚିତ୍ର ମଧ୍ୟ ଏଥିରେ ମିଳେ। କାବ୍ୟ ସାହିତ୍ୟରେ ରାଧାକୃଷ୍ଣଙ୍କ ପରକୀୟା ପ୍ରୀତି ସ୍ଥାନ ଲାଭ କରିବା ପୂର୍ବରୁ ପଲ୍ଲୀ-ଜୀବନରେ ପରକୀୟା ରସର ବିଶେଷ ଚର୍ଚ୍ଚା ଗାଥାମାନଙ୍କରେ ଦେଖିବାକୁ ମିଳେ।

ଭିତ୍ତିଲେଖନ ଦ୍ୱାରା ପ୍ରତୀକ୍ଷା ପ୍ରାଚୀନ କାବ୍ୟରେ ବହୁଳ ପରିଦୃଷ୍ଟ ହୁଏ। ବିରହିଣୀ ଯକ୍ଷପ୍ରିୟା ଦେହଳୀ ଉପରେ ଫୁଲ ଥୋଇ ପ୍ରିୟତମ ଯକ୍ଷର ଶାପାନ୍ତ ଦିବସର ପ୍ରତୀକ୍ଷା କରିଥିଲା ପରି ଗାଥାର ପ୍ରୋଷିତପତିକା ଭିତ୍ତିଗାତ୍ରରେ ରେଖାଙ୍କନ କରି ବିରହର ଅବଧି ଦିବସ ଗଣନା କରିଛି।

କୃଷ୍ଣଙ୍କ କୌମାରଲୀଳା ସମ୍ବନ୍ଧରେ କେତୋଟି ଗାଥା ମିଳେ - "ଆଜି ବି ଦାମୋଦର ବାଳକ", ଯଶୋଦା ଯେତେବେଳେ ଏଇ ଭଳି କହୁଥିଲେ, ସେତେବେଳେ କୃଷ୍ଣଙ୍କ ମୁଖ ପ୍ରତି ଦୃଷ୍ଟି ଢ଼ାଳି ବ୍ରଜବଧୂଗଣ ନିଭୃତରେ ହସୁଥିଲେ। ଆଉ ଗୋଟିଏ ଗାଥାରେ-

ନୃତ୍ୟ-ପ୍ରଶଂସା ଛଳରେ ପାର୍ଶ୍ୱଗତା କୌଣସି ଗୋପୀ ସଦୃଶ-ଗୋପୀଗଣଙ୍କ କପୋଳ-ପ୍ରତିମାଗତ କୃଷ୍ଣଙ୍କୁ ଚୁମ୍ବନ କରୁଅଛି।

କୌଣସି ଦୂତୀ କୃଷ୍ଣଙ୍କ ସୁଭଗତ୍ୱ ପ୍ରତି ଆକ୍ଷେପ କରି କହିଛି- ହେ କୃଷ୍ଣ, ଯଦି ଭ୍ରମଣ କରୁଛ ତ ସୌଭାଗ୍ୟ-ଗର୍ବିତ ହୋଇ ଏଇ ଗୋଷ୍ଠରେ ଏଇଭଳି ଭ୍ରମଣ କର; ମହିଳାମାନଙ୍କ ଦୋଷଗୁଣ ଯଦି ବିଚାର କରିବାକୁ ସମର୍ଥ ହୁଏ।

ରାଧାପ୍ରେମର ଧାରାରେ ସପ୍ତଶତୀର ଅବଦାନ ଅସ୍ୱୀକାର କରାଯାଇ ନପାରେ। ଗୋଟିଏ ଗାଥାରେ ଆଭୀରବଧୂ ରାଧାଙ୍କର ଉଲ୍ଲେଖ ମିଳେ- ହେ କୃଷ୍ଣ, ତୁମେ

ମୁଖମାରୁତ ଦ୍ୱାରା ରାଧିକାର ମୁଖଲଗ୍ନ ଧୂଳିକଣା ଅପନୟନ କରି ଏଇ ବଲ୍ଲବୀଗଣଙ୍କର ଓ ଅନ୍ୟ ସକଳ ନାରୀମାନଙ୍କର ମଧ୍ୟ ଗୌରବ ହରଣ କରୁଅଛ।

ପ୍ରକୃତିର ରମ୍ୟ ଦୃଶ୍ୟାବଳୀ ପରିବେଷଣରେ ଗାଥା କବିଙ୍କର ସୂକ୍ଷ୍ମ ପର୍ଯ୍ୟବେକ୍ଷଣ ଶକ୍ତି ଓ ପ୍ରକୃତି ପ୍ରତି ସ୍ୱଭାବିକ ଆକର୍ଷଣର ପରିଚୟ ମିଳେ। ପ୍ରକୃତିର ଖଣ୍ଡ ଚିତ୍ର ଗୋଟିଏ ଗୋଟିଏ ଗାଥାରେ ଉତ୍‌କୀର୍ଣ୍ଣ; ତାହା ସ୍ୱାଭାବିକ, ମନୋହାରୀ ଓ ସ୍ୱୟଂସଂପୂର୍ଣ୍ଣ। ଚିତ୍ରକରର ତୂଳିରେ ଉନ୍‌ମୀଳିତ ଆଲେଖ୍ୟବତ୍ ଜୀବନ୍ତ। ବର୍ଷାର ଜଳଧାରା ଆଡ଼କୁ ମୁହଁ କରି ପକ୍ଷକୁ ଲମ୍ବାଇ ଦେଇ ଓ ଦେହକୁ ବଙ୍କାଇ ଚକ୍‌କର ଦେଉଥିବା କୁଆର ସ୍ୱାଭାବିକ ସ୍ଥିତି ବର୍ଣ୍ଣନାରେ କବି ସୂକ୍ଷ୍ମ ନିରୀକ୍ଷଣ ଶକ୍ତିର ପ୍ରମାଣ ଦେଇଛନ୍ତି। ପ୍ରକୃତିର ମୌନ ବ୍ୟାପାରକୁ କବି କେତେ ସହାନୁଭୂତି ସହିତ ଲକ୍ଷ୍ୟ କରିଛନ୍ତି- କୁମୁଦ ପାଖୁଡ଼ା ଉପରେ ନିଶ୍ଚଳ ହୋଇ ବସିଥିବା ମତ୍ତ ମଧୁକରସମୂହ ସତେ ଯେପରି ଶଶିକିରଣରେ ଲୁପ୍ତ ଅନ୍ଧକାରର ଶେଷ ରହିଯାଇଥିବା ଗ୍ରନ୍ଥି ଭଳି ପ୍ରତୀତ ହେଉଛନ୍ତି। ବନେତର ବ୍ୟାଧଯୁବା ପ୍ରକୃତିର କ୍ରୀଡାଲୋକ ରୂପ ପ୍ରତି ସହଜ ଉତ୍ସୁକ ଭାବରେ ଚାହିଁ ରହି ନିଜ ଧନୁର କୋଟିକୁ ପର୍ବତର ଚଟାଣ ଉପରେ ଟେକି ରଖି ବିନ୍ଧ୍ୟ-ଶିଖର ଦେଶରେ ଘେରି ରହିଥିବା ହସ୍ତୀ ଭଳି ମେଘକୁ ଦେଖିଲାଗିଛି।

ଗାଥା-ସପ୍ତଶତୀର ପ୍ରଭାବରେ ସଂସ୍କୃତ ଓ ପ୍ରାନ୍ତୀୟ ସାହିତ୍ୟରେ ସତ୍ତସଈ କାବ୍ୟ-ପରମ୍ପରା ଫିଟିଛି। 'ଆର୍ଯ୍ୟା ସପ୍ତଶତୀ'ର ରଚୟିତା ଗୋବର୍ଦ୍ଧନାଚାର୍ଯ୍ୟ ଏଥିରୁ ପ୍ରେରଣା ଲାଭ କରିଥିଲେ ବୋଲି ପୂର୍ବରୁ କୁହାଯାଇଛି। ହିନ୍ଦୀର ସୁପ୍ରସିଦ୍ଧ ଶୃଙ୍ଗାରରସସିଦ୍ଧ କବି ବିହାରୀ ବ୍ରଜଭାଷାରେ ସାତଶହ ଦୋହା ରଚନା କରିଥିଲେ। ତାଙ୍କ ନାମ ଅନୁସାରେ ସେ ସଙ୍କଳନର ନାମ 'ବିହାରୀ ସତ୍ତସଈ'। ହାଳ-ଅମରୁ-ଗୋବର୍ଦ୍ଧନ-ବିହାରୀ ଏଇ ମୁକ୍ତକ- ପରଂପରାର କବି। ଅମରୁ ଶତକ, ଆର୍ଯ୍ୟା ସପ୍ତଶତୀ ଓ ବିହାରୀ ସତ୍ତସଈ- ଗାଥା-ସପ୍ତଶତୀର ପ୍ରତ୍ୟକ୍ଷ ପ୍ରଭାବପୁଷ୍ଟ। ଗୀତି-କବିତାର ଧାରାରେ ଗାଥାର ଆତ୍ମନିଷ୍ଠ ଭାବ ପ୍ରଭାବପାତ କରିଛି କହିଲେ ଅତ୍ୟୁକ୍ତି ହେବନାହିଁ।

■

ଡକ୍ଟର ବୈରାଗୀଚରଣ ଜେନା

ପ୍ରଥମ ଶତକ

ପସୁବଇଣୋ ରୋସାରୁଣ-ପଡ଼ିମା-ସଂକନ୍ତ-ଗୋରି-ମୁହଅନ୍ଦଂ ।
ଗହିଅଗ୍ଘ-ପଂକଅଂ ବିଅ ସଂଝା-ସଲିଲଞ୍ଜଲିଂ ଣମହ ॥ ୧ ।
(ପଶୁପତେ ରୋଷାରୁଣ-ପ୍ରତିମା-ସଂକ୍ରାନ୍ତ-ଗୌରୀ-ମୁଖଚନ୍ଦ୍ରମ୍ ।
ଗୃହୀତାର୍ଘ-ପଙ୍କଜଂ ଇବ ସଂଧ୍ୟା-ସଲିଳାଞ୍ଜଳିଂ ନମତ ॥)

-ହାଳସ୍ୟ

ପଶୁପତିଙ୍କ ସଂଧ୍ୟା-ସଲିତାଂଜଳିରେ ଗୌରୀଙ୍କର ରୋଷାରୁଣ ମୁଖଚନ୍ଦ୍ର ପ୍ରତିବିମ୍ବିତ ହୋଇଛି ଓ ଏପରି ପ୍ରତୀତ ହେଉଛି ସତେକି ଅଂଜଳିରେ ପଙ୍କଜ ସହ ଅର୍ଘ୍ୟ ଧାରଣ କରିଛନ୍ତି - ସେଇ ଜଳାଂଜଳିକୁ ନମସ୍କାର କର ।

ବ୍ୟାଖ୍ୟା - ମଙ୍ଗଳାଚରଣମୂଳକ ଗାଥା । ପ୍ରାତଃ ସଂଧ୍ୟା ନିମନ୍ତେ ଶିବ ଯେତେବେଳେ ଆଂଜୁଳିରେ ଜଳ ଧାରଣ କରି ଧ୍ୟାନରେ ନିବିଷ୍ଟ, ସେତେବେଳେ ତାଙ୍କ ପାଖରେ ଉଭା ହୋଇଥିବା ଦେବୀ ଚନ୍ଦ୍ରାନନା ପାର୍ବତୀ ମନରେ ଭାବିଲେ ଯେ ମୋତେ ଛାଡ଼ି ଶିବ ସଂଧ୍ୟାର ଧ୍ୟାନ କାହିଁକି କରୁଛନ୍ତି ? ସପତ୍ନୀ ଈର୍ଷ୍ୟାବଶତଃ କ୍ରୋଧରେ ତାଙ୍କର ଚନ୍ଦ୍ରମୁଖ ଅରୁଣ ବର୍ଣ୍ଣ ଧାରଣ କଲା ଓ ସେଇ ରୁଷ୍ଟ ମୁଖର ଛାୟା ଅଂଜଳି ଜଳରେ ବିମ୍ବିତ ହୋଇଗଲା । ସତେ ଯେପରି ଅର୍ଘ୍ୟଜଳରେ ଗୌରୀଙ୍କର ଅରୁଣ ବଦନ ଏକ ପଦ୍ମ ମାୟା ସୃଷ୍ଟି କଲା । ଭଗବାନ ପଶୁପତି ଅଂଜଳିରେ ଜଳ ସହ ପଙ୍କଜ ଧାରଣ କଲାପରି ପ୍ରତୀତ ହେଲା । କବିବତ୍ସଳ ହାଳ 'ଗାଥା ସପ୍ତଶତୀ'ର ନିର୍ବିଘ୍ନ ପରିସମାପ୍ତି ନିମନ୍ତେ ହର-ଗୌରୀ-ଉଭୟଙ୍କୁ ନମସ୍କାର କରିଛନ୍ତି ।

ଅମିଅଂ ପାଉଅ-କବବଂ ପଢ଼ିଉଂ ସୋଉଂଅ ଜେଣ ଆଣନ୍ତି ।
କାମସ୍ସ ତତ୍ତତନ୍ତିଂ କୁଣନ୍ତି ତେ କହଁ ଣ ଲଜ୍ଜନ୍ତି ? । ୨ ।
(ଅମୃତଂ ପ୍ରାକୃତ-କାବ୍ୟଂ ପଠିତୁଂ ଶୋତୁଂ ଚ ଯେ ନ ଜାନନ୍ତି ।
କାମସ୍ୟ ତତ୍ତ୍ୱ ଚିନ୍ତାଂ କୁର୍ବନ୍ତ ସ୍ତେ କଥଂ ନ ଲଜ୍ଜନ୍ତେ ?)

ସେ ଅମୃତ ସମାନ ପ୍ରାକୃତ କାବ୍ୟର ପଠନ ଓ ଶ୍ରବଣ କରି ନ ଜାଣନ୍ତି ସେମାନେ କାମଶାସ୍ତ୍ରର ତତ୍ତ୍ୱଚିନ୍ତା କରି କାହିଁକି ଲଜ୍ଜିତ ହୁଅନ୍ତି ନାହିଁ ?

ବାଖ୍ୟା- ପ୍ରାକୃତଭାଷା ଅମୃତ ସମାନ। ରାଜଶେଖର 'କର୍ପୂର-ମଂଜରୀ'ରେ ଏହାର ପ୍ରଶଂସା କରିଛନ୍ତି।

ପରୁସା ସକ୍କଅବନ୍ଧା ପାଉଅବନ୍ଧା ବି ହୋଇ ସୁଉମାରେ।
ପୁରିସ ମହିଲାଣଁ ଜେତ୍ତିଅ ମିହନ୍ତରଂ ତେତ୍ତିଅ ମିମାଣମ ॥

ଅର୍ଥାତ୍, ସଂସ୍କୃତ କାବ୍ୟ ପୁରୁଷ ଓ ପ୍ରାକୃତ କାବ୍ୟ ସୁକୁମାର। ପୁରୁଷ ଓ ମହିଳା ମଧ୍ୟରେ ଯେଉଁ ପାର୍ଥକ୍ୟ ଏ ଦୁହିଁଙ୍କ ମଧ୍ୟରେ ସେହି ପାର୍ଥକ୍ୟ ବୁଝିବାକୁ ହେବ। ଏପରି ମଧୁମୟୀ ପ୍ରାକୃତ କାବ୍ୟ ପଠନ ଓ ଶ୍ରବଣ ବିନା କାମଶାସ୍ତ୍ରର ଜଟିଳ କୁଟିଳ ତନ୍ତ୍ରୀ ବା ରହସ୍ୟ ଉଦ୍‌ଘାଟିତ ହୋଇପାରିବ ନାହିଁ। ଯେଉଁମାନେ ଯୁକ୍ତି କରନ୍ତି ଯେ, ପ୍ରାକୃତ ଗ୍ରାମୀଣ ଜନଙ୍କର ଭାଷା, ସେଥିରେ ଉଚ୍ଚକୋଟିର ଭାବ ବ୍ୟକ୍ତି କରିହେବ ନାହିଁ, ସେମାନେ ଭ୍ରାନ୍ତ। ଶୃଙ୍ଗାର-ରସ ପ୍ରକାଶ ନିମନ୍ତେ ପ୍ରାକୃତଭାଷା ଯେତେ ଅନୁକୂଳ, ସଂସ୍କୃତଭାଷା ସେତେ ନୁହେଁ। ଶୃଙ୍ଗାର ଭିଳ ସୁକୁମାର ମନୋବିକାର ପ୍ରାକୃତ କବିତାରେ ଅବାଧରେ ପ୍ରକାଶପାଏ। ନାୟକ ଯଦି ବିଦଗ୍ଧା ନାୟିକାକୁ ପ୍ରସନ୍ନ କରାଇବାକୁ ଚହେଁ ତେବେ ତାଙ୍କୁ ପ୍ରାକୃତ କାବ୍ୟ ଶୁଣାଇବାକୁ ପଡ଼ିବ। ଯେଉଁ ବ୍ୟକ୍ତି ପ୍ରାକୃତ କାବ୍ୟନଭିଜ୍ଞ, ଅଥଚ ଭାମଶାସ୍ତ୍ରରେ ବ୍ୟୁତ୍ପନ୍ନ ବୋଲି ଗର୍ବ ବହନ କରୁଥାଏ, ସେ କାଷ୍ଟ-ରସିକ ଭିନ୍ନ ଆଉ କିଛି ନୁହେଁ। କାରଣ ପ୍ରାକୃତ କାବ୍ୟ ଅବଗାହନ ବିନା କାମଶାସ୍ତ୍ରଜ୍ଞାନ ଅପୂର୍ଣ୍ଣ। ସେଭଳି ବ୍ୟକ୍ତିର ଜ୍ଞାନ ଶୁଷ୍କ ତତ୍ତ୍ୱମୂଳକ, ସରସ ଓ ରମଣୀୟ ନୁହେଁ। ସେ ଥୋଡ଼ାଏ ପୋଥି କଥା ଜାଣିଥାଏ; ସେଥିରେ ଅନୁଭତି ନଥାଏ କି କାବ୍ୟର ସରସତା ନଥାଏ। ସେପରି ଶାସ୍ତ୍ରୀୟ ଜ୍ଞାନ ଦ୍ୱାରା ସେ ନାୟିକାକୁ ଅନୁରାଗିଣୀ ଓ ପ୍ରସନ୍ନ କରାଇବା ପରିବର୍ତ୍ତେ ରୁଷ୍ଟା କରାଇଦିଏ। ପ୍ରାକୃତଭାଷା ଯୁବତୀଜନଙ୍କର ପ୍ରିୟ ଓ ଶୃଙ୍ଗାର-ପ୍ରଧାନ। ତେଣୁ ବିଦଗ୍ଧା ନାୟିକା ସଂସ୍କୃତଜ୍ଞ ନାୟକକୁ ପ୍ରାକୃତଭାଷାର ମଧୁରିମା ଓ ଶୃଙ୍ଗାରୋପଯୋଗିତା ପ୍ରତିପାଦନ କରି କାମଶାସ୍ତ୍ର ଚର୍ଚ୍ଚା କରିବାକୁ ପ୍ରରୋଚିତ କରୁଛି। ନଚେତ୍ ମଦନ ଦେବଙ୍କ ରାଜ୍ୟରେ ପ୍ରବେଶ କରି ସେ ଉପହସିତ ଓ ଲଜ୍ଜିତ ହେବା ସାର ହେବ।

ସତ୍ତ ସତାଇଂ କଇ-ବଚ୍ଛଲେଣ କୋଡ଼ୀଅ ମଜ୍‌ଝ ଆରମ୍ଭି।
ହାଲେଣ ବିରଇଆଇଂ ସାଲଙ୍କାରାଣଁ ଗାହାଣମ୍। ॥ ୩ ॥
(ସପ୍ତଶତାନି କବି-ବତ୍ସଳେନ କୋଟେର୍ମଧ୍ୟେ।
ହାଳେନ ବିରଚିତାନି ସାଳଙ୍କାରାଣାଂ ଗାଥାନମ୍।)-ହାଳସ୍ୟ

କୋଟି ସଂଖକ ଅଳଙ୍କାରଯୁକ୍ତ ଗାଥାସମୂହ ମଧ୍ୟରୁ କବିବତ୍ସଳ ହାଳ ସାତଶହ ଗାଥା ପ୍ରଣୟନ କରିଥିଲେ (ସଂଗ୍ରହ କରିଥିଲେ)।

ବ୍ୟାଖ୍ୟା - କୋଟି ସଂଖ୍ୟକ ଗାଥା ମଧ୍ୟରୁ ମାତ୍ର ସାତଶହ ଗାଥା ବାଛି ବାଛି ସଂଗ୍ରହ କରି ନରପତି ହାଳ ସ୍ୱ ପ୍ରାକୃତ-ପ୍ରୀତିର ପରିଚୟ ଦେଇଛନ୍ତି। ଲୋକମୁଖରେ ପ୍ରଚରିତ ହେଉଥିବା ଗାଥାଗୁଡ଼ିକୁ ସଂଗ୍ରହ କରିନଥିଲେ ସେଗୁଡିକ କାଳକ୍ରମେ ବିସ୍ମୃତି ଗର୍ଭରେ ଲୋପପାଇଥାନ୍ତେ। ହାଳ ଜଣେ ଅମର ସଂଗ୍ରହକର୍ତ୍ତା ପୂର୍ବବର୍ତ୍ତୀ ଓ ସମକାଳୀନ କବିମାନଙ୍କର ଗାଥାଗୁଡ଼ିକୁ ସଂଗ୍ରହ କରିବା ଦ୍ୱାରା ସେହି କବିମାନଙ୍କର ଚେତନାକୁ ଅକ୍ଷୟ କରିଦେଇ ଯାଇଛନ୍ତି। ଏଣୁ ତାଙ୍କର 'କବିବତ୍ସଳ' ଅଭିଧା ସାର୍ଥକ। ହାଳ ସଂଗୃହୀତ ଗାଥାଗୁଡ଼ିକୁ 'ସାଳଙ୍କାର' କହିବାର ତାତ୍ପର୍ଯ୍ୟ ହେଲା, ପ୍ରତ୍ୟେକ ଗାଥା କୌଣସି ନା କୌଣସି ଅଳଙ୍କାର ରୂପେ ଉଦାହୃତ ହୋଇପାରେ। ପ୍ରସିଦ୍ଧ ଅଳଙ୍କାର ଗ୍ରନ୍ଥମାନଙ୍କରେ ଏହାର ପ୍ରମାଣ ମିଳେ।

ଉଅ ଣିଚ୍ଚଲ୍-ଣିପ୍ପନ୍ଦା ଭିସିଣୀ-ପତ୍ତମ୍ମି ରେହଇ ବଲାଆ।
ଣିମ୍ମଲ-ମରଗଅ-ଭାଅଣ-ପରିଟ୍‌ଠିଆ ସଂଖ-ସୁତ୍ତି ବ୍‌ବ। ।୪।
(ପଶ୍ୟ ନିଶ୍ଚଳ-ନିଃସ୍ପନ୍ଦା ବିସିନୀ-ପତ୍ରେ ରାଜତେ ବଳାକା।
ନିର୍ମଳ-ମରକତ-ଭାଜନ-ପରିସ୍ଥିତା ଶଂଖ ଶୁକ୍ତିରିବ।) - ବ୍ୟପଦିଶସ୍ୟ ?

ଦେଖ, ପଦ୍ମପତ୍ର ଉପରେ ନିଶ୍ଚଳ ନିଃସ୍ପନ୍ଦ ଭାବରେ ବଳାକା ବସି ସତେକି ନିର୍ମଳ ମରକଳ ପାତ୍ର ଉପରେ ଶଂଖ-ଶୁକ୍ତି ଥୁଆଗଲା ପରି ଶୋଭାପାଉଛି।

ବ୍ୟାଖା - ନାୟକର ଧ୍ୟାନ ଆକୃଷ୍ଟ କରି ନାୟିକା ସଂକେତ ସ୍ଥଳର ନିର୍ଜନତା ସମ୍ବନ୍ଧରେ ସୂଚନା ଦେଉଛି। ପଦ୍ମପତ୍ର ଉପରେ ନିଶ୍ଚିନ୍ତରେ ବସିଥିବା ବକାଳିକା ସେ ସ୍ଥାନର ନିର୍ଜନତା ପ୍ରମାଣିତ କରୁଛନ୍ତି। ଏହା ସଂକେତ ବା ମିଳନର ଯୋଗ୍ୟ ସ୍ଥଳ।

ଆଜି ସଂକେତବାଟୀ ନିରାପଦ। ବକ-ପଂକ୍ତି ନିଶ୍ଚଳ; ଅର୍ଥାତ୍ ଗତିରହିତ ଓ ନିଃସ୍ପନ୍ଦ; ଅର୍ଥାତ୍, ଶାରୀରିକ ଆନ୍ଦୋଳନଶୂନ୍ୟ ହୋଇ ଏକ ସ୍ଥାନରେ ଧୀରସ୍ଥିର ଭାବରେ ବସି ରହିଛନ୍ତି। ପାନ୍ନାନିର୍ମିତ ଥାଳି ଉପରେ ଶଂଖ-ଶୁକ୍ତି ଥୁଆଗଲେ ଯେପରି ଶୋଭା ପାଇବ, ବକ-ପଂକ୍ତି ପଦ୍ମପତ୍ର ଉପରେ ନିଶ୍ଚଳ ନିସ୍ପନ୍ଦ ଭାବେ ବସିବା ସେହିପରି ମନୋହର ପ୍ରତୀତ ହେଉଛି। ଅନ୍ୟ ଅର୍ଥରେ, ନାୟକ ସଂକେତ ସ୍ଥଳକୁ କଷ୍ଟ ସମୟରେ ନ ଆସି ନାୟିକାକୁ ମିଥ୍ୟା କହିଥିଲା। ନାୟିକା ସଂକେତ ସ୍ଥଳକୁ ଯାଇ ସ୍ଥାନର ନିର୍ଜନତା ନିଜେ ଉପଲବ୍‌ଧ କରି ଫେରିଆସି ନାୟକକୁ ମିଥ୍ୟାବାଦୀ ରୂପେ ପ୍ରମାଣିତ କରିବାପାଇଁ ଏପରି କହିଛି। ନାୟିକାର ଅଭିପ୍ରାୟ ହେଲା, ନାୟକ ଯଦି ସେ ସ୍ଥାନକୁ ଯାଇଥାନ୍ତା, ତେବେ ବକ-ପଂକ୍ତି ଏପରି ନିର୍ଭୟରେ ବସିରହି ନ ଥାନ୍ତେ।

ତାବଚ୍ଚିଅ ରଈ-ସମଏ ମହିଲାଣଂ ବିବ୍‌ଭମା ବିରାଅନ୍ତି ।
ଜାବଣ କୁବଲଅ-ଦଲ-ସେଚ୍ଛଆଇଁ ମଉଲୋନ୍ତି ଣଅଣାଇଁ ॥ ୫ ॥
(ତାବଦେବ ରତି-ସମୟେ ମହିଳାନାଂ ବିଭ୍ରମା ବିରାଜନ୍ତେ
ଯାବତ୍ ନ କୁବଳୟ-ଦଳ-ସଚ୍ଛାୟାନି ମୁକୁଳୀଭବନ୍ତି ନୟନାନି) = କୁଲ୍ଲୋହସ୍ୟ

ରତିକାଳରେ ରମଣୀମାନଙ୍କର ବିଭ୍ରମ ସେତିକିବେଳଯାଏ ଶୋଭା ପାଇଥାଏ ଯେପର୍ଯ୍ୟନ୍ତ ସେମାନଙ୍କର କୁବଳୟ-ଦଳ-ସମ ନେତ୍ରଯୁଗଳ ମୁକୁଳିତ ହୋଇନଥାଏ ।

ବ୍ୟାଖ୍ୟା - ବ୍ୟସ୍ତତା ହେତୁ ଭୂଷଣର ସ୍ଥାନ-ବିପର୍ଯ୍ୟୟ ଘଟିଲେ ବିଭ୍ରମ କୁହାଯାଏ - ବିଭ୍ରମସ୍ତ୍ୱରୟା କାଳେ ଭୂଷାସ୍ଥାନ ବିପର୍ଯ୍ୟୟ । ଏଠାରେ ଯେଉଁ 'ବିଭ୍ରମ' କଥା କୁହାଯାଇଛି, ତାହା ଭୂଷା ବିପର୍ଯ୍ୟୟ ନୁହେଁ - ଏକ ପ୍ରକାର ଶୃଙ୍ଗାର-ଚେଷ୍ଟା; ରତିକାଳରେ ନାୟିକାର ହାବ-ଭାବ । କଟାକ୍ଷ, ଭୁଜଲତା-କ୍ଷେପାଦି ଦ୍ୱାରା ନାୟିକା ନାୟକକୁ ଶୃଙ୍ଗାରୋଦ୍ଦୀପ୍ତ କରିବାକୁ ଚେଷ୍ଟାକରେ । ମାତ୍ର ଏଭଳି ବିଭ୍ରମ ସେତିକିବେଳ ପର୍ଯ୍ୟନ୍ତ ଲଳନାମାନଙ୍କଠାରେ ଶୋଭା ପାଇଥାଏ, ଯେପର୍ଯ୍ୟନ୍ତ ସେମାନଙ୍କର ନୀଳପଦ୍ମ ସଦୃଶ ନେତ୍ର ମୋହନଦଶାରେ ରତ୍ୟାନନ୍ଦରେ ମୁକୁଳିତ ହୋଇନଥାଏ । ରତି-ଅବସାନାନ୍ତେ ଯେଉଁ ବିଭ୍ରମ-ଚେଷ୍ଟା, ତାହା ନିରର୍ଥକ । ଏହା ନାୟିକା ପ୍ରତି ସଖୀର ଉକ୍ତି ।

ଣୋହଲିଅମପ୍ପଣୋ କିଂ ଣ ମଗ୍‌ଗସେ ମଗ୍‌ଗସେ କୁରୁବଅସ୍‌ସ ।
ଏଅଂ ତୁହ ସୁହଗ ହସଇ ବଲିଆଣଣ-ପଙ୍କଅଂ ଜାଆ । ।୬ ।
(ଦୋହଦଂ ଆତ୍ମନଃ କିଂ ନ ମୃଗୟସେ ମୃଗୟସେ କୁରୁବକସ୍ୟ ।
ଏବଂ ତବ ସୁଭଗ ହସତି ବଲିତାନନ-ପଙ୍କଜଂ ଜାୟା ।) - ମକରନ୍ଦସେନସ୍ୟ

ସେ ସୁଭଗ, ନିଜର ଦୋହଦ ପ୍ରାର୍ଥନା ନ କରି କୁରୁବକର ଦୋହଦ ପ୍ରାର୍ଥନା କରିଲାଗିଛି କାହିଁକି ? ଏଥିପାଇଁ ତୁମର ଜାୟା ବଦନ-କମଳ ବକ୍ର କରି ହସୁଛି ।

ବ୍ୟାଖ୍ୟା- କୁରୁବକ କବି-ପ୍ରସିଦ୍ଧି ଅନୁସାରେ ନାରୀର ଆଲିଙ୍ଗନ ଲାଭକରି ପୁଷ୍ପିତ ଓ ଫଳବନ୍ତ ହୁଏ । ନାୟକ ନିଜର ଦୋହଦ ନ ଲୋଡ଼ି, ଅର୍ଥାତ୍ ଆଲିଙ୍ଗନ ପ୍ରାର୍ଥନା ନ କରି ଉଦ୍ୟାନର ପୁଷ୍ପହୀନ କୁରୁବକ ନିମନ୍ତେ ଜାୟାର ଆଲିଙ୍ଗନ କାମନା କରୁଥିବାରୁ ନାୟିକାର ସଖୀ ନାୟକକୁ କହୁଛି ଯେ, ନିଜ ପାଇଁ ସାଧନ କରିବାକୁ, ଅର୍ଥାତ୍ ଜାୟାର ଆଲିଙ୍ଗନ ଲାଭ କରିବାକୁ ଲାଜ ଲାଗୁଛି । ହେଇ ଦେଖ, ସେଥିପାଇଁ ତୁମ ପତ୍ନୀ ତୁମ ରୀତି ଦେଖି ହସୁଛି । ପର କଥା ଛାଡ଼ି ଏବେ ପ୍ରେୟସୀର ଭୁଜପାଶରେ ବାନ୍ଧି ହେବା ପାଇଁ ଯତ୍ନ କର ।

ତାବଜ୍ଜନ୍ତି ଅସୋଏହିଁ ଲଡ଼ହ-ବଣିଆ ଓଁ ଦଇ ଅବିରହମ୍ମି ।
କିଂ ସହଇ କୋବି କସ୍‌ସ ବି ପାଅପହାରଂ ପହୁ ପ୍ପନ୍ତୋ । ୭ ।

(ତାପ୍ୟନ୍ତେ ଅଶୋକୈଃ-ବିଦଗ୍ଧ-ବନିତା ଦୟିତ-ବିରହେ।
କିଂ ସହତେ କୋଽପି କସ୍ୟାପି ପାଦ ପ୍ରହାରଂ ପ୍ରଭବନ୍।)- ପ୍ରବାରକସ୍ୟ

ପ୍ରିୟ-ବିରହରେ ବିଦଗ୍ଧ ବନିତାମାନଙ୍କୁ ଅଶୋକବୃକ୍ଷ ସନ୍ତାପିତ କରେ - କ୍ଷମତାଶାଳୀ ହୋଇ କେହି କ'ଣ କାହାର ପାଦପ୍ରହାର ସହିଥାଏ ?

ବ୍ୟାଖ୍ୟା - କବି ପ୍ରସିଦ୍ଧି ଅନୁସାରେ ଅଶୋକ ସୁନ୍ଦରୀ ରମଣୀମାନଙ୍କ ପାଦ-ପ୍ରହାର ଲାଭ କରି ବିକଶିତ ହୁଏ। ଦିନ ଥିଲା ଯେତେବେଳେ ସ୍ୱାମୀର ନିର୍ଦ୍ଦେଶରେ ବିଦଗ୍ଧା ନାୟିକା ଅଶୋକର ଦୋହଦ ପୂରଣ ପାଇଁ ତା ପ୍ରତି ପାଦ-ପ୍ରହାର କରିଥିଲା। ଏବେ ପ୍ରିୟ-ବିଛେଦରେ ସେଇ ପ୍ରୋଷିତ-ପତିକା ବନିତାକୁ ଅଶୋକ ଏକାକିନୀ ଦେଖି ସେଇ ସୁଯୋଗରେ ତାର ପୂର୍ବ ଅପମାନର ପ୍ରତିଶୋଧ ନେଉଛି। ନାୟିକାର ସଖୀ ନାୟକଙ୍କୁ କହୁଛି - ତୁମ ପ୍ରରୋଚନାରେ ସେ ଅଶୋକ ପ୍ରତି ଯେଉଁ ଅପମାନ କରିଥିଲା, ଆଜି ବସନ୍ତରେ ବୈର-ଭାବ ପୋଷଣ କରି ଅଶୋକ ଯେତେବେଳେ ତାକୁ ସନ୍ତପ୍ତ କରୁଛି, ତୁମେ ତାକୁ ଛାଡ଼ି ବିଦେଶ ଚାଲିଯାଇଛ। କୁହ, କ୍ଷମତା କ'ଣ କେବେ ପରପୀଡ଼ନ ସହ୍ୟ କରେ ? ମୋ ସଖୀ ତୁମ ନିର୍ଦ୍ଦେଶରେ ଯେଉଁ କାର୍ଯ୍ୟ କରିଥିଲା ଆଜି ତାର ପ୍ରତିଫଳ ପାଉଛି, ଅର୍ଥାତ୍ ଅଶୋକରଂଜିତ ହୋଇ ସେଇ ପ୍ରୋଷିତ-ପତିକାକୁ ପୋଡ଼ିଲାଗିଛି। ତୁମେ ଯାଇ ଶୀଘ୍ର ତାକୁ ଏଇ ବିପଦରୁ ଉଦ୍ଧାର କର।

ଅତ୍ତା ତହ ରମଣିଜ୍ଜଂ ଅହ୍ମଂ ଗାମସ୍‌ସ ମଣ୍ଡଣୀହୂଅଂ।
ଲୁଅ-ତିଲ-ବାଡ଼ି-ସରିଚ୍ଛଂ ସିସିରେଣ କଅଂ ଭିସିଣ-ସଣ୍ଡଂ ।୮।

(ଶ୍ୱଶ୍ରୁ ତଥା ରମଣୀୟ ମସ୍ମାକଂ ଗ୍ରାମସ୍ୟ ମଣ୍ଡନୀଭୂତମ୍।
ଶୂନ-ତିଲ-ବାଟୀ-ସଦୃଶଂ ଶିଶିରେଣ କୃତଂ ବିନିନୀ-ଷଣ୍ଡମ୍।) - କୁମାରିଲସ୍ୟ

ଆଗୋ ଶାଶୁ, ଶିଶିରପାତ ହେତୁ ଆମ ଗ୍ରାମର ଶୋଭାବର୍ଦ୍ଧନକାରୀ ତଥା ରମଣୀୟ ପଦ୍ମଜନ ଛିନ୍ନ ତିଳକ୍ଷେତ୍ର ସଦୃଶ ହୋଇଗଲାଣି।

ବ୍ୟାଖ୍ୟା - ଶାଶୁଙ୍କୁ ସମ୍ବୋଧନ କରି କହିଲେ ମଧ୍ୟ ଅଭିସାର ସ୍ଥାନର ସୂଚନା ଦେଇ ନାୟିକା ପ୍ରେମିକ ଉଦ୍ଦେଶ୍ୟରେ କହୁଛି। ଏବେ ଆଉ କର୍ତ୍ତିତ ତିଳ କ୍ଷେତ ଅଭିସାରଯୋଗ୍ୟ ନୁହେଁ; ଶିଶିରପାତ ହେତୁ ମାଟି ଉପରେ ଲୋଟିପଡ଼ିଥିବା ଗ୍ରାମ-ମଣ୍ଡନ ପଦ୍ମବନହିଁ ଉପଯୁକ୍ତ ସଂକେତ-ସ୍ଥଳ। ହିମଋତୁର ଆଗମନ ପୂର୍ବରୁ ପଦ୍ମବନକୁ ଲୋକଗତାଗତ ଥିବା; ମାତ୍ର ପଦ୍ମବନ ଶିଶିର-ଲୁଣ୍ଠିତ ହେବାପରେ ସେ ସ୍ଥାନ ନିରାପଦ।

କିଂ ରୁଅସି ଓଣଅ-ମୁହୀ ଧବଳାଅନ୍ତେସୁ ସାଲିଛିତ୍ତେସୁ।
ହରିଆଲ-ମଣ୍ଡିଅ-ମୁହୀ ଣଡ଼ି ବ୍ବ ସଣ-ବାଡିଆ ଜାଆ ॥ ୯ ।

(କିଂ ରୋଦିଷି ଅବନତ-ମୁଖୀ ଧବଳାୟମାନେଷୁ ଶାଳିକ୍ଷେତ୍ରେଷୁ।
ହରିତାଳ-ମଣ୍ଡିତ-ମୁଖୀ ନଟୀ ଇବ ଶଣ-ବାଟିକା ଜାଣ।) -ମହେନ୍ଦ୍ରସ୍ୟ

ଶାଳିକ୍ଷେତ୍ର ପାଚି ଧଳା ଦେଖାଯିବାରୁ ତୁ ଅବନତମୁଖୀ ହୋଇ କାହିଁକି ରୋଦନ କରୁଛୁ ? ପୀତ ପୁଷ୍ପ ଗୁଚ୍ଛରେ ଶଣବାଟିକା ହରିତାଳମୁଖୀ ନଟୀ ଭଳି ଦେଖାଗଲାଣି।

ବ୍ୟାଖ୍ୟା - ପ୍ରିୟ-ମିଳନ ନିମନ୍ତେ ପ୍ରଥମେ ନାୟିକାଟି ଶାଳିକ୍ଷେତ୍ରକୁ ଯାଉଥିଲା। ଶାଳି ମାନ ପାଚିଯିବାରୁ ଧାନକଟା ସରିଲେ ସେଠାରେ ଗୋପନ ଅଭିସାର ଚଳିବାର ଅବକାଶ ରହିବ ନାହିଁ। ସେଥିପାଇଁ ସେ ଦୁଃଖରେ ମୁହଁ ତଳକୁ କରି କାନ୍ଦୁଥିବା ବେଳେ ତା'ର ସଖୀ ଉପାୟ କରିଦେଉଛି - ଏଇ ଯେ ପବନରେ ଆନ୍ଦୋଳିତ ଶଣବନ ସେ କି ମୁଖରେ ହରିତାଳ ଲେପନ କରିଥିବା ନଟୀ ଭଳି ତୋତେ ସ୍ୱାଗତ କରୁଛି, ତାହାକୁ ତୋର ଅଭିସାର-ସ୍ଥଳ ରୂପେ ନିର୍ବାଚନ କର; ଅର୍ଥାତ୍ ଧାନବିଲ ନ ହେଲେ ଶଣବିଲ ଅଛି। ତୁ କାହିଁକି କାନ୍ଦୁଛୁ ?

ସହି ଈରିସିବିଅ ଗଈ ମା ରୁବ୍‌ବସୁ ତଂସ-ବଲିଅ-ମୁହ-ଅନ୍ଦଂ।
ଏଆଣଁ ବାଲ-ବାଲୁଙ୍କି-ତନ୍ତୁ-କୁଡ଼ିଲାଣଁ ପେମ୍ମାଣଂ । ୧୦ ।
(ସଖି ଇଦୃଶ୍ୟେବ ଗତିଃ ମା ରୋଦୀଃ ତିର୍ଯଗ୍-ଦଳିତ-ମୁଖ-ଚନ୍ଦ୍ରମ୍।
ଏତେଷାଂ ବାଲ-କର୍କଟି-ତନ୍ତୁ-କୁଟିଲାନାଂ ପ୍ରେମଣାମ୍।) - ଅଲକସ୍ୟ।

ସଖି, ବାଳକର୍କଟିକା ତନ୍ତୁ ଭଳି ପ୍ରେମର ଗତି କୁଟିଳ; ଏଣୁ ତୁ ମୁଖଚନ୍ଦ୍ରକୁ ବକ୍ର କରି ରୋଦନ କରନାହିଁ।

ବ୍ୟାଖ୍ୟା - କଳହାନ୍ତରିତା ନାୟିକା ପ୍ରତି ସଖୀ ଉକ୍ତି। ଭର୍ତ୍ସନା କରି ନାୟକଙ୍କୁ ଫେରାଇ ଦେଇ ପଶ୍ଚାତ୍ତାପ କରୁଥିବା ନାୟିକାକୁ ପ୍ରେମର ସ୍ୱଭାବ ବୁଝାଇ ସଖୀ କହୁଛି- ପ୍ରେମର ସ୍ୱଭାବ ଜଟିଳ, ତାହାକୁ ସହଜରେ ବୁଝି ହୁଏନାହିଁ। ନବ-ବାଲୁଙ୍କି-ଲତାର ତନ୍ତୁ ସମ୍ମୁଖସ୍ଥ ବସ୍ତୁକୁ ବେଢ଼ି ରହିଥାଏ, ତାହାକୁ ସ୍ଥାନାନ୍ତରିତ କରିବାକୁ ଚେଷ୍ଟା କଲେ ତନ୍ତୁ ଛିନ୍ନ ହୋଇଯାଏ। ତୁ ନିଜର ପ୍ରିୟ-ପୁରୁଷ ପ୍ରତି ଅମର୍ଷ ଭାବ ରଖିବା ଉଚିତ୍ ନୁହେଁ। ମନ ଭାଙ୍ଗିଗଲେ ଆଉ ଯୋଡ଼ା ଲାଗେନାହିଁ। ତୁ ତ ନିଜେ ପ୍ରିୟକୁ ତିରସ୍କାର କରି ଫେରାଇ ଦେଇଛୁ।

ପାଅ-ପଡ଼ିଅସ୍‌ସ ପଈଣୋ ପୁଟ୍‌ଠିଂ ପୁତ୍ତେ ସମାରୁହନ୍ତମ୍ମି।
ଦଢ଼ମଣ୍ଣୁ ଦୁଷ୍ପଣିଆଏଁ ବି ହାସୋ ଘରଣୀଏଁ ଟୋକ୍କନ୍ତୋ। ୧୧ ॥
(ପାଦ-ପତିତସ୍ୟ ପତ୍ୟୁଃ ପୃଷ୍ଠଂ ପୁତ୍ରେ ସମାରୁହତି।
ଦୃଢ଼-ମନ୍ୟୁ-ଦୂନାୟା ଅପି ହାସୋ ଗୃହିଣ୍ୟା ନିଷ୍କ୍ରାନ୍ତଃ।)- ଦୁର୍ଗସ୍ୱାମିନଃ

ପାଦତଳେ ପଡିଥିବା ପତିର ପିଠି ଉପରେ ପୁଅକୁ ଚଢ଼ିଥିବା ଦେଖି ଅତ୍ୟନ୍ତ ଦୁଃଖ ପାଉଥିଲେ ମଧ୍ୟ ଏଇ ଦୃଶ୍ୟରେ ଗୃହିଣୀର ମୁଖରେ ହସ ଫୁଟିଉଠିଲା।

ବ୍ୟାଖ୍ୟା - ପାରିବାରିକ ଜୀବନର ଏକ କୌତୁକାବହ ସାଧାରଣ ଚିତ୍ର। ଅପରାଧୀ ସ୍ୱାମୀ ମାନିନୀ ପ୍ରିୟାର ମାନ ଭାଙ୍ଗିବାକୁ ଚରଣ ତଳେ ପଡ଼ିଛି। ଏତିକିବେଳେ ଶିଶୁପୁତ୍ର ପଛରୁ ଆସି ପିଠି ଉପରେ ବସିପଡ଼ି ପିତାକୁ ଘୋଡ଼ା ଭଳି ବ୍ୟବହାର କରୁଛି। ପ୍ରଣାମ ପରେ ମଧ୍ୟ କୋପିନୀ ପ୍ରିୟାର ମାନ ଦୂର ହୋଇନାହିଁ। ଏଥିରୁ ଜଣାଯାଏ, ତାର ମାନ ଅତି ଗୁରୁତର। ମାତ୍ର ଶିଶୁପୁତ୍ରର ବ୍ୟବହାରରେ ବଧୂ ହସି ହସି ଲୋଟିଯାଇଛି ଓ ମାନ ଛଳ ସମାପ୍ତ ହୋଇଛି। ବାଳକଟିର କାର୍ଯ୍ୟରେ ପିତାର ଉଦ୍ଦେଶ୍ୟ ପୂରଣ ହୋଇଛି।

ସଚ୍ଚଂ ଜାଣଇ ଦଟ୍‌ଠୁଂ ସରି ସମ୍ମି ଜଣମ୍ମି ଜୁଜ୍ଜଏ ରାଓ।
ମରଉ ଣ ତୁମ୍ହଂ ଭାଣିସ୍‌ସଂ ମରଣଂ ବି ସଲାହଣିଜ୍ଜଂ ସେ।।୧୨।
(ସତ୍ୟଂ ଜାନାତି ଦ୍ରଷ୍ଟୁଂ ସଦୃଶେ ଜନେ ଯୁଜ୍ୟତେ ରାଗଃ।
ମ୍ରିୟତାଂ ନ ତ୍ୱାଂ ଭବିଷ୍ୟାମି ମରଣମପି ଶ୍ଳାଘନୀୟଂ ତସ୍ୟାଃ।) - ଦୁର୍ଗସ୍ୱାମିନଃ

ମୋର ସଖୀ ସତ୍ୟକୁ ଦେଖିଜାଣେ। ସଦୃଶ ଜନଠାରେ ଅନୁରାଗ ଯଥାର୍ଥ ହୋଇଥାଏ। ସେ ମରୁ ପଛେ ମୁଁ ତୁମକୁ କହିବି ନାହିଁ; ତାର ମରଣ ମଧ୍ୟ ଶ୍ଳାଘନୀୟ।

ବ୍ୟାଖ୍ୟା - ନାୟକ ପ୍ରତି ଦୂତୀର ଆକ୍ଷେପୋକ୍ତି। ସମାନେ ସମାନେ ପ୍ରୀତି ରୀତି-ଏ କଥା ମୋର ସଖୀ ଭଲକରି ଜାଣେ। ଅନୁରୂପ ଜନଠାରେ ପ୍ରୀତି ସ୍ଥାପନ କରି ମଧ୍ୟ ମୋର ସଖୀର ଅଭିଳାଷ ପୂରଣ ହେଲା ନାହିଁ; ଅଥବା ତୁମେ ଅଯୋଗ୍ୟ, ଅସଦୃଶ ଜନ, ସେ ତୁମକୁ ପ୍ରେମ କରି ଭୁଲ କରିଛି। ତଣ୍ଣେ ସତ୍ୟାସତ୍ୟର ବିବେଚନା ତାର ନାହିଁ। ମୋର ସଖୀ ମୁଗ୍ଧା। ସେ ମରିଗଲେ ମଧ୍ୟ ମୁଁ ତୁମକୁ ତାର ଜୀବନ ରକ୍ଷା ପାଇଁ ପ୍ରାର୍ଥନା କରିବି ନାହିଁ। ତୁମ ଭଳି ନିଷ୍ଠୁର ହୃଦୟକୁ ପ୍ରେମ କରି ନିରାଶ ହେବା ଅପେକ୍ଷା ମରଣ ତା ପକ୍ଷରେ ଶ୍ଳାଘନୀୟ। ହେ ବିନୋଦିୟା, ତୁମକୁ ଧିକ୍। ଯଦି ସେଇ ବିରହମାନାର ଜୀବନରକ୍ଷା ତୁମର ଉଦ୍ଦେଶ୍ୟ, ତେବେ ଶୀଘ୍ର ଯାଇ ତାକୁ ପ୍ରଣୟ ଦାନ କର।

ଘରଣୀଏଁ ମହାଣଶ-କମ୍ମ-ଲଗ୍‌ଗ-ମସି-ମଲିଇ ଏଣ-ହତ୍ଥେଣ।
ଛିତ୍ତଂ ମୁହଂ ହସିଜ୍ଜଇ ଚନ୍ଦାବତ୍‌ଥଂ ଗଅଂ ପଇଣା।୧୩।
(ଗୃହିଣ୍ୟା ମହାନସ-କର୍ମ-ଲଗ୍ନ-ମକ୍ଷୀ-ମଳିନିତେନ ହସ୍ତେନ।
ସ୍ପୃଷ୍ଟଂ ମୁଖଂ ହସ୍ୟତେ ଚନ୍ଦ୍ରାବସ୍ଥାଂ ଗତଂ ପତ୍ୟା।)-ହାଳସ୍ୟ

ରନ୍ଧନ କର୍ମରେ ନିରତା ଗୃହିଣୀର କଳା ଲାଗିଯାଇଥିବା ମଳିନ ହସ୍ତ ସ୍ପର୍ଶରେ ମୁଖ ଚନ୍ଦ୍ରମାର ଅବସ୍ଥା ପ୍ରାପ୍ତ ହୋଇଥିବା ଦେଖି ପତି ହସୁଛି।

ବ୍ୟାଖ୍ୟା - ବଧୁଟି ରନ୍ଧନଶାଳାରେ କର୍ମବ୍ୟସ୍ତ ଥିବାବେଳେ ଓଢ଼ଣା ଟାଣିବାକୁ ଯାଇ କାଳି-ମଳିନ ହାତ ମୁହଁରେ ବାଜିଯାଇଛି। ମୁଖ-ଚନ୍ଦ୍ରରେ କଳା ଯେପରି କଳଙ୍କ

ଭଳି ପ୍ରତୀତ ହେଉଛି। ବଧୂଟି ବ୍ୟସ୍ତ ହୋଇପଡିଛି କାଳେ ପତି କାଳିମାବୋଳା ମୁଖ ଦେଖି ବିରକ୍ତ ହେବ; ମାତ୍ର ପତିର ହସିବାରୁ ଜଣାଯାଏ, ସେ ବିରକ୍ତ ହେବା ପରିବର୍ତ୍ତେ ପରିହାସର ଉପଯୁକ୍ତ ଅବସର ପାଇଛି। ସତେକି ଆକାଶର ଚନ୍ଦ୍ର ପୃଥିବୀରେ ଅବତରଣ କରିଛି। ସଖୀ ଏଇ ପରିସ୍ଥିତିରେ ବଧୂଟିକୁ କହୁଛି - କଳା ଲାଗିଗଲେ ମୁଖ ଅଶୋଭା ଦିଶିବ ନାହିଁ; ବରଂ ସ୍ୱାମୀ ତୋର ମୁଖ ସହିତ ଚନ୍ଦ୍ରକୁ ତୁଳନା କରି ପ୍ରଶଂସା କରିବେ। ତୁ ତାଙ୍କୁ ପରିହାସ ନିମନ୍ତେ ଉପାଦାନ ଯୋଗାଇଦେଲୁ।

ରନ୍ଧଣ-କମ୍ମ-ଣିଉଣିଏ ମା ଜୂରସୁ ରତ୍ତ-ପାଡ଼ଲ-ସୁଅନ୍ଧଂ।
ମୁହ-ମାରୁଅଂ ପିଅନ୍ତୋ ଧୂମାଇ ସିହୀ ଣ ପଜ୍ଜଲଇ । ୧୪ ।
(ରନ୍ଧନ-କର୍ମ-ନିପୁଣିକେ ମା କ୍ରୁଧସ୍ୱ ରକ୍ତ-ପାଟଲ-ସୁଗନ୍ଧମ୍।
ମୁଖ-ମାରୁତଂ ପିବନ୍ଧୂମାୟୁତେ ଶିଖୀ ନ ପ୍ରଜ୍ୱଲତି।)- ଭୀମସ୍ୱାମିନଃ

ଆଗୋ ବନ୍ଧନ-ନିପୁଣିକେ, କ୍ରୋଧ କର ନାହିଁ। ତୁମର ରକ୍ତପାଟଳ-ପୁଷ୍ପ ସୁଗନ୍ଧିତ ମୁଖ-ମାରୁତ ପାନ ଉଦ୍ଦେଶ୍ୟରେ ଅଗ୍ନି କେବଳ ଧୂମ ନିର୍ଗତ କରୁଛି; ପ୍ରଜ୍ୱଳିତ ହେଉନାହିଁ।

ବ୍ୟାଖ୍ୟା - ବଧୁଟି ରନ୍ଧନ କର୍ମରେ ନିପୁଣା ହେଲେ ମଧ ଆଜି କାହିଁକି ଯେତେ ଫୁଙ୍କିଲେ ମଧ ନିଆଁ ଜଳୁ ନାହିଁ; ଖାଲି ଧୂଆଁ ଉଠୁଛି। ଏତିକିବେଳେ ନାୟକ ସେଠାରେ ପହଞ୍ଚିଯାଇ ନାୟିକାର ବ୍ୟସ୍ତତା ଲକ୍ଷ୍ୟ କରି କହୁଛି- ବିଫଳ ପ୍ରଯତ୍ନ ହୋଇ ତୁମେ ଅଗ୍ନି ଉପରେ କୋପ କରନା। ଅଗ୍ନି ଯେ ଜଳୁନାହିଁ ତାର କାରଣ ଅଛି। ରକ୍ତ-ପାଟଳ ଅଧର ଫାଙ୍କରେ ତୁମେ ଯେଉଁ ବାୟୁ ଅଗ୍ନି ପ୍ରତି ପ୍ରେରଣ କରୁଛି, ତାହାକୁ ନିଃଶେଷରେ ପାନ କରି ହୁତାଶନ ତୃପ୍ତ ହେଉଛନ୍ତି। ଜଳିଉଠିଲେ ସେ ଯେ ତୁମର ମୁଖ-ମାରୁତର ସୁରଭିରୁ ବଞ୍ଚିତ ହେବେ! ଏଥିରୁ ନାୟକର ଅଭିଳାଷ ବ୍ୟଂଜିତ ହେଉଛି ଯେ, ସେ ମଧ ନାୟିକାର ମୁଖର ସାନ୍ନିଧ ଓ ମୁଖ-ମାରୁତର ସୂରଭି ଆଘ୍ରାଣ କରିବାକୁ ଚାହେଁ ।

କିଂ କିଂ ଦେ ପଡ଼ିହାସଇ ସହୀହିଁ ଇଅ ପୁଚ୍ଛିଆଏଁ ମୁଦ୍ଧାଏ।
ପଢ଼ମୁଗ୍‌ଗଅ-ଦୋହଣୀଏଁ ଣବରଂ ଦଇଅଂ ଗାଆ ବିଟ୍‌ଠୀ । ୧୫ ।
(କିଂ କିଂ ତେ ପ୍ରତିଭାସତେ ସଖୀଭିରତି ପୃଷ୍ଟାୟା ମୁଗଧାୟାଃ।
ପ୍ରଥମୋଦ୍‌ଗତ-ଦୋହଦିନ୍ୟାଃ କେବଳଂ ଦୟିତଂ ଗତା ଦୃଷ୍ଟି।) - ଗଜସିଂହସ୍ୟ

"କି କି ଜିନିଷରେ ତୋର ଅଭିଳାଷ ଅଛି ? - ଏଇପରି ସଖୀମାନେ ପଚାରିବାରୁ ମୁଗ୍‌ଧା ପ୍ରଥମୋଦ୍‌ଗତ ଦୋହଦିନୀର ଦୃଷ୍ଟି କେବଳ ପ୍ରିୟତମଙ୍କ ପ୍ରତି ଗତି କରୁଛି।

ବ୍ୟାଖ୍ୟା - ନାୟିକାଟି ମୃଗଧା ଓ ପ୍ରଥମ ଥର ଗର୍ଭବତୀ ହୋଇଛି। ସଖୀମାନେ ତା'ର ଦୋହଦ-ପୂରଣ ପୁଣ୍ୟ କାର୍ଯ୍ୟ ଭାବି ତାକୁ ଯେତେବେଳେ କଣ ରୁଚିକର

ଲାଗୁଛି ବୋଲି ପଚାରିଛନ୍ତି, ସେତେବେଳେ ସେ ନୂତନ ଗର୍ଭୋଦୟ ହେତୁ ସେମାନଙ୍କ ପ୍ରଶ୍ନର ଉତ୍ତର ନ ଦେଇ ପ୍ରିୟତମଙ୍କ ମୁଖରେ ଦୃଷ୍ଟି ନିବଦ୍ଧ କରି ତାର ସକଳ ଦୋହଦ ପ୍ରିୟତମ ବୋଲି ଜଣାଇଦେଉଛି। ସଖୀମାନଙ୍କ ପ୍ରଶ୍ନରେ ପ୍ରିୟତମଙ୍କ ପ୍ରତି ଚାହିଁବା ଅର୍ଥ ପ୍ରିୟ ଛଡ଼ା ଦୁନିଆରେ ଆଉ କ'ଣ ଅଭିଳଷିତ ବସ୍ତୁ ଅଛି, ସେ ଜାଣେ ନାହିଁ। ପ୍ରିୟ-ସଙ୍ଗମରୁ ତା'ର ମନ ଏଯାବତ ଛାଡ଼ିନାହିଁ।

ଅମଅମଅ ଗଅଣ-ସେହର ରଅଣୀ-ମୁହ-ତିଲଅ-ଚନ୍ଦ ହେ ଛିବସୁ।
ଛିତ୍ତୋ ଜେହିଁ ପିଅଅମୋ ମମଂ ପି ତେହିଂ ବିଅ କରେହିଂ । ୧୬ ।
(ଅମୃତମୟ ଗଗନ-ଶେଖର ରଜନୀ-ମୁଖ-ତିଳକ ଚନ୍ଦ୍ର ହେ ସ୍ପୃଶ।
ସ୍ପୃଷ୍ଟୋ ଯୈଃ ପ୍ରିୟତମୋ ମାମପି ତୈରେବ କରୈଃ।) – ହାଳସ୍ୟ

ହେ ଚନ୍ଦ୍ର, ତୁମେ ଅମୃତମୟ, ଗଗନଶେଖର ଓ ରଜନୀବଧୂର ମୁଖତିଳକ। ଯେଉଁ କିରଣ ଦ୍ୱାରା ତୁମେ ମୋର ପ୍ରିୟତମଙ୍କୁ ସ୍ପର୍ଶ କରିଛି, ସେଇଥିରେ ମୋତେ ମଧ୍ୟ ସ୍ପର୍ଶ କର।

ବ୍ୟାଖ୍ୟା – ପ୍ରବାସୀ ପ୍ରିୟର ବିରହରେ ନାୟିକାର ଚନ୍ଦ୍ର-ସମ୍ଭାଷଣ। କାମାର୍ତ୍ତା ହି ପ୍ରକୃତକୃପଣାଶ୍ଚେତନାଚେତନେଷୁ- ନାୟିକାଟି ଚନ୍ଦ୍ରକୁ ପ୍ରାର୍ଥନା କରୁଛି – ହେ ଚନ୍ଦ୍ର! ତୁମର ଜନ୍ମ ଅମିୟଧାରାରେ, ତୁମେ ଆକାଶର ମୁକୁଟ ଓ ରଜନୀବଧୂର ଲଲାଟରେ ଟିକା ସ୍ୱରୂପ। ତୁମର ସୁଧାକର ନାମ ସାର୍ଥକ ହେବ ଯଦି ତୁମେ ଯେଉଁ କିରଣ ବା ହାତରେ ମୋର ପ୍ରିୟତମଙ୍କୁ ସ୍ପର୍ଶ କରିଛ, ସେଇଥିରେ ମୋତେ ସ୍ପର୍ଶ କରି ଆନନ୍ଦିତ କର। ତା'ହେଲେ ତୁମର ଅବଳାମାନଙ୍କ ପ୍ରତି ସ୍ନେହ ଓ ପକ୍ଷପାତିତା ଜାଣିବ।

ଏହିଇ ସୋ ବି ପଉତ୍‌ଥୋ ଅହଂ ଅ କୁପ୍‌ପେ ଜ୍ଜ ସୋ ବି ଅଣୁଣେଜ୍ଜ।
ଇଅ କସ୍‌ସ ବି ଫଲଇ ମଣୋରହାଣ ମାଲା ପିଅଅମମ୍ମି ।୧୭ ।
(ଏଷ୍ୟତି ସୋଽପି ପ୍ରେଷିତୋଽହଂ ଚ କୁପିଷ୍ୟାମି ସୋଽପ୍ୟନୁନେଷ୍ୟତି।
ଇତି କସ୍ୟା ଅପି ଫଳତି ମନୋରଥାନାଂ ମାଳା ପ୍ରିୟତମେ।) – ଶ୍ରୀଧର୍ମ୍ମକସ୍ୟ

ପ୍ରୋଷିତ ପ୍ରିୟ ବି ଆସିବେ, ମୁଁ ବି କୋପ କରିବ ଓ ସେ ପୁଣି ମୋତେ ଅନୁନୟ କରିବେ। ସଖି, ପ୍ରିୟତମଙ୍କ ସମ୍ବନ୍ଧରେ ମନୋରଥ-ମାଳା କୌଣସି ଭାଗ୍ୟବତୀ ପକ୍ଷରେ ହିଁ ଫଳବତୀ ହୋଇଥାଏ।

ବ୍ୟାଖ୍ୟା – ପ୍ରିୟତମ ପ୍ରବାସରୁ ଫେରିଲେ ମାନଧାରଣ କରିବାପାଇଁ ସଖୀ ପରାମର୍ଶ ଦେଇଛି। ଫଳରେ ପ୍ରିୟ ଅନୁନୟ କରି ନାୟିକାର ମାନ ଦୂର କରିବେ। ମାତ୍ର ନାୟିକା ସଖୀକୁ ନିଜର ଅସାମର୍ଥ୍ୟ ପ୍ରକାଶ କରି କହିଛି – ମୋର ପ୍ରିୟତମ ଯେତେବେଳେ ପ୍ରବାସରୁ ମୋ ପାଖକୁ ଫେରିବେ, ସେତେବେଳେ ମୁଁ ତାଙ୍କ ସହିତ ମାନ-ଅଭିମାନରେ

କଥା କହିବି ନାହିଁ। ବହୁଭାବେ ପ୍ରିୟ ଅନୁନୟ କରିବେ, ତଥାପି ମୋର କୃତକ ରୋଷ ଦୂର ହେବ ନାହିଁ - ଏକଥା ତୁ ମୋତେ କାହିଁକି କହୁଛୁ ? ଏଭଳି ଅଭିଳାଷର ମାଳା ରଚନା କରିବା ସେଇ ଭାଗ୍ୟବତୀମାନଙ୍କ ପକ୍ଷରେ ସମ୍ଭବ; ମୋ ପକ୍ଷରେ ନୁହେଁ। ମୋର ବାସନାର ମାଳା ଗୁନ୍ଥା ସାର ହେଉଛି। କାରଣ ସତେ କ'ଣ ପ୍ରିୟ ଫେରିବେ ? ଏଡେ ଭାଗ୍ୟବତୀ ମୁଁ ହେବି ? ଯଦିବା ସେ କେବେ ଫେରନ୍ତି ତେବେ ପ୍ରିୟ-ମିଳନରେ ଉତ୍‌କଣ୍ଠିତ ମୋର ମନ ସେତେବେଳେ ମାନ କରିବାକୁ ସମର୍ଥ ହେବନାହିଁ। ସେ ତେଣୁ ନିଜକୁ ଭାଗ୍ୟବତୀ ନ କହି ଯେଉଁମାନେ ପ୍ରିୟ-ମିଳନରେ ମାନ ଧାରଣ କରିପାରନ୍ତି ସେଇମାନଙ୍କୁ ସୌଭାଗ୍ୟବତୀ ବୋଲି ପ୍ରଶଂସା କରିଛି।

ଦୂଗ୍‌ଗଅ-କୁଡୁମ୍ବଆଟ୍‌ଠୀ କହଁ ଣୁ ମଏ ଧୋଇଏଣ ସୋଢ଼ବ୍ବା।
ଦସିଓ ସରନ୍ତ-ସଲିଲେଣ ଉଅହ ରୁଣ୍ଣଂ ବ ପଡ଼ଏଣ। ୧୮ ।
(ଦୁର୍ଗତ-କୁଟୁମ୍ବା କୃଷ୍ଟିଃ କଥଂ ନୁ ମୟା ଧୌତେନ ସୋଢ଼ବ୍ୟା।
ଦଶାପ୍ରସରତ୍-ସଲିଳେନ ପଶ୍ୟତ ରୁଦିତମିବ ପଟକେନ।)

ଧୌତ ହେବା ପରେ ଦରିଦ୍ର ପରିବାରର ଲୋକଙ୍କ ଦ୍ୱାରା ଆକୃଷ୍ଟ (ଚିପୁଡ଼ିବା) ହେବାକୁ ମୁଁ କିପରି ସହିବି ? ଦେଖ, ସତେକି ଏହିପରି କହି ବସ୍ତ୍ର ପ୍ରାନ୍ତଭାଗରୁ ଝରିପଡୁଥିବା ଜଳ ଛଳରେ ଅଶ୍ରୁ ଝରାଇଲାଗିଛି।

ବ୍ୟାଖ୍ୟା- ମଳିନ ଜୀର୍ଣ୍ଣ ବସ୍ତ୍ରକୁ ଧୋଇ, ଚିପୁଡ଼ି, ଶୁଖାଇ ପିନ୍ଧିବା ଦରିଦ୍ର କୁଟୁମ୍ବଗଣଙ୍କ ପକ୍ଷରେ ସ୍ୱାଭାବିକ। ବସ୍ତ୍ର ଉପରେ ଏହା ଏକପ୍ରକାର ଅତ୍ୟାଚାର। ବସ୍ତ୍ରର ବେଦନା ସେମାନେ ବୁଝିପାରନ୍ତି ନାହିଁ। ସେ ତେଣୁ ଚିପୁଡ଼ିବାବେଳେ ଧଡ଼ି ବାଟେ ବହିଯାଉଥିବା ଜଳ-ବ୍ୟାଜରେ ରୋଦନ କରୁଛି। ଗୋଟିଏ ବସ୍ତୁକୁ ବହୁ ଲୋକ ଭୋଗ କଲେ ବସ୍ତୁ ଖିନ୍ନ ହେବା ସ୍ୱାଭାବିକ। ଅଚେତନ ବସ୍ତୁ ପକ୍ଷରେ ଏ କଥା ସତ୍ୟ ହେଲେ, ସଚେତନ ମନୁଷ୍ୟ କେତେ ପୀଡ଼ିତ ହେଉନଥିବ ଯେତେବେଳେ ବହୁ ଲୋକଙ୍କ ଅଭିଳାଷ ପୂରଣ ନିମନ୍ତେ ତା' ଉପରେ ଦାବୀ ହେଉଥିବ !

କୋସଁମ୍ବ-କିସଲଅ-ବଣ୍ଣଅ ତଣ୍ଣଅ ଉଣ୍ଣାମିଏହିଁ କଣ୍ଣେହିଂ।
ହିଅଅ-ଟ୍‌ଠିଅଂ ଘରଂ ବଚ୍ଚମାଣ ଧବଲତ୍ତଣଂ ପାବ। ୧୯ ।
(କୋଶାମ୍ର-କିଶଳୟ-ବର୍ଣକ ତର୍ଣକ ଉନ୍ନାମିତାଭ୍ୟାଂ କର୍ଣାଭ୍ୟାମ୍।
ହୃଦୟ-ସ୍ଥିତଂ ଗୃହଂ ବ୍ରଜନ୍ ଧବଳତ୍ୱଂ ପ୍ରାପ୍ନୁହି।) -ଗଜସ୍ୟ

କୋଶରୁ ଫୁଟି ବାହାରିଥିବା ଆମ୍ର-ପଲ୍ଲବସମ ବର୍ଣ୍ଣଯୁକ୍ତ ତଥା ଉନ୍ନମିତ-କର୍ଣ୍ଣ, ହେ ବତ୍ସ, ତୁ ନିଜର ହୃଦୟ ଅଭିଳଷିତ ଗୃହରେ ପ୍ରବେଶ କରି ଧବଳତା ପ୍ରାପ୍ତ ହୁଅ।

ବ୍ୟାଖ୍ୟା - ପ୍ରିୟତମାର ଗୃହରେ ପ୍ରବେଶ ଲାଭ କରିନପାରି ବ୍ୟଥିତ ହେଉଥିବା

ନାୟକ ଯେତେବେଳେ ଦେଖିଲା ଯେ ଗୋଟିଏ ବାଳକ ତା'ର ପ୍ରିୟତମାର ଗୃହ ମଧ୍ୟକୁ ଅବାଧରେ ପ୍ରବେଶକଲା, ସେତେବେଳେ ସେଇ ବାଳକକୁ ଲକ୍ଷ୍ୟ କରି କହୁଛି - ଧବଳତା ପ୍ରାପ୍ତ ହୁଅ, ଅର୍ଥାତ୍ ବୁଢ଼ାଟିଏ ହେବୁ, ତୋର ବାଳ ଧଳା ହେଉ, ତୁ ବହୁଦିନ ବଞ୍ଚି ରହ। ଅନ୍ୟ ଅର୍ଥରେ, ପ୍ରିୟତମାର ଯେଉଁ ଗୃହରେ ସେ ପ୍ରବେଶ କରିପାରିଲା ନାହିଁ, ଏଇ ବାଳକଟି ଅବାଧରେ ସେଠାରେ ପ୍ରବେଶ କରୁଥିବାରୁ ତାହାକୁ ଧବଳତା ପ୍ରାପ୍ତ ହେବାକୁ, ଅର୍ଥାତ୍, ନପୁଂସକ ହେବାକୁ ଅଭିଶାପ ଦେଉଛି। ଆଉ ଏକ ଅର୍ଥରେ, ବାଛୁରୀର ଆକୃତି ପ୍ରକୃତି- ବାଛୁରୀର କାନ ଠିଆ ଠିଆ, ଦେହରେ ନବପଲ୍ଲବର ବର୍ଣ୍ଣ, ତାହାକୁ ଲକ୍ଷ୍ୟ କରି କୁହାଯାଇଛି - ତୋର ଅଭିମତ ପ୍ରୀତି-ଗ୍ରହରେ ପ୍ରବେଶ କରି ଷଣ୍ଢ ହୋଇଯା।"

ଅଲିଅ-ପସୁତ୍ତଅ-ବିଣିମୀଳିଅଚ୍ଛ ଦେ ସୁହଅ ମଜ୍‌ଝଓଆସଂ।
ଗଣ୍ଡ-ପରିଉମ୍ବଣା-ପୁଲଇଅଙ୍ଗ ଣ ପୁଣୋ ଚିରାଇସ୍‌ସଂ ।୨୦ ।
(ଅଲୀକ-ପ୍ରସୁପ୍ତକ-ବିନିମୀଲିତାକ୍ଷ ହେ ସୁଭଗ ମମାବକାଶମ୍।
ଗଣ୍ଡ-ପରି-ଚୁମ୍ବନା-ପୁଲକିତାଙ୍ଗ ନ ପୁନଃ ଚିରୟିଷ୍ୟମି।) - ଚନ୍ଦ୍ରସ୍ୱାମିନଃ

ହେ ବିନିମୀଳିତାକ୍ଷ ଅଲୀକ ନିଦ୍ରାରେ ଶୋଇଥିବା ସୁଭଗ, ତୁମର ଗଣ୍ଡ ଚୁମ୍ବନ କରିବାରୁ ପୁଲକିତାଙ୍ଗ ହୋଇଉଠୁଛ, ମୋତେ ଶଯ୍ୟାରେ ସ୍ଥାନ ଦିଅ; ମୁଁ ଆଉ ବିଳମ୍ବ କରିବି ନାହିଁ।

ବ୍ୟାଖ୍ୟା - ଗୃହକାର୍ଯ୍ୟ ସାରି ବହୁତ ରାତିରେ ଶୟନ କକ୍ଷକୁ ଆସିଥିବା ନାୟିକାର ନାୟକ ପ୍ରତି ଉକ୍ତି। ନାୟିକାର ଆସିବା ଦେଖି ନାୟକ ଆଖି ବୁଜି କପଟ ନିଦ୍ରାରେ ଅଚେତନ ହୋଇ ମନ ବିଡ଼ିବା ପାଇଁ ଶଯ୍ୟାରେ ଶୋଇଯାଇଥିଲା। ନାୟିକା ତାହାର କପୋଳ-ଚୁମ୍ବନ କରିବାରୁ ଅଲୀକ ନିଦ୍ରା ଯାଇଥିବା ନାୟକର ଶରୀରରେ ରୋମାଞ୍ଚ ଜାତ ହେଲା। ଏହା ଦେଖି ନାୟିକା କହୁଛି - ତୁମେ ଯେ ନିଦ୍ରା ଯାଇନଥିଲ, ନିଦ୍ରାର ଅଭିନୟ କରୁଥିଲ, ତାହା ତୁମର କପୋଳ-ଚୁମ୍ବନରୁ ଜାତ ରୋମାଞ୍ଚରୁ ଜାଣିପାରୁଛି। ଶଯ୍ୟା- ଧାରରେ ଅବକାଶ ଦିଅ, ଆଉ ଜମା ବିଳମ୍ବ କରିବି ନାହିଁ।

ଅସମତ୍ତ-ମଣ୍ଡଣା ଦିଅ ବଚ୍ଚ ଘରଂ ସେ ସକୋଉହଲ୍ଲସ୍‌ସ।
ବୋଲାବିଅ-ହଲ୍‌ହଲ୍ ଅସ୍‌ସ ପୁତ୍ତି ଚିତ୍ତେ ଣ ଲଗ୍‌ଗିହିସି। ୨୧ ।
(ଅସମାପ୍ତ-ମଣ୍ଡନୈବ ବ୍ରଜ ଗୃହଂ ତସ୍ୟ ସକୌତୂହଳସ୍ୟ।
ବ୍ୟତିକ୍ରାନ୍ତୌତ୍ସୁକ୍ୟସ୍ୟ ପୁତ୍ରି ଚିତ୍ତେ ନ ଲାଗିଷ୍ୟସି। - କଳିରାଜସ୍ୟ

ଝିଅ, ଅସମାପ୍ତ-ମଣ୍ଡନା ହୋଇ ସେଇ କୌତୁହଳାକ୍ରାନ୍ତର ଗୃହରେ ପ୍ରବେଶ କର। ଯଦି ତାହାର ଔତ୍ସୁକ୍ୟ ଦୂରହୋଇଯାଏ ତେବେ ତୁ ତାହାର ହୃଦୟରେ ସ୍ଥାନ ପାଇବୁ ନାହିଁ।

ବ୍ୟାଖ୍ୟା- ପ୍ରିୟ-ମିଳନ ପାଇଁ ମଣ୍ଡନ-କର୍ମରେ ବ୍ୟସ୍ତ ରହି ବିଳମ୍ବ କରୁଥିବା କୌଣସି ନାୟିକା ପ୍ରତି ବିର୍ଷିୟସୀ ନାରୀର ଉପଦେଶ-ଝିଅ, ବିଳମ୍ବ କରନା, ପ୍ରିୟ ଉତ୍ସୁକ ଭାବରେ ଘୋର ପ୍ରତୀକ୍ଷା କରିରହିଛି। ରୂପ-ଶୃଙ୍ଗାରରେ ଅଯଥା ସମୟ ନଷ୍ଟ କରନା। ସେସବୁ ପରେ ସାଧନ କରିବୁ। ଅନୁରାଗ ନୟନ ଦ୍ୱାରା ସାଧିତ ହୋଇପାରେ। ସେଠାରେ ମଣ୍ଡନର କୌଣସି ପ୍ରୟୋଜନ ନାହିଁ। ତୋର ବିଳମ୍ବ ହେଲେ ସବୁ ନଷ୍ଟ ହେବ, ପ୍ରିୟର ଉତ୍ସୁକତା କଟିଗଲା ପରେ ତୁ ପହଞ୍ଚିଲେ ଆଉ ତାହାର ମନରେ ଲାଗିପାରିବୁ ନାହିଁ। ତୋର ସାନ୍ନିଧ କାମାନରେ ସେ ଯେତେବେଳେ ଆବେଗ-ଅଧୀର, ସେତେବେଳେ ତୋର ପହଞ୍ଚିବା ଉଚିତ; ଅନ୍ୟଥା ତାହାର ଆବେଗ-ନିଶା କଟିଯିବ। ବେଶ୍ୟାମାତା ବା କୁଟ୍ଟନୀ ନିଜର ଅନୁଭୂତିରୁ ପୁତ୍ରୀକୁ କହିଛି।

ଆଅର-ପଣାମିଓଟ୍‌ଠଂ ଅଘଡ଼ିଅଣାସଂ ଅସଂହସ-ଣିଡ଼ାଳଂ।
ବଣ୍ଣ-ଘିଅ-ତୁପ୍ପ-ମୁହିଏ ତୀଏ ପରିଉମ୍ବଣଂ ଭରିମୋ। ୨୨
(ଆଦର-ପ୍ରଣାମିତୌଷ୍ଠଂ ଅଘଟିତନାସଂ ଅସଂହତ-ଲଲାଟମ୍।
ବର୍ଣ-ଘୃତ-ଲିପ୍ତ-ମୁଖ୍ୟାଃ ତସ୍ୟା ପରିଚୁମ୍ବନଂ ସ୍ମରାମଃ।) -ବଙ୍ଗବିକାରସ୍ୟ

ବର୍ଣ୍ଣ ଘୃତଲିପ୍ତମୁଖୀ ସେଇ ପ୍ରେୟସୀର ପରିଚୁମ୍ବନକୁ ସ୍ମରଣ କରୁଅଛି; ଯେଉଁଥିରେ ସେ ଆଦରପୂର୍ବକ ଓଷ୍ଠ ବଢ଼ାଇଦେଇଥିଲା, ନାସିକା ସଂଯୋଜିତ କରିନଥିଲା କି ଲଲାଟ ସ୍ପର୍ଶ ମଧ୍ୟ କରିନଥିଲା।

ବ୍ୟାଖ୍ୟା - ରଜସ୍ୱଳା ଅବସ୍ଥାରେ ନାୟିକାକୁ ଚୁମ୍ବନ କରିବାର ସ୍ମୃତି ଉଦ୍‌ବୋଧନ କରି ପ୍ରୋଷିତ-ନାୟକର ଅନୁଚିନ୍ତା। କେବଳ ନାୟକ ନୁହେଁ, ନାୟିକା ମଧ୍ୟ ଅତ୍ୟନ୍ତ ଅନୁରାଗବତୀ। କାରଣ ରଜସ୍ୱଳା ଅବସ୍ଥାରେ ମଧ୍ୟ ନାୟକର ଚୁମ୍ବନଦାନକୁ ସେ ଆଦରରେ ଅଧର ଲମ୍ବାଇ ଦେଇ ଅତ୍ୟନ୍ତ ଚତୁରତା ସହ କପାଳ ନାସିକା ବଞ୍ଚାଇ ପୂର୍ଣ୍ଣ ଭାବରେ ଗ୍ରହଣ କରିଥିଲା। ପୁଷ୍ପବତୀ ନାରୀମାନେ ହରିଦ୍ରାମିଶ୍ରିତ ଘୃତ ମୁଖରେ ଲଗାନ୍ତି। କାଳେ ମୁଖରେ ବର୍ଣ୍ଣଚିହ୍ନ ଲାଗିଯିବ ଓ ନାୟକ ସେ ରଜସ୍ୱଳାକୁ ଚୁମ୍ବନ କରିଛି ତାହା ପ୍ରଘଟ ହୋଇଯିବ, ସେଥିଲାଗି ନାୟିକାଟି ନାସିକା ସଂଯୋଗ କରିନଥିଲା ଓ ଲଲାଟ ସ୍ପର୍ଶ ମଧ୍ୟ କରିନଥିଲା। ନାୟକ ବିଦେଶରେ ସେଇ ସୁଖ ସ୍ମରଣ କରୁଛି।

ଅଣ୍ଣା-ସଆଇଁ ଦେନ୍ତୀ ତହ ସୁରଏ ହରିସ-ବିଅସିଅ-କବୋଲା।
ଗୋସେ ବି ଓଣଅମୁହୀ ଅହ ସେତ୍ତି ପିଆଂ ଣ ସଦ୍ଦହିମୋ। ୨୩।
(ଆଜ୍ଞା-ଶତାନି ଦଦତୀ ତଥା ସୁରତେ ହର୍ଷ-ବିକଶିତ-କପୋଲା।
ପ୍ରାତରପ୍ୟବନତମୁଖୀ ଇୟଂ ସେତି ପ୍ରିୟା ନ ଶ୍ରଦ୍ଧଧ୍ମଃ)- ମକରନ୍ଦକସ୍ୟ

ମୋର ପ୍ରିୟା ସୁରତ କାଳରେ ହର୍ଷ-ପୁଲକିତ-କପୋଳ ହୋଇ ଶତ ଆଜ୍ଞା

ଦେଉଥିଲା। ପ୍ରାତଃକାଳରେ ଅବନତମୁଖୀ ଏ ସେଇ ପ୍ରିୟା ବୋଲି ମୁଁ ବିଶ୍ୱାସ କରିପାରୁନାହିଁ।

ବ୍ୟାଖ୍ୟା - ନାୟକର ମିତ୍ର ଉକ୍ତି। "ବାରି ନୁହେଁ ନାରୀ ମନରେ ସଙ୍ଗାତ"- କାଲି ରଜନୀରେ ଇତି-ରଙ୍ଗରେ ମଜ୍ଜି ମୋର ଯେଉଁ ପ୍ରିୟା ବିକଚ-କପୋଳରେ ମୋତେ ଶତପ୍ରକାର ଆଦେଶ ଦେଉଥିଲା, ଆଜି ପ୍ରଭାତର ସ୍ନିଗ୍ଧ ଆଲୋକରେ ସେ ମୁହଁକୁ ଏପରି ତଳକୁ କରି କିଛି ନଜାଣିଲା ପରି ଉଭା ହେଲା ! ମୁଁ ବିଶ୍ୱାସ କରପାରୁନାହିଁ, ଏ ସେଇ ଗତ ରଜନୀର ଅନଙ୍ଗ-ରସରେ ବିଭୋର ପ୍ରିୟତମା, ଯେ କି ମୋତେ ଗୋଟିକ ପରେ ଗୋଟିଏ ଆଦେଶ ଦେଇଲାଗିଥିଲା। ସୁରତ କାଳରେ ନାୟିକାର ଇଙ୍ଗିତରେ ବା ଆଦେଶ-ମତେ ପୁରୁଷ ରତି-କ୍ରିଡ଼ାରେ ପ୍ରବୃତ୍ତ ହୁଏ। ପ୍ରିୟାର ଏଇ ଦୁଇ ରୂପ ନାୟକକୁ ଭ୍ରମରେ ପକାଇଛି।

ପିଅ ବିରହୋ ଅପ୍ପିଅ ଦଂସଣଂ ଅ ଗରୁଆଇଁ ଦୋ ବି ଦୁକ୍ଖାଇଂ।
ଇଏଁ ତୁମଂ କାରିଜ୍ଜସି ତୀଏଁ ଣମୋ ଆହିଜାଇଏଁ। ୨୪।
(ପ୍ରିୟ ବିରହୋଽପ୍ରିୟଦର୍ଶନଂ ଚ ଗୁରୁକେ ଦ୍ୱେ ଅପି ଦୁଃଖେ।
ଯୟା ତ୍ୱଂ କାର୍ଯସେ ତସ୍ୟୈ ନମଃ ଅଭିଜାତ୍ୟୈ।) -ବହୁକାରିଣଃ

ପ୍ରିୟଜନର ବିରହ ଓ ଅପ୍ରିୟଜନର ଦର୍ଶନ - ଏ ଦୁଇଟି ଯାକ ଗୁରୁ ଦୁଃଖଦାୟକ। ତଥାପି ତୁମେ ଯେଉଁ ଭାବର ପ୍ରେରଣାରେ ଏ କାର୍ଯ୍ୟ କରିଛ, ମୁଁ ତୁମର ସେଇ ଆଭିଜାତ୍ୟକୁ ନମସ୍କାର କରୁଛି।

ବ୍ୟାଖ୍ୟା - ଅନାସକ୍ତ ନାୟକ ପ୍ରତି ନାୟିକାର ଉପାଲମ୍ଭ -ଗର୍ଭିତ-ବକ୍ର-ବାଣୀ- ତୁମର ପ୍ରିୟତମାକୁ ଛାଡ଼ି ଆସିଥିବାରୁ ନିଶ୍ଚୟ ତୁମକୁ କଷ୍ଟ ହେଉଥିବ। ଆଉ ମୁଁ ତ ତୁମପାଇଁ ଅପ୍ରିୟଜନ- ମୋ ଦର୍ଶନରେ ତୁମର ତ ନିଶ୍ଚୟ କଷ୍ଟ ହେବା କଥା। ଏ ଦୁଇଟି କଷ୍ଟ ସହି ତୁମେ ଯେ ଲୋକନିନ୍ଦା ଭୟରେ ମୋ ପୁରକୁ ଆସିଛ, ଏହା ତୁମର କୌଳିନ୍ୟର ପରିଚୟ ଦିଏ। ଆଭିଜାତ୍ୟକୁ ନମସ୍କାର ଏଇଥିପାଇଁ ଯେ, ତୁମେ ମୋ ପାଖକୁ ଆସି ଏପରି ଦୁଃଖ ପାଇଲ। ମୋ ପ୍ରତି ସ୍ନେହ ହେତୁ ତୁମେ ଯେ ଏଠାକୁ ଆସିଛ ଏହା ମୁଁ କେବେ ବିଶ୍ୱାସ କରିବିନାହିଁ। ଲୋକଙ୍କ ସମାଲେଚନାକୁ ଡରି ତୁମେ ଆସିଛ। ନମୋ ନମୋ ତୁମର ସେଇ ବଂଶ-ମର୍ଯ୍ୟାଦାକୁ; ନହେଲେ ନିଜର ପ୍ରିୟାକୁ ଛାଡ଼ି ଅପ୍ରିୟ-ଦର୍ଶନରେ ଅମଙ୍ଗଳ ଅର୍ଜନ କରିବାକୁ କିଏ ଆସେ ?

ଏକ୍‌କୋ ବି କହ୍‌ଣସାରୋ ଣ ଦେଇ ଗନ୍ତୁଂ ପଆହିଣ ବଲନ୍ତୋ।
କିଂ ଉଣ ବାହାଉଲିଅଂ ଲୋଅଣ-ଜୁଅଲଂ ପିଅଅମାଏ। ୨୫।
(ଏକୋଽପି କୃଷ୍ଣସାରୋ ନ ଦଦାତି ଗନ୍ତୁଂ ପ୍ରଦକ୍ଷିଣ ବଳନ୍।
କିଂ ପୁନର୍ବାଷ୍ପାକୁଳିତଂ ଲୋଚନଯୁଗଳଂ ପ୍ରିୟତମାୟାଃ)- କାଲସାରସ୍ୟ

ଯାତ୍ରାକାଳରେ ଗୋଟିଏ ମାତ୍ର କୃଷ୍ଣସାର ପ୍ରଦକ୍ଷିଣ ଭାବରେ ଚାଲିଗଲେ ଯାତ୍ରା ବନ୍ଦ ହୁଏ। ପ୍ରିୟତମାର ବାଷ୍ପାକୁଳିତ ନୟନଯୁଗଳ କିପରି ଯିବାକୁ ଦେବ ?

ବ୍ୟାଖ୍ୟା - ନାୟକର ବିଦେଶଯାତ୍ରା ସ୍ଥିର ହୋଇସାରିଥିଲା। ମାତ୍ର ନଯିବାରୁ ତାହାର ହେତୁ କ'ଣ ହୋଇପାରେ ବୋଲି କେହି ପ୍ରଶ୍ନ କରିବାରୁ ନାୟକର ସଖା ଉତ୍ତର ଦେଇଛି -ଦକ୍ଷିଣ ଭାଗରେ ଯେତେବେଳେ କୃଷ୍ଣଶବଳ ମୃଗ ଚାଲିଯିବ ସେତେବେଳେ ବାଧା ମିଳେ; ଯାତ୍ରା ଅଶୁଭ ବୋଲି ବିଚାର କରାଯାଏ। ପ୍ରିୟ ପ୍ରବାସ-ଗମନ କାଳରେ ପ୍ରିୟତମା ଦୁଇ କୃଷ୍ଣସାର-ସଦୃଶ ନୟନରୁ ଯେତେବେଳେ ଅଶ୍ରୁନଦୀ ଝରାଇ ଚଞ୍ଚଳ ନେତ୍ର ଚାଳନକରିବ ସେତେବେଳେ କେଉଁ ପୁରୁଷ ଯାତ୍ରା କରିବାକୁ ଇଚ୍ଛା କରିବ ? ପଥରେ ପ୍ରଦକ୍ଷିଣ କରୁଥିବା କୃଷ୍ଣସାର ତ ଗୋଟିଏ, ଯଦି ତାହାର ଏତେ କ୍ଷମତା ରହିଛି, ପ୍ରିୟାର ନୟନ ତ ଦୁଇଟି କୃଷ୍ଣସାର। ପ୍ରିୟତମାର କୃଷ୍ଣସାର-ସମ ନେତ୍ରଯୁଗଳକୁ ନାୟକ ପ୍ରକୃତରେ ଯାତ୍ରା-ଅମଙ୍ଗଳ ବୋଲି ଭାବି ଯାତ୍ରା ସ୍ଥଗିତ ରଖିନାହିଁ, ପ୍ରିୟାର ବାଷ୍ପାକୁଳିତ ନେତ୍ର ଦେଖି ସେ ପ୍ରବାସଗମନକୁ ନିରସ୍ତ ହୋଇଛି। ନାୟକର ବୟସ୍ୟ ଏପରି ଚାତୁର୍ଯ୍ୟୋକ୍ତି କରିଛି।

ଣ କୁଣନ୍ତୋ ଚ୍ଚିଅ ମାଣଂ ଣିସାସୁ ସୁହ-ସୁତ୍ତ-ଦର-ବିବୁଦ୍ଧାଣଂ।
ସୁଣ୍ଣଇଅ-ପାସ-ପରିମୂସଣ-ବେଅଣଁ ଜଇ ସି ଜାଣନ୍ତୋ।୨୬।
(ନାକରିଷ୍ୟ ଏବେ ମାନଂ ନିଶାସୁ ସୁଖ-ସୁପ୍ତ-ଦର ବିବୁଦ୍ଧାନାମ୍।
ଶୂନ୍ୟୀକୃତ-ପାର୍ଶ୍ୱ-ପରିମୋଷଣ-ବେଦନାଂ ଯଦି ଆଜ୍ଞାସ୍ୟଃ)-ଅର୍ଦ୍ଧେ ରାଜସ୍ୟ

ରାତ୍ରିରେ ସୁଖନିଦ୍ରାରେ ସୁପ୍ତ ଓ ମଝିରେ ନିଦ୍ରାଭଙ୍ଗ ହେଲେ ତୁମେ ଯଦି ଶୂନ୍ୟୀକୃତ-ପାର୍ଶ୍ୱଜନିତ ବେଦନା ଅନୁଭବ କରିଥାନ୍ତ, ତା'ହେଲେ ନିଜର ଅପରାଧକୁ ଘୋଡ଼ାଇବା ପାଇଁ ମାନ କରନ୍ତ ନାହିଁ।

ବ୍ୟାଖ୍ୟା - ରାତ୍ରିରେ ଶଯ୍ୟାର ଏକ ଭାଗକୁ ଖାଲି ପକାଇ ପତ୍ନୀକୁ ଛାଡି ଅନ୍ୟ ନାରୀ ନିକଟକୁ ଯାଉଥିବା ପତି ଉଦ୍ଦେଶ୍ୟରେ ଉକ୍ତି। ଗଭୀର ରାତ୍ରିରେ ସକଳ ଜନପ୍ରାଣୀ ନିଦ୍ରା ଅଚେତନ ହୋଇ ସୁଖ ଲାଭ କରୁଛନ୍ତି। ନାୟିକାଟିର ଆଖିରେ ନିଦ ନାହିଁ; କାରଣ ଶଯ୍ୟାଶୂନ୍ୟ କରି ନାୟକ ଅନ୍ୟ ନାୟିକା ନିକଟକୁ ପ୍ରତ୍ୟହ ଚାଲିଯାଉଛି। ସହିବାର ସୀମା ପାରହୋଇଯିବାରୁ ଦିନେ ନାୟକ ଫେରିବାରୁ ନାୟିକା ତାହାକୁ ରୋଷବଶତଃ କଠୋର କଥା କହିଛି। ଫଳତଃ ନାୟକ ମାନକରିଛି; ଅର୍ଥାତ୍, ଅପରାଧ ପରେ ମିଥ୍ୟାମାନ କରି ନାୟିକାକୁ ଅଧିକ ରୁଷ୍ଟା କରିଛି। ଏଣୁ ନାୟିକା କହିଛି- ତୁମେ ମୋତେ ଛାଡ଼ି ଶଯ୍ୟା ଶୂନ୍ୟ କରି ଚାଲିଯାଉଛ। ତୁମେ ଭାବ, ଯଦି କାହାର ପତ୍ନୀ ତାହାର ସ୍ୱାମୀକୁ ଛାଡ଼ି ଉପପତି ସହିତ ଅଭିସାର କରିବାକୁ ଚାଲିଯାଉଥାଏ, ତେବେ

ସେଇ ସ୍ୱାମୀର ହୃଦୟରେ ଶଯ୍ୟାର ଏକ ଭାଗକୁ କାନ୍ତାଶୂନ୍ୟ ଦେଖି ଯେଉଁ ବେଦନା ଅନୁଭୂତ ହେଉଥିବ, କିମ୍ବା ମୁଁ ଯଦି ତୁମକୁ ଛାଡ଼ି ଅନ୍ୟତ୍ର ଗମନ କରେ, ସେଥିରେ ତୁମର ଯେଉଁ ବେଦନା ହୁଅନ୍ତା - ହେ ପ୍ରିୟ, ତାହା ଯଦି ଜାଣିଥାନ୍ତ, ତେବେ ତୁମର ଏ ମାନ ଶୂନ୍ୟରେ ମିଳାଇଯାନ୍ତା। ନିଜକୁ ଅନ୍ୟ ସ୍ଥାନରେ ରଖି ବିଚାରକର, ବୁଝିପାରିବ, ତୁମେ ଯେଉଁ କାମ କରୁଛ, ସେଥିରେ ମୁଁ କେତେ କଷ୍ଟ ପାଉଛି। ଅପରାଧ ସ୍ୱୀକାର ନକରି ମାନ କରି ଆହୁରି ଅପରାଧ କରୁଛ।

ପଣଅ-କୁବିଆଣଁ ଦୋହ୍ଣ ବି ଅଲିଅ-ପସୁତ୍ତାଣଂ ମାଣଇଲ୍ଲାଣଂ।
ଣିଚ୍ଚଲ-ଣିରୁଦ୍ଧ-ଣୀମାସ-ଦିଣ୍ଣ କଣ୍ଣାଣଁ କୋ ମଲ୍ଲୋ। ୨୭ ।
(ପ୍ରଣୟ-କୁପିତୟୋଃ ଦ୍ୱୟୋଃ ଅପି ଅଳୀକ-ପ୍ରସୁପ୍ତୟୋଃ ମାନବତୋଃ।
ନିଶ୍ଚଳ-ନିରୁଦ୍ଧ-ନିଃଶ୍ୱାସ-ଦତ୍ତ-କର୍ଣ୍ଣୟୋଃ କୋ ମଲ୍ଲଃ।)- କୁମାରସ୍ୟ।

ପ୍ରଣୟ-କୋପ ହେତୁ ମିଥ୍ୟା-ନିଦ୍ରିତ ଓ ମାନ ଧାରଣ କରିଥିବା ଦଂପତି ନିଶ୍ଚଳ ଓ ନିଃଶ୍ୱାସରୋଧ କରି ଜଣେ ଆର ଜଣକର ଶବ୍ଦ ଶୁଣିବାକୁ କାନ ଡେରି ରହିଥିବା ଦୁହିଁଙ୍କ ମଧ୍ୟରୁ କିଏ ମଲ୍ଲ (ସମର୍ଥ) ପ୍ରତିପାଦିତ ହେଲା ?

ବ୍ୟାଖ୍ୟା- ନାୟକ-ନାୟିକା ପ୍ରଣୟ-ମାନବଶତଃ କପଟ ନିଦ୍ରା ପ୍ରଦର୍ଶନ କରି ସାରାରାତି କାଟିସାରିବା ପରେ ପରଦିନ ସଖୀର ଭାବନା- ଏକା ବିଛଣାରେ ମିଛିମିଛିକା ନିଦରେ ଶୋଇ ଓ ମାନକରି ଏ ଦୁଇଜଣ ନିଶ୍ଚଳ ଓ ଶ୍ୱାସରୋଧ କରି ପରସ୍ପରର ନିଃଶ୍ୱାସ ଶବ୍ଦ ପ୍ରତି କାନ ପାରିଥିବେ। ନିଃଶ୍ୱାସ ରୋଧ କରି କାନ ସଜାଗ ରଖିଥିବାରୁ ଜଣାଯାଏ, ସେ ଦୁହେଁ ପରସ୍ପରର ଧୈର୍ଯ୍ୟ ପରୀକ୍ଷା କରୁଥିବେ ଓ କିଏ ଆଗ ଡାକିବ ସେଇ ପରୀକ୍ଷାରେ ରହିଥିବେ। ଏହା ସାମର୍ଥ୍ୟର ଏକପ୍ରକାର ଯୁଦ୍ଧ। ପ୍ରଣୟ ମାନର ପ୍ରତିଯୋଗିତାର ମଧ୍ୟଭୂମିରେ କିଏ ଜିତିଥିବ, କିଏ ହାରିଥିବ, ଏ ବିଷୟରେ ସଖୀ ମନରେ କୌତୁହଳ ଜାତ ହୋଇଛି।

ଣବ-ଲଅ-ପହରଂ ଅଙ୍ଗେ ଜେହିଁ ଜେହିଁ ମହଇ ଦେବର ଦାଉଁ।
ରୋମଞ୍ଚ-ଦଣ୍ଡ-ରାଈ ତହିଁ ତହିଁ ଦୀସଇ ବହୂଏ। ୨୮ ।
(ନବ-ଲତା-ପ୍ରହାରମଙ୍ଗେ ଯତ୍ର ଯତ୍ରେଚ୍ଛତି ଦେବର ଦାତୁମ୍।
ରୋମାଞ୍ଚ-ଦଣ୍ଡ-ରାଜିଃ ତତ୍ର ତତ୍ର ଦୃଶ୍ୟତେ ବଧ୍ୱାଃ।)- ପ୍ରଣାମସ୍ୟ

ଦେବର ନାୟିକା ଅଙ୍ଗର ଯେଉଁ ଯେଉଁ ସ୍ଥାନରେ ନବଲତାରେ ପ୍ରହାର କରିବାକୁ ଚେଷ୍ଟା କରୁଛି, ବଧୂର ସେଇ ସେଇ ସ୍ଥାନରେ ରୋମାଞ୍ଚ କଣ୍ଟକ ଦେଖିବାକୁ ମିଳୁଛି।

ବ୍ୟାଖ୍ୟା - ଦେବର ପ୍ରତି ଆସକ୍ତା ବଧୂର ଅନୁରାଗର ଚିହ୍ନସ୍ୱରୂପ କୋମଳ ଲତାରେ ପ୍ରହାରଜନିତ ରୋମାଞ୍ଚ ପ୍ରତି କାହାରି ଦୃଷ୍ଟି ଆକର୍ଷଣ କରି କୁହାଯାଇଛି।

ଦେବର ଯେଉଁ ଅଙ୍ଗରେ ପ୍ରହାର କରିବାକୁ ଇଚ୍ଛୁକ, ବଧୂର ସେଇ ଅଙ୍ଗ ପୁଲକ ଧାରଣ କରୁଛି। ନବଲତାରେ ଏପରି ପ୍ରହାର କରିବା ପ୍ରାଚୀନ କାଳରେ କ୍ରୀଡ଼ା ରୂପେ ବିବେଚିତ ହେଉଥିଲା। ଏହାକୁ 'ଚୂତଲତିକା' କ୍ରୀଡ଼ା କୁହାଯାଏ।

ଅଜ୍ଜ ମଏ ତେଣ ବିଣା ଆଣୁହୂଅ-ସୁହାଇଁ ସଂଭରନ୍ତୀଏ।
ଅହିଣବ-ମେହାଣଁ ରବୋ ଣିସାମିଓ ବଜ୍ଝ-ପଡ଼ହୋ ଢ। ୨୯।
(ଅଦ୍ୟ ମୟା ତେନ ବିନା ଅନୁଭୂତ-ସୁଖାନି ସଂସ୍ମରନ୍ତ୍ୟା।
ଅଭିନବ-ମେଘାନାଂ ରବୋ ନିଶାମିତୋ ବଧ୍ୟ-ପଟହ ଇବ।)- କଲ୍ୟାଣସ୍ୟ

ଆଜି ମୁଁ ତାଙ୍କର ବିରହରେ ଅନୁଭୂତ-ପୂର୍ବ ସୁଖରାଶି ସ୍ମରଣ କରି ଅଭିନବ ମେଘ-ଗର୍ଜନକୁ ବଧପଟହ ଧ୍ୱନି ଭଳି ଶୁଣୁଛି।

ବ୍ୟାଖ୍ୟା - ସଖୀ ପ୍ରତି ପ୍ରୋଷିତ ପତିକାର ଉକ୍ତି। ବିରହରେ ମେଘଡ଼ମ୍ବର ବଧପଟହ ଶବ୍ଦ ଭଳି ଶୁଭିବା ସ୍ୱାଭାବିକ। ଏ ମେଘଧ୍ୱନି ଭୟପ୍ରଦ ହେବାର କାରଣ- ପ୍ରିୟ ପାଖରେ ନାହିଁ। ଆକାଶରେ ନବକାଳିକାର ଉଦୟ ଓ ଗୁରୁ ଗୁରୁ ଧ୍ୱନି ବିରହଣୀ ନାୟିକାକୁ ବଧ କଲାବେଳେ ଉଚ୍ଚ ବାଦ୍ୟଧ୍ୱନି ଭଳି ଶ୍ରୁତ ହେଉଛି। ବିରଶୟନରେ ଲୁଣ୍ଠିତା ନାୟିକା ମେଘାନ୍ଧାରିତ ରାତ୍ରିରେ ସାଥୀହୀନ ହୋଇ ନିଜକୁ ଅରକ୍ଷଣୀୟା ମନେକରୁଛି। ପ୍ରିୟ-ମିଳନ କାଳରେ ମେଘ ଗର୍ଜନ ଶୁଣିଲେ ଭୀରୁ ନାୟିକାଟି ପ୍ରିୟତମର ବକ୍ଷରେ ଆଶ୍ରୟ ନେଇ ତାଙ୍କରି ଆଲିଙ୍ଗନରେ ସୁଖ ଲାଭ କରୁଥିଲା। ନୂଆ ମେଘ ଦର୍ଶନରେ ତାର ଛାତି ଫାଟିଯାଉଛି; ପୂର୍ବ ସୁଖ-ସ୍ମୃତି ଜାଗିଉଠିଛି। ଏ ତ ମେଘଗର୍ଜନ ନୁହେଁ; ତାକୁ ବଧ କରିବା ବେଳେ ଏହା ଯେପରି ବଧଭୂମିର ପଟହ ନିନାଦ। ଫଳରେ ତାହାର ଆକୁଳ-କ୍ରନ୍ଦନ କେହି ଶୁଣିପାରିବେ ନାହିଁ।

ଣିକ୍କିବ ଜାଆ-ଭୀରୁଅ ଦୁଦ୍ଦଂସଣ ଣିମ୍ବ-ଈଡ଼-ସାରିଚ୍ଛ।
ଗାମୋ ଗାମଣି-ଣନ୍ଦଣ ତୁଜ୍ଝ କଏ ତହ ବି ତଣୁଆଇ। ୩୦।
(ନିଷ୍କ୍ରପ ଜାୟା-ଭୀରୁକ ଦୁର୍ଦର୍ଶନ ନିମ୍ବ-କୀଟ-ସଦୃକ୍ଷ।
ଗ୍ରାମୋ ଗ୍ରାମଣୀ-ନନ୍ଦନ ତବ କୃତେ ତଥାପି ତନୁକାୟତେ।) - ହରିତାଳସ୍ୟ

ହେ ଗ୍ରାମପତିସୁତ, ତୁମେ ନିର୍ଦ୍ଦୟ ଓ ଜାୟାଭୀରୁ ଅଟ। ତୁମର ଦର୍ଶନ ମିଳିବା ଦୁର୍ଲଭ ହେଲାଣି। ତୁମେ ନିମ୍ବକୀଟା ସଦୃଶ ତିକ୍ତ ରସରେ ଆନନ୍ଦ ପାଉଛ। ତୁମ ପାଇଁ ସାରା ଗାଁ କୃଶ ହେବାକୁ ଲାଗିଛି।

ବ୍ୟାଖ୍ୟା - ଅସୁନ୍ଦରୀ ପତ୍ନୀକୁ ଭୟକରି ଗ୍ରାମର ସୁନ୍ଦରୀ ନାୟିକାମାନଙ୍କ ପ୍ରେମ-ପ୍ରାର୍ଥନାକୁ ପୂରଣ କରୁ ନ ଥିବା ନାୟକ ପ୍ରତି ଦୂତୀ-ଉକ୍ତି-ତୁମେ ଗ୍ରାମମୁଖ୍ୟର ପୁଅ ହୋଇ ମଧ୍ୟ ନିଜର କୁରୂପା ସ୍ତ୍ରୀର ଭୟରେ ଗ୍ରାମର ସୁନ୍ଦରୀ ତରୁଣୀମାନଙ୍କ ଅନୁରାଗ

ପ୍ରତି ଉଦାସୀନ ରହୁଛ। ତୁମେ କରୁଣାଶୂନ୍ୟ, ସ୍ତ୍ରୀ ଭୟରେ ଘରୁ ବାହାରୁନାହଁ, ତେଣୁ ତୁମର ଦର୍ଶନ ଡିମିରିଫୁଲ ଭଳି ହେଲାଣି। ତୁମେ ନିମ୍ବକୀଟ, ଅର୍ଥାତ୍ ତିକ୍ତ-ରସିକ; ପିତା ନିମ୍ବ ଫୁଲରେ ରସିବା ତୁମର ସ୍ୱଭାବ; ତୁମେ ମଧୁର-ସ୍ନେହୀ କିପରି ହେବ ? ଏଇ ଗ୍ରାମ-ସୁନ୍ଦରୀମାନଙ୍କ ଆଡ଼କୁ ଦୃଷ୍ଟି ଫେରାଅ। ତୁମକୁ ପାଇବା ପାଇଁ ଝୁରି ହୋଇ ସେମାନେ ଦୁର୍ବଳ ହୋଇଗଲେଣି। ଗୋଟିଏ ଅସୁନ୍ଦରୀ ପତ୍ନୀକୁ ଛାଡ଼ି ବହୁ ସୁନ୍ଦରୀଙ୍କ ଅନୁରାଗର ପାତ୍ର ହୁଅ।

ପହର-ବଣ-ମଗ୍‌ଗ-ବିସମେ ଜାଆ କିଚ୍ଛେଣ ଲହଇ ସେ ଣିଦ୍ଦଂ।
ଗାମଣି-ଉତ୍ତସ୍‌ସ ଉରେ ପଲ୍ଲୀ ଉଣ ସା ସୁହଂ ସୁବଈ। ୩୧
(ପ୍ରହାର-ବ୍ରଣ-ମାର୍ଗ ବିଷମେ ଜାୟା କୃଚ୍ଛେଣ ଲଭତେ ତସ୍ୟ ନିଦ୍ରାମ୍।
ଗ୍ରାମଣୀ-ପୁତ୍ରସ୍ୟ ଉରସି ପଲ୍ଲୀ ପୁନଃ ସା ସୁଖଂ ସ୍ୱପିତି।) - ଅଙ୍ଗରାଜ

ଗ୍ରାମଣୀପୁତ୍ରର ଶସ୍ତ୍ରପ୍ରହାରଜନିତ ବ୍ରଣ ଚିହ୍ନରେ କର୍କଶ ବକ୍ଷସ୍ଥଳରେ ତାହାର ଜାୟା ଅତ୍ୟନ୍ତ କଷ୍ଟରେ ନିଦ୍ରା ଯାଉଛି ଓ ସେହି ପଲ୍ଲୀ ସୁଖନିଦ୍ରାରେ ନିମଗ୍ନ ରହିଛି।

ବ୍ୟାଖ୍ୟା - ଗ୍ରାମଣୀପୁତ୍ର ହୋଇଥିବାରୁ ଗ୍ରାମବାସୀଙ୍କୁ ନିରାପତ୍ତା ଦାନ କରିବା ତାହାର କର୍ତ୍ତବ୍ୟ। ଏଣୁ ଶତ୍ରୁ ସହିତ ଯୁଦ୍ଧ କରି ନାୟକର ବକ୍ଷ ବ୍ରଣାଙ୍କିତ ଓ କର୍କଶ। ସ୍ୱାମୀର ସେଇ ବନ୍ଧୁର ବକ୍ଷସ୍ଥଳ ଉପରେ ଅତି କଷ୍ଟରେ ନିଦ୍ରା ଲାଭ କରୁଥିବା ଗ୍ରାମନାୟକର ପୁତ୍ରବଧୂର ବେଦନା କେହି ବୁଝୁନାହାନ୍ତି। ଆଜି ଯେତେବେଳେ ସମଗ୍ର ପଲ୍ଲୀ ସୁଖନିଦ୍ରାରେ ନିମଗ୍ନ, ସେତେବେଳେ ରୂପରେ ଅନୁପମା ଏଇ ତରୁଣୀଟିର ଆଖିରେ ନିଦ ନାହିଁ। ସ୍ୱାମୀ କ୍ଳାନ୍ତ ହୋଇ ନିଦ୍ରାରେ ଅଚେତନ। ସ୍ୱାମୀର କିଣାଙ୍କିତ ବନ୍ଧୁର ବକ୍ଷରେ ମସ୍ତକ ରଖି ସେ ଭାବୁଛି, ପ୍ରହର ଗଡ଼ିଯାଉଛି, ସତେ ଏଇ ରାତ୍ରି ତା'ର ବିଫଳ ଯିବ! ତା'ର ବେଦନାବ୍ୟଥିତ ଅନ୍ତରର କଥା ବୁଝିବାକୁ କେହି ନାହାନ୍ତି। ସ୍ୱାମୀର ଶୂରତା ଉପରେ ବିଶ୍ୱାସ ରଖି ସାରା ଗାଁ ଭୟଶୂନ୍ୟ ହୋଇ ନିଦ୍ରାଘୋରରେ ଅଚେତନ।

ଅହ ସଂଭାବିଅମଗ୍‌ଗୋ ସୁହଅ ତୁଏ ଜେଵ୍ଵ ଣବରଁ ଣିବ୍ଵୂଢ଼ୋ। ଏହ୍‌ଣିଂ ହିଅଏ ଅଣ୍ଣଂ ଅଣ୍ଣଂ ବାଆଇ ଲୋଅସ୍‌ସ। ୩୨।

(ଅୟଂ ସମ୍ଭାବିତମାର୍ଗଃ ସୁଭଗ ତ୍ୱୟୈବ କେବଳଂ ନିର୍ବ୍ୟୂଢ଼ଃ।
ଇଦାନୀଂ ହୃଦୟେ ଅନ୍ୟଂ ଅନ୍ୟଂ ବାଚି ଲୋକସ୍ୟ।)- ଭୋଜକ

ହେ ସୁରଗ, ତୁମେ ହିଁ ଶ୍ରେଷ୍ଠଜନଙ୍କ ଆଚରିତ ମାର୍ଗ ଅବଲମ୍ବନ କରୁଛ। ଆଜିକାଲି ଲୋକେ ହୃଦୟରେ ଗୋଟାଏ ଭାବ ଓ ବାକ୍ୟରେ ଅନ୍ୟ ଗୋଟିଏ ଭାବ ରଖୁଛନ୍ତି।

ବ୍ୟାଖ୍ୟା - ନାୟକ ପ୍ରତି ଖଣ୍ଡିତାର ଉପାଲମ୍ଭ ବଚନ। ନାୟକ ମୁଖରୁ ଅନ୍ୟ

ନାୟିକାର ନାମ ଭ୍ରମବଶତଃ ଉଚ୍ଚାରିତ ହେବାରୁ ଖଣ୍ଡିତା ନାୟିକା ଉତ୍ତର ଦେଇଛି - ତୁମ ମୁଖରୁ ଯାହା ନାମ ବାହାରିଲା, ସେ ତୁମର ପ୍ରିୟତମା। ତୁମେ ତା'ରି ପାଖରେ ଏ ପର୍ଯ୍ୟନ୍ତ ଥିଲ। ଶ୍ରେଷ୍ଠ ଲୋକମାନେ ଯେଉଁ ମାର୍ଗ ଅବଲମ୍ବନ କରନ୍ତି ତୁମେ ତାହାକୁ ରକ୍ଷା କରୁଛ। ମନରେ ଗୋଟିଏ କଥା ମୁଖରେ ଆଉ ଗୋଟାଏ ଏ କାଳର ରୀତି ହେଲେ ହେଁ ତୁମେ ସେଇ ସମ୍ଭାବିତ ମାର୍ଗକୁ ତ୍ୟାଗ କରନାହିଁ। ଅନ୍ୟମାନେ ଆଜିକାଲି ହୃଦୟର କଥାକୁ ବ୍ୟକ୍ତ କରୁ ନ ଥିବା ବେଳେ ତୁମେ ଅନ୍ତର୍ନିହିତ ଗୋପନୀୟ ସତ୍ୟକୁ ପ୍ରକାଶ କରିଦେଇଛ।

ଉହ୍‌ଣାଇଁ ଣୀସସନ୍ତୋ କିଂତ ମହ ପରମ୍ମୁହୀଏଁ ସଅଣଦ୍ଧେ।
ହିଅଅଂ ପଲୀବିଅ ବି ଅଣୁସଏଣ ପୁଟ୍‌ଠିଂ ପଲୀବେସି । ୩୩।
(ଉଷ୍ଣାନି ନିଃଶ୍ୱସନ୍ କିମିତି ମମ ପରାଙ୍‌ମୁଖ୍ୟାଃ ଶୟନାର୍ଦ୍ଧେ।
ହୃଦୟଂ ପ୍ରଦୀପ୍ୟ ଅପି ଅନୁଶୟେନ ପୃଷ୍ଠଂ ପ୍ରଦୀପୟସି।) - ଅନଙ୍ଗ

ଶଯ୍ୟାର ଅର୍ଦ୍ଧଭାବରେ ମୁହଁ ବୁଲାଇ ଶୋଇରହିଛି ଓ ତୁମେ ପଶ୍ଚାତ୍ତାପ ହେତୁ ଉଷ୍ଣ ନିଃଶ୍ୱାସ ପକାଇ ମୋର ହୃଦୟକୁ ପ୍ରଦୀପ୍ତ କରି ଏବେ କ'ଣ ମୋର ପିଠିକୁ ମଧ୍ୟ ପୋଡ଼ିଲାଗିଛ ?

ବ୍ୟାଖ୍ୟା - ନାୟକର ଅପରାଧ ହେତୁ ନାୟିକା ଏକ ଶଯ୍ୟାରେ ଶୋଇ ମଧ୍ୟ କୋପ ହେତୁ ମୁହଁ ବୁଲାଇ ଶୋଇଛି। ନାୟକ ଅନୁତାପାନଳରେ ଦଗ୍‌ଧ ହୋଇ ଘନ ଘନ ଉଷ୍ଣ ନିଃଶ୍ୱାସ ତ୍ୟାଗ କରୁଛି ଓ ତାହା ନାୟିକାର ପିଠିରେ ବାଜୁଛି। ଏଣୁ ପ୍ରଣୟ-କୁପିତା ନାୟିକାର ଉକ୍ତି-ଅନ୍ୟ ନାରୀ ପ୍ରତି ଆସକ୍ତ ହୋଇ ମୋତେ ଯେଉଁ ଦୁଃଖ ଦେଇଛ, ତାହା ତୁମେ ଜାଣ। ସେଥିରେ ତ ମୋର ହୃଦୟ ପୋଡ଼ିସାରିଛି। ଏବେ ପାର୍ଶ୍ୱ ପରିବର୍ତ୍ତନ କରି ଶୋଇଲେ ମଧ୍ୟ ତୁମର ଉଷ୍ଣ ଶ୍ୱାସର ତାପ ଦ୍ୱାରା ମୋର ପିଠିକୁ ମଧ୍ୟ ପୋଡ଼ି ଦେବାକୁ ଇଚ୍ଛା କରୁଛ ? ଏତେ କଷ୍ଟ ଦେଇ ମଧ୍ୟ ତୁମ ମନ ବୋଧ, ହୋଇନାହିଁ ଯେ ମନ ପୋଡ଼ିସାରି ପିଠି ପୋଡୁଛ ? ମୋର କ'ଣ ଏତେ ଦୋଷ ?

ତୁହ ବିରହେ ଚିରଆରଅ ତିସ୍‌ସା ଣିବଡନ୍ତ-ବାହ-ମଇଲେଣ।
ରଇ-ରହ-ସିହର-ଧଏଣ ବ ମୁହେଣ ଛାହି ବ୍‌ବିଅଣ ପତ୍ତା । ୩୪ ।
(ତବ ବିରହେ ଚିରକାରକ ତସ୍ୟା ନିପତଦ୍-ବାଷ୍ପ-ମଳିନେନ।
ରବି-ରଥ-ଶିଖର-ଧ୍ୱଜେନ ଇବ ମୁଖେନ ଛାୟା ଏବ ନ ପ୍ରାପ୍ତା।) - ଅନଙ୍ଗ

ହେ ବିଳମ୍ବକାରକ, ସୂର୍ଯ୍ୟଙ୍କ ରଥର ଶିଖରସ୍ଥିତ ଧ୍ୱଜଛାୟା ପ୍ରାପ୍ତ ନ ହେବା ଭଳି ତୁମ ବିରହରେ ନିପତିତ ବାଷ୍ପଜଳରେ ମଳିନ ତାହାର ମୁଖ ଛାୟା ଅବଲମ୍ବନ କରୁନାହିଁ।

ବ୍ୟାଖ୍ୟା - ନାୟିକାକୁ ଭେଟିବା ପାଇଁ କଷ୍ଟ ଦେଇ ବିଳମ୍ବ କରୁଥିବା ନାୟକକୁ ଦୂତୀ 'ଚିରକାରକ' ବୋଲି ସମ୍ବୋଧନ କରି କହିଛି - ତୁମ ବିରହରେ ସେଇ ଦୀନ। ନାୟିକାର ମୁଖ ନିରନ୍ତର ଅଶ୍ରୁ ଝରାଇବା ଫଳରେ ମଳିନ ହୋଇଯାଇଛି। ତା' ମୁଖରେ କାନ୍ତି ନାହିଁ। ଅଶ୍ରୁ ମଳିନ ଦୀର୍ଘ ବିରହରେ ସେ ସକଳ ଭୋଗରୁ ବଞ୍ଚିତା। ସୂର୍ଯ୍ୟଙ୍କ ରଥର ଶୀର୍ଷଦେଶରେ ଉଡୁଥିବା ପତାକା ଯେପରି କେବେହେଲେ ଅନାତପ ଲାଭ କରିନଥାଏ, ସେଇଭଳି ପ୍ରିୟପ୍ରତୀକ୍ଷମାଣା ମୋର ପ୍ରିୟସଖୀର ମୁଖ ଅଶ୍ରୁ-ମଳିନ ହୋଇଥିବାରୁ (ସୂର୍ଯ୍ୟରଥ ଚୂଡ଼ା ଭଳି) ଛାୟା-ଯୋଗ, ଅର୍ଥାତ୍, କାନ୍ତି ହରାଇବସିଛି। ଏଠାରେ 'ଛାୟା' ଶ୍ଳେଷ ଅର୍ଥରେ ପ୍ରଯୁକ୍ତ- ସୂର୍ଯ୍ୟଙ୍କ ପକ୍ଷରେ ଛାୟା ଓ ନାୟିକା ମୁଖ ପକ୍ଷରେ 'କାନ୍ତି'।

ଦିଅରସ୍‌ସ ଅସୁଦ୍ଧମଣସ୍‌ସ କୁଲବହୂ ଣିଅଅ-କୁଡ୍‌ଡ-ଲିହିଆଇଂ।
ଦିଅହଂ କହେଇ ରାମାଣୁଲଗ୍‌ଗ୍-ସୋମିତ୍ତି-ଚରିଆଇଂ। ।୩୫।
(ଦେବରସ୍ୟ ଅଶୁଦ୍ଧମନସଃ କୂଳବଧୂଃ ନିଜକ-କୁଡ୍ୟ-ଲିଖିତାନି।
ଦିବସଂ କଥୟତି ରାମାନୁଲଗ୍ନ-ସୌମିତ୍ରି-ଚରିତାନି।) - ହାଳ

ଅଶୁଦ୍ଧମନା ଦେବର ପ୍ରତି କୂଳବଧୂ ନିଜ କାନ୍ଥରେ ଲିଖିତ ରାମାନୁଜ ସୁମିତ୍ରାନନ୍ଦନଙ୍କ ଚରିତ ଦିନସାରା ବର୍ଣ୍ଣନା କରିଲାଗିଛି।

ବ୍ୟାଖ୍ୟା - ନିଜ ପ୍ରତି ଦେବରକୁ ଦୂଷିତମନା ଜାଣିପାରି କୌଣସି ଅଗ୍ରଜବଧୂ ବିରାମହୀନ ଭାବେ ଭିତ୍ତିଗାତ୍ରରେ ଅଙ୍କିତ ରାମଙ୍କ ଅନୁଗମନକାରୀ ଲକ୍ଷ୍ମଣଚରିତକୁ ବର୍ଣ୍ଣନା କରି ଦେବରର ମନକୁ ଶୁଦ୍ଧ କରିବାକୁ ଚେଷ୍ଟା କରିଛି - ରାମାନୁଜ ଲକ୍ଷ୍ମଣ ଯେପରି ଭ୍ରାତୃବଧୂ ସୀତାଙ୍କୁ ଭକ୍ତି କରୁଥିଲେ - ଏପରିକି ପାଦ ଦୁଇଟି ଛଡ଼ା ତାଙ୍କର ମୁଖ ମଧ୍ୟ କେବେ ଦେଖି ନଥିଲେ। ଏଇ ଗାଥାର ଚଞ୍ଚଳମନା ଦେବରକୁ ସେଇ ପୁଣ୍ୟଶ୍ଳୋକ ଲକ୍ଷ୍ମଣ ଚରିତ୍ର-ଚିତ୍ର ଦେଖାଇବା ଭ୍ରାତୃବଧୂର ଅଭିପ୍ରାୟ।

ଚଉର-ଘରିଣୀ ପିଅ-ଦଂସଣା ଅ ତରୁଣୀ ପଉତ୍‌ଥ-ପଇଆ ଅ।
ଅସଈ-ସଅଜ୍ଝିଆ ଦୁଗ୍‌ଗଆ ଅ ଣ ହୁ ଖଣ୍ଡିଅଂ ସୀଲଂ। ୩୬।
(ଚତୁର-ଗୃହିଣୀ ପ୍ରିୟ-ଦର୍ଶନା ଚ ତରୁଣୀ ପ୍ରୋଷିତ-ପତିକା ଚ।
ଅସତୀ-ପ୍ରତିବେଶିନୀ ଦୁର୍ଗତା ଚ ନ ଖଲୁ ଖଣ୍ଡିତଂ ଶୀଳମ୍।)-ମହିଳସ୍ୟ

ଚଉତରା ଉପରେ ଯାହାର ଘର, ସେ ପ୍ରିୟଦର୍ଶନା ଓ ତରୁଣୀ, ଯାହାର ପତି ବିଦେଶରେ, ଯାହାର ପ୍ରତିବେଶିନୀ ଅସତୀ ଓ ଯେ ଦୁର୍ଗତ ଅବସ୍ଥାଗ୍ରସ୍ତ- ଏଭଳି ନାରୀର ମଧ୍ୟ ଶୀଳ ଖଣ୍ଡିତ ହୋଇନାହିଁ।

ବ୍ୟାଖ୍ୟା - ଏହା କୌଣସି ପତିବ୍ରତା ନାରୀର ଶୀଳ ବା ଚରିତ୍ର୍ୟର ପ୍ରଶଂସାମୂଳକ

ଗାଥା । ସେ ନାରୀ ନିର୍ଜନ ପଥର ଚତ୍ୱର ଉପରେ ବାସ କରୁଛି, ତାହାର ଯୌବନ ସମୁପାଗତ ଅଙ୍ଗରେ ସୁଷମାର ବନ୍ୟା, ପ୍ରବାସୀର ବଧୂ ହୋଇଥିବାରୁ ନିଃସଙ୍ଗ ଜୀବନ ଯାପନ କରୁଛି, ପୁଣି ପ୍ରତିବେଶିନୀ ଅସତୀ; ଏଣେ ସେ ଦାରିଦ୍ର୍ୟ ଉତ୍ପୀଡ଼ିତା - ଏ ପରିସ୍ଥିତିରେ ଯେକୌଣସି ନାରୀ ଶୀଳ ହରାଇବସିବା କଥା; ମାତ୍ର ସମସ୍ତ ପ୍ରତିକୂଳ ପରିସ୍ଥିତି ସତ୍ତ୍ୱେ ଏ ନାରୀର ଶୀଳ ଖଣ୍ଡିତ ହୋଇ ନ ଥିବାରୁ ଏହା ତାହାର ଦୃଢ଼ ମନୋବଳ ଓ ପାତିବ୍ରତ୍ୟର ପ୍ରମାଣ ଦିଏ ।

ଡାଳୂର-ଭମାଉଲ-ଖୁଡ଼ିଅ-କେସରୋ ଗିରିଣଈଏଁ ପୂରେଣ ।
ଦର-ବୁଡ୍‌ଡ-ଉବୁଡ୍‌ଡ-ଣିବୁଡ୍‌ଡ-ମହୁଅରୋ ହୀରଇ କଲମ୍ବୋ । ୩୭ ।
(ଜଳାବର୍ତ୍ତ-ଭ୍ରମାକୁଳ-ଖଣ୍ଡିତ-କେସରୋ ଗିରିନଦ୍ୟାଃ ପୂରେଣ ।
ଦର-ମଗ୍ନୋନ୍ମଗ୍ନ-ନିମଗ୍ନ-ମଧୁକରୋ ହ୍ରିୟତେ କଦମ୍ବଃ ।)- ଅବଟଙ୍କ

ଗିରି-ନଦୀର ପ୍ରବଳ ପ୍ରବାହରେ କଦମ୍ବ ଫୁଲଟିଏ ଭାସିଯାଉଛି । ଜଳାବର୍ତ୍ତରେ ଭ୍ରମାକୁଳ ଛିନ୍ନ କେଶର କଦମ୍ବ ଫୁଲ ସହିତ ଭ୍ରମର କେବେ ଈଷତ୍ ମଗ୍ନ, କେବେ ଉନ୍‌ମଗ୍ନ ଓ କେବେ ନିମଗ୍ନ ହୋଇ ଲାଗିଛି; ତଥାପି ସେ କଦମ୍ବ ଫୁଲ ପ୍ରତି ନିଜର ସ୍ନେହ ଛାଡୁନାହିଁ ।

ବ୍ୟାଖ୍ୟା - ବର୍ଷାକାଳରେ ଗିରି-ନଦୀର ଚିତ୍ର । ପ୍ରବଳ ପ୍ରବାହର ଜଳାବର୍ତ୍ତ ମଧ୍ୟରେ ପଡ଼ି କଦମ୍ବ ଫୁଲ ଘୂରି ଲାଗିଛି । କେଶର ତାହାର ଛିନ୍ନଭିନ୍ନ । ତଥାପି ଜାବୁଡ଼ି ଧରି ମୁଗ୍ଧ ଭ୍ରମର ବୁଡ଼ୁଛି ଉଠୁଛି, ତାକୁ ଛାଡୁ ନାହିଁ । ନାୟିକା ସେତିକିବେଳେ ଭ୍ରମରର କଦମ୍ବ-ସ୍ନେହ ଦୃଶ୍ୟ ପ୍ରତି ନାୟକର ଦୃଷ୍ଟି ଆକର୍ଷଣ କରି କହୁଛି- ହେଇ ଦେଖ, କଦମ୍ବ ଫୁଲ ପ୍ରତି ପ୍ରେମାନ୍ଧ ଭ୍ରମରର ନିଷ୍ଠା । ତୁମେ ଯେ ମୋତେ ଛାଡ଼ିଯାଅ, ଏଇ ପ୍ରାକୃତିକ ଦୃଶ୍ୟରୁ ଶିକ୍ଷା କର । ସାମାନ୍ୟ ଭ୍ରମରଟିଏ ଯାହା କରୁଛି, ତୁମେ ତାହା କରୁନାହିଁ । ହେ ହତାଶ ପ୍ରେମିକ, ଇଙ୍ଗିତରେ ବୁଝିନିଅ- ସ୍ପଷ୍ଟ କଥାରେ କହିହେବ ନାହିଁ । ଏହା ଅନ୍ୟୋପଦେଶ ଦ୍ୱାରା ନାୟକକୁ ସୂଚନା ।

ଅହିଆଅ-ମାଣିଣୋ ଦୁଗ୍‌ଗଅସ୍‌ସ ଛାହିଂ ପିଅସ୍‌ସ ରକ୍‌ଖନ୍ତୀ ।
ଣିଅ-ବନ୍ଧବାଣଁ ଜୂରଇ ଘରିଣୀ ବେହବେଣ ଏନ୍ତାଣଂ । ୩୮ ।
(ଆଭିଜାତ୍ୟ-ମାନିନୋ ଦୁର୍ଗତସ୍ୟ ଛାୟାଂ ପତ୍ୟୁ ରକ୍ଷନ୍ତୀ ।
ନିଜ-ବାନ୍ଧବେଭ୍ୟଃ କ୍ରୁଧ୍ୟତି ଗୃହିଣୀ ବିଭବେନାଗଚ୍ଛଦ୍‌ଭ୍ୟଃ ।) - ଟୁଲ୍ଲୋକ

ସ୍ୱକୁଳାଭିମାନୀ ଦରିଦ୍ର ସ୍ୱାମୀର ଛାୟା ରକ୍ଷା କରିବା ନିମନ୍ତେ ଗୃହିଣୀ ଧନ ଦ୍ରବ୍ୟ ଘେନି ଆଗତ ନିଜର ବନ୍ଧୁବାନ୍ଧବମାନଙ୍କ ପ୍ରତି ବିରକ୍ତି ପ୍ରକାଶ କରୁଛି ।

ବ୍ୟାଖ୍ୟା - କୌଣସି ସ୍ୱାଧ୍ୱୀ କୁଳବଧୂକୁ ଧନଲୋଭରେ ବଶୀଭୂତ କରିବାକୁ

ରହୁଁଥିବା ପରଦାରାଲୋଲୁପ ଭୁଜଙ୍ଗ ପ୍ରତି ଦୂତୀର ଉକ୍ତି- ସେ ନାରୀ ସ୍ୱାମୀର ଆଭିଜାତ୍ୟର ସ୍ୱାଭିମାନ ରକ୍ଷା କରିବାପାଇଁ ସଦା ତତ୍ପର। ଆଜି ସିନା ସେ ବଂଶ ଦରିଦ୍ର ହୋଇଯାଇଛି; ମାତ୍ର ଖ୍ୟାତି ଯାଇ ନାହିଁ, କର୍ପୂର ଉଡ଼ିଯାଇ କନା ପଡ଼ିଥିଲେ ମଧ୍ୟ କନାରେ କର୍ପୂରସ୍ମୃତି ବିଜଡ଼ିତ। ସେ ବଂଶର କୁଳବଧୂ ଏହା ଭଲ କରି ଜାଣେ। ତା'ର ଆଭିଜାତ୍ୟର ଗର୍ବ ଅଛି। ସେଇ ଗର୍ବରେ ଗର୍ବିତା ନାରୀ ସ୍ୱାମୀର ଛାୟା ଅବଲମ୍ବନ କରି ବଞ୍ଚି ରହିଛି; ଏପରିକି ବନ୍ଧୁ-ବାନ୍ଧବମାନେ ମଧ୍ୟ ତା' ନିକଟକୁ ସାହାଯ୍ୟ ଘେନି ପହଞ୍ଚିଲେ ସେମାନଙ୍କ ବିଭବକୁ ସେଇ ସତୀନାରୀ ତୁଚ୍ଛ ଜ୍ଞାନ କରୁଛି। କାହିଁକି ସେମାନେ ତା'ର ଦାରିଦ୍ର୍ୟକୁ ଉପହାସ କରିବା ପାଇଁ ଏପରି ସାହାଯ୍ୟ ଘେନି ଆସୁଛନ୍ତି ସେଥିପାଇଁ କୋପ କରୁଛି। ସେ ପଛେ ଦାରିଦ୍ର୍ୟ ମଧ୍ୟରେ କାଳ କାଟିବ ପତିର ଆଭିଜାତ୍ୟ ଖର୍ବ ହେବା ଭୟରେ ପର ପାଖରେ ହାତ ପାତିବ ନାହିଁ। ଏପରି ଯେଉଁ ପତିବ୍ରତାର ବଂଶ-ମର୍ଯ୍ୟାଦା ଜ୍ଞାନ ତାକୁ ତୁମେ କଣ ଅର୍ଥ ବଳରେ ବଶ କରିପାରିବ?

ସାହୀଣେ ବି ପିଅଅମେ ପତ୍ତେ ବି ଖଣେ ଣ ମଣ୍ଡିଓ ଅପ୍ପା।
ଦୁଗ୍ଗଅ-ପଉତ୍ଥ-ବଇଅଂ ସଅଜ୍ଝିଅଂ ସଣ୍ଠୁନ୍ଵତୀଏ । ୩୯ ।
(ସ୍ୱାଧୀନେପି ପ୍ରିୟତମେ ପ୍ରାପ୍ତେପି କ୍ଷଣେ ନ ମଣ୍ଡିତ ଆତ୍ମା।
ଦୁର୍ଗତି ପ୍ରୋଷିତ ପତିକାଂ ପ୍ରତିବେଶିନୀଂ ସଂସ୍ଥାପୟନ୍ତ୍ୟା।)- ରବିରାଜସ୍ୟ

ପତି ତାହାର ଅଧୀନ ଓ ଉତ୍ସବ ଉପସ୍ଥିତ ହେଲେ ମଧ୍ୟ ଏଇ ନାରୀ ନିଜ ଅଙ୍ଗକୁ ମଣ୍ଡିତ କରୁନାହିଁ ଓ ପ୍ରୋଷିତ-ପତିକା ଦୁର୍ଗତ ପ୍ରତିବେଶିନୀକୁ ସାନ୍ତ୍ୱନା ଦେଉଛି।

ବ୍ୟାଖ୍ୟା - ପ୍ରିୟତମ ସର୍ବଦା ଏଇ ନାୟିକାର ଅଧୀନ, ମିଳନରସର ଆନନ୍ଦରେ ସେ ଅଧୀରା, ମାସ ଫଗୁଣ, ଋତୁ ବସନ୍ତ। ଏତେବେଳେ ତନୁ ନଦୀ ମଣ୍ଡନ ଲାଭ କରି ମଦନ ମହୋତ୍ସବରେ ଶତତରଙ୍ଗରେ ଉଦ୍‌ବେଳିତ ହେବା କଥା। ତଥାପି ଏଇ ସତୀ ନାରୀ ଆଜି ନିଜକୁ ଅମଣ୍ଡନା ରଖିଛି। ପାଖ ପଡିଶାର ଏଇ ନାରୀ ସ୍ୱାମୀ ବିଚ୍ଛେଦରେ ଦୁର୍ଗତ ଅବସ୍ଥାରେ କାଳ କାଟୁଛି। ସେ କିପରି ନିଜର ସୌଭାଗ୍ୟ ପ୍ରକଟ କରି ପ୍ରସାଧନ କଳାର ବାହାର ଦେଖାଇ ତା' ଆଗରେ ଦେଖା ଦେବ? ପତି ବିଦେଶରେ ଥିଲେ ସ୍ତ୍ରୀ ଭୂଷଣବିହୀନା ହୋଇ କାଳ କାଟେ। ସଂସ୍କୃତ ସାହିତ୍ୟରେ ଅମଣ୍ଡନା, ଏକବେଣୀଧାରା ନାୟିକାମାନଙ୍କର ଚିତ୍ର ମିଳେ। ପ୍ରତିବେଶିନୀ ନାରୀଟି ପ୍ରତି ସମବେଦନାରେ ସାନ୍ତ୍ୱନା ବାଣୀ ପ୍ରକାଶ କରି ଗାଥାର ନାୟିକା ନାରୀ ହୃଦୟର ଉଦାରମହିମା ପ୍ରଖ୍ୟାପନ କରିଛି।

ତୁଜ୍ଝ ବସଇ ତ୍ତି ହିଅଅଂ ଇମେହିଁ ଦିଟ୍‌ଠୋ ତୁମଂ ତି ଅଚ୍ଛୀହିଂ।
ତୁହ ବିରହେ କିସିଆଇଁ ତି ତୀଏଁ ଅଙ୍ଗାଇଁ ବି ପିଆଇଂ। ।୪୦।

(ତବ ବସତିରିତି ହୃଦୟମାଭ୍ୟାଂ ଦୃଷ୍ଟସ୍ତ୍ୱମିତ୍ୟକ୍ଷିଣୀ।
ତବ ବିରହେ କୃଶିତାନୀତି ତସ୍ୟା ଅଙ୍ଗାନ୍ୟପି ପ୍ରିୟାଣି।)- ମୁଦ୍ର

ତାହାର ହୃଦୟରେ ତୁମର ବାସ, ତୁମକୁ ଦେଖିଥିବାରୁ ନେତ୍ରଦ୍ୱୟ ଓ ତୁମ ବିରହରେ ତାହାର କୃଶ ହୋଇଥିବା ଅଙ୍ଗ- ଏ ସମସ୍ତ ତେଣୁ ତାହାକୁ ପ୍ରିୟ ପ୍ରତୀତ ହେଉଛି।

ବ୍ୟାଖ୍ୟା - ନାୟକ ପ୍ରତି ନାୟିକାର ଅନୁରାଗର ଗଭୀରତା ସୂଚିତ କରି ଦୂତୀର ଉକ୍ତି - ତୁମେ ତାହାକୁ ଦୀର୍ଘ ବିରହ ଭୋଗାଇଲେ ମଧ୍ୟ ତାହାର ପ୍ରେମ ଅଟଳ। ବରଂ ସେ ତୁମ ବିରହରେ ତୁମ ପ୍ରତି ଅଧିକରୁ ଅଧିକ ଅନୁରାଗିଣୀ। ତୁମେ ତାହାର ହୃଦୟରେ ବାସ କର, ତେଣୁ ସେ ହୃଦୟକୁ ସ୍ୱର୍ଗ ମନେକରୁଛି, ତୁମକୁ ଦୁଇଟି ନୟନରେ ଦେଖିଥିବାରୁ ନେତ୍ରଦ୍ୱୟକୁ ସାର୍ଥକ ମନେକରୁଛି, ଆଉ ତୁମର ବିରହ ଅସହ୍ୟ ତାପ ଦେଇ ତାର ଅଙ୍ଗ କ୍ଷୀଣ କଲେ ମଧ୍ୟ ନିଜର ତନୁ-ଅଙ୍ଗ ତା ପାଖରେ ପ୍ରିୟ। ଏତେ ସତ୍ତ୍ୱେ ସେ ତୁମ ପ୍ରତି ବିମୁଖ ନୁହେଁ। ଯାଅ ଶୁଣିବ, ତା'ର କଣ୍ଠରେ ତୁମରି ଜୟଧ୍ୱନି।

ସଦ୍‌ଭାବ-ଣେହ-ଭରିଏ ରତ୍ତେ ରଜ୍ଜିଜ୍ଜଇ ତ୍ତି ଜୁତ୍ତମିଣଂ।
ଅଣହିଅଏ ଉଣ ହିଅଅଂ ଜଂ ବିଜ୍ଜଇ ତଂ ଜଣୋ ହସଇ । ୪୧ ।
(ସଦ୍ଭାବ-ସ୍ନେହ-ଭରିତେ ରକ୍ତେ ରଜ୍ୟତେ ଇତି ଯୁକ୍ତମିଦମ୍।
ଅନ୍ୟ ହୃଦୟେ ପୁନର୍ହୃଦୟଂ ଯଦ୍ଦୀୟତେ ତଜ୍ଜନୋ ହସତି।) - ହାଳ

ସଦ୍‌ଭାବ ଓ ସ୍ନେହପୂର୍ଣ୍ଣ ଅନୁରାଗୀଜନ ପ୍ରତି ଅନୁରକ୍ତ ହେବା ତ ଉଚିତ କଥା; ମାତ୍ର ତୁମେ ଯେଉଁ ହୃଦୟହୀନ ବ୍ୟକ୍ତିକୁ ହୃଦୟ ଅର୍ପଣ କରିସାରିଛ ସେଥିରେ ଲୋକେ ହସିବେ।

ବ୍ୟାଖ୍ୟା - ଅନ୍ୟ ସମ୍ଭୋଗ ଚିହ୍ନିତ ନାୟକ ପ୍ରତି ଖଣ୍ଡିତା ନାୟିକାର ଉକ୍ତି। ନାୟକ କୌଣସି ହୃଦୟହୀନା ନାୟିକା ପ୍ରତ ଆସକ୍ତ। ପ୍ରକୃତ ପ୍ରେମ କରୁଥିବା ନାୟିକା ବ୍ୟଙ୍ଗୋକ୍ତି କରି ନାୟକକୁ କହିଛି - ସେ ସଦ୍‌ଭାବ ଓ ସ୍ନେହରେ ପୂର୍ଣ୍ଣ ତଥା ଅନୁରାଗବତୀ ତା' ପ୍ରତି ଆସକ୍ତ ହେବା ଉଚିତ୍। ପ୍ରକୃତି ପ୍ରେମର ଆକର୍ଷଣରେ ତୁମର ହୃଦୟ ଯଦି ତା' ପ୍ରତି ଆକୃଷ୍ଟ ହୋଇଥାଏ, ତେବେ ତା'ର ସୌଭାଗ୍ୟରେ ମୁଁ ଈର୍ଷା କରିବି ନାହିଁ। ମାତ୍ର ତୁମେ ଯେଉଁ ନାୟିକାଠାରେ ଅନୁରକ୍ତ ହୋଇଛ ସେ ଏକ ଛଳନାମୟୀ। ମିଥ୍ୟା ପ୍ରେମରେ ଛଳାଇ ସେଇ ମାୟାବିନୀ ତୁମକୁ ବାନ୍ଧିଛି। ତୁମେ ନିଜର କର୍ମ ଦ୍ୱାରା ଜନନିନ୍ଦିତ ହେବ। ଅନ୍ୟ ଅର୍ଥରେ, ଯେ ତୁମକୁ ଉତ୍ତମ ଭାବ ଦେଖାଇ ପ୍ରେମପାଶରେ ବାନ୍ଧିଛି ଓ ଯାହାର ହୃଦୟ ରକ୍ତ ବା ଅନୁରାଗମୟ ଓ ଯେ ତୁମ ହୃଦୟକୁ ରଂଜିତ କରିସାରିଛି, ତା' ପ୍ରତି ତୁମର ପ୍ରେମ ଶୋଭାପାଏ। ମୁଁ ତ ସଦ୍‌ଭାବ ଓ ସ୍ନେହ-ଦରିଦ୍ରା।

ମୋତେ ପ୍ରେମ କଲେ ଲୋକେ ହସିବେ। ଯାଅ, ସେଇ ସଦ୍‌ଭାବଶୀଳା ଓ ସ୍ନେହବତୀ ଦ୍ୱାରା ନିଜକୁ ଅନୁରଂଜିତ କର। ମୋ ଭଳି ସଦ୍‌ଭାବ-ସ୍ନେହଶୂନ୍ୟ ହୃଦୟରେ ହୃଦୟ ଅର୍ପଣ କଲେ ଲୋକେ ଉପହାସ କରିବେ।

ଆରମ୍ଭନ୍ତସ୍‌ସ ଧୁଅଂ ଲଚ୍ଛୀ ମରଣଂ ବି ହୋଇ ପୂରିସସ୍‌ସ।
ତଂ ମରଣମଣାରମ୍ଭେ ବି ହୋଇ ଲଚ୍ଛୀ ଉଣ ଣ ହୋଇ । ୪୨ ।
(ଆରଭମାଣସ୍ୟ ଧ୍ରୁବଂ ଲକ୍ଷ୍ମୀର୍ମରଣଂ ବା ଭବତି ପୁରୁଷସ୍ୟ।
ତନ୍ମରଣମନାରମ୍ଭେଽପି ଭବତି ଲକ୍ଷ୍ମୀ ପୁନର୍ନ ଭବତି।) - ବଲ୍ଲଭ

ଏହା ଧ୍ରୁବ ଯେ କାର୍ଯ୍ୟରମ୍ଭକାରୀ ପୁରୁଷକୁ ଲକ୍ଷ୍ମୀ ପ୍ରାପ୍ତ ହୁଅନ୍ତି ଅଥବା ମୃତ୍ୟୁ ହୋଇପାରେ; ମାତ୍ର କାର୍ଯ୍ୟ ଆରମ୍ଭ ନ କଲେ ମଧ୍ୟ ମୃତ୍ୟୁ ଲାଭହୁଏ, ପୁଣି ଲକ୍ଷ୍ମୀ ଲାଭ ହୁଅନ୍ତି ନାହିଁ।

ବ୍ୟାଖ୍ୟା - ଏହି ଗାଥା ନୀତିଗର୍ଭକ। ଯେକୌଣସି କାର୍ଯ୍ୟ ହାତକୁ ନେଲେ ସେଥିରେ ସାଫଲ୍ୟ ଓ ବୈଫଲ୍ୟ ଦୁଇ କଥାରୁ ଗୋଟିଏ ଲାଭ କରାଯାଏ। ପ୍ରତ୍ୟେକ କାର୍ଯ୍ୟ ମୂଳରେ ଇଷ୍ଟ ଅନିଷ୍ଟ ରହିଛି। ମାତ୍ର ଯେ କର୍ମୀ, ସେ କାର୍ଯ୍ୟାରମ୍ଭରୁ ଫଳାଫଳ ପ୍ରତି ଦୃଷ୍ଟି ଦେଇ କାର୍ଯ୍ୟରେ ଅବତୀର୍ଣ୍ଣ ହେବା ଉଚିତ୍ ନୁହେଁ। କାରଣ କାର୍ଯ୍ୟ ଆରମ୍ଭ କଲେ ଲକ୍ଷ୍ମୀ ଲାଭ ହେବେ। ମରଣ ମଧ୍ୟ ହୋଇପାରେ। ମୃତ୍ୟୁ ତ କାର୍ଯ୍ୟାରମ୍ଭ ନ କଲେ ମଧ୍ୟ ଉପସ୍ଥିତ ହୋଇଥାଏ; କିନ୍ତୁ ଲକ୍ଷ୍ମୀ ବିନା ଆରମ୍ଭରେ କାହାରିକୁ ପ୍ରାପ୍ତ ହୁଅନ୍ତି ନାହିଁ। ଯେ କାର୍ଯ୍ୟ ଆରମ୍ଭ ନକଲେ ଲକ୍ଷ୍ମୀ ତା ପ୍ରତି ବିମୁଖ ହୁଅନ୍ତି। ତେଣୁ କାର୍ଯ୍ୟ କରିଯାଅ।

ନାୟିକା ପ୍ରାପ୍ତିରେ ବିଫଳ-ପ୍ରଯତ୍ନ ନାୟକ ପ୍ରତି ଦୂତୀ ଉକ୍ତି ରୂପେ ଆଲୋଚ୍ୟ ଗାଥାଟିକୁ ଗ୍ରହଣ କରାଯାଇପାରେ।

ବିରହାଣଲୋ ସହିଜ୍ଜଇ ଆସା-ବନ୍ଧେଣ ବଲ୍ଲହ-ଜଣସ୍‌ସ।
ଏକ-ଗଗାମ-ପବାସୋ ମାଏ ମରଣଂ ବିସେସେଇ । ୪୩ ।
(ବିରହାନଳଃ ସହ୍ୟତ ଆଶା-ବନ୍ଧେନ ବଲ୍ଲଭ-ଜନସ୍ୟ।
ଏକ-ଗ୍ରାମ-ପ୍ରବାସୋ ମାତର୍ମରଣଂ ବିଶେଷୟତି।) -ଅମୃତ

ପ୍ରିୟଜନଙ୍କ ବିରହାନଳର ସନ୍ତାପ ଆଶା-ବନ୍ଧ ଦ୍ୱାରା ସହ୍ୟ କରାଯାଏ; କିନ୍ତୁ ଗୋ' ମା', ସେ ତ ଏଇ ପାଖ ଏକ ଗ୍ରାମରେ ପ୍ରବାସୀ - ଏହା ମୃତ୍ୟୁ ଠାରୁ ବଳି କଷ୍ଟଦାୟକ।

ବ୍ୟାଖ୍ୟା - ଏହା କୌଣସି ମାତୃସ୍ଥାନୀୟ ନାରୀ ନିକଟରେ ବିରହିଣୀ ନାୟିକାର ଆକୁଳ ଅଭିବ୍ୟକ୍ତି। ନାୟିକାର ବିରହୋତ୍କଣ୍ଠା ଲକ୍ଷ୍ୟ କରି ଉକ୍ତ ମହିଳା ତାହାକୁ ସାନ୍ତ୍ୱନା

ଦେଇ କହିଛି ଯେ, ପ୍ରିୟ-ପ୍ରବାସର ବେଦନାନଳକୁ ଲଳନାମାନେ ଆଶା-ବନ୍ଧ ସହାୟତାରେ ସହନ କରନ୍ତି। ଦୂର ପ୍ରବାସରେ ଥିଲେ ହୁଏତ ମିଳନର ଆଶା କ୍ଷୀଣ ହୋଇଥାନ୍ତା। ତୋର ପ୍ରିୟ ତ ଏଇ ପାଖ ଗ୍ରାମରେ ପ୍ରବାସୀ - ଯେତେବେଳେ ମନ ଅନାୟାସରେ ଚାଲି ଆସି ପାରିବେ ଏଥିପାଇଁ ଏତେ ବ୍ୟସ୍ତ କାହିଁକି ? ଏହାର ଉତ୍ତରରେ ବିରହିଣୀ ନାୟିକା କହିଛି, ଆଗୋ ମା' ମୁଁ ମାନୁଛି, ଆଶା-ବନ୍ଧ ହିଁ ଲଳନାମାନଙ୍କୁ ପ୍ରିୟ-ବିଚ୍ଛେଦ ସହିବା ପାଇଁ ଶକ୍ତି ଯୋଗାଇଥାଏ; ମାତ୍ର ମୋର ପ୍ରିୟତମ ଖୁବ୍ ନିକଟରେ, ଏକ ଗାଁରେ ବା ପାଖ ଗାଁରେ ରହି ମଧ୍ୟ ଆମର ମିଳନ ହେଉନାହିଁ। ଦୂର ପ୍ରବାସରେ ଥିଲେ ମିଳନ ନ ହେଲେ ସେ ଦୁଃଖ ସହି ହେବ; ଏକ ଗ୍ରାମରେ ଥାଇ ମିଳନ ନ ହେବାଠାରୁ ବଳି ଆଉ ଦୁଃଖ କ'ଣ ହୋଇପାରେ ? ଆଶା-ବନ୍ଧର ଅଭାବରେ ଏକ ଗ୍ରାମପ୍ରବାସୀ ପ୍ରୋଷିତପତିକା ପ୍ରିୟ-ବିଚ୍ଛେଦରେ ମରଣାନ୍ତକ କଷ୍ଟ ପାଇଥାନ୍ତି, ଏ ଦୁଃଖ ମୁଁ କାହା ପାଖରେ କହିବି ? ସମ୍ଭବତଃ ବିରହିଣୀ ନାୟିକାର ପ୍ରିୟ ନିକଟବର୍ତ୍ତୀ ଗ୍ରାମର କୌଣସି ତରୁଣୀ ପ୍ରେମରେ ମଜ୍ଜି ରହି ଫେରୁନାହିଁ। ଏଣୁ ନାୟିକାଟି ଆଶା-ବନ୍ଧର ଅଭାବ ଅନୁଭବ କରୁଛି।

ଅକ୍‌ଖଡ଼ଇ ପିଆ ହିଅଏ ଅଣ୍ଣେଂ ମହିଲା-ଅଣଂ ରମନ୍ତସ୍‌ସ।
ଦେଟ୍‌ଠ ସରିସମ୍ମି ଗୁଣେ ଅସରିସମ୍ମି ଗୁଣେ ଅଇସନ୍ତେ । ୪୪।
(ଆସ୍ଖଳତି ପ୍ରିୟା ହୃଦୟେ ଅନ୍ୟ ମହିଳା-ଜନଂ ରମମାଣସ୍ୟ।
ଦୃଷ୍ଟେ ସଦୃଶେ ଗୁଣେ ଅସଦୃଶେ ଗୁଣେ ଅଦୃଶ୍ୟମାନେ।) - ରତିରାଜ

ଅନ୍ୟ ମହିଳାମାନଙ୍କ ସହିତ ରମଣ କରୁଥିବା ବ୍ୟକ୍ତିର ହୃଦୟରେ ସଦୃଶ ଗୁଣ ଦେଖି ଓ ଅସଦୃଶ ଗୁଣ ନ ଦେଖି ପ୍ରିୟା ଜାଗିଉଠିଥାଏ।

ବ୍ୟାଖ୍ୟା - ପରକୀୟା ପ୍ରୀତି-ରସରେ ମଜ୍ଜିଥିବା ବ୍ୟକ୍ତି ଯେତେବେଳେ ପ୍ରିୟାର ସଦୃଶ ଗୁଣାବଳୀ ଅନ୍ୟ ନାୟିକାଠାରେ ଦେଖିବାକୁ ପାଏ ଓ ପ୍ରିୟାର ସାଦୃଶ୍ୟ ନଥିବା ଗୁଣାବଳୀ ଦେଖିପାରେ, ସେହି ସମୟରେ ନାୟକ ହୃଦୟରେ ପ୍ରିୟାର ଛବି ଭାସିଉଠେ। ନାୟକ ନିଜର ବଧୂକୁ ଛାଡ଼ି ଅନ୍ୟ ନାରୀ ସହିତ ବିହାର କଲେ ହେଁ ସେଇ ନାରୀଠାରେ ବଧୂର ସଦୃଶ ଗୁଣଗୁଡିକ (ଅଙ୍ଗସୌନ୍ଦର୍ଯ୍ୟ, ହାବଭାବ, ଲୀଳା ବିଳାସ ଇତ୍ୟାଦି) ଦେଖି ତତ୍‌କାଳ ତାହାକୁ ସ୍ମରଣ କରେ; ଅର୍ଥାତ୍ ନିଜର ପ୍ରିୟା ତା'ର ମାନସପଟରେ ଅବତରଣ କରେ। ନିଜର ବଧୂ ସମଗୁଣରସରେ ହୃଦୟରେ ଭାସିଉଠୁଥିବାରୁ ନାୟକ ଅନ୍ୟ ନାରୀ ସଂସର୍ଗରେ ମଧ୍ୟ ପ୍ରିୟାର ମାଧୁର୍ଯ୍ୟ ବିସ୍ମୃତ ହୋଇ ନଥିବା ଜଣାଯାଏ।

ଣଇ-ଉର-ସଚ୍ଛହେ ଜୋବ୍‌ବଣମ୍ମି ଅଇ-ପବସିଏସୁ ଦିଅସେସୁ।
ଅଣିଅତ୍ତାସୁ ଅ ରାଇସୁ ପୁତ୍ତି କିଂ ଦଡ୍‌ଢମାଣେଣ । ୪୫ ।

(ନଦୀ-ପୂର-ସଦୃଶେ ଯୌବନେ ଅତି-ପ୍ରୋଷିତେଷ୍ଟୁ ଦିବସେଷ୍ଟୁ।

ଅନିବୃତ୍ତାସୁ ଚ ରାତ୍ରିଷ୍ଟୁ ପୁତ୍ରି କିଂ ଦଗ୍ଧମାନେନ।) - ପବନରାଜ

ଯୌବନ ନଦୀର ପ୍ରବାହ ଭଳି ଅନିତ୍ୟ, ଦିନ ବିତିଯାଉଛି ଓ ରାତ୍ରି ମଧ୍ୟ କେବେ ଲେଉଟି ଆସିବ ନାହିଁ। ହେ ପୁତ୍ରୀ, ଏ ପୋଡ଼ା ମାନ କରି କ'ଣ ମିଳିବ?

ବ୍ୟାଖ୍ୟା - ପ୍ରିୟ-ମିଳନର ମୁହୂର୍ତ୍ତ ବିତିଗଲେ ମଧ୍ୟ ନାୟିକା ଗରିଷ୍ଠ ମାନ ଧାରଣ କରି ବସିଛି। କୌଣସି ବୟସ୍କା ସଂସାର ଅଭିଜ୍ଞ ନାରୀ ମାନବତୀ ନାୟିକାକୁ ପ୍ରିୟ ମିଳନ ପାଇଁ ପ୍ରବର୍ତ୍ତନା ଦେଇ କହିଛି- ଝିଅ, ନଦୀରେ ଯେଉଁ ଜଳପ୍ରବାହ ବହିଯାଏ, ତାହା ଆଉ ଫେରେ ନାହିଁ କିମ୍ବା ନଦୀରେ ଯେଉଁ ଜୁଆର ଆସିଥାଏ, ତାହା ଭଟ୍ଟାର ଆକର୍ଷଣରେ ସ୍ଥିର ରହେ ନାହିଁ; ଦିବସର ଆଲୋକ ଅସ୍ତସାଗରରେ ମିଶି ଯାଉଛି, ତାହା ଆଉ ଫେରିବ ନାହିଁ; ଏଇ ଯେ ରାତ୍ରି ବୃଦ୍ଧିପ୍ରାପ୍ତ ହେବାକୁ ଲାଗିଛି ତାହା ମଧ୍ୟ ନିବୃତ୍ତ ହେବ ନାହିଁ - କେଉଁଥିପାଇଁ ତୋର ଏତେ ଗୁରୁମାନ? ଏ ରୂପର ବଡ଼େଇ ରହିବ ନାହିଁ; ଅନିତ୍ୟ ଯୌବନ ଗର୍ବରେ ତୁ ଆଜ ଯେଉଁ ପ୍ରିୟଙ୍କୁ ଉପେକ୍ଷା କରୁଛୁ, ଯେତେବେଳେ ତୋର ଯୌବନ ବିଦାୟ ନେବ ସେତେବେଳେ ତୋତେ କିଏ ପଚାରିବ? ଯୌବନ ଥାଉଁ ଥାଉଁ ପ୍ରିୟ ଯେତେବେଳେ ଅନୁକୂଳ, ତାକୁ ଭୋଗ କରିବା ଉଚିତ। ଭାବୁଛୁ ଏ ଦିନ ଓ ଏ ରାତି ଆଉ ଫେରିଆସିବ? ତୋ ମାନ ଗର୍ବ ମୁହଁରେ ପାଉଁଶ! ମୁଁ ଜୀବନରେ ବହୁ ଅଭିଜ୍ଞତା ଲାଭ କରିଛି। ତେଣୁ ତୋତେ କହୁଛି, ଅନିତ୍ୟ ଯୌବନ-ମଦରେ ଆଉ ମୁଖର ମୁହୂର୍ତ୍ତଗୁଡିକୁ ହାତଛଡ଼ା କରନା।

କଲ୍ଲଂ କିଲ ଖର-ହିଅଓ ପବସିଇହି ପିଓତ୍ତି ସୁଣ୍ଣଇ ଜଣମ୍ମି।

ତହ ବଡ୍‌ଢ ଭଅବଇ ଣିସେ ଜହ ସେ କଲ୍ଲଂ ବିଅ ଣ ହୋଇ। ୪୬।

(କଲ୍ୟଂ କିଲ ଖର-ହୃଦୟଃ ପ୍ରବତ୍ସ୍ୟତି ପ୍ରିୟ ଇତି ଶ୍ରୂୟତେ ଜନେ।

ତଥା ବର୍ଦ୍ଧସ୍ୱ ଭଗବତି ନିଶେ ଯଥା ତସ୍ୟ କଲ୍ୟମେବ ନ ଭବତି।) - ନିଷ୍ଠଟ

ମୋର ନିଷ୍ଠୁର-ହୃଦୟ ପ୍ରିୟ କାଲି କୁଆଡ଼େ ପ୍ରବାସ ଯାତ୍ରା କରିବେ। ଏପରି କଥା ଲୋକଙ୍କଠାରୁ ଶୁଣୁଛି। ଗୋ ଭଗବତୀ ନିଶାଦେବି! ଏପରି ବଢ଼ି ଯା' ଯେ, ତାଙ୍କର ଯେପରି କାଲି ନହେଉ।

ବ୍ୟାଖ୍ୟା - ପ୍ରବାସ ଯାତ୍ରାର ଆୟୋଜନ କରୁଥିବା ପ୍ରବାସୀ-ବଧୂର ଭକ୍ତି। କାଲି ପ୍ରଭାତରୁ ପତି ବିଦେଶ ଯିବେ। ଗୃହର ସଦସ୍ୟ ଓ ଅନ୍ୟମାନେ ଏ କଥା ଜାଣିଲେ ମଧ୍ୟ ନାୟିକା ଦୁଃଖ ପାଇବ ବୋଲି ତାକୁ ବିଦେଶ-ଯାତ୍ରା କଥା ଜଣାଇ ଦିଆଯାଇନାହିଁ; ମାତ୍ର ଲୋକଙ୍କ କଥାରୁ ସେ ଏହାର ଆଭାସ ପାଇସାରିଲାଣି। ତା'ର ଏତେ ଶକ୍ତି ନାହିଁ ଯେ ନାୟକଙ୍କୁ ଯାତ୍ରାରୁ ନିବୃତ୍ତ କରିପାରିବ। ତେଣୁ ସେ ଦୈବୀଶକ୍ତିର

ଶରଣାପନ୍ନ ହୋଇ ପ୍ରାର୍ଥନା କରୁଛି - କଠୋର-ହୃଦୟ ପ୍ରିୟ ମୋତେ ନ ଜଣାଇ କାଲି ସକାଳୁ ପ୍ରବାସୀ ହେବେ। ସେ କଥା ଶୁଣି ପ୍ରାଣ କାନ୍ଦୁଛି। ମୁଁ ଅନ୍ୟ ମୁଖରୁ ଏ ସମ୍ବାଦ ଶୁଣିବାକୁ ପାଉଛି; ଅଥଚ ମୋତେ କୁହାଯାଉନାହିଁ। ଗୋ ଭଗବତୀ ନିଶା, ତୁମେ ଏପରି ବଢ଼ି ଯାଅ ଯେ ପ୍ରଭାତ ଯେପରି ନ ହୁଏ କି ମୋର ନିଷ୍ଠୁର-ହୃଦୟ ପ୍ରିୟ ପ୍ରବାସ ଯାତ୍ରା ନକରନ୍ତି।

ହୋନ୍ତ-ପହିଅସ୍‌ସ ଜାଆ ଆଉଚ୍ଛଣ-ଜୀଅ-ଧାରଣ-ରହସ୍‌ସଂ।
ପୁଚ୍ଛନ୍ତୀ ଭମଇ ଘରଂ ଘରେଣ ପିଅ-ବିରହ-ସହିରୀଓ ।୪୭।
(ଭବିଷ୍ୟତ୍-ପଥିକସ୍ୟ ଜାୟା ଆପୃଚ୍ଛନ-ଜୀବ-ଧାରଣ-ରହସ୍ୟମ୍।
ପୃଚ୍ଛନ୍ତୀ ଭ୍ରମତି ଗୃହଂ ଗୃହେଣ ପ୍ରିୟ-ବିରହ-ସହନଶୀଳାଃ।) - ସିଂହ

ଭବିଷ୍ୟତରେ ପ୍ରବାସୀ ହେବାକୁ ଯାଉଥିବା ବ୍ୟକ୍ତିର ଜାୟା ଘରେ ଘରେ ବୁଲି ପ୍ରିୟ-ବିରହ-ସହନଶୀଳା ନାରୀମାନଙ୍କୁ ବିଦାୟ ବେଳାରେ ଜୀବନ ଧାରଣ କରିବାର ରହସ୍ୟ ....।

ବ୍ୟାଖ୍ୟା - ଭୀରୁ ପଥିକ-ବନିତା ପ୍ରଥମ ବିରହର ଭାବୀ ବେଦନା କିପରି ସହିବ ତାହା ଶିକ୍ଷା କରିବାପାଇଁ ଯେଉଁ ନାରୀମାନେ ପୂର୍ବରୁ ବିରହ-ବେଦନା ସହ୍ୟ କରିବାର ଉପାୟ ଜାଣିଛନ୍ତି ସେମାନଙ୍କ ନିକଟକୁ ଧାଇଁଯାଉଛି। ନାୟିକାର ଏଇ ଆଚରଣରୁ ଜଣାଯାଏ, ସେ କେବଳ ସରଳା ଓ ମୁଗ୍‌ଧା ନୁହେଁ, ବିରହ ଅନଭିଜ୍ଞା ମଧ୍ୟ। ଭାବୀ ବିରହର ଅଜ୍ଞାତ ବେଦନାରେ ସେ ଆକୁଳିତା। ବିରହ ଉପସ୍ଥିତ ହୋଇନାହିଁ, ତେବେ ମଧ୍ୟ ନାୟିକାଟି ଅଧୀରା ହୋଇଉଠିଛି। ପ୍ରକୃତ ବିଦାୟ ମୁହୂର୍ତ୍ତ ଉପସ୍ଥିତ ହେଲେ ସେ ହୁଏତ ଜୀବନ ଧାରଣ କରିପାରିବ ନାହିଁ। ସେ ତେଣୁ ପ୍ରିୟ-ବିରହ ସହ୍ୟ କରିବାରେ ସାମର୍ଥ୍ୟ ଅର୍ଜନ କରିଥିବା ବିରହିଣୀମାନଙ୍କ ଘରକୁ ଯାଇ ଏକଥା ପଚ୍ଚରୁଛି ଯେ ପ୍ରିୟର ବିଦାୟ ନେବା ବେଳାରେ ପ୍ରାଣ ଧାରଣ କରିବାର ରହସ୍ୟ କ'ଣ ହୋଇପାରେ? ତାହା ଜାଣିଲେ ସେଇ ପଥାବଲମ୍ବନ କରି ସେ ବିରହ-ବେଦନାକୁ ସହ୍ୟ କରିବ। ଅନ୍ୟମାନଙ୍କୁ ପଚ୍ଚରିବାର ଅଭିପ୍ରାୟ, ସେମାନେ ଅଭିଜ୍ଞା, ବିରହ-ବେଦନାକୁ ସହିବା ପାଇଁ ସେମାନେ ନିଶ୍ଚୟ କିଛି ରହସ୍ୟ ଜାଣିଥିବେ, (ନହେଲେ ସେମାନେ ବଞ୍ଚି ରହିଛନ୍ତି କିପରି?) ଯାହା ତାକୁ ଶିଖାଇ ଦେବେ।

ଅଣ୍ଣେ-ମହିଳା-ପସଙ୍ଗଂ ଦେ ଦେବ କରେସୁ ଅହ୍ମ ଦଇଅସ୍‌ସ।
ପୁରିସା ଏକ୍‌କନ୍ତ-ରସା ଣ ହୁ ଦୋଷ-ଗୁଣେ ବିଆଣନ୍ତି । ୪୮।
(ଅନ୍ୟ-ମହିଳା-ପ୍ରସଙ୍ଗଂ ହେ ଦେବ କୁରୁ ଅସ୍ମାକଂ ଦୟିତସ୍ୟ।
ପୁରୁଷା ଏକାନ୍ତ-ରସା ନ ଖଲୁ ଦୋଷ-ଗୁଣୌ ବିଜାନନ୍ତି।) - ଅନିରୁଦ୍ଧ

ହେ ଦେବ, ମୋର ପତିଙ୍କ ନିମନ୍ତେ ଅନ୍ୟ ମହିଳା ପ୍ରସଙ୍ଗ ବିଧାନ କର, ନହେଲେ ପୁରୁଷ ଏକ-ରସାସ୍ୱାଦୀ ହୋଇଯିବେ ଓ କାହାରି ଦୋଷ ଗୁଣକୁ ବିଶେଷ ଭାବେ ବୁଝିପାରିବେ ନାହିଁ।

ବ୍ୟାଖ୍ୟା - ନିଜର ରୂପ ସୌନ୍ଦର୍ଯ୍ୟ ଓ ଗୁଣ-ଗୌରବରେ ପ୍ରଭୂତ ଅଭିମାନ ଥିବା ନାୟିକାର ଉକ୍ତି। ନାୟିକାର ଗର୍ବ ଯେ ସେ ନିଜର ରୂପ ଗୁଣରେ ପତିକୁ ଅଧୀନରେ ରଖିପାରିଛି। ଅନ୍ୟ ରୂପବତୀ ନାରୀ ସହିତ ପତିର ପ୍ରେମ-ସମ୍ବନ୍ଧ ବିଧାନ କରିବାକୁ ସେ ଦେବତାଙ୍କୁ ପ୍ରାର୍ଥନା କରିଛି ଏଇଥିପାଇଁ ଯେ, ପତି ଦୈବ-ରଚିତ ପ୍ରେମ ଫାନ୍ଦରେ ପଡ଼ି ତା'ଠାରେ ଥିବା ଗୁଣ ଓ ଅନ୍ୟ ନାରୀଠାରେ ଥିବା ଦୋଷ ଭଲଭାବେ ବୁଝିପାରିବେ। ନୂଆ ପ୍ରେମର ସ୍ୱାଦ ଚାଖି ପତିର ମୁଖ ଲବଣ ସ୍ୱାଦ ପାଇଲା ପରି ଅନୁଭବ କରିବ। ଏକାନ୍ତ ରସ, ଅର୍ଥାତ୍, ଗୋଟିଏ ସ୍ତ୍ରୀ ଠାରେ ଆସକ୍ତ ହୋଇଥିବାରୁ ପତି ତାହାର ମୂଲ୍ୟ ବୁଝିପାରୁନାହାନ୍ତି। ତା' ଭଳି ପ୍ରେମମୟୀ ନାରୀ ସେ କାହୁଁ ପାଇବେ ? ମୂର୍ଖ ପୁରୁଷ ଏକନିଷ୍ଠ ରସ-ତତ୍ତ୍ୱ ବୁଝନ୍ତି ନାହିଁ। ଅନ୍ୟ ନାରୀର ବାହୁପାଶରେ ବାନ୍ଧି ହେଲେ ବିଷ ଓ ଅମୃତର ପାର୍ଥକ୍ୟ ବୁଝିପାରିବେ।

ଥୋଅଂ ପି ଣ ଣୀସରଇ ମଜ୍‌ଝରଣେ ଉହ ସରୀର-ତଲ-ଲୁକ୍କା।
ଆଅବ-ଭଏଣ ଛାଇ ବି ପହିଅ ତା କିଂ ଣ ବୀସମସି । ୪୯।
(ସ୍ତୋକମପି ନ ନିଃସରତି ମଧ୍ୟାହ୍ନେ ପଶ୍ୟ ଶରୀର-ତଲ-ଲୀନା।
ଆତପ-ଭୟେନ ଛାୟାପି ପଥିକ ତତ୍ କିଂ ନ ବିଶ୍ରାମ୍ୟସି।) - ସୁରଭିବସ୍ଥ

ଏହି ମଧ୍ୟାହ୍ନରେ ଆତପ ଭୟରେ ଛାୟା ମଧ ଶରୀର ତଳେ ଲୀନ ହେଉଛି, ଦେଖ, ତିଳେ ମାତ୍ର ଘୁଞ୍ଚୁନାହିଁ। ହେ ପଥିକ, ତୁମେ କାହିଁକି ବିଶ୍ରାମ କରୁନାହଁ ?

ବ୍ୟାଖ୍ୟା - ଦ୍ୱିପ୍ରହର ଖରାରେ କ୍ଳାନ୍ତ ହୋଇ ସାମୟିକ ବିଶ୍ରାମ ନେବା ପରେ ଜରୁରୀ କାମ ଥିବାରୁ ପଥିକଟି ସେଇ ଖରାରେ ଯେତେବେଳେ ଯିବାକୁ ବାହାରିଛି ସେତେବେଳେ ରତି-ଅଭିଳାଷିଣୀ ନାୟିକା ତାହାକୁ କହିଛି - ହେ ପଥିକ, ଏଇ ଖର ତାପରେ ଦେହର ଛାୟା ଭୟ ପାଇ ଶରୀର ତଳେ ବିଶ୍ରାମ ଲାଭ କରୁଛି। ତୁମେ କିପରି ଏହି ଦ୍ୱିପ୍ରହର ଖରାରେ ଯିବାକୁ ବାହାରିଛ ? ଏଇ ଏକଣା ଗୃହର ନିର୍ଜନ କୋଣରେ ଶୀତଳ ଛାୟା ତୁମ ପାଇଁ ଅପେକ୍ଷା କରି ରହିଛି। ଏଇ ଘର ଭିତରକୁ ଆସ, ବିଶ୍ରାମ କରି ଶାନ୍ତି ଶୀତଳତା ଭଲ କରିବ। ଛାୟା ଶରୀର ତଳେ ବିଶ୍ରାମ ନେବା ଭଳି ନାୟିକା ନିଜକୁ ପଥିକର ଶରୀର ତଳଲୀନା ହେବାକୁ ସୂଚନା ଦେଇଛି।

ସୁହ-ଉଚ୍ଛଅଂ ଜଣଂ ଦୁଲ୍ଲହଂ ପି ଦୂରାହି ଅମ୍ହ ଆଣନ୍ତ।
ଉଅଆରଅ ଜର ଜୀଅଂ ପି ଣେନ୍ତ ଣ କଆବରାହୋସି ।୫୦।

(ସୁଖ-ପୃଚ୍ଛକଂ ଜନଂ ଦୁର୍ଲଭମପି ଦୂରାଦସ୍ମାକମାନୟନ୍।

ଉପକାରକ ଜ୍ୱର ଜୀବମପି ନୟନ୍ ନ କୃତାପରାଧୋଽପି।) - ସ୍ୱର୍ଗବର୍ମନଃ

ହେ ଜ୍ୱର, ତୁ ମୋର ଖୁବ୍ ଉପକାର କଲୁ। ଯେଉଁ ବ୍ୟକ୍ତି ମୋର କୁଶଳ ସମ୍ବାଦ ପୁଚ୍ଛା କରେ ଓ ମୋ ପାଇଁ ଦୁର୍ଲ୍ଲଭ ସେପରି ଜନଙ୍କୁ ଦୂରରୁ ମୋ ପାଖକୁ ଅଣାଇଛୁ। ଏବେ ମୋର ଜୀବନ ହରଣ କରିନେଲେ ମଧ୍ୟ ମୁଁ ତୋତେ ଅପରାଧୀ ମଣିବି ନାହିଁ।

ବ୍ୟାଖ୍ୟା - ଦୀର୍ଘ ବିରହ-ପ୍ରତୀକ୍ଷା ପରେ ନାୟକ ପାଖକୁ ଆସିଛି। ନାୟିକା ଯେତେବେଳେ ଜ୍ୱରାକ୍ରାନ୍ତ। ନାୟକ ତାହାର କୁଶଳ ବିଷୟରେ ପଚାରିବାରୁ ନାୟିକା ଜ୍ୱରକୁ ସମ୍ବୋଧନ କରି ନାୟକ ପ୍ରତି ଉପାଳମ୍ଭ ବଚନ କହିଛି - ହେ ଜ୍ୱର, ଯେଉଁ ବ୍ୟକ୍ତି କୁଶଳ ପ୍ରଶ୍ନ କରି ମୋତେ କୃତାର୍ଥ କରେ ଅଥଚ ମୋ ପାଖକୁ କେବେ ଆସେ ନାହିଁ, ଯାହାଙ୍କ ବିଷୟରେ ଅହରହ ଭାବନା କଲେ ମଧ୍ୟ ତାଙ୍କୁ ପାଖରେ ପାଇବାର ଉପାୟ ଦିଶେ ନାହିଁ, ତୁ ଆଜି ସେପରି ପ୍ରିୟଜନ ସହ ମୋତେ ମିଳାଇ ଦେଇଛୁ। ମୋର ଏହି ଜ୍ୱର ହିଁ ତାଙ୍କୁ ମୋ ପାଖକୁ ଆଣିଛି। ନ ହେଲେ ସେ ମୋ ପାଇଁ ଦୁର୍ଲ୍ଲଭ। ତେଣୁ ତୋ ପ୍ରତି ମୋର କୌଣସି ଅଭିଯୋଗ ବା କ୍ରୋଧ ନାହିଁ। ତୁ ଯଦି ମୋର ପ୍ରାଣ ମଧ୍ୟ ଘେନିଯାଉ ତେବେ ମଧ୍ୟ ତୋତେ ଅପରାଧୀ କହିବି ନାହିଁ କି ତୋର ଦୋଷ ଧରିବି ନାହିଁ।

ଆମଜରୋ ମେ ମନ୍ଦ ଅହବ ଣ ମନ୍ଦୋ ଜଣସ୍ସ କା ତନ୍ତୀ।

ସୁହ-ଉଚ୍ଛଅ ସୁହଅ ସୁଅନ୍ଧ-ଅନ୍ଧ ମା ଅନ୍ଧିଅଂ ଛିବସୁ।। ୫୧।

(ଆମଜ୍ୱରୋ ମେ ମନ୍ଦୋଽଥବା ନ ମନ୍ଦୋ ଜନସ୍ୟ କା ଚିନ୍ତା।

ସୁଖ-ପୃଚ୍ଛକ ସୁଭଗ ସୁଗନ୍ଧ-ଗନ୍ଧ ମା ଗନ୍ଧିତାଂ ସ୍ପୃଶ।) - କାଳ

ହେ କୁଶଳଜିଜ୍ଞାସାକାରୀ, ହେ ସୁଗନ୍ଧ-ଗନ୍ଧଯୁକ୍ତ ସୁଭଗ, ମୋର ଆମଜ୍ୱର ଭଲ କି ମନ୍ଦ ସେ ବିଷୟରେ ଲୋକଙ୍କୁ ଚିନ୍ତା ପଡ଼ିଛି କାହିଁକି ? ତୁମେ ଜ୍ୱର-ଗନ୍ଧଯୁକ୍ତାକୁ ସ୍ପର୍ଶ କରନାହିଁ।

ବ୍ୟାଖ୍ୟା - ନାୟକ ଅନ୍ୟ ନାରୀ ସଂସର୍ଗଜନିତ ଅଙ୍ଗରାଗ ସଂକ୍ରାନ୍ତ ହୋଇଆସିଛି। ନାୟିକାକୁ ସ୍ପର୍ଶ କରି ତାହାର ଆମଜ୍ୱର ବିଷୟରେ ପ୍ରଶ୍ନ କରିବାରୁ ଖଣ୍ଡିତା ନାୟିକା କହିଛି - "ମୋର ଆମାଶୟ ଜ୍ୱର ଭଲ କି ମନ୍ଦ ଅନ୍ୟ ଲୋକଙ୍କର ସେ ଭାବନା କାହିଁକି ? ମୁଁ ତ ତୁମର କେହି ନୁହେଁ। ତୁମର ହୃଦୟ ତ ସୁଗନ୍ଧରେ ମଜ୍ଜିଛି, ଆଉ ଏତେବେଳେ ଆମଗନ୍ଧା ପାଖକୁ କାହିଁକି ଆସିଛ ? ସେଇ ଗନ୍ଧବତୀ ପାଖକୁ ଯାଅ। ତୁମ ଦେହରୁ ସୁଗନ୍ଧ ଆସୁଛି। ମୋ ଅଙ୍ଗରେ ଜ୍ୱର-ଜନିତ ଦୁର୍ଗନ୍ଧ ରହିଛି। ମୋତେ ସ୍ପର୍ଶ କରନା।" ପ୍ରିୟ-ବିରହରେ ରାତ୍ରି ଉଜାଗର ରହିଥିବାରୁ ନାୟିକା ଆମ-ଜ୍ୱରାକ୍ରାନ୍ତା (ଅଜୀର୍ଣ୍ଣଜନିତ ଜ୍ୱର)।

ସିହି-ପିଚ୍ଛ-ଲୁଲିଅ-କେସେ ବେବନ୍ତୋରୁ ବିଣିମୀଲିଅଦ୍ଧଚ୍ଛି ।
ଦର-ପୁରିସାଇରି ବିସୁମରି ଜାଣସୁ ପୁରିସାଣଁ ଜଂ ଦୁଃଖଂ ।୫୨।
(ଶିଖି-ପିଚ୍ଛ-ଲୁଳିତ-କେଶେ ବେପମାନୋରୁ ବିନିମୀଳିତାର୍ଦ୍ଧାକ୍ଷି ।
ଦର-ପୁରୁଷାୟିତେ ବିଶ୍ରାମ-ଶୀଳେ ଜାନୀହି ପୁରୁଷାଣାଂ ଯତ୍ ଦୁଃଖମ ।) - ବେସର

ଆଗୋ ଦର-ପୁରୁଷାୟିତର ବିଶ୍ରାମଶୀଳେ, ତୁମର କେଶ ମୟୂରପିଚ୍ଛ ସମ ଲୁଳିତ ହେଉଛି, ତୁମର ଉରୁଦ୍ୱୟ କଂପିତ ହେଉଛି ଓ ତମର ଚକ୍ଷୁ ଅର୍ଦ୍ଧନିମୀଳିତ ହୋଇଯାଉଛି । ଜାଣ, ପୁରୁଷକୁ କେତେ କଷ୍ଟ ହୁଏ ?

ବ୍ୟାଖ୍ୟା - ପୁରୁଷାୟିତ ରତିକ୍ରୀଡାରେ ପରିଶ୍ରାନ୍ତ ନାୟିକା ପ୍ରତି ନାୟକର ପରିହାସୋକ୍ତି । ପୁରୁଷର ଅନୁରୋଧରେ ନାୟିକା ବିପରୀତ ରତିରେ ଯୋଗ ଦେଇଥିଲେ ମଧ୍ୟ କିଛି ସମୟ ପରେ କ୍ଲାନ୍ତ ହୋଇ ବିଶ୍ରାମ ଲୋଡ଼ିଛି । ନାୟକ ତତ୍‌କାଳୀନ ଅବସ୍ଥା ଦୃଷ୍ଟିରୁ ପୁରୁଷର କଷ୍ଟକୁ କଳ୍ପନା କରିବାପାଇଁ ନାୟିକାକୁ କହିଛି- ତୁମର ଚିକୁର କଳାପ ଭଳି ମେଲି-ଯାଇଛି- ଗୁରୁ ନିତମ୍ବ ଓ ଯୌବନ ଭାରରେ ତୁମର ଉରୁଯୁଗ କଂପି ଉଠୁଛି, ଚକ୍ଷୁ ଅର୍ଦ୍ଧମୁଦ୍ରିତ, ଶାନ୍ତ ହୋଇ ତୁମେ ରତି-ବିରାମ ଚାହୁଁଛ । ମନେ ମନେ କଳ୍ପନା କର ଏ କାର୍ଯ୍ୟରେ ପୁରୁଷର ବେଦନା ବା ପରିଶ୍ରମ କେତେ ?

ପେମ୍ମସ୍‌ସ ବିରୋହିଅ-ସଂଧିଅସ୍‌ସ ପଚ୍ଚକ୍‌ଖ-ଦିଟ୍‌ଠ-ବିଲିଅସ୍‌ସ ।
ଉଅଅସ୍‌ସ ବ ତାବିଅ-ସୀଅଳସ୍‌ସ ବିରସୋ ରସୋ ହୋଇ । ୫୩।
(ପ୍ରେମଣୋ ବିରୋଧିତ-ସଂଧିତସ୍ୟ ପ୍ରତ୍ୟକ୍ଷ-ଦୃଷ୍ଟ-ବ୍ୟଲୀକସ୍ୟ ।
ଉଦକସ୍ୟ ଇବ ତାପିତ-ଶୀତଳସ୍ୟ ବିରସୋ ରସୋ ଭବତି ।) - ମନ୍ମଥ

ଯେଉଁ ପ୍ରେମରେ ପ୍ରଥମେ ବିରୋଧ ହୋଇ ପୁନଃ ସଂଯୋଗ କରାଯାଇଥାଏ ଓ ଯେଉଁ ପ୍ରେମରେ ଅପରାଧ ପ୍ରତ୍ୟକ୍ଷ ଦେଖିବାକୁ ମିଳେ ସେଇ ପ୍ରେମରସ ପ୍ରଥମେ ଗରମ କରାଯାଇ ପରେ ଥଣ୍ଡା କରାଯାଇଥିବା ଜଳ ଭଳି ବିରସ ହୋଇଯାଏ ।

ବ୍ୟାଖ୍ୟା - ବିରୋଧ ବା କଳହ ହେତୁ ନାୟକକୁ ପ୍ରତ୍ୟାଖ୍ୟାନ କରିଥିବା ନାୟିକା ପୁନଃ ପ୍ରଣୟ-ସଂପର୍କ ସ୍ଥାପନ କରିବାକୁ ସଖୀର ପରାମର୍ଶର ଉତ୍ତରରେ କହିଛି- "ମୁଁ ତ କଳି କରି ଅପମାନ ଦେଇ ତାଙ୍କୁ ତଡ଼ିଦେଇଛି । ଏବେ ପୁଣି ତାଙ୍କ ସହିତ ପ୍ରୀତି-ସଂଯୋଗ ପାଇଁ ଚେଷ୍ଟା କଲେ ସଫଳ ହୋଇପାରିବି ନାହିଁ । କାରଣ ମୋର ଅପରାଧ ଅତି ସ୍ପଷ୍ଟ ଭାବେ ତାଙ୍କର ଅନୁଭବରେ ଥିବ । ସେ କଦାପି ତାହା ଭୁଲି ନଥିବେ । ମନ ଭାଙ୍ଗିଗଲେ ତାକୁ ଯୋଡ଼ିବାକୁ ଚେଷ୍ଟା କଲେ ତାହା ଯୋଡ଼ି ହୁଏ ନାହିଁ । ଯଦି କୃତ୍ରିମ ଉପାୟରେ ଯୋଡ଼ା ଲଗାଯାଏ, ତେବେ ସେଥିରେ କାମ ଚଳିପାରେ; ମାତ୍ର ଆନ୍ତରିକତା ନଥାଏ । ସେପରି ପ୍ରେମରସ କସ୍ମିନ୍‌କାଳେ ସରସ ହେବ ନାହିଁ । ତାହା ସେହି ଜଳ

ଭଳି ଯାହାକୁ ଗରମ କରି ଥଣ୍ଡା କରାଗଲେ ଯଦିଓ ସେହି ଜଳ ଥାଏ, ସେଥିରେ ରସ ନଥାଏ। ତାହା କେବଳ ବିରସ ରସର ସାଧନା।

ବଜ୍ଜ-ବଡ଼ଣାଇରିକ୍କଂ ପଇଣୋ ସୋଊଣ ସିଞ୍ଜିଣୀ-ଘୋସଂ।
ପୁସିଆଇଂ କରିମରିଏଁ ସରିସ -ବନ୍ଦୀଣଂ ପି ଣଅଣାଇଂ । ୫୪।
(ବଜ୍ର-ପତନାତିରିକ୍ତଂ ପତ୍ୟୁଃ ଶ୍ରୁତ୍ୱା ଶିଂଜିନୀ-ଘୋଷମ୍।
ପ୍ରୋଞ୍ଛିତାନି ବନ୍ଧ୍ୟା ସଦୃଶ-ବନ୍ଦୀନାଂ ଅପି ନୟନାନି।)-କର୍ଣ୍ଣ

ବଜ୍ରପତନ ଅପେକ୍ଷା ଅଧିକ ଗମ୍ଭୀର ସ୍ୱାମୀର ଧନୁଃଟଙ୍କାର ଶୁଣି ବନ୍ଦିନୀ ସଦୃଶ-ବନ୍ଦନୀମାନଙ୍କ ନୟନ ପୋଛିଦେଲା।

ବ୍ୟାଖ୍ୟା - କୌଣସି ଶତ୍ରୁ-ସେନାପତି ଦ୍ୱାରା ବନ୍ଦୀଗୃହରେ ଅନ୍ୟ ନନ୍ଦନୀମାନଙ୍କ ସହ ନିକ୍ଷିପ୍ତ। ବୀର-ଜାୟାର କାହାଣୀ। ନିଜ ପତ୍ନୀ ଓ ବନ୍ଦୀ ଦଶା ଭୋଗୁଥିବା ଅନ୍ୟ ନାରୀମାନଙ୍କୁ ଶତ୍ରୁ କବଳରୁ ଉଦ୍ଧାର କରିବାପାଇଁ ବୀରପୁରୁଷ ବନ୍ଦୀଗୃହର ଅନତିଦୂରରେ ଧନୁଃଟଙ୍କାର ଦ୍ୱାରା ତାହାର ଉପସ୍ଥିତ ସୂଚିତ କଲା। ପତିର ବଳ-ବିକ୍ରମ ତଥା ଧନୁର୍ଦ୍ଧରତ୍ୱ ସମ୍ବନ୍ଧରେ ନାୟିକା ସୁପରିଚିତା। ସେ ନିଜେ ବନ୍ଦିନୀ ହେଲେ ମଧ୍ୟ ଅନ୍ୟ ସମଭାଗିନୀମାନଙ୍କର ଅଶ୍ରୁ ପୋଛିଦେଲା, ସତେ ଯେପରି ଆଶ୍ୱାସନା ଦେଲା - ତୁମେ ସମସ୍ତେ ନିଶ୍ଚିତ ରୁହ, ଆଜି କାରାଗୃହ ମୋର ସ୍ୱାମୀଙ୍କ ବିକ୍ରମର ପରିଚୟ ପାଇବ। ଆମର ଦୁଃଖ-ରାତି ପାହିଲା ବୋଲି ଜାଣ।

ସହଇ ସହଇ ତ୍ତି ତହ ତେଣ ରାମିଆ ସୁରଅ-ବୁଦ୍ଧିଅଦ୍ଧେଣ।
ପମ୍ଳାଅ ସିରୀସାଇଁ ବ ଜହ ସେ ଜାଆଇଁ ଅଂଗାଇଂ । ୫୫ ।
(ସହତେ ସହତ ଇତି ତଥା ତେନ ରମିତା ସୁରତ-ଦୁର୍ବିଦଗ୍ଧେନ।
ପ୍ରମ୍ଳାନ ଶିରୀଷାଣୀବ ଯଥାସ୍ୟା ଜାତାନ୍ୟଙ୍ଗାନି।) - କୁସୁମାୟୁଧ

ଏ ସହିଯାଉଛି- ଏପରି ଭାବି ସୁରତକ୍ରିୟାରେ ଦୁର୍ବିଦଗ୍ଧ ଦ୍ୱାରା ସେ ଏପରି ରମିତା ହେଉଛି ଯେ ତାହାର ଅଙ୍ଗ ପ୍ରମ୍ଳାନ ଶିରୀଷ ଫୁଲ ଭଳି ହୋଇଗଲାଣି।

ବ୍ୟାଖ୍ୟା - କନ୍ୟାର ସୁରତ ପ୍ରଶଂସା କରି ବେଶ୍ୟାମାତାର ଅନ୍ୟ କାମୁକ ପ୍ରତି ଉକ୍ତି। କନ୍ୟାର ଅଙ୍ଗ-ସୌକୁମାର୍ଯ୍ୟ ପ୍ରତି ନିର୍ଦ୍ଦେଶ କରି କୁଟ୍ଟନୀ କାମୁକକୁ ସାବଧାନ କରିଦେଉଛି ଯେ, ରମଣ-କ୍ରିୟାରେ ଦୁର୍ବିଦଗ୍ଧ ଏଇ ପୁରୁଷ ମୋ କନ୍ୟାର ସୁକୁମାରତା ପ୍ରତି ଦୃଷ୍ଟି ନ ଦେଇ ତଥା କାମଶାସ୍ତ୍ରୀୟ ରୀତି ଲଂଘନ କରି ରମଣ କରିବା ଫଳରେ ତାହାର ଅଙ୍ଗ ପର୍ଯ୍ୟୁସିତ ବା ଦଳିତ ଶିରୀଷ ଫୁଲ ଭଳି ହୋଇଗଲାଣି। ସୁରତମଲ୍ଲ କାମୁକର ଜ୍ୱାଳା ସେ କେତେ ସହିବ? ତୁମେ ତାହାର ଅଙ୍ଗ-ସୌକୁମାର୍ଯ୍ୟ ପ୍ରତି ଦୃଷ୍ଟି ଦେଇ ରମଣ କରିବ।

ଅଗଣିଅସେସ-ଜୁଆଣା ବାଲଅ ବୋଲୀଣ-ଲୋଅ-ମଜ୍ଜାଆ।
ଅହ ସା ଭମଇ ଦିସା-ମୁହ-ପସାରିଅଛୀ ତୁହ କଏଣ । ୫୬।
(ଅଗଣିତାଶେଷ-ଯୁବା ବାଲକ ବ୍ୟତିକ୍ରାନ୍ତ-ଲୋକ-ମର୍ଯ୍ୟାଦା।
ଅଥ ସା ଭ୍ରମତି ଦିଶା-ମୁଖ-ପ୍ରସାରିତାକ୍ଷୀ ତବ କୃତେନ।) - ଗତଲଂଘିତ

ହେ ବାଳକ, ସେ ଅନ୍ୟ ଯୁବକମାନଙ୍କୁ ଗଣନା କରୁନାହିଁ, ତୁମରି ଅନ୍ୱେଷଣରେ ଲୋକମର୍ଯ୍ୟାଦା ପରିତ୍ୟାଗ କରି ଚାରିଆଡ଼କୁ ନେତ୍ର ବୁଲାଇଲାଗିଛି।

ବ୍ୟାଖ୍ୟା - ନାୟିକାର ପ୍ରେମରେ ଅନୁରକ୍ତ ନାୟକ ପ୍ରତି ଦୂତୀ ଉକ୍ତି। ଦୂତୀର 'ବାଳକ' ସମ୍ବୋଧନରୁ ଜଣାଯାଏ ସେ ନାୟକକୁ ବାଲ-ସ୍ୱଭାବ, ହିତାହିତଜ୍ଞାନଶୂନ୍ୟ ଓ ଅବୋଧ ଜ୍ଞାନ କରୁଛି। କାରଣ ନାୟକ ଜାଣେନା ତା' ଲାଗି ଗୋଟିଏ ପ୍ରେମମୟୀ କିଶୋରୀ ମରିବାକୁ ବସିଲାଣି। ତା ଭଳି କିଶୋର ପ୍ରତି ଅନୁରାଗିଣୀ ହୋଇ ସେ ବାଳା ଆଜି ଲୋକଲଜ୍ଜା ତ୍ୟାଗ କରି ଚାରିଆଡକୁ ନିର୍ନିମେଷ ନୟନରେ ଚାହିଁରହୁଛି। ତା'ର କାମଦଶା ଜଡ଼ତା ସ୍ତରରେ ପହଞ୍ଚିଗଲାଣି। ଅନ୍ୟ ଅଂସଖ୍ୟ ପ୍ରେମିକଙ୍କୁ ସେ ଆଡ଼ଆଖିରେ ଚାହୁଁ ନାହିଁ; ଅର୍ଥାତ୍ ସେ ବାଳାର ସହସ୍ର ପ୍ରେମପ୍ରାର୍ଥୀ ଥିଲେ ହେଁ ସେ ତୁମକୁ ହିଁ ଚାହେଁ। ସେଥିଲାଗି ଲୋକ-ଦୂଷଣକୁ ସେ ଭୂଷଣ କଲାଣି। ତୁମେ ଶୀଘ୍ର ତାହାର ଏ ଅବସ୍ଥାର ପତିବିଧାନ କର।

କରିମରି ଅଆଲ-ଗଜ୍ଜିର-ଜଲଆସଣି-ପଡ଼ଣ-ପଡ଼ିରବୋ ଏସୋ।
ପଇଣୋ ଧଣୁ-ରବ-କଙ୍ ଖରି ରୋମଞ୍ଚଂ କିଂ ମୁହା ବହସି।୫୭ ।
(ବନ୍ଦି ଅକାଲ-ଗର୍ଜନଶୀଳ-ଜଳଦାଶନି-ପତନ-ପ୍ରତିରବ ଏଷଃ।
ପତ୍ୟୁଃ ଧନୂ-ରବ-କାଙ୍ କ୍ଷଣଶୀଳେ ରୋମାଞ୍ଚଂ କିଂ ମୁଧା ବହତି।) - ମକରନ୍ଦ

ଆଗୋ ବନ୍ଦିନୀ, ଏହା ତ ଅକାଳ ଗର୍ଜନଶୀଳ ମେଘର ଅଶନି ପତନର ପ୍ରତିଧ୍ୱନି। ଆଗୋ ପରି ଧନୁ-ରବ ଶ୍ରବଣ ଅଭିଳାଷିଣୀ, ବୃଥାରେ ତୁ କାହିଁକି ରୋମାଞ୍ଚ ବହନ କରି ଲାଗିଛୁ ?

ବ୍ୟାଖ୍ୟା - ବନ୍ଦିନୀ ନାୟିକାକୁ ଶତ୍ରୁପକ୍ଷୀୟ ବନ୍ଦିଶାଳା ଦାୟିତ୍ୱରେ ଥିବା ଯୁବ ରକ୍ଷୀର ଉକ୍ତି। ବନ୍ଦିନୀର ସ୍ୱାମୀ ତାର ଉପସ୍ଥିତିର ସୂଚନା ଦେଇ ଧନୁଃଟଙ୍କାର କରିବାରୁ ସ୍ୱାମୀର ଆଗମନ ଜାଣି ଉଲ୍ଲସିତ ନାୟିକାର ରୋମାଞ୍ଚ ଜାତ ହୋଇଛି। ତାହାକୁ ନିରୁତ୍ସାହିତ କରିବାପାଇଁ ଯୁବକଟି କହିଛି- "ଏହା ତୋର ସ୍ୱାମୀର ଶିଂଜିନୀ ଘୋଷ ନୁହେଁ। ତୁ ଯେଉଁ ଶବ୍ଦ ଶୁଣୁଛୁ ତାହା ଅକାଳ ମେଘଡମ୍ବରୁ, ଅଶନି ପତନର ପ୍ରତିଧ୍ୱନି ମାତ୍ର। ଏହା ତୋର ଶ୍ରୁତି-ଭ୍ରମ। ତୋ ଦେହର ରୋମାଞ୍ଚ ବ୍ୟର୍ଥ ଆଶାର ସୂଚକ।" ଯୁବକର ବକ୍ତବ୍ୟ, ଏଇ ବନ୍ଦୀ ଗୃହରୁ ଉଦ୍ଧାର ପାଇଁ ସ୍ୱାମୀ ସହ ମିଳିତ ହେବାର ଆଶା କ୍ଷୀଣ। ତୁ ମୋତେ ବରଣ କର।

ଅଜ୍ଜ ବ୍ଚେଅ ପଉତ୍‌ଥୋ ଉଚ୍ଛାଅରଓ ଜଣସ୍‌ସ ଅଜ୍ଜେ ଅ।
ଅଜ୍ଜେ ଅ ହଲିଦ୍ଦା-ପିଞ୍ଜରାଇଁ ଗୋଲା-ଣଇ-ତଡ଼ାଇଂ।୫୮।
(ଅଦ୍ୟୈବ ପ୍ରୋଷିତ ଉଚ୍ଛାଗରକୋ ଜନସ୍ୟାଦ୍ୟୈବ।
ଅଦ୍ୟୈବ ହରିଦ୍ରା-ପିଞ୍ଜରାଣି ଗୋଦା-ନଦୀ-ତଟାନି।)-ଅସଦୃଶ

ଆଜିଇ ପତି ପ୍ରବାସୀ ହେଲେ, ଆଜିଇ ଲୋକେ ଉଜାଗର ରହିଲେ ଓ ଆଜିଇ ଗୋଦାବରୀର ତଟଦେଶ ହରିଦ୍ରାରଂଜିତ ହୋଇଉଠିଲା।

ବ୍ୟାଖ୍ୟା - ପ୍ରୋଷିତ-ପତିକାର ଶାଶୁ ପ୍ରତି ଉକ୍ତି। ପତି ବିଦେଶ ଯିବାରୁ ଯାହା ଘଟିଯାଉଛି ସେଥିପ୍ରତି ଶାଶୁର ଦୃଷ୍ଟି ଆକର୍ଷଣ କରି ବୋହୂଟି କହୁଛି - ତୁମର ପୁଅ ଆଜି ହିଁ ପ୍ରବାସକୁ ଯାଇଛନ୍ତି କି ନାହିଁ ଗାଁର ଲୋକେ ରାତିସାରା ଉଜାଗର ରହିଲେ। କାରଣ ସେ ହିଁ ଗାଁକୁ ଚୋର ଡକାୟତଙ୍କ ଦାଉରୁ ରକ୍ଷା କରୁଥିଲେ। ସେ ନଥିବାରୁ ଅସତୀ ସ୍ତ୍ରୀମାନେ ସ୍ୱାଧୀନ ଭାବରେ ଗୋଦାବରୀରେ ସ୍ନାନ କରିବାକୁ ବାହାରିଗଲେ ଓ ସେମାନଙ୍କ ହରିଦ୍ରା-ଲେପିତ ତନୁ ମାଜଣାରେ ଗୋଦାବରୀର ଜଳ ହରିଦ୍ରା-ରଂଜିତ ହୋଇଉଠିଲା। ଅନ୍ୟ ଅର୍ଥରେ, ବଧୂଟି ଶାଶୁକୁ ହୃଦୟହୀନା ସଉତୁଣୀମାନଙ୍କର ଲୀଳାରସରେ ମତ୍ତ ହେବା କଥା କହିଛି। ସ୍ୱାମୀ ବିଦେଶ ଯିବାରୁ ରୂପ ଗର୍ବରେ ପ୍ରମତ୍ତା ସଉତୁଣୀଦଳ ଗୋଦାବରୀରେ ସ୍ନାନ କରିବାକୁ ବାହାରିପଡ଼ିଥାନ୍ତି ଓ ତାହାର ଜଳକୁ ଅଙ୍ଗରୁ ଝରିଥିବା ହରିଦ୍ରା ଚୂର୍ଣ୍ଣରେ ପିଂଜରବର୍ଣ୍ଣ କରିଦେଇଛନ୍ତି।

ଅସରିସ-ଚିତ୍ତେ ଦିଅରେ ସୁଦ୍ଧ-ମଣା ପିଅଅମେ ବିସମ-ଶୀଳେ।
ଣ କହଇ କୁଡୁମ୍ବ-ବିହଡ଼ଣ-ଭଏଣ ତଣୁଆଅଏ ସୋହ୍‌ଣା । ୫୯ ।
(ଅସଦୃଶ-ଚିତ୍ତେ ଦେବରେ ଶୁଦ୍ଧ-ମନାଃ ପ୍ରିୟତମେ ବିଷମ-ଶୀଳେ।
ନ କଥୟତି କୁଟୁମ୍ବ-ବିଘଟନ-ଭୟେନ ତନୁକାୟତେ ସ୍ନୁଷା।) - ମଣ୍ଡାଧିପ

ଦେବର କଳୁଷିତ ଚିତ୍ତ ହେଲେ ମଧ୍ୟ ଶୁଦ୍ଧମନା ବଧୂ କୁଟୁମ୍ବ-ବିଘଟନ ଭୟରେ ବିଷମ-ଶୀଳ ସ୍ୱାମୀକୁ କିଛି ନ କହି କୃଶ ହେବାକୁ ଲାଗିଛି।

ବ୍ୟାଖ୍ୟା - ଏକାନ୍ନବର୍ତ୍ତୀ ପରିବାରରେ ଏ ଘଟଣା ସୁଲଭ। ବୋହୂଟି ଦେବରର ଚରିତ୍ର ଅଶୋଭନ ବା ତା' ପ୍ରତି କାମନା-କଳୁଷିତ ଜାଣିପାରିଲେ ମଧ୍ୟ ସ୍ୱାମୀଙ୍କ କାନକୁ ସେ କଥା ନେଉନାହିଁ। ସେ ଜାଣେ, ସ୍ୱାମୀ ତା'ର ବଦ୍‌ରାଗୀ ବା ବିଷମ ସ୍ୱଭାବଶୀଳ। ସେ ତେଣୁ ଏ କଥା ପ୍ରଘଟ ନ କରି ମନରେ ଚପିରଖି ଦିନକୁଦିନ ଚିନ୍ତାରେ କ୍ଷୀଣ ହେବାକୁ ଲାଗିଛି। ସ୍ୱାମୀଙ୍କୁ କହିଦେଲେ କାଳେ ଆତ୍ମୀୟଚ୍ଛେଦ ଘଟିବ, ଅର୍ଥାତ୍ ଘରେ କଳିକଜିଆ ହୋଇ ଘର ଭାଙ୍ଗିଯିବ।

ଚିତ୍ତାଣିଅ-ଦଇଅ-ସମାଗମମ୍ମି କଅ-ମଣ୍ଣୁଆଇଁ ଭରିଊଣ ।
ସୁଣ୍ଣଂ କଲହାଅନ୍ତୀ ସହୀହିଁ ରୁଣ୍ଣା ଣ ଓହସିଆ । ୬୦ ।
(ଚିତ୍ତାନୀତ-ଦୟିତ-ସମାଗମେ କୃତ-ମନ୍ୟୁକାନି ସ୍ମୃତ୍ୱା ।
ଶୂନ୍ୟଂ କଲହାୟମାନା, ସଖୀଭି ରୁଦିତା ନୋପହସିତା ।) – ମଣ୍ଡାଧିପ

ହୃଦୟରେ ଆନୀତ ପ୍ରିୟତମଙ୍କ ସମାଗମ ଅନୁଭବ କରି ଓ ତାଙ୍କର କୃତ ଅପରାଧ ଗୁଡ଼ିକ ସ୍ମରଣ କରି ସେ ବୃଥା କଲହରତା ହେଲା । ତାହାର ସଖିମାନେ କାନ୍ଦିପକାଇଲେ, ଉପହାସ କଲେ ନାହିଁ ।

ବ୍ୟାଖ୍ୟା – ବିରହିଣୀ ନାୟିକାର ସଖୀର ନାୟକ ପ୍ରତି ଉକ୍ତି- "ତୁମର ପ୍ରିୟା ଯେତେବେଳେ ଶୂନ୍ୟ ହୃଦୟରେ ଏକାନ୍ତରେ ବସୁଛି, ସେତେବେଳେ ତୁମର ରୂପକୁ ଧ୍ୟାନରେ ବା ହୃଦୟପଟରେ ଧାରଣ କରୁଛି । ସମାଗମ ହେବା ପରେ ସେ ଅତୀତରେ ତୁମର ଯେତେକ ଅପରାଧ ସ୍ମରଣ କରି କଳ୍ପନାରେ କଳହ କରି ଲାଗୁଛି । ଭାବର ମିଳନ ଘଟିବା ବେଳେ ତୁମର ଦୋଷଗୁଡିକ ତା' ମନରେ ପଡ଼ିଯାଉଛି । ତୁମେ ବିଚାର କର, ତା'ର ଏଇ ଆଚରଣ କେବେହେଲେ ସୁସ୍ଥ ଅବସ୍ଥାର ସୂଚନା ଦେଉନାହିଁ । ଶୂନ୍ୟ-ହୃଦୟା ମୋର ସଖୀର ଏଇ ଭୂତାବିଷ୍ଟ ହେବା ଭଳି ଆଚରଣ ଓ ଉନ୍ମାଦ ଦଶା ଦେଖି ପାଖ ସଖୀମାନେ ଅଶ୍ରୁ ଝରାଉଛନ୍ତି, ହସୁନାହାନ୍ତି । କାରଣ ତା'ର ଦୟନୀୟ ଅବସ୍ଥା ବୁଝି ଦୁଃଖ ପ୍ରକାଶ କରି ସମବ୍ୟଥାରେ କାନ୍ଦିପକାଉଛନ୍ତି । ଏପରି ଅବସ୍ଥାରେ ତାକୁ ବେଶ ଭୂଷଣ କରିବେ କ'ଣ ?

ହିଅଣ୍ଣଏହିଁ ସମଅଂ ଅସମତ୍ତାଇଂ ପିଜହ ସୁହାବନ୍ତି ।
କଜ୍ଜାଇଁ ମଣେ ଣ ତହା ଇଅରେହିଁ ସମାବିଅଇଂ ପି । ୬୧ ।
(ହୃଦୟଜ୍ଞୈଃ ସମଂ ଅସମାପ୍ତାନି ଅପି ଯଥା ସୁଖୟନ୍ତି ।
କାର୍ଯ୍ୟାଣି ମନ୍ୟେ ନ ତଥା ଇତରୈଃ ସମାପିତାନି ଅନି ।)- ମଣ୍ଡାଧିପ

ମନେହୁଏ, ହୃଦୟଜ୍ଞ ବ୍ୟକ୍ତିମାନଙ୍କ ସଙ୍ଗେ ଅଚରତାର୍ଥ କାର୍ଯ୍ୟାବଳୀ ଯେପରି ସୁଖଦାୟକ, ଇତର ବ୍ୟକ୍ତିମାନଙ୍କ ସହିତ ଚରିତାର୍ଥ କାର୍ଯ୍ୟାବଳୀ ସେପରି ସୁଖଦାୟକ ହୋଇ ନଥାଏ ।

ବ୍ୟାଖ୍ୟା – ବିଦଗ୍ଧା ନାୟିକା ନାୟକକୁ ହୃଦୟର ଅଭିଳାଷ ଜାଣିବାରେ ସମର୍ଥ ଜ୍ଞାନ କରି କହିଛି ଯେ, ବିଦଗ୍ଧ ହୃଦୟଜ୍ଞ ପୁରୁଷ ସହିତ ପ୍ରଣୟ-ସଂପର୍କ ରଖି ଅସଫଳ ହେଲେ ମଧ୍ୟ ସେଥିରୁ ଯେଉଁ ସୁଖ ମିଳେ, ତାହା ଅହୃଦୟଜ୍ଞ ଅବିଦଗ୍ଧ ପୁରୁଷକୁ ହୃଦୟ ଅର୍ପଣ କରି ଚରିତାର୍ଥ ହେବାରୁ ମିଳିନଥାଏ । ତୁମେ ପ୍ରକୃତ ହୃଦୟଜ୍ଞ; ତେଣୁ ତୁମକୁ ପ୍ରେମ କରି ମୁଁ ଯଦି ସମାଗମ-ସୁଖରୁ ବଞ୍ଚିତା ହୁଏ, ତଥାପି ମଧ୍ୟ ଦୁଃଖ କରିବି

ନାହିଁ। କାରଣ ତୁମ୍କୁ ଯେ ପ୍ରେମ କରିପାରିଛି ସେଇ ମୋର ଗର୍ବ ଓ ଗୌରବ। ଇତର ଲୋକଙ୍କୁ ପ୍ରେମ କରି ସଫଳକାମ ହେଲେ ମଧ୍ୟ ସେଥିରେ ସୁଖ ନଥାଏ; ସେପରି ଲୋକେ ହୃଦୟ ଚିହ୍ନନ୍ତି ନାହିଁ। ମନ ମୁତାବକ ମଣିଷ ମିଳିଲେ ଜୀବନରେ କୌଣସି ଅପୂର୍ଣ୍ଣତା ରହିନଥାଏ। ଇତର ଲୋକେ ବେପାରୀ ଭଳି; ସେମାନେ ସବୁ କଥାରେ ଲାଭ କ୍ଷତି ଅଙ୍କ କଷି କାରବାର କରନ୍ତି। ମାତ୍ର ରସିକ ଜନ କେବଳ ରସ ଚାହେଁ। ତତ୍କ୍ଷଣାତ୍ କେତେ ଲାଭ ହାତକୁ ଆସିଲା, ଏପରି ବିଚାର କରି ପ୍ରେମ-ବଣିଜ କରାଯାଏନାହିଁ। ତୁମେ ମୋର ହୃଦୟ ଭାଷା ବୁଝିପାରିଛ; ତେଣୁ ମୋର ଅନୁରାଗର ଯୋଗ୍ୟ ପାତ୍ର।

ଦର-ଫୁଡିଆ-ସପପି-ସଂପୁଡ଼-ଣିଲୁକ୍କ-ହାଲାହଲଗ୍ଗ-ଛେପ୍ପ-ଣିହଂ।
ପକ୍କମ୍ବଟ୍ଠି-ବିଣିଗ୍ଗଅ-କୋମଲମମ୍ବଙ୍କୁରଂ ଉଅହ। ୬୨।
(ଈଷତ୍-ସ୍ଫୁଟିତ-ଶୁକ୍ତି-ସମ୍ପୁଟ-ନିଲୀନ-ହାଲାହଲାଗ୍ର-ପୁଚ୍ଛ-ନିଭମ୍।
ପକ୍ୱାମ୍ରାସ୍ଥି-ବିନିର୍ଗତ-କୋମଳମାମ୍ରାଙ୍କୁରଂ ପଶ୍ୟତ।) -ବହ୍ମରାଜ

ପାଚିଲା ଆମ୍ବର ଟାକୁଆରୁ ଫାଟି ବାହାରିଥିବା ଏଇ ଆମ୍ରାଙ୍କୁରକୁ ଦେଖ। ଏହା ଈଷତ୍ ସ୍ଫୁଟିତ ଶୁଭ୍ର ସଂପୁଟରେ ନିନ ହଳାହଳ ସର୍ପର ପୁଚ୍ଛର ଅଗ୍ରଭାଗ ସମ ଦେଖାଯାଉଛି।

ବ୍ୟାଖ୍ୟା - ବର୍ଷାକାଳରେ ପ୍ରବାସଯାତ୍ରା କରିବାକୁ ଯାଉଥିବା ନାୟକ ପ୍ରତି ନାୟିକାର ଉକ୍ତି-ହେ ପ୍ରିୟତମ। ପାଚିଲା ଆମ୍ବଟାକୁଆ ଫାଟିଯାଇ ଏଇ ଯେ କୋମଳ ଅଙ୍କୁର ବାହାରିଛି, ତୁମେ ପ୍ରବାସଯାତ୍ରା କଲେ ଏ ବର୍ଷାକାଳରେ ତାହା ମୋର ବିରହ-ସନ୍ତାପ ବୃଦ୍ଧି କରିବ। ଦେଖ, ସେଇ ଅମ୍ରାଙ୍କୁର ଅର୍ଦ୍ଧଖୋଲା ଶାମୁକାଗର୍ଭରେ ଲୁଚିଥିବା ବ୍ରହ୍ମସର୍ପର ପୁଚ୍ଛର ଅଗ୍ରଭାଗ ଭଳି ପ୍ରତୀତ ହେଉଛି। ଏ ଘୋର ବର୍ଷାକାଳରେ ତୁମର ବିରହରେ ତାର ବିଷଜ୍ୱାଳା ମୁଁ ସହିପାରିବି ନାହିଁ।

ଉଅହ ପଡ଼ଲନ୍ତରୋଇଣ୍ଣ-ଣିଅଅ-ତନ୍ତୁଦ୍ଧ-ପାଅ-ପଡିଲଗ୍ଗଂ।
ଦୁଲ୍ଲକ୍ଖ-ସୁତ୍ତ-ଗୁତ୍ଥେକ୍କ-ବଉଲ-କୁସୁମଂ ବ ମକ୍କଡ଼ଅଂ। ୬୩।
(ପଶ୍ୟତ ପଟଳାନ୍ତରାବତୀର୍ଣ୍ଣ-ନିଜକ-ତନ୍ତୂର୍ଦ୍ଧ୍ୱ-ପାଦ-ପ୍ରତିଲଗ୍ନମ୍।
ଦୁର୍ଲକ୍ଷ-ସୂତ୍ର-ଗ୍ରଥିତୈକ-ବକୁଳ-କୁସୁମମିବ ମର୍କଟକମ।)- ପାଳିତ

ପଟଳ ଅନ୍ତରରୁ ବିଲମ୍ବିତ ନିଜର ତନ୍ତୁରେ ଉର୍ଦ୍ଧ୍ୱପାଦରେ ବାନ୍ଧି ହୋଇଥିବା ମର୍କଟକୁ ଦେଖ। ଦୁର୍ଲକ୍ଷ-ସୂତ୍ରରେ ଗ୍ରଥିତ ଏକ ବକୁଳ ଫୁଲ ଭଳି ତାହା ଦେଖାଯାଉଛି।

ବ୍ୟାଖ୍ୟା- ପ୍ରେମିକର ଦୃଷ୍ଟି ଆକର୍ଷଣ କରି କୌଣସି ପତ୍ରବହୁଳ ବୃକ୍ଷରେ ମାଙ୍କଡଟିଏ କିପରି ଗୋଡ଼କୁ ତନ୍ତୁରେ ବାନ୍ଧି ପଡ଼ିରହିଛି, ନାୟିକା ଦେଖାଇଦେଉଛି।

ଊର୍ଣ୍ଣନାଭ ଜାଲ କାହାରି ଦୃଷ୍ଟିରେ ସହଜରେ ପଡ଼େ ନାହିଁ। ମାଙ୍କଡଟି ନିଶ୍ଚଳ ହୋଇ ପଡିରହିଥିବାରୁ ଦୁର୍ଲକ୍ଷ-ସୂତ୍ରରେ ପଡିଥିବା ବଉଳ ଫୁଲଟିଏ ପରି ମନେହେଉଛି। ତାତ୍ପର୍ଯ୍ୟ ହେଲା, ଏହା ଆମର ସଂକେତ ସ୍ଥଳ ହୋଇପାରେ।

ଉଅରି ଦରଦିଟ୍‌ଠ-ଥଣ୍ଣୁଅ-ଣିଲୁକ୍‌କ-ପାରାବଆଣଁ ବିରୁଏହିଂ।
ଣିତ୍‌ଥଣଇ ଜାଅ-ବେଅଣଁ ସୂଲା-ହିଣ୍ଣଂ ବ ଦେଅଉଲଂ। ୬୪।
(ଉପରି-ଦର-ଦୃଷ୍ଟ-ଶଂକୁ-ନିଲୀନ-ପାରାବତାନାଂ ବିରୁତୈଃ।
ନିସ୍ତନତି ଜାତ-ବେଦନଂ ଶୂଳା-ଭିନ୍ନମିବ ଦେବକୁଳମ୍‌।)- ପ୍ରବରସେନ

ଉପରକୁ ଈଷତ୍‌ ଦୃଶ୍ୟ ହେଉଥିବା ଶଙ୍କୁକୁ ବେଢ଼ି ପାରାବତଗଣ ବିରୁତ କରି ଲାଗିଛନ୍ତି। ସତେ ଯେପରି ଦେବକୁଳ ଶୂଳଦ୍ୱାରା ଭିନ୍ନ ହୋଇ ବେଦନାରେ ଶବ୍ଦ କରୁଛି।

ବ୍ୟାଖ୍ୟା- ଗ୍ରାମ ଉପାନ୍ତରେ ଥିବା ଭଙ୍ଗା ମନ୍ଦିରର ଦୃଶ୍ୟ। ଦେବମନ୍ଦିରର ଅଗ୍ରଭାଗରେ ଉପରକୁ ଉଠିଥିବା ଲୌହ କୀଳକକୁ ବେଢ଼ି ଭବନବଲଭୀ ପାରାବତଗଣ କରୁଣ ଧ୍ୱନି କରୁଛନ୍ତି। ଜାରକୁ ଏ ଦୃଶ୍ୟ ଦେଖାଇଦେଇ ନାୟିକା କହୁଛି- ଏହା ମନ୍ଦିର ଚୂଡ଼ାରେ କପୋତମାନଙ୍କର କରୁଣ ଧ୍ୱନି ନୁହେଁ; ଶୂଳ ଭିନ୍ନ ହୋଇ ବେଦନାରେ ମନ୍ଦିର କପୋତ କରୁଣ ଧ୍ୱନି ଛଳରେ କାନ୍ଦୁଛି। ଅର୍ଥାତ୍‌, ମନ୍ଦିର ସତେକି ଶୂଳିରେ ଚଢ଼ିଛି ଓ କପୋତ ଧ୍ୱନି ତାହାର ବେଦନାର ଅଭିବ୍ୟକ୍ତି। ଏଇ ନିର୍ଜନ ଭଗ୍ନ ମନ୍ଦିର ଆମର ଅଭିସାର ସ୍ଥଳ ହେବ।

ଜଇ ହୋସି ଣ ତସ୍‌ସ ପିଆ ଅଣୁଦିଅହଂ ଣୀସହେହିଁ ଅଂଗେହିଂ।
ଣବ-ସୂଅ-ପୀଅ-ପେଊସ-ମତ୍ତ-ପାଡ଼ି କ କିଂ ସୁବସି। ୬୫।
(ଯଦି ଭବତି ନ ତସ୍ୟ ପ୍ରିୟାନୁଦିବସଂ ନିଃସହୈରଙ୍ଗୈଃ।
ନବ-ସୂତ-ପୀତ-ପୀୟୁଷ-ମତ୍ତ-ମହିଷୀବସେବ କିଂ ସ୍ୱପିଷି।)- ସୁଖରାଜ

ଯଦି ତୁ ତାଙ୍କର ପ୍ରିୟା ନୁହଁ ତେବେ ପ୍ରତିଦିନ ନିଃସହ ଅଙ୍ଗ ଘେନି ନବପ୍ରସୂତ ଦୁଗ୍ଧ-ପାନରେ ମତ୍ତ ମହିଷୀ-ବତ୍ସା ଭଳି କହିଁକି ଶୋଇରହୁଛୁ?

ବ୍ୟାଖ୍ୟା - ନାୟିକା ପ୍ରିୟତମ ସହିତ ଦୈହିକ ସଂପର୍କ ନାହିଁ ବୋଲି କହିବାରୁ ଅନ୍ତରଙ୍ଗା ସଖୀ ତାର ରତିକ୍ଲାନ୍ତ ଅଙ୍ଗ ଦେଖି କହିଛି- "ସଖି, ତୁ ବଡ଼ ଚତୁରୀ। ତୁ ନିତି କହୁଛୁ, ତମ ଦି'ଜଣଙ୍କର ପ୍ରେମର ଆଦାନପ୍ରଦାନ ନାହିଁ କି ତୁ ତାଙ୍କର ପ୍ରିୟା ନୁହଁ। ତେବେ କହିଲୁ, ତୋର ଅଙ୍ଗ କାହିଁକି ଶିଥିଳ ହୋଇପଡ଼ିଛ? ଆଉ ଅଳ୍ପ ଦିନ ହେଲା ଜନ୍ମ ହେଇଥିବା ମହିଷୀର ଶାବକ ତା ମା'ର ପୀୟୁଷ ପାନକରି ଯେପରି ଶୋଇରହେ, ତୁ ସେଇପରି ଶୋଇରହୁଛୁ। ଏଥିରୁ ମୁଁ କ'ଣ ଜାଣି ପାରୁନାହିଁ ପ୍ରିୟତମ ସହିତ ତୋର ସଂପର୍କ କେତେ ନିବିଡ଼? ମୋତେ କାହିଁକି ଲୁଚେଉଛୁ?

ହେମନ୍ତିଆସୁ ଅଇଦୀହରାସୁ ରାଈସୁ ତଂ ସି ଅବିଣିଦ୍ଦା।
ଚିରଅର-ପଉତ୍ଥ-ବଈଏ ଣ ସୁନ୍ଦରଂ ଜଂ ଦିଆ ସୁବସି । ୬୬ ।
(ହେମନ୍ତିକାସୁ ଅତିଦୀର୍ଘାସୁ ରାତ୍ରିଷୁ ତ୍ୱଂ ଅସି ଅବିନିଦ୍ରା।
ଚିରତର-ପ୍ରୋଷିତ-ପତିକେ ନ ସୁନ୍ଦରଂ ଯତ୍ ଦିବା ସ୍ୱପିଷି।) -କାନ୍ତେଶ୍ୱର

ଆଗୋ ଚିରତର ପ୍ରୋଷିତ-ପତିକେ, ହେମନ୍ତର ଅତି ଦୀର୍ଘ ରାତ୍ରିରେ ତୁ ଅବିନିଦ୍ର ରହୁଛୁ ଓ ଦିନବେଳା ଶୋଇରହୁଛୁ। ଏହା ସୁନ୍ଦର ହେଉନାହିଁ।

ବ୍ୟାଖ୍ୟା - ପରପୁରୁଷରେ ରତ ନାୟିକା ପ୍ରତି ଗୃହର ଅନ୍ୟ ନାୟିକାର ଉକ୍ତି। ପୁରୁଷ ବହୁଦିନ ଧରି ବିଦେଶ ଯାଇଥିବାରୁ ବଧୂଟି ଅନ୍ୟାସକ୍ତ ହୋଇ ଶୀତଦିନ ରାତିରେ ଅଭିସାରରେ ବାହାରିଯାଉଛି; ଫଳରେ ରାତ୍ରି ଉଜାଗର ହେତୁ ଦିନବେଳା ଶୋଇରହୁଛି। ଏହା ଦେଖି ବହୂଟିର କାର୍ଯ୍ୟକଳାପ ଜଣେ କୁଳବଧୂ ପକ୍ଷରେ ଶୋଭନୀୟ ନୁହେଁ ବୋଲି ଚେତାବନୀ ଦେଇ ନାରୀଟି କହୁଛି- ହେମନ୍ତ କାଳରେ ଦିନରେ କିଏ ଶୁଏ? ଶୀତ କାଳରେ ରାତି ବଡ଼, ଦିନ ଛୋଟ। ଏତେ ବଡ଼ ରାତିରେ ନିଦ୍ରାଗଲେ ଆଉ ଦିନରେ ନିଦ୍ରା ହେବ ନାହିଁ। ଦିବସ-ନିଦ୍ରା ଭଲ ନୁହେଁ, ଏହା ସର୍ବନାଶୀ ତଥା ଅସୁନ୍ଦର। ତୁ ଯେ ପରପୁରୁଷରେ ଆସକ୍ତ ଏହା ଜାଣିବାକୁ ବାକି ନାହିଁ। ଏ କଥା କୁଳକୁ ଲାଜ।

ଜଇ ଚିକ୍‌ଖଲ୍ଲ-ଭଉପ୍‌ପଅ-ପଅମିଣମଲସାଇ ତୁହ ପଏ ଦିଣ୍ଣଂ
ତା ସୁଭଅ କଣ୍ଟକଣ୍ଟଇଜ୍ଜନ୍ତମଂଗମେହ୍‌ଣିଂ କିଣୋ ବହସି। ୬୭।
(ଯଦି କର୍ଦମ-ଭୟୋପ୍ଲୁତ-ପଦମିଦମଲସୟା ତବ ପଦେ ଦତ୍ତମ୍।
ତତ୍ ସୁଭଗ କଣ୍ଟକିତମଙ୍ଗମିଦାନୀଂ କିମିତି ବହସି।) - ରତୁରାଜ

ହେ ସୁଭଗ! ସେ ଯଦି ପଙ୍କ ଲାଗିଯିବା ଭୟରେ ଅଳସ ଭାବରେ ତୁମର ପାଦ ଉପରେ ତାହାର ପାଦ ଥୋଇଛି, ତା'ହେଲେ ତୁମେ ଏବେ ରୋମାଞ୍ଚିତ ଅଙ୍ଗ ହୋଇଉଠୁଛ କାହିଁକି?

ବ୍ୟାଖ୍ୟା - ନାୟିକା ସହତ କୌଣସି ସଂପର୍କ ନାହିଁ ବୋଲି କହିବାରୁ ସଖୀର ଉକ୍ତି- "ସତ୍ୟ କଥା, ସେଇ ବାଳା ସହିତ ତୁମର କୌଣସି ଭାବ-ସଂପର୍କ ନାହିଁ। ତୁମର ପାଦଚିହ୍ନ ଯେଉଁଠି ପଡିଛି ସେଇ ପଙ୍କିଳ ପଥରେ ସେ ଚରଣ ଚାଳନା କରୁଛି। ତୁମର ଚରଣ ଚିହ୍ନ ଉପରେ ସେ ଅତି ଧୀର ଭାବରେ ତା'ର ରକ୍ତଚରଣ ଥୋଇ ଥୋଇ ଚାଲୁଥିବାବେଳେ ତୁମର ସକଳ ଅଙ୍ଗରେ ରୋମାଞ୍ଚ ଜାତ ହେଉଛି - ଏଥିରୁ କ'ଣ ଜାଣିପାରୁନାହିଁ ତାପ୍ରତି ତୁମର ଅନୁରାଗର ତତ୍ତ୍ୱ?

ପଓ୍ବୋ ଛଣୋ ଣ ସୋହଇ ଅଇ-ପ୍‌ପହା ଏକ ପୂର୍ଣ୍ଣିମା-ଅନ୍ଦୋ।
ଅନ୍ତ-ବିରସୋ ଦ କାମୋ ଅସଂପଆଣୋ ଅ ପରିଓସୋ । ୬୮ ।

(ପ୍ରାପ୍ତ କ୍ଷଣେ ନ ଶୋଭତେ ଅତି-ପ୍ରଭାତ ଇବ ପୂର୍ଣ୍ଣିମା-ଚନ୍ଦ୍ରଃ ।
ଅନ୍ତ-ବିରସଃ ଇବ କାମୋଽସମ୍ପ୍ରଦାନଶ୍ଚ ପରିତୋଷଃ)- କାଳଦୀପ

ପ୍ରଭାତ ହେବା ପରେ ପୂର୍ଣ୍ଣିମା-ଚନ୍ଦ୍ର ଯେଭଳି ଶୋଭା ପାଇ ନ ଥାଏ, ଉତ୍ସବ ଅବସାନ ହେବା ପରେ ସେହିଭଳି ଆନନ୍ଦ ଦିଏ ନାହିଁ ତଥା ସଂପ୍ରଦାନରହିତ ପରିତୋଷ ଅବସାନ ପରେ ବିରସ ଜାତ କରୁଥିବା କାମ ଭଳି ଶୋଭାପାଏ ନାହିଁ।

ବ୍ୟାଖ୍ୟା - ନାୟିକା ପ୍ରତି ସଖୀର ଉକ୍ତି - ଅତି ସକାଳ ହୋଇଯିବା ପରେ ପୂର୍ଣ୍ଣିମା ଚନ୍ଦ୍ରର ରମଣୀୟତା ଲୁପ୍ତ ହୋଇଥାଏ। ଉତ୍ସବବେଳେ ଯେଉଁ ଆନନ୍ଦ ଅନୁଭବ କରାଯାଏ ଉତ୍ସବ ଅବସାନାନ୍ତେ ତାହା ମନରେ ଅବସାଦ ଓ ଶୂନ୍ୟତା ଭରିଦଏ। ଯେଉଁ ପରିତୋଷ ସଂପ୍ରଦାନରହିତ, ଅର୍ଥାତ୍ ଯେଉଁଥିରେ ମନ ଅନୁସାରେ ପ୍ରଦାନ କରାଯାଏ ନାହିଁ, ତାହା ମଧ୍ୟ ରୁଚେ ନାହିଁ। ଯେଉଁ କାମନା ଅନ୍ତଃକାଳରେ ବୈରସ୍ୟ ଉତ୍ପନ୍ନ କରେ, ତାହା ମଧ୍ୟ ଶୋଭାପାଏ ନାହିଁ। ତେଣୁ ହେ ସଖୀ, ତୁ ଯେଉଁ କାମନା ରଖିଛୁ ତାହା ଅନ୍ତବିରସ କେବଳ କଳା। ସେଥିରେ ଆନନ୍ଦ ନାହିଁ। ସେପରି ଆନନ୍ଦରେ କି ମୂଲ୍ୟ; ଯେଉଁଥିରେ କିଛି ଦିଆଯାଉ ନାହିଁ? ପୂର୍ଣ୍ଣିମା ଚନ୍ଦ ସକାଳ ହୋଇଗଲେ ଫିକା ପଡ଼ିଯାଏ, ଉତ୍ସବ ମୁହୂର୍ତ୍ତ ଅତୀତ ହୋଇଗଲେ ମନ ଖାଁ ଖାଁ କରିଉଠେ। ତୁ ଏତେ ଅଳ୍ପରେ ସନ୍ତୁଷ୍ଟ ହ'ନା।

ପାଣି-ଗ୍‌ଗହଣେ ଚ୍ଚିଅ ପଦ୍ଧଈଏଁ ଣାଅଂ ସହୀହିଂ ସୋହଗ୍‌ଗଂ।
ପସୁବଈଣା ବାସୁଇ-କଙ୍କଣମ୍ମି ଓସାରିଏ ଦୂରଂ । ୬୯ ।
(ପାଣି-ଗ୍ରହଣ ଏବ ପାର୍ବତ୍ୟା ଜ୍ଞାତଂ ସଖୀଭିଃ ସୌଭାଗ୍ୟମ୍।
ପଶୁପତିନା ବାସୁକି-କଙ୍କଣେ ଅପସାରିତେ ଦୂରମ୍।)-ଅନୁରାଗ

ପାଣିଗ୍ରହଣ କାଳରେ ଶିବ ସର୍ପ-କଙ୍କଣ ଦୂରକୁ ଅପସାରିତ କରିବାରୁ ସଖୀମାନେ ପାର୍ବତୀଙ୍କ ସୌଭାଗ୍ୟ ଜାଣିପାରିଲେ।

ବ୍ୟାଖ୍ୟା - ଶିବ ଯେତେବେଳେ ପାର୍ବତୀଙ୍କ ପାଣିଗ୍ରହଣ କରିଥିଲେ ସେତେବେଳେ ପରିଣୟରସରେ ନିଜ ହସ୍ତରେ ବଳୟ ସ୍ୱରୂପ ଯେଉଁ ସର୍ପ ଥିଲା, ତାହାକୁ ଦୂରକୁ ଅପସାରିତ କରିଦେଇଥିଲେ; କାରଣ ନବବଧୂ କାଳେ ଭୟ ପାଇବ। ବିବାହ ଉତ୍ସବ ଦେଖୁଥିବା ପାର୍ବତୀଙ୍କ ସଖୀମାନେ ଏ ଦୃଶ୍ୟ ଦେଖି ହସ ହସ ମୁଖରେ ପାର୍ବତୀଙ୍କ ସୌଭାଗ୍ୟ ପ୍ରଶଂସା କରିବାକୁ ଲାଗିଲେ। ସଖୀର ଗୌରବରେ ସେମାନଙ୍କର ଅନ୍ତର ପୂରିଉଠିଲା। ପାର୍ବତୀ ଯେ ଉପଯୁକ୍ତ ବର ଲାଭ କରିଛନ୍ତି, ସଖୀର ଏଇ ସୌଭାଗ୍ୟରେ ସେମାନେ ସୁଖ ଲାଭ କଲେ। ବିବାହବେଳେ ଯେଉଁ ବର ଅନୁକୂଳ ମନୋଭାବ ଦେଖାଇଲେଣି, ପାର୍ବତୀ ତାଙ୍କୁ ଲାଭ କରି ନିଶ୍ଚୟ ସ୍ୱାମୀ-ସୋହାଗିନୀ ହେବେ।

ଗିହ୍ମେ ଦବଗ୍ଗି-ମସି-ମଇଲିଆଇଁ ଦୀସନ୍ତି ବିଜ୍‌ଝ-ସିହରାଇଂ।
ଆସସୁ ପଉତ୍‌ଥବଇଏ ଣ ହୋନ୍ତି ଣବ-ପାଉସବ୍‌ଭାଇଂ ।୭୦।
(ଗ୍ରୀଷ୍ମେ ଦାବାଗ୍ନି-ମଷୀ-ମଳିନିତାନି ଦୃଶ୍ୟନ୍ତେ ବିନ୍ଧ୍ୟ-ଶିଖରାଣି।
ଆଶ୍ୱସିହି ପ୍ରୋଷିତପତିକେ ନ ଭବନ୍ତି ନବ-ପ୍ରାବୃଡ଼ଭ୍ରାଣି।) - ବନ୍ଧାପତି

ଅୟି ପ୍ରୋଷିତପତିକେ ! ଗ୍ରୀଷ୍ମକାଳରେ ବିନ୍ଧ୍ୟାଚଳର ଶିଖରରାଜି ଦାବାନଳ ମସିରେ ମଳିନ ଦେଖାଯାଉଛି। ଏହା ବର୍ଷାର ନୂଆ ମେଘ ନୁହେଁ; ଆଶ୍ୱସ୍ତ ହୁଅ।

ବ୍ୟାଖ୍ୟା - ଗ୍ରୀଷ୍ମକାଳରେ ବିନ୍ଧ୍ୟଂ ପାର୍ବତରେ ଦାବାନଳ ବ୍ୟାପିଯାଇ ବୃକ୍ଷଲତାଦିକୁ ଦଗ୍‌ଧ କରି ଲାଗିଛି; ଫଳରେ ଶିଖରଦେଶ କୃଷ୍ଣବର୍ଣ୍ଣ ଧାରଣ କରୁଛି। ଏହାକୁ ନବ-ମେଘୋଦୟ ମନେକରି ପଥିକବନିତା ପ୍ରିୟ-ସମାଗମ ଲାଗି ଉତ୍‌କଣ୍ଠିତ ହୋଇଉଠୁଛି। କାରଣ ନାୟକ କଣ୍ଟ ଦେଇଯାଇଥିଲା ଗ୍ରୀଷ୍ମ ଶେଷରେ ପ୍ରବାସରୁ ଫେରିଆସିବ। ନୂଆ ମେଘ ଦେଖି ନାୟିକା ସେଇ ଅବଧି ଦିବସ ନିକଟ ହୋଇ ଆସିଲା ବୋଲି ମନେ କରି ବ୍ୟସ୍ତ ହୋଇଉଠିବାରୁ ସଖୀ କହିଛି-ଆଗୋ ପଥିକବନିତା, ତୁ ବିନ୍ଧ୍ୟ ପାହାଡ଼ରେ ଦାବାଗ୍ନି ଜଳିବା ଫଳରେ ଧୂମ-ମଳିନ ଶିଖରଦେଶକୁ ପ୍ରାବୃଟର ନୂଆ ମେଘ ମନେ କରୁଛୁ? ଏହା ତୋର ଭ୍ରମ। ଧୈର୍ଯ୍ୟଧର, ଏଇ ନିଦାଘାନ୍ତେ ପତି ସହିତ ମିଳିତ ହେବୁ।

ଜେତ୍ତିଅମେତ୍ତଂ ତୀରଇ ଣିବ୍‌ବୋଢୁଂ ଦେସୁ ତେତ୍ତିଅଂ ପଣଅଂ।
ଣ ଅଣୋ ବିଣିଅତ୍ତ-ପସାଅ-ଦୁକ୍‌ଖ-ସହଣ-କ୍‌ଖମୋ ସବ୍ବୋ। ।୭୧।
(ଯାବନ୍ମାତ୍ରଂ ଶକ୍ୟତେ ନିର୍ବୋଢୁଂ ଦେହି ତାବନ୍ତଂ ପ୍ରଣୟମ୍।
ନ ଜନୋ ବିନିବୃତ୍ତ-ପ୍ରସାଦ-ଦୁଃଖ-ସହନ-କ୍ଷମଃ ସର୍ବଃ)- ମୁଗ୍‌ଧଶୀଳ

ମୋର ଯେତିକି ଶକ୍ତି ସେତିକି ପ୍ରଣୟ ମୋତେ ବହନ କରିବାକୁ ଦିଅ। କାରଣ ପ୍ରସାଦ-ବିନିବୃତ୍ତ ହେବା ପରେ ତଜ୍ଜନିତ ଦୁଃଖ ସହିବାକୁ ସବୁ ଲୋକେ ସମର୍ଥ ହୁଅନ୍ତି ନାହିଁ।

ବ୍ୟାଖ୍ୟା - ନାୟକ ବହୁବଲ୍ଲଭ। ବହୁ ନାରୀଙ୍କୁ ପ୍ରଣୟ ଦାନ କରୁଥିବାରୁ କେହି ତାହାକୁ ଏକାନ୍ତ ନିଜର କରି ପାଇପାରୁନାହାନ୍ତି। ଏପରି ନାୟକ ପ୍ରତି ନାୟିକାର ଉକ୍ତି- ମୁଁ ଯେତିକି ପ୍ରଣୟଭାର ବହନ କରିପାରିବି, ମୋତେ ସେତିକି ପ୍ରଣୟ ଦିଅ। ମୁଁ ତୁମଠାରୁ ଅଧିକ ପାଇବାକୁ ଆଶା କରୁନାହିଁ। ଅନ୍ତତଃ ମୁଁ ତୁମକୁ ଯେତିକି ନିକଟରେ ପାଉଛି, ସେତିକି ମୋ ପାଇଁ ଯଥେଷ୍ଟ। ମୁଁ ତୁମଠାରୁ ଅଧିକ ପ୍ରଣୟ ଚାହିଁଲେ ତୁମେ ଦେଇ ପାରିବ ନାହିଁ; କାରଣ ତୁମର ଅନ୍ୟ ବଲ୍ଲଭାମାନେ ଅଛନ୍ତି। ତୁମର ପ୍ରସାଦ ଯେତେବେଳେ ମୋଠାରୁ ବିନିବୃତ୍ତ ହୋଇ ଅନ୍ୟ ନାରୀଠାରେ ଅର୍ପିତ ହେବ

ସେତେବେଳେ ମୁଁ ଯେଉଁ ଦୁଃଖ ପାଇବି ତା' ମୋ ପକ୍ଷରେ ଅସହ୍ୟ ହେବ। ମୁଁ ତୁମର ପ୍ରଣୟରେ ଆତ୍ମହରା ହୋଇ ସୁଖଜୁଆରରେ ଭାସିବାକୁ ଚାହେଁ ନାହିଁ। ପ୍ରଣୟ ଖଣ୍ଡିତ ହେଲେ ସେ ସୁଖରେ ଭଙ୍ଗା ଆସିଯିବ, ମନ-ବୀଣାର ତାର ଛିଡ଼ିଯାଇ ସୁଖର ସୁର ବାଜିବ ନାହିଁ। ଏଣୁ ମୋର ସହନଶକ୍ତି ଅନୁରୂପ ପ୍ରଣୟ ଦାନ କରିବାପାଇଁ ତୁମକୁ ଅନୁରୋଧ କରୁଛି। ନାୟିକାର କଥାରେ ଅଭିମାନର ସ୍ୱର ସ୍ପଷ୍ଟ ବ୍ୟଂଜିତ।

ବହୁ-ବଲ୍ଲହସ୍ସ ଜା ହୋଇ ବଲ୍ଲହା କହ ବି ପଞ୍ଚ ଦିଅହାଇଂ।
ସା କିଂ ଛଟ୍ଠଂ ମଗ୍ଗଇ କତ୍ତୋ ମିଟ୍ଠଂ ବ ବହୁଅଂଅ। । ୭୨ ।
(ବହୁ-ବଲ୍ଲଭସ୍ୟ ଯା ଭବତି ବଲ୍ଲଭା କଥମପି ପଞ୍ଚଦିବସାନି।
ସା କିଂ ଷଷ୍ଠଂ ମୃଗୟତେ କୁତୋ ମୃଷ୍ଟଂ ଚ ବହୁକଂ ଚ।) – ଅଳକ

ଯେଉଁ ନାରୀ ବହୁବଲ୍ଲଭଙ୍କର ବଲ୍ଲଭା, ସେ କୌଣସି ପ୍ରକାରେ ପାଞ୍ଚଦିନ ପର୍ଯ୍ୟନ୍ତ ତାଙ୍କୁ ପାଇଥାଏ; ସେ କ'ଣ ଷଷ୍ଠ ଦିନ ପାଇଁ ପ୍ରତୀକ୍ଷା କରିପାରେ ? ଯାହା ଅନୁକୂଳ ବା ମଧୁର, ତାହା କେବେ ବହୁଳ ହୋଇଥାଏ ?

ବ୍ୟାଖ୍ୟା – ଯେଉଁ ପୁରୁଷ ବହୁନାରୀଙ୍କର ପ୍ରଣୟ ପାତ୍ର ବା ବହୁ ନାରୀଙ୍କୁ ଅନୁଗୃହୀତ କରେ, ସେପରି ପୁରୁଷର ପ୍ରିୟାର ଭାଗ୍ୟ ମାତ୍ର ପାଞ୍ଚଦିନ। ଷଷ୍ଠ ଦିନରେ ବିଧାତା ତାହା ପ୍ରତି ବିରୂପ ହୋଇଥାନ୍ତି। ପ୍ରିୟ ପୁରୁଷକୁ ନିଜର କରିପାଇବାକୁ ଚାହୁଁଥିବା ନାୟିକା ପ୍ରତି ସଖୀ ଉକ୍ତି-ତୁ ତ ବହୁବଲ୍ଲଭର ବଲ୍ଲଭା; ତୋର ପ୍ରିୟ-ମିଳନ ମାତ୍ର ପାଞ୍ଚଦିନ, ଷଷ୍ଠ ଦିନରେ ସେ ତୋର ହାତଛଡ଼ା ହୋଇ ଅନ୍ୟ ନାରୀ-ପ୍ରେମରେ ଆସକ୍ତ ହେବେ। ପାଞ୍ଚଦିନ ପରେ ମିଳନର ମିଷ୍ଟତ୍ୱ ଶେଷ ହୋଇଯିବ; ଖଦଡ଼ା ପଡ଼ିରହିବ। ଆରେ, ପ୍ରିୟ ବା ଅନୁକୂଳ ବସ୍ତୁ କେବେ ବହୁଳ ଭାବରେ କାହାରି ଭାଗ୍ୟରେ ମିଳିଲାଣି ?

ଜଂ ଜଂ ସୋ ଣିଜ୍ଝାଅଇ ଅଙ୍ଗୋଆସଂ ମହଂ ଅଣିମିସଚ୍ଛୋ।
ପଚ୍ଛାଏମି ଅ ତଂ ତଂ ଇଚ୍ଛାମି ଅ ତେଣ ଦୀସନ୍ତଂ। ୭୩ ।
(ଯଦ୍ୟତ୍ସ ନିର୍ଧ୍ୟାୟତି ଅଙ୍ଗାବକାଶଂ ମମ ଅନିମିଷାକ୍ଷଃ।
ପ୍ରଚ୍ଛାଦୟାମି ଚ ତଂ ତଂ ଇଚ୍ଛାମି ଚ ତେନ ଦୃଶ୍ୟମାମନମ୍।) – ବସନ୍ତକ।

ପ୍ରିୟ ମୋର ଯେଉଁ ଯେଉଁ ଅଙ୍ଗାବକାଶ ଆଡ଼କୁ ନିମେଷବିହୀନ ନେତ୍ରରେ ଦେଖି ଲାଗିଛନ୍ତି, ମୁଁ ସେହି ସେହି ଗୁଡ଼ିକୁ ପ୍ରଚ୍ଛାଦିତ କରିଲାଗିଛି ଓ ଇଚ୍ଛା କରୁଛି ଯେ ସେ ସେଗୁଡିକୁ ମଧ୍ୟ ଦେଖନ୍ତୁ।

ବ୍ୟାଖ୍ୟା – ନାୟିକା ପ୍ରିୟତମର ପ୍ରେମରେ ଗର୍ବ ଅନୁଭବ କରି ସଖୀକୁ କହୁଛି- ମୋର ଯେଉଁ ଅନାବୃତ ଅଙ୍ଗ-ସୌନ୍ଦର୍ଯ୍ୟକୁ ପ୍ରିୟତମ ନିମେଷବିହୀନ ଦୃଷ୍ଟିରେ ଅତୃପ୍ତ ଭାବରେ ପାନ କରିଲାଗନ୍ତି, ମୁଁ ସେଇ ସେଇ ଅଙ୍ଗମାନଙ୍କୁ କେତେବେଳେ ଢାଙ୍କିଦିଏ

ତ କେତେବେଳେ ଖୋଲିଦିଏ। ଢାଙ୍କିଦେବା ଅର୍ଥ ନୁହେଁ ଯେ ପ୍ରିୟ ମୋର ଅଙ୍ଗ ପ୍ରତି ଦୃଷ୍ଟିପାତ ନ କରନ୍ତୁ। ଲଜ୍ଜାହୀନ ନାରୀ ଭଳି ତାଙ୍କର ଏଇ ଆଚରଣ ଓ ଏକାଗ୍ର ଦୃଷ୍ଟିପାତକୁ ମୁଁ କ'ଣ ସ୍ୱାଗତ କରିବି ? ତେଣୁ ଲଜ୍ଜା ହେତୁ ଅଙ୍ଗକୁ ଢାଙ୍କିଦିଏ। ମାତ୍ର ମୋ ମନର ଗୋପନ ଅଭିଳାଷ, ଢାଙ୍କିଦେବା ଦ୍ୱାରା ସେ ମୋର ଅଙ୍ଗ-ସୌନ୍ଦର୍ଯ୍ୟ ପ୍ରତି ଅଧିକ ପ୍ରଲୁବ୍ଧ ହୋଇ ସେଇ ଅଙ୍ଗମାନଙ୍କୁ ଦେଖନ୍ତୁ।

ଦିଢ଼-ମଣ୍ଣୁ-ଦୂଣିଆଏଁ ବି ଗହିଓ ଦଇଅମ୍ମି ପେଚ୍ଛହ ଇମାଏ !
ଓସରଇ ବାଲୁଆ-ମୁଟ୍ଠି ଉବ୍ବ ମାଣୋ ସୁରସୁରନ୍ତୋ । ୭୪।
(ଦୃଢ଼-ମନ୍ୟୁ-ଦୂନୟାପି ଗୃହୀତୋ ଦୟିତେ ପଶ୍ୟତାନୟା।
ଅପସରତି ବାଲୁକା-ମୁଷ୍ଟିରିବ ମାନଃ ସୁରସୁରାୟମାଣଃ।) - ମୁକ୍ତାଫଳ

ଦେଖ, ପ୍ରିୟ ପ୍ରତି ଅତିଶୟ କ୍ରୋଧରେ ବ୍ୟଥିତ ହୋଇ ସେ ଯେଉଁ ମାନ କରିଛି ତାହା ବାଲୁକାମୁଷ୍ଟି ଭଳି ସୁର୍ ସୁର୍ ଖସିଯାଉଛି।

ବ୍ୟାଖ୍ୟା - କଳହାନ୍ତରିତା ନାୟିକା କ୍ରୋଧବଶତଃ ନାୟକ ପ୍ରତି ଗରିଷ୍ଠ ମାନ ଧାରଣ କରି ବସିଛି। ପାଶ୍ଚାତ୍ତାପ ହେତୁ ତାର ଦୃଢ଼ ମାନ କ୍ରମଶଃ ଅପସୃତ ହେବାକୁ ଲାଗିଛି; ହୁଏତ ଆଉ କିଛି ସମୟ ପରେ ମାନର ଚିହ୍ନବର୍ଣ୍ଣ ରହିବ ନାହିଁ। ପୁଣି ପ୍ରିୟ ପ୍ରତି ସେ ପ୍ରସନ୍ନ ହୋଇ ଉଠିବ। ସଖିମାନେ ସେତେବେଳେ ପରସ୍ପର ମଧ୍ୟରେ ତା'ର ଏଇ ମାନାପସରଣ କଥା ଆଲୋଚନା କରୁଛନ୍ତି- ଦେଖ, ଅତି ବେଶି ରାଗରୁଷା, ଅତି ବେଶି ଆଡ଼ମ୍ବରରେ ସେ ପ୍ରିୟତମଙ୍କ ପ୍ରତି ଯେଉଁ ଦୁର୍ଜୟ ମାନ କରିଥିଲା, ତାହା ସେତେକି ମୁଠାରେ ଜୋର୍‌ରେ ଧରିଥିବା ବାଲି ଭଳି ସୁର୍ ସୁର୍ ହୋଇ ଗଳିପଡୁଛି। ବହ୍ୱାରମ୍ଭରେ ଲଘୁ କ୍ରିୟା ପରି ତାର ଏଇ ମାନ ଆଉ କିଛି ସମୟ ପରେ ଉଭେଇଯିବ।

ଉଅ ପୋମ୍ମରାଅ-ମରଗଅ-ସଂବଲିଆ ଣହ-ଅଲାଓଁ ଓଅରଇ।
ଣହ-ସିରି-କଣ୍ଠ-ବ୍ଭଟ୍ଠ ଢ କଣ୍ଠିଆ କୀର-ରିଞ୍ଛୋଲୀ । ୭୫।
(ପଶ୍ୟ ପଦ୍ମରାଗ-ମରକତ-ସମ୍ବଳିତା ନଭ-ସ୍ତଳାଦବତରତି।
ନଭଃ-ଶ୍ରୀ-କଣ୍ଠ-ଭ୍ରଷ୍ଟେବ କଣ୍ଠିକା କୀର ପଂକ୍ତିଃ।)

ଦେଖ, ପଦ୍ମରାଗ ଓ ମରକତ ମଣି ସମ୍ବଳିତ ଶୁକପଙ୍‌କ୍ତି ନଭଃଶ୍ରୀର କଣ୍ଠଚ୍ୟୁତ କଣ୍ଠିକା ନାମକ ହାରଯଷ୍ଟି ଭଳି ଆକାଶ ତଳରୁ ଅବତରଣ କରୁଛନ୍ତି।

ବ୍ୟାଖ୍ୟା - ନାୟିକାକୁ ମନୋରମ ପ୍ରାକୃତିକ ଦୃଶ୍ୟ ଦେଖାଇ ତାର ମନୋହରଣ କରିବାକୁ ଚାହୁଁ ଥିବା ନାୟକର ଉକ୍ତି- ପ୍ରିୟେ, ଏଇ ଯେଉଁ ଶୁକପଙ୍‌କ୍ତି ଆକାଶରୁ ତଳ ଆଡ଼କୁ ଓହ୍ଲାଇ ଆସୁଛନ୍ତି, ଯାହାଙ୍କର ଦେହକାନ୍ତି ସବୁଜ ଓ ଲାଲ ଲାଲ ଥଣ୍ଟଗୁଡ଼ିକ ସୁନ୍ଦର ଦେଖାଯାଉଛି। ସତେକି ନଭଃଲକ୍ଷ୍ମୀଙ୍କର କଣ୍ଠଦେଶରୁ ପଦ୍ମରାଗ ଓ ମରକତ

ମଣିରେ ଗଢ଼ା ହୋଇଥିବା କଣ୍ଠିକା ନାମକ ହାରଯଷ୍ଟି ବା କଣ୍ଠହାର ଛିଡ଼ି ତଳକୁ ଖସିପଡୁଛି !

ଣ ବି ତହ ବିଏସ-ବାସୋ ଦୋଗ୍‌ଗଚଂ ମହ ଜଣେଇ ସଂତାର୍ବ।
ଆସଂସିଅତ୍‌ଥ-ବିମଣୋ ଜହ ପଣଇ-ଜଣୋ ଣିଅତ୍ତନ୍ତୋ । ୭୬ ।
(ନାପି ତଥା ବିଦେଶ-ବାସୋ ଦୌର୍ଗତ୍ୟଂ ମମ ଜନୟତି ସନ୍ତାପମ୍।
ଆଶଂସିତାର୍ଥ-ବିମନା ଯଥା ପ୍ରଣୟି-ଜନୋ ନିବର୍ତମାନଃ।)

ବିଦେଶବାସ ଓ ଦୁର୍ଗତି ମୋର ସେତେ ସନ୍ତାପ ଜାତ କରୁନାହିଁ; ଯେତେ ପ୍ରଣୟୀଜନଙ୍କର ନିରାଶମନା ହୋଇ ଫେରିଯିବା ସନ୍ତାପ ଜାତ କରୁଛି।

ବ୍ୟାଖ୍ୟା - ମିଳନ ଆଶାୟୀ ପ୍ରେମିକ ନାୟିକା ସହିତ ମିଳିତ ହୋଇ ନ ପାରି ବିମନା ହୋଇ ଫେରିଯାଇଛି। କାରଣ ନାୟିକା ସ୍ୱାଧୀନ ଭାବରେ ବିଚରଣ କରିବାର ଅଧିକାରରୁ ବଞ୍ଚିତା। ତା'ର ଗତି ପଦେ ପଦେ ନିୟନ୍ତ୍ରିତ। ଦୂତୀ ନିକଟରେ ଖେଦ ପ୍ରକାଶ କରି ସେ କହିଛି - ଏଇ ଦୁର୍ଗମ ସ୍ଥାନରେ ମୁଁ ବନ୍ଦିନୀ, ମୋର ସେଥିରେ ଦୁଃଖ ନାହିଁ। ମନର ମଣିଷ ଯାହା ମିଳନ ଆଶାରେ ମୋ ପାଖକୁ ଆସି ବିଫଳକାମ ହୋଇ ଲେଉଟିଗଲେ, ସେଇ ଦୁଃଖରେ ଛାତି ଫାଟିଯାଉଛି।

ଖନ୍ଦଗ୍‌ଗିଣା ବଣେସୁଂ ତଣେହିଁ ଗାମମ୍ମି ରକ୍‌ଖିଓ ପହିଓ।
ଣଅର-ବସିଓ ଣଡିଜ୍ଜଇ ସାଣୁସଏଣ ଢ ସୀଏଣ । ୭୭ ।
(ସ୍କନ୍ଧାଗ୍ନିନା ବନେଷୁ ତୃଣୈର୍ଗ୍ରାମେ ରକ୍ଷିତଃ ପଥିକ।
ନଗରୋଷିତଃ ଖେଦ୍ୟତେ ସାନୁଶୟେନେବ ଶୀତେନ।)

ପଥିକଟି ବନରେ କାଠଗଣ୍ଡି-ନିଆଁରେ ଓ ଗ୍ରାମରେ ତୃଣ ଜଳାଇ ଶୀତରୁ ନିଜକୁ ରକ୍ଷା କରୁଥିଲା; ଏବେ ନଗରରେ ବାସକରି ଶୀତଭୟରେ ଖିନ୍ନ ହେଉଛି।

ବ୍ୟାଖ୍ୟା - ଶୀତାର୍ତ୍ତ ପଥିକ ନଗରରେ ବାସକରିବାକୁ ଆସି ଶୀତରୁ ରକ୍ଷା ପାଇବାର କୌଣସି ଉପାୟ ଖୋଜି ପାଉନାହିଁ। ବନରେ ଥିବାବେଳେ ସେ ପ୍ରଚୁର କାଠଗଣ୍ଡି ଜଳାଇ ନିଆଁ ପାଉଥିଲା ଓ ସେଥିରେ ଶୀତ ନିବାରଣ କରୁଥିଲା। ଗାଁରେ ମଧ୍ୟ ଗୋଚ୍ଛା ଗୋଚ୍ଛା ତୃଣ ଜାଳି ନିଆଁ ପୁଉଁଥିଲା। ଏବେ ନଗରବାସ ତା' ପାଇଁ କାଳ ହୋଇଛି। ଏଠାରେ କାଠଗଣ୍ଡି କି ତୃଣ ସହଜଲଭ୍ୟ ନୁହେଁ। ଶୀତରେ ଅଣାୟତ୍ତ ହୋଇ ସେ ଭାବୁଛି - ମୋର ମନର ବ୍ୟଥା ଦୂର ହେବ ନାହିଁ। ଦୂତୀ ପଥିକର ଏ ଶୀତକଷ୍ଟ କଥା ନାୟିକାକୁ ଜଣାଇ ତା'ର ଉଷ୍ମ ସ୍ତନ-ସ୍ପର୍ଶରେ ପଥିକକୁ ରକ୍ଷା କରିବାପାଇଁ ଅନୁନୟ କରିଛି।

ଭରିମୋ ସେ ଗହିଆହର-ଧୁଅ-ସୀସ-ପହୋଲିରାଲ-ଆଉଲିଅଂ।
ବଅଣ ପରିମଳ-ତରଲିଅ-ଭମରାଲି-ପଇଣ୍ଣ-କମଲଂ ବ । ୭୮।

(ସ୍ମରାମସ୍ତସ୍ୟ ଗୃହୀତାଧର-ଧୂତ-ଶୀର୍ଷ-ପ୍ରଘୂର୍ଣନଶୀଳାଳକାକୁଳିତମ୍ ।
ବଦନଂ ପରିମଳ-ତରଳିତ-ଭ୍ରମରାଳି-ପ୍ରକୀର୍ଣ-କମଳମିବ ।)

ଚୁମ୍ବନ ନିମନ୍ତେ ମୁଁ ଯେତେବେଳେ ତାହାର ଅଧର ଧରିଲି, ସେତେବେଳେ ସେ ନିଜର ଶୀର୍ଷଭାଗକୁ ଏପରି କମ୍ପନ କଲା ଯେ ତାହାର ଘୂର୍ଣ୍ଣନଶୀଳ କେଶପଙ୍‌କ୍ତି ଅସ୍ତବ୍ୟସ୍ତ ହୋଇଗଲା । ତାହାର ସେହି ପରିମଳ ତରଳିତ ଭ୍ରମରକୁଳ ପ୍ରକୀର୍ଣ୍ଣ କମଳ ଭଳି ମୁଖ ସ୍ମରଣ କରୁଅଛି ।

ବ୍ୟାଖ୍ୟା - ସହଚର ନିକଟରେ ନାୟକ ନିଜର ଚୁମ୍ବନଦାନର ଗତ-ସୁଖ-ସ୍ମୃତି ବର୍ଣ୍ଣନା କରୁଛି- ହେ ସଖା, ସେ ସୁଖ କଥା କ'ଣ କହିବି ? ମୁଁ ଯେତେବେଳେ ଚୁମ୍ବନ ପାଇଁ ତାହାର ଓଷ୍ଠ ଧରିଲି, ସେତେବେଳେ ସେ ନିଜର ମସ୍ତକ ଏପରି କମ୍ପନ କଲା ଯେ ତାହାର କେଶପଙ୍‌କ୍ତି ଅସ୍ତବ୍ୟସ୍ତ ହୋଇଉଠିଲା । ରସୋଲ୍ଲାସରେ ସେତେବେଳେ ତାହାର ମୁଖ ଏପରି ସୁଷମା ଧାରଣ କଲା - ପରିମଳ ଲୋଭରେ ତରଳିତ ଭ୍ରମରକୁଳ ବେଷ୍ଟନରେ କମଳ ଯେପରି ଶୋଭା ପ୍ରକାଶ କରେ । ଆଜି ତାର ମୁଖର ସେଇ ଶୋଭା ମୋର ସ୍ମୃତି ପଥାରୂଢ଼ ହେଉଛି ।

ହଲ୍ଲଫଲ-ଣ୍ହାଣ-ପସାହିଆଣଁ ଛଣ-ବାସରେ ସବତ୍ତୀଣଂ ।
ଅଜ୍ଜାଏ ମଜ୍ଜଣାଣାଅରେଣ କହି ଅଂ ବସୋହଗ୍‌ଗଂ । ୭୯ ।

(ଉତ୍ସାହତରଳତ୍ୱ-ସ୍ନାନ-ପ୍ରସାଧିତାନାଂ କ୍ଷଣ-ବାସରେ ସପତ୍ନୀନାମ୍ ।
ଆର୍ଯ୍ୟା ମଜ୍ଜନାନାଦରେଣ କଥିତମିବ ସୌଭାଗ୍ୟମ୍ ।) - ଜଟିଳ

ଉତ୍ସବ ଦିନରେ ସପତ୍ନୀକଣ ଉତ୍ସାହ-ଚାଞ୍ଚଲ୍ୟରେ ସ୍ନାନ-ପ୍ରସାଧନ ଆଦି କଲେ ମଧ୍ୟ ଆର୍ଯ୍ୟା ମଜ୍ଜନରେ ଅନାଦର ଦେଖାଇ ନିଜର ସୌଭାଗ୍ୟ ସୂଚିତ କରିଦେଉଛି ।

ବ୍ୟାଖ୍ୟା - ନାୟକକୁ ଆକୃଷ୍ଟ କରିବାପାଇଁ ଉତ୍ସବ ଦିନରେ ସଉତୁଣୀମାନେ ଯେତେବେଳେ ଉତ୍ସାହ ସହକାରେ ଗନ୍ଧଜଳରେ ସ୍ନାନ ପୂର୍ବକ ବେଶଭୂଷଣରେ ତନୁ ପ୍ରସାଧନ କରି ନିଜ ନିଜର ରୂପ-ସୌନ୍ଦର୍ଯ୍ୟ ପ୍ରଚାର କରୁଛନ୍ତି, ସେତେବେଳେ ଆର୍ଯ୍ୟ ଗୃହଲକ୍ଷ୍ମୀଟି ଗୃହକାର୍ଯ୍ୟରେ ବ୍ୟସ୍ତ ରହିଛି । ପ୍ରସାଧନରେ ତା'ର ମନ ନାହିଁ; କାରଣ ସେ ସ୍ୱାମୀ-ସୋହାଗିନୀ, ଏଇ ଗର୍ବରେ ସେ ସ୍ନାନ ଓ ବେଶଭୂଷଣରେ ମନ ବଳାଇ ନାହିଁ । ବେଶଭୂଷଣରେ କି ପ୍ରୟୋଜନ, ଯଦି ସ୍ୱାମୀ-ସୋହାଗିନୀ ହୋଇ ନ ପାରେ ? ସପତ୍ନୀମାନେ ହାରିଯାଇଛନ୍ତି । ଏଇ ସୌଭାଗ୍ୟ ସୂଚନା କରି ବେଶଭୂଷା ତ ଦୂରର କଥା; ଆଜି ଉତ୍ସବ ଦିନରେ ମଧ୍ୟ ସେ ସ୍ନାନ କରିନାହିଁ ।

ଣ୍ହାଣ-ହଳିଦ୍ଦା-ଭରିଅନ୍ତରାଇଁ ଜାଲାଇଁ ଜାଲ-ବଲଅସ୍‌ସ ।
ସୋହନ୍ତି କିଲିଞ୍ଚିଅକଣ୍ଟଏଣ କଂ କାହିସୀ କଅତ୍‌ଥଂ । ୮୦ ।

(ସ୍ନାନ-ହରିଦ୍ରା-ଭରିତାନ୍ତରାଣି ଜାଲାନି ଜାଲ-ବଳୟସ୍ୟ।
ଶୋଧୟନ୍ତୀ କ୍ଷୁଦ୍ରକଣ୍ଟକେନ କଂ କରିଷ୍ୟସି କୃତାର୍ଥମ୍।) - ମକରନ୍ଦ

ସ୍ନାନ-ହରିଦ୍ରାରେ ଭରିଯାଇଥିବା ଜାଲ-ବଳୟର ଫାଙ୍କଗୁଡ଼ିକୁ କ୍ଷୁଦ୍ର ବଂଶ-କଣ୍ଟକ ଦ୍ୱାରା ଶୋଧନ କରି ତୁ ଆଜି କାହାକୁ କୃତାର୍ଥ କରିବୁ ?

ବ୍ୟାଖ୍ୟା - ହଳଦୀ ଅଙ୍ଗରେ ମାଖି ନାୟିକା ଶୁଦ୍ଧସ୍ନାନ ପରେ ତା'ର ହାତରେ ପିନ୍ଧିଥିବା ଜାଲ-ବଳୟ (ଜାଲ ଭଳି ହାତବଳା)ରେ ଲାଖିରହିଥିବା ହଳଦୀ ଅଂଶକୁ ଛୋଟ ବାଉଁଶ-କଣ୍ଟାରେ ସଫା କରୁଥିବା ଦେଖି ବିଦଗ୍ଧ ନାୟକ କହିଛି- ଗୋ ହରିତବରଣୀ, ତୁ ଆଜି କାହାର ହୃଦୟ ଦୋହଲାଇବୁ ? ଅର୍ଥାତ୍ କିଏ ସେ ଭାଗ୍ୟବାନ୍, ଯାହାକୁ ଆଜି ଶୁଦ୍ଧସ୍ନାନାନ୍ତେ ରତି ଦାନ କରିବୁ ? ସେ ଭାଗ୍ୟବାନ୍ ମୁଁ ହୋଇପାରେ କି ?

ଅଦ୍ଦଂସଣେଣ ପେମ୍ମଂ ଅବେଇ ଅଇ-ଦଂସଣେଣ ବି ଅବେଇ।
ପିସୁଣ-ଜଣ-କମ୍ପିଏଣ ବି ଅବେଇ ଏମେଅ ବି ଅବେଇ। ୮୧।

(ଅଦର୍ଶନେନ ପ୍ରେମ ଅପୈତି ଅତି-ଦର୍ଶନେନ ଅପି ଅପୈତି।
ପିଶୁନ-ଜନ-କଳ୍ପିତେ ଅପି ଅପୈତି ଏବମେବ ଅପୈତି।) - ସ୍ୱାମିକ

ଅଦର୍ଶନରେ ପ୍ରେମ ଲୋପ ପାଏ, ଅତି-ଦର୍ଶନରେ ମଧ୍ୟ ଦୂର ହୋଇଯାଏ, ଖଳ ଲୋକଙ୍କ କୁକଥାରେ ମଧ୍ୟ ଦୂର ହୋଇଯାଏ ଓ କୌଣସି କାରଣ ବିନା ମଧ୍ୟ ନଷ୍ଟ ହୋଇଯାଏ।

ବ୍ୟାଖ୍ୟା- ବିଦଗ୍ଧା ନାୟିକା ପ୍ରେମ ନଷ୍ଟ ହେବାର କେତୋଟି କାରଣ ନିର୍ଦ୍ଦେଶ କରି ନାୟକକୁ କହିଛି- ଅଦର୍ଶନରେ, ବହୁବାର ଦର୍ଶନରେ, ଧୂର୍ତ୍ତ ବା ଖଳ ଲୋକଙ୍କ କୁତ୍ସାରଟନାରେ ତଥା କୌଣସି କାରଣ ନଥାଇ ମଧ୍ୟ ପ୍ରେମ ନଷ୍ଟ ହୋଇଯାଇଥାଏ। ନାୟକ ନାୟିକା ମଧ୍ୟରେ ଦୀର୍ଘ ବିଚ୍ଛେଦ ପ୍ରେମ ଲୋପ ହେବାର ପ୍ରଥମ ହେତୁ, ଅତିଦର୍ଶନରେ ପ୍ରେମିକ ପ୍ରେମିକା ପରସ୍ପର ପ୍ରତି ସେତେ ସ୍ନେହ-ଭାବ ରଖିପାରନ୍ତି ନାହିଁ, ଖଳ ଲୋକେ ଯେତେବେଳେ ସେମାନଙ୍କ ପ୍ରେମ ବିଷୟରେ କୁତ୍ସାରଟନା କରନ୍ତି ବା ପରସ୍ପର ମନରେ ସନ୍ଦେହ ସୃଷ୍ଟି କରାଇଦିଅନ୍ତି ସେତେବେଳେ ପ୍ରଣୟୀ-ପ୍ରଣୟିନୀ ବିଚ୍ଛିନ୍ନ ହୋଇଯାନ୍ତି। ଏହା ଛଡ଼ା ବିନା କାରଣରେ ମଧ୍ୟ ପ୍ରେମ ନଷ୍ଟ ହେବାର ଭୟ ଥାଏ। ତାତ୍ପର୍ଯ୍ୟ ହେଲା, ପ୍ରେମ ନଷ୍ଟ ହେବାର ଉପରୋକ୍ତ ହେତୁଗୁଡ଼ିକ ଆମ ଦୁହିଁଙ୍କ ପ୍ରେମପଥରେ ବାଧା ସୃଷ୍ଟି କରିପାରିବ ନାହିଁ। ଆମର ପ୍ରେମ ଅଟଳ।

ଅଦ୍ଦଂସଣେଣ ମହିଲା-ଅଣସ୍ସ ଅଇ-ଦଂସଣେଣ ଣୀଅସ୍ସ।
ମୁକ୍ଖସ୍ସ ପିସୁଣ-ଅଣ-ଜମ୍ପିଏଣ ଏମେଅ ବି ଖଳସ୍ସ। ୮୨।

(ଅଦର୍ଶନେନ ମହିଳା-ଜନସ୍ୟ ଅତି-ଦର୍ଶନେନ ନୀଚସ୍ୟ।

ମୂର୍ଖସ୍ୟ ପିଶୁନ-ଜନ-କଳ୍ପିତେନ ଏବମେବାପି ଖଳସ୍ୟ।) - ସ୍ୱାମିକ

ମହିଳାମାନଙ୍କର ପ୍ରେମ ପ୍ରିୟ-ଅଦର୍ଶନରେ, ନୀଚର ପ୍ରେମ ଅତି-ଦର୍ଶନରେ, ମୂର୍ଖମାନଙ୍କର ପ୍ରେମ ଧୂର୍ତ୍ତର କଥାରେ ତଥା ଖଳଲୋକଙ୍କ ପ୍ରେମ କୌଣସି କାରଣ ନ ଥାଇ ନଷ୍ଟ ହୋଇ ଯାଇଥାଏ।

ବ୍ୟାଖ୍ୟା - ପୂର୍ବବର୍ତ୍ତୀ ଗାଥାରେ ପ୍ରେମ ନଷ୍ଟ ହେବାର ଚାରୋଟି କାରଣ ନିର୍ଦ୍ଦେଶ କରାଯାଇଥିଲା। ଆଲୋଚ୍ୟ ଗାଥାରେ ଚାରିପ୍ରକାର ବ୍ୟକ୍ତିଙ୍କର ନିର୍ଦ୍ଦେଶ ମିଳେ; ଯେଉଁମାନଙ୍କର ପ୍ରେମ ନଷ୍ଟ ହୋଇଯାଏ। ନାୟକକୁ ସେଇ ଚାରିପ୍ରକାର ଲୋକଙ୍କ କଥା ନାୟିକା କହିଛି - ମହିଳାମାନେ ଚଞ୍ଚଳମନା, ନୀଚ ଲୋକେ ସ୍ୱାର୍ଥସର୍ବସ୍ୱ, ମୂର୍ଖଲୋକେ ବିବେକଶୂନ୍ୟ ହୋଇଥିବାରୁ ସେମାନଙ୍କ ପ୍ରେମ ନଷ୍ଟ ହୋଇଯାଏ। କିଛି କାରଣ ନ ଥିଲେ ମଧ୍ୟ ଖଳ-ପ୍ରୀତି ନଷ୍ଟ ହୋଇଯାଏ।

ପୋଟ୍ଟ-ପଡ଼ିଏହିଁ ଦୁଃଖଂ ଅଚ୍ଛିଜ୍ଜଇ ଉଣ୍ଣଏହିଁ ହୋଉଣ।

ଇଅ ଚିନ୍ତଆଣଁ ମଣ୍ଣେ ଥଣାଣଁ କସଣଂ ମୁହଂ ଜାଅଂ । ୮୩ ।

(ଉଦର-ପତିତାଭ୍ୟାଂ ଦୁଃଖଂ ସ୍ଥୀୟତ ଉନ୍ନତାଭ୍ୟାଂ ଭୂତ୍ୱା।

ଇତି ଚିନ୍ତୟତୋର୍ମନ୍ୟେ ସ୍ତନୟୋଃ କୃଷ୍ଣଂ ମୁଖଂ ଜାତମ୍।) - କୃତଜ୍ଞଶୀଳ

ପ୍ରଥମେ ଉନ୍ନତ ରହିବା ପରେ ଉଦରରେ ପଡ଼ି ଦୁଃଖରେ ରହିବାକୁ ପଡ଼ିବ - ମନେ ହେଉଛି, ଏପରି ଚିନ୍ତା କରି ସ୍ତନଦ୍ୱୟର ମୁଖ କଳା ପଡ଼ିଯାଇଛି।

ବ୍ୟାଖ୍ୟା- ନାୟିକାର ସ୍ତନବୃନ୍ତ କୃଷ୍ଣ ବର୍ଣ୍ଣ ଧାରଣ କରିବାର କାରଣ ସମ୍ବନ୍ଧରେ ପ୍ରଶ୍ନ କରିବାରୁ ନାୟିକା-ସଖୀର ଉକ୍ତି। ପ୍ରସବାନ୍ତେ ନାୟିକାର ସ୍ତନ ଉଦର ଆଡ଼କୁ ଲହସିଯିବ; ଫଳରେ ନାୟକର ସ୍ନେହ ତା ପ୍ରତି ଊଣା ହୋଇଯିବ। ଏହାର ହେତୁ ନିର୍ଦ୍ଦେଶ କରି ବିଦଗ୍ଧା ସଖୀ ଉତ୍ପ୍ରେକ୍ଷାରେ କହିଛି- ଉନ୍ନତ ମହିମାଯୁକ୍ତ ଜୀବନ କଟାଇସାରିବା ପରେ ଦିନେ ଯେ ନଇଁଯାଇ ଉଦର ଆଶ୍ରୟ କରି ପଡ଼ିରହିବାକୁ ହେବ, ଏଇ ବିପଦ କଥା ଚିନ୍ତା କରି ସତେକି ତରୁଣୀର ସ୍ତନ କୃଷ୍ଣମୁଖ ହୋଇଯାଇଛି!

ସୋ ତୁଜ୍ଝ କଏ ସୁନ୍ଦରି ତହ ଛୀଣୋ ସୁମହିଲା ହଲିଅ-ଉତ୍ତୋ।

ଜହ ସେ ମଚ୍ଛରିଣୀଏଁ ବି ଦୋଚ୍ଚଂ ଜାଆଏଁ ପଡ଼ିବଣ୍ଣଂ । ୮୪ ।

(ସ ତବ କୃତେ ସୁନ୍ଦରି ତଥା କ୍ଷୀଣଃ ସୁମହିଳୋ ହାଳିକ-ପୁତ୍ରଃ।

ଯଥା ତସ୍ୟ ମତ୍ସରିଣ୍ୟାପି ଦୌତ୍ୟଂ ଜାୟୟା ପ୍ରତିପନ୍ନମ୍।) - ଈଶାନ

ଆଗୋ ସୁନ୍ଦରି! ତୋ ପାଇଁ ସେଇ ହାଳିକପୁତ୍ର ରୂପବତୀ ଭାର୍ଯ୍ୟା ଥିଲେ ମଧ୍ୟ ଏତେ କ୍ଷୀଣ ହୋଇଗଲାଣି ଯେ ତା'ର ଜାୟା ମଧ୍ୟ ଦୂତୀର କାର୍ଯ୍ୟ କରିବାକୁ ସ୍ୱୀକୃତ ହୋଇଛି।

ବ୍ୟାଖ୍ୟା - ନାୟକ ହଳିକ-ପୁତ୍ର। ନିଜର ସୁନ୍ଦରୀ ବଧୂ ଘରେ ଥିଲେ ମଧ୍ୟ ସେ ଅନ୍ୟ କୌଣସି ନାୟିକା ପ୍ରତି ଆସକ୍ତ। ତାହାକୁ ନ ପାଇ ହଳିଆ-ପୁଅଟି ଦିନୁଦିନ କ୍ଷୀଣ ହେବାକୁ ଲାଗିଛି। ଦୂତୀ ସେଇ ନାୟିକା ନିକଟକୁ ଯାଇ କହିଛି - ଆଗୋ ସୁନ୍ଦରି! ତୁମ ରୂପରେ ଭୋଳ ହୋଇ ସେଇ କୃଷାଣ-ପୁତ୍ର ଘରେ ରୂପସୀ ପତ୍ନୀ ଥିଲେ ମଧ୍ୟ ଖୁବ୍ ଦୁର୍ବଳ ହୋଇଗଲାଣି। ତା'ର ସେ ଅବସ୍ଥା ଦେଖି ତାର ସୁନ୍ଦରୀ ବଧୂ ଆଜି ଦୂତୀର କାର୍ଯ୍ୟ ଗ୍ରହଣ କରିନେଇଛି। ସ୍ୱାମୀ ଅନ୍ୟ ନାରୀ ପ୍ରଣୟରେ ଆସକ୍ତ ହେଲେ ଯେକୌଣସି ସ୍ତ୍ରୀ ଈର୍ଷାପରାୟଣ ହେବା କଥା; ମାତ୍ର ସେଇ ହାଳିକ-ବଧୂଟି ସ୍ୱାମୀର ଦୟନୀୟ ଅବସ୍ଥା ଦେଖି ବକ୍ଷରେ ଦୁଃସହ ବେଦନା ବହନ କରି ଓ ସପତ୍ନୀ-ଭୟ ପରିହାର କରି ନିଜେ ତୋ ପାଖକୁ ଦୂତୀ ରୂପେ ଆସିବାକୁ ତତ୍ପର ହୋଇଉଠିଲାଣି। ଏଥିରୁ ବୁଝ, ତୋତେ ନ ପାଇଲେ ଯୁବକଟିର ଅବସ୍ଥା କ'ଣ ହେବ?

ଦକ୍‌ଖିଣ୍ଣେଣ ବି ଏନ୍ତୋ ସୁହଅ ସୁହାବାସ ଅମ୍ହ ହିଅଆଇଂ।
ଣିକ୍‌କଇଅବେଣ ଜାଣଂ ଗଓସି କା ଣିବ୍‌ବୁଦୀ ତାଣଂ। ୮୫।
(ଦକ୍ଷିଣ୍ୟେନାପ୍ୟାଗଚ୍ଛନ୍ ସୁଭଗ ସୁଖୟସ୍ୟାସ୍ମାକଂ ହୃଦୟାନି।
ନିଷ୍କୈତବେନ ସାସାଂ ଗତୋଽସି କା ନିର୍ବୃତିସ୍ତାସାମ୍।) -ଆଦିବରାହ

ହେ ସୁଭଗ, ଦାକ୍ଷିଣ୍ୟ ହେତୁ ଆମ ପାଖକୁ ଆସି ମଧ୍ୟ ତୁମେ ଆମର ହୃଦୟକୁ ଏତେ ସୁଖ ଦେଉଛ, ନ ଜାଣୁ; ଯେଉଁମାନଙ୍କ ନିକଟକୁ ତୁମେ ଅକପଟରେ ଯାଉଛ ସେମାନଙ୍କୁ କେତେ ଆନନ୍ଦ ଦେଉ ନଥିବ!

ବ୍ୟାଖ୍ୟା - ବହୁ ବଲ୍ଲଭ ନାୟକ ଅନେକ ଦିନ ପରେ ନାୟିକା ସମୀପକୁ ଆସିବାରୁ ବିଦଗ୍ଧା ନାୟିକାର ବହୁବଚନରେ ଉକ୍ତି- "ହେ ସୁଭଗ, ତୁମର ସବୁ ବଲ୍ଲଭଙ୍କ ଉପରେ ସମାନ ପକ୍ଷପାତ। ତେଣୁ ତୁମେ ମୋ ପାଖକୁ ଆସି ମୋ ହୃଦୟକୁ ସୁଖ ଦେଉଛି ବା ଏହା ମୋର ଭାଗ୍ୟ ଯେ ମୁଁ ତୁମକୁ ପାଖରେ ପାଇଛି। ମାତ୍ର ମୁଁ ତାହାରି ସୌଭାଗ୍ୟ ବା ସୁଖ କଥା ଭାବୁଛି ଯେ ତୁମକୁ କୈତବହୀନ ପ୍ରେମର ଆକର୍ଷଣରେ ବାନ୍ଧି ରଖିଛି- ଏକମାତ୍ର ଅନୁରାଗବଶତଃ ଯାହା ପାଖକୁ ତୁମର ଗତାଗତ ଅଛି, ତାହାର କେତେ ସୁଖ ହେଉ ନ ଥିବ! ମୁଁ ତାହାକୁ ଧନ୍ୟ ମନେକରେ, ଆନନ୍ଦ ତାର ବୁକୁରେ ଧରୁ ନଥିବ।" ନାୟିକାର ଉପାଲମ୍ଭ ମଧ୍ୟରେ ରହିଛି ସସ୍ନେହ-ଅନୁଯୋଗର ବ୍ୟଂଜନା-ନାୟକର ଏଇ ଆସିବାକୁ ସେ ସୁଖାପିନ୍ଧା କୋମଳ ମିଥ୍ୟା ରୂପେ ଧରିନେଇଛି। ତାର ବକ୍ତବ୍ୟ, ଏପରି ଆସିବାରେ କି ସୁଖ ଶାନ୍ତି ମିଳେ? ନାୟକର ଏକାନ୍ତ ଅନୁରାଗର ପାତ୍ରୀ ହେବା ତା'ର ଅଭିଳାଷ।

ଏକ୍‌କଂ ପହରୁବ୍‌ବିଣ୍ଣଂ ହତ୍‌ଥଂ-ମୁହ-ମାରୁଏଣ ବୀଅନ୍ତୋ।
ସୋ ବି ହସନ୍ତୀଏଁ ମଏ ଗହିଓ ବୀଏଣ କଣ୍ଠମ୍ମି। ୮୬ ।
(ଏକଂ ପ୍ରହାରୋଦ୍‌ବିଗ୍ନଂ ହସ୍ତଂ ମୁଖ-ମାରୁତେନ ବୀଜୟନ୍‌!
ସୋଽପି ହସନ୍ତ୍ୟା ମୟା ଗୃହୀତୋ ଦ୍ୱିତୀୟେନ କଣ୍ଠେ।) - ପୃଥ୍ୱିବ୍ୟାଃ

ପ୍ରହାର ଦ୍ୱାରା ଉଦ୍‌ବିଗ୍ନ ମୋର ଗୋଟିଏ ହାତକୁ ମୁଖ-ମାରୁତ ଦ୍ୱାରା ବିଜନ କରିବାରୁ ମୁଁ ହସି ହସି ଅନ୍ୟ ହାତଦ୍ୱାରା ତାଙ୍କର କଣ୍ଠାଲିଙ୍ଗନ କଲି।

ବ୍ୟାଖ୍ୟା - ସ୍ୱାଧୀନପତିକାର ସଖୀ ପ୍ରତି ଉକ୍ତି - ପ୍ରଣୟ କଳହରେ ଥରେ ମୁଁ ଜ୍ଞାନଶୂନ୍ୟ ହୋଇ ତାଙ୍କୁ ଉଦ୍ୟତ ହସ୍ତରେ ପ୍ରହାର କଲି। ରସିକ ନାଗର ମୋ ହାତରେ ତାଡ଼ନ ଜନିତ ଉଦ୍‌ବିଗ୍ନତା ବା ବ୍ୟଥା ଲକ୍ଷ୍ୟ କରି ମୁଖମାରୁତ ଦ୍ୱାରା ସେ ସ୍ଥାନକୁ ବିଞ୍ଚି ବେଦନା ଦୂର କରିବାକୁ ଚେଷ୍ଟା କଲେ। ତାଙ୍କର ଏପରି କୋମଳ ନମ୍ର ସେବାରେ ମୋର ପ୍ରଣୟ କୋପ ଭୁଲିଗଲି ଓ ହସି ହସି ଅନ୍ୟ ହାତଟି ତାଙ୍କ କଣ୍ଠରେ ଜଡ଼ାଇ ଆଲିଙ୍ଗନ କଲି। ପ୍ରହାର କଲେ ମଧ୍ୟ ମୋର ଅନୁଗତପ୍ରିୟ ମୋର ଉପଚାରରେ ନିଯୁକ୍ତ ହୁଅନ୍ତି- ଏହାହିଁ ମୋର ଗର୍ବ।

ଅବଲମ୍ବିଅ-ମାଣ-ପରମ୍ମୁହୀଏଁ ଏନ୍ତସ୍‌ସ ମାଣିଣି ପିଅସ୍‌ସ।
ପୁଟ୍‌ଠ-ପୁଲଉଗ୍‌ଗମୋ ତୁହ କହେଇ ସଂମୁହ-ଟ୍‌ଠିଆଂ ହିଅଅଂ। ୮୭ ।
(ଅବଲମ୍ବିତ-ମାନ-ପରାଙ୍‌ମୁଖ୍ୟା ଆଗଚ୍ଛତୋ ମାନିନି ପ୍ରିୟସ୍ୟ।
ପୃଷ୍ଠ-ପୁଲକୋଦ୍‌ଗମସ୍ତବ କଥୟତି ସମ୍ମୁଖ-ସ୍ଥିତଂ ହୃଦୟମ୍‌।) - ରେବାୟା ।

ଆଗୋ ମାନିନି, ମାନ ଅବଲମ୍ବନ କରି ପରାଙ୍‌ମୁଖ ହେଲେ ମଧ୍ୟ ପଛରେ ଆସୁଥିବା ପ୍ରିୟତମଙ୍କୁ ତୋର ପୃଷ୍ଠଦେଶର ପୁଲକୋଦ୍‌ଗମ ଦ୍ୱାରା ସୂଚିତ କରୁଛୁ ଯେ ତୋର ହୃଦୟ ତାଙ୍କର ସମ୍ମୁଖସ୍ଥିତ ଅଟେ।

ବ୍ୟାଖ୍ୟା - କୃତ୍ରିମ ରୋଷବଶତଃ ନାୟିକା ମାନ କରି ମୁହଁ ବୁଲାଇ ବସିଛି। ପ୍ରିୟତମ ପଛରେ ଉଭା ହୋଇ ଅନୁନୟ ଦ୍ୱାରା ମାନଭଙ୍ଗର ଚେଷ୍ଟା କରୁଛି। ଏଇ ସମୟରେ ସଖୀ ନାୟିକାକୁ କହିଛି- ଏପରି ମାନ କରି ତୋତେ କି ସୁଖ ମିଳିବ? ମୁହଁକୁ ବୁଲାଇ ବସିଛୁ ସିନା, ତୋର ହୃଦୟ ପ୍ରିୟତମଙ୍କ ସମ୍ମୁଖରେ ରହିଛି; ଅର୍ଥାତ୍‌, ମିଥ୍ୟା-ମାନର ଅଭିନୟ କଲେ ମଧ୍ୟ ତୋର ହୃଦୟ ପ୍ରିୟ ପ୍ରତି ଅନୁକୂଳ। ଏହାର ପ୍ରମାଣ-ତୋ ପିଠିରେ ପୁଲକ ଛଳରେ ପ୍ରେମର ଜୟଲିପି ଫୁଟିଉଠୁଛି।

ଜାଣଇ-ଜାଣାବେଉଁ ଅଣୁଣଅ-ବିଦ୍ଧବିଅ-ମାଣ-ପିରସେସଂ।
ଅଇରକ୍‌କମ୍ମି ବି ବିଣଆବଲମ୍ବଣଂ ସଚ୍ଚିଅ କୁଣନ୍ତୀ ॥ ୮୮ ॥

(ଜାନାତି ଜ୍ଞାପୟିତଂ ଅନୁନୟ-ବିଦ୍ରାବିତ-ମାନ-ପରିଶେଷମ୍
ବିଜନେଽପି ବିନୟାବଲମ୍ବନଂ ସୈବ କୁର୍ବତୀ) - ଗ୍ରାମକୂଟ

ପ୍ରିୟତମ ଅନୁନୟରେ ମାନ ବିଦ୍ରାବିତ ହେଲେ ମଧ୍ୟ ବିଜନ ମିଳନକାଳରେ ବିନୟାବଲମ୍ବନ କରି ସେଇ ମାନିନୀ ନିଜର ମାନ ପରିଶିଷ୍ଟ ଜଣାଇବାରେ ଖୁବ୍ ନିପୁଣା।

ବ୍ୟାଖ୍ୟା - ମାନଧାରିଣୀ ନାୟିକାକୁ ସଖୀର ଉପଦେଶ - 'ପ୍ରିୟତମ ପ୍ରତି ଅତିବିଷ୍ଟ ମାନ କଲେ ତୁ ତାଙ୍କର ଅନୁରାଗର ପାତ୍ରୀ ହୋଇପାରିବୁ ନାହିଁ। ମାନ ଧାରଣ କଲେ ମଧ୍ୟ ପ୍ରିୟର ଅନୁନୟ ଫଳରେ ତୋର ମାନ ଦୂର କରିବା ଉଚିତ, ଯେପରିକି ତୋଠାରେ ସେ ମାନର ଚିହ୍ନ ଦେଖି ନ ପାରନ୍ତି; ବିଜନ ମିଳନକାଳରେ ବିନୟ ଦ୍ୱାରା ତାଙ୍କୁ ଜଣାଇ ଦେବୁ ତୋର ସେଇ ମାନର ପରିଶିଷ୍ଟ। ବିନୟ ଦ୍ୱାରା ପରିଣାମରେ କି ମଧୁ ଲାଭ ହୁଏ ତାଙ୍କୁ ଜଣାଇଦେବୁ। ଏହାହିଁ ମାନିନୀ ପ୍ରିୟାର ରୀତି।

ମୁହ-ମାରୁଏଣ ତଂ କଣ୍ହ ଗୋ-ରଅଂ ରାହିଆଏଁ ଅବଣେନ୍ତୋ।
ଏତାଣଁ ବଲ୍ଲବୀଣଂ ଅଣ୍ଣାଣ ବି ଗୋରଅଂ ହରସି ॥ ୮୯ ॥
(ମୁଖ-ମାରୁତେନ ତ୍ୱଂ କୃଷ୍ଣ ଗୋ-ରଜୋ ରାଧିକାୟା ଅପନୟନ୍।
ଏତାସାଂ ବଲ୍ଲବୀନାଂ ଅନ୍ୟାସାଂ ଅପି ଗୌରବଂ ହରସି।)

ହେ କୃଷ୍ଣ, ତୁମେ ମୁଖମାରୁତ ଦ୍ୱାରା ରାଧିକା ଚକ୍ଷୁରୁ ଗୋ-ରଜ ଅପନୟନ କରି ଏଇ ବଲ୍ଲବୀରଗଣଙ୍କର ଓ ଅନ୍ୟ ସକଳ ନାରୀମାନଙ୍କର ଗୌରବ ବା ଗୌରତା ହରଣ କରୁଛ।

ବ୍ୟାଖା - କୃଷ୍ଣଙ୍କ ପ୍ରତ ସଖା ଭକ୍ତି। ପ୍ରଣୟୀ ପ୍ରଣୟିନୀ ପରସ୍ପରର ନିବିଡ଼ ସାନ୍ନିଧ୍ୟ ଲାଭ ପାଇଁ ଛଳନାର ଆଶ୍ରୟ ନେଇ ଉଦ୍ଦେଶ୍ୟ ପୂରଣ କରନ୍ତି। କେତେବେଳେ ପାଦରେ କଣ୍ଟା ଫୁଟିଯାଏ ତ କେତେବେଳେ ଆଖିରେ ଧୂଳି ପଡ଼େ - ରସିକ ରସିକାମାନେ ଏ କଥା ଭଲ ରୂପେ ଜାଣନ୍ତି। ରାଧାଙ୍କ ଚକ୍ଷୁରେ ଧୂଳିକଣା ପଡ଼ିଯିବାରୁ ରସିକ କୃଷ୍ଣ ସେଇ ବାହାନାରେ ମୁଖମାରୁତ ଦ୍ୱାରା ଧୂଳିକଣା କାଢ଼ିବା ପାଇଁ ଲାଗିପଡନ୍ତି। ସେଇ ବ୍ୟାଜରେ ମୁଖର ନିବିଡ଼ ସାନ୍ନିଧ୍ୟ ହେତୁ ସେ ରାଧାଙ୍କ ମୁଖ ଚୁମ୍ବନ କରନ୍ତି। କୃଷ୍ଣଙ୍କର ଏଇ ଚତୁରୀ ଓ ରାଧାଙ୍କ ପ୍ରତି ଐକାନ୍ତିକ ଅନୁରାଗ ଲକ୍ଷ୍ୟ କରି ଗୋପବଧୂମାନେ ତଥା ଅନ୍ୟ ନାରୀମାନେ ରାଧାଙ୍କ ପ୍ରତି ଈର୍ଷାକାତର ହୋଇଉଠନ୍ତି, ସେମାନଙ୍କର ମୁଖ ବିବର୍ଣ୍ଣ ହୁଏ। ସଖାର ବକ୍ତବ୍ୟ - ହେ କୃଷ୍ଣ, ତୁମେ ସେମାନଙ୍କର ଗରିମା ଓ ଗୌରକାନ୍ତି ଉଭୟ ହରଣ କରି ନେଉଛ। ଜଣକ ପ୍ରତି ସକଳ ଅନୁରାଗ ଢ଼ାଳିଦେଇ ଗୋପବଧୂମାନଙ୍କର ଗୌରବ ହରଣ କରିବା ଦ୍ୱାରା ପକ୍ଷପାତ ରୀତି ଆଚରଣ କରୁଛ।

କିଂ ଦାବ କଆ ଅହବା କରେସି କାରିସ୍‌ସି ସୁହଅ ଏତ୍ତା ହେ।
ଅବରାହାଣଁ ଅଲ୍ଲଜ୍ଜିର ସାହସୁ କଅଏ ଖମିଜ୍ଜନ୍ତୁ ॥ ୯୦ ॥
(କିଂ ତାବତ୍ କୃତା ଅଥବା କରୋଷି କରିଷ୍ୟସି ସୁଭଗ ଇଦାନୀମ୍।
ଅପରାଧାନାଂ ଅଲଜ୍ଜାଶୀଳ କଥୟ କତରେ କ୍ଷମ୍ୟନ୍ତାମ୍।) - ରେମାୟାଃ

ହେ ସୁଭଗ, ତୁମେ ଅତୀତରେ ବହୁ ଅପରାଧ କରିଛ, ବର୍ତ୍ତମାନ ମଧ୍ୟ କରୁଛ ଓ ଭବିଷ୍ୟତରେ ମଧ୍ୟ କରିବ। ହେ ଅଲଜ୍ଜାଶୀଳ ! କୁହ, କେଉଁ ଅପରାଧ କ୍ଷମା କରିବି ?

ବ୍ୟାଖ୍ୟା - ଅନ୍ୟ ନାରୀ ଆସକ୍ତ ନାୟକ ପ୍ରତି ଖଣ୍ଡିତା-ନାୟିକାର ବଚନ। ନାୟିକାର ଶତ ଅନୁନୟ ବିନୟ ଓ ନିଷେଧ ସତ୍ତ୍ୱେ ନାୟକ ନିଜର ପ୍ରେମିକା ପାଖକୁ ଯାଉଛି। ଆଜି ଯେତେବେଳେ ନାୟିକା ତାକୁ ପାଖରେ ପାଇଛି ତା'ର ଅବଦମିତ କ୍ରୋଧ ଶାଳୀନତାପୂର୍ଣ୍ଣ ଭାଷାମାଧ୍ୟମରେ ପ୍ରକାଶ ପାଇଛି - ଅନ୍ୟ ନାରୀପ୍ରେମରେ ଆସକ୍ତ ହୋଇ ସୁଭଗତ୍ୱ ପ୍ରତିପାଦନ କରିବାରେ ତୁମର ପଟାନ୍ତର ନାହିଁ। ତୁମେ ଅତୀତରେ ବହୁ ଅପରାଧ କରିଛ, ସେସବୁ ମୁଁ କ୍ଷମା ଦେଇଛି; ବର୍ତ୍ତମାନ ବି କରୁଛ, ତାକୁ ମଧ୍ୟ କ୍ଷମା କରୁଛି; ଭବିଷ୍ୟତରେ ଯେ ଆହୁରି ନ କରିବ ଏପରି ନୁହେଁ; କାରଣ ତୁମର ଲଜ୍ଜା ଥିଲେ ତୁମେ ଗୋଟିକ ପରେ ଗୋଟିଏ ଅପରାଧ କରି ଚାଲି ନ ଥାନ୍ତ। ତୁମର କେଉଁ ଅପରାଧ ମୁଁ ଆଜି କ୍ଷମା କରିବି? କହିପାରିବ? ଅପରାଧ କରିବା ତୁମର ମଜ୍ଜାଗତ ହୋଇଗଲାଣି ଓ ସେଥିରେ ତୁମେ ଗର୍ବ ଅନୁଭବ କରୁଛ।

ଶୂମେନ୍ତି ଜେ ପହୁତ୍ତଂ କୁବିଅଂ ଦାସା ବ୍‌ବ ଜେ ପସାଅନ୍ତି।
ତେ ବ୍‌ବିଅ ମହିଳାଣଁ ପିଆ ସେସା ସାମି ବ୍‌ବିଅ ବରାଆ ॥ ୯୧ ॥
(ଗୋପାୟନ୍ତି ଯେ ପ୍ରଭୁତ୍ୱଂ କୁପିତାଂ ଦାସା ଇବ ଯେ ପ୍ରସାଦୟନ୍ତି।
ତ ଏବ ମହିଳାନାଂ ପ୍ରିୟାଃ ଶେଷାଃ ସ୍ୱାମିନ ଏବ ବରାକାଃ)- ମାଧବ୍ୟାଃ

ଯେଉଁ ପୁରୁଷ ନିଜର ପ୍ରଭୁତ୍ୱ ଗୋପନ ରଖିପାରେ ଓ କୋପନା କାନ୍ତାକୁ ଯେ ଦାସ ଭଳି ଅନୁନୟ କରି ପ୍ରସନ୍ନ କରିପାରେ, ସେ ହିଁ ମହିଳାମାନଙ୍କର 'ପ୍ରିୟ' ହୁଏ; ଅନ୍ୟମାନେ ହତଭାଗା 'ସ୍ୱାମୀ' ମାତ୍ର।

ବ୍ୟାଖ୍ୟା - କୋପନା ପତ୍ନୀ ଉପରେ ପ୍ରଭୁତ୍ୱ ଦେଖାଇ ତାକୁ ଅଧୀନରେ ରଖିବାକୁ ଚାହୁଁଥିବା ସ୍ୱାମୀ ପ୍ରତି ଦୂତୀର ଧିକ୍‌କାରପୂର୍ଣ୍ଣ ଉକ୍ତି- ତୁମେ ବଳ ଓ ଦଣ୍ଡ ପ୍ରୟୋଗଦ୍ୱାରା ତାର ମନ ପାଇବାକୁ ଯେତେ ଚେଷ୍ଟା କଲେ ମଧ୍ୟ ସଫଳ ହୋଇପାରିବ ନାହିଁ। 'ପ୍ରିୟ' ଓ 'ପତି' ବୋଲି ଦୁଇଟି କଥା ଅଛି। ପତି ତ ସମସ୍ତେ ହୋଇପାରନ୍ତି; ମାତ୍ର ପ୍ରିୟ କେତେ ଜଣ ହୋଇପାରନ୍ତି ? ଦୁଇଟି ଶବ୍ଦ ମଧ୍ୟରେ ବିସ୍ତର ପାର୍ଥକ୍ୟ ରହିଛି। 'ପତି' କଥାରେ ପ୍ରଭୁ-ଭାବ ମିଶ୍ରିତ; 'ପ୍ରିୟ'ରେ ପ୍ରଭୁତ୍ୱ ପ୍ରକଟ ହୁଏ ନାହିଁ। ପ୍ରଣୟ-

କଳହରେ ପତି-ଭାବ ବିସ୍ମୃତ ହୋଇ କୋପନା ପ୍ରିୟାକୁ ସେବକ ଭଳି ଅନୁନୟ ଦ୍ୱାରା ପ୍ରସନ୍ନ କରାଯାଏ। ସେପରି ପୁରୁଷ ରମଣୀମାନଙ୍କର ପ୍ରୀୟ ହୁଅନ୍ତି। ନିଜର ପ୍ରଭୁତ୍ୱ କ୍ଷମତା ଓ ଦଣ୍ଡ ପ୍ରୟୋଗ ଦ୍ୱାରା କୁପିତା କାନ୍ତାକୁ କିଏ ବଶରେ ଆଣିପାରେ ? ସେ ହତଭାଗା ନାମମାତ୍ର ସ୍ୱାମୀ।

ତଇଆ କଅଗ୍‌ଅ ମହୁଅର ଣ ରମସି ଅଣ୍ଣାସୁ ପୁପ୍‌ଫଜାଈସୁ।
ବନ୍ଧ-ଫଲ-ଭାରି ଗୁରୁଇଂ ମାଲଇଁ ଏଣ୍ହିଂ ପରିଚଅସି ॥ ୯୨॥
(ତଦା କୃତାର୍ଘ ମଧୁକର ନ ରମସେଽନ୍ୟାସୁ ପୁଷ୍ପ-ଜାତିଷୁ।
ବନ୍ଧ-ଫଳ-ଭାରଗୁର୍ବୀଂ ମାଳତୀମିଦାନୀଂ ପରିତ୍ୟଜସି।) - ମାତଙ୍ଗ

ହେ ମଧୁକର, ଯେତେବେଳେ ମାଳତୀର ଅର୍ଚ୍ଚନା କରି ତୁ ଅନ୍ୟ ପୁଷ୍ପରେ ରସୁ ନଥିଲୁ। ଏବେ ତୁ ବନ୍ଧଫଳଭାରଗୁର୍ବୀ ମାଳତୀକୁ ପରିତ୍ୟାଗ କରୁଛୁ ?

ବ୍ୟାଖ୍ୟା - ନାୟକ ପ୍ରତି ଦୂତୀର ଉକ୍ତି। ଭ୍ରମର ଓ ମାଳତୀ ଫୁଲର ଦୃଷ୍ଟାନ୍ତ ଦେଇ ଦୂତୀ ମନ୍ଦସ୍ନେହ ନାୟକକୁ କହିଛି - ରେ ଭଅଁର, ଯେତେବେଳେ ମାଳତୀ ବିକଶିତ ହୋଇଥିଲା ସେତେବେଳେ ରସଲାଭ ଆଶାରେ ତୁ କେତେ ଆଦରରେ ତା'ର ଅର୍ଚ୍ଚନା କରୁଥିଲୁ; ଏପରିକି ଅନ୍ୟବିଧ ଫୁଲ ପ୍ରତି ଆସକ୍ତି ପ୍ରକାଶ କରୁନଥିଲୁ। ମାଳତୀ ତୋର ସମସ୍ତ ଆଶା ପୂରଣ କରୁଥିଲା। ଏବେ ମାଳତୀର ମଧୁ ନିଃଶେଷିତ। ଫଳଭାରରେ ସେ ଆଜି ଅବନତ। ଏତେବେଳେ ତାକୁ ଛାଡ଼ିଯାଉଛୁ ? ଏଇ ତୋର ପ୍ରେମର ପରାକାଷ୍ଠା ? ନାୟିକା ପକ୍ଷରେ, ମୋର ସଖୀର ନବଯୌବନ ବେଳେ ଅନ୍ୟ ସୁନ୍ଦରୀମାନଙ୍କୁ ଉପେକ୍ଷା କରି କେତେ ଆଦରସହକାରେ ତା'ର ଯୌବନ-ବେଦୀ ମୂଳରେ ଅର୍ଘ୍ୟ ଅର୍ପଣ କରୁଥିଲ। ନିଃଶେଷରେ ତାହାକୁ ଉପଭୋଗ କରି ତାହାର ଯୌବନ ମଧୁ ଲୁଟିନେଲେ। ଆଜି ସେ ଯେତେବେଳେ ଗୁରୁ ଗର୍ଭଭାରରେ ଆନତା; ତାକୁ ଛାଡ଼ିଯାଉଛ ?

ଅବିଅଣ୍ହ-ପେକ୍ ଖଣିଜ୍ଜେଣ ତକ୍‌ଖଣଂ ମାମି ତେଣ ଦିଟ୍‌ଠେଣ।
ସିବିଣଅ-ପୀଏଣ ବ ପାଣିଏଣ ତଣ୍ହ ଚ୍ଚିଅ ଣ ଫିଟ୍ଟା ॥ ୯୩ ॥
(ଅବିତୃଷ୍ଣ-ପ୍ରେକ୍ଷଣୀୟେନ ତତ୍‌କ୍ଷଣଂ ମାତୁଳାନି ତେନ ଦୃଷ୍ଟେନ।
ସ୍ୱପ୍ନ-ପୀତେନେବ ପାନୀୟେନ ତୃଷ୍ଣୈବ ନ ଭ୍ରଷ୍ଟା।) -ବଜ୍ର

ଆଗୋ ମାଇଁ, ତାଙ୍କ ଉପରେ ଯେତେବେଳେ ମୋର ଦୃଷ୍ଟି ପଡ଼ିଲା ଅତୃପ୍ତ ନୟନରେ ତାହାଙ୍କୁ ରହିଁ ସ୍ୱପ୍ନରେ ପାନକରିଥିବା ଜଳରେ ତୃଷ୍ଣା ନ ମେଣ୍ଟିଲା ମୋର ତୃଷ୍ଣା ଦୂର ହେଲା ନାହିଁ।

ବ୍ୟାଖ୍ୟା - ମାତୁଳାନୀ ପ୍ରତି ନାୟିକାର ଉକ୍ତି - ନିମେଷବିହୀନ ନେତ୍ରରେ

ସେଇ ସୁନ୍ଦରଙ୍କୁ ଚାହିଁ ମୋର ବିଦୃକ୍ଷା ତୃପ୍ତ ହେଲା ନାହିଁ। ମୋର ଇଚ୍ଛା ହେଉଥିଲା ତାଙ୍କୁ ସେଇଭାବେ ଖାଲି ଦେଖୁଥାନ୍ତି କି ! ଯେତେ ବାସନା ପୂରଣ କରିବାକୁ ଚାହୁଁଥାଏ ତାହା ସେତେ ବଳବତୀ ହେଉଥାଏ। ମୋର ନେତ୍ର ପିପାସୀ, ମନ ଉପବାସୀ ରହିଗଲା। ସ୍ୱପ୍ନଜଳରେ କ'ଣ କେବେ ସତ୍ୟ ପାନୀୟ କଣ୍ଠରେ ଢଳାଯାଏ ?

ସୁଅଣୋ ଜଂ ଦେସମଲଂକରେଇ ତଂ ଦିଅ କରେଇ ପବସନ୍ତୋ।

ଗାମାସଣ୍ଣୁମ୍ମୂଳିଅ - ମହା - ବଡ଼ - ଟ୍ଠାଣ - ସାରିଚ୍ଛଂ ॥୯୪॥

(ସୁଜନୋ ଯଂ ଦେଶମଙ୍ଗଳଂକରୋତି ତମେବ କରୋତି ପ୍ରବସନ୍।

ଗ୍ରାମାସନ୍ନୋନ୍ମୂଳିତ-ମହା-ବଟ-ସ୍ଥାନ-ସଦୃଶମ୍।) - ହରକୁନ୍ତ

ଉତ୍ତମ ଲୋକ ଯେଉଁ ଦେଶକୁ ନିଜ ଅବସ୍ଥାନ ଦ୍ୱାରା ଅଳଂକୃତ କରନ୍ତି, ସେହି ଦେଶରୁ ଚାଲିଯାଇ ତାହାକୁ ଗ୍ରାମ ସମୀପବର୍ତ୍ତୀ ଉନ୍ମୂଳିତ ମହାବଟବୃକ୍ଷ ସ୍ଥାନ ଭଳି କରିଦିଅନ୍ତି।

ବ୍ୟାଖ୍ୟା - ସୂଜନ ପ୍ରଶଂସାମୂଳକ ଗାଥା। ଯେଉଁ ବିରାଟ ବଟବୃକ୍ଷ ଗ୍ରାମ ନିକଟରେ ଥାଇ ଗ୍ରାମର ଶୋଭା ଓ ଗାମ୍ଭୀର୍ଯ୍ୟ ବର୍ଦ୍ଧନ କରୁଥାଏ, ତାହା ଦୈବକ୍ରମେ ଉନ୍ମୂଳିତ ହେଲେ ସେଇ ସ୍ଥାନ ଅରମଣୀୟ, ନିର୍ଜନ ଓ ଦୁଃଖଦାୟକ ହୋଇଉଠେ। ସୂଜନର ବାସ ଫଳରେ ଯେଉଁ ଦେଶ ଅଳଂକୃତ ହୋଇଥାଏ; ସୃଜନବିରହରେ ତାହାକୁ ବଟଛାୟାହୀନ ମରୁପ୍ରାନ୍ତର ରୂପେ ଗଣନା କରାଯାଏ।

ସୋ ଣାମ ସଂଭରିଜ୍ଜଇ ପବ୍ଭସିଓ ଜୋ ଖଣଂ ପି ହିଅଆହି।

ସଂଭରିଅବ୍ବିଂ ଚ କଅଂ ଗଅଂ ଚ ପେମ୍ମଂ ଣିରାଲମ୍ବଂ ।୯୫।

(ସନାମ ସଂସ୍ମର୍ଯତେ ପ୍ରଭ୍ରଷ୍ଟୋ ଯଃ କ୍ଷଣମପି ହୃଦୟାତ୍।

ସ୍ମର୍ତବ୍ୟଂ ଚ କୃତଂ ଗତଂ ଚ ପ୍ରେମ ନିରାଲମ୍ବମ୍।) - ବାକ୍‌ପତିରାଜ

ସ୍ମରଣ ତ ତାହାକୁ କରାଯାଏ; ଯାହା କ୍ଷଣକ ପାଇଁ ମଧ୍ୟ ହୃଦୟରୁ ବାହାରିଯିବାର ସମ୍ଭାବନା ଥାଏ। ଯେଉଁ କ୍ଷଣରେ ପ୍ରେମ ସ୍ମରଣଯୋଗ୍ୟ ହୋଇଯାଏ, ତାହା ଆଲମ୍ବନଶୂନ୍ୟ ହୋଇଉଠେ।

ବ୍ୟାଖ୍ୟା - ପ୍ରବାସଯାତ୍ରା ନିମନ୍ତେ ପ୍ରସ୍ତୁତ ପ୍ରିୟ ଯେତେବେଳେ ନାୟିକାକୁ କହିଲା ଯେ ତାହାକୁ ସ୍ମରଣ କରିବ, ସେତେବେଳେ ନାୟିକା କହିଛି - ଯେ ହୃଦୟରେ ଆସନ ପାତିଛନ୍ତି ତାଙ୍କୁ ପୁଣି ସ୍ମରଣ କ'ଣ କରିବି ? ସେ ତ ମୋ ମନର କୋଣେ ଅନୁକୋଣେ ଅନିର୍ବାଣ ଦୀପଶିଖା ଭଳି ଜଳୁଛନ୍ତି ! ତୁମେ ତ ମୋ ହୃଦୟରୁ କ୍ଷଣକ ପାଇଁ ମଧ୍ୟ ଅନ୍ତର ହେଉନାହିଁ। ତୁମକୁ ସ୍ମରଣଯୋଗ୍ୟ କରିବା ଅର୍ଥ ତୁମକୁ ଭୁଲିଯିବା। ତୁମ ନାମ ତ ମୋ ହୃଦୟରେ ଗୁନ୍ଥା ହୋଇ ରହିଛି।

ଣାସଂ ବ ସା କବୋଲେ ଅଜ୍ଜ ବି ତୁହ ଦନ୍ତ-ମଣ୍ଡଲଂ ବାଲା ।
ଉବ୍‌ଭିଣ୍ଣ-ପୁଲଅ-ବଇ-ବେଢ଼-ପରିଗଅଂ ରକ୍‌ଖଇ ବରାଈ ।୯୬।
(ନ୍ୟାସମିବ ସା କପୋଲେଽଦ୍ୟାପି ତବ ଦନ୍ତ-ମଣ୍ଡଳଂ ବାଲା ।
ଉଦ୍‌ଭିନ୍ନ-ପୁଲକ-ବୃତି-ବେଷ୍ଟ-ପରିଗତଂ ରକ୍ଷିତ ବରାକୀ ।) - ସ୍ୱାମିକ

ସେଇ ଅଭାଗିନୀ ବାଳା ଆଜି ମଧ୍ୟ ନିଜର କପୋଳଦେଶରେ ତୁମେ ଦେଇଥିବା ମଣ୍ଡଳାକୃତି ଦନ୍ତକ୍ଷତକୁ ଚତୁର୍ଦ୍ଦିଗରେ ଉଦ୍‌ଭିନ୍ନ-ପୁଲକ-ବୃତି ବେଢ଼ ଦେଇ ନ୍ୟାସ ରୂପରେ ଧାରଣ କରୁଛି ।

ବ୍ୟାଖ୍ୟା - ମନ୍ଦସ୍ନେହ ନାୟକ ପ୍ରତି ଦୂତୀ-ଉକ୍ତି-ତୁମ ପ୍ରେମରେ ଅନ୍ଧ ହୋଇ ସେ ସବୁ କିଛି ତୁମକୁ ଅର୍ପଣ କରିଥିଲା । ଏବେ ତୁମେ ତା' ପ୍ରତି ନିଷ୍ଠୁର ହୋଇ ଦର୍ଶନ ମଧ୍ୟ ଦେଉନାହଁ । ଯାଅ ଦେଖିବ, ମୋର ମୁଗ୍‌ଧା ସଖୀ ତୁମର ସ୍ନେହ ଚିହ୍ନକୁ ଅମୂଲ୍ୟ ଦ୍ରବ୍ୟ ଭଳି କିପରି ରକ୍ଷା କରୁଛି । ତୁମେ ତାହାର ଗଣ୍ଡଦେଶରେ ବିଦାୟ-ଚୁମ୍ବନ ଦେଇ ଯେଉଁ ମଣ୍ଡଳାୟିତ ଦଶନ ଚିହ୍ନ ଛାଡ଼ି ଆସିଥିଲ ତାହାକୁ ସେ ନ୍ୟାସ ରୂପରେ ଧାରଣ କରିଛି । ଖାଲି ସେତିକି ନୁହେଁ, ସେଇ ଦନ୍ତକ୍ଷତରେ ଚାରିପାଖରେ ରୋମାଞ୍ଚ ଜାତକରି ବେଢ଼ ଦେଇ ସର୍ବଦା ଜଗିରହିଛି । ଅନ୍ୟ ଦତ୍ତ ସଂପତ୍ତିକୁ ଯେପରି ସାବଧାନତା ସହକାରେ ରକ୍ଷା କରାଯାଏ, ସେ ଅଭାଗିନୀ ତା' ପାଖରେ ଛାଡ଼ିଆସିଥିବା ତୁମର ଚୁମ୍ବନ-ଧନକୁ ସେହିପରି ସତର୍କ ହୋଇ ଜଗିରହିଛି । ସେ ଧନକୁ ମଝିରେ ମଝିରେ ସ୍ମୃତିମୁକୁରରେ ଦେଖି ସେ କେତେ ସୁଖ ପାଉଛି ! ଏଭଳି ଅନୁରାଗିଣୀ ପ୍ରିୟାକୁ ତୁମେ କିପରି ଅନାଦର କରୁଛ ?

ଦିଟ୍‌ଠା ଚୂଆ ଅଗଘାଇଆ ସୁରା ଦକ୍‌ଖିଣାଣିଲୋ ସହିଓ ।
କଜ୍ଜାଇଂ ଚ୍ଚିଅ ଗରୁଆଇଁ ମାମି କୋ ବଲ୍ଲହୋ କମ୍‌ସ । ୯୭।
(ଦୃଷ୍ଟାଶ୍ଚୂତା ଆଘ୍ରାତା ସୁରା ଦକ୍ଷିଣାନିଳଃ ସୋଢ଼ଃ ।
କାର୍ଯାଣ୍ୟେବ ଗୁରୁକାଣି ମାତୁଳାନି କୋ ବଲ୍ଲଭଃ କସ୍ୟ ।) - କୋନ୍ତପୁର

ଆଗୋ ମାତୁଳାନି ! ଆମ୍ର ଅଙ୍କୁର ଦେଖାଗଲାଣି, ସୁରା ଆଘ୍ରାଣ କଲିଣି ଓ ଦକ୍ଷିଣା ପବନ ମଧ୍ୟ ସହିଲିଣି । କାର୍ଯ୍ୟ ତାଙ୍କ ପାଇଁ ଗୁରୁତର ହେଲା ? ଏ ସଂସାରରେ କିଏ କାହାର ପ୍ରିୟ ?

ବ୍ୟାଖ୍ୟା - ମାତୁଳାନୀ ପ୍ରତି ପ୍ରୋଷିତପତିକାର ଉକ୍ତି - ନାୟକ ଗୁରୁ କାର୍ଯ୍ୟାନୁରୋଧରେ ବିଦେଶରେ ରହି ଅବଧି ଦିବସ ସୁଦ୍ଧା ନ ଆସିବାରୁ ଉଦ୍‌ବେଗ-ଅଧୀରା ନାୟିକା କହିଛି - ବସନ୍ତ ଆଜି ଦ୍ୱାରରେ ଉପଗତ । ଚୂତମଂଜରୀ ତାହାର ଆଗମନର ସୂଚନା ଦେଲାଣି । ପାନଗୋଷ୍ଠୀ ନିମନ୍ତେ ସୁସଜ୍ଜିତ ମଦିରାର ଗନ୍ଧ ମଧ୍ୟ ମୁଁ

ଆଘ୍ରାଣ କଲିଣି। ଦକ୍ଷିଣା ପବନ ମୋ ପକ୍ଷରେ ଅନଳ ଭଳି ଅସହ୍ୟ ହେଲାଣି। ତାଙ୍କର କାମ ଏତେ ବଡ଼ ହେଲା ! ଏଇ ନବ ବସନ୍ତରେ ବିଶ୍ୱ ଯେତେବେଳେ ରସେ ରସେ ରସମୟ, ମୁଁ କି କଦର୍ଥନା ପାଉଥିବି। ଏହା ଚିନ୍ତା କରି ସେ ସମସ୍ତ ଗୁରୁତର କାର୍ଯ୍ୟ ଅସମାପ୍ତ ରଖି ଫେରିଆସନ୍ତେ ନାହିଁ। ଆଜି ଭଳି ଦିନରେ ନିଜର ବୋଲି କହିବା ପାଇଁ କେହି ନାହିଁ। ସାରା ବିଶ୍ୱ ମୋତେ ଉପହାସ କରୁଛି। ମୁଁ ଯେ ବଞ୍ଚିତା !

ରମିଊଣ ପଅଂ ପି ଗଓ ଜାହେ ଭବଊହିଊଂ ପଡ଼ିଣିଉତ୍ତୋ।

ଅହଅଂ ପଉତ୍‌ଥ ପଇଆ ଢ ତକ୍‌ଖଣ ସୋ ପବାସି ଢ ।୯୮।

(ରତ୍ୱା ପଦମପି ଗତୋ ଯଦୋପଗୂହିତୁଂ ପ୍ରତିନିବୃତ୍ତଃ।

ଅହଂ ପ୍ରୋଷିତ-ପତିକେବ ତତ୍‌କ୍ଷଣ ସ ପ୍ରବାସୀବ।) – ମକରନ୍ଦ

ରମଣ ପରେ ପଦେ ମାତ୍ର ଯାଇ ପୁଣି ମୋତେ ଆଲିଙ୍ଗନ କରିବାକୁ ପ୍ରତିନିବୃତ୍ତ ହେବାବେଳେ ମୁଁ ନିଜକୁ ପ୍ରୋଷିକପତିକା ଓ ତାଙ୍କୁ ପ୍ରବାସୀ ସମ ମନେକରେ।

ବ୍ୟାଖ୍ୟା – ସ୍ୱାମୀ-ସ୍ନେହରେ ଗର୍ବିତା ନାୟିକାର ସଖୀ ପ୍ରତି ଉକ୍ତି – ମାନ ଧାରଣ କରି ପ୍ରିୟର ଅଧିକ ଆଦରଣୀୟା ହେବାକୁ ସଖୀର ପରାମର୍ଶର ଉତ୍ତରରେ ନାୟିକା କହିଛି – ଯେଉଁ ପ୍ରିୟତମ ନିଧୁବନଲୀଳା ଅବସାନାନ୍ତେ ମୋ ପାଖରୁ ପଦେ ମାତ୍ର ଦୂରକୁ ଯାଇ ପୁଣି ଫେରପଡ଼ି ମୋତେ ଆସି ଆଲିଙ୍ଗନରେ ବାନ୍ଧିପକାନ୍ତି, ଆଉ ସେଇ ମୁହୂର୍ତ୍ତକ ପାଇଁ ମୁଁ ନିଜକୁ ପ୍ରୋଷିତପତିକା ଓ ତାଙ୍କୁ ପ୍ରବାସୀ ପ୍ରିୟ ସମ ମନେକରେ – ସେପରି ପ୍ରିୟକୁ ଅବହେଳା ବା ମାନ କରିବି କିପରି ? ନିଧୁବନ ଓ ବାହୁବନ୍ଧନ ମଧ୍ୟରେ କେତେ ସାମାନ୍ୟ ସମୟର ବ୍ୟବଧାନ-ସେତିକି ସମୟ ମଧ୍ୟ ମୁଁ ତାଙ୍କର ବିଚ୍ଛେଦ ସହିପାରେନାହିଁ। ଘଡ଼ିଏ ବିଚ୍ଛେଦରେ ଯାହାର ଏପରି ମାନସ-ପରିବର୍ତ୍ତନ ଘଟେ, ତୁ ତାହାକୁ ଗୁଢ଼ ମାନଧାରଣ କରିବାକୁ ପରାମର୍ଶ ଦେଉଛୁ ?

ଅବିଇଣ୍‌ ହ-ପେଚ୍ଛଣିଜ୍ଜଂ ସମ-ସୁହ-ଦୁଃଖଂ ବିଇଣ୍ଣ-ସବ୍‌ଭାବଂ।

ଅଣ୍ଣୋଣ୍ଣ-ହିଅଅ-ଲଗ୍‌ଗଂ ପୁଣ୍ଣେହିଁ ଜଣୋ ଜଣଁ ଲହଇ ।୯୯।

(ଅବିତୃଷ୍ଣ-ପ୍ରେକ୍ଷଣୀୟଂ ସମ-ସୁଖ-ଦୁଃଖଂ ବିତୀର୍ଣ୍ଣ-ସଦ୍‌ଭାବମ୍‌।

ଅନ୍ୟୋନ୍ୟ-ହୃଦୟ-ଲଗ୍ନଂ ପୁଣ୍ୟୈର୍ଜନୋ ଜନଂ ଲଭତେ।) – ଶ୍ରୀ ଶକ୍ତିକ

ଯାହାଙ୍କୁ ଅତୃପ୍ତ ନୟନରେ ଚାହିଁରହିବାକୁ ମନ ହୁଏ, ସେ ସୁଖ-ଦୁଃଖରେ ସମାନଭାବେ ସଦ୍‌ଭାବ ବିତରଣ କରନ୍ତି ଓ ପରସ୍ପରର ହୃଦୟରେ ଲଗ୍ନ ହୁଅନ୍ତି ସେପରି ପୁରୁଷକୁ କୌଣସି ପୁଣ୍ୟବତୀ ନାରୀ ହିଁ ଲାଭ କରିଥାଏ।

ବ୍ୟାଖ୍ୟା – ମନ୍ଦସ୍ନେହ ସ୍ୱାମୀପ୍ରତି ନାୟିକାର ଉକ୍ତି – ଯେଉଁ ପୁରୁଷକୁ ପଲକବିହୀନ ନୟନରେ ଚାହିଁ ଆଶା ମେଣ୍ଟେ ନାହିଁ, ଯେ ସୁଖରେ ସୁଖୀ ଓ ଦୁଃଖରେ ଦୁଃଖୀ ହୋଇ

ନିଜର ସଦ୍‌ଭାବ ପ୍ରକଟ କରନ୍ତି ଓ ଯାହାଙ୍କ ହୃଦୟରେ ଅନୁରାଗ ଛଡ଼ା ଅନ୍ୟ ବିରୋଧ ଭାବ ସ୍ଥାନ ପାଇ ନଥାଏ, ବହୁ ପୁଣ୍ୟ ଫଳରୁ ଭାଗ୍ୟବତୀ ନାରୀ ଯେପରି ପୁରୁଷକୁ ପାଇଥାଏ। ମୋର ସେ ଭାଗ୍ୟ କାହିଁ?

ଦୁଃଖଂ ଦେନ୍ତୋ ବି ସୁହ ଜଣେଇ ଜୋ ଜସ୍‌ସ ବଲ୍ଲହୋ ହୋଇ।
ଦଇଅ-ଣହ-ଦୂଣିଆଣଂ ବି ବଡ଼୍‌ଢ଼ଇ ଥଣାଣଁ ରୋମଞ୍ଚୋ ।୧୦୦ ।
(ଦୁଃଖଂ ଦଦଦପି ସୁଖଂ ଜନୟତି ଯୋ ଯସ୍ୟ ବଲ୍ଲଭୋ ଭବତି।
ଦୟିତ-ନଖ-ଦୂନୟୋରପି ବର୍ଧତେ ସ୍ତନୟୋ ରୋମାଞ୍ଚ।)-
ଶ୍ରୀ ଶକ୍ତିକ

ଯେ ଯାହାର ପ୍ରିୟ, ସେ ଦୁଃଖ ଦେଲେ ମଧ୍ୟ ସୁଖ ଜାତ କରାଏ। ପ୍ରିୟର ନଖକ୍ଷତରେ ବେଦନା ପାଇଲେ ମଧ୍ୟ ପ୍ରିୟାର ସ୍ତନ ରୋମାଞ୍ଚରେ ଉତ୍‌ଫୁଲ୍ଲିତ ହୁଏ।

ବ୍ୟାଖ୍ୟା - ପ୍ରିୟର ଅନାଦର ଅବହେଳାରେ ମ୍ରିୟମାଣା ନାୟିକାର ସଖୀ ପ୍ରତି ଉକ୍ତି - ମନ୍ଦସ୍ନେହ ନାୟକକୁ ପରିତ୍ୟାଗ କରିବାପାଇଁ ସଖୀ ପରାମର୍ଶ ଦେଇଛି। ନାୟିକା ସକଳ ଅନାଦରକୁ ହସି ହସି ବରଣ କରି ନାୟକର ପ୍ରିୟପାତ୍ରୀ ହେବାକୁ ଚାହେଁ। ପ୍ରିୟଜନ ଯଦି କେତେବେଳେ ଦୁଃଖ ଦିଅନ୍ତି, ପରିଣାମରେ ସେ ହିଁ ସୁଖ ଦିଅନ୍ତି, ସେତେବେଳେ ଆଉ ଦୁଃଖର ଅବଶେଷ ରହେ ନାହିଁ। ପ୍ରିୟତମ ନଖରେ କ୍ଷତ ପ୍ରିୟାର କୁଚଯୁଗ ରୋମାଞ୍ଚ ଛଳରେ ଫୁଲି ଉଠେ ନାହିଁ କି? ପୀଡ଼ା ହେଉଥିଲେ ମଧ୍ୟ ସ୍ତନରେ ରୋମାଞ୍ଚ ଜାତରୁ ଜଣାଯାଏ ତାହା ଏକ ଆନନ୍ଦମିଶ୍ରିତ ବେଦନା। ଯିଏ ଦୁଃଖ ଦିଏ, ସେ ବି ସୁଖର କାରଣ ହୁଏ।

ରସିକ-ଜଣ-ହିଅ-ଅଇଏ କବଇଚ୍ଛଲପମୁହ-ସୁକଇ-ଣିମ୍ମବିଏ।
ସତ୍ତ-ସଅମ୍ମି ସମତ୍ତଂ ପଢ଼ମଂ ଗାହା-ସଅଂ ଏଅଂ ।୧୦୧।
(ରସିକ-ଜନ-ହୃଦୟ-ଦୟିତେ କବିବତ୍ସଳ-ପ୍ରମୁଖ-ସୁକବି-ନିର୍ମିତେ।
ସପ୍ତ-ଶତଲେ ସମାପ୍ତଂ ପ୍ରଥମଂ ଗାଥା-ଶତକ- ମେତତ୍।) -ହାଳ

କବିବତ୍ସଳ ହାଳ ପ୍ରମୁଖ ସୁକବିରଚିତ ରସିକଜନଙ୍କର ହୃଦୟ-ପ୍ରିୟ ସପ୍ତଶତୀରୁ ଏହି ପ୍ରଥମ ଗାଥା-ଶତକ ସମାପ୍ତ ହେଲା।

■

ଦ୍ୱିତୀୟ ଶତକ

ଧରିଓ ଧରିଓ ବିଅଲଇ ଉଅଏସୋ ପିଅ-ସହୀହିଁ ବିଜ୍ଜନ୍ତୋ।
ମଅରଦ୍ଧଅ-ବାଣ-ପହାର-ଜଜ୍ଜରେ ତୀଏଁ ହିଅଅମ୍ମି ॥ ୧ ॥
(ଧୃତୋ ଧୃତୋ ବିଗଳତ୍ୟୁପଦେଶଃ ପ୍ରିୟ-ସଖୀଭିର୍ଦୀୟମାନଃ।
ମକରଧ୍ୱଜ-ବାଣ-ପ୍ରହାର-ଜର୍ଜରେ ତସ୍ୟା-ହୃଦୟେ।) - ମାନ

ପ୍ରିୟ ସଖୀମାନଙ୍କ ଦ୍ୱାରା ଦିଆଯାଇଥିବା ମାନ ଧାରଣର ଉପଦେଶ କାମଦେବଙ୍କ ବାଣ-ପ୍ରହାରରେ ଜର୍ଜରିତ ତାହାର ହୃଦୟରେ ବାରମ୍ବାର ଗ୍ରହଣ କଲେ ମଧ ବିଗଳିତ ହୋଇଯାଉଛି।

ବ୍ୟାଖ୍ୟା - ମାନ ଧାରଣରେ ଅସମର୍ଥା ନାୟିକାର ଆଚରଣ ବିଷୟରେ ପରିହାସ ପ୍ରିୟା ସଖୀମାନଙ୍କର ଆଲୋଚନା। ପ୍ରିୟ ସଖୀମାନେ ମାନ ଧାରଣ ପାଇଁ ବାରମ୍ବାର ଉପଦେଶ ଦେଉଛନ୍ତି। ନାୟିକା ତାହାକୁ ହୃଦୟରେ ଗ୍ରହଣ କରୁଛି; ମାତ୍ର ପରମୁହୂର୍ତ୍ତରେ ପ୍ରିୟଙ୍କୁ ଦେଖି କନ୍ଦର୍ପ-ବାଣାହତା ହୋଇ ସେଇ ଉପଦେଶକୁ ଭୁଲିଯାଉଛି। ସଖୀମାନଙ୍କର ପରିହାସୋକ୍ତି-ନାୟିକାର ହୃଦୟ କାମଦେବଙ୍କ ବାଣ ପ୍ରହାରରେ ଛିଦ୍ରଯୁକ୍ତ ଝାଲୁଣି ଭଳି ହୋଇଗଲାଣି। ଝାଲୁଣିରେ ଜଳ ସ୍ଥିର ନ ରହି ତଳକୁ ତଳକୁ ଗଳିପଡ଼େ। ନାୟିକାର ହୃଦୟ ଝାଲୁଣି ଭଳି କଣା ହୋଇ ଯାଉଥିବାରୁ ମାନ-ଜଳ ଝରିଯାଉଛି। ସେଇ ହୃଦୟରେ ସଖୀର ବଚନ ଧରି ରଖିବ ତା'ର ସେ କ୍ଷମତା କାହିଁ?

ତଡ଼-ସଂଠିଅ-ଣୀଡ଼େକ୍କନ୍ତ-ପୀଲୁଆରକ୍‌ଖଣେକ୍କ-ଦିଣ୍ଣ-ମଣା।
ଅଗଣିଅ-ବିଣିବାଅ-ଭଆ ପୂରେଣ ସମଂ ବହଇ କାଈ।୨।
(ତଟ-ସଂସ୍ଥିତ-ନୀଡ଼ୈକାନ୍ତ-ଶାବକରକ୍ଷଣୈକ-ଦତ୍ତ-ମନାଃ।
ଅଗଣିତ-ବିନିପାତ-ଭୟା ପୂରେଣ ସମଂ ବହତି କାକୀ।)-ମାନ

ତଟ-ସଂସ୍ଥିତ ନୀଡ଼ରେ କାକୀ ଶାବକ ପାଳନରେ ଏକାଗ୍ର ଭାବରେ

ମନୋନିବେଶ କରି ବାସ କରୁଥିଲା। ତଟତରୁ ଉପୁଡ଼ି ପଡ଼ିବାରୁ ବୁଡ଼ିଯିବାର ଭୟକୁ ଗଣନା ନକରି ପ୍ରବାହ ସହିତ ଭାସିଯିବାକୁ ଲାଗିଲା।

ବ୍ୟାଖ୍ୟା - ଗାଥାର ବକ୍ତା କୌଣସି ନାରୀ। ଜନନୀର ସ୍ନେହ କ'ଣ ତ୍ୟାଗ କରି ନପାରେ; ତାହାର ଦୃଷ୍ଟାନ୍ତ ଦେବାକୁ ଯାଇ ତଟତରୁ ଉପରେ ନୀଡ଼ ରଚନା କରି ଶାବକମାନଙ୍କୁ ଏକାନ୍ତ ସ୍ନେହରେ ଲାଳନ ପାଳନ କରୁଥିବା କାକମାତାର ଅସୀମ ସାହସ ଓ ମହନୀୟ ତ୍ୟାଗର କାହାଣୀ ଶୁଣାଇଛି। ଯେତେବେଳେ ତଟଦେଶରେ ଅତଡ଼ା ଖସି ତରୁ ନଦୀରେ ଭାସିଯାଉଛି, କେଉଁଠୁ କିଛି ସାହା ଭରସା ମିଳୁ ନାହିଁ, କାକମାତା ଶାବକକୁ ଜାବୁଡ଼ି ଧରି ସେଇ ପ୍ରବଳ ପ୍ରବାହରେ ଭାସିଯାଉଛି। କ୍ଷୁଦ୍ର ପକ୍ଷୀଠାରେ ଏତେ ମନୋବଳ ଆସିଲା କୁଆଡୁ? ଏହା ଜନନୀ ହୃଦୟର ଏକ ଜୈବ-ପ୍ରେରଣା। ନାରୀ ଜାତି କେବଳ ଏଭଳି ତ୍ୟାଗ କରିପାରେ, ମନରେ ସାହସ ବାନ୍ଧି ବିପଦର ସମ୍ମୁଖୀନ ହୋଇପାରେ।

ବହୁ-ପୁପ୍ଫ-ଭରୋଣାମିଅଂ-ଭୂମୀଗଅ-ସାହ ସୁଣସୁ ବିଣ୍ଣତ୍ତିଂ।
ଗୋଲା-ତଡ଼-ବିଅଡ଼-କୁଡ଼ଙ୍ଗ-ମହୁଅ ସଣିଅଂ ଗଳିଜ୍ଜାସୁ ।୩।
(ବହୁ-ପୁଷ୍ପ-ଭରାବନାସିତ-ଭୂମିଗତ-ଶାଖ ଶୃଣୁ ବିଜ୍ଞପ୍ତିମ୍।
ଗୋଦା-ତଟ-ବିକଟ-ନିକୁଂଜ-ମଧୂକ ଶନୈର୍ଗଳିଷ୍ୟସି।)-ମାନ

ହେ ଗୋଦାବରୀ ତଟର ବିକଟ ନିକୁଞ୍ଜରେ ଥିବା ମଧୂକ ବୃକ୍ଷ, ତୋର ଶାଖାମାନେ ବହୁ ପୁଷ୍ପଭାରରେ ଭୂମି ପର୍ଯ୍ୟନ୍ତ ନଇଁପଡ଼ିଛନ୍ତି। ତୁ ମୋର ପ୍ରାର୍ଥନା ଶୁଣ - ତୁ ଧୀରେ ଧୀରେ ପୁଷ୍ପ ବିଗଳନ କର।

ବ୍ୟାଖ୍ୟା - ମଧୂକ ବୃକ୍ଷକୁ ସମ୍ବୋଧନ କରିବା ଛଳରେ କାମୁକ ପୁରୁଷ ପ୍ରତି କୁଳଟାର ଉକ୍ତି - ହେ ଗୋଦାବରୀ ତଟର ମହୁଲ ଗଛ! ତୁ ଫୁଲ ଭାରରେ ଭୂମି ପର୍ଯ୍ୟନ୍ତ ଅବନତ ହୋଇଯାଇଛୁ। ମୋ ମନର ଗୋପନ କଥା ତୋତେ କହୁଛି, ଶୁଣ। ତୋ ଶାଖାର ଫୁଲଗୁଡ଼ିକୁ ଟିକିଏ ରହି ରହି ତଳକୁ ପକା। ଅତି ଶୀଘ୍ର ଝରାଇଦେଲେ ମୋର କାମନା ବାସନା ପୂରଣ ହୋଇପାରିବ ନାହିଁ। ତାତ୍ପର୍ଯ୍ୟ ହେଲା, ଧୀରେ ଧୀରେ ପକାଇଲେ ମୁଁ ସଦ୍ୟ ଫୁଲଗୁଡ଼ିକୁ ଚୟନ କରିପାରିବି। ନାୟିକା ଜାରକୁ ମଧୂକ ବୃକ୍ଷ ବୋଲି ସମ୍ବୋଧନ କରିଛି।

ଣିପ୍ପଚ୍ଛିମାଇଁ ଅସଈ ଦୁଃଖାଲୋଆଇଁ ମହୁଅପୁପ୍ଫାଇଂ।
ଚୀଏ ବନ୍ଧୁସ୍ସ ବ ଅଟ୍‌ଠି ଆଇଁ ରୁଅଇ ସମୁଚ୍ଚିଣଇ। ୪।
(ନିଷ୍ପଶ୍ଚିମାନି ଅସତୀ ଦୁଃଖାଲୋକାନି ମଧୂକ ପୁଷ୍ପାଣି।
ଚିତାୟାଂ ବନ୍ଧୋରିବାସ୍ଥୀନି ରୋଦନଶୀଳା ସମୁଚ୍ଚିନୋତି।) - ଶ୍ରୀବଳ

ଅସତୀ ପରିଶିଷ୍ଟ ମଧୂକ ଫୁଲଗୁଡ଼ିକୁ ଚିତାରେ ବାନ୍ଧବଙ୍କର ପରିଶିଷ୍ଟ ଅସ୍ଥିସମୂହ ଭଳି ଦୁଃଖରେ ଅବଲୋକନ କରି ରୋଦନ କରି କରି ନୟନ କରୁଛି।

ବ୍ୟାଖ୍ୟା – ଅସତୀ ନାୟିକା ନୀରବରେ ମହୁଲ ଫୁଲ ଖୁଣ୍ଟୁ ଥିବାବେଳେ ରୋଦନ କରୁଛି। ତାହାକୁ ଦେଖି କୌଣସି ରସିକ କାନ୍ଦିବାର ରହସ୍ୟ ଉଦ୍‌ଘାଟନ କରିଛି। କୁଳଟା ମହୁଲ ଫୁଲ ଖୁଣ୍ଟିବା ଆଳରେ ଜାର ସହିତ ମିଳିତ ହେଉଥିଲା। ଏବେ ମହୁଲ ଫୁଲ ଶେଷ ହୋଇଆସିଲାଣି। ଅଳ୍ପ କିଛି ଫୁଲ ଗଛ ତଳେ ପଡ଼ିଛି। ସେଗୁଡିକୁ ଖୁଣ୍ଟିବା ବେଳେ ପ୍ରିୟଜନର ଚିତାନଳରୁ ଅବଶିଷ୍ଟ ହାଡ଼ଗୁଡ଼ିକୁ ସଂଗ୍ରହ କରିବା ଭଳି ବେଦନା ଅନୁଭବ କରି ଅସତୀ ନେତ୍ର ଜଳରେ ଭାସୁଛି। ଅର୍ଥାତ୍, ଫୁଲ ଶେଷ ହୋଇଗଲେ ସେ ଆଉ ଜାର ସହିତ ମିଳନ ପାଇଁ ଏଠାକୁ ଆସି ପାରିବ ନାହିଁ।

ଓ ହିଅଅ ମଡ଼ହ-ସରିଆଜଲ-ରଅ-ହୀରନ୍ତ-ଦୀହ-ଦାରୁଦ୍‌ବ।
ଠାଣେ ଠାଣେ ବ୍‌ବିଅ ଲଗ୍‌ଗମାଣ କେଣାବି ଡଜ୍‌ଝିହସି । ୫।
(ହେ ହୃଦୟ ସ୍ୱଚ୍ଛ-ସରିଜ୍ଜଳ-ରୟ-ହ୍ରିୟମାଣ-ଦୀର୍ଘ-ଦାରୁବତ୍।
ସ୍ଥାନେ ସ୍ଥାନେ ଏବ ଲଗତ୍ କେନାପି ଧକ୍ଷ୍ୟସେ।) – ମହାଦେବ

ହେ ମୋର ହୃଦୟ, ସ୍ୱଚ୍ଛଜଳା ନଦୀର ପ୍ରବାହରେ ବହିଯାଉଥିବା ବଡ଼ କାଠ ଭଳି ତୁ ଯେ ସ୍ଥାନେ ସ୍ଥାନେ ଅଟକି ଯାଉଛୁ, ତୋତେ କେହି ପୋଡ଼ିଦେବ।

ବ୍ୟାଖ୍ୟା – ଅନ୍ୟ ନାୟିକାର ପ୍ରଶସ୍ତ ହୃଦୟର ପ୍ରଶଂସା କରିବା ଛଳରେ ନିଜ ହୃଦୟ ପ୍ରତି ବହୁବଲ୍ଲଭ ନାୟକର ଚେତାବନୀ। ଛୋଟ ନଈରେ ବଡ଼ କାଠ ଖଣ୍ଡ ଭାସିଗଲା ବେଳେ ଅପ୍ରଶସ୍ତ ସ୍ଥାନ ହେତୁ ତାହା ଠାବେ ଠାବେ ଅଟକିଯାଏ। ଶେଷକୁ ନଦୀତୀର ବାସୀମାନେ ତାହାକୁ ନେଇ ଜାଳିଦିଅନ୍ତି। ରେ ହୃଦୟ, ତୁ ସେଇଭଳି ନୀଚାଶୟ ନାରୀମାନଙ୍କ ପ୍ରେମରେ ମଜ୍ଜି ଯେତେ ଠକିଲେ ମଧ୍ୟ ପୁଣି ସେଇମାନଙ୍କୁ ବିଶ୍ୱାସ କରୁଛୁ। ତୁ ନିଶ୍ଚୟ ସେଇ କାଠଗଣ୍ଡି ଭଳି ଶେଷକୁ ଦଗ୍‌ଧ ହେବୁ। କେତେ ନାରୀଙ୍କ ହୃଦୟ-ଯମୁନାରେ ତୋର ହୃଦୟତରୀ ଭସାଇଲୁ, ଗୋଟିଏ ହେଲେ ଘାଟରେ ତରୀ ଭିଡ଼ି ପାରିଲୁ ନାହିଁ। ଏଥର ଭସାକାଠ ଭଳି ପ୍ରେମ-ହାଟରେ ଅଟକି ପୋଡ଼ିଯିବୁ। ଏଇ ନାୟିକାର ହୃଦୟ ବିଶାଳ। ତୋର ପ୍ରେମଡ଼ଙ୍ଗା ନିର୍ବାଧରେ ତାର ବିସ୍ତୀର୍ଣ୍ଣ ଜଳରାଶିରେ ବହିଯିବ।

ଜୋ ତୀଏଁ ଅହର-ରାଓ ରତ୍ତିଂ ଉବ୍‌ବାସିଓ ପିଅଅମେଣ।
ସୋ ବ୍‌ବିଅ ଦିସଇ ଗୋସେ ସବତ୍ତି-ଣଅଣେସୁ ସଂକନ୍ତୋ । ୬।
(ଯସ୍ତସ୍ୟ ଅଧର-ରାଗଃ ରାତ୍ରୌ ଉଦ୍‌ବାସିତଃ ପ୍ରିୟତମେନ।
ସ ଏବ ଦୃଶ୍ୟତେ ପ୍ରାତଃ ସପତ୍ନୀ-ନୟନେଷୁ ସଂକ୍ରାନ୍ତଃ।) – ଦାମୋଦର

ରାତ୍ରିରେ ପ୍ରିୟତମଙ୍କ ଦ୍ୱାରା ତାହାର ଯେଉଁ ଅଧରାଗ ଦୂର ହୋଇଥିଲା, ସେହି ରକ୍ତିମା ପ୍ରଭାତକାଳରେ ସପତ୍ନୀମାନଙ୍କ ନେତ୍ରରେ ସଂକ୍ରାନ୍ତ ହେବା ଦେଖାଯାଉଛି।

ବ୍ୟାଖ୍ୟା - ଅନେକ ପତ୍ନୀ ମଧ୍ୟରୁ ଗୋଟିଏ ସୁଭଗା ପତ୍ନୀ ପ୍ରତି ନାୟକର ଅନୁରାଗର ଆଧିକ୍ୟ ସୂଚାଇ ସହଚରୀ ନାୟିକାର ସୌଭାଗ୍ୟ ପ୍ରଶଂସା କରୁଛି। ଗତ ରଜନୀରେ ପ୍ରିୟତମ୍ ଶତ ଚୁମ୍ବନରେ ନାୟକାର ଅଧର-ରାଗ ଦୂର କରି ଦେଇଥିଲା। ସ୍ୱାମୀ-ସୋହାଗ ଗରବିଣୀ ନାୟିକାକୁ ଦେଖି ସପନ୍ୀମାନଙ୍କର କିଛି ବୁଝିବାକୁ ବାକି ରହିଲା ନାହିଁ। ପ୍ରଭାତ କାଳରେ ତାର ଅଧର-ରାଗ ଈର୍ଷାକାତର ସପନ୍ୀମାନଙ୍କ ନେତ୍ରରେ ସଂକ୍ରାନ୍ତ ହୋଇଗଲା। ସେମାନେ ନାୟିକାର ସୌଭାଗ୍ୟକୁ ଈର୍ଷାଚକ୍ଷୁରେ ଦେଖିବାକୁ ଲାଗିଲେ। ଈର୍ଷ୍ୟାପୂର୍ଣ ନେତ୍ର ରକ୍ତବର୍ଣ। ନାୟିକାର ଅଧର-ରାଗ ସେମାନଙ୍କ ନୟନକୋଣରେ ବିମ୍ବିତ ହେଲା। ସପନ୍ୀମାନଙ୍କ ନେତ୍ରର ଧବଳତା ନାୟିକା ଓଷ୍ଠରେ ଓ ନାୟିକା ଓଷ୍ଠର ରକ୍ତିମା ସପନ୍ୀମାନଙ୍କ ନେତ୍ରରେ ଗୁଣବିନିମୟ କ୍ରମରେ ସଂଚରିତ ହୋଇଗଲା।

ଗୋଲା-ଅଡ-ଟ୍ଠିଅଂ ପେଛିଊଣ ଗହ-ବଇ-ସୁଅଂ ହଲିକ-ସୋଣ୍ହା।
ଆଢ଼ତ୍ତା ଉତ୍ତରି ଉଂ ଦୁଃଖୁତ୍ତାରାଏଁ ପଅବୀଏ । ୭ ।
(ଗୋଦା-ତଟ-ସ୍ଥିତଂ ପ୍ରେକ୍ଷ୍ୟ ଗୃହ-ପତି-ସୁତଂ ହଳିକ-ସ୍ନୁଷା।
ଆରବ୍ଧା ଉତ୍ତରୀତୁଂ ଦୁଃଖୋତ୍ତରୟା ପଦବ୍ୟା।) - ଅବିକକର୍ଣ

ହାଳିକ ବଧୂ ଗୃହପତି ସୁତକୁ ଗୋଦାବରୀ ତଟରେ ଉଭା ହୋଇଥିବା ଦେଖି ଅତି କଷ୍ଟରେ ଅବତରଣ କରିବାକୁ ଲାଗିଲା; ଯେଉଁ ବାଟରେ ନଦୀ ପାର ହେବା ଦୁଷ୍କର ଥିଲା।

ବ୍ୟାଖ୍ୟା - ହାଳିକ ବଧୂ ଓ ଗୃହପତି ପୁତ୍ରର ପ୍ରେମ-କାହାଣୀ। ନାୟିକା ନିଜ ପ୍ରେମିକର ପ୍ରେମ-ନିଷ୍ଠା ପରୀକ୍ଷା କରିବାପାଇଁ ଏକଦା ଗୋଦାବରୀ ତଟରେ ଠିଆ ହୋଇଥିବା ପ୍ରେମିକ ନୟନରେ ନୟନ ମିଳାଇ ସ୍ୱର୍ଗୀୟ ଆନନ୍ଦ ଲାଭ କରି ସହସା କ'ଣ ମନରେ ପାଞ୍ଚି ନଦୀରେ ଅବତରଣ କଲା। ସେ ଯେଉଁ ପଥରେ ଅବତରଣ କଲା ତାହା ପଙ୍କପୂର୍ଣ ଗଣ୍ଡସ୍ଥଳ ହେତୁ ସେ ବାଟେ ନଦୀ ପାରହେବା ଅତ୍ୟନ୍ତ ଦୁଷ୍କର। ସେ ବାଟରେ ଗଲେ ବିପଦ ଅଛି। ନାୟିକା ଦେଖିବାକୁ ଚାହେଁ ତାକୁ ଉଦ୍ଧାର କରିବାପାଇଁ ପ୍ରେମିକ କିପରି ତତ୍ପର ହେଉଛି। ପ୍ରେମିକ-ପ୍ରେମିକାମାନେ ପରସ୍ପରର ପ୍ରୀତିର ଗଭୀରତା ମାପିବା ପାଇଁ ଏପରି ଅଭିଳାଷ କରିଥାନ୍ତି।

ଚଲଣୋ ଆସ-ଣିସଣ୍ଣସ୍ସ ତସ୍ସ ଭରିମୋ ଅଣାଲବନ୍ତସ୍ସ।
ପାଅଙ୍ଗୁଟ୍ଠାପାବେଟ୍ଠିଅ-କେସ-ଦିଢ଼ାଅଡ୍ଢଣ-ସୁହେଲ୍ଲି ।୮।

(ଚରଣାବକାଶ-ନିଷଣ୍ଣସ୍ୟ ତସ୍ୟ ସ୍ମରାମୋଽନାଲପତଃ ।
ପାଦାଙ୍ଗୁଷ୍ଠାବେଷ୍ଟିତ-କେଶ-ଦୃଢ଼ାକର୍ଷଣ ସୁଖମ୍ ।) - ଭ୍ରମର

ମୋର ଚରଣତଳେ ସେ ନୀରବ ଭାବରେ ପଡ଼ି ରହିଥିଲେ ଓ ମୁଁ ତାଙ୍କର କେଶକୁ ପାଦାଙ୍ଗୁଷ୍ଠ ଦ୍ୱାରା ଆବେଷ୍ଟନ କରି ଦୃଢ଼ ଆକର୍ଷଣ କରି ଲାଗିଥିଲି । ସେତେବେଳେ ଯେଉଁ ସୁଖ ମୁଁ ପାଇଥିଲି ତାହା ମୋର ମନେପଡୁଛି ।

ବ୍ୟାଖ୍ୟା - କଠୋରମାନା ନାୟିକା ସଖୀ ନିକଟରେ ଗତ ସୁଖ ସ୍ମରଣ କରି କହୁଛି - "ହେ ସଖି ! ଥରେ ମୁଁ ଗ୍ଭରୁକୋପ କରିଥିବା ବେଳେ ପ୍ରିୟ ମୋର ଚରଣ ତଳେ ମୁଣ୍ଡରଖି ନୀରବରେ ଲୋଟି ପଡ଼ିଥିଲେ ଓ ମୁଁ ତାଙ୍କର କେଶଗୁଚ୍ଛକୁ ପାଦ ଅଙ୍ଗୁଳିରେ ଗୁଡ଼ାଇ ଜୋର୍‌ରେ ଟାଣି ଲାଗିଥିଲି । ତାଙ୍କ ଆଖିର ଗ୍ଭହାଣିର ଭାଷା ଥିଲା, 'ହେ ଦେବି ! ଏ ଦାସାନୁଦାସ ପ୍ରତି ପ୍ରସନ୍ନ ହୁଅ ।' ପାଦ ଅଙ୍ଗୁଳିରେ ଜଡ଼ାଇ କେଶପୀଡ଼ନ କରିବା ସତ୍ତ୍ୱେ ସେ କୃପାପାତ୍ର ପରି କାକୁସ୍ଥ ହୋଇ ପଡ଼ି ରହିଥିଲେ । ସେ ସୁଖ କଥା ଆଜି ସ୍ମରଣ କରୁଛି ।" ପାଦାଙ୍ଗୁଷ୍ଠ ଦ୍ୱାରା କେଶାକର୍ଷଣରୁ ନାୟିକା ଏକ ପ୍ରକାର ଆନନ୍ଦ ପାଉଥିଲା । ଆଜି ସେ ସୁଖ ସ୍ମରଣ କରି ସେ ଗର୍ବ ଅନୁଭବ କରୁଛି ।

ଫାଲେଇ ଅଚ୍ଛଭଲ୍ଲଂ ବ ଉଅହ କୁଗ୍‌ଗାମ-ଦେଉଲ ଦାରେ ।
ହେମନ୍ତ-ଅଲ-ପହିଓ ବିଜ୍‌ଝାଅନ୍ତଂ ପଲାଲଗ୍‌ଗିଂ । ୯ ।
(ପାଟୟତ୍ୟଚ୍ଛଭଲ୍ଲମିବ ପଶ୍ୟତ କୁଗ୍ରାମ-ଦେବକୁଳ-ଦ୍ୱାରେ ।
ହେମନ୍ତ-କାଳ-ପଥିକୋ ବିଧ୍ମାୟମାନଂ ପଲାଲାଗ୍ନିମ୍ ।) - କାଳସିଂହ

ଏଇ ଦେଖ, କୁଗ୍ରାମର ଦେବମନ୍ଦିର ଦ୍ୱାରରେ ହେମନ୍ତକାଳୀନ ପଥିକ ନିର୍ବାଣପ୍ରାୟ ପଳାଳ ଅଗ୍ନିକୁ ଭାଲୁ ଭଳି ବିଞ୍ଚୁଛି ।

ବ୍ୟାଖ୍ୟା - ହେମନ୍ତକାଳରେ ପ୍ରବାସ ଯାତ୍ରା କରିଥିବା ପଥିକଯିଏ ରାତିରେ ଶୀତରେ ଥରି ଥରି ଗୋଟିଏ ଗାଁର ବାହାରେ ଥିବା ମନ୍ଦିର ଦ୍ୱାରରେ ଆଶ୍ରୟ ନେଇଛି । କୁଗ୍ରାମର ଲୋକେ ତାକୁ ଆଶ୍ରୟ ଦେଇନାହାନ୍ତି । ଶୀତକଷ୍ଟରୁ ରକ୍ଷା ପାଇବା ପାଇଁ ପୁଆଳ ସଂଗ୍ରହ କରି ସେ ନିଆଁ ଜାଳିଛି; ମାତ୍ର ପୁଆଳ ନିଆଁ ଅଳ୍ପ ସମୟ ପରେ ଲିଭିଯାଉଛି । ଲିଭନ୍ତା ନିଆଁ ଉପରେ ଆଉ କିଛି କୁଟା ପକାଇ ଫୁଙ୍କି ଓ ବିଞ୍ଚି ସେ ପୁଣି ନିଆଁ ଜଳାଇବାକୁ ଚେଷ୍ଟା କରୁଛି । ପୁଆଳ ନିଆଁର ଉପରିଭାଗ କଳା ଓ ଭିତରେ ଲାଲ ଦେଖାଯାଏ । ପୁଆଳ ନିଆଁକୁ ଭାଲୁ ସହିତ ସାଦୃଶ୍ୟ-ବିଧାନ କରାଯାଇଛି । ଭାଲୁର ଉପର ଲୋମ କଳା ହେଲେ ମଧ୍ୟ ଭିତର ଲୋମ ଲାଲ । ଏ ଦୃଶ୍ୟ ଦେଖାଇ ଦୂତୀ ନାୟକକୁ କହିଛି ଯେ ଏଠାରେ ତୁମର ପ୍ରିୟା ସହ ମିଳନ ହୋଇପାରିବ ନାହିଁ, ଅନ୍ୟ ସ୍ଥାନ ଦେଖ ।

କମଲାଅର ଣ ମଲିଆ ହଂସା ଉଡ୍‌ଡାବିଆ ଣ ଅ ପିଉଚ୍ଛା
କେଣାଁବି ଗାମ-ତଡାଏ ଅବ୍‌ଭଂ ଉତ୍ତାଣଅଂ ବ୍‌ବୂଢ଼ଂ ।୧୦।
(କମଲାକରା ନ ମୃଦିତା ହଂସା ଉଡ୍‌ଡାୟିତା ନ ଚ ପିତୃଷ୍ୱସଃ।
କେନାପି-ଗ୍ରାମ-ତଡାଗେ ଅଭ୍ରମୁତ୍ତାନିତଂ କ୍ଷିପ୍ତମ୍।) - ମୃଗାଙ୍କ

ଆଗୋ ପିଉସୀ, ଗାଁ ପୋଖରୀରେ କିଏ ଯେପରି ଆକାଶକୁ ଉତ୍ତାନ କରି ପକାଇ ଦେଇଛି, ତଥାପି କମଳକୁଳ ଉପମର୍ଦ୍ଦିତ ହୋଇନାହାନ୍ତି କି ସେଠାରୁ ହଂସମାନେ ମଧ୍ୟ ଉଡିଯାଇନାହାନ୍ତି।

ବ୍ୟାଖ୍ୟା - ପିଉସୀକୁ ସମ୍ବୋଧନ କରି ଜାର ଉଦ୍ଦେଶ୍ୟରେ ବିପ୍ରଲବ୍ଧାର ଉକ୍ତି। ନାୟିକା ପାହାନ୍ତା ପ୍ରହରରେ ଗ୍ରାମ ତଡ଼ାଗ ନିକଟକୁ ମିଳନ ଉଦ୍ଦେଶ୍ୟରେ ଯାଇ ନିରାଶ ହୋଇ ଫେରିଆସିଥିଲା। କାରଣ କଷ୍ଟ ଦେଇ ମଧ୍ୟ ନାୟକ ସେଠାରେ ଉପସ୍ଥିତ ନଥିଲା। ଜାରକୁ ଶୁଣାଇ ନାୟିକା ପିଉସୀକୁ କହୁଛି - "ମୁଁ ଯେତେବେଳେ ପୋଖରୀ ପାଖକୁ ଗଲି, ସେତେବେଳେ ପୋଖରୀର ଜଳ ସ୍ଥିର ଥିଲା। ପୋଖରୀ ବକ୍ଷରେ କିଏ ଯେପରି ଆକାଶକୁ ଉପରମୁହାଁ କରି ଫିଙ୍ଗି ଦେଇଛି ସେଇପରି ପ୍ରତୀତ ହେଉଥିଲା। ଆକାଶ ପଡ଼ିଲେ ମଧ୍ୟ ପଦ୍ମବନ ଦଳି ହୋଇ ନଥିଲା କି ପୋଖରୀରେ ବାସ କରୁଥିବା ହଂସମାନେ ଉଡ଼ି ଯାଇ ନ ଥିଲେ। ତୁମେ ମୋ କଥାର ମର୍ମ ବୁଝିପାରୁଥିବ।" ତଡାଗର ବିମଳ ସଲିଳର ଆକାଶର ବକ୍ଷ ପ୍ରତିବିମ୍ବିତ ହେବା, ପଦ୍ମବନ ଉପମର୍ଦ୍ଦିତ ନ ହେବା କଥା ହସଂମାନେ ଉଡ଼ି ନ ଯିବା - ଏ ତିନୋଟିରୁ ସୂଚନା ମିଳୁଥିଲା ସେଠାକୁ ପୂର୍ବରୁ କେହି ଯାଇ ନଥିଲେ।

କେଣ ମଣେ ଉଗ୍‌ଗ-ମଣୋରହେଣ ସଂଲାବିଅଂ ପବାସୋତ୍ତି।
ସବିସାଇଁ ବ ଅଲସାଅନ୍ତ ଜେଣ ବହୁଆଏଁ ଅଙ୍ଗାଇଂ। ।୧୧ ।
(କେନ ମନ୍ୟେ ଭଗ୍ନ-ମନୋରଥେନ ସଂଲାପିତଂ ପ୍ରବାସ ଇତି।
ସବିଷାଣୀ ଇବ ଅଳସାୟନ୍ତେ ଯେନ ବଧ୍ୱା ଅଙ୍ଗାନି।) - ମୃଗାଙ୍କ

ଜଣାଯାଏ କେହି ଭଗ୍ନମନୋରଥ ବ୍ୟକ୍ତି ପ୍ରବାସ ସମ୍ବାଦ କହିଦେଇଛି। ସେଥିପାଇଁ ବଧୂର ଅଙ୍ଗେ ଅଙ୍ଗେ ବିଷ ଚରିଗଲା ଭଳି ଆଳସ୍ୟ ଭରିଯାଇଛି।

ବ୍ୟାଖ୍ୟା - ବଧୂର ଅଳସଭରା ଅଙ୍ଗ ଦେଖି କୌଣସି ବର୍ଷିୟସୀ ସଂପର୍କୀୟା ବା ଶାଶୁର ଉକ୍ତି। ନାୟକର ପ୍ରବାସ ଯିବା ସମ୍ବାଦ ବୋହୂଟିକୁ କୌଣସି ଦୁଷ୍ଟଲୋକ ଆସି କହିଦେଇଛି। ସେ ସମ୍ବାଦ ପାଇ ବୋହୂଟିର ଗୃହକର୍ମରେ ମନ ଲାଗୁନାହିଁ। ଅଙ୍ଗ ପ୍ରତ୍ୟଙ୍ଗରେ ଆଳସ୍ୟ ଭରିଯାଇଛି। ସେ ଥକ୍‌କା ହୋଇ ଯେଉଁଠି ସେଠି ବସିପଡୁଛି; ସତେକି ତା ଦେହରେ ବିଷ ଭରିଯାଇଛି। ଆଦରିଣୀ ବଧୂର ଏପରି ଶୋଚନୀୟ

ଅବସ୍ଥା ଦେଖି ଶାଶୁ ବ୍ୟସ୍ତ ହୋଇପଡ଼ିଛି। ପ୍ରିୟ ପ୍ରବାସ ଯିବା ପୂର୍ବରୁ ତାର ଏପରି ଅବସ୍ଥା ହେଲାଣି, ପରେ କ'ଣ ନ ହେବ!

ଅଜ୍ଜ ବି ବାଲୋ ଦାମୋଆରୋ ତ୍ତିଇଅ ଜମ୍ପିଏ ଜସୋଆଏ।
କଣ୍ହ-ମୁହ-ପେସିଅଚ୍ଛଂ ଣିହୁଅଂ ହସିଅଂ ବଅ-ବହୂହଂ ।୧୨।
(ଅଦ୍ୟାପି ବାଲୋ ଦାମୋଦର ଇତି ଇତି ଜଳ୍ପିତେ ଯଶୋଦୟା।
କୃଷ୍ଣମୁଖ-ପ୍ରେକ୍ଷିତାକ୍ଷଂ ନିଭୃତଂ ହାସିତଂ ବ୍ରଜ-ବଧୂଭିଃ।) - ବିଧିବିଗ୍ରହ

ଆଜି ବି ମୋ ଦାମୋଦର ବାଳକ, ଯଶୋଦା ଯେତେବେଳେ ଏଇଭଳି କହୁଥିଲେ, ସେତେବେଳେ କୃଷ୍ଣଙ୍କ ମୁଖ ପ୍ରତି ଦୃଷ୍ଟି ନିକ୍ଷେପ କରି ବ୍ରଜବଧୂଗଣ ନିଭୃତରେ ହସୁଥିଲେ।

ବ୍ୟାଖ୍ୟା- କୃଷ୍ଣ ଓ ଗୋପୀମାନଙ୍କର ଗୋପନ ପ୍ରେମବୃତ୍ତାନ୍ତ ପ୍ରସଙ୍ଗରେ ଉକ୍ତ ଗାଥା ରଚିତ। ଗୋପୀମାନେ କୃଷ୍ଣଙ୍କ ନଟକୂଟରେ ଅତିଷ୍ଠ ହୋଇ ମିଳିତ ଭାବେ ଯଶୋଦାଙ୍କ ନିକଟରେ ଅଭିଯୋଗ କରିବାରୁ ପୁତ୍ରସ୍ନେହରେ ଅନ୍ଧୁଣୀ ମାତା ତରୁଣ-ପୁତ୍ରର ଦୋଷ ନ ଦେଖି କହିଛନ୍ତି - ମୋ ଦାମୋଦରର ଆଜିଯାଏ ବାଳସ୍ୱଭାବ ଗଲା ନାହିଁ। ମା' ଆଖିରେ ସେ ବାଳକ ହୋଇପାରନ୍ତି; ମାତ୍ର ବ୍ରଜବାଳାମାନେ ତାଙ୍କର ତାରୁଣ୍ୟର ପରିଚୟ ପାଇଛନ୍ତି। ସେମାନେ ତେଣୁ କୃଷ୍ଣଙ୍କ ମୁଖ ପ୍ରତି ଦୃଷ୍ଟି ଢାଳି ଲୁଚେଇ ଲୁଚେଇ ହସିଲେ। କୃଷ୍ଣଙ୍କ ମୁଖକୁ ଚାହିଁ ଲୁଚେଇ ଲୁଚେଇ ହସିବାର ତାତ୍ପର୍ଯ୍ୟ, ହେ ବାଳକ-ପ୍ରେମିକ, ତୁମ ମାତାଙ୍କ ନିକଟରେ ତୁମ ଗୁଣ ବିଦିତ ହୋଇନାହିଁ। ଗୁଣମଣି ପୁତ୍ରଙ୍କର କୀର୍ତ୍ତି ମାତା ଜାଣନ୍ତି ନାହିଁ, ବ୍ରଜବଧୂମାନେ ସେ କଥା ତାଙ୍କୁ କିପରି କହିବେ? ସେମାନେ କେବଳ ହସରେ ମର୍ମାର୍ଥ ପ୍ରକାଶ କଲେ।

ତେ ବିରଲା ସପ୍ପୁରିସା ଜାଣ ସିଣେହୋ ଅହିଣ୍ଣ-ମୁହ-ରାଓ।
ଅଣୁଦିଅହ-ବଡ୍ଢମାଣୋ ରିଣଂ ବ ପୁତ୍ତେସୁ ସକମଇ ।୧୩।
(ତେ ବିରଳାଃ ସତ୍-ପୁରୁଷା ଯେଷାଂ ସ୍ନେହୋ ଅଭିନ୍ନ-ମୁଖ-ରାଗଃ।
ଅନୁଦିବସ-ବର୍ଧମାନ ଋଣମିବ ପୁତ୍ରେଷୁ ସଂକ୍ରାମତି।)-ଇନ୍ଦ୍ର

ସେପରି ସତ୍‌ପୁରୁଷ ସଂସାରରେ ବିରଳ; ଯାହାଙ୍କର ସ୍ନେହ ମୁଖରାଗରେ ଅଭିନ୍ନ ଓ ଅନୁଦିନ ସମ୍ବର୍ଦ୍ଧିତ ହୋଇ ପିତୃଋଣ ଭଳି ପୁତ୍ରଠାରେ ମଧ୍ୟ ପହଞ୍ଚିଯାଇଥାଏ।

ବ୍ୟାଖ୍ୟା - ସୃଜନ ପ୍ରଶଂସା ଛଳରେ ନାୟକ ପ୍ରତି ନାୟିକାର ଉକ୍ତି - ଏ ସଂସାରରେ ସତ୍‌ପୁରୁଷ କମ୍ ମିଳନ୍ତି। କାର୍ଯ୍ୟାରମ୍ଭ ବେଳେ ସେମାନେ ଯେପରି ହସହସ ମୁହଁ, କାର୍ଯ୍ୟ ଶେଷରେ ମଧ୍ୟ ମୁଖରାଗ ସେହିପରି ଅପରିବର୍ତ୍ତିତ ରଖନ୍ତି। ଯାହାକୁ ପ୍ରେମ କରନ୍ତି ଯୌବନବେଳେ ଯେପରି ଅନୁରାଗ ଦେଖାନ୍ତି, ଯୌବନ ବିଦାୟ ନେବା

ପରେ ମଧ୍ୟ ସେହିପରି ଅତୁଟ ସ୍ନେହ ପ୍ରଦର୍ଶନ କରନ୍ତି। ମାତ୍ର ଦୁର୍ଜନ କାମ ଥିବା ପର୍ଯ୍ୟନ୍ତ ହସହସ ମୁହଁ, କାମ ସରିଲେ ମୁହଁ ମୋଡ଼ି ଦେଇ ଚାଲିଯାନ୍ତି। ସୁଜନର ପ୍ରେମ କେବେ କ୍ଷୀଣ ହୁଏ ନାହିଁ। ତାହା ପିତାର ଋଣ ପୁତ୍ରଠାରେ ସଂକ୍ରାନ୍ତ ହେବା ଭଳି ଗଡ଼ିଚାଲେ। ସଜ୍ଜନର ସ୍ନେହ ନିତ୍ୟ ବର୍ଦ୍ଧମାନ। ନାୟିକାର ଅଭିପ୍ରାୟ ହେଲା, ତୁମେ ସେଇ ସୁଜନ, ମୁଁ ଆଜି ଯେପରି ତୁମର ପ୍ରିୟା, ବିଗତଯୌବନା ହେବା ପରେ ମଧ୍ୟ ସେଇପରି ପ୍ରିୟା ରହିବି; ଏପରିକି ମୋର ସନ୍ତାନ ମଧ୍ୟ ତୁମର ସ୍ନେହରୁ ବଞ୍ଚିତ ହେବ ନାହିଁ।

ଣଚ୍ଚଣ-ସଲାହଣ-ଣିହେଣ ପାସ-ପରିସଂଠିଆ ଣିଉଣ-ଗୋବୀ।
ସରିସ-ଗୋବିଆଣଁ ଚୁମ୍ବଇ କବୋଲ-ପଡ଼ିମା-ଗଅଂ କଣ୍ହଂ ।୧୪।
(ନର୍ତ୍ତନ-ଶ୍ଲାଘନ-ନିଭେନ ପାର୍ଶ୍ୱ-ପରିସଂସ୍ଥିତା ନିପୁଣ-ଗୋପୀ।
ସଦୃଶ-ଗୋପୀକାନାଂ ଚୁମ୍ବତି କପୋଲ-ପ୍ରତିମା-ଗତଂ କୃଷ୍ଣମ୍।) - ଗୁବର

ନୃତ୍ୟ-ପ୍ରଶଂସା ଛଳରେ ପାର୍ଶ୍ୱଗତା କୌଣସି ନିପୁଣ ଗୋପୀ ସଦୃଶ-ଗୋପୀଗଣଙ୍କ କପୋଳପ୍ରତିମାଗତ କୃଷ୍ଣଙ୍କୁ ଚୁମ୍ବନ କରୁଅଛି।

ବ୍ୟାଖ୍ୟା - ନିପୁଣ ବ୍ୟକ୍ତିର ଅସାଧ୍ୟ କ'ଣ ? ଯେକୌଣସି ପରିସ୍ଥିତିରେ ସେ ସ୍ୱ ଅଭିଳକ୍ଷିତ କାର୍ଯ୍ୟ ସାଧନ କରିପାରେ। ରାସନୃତ୍ୟକାଳରେ ବ୍ରଜବାଳାଗଣ ମଣ୍ଡଳାକାରରେ ନୃତ୍ୟରତ, ମଧ୍ୟରେ କୃଷ୍ଣ। ହଲ୍ଲୀଷକର ହିଲ୍ଲୋଳରେ ଗୋପୀମାନଙ୍କର ଅଙ୍ଗ ତାଳେ ତାଳେ ଦୋଳାୟିତ। ଏତିକିବେଳେ ନୃତ୍ୟରତା ଗୋପୀମାନଙ୍କର କପୋଳଦେଶରେ ପ୍ରତିବିମ୍ବିତ କୃଷ୍ଣଙ୍କ ପ୍ରତିମାକୁ କେଉଁ ଜଣେ ଗୋପୀ ନୃତ୍ୟପ୍ରଶଂସା କରିବା ଛଳରେ ଚୁମ୍ବନ କଲା। ଅନ୍ୟ ଗୋପୀମାନେ ଜାଣିଲେ, ସେ ନୃତ୍ୟଶ୍ଲାଘା କରି ଆନନ୍ଦରେ ବଧାଇ ସୂଚକ ଚୁମ୍ବନ ଦେଉଛି, କୃଷ୍ଣ ଜାଣିଲେ ତାଙ୍କ ପ୍ରତି ଅନୁରାଗରେ ତାଙ୍କର ପ୍ରତିବିମ୍ବକୁ ଚୁମ୍ବନ କରୁଛି। ଅନ୍ୟ ସମସ୍ତଙ୍କ ଅଲକ୍ଷିତରେ ଚତୁରା ଗୋପୀ ସ୍ୱାଭୀଷ୍ଟ ପୂରଣ କରିନେଲା।

ସବ୍‌ବତ୍‌ଥା ଦିସା-ମୁହ ପସାଁରି ଏହିଁ ଅଣ୍ଣୋଣ୍ଣ-କଡଅ-ଲଗ୍‌ଗେ ହିଂ।
ଛଲ୍ଲିଂ ବ୍‌ବ ମୁଅଇ ବିଂଝୋ ମେହେହିଁ ବିସଂଘଡନ୍ତେହିଂ।୧୫।
(ସର୍ବତ୍ର ଦିଶା-ମୁଖ-ପ୍ରସୃତୈରନ୍ୟୋନ୍ୟ-କଟକ-ଲଗ୍ନୈଃ।
ଛଲ୍ଲୀମିବ ମୁଞ୍ଚତି ବିନ୍ଧ୍ୟୋ ମେଘୈର୍ବିସଂଘଟମାନୈଃ ।।)-କମଳ

ବିନ୍ଧ୍ୟ ପର୍ବତର ପ୍ରତି ନିତମ୍ବରେ ଲଗ୍ନ ମେଘମାଳା ପରସ୍ପରଠାରୁ ଅଲଗା ହୋଇ ସମସ୍ତ ଦିଗମାନଙ୍କରେ ଏପରି ପ୍ରସାରିତ ହୋଇଗଲେଣି; ସତେକି ବିନ୍ଧ୍ୟ ନିଜ ଶରୀରରୁ ଛାଲ ତ୍ୟାଗ କରିଲାଗିଛି।

ବ୍ୟାଖ୍ୟା - ପ୍ରବାସୀ ପ୍ରତି ପ୍ରିୟାର ଉକ୍ତି। ଆଷାଢ଼ର ପ୍ରଥମ ଦିବସରେ ମେଘର ବପ୍ରକ୍ରୀଡ଼ା କାଳିଦାସ ରାମଗିରିରେ ଦେଖି କଣ୍ଠାଶ୍ଳେଷ ପ୍ରଣୟିନୀ ଜନଙ୍କର ବେଦନାର କାବ୍ୟ 'ମେଘଦୂତ' ରଚନା କରିଥିଲେ। ବିନ୍ଧ୍ୟ ପାଦଦେଶରେ ଥିବା ପଲ୍ଲୀଗ୍ରାମର ନାୟିକା ବିନ୍ଧ୍ୟାଚଳରେ ନବମେଘମାଳାର ସମାରୋହ ଦୃଶ୍ୟ ପ୍ରତି ପ୍ରବାସ ଗମନେଚ୍ଛୁ ପ୍ରିୟର ଦୃଷ୍ଟି ଆକର୍ଷଣ କରି ବିରହ-ଉତ୍‌କଣ୍ଠାରେ କହିଛି- ଏଇ ଦେଖ, ପର୍ବତର କଟକେ କଟକେ ପ୍ରଥମ ମେଘ ସମାଗମର ଦୃଶ୍ୟ। ସୈନ୍ୟମାନେ ପ୍ରଥମେ ଶିବିରରେ ମିଳିତ ହୋଇ ତା'ପରେ ବିଭିନ୍ନ ଦିଗରେ ପ୍ରେରିତ ହୁଅନ୍ତି। ଆଜି ନବବର୍ଷରେ ବିନ୍ଧ୍ୟ ଏକ ସୈନ୍ୟ ଛାଉଣୀରେ ପରିଣତ ହୋଇଛି। ସେଠାରୁ ସେମାନେ ଚତୁର୍ଦ୍ଦିଗରେ ବ୍ୟାପ୍ତ ହୋଇ ଯାଉଛନ୍ତି। ପବନ ବେଗରେ ଘୂରି ଘୂରି ନିମ୍ନ ଆକର୍ଷଣରେ ଖସି ପଡୁଥିବା ମେଘଖଣ୍ଡ ଛଳରେ ବିନ୍ଧ୍ୟ ପାହାଡ଼ ନିର୍ମୋକ୍ତକ ତ୍ୟାଗ କଲାପରି ପ୍ରତୀତ ହେଉଛି। ହେ ଗୁଣମଣି, ଏପରି ସମୟରେ ପ୍ରବାସ ଗମନ କୌଣସି ରୂପେ ତୁମ ପକ୍ଷେ ଆଚରଣୀୟ ନୁହେଁ। ଘୋର ଦୁର୍ଦ୍ଦିନ ମାଡ଼ିଆସିବ। ହାୟ, ମୁଁ କିପରି ବଞ୍ଚିବି! ବିନ୍ଧ୍ୟର ଏ ରମଣୀୟ ଉଲ୍ଲାସମୟ ପ୍ରାବୃଟ ଶୋଭା ଓ ବର୍ଷାର ଏକାନ୍ତ ଦିନଗୁଡ଼ିକ ବ୍ୟର୍ଥ ଯିବ ସିନା!

ଆଲୋଅନ୍ତି ପୁଲିନ୍ଦା ପବ୍‌ବଅ-ସିହରଟ୍ଠିଆ ଧଣୁ-ଣିସଣ୍ଣା।
ହତ୍ଥି-ଉଲେହିଁ ବ ବିଂଝଂ ପୂରିଜ୍ଜନ୍ତଂ ଣବବ୍‌ଭେହିଂ।୧୬।
(ଆଲୋକୟନ୍ତି ପୁଲିନ୍ଦାଃ ପର୍ବତ-ଶିଖର-ସ୍ଥିତା ଧନୁର୍ନିଷଣ୍ଣାଃ।
ହସ୍ତି-କୁଲୈରିବ ବିନ୍ଧ୍ୟଂ ପୂର୍ଯମାଣଂ ନବାଭ୍ରୈଃ।)-ହଲିକ

ପର୍ବତ ଶିଖରରେ ଉଭା ହୋଇ ଧନୁର୍ଦ୍ଧର ପୁଲିନ୍ଦ ହସ୍ତିସମୂହ ସଦୃଶ କୃଷ୍ଣକାୟ ନବମେଘମାଳାରେ ପରିପୂରିତ ବିନ୍ଧ୍ୟ ପର୍ବତକୁ ଦେଖୁଛି।

ବ୍ୟାଖ୍ୟା - ପୂର୍ବ ବର୍ଣ୍ଣନା ଭଳି ଉକ୍ତ ଗାଥାରେ ମଧ୍ୟ ବିନ୍ଧ୍ୟପର୍ବତର ବର୍ଷାକାଳୀନ ଦୃଶ୍ୟ ଅଙ୍କିତ। ବିନ୍ଧ୍ୟ ପାହାଡ଼ ଆଡ଼କୁ ଦଳ ଦଳ କୃଷ୍ଣଛାୟା ଜଳଭରା ମେଘ ଭାସି ଆସୁଛନ୍ତି। ସେଗୁଡ଼ିକ କ୍ରୀଡ଼ାଲୋକ କରୀ-କରଭ ଭଳି ପ୍ରତୀତ ହେଉଛନ୍ତି। ବିନ୍ଧ୍ୟାରଣ୍ୟରେ ବାସ କରୁଥିବା ପୁଲିନ୍ଦ ଯୁବା ଧନୁକୁ ପର୍ବତ ଚଟାଣରେ ରଖି ତା ଉପରେ ଭରା ଦେଇ ଭାସିଆସୁଥିବା ମେଘମାଳା ଆଡ଼କୁ ଚାହିଁ କେତେ କ'ଣ ଭାବିଲାଗିଛି। ବିନ୍ଧ୍ୟ ଗହନରେ ସେ ହୁଏତ ମୃଗୟା ଉଦ୍ଦେଶ୍ୟରେ ବାହାରିଛି। ପ୍ରକୃତିର କ୍ରୀଡ଼ା ପ୍ରତି ତା ମନରେ ସହଜ ଉତ୍ସୁକ ଭାବ ଜାଗିଛି। ମୁଗ୍ଧ ବନେଚର ଯୁବା ଭାବୁଛି- ପ୍ରକୃତିର ଏ କି ମାୟା!

ବଣ-ଦବ-ମସି-ମଇଲଙ୍ଗୋ ରେହଇ ବିଂଝୋ ଘଣେହିଁ ଧବଲେହିଂ।
ଖୀରୋଅ-ମନ୍ଥଣୁଚ୍ଛାଲିଅ-ଦୁଦ୍ଧସିତ୍ତୋ ବ୍‌ବ ମହୁ-ମହଣୋ ।୧୭।

(ବନ-ଦବ ମଷୀ-ମଳିନାଙ୍ଗୋ ରାଜତେ ବିନ୍ଧ୍ୟୋ ଘନୈର୍ଧବଳୈଃ ।
କ୍ଷୀରୋଦ-ମଥନୋଚ୍ଛଳିତ-ଦୁଗ୍‌ଧ-ସିକ୍ତ ଇବ ମଧୁ-ମଥନଃ ।) - ହାଳ

ଦାବାନଳ ମସି ଦ୍ୱାରା ମଳିନାଙ୍ଗ ବିନ୍ଧ୍ୟାଚଳ ଧବଳ ମେଘମାଳା ଦ୍ୱାରା କ୍ଷୀରସାଗର ମନ୍ଥନରୁ ଉଚ୍ଛଳିତ ଦୁଗ୍‌ଧସିକ୍ତ ମଧୁମଥନ ବିଷ୍ଣୁଙ୍କ ଭଳି ଶୋଭାପାଉଛି ।

ବ୍ୟାଖ୍ୟା - ଶରତ୍ ଆଗମନର ସୂଚନା ଦେଇ ସଖୀର ପ୍ରୋଷିତପତିକାକୁ ସାନ୍ତ୍ୱନା । ଦାବାନଳର କାଳିମାରେ ମଳିନ ଅଙ୍ଗ ବିନ୍ଧ୍ୟାଚଳରୁ ନୀଳବିଗ୍ରହରେ ଧଳା ମେଘଖଣ୍ଡ ଲାଗି ରହି କ୍ଷୀରସାଗର ମନ୍ଥନ ଶେଷରେ ଦୁଗ୍‌ଧସିକ୍ତ ବିଷ୍ଣୁଙ୍କର ବିଗ୍ରହ ଭଳି ପ୍ରତୀତ ହେଉଛି । ରାଧାନାଥଙ୍କ 'ତୁଳସୀ ସ୍ତବକ'ରେ ଅନୁରୂପ ବର୍ଣ୍ଣନା ମିଳେ -

ଠାବେ ଠବେ ଶଇଳ-ନୀଳବିଗ୍ରହେ
ଧବଳ ଅଭ୍ରଖଣ୍ଡ କି ଶୋଭା ବହେ !
ଚିତ୍ତେ ହୁଅଇ ପ୍ରତେ ପଡ଼ିଛି ଟିକି
କ୍ଷୀରୋଦ-ଫେଣ ବିଷ୍ଣୁ ଅଙ୍ଗେ ଛିଡ଼ିକି ।

ପର୍ବତର ନୀଳ ବିଗ୍ରହ ଧଳାମେଘମାଳାରେ ଆବୃତ ଓ ବିଷ୍ଣୁଙ୍କ ମନ୍ଥନ ଉଚ୍ଛଳିତ ଦୁଗ୍‌ଧସିକ୍ତ ବିଗ୍ରହ- ଦୁଇଟି ମଧ୍ୟରେ ଉପମା-ସାମ୍ୟ ପ୍ରତିଷ୍ଠିତ । ଧବଳମେଘ ବର୍ଷାଶେଷ ସୂଚନାଦିଏ । ସଖୀର ତାତ୍ପର୍ଯ୍ୟ, ତୋର ପ୍ରିୟ ଏଥର ପ୍ରବାସରୁ ନିର୍ବିଘ୍ନରେ ଫେରି ଆସିବେ ।

ବନ୍ଦୀଅ ଣିହଅ-ବନ୍ଧବ-ବିମଣାଇ ବି ପକ୍‌କଲୋ ତ୍ତି ଚୋର-ଜୁଆ ।
ଅଣୁରାଏଣ ପଲୋଇଅଁ ଗୁଣେସୁ କୀ ମଚ୍ଛରଂ ବହଇ । ୧୮ ।
(ବନ୍ଦ୍ୟା ନିହତ-ବାନ୍ଧବ-ବିମନସ୍କୟାପି ପ୍ରବୀର ଇତି ଚୋର-ଯୁବା ।
ଅନରାଗେଣ ପ୍ରଲୋକିତା ଗୁଣେଷୁ କୋ ମତ୍ସରଂ ବହତି ।)-ହାଳ

ବାନ୍ଧବମାନେ ନିହତ ହେବା ପରେ ବିମନସ୍କ ହେଲେ ମଧ ବନ୍ଦିନୀ ଯୁବତୀ ଚୋର ଯୁବକକୁ ପ୍ରବୀର ମନେକରି ଅନୁରାଗପୂର୍ଣ୍ଣ ଦୃଷ୍ଟିରେ ଦେଖୁଥିଲା - ଗୁଣବୈଭବରେ କାହାର ମାତ୍ସର୍ଯ୍ୟ ଜାତ ହୁଏ ?

ବ୍ୟାଖ୍ୟା - ଦସ୍ୟୁ-ଯୁବା ପ୍ରତି ଅନୁରାଗିଣୀ ବନ୍ଦିନୀ ନାୟିକାର ଗୁଣାନୁରାଗର ପ୍ରଶଂସା କରି ସଖୀ ଉକ୍ତି । ନିଜର ବୋଲି ଯେଉଁମାନେ ଥିଲେ ସମସ୍ତେ ଦସ୍ୟୁ ହାତରେ ନିହତ ହୋଇଛନ୍ତି । ସେ ନିଜେ ବି ବନ୍ଦିନୀ । ମନରେ ଗଭୀର ଦୁଃଖ ଓ ଉଦ୍‌ବେଗ । ଦସ୍ୟୁ-ଯୁବକର ବଳ ବିକ୍ରମ ଲକ୍ଷ୍ୟ କରି ତା ପ୍ରତି ଅନୁରାଗ ଜାତ ହୋଇଛି । ଗୁଣରେ ଦ୍ୱେଷ କାହିଁ ? ଅନୁରାଗ ସ୍ୱଭାବଜ; ସ୍ୱଭାବିନିୟମରେ ତାହା ଶତ୍ରୁ ମିତ୍ର ନିର୍ବିଶେରେ ହୃଦୟରେ ଅଙ୍କୁରିତ ହୁଏ । ନାୟିକା ଦସ୍ୟୁ-ଯୁବାର ଗୁଣରେ ମୁଗ୍‌ଧ ହୋଇ ସପ୍ରଶଂସା ନେତ୍ରରେ ଚାହିଁରହିଛି ।

ଅଜ୍ଜ କଇମୋ ବି ଦିଅହୋ ବାହ-ବହୂ ରୂବ-ଜୋବ୍ବଣୁମ୍ମତ୍ତା।

ସୋହଗ୍ଗଂ ଧଣୁ-ରୁମ୍ପ-ଛଲେଣ ରଚ୍ଛାସୁ ବିକ୍କିରଇ ।୧୯।

(ଅଦ୍ୟ କତମୋଽପି ଦିବସୋ ବ୍ୟାଧ-ବଧୂ ରୂପ-ଯୌବନୋନ୍ମତ୍ତା।

ସୌଭାଗ୍ୟଂ ଧନୁସ୍ତ୍ୱକ୍- ଛଳେନ ରଥ୍ୟାସୁ ବିକିରତି।)-ହାଳ

ଆଜିକି କେତେ ଦିନ ହୋଇଗଲାଣି ରୂପଯୌବନରେ ଉନ୍‌ମତ୍ତା ବ୍ୟାଧବଧୂ ଧନୁର ସୂକ୍ଷ୍ମତ୍ୱକ୍ ନିକ୍ଷେପ ଛଳରେ ରଥ୍ୟା ଉପରେ ସୌଭାଗ୍ୟ ଦେଖାଇବୁଲୁଛି।

ବ୍ୟାଖ୍ୟା - କୌଣସି ବ୍ୟାଧ ପଲ୍ଲୀର ରସିକ ସହଚର ଦ୍ୱୟଙ୍କର କଥୋପକଥନ। ରୂପ ଯୌବନସଂପନ୍ନା ପତ୍ନୀ ସହ ରମଣ ଫଳରେ ବ୍ୟାଧଯୁବା ଅତ୍ୟନ୍ତ ଦୁର୍ବଳ ହୋଇପଡ଼ିଥିବାରୁ ପୃଥୁଳ ଓ ଗୁରୁଭାର ଧନୁ ଧାରଣରେ ଅସମର୍ଥ ହୋଇପଡ଼ିଛି। ତେଣୁ ଧନୁକୁ ଲଘୁଭାର କରିବାପାଇଁ ସେ ଧନୁର ସର୍ବାଂଶରୁ ଛେଲା ଛେଲା କାଟି ପକାଇଛି। ସେଇ କଟା ଅଂଶଗୁଡ଼ିକୁ ବ୍ୟାଧବଧୂ ଘର ବାହାର ରାସ୍ତାରେ ଫିଙ୍ଗିଦେବା ଛଳରେ ନିଜର ସୌଭାଗ୍ୟଗର୍ବ ପ୍ରଦର୍ଶନ କରି ଲାଗିଛି। ସହଚରଦ୍ୱୟ ତାହାର ସୌଭାଗ୍ୟଗର୍ବର କାରଣ ଅନୁସଂଧାନ କରି ଜାଣିପାରିଛନ୍ତି ଯେ ବ୍ୟାଧବଧୂ ସ୍ୱାମୀର ମନୋହାରିଣୀ ହୋଇପାରିଛି।

ଉକ୍‌ଖିପଇ ମଣ୍ଡଲି-ମାରୁଏଣ ଗେହଙ୍ଗଣାହି ବାହୀଏ।

ସୋହଗ୍ଗ-ଧଅ-ବଡ଼ାଅ ବ୍ବ ଧଣୁ-ରୁମ୍ପ-ରିଞ୍ଚୋଲୀ ।୨୦।

(ଉତ୍‌କ୍ଷିପ୍ୟତେ ମଣ୍ଡଳି-ମାରୁତେନ ଗେହାଙ୍ଗଣାତ୍ ବ୍ୟାଧସ୍ତ୍ରିୟାଃ।

ସୌଭାଗ୍ୟ-ଧ୍ୱଜ-ପତାକା ଇବ ପଶ୍ୟତ ଧନୁଃ-ସୂକ୍ଷ୍ମ ତ୍ୱକ୍ ପଂକ୍ତିଃ।) - ହାଳ

ଏଇ ଦେଖ, ବ୍ୟାଧବଧୂର ଗୃହାଙ୍ଗନରୁ ସୌଭାଗ୍ୟ-ଧ୍ୱଜ-ପତାକା ଭଳି ଧନୁର ସୂକ୍ଷ୍ମତ୍ୱକ୍ ପଙ୍‌କ୍ତି ମଣ୍ଡଳ ପବନ ଉଡ଼ାଇ ଲାଗିଛି।

ବ୍ୟାଖ୍ୟା - ପୂର୍ବ ଗାଥାର ଅନୁରୂପ ବର୍ଣ୍ଣନା। ବ୍ୟାଧ-ବନିତାର ଅଙ୍ଗନରୁ ଘୂର୍ଣ୍ଣିବାୟୁ ଧନୁରୁ ଛଡ଼ାଯାଇଥିବା ସୂକ୍ଷ୍ମ ଛେଲିଗୁଡ଼ିକୁ ଉଡ଼ାଇ ନେଇ ଯାଉଛି ଓ ତାହା ବ୍ୟଧବଧୂର ସୌଭାଗ୍ୟ-ବିଜୟ-ରଥର ପତାକା ସଦୃଶ ପ୍ରତୀତ ହେଉଛି। ଏଠାରେ ମଧ୍ୟ ବ୍ୟାଧର ଧନୁ ବହନରେ ଅସାମର୍ଥ୍ୟ ବ୍ୟଂଜିତ।

ଗଅ-ଗଣ୍ଡ-ତ୍‌ଥଲ-ଣିହସଣ-ମଅ-ମଇଲୀକଅ-କରଞ୍ଜ-ସାହାହିଂ

ଏତ୍ତୀଅ କୁଲ-ହରାଓ ଣାଣଂ ବାହୀଅ ପଇ-ମରଣଂ । ୨୧ ।

(ଗଜ-ଗଣ୍ଡ-ସ୍ଥଳ-ନିଘର୍ଷଣ-ମଦ-ମଳିନୀକୃତ-କରଞ୍ଜ-ଶାଖାଭିଃ।

ଆଗଚ୍ଛନ୍ତ୍ୟା କୁଳ ଗୃହାତ୍ ଜ୍ଞାତଂ ବ୍ୟାଧସ୍ତ୍ରିୟା ପତି-ମରଣମ୍।)-ଗନ୍ଧରାଜ

ବ୍ୟାଧବଧୂଟି ପିତୃଗୃହରୁ ଫେରିଆସି ହାତୀର ଗଣ୍ଡସ୍ଥଳର ଘର୍ଷଣରେ ମଦ ମଳିନୀକୃତ କରଂଜ ଶାଖାସମୂହକୁ ଦେଖି ପତି-ମରଣ ବିଷୟ ଜାଣିପାରିଥିଲା।

ବ୍ୟାଖ୍ୟା - ଅନୁମାନବଳରେ ଅନେକ କଥା ଜାଣିହୁଏ; ଯଥା - କୌଣସି ବ୍ୟାଧପତ୍ନୀ ଯେତେବେଳେ ପିତା-ଘରୁ ଅନେକ ଦିନ ପରେ ଫେରିଆସି କରଂଜ ଗଛ ଶାଖାଗୁଡ଼ିକୁ ହାତୀର ଗଣ୍ଡସ୍ଥଳ ଘର୍ଷଣରୁ ଜାତ ମଦିରା ଦ୍ୱାରା ମଳିନ ହୋଇଥିବା ଦେଖିଲା; ସେତେବେଳେ ତାର ବୁଝିବାକୁ ବାକି ରହିଲା ନାହିଁ ଯେ ପତି ଆଉ ଜୀବନରେ ନାହିଁ। ଘର ପାଖର କରଂଜ ଗଛ ଶାଖାକୁ ହାତୀ ଆସି ଭାଙ୍ଗି ଦେଲା ବା ଗର ପାଖକୁ ହାତୀ ଆସିଥିଲା; ସ୍ୱାମୀ ଘରେ ଥିଲେ ଏପରି ଉପଦ୍ରବ ଘଟି ନଥାନ୍ତା। ଅବଶ୍ୟ ହାତୀ ସ୍ୱାମୀଙ୍କୁ ମାରିଦେଇଛି। କପୋଳକଣ୍ଡୁ ଦୂର କରିବା ପାଇଁ ହାତୀ ବୃକ୍ଷ ଦେହରେ ଗଣ୍ଡ ଘର୍ଷଣ କରେ ଓ ତାର ଗଣ୍ଡରୁ ମଦିରା ଝରିଥାଏ।

ଣବ-ବହୁ-ପେମ୍ମତଣୁଇଓ ପଣଅଂ ପଢ଼ମ-ଘରଣୀଅ ରକ୍‌ଖନ୍ତୋ।
ଆଳିହିଅ-ଦୁପ୍‌ପରିଲ୍ଲଂ ପି ଣେଇ ରଣ୍ଣଂ ଧଣୁଂ ବାହୋ ।୨୨।
(ନବ-ବଧୂ-ପ୍ରେମ-ତନୂକୃତଃ ପ୍ରଣୟଂ ପ୍ରଥମ-ଗୃହିଣ୍ୟ ରକ୍ଷନ୍।
ତନୂକୃତ-ଦୂରାକର୍ଷଂ ଅପି ନୟତି ଅରଣ୍ୟଂ ଧନୁବ୍ୟାଧଃ।) = କର୍ଣ୍ଣପୁତ୍ର

ନବବଧୂର ପ୍ରେମରେ ଅତି କୃଶତନୁ ହେଲେ ମଧ୍ୟ ବ୍ୟାଧ ପ୍ରଥମ ଗୃହିଣୀର ପ୍ରଣୟ ରକ୍ଷା କରିବାପାଇଁ କ୍ଷୀଣ କରାଯାଇଥିବା ଦୁରାକର୍ଷ ଧନୁ ଧରି ବନକୁ ଯାଉଛି।

ବ୍ୟାଖ୍ୟା - ଦ୍ୱିତୀୟାର ଆଗମନରେ ପ୍ରଥମା ପତ୍ନୀର ପ୍ରଣୟରେ ଭଟ୍ଟା ପଡ଼େ ନାହିଁ। ଅବଶ୍ୟ ନବବଧୂର ପ୍ରେମରେ ଅଧିକ ମାଦକତା ଥାଏ। କାରଣ ତାର ରୂପଯୌବନ ପତିର ମନକୁ ବାନ୍ଧିରଖେ; ମାତ୍ର ଅତି ପ୍ରଥମା ପ୍ରତି ସହଜ ପ୍ରଣୟଭାବ ବ୍ୟକ୍ତ କରିପାରନ୍ତି। କୌଣସି ବ୍ୟାଧ ନବବଧୂର ପ୍ରେମରେ ଦୁର୍ବଳ ହୋଇପଡ଼ିଥିଲେ ମଧ୍ୟ ପ୍ରଥମାର ମିନତି ହେତୁ ପତଳା କରାଯାଇଥିବା ତଥା କଷ୍ଟରେ ଆକର୍ଷଣ କରାଯାଇଥିବା ଧନୁ ଧରି ବନକୁ ଶିକାର କରିବାକୁ ଯାଉଛି। ଏଇ ଧନୁ ସହିତ ପ୍ରଥମାର ପ୍ରଥମ-ଯୌବନର ସ୍ମୃତି ଜଡ଼ିତ। ଦୁର୍ବଳ ଶରୀରରେ ଓଜନିଆ ଧନୁ ବହନ କରି ବ୍ୟାଧ ପ୍ରଥମା ପ୍ରିୟାର ବିଜୟଗୀତି ଗାନ କରି ବନପଥରେ ଚାଲିଛି।

ହାସାବିଅ ଜଣୋ ସାମଲୀଅ ପଢ଼ମଂ ପସୂଅମାଣାଏ।
ବଲ୍ଲହ-ବାଏଣ ଅଲଂ ମମ ତ୍ତି ବହୁସୋ ଭଣନ୍ତୀଏ । ୨୩ ।
(ହାସିତୋ ଜନଃ ଶ୍ୟାମୟା ପ୍ରଥମଂ ପ୍ରସୂୟମାନୟା।
ବଲ୍ଲଭ-ବାଦେନ ଅଲଂ ମମେତି ବହୁଶୋ ଭଣନ୍ତ୍ୟା।) - ଅନୁରାଗ

"ପ୍ରିୟତମଙ୍କ କଥାରେ ମୋର କୌଣସି ପ୍ରୟୋଜନ ନାହିଁ"- ପ୍ରଥମ ପ୍ରସୂତୀ ଶ୍ୟାମା ବହୁବାର ଏହିପରି କହି ଲୋକଙ୍କୁ ହସାଇଲା।

ବ୍ୟାଖ୍ୟା - ପ୍ରଥମ ଥର ମାତୃତ୍ୱ ଲାଭ କରିଥିବା ନାୟିକାର ସଖୀମାନଙ୍କ

ଭିତରେ ଆଲୋଚନା ପଡିଛି - ଆମ ଶ୍ୟାମଳୀ ସଖୀର କଥା କ'ଣ କହିବା- ପ୍ରସବ ପରେ ତା ଆଗରେ ପ୍ରିୟତମଙ୍କ କଥା କହିଲେ ସେ ବିତୃଷ୍ଣାରେ ତାଙ୍କ ନାମ ତା ଆଗରେ ନ ଧରିବାକୁ କହୁଛି। ମାତ୍ର ସମସ୍ତେ ଦେଖିବ, କିଛି ଦିନ ଯାଉ, ସେଇ ପୁଣି ସବୁ ଭୁଲିଯାଇ ପ୍ରିୟ-ସଙ୍ଗମରେ ଉତ୍ସୁକା ହୋଇଉଠିବ, ପୁଣି ଗର୍ଭ-ଧାରଣ କରିବ। ସବୁ ନାରୀ ପ୍ରସବ-ବେଦନା ଦୃଷ୍ଟିରୁ ଏପରି କହିଥାନ୍ତି। ଯେଉଁ କୁମାରୀ ବର କଥା ବା ବାହାଘର କଥା ଶୁଣିଲେ ମାରିଗୋଡ଼ାଉଥାଏ, ସେ ପୁଣି ବିବାହର ଏକ ବର୍ଷ ପୂରିବାବେଳକୁ ସନ୍ତାନ କୋଳରେ ଧରି ସାଙ୍ଗ-ସଜନୀମେଳକୁ ଫେରିଆସେ। ଏଥିରେ ଲୋକେ ହସିବେ ନାହିଁ?

କଇଅବ-ରହିଅଂ ପେମ୍ମଂ ଣ ଡ୍‌ଥି ବ୍‌ବିଅ ମାମି ମାଣୁସେ ଲୋଏ।
ଅଇ ହୋଇ କସ୍‌ସ ବିରହୋ ବିରହେ ହୋନ୍ତମି କୋ ଜିଅଇ । ୨୪ ।
(କୈତବ-ରହିତଂ ପ୍ରେମ ନାସ୍ତ୍ୟେବ ମାତୁଳାନି ମାନୁଷେ ଲୋକେ।
ଅଥ ଭବତି କସ୍ୟ ବିରହୋ ବିରହେ ଭବତି କୋ ଜୀବତି।)- ରାମ

ଆଗୋ ମାଇଁ, ଏ ଜଗତରେ ଛଳନା-ଶୂନ୍ୟ ପ୍ରେମ ନାହିଁ କହିଲେ ଚଳେ। ଏପରି ହୋଇଥିଲେ କାହାର କାହା ପାଇଁ ବିରହ ହୋଇଥାଏ? ବିରହ ହେଉଥିଲେ କିଏ ଜୀବିତ ରହିପାରୁଥାନ୍ତା?

ବ୍ୟାଖ୍ୟା - ପ୍ରୋଷିତ ପତିକାର ମାଇଁ ପ୍ରତି ଉକ୍ତି- ଆଗୋ ମାଇଁ, ଏ ସଂସାରରେ ପ୍ରେମ ଅଛି; ଯେଉଁଥିରେ ଛଳନା ନାହିଁ, ସେ କଥା ମୋ ଆଗରେ କହନା, ତାହା ସବୁ ମିଥ୍ୟାକଥାର ଚନ୍ଦ୍ରଉଦିଆ, ଭେଳିକି; ଆଉ କାହା ଆଗରେ କହିଲେ ସେ ବିଶ୍ୱାସ କରିବ। ମୁଁ ପିଲା ଛୁଆ ନୁହେଁ ଯେ ସେ କଥାରେ ବିଶ୍ୱାସ କରିବି। ଶୁଦ୍ଧ ନିର୍ମଳ ପ୍ରେମରେ ବିରହ କାହିଁ? ତୁମେ ମୋତେ ସବୁଦିନେ କହିଆସୁଛ, ସେ ନିଶ୍ଚୟ ଫେରିଆସିବେ। ଏଇ ତ ସେ କଷ୍ଟ ଦେଇ ଯାଇଥିଲେ; କାହିଁ ଫେରିଆସିଲେ ତ ନାହିଁ? ତେଣୁ ମୁଁ କହୁଛି, ସବୁ ଭୁଲ, ସବୁ ସ୍ୱାର୍ଥପୂର୍ଣ୍ଣ। କେବଳ ସେ କାହିଁକି, ସମଗ୍ର ମନୁଷ୍ୟଲୋକ ଏଇ ଛଳନା ଓ ସ୍ୱାର୍ଥରେ ଚାଳିତ। ଜଗତର ପ୍ରେମ ଆବିଳ ମାଇଁ! ନିର୍ମଳ ପ୍ରେମ ଏ ଜଗତେ ନାହିଁ। ବିରହରେ ଯେ ଜୀବନ କିପରି ରହେ ମୁଁ ଭାବି ଭାବି କୂଳକିନାରା ପାଉ ନାହିଁ। ମୁଁ ତ ବିରହରେ ବଞ୍ଚିଛି; ସେ ମଧ୍ୟ ବଞ୍ଚିଛନ୍ତି। ବିରହରେ କିଏ କେଉଁଠି ମଲାଣି?

ଅଚ୍ଛେରଂ ବ ଣିହିଂ ବିଅ / ସଗ୍‌ଗେ ରଜ୍ଜଂ ବ ଅମଅ-ପାଣଂ ବ।
ଆସି ମ୍ହ ତଂ ମହୁତ୍ତଂ ବିଣିଅଂସଣ-ଦଂସଣଂ ତୀଏ । ୨୫ ।
(ଆଶ୍ଚର୍ଯ୍ୟମିବ ନିଧିମିବ ସ୍ୱର୍ଗେ ରାଜ୍ୟମିବ ଅମୃତ-ପାନମିବ।
ଆସୀଦସ୍ମାକଂ ଉନ୍ମୁହୂର୍ତ୍ତଂ ବିନିବସନ-ଦର୍ଶନଂ ତସ୍ୟାଃ।) - ରାମ

ବିବସନ ଅବସ୍ଥାରେ ତାର ଦର୍ଶନ ମୋତେ ସେଇ ମୁହୂର୍ତ୍ତରେ ଆଶ୍ଚର୍ଯ୍ୟରୂପ, ନିଧିଲାଭରୂପ, ସ୍ୱର୍ଗରାଜ୍ୟଲାଭ ରୂପ ଓ ଅମୃତପାନ ରୂପ ପ୍ରତୀତ ହୋଇଥିଲା।

ବ୍ୟାଖ୍ୟା - ସ୍ନାନକାଳରେ କୌଣସି ରୂପସୀର ନଗ୍ନକାନ୍ତି ଦର୍ଶନ କରି କୌଣସି ରସିକ ଯୁବା ଯେଉଁ ଅନୁଭୂତି ଲାଭ କରିଥିଲା, ତାହାକୁ ସହଚର ନିକଟରେ ପ୍ରକାଶ କରିଛି - ହେ ସଖା, ମୁଁ ତାହାକୁ ଯେତେବେଳେ ଏକାନ୍ତ ସ୍ଥାନରେ ସ୍ନାନକାଳରେ ନଗ୍ନ ଅବସ୍ଥାରେ ଦେଖିଲି ସେ ମୁହୂର୍ତ୍ତର ଅନୁଭୂତି କ'ଣ କହିବି ! ତାହାର ସେଇ ନଗ୍ନ-ସୌନ୍ଦର୍ଯ୍ୟ ସ୍ୱର୍ଗର ଫଳ; ତାହାକୁ ଦେଖି ବକ୍ଷ ଶୀତଳ ହୁଏ। ସେପରି ସ୍ଥାନରେ ତାହାକୁ ସେଇ ଅବସ୍ଥାରେ ଦେଖିବି ବୋଲି ମୁଁ ଆଶା କରି ନ ଥିଲି। ପ୍ରଥମେ ମୋର ମହାବିସ୍ମୟ ଜାତ ହେଲା। ମୋତେ ଲାଗିଲା ମୁଁ ସତେ ଯେପରି ନିଧି ହାତରେ ପାଇଗଲି। ନିଧି ପାଇଲା ପରେ ମୁଁ ସ୍ୱର୍ଗରାଜ୍ୟ ଲାଭ କଲା ପରି ମନେକଲି; ଏପରିକି ଅମୃତପାନ କରି ଯେଉଁ ଆନନ୍ଦ ମିଳେ ସେଇ ଆନନ୍ଦ ମୁଁ ତାର ବିବସନଶୋଭା ଦେଖି ପାଇଥିଲି।

ସା ତୁଜ୍‌ଝ ବଲ୍ଲହା ତଂ ସି ମଜ୍‌ଝ ବିସୋ ସି ତୀଅ ତୁଜ୍‌ଝ ଅହଂ।
ବାଲଅ ଫୁଡଂ ଭଣାମୋ ପେମ୍ମଂ କିର ବହୁ-ବିଆରଂ ତି ।୨୬।
(ସା ତବ ବଲ୍ଲଭା ତ୍ୱମସି ମମ ଦ୍ୱେଷ୍ୟୋଽସି ତସ୍ୟାସ୍ତବାହମ୍।
ବାଳକ ସ୍ଫୁଟଂ ଭଣାମଃ ପ୍ରେମ କିଳ ବହୁ-ବିକାରମିତ।) - ରଜୁକ

ହେ ବାଳକ, ସେ ତୁମର ପ୍ରିୟତମା, ତୁମେ ମୋର ପ୍ରିୟତମ, ତୁମେ ତାହାର ଦ୍ୱେଷ୍ୟ ଆଉ ମୁଁ ତୁମର ଦ୍ୱେଷ୍ୟ-ସ୍ପଷ୍ଟ କହୁଛି, ପ୍ରେମ ବହୁବିକାରଯୁକ୍ତ ହୋଇଥାଏ।

ବ୍ୟାଖ୍ୟା - ଅନ୍ୟାସକ୍ତ ନାୟକ ପ୍ରତି ନାୟିକାର ଉକ୍ତି - ମୁଁ ତୁମକୁ ନିଜର ଅନୁରାଗର ପାତ୍ର ଭାବୁଥିଲେ ମଧ୍ୟ ତୁମେ ଆଉ ଜଣକୁ ସ୍ନେହ କର; ମାତ୍ର ସେ ତୁମକୁ ଚାହେଁ ନାହିଁ। ଚାହୁଁଥିବା ଲୋକ ପାଉ ନାହିଁ; ଅଥଚ ତୁମ ପ୍ରତି ବିମୁଖ ଲୋକ ପ୍ରତି ସ୍ନେହ ଢାଳିଦେଉଚ ! ତୁମଠାରେ ମୁଁ ମନପ୍ରାଣ ଅର୍ପଣ କରିଛି, ତଥାପି ତୁମର ପ୍ରୀତିଭାଜନ ହୋଇପାରୁନାହିଁ। ପ୍ରେମରାଜ୍ୟରେ ବିକାର ହିଁ ସାର। ତୁମେ ନିତାନ୍ତ ବାଳକ, ସତ୍ୟ ଅସତ୍ୟ ବିଚାର କରିବା ଶକ୍ତି ତୁମର ନାହିଁ। ତୁମକୁ କିପରି ବା ବୁଝାଇବି ? କଣ୍ଟା ଯାହାଠାରେ ଫୁଟେ, ସେ ହିଁ ବ୍ୟଥା ବୁଝେ।

ଅହଅଂ ଲଜ୍ଜାଲୁଇଣୀ ତସ୍‌ସ ଅ ଉମ୍ମଚ୍ଛରାଇଁ ପେମ୍ମାଇଂ।
ସହିଆ-ଅଣୋ ବି ଣିଉଣୋ ଅଲାହି କିଂ ପାଅ-ରାଏଣ। । ୨୭।
(ଅହଂ ଲଜ୍ଜାଳୁଃ ତସ୍ୟ ଚ ଉନ୍ମତ୍ସରାଣି ପ୍ରେମାଣି।
ସଖୀ-ଜନୋଽପି ନିପୁଣୋଽପଗଚ୍ଛ କିଂ ପାଦ-ରାଗେଣ।)

ମୁଁ ଲଜ୍ଜାଶୀଳା ଓ ତାଙ୍କର ପ୍ରେମ ଅତି ଉତ୍‌କଟ; ମୋର ସଖିମାନେ ମଧ୍ୟ

ପ୍ରେମ-ବିଷୟ ଜାଣିବାରେ ଅତି ନିପୁଣା। ତୁ ଏଠାରୁ ଯାଅ, ପାଦରାଗ ପ୍ରୟୋଗରେ ଆବଶ୍ୟକ ନାହିଁ।

ବ୍ୟାଖା - ଚରଣରେ ଅଲକ୍ତରାଗ ଆଙ୍କିବା ପାଇଁ ଉଦ୍ୟତ ପ୍ରସାଧିକା ପ୍ରତି ବଧୂର ଉକ୍ତି - ମୁଁ ଲଜ୍ଜାକାତର କୁଳବଧୂଟିଏ। ମୋର ପ୍ରିୟଙ୍କ ପ୍ରେମର ତୁଳନା ନାହିଁ। ମୋ ପ୍ରତି ତାଙ୍କର ପ୍ରେମ ଏତେ ଉତ୍କଟ ଯେ ଅଳତାବୋଳା ପାଦ ଦେଖିଲେ ସେ କେତେ ରୀତି ଆଚରଣ କରିବେ। ହୁଏତ ବିପରୀତ ପାଇଁ ଅଡ଼ିବସିବେ। ଏତେ କଥାକୁ ମୋର ପାରେ କିଏ ? ମୋର ସହଚରୀମାନେ ମଧ୍ୟ ଖୁବ୍ ଚତୁରା; ସେମାନଙ୍କଠାରେ କିଛି ଅଛପା ରହିବ ନାହିଁ। ଆଗୋ ପ୍ରସାଧିକା, ଅଲକ୍ତରାଗ ଆଙ୍କିବାରେ ତୋର କାର୍ଯ୍ୟ ନାହିଁ; ତୁ ଏଠାରୁ ଯାଅ। ମୋର ପରିହାସରସିକା ସଖିମାନେ ଜାଣିଲେ ମୁଁ ଲଜ୍ଜାରେ ବୁଡିଯିବି।

ମହୁ-ମାସ-ମାରୁଆହଅ-ମହୂଅର-ଝଂକାର-ଣିବ୍ଭଂରେ ରଣ୍ଣେ।
ଗାଅଇ ବିରହକ୍ଖରାଁ ବନ୍ଧ-ପହିଅ-ମଣ-ମୋହଣଂ ଗୋବୀ । ୨୮ ।
(ମଧୁ-ମାସ-ମାରୁତାହତ-ମଧୁକର-ଝଂକାର-ନିର୍ଭରେ ଅରଣ୍ୟେ
ଗାୟତି ବିରହାକ୍ଷରାବଦ୍ଧ-ପଥିକ-ମନୋ-ମୋହନଂ ଗୋପୀ।) - ଶାଳିକ

ବସନ୍ତ ପବନରେ ଆହତ ଭ୍ରମର ଅରଣ୍ୟକୁ ଝଂକାରରେ ପରିପୂର୍ଣ୍ଣ କରିଲାଗିଛି। ଗୋପୀ ମଧ୍ୟ ବିରହାକ୍ଷରଯୁକ୍ତ ପଥିକ-ମନୋମୋହନ ଗୀତ ଗାଉଛି।

ବ୍ୟାଖ୍ୟା - ବିରହଣୀ ନାୟିକାର ଦୂତୀ ନାୟକକୁ କହୁଛି - ହେ ରସଶେଖର, ମଳୟମାରୁତ ଦ୍ୱାରା ତାଡ଼ିତ ଭ୍ରମରକୁଳ ପୁଷ୍ପ ଉପରେ ବସି ମଧୁପାନ କରି ନ ପାରି ଗୁଞ୍ଜନରେ ସମଗ୍ର ବନପ୍ରଦେଶକୁ ଝଂକାରିତ କରିଦେଇଛନ୍ତି। ତା' ସାଙ୍ଗକୁ ଗୋପବାଳା ବିରହଭାବପୂର୍ଣ୍ଣ ଗୀତ ଗାଇ ପଥିକର ମନ ହରଣ କରୁଛି; ଅର୍ଥାତ୍, ପଥିକ ଗୋପୀର ବିରହ-ରାଗିଣୀରେ ନିଜର ପ୍ରିୟତମାକୁ ସ୍ମରଣ କରି ବ୍ୟଥିତ ହେଉଛି। ତୁମେ ତାକୁ ଦର୍ଶନ ଦେଇ ବସନ୍ତ-ବିରହରୁ ରକ୍ଷା କର।

ତହ ମାଣୋ ମାଣ-ଧଣାଏଁ ତୀଅ ଏମେଅ ଦୂରମଣୁବନ୍ଧୋ।
ଜହ ସେ ଅଣୁଣୀଅ ପିଓ ଏକ୍କ-ଗ୍ଗାମ ବ୍ବିଅ ପଉତ୍ଥୋ । ୨୯ ।
(ତଥା ମାନୋ ମାନ-ଧନୟା ତୟା ଏବମେବ ଦୂର ମନୁବନ୍ଧଃ।
ଯଥା ତସ୍ୟା ଅନୁନୀୟ ପ୍ରିୟ ଏକଗ୍ରାମ ଏବେ ପ୍ରୋଷିତଃ।) - ଶାଳିକ

ମାନ-ଧନୀ ସେଇ ପ୍ରିୟାର ମାନ ଏତେ ଦୂର ଦୃଢ଼ ଯେ ତାହାର ପ୍ରିୟ ଅନୁନୟ କରିବା ପରେ ମଧ୍ୟ ଏକା ଗାଁରେ ଥାଇ ପ୍ରବାସୀ ଭଳି ହୋଇଗଲାଣି।

ବ୍ୟାଖ୍ୟା - କଳହାନ୍ତରିତା ନାୟିକାର ସଖିମାନଙ୍କର ଆଲୋଚନ। ପ୍ରିୟର

ଅପରାଧରେ ମାନ ଧାରଣ କରିବା କିମ୍ବ କୌଣସି କାରଣ ନଥାଇ ମାନ କରି ବସିବା ପ୍ରେମିକାର ରୀତି ହେଲେ ହେଁ ଅତି ଦୃଢ଼ ମାନ ଉଭୟଙ୍କ ପକ୍ଷରେ ଲାଭଦାୟକ ହୋଇନଥାଏ। ଏଇ ମାନ-ଧନବତୀ ବଧୂ ପ୍ରିୟର ଶତ ଅନୁନୟ ସତ୍ତ୍ୱେ ମାନ ଦୂର କରି ବଶନ ହେବାରୁ ନିରୁପାୟ ପତି ଆଜି ଭାଗ୍ୟଦୋଷରୁ ସେଇ ଗ୍ରାମରେ ପ୍ରବାସୀ ସାଜି ରହିଛି; ଅର୍ଥାତ୍, ଅନ୍ୟତ୍ର ଶୟନ କରିଛି। ନାୟିକା ନିଜେ କଷ୍ଟ ପାଉଛି; ପ୍ରିୟ ପ୍ରବାସ ନ ଯାଇ ମଧ୍ୟ ଏକା ଗାଁରେ ରହି ପ୍ରବାସୀ ଭଳି ମନେକରୁଛି।

ସାଲୋଏଁ ବ୍ବିଅ ସୂରେ ଘରିଣୀ ଘର-ସାମିଅସ୍ସଘେତ୍ତୂଣ।
ଣେଚ୍ଛନ୍ତସ୍ସ ବି ପାଏ ଧୂଅଇ ହସନ୍ତୀ ହସନ୍ତସ୍ସ । ୩୦ ।
(ସାଲୋକ ଏବ ସୂର୍ଯ୍ୟେ ଗୃହିଣୀ ଗୃହ-ସ୍ୱାମିନୋ ଗୃହୀତ୍ୱା।
ଅନିଚ୍ଛତୋଽପି ପାଦୌ ଧାବତି ହସନ୍ତୀ ହସତଃ।)- ହାଲ

ସୂର୍ଯ୍ୟାଲୋକ ଥାଉଁ ଥାଉଁ ହର୍ଷମୁଖ ହୋଇ ଗୃହିଣୀ ଅନିଚ୍ଛୁକ ମଧ୍ୟ ହସୁଥିବା ଗୃହସ୍ୱାମୀର ପାଦକୁ ଧୋଇପକାଉଛି।

ବ୍ୟାଖ୍ୟା - ସ୍ୱାମୀ ଅନ୍ୟ ଦାରାସକ୍ତ ହେଲେ ତାଙ୍କ ସହିତ ମନାନ୍ତର ନ ଘଟାଇ ଚାତୁରୀ ଦ୍ୱାରା ତାଙ୍କର ବାହାରକୁ ଯିବା ବନ୍ଦ କରିଦେବା ଉଚିତ। ଏ ବିଷୟରେ ନାୟିକାକୁ ସଖୀର ଶିକ୍ଷା - ଏଇ ଦେଖ, ଦିନ ଶେଷ ହୋଇନାହିଁ, ଏବେ ମଧ୍ୟ ସୂର୍ଯ୍ୟ ଆକାଶରେ ଅଛନ୍ତି। ସ୍ୱାମୀ ଗୃହକୁ ଫେରିଆସିବାରୁ ଗୃହିଣୀ ହର୍ଷମୁଖରେ ତାହାର ପାଦ ଧୋଇ ଦେଉଛି। ଅର୍ଥାତ୍, ଆଉ ପଦାକୁ ଯିବ ନାହିଁ, ଦିନ ସାରା ବହୁତ ବୁଲିଲଣି, ଏବେ ଘରେ ରୁହ। ଏତିକିବେଳୁ ପାଦ ଧୋଇ ଘରେ ବସିରହିବାକୁ ସ୍ୱାମୀ ଅନିଚ୍ଛୁକ ହେଲେ ମଧ୍ୟ ଗୃହିଣୀର ଉଦ୍ଦେଶ୍ୟ ବୁଝିପାରି ହସହସ ମୁଖରେ ପାଦ ବଢ଼ାଇ ଦେଉଛି। ସ୍ୱାମୀ ଅନ୍ୟାସକ୍ତ ବୋଲି ଲୋକେ ନିନ୍ଦା କରୁଛନ୍ତି। ତେଣୁ ରାତିରେ ତାଙ୍କୁ ବାହାରକୁ ନ ଛାଡ଼ିବା ପାଇଁ ପତ୍ନୀ ଏପରି ବ୍ୟବହାର କରିଛି।

ବାହରଉ ମଂ ସହୀଓ ତିସ୍ସା ଗୋତ୍ତେଣ କିଂ ତ୍ଥ ଭଣିଏଣ।
ଥିର-ପେମ୍ମା ହୋଉ ଜହିଂ ତହିଂ ପି ମା କିଂ ପି ଣଂ ଭଣହ । ୩୧ ।
(ବ୍ୟାହରନ୍ତୁ ମାଂ ସଖ୍ୟସ୍ତସ୍ୟା ଗୋତ୍ରେଣ କିମତ୍ର ଭଣିତେନ।
ସ୍ଥିର-ପ୍ରେମା ଭବତୁ ଯନ୍ତ୍ର ତନ୍ତ୍ରାପି ମା କିମପ୍ୟେନ ଭଣତ।) - କୁସୁମରାଜ

ସଖିମାନେ, ତା ନାମ ଧରି ମୋତେ ଡାକୁଛନ୍ତି ତ ଡାକନ୍ତୁ, ଏଥିରେ ତାଙ୍କୁ କିଛି କହିବାରେ କ'ଣ ଅଛି ? ଯାହା ତାହା ପ୍ରତି ହେଲେ ମଧ୍ୟ ସେ ସ୍ଥିରପ୍ରେମା ହୁଅନ୍ତୁ - ତୁମେସବୁ ମଧ୍ୟ ତାଙ୍କୁ କିଛି କୁହ ନାହିଁ।

ବ୍ୟାଖ୍ୟା - ସହଚରୀମାନଙ୍କ ପ୍ରତି ନାୟିକାର ଉକ୍ତି। ଅନ୍ୟ ନାମରେ ସମ୍ବୋଧିତ

ହେଲେ ଯେ କେହି ଅପମାନିତ ବୋଧ କରିବ; ବିଶେଷତଃ ପ୍ରେମିକାକୁ ଯଦି ନାୟକ ଅନ୍ୟ ପ୍ରେମିକାର ନାମରେ ସମ୍ବୋଧନ କରେ। କାବ୍ୟଶାସ୍ତ୍ରର ପ୍ରେମ-ପ୍ରକରଣରେ ଏହାକୁ 'ଗୋତ୍ର ସ୍ଖଳନ' କୁହାଯାଏ। ଅନ୍ୟ ନାୟିକାର ନାମ ଧରି ନାୟିକାକୁ ଡାକିବାରୁ ସଖିମାନେ ନାୟକର ଏପରି ଆଚରଣରେ କ୍ଷୁବ୍‌ଧ ହୋଇ ତାହାକୁ ଅପମାନଜନକ କଥା କହିବାକୁ ବାହାରିବାରୁ ନାୟକକୁ ଶୁଣାଇ ନାୟିକାର ଉକ୍ତି - ସଖିମାନେ, ସେ ଯେ ମୋର ସଉତୁଣୀର ନାମ ଧରି ମୋତେ ଡାକୁଛନ୍ତି, ତାଙ୍କୁ ଡାକିବାକୁ ଦିଅ। ସେ ଏଭଳି ଡାକିଲେ ମୋର କିଛି କ୍ଷତି ହେଉନାହିଁ। କାରଣ ମୁଁ ଜାଣେ, ସେ ଅନ୍ୟ ପ୍ରିୟତମା ପ୍ରତି ଏତେ ଆସକ୍ତ ଯେ ମୋତେ ମଧ୍ୟ ତା' ନାମ ଧରି ଡାକୁଛନ୍ତି। ସେ ବ୍ୟକ୍ତି ଯେଉଁଠି ମଜ୍ଜିବେ, ମଜ୍ଜନ୍ତୁ। ମୋଠାରେ ନହେଲେ ମଧ୍ୟ ଯାହାଠାରେ ହେଉ ସେ ନିଜର ପ୍ରେମ ସ୍ଥିର ରଖନ୍ତୁ। ତାଙ୍କର ସ୍ୱଭାବ କ'ଣ ବଦଳିଯିବ ? ଏକଦା ମୁଁ ତାଙ୍କର ପ୍ରଣୟିନୀ ଥିଲି, ଏବେ ମୋତେ ଛାଡ଼ି ଅନ୍ୟ ପ୍ରିୟତମାକୁ ଶୟନେ ସ୍ୱପନେ ଜାଗରଣେ ଜପିହେଉଛନ୍ତି। ଦେଖୁନା, ତାଙ୍କର ଚେତା ଥିଲେ ମୋତେ ପର ନାମରେ ଡାକନ୍ତେ ? ତାଙ୍କୁ ଧିକ୍‌କାର ବଚନ କହିବା ନିଷ୍ପ୍ରୟୋଜନ। କେବଳ ଏତିକି ଆଶା କରିବା ତାଙ୍କର ପ୍ରେମ କୌଣସି ଜଣକ ପ୍ରତି ଅବିଚଳ ରହୁ। ତାଙ୍କର ଏଇ ବାରଘାଟରେ ପାଣି ପିଇବା ରୀତି ଦେଖି ମୋ ମୁଣ୍ଡ ତଳକୁ ହେଇଯାଉଛି।

ରୁଅଂ ଅଚ୍ଛୀସୁ ଠିଅଂ ଫରିସୋ ଅଙ୍ଗେସୁ ଜମ୍ପିଅଂ କଣ୍ଣେ।
ହିଅଅଂ ହିଅଏ ଣିହଅଂ ବିଓଇଅଂ କିଂ ତ୍‌ଥ ଦେବ୍‌ବେଣ ।୩୨।
(ରୂପମକ୍ଷଣୋଃ ସ୍ଥିତଂ ସ୍ପର୍ଶୋଽଙ୍ଗେଷୁ ଜଳ୍ପିତଂ କର୍ଣେ।
ହୃଦୟଂ ହୃଦୟେ ନିହିତଂ ବିଯୋଜିତଂ କିମତ୍ର ଦେବେନ।) - ବ୍ରହ୍ମଗତେଃ

ମୋର ନେତ୍ରଦ୍ୱୟରେ ପ୍ରିୟତମଙ୍କ ରୂପ, ଅଙ୍ଗରେ ତାଙ୍କର ସ୍ପର୍ଶ, କର୍ଣରେ ତାଙ୍କର କଥା ସ୍ଥିର ରହିଛି ଓ ହୃଦୟରେ ହୃଦୟ ନିହିତ- ଦୈବ ତାଙ୍କଠାରୁ ମୋତେ ବିଯୋଜିତ କଲା କେଉଁପରି ?

ବ୍ୟାଖ୍ୟା - ସଖୀ ପ୍ରତି ପ୍ରୋଷିତପତିକାର ଉକ୍ତି। ସଖୀ ଦୁହିଁଙ୍କ ବିଚ୍ଛେଦ ପାଇଁ ଦୈବ-ବଳ ବଳିଆର ବୋଲି କହିବାରୁ ବିରହଣୀ ନାୟିକା ନିଜର ଅନନ୍ୟ-ଅନୁରାଗର ପରିଚୟ ଦେଇ କହିଛି- ସେ ପାଖରେ ନଥିଲେ ମଧ୍ୟ ତାଙ୍କର ରୂପ ମୋ ଆଖିରେ ଭାସୁଛି, ଅଙ୍ଗରେ ତାଙ୍କର ପରଶ ଜାଗୁଛି, କାନରେ ତାଙ୍କରି ବାଣୀ ଶୁଣିପାରୁଛି ଓ ମୋ ହୃଦୟରେ ତାଙ୍କ ହୃଦୟ ମିଳିତ ହେବା ପରି ଲାଗୁଛି। ବିଧାତା ଆମ ଦୁହିଁଙ୍କୁ ସଙ୍ଗ-ସୁଖରୁ ବିଯୁକ୍ତ କରି କ'ଣ କଲା ? ମୁଁ ତ ବିରହ ମଧ୍ୟରେ ମିଳନରସ ଅହରହ ଲାଭ କରୁଛି। ଦୈହିକ ବିଚ୍ଛେଦସାଧନ କଲେ ମଧ୍ୟ ମାନସିକ ବିଚ୍ଛେଦ ଘଟାଇବାକୁ ଦୈବ

ସମର୍ଥ ନୁହେଁ। ଦୈବ କ'ଣ ମୋର ଭାବନାରୁ ପ୍ରିୟତମଙ୍କୁ ଛାଡ଼ାଇ ନେଇ ପାରିବ? ବରଂ ସୂକ୍ଷ୍ମ ମାନସିକ ଜଗତରେ ମୁଁ ତାଙ୍କୁ ଅଧିକ ନିବିଡ଼ଭାବେ ପାଇପାରୁଛି।

ସଅଣେ ଚିନ୍ତାମଇଅଂ କାଉଣ ପିଅଂ ଣିମୀଲିଅଚ୍ଛୀଏ।
ଅପ୍‌ପାଣୋ ଉବଉଢ଼ୋ ପସିଠିଲ-ବଲଆହିଁ ବାହାହିଂ।୩୩।
(ଶୟନେ ଚିନ୍ତାମୟଂ କୃତ୍ୱା ପ୍ରିୟଂ ନିମୀଲିତାକ୍ଷୀ।
ଆତ୍ମା ଉପଗୁଢ଼ଃ ପ୍ରଶିଥିଳ-ବଳୟାଭ୍ୟାଂ ବାହୂଭ୍ୟାମ୍।)

ଶଯ୍ୟାରେ ନିମୀଳିତାକ୍ଷୀ ହୋଇ ଓ ପ୍ରିୟର ରୂପକୁ ଚିନ୍ତା କରି ପ୍ରଶିଥିଳ-ବଳୟ ବାହୁଦ୍ୱୟରେ ନିଜେ ନିଜକୁ ଆଲିଙ୍ଗନ କରୁଛି।

ବ୍ୟାଖ୍ୟା - ପ୍ରୋଷିତପତିକାର ଦୂତୀ ନାୟକକୁ ଯାଇ କହିଛି- ହେ ରସଶେଖର, ତୁମ ବିରହରେ ତୁମର ବରାଜୀ ପ୍ରିୟାର ଅବସ୍ଥା ଅତି ଶୋଚନୀୟ ହେଲାଣି। ବିରହିଣୀ ସଖୀ ଶୂନ୍ୟ ବିଛଣାରେ ତୁମରି ରୂପ ଧ୍ୟାନ କରି କରି ନୟନରୁ ଅଶ୍ରୁ ଝରାଉଛି। ତୁମରି ଧ୍ୟାନରେ ନିମଗ୍ନ ହୋଇ ଚକ୍ଷୁ ବୁଜି ତୁମରି ଭାବଛବିକୁ ହୃଦୟରେ ଧାରଣ କରୁଛି। ତୁମକୁ ହୃଦୟରେ ଲାଭ କରିବା ପରେ ଆଉ ଛାଡ଼ିବ ନାହିଁ ବୋଲି ଭୁଜ-ବନ୍ଧନରେ ବାନ୍ଧି ରଖିବାପାଇଁ ବାହୁ ଦୁଇଟିକୁ ପ୍ରସାରିତ କରୁଛି। ବିରହରେ କ୍ଷୀଣତା ହେତୁ ବାହୁ-ବଳୟ ଶିଥିଳ ହୋଇ ପଡ଼ିଥିଲେ ମଧ୍ୟ ସେଇଥିରେ ନିଜେ ନିଜକୁ ନିବିଡ଼ ଆଲିଙ୍ଗନ କରୁଛି। ବିରହର ଏହା ନବମ ଅବସ୍ଥା- ଉନ୍ମାଦ। ଦଶମ ଦଶାରେ ପହଞ୍ଚିବା ପୂର୍ବରୁ ତୁମେ ଯାଇ ତାର ଜୀବନ ରକ୍ଷା କର। ଅଭିମନ୍ୟୁଙ୍କ "ଦୂତୀର ଯୁଗଳ ଅନୁରାଗ କଥନ"ରେ ବିରହିଣୀ ରାଧାଙ୍କର ଅବସ୍ଥା ଏଠାରେ ସ୍ମରଣୀୟ।

ପରିହୂଏଣ ବି ଦିଅହଂ ଘର-ଘର-ଭମିରେଣ-ଅଣ୍ଣେ-କଜ୍ଜମି।
ଚିର-ଜୀବିଏଣ ଇମିଣା ଖବିଅହ୍ମୋ ଦଡ୍‌ଢ଼-କାଏଣ। ୩୪ ।
(ପରିଭୂତେନାପି ଦିବସଂ ଗୃହ-ଗୃହ-ଭ୍ରମଣଶୀଳେନ ଅନ୍ୟ-କାର୍ଯ୍ୟେ।
ଚିର-ଜୀବିତେନ ଅନେନ କ୍ଷପିତାଃ ସ୍ମୋ ଦଗ୍ଧ-କାୟେନ।) - ବିକ୍ରମରାଜ

ଅନ୍ୟ କାର୍ଯ୍ୟ ସାଧନ ପାଇଁ ଦିନସାରା ଘରେ ଘରେ ବୁଲି ବୁଲି ପରାଭୂତ ମୋର ଏହି ପୋଡ଼ା ଦେହଟାରେ ବାର୍ଦ୍ଧକ୍ୟ ଆସିଗଲାଣି।

ବ୍ୟାଖ୍ୟା - କେହି କାହାରି ଟାଣ ଛାଡୁନଥିବା ନାୟକ-ନାୟିକାଦ୍ୱୟଙ୍କ ପାଖକୁ ଧାଇଁ ଧାଇଁ ମିଳନ ଘଟାଇ ନପାରି କ୍ଳାନ୍ତ ହୋଇପଡ଼ିଥିବା ବୟସ୍କା ଦୂତୀର ଆତ୍ମନିନ୍ଦା- ମୋର ଏଥିରେ କିଛି ଲାଭ ନାହିଁ। ସେ ଦୁହିଁଙ୍କ ସୁଖ ପାଇଁ ମୋର ଏଇ ଧାଁ-ଧପଡ଼। ଦିନସାରା ମୁଁ କେତେ ଏହା ପାଖରୁ ତା ପାଖକୁ, ତା ପାଖରୁ ଏହା ପାଖକୁ ଧାଇଁବି। ସେଥିରେ ପୁଣି ଯଶ ମିଳୁଥିଲେ ମୋର ଏ ପରିଶ୍ରମ ସଫଳ ହୁଅନ୍ତା। ଯା' ପାଖକୁ

ଯାଉଛି, ସେ ମାରିଗୋଡ଼ାଉଛି। ଦିନ ଦିନ ମୋର ଏଇ ବୁଲିବା ନିଷଫଳ। ବିଧାତା କେତେ ଆୟୁ ଦେଇଛି! ଏ ପୋଡ଼ା ଦେହଟାରେ ମୋର କ୍ଲାନ୍ତି ଆସିଗଲାଣି। କୁଆ ଯେପରି ଅନ୍ନ ପାଇଁ ଘର ଘର ଉଡ଼ି ବୁଲେ, ଲୋକେ ଘଉଡ଼ାଇ ଦିଅନ୍ତି, ତଥାପି ନମରି ପୋଡ଼ା କୁଆ ବଞ୍ଚିରହେ, ମୋ ଜିଇଁରହିବାକୁ ସେଇପରି ଧିକ୍। "ଫାଟି ପଡ଼ିବାର ନିକୁଞ୍ଜି ସଞ୍ଚାର ଶ୍ରମୁଁ ମୋ ଚରଣତଳ। ଫତୁରିଖୋର ଆଖରକୁ ହେବାର ଏହି ଏକା ଏଥୁ ଫଳ।"

ବସଇ ଜହିଁ ଚେଅ ଖଲୋ ପୋସିଜ୍ଜନ୍ତୋ ସିଣେହ-ଦାଣେହିଂ।
ତଂ ଚେଅ ଆଲଅଂ ଦୀଅଓ ବ୍ବ ଅଇରେଣ ମଇଲେଇ। ୩୫ ।
(ବସତି ଯତ୍ରୈବ ଖଳଃ ପୋଷ୍ୟମଣଃ ସ୍ନେହ-ଦାନୈଃ।
ତମେକାଳୟଂ ଦୀପକ ଇବ ଅଚିରେଣ ମଳିନୟତି।) - କୀର୍ତ୍ତିରାଜ

ସ୍ନେହଦାନରେ ପରିପାଳିତ ଖଳ ଲୋକ ଯେଉଁ ଗୃହରେ ବାସକରୁଥାଏ ସ୍ନେହ-ଦାନରେ ପୋଷିତ ଦୀପ ଜଳି ସେଇ ଗୃହକୁ ଅଚିରେ ମଳିନ କରିଦିଏ।

ବ୍ୟାଖ୍ୟା - ଖଳ-ନିନ୍ଦା। ଦୁର୍ଜନକୁ ଯେତେ ସ୍ନେହ ଦେଇ ଗୃହରେ ପୋଷଣ କଲେ ମଧ୍ୟ ଶେଷକୁ ଅପବାଦ ଦେଇ ସେ ଗୃହକର୍ତ୍ତାକୁ କଳଙ୍କିତ କରିବାକୁ ଛାଡ଼ ନାହିଁ। ଏହାହିଁ ତାର ସ୍ୱଭାବ। ନିଜେ ଘରେ ଖଳଲୋକକୁ ପୋଷିବ, ପ୍ରଣୟ ଦେବ; ତଥାପି ସେ ବିଷ ଢାଳିବ! ସ୍ନେହ (ଘୃତ) ପାତ୍ରରେ ପ୍ରଦୀପ ଜଳାଇଲେ ତାହା ସେହି ଘରକୁ ଅଳ୍ପ ସମୟ ମଧ୍ୟରେ କଳା କରି ଦିଏ ନାହିଁ କି? କୌଣସିମତେ ଖଳଲୋକକୁ ଗୃହରେ ସ୍ଥାନ ଦେବ ନାହିଁ।

ହୋନ୍ତୀ ବି ଣିପ୍‌ଫଲଚ୍ଚିଅ ଧଣ-ରିଦ୍ଧୀ ହୋଇ କିବିଣ-ପୁରିସସ୍‌ସ।
ଗିହ୍ମାଅବ-ସଂତତ୍ତସ୍‌ସ ଣିଅଅ-ଛାହି ବ୍ବ ପହିଅସ୍‌ସ ।୩୬ ।
(ଭବନ୍ତ୍ୟପି ନିଷ୍ଫଳୈବ ଧନ-ରଦ୍ଧିର୍ଭବତି କୃପଣ-ପୁରୁଷସ୍ୟ।
ଗ୍ରୀଷ୍ମାତପ-ସଂତପ୍ତସ୍ୟ ନିଜକ-ଛାୟେବ ପଥିକସ୍ୟ।) - କୁନ୍ଦପୁତ୍ର

କୃପଣ-ପୁରୁଷର ଯେତେ ଧନବୃଦ୍ଧି ଘଟିଲେ ମଧ୍ୟ ତାହା ଗ୍ରୀଷ୍ମର ଆତପରେ ସନ୍ତପ୍ତ ପଥିକର ନିଜ ଛାୟା ସମ ନିଷ୍ଫଳ ଯାଏ।

ବ୍ୟାଖ୍ୟା - କୃପଣ-ନିନ୍ଦା। କୃପଣର ଧନ ଯେତେ ବଢ଼ିଲେ ମଧ୍ୟ ତାହା ପରର ବା ତା ନିଜର କାମରେ ଆସେ ନାହିଁ; ଅର୍ଥାତ୍, ସେ ନିଜେ ଭୋଗ କରେ ନାହିଁ କି ଅନ୍ୟର ଭୋଗରେ ଲାଗିବାକୁ ଦିଏ ନାହିଁ। ଗ୍ରୀଷ୍ମ ଦ୍ୱିପହର ଖରାରେ ପଥ ଚାଲୁଥିବା ପଥିକର ଛାୟା ତା ନିଜ ଅଙ୍ଗରେ ବିଲୀନ ହୁଏ; ଅର୍ଥାତ୍ ପଥିକକୁ ଛାୟାଦାନ କରେ ନାହିଁ। ଧନ କୃପଣର ଓ ଛାୟା ପଥିକର ନିଜସ୍ୱ ହେଲେ ମଧ୍ୟ ସେମାନଙ୍କ ସେବାରେ

ଲାଗୁନାହିଁ କି ସେମାନେ ଅନ୍ୟ କାହାକୁ ଦେଉନାହାନ୍ତି; ଉଭୟ କ୍ଷେତ୍ରରେ ତାହା ନିଷ୍ଫଳ ଯାଉଛି। ସେପରି ଧନ-ବୃଦ୍ଧିରେ ପ୍ରୟୋଜନ କ'ଣ ? - "କୃପଣ ଧନ କାଳେ ଉଡ଼େ ଖାତରୁ।"

ଫୁରିଏ ବାମଚ୍ଛ ତୁଏ ଜଇ ଏହିଇ ସୋ ପିଓ ଜ୍ଜ ତା ସୁଇରଂ।
ସମୀଲିଅ ଦାହିଣଅଂ ତୁଇ ଅବି ଏହଂ ପଲୋଇସ୍ସଂ। ୩୭।
(ସ୍ଫୁରିତେ ବାମାକ୍ଷି ତ୍ୱୟି ଯଦି ଏଷ୍ୟତି ସ ପ୍ରିୟୋଽଦ୍ୟ ତତ୍ ସୁଚିରମ୍।
ସଂମୀଲ୍ୟ ଦକ୍ଷିଣଂ ତ୍ୱୟା ଏବ ଏତଂ ପ୍ରେକ୍ଷକ୍ଷ୍ୟେ।) - ଶକ୍ତିହସ୍ତୀ

ହେ ବାମନୟନ, ତୋର ସ୍ଫୁରିତ ହେବା ଦ୍ୱାରା ଯଦି ପ୍ରିୟ ଆଜି ଆସିଯାନ୍ତି, ତେବେ ଦକ୍ଷିଣ ନେତ୍ର ମୁଦି ତୋରି ଦ୍ୱାରା ହିଁ ବହୁ ବେଳଯାଏ ମୁଁ ତାଙ୍କୁ ଦେଖିବି।

ବ୍ୟାଖ୍ୟା- ପ୍ରବାସୀ-ପ୍ରିୟାର ଉକ୍ତି। ନାରୀମାନଙ୍କର ବାମନେତ୍ର ସ୍ଫୁରିତ ହେଲେ ଶୁଭ ସୂଚନା ମିଳେ। ପ୍ରୋଷିତପତିକା ନିଜର ବାମନେତ୍ରକୁ କହୁଛି - "ତୋର ସ୍ଫୁରଣରୁ ଜାଣିପାରୁଛି, ପ୍ରିୟତମ ଫେରିଆସୁଛନ୍ତି। ମୁଁ ତୋତେ ପ୍ରତିଶ୍ରୁତି ଦେଉଛି, ତୋର ସୂଚନା ସତ୍ୟ ହେଲେ ମୁଁ ତାଙ୍କ ଆସିବା ପରେ ଦକ୍ଷିଣ ନେତ୍ରକୁ ବୁଜି କେବଳ ତୋରି ଦ୍ୱାରା ପ୍ରିୟତମଙ୍କୁ ଅପଲକ ହୋଇ ବହୁକ୍ଷଣଯାଏ ଚାହିଁ ରହିବି। ମୁଁ ତୋତେ ଶୁଭ ସୂଚନାର ପୁରସ୍କାର ଦେବି।" ବାମନେତ୍ର ସ୍ଫୁରିତ ହୋଇ ପ୍ରିୟ-ଆଗମନର ଶୁଭ-ସୂଚନା ଦେଇଥିବାରୁ ନାୟିକା ତାହାକୁ ପ୍ରିୟ-ଦର୍ଶନର ସୌଭାଗ୍ୟ ଦେବାକୁ ଚାହେଁ, ଦକ୍ଷିଣ ନେତ୍ରକୁ ନୁହେଁ; କାରଣ ତାହା ଅଶୁଭ।

ସୁଣଅ-ପଉରମ୍ମି ଗାମେ ହିଣ୍ଡନ୍ତୀ ତୁହ କଏଣ ସା ବାଲା।
ପାସଅ-ସାରିବ୍ବ ଘରଂ ଘରେଣ କଇଆ ବି ଖଜ୍ଜିହିଇ। ୩୮।
(ଶୁନକ-ପ୍ରଚୁରେ ଗ୍ରାମେ ହିଣ୍ଡମାନା ତବ କୃତେନ ସା ବାଲା।
ପାଶକ-ଶାରୀବ ଗୃହଂ ଗୃହେଣ କଦାପି ଖାଦିଷ୍ୟତେ।) - ଦେବରାଜ

ଏଇ କୁକୁରବହୁଳ ଗ୍ରାମରେ ସେଇ ବାଳା ତୁମ ପାଇଁ ଗୃହେ ଗୃହେ ଯିବା ଆସିବା କରିବା ବେଳେ କେବେ ନା କେବେ ପଶା-ଗୋଟି ବା ପାଶରେ ଆବଦ୍ଧ ସାରିକା ଭଳି ତାକୁ କେହି ଖାଇଦେବ।

ବ୍ୟାଖ୍ୟା - ଦୂତୀ ନାୟକ ନିକଟକୁ ଯାଇ କହୁଛି- "ତୁମେ ତ ତା' କଥା କିଛି ଚିନ୍ତା କରୁନାହିଁ; ତା'ର ନିରାପତ୍ତା ପ୍ରତି ଦୃଷ୍ଟି ଦେଉନାହିଁ। ଏତେ ରୂପ-ଯୌବନ ଧରି ସେ ବାଳା ତୁମ ପାଇଁ ଏଇ କୁକୁରଭରା ଗାଁଦାଣ୍ଡରେ ଚାଲି ତୁମକୁ ଘରେ ଘରେ ଖୋଜିଲାଗିଛି। ଏପରି ଯିବା ଆସିବା କରିବାରେ ଖୁବ୍ ଭୟର ସମ୍ଭାବନା ଅଛି। ଗାଁର କୁକୁରଗୁଡ଼ାକ ତାକୁ କ୍ଷୁଧିତ ଆଖିରେ ଚାହୁଁଛନ୍ତି; ସୁବିଧା ପାଇଲେ କେତେବେଳେ

ତାକୁ ମାରି ଖାଇଦେବେ। ସେମାନଙ୍କୁ ଡରି ଡରି ସେ ବଲୁଛି।" ଦୂତୀର ତାତ୍ପର୍ଯ୍ୟ, ତୁମର ରୂପସୀ ପ୍ରେମିକାକୁ ଗାଁର କାମୁକ ଯୁବକଦଳ ଆଖେଇଛନ୍ତି। ପଶାପାଲିର ଗୋଟି ଚଳାଇବା ବେଳେ ଖେଳାଳିର ଅସାବଧାନତା ହେତୁ ପ୍ରତି ଖେଳାଳି ଯେପରି ଗୋଟିକୁ ମାରିନିଏ କିମ୍ବା ଉଡ଼ିଯାଉଥିବା ସାରୀ ପାଶରେ ପଡ଼ିଗଲେ କୁକୁର ଯେପରି ତାକୁ ମାଡ଼ିବସି ମାରି ଦିଏ, ତୁମକୁ ଖୋଜୁଥିବା ମୋର ସଖୀକୁ ଗାଁର ଲୁବ୍ଧ କାମୁକ-ଶ୍ୱାନଦଳ ସେଇପରି ଭୋଗରେ ଲଗାଇବେ।

ଅଣ୍ଣଣ୍ଣଂ କୁସୁମ-ରସଂ ଜଂ କିର ସୋ ମହଇ ମହୁଅରୋ ପାଉଂ।
ତଂ ଣିରସାଣଁ ଦୋସା କୁସୁମାଣଂ ଣେଅ ଭମରସ୍ସ । ୩୯।
(ଅନ୍ୟଂ ଅନ୍ୟଂ କୁସୁମ-ରସଂ ଯତ୍କିଲ ସ ଇଚ୍ଛତି ମଧୁକରଃ ପାତୁମ୍।
ତନ୍ନୀରସାନାଂ ଦୋଷଃ କୁସୁମାନାଂ ନୈବ ଭ୍ରମରସ୍ୟ।) - ଅନୁରାଗ

ସେଇ ମଧୁକର ଯେ ଭିନ୍ନ ଭିନ୍ନ କୁସୁମରୁ ରସପାନ କରିବାକୁ ଇଚ୍ଛା କରୁଛି, ସେଥିରେ ନୀରସ କୁସୁମମାନଙ୍କର ହିଁ ଦୋଷ; ଭ୍ରମରର କୌଣସି ଦୋଷ ନାହିଁ।

ବ୍ୟାଖ୍ୟା - ନାୟକର ମଧୁପ ସ୍ୱଭାବ ପ୍ରତି ଆକ୍ଷେପ କରିବାକୁ ନିଜର ଅଫୁରନ୍ତ ରୂପ-ରସ ଉପରେ ବିଶ୍ୱାସ ରଖିଥିବା ନାୟିକାର ସଖୀ ପ୍ରତି ଉକ୍ତି- "ତୁ ଯେ କହିଲୁ, ଏଇ ଭ୍ରମର କୌଣସି ଗୋଟିଏ ଫୁଲରେ ରସୁ ନାହିଁ, ନିତ୍ୟ ନବ ନବ ପୁଷ୍ପରୁ ମଧୁପାନ ପାଇଁ ପୁଷ୍ପ-ବଧୂର ଅନ୍ୱେଷଣ କରୁଛି, ତାହାର କାରଣ ଅନୁସନ୍ଧାନ ନ କରି ଭ୍ରମରକୁ ଦୋଷ ଦେବା ନିରର୍ଥକ। ଭ୍ରମରର ସ୍ୱଭାବ ସେ ମଧୁ ଖୋଜିବୁଲିବ। ସେ ଯଦି ଗୋଟିଏ ଫୁଲରେ ସ୍ଥିର ନ ରହୁଛି, ତାର କାରଣ ମକରନ୍ଦ-ରିକ୍ତ କୁସୁମମାନେ ତାହାକୁ ନିରାଶ କରୁଛନ୍ତି; ଭ୍ରମରର ସେଥିରେ କି ଦୋଷ ? ମଧୁଭରା ଫୁଲ ପାଇଲେ ତହିଁରେ ସେ ବସିବ, ଶୂନ୍ୟ କୁସୁମରେ ତାର ରସତୃଷ୍ଣା ମେଣ୍ଟିବ କିପରି ? ରସରିକ୍ତ ଫୁଲମାନଙ୍କଠାରୁ ନିରାଶ ହୋଇ ସେ ସିନା ଅନ୍ୟ ଫୁଲ ନିକଟକୁ ଯାଉଛି। ଆମେ ନିଜର ଦୋଷ ନ ଦେଖି ପରର ଦୋଷ ବାଛିବାକୁ ଆଗଭର।" ନାୟିକାର ତାତ୍ପର୍ଯ୍ୟ, କୌଣସି ନାରୀ ତାଙ୍କର ରସ-ଭୋଗ-ଲାଳସା ମେଣ୍ଟାଇବାକୁ ସମର୍ଥା ନୁହନ୍ତି; ମୁଁ ହିଁ ତାଙ୍କର ସକଳ ରସ-ତୃଷ୍ଣା ମେଣ୍ଟାଇବି।

ରଚ୍ଥା-ପଇଣ୍ଣେ-ଣଅଣୁପ୍ପଲା ତୁମଂ ସା ପଡ଼ିଚ୍ଛଏ ଏନ୍ତଂ।
ଦାର-ଣିହିଏହିଁ ଦୋହିଁ ବି ମଙ୍ଗଲ-କଲସେହିଁବ ଥଣେହିଂ। ୪୦।
(ରଥ୍ୟା-ପ୍ରକୀର୍ଣ-ନୟନୋତ୍ପଲା ତ୍ୱାଂ ସା ପ୍ରତୀକ୍ଷ୍ୟତେ ଆୟାନ୍ତମ୍।
ଦ୍ୱାର-ନିହିତାଭ୍ୟାଂ ଦ୍ୱାଭ୍ୟାମପି ମଙ୍ଗଳ-କଳଶାଭ୍ୟାମିବ ସ୍ତନାଭ୍ୟାମ୍।) - ହାଳ

ସେ ସ୍ତନଦ୍ୱୟକୁ ମଙ୍ଗଳକଳଶ ରୂପରେ ଦ୍ୱାର ଉପରେ ନିହିତ କରି ରାଜପଥ

ଆଡ଼କୁ ନୟନପଦ୍ମ ଖୋଲି ତୁମର ଆଗମନ ପ୍ରତୀକ୍ଷା କରି ରହିଛି।

ବ୍ୟାଖ୍ୟା - ଦୂର ପ୍ରବାସୀ ପ୍ରିୟ ବହୁ ଦିନ ପରେ ଫେରଆସିଲେ ତାହାର ପ୍ରେୟସୀ କିଭଳି ମଙ୍ଗଳାନୁଷ୍ଠାନ ଦ୍ୱାରା ଅଭ୍ୟର୍ଥନା ଜଣାଇବ; ତାହାର ସୂଚନା ଦେଇ ନାୟକ ପ୍ରତି ଉକ୍ତି - ତୁମର ଉତ୍‌କଣ୍ଠିତା ପ୍ରିୟା ସକଳ ମଙ୍ଗଳ ଆୟୋଜନ କରି ତୁମର ଆଗମନ-ପଥକୁ ଚାହିଁରହିଛି। ତାହାର ନେତ୍ରକମଳ ରାଜପଥର ଶେଷ ସୀମା ଯାଏ ପ୍ରସାରିତ। ଆଉ ଦ୍ୱାର ଦେଶରେ ତାହାର ସ୍ତନଦ୍ୱୟକୁ ମଙ୍ଗଳ-କଳସ ସଦୃଶ ସଜାଇ ରଖିଛି। କୁଚ-ମଙ୍ଗଳକଳଶ ପ୍ରଦର୍ଶନ କରି ସେ ତୁମକୁ ସ୍ୱାଗତ ଜଣାଇ ଗୃହ ମଧ୍ୟକୁ ଘେନିଯିବ। ଏ ଗାଥା ସହିତ ଅମରୁଶତକର ନିମ୍ନୋକ୍ତ ଶ୍ଳୋକ ତୁଳନୀୟ-

ଦୀର୍ଘା ବନ୍ଦନମାଳିକା ବିରଚିତା ଦୃଷ୍ଟ୍ୟୈବ ନେନ୍ଦୀବରୈଃ।
ପୁଷ୍ପାଣାଂ ପ୍ରକରଃ ସ୍ମିତେନ ରଚିତୋ ନୋ କୁନ୍ଦଜାତ୍ୟାଦିଭିଃ।
ଦତ୍ତଃ ସ୍ୱେଦମୁଚା ପୟୋଧରଯୁଗେନାର୍ଘୋ ନ କୁମ୍ଭାମ୍ଭସା।
ସ୍ୱୈରେବାବୟବୈଃ ପ୍ରିୟସ୍ୟ ବିଶତସ୍ତନ୍ୱା କୃତଂ ମଙ୍ଗଳମ୍।
ତା ରୁଣ୍ଣଂ ଜା ରୁବ୍‌ବଇ ତା ଛୀଣଂ ଜାବ ଚିଜ୍ଜଏ ଅଙ୍ଗଂ ।
ତା ଣୀସସିଅଁ ବରାଇଅ ଜାବ ଅସାସା ପହୁପ୍ପନ୍ତି । ୪୧ ।
(ତାବତ୍ ରୁଦିତଂ ଯାବତ୍ ରୁଦ୍ୟତେ ତାବତ୍ କ୍ଷୀଣଂ ଯାବତ୍ କ୍ଷୀୟତେ ଅଙ୍ଗମ୍।
ତାବତ୍ ନିଃଶ୍ୱସିତଂ ବାରାକ୍ୟା ଯାବତ୍ ଚ ଶ୍ୱାସାଃ ପ୍ରଭବନ୍ତି।) - ବୈରଶକ୍ତି

ଯେତେବେଳଯାଏ କାନ୍ଦିପାରେ ସେତେବେଳଯାଏ କାନ୍ଦିଛି, ଯେତେ କ୍ଷୀଣ ହେବା ସମ୍ଭବ ଅଙ୍ଗ ସେତେ କ୍ଷୀଣ ହୋଇଛି ଓ ଯେତେବେଳଯାଏ ଶ୍ୱାସ ଚଳିପାରେ ସେତେବେଳଯାଏ ସେଇ ଅଭାଗିନୀର ଶ୍ୱାସକ୍ରିୟା ଚଳିଛି।

ବ୍ୟାଖ୍ୟା - ଦୂତୀ ନାୟକ ନିକଟରେ କଳହାନ୍ତରିତା ନାୟିକାର ଦୟନୀୟ ଅବସ୍ଥା ବର୍ଣ୍ଣନା କରି ନାୟକକୁ ତା ନିକଟକୁ ଫେରିବାକୁ ଅନୁନୟ କରି କହୁଛି - ତୁମ ସହିତ କଳି କରି ତୁମକୁ ସିନା ଫେରାଇଦେଲା; ଏବେ ତାର ଅବସ୍ଥା ଯାହା ହେଲାଣି ଆଖିରେ ନ ଦେଖିଲେ ବିଶ୍ୱାସ କରିପାରିବ ନାହିଁ। ଯେତେ କନ୍ଦାଯାଇପାରେ ସେ ବାଳା କାନ୍ଦିଲାଣି, ଆଉ ଅଧିକ କାନ୍ଦିବା ଶକ୍ତି ତାର ନାହିଁ। ତୁମେ ଗଲେ ଦେଖିବ ତାହାର ଅଙ୍ଗ କ୍ଷୀଣରୁ କ୍ଷୀଣତର ହୋଇଛି। ତାହାର କ୍ଷୀଣ ଅଙ୍ଗ ଧରାରେ ଲୋଟୁଛି; ତାକୁ ଚିହ୍ନି ହେବନାହିଁ। ଯେତିକି ଶ୍ୱାସ ନେବାର ବଳ ଅଛି ସେତିକିରେ ହତଭାଗିନୀର ନିଃଶ୍ୱାସବାୟୁ ଚଳୁଛି।

ସମ-ସୋକ୍‌ଖ-ଦୁକ୍‌ଖ-ପରିବଡ୍‌ଢ଼ି ଆଣ କାଲେଣ ରୂଢ଼-ପେମ୍ମାଣଂ।
ମିହୁଣାଣ ମରଇ ଜଂ ତଂ ଖୁ ଜିଅଇ ଇଅରଂ ମୁଅଂ ହୋଇ। ୪୨।

(ସମ-ସୌଖ୍ୟ-ଦୁଃଖ-ପରିବର୍ଦ୍ଧିତୟୋ କାଳେନ ରୂଢ଼ ପ୍ରେମ୍‌ଣୋ।
ମିଥୁନୟୋମୟତେ ଯତ୍ ତତ୍ ଖଲୁ ଜୀବତି ଇତରନ୍ମୃତଂ ଭବତି।) - ବୃନ୍ଦରଙ୍କ

ସୁଖ-ଦୁଃଖରେ ସମାନ ଭାବରେ ପରିବର୍ଦ୍ଧିତ ହୋଇ ଦୃଢ଼-ପ୍ରେମରେ ଆବଦ୍ଧ ପତିପତ୍ନୀ-ଯୁଗଳ ମଧ୍ୟରୁ କାଳାନ୍ତରରେ ଯେଉଁ ଜଣକ ମରିଯାଏ, ବସ୍ତୁତଃ ସେ ହିଁ ଜୀବିତ ରହେ; ଅନ୍ୟ ଜଣକ ମୃତ ହୋଇଥାଏ।

ବ୍ୟାଖ୍ୟା - ଦୃଢ଼ ପ୍ରେମର ସୂଚନାର୍ଥ ନାୟିକା ପ୍ରତି ନାୟକର ଉକ୍ତି - ଆଜି ଆମେ ପ୍ରେମିକ ପ୍ରେମିକା ରୂପରେ ପରସ୍ପରକୁ ଯେପରି ପ୍ରେମ କରୁଛୁ, ଦାଂପତ୍ୟ ଜୀବନରେ ମଧ୍ୟ ସେହିପରି ଦୃଢ଼ ପ୍ରେମରେ ଆବଦ୍ଧ ରହିବା। ଆମ ଦୁହିଁଙ୍କ ଭିତରେ କୌଣସି ପାର୍ଥକ୍ୟ ରହିବ ନାହିଁ। ସୁଖଦୁଃଖରେ ଆମେ ଅନ୍ୟୋନ୍ୟର ସମଭାଗୀ ହେବା- ଏକାସାଙ୍ଗରେ ହସିବା, ଏକା ସାଙ୍ଗରେ କାନ୍ଦିବା। ଆମର ପ୍ରେମତରୁ ବୈବାହିକ ଜୀବନର ବହୁ ଆଦର ସୋହାଗ ଲାଭ କରି ବର୍ଦ୍ଧିତ ହେବ ଏହିପରି ଦୃଢ଼ପ୍ରେମୀ ହୋଇ ଆମେ ଦାଂପତ୍ୟ ଜୀବନର ବିଜୟ-ବୈଜୟନ୍ତୀ ଉଡ଼ାଇବା। କେବଳ ଏତିକି ଭୟ, ଆମ ଭିତରୁ ଅପରକୁ ପୃଥିବୀରେ ଛାଡ଼ିଯିଏ ଆଗେ ମରିଯିବ, ସେ ଅନ୍ୟର ସ୍ମୃତିରେ ଜୀବିତ ରହିବ; ମାତ୍ର ଯେ ବଞ୍ଚି ରହିବ, ତା ବଞ୍ଚିବା ମରିବା ସଂଗେ ସମାନ ହେବ। ସେ କାହାର ହେବ ନାହିଁ। ସେ ଲୋକଙ୍କ ଆଖିରେ ମୃତ ରୂପେ ଗଣାଯିବ। ତାକୁ ଲୋକେ ଦୟାଚକ୍ଷୁରେ ଦେଖିବେ। ଦୟାଯୋଗ୍ୟ ନର ମୃତପ୍ରାୟ। ବଞ୍ଚିରହିଲେ ମଧ୍ୟ ବିଧାତା ତା କପାଳରେ ମୃତ୍ୟୁ-ବେଦନା ଲେଖିଦେଇଥାଏ। ମାତ୍ର ବିଧାତା କରନ୍ତୁ, ଆମେ ଦୁହେଁ ଏକା ସାଙ୍ଗେ ପୃଥିବୀରୁ ବିଦାୟ ନେବା; କେହି କାହାରି ମୃତ୍ୟୁ-ବେଦନା ଭୋଗିବା ନାହିଁ।

ହରିହିଇ ପିଅସ୍‌ସ ଣବ-ଚୂଅ-ପଲ୍ଲବୋ ପଢ଼ମ ମଞ୍ଜରି ସଣାହେ।
ମା ରୁବସୁ ପୁତ୍ତି ପତ୍ଥାଣ-କଲସ-ମୁହ-ସଂଠଓ ଗମଣଂ। ୪୩।
(ହରିଷ୍ୟତ ପ୍ରିୟସ୍ୟ ନବ-ଚୂତ-ପଲ୍ଲବଃ ପ୍ରଥମ-ମଂଜରୀ-ସନାଥଃ।
ମା ରୋଦୀଃ ପୁତ୍ର ପ୍ରସ୍ଥାନ-କଳଶ-ମୁଖ-ସଂସ୍ଥ ତୋ ଗମନମ୍।)- ବୃନ୍ଦରଙ୍କ

ହେ ପୁତ୍ର, ପ୍ରସ୍ଥାନ କଳଶ ମୁଖ ଉପରେ ରଖାଯାଇଥିବା ପ୍ରଥମ ମଂଜରୀଯୁକ୍ତ ନବ ଆମ୍ରପଲ୍ଲବ ପ୍ରିୟର ପ୍ରବାସଗମନ ହରଣ କରିବ, ତୁ କାନ୍ଦନା।

ବ୍ୟାଖ୍ୟା - ପ୍ରିୟ ପ୍ରବାସଗମନ ନିମନ୍ତେ ସମସ୍ତ ପ୍ରକାର ଆୟୋଜନ କରିସାରିଛି; ଅଳ୍ପ ସମୟ ପରେ ପ୍ରସ୍ଥାନ କରିବ। ଏପରି ସମୟରେ ଅନନ୍ୟୋପାୟା କୁଳବଧୂ ଆସନ୍ନ ବିରହବେଦନାରେ ରୋଦନ କରୁଥିବା ଦେଖି କୌଣସି ଗୁରୁଜନ ସ୍ଥାନୀୟା ନାରୀର ସାନ୍ତ୍ୱନାମୂଳକ ଉକ୍ତି - ଝିଅ, ତୁ ଆଖିରୁ ଲୁହ ଝରନା। ଏଇ ଦେଖ, ଗୃହଦ୍ୱାରରେ

ପ୍ରିୟର ପ୍ରବାସଯାତ୍ରାର ମଙ୍ଗଳସୂଚକ କଳଶ ସ୍ଥାପିତ ହୋଇଛି, ତା' ଉପରେ ଥୁଆହୋଇଛି ପ୍ରଥମ ମଂଜରୀଯୁକ୍ତ ନବଆମ୍ର-ପଲ୍ଲବ। ଗୃହରୁ ବାହାରିବା ବେଳେ ପ୍ରିୟର ଦୃଷ୍ଟି ନିଶ୍ଚୟ ପ୍ରସ୍ଥାନ-କଳଶ ଉପରେ ପଡିବ; କଳଶ ମୁଖରେ ଚୂତମଂଜରୀ ବସନ୍ତ ଆଗମନର ସ୍ମରଣ କରାଇଦେବ। ବସନ୍ତରେ କିଏ ସୁଭଗା ପତ୍ନୀକୁ ଛାଡ଼ି ବିଦେଶ ଯାଏ ? ସେ ନିଶ୍ଚୟ ପ୍ରବାସ-ଗମନରୁ ନିବୃତ୍ତହେବେ।

ଜୋ କହଁ ବି ମହ ସହୀହିଂ ଛିଦ୍ଦଂ ଲହିଊଣ ପେସିଓ ହିଅଏ।
ସୋ ମାଣୋ ଚୋରିଅ-କାମୁଅ ବ୍ବ ଦିଟ୍‌ଠେ ପିଏ ଣଟ୍‌ଠୋ ୪୪।
(ଯଃ କଥମପି ମମ ସଖୀଭିଶ୍ଛିଦ୍ରଂ ଲବ୍‌ଧା ପ୍ରବେଶିତୋ ହୃଦୟେ।
ସ ମାନଶ୍ଚୋର-କାମୁକ ଇବ ଦୃଷ୍ଟେ ପ୍ରିୟେ ନଷ୍ଟଃ।) - ବାଳାଦିତ୍ୟ

ସଖିମାନେ ପ୍ରଣୟ-କଳହ ରୂପ ଛିଦ୍ର ଦେଖି ମୋର ହୃଦୟରେ ଯେଉଁ ମାନ ପ୍ରବେଶ କରାଇଦେଇଥିଲେ, ସେ ମାନ ପ୍ରିୟଙ୍କୁ ଦେଖିବା ମାତ୍ରେ ଚୋର-କାମୁକ ଭଳି ପଳାଇଗଲାଣି।

ବ୍ୟାଖ୍ୟା - ସଖିମାନଙ୍କ ପ୍ରତି ନାୟିକାର ଉକ୍ତି। ନାୟକା ନାୟିକା ନିତ୍ୟ ନୂତନ ପ୍ରେମଲୀଳାରେ ମତ୍ତ। ସଖିମାନେ କାରଣ ଅକାରଣରେ ମାନ କରି ନାୟକର ଅନୁରାଗ ଆକର୍ଷଣ କରିବାକୁ ନାୟିକାକୁ ପ୍ରୋତ୍ସାହିତ କରିଥିଲେ; ମାତ୍ର ସେ ସମସ୍ତ ଶିକ୍ଷା ନାୟିକାଠାରେ କୌଣସି କାମରେ ଆସିଲା ନାହିଁ। ପ୍ରିୟତମଙ୍କୁ ଆଗରେ ଦେଖି ସେମାନେ ଦେଇଥିବା ସବୁ ବିଦ୍ୟା ବୁଦ୍ଧି ସେ ଭୁଲିଗଲା। ସଖିମାନେ ପଚାରିବାରୁ ନାୟିକା କହିଛି - "ପ୍ରଣୟ-କଳହର ଛିଦ୍ର ଦେଖି ତୁମେମାନେ ମୋ ହୃଦୟରେ ଯେଉଁ ମାନ ପ୍ରବେଶ କରାଇଦେଇଥିଲ, ପ୍ରିୟ-ଦର୍ଶନରେ ସେ ମାନ ପୃଷ୍ଠଭଙ୍ଗ ଦେଇ କାହିଁ ପଳାଇଗଲା; ଚୋର-କାମୁକ ସତୀର ପତିକୁ ସମ୍ମୁଖରେ ଦେଖି ତା'ର ଉଦ୍ଦେଶ୍ୟ ସିଦ୍ଧ କରି ନପାରି ଯେପରି ପଳାଇଯାଏ।" ନାୟିକା ସଖିମାନଙ୍କର ମାନ-ଶିକ୍ଷାକୁ ବିସ୍ମିତ ହୋଇଯାଉଛି। ପରଶିକ୍ଷା କେତେବେଳେ ରହେ ? ନିଜ ମାନ ଭାବକୁ ଚୋର-କାମୁକ ସହିତ ତୁଳନା କରି ନାୟିକା ଚୋର-କାମୁକର ସ୍ୱଭାବ ବ୍ୟଂଜିତ କରିଛି। ନାୟିକା ତାତ୍ପର୍ଯ୍ୟ, ତୁମେ ଯେତେ ଶିକ୍ଷା ଦିଅ, ମୁଁ ପ୍ରିୟଙ୍କୁ ଆଗରେ ଦେଖିଲେ ମାନ କରିପାରିବ ନାହିଁ।

ସହିଆହିଁ ଭଣ୍ଣମାଣା ଥଣଏ ଲଗ୍‌ଗଂ କୁସୁମ୍ଭ-ପୁପ୍‌ଫଂତ୍ତି।
ମୁଦ୍‌ଧ-ବହୁଆ ହସିଜ୍ଜଇ ପପ୍‌ଫୋଡ଼ନ୍ତୀ ଣବ-ବଆଇଂ।୪୫।
(ସଖୀଭିର୍ଭଣ୍ୟମାନା ସ୍ତନେ ଲଗ୍ନଂ କୁସୁମ୍ଭ-ପୁଷ୍ପମିତି।
ମୁଗ୍‌ଧ-ବଧୂଃ ହସ୍ୟତେ ପ୍ରସ୍ଫୋଟୟନ୍ତୀ ନଖ-ପଦାନି।) - ବାଳାଦିତ୍ୟ

ସ୍ତନରେ କୁସୁମ୍ଭ ପୁଷ୍ପ ଲାଗିଛି କି ? - ସଖିମାନେ ଏହିପରି କହିବାରୁ ମୁଗ୍‌ଧବଧୂ

ସ୍ତନୋପର ନଖ-ଚିହ୍ନଗୁଡ଼ିକୁ ଢାଙ୍କିବାକୁ ଲାଗିଲା; ତହିଁରୁ ସଖିମାନେ ହସିବାକୁ ଲାଗିଲେ।

ବ୍ୟାଖ୍ୟା - ନାୟିକାର ସ୍ତନୋପରି ପ୍ରିୟତମ ଦତ୍ତ ନଖକ୍ଷତିଗୁଡିକୁ ଦେଖି, ଚତୁରା ସଖିମାନେ ବକ୍ରୋକ୍ତିପୂର୍ଣ୍ଣ ପରିହାସ କଲେ ମଧ୍ୟ ନାୟକା ମୁଗ୍ଧା, ସରଳା ବଧୂ ପରିହାସର ମର୍ମ ବୁଝି ନ ପାରି ସେଗୁଡିକୁ ଢ଼ାଙ୍କିବାକୁ ଚେଷ୍ଟା କଲା। ନଖଚିହ୍ନଗୁଡ଼ିକରେ କୁସୁମ୍ଭ ଫୁଲର ବର୍ଣ୍ଣ-ସାମ୍ୟଦୃଷ୍ଟିରୁ ସଖିମାନଙ୍କର ପରିହାସ ଥିଲା - 'ଆଗୋ, ତୋ ସ୍ତନ ଉପରେ କୁସୁମ୍ଭ ଫୁଲର ପରାଗ ଲାଗିଯାଇଛି କି?" ସେଇ ନଖ-ଚିହ୍ନଗୁଡ଼ିକୁ ଢାଙ୍କି ଦେବାକୁ ଯିବାରୁ ସଖିମାନେ ହସି ହସି ଲୋଟିଗଲେ। ନଖ-ଚିହ୍ନ କ'ଣ ଲୁଚାଇଲେ କି ଝାଡ଼ିଲେ ପୋଛିଲେ ଲିଭେ? ମୁଗ୍ଧାର ଏ ରୀତି ଦେଖି ସଖିମାନେ ହସିବେ ନାହିଁ? ନାୟିକା ପରିହାସକୁ ସତ ମଣିଛି।

ଉମ୍ମୁଲେନ୍ତି ବ ହିଅଅଂ ଇମାଇଁରେ ତୁହ ବିରଜ୍ଜମାଣସ୍‌ସ।
ଅବହୀରଣ-ବସ-ବିସଂଠୁଲ-ବଲନ୍ତ-ଣଅଣଦ୍ଧ-ଦିଟ୍‌ଠାଇଁ । ୪୬ ।
(ଉନ୍ମୂଳୟନ୍ତୀବ ହୃଦୟଂ ଇମାନିରେ ତବ ବିରଜ୍ୟମାନସ୍ୟ।
ଅବଧୀରଣ-ବଶ-ବିସଂଷ୍ଠୁଲ-ବଳନ୍ ନୟନାର୍ଧ-ଦୃଷ୍ଟାନି।) - ବିଜୟଗତି

ଆରେ, ତୁମର ଏପରି ବିରକ୍ତ ହୋଇ ତିରସ୍କାର ହେତୁ ଲକ୍ଷ୍ୟରେ ପଡୁ ନଥିବା ବନ୍ଧନଶୀଳ ନୟନାର୍ଦ୍ଧ ଦୃଷ୍ଟି ମୋର ହୃଦୟକୁ ଉନ୍‌ମୂଳିତ କରୁଛି।

ବ୍ୟାଖ୍ୟା - ନାୟିକା ପ୍ରତି ନାୟକ ମନରେ ଘୋର ବିରାଗ ଜାତ ହୋଇଛି। ଏପରିକି ସେ ତାକୁ ତାଚ୍ଛଲ୍ୟସୂଚକ ବକ୍ରଦୃଷ୍ଟିରେ ଚାହୁଁଛି। ନାୟିକା ଏହିପରି ମନ୍ଦସ୍ନେହ ନାୟକକୁ କହୁଛି - ଆରେ ପ୍ରେମହୀନ, ମୁଁ କ'ଣ ଏପରି ଘୃଣାଯୋଗ୍ୟ ଯେ, ମୋତେ ତେଢ଼େଇ ବଙ୍କେଇ ଚାହୁଁଛ? ମୋ ପ୍ରତି ତୁମ ହୃଦୟରେ ବିରାଗ ଜାତ ହୋଇଛି, ଏ କଥା ମୁଁ ଜାଣେ। ତା' ବୋଲି ବିମୁଖ ହେବା ପରେ ତୁମେ ଉପେକ୍ଷା ହେତୁ ଲକ୍ଷ୍ୟରେ ପଡୁ ନଥିବା ଅର୍ଦ୍ଧବଳିତ ଦୃଷ୍ଟିରେ ମୋତେ ଚାହିଁବ? ମୋର ଜୀବନ ବ୍ୟର୍ଥ। ଏପରି ଅବଜ୍ଞା ସହିବା ଅପେକ୍ଷା ମୃତ୍ୟୁ ମୋ ପାଇଁ ଶ୍ରେୟସ୍କର। ମୋତେ ଆଉ କଲବଲ କରି ମାରନା। ତୁମର ବିରକ୍ତିପୂର୍ଣ୍ଣ ବଙ୍କା ତେଢ଼ା ଚାହାଣି ମୋ ଛାତିକୁ ଖୋଳିପକାଉଛି। ତୁମକୁ ପ୍ରେମ କରି କ'ଣ ଏଇ ପୁରସ୍କାର ପାଇଲି? ପ୍ରେମ ନ କଲେ ମଧ୍ୟ ମୋତେ ଏପରି ବିରକ୍ତ ଦୃଷ୍ଟିରେ ଚାହଁନା। 'ରେ' ସମ୍ବୋଧନ ତିରସ୍କାରସୂଚକ।

ଣ ମୁଅନ୍ତି ଦୀହ-ସାସଂ ଣ ରୁଅନ୍ତି ଚିରଂ ଣ ହୋନ୍ତି କିସିଆଓ।
ଧଣ୍ଣୋଓଁ ତାଓ ଜାଣଂ ବହୁବଲ୍ଲହ ବଲ୍ଲହୋ ଣ ତୁମଂ। ୪୭।
(ନ ମୁଞ୍ଚନ୍ତି ଦୀର୍ଘଶ୍ୱାସ ନ ରୁଦନ୍ତି ଚିରଂ ନ ଭବନ୍ତି କୃଶା।
ଧନ୍ୟାସ୍ତା ଯାସାଂ ବହୁବଲ୍ଲଭ ବଲ୍ଲଭୋ ନ ତ୍ୱମ୍।) - ହାଳ

ଯେଉଁମାନେ ତୁମ ବିରହରେ ଦୀର୍ଘଶ୍ୱାସ ଛାଡୁନାହାନ୍ତି, ଦୀର୍ଘକାଳ କାନ୍ଦୁନାହାନ୍ତି, କୃଶ ମଧ୍ୟ ହେଉନାହାନ୍ତି - ସେଇମାନେ ଧନ୍ୟା, ହେ ବହୁବଲ୍ଲଭ, ଯେଉଁମାନଙ୍କର ତୁମେ ବଲ୍ଲଭ ନୁହଁ।

ବ୍ୟାଖ୍ୟା - ବହୁବଲ୍ଲଭ ନାୟକ ପ୍ରତି ବିରହିଣୀର ଆକ୍ଷେପୋକ୍ତି ବା ଉପାଲମ୍ଭ-ବଚନ। ନାୟକ ବହୁବଲ୍ଲଭ ହୋଇଥିବାରୁ ଅନେକ ପ୍ରଣୟିନୀଙ୍କ ଦାବୀ ମେଣ୍ଟାଇବା ତା ପକ୍ଷରେ ସମ୍ଭବ ହୋଇପାରୁନାହିଁ। ବହୁବଲ୍ଲଭ ନାୟକର ପ୍ରଣୟିନୀ ଭାଗ୍ୟରେ ଯାହା ଘଟେ, ଏହି ନାୟିକା ପକ୍ଷରେ ତାହାର ଅନ୍ୟଥା ହୋଇନାହିଁ। ସେ ତେଣୁ ବିରହବ୍ୟଥା ସହି ନପାରି ଆକ୍ଷେପ କରିଛି - "ହେ ବହୁବଲ୍ଲଭ ପ୍ରିୟତମ, ଯେଉଁମାନେ ତୁମକୁ ପ୍ରେମ କରନ୍ତି ନାହିଁ, ସେଇ ରମଣୀମାନେ ଧନ୍ୟ। କାରଣ ସେମାନେ ବିରହ କ'ଣ ଜାଣନ୍ତି ନାହିଁ କି ବିରହର ଲକ୍ଷଣମାନ ସେମାନଙ୍କ ଠାରେ ପ୍ରକାଶ ପାଏ ନାହିଁ। ସେମାନେ ଦୀର୍ଘଶ୍ୱାସ ପକାନ୍ତି ନାହିଁ କି ବହୁବେଳଯାଏ କାନ୍ଦନ୍ତି ନାହିଁ; ଚିନ୍ତାଜ୍ୱର ହେତୁ ସେମାନଙ୍କ ଅଙ୍ଗ କୃଶ ହୁଏ ନାହିଁ। ବିରହ-ମିଳନକୁ ସେମାନେ ସମାନ ଜ୍ଞାନ କରନ୍ତି। ସେଇମାନେ ହିଁ ପ୍ରକୃତରେ ସୁଖୀ। ମୋ ଭଳି ବିରହର ଗୁରୁବେଦନା ବୁକୁରେ ବହି ସେମାନଙ୍କୁ କାଳ କାଟିବାକୁ ପଡ଼େ ନାହିଁ।" ନାୟିକାର ତାତ୍ପର୍ଯ୍ୟ, ସେ ହିଁ ଏକମାତ୍ର ନାୟିକା ଯେ କି ବିରହରେ ଏପରି ଅରୁନ୍ତୁଦ ବେଦନା ପାଉଛି; ଅନ୍ୟମାନେ ନୁହନ୍ତି।

ଣିଦ୍ଦାଲସ-ପରିଘୁମ୍ମିର-ତଂସ-ବଲନ୍ତଦ୍ଧ-ତାରଆଲୋଆ।
କାମସ୍ସ ବି ଦୁବ୍‌ବିସହା ଦିଟ୍‌ଠିଣିଆବା ସସି-ମୁହୀଏ। ୪୮।
(ନିଦ୍ରାଳସ-ପରିଘୂର୍ଣନଶୀଳ-ତିର୍ଯଗ୍-ବଳଦଧ-ତାରକାଲୋକାଃ
କାମସ୍ୟାପି ଦୁର୍ବିସହା ଦୃଷ୍ଟି-ନିପାତାଃ ଶଶି-ମୁଖ୍ୟାଃ।) - ହାଳ

ସେଇ ଚନ୍ଦ୍ରବଦନାର ଦୃଷ୍ଟିପତନ କାମଦେବଙ୍କର ଧୈର୍ଯ୍ୟକୁ ମଧ୍ୟ ଭାଙ୍ଗିଦିଏ। ତାର ସେଇ ଦୃଷ୍ଟି ନିଦ୍ରାଳସରେ ପରିଘୂର୍ଣ୍ଣନଶୀଳ, ବକ୍ରଭାବରେ ଚଳିତ ଓ ଅର୍ଦ୍ଧତାରକାଯୁକ୍ତ।

ବ୍ୟାଖ୍ୟା - ପ୍ରାତଃ କାଳରେ କାମ-ସଦନରୁ ବାହାରିଯାଉଥିବା ନାୟିକାର ରମଣୀୟ ଦୃଷ୍ଟିପାତ ବିଷୟରେ ନାୟକର ସହଚର ପ୍ରତି ଉକ୍ତି - ହେ ସଖା, ସେତେବେଳେ ମୋ ପ୍ରିୟତମାର ସେଇ ନେତ୍ରଗତିର ସୁଷମା ତୁମକୁ କ'ଣ କହିବି? ତାହା କେବଳ ଉପଲବ୍ଧିର ବିଷୟ। ରତି-ମନ୍ଦିରରୁ ବାହାରିଯିବାବେଳେ ସେ ମୋ ପ୍ରତି ଯେଉଁ ପ୍ରେମପୂର୍ଣ୍ଣ ଦୃଷ୍ଟି ଢାଳିଦିଏ, ତାହା ଅବର୍ଣ୍ଣନୀୟ। ମୋର ଭାଗ୍ୟ ଯେ, ସେ ଶୋଭା ମୁଁ ଚକ୍ଷୁଷ ପ୍ରତ୍ୟକ୍ଷ କରିଛି। ସାରା ରାତି କାମ-କ୍ରୀଡ଼ାରେ ମଜ୍ଜି ରହିବା ଫଳରେ

ନିଦ୍ରାଳସ ହେଲେ ହେଁ ଅର୍ଦ୍ଧମୁକୁଳିତ ନେତ୍ରରେ ତାର ଡୋଳା ବିଘୂର୍ଣିତ ହେଉଥାଏ। ସେ ଦୃଷ୍ଟି ପଡ଼ିଲେ କାମଦେବ ମଧ୍ୟ ଧୈର୍ଯ୍ୟଚ୍ୟୁତ ହେବେ; ମୁଁ ତ ଛାର ମନୁଷ୍ୟ ମାତ୍ର।" ନିଦ୍ରାଳସ ହେତୁ 'ଅର୍ଦ୍ଧମୁକୁଳିତ ନେତ୍ରରେ ଡୋଳା ବିଘୂର୍ଣିତ' - ରତିକ୍ଳାନ୍ତାର ସଂପୂର୍ଣ୍ଣ ଚେହେରାଟିକୁ ପ୍ରତୀକିତ କରେ।

ଜୀବିଅ-ସେସାଇ ମଏ ଗମିଆ କହଁ କହଁ ବି ପେମ୍ମ-ଦୁଦ୍ଧୋଲୀ।
ଏହ୍ଣିଂ ବିରମସୁରେ ଡଡ୍ଢ-ହିଅଅ ମା ରଜ୍ଜସୁ କହିଂ ପି ।୪୯।
(ଜୀବିତ-ଶେଷୟା ମୟା ଗମିତା କଥଂ କଥମପି ପ୍ରେମ-ଦୁର୍ଦ୍ଦୋଲୀ।
ଇଦାନୀଂ ବିରମରେ ଦଗଧ-ହୃଦୟ ମା ରଜ୍ୟସ୍ୱ କୃତ୍ରାପି।) - ଅବଙ୍କତ

ଆରେ ମୋର ଦଗ୍ଧହୃଦୟ ! ମୁଁ କୌଣସି ପ୍ରକାରେ ପ୍ରେମ-ଗ୍ରନ୍ଥି ନିର୍ବାହିତ କରି ଜୀବନଧାରଣ କଲି; ତୁ ଏବେ ବିରତ ହୁଅ ଓ କେଉଁଠାରେ ହେଲେ ଅନୁରକ୍ତ ହୁଅନା।

ବ୍ୟାଖ୍ୟା - ନିଷ୍ଠୁର-ହୃଦୟ ପ୍ରେମିକ ପ୍ରତି ଅତିଶୟ ଅନୁରାଗିଣୀ ନାୟିକାର ହୃଦୟ ପ୍ରତି ଉପାଲମ୍ଭ-ବଚନ। ନିଜ ହୃଦୟକୁ ଦଗ୍ଧ-ହୃଦୟ କହିବାର ତାତ୍ପର୍ଯ୍ୟ ହେଲା, ଯାହାଠାରେ ମନ ପ୍ରାଣ ସଁପି ଦେଇଥିଲା ତା'ଠାରୁ ନିରାଶ ହୋଇ ତାହା ପୋଡ଼ି ପାଉଁଶ ହୋଇଯାଇଛି। କାଳେ ପୁଣି ଅନ୍ୟ କାହାଠାରେ ଅନୁରକ୍ତ ହୋଇପଡ଼ିବ ସେଥିଲାଗି ହୃଦୟକୁ ସାବଧାନ କରିଦେଉଛି। ଏବେ ତାର ଦେହରେ ପ୍ରାଣ - ପବନଟିକକ ଚଳପ୍ରଚଳ ହେଉଛି ମାତ୍ର; ପୂର୍ବଭଳି ପ୍ରେମ କରିବାର ଶକ୍ତି ନାହିଁ କି ଉନ୍ମାଦନା ମଧ୍ୟ ନାହିଁ। ବିରହର ତୀବ୍ର ଦହନରେ ସଖିମାନଙ୍କର ସାନ୍ତ୍ୱନା-ବାଣୀ ଶୁଣି ନାୟିକା ପ୍ରଣୟ-ଗ୍ରନ୍ଥି ଖୋଲିବାକୁ ଦେଇନଥିଲା। ପୁଣି ଥରେ ପ୍ରେମିକ ତାର ପ୍ରଣୟ-ପ୍ରାର୍ଥନା କରୁଥିବାରୁ ବିରହର ସୁତୀବ୍ର ଜ୍ୱାଳା ଭୋଗିସାରିଥିବା ନାୟିକା କହିଛି-ରେ ପୋଡା ହୃଦୟ, ତୋର ଭିତରେ ପୁଣି ଥରେ ପ୍ରୀତିର ନବଅଙ୍କୁର ଅବସର ପାଇ ଜନ୍ମ ପ୍ରାର୍ଥନା କରୁଛି; ସାବଧାନ, ଆଉ ମିଥ୍ୟା-ମୋହ ବନ୍ଧନରେ ପଡ଼ନା।" ନାୟିକାର ତାତ୍ପର୍ଯ୍ୟ, ହେ ନିଷ୍ଠୁର ପ୍ରେମିକ, ମୋର ହୃଦୟ ମନ ଦଗ୍ଧ; ବିଦାୟ-ବିଦାୟ।

ଅଜ୍ଜାଏଁ ଣବ-ଣହ-କ୍ଖଅ-ଣିରୀକ୍ଖଣେ ଗରୁଅ-ଜୋବ୍ୱଣୁତ୍ତୁଙ୍ଗ।
ପଡ଼ିମା-ଗଅ-ଣିଅ-ଣଅଣୁପ୍ପଲଚ୍ଚିଅଂ ହୋଇ ଥଣ-ବଟ୍ଠଂ । ୫୦।
(ଆର୍ଯ୍ୟାୟା ନବ-ନଖ-କ୍ଷତ-ନିରୀକ୍ଷଣେ ଗୁରୁ-ଯୌବନୋତ୍ତୁଙ୍ଗମ୍।
ପ୍ରତିମା-ଗତ-ନିଜ-ନୟନୋତ୍ପଳାର୍ଚ୍ଚିତଂ ଭବତି ସ୍ତନ-ପୃଷ୍ଠମ୍।) - କେଶବରାଜ

ଏଇ ବରକାମିନୀ ନିଜର ଗୁରୁ ଓ ଯୌବନୋତ୍ତୁଙ୍ଗ ସ୍ତନ ଉପରେ ନବ ନଖକ୍ଷତାକୁ ଯେତେବେଳେ ନିରୀକ୍ଷଣ କରୁଛି ସେତେବେଳେ ତାହାର ସ୍ତନପୃଷ୍ଠରେ

ନୀଳ ନୟନର ପ୍ରତିବିମ୍ବ ପଡ଼ି ସତେକି ନୀଳୋତ୍ପଳ ଦ୍ୱାରା ଅର୍ଚ୍ଚିତ ହେବାକୁ ଲାଗିଛି।

ବ୍ୟାଖ୍ୟା - ନାୟକ ପ୍ରତି ଦୂତୀ ଉକ୍ତି। ନାୟିକା ନିଜ ସ୍ତନପୃଷ୍ଠୋପରି ସଦ୍ୟ ନଖକ୍ଷତଗୁଡ଼ିକୁ ଅବଲୋକନ କରି ମନରେ ଯେଉଁ ସୁଖ ଅନୁଭବ କରୁଛି ଓ ସେତେବେଳେ ଯେଉଁ ଦୃଶ୍ୟ ଦର୍ଶକ ଦେଖିବାକୁ ପାଏ, ତାହାର ବର୍ଣ୍ଣନା କରି ଦୂତୀ ନାୟକକୁ କହୁଛି - ହେ ନାଗର, ତୁମକୁ ସତ କଥାଟି କହୁଛି। ସେଇ ବରକାମିନୀ ବିଶାଳ ଓ ଉତ୍ତୁଙ୍ଗ ସ୍ତନର ଅଧିକାରିଣୀ। ରୂପସୀର ଘନ ସ୍ତନପୃଷ୍ଠରେ ନଖଚିହ୍ନଗୁଡ଼ିକ ଅତି ମନୋହର। ତାହାର କୁବଳୟ ନୟନପାତ କରି ସେ ଯେତେବେଳେ ସେଇ ସଦ୍ୟ ନଖଚିହ୍ନଗୁଡିକୁ ଦେଖିଲାଗୁଛି ସେତେବେଳେ ମନରେ ଏପରି ତର୍କଣା ଜାତ ହେଉଛି; ସତେକି ତାର ନୀଳନୟନରୂପକ ନୀଳୋତ୍ପଳ ଦ୍ୱାରା ସେ ତାହାର ପୀନ ପୟୋଧରକୁ ଅର୍ଘ୍ୟ ଦାନ କରୁଛି। ସ୍ତନ ଉପରେ ଅର୍ପିତ ନଖଚିହ୍ନ ରକ୍ତଚନ୍ଦନରେ ପୂର୍ବରୁ ଚର୍ଚ୍ଚିତ ହୋଇଥିଲା; ଏବେ ନାୟିକାର ନୀଳନୟନର ପ୍ରତିବିମ୍ବ ପଡ଼ି ନୀଳୋତ୍ପଳ ଦ୍ୱାରା ପୂଜିତ ହେଲା। ଦୂତୀର ତାତ୍ପର୍ଯ୍ୟ, ନାୟିକା ପୂର୍ଣ୍ଣଯୌବନା। ସ୍ତନର ବିଶାଳତ୍ୱ ଓ ଉତ୍ତୁଙ୍ଗତା ସହିତ ନୀଳ ନୟନର ନୀଳିମା ତାହାକୁ ରୂପରାଜ୍ୟର ରାଣୀ କରିଛି। ତାହାକୁ ଉପଭୋଗ କର।

ତଂ ଣମହ ଜସସ ବଚ୍ଛେ ଲଚ୍ଛିମୁହଂ କୋତ୍ଥହମ୍ମି ସଂକନ୍ତଂ।
ଦୀସଇ ମଅ ପରିହୀଣଂ ସମିବିମ୍ବଂ ସୂରବିମ୍ବ ବ୍ୱ। ୫୧।
(ତଂ ନମତ ଯସ୍ୟ ବକ୍ଷସି ଲକ୍ଷ୍ମୀମୁଖଂ କୌସ୍ତୁଭେ ସଂକ୍ରାନ୍ତମ୍।
ଦୃଶ୍ୟତେ ମୃଗ-ପରିହୀନଂ ଶଶିବିମ୍ବଂ ସୂର୍ଯ୍ୟବିମ୍ବଇବ।)- ନିଷ୍କଳଙ୍କ

ଯାହାଙ୍କ ବକ୍ଷସ୍ଥିତ କୌସ୍ତୁଭମଣିରେ ପ୍ରତିବିମ୍ବିତ ଲକ୍ଷ୍ମୀଙ୍କର ମୁଖ ସୂର୍ଯ୍ୟବିମ୍ବରେ ମୃଗ-ଶୂନ୍ୟ(ନିଷ୍କଳଙ୍କ) ଚନ୍ଦ୍ରବିମ୍ବ ଭଳି ଶୋଭାପାଏ, ତାହାଙ୍କୁ ନମସ୍କାର କର।

ବ୍ୟାଖ୍ୟା - ବିପରୀତ ରତି-ରସିକ ବିଷ୍ଣୁଙ୍କର ଲୀଳା ଚିନ୍ତା କରି ଭାବୁକ ଭକ୍ତର ନମସ୍କାରସୂଚକ ଗାଥା। ଭକ୍ତ ହରିଙ୍କର ସେଇ ଲୀଳା-ରସ ଭାବନାରେ ବିଭୋର। ହରିଙ୍କ ବକ୍ଷର କୌସ୍ତୁଭମଣିରେ ଲକ୍ଷ୍ମୀଙ୍କର ଅକଳଙ୍କ ମୁଖ ବିମ୍ବିତ ହୋଇଛି ଓ ଲକ୍ଷ୍ମୀଙ୍କର ମୁଖ ଚନ୍ଦ୍ର ଭଳି ହରିଙ୍କୁ ଆହ୍ଲାଦ ହେଉଛି। କୌସ୍ତୁଭମଣି ହେଲା ସୂର୍ଯ୍ୟବିମ୍ବ; ସୂର୍ଯ୍ୟବିମ୍ବରେ ଚନ୍ଦ୍ରବିମ୍ବ ପ୍ରତିଫଳିତ- ସତେକି ସୂର୍ଯ୍ୟବିମ୍ବ ଚନ୍ଦ୍ରକୁ ଧାରଣ କରିଛି। ଆହା, ଏ ଯୁଗଳ ମୂର୍ତ୍ତିର ଉପମା ନାହିଁ। ଭକ୍ତ ତାହାଙ୍କ ଚରଣରେ ଭକ୍ତିଭରେ ପ୍ରଣାମ କରୁଛି। ଏହା ଦେବ-ବିଷୟା ରତିଭାବ।

ମା କୁଣ ପଡ଼ିବକ୍ଖ ସୁହଂ ଅଣୁଣେହି ପିଅଂ ପସାଅ-ଲୋହିଲ୍ଲଂ।
ଅଇ ଗହିଅ ଗରୁଅ ମାଣେଣ ପୁତ୍ତି ରାସି ବ୍ୱ ଛିଜ୍ଜିହସି। ୫୨।

(ମା କୁରୁ ପ୍ରତିପକ୍ଷ-ସୁଖଂ ଅନୁନୟ ପ୍ରିୟଂ ପ୍ରସାଦ-ଲୋଭଯୁତମ୍।
ଅତି ଗୃହୀତ ଗୁରୁକମାନେନ ପୁତ୍ରି ରାଶିରିବ କ୍ଷୀଣା ଭବିଷ୍ୟସି।)- ମାତଙ୍ଗ

ହେ ପୁତ୍ରି, ପ୍ରତିପକ୍ଷମାନଙ୍କର ସୁଖବୃଦ୍ଧି କର ନାହିଁ। ପ୍ରସାଦଲୋଭୀ ପ୍ରିୟକୁ ଅନୁନୟ କରି ନିଜର ବଶରେ, ରଖ; ନ ହେଲେ ଅତି ଗୁରୁମାନ ଗ୍ରହଣ କରି ତୁ ରାଶିଭଳି କ୍ଷୀଣ ବା ନ୍ୟୁନ ହୋଇଯିବୁ।

ବ୍ୟାଖ୍ୟା - ଗୁରୁ ମାନ ଧାରଣ କରି ପ୍ରସାଦାର୍ଥୀ ପ୍ରିୟ ପ୍ରତି ରୁଷ୍ଟ ଆଚରଣ କରୁଥିବା କଳହାନ୍ତରିତା ନାୟିକା ପ୍ରତି ପ୍ରୌଢ଼ା ଦୂତୀର ଉକ୍ତି - ହେ ଝିଅ, ତୁ ଶତ୍ରୁ ମୁହଁରେ ହସ ଫୁଟାନା। ତୋର ପ୍ରେମ ପ୍ରାର୍ଥନା କରୁଥିବା ପ୍ରିୟକୁ ପାଖକୁ ଡାକି ନେ। ସେ ତୋର ପ୍ରସନ୍ନ ହେବାକୁ କାମନା କରୁଛି। ଯେ ନିଜେ ପାଖକୁ ଆସି ଆଦର କରୁଛି, ତାର ପ୍ରୀତିରେ କୌଣସି ଛଳନା ନାହିଁ ବୋଲି ଜାଣ। ଏପରି ପ୍ରିୟକୁ ନିରାଶ ନ କରି ଅନୁନୟ ବିନୟ ଦ୍ୱାରା ନିଜର ଅଧୀନ କରି ରଖ। ନହେଲେ ସେ ବିରାଗରେ ଫେରିଯିବେ ଓ ସପତ୍ନୀମାନଙ୍କର ଅନୁରାଗର ପାତ୍ର ହୋଇ ସେମାନଙ୍କ ଆନନ୍ଦର କାରଣ ହେବେ। ନିଜର ଗରିମା ବଢ଼ାଇବୁ ବୋଲି ଅତି ଗୌରବ କରନା। ସବୁ କଥାର ଗୋଟାଏ ସୀମା ଥାଏ; ବିଶେଷତଃ ପ୍ରିୟ ଯେତେବେଳେ ତୋର ପ୍ରସାଦଭିକ୍ଷୁ, ସେତେବେଳେ ଅତି ଗୁରୁମାନ କରି ଶେଷକୁ ତୁ ବଞ୍ଚିତ ହେବୁ। ଆଉ ପ୍ରେମ-ଧନ ଥିବ, ନା ମାନ କରିବୁ। ଗଦାଏ ରାଶି ଯେପରି ଓଜନ ମାପରେ ଅତି ଶୀଘ୍ର ଶେଷ ହୋଇଯାଏ ବା ମପାଯାଇ କ୍ଷୀଣ ହୋଇଯାଏ, ଗୁରୁମାନ ଧାରଣ କରି ତୁ ସେହିପରି ଅନ୍ତର୍ବେଦନାରେ କ୍ଷୀଣ ହୋଇଯିବୁ। ଏ ମାନ ତୋର କୌଣସି କାମରେ ଲାଗିବ ନାହିଁ। ଏହା କେବଳ ତୋର ପ୍ରେମ-ପ୍ରତିଦ୍ୱନ୍ଦ୍ୱିନୀମାନଙ୍କର ଆନନ୍ଦ ବୃଦ୍ଧି କରିବ।

ବିରହକରବତ୍ତ-ଦୁସହ-ଫାଲିଜ୍ଜନ୍ତମ୍ମି ତୀଅ ହିଅଅମ୍ମି।
ଅଂସ କଜ୍ଜଲମଇଲଂ ପମାଣସୁତ୍ତଂ ବ୍ୱ ପଡ଼ିହାଇ। ୫୩।
(ବିରହକରପତ୍ର-ଦୁଃସହ-ପାଟ୍ୟମାନେ ତସ୍ୟା ହୃଦୟେ।
ଅଶ୍ରୁ କଜ୍ଜଲମଳିନଂ ପ୍ରମାଣସୂତ୍ରମିବ ପ୍ରତିଭାତି।) - ସାହିଲ୍ଲ

ଦୁଃସହ ବିରହର କରପତ୍ର ଦ୍ୱାରା ବିଦାରିତ ତାର ହୃଦୟ ଉପରେ ତାର କଜ୍ଜଳମଳିନ ଅଶ୍ରୁ ପ୍ରମାଣ ସୂତ୍ର ଭଳି ପ୍ରତିଭାତ ହେଉଛି।

ବ୍ୟାଖ୍ୟା - ବିରହବେଦନାରେ ଘାରି ହୋଇ ନିରନ୍ତର ଅଶ୍ରୁଧାରା ବୁହାଉଥିବା ନାୟିକାର ଦୂତୀ ନାୟକକୁ କହୁଛି - ତୁମ ବିରହରେ ମୋ ସଖୀର ଆଖିରୁ ଅବିରଳ ଧାରାରେ ଲୁହ ଝରି ତାର ବକ୍ଷସ୍ଥଳକୁ ସିକ୍ତ କରୁଛି। ବିରହରୂପକ କରତରେ କାମଦେବ ତାର ଛାତିକୁ ଦୁଇଫାଳ କରି ଚିରିବାକୁ ଯାଉଛି। ତୁମର ବିଚ୍ଛେଦ ତା ପକ୍ଷରେ ତୀକ୍ଷ୍ଣଧାର

କରତ ଭଳି କାର୍ଯ୍ୟ କରୁଛି। ଅତି ନିଦାରୁଣ ବିଷମ କର୍ତ୍ତନରେ ତାର ହୃଦୟ ଆକୁଳିତ ହେବ। ଚାଲ ଦେଖିବ, ତାର ବକ୍ଷରେ କଜ୍ଜଳମଳିନ ଅଶ୍ରୁଧାର ପଡୁଛି। ତାହା କାଠ କାଟିବା ଆଗରୁ ବଢ଼େଇ ଯେପରି ସୂତା ଉପରେ ଠୁକି ଠୁକି କଳାଦାଗୁଡ଼ିଏ ଦିଏ- ଚିରିବା କାମ ସହଜ ସରଳ କରିବାପାଇଁ ତା' ବକ୍ଷର କଜ୍ଜଳସିକ୍ତ ଅଶ୍ରୁଧାର ସେଇଭଳି ପ୍ରତୀତ ହେଉଛି। ସେଇ କଜ୍ଜଳମଳିନ ଅଶ୍ରୁବିନ୍ଦୁ ରେଖା ଉପରେ କାମଦେବ ତାର କରତ ଚଳାଇବ। ତୁମେ ବିଳମ୍ବ କଲେ କାମଦେବ ଚିରିବା କାମ ଆରମ୍ଭ କରିଦେବ; ଏଣୁ ଶୀଘ୍ର ଚାଲ।

ଦୁଣ୍ଣିକ୍‌ଖେବଅମେଅଂ ପୁତ୍ତଅ ମା ସାହସଂ କରିଜ୍ଜାସୁ।
ଏତ୍ଥ ଣିହିତାଇଁ ମଣ୍ଣେ ହିଅଆଇଁ ପୁଣ୍ଣେ ଣ ଲବ୍‌ଭନ୍ତି। ୫୪ ।
(ଦୁର୍ନିକ୍ଷେପକମେତତ୍ ପୁତ୍ରକ ମା ସାହସଂ କରିଷ୍ୟସି।
ଅତ୍ର ନିହିତାନି ମନ୍ୟେ ହୃଦୟାନି ପୁନର୍ନ ଲଭ୍ୟନ୍ତେ।) - ସାହିଲ୍ଲ

ହେ ପୁତ୍ର, ତୁ ତା ପାଖରେ ତୋର ହୃଦୟକୁ ଯେ ନିକ୍ଷେପ ବା ଅର୍ପଣ କରିଛୁ, ତାହାକୁ ଦୁର୍ନିକ୍ଷେପ କୁହାଯାଇପାରେ; ଏପରି ସାହସ କରନା। ମନେକରେ, ତାଠାରେ ନିହିତ ହୃଦୟ ପୁଣି ମିଳିନଥାଏ।

ବ୍ୟାଖ୍ୟା - କୌଣସି ଗାଢ଼ ଅନୁରାଗବତୀ ନାୟିକା ପ୍ରତି ଅନୁରକ୍ତ ନାୟକକୁ ପ୍ରୌଢ଼ାଦୂତୀର ଉକ୍ତି - ହେ ପୁଅ, ତୋର ବକ୍ଷଭରା ପ୍ରଣୟ ତାହାକୁ ଦେବା ପାଇଁ ତୁ ଅସ୍ଥିର ହୋଇ ଉଠିଛୁ। ତୁ ଜାଣିଛୁ କି, ଏ ନାୟିକାକୁ ହୃଦୟ ଦେଲେ ଆଉ ଫେରିପାଇବୁ ନାହିଁ। କାରଣ ସେ ତୋର ହୃଦୟକୁ ଏପରି ସ୍ୱ ଆୟତ୍ତରେ ରଖିନେବ ଯେ ତା'ଠାରୁ ହୃଦୟ ବିଚ୍ଛିନ୍ନ କରିନେବାକୁ ତୋର ଆଉ କ୍ଷମତା ନଥିବ। ନ୍ୟାସ ରୂପରେ ଅନ୍ୟଠାରେ ରଖିଥିବା ଧନକୁ ଫେରିଆସି ନ ପାଇଲେ ଯେପରି ଦୁଃଖ ହୁଏ, ତାଠାରେ ତୋର ହୃଦୟ ଅର୍ପଣ କରି ତୁ ଯେତେବେଳେ ତାହାକୁ ଫେରାଇଆଣିବାକୁ ଚାହିଁବୁ ଆଉ ଫେରି ପାଇବୁ ନାହିଁ। ଫେରିଆସି ଯେଉଁଠୁ ପୁଣି ଥରେ ଫେରିପାଇବାର ସମ୍ଭାବନା ଅଛି ସେଠାରେ ନିଜର ଧନ ଗଚ୍ଛିତ ରଖିବା ଉଚିତ। ତା ପାଖରେ ଜମାରଖିବାକୁ ଯାଉଥିବା ହୃଦୟ-ଧନ ଆଉ ମିଳେନାହିଁ, ଏ କଥା ମୋତେ ଜଣା ଅଛି। ତେଣୁ ଏପରି ସାହସ କରନା; ଆଉ ଯଦି କରୁଛୁ ତେବେ ସାବଧାନରେ ହୃଦୟ ଅର୍ପଣ କର। ଦୂତୀର ତାତ୍ପର୍ଯ୍ୟ, ନିଷେଧ ସୁଖରେ ନାୟକକୁ ନାୟିକା ପ୍ରତି ଅନୁରକ୍ତ କରିବା।

ଣିବ୍‌ବୁତ୍ତ ରଆ ବି ବହୂ ସୁରଅବିରାମଟ୍‌ଠିଇଂ ଅଆଣନ୍ତୀ।
ଅବିରଅ-ହିଅଆ ଅଣ୍ଣଂ ପି କିଂ ପି ଅତ୍‌ଥିତ୍ତି ଚିନ୍ତେଇ । ୫୫।
(ନିର୍ବୃତ୍ତରତାପି ବଧୂଃ ସୁରତବିରାମସ୍ଥିତମଜାନଂତୀ।
ଅବିରତ-ହୃଦୟାନ୍ୟଦପି କିମପ୍ୟସ୍ତୀତି ଚିନ୍ତୟତି।) - ସଦ୍ରୋଣକଳଶ

ଅନୁଭୂତରମଣା ହୋଇ ମଧ୍ୟ ବୋହୂଟି ସୁରତ ବିରାମ ପରେ କ'ଣ କରିବାକୁ ହେବ ଏହା ନ ଜାଣି ଅବିରତ ହୃଦୟ ଘେନି, ଏହା ପରେ ଆଉ କିଛି ଅଛି - ଏହିପରି ଚିନ୍ତା କରୁଛି।

ବ୍ୟାଖ୍ୟା - ନାୟକ ପ୍ରତି ଦୂତୀ-ଉକ୍ତି। ସମାଗମରେ ତୃପ୍ତ ହେଲେ ମଧ୍ୟ ରତି ଅବସାନର ସ୍ଥିତି ଜାଣି ନପାରି ବଧୂ ଆଉ କିଛି ସୁରତ-କଳାବିଧି ବାକି ରହିଗଲା ବୋଲି ଭାବୁଛି। କାରଣ ସେ ନବ ଅନୁଭବୀ, ମୁଗ୍ଧବଧୂ। ଦୂତୀର ତାତ୍ପର୍ଯ୍ୟ, ସେ ବାଳା ତୁମକୁ ତୃପ୍ତ କରିବା ପାଇଁ ଏବେ ଆଉ କ'ଣ ହେବା ଉଚିତ୍, ବିଚାର କରୁଛି। ଅବିରତହୃଦୟା ଅର୍ଥ ରତିକ୍ରିୟା ସରିନାହିଁ ଭଳି ନିବିଷ୍ଟମନା। ରମଣ ବିରତ ବିଷୟରେ ତା'ର ଧାରଣା ନାହିଁ, ଯେପରି ଆହୁରି ବହୁ ପଥ ଯିବାକୁ ଅଛି, ସେଇଭଳି ଚିନ୍ତା କରୁଛି। ତା'ର ଶେଷ ପରିଚୟ ସେ ମୁଗ୍ଧା; ବୁଦ୍ଧି ଟିକେ ହେଲେ ନାହିଁ।

ଣନ୍ଦନ୍ତୁ ସୁରଅ-ସୁହ-ରସ-ତହ୍ଣା-ବହରାଇଁ ସଅଲଲୋଅସ୍‌ସ।
ବହୁ-କୈଅବମଗ୍‌ଗା-ବିଣିମ୍ମିଆଇଁ ବେସାଣ ପେମ୍ମାଇଂ। ୪୬।
(ନନ୍ଦନ୍ତୁ ସୁରତ-ସୁଖ-ରସ-ତୃଷ୍ଣାପହରାଣି ସକଳଲୋକସ୍ୟ।
ବହୁ-କୈତବମାର୍ଗ-ବିନିର୍ମିତାନି ବେଶ୍ୟାନାଂ ପ୍ରେମାଣି।)- ହାଳ

ସକଳ ଲୋକଙ୍କର ସୁରତ-ସୁଖରସ ତୃଷ୍ଣାର ଅପହରଣକାରିଣୀ ଓ ଅନେକ ପ୍ରକାର କପଟ ମାର୍ଗରେ ନିର୍ମିତ ବେଶ୍ୟାମାନଙ୍କର ପ୍ରେମ ବିଜୟୀ ହେଉ।

ବ୍ୟାଖ୍ୟା - ବେଶ୍ୟାପ୍ରେମର ପ୍ରଶଂସାମୂଳକ ଗାଥା। ବେଶ୍ୟାମାତା ରସିକମାନଙ୍କ ନିମନ୍ତେ ବେଶ୍ୟାପ୍ରେମ ଅଭିନନ୍ଦନୀୟ ବୋଲି କହିଛି। କାରଣ ସକଳ ଲୋକଙ୍କର ଯାହାଠାରେ ରତିସମାହାର, ସମସ୍ତଙ୍କ ସୁରତରସତୃଷ୍ଣା ଯାହାଠାରେ ତୃପ୍ତି ଲାଭ କରେ ଓ ନାନା ଛଳ-କପଟପୂର୍ଣ୍ଣ ସେଇ ବେଶ୍ୟାର ପ୍ରେମ-ରସିକମାନଙ୍କ କଣ୍ଠରେ ତାହାରି ଜୟଧ୍ୱନି ଶୁଣାଯାଏ।

ଅପ୍ପଉମଣ୍ଣୁଦୁକ୍‌ଖୋ କିଂ ମଂ କିସିଅତ୍ତି ପୁଚ୍ଛସି ହସନ୍ତୋ।
ପାବସି ଜଇ ଚଲଚିତ୍ତଂ ପିଅଂ ଜଣଂ ତା ତୁହ କହିସ୍‌ସଂ। ୫୭।
(ଅପ୍ରାପ୍ତମନ୍ୟୁଦୁଃଖ କିଂ ମାଂ କୃଶେତି ପୃଚ୍ଛମି ହସନ୍।
ପ୍ରାପ୍ସ୍ୟସି ଯଦି ଚଳ-ଚିତ୍ତଂ ପ୍ରିୟଂଜନଂ ତଦା ତବ କଥୟିଷ୍ୟାମି।)

ଚିତ୍ତକ୍ଷୋଭଜନିତ କଷ୍ଟ ତୁମେ ଅନୁଭବ କରିନାହଁ; ସେଥିଲାଗି ହସି ହସି ପଚାରୁଛ, ମୁଁ କାହିଁକି କୃଶ ହୋଇ ଲାଗିଛି।" ଚଞ୍ଚଳଚିତ୍ତ ପ୍ରିୟଜନଙ୍କୁ ଯଦି ଲାଭ କରିବି ସେତିକିବେଳେ ମୁଁ ତୁମକୁ କୃଶତାର କାରଣ କହିବି।

ବ୍ୟାଖ୍ୟା - ନାୟକ ପ୍ରତି ସମାଗମ-ସୁଖରୁ ବଞ୍ଚିତା ବିରହୋତ୍କଣ୍ଠିତାର

ଆକ୍ଷେପୋକ୍ତି। ବହୁଦିନ ପରେ ନାୟିକା ନିକଟକୁ ଫେରି ନାୟକ ଯେତେବେଳେ ତାର କୃଶତାର କାରଣ ପଚାରିଛି, ନାୟିକା ଅଭିମାନବ୍ୟଂଜକ ସ୍ୱରରେ ଉତ୍ତର ଦେଇଛି- ତୁମେ ମୋ ଅବସ୍ଥା ଦେଖି ହସି ହସି ପଚାରୁଛ ମୁଁ କାହିଁକି ଦିନକୁ ଦିନ କୃଶ ହୋଇଯାଉଛି ? ହସିବା ଦ୍ୱାରା ମୋତେ ଅଧିକ କଷ୍ଟ ଦେଉଛ। ମୋ ପ୍ରତି ତୁମର ଅନୁରାଗ ବା ସହାନୁଭୂତି ଥିଲେ ମୋ କୃଶତାରେ ତୁମେ ଏପରି ହସି ପଚାରି ପାରନ୍ତ ନାହିଁ। କାହାରି ଦୁଃଖରେ ହସିବା ତା ପ୍ରତି ନିଦାରୁଣ ଉପହାସ ଛଡ଼ା ଆଉ କିଛି ନୁହେଁ। ତୁମେ ଜୀବନରେ ଦୁଃଖ କ'ଣ ଜାଣ ନାହିଁ; ବିଶେଷତଃ ପ୍ରିୟଜନର ଅପରାଧ ହେତୁ ଜାତ ହେଉଥିବା ହୃଦୟ-କ୍ଷୋଭର ବେଦନା ତୁମେ ଅନୁଭବ କରିନାହିଁ। ତୁମେ ତ ସୁଖୀ ଲୋକ - 'ହସି ଖେଳି ତୁମେ ଗମୁଛ ସମୟ, ଜୀବନ ମଣୁଛ ମହୋତ୍ସବମୟ।' ଯାହାର ପ୍ରିୟପୁରୁଷ ଚଞ୍ଚଳମନା, ସେ ହିଁ ତାର କପାଳ ଜାଣେ। ତୁମେ ଯଦି କେବେ ସେଇ ଦୁଃଖ ଉପଲବ୍ଧ କରିବ, ସେତେବେଳେ ତୁମ ପ୍ରଶ୍ନର ଉତ୍ତର ଦେବି।

ଅବହତ୍ଥିଊଣ ସହି-ଜମ୍ପିଆଇଁ ଜାଣଂ କଏଣ ରମିଓସି।
ଏଆଇଁ ତାଇଁ ସୋକ୍‌ଖାଇଁ ସଂସଓ କେହିଁ ଜୀଅସ୍‌ସ ।୫୮।
(ଅପହସ୍ତୟିତ୍ୱା ସଖୀ-ଜଳ୍ପିତାନି ଯେଷାଂ କୃତେ ନ ରମିତୋଽସି।
ଏତାନି ତାନି ସୈଖ୍ୟାନି ସଂଶୋୟ ଯୈର୍ଜୀବସ୍ୟ।) - ଦେବ

ଯେଉଁ ସଙ୍ଗମ-ସୁଖ ନିମନ୍ତେ ସଖିମାନଙ୍କର କଥା ନ ମାନି ମୁଁ ତୁମ ସହିତ ରମଣ କଲି, ଏଇ ସେ ସୁଖ; ଆଜି ସେଇଥିପାଇଁ ମୋର ଜୀବନ ସଂଶୟାପନ୍ନ ହେଲାଣି।

ବ୍ୟାଖ୍ୟା - ସଖିମାନଙ୍କର ନିଷେଧ ସତ୍ତ୍ୱେ ନାୟିକା ପ୍ରେମିକ ପ୍ରତି ଆସକ୍ତି। ମାତ୍ର ନାୟକ ଏବେ ତା ପ୍ରତି ବିମୁଖ। ମନ୍ଦ-ସ୍ନେହ ନାୟକ ପ୍ରତି ବିରହୋତ୍କଣ୍ଠିତାର ଉକ୍ତି - ମୁଁ ସଖିମାନଙ୍କର ହିତ-ଉପଦେଶକୁ କାନରେ ନ ପୂରାଇ ତୁମକୁ ଭଲପାଇଥିଲି। ଭାବିଥିଲି, ତୁମେ ମୋର ଜନ୍ମଜନ୍ମର ଧନ ହୋଇ ରହିବ। ଶୁଭାର୍ଥିନୀ ସଖିମାନଙ୍କର ବଚନକୁ ତୁଚ୍ଛ ଜ୍ଞାନ କରି ମୁଁ ମିଳନର ସ୍ୱର୍ଗସୁଖ ଚାହିଁଥିଲି। ତାର ଫଳ ତ ଏଇ ହାତେ ହାତେ ପାଉଛି। ମୋର ଏଇ ରୂପ ଓ ଭେକରୁ ସେ ସୁଖର ପରିଚୟ ପାଉଥିବ। ମିଳନସୁଖ ତ ଦୂରର କଥା, ଆଜି ସେଇ ପ୍ରୀତି ଲାଗି ମୋର ବଞ୍ଚିବାରେ ମଧ୍ୟ ସଂଶୟ ଉପସ୍ଥିତ ହେଲାଣି। ହାୟ, ଚାହିଁଥିଲି କ'ଣ, ପାଇଲି କ'ଣ ! ଶେଷ ପରିଣାମ ଏପରି ହେବ ବୋଲି ଜାଣିଥିଲେ ଏ ପଥରେ ପାଦଦେଇ ନଥାନ୍ତି। ଏବେ ମୁଁ କାହାକୁ ମୁହଁ ଦେଖାଇବି ?

ଈସାଲୁଓ ପଇ ସେ ରତ୍ତିଂ ମହୁଅଂଣ ଦେଇ ଉଚ୍ଚେଉଂ।
ଉଚ୍ଚେଇ ଅପ୍ପଣ ଚ୍ଚିଅ ମାଏ ଅଇ ଉଜ୍ଜୁଅ ସୁହାଓ। । ୫୯ ।

(ଇର୍ଷ୍ୟାଶୀଳଃ ପତିସ୍ତସ୍ୟା ରାତ୍ରୌ ମଧୁକଂ ନ ତଦାତ୍ୟୁମିଚ୍ଛେତ୍ତୁମ୍।

ଉଚ୍ଚିନୋତ୍ୟାତ୍ମନୈବ ମାତଃ ଅତି-ଋଜୁକ-ସ୍ୱଭାବଃ।) - ଅରିକେଶରୀ

ଈର୍ଷ୍ୟାପରାୟଣ ପତି ତାହାକୁ ରାତ୍ରିରେ ମଧୂକପୁଷ୍ପ ଚୟନ କରିବାକୁ ଘରୁ ବାହାରିବାକୁ ଦେଉ ନାହିଁ। ଗୋ ମା'! ଅତି ସରଳ ସ୍ୱଭାବ ତାହାର ପତି ନିଜେ ନିଜେ ମଧୁକ ଚୟନ କରୁଛି।

ବ୍ୟାଖ୍ୟା - କୌଣସି ପ୍ରତିବେଶିନୀକୁ କହିବା ଛଳରେ ଜାରକୁ ଶୁଣାଇ ଦୂତୀ କହୁଛି - ଆଗୋ ମା'! ସନ୍ଦେହମନା ସ୍ୱାମୀ ପତ୍ନୀକୁ ନିକଟରେ ଥିବା ବଗିଚାରେ ରାତିରେ ମହୁଲ ଫୁଲ ଖୁଣ୍ଟିବା ପାଇଁ ଛାଡୁନାହିଁ। ଈର୍ଷ୍ୟା ବା ସନ୍ଦେହ ପତିର ଧର୍ମ। ବଗିଚାକୁ ଗଲେ କାଳେ କୌଣସି ପୁରୁଷ ପ୍ରତି ପତ୍ନୀ ଆକୃଷ୍ଟ ହୋଇପଡ଼ିବ, ସେଥିପାଇଁ ଘରେ ଆବଦ୍ଧ କରି ରଖୁଛି; ଅଥଚ ସେ ଏତେ ସରଳସ୍ୱଭାବ ଯେ ରାତିରେ ପତ୍ନୀକୁ ଘରେ ଛାଡ଼ି ବଗିଚାକୁ ନିଜେ ମହୁଲ ଫୁଲ ଖୁଣ୍ଟିବା ପାଇଁ ଚାଲିଯାଉଛି। ଏଣେ ଘରଶୂନ୍ୟ, ପତ୍ନୀକୁ ଜଗିବା ପାଇଁ କେହି ନାହିଁ। ମୂର୍ଖ ବୁଝିପାରୁନାହିଁ ବୋହୂଟି ଘରେ ଏକାକିନୀ; ଏଇଠାରେ ତ ଅସଲ ଭୟ। ଜାର ଜାଣିଲା ରାତିରେ ନାୟିକା ଏକାକିନୀ ରହୁଛି।

ଅଚ୍ଛୋଡ଼ିଅ ବତ୍ଥଦ୍ଧନ୍ତପତ୍ଥିଏ ମନ୍ଥରଂ ତୁମଂ ବଚ୍ଚ।

ଚିନ୍ତେସି ଥଣହରାଆସିଅସ୍ସ ମଜ୍ଜସ୍ସ ବି ଣ ଭଙ୍ଗଂ।।୬୦।

(ବଳଦାଦାକୃଷ୍ଟବସ୍ତ୍ରାର୍ଧାନ୍ତପ୍ରସ୍ଥିତେ ମନ୍ଥରଂ ତ୍ୱଂ ବ୍ରଜ।

ଚିନ୍ତୟସି ସ୍ତନ-ଭରାୟାସିତସ୍ୟ ମଧ୍ୟସ୍ୟାପି ନ ଭଙ୍ଗମ୍।) - ଗୁଣର୍ଦ୍ଧି

ଆଗୋ ବସ୍ତ୍ରାର୍ଦ୍ଧାନ୍ତ ଆକର୍ଷଣପୂର୍ବକ ପ୍ରସ୍ଥାନଶୀଳେ, ତୁମେ ମନ୍ଥର ଗତିରେ ଯାଅ। ନହେଲେ ସ୍ତନଭାରରେ ଆୟାସିତ ତୁମର ମଧ୍ୟଦେଶ ଭାଙ୍ଗି ଯାଇପାରେ। ଏକଥା ଚିନ୍ତା କରିଛ ?

ବ୍ୟାଖ୍ୟା - ଗୁରୁ ସ୍ତନ ଓ କ୍ଷୀଣ ମଧ୍ୟଦେଶର ପ୍ରଶଂସା କରି ପ୍ରସ୍ଥାନଶୀଳା ମାନବତୀ ନାୟିକା ପ୍ରତି ନାୟକର ଚାଟୁବାଣୀ-ଗୋ ସହି, ମୋ ଅନୁରୋଧ ରକ୍ଷା ନକରି ହାତରୁ ଅଞ୍ଚଳ ଟାଣିନେଇ ଏତେ ବେଗରେ ତୁମେ ଚାଲିଯାଉଛ ତ ଯାଅ, ମୁଁ ଅଟକାଉ ନାହିଁ। ମୋର ଗୋଟିଏ ମାତ୍ର ଅନୁରୋଧ ଶୁଣ, ଟିକିଏ ଧୀରେ ଚାଲ। ପୟୋଧରବୋଝ ବହି ଏତେ ବେଗରେ ଯିବା ଉଚିତ୍ ନୁହେଁ। ତା ଦ୍ୱାରା ବିଷମ ବିପଦ ଘଟିପାରେ। କ୍ଷୀଣ କଟିଦେଶ ବକ୍ଷଭାର ସହିପାରିବ ନାହିଁ। ତାହା ଯଦି ସହସା ଭାଙ୍ଗିପଡ଼େ ତେବେ କ'ଣ ହେବ? ଏ କଥା ଟିକେ ଭାବ।

ଉଦ୍ଧଚ୍ଛୋ ପିଅଇଁ ଜଳଂ ଜହ ଜହ ବିରଳଙ୍ଗୁଳୀ ଚିରଂ ପହିଓ।

ପାବାଲିଆ ବି ତହ ତହ ଧାରଂ ତଣୁଇ ପି ତଣୁଏଇ।୬୧।

(ଊର୍ଦ୍ଧ୍ୱାକ୍ଷଃ ପିବତି ଜଳଂ ଯଥା ଯଥା ବିରଳାଙ୍ଗୁଳିଷ୍ଟିରଂ ପଥିକଃ।

ପ୍ରପାପାଳିକାପି ତଥା ତଥା ତଥା ଧାରାଂ ତନୁକାମପି ତନୁକରୋତି।) - ଭାଦ୍ରକ।

ପଥିକ ଊର୍ଦ୍ଧ୍ୱାକ୍ଷ ହୋଇ ହାତର ଆଙ୍ଗୁଳିଗୁଡ଼ିକୁ ମେଲା କରି ଯେତେ ଯେତେ କାଳବିଳମ୍ବ କରି ପାଣି ପିଉଛି, ପ୍ରପାପାଳିକାଟି ସେତେସେତେ କ୍ଷୀଣ ଜଳଧାରାକୁ କ୍ଷୀଣତର କରି ଢାଳୁଛି।

ବ୍ୟାଖ୍ୟା - ଖରାଦିନେ ପାଣି ପିଇବା ପାଇଁ କୌଣସି ପଥିକ ଜଳଦାନଶାଳାକୁ ଆସିଛି। ସେଠାରେ ସୁନ୍ଦରୀ ପ୍ରପାପାଳିକାଟିଏ ଜଳଦାନ କାର୍ଯ୍ୟରେ ନିଯୁକ୍ତା। ରୂପଲୁବ୍ଧ ପଥିକ ଜଳପାନ ଅବକାଶରେ ନାୟିକାର ଉନ୍ନତ ଯୌବନ ଓ ମୁଖଶ୍ରୀ ପ୍ରତି ଉର୍ଦ୍ଧ୍ୱାକ୍ଷ ହୋଇ ଦେଖିଲାଗିଛି। ଏଣେ ପତାଇଥିବା ବିରଳାଙ୍ଗୁଳି ଅଂଜଳି ମଧ୍ୟରେ ରୂପସୀ ଜଳଦାତ୍ରୀ ଜଳ ଢାଳିଲାଗିଛି। ଅଙ୍ଗୁଳିଗୁଡ଼ିକୁ ମେଲାଇ ଦେଇଥିବାରୁ ଜଳଧାରା ତଳେ ପଡ଼ିଯାଉଛି। ଜଳତୃଷ୍ଣା ମେଣ୍ଟିଲେ ମଧ୍ୟ ରୂପତୃଷ୍ଣା ମେଣ୍ଟୁ ନାହିଁ। ଜଳଦାତ୍ରୀ ମଧ୍ୟ ଜଳଧାରାକୁ କ୍ଷୀଣରୁ କ୍ଷୀଣତର କରି ତାହାର ଦେଖିବା କାର୍ଯ୍ୟକୁ ଉତ୍ସାହିତ କରୁଛି। ଚତୁର-ଚତୁରୀ ଏଇଭାବେ ପରସ୍ପରକୁ ଅନୁରାଗପୂର୍ଣ୍ଣ ଦୃଷ୍ଟିରେ ବହୁ କାଳଯାଏ ଦେଖିବାକୁ ଅପୂର୍ବ ସୁଯୋଗ ସୃଷ୍ଟି କରୁଛନ୍ତି।

ଭିଚ୍ଛାଅରୋଁ ପେଚ୍ଛଇ ଣାହି-ମଣ୍ଡଲଂ ସାବି ତହ ମୁହଅନ୍ଦଂ।

ତଂ ଚଟୁଅଂ ଅକରଙ୍କଂ ଦୋହ୍‌ଣ ବି କାଆ ବିଲୁମ୍ପନ୍ତି। ୬୨।

(ଭିକ୍ଷାଚରଃ ପ୍ରେକ୍ଷତେ ନାଭି-ମଣ୍ଡଳଂ ସାପି ତସ୍ୟ ମୁଖ-ଚନ୍ଦ୍ରମ୍

ତଚ୍ଚଟୁକଂ ଚ କରଙ୍କଂ ଦ୍ୱୟୋରପି କାକା ବିଲୁମ୍ପନ୍ତି।) - ଶଶିରାଜ

ଭିକ୍ଷାଚର ନାୟିକାର ନାଭି-ମଣ୍ଡଳ ପ୍ରତି ଦୃଷ୍ଟି ଢ଼ାଳିଛି। ସେ ନାୟିକା ମଧ୍ୟ ତାହାର ମୁଖଚନ୍ଦ୍ର ନିରୀକ୍ଷଣ କରୁଛି। ଏହି ସୁଯୋଗରେ କୁଆ ଦୁହିଁଙ୍କ ଚଟୁ ଓ କରଙ୍କରୁ ତଣ୍ଡୁଳ ଘେନି ପଳାଇଲା।

ବ୍ୟାଖ୍ୟା - ଭିକ୍ଷା ମାଗିବା ବ୍ୟାଜରେ କୌଣସି ପ୍ରେମିକ ତାର ପ୍ରେମିକା ଦ୍ୱାରରେ ଉଭା ହୋଇଛି। ପ୍ରେମିକା ଭିକ୍ଷା ଦେବା ପାଇଁ ଘରୁ ବାହାରିଆସିଛି। ବହୁ ଦିନ ପରେ ପ୍ରେମିକକୁ ଦେଖୁଥିବାରୁ ଭାବାବେଶରେ ନାୟିକାର ବସନଗ୍ରନ୍ଥି ଶିଥିଳ ହୋଇ ସୁଗଭୀର ନାଭିର କୂପ ଦୃଶ୍ୟ ହେଉଛି ଓ ଭିକ୍ଷୁକ ତାହାର ନାଭିଦେଶକୁ ନିର୍ନିମେଷ ନୟନରେ ଚାହିଁରହିଛି। ପ୍ରେମିକା ମଧ୍ୟ ଅତୃପ୍ତ ନୟନରେ ଚକୋରୀ ଚନ୍ଦ୍ରକୁ ଦେଖି ଉଲ୍ଲସିତ ହେବାପରି ପ୍ରେମିକର ମୁଖଚନ୍ଦ୍ରକୁ ଚାହିଁରହିଛି। ଦୁହେଁ ଅପୂର୍ବ ସୁଖ ଲାଭ କରୁଛନ୍ତି। ଦୁହିଁଙ୍କର ଏହି ଜଡ଼ୀଭୂତ ଅବସ୍ଥାର ସୁଯୋଗ ନେଇ କାକ ଉଡ଼ିଆସି ଜଣକର ଚଟୁରୁ (ଭିକ୍ଷାଦାନ ପାତ୍ର) ଓ ଅନ୍ୟ ଜଣକର କରଙ୍କରୁ (ଭିକ୍ଷାଗ୍ରହଣ ପାତ୍ର) ତଣ୍ଡୁଳକଣା ଘେନିପଳାଇଛି। ଏ ଦୃଶ୍ୟ ଦେଖିଥିବା କୌଣସି ନାରୀ ଗାଥାଟିର ବକ୍ତ୍ରୀ।

ଜେଣ ବିଣା ଣ ଜିବିଜ୍ଜଇ ଅଣୁଣିଜ୍ଜଇ ସୋ କଆବରାହୋ ବି।
ପତ୍ତେ ବି ଣଅର-ଦାହେ ଭଣ କସ୍‌ସ ଣ ବଲ୍ଲହୋ ଅଗ୍‌ଗୀ । ୬୩ ।
(ଯେନ ବିନା ନ ଜୀବ୍ୟତେଽନୁନୀୟତେ ସ କୃତାପରୋଧୋଽପି।
ପ୍ରାପ୍ତେଽପି ନଗର-ଦାହେ ଭଣ କସ୍ୟ ନ ବଲ୍ଲଭୋଽଗ୍ନିଃ।) - ରୋହା

ଯାହା ବିନା ଜୀବନଧାରଣ ସମ୍ଭବ ନୁହେଁ, କୃତାପରାଧ ହେଲେ ମଧ୍ୟ ତାଙ୍କୁ ଅନୁନୟ କରିବା ଉଚିତ। କୁହ, ସମଗ୍ର ନଗରକୁ ଭସ୍ମୀଭୂତ କରିଦେଉଥିଲେ ମଧ୍ୟ ଅଗ୍ନି କାହାର ପ୍ରିୟ ନୁହେଁ?

ବ୍ୟାଖ୍ୟା - କଳହାନ୍ତରିତା ନାୟିକାକୁ କୃତାପରାଧ ନାୟକ ପ୍ରତି ଅନୁକୂଳ କରାଇବା ପାଇଁ ସଖୀର ନୀତିବାଣୀ - ସେ ଥରକୁଥର ଅପରାଧ କରିବେ, ତୋତେ କ୍ଷମା ଦେବାକୁ ହେବ, ଅନୁନୟ କରି ଅଧୀନରେ ରଖିବୁ, ଏହାହିଁ ପ୍ରେମିକାର ରୀତି। ତୁ ଭାବୁଛୁ, ଅପରାଧର କୌଣସି କ୍ଷମା ନାହିଁ? ସେଥିଲାଗି ଧିକ୍‌କାର ବଚନ କହି ଦୂର କରିଦେଉଛୁ? ମୁଁ ମାନୁଛି, ପ୍ରିୟର ଦୋଷ ଅଛି। ପ୍ରିୟ ଦୋଷ କଲେ ମଧ୍ୟ ତାଙ୍କୁ ଫିଙ୍ଗିଦେଇ ହେବନାହିଁ। ଯାହାଙ୍କୁ ଛାଡ଼ିଲେ ତୋର ବଞ୍ଚିରହିବା ଅସମ୍ଭବ, ସେ ଅପରାଧ କଲେ ମଧ୍ୟ ତାହାକୁ ସହିବାକୁ ହେବ। ଯାହା ଅପରିହାର୍ଯ୍ୟ ତାହାକୁ ହତାଦର କରିହେବ ନାହିଁ। ନଗରକୁ ପୋଡ଼ି ଛାରଖାର କରିଦେଉଥିଲେ ମଧ୍ୟ ଅଗ୍ନିକୁ ଛାଡ଼ି କିଏ ଚଳିପାରେ?

ବକ୍‌କଂ କୋ ପୁଲଇଜ୍ଜଉ କସ୍‌ସ କହିଜ୍ଜଉ ସୁହଂ ବ ଦୁକ୍‌ଖଂ ବା।
କେଣ ସମଂ ବ ହସିଜ୍ଜଉ ପାମର-ପଉରେ ହଅ-ଗ୍‌ଗାମେ ।୬୪ ।
(ବକ୍ରଂ କଃ ପ୍ରଲୋକ୍ୟତାଂ କସ୍ୟ କଥ୍ୟତାଂ ସୁଖଂ ବା ଦୁଃଖଂ ବା।
କେନ ସମଂ ବା ହସ୍ୟତାଂ ପାମର-ପ୍ରଚୁରେ ହତ-ଗ୍ରାମେ।) - ମେଘନାଦ

ଏଇ ପାମରବହୁଳ ପୋଡ଼ା ଗାଁରେ କାହା ପ୍ରତି ମୁଁ ବକ୍ରଭାବରେ ଚାହିଁବି, କାହାକୁ ସୁଖ-ଦୁଃଖ କହିବି ଓ କାହା ସହିତ ପରିହାସ କରିବି?

ବ୍ୟାଖ୍ୟା - ଜାର ପ୍ରତି ସ୍ୱୈରିଣୀର ଉକ୍ତି- ଇତର ଲୋକଙ୍କ ଦ୍ୱାରା ପରିପୂର୍ଣ୍ଣ ଏଇ ପୋଡ଼ା ଗାଁରେ କାହା ଆଗରେ ସୁଖ ଦୁଃଖ କହିବି। ଜଣେ ହେଲେ କେହି ସମଦରଦୀ ଲୋକ ନାହାନ୍ତି, ଯା' ସହିତ ହୃଦୟ ଖୋଲି କଥା କହିବି। ଯା' ମୁହଁ ଦେଖିବା ପାଇଁ ମୋର ବକ୍ରଦୃଷ୍ଟି ବାରମ୍ବାର ଧାଇଁ ଯାଉଥିବ, ଯାହାଙ୍କୁ ପରିହାସପୂର୍ଣ୍ଣ ବାଣୀ ଶୁଣାଉଥିବି ଓ ତାଙ୍କଠାରୁ ଶୁଣି ସୁଖୀ ହେଉଥିବି। ହାୟ, ମୋ କପାଳ! ଏ ଗାଁରେ ବସତି କରି ମୋର ସବୁ ସୁଖ-ସୌଭାଗ୍ୟ ନଷ୍ଟ ହେଲା। ମୋ ଆଖିରେ ସେପରି ନାଗର କେହି ଏ ଗାଁରେ ଦେଖାଯାଉନାହାନ୍ତି। ତୁମେ ଏକମାତ୍ର ମହତ୍, ଏ ଗାଁରେ ସମସ୍ତେ ମନ୍ଦ, ନୀଚମନା ଓ କ୍ଷୁଦ୍ର ହୃଦୟ। ତୁମେ ଏ ଗାଁରେ ରହିଲେ କେତେ ଭଲହୁଅନ୍ତା!

ଫଲହୀ-ବାହଣ-ପୁଣ୍ଣାହ-ମଙ୍ଗଲଂ ଲଙ୍ଗଲେ କୁଣନ୍ତୀଏ।
ଅସଈଅ ମଣୋରହ-ଗବ୍ଭିଣୀଅ ହତ୍‌ଥା ଥରହରନ୍ତି । ୬୫।
(କାର୍ପାସୀ-କ୍ଷେତ୍ରକର୍ଷଣ-ପୁଣ୍ୟାହମଙ୍ଗଳଂ ଲାଙ୍ଗଳେ କୁର୍ବତ୍ୟାଃ।
ଅସତ୍ୟା-ମନୋରଥ-ଗର୍ଭିଣ୍ୟା ହସ୍ତୌ ଥରଥରାୟତେ।) - କହିଲ

କପାକ୍ଷେତରେ ହଳ ପଡ଼ିବା ଶୁଭାରମ୍ଭ ଦିନ ମଙ୍ଗଳକ୍ରିୟା ସଂପାଦନ କାଳରେ ମନୋରଥଧାରିଣୀ ଅସତୀର ହସ୍ତଦ୍ୱୟ ଥର ଥର କମ୍ପିଉଠୁଛି।

ବ୍ୟାଖ୍ୟା- କପା କ୍ଷେତରେ ପ୍ରଥମେ ହଳ ପଡିବା ଚଷୀ-ଗୃହରେ ମଙ୍ଗଳ ଅଙ୍କନ ବିଧି ସଂପାଦନ କରିବାକୁ ଯାଉଥିବା ବହୁଟିକୁ ଦେଖ; ତାର ହାତ ଥରୁଛି। ପ୍ରଭାତରେ ହଳ-ଅର୍ଚ୍ଚନା ପାଇଁ ଗୃହରେ ଝୋଟି ପକାଇବା, ହଳ ଉପରେ ଗନ୍ଧ ଦ୍ରବ୍ୟ ଲେପନ କରିବା ତାର ଦାୟିତ୍ୱ। ମାତ୍ର ଏ କଣ ? ତା'ର ହାତ ଥରିଉଠୁଛି କାହିଁକି ? ସହଚରକୁ ଶୁଣାଇ ନାଗରିକ କହିଛି- ଏ ବହୂଟିର ଅନ୍ୟ ପୁରୁଷରେ ବ୍ୟସନ। ସାଧ୍ୱୀ ଗୃହବଧୂ ଭଳି ମଙ୍ଗଳ କ୍ରିୟା ସଂପାଦନ କରୁଥିଲେ ମଧ୍ୟ ମନରେ ସେ ଅଶୁଚି। ଆଜି ଯେଉଁ କପାଚଷ ଆରମ୍ଭ ହେବାକୁ ଯାଉଛି, ସେ ମନରେ ଭାବୁଛି କପାଗଛ ବଢ଼ିଗଲା ପରେ କପା-ବାଡ଼ିକୁ ତାର ସଂକେତ ସ୍ଥଳ କରିବ। ଅସତୀ ନାରୀ ପୁଣ୍ୟ କାର୍ଯ୍ୟ କଲେ ନିଜକୁ ଅପବିତ୍ରା ଜ୍ଞାନ କରି ସଂକୁଚିତ ହେବା ସ୍ୱାଭାବିକ।

ପହିଉଲ୍ଲୁରଣ-ସଙ୍କାଉଲାହିଁ ଅସଈହିଁ ବହଲ-ତିମିରସ୍‌ସ।
ଆଇପ୍‌ପଣେଣ ଣିହୁଅଂ ବଡ଼ସ୍‌ସ ସିତ୍ତାଇଁ ପତ୍ତାଇଁ । ୬୬ ।
(ପଥିକ-ଚ୍ଛେଦନ-ଶଙ୍କାକୁଳାଭିରସତୀଭିର୍ବହଳ-ତିମିରସ୍ୟ।
ଆଲେପନେନ ନିଭୃତଂ ବଟସ୍ୟ ସିକ୍ତାନି ପତ୍ରାଣି।) - ଅଘରାଜ

ଅନ୍ଧକାରବହୁଳ ବଟବୃକ୍ଷର ପତ୍ରଗୁଡିକୁ ପଥିକଗଣ କାଟିନେବା ଆଶଙ୍କାରେ ଅସତୀଗଣ ଆଲୋପନ ଦ୍ୱାରା ସେଗୁଡ଼ିକୁ ଲୁଚାଇ ସିକ୍ତ କରିଦେଇଛନ୍ତି।

ବ୍ୟାଖ୍ୟା - ନିର୍ଜନ ପ୍ରାନ୍ତର ମଧ୍ୟରେ ଘନ ଛାୟାଦାନକାରୀ ବଟବୃକ୍ଷ ଉଭାରହିଛି - ପୁଂଜିତ ହୋଇଛି ଯହିଁ କୃଷ୍ଣପକ୍ଷ ଅନ୍ଧାରଯାକ- ଛାୟାଶୀତଳ ସେଇ ବୃକ୍ଷମୂଳେ ପଥିକମାନେ ପଥଶ୍ରମ ମେଣ୍ଟାଇବା ପାଇଁ ଆଶ୍ରୟ ନେଇଥାନ୍ତି। ଅସତୀମାନେ ସେଇ ସ୍ଥାନକୁ ସଂକେତ ସ୍ଥଳ କରିଛନ୍ତି। ପଲ୍ଲବଘନ ସେଇ ବୃକ୍ଷର ପତ୍ରଗୁଡିକୁ ପଥିକମାନେ କାଳେ ଛେଦନ କରିନେବେ, ଫଳତଃ ବୃକ୍ଷତଳର ବହଳ ଅନ୍ଧକାର ଲୋପ ପାଇଯିବ, ଏଇ ଭୟରେ ଚତୁରା ଅସତୀମାନେ ପ୍ରତିଦିନ ପତ୍ର ଉପରେ ଝୋଟିପାଣି ଛିଞ୍ଚିଦେଉଛନ୍ତି। ତାତ୍ପର୍ଯ୍ୟ, କାକବିଷ୍ଠା ମନେକରି ଅସନା ପତ୍ର ତୋଳିବା ପାଇଁ କେହି ସେଠାକୁ ଆସିବେ ନାହିଁ।

ଭଞ୍ଜନ୍ତସ୍‌ସ ବି ତୁହ ସଗ୍‌ଗ-ଗାମିଣୋ ଣଇ-କରଞ୍ଜ-ସାହାଓ ।
ପାଆ ଅଜ୍ଜ ବି ଧମ୍ମିଅ ତୁହ କହଁ ଧରଣିଂ ବିହ ଛିବନ୍ତି । ୬୭।
(ଭଞ୍ଜନ୍ତୋଽପି ତବ ସ୍ୱର୍ଗ-ଗାମିନୋ ନଦୀ-କରଞ୍ଜ-ଶାଖାଃ ।
ପାଦାବଦ୍ୟାପି ଧାର୍ମିକ ତବ କଥଂ ଧରଣୀମେବ ସ୍ପୃଶତଃ ।)- ହାଳ

ହେ ଧାର୍ମିକ, ତୁମେ ସ୍ୱର୍ଗଗମନର ଅଭିଳାଷୀ ହୋଇ ନଦୀତଟସ୍ଥିତ କରଞ୍ଜ ଶାଖାଗୁଡ଼ିକୁ ଭାଙ୍ଗିଲେ ମଧ୍ୟ ତୁମର ପାଦ ଏ ପର୍ଯ୍ୟନ୍ତ କିପରି ଧରଣୀ ଉପରେ ରହିଛି ?

ବ୍ୟାଖ୍ୟା - କୌଣସି ଧାର୍ମିକ ପୁରୁଷ ତୀର୍ଥଯାତ୍ରା ଉଦ୍ଦେଶ୍ୟରେ ବହିର୍ଗତ ହୋଇ କୌଣସି ନଦୀତୀରରେ ରାତ୍ରିଯାପନ କରିଛି । ପ୍ରଭାତ ହେବାରୁ ଦନ୍ତଧାପନ ପାଇଁ ନଦୀତୀରରେ ଥିବା କରଞ୍ଜ ଡାଳ ଭାଙ୍ଗି କାଠି ପ୍ରସ୍ତୁତ କରୁଛି । ଏହା କୌଣସି ସ୍ୱୈରିଣୀର ଏକାନ୍ତ ବିହାରସ୍ଥଳ । ଏଣୁ ସଙ୍କେତସ୍ଥଳ ଭଙ୍ଗ ହେଉଥିବା ଦେଖି ସେଇ ନାୟିକା କହିଛି- ତୁମେ ତ ଜଣେ ଧାର୍ମିକ ପୁରୁଷ ଭଳି ଦେଖାଯାଉଛ । ମନେହୁଏ, ସ୍ୱର୍ଗକୁ ଯିବା ପାଇଁ ଅଭିଳାଷୀ ହୋଇ ବାହାରିଛ । ଏଇ କରଞ୍ଜ ଶାଖାଗୁଡିକୁ ଭାଙ୍ଗି ତୁମେ ଏ ଯାବତ୍ ସ୍ୱର୍ଗ ନ ଯାଇ ମାଟି ଉପରେ ପାଦ ରଖି ତିଷ୍ଠିଛ କିପରି ? ଉଚ୍ଚ ହୋଇ ତୁମେ ଶୀଘ୍ର ସ୍ୱର୍ଗକୁ ଯାଅ; ଅର୍ଥାତ୍, ତୁମେ ନ ମରି ଏ ପର୍ଯ୍ୟନ୍ତ କାହିଁକି ବଞ୍ଚିରହିଛ ଓ ମୋର ପ୍ରିୟ-ମିଳନ-ସ୍ଥଳକୁ ନଷ୍ଟ କରି ଲାଗିଛି ?

ଅଚ୍ଛଉ ଦାବ ମଣହରିଂ ପିଆଇ ମୁହ-ଦଂସଣଂ ଅଇ-ମହଗଘଂ ।
ତଗ୍‌ଗାମ-ଛେତ୍ତ-ସୀମା ବି ଝତ୍ତି ଦିଟ୍‌ଠା ସୁହାବେଇ ।୬୮।
(ଅସ୍ତୁ ତାବନ୍ମନୋହରଂ ପ୍ରିୟାୟା ମୁଖ-ଦର୍ଶନମତି-ମହାର୍ଘମ୍ ।
ତଦ୍‌ଗ୍ରାମ-କ୍ଷେତ୍ର ସୀମାପି ଝଟିତି ଦୃଷ୍ଟା ସୁଖୟତି ।)

ପ୍ରିୟାର ବିଭୂଷିତ ମନୋହର ମୁଖଦର୍ଶନ କଥା ଦୂରେ ଥାଉ, ତାର ଗ୍ରାମର କ୍ଷେତ ସୀମା ମଧ୍ୟ ଦୃଷ୍ଟିରେ ପଡ଼ିବାମାତ୍ରେ ସଂଗେ ସଂଗେ ଆନନ୍ଦ ଦିଏ ।

ବ୍ୟାଖ୍ୟା - ପ୍ରିୟାଦର୍ଶନେଚ୍ଛୁ କୌଣସି ପୁରୁଷ ପିତୃଗୃହରେ ଅବସ୍ଥାନ କରୁଥିବା ପତ୍ନୀକୁ ଦେଖିବାକୁ ଯାଉଛି । ପ୍ରିୟା ମୁଖର ସୌନ୍ଦର୍ଯ୍ୟ ସ୍ମରଣ କରି କରି ପଥ ଚାଲୁଛି । ହୃଦୟରେ ତାହାର ପ୍ରତିମା ଆଙ୍କି ସକଳ କାମନା ସାର୍ଥକ କରୁଛି । ପଥର ଦୀର୍ଘତା ଓ କ୍ଳାନ୍ତି ଏଇ ସ୍ମରଣ-ସୁଖରେ ଭୁଲି ସେ କେତେବେଳେ ଆସି ପ୍ରିୟା ଗାଁର ସନ୍ନିକଟବର୍ତ୍ତୀ ହେଲାଣି । ହଠାତ୍ ଗାଁ ଉପରେ ଦୃଷ୍ଟି ପଡ଼ିଯିବାରୁ ପ୍ରିୟା-ମୁଖଦର୍ଶନର ମୁହୂର୍ତ୍ତ ଆସନ୍ନ ହେଲାଣି ବୋଲି ଜାଣି ଉଲ୍ଲସିତ ହେଉଛି । ସାଙ୍ଗରେ ଥିବା ସହଚର ତାର ଏପରି ଉଲ୍ଲାସର କାରଣ ପଚାରିବାରୁ ବିଦଗ୍ଧ ନାୟକ କହିଛି - ହେ ସଖା, ପ୍ରିୟାର ଶୋଭନ ମୋହନ ମୁଖ-ଦର୍ଶନ ତ ଦୂରର କଥା, ବଧୂ-ଗ୍ରାମର କ୍ଷେତ-ସୀମା ଦେଖି ମଧ୍ୟ ମୋର

ଆନନ୍ଦ କହିଲେ ନସରେ। ପ୍ରିୟା ପାଇଁ ପ୍ରିୟାର ଗାଁ, ନଈ, ବଣ, କ୍ଷେତ-ବାଡ଼ି ମଧ୍ୟ ମୋ ଆଖିରେ ସୁନ୍ଦର ପ୍ରତୀତ ହେଉଛି। ପ୍ରିୟାର ମୁଖ ଦେଖିଲେ କେତେ ସୁଖ ନ ହେବ !

ଣିକ୍‌କମ୍ମାହିଁ ବି ଛେତ୍ତାହିଁ ପାମରୋ ଣେଅ ବଚ୍ଚଏ ବସଇଂ।
ମୁଅ-ପିଅ-ଜାଆ-ସୁଣ୍ଣଇଅ-ଗେହ-ଦୁଃକ୍‌ଖଂ ପରିହରନ୍ତୋ । ୬୯।
(ନିଷ୍କର୍ମଣୋଽପି କ୍ଷେତ୍ରାତ୍ପାମରୋ ନୈବ ବ୍ରଜତି ବସତିମ୍।
ମୃତ-ପ୍ରିୟ-ଜାୟା-ଶୂନ୍ୟୀକୃତ-ଗେହ-ଦୁଃଖଂ ପରିହରନ୍।) - ପୁଣ୍ଡରୀକ

ପ୍ରିୟତମା ପତ୍ନୀର ମୃତ୍ୟୁ ଅନ୍ତେ ଶୂନ୍ୟ ଗୃହର ଦୁଃଖ ଭୁଲିଯିବା ପାଇଁ ଗାଉଁଲି ଲୋକଟି କାମ ନଥିଲେ ମଧ୍ୟ କ୍ଷେତରୁ ଗାଁକୁ ଯାଉନାହିଁ।

ବ୍ୟାଖ୍ୟା - ଗ୍ରାମୀଣ ନିରକ୍ଷର ସ୍ୱାମୀଟିଏ ପତ୍ନୀ-ବିୟୋଗ ପରେ କାମ ନଥିଲେ ମଧ୍ୟ ଦିନସାରା କ୍ଷେତରେ ରହୁଛି; ଜାୟା-ଶୂନ୍ୟ ଗୃହକୁ ଫେରିବାକୁ ଇଚ୍ଛା କରୁନାହିଁ। ଶୂନ୍ୟ ଗୃହର ଦୁଃଖ ଭୁଲିଯିବା ପାଇଁ ହାଲିକ ଏପରି ବାହାରେ ସମୟ କଟାଇ ଦେଉଛି। କ୍ଷେତରେ କାମ ନାହିଁ, ଗୃହ ମଧ୍ୟ ଆକର୍ଷଣ କରୁନାହିଁ। ଏକଦା ଗୃହ ଓ କ୍ଷେତରେ ଯେଉଁ ପ୍ରାଣର ସଂଗୀତ ବାଜୁଥିଲା, ତାହା ଆଜି ନୀରବ। ପ୍ରାଣରେ ପତ୍ନୀ-ବିଚ୍ଛେଦ ବ୍ୟଥା ବହି ହଳୁଆଟି କର୍ମଶୂନ୍ୟ ବିଲମାଳରେ ବୁଲୁଛି ସିନା, ଘରକୁ ଫେରିବାକୁ ମନ କରୁନାହିଁ। ସହଚରୀହୀନ ସେ ଗୃହ ଆଜି ତା ପାଇଁ ଶ୍ମଶାନ ସଦୃଶ।

ଝଞ୍ଜା-ବାଉତ୍ତିଣ୍ଣିଅ-ଘର-ବିବର-ପଲୋଟ୍‌ଟ-ସଲିଲ-ଧାରାହିଂ।
କୁଡ୍‌ଡ-ଲିହିଓହି-ଦିଅହଂ ରକ୍‌ଖଇ ଅଜ୍ଜା କର-ଅଲେହିଂ ।୭୦।
(ଝଞ୍ଜା-ବାତୋତ୍ତୃଣୀକୃତ-ଗୃହ-ବିବର-ପ୍ରପତତ୍ସଲିଳ-ଧାରାଭିଃ।
କୁଡ୍ୟ-ଲିଖିତାବଧି-ଦିବସଂ ରକ୍ଷତ୍ୟାର୍ଯ୍ୟା କର-ତଳୈଃ।) - ଜୟସେନ

ଝଂଜା-ବାତରେ ନଡ଼ା ଉଡ଼ିଯିବାରୁ ବିବରରୁ ଝରୁଥିବା ଜଳଧାରାରୁ ଭିତ୍ତିଗାତ୍ରରେ ଲିଖିତ ଅବଧି ଦିନସଂଖ୍ୟାକୁ ଆର୍ଯ୍ୟା କରତଳରେ ରକ୍ଷା କରୁଛି।

ବ୍ୟଶ୍ୟା - ପଥିକ ପ୍ରତି ପ୍ରୋଷିତପତିକା ସଖୀର ସନ୍ଦେଶ-ବଚନ-ହେ ପଥିକ, ତୁମେ ତ ତାର ପ୍ରିୟତମ ରହୁଥିବା ଦେଶକୁ ଯାଉଛି। ତାଙ୍କୁ ଦେଖିଲେ କହିବ, ଦେଇଯାଇଥିବା କଣ୍ଟ ଦିନ ସୁଦ୍ଧା ନିଶ୍ଚୟ ଫେରିଆସିବେ। ତାଙ୍କର ବିରହିଣୀ ବଧୂର ଅବସ୍ଥା କହିଲେ ନସରେ। ଏଇ ଘୋର ଦୁର୍ଦ୍ଦିନରେ ସେ ତ ତାକୁ ଛାଡ଼ି ବିଦେଶରେ ରହିଲେ। ଘର ବୋଲି କହିଲେ, ଯେଉଁ ନଡ଼ା ଛପର ଘର ତାହା ଝଂକା-ପବନରେ ଧ୍ୱସ୍ତ-ବିଧ୍ୱସ୍ତ। ଚାଳର ନଡ଼ା ଉଡ଼ିଯାଇ ମଝିରେ ମଝିରେ ଛିଦ୍ର ହୋଇଗଲାଣି। ସେଇ ଛିଦ୍ରବାଟେ ପାଣି ଘର ଭିତରେ ପଡୁଛି। ଘର-କାନ୍ଥରେ ତାଙ୍କ ଫେରିବା ଦିନ ସୀମାସୂଚକ

ଯେଉଁ ସଂଖ୍ୟା ଲେଖି ଦେଇ ଯାଇଥିଲେ ବିରହିଣୀ-ବଧୂ ଜଳଧାରାରେ ଧୋଇ ହୋଇଯିବ ବୋଲି ତାହାକୁ ଦୁଇ ହାତରେ ଢାଙ୍କି ରଖିଛି । ତାର ଅନୁରାଗ ଓ ପ୍ରତୀକ୍ଷା ସାର୍ଥକ କରିବାପାଇଁ ସେ ଶୀଘ୍ର ଫେରିଆସନ୍ତୁ ।

ଗୋଲା-ଣଈଏ କଚ୍ଛେ ଚକ୍‌ଖନ୍ତୋ ରାଇଆଇ ପତ୍ତାଇଂ ।
ଉପ୍‌ଫଡ଼ଇ ମକ୍‌କଡ଼ୋ ଖୋକ୍‌କଏଇ ପୋଟ୍‌ଟଂଅ ପିଟ୍‌ଟେଇ । ୭୧।
(ଗୋଦା-ନଦ୍ୟାଃ କଚ୍ଛେ ଚର୍ବ୍ୟନ୍ ରାଜିକାୟାଃ ପତ୍ରାଣି ।
ଉତ୍ପତତି ମର୍କଟଃ ଖୋକ୍‌ଖ-ଶବ୍ଦଂ କରୋତ୍ୟୁଦରଂ ଚ ତାଡ଼ୟତି ।) - ନରବାହନ

ଗୋଦାବରୀ ନଦୀତଟରେ ରାଜିକା ପତ୍ର ଚୋବାଇ ମାଙ୍କଡ଼ ଡେଉଁଛି, ଖେଁ-ଖେଁ ଶବ୍ଦ କରୁଛି ଓ ନିଜପେଟକୁ ପିଟୁଛି ।

ବ୍ୟାଖ୍ୟା - ବାନରମାନେ ଗୋଦାବରୀ ତୀରରେ ଥିବା ସୋରିଷ କିଆରିରେ ପଶି ଫସଲ ଖାଉଛନ୍ତି, ବୀରତ୍ୱ ପ୍ରକାଶ କରି ଡିଆଁ ଡେଇଁ କରୁଛନ୍ତି, ଖେଁ ଖେଁ ଶବ୍ଦ କରି ନିଜ ହାତରେ ପେଟ ବାଡ଼େଇ ଏଣେତେଣେ ଧାଉଁଛନ୍ତି । ତାତ୍ପର୍ଯ୍ୟ, ସଂକେତ ସ୍ଥାନ ନିରାପଦ ନୁହେଁ, ବାନରମାନେ ସେଠାରେ ଅତି ଉତ୍ପାତ କରୁଚନ୍ତି । ସେଠାକୁ ମିଳନ ଉଦ୍ଦେଶ୍ୟରେ ଗଲେ ବିପଦ ଅଛି ।

ଗହ-ବଇଣା ମୁଅ-ସୈରିହ-ବୁଣ୍ଟୁଅ-ଦାମଂ ଚିରଂ ବହେଊଣ ।
ବଗ୍‌ଗ-ସଆଇଂ ଣେଊଣ ଣବରିଅ ଅଜ୍ଜାଘରେ ବଦ୍ଧଂ । ୭୨।
(ଗୃହ-ପତିନା ମୃତ-ସୈରିଭ-ବୃହଦ୍‌ଘଣ୍ଟା-ଦାମ ଚିରମୂଢ୍ୱା ।
ବର୍ଗ-ଶତାନି ନୀତ୍ୱାନନ୍ତରମାର୍ଯାଗୃହେ ବଦ୍ଧମ୍ ।) - ସତ୍ୟସ୍ୱାମିନଃ

ଗୃହପତି ମୃତ ମହିଷର ବୃହତ୍ ଘଣ୍ଟାମାଳକୁ ବହୁ ଦିନଯାଏ ରଖି ଶତ ଶତ ମହିଷକ୍ରୟ କରି ମଧ୍ୟ ସେହି ମାଳାକୁ ଶେଷରେ ଚଣ୍ଡିକାୟତନରେ ଟଙ୍ଗାଇଦେଲା ।

ବ୍ୟାଖ୍ୟା- ପ୍ରଥମା ପତ୍ନୀର ଅଳଙ୍କାରଗୁଡ଼ିକୁ ଦ୍ୱିତୀୟା ପତ୍ନୀକୁ ଦେବାକୁଯାଉଥିବା ସ୍ୱାମୀ ପ୍ରତି ପ୍ରଥମା ପତ୍ନୀର ସଖୀ କହୁଛି - ତୁମେ ସୁଭଗା ପ୍ରଥମା ପତ୍ନୀର ଅଳଙ୍କାରଗୁଡିକୁ ଅନ୍ୟ ପ୍ରେୟସୀକୁ ଦେବାକୁଯାଉଛ, ଏହା ଠିକ୍ ନୁହେଁ । ଜଣେ ଭୂସ୍ୱାମୀ କଥା ତୁମକୁ କହୁଛି, ଶୁଣ; ସେଥିରୁ ତାହାର ସ୍ନେହର ପରିଚୟ ପାଇବ । ସେଇ ଜମିଦାରଙ୍କର ଅତି ପ୍ରିୟ ମହିଷଟି ମରିଯିବାରୁ ତା ବେକରେ ପିନ୍ଧାଇ ଦେଇଥିବା ବଡ଼ ଘଣ୍ଟାମାଳଟିକୁ ଜମିଦାର ଅତି ଯତ୍ନରେ ଗୃହରେ ସାଇତି ରଖିଲା । କେତେ ନୂଆ ମହିଷ କିଣା ହୋଇ ଗୋଠକୁ ଆସିଲେ । ସ୍ନେହର ଘଣ୍ଟା କାହାକୁ ପିନ୍ଧାଇବ, ସେପରି ପ୍ରିୟ ମହିଷ ଆଉ କାହୁଁ ମିଳିବ ? ଏଇ କଥା ଚିନ୍ତାକରି ସଜଳ ନେତ୍ରରେ ତାହାକୁ ସ୍ମରଣ କରି ଶେଷକୁ ଚଣ୍ଡୀମନ୍ଦିରରେ ନେଇ ଟଙ୍ଗାଇ ଦେଲା । ଦେବତାଙ୍କୁ ଅର୍ପଣ କଲା ସିନା, କୌଣସି

ମହିଷ ବେକରେ ପିନ୍ଧାଇଲା ନାହିଁ। ତୁମେ ଯାହାକୁ ଦେବାକୁ ଯାଉଛ, ସେ ଅଳଙ୍କାର ପିନ୍ଧିବାର ଯୋଗ୍ୟତା ତାର ନାହିଁ।

ସିହ-ପେହୁଣାବଅଂସା ବହୁଆ ବାହସ୍ସ ଗବ୍‌ବିରୀ ଭମଇ।
ଗଅ-ମୋତ୍ତିଅ-ରଇଅ-ପସାହଣାଣଁ ମଜ୍‌ଝେ ସବତ୍ତୀଣଂ । ୭୩ ।
(ଶିଖ-ପିଚ୍ଛାବତଂସା ବଧୂର୍ବ୍ୟାଧସ୍ୟ ଗର୍ବିତା ଭ୍ରମତି।
ଗଜ-ମୌକ୍ତିକ-ରଚିତ-ପ୍ରସାଧନାନାଂ ମଧ୍ୟେ ସପତ୍ନୀନାମ୍।) - ପୋଟ୍ଟିସ

ବ୍ୟାଧବଧୂଟି ମୟୂର ପିଚ୍ଛର କଣଭୂଷା ପିନ୍ଧି ଗଜମୋତିରେ ନିର୍ମିତ ପ୍ରସାଧନ ଧାରଣ କରିଥିବା ସପତ୍ନୀମାନଙ୍କ ମଧ୍ୟରେ ଗର୍ବଭରେ ଭ୍ରମଣ କରୁଛି।

ବ୍ୟାଖ୍ୟା - ନବବଧୂଟିଏ ସପତ୍ନିମାନଙ୍କର ଅଳଙ୍କାର-ବାହୁଲ୍ୟ ଦେଖି ନିଜେ ସେଥିରୁ ବଞ୍ଚିତା ବୋଲି ଦୁଃଖ କରୁଥିବାବେଳେ ତାର ସଖୀ-ଭକ୍ତି- "ଆଗୋ ସୁଭଗା ନବବଧୂ, ତୁ ଅଳଙ୍କାର ନପାଇ ମନୋଦୁଃଖ କରୁଛୁ। ତୁ ତ ସ୍ୱାମୀଙ୍କର ଆଦରିଣୀ ପ୍ରିୟା, ତୋର ସଉତୁଣୀମାନେ ଯେତେ ବେଶଭୂଷଣ ହେଲେ ମଧ୍ୟ ସ୍ୱାମୀଙ୍କର ଅନୁରାଗ ପାଇପାରୁନାହାନ୍ତି। ଏଇ ବ୍ୟାଧିବଧୂକୁ ଦେଖ, ଗଜମୁକ୍ତାର ମାଳା ଗଳାରେ ପିନ୍ଧିଥିବା ସଉତୁଣୀ-ଦଳଙ୍କ ଭିତରେ ମୟୂର-ପିଚ୍ଛର କଣଭୂଷଣ ପିନ୍ଧି ସେ କି ଗର୍ବରେ ବୁଲୁଛି; ତା ପାଦ ତଳେ ଲାଗୁନାହିଁ। ସ୍ୱାମୀର ସୋହାଗପ୍ରେମର ଦାନ ସ୍ୱରୂପ ତୁଚ୍ଛ ମୟୂରପିଚ୍ଛକୁ ସେ ଆଦରରେ ପିନ୍ଧିଛି; ତା' ମନରେ ତିଳେହେଲେ ଦୁଃଖ ନାହିଁ। ଗଜମୁକ୍ତା ପିନ୍ଧିଥିବା ସଉତୁଣୀମାନଙ୍କ ଉପରେ ମୟୂରପିଚ୍ଛ ପିନ୍ଧିଥିବା ବଧୂଟି ବିଜୟ ଘୋଷଣା କରୁଛି - ସତେ ଯେପରି ସେ କହୁଛି, ପ୍ରତିସୋହାଗର ବଳ ଦେଖ ଗୋ ସଉତୁଣୀଦଳ ! ଅତିରିକ୍ତ ରମଣ ହେତୁ ଭଗ୍ନସ୍ୱାସ୍ଥ୍ୟ ବ୍ୟାଧ ଯୁବା ମୟୂର ଛଡ଼ା ଅନ୍ୟ କିଛି ଶିକାର କରିପାରୁନାହିଁ। ସେହି ମୟୂରପିଚ୍ଛ ନବବିବାହିତା ବଧୂକୁ ଉପହାର ଦେଉଛି; କିନ୍ତୁ ପୂର୍ବରୁ ସେ ଗଜ ମାରି ମୋତି ଆଣି ପତ୍ନୀମାନଙ୍କୁ ଦେଇପାରୁଥିଲା। 'ଧ୍ୱନ୍ୟାଲୋକ' ଉଦାହୃତ।

ବଙ୍କଚ୍ଛି-ପେଚ୍ଛିରୀଣଂ ଉଙ୍କୁଲ୍ଲବିରୀଣ ବଙ୍କ-ଭମିରୀଣଂ।
ଉଙ୍କୁ-ହସିରୀଣଁ ପୁତ୍ତଅ ପୁଣ୍ଣେହିଁ ଜଣୋ ପିଓ ହୋଇ ।୭୪।
(ବକ୍ରାକ୍ଷି-ପ୍ରେକ୍ଷଣଶୀଳାନାଂ ବକ୍ରୋଲ୍ଲପନଶୀନାନାଂ ବକ୍ର-ଭ୍ରମଣଶୀଳାନାମ୍।
ବକ୍ର-ହାସଶୀଳାନାଂ ପୁତ୍ରକ ପୁଣ୍ୟୈଜନଃ ପ୍ରିୟୋ ଭବତି।) - ବପ୍ପସ୍ୱାମିନଃ

ହେ ପୁଅ, ଯେଉଁ ନାରୀ ବକ୍ରଚାହାଣିରେ ଚାହେଁ, ବକ୍ରବଚନ କହେ, ବକ୍ର-ଚାଲି ଚାଲୁଥାଏ ଓ ବକ୍ରହାସ ହସୁଥାଏ - ପୁଣ୍ୟବାନ୍ ଲୋକ ତାର ପ୍ରିୟ ହୋଇଥାନ୍ତି।

ବ୍ୟାଖ୍ୟା - ଯାହାର ନେତ୍ରରେ ବଙ୍କିମ ଦୃଷ୍ଟି, ଯେ ମୁଖରେ କହୁଥାଏ ବକ୍ରବାଣୀ ଅଙ୍ଗ ଗେହ୍ଲାଇ, ଯେ ହଲି-ଦୋହଲି ପାଦ ପକାଉଥାଏ, ଅର୍ଥାତ୍ ଯାହାର ଚାଲିରେ

ନୃତ୍ୟର ଛନ୍ଦ ଫୁଟିଉଠୁଥାଏ, ଯାହାର ଅଧରପ୍ରାନ୍ତରେ ସଦା ବଙ୍କିମ ହାସ ଖେଳୁଥାଏ, ରେ ବାବୁ, ଏପରି ନାୟିକା ସଙ୍ଗେ ବିହାର କରିବୁ। ବେଶ୍ୟାମାତା କାମୁକ ପୁରୁଷକୁ ପ୍ରଲୁବ୍‌ଧ କରିବାପାଇଁ କନ୍ୟାର ପ୍ରତ୍ୟେକ ଚେଷ୍ଟାରେ ବକ୍ରତାର ବୈଶିଷ୍ଟ୍ୟ ସୂଚକ କରିଛି।

ଭମ ଧମ୍‌ମିଆ ବୀସତ୍‌ଥୋ ସୋ ସୁଣଓ ଅଜ୍ଜ ମାରିଓ ତେଣ।
ଗୋଲା-ଅଡ଼-ବିଅଡ଼ କୁଡଙ୍ଗ-ବାସିଣା ଦରିଅ-ସୀହେଣ ।୭୫।
(ଭ୍ରମ ଧାର୍ମିକ ବିସ୍ରବଧଃ ସ ଶୁନକୋଽଦ୍ୟ ମାରିତସ୍ତେନ।
ଗୋଦା-ତଟ-ବିକଟ-କୁଞ୍ଜ-ବାସିନା ଦୃପ୍ତ-ସିଂହେନ।

ହେ ଧାର୍ମିକ! ନିଶ୍ଚିନ୍ତ ହୋଇ ତୁମେ ଏବେ ଭ୍ରମଣ କର, ସେଇ କୁକୁରଟି ଆଜି ଗୋଦାବରୀ ନଦୀକୂଳରେ ଲତା-ଗହନ ମଧ୍ୟରେ ଯେଉଁ ଦୃପ୍ତ ସିଂହ ବାସକରେ ତାହା ଦ୍ୱାରା ନିହତ ହୋଇଅଛି।

ବ୍ୟାଖ୍ୟା - ଗାଥାଟି ଧ୍ୱନିର ଏକ ସାର୍ଥକ ଉଦାହରଣ। କୌଣସି ପ୍ରେମିକାର ପ୍ରିୟ ମିଳନକୁଞ୍ଜରେ ଏକ ଧାର୍ମିକ ଆସି ପୁଷ୍ପ-ପତ୍ର ଚୟନ କରି ସେଇ ସ୍ଥାନର ଗୋପନୀୟତା ଓ ରମଣୀୟତା ନଷ୍ଟ କରୁଥିଲା। ସ୍ଥାନଟି ଗୋଦାବରୀ ତୀରବର୍ତ୍ତୀ ଏକ ବିକଟକୁଞ୍ଜ। ଗୋଟିଏ କୁକୁରର ଭୟରେ ସାଧୁଟି ନିଶ୍ଚିନ୍ତ ମନରେ କୁଞ୍ଜକୁ ଆସିପାରୁନଥିଲା। ତାହାକୁ ଭୟଭୀତ କରିବାପାଇଁ ବିଦଗ୍‌ଧା ନାୟିକାର ଉକ୍ତି - ହେ ଧାର୍ମିକ, କୁକୁରର ଭୟ ଆଉ ନାହିଁ, ଗୋଦାବରୀ ତଟବାସୀ ଦୃପ୍ତ ସିଂହ ତାହାକୁ ମାରିଦେଇଛି। ତେଣୁ ନିଶ୍ଚିନ୍ତ ହୋଇ ବିଚରଣ କର। 'ଧାର୍ମିକ' ସମ୍ବୋଧନରେ ନାୟିକାର ତାତ୍ପର୍ଯ୍ୟ ହେଲା, ତୁମେ ମୋର ସଂକେତ ସ୍ଥଳ ଭଙ୍ଗକରୁଛ, ଏଣୁ ତୁମେ କି ଧାର୍ମିକ? ସାଧୁବେଶରେ ଅନ୍ୟର ଅନିଷ୍ଟ କରୁଛ। 'ନିଶ୍ଚିନ୍ତ ହୋଇ ଭ୍ରମଣ କର' କହିବାର ତାତ୍ପର୍ଯ୍ୟ ହେଲା - କୁକୁର ନାହିଁ ସତ; କିନ୍ତୁ ଉତ୍‌କେଶର ଦୃପ୍ତ ସିଂହ ବାହାରିଛି। ଅତଏବ ସାବଧାନ, ଏଠାରେ ବିପଦ ଅଛି, ତୁମେ ଶୀଘ୍ର ଏ ସ୍ଥାନ ଛାଡ଼ି ଯାଅ। ପ୍ରତୀୟମାନ ଅର୍ଥର ଉଦାହରଣ ରୂପେ ଆନନ୍ଦବର୍ଦ୍ଧନ ଏଇ ଗାଥାକୁ ଧ୍ୱନ୍ୟାଲୋକରେ ଉଦ୍ଧୃତ କରିଛନ୍ତି।

ବାଏରିଏଣ ଭରିଅଂ ଅଚ୍ଛିଂ କଣଉର-ଉପ୍‌ପଲ-ରଏଣ।
ଫୁକ୍‌କନ୍ତୋ ଅବିଇହ୍‌ଣଂ ଚୁମ୍ବନ୍ତୋ କୋ ସି ଦେବାଣଂ ।୭୬।
(ବାତେରିତେନ ଭୃତମକ୍ଷି କର୍ଣ୍ଣପୂରୋତ୍ପଲ-ରଜସା।
ଫୁତ୍ କୁର୍ବନବିତୃଷ୍ଣଂ ଚୁମ୍ବନ୍ କଃ ଆସି ଦେବାନାମ୍।) - ପାଳିତ
ବାୟୁଦ୍ୱାରା ଉତ୍‌କ୍ଷିପ୍ତ କର୍ଣ୍ଣପୂର ରୂପରେ ବ୍ୟବହୃତ କମଳରଜ ଚକ୍ଷୁରେ

ଭରିଯିବାରୁ ଫୁତ୍କାର କରିବାକୁ ଯାଇ ଅବିତୃଷ୍ଣ ଭାବରେ ଚୁମ୍ବନ କରୁଥିବା ତୁମେ ଦେବତାଙ୍କ ମଧ୍ୟରୁ କେଉଁ ଦେବତା ?

ବ୍ୟାଖ୍ୟା - ଫୁତ୍କାର ଦାନ କରି ନାୟିକା ଚକ୍ଷୁରୁ ପୁଷ୍ପରଜ କାଢ଼ିବା ବ୍ୟାଜରେ ଚୁମ୍ବନ କରୁଥିବା ନାୟକ ପ୍ରତି ସଖୀ-ଉକ୍ତି-ହେ ରସରାଜ, ନାୟିକାର କର୍ଣ୍ଣପୂର ରୂପରେ ଦୋଲୁଥିବା ପଦ୍ମର ରଜ ପବନରେ ଉଡ଼ି ତାହାର ଚକ୍ଷୁରେ ପଡ଼ିଯାଇଥିବାବେଳେ ତାହାର ଆକୁଳତା ଲକ୍ଷ୍ୟ କରି ତୁମେ ଯେ ଫୁତ୍କାର ଦାନ କରି ପରାଗ ନିବାରଣ ଛଳରେ ତାହାର ମୁଖକୁ ଅତୃପ୍ତ ଚୁମ୍ବନରେ ଭରିଦେଉଛି, ମୋର ମନେହୁଏ, ଦେବତାଙ୍କ ମଧ୍ୟରୁ ତୁମେ ନିଶ୍ଚୟ କୌଣସି ଦେବତା ହେବ। ନହେଲେ ମନୁଷ୍ୟ ହୋଇ କେହି ଏପରି ସୌଭାଗ୍ୟ ଲାଭ କରିପାରେ ? ତୁମର ଭାଗ୍ୟ ଚମତ୍କାର !

ସହି ଦୁମ୍ମେନ୍ତି କଲମ୍ବାଇଂ ଜହ ମଂ ତହ ଣ ସେସକୁସୁମାଇଂ ।

ଣୂଣଂ ଇମେସୁ ଦିଅହେସୁ ବହଇ ଗୁଡ଼ିଆ-ଧଣୁଂ କାମଃ ।) - ଅନୁଲକ୍ଷ୍ୟାଃ

ଆଗୋ ସଖି, କଦମ୍ବ ପୁଷ୍ପ ମୋତେ ଯେତେ ବ୍ୟଥା ଦେଉଛି, ଅନ୍ୟ ଫୁଲମାନେ ସେତେ ଦେଉନାହାନ୍ତି। ଏଇ ଦିନମାନଙ୍କରେ ନିଶ୍ଚୟ କାମଦେବ ଗୁଟିକା-ଧନୁ ବହନ କରୁଛି।

ବ୍ୟାଖ୍ୟା - ବର୍ଷା-ବିରହିଣୀର ସଖୀ ପ୍ରତି ଉକ୍ତି - 'ନବବର୍ଷାର ବିଷମ ଦିନଗୁଡ଼ିକରେ କଦମ୍ବ ଏପରି ପୀଡ଼ା ଦେଉଛି, ତାହାର ଯନ୍ତ୍ରଣା ତୋତେ କିପରି ବୁଝାଇବି ? ତାହା ମୋର ହୃଦୟ ଭେଦ କରୁଛି। କେତେ କେତେ ଅନ୍ୟ ଫୁଲ ଫୁଟିନାହାନ୍ତି, କେହି ତ ସେପରି କଷ୍ଟ ଦେଉନାହାନ୍ତି। ମୋର ମନେହୁଏ, ବର୍ଷାକାଳରେ କାମଦେବ ନିଶ୍ଚୟ ଅନ୍ୟବିଧ ଧନୁ ଧାରଣ ନକରି ମୋ ଭଳି ବିରହିଣୀ ଅରକ୍ଷଣୀୟାମାନଙ୍କ ପ୍ରତି ନିକ୍ଷେପ କରିବାପାଇଁ ଏଇ କଦମ୍ବ ଫୁଲର ଗୁଟିକାସଦୃଶ ଧନୁ ଧାରଣ କରିଛି। ଅନ୍ୟ ଋତୁରେ କାମଦେବ ଧନୁରେ ଶର ମାରନ୍ତି; ବର୍ଷାଦିନେ ଧନୁରେ ବାଟୁଳି ନିକ୍ଷେପ କରିବାପାଇଁ ଏଇ କଦମ୍ବକୁ ନିର୍ବାଚନ କରିଛନ୍ତି। ମୋ ଉପରେ ତାର ଏ ଅହନ୍ତା କାହିଁକି କେଜାଣି।" ପୁଷ୍ପିତ କଦମ୍ବର ଆକୃତି ଗୁଟିକା ସଦୃଶ।

ଣାହଂ ଦୂଈ ଣ ତୁମଂ ପିଓ ତ୍ତି କୋ ଅମ୍ହ ଏତ୍ଥ ବାବାରୋ।

ସା ମରଇ ତୁଜ୍ଝ ଅଅସୋ ତେଣ ଅ ଧମ୍ମକ୍‌ଖରଂ ଭଣିମୋ । ୭୮।

(ନାହଂ ଦୂତୀ ନ ତ୍ୱଂ ପ୍ରିୟ ଲତି କୋଽସ୍ମାକମନ୍ତ୍ର ବ୍ୟାପାରଃ।

ସା ମ୍ରିୟତେ ତବାଯଶସ୍ତେନ ଚ ଧର୍ମାକ୍ଷରଂ ଭଣାମଃ !) - ଅନୁଲକ୍ଷ୍ୟାଃ

ମୁଁ ଦୂତୀ ନୁହେଁ, ତୁମେ ମଧ୍ୟ କାହାର ପ୍ରିୟ ନୁହଁ; ସୁତରାଂ ଏ ବିଷୟରେ ଆମକୁ କିଛି କରିବାକୁ ହେବ ନାହିଁ। ତେବେ ସେ ମରିବାକୁ ଯାଉଛି। ତୁମର ଅପଯଶ ରଟିବ; ତେଣୁ ମୁଁ ଧର୍ମ ନିମନ୍ତେ କଥା କହୁଛି।

ବ୍ୟାଖ୍ୟା - ଦୂତୀ ବିରହୋତ୍କଣ୍ଠିତା ନାୟିକା ପକ୍ଷରୁ ମନ୍ଦସ୍ନେହ ନାୟକ ନିକଟକୁ ଯାଇଛି, ଅଥଚ ନାୟକ ସହିତ ସେପରି କୌଣସି ପ୍ରୟୋଜନ ନାହିଁ, ଯେପରିକି ଜଣେ ବାଟଚଲା ଲୋକ। ପ୍ରସଙ୍ଗ ଛଳରେ ସମ୍ବାଦ ମାତ୍ର ଦେଇଯାଉଛି, ସେହିପରି ଆକ୍ଷେପ ଛଳରେ କହିଛି - "ମୁଁ କାହାରି ଦୂତୀ ହୋଇ ଏଠାକୁ ଆସିନାହିଁ। ତୁମ ଇଚ୍ଛା ଦେଲେ ଯିବ ବା ନଯିବ, ମୁଁ ସେ ଭିତରକୁ ଯାଉ ନାହିଁ। ତା' ଛଡା ତୁମେ ତ 'ପ୍ରିୟ' ନାମ ଛାଡ଼ିସାରିଛି; ତେଣୁ ତୁମ ସହିତ ଏଠାରେ ମୋର କାମ କ'ଣ? ତଥାପି ଦେଖାହେବାରୁ ଖାଲି କହିଯାଉଛି, ଅଭାଗିନୀ ହୁଏତ ମରିବାକୁ ଯାଉଛି। ଏଥିରେ ତୁମେ ଅପଯଶଭାଗୀ ହେବ। ତୁମର ଅଯଶ ଯେପରି ନ ରଟିବ, ସ୍ତ୍ରୀବଧ-ଦୋଷ ତୁମକୁ ଯେପରି ନ ଲାଗିବ, ସେଥିପାଇଁ ଧର୍ମକଥା କହୁଛି।

ତୀର୍ଥ ମୁହାହିଂ ତୁହ ମୁହଁ ତୁଜ୍‌ଝ ମୁହାଓ ଅ ମଜ୍‌ଝ ଚଲଣମ୍ମି।
ହତ୍‌ଥା ହତ୍‌ଥୀଅ ଗଓ ଅଇ ଦୁକ୍‌କର-ଆରଓ ତିଲଓ ।୭୯।
(ତସ୍ୟ ମୁଖାତ୍ତବ ମୁଖଂ ମୁଖାଚ୍ଚ ମମ ଚରଣେ।
ହସ୍ତାହସ୍ତି କୟା ଗତୋଽତିଦୁଷ୍କର-କାରକ ସ୍ତିଲକଃ। - ହାଳ

ଏହି ତିଳକ ଅତି ଦୁଷ୍କରକାରକ। ତାହାର ମୁଖରୁ ତୁମ ମୁଖକୁ ଓ ତୁମ ମୁଖରୁ ମୋ ଚରଣ ଉପରେ ହାତକୁ ହାତ ପହଞ୍ଚିଯାଇଛି।

ବ୍ୟାଖ୍ୟା - ଅନ୍ୟ ସମ୍ଭୋଗଚିହ୍ନିତ ନାୟକ ପ୍ରତି ଖଣ୍ଡିତାର ଆକ୍ଷେପୋକ୍ତି। ନାୟକ ଅନ୍ୟ ନାୟିକାର ମୁଖ ଚୁମ୍ବନକାଳରେ ନାୟିକା ଲଲାଟର ତିଳକ ତା ଲଲାଟରେ ଲାଗିଯାଇଛି। ଖଣ୍ଡିତା ନାୟିକାର ମାନ ଦୂର କରିବାପାଇଁ ତାହାକୁ ପ୍ରଣାମ କରିବା କାଳରେ ସେଇ ତିଳକ ପୁଣି ତା' ଚରଣରେ ଅଙ୍କିତ ହୋଇଛି। ବାଗ୍‌ବିଦଗ୍ଧା ନାୟିକା ଉପାଳମ୍ଭ ବାକ୍ୟରେ ନାୟକର ଲମ୍ପଟ ସ୍ୱଭାବ ପ୍ରତି କଟାକ୍ଷ କରି କହିଛି - ତୁମେ ଆତ୍ମବିସ୍ମୃତ ହୋଇ ପ୍ରିୟାକୁ ବାହୁପାଶରେ ବାନ୍ଧି କପାଳରେ ଯେଉଁ ତିଳକ ଲାଭ କରିଛ, ସେ ତିଳକ ତାର ଲଲାଟରେ ଥିଲା; ସେଇ ତିଳକ ମୋର ଚରଣରେ ଅଙ୍କିତ ହେଲା, ଯେତେବେଳେ ତୁମେ ଅନୁଶୋଚନାର ତୀବ୍ର ଜ୍ୱାଳାରେ ମୋର ଚରଣ ଚୁମ୍ବନ କଲ। ବାଃ, ତିଳକ କି ଦୁଷ୍କର କାର୍ଯ୍ୟ କରିପାରେ!

ସାମାଇ ସାମଲିଜ୍ଜଇ ଅଦ୍ଧଚ୍ଛି-ପଲୋଇରୀଅ ମୁହ-ସୋହା।
ଜମ୍ବୁ ଦଲା-କଅ-କଣ୍ଣାବଅଂସ-ଭରିଏ ହଲିଅ-ପୁତ୍ତୋ।୮୦।
(ଶ୍ୟାମାୟା ଶ୍ୟାମଲାୟତେଽର୍ଧକ୍ଷି-ପ୍ରଲୋକନର୍ଶୀଳାୟା ମୁଖ-ଶୋଭା।
ଜମ୍ବୁ-ଦଲ-କୃତ-କର୍ଣାବତଂସ-ଭ୍ରମଣଶୀଳେ ହଳିକ-ପୁତ୍ରେ।)

ଜମ୍ବୁଦଳକୁ କର୍ଣାଦତଂସ ରୂପେ ପିନ୍ଧି ଭ୍ରମଣ କରୁଥିବା ହାଳିକପୁତ୍ରକୁ

ନେତ୍ର କୋଣରେ ଦେଖୁଥିବା ଶ୍ୟାମଳା ବାଳାର ମୁଖଶୋଭା ଶ୍ୟାମଳ ହେବାକୁ ଲାଗିଲା ।

ବ୍ୟାଖ୍ୟା – ଗ୍ରାମ ତରୁଣ ହାଳିକପୁତ୍ର ଓ ସେଇ ଗ୍ରାମର କୌଣସି ଶ୍ୟାମଳା ତରୁଣୀ ପ୍ରଣୟ-ବନ୍ଧନରେ ଆବଦ୍ଧ । ତରୁଣ-ତରୁଣୀ ଭେଟ-ସମ୍ଭାଷଣର ସ୍ଥାନ ରୂପେ ନିକଟସ୍ଥ ଜମ୍ବୁବନକୁ ସ୍ଥିର କରିଥିଲେ । ବଚନ ଦେଇ ମଧ୍ୟ ତରୁଣୀ ନିରୂପିତ ସମୟରେ ସେଠାରେ ଉପସ୍ଥିତ ହୋଇ ନପାରିବାରୁ ତରୁଣ ଜମ୍ବୁ ପତ୍ରରେ କର୍ଣାଳଙ୍କାର ପ୍ରସ୍ତୁତ କରି ତାହାକୁ ପିନ୍ଧି ଭ୍ରମଣ କରିବାକୁ ଲାଗିଲା । ନିଜର ଅପରାଧ ସ୍ମରଣ କରି ବକ୍ରଦୃଷ୍ଟିରେ ତାହାକୁ ଚାହିଁ ଶ୍ୟାମଳା ବାଳାର ମୁଖ ମଳିନ ପଡିଗଲା । ଏକେ ତ ସେ ଶ୍ୟାମଳୀ, ଅପରାଧ ହେତୁ ତା ମୁଖରେ ଆହୁରି ବର୍ଣ-ବୈକଲ୍ୟ ଦେଖାଦେଲା ।

ଦୁଇ ତୁମଂ ବିଅ କୁସଲା କକ୍‌ଖଉ-ମଉଅଇଁ କାଣସେ ବୋଲ୍ଲୁଁ ।
କଣ୍ଡୁଲଅ-ପଣ୍ଡୁରଁ ଜହ ଣ ହୋଇ ତହ ତଂ କରେଜ୍ଜାସୁ ।୮୧।
(ଦୂତି ତ୍ୱମେବ କୁଶଳା କର୍କଶ-ମୃଦୁକାନି ଜାନାସି ବକ୍ତୁମ୍ ।
କଣ୍ଡୟିତ ପାଣ୍ଡୁରଂ ଯଥା ନ ଭବତି ତଥା ତଂ କରିଷ୍ୟସି ।) – ଆହବଶକ୍ତି

ଆଗୋ ଦୂତି ! ତୁ ବଡ଼ ଚତୁରୀ; ଆଉ କି ଭଳି କର୍କଶ ଓ ମୃଦୁବଚନ କୁହାଯାଏ ତୁ ଜାଣୁ; କିନ୍ତୁ ଦେଖ, କୁଣ୍ଡାଇବା ହେତୁ ସେ ଯେମିତି ପାଣ୍ଡୁର ପଡି ନଯାଏ, ସେଇଭଳି କରିବୁ ।

ବ୍ୟାଖ୍ୟା – ଦୂତୀ ପ୍ରତି ନାୟିକା ଉକ୍ତି । ନାୟକ କୁପିତ ହୋଇ ନାୟିକା ନିକଟକୁ ଆସୁନାହିଁ । ଅନୁନୟ ଦ୍ୱାରା ତାହାକୁ ଅନୁକୂଳ କରିବାପାଇଁ ନାୟିକା ଦୂତୀ ପ୍ରେଷଣ କରିବାକୁ ସ୍ଥିର କରିଛି; ମାତ୍ର ଦୂତୀ କାଳେ କଥାରେ ନାୟକକୁ ଅଧିକ ରୁଷ୍ଟ କରିଦେବ, ସେଥିପାଇଁ କି ପ୍ରକାର କଥା କହିବ ତାହାର ସୂଚନା ଦେଉଛି – ଦୂତି ! ତୋତେ କ'ଣ ଅଧିକ ଶିଖାଇବି; ତୁ ତ ମହା କଥା-ଚତୁରୀ । ତୋ ଭଳି ବାକ୍ୟ-ନିପୁଣା ଏ ଖଣ୍ଡମଣ୍ଡଳରେ ନାହାନ୍ତି । ନରମ ଗରମ କଥା କହିବାରେ ତୋ ଭଳି ଚତୁରୀ ମୁଁ ଦେଖିନାହିଁ । ତାଙ୍କୁ ଅନୁନୟ କରି ମୋ ପ୍ରତି ଅନୁକୂଳ କଲାବେଳେ ତୁ ହୁଏତ କଡ଼ା ମିଠା ଉଭୟ ପ୍ରକାର ବାକ୍ୟ ବ୍ୟବହାର କରିବୁ । ମାତ୍ର ମନେରଖ, ଅତି କଡ଼ା କଥା କହିବୁ ନାହିଁ; ତା'ହେଲେ ଭଲ କରିବାକୁ ଯାଇ ମନ୍ଦ ହେବ । କୁଣ୍ଡାଇ ହେଉଥିବା ଜାଗା ପାଣ୍ଡୁର ନ ହେବା ପର୍ଯ୍ୟନ୍ତ କୁଣ୍ଡାଇବା ଉଚିତ; ପାଣ୍ଡୁର ପଡ଼ିଗଲେ ଅସହ୍ୟ ହୁଏ । ପ୍ରଥମେ କଳବଳ କରିବାପାଇଁ କଠୋର କଥା ଶୁଣାଇବୁ ତ ଶେଷକୁ ସବୁ ଭଣ୍ଡୁର ହେବ । ନାୟିକାର ତାତ୍ପର୍ଯ୍ୟ, କର୍କଶ କଥା କହିବା କୁଣ୍ଡାଇବା ଭଳି ଓ ପାଣ୍ଡୁର ହେବା ବିରକ୍ତିସୂଚକ; ଅର୍ଥାତ୍ ବିରକ୍ତ ନକରି ନରମ ଗରମ କଥା କହିବୁ ।

ମହିଲା-ସହସ୍‌ସ-ଭରିଏ ତୁହ ହିଅଏ ସୁହଅ ସା ଅମାଅନ୍ତୀ।
ଦିଅହଂ ଅଣଣ୍ଣ-କମ୍ମା ଅଙ୍ଗଂ ତଣୁଅଂ ପି ତଣୁଏଇ । ୮୨ ।
(ମହିଲା-ସହସ୍ର-ଭୃତେ ତବ ହୃଦୟେ ସୁଭଗ ସା ଅମାନ୍ତୀ।
ଦିବସମନନ୍ୟକର୍ମା ଅଙ୍ଗଂ ତନୁକମପି ତନୁକରୋତି।) - ହାଳ

ହେ ସୁଭଗ, ସହସ୍ର ମହିଳାଙ୍କ ଦ୍ୱାରା ପୂର୍ଣ୍ଣ ହୋଇ ରହିଛି ତୁମର ହୃଦୟ। ସେ ଆଉ ସେଠାରେ ସ୍ଥାନ ଲାଭ କରି ନପାରି ସାରାଦିନ ଅନନ୍ୟକର୍ମ ହୋଇ ତନୁ ଅଙ୍ଗକୁ ଆହୁରି ତନୁ କରି ଲାଗିଛି।

ବ୍ୟାଖ୍ୟା - ଚତୁରା ଦୂତୀର ବହୁବଲ୍ଲଭ ନାୟକ ପ୍ରତି ଉକ୍ତି - ହେ ଭାଗ୍ୟବାନ୍, ତୁମ ହୃଦୟରେ ସହସ୍ର ରମଣୀ ସ୍ଥାନ ପାଇଛନ୍ତି - ତୁମର ପ୍ରେୟସୀ ସେଇ ହତଭାଗିନୀକୁ ସେଠାରେ ସ୍ଥାନ ମିଳୁନାହିଁ। ସେ ତେଣୁ ସମସ୍ତ ଦୈନିକ କୃତ୍ୟ ଛାଡ଼ି କ୍ଷୀଣରୁ କ୍ଷୀଣତର ହେବାକୁ ଲାଗିଛି। ତୁମ ହୃଦୟରେ ପ୍ରବେଶ ଲାଭ କରିବା ଚେଷ୍ଟାରେ ଯେ ଏପରି କରୁଛି। ତିଳ ପରିମାଣ ସ୍ଥାନ ଲାଭ କରି ଯଦିବା ତୁମର ସ୍ନେହ ଲାଭ କରିପାରେ; ସେଥିପାଇଁ ତାର ଏ କୃଚ୍ଛ୍ର ସାଧନା। ଏକେ ତ ସେ ତନ୍ୱଙ୍ଗୀ, ତାହାକୁ ଆହୁରି ତନୁ (କୃଶ) କରୁଛି; ତଥାପି ତୁମ ହୃଦୟର ନାୟିକା-ଭିଡ଼ ଭିତରେ ସେ ପଶି ପାରୁନାହିଁ।

ଖଣ-ମେତ୍ତଂ ପି ଣ ଫିଟ୍‌ଟଇ ଅଣୁଦିଅହ-ବିଇଣ୍ଣ-ଗରୁଅ-ସଂତାବା।
ପଚ୍ଛଣ୍ଣ-ପାବ-ସଙ୍କେ ବ୍‌ବ ସାମଲୀ ମଜ୍‌ଝ ହିଅଆଓ । ୮୩ ।
(କ୍ଷଣ-ମାତ୍ରଂ ଅପି ନାପୟାତ୍ୟନୁଦିବସ-ବିତୀର୍ଣ୍ଣ-ଗୁରୁକ-ସନ୍ତାପା।
ପ୍ରଚ୍ଛନ୍ନ-ପାପ-ଶଙ୍କେବ ଶ୍ୟାମଳା ମମ ହୃଦୟାତ୍।) - ହାଳ

ପ୍ରତିଦିନ ଗୁରୁ ସନ୍ତାପ ଜାତକରୁଥିବା ସେଇ ଶ୍ୟାମଳା ପ୍ରଚ୍ଛନ୍ନ ପାପ-ଶଙ୍କା ଭଳି ମୋ ହୃଦୟରୁ କ୍ଷଣ ମାତ୍ର ମଧ୍ୟ ଅପସୃତ ହେଉନାହିଁ।

ବ୍ୟାଖ୍ୟା - ନାୟକର ସଖା ପ୍ରତି ଉକ୍ତି - "ହେ ଅଭିନ୍ନ ହୃଦୟ ବନ୍ଧୁ, ତୁମ ପାଖରେ କିଛି ଲୁଚାଇବାକୁ ଚାହୁଁନାହିଁ। ଶ୍ୟାମାଙ୍ଗୀ ସେଇ ବାଳାର ଚିନ୍ତା ମୋର ହୃଦୟକୁ ଆଚ୍ଛନ୍ନ କରି ରଖିଛି। ଦିନର ଶତ କର୍ମ ମଧ୍ୟରେ ତାହାକୁ କଦାପି ଭୁଲିପାରୁନାହିଁ। ଲୁଚାଇ କରିଥିବା ପାପ-ଚିନ୍ତା ଯେପରି ମାନସ-ଲୋକକୁ ବେଦନା-ଦୀର୍ଣ୍ଣ କରେ, ବାହାରେ ପ୍ରକାଶ କରି ନ ପାରି ପାପୀ ଅସହ୍ୟ ବ୍ୟଥା ପାଏ ସେଇଭଳି ତାର ଚିନ୍ତା ମୋର ହୃଦୟରୁ ଦୂର ହେଉନାହିଁ।" ପ୍ରଚ୍ଛନ୍ନ ପାପର ଭୟ ପାପୀକୁ ସର୍ବଦା ତାଡନା କରେ; ପାପର ମୂର୍ତ୍ତି ତାର ଆଖିରେ ନାଚେ। ପାପୀ ସେ କଥା ଅନ୍ୟ ଆଗରେ ପ୍ରକାଶ କରିଦେବାକୁ ଚାହେଁ, ମାତ୍ର କହିଦେଲେ ଅନର୍ଥ ଘଟିବାର ଭୟ ତା' ମନରେ ଥାଏ।

ନାୟକ ଅନ୍ତରଙ୍ଗ ସଖା ଆଗରେ ପ୍ରିୟାର କଥା କହିଲେ ମଧ୍ୟ ଭୟର ଆଶଙ୍କା କରୁଛି; ତଥାପି ନ କହି ରହି ପାରୁନାହିଁ। ଗୁପ୍ତ-ପ୍ରଣୟର ଏ ଦଶା ସିନା !

ଅଜ୍ଜଅ ଣାହଂ କୁବିଆ ଅବଊହସୁ କିଂ ମୁହା ପସାଏସି।

ତୁହ ମଣ୍ଣୁ-ସମୁପ୍ପାଅଏଁଣ ମଜ୍ଝ ମାଣେଣ ବି ଣ କଜ୍ଜଂ । ୮୪ ।

(ଅଙ୍କ ନାହଂ କୁପିତା ଉପଗୂହ କିଂ ମୂଧା ପ୍ରସାଦୟସି।

ତବ ମନ୍ୟୁ-ସମୁତ୍ପାଦକେନ ମମ ମାନେନାପି ନ କାର୍ଯ୍ୟମ୍। - ମୃଗାଙ୍କ

ହେ ଅଙ୍କ, ମୁଁ ତୁମ ଉପରେ କୋଷ କରିନାହିଁ; ଆଲିଙ୍ଗନ କର, ମୋତେ ବୃଥା କାହିଁକି ପ୍ରସନ୍ନ କରିବାକୁ ଚାହୁଁଛ ? ତୁମର କୋପ ଜାତକରୁଥିବା ମାନ ଅବଲମ୍ବନ କରିବାରେ ମୋର କୌଣସି ଆବଶ୍ୟକତା ନାହିଁ।

ବ୍ୟାଖ୍ୟା - ଅପରାଧୀ ନାୟକ ସହିତ ପ୍ରେମ-କଳି କରି କୁପିତା ମାନିନୀର ଉକ୍ତି - "ତୁମେ ଖୁବ୍ ବୋକା; ମୁଁ ରାଗିଛି ବୋଲି ଭାବିଛ ଓ ସେଥିଲାଗି ଅନୁନୟ କରି ମୋତେ ଖୁସି କରିବାକୁ ଚେଷ୍ଟା କରୁଛ। ସେସବୁ ଛାଡ଼ି ମୋତେ ହୃଦୟରେ ଜଡ଼ାଇ ଧର। ତୁମକୁ ରୁଷ୍ଟ କରି ଦେଉଥିବା ମାନରେ ମୋର କାର୍ଯ୍ୟ ନାହିଁ।" ମାନିନୀ ନାୟିକାର ତାତ୍ପର୍ଯ୍ୟ, ଯେଉଁ ମାନ କଲେ ନାୟକ କୁପିତ ହେବ ସେପରି ମାନ କରିବାର ଅଧିକାର ନାୟକ ତାକୁ ଦେଇନାହିଁ। ସେ କାହା ଉପରେ କାହିଁକି ରାଗିବ ? ସବୁ ତା' କପାଳ-ଦୋଷ।

ଦୀହୁହ୍ଣ-ପଉର-ଣୀସାସ-ପଆବିଓଁ ବାହ-ସଲିଲ-ପରିସିତ୍ତୋ

ସାହେଇ ସାମ-ସବଳଂ ବ ତୀଏଁ ଅଇରୋ ତୁହ ବିଓଏ । ୮୫ ।

ଦୀର୍ଘୋଷ୍ଣ-ପ୍ରଚୁର-ନିଶ୍ୱାସ-ପ୍ରତପ୍ତୋ ବାଷ୍ପ-ସଲିଳ-ପରିସିକ୍ତଃ।

ସାଧୟତି ଶ୍ୟାମ-ଶବଳମିବ ତସ୍ୟା ଅଧରସ୍ତବ ବିଯୋଗେ।)

ତୁମ ବିରହରେ ତାହାର ଅଧର ଦୀର୍ଘ, ଉଷ୍ଣ ଓ ଗୁରୁ ନିଃଶ୍ୱାସରେ ପ୍ରତପ୍ତ ଓ ବାଷ୍ପଜଳରେ ପରିସିକ୍ତ; ସତେ ଯେପରି 'ଶ୍ୟାମ-ଶବଳ' ବ୍ରତ ପାଳନ କରୁଛି।

ବ୍ୟାଖ୍ୟା - ନାୟକ ପ୍ରତି ଦୂତୀ-ଉକ୍ତି-ବିରହକାତରା ତୁମର ପ୍ରିୟାର ଅଧର ଦୀର୍ଘ, ଉଷ୍ଣ ଓ ଗୁରୁ ନିଃଶ୍ୱାସରେ ତପ୍ତ ହୋଇଉଠୁଛି। କି ପାପ କରିଥିବାରୁ ତାହାର ଅଧର ଆଜି ତୁମ ଅଧର-ସୁଧଲାଭରୁ ବଞ୍ଚିତ ? ନିରନ୍ତର ଅଶ୍ରୁ ଝରି ତାହାର ସେଇ ଉତ୍ତପ୍ତ ଅଧର ସିକ୍ତ ହେବାକୁ ଲାଗିଛି। ମୋର ମନେହୁଏ, ତାହାର ଅଧର 'ଶ୍ୟାମ-ଶବଳ' ବ୍ରତ ଆଚରଣ କରୁଛି। ପ୍ରଥମେ ଅଗ୍ନିରେ ପ୍ରବେଶ କରି ତା'ପରେ ଜଳରେ ପ୍ରବେଶ କରିବା ନିମନ୍ତେ ଏ ବ୍ରତର ଶାସ୍ତ୍ର-ବିଧାନ ରହିଛି। ଏ ବିଧି ଆଚରଣାନ୍ତେ ବ୍ରତ ପାରଣା ସ୍ୱରୂପ ତୁମ ଅଧର ସମାଗମ ହିଁ ତାହାର କାମ୍ୟ।

ସରଏ ମହଷଦାଣଂ ଅନ୍ତେ ସିସିରାଇଁ ବାହିରୁହ୍ଣାଇଂ।
ଜାଆଇଁ କୁବିଅ-ସଜ୍ଜଣ-ହିଅଅ-ସରିଚ୍ଛାଇଁ ସଲିଲାଇଂ ।୮୬।
(ଶରଦି ମହାହ୍ରଦାନାମନ୍ତଃ ଶିଶିରାଣି ବହିରୁଷ୍ଣାନି।
ଜାରାନି କୁପିତ-ସଜ୍ଜନ-ହୃଦୟ-ସଦୃକ୍ଷାଣି ସଲିଲାନି।)- ବିଗ୍ରହରାଜ

ଶରତ୍‌କାଳରେ ମହାସରୋବରର ଜଳରାଶି କୁପିତ ସଜ୍ଜନଙ୍କ ହୃଦୟ ସଦୃଶ ଭିତରେ ଶୀତଳ ଓ ବାହାରେ ଉଷ୍ଣ ହୋଇଯାଇଛି।

ବ୍ୟାଖ୍ୟା - ସଜ୍ଜନ ପ୍ରଶଂସାମୂଳକ ସ୍ୱଭାଷିତ ଗାଥା। ବିସ୍ତୀର୍ଣ୍ଣ ହୃଦୟ ହ୍ରଦର ଉପରିଭାଗ ଶରତ୍‌କାଳରେ ଉଷ୍ଣ ରହେ। ଭିତରେ ବୁଡିଲେ ହିଁ ଜଳର ଶୀତଳତା ଅନୁଭବ କରାଯାଏ। କୋପ-କାଳରେ ସୃଜନ ବାହ୍ୟତଃ ଉଷ୍ଣ ଜଣାଗଲେ ମଧ୍ୟ ତାଙ୍କର ଅନ୍ତଃକରଣ ମହାପ୍ରଶାନ୍ତି ଧାରଣ କରେ। ବାହ୍ୟ କୋପ ତାଙ୍କର ଅନ୍ତଃ ଶୀତଳତାର ପରିମାପକ ନୁହେଁ।

ଆଅସ୍‌ସ କିଂ ଣୁ କରିହିମ୍ମି କିଁ ବୋଲିସ୍‌ସଂ କହଂ ଣୁ ହୋଇହି ଇମିତି।
ପଢ଼ମୁଗ୍‌ଗଅ-ସାହସ-ଆରିଆଇ ହିଅଅଂ ଥରହରେଇ । ୮୭।
(ଆଗତସ୍ୟ କିଂ ନୁ କରିଷ୍ୟାମି କିଂ ବକ୍ଷ୍ୟାମି କଥଂ ନୁ ଭବିଷ୍ୟତି ଇଦଂ ଇତି।
ପ୍ରଥମୋଦ୍‌ଗତ-ସାହସ-କାରିକାୟା ହୃଦୟଂ ଥରଥାୟତେ।)

ପ୍ରିୟ ଆସିଲେ ମୁଁ କ'ଣ କରିବି, ତାଙ୍କୁ କ'ଣ କହିବି ଓ ଏହା କିପରି ହେବ? ଏହିପରି ଭାବି ପ୍ରଥମୋଦ୍‌ଗତ ସାହସକାରିଣୀର ହୃଦୟ ଥର ଥର ହୋଇ ଉଠୁଛି।

ବ୍ୟାଖ୍ୟା - ପ୍ରେମପଥରେ ପ୍ରଥମେ ପାଦ ଦେଇଥିବା ନାୟିକାର ଅନୁଭବ। ତା ମନରେ କେତେ ପ୍ରଶ୍ନ- କ'ଣ କରିବାକୁ ହେବ, କଣ କହିବାକୁ ହେବ, ଅଭିସାର କିପରି ଘଟିବ, ପ୍ରିୟ ଯଦି ହଠାତ୍ ଆସିଯାନ୍ତି ତାଙ୍କୁ କିପରି ସ୍ୱାଗତ କରିବି, ତାଙ୍କ ଆଗରେ କିପରି ଠିଆ ହେବି, ମୁଁ ତ କିଛି ଶିଖିନାହିଁ, ସଖିମାନେ ତ କିଛି କହିନାହାନ୍ତି। ହେ ଭଗବାନ୍, ମୋ ଭାଗ୍ୟରେ କ'ଣ ଲେଖା ଅଛି - ଏହିପରି ଆକୁଳ ବ୍ୟାକୁଳ ହୋଇ ପ୍ରଥମ ସାହସ କାରିଣୀର ହୃଦୟ ଥର ଥର ହୋଇ କମ୍ପିଉଠୁଛି।

ଣେଉର-କୋଡ଼ି-ବିଲଗ୍‌ଗଂ ଚିଉରଂ ଦଇଅସ୍‌ସ ପାଅ-ପଡ଼ିଅସ୍‌ସ।
ହିଅଅଂ ପଉତ୍‌ଥ-ମାଣଂ ଉମ୍ମୋଅନ୍ତୀ ବ୍‌ବିଅ କହେଇ ।୮୮।
(ନୂପୁର-କୋଟି-ବିଲଗ୍ନଂ ଚିକୁରଂ ଦୟିତସ୍ୟ ପାଦ-ପତିତସ୍ୟ।
ହୃଦୟଂ ପ୍ରୋକ୍ଷିତ-ମାନଂ ଉନ୍ମୋଚୟନ୍ତ୍ୟେବ କଥୟତି।) - ଅନଙ୍ଗ

ନୂପୁରର ଅଗ୍ରଭାଗରେ ସଂଲଗ୍ନ ପାଦ ଉପରେ ପଡ଼ିଥିବା ପ୍ରିୟର ଚିକୁରକୁ ଟାଣି ସେ ନିଜ ହୃଦୟକୁ ମାନମୁକ୍ତ ହେବାର ସୂଚନା ଦେଉଛି।

ବ୍ୟାଖ୍ୟା - ନାୟକ ପ୍ରତି ଦୂତୀ-ଉକ୍ତି। ମାନବତୀର ମାନ ଦୂର କରିବାପାଇଁ ନାୟକ ତାହାର ପାଦ ଉପରେ ମୁଣ୍ଡ ରଖିଥିଲା। 'ପ୍ରଣାମାନ୍ତୋ ମାନଃ', ଅର୍ଥାତ୍, ପ୍ରଣାମ କଲାପରେ ନାୟିକା ମାନ ଛାଡ଼ିଦିଏ-ଏ ବିଶ୍ୱାସ ନାୟକର ଥିଲା। ମାତ୍ର ତାର ମନେହେଲା, ନାୟିକା ମାନ ଦୂର କରିନାହିଁ। ଦୂତୀ ନାୟକକୁ କହିଛି- ତୁମର କେଶଗୁଚ୍ଛ ପ୍ରିୟାର ନୂପୁରରେ ଲାଗିଯାଇଥିଲା। ସେ ତାହାକୁ ଯତ୍ନରେ ମୁକ୍ତ କରିଦେଇସାରିଛି। ଏଇଥିରୁ ତୁମର ବୁଝିବା ଉଚିତ, ମାନିନୀର ମାନ ବିଗତ ହୋଇଛି। ତୁମକୁ କଷ୍ଟ ନ ହେବ ବୋଲି ନୂପୁରକୁ ଯତ୍ନରେ ଟାଣି, କେଶରୁ ମୁକ୍ତ କରିବା ଦ୍ୱାରା ସେ ବିଗତମାନା ବୋଲି ମୁହଁରେ ନ କହିଲେ ମଧ୍ୟ ସୂଚନାରେ କହିଛି। ଆଉ କ'ଣ ଅଧିକ କହିଥାନ୍ତା ? ତୁମେ ବୁଝି ନପାରି ତାହାକୁ ଗୁରୁମାନ ଧାରଣ କରିଛି ବୋଲି ଭାବୁଛ।

ତୁଜ୍ଝଙ୍ଗରଅ-ସେସେଣ ସାମଲୀ ତହ ଖରେଣ ସୋମାରା।
ସା କିର ଗୋଲା-ଊଲେ ହ୍ଣାଆ ଜମ୍ବୁ-କସାଏଣ । ୮୯ ।
(ତବାଙ୍ଗରାଗ-ଶେଷେଣ ଶ୍ୟାମଳା ତଥା ଖରେଣ ସୁକୁମାରା।
ସା କିଲ ଗୋଦା-କୂଳେ ସ୍ନାତା ଜମ୍ବୁ-କଷାୟେଣ।)

ସୁକୁମାର ଅଙ୍ଗୀ ସେଇ ଶ୍ୟାମା ତୁମର ଅଙ୍ଗରାଗ ଶେଷ ତୀକ୍ଷ୍ଣ ଓ ଜମ୍ବୁକଷାୟ ଜଳରେ ଗୋଦାବରୀ ନଦୀକୂଳରେ ସ୍ନାନ କଲା।

ବ୍ୟାଖ୍ୟା - ନାୟକ ପ୍ରତି ଦୂତୀ ଉକ୍ତି- ସେଇ ଶ୍ୟାମଳା ବାଳା କେତେ ମହାର୍ଘ ଅଙ୍ଗରାଗ ବୋଲି ହେବାକଥା, ଅଙ୍ଗ ତାହାର ଅତି ସୁକୁମାର। ଏତେ ସୁକୁମାରଅଙ୍ଗୀ ହୋଇ ମଧ୍ୟ ତୁମ ପ୍ରତି ଅନୁରାଗବଶତଃ ତୁମେ ସ୍ନାନ କରିଥିବା ଜଳରେ ଅଙ୍ଗସ୍ପର୍ଶ ରହିଥିବା କଳ୍ପନା କରି ସେଇ ଜଳରେ ସେ ସ୍ନାନ କଲା; ଯଦିଓ ଗୋଦାବରୀ କୂଳର ସେଇ ଜଳ ଅତି ତୀକ୍ଷ୍ଣ ଓ ଜାମୁକୋଳି ରଙ୍ଗ ଭଳି କଷାୟ। ତାର କି ଆନନ୍ଦ! ତୁମ ଅଙ୍ଗରାଗ-ସ୍ପୃଷ୍ଟ ଜଳସ୍ପର୍ଶରେ ସେ ତୁମର ଅଙ୍ଗସ୍ପର୍ଶ ଲାଭ କଲା ପରି କଳ୍ପନା କରୁଛି। ବିଚରା- ତାର କି ମନୋରଥ!

ଅଜ୍ଜ ବ୍ବେଅ ପଉତ୍‌ଥୋ ଅଜ୍ଜ ବ୍ବିଅ ସୁଣ୍ଣେଆଇଁ ଜାଆଇଂ।
ରତ୍‌ଥା-ମୁହ-ଦେଉଲ-ଚତ୍ତରାଇ ଅହ୍ମଂ ଚ ହିଅଆଇଂ। ୯୦।
(ଅଦ୍ୟୈବ ପ୍ରୋଷତୋଽଦ୍ୟୈବ ଶୂନ୍ୟକାନି ଜାତାନି।
ରଥ୍ୟା-ମୁଖ-ଦେବକୁଳ-ଚତ୍ୱାରାଣି ଅସ୍ମାକଂ ଚ ହୃଦୟାନି।) -ଅମୃତ

ଆଜି ହିଁ ପ୍ରିୟ ପ୍ରବାସ ଗଲେ, ଆଜି ହିଁ ଗ୍ରାମର ମାର୍ଗମୁଖ, ଦେବକୁଳ, ଚତ୍ୱର ଓ ସେଥି ସଙ୍ଗେ ଆମ୍ଭମାନଙ୍କ ହୃଦୟ ଶୂନ୍ୟ ହୋଇଯାଇଛି।

ବ୍ୟାଖ୍ୟା - ପ୍ରୋଷିତପତିକାର ସଖୀ ପ୍ରତି ଉକ୍ତି- ଆଜି ତାଙ୍କର ଯିବାର ପ୍ରଥମ

ଦିନ। ତାଙ୍କ ବିରହରେ ଉଦାସ ପ୍ରାଣ ଅସୀମ ଶୂନ୍ୟତା ଆଡ଼କୁ ଚାହିଁ ରହିଛି। ତାଙ୍କ ବିହୁନେ ରାଜପଥ ଶୂନ୍ୟ, ଦେବାଳୟ ଶୂନ୍ୟ, ଗ୍ରାମ ଚତ୍ୱର ଶୂନ୍ୟ ଓ ମୋ ଭଳି ବିରହିଣୀର ହୃଦୟ ମଧ୍ୟ ଶୂନ୍ୟ ହୋଇ ଉଠିଛି। ସେ ହିଁ ସାରା ଗ୍ରାମର ସୌନ୍ଦର୍ଯ୍ୟର କେନ୍ଦ୍ରବିନ୍ଦୁ ଥିଲେ। ତାଙ୍କ ବିହୁନେ ସକଳ ଅସୁନ୍ଦର, ଅନ୍ଧକାର। ସେଇ ପ୍ରବାସୀ ପ୍ରିୟର ସ୍ମୃତି ପରିକ୍ରମା କରି ସକଳ ଶୂନ୍ୟତାର ହାହାକାର ମଧ୍ୟରେ ହୃଦୟ-ବଧୂ କାନ୍ଦୁଛି।

ଚିରଡିଂ ପି ଅଆଣନ୍ତୋ ଲୋଆ ଲୋଏହିଁ ଗୋରବବ୍‌ଭହିଆ।
ସୋଣାର-ତୁଲେ ବ୍‌ବ ଣିରକ୍‌ଖରା ବି ଖନ୍ଧେହିଁ ଉବ୍‌ଭନ୍ତି । ୯୧ ।
(ବର୍ଣାବଳୀମପ୍ୟଜାନନ୍ତୋ ଲୋକା ଲୋକୈର୍ଗୌ ରବାଭ୍ୟଧିକାଃ।
ସୁବର୍ଣକାର ତୁଳା ଇବ ନିରକ୍ଷରା ଅପି ସ୍କନ୍ଧୈରୁହ୍ୟନ୍ତେ।) - ପାବଶୀଳ

ଲୋକେ ବର୍ଣମାଳା ଜ୍ଞାନରହିତ ବ୍ୟକ୍ତିଙ୍କୁ ଅଧିକ ଗୌରବସହକାରେ ସ୍ୱର୍ଣକାରର ନିରକ୍ଷର ତୁଳା ଭଳି ହେଲେ ମଧ୍ୟ କାନ୍ଧରେ ଚଢ଼ାଇ ରଖିଥାନ୍ତି।

ବ୍ୟାଖ୍ୟା - ଗୁଣଚର୍ବିତା ନାୟିକାର ଉକ୍ତି। ନାୟକ କୌଣସି ରୂପଗୁଣହୀନା ନାୟିକା ପ୍ରତି ଆସକ୍ତ। ଗୁଣବତୀ ନାୟିକାକୁ ଆଦର ନକରି ଗୁଣହୀନାକୁ ଗୌରବରେ ମୁଣ୍ଡାଇ ବୁଲୁଥିବାରୁ ନାୟିକାର ଆକ୍ଷେପ-ହାୟ, ଏ ଦୁନିଆରେ ରୀତି ବଡ଼ ବିଚିତ୍ର! ଏଠାରେ ଗୁଣୀଙ୍କର ଗୁଣଗ୍ରାହୀ କେହି ନାହାନ୍ତି; ବରଂ ଗୁଣହୀନ ବ୍ୟକ୍ତିକୁ କାନ୍ଧରେ ଚଢ଼ାଇ ବୁଲୁଥିବା ଦେଖାଯାଏ। ଯାହା ପକ୍ଷରେ 'ସି ଅକ୍ଷର ବରୁଣେଇ ପାହାଡ଼', ସେପରି ନିରାଟ ମୂର୍ଖ ବ୍ୟକ୍ତିକୁ ଲୋକେ କାହିଁକି ଯେ ଏତେ ସମ୍ମାନ ଦିଅନ୍ତି ମୁଁ ବୁଝିପାରୁନାହିଁ। ସୁବର୍ଣ୍ଣ ତଉଲିବା ନିକିତି ଭଳି ସେ ମଧ୍ୟ ଗୁଣୀର କାନ୍ଧରେ ଚଢ଼ି ବସେ। ନିକିତିର ଅକ୍ଷରଜ୍ଞାନ ନଥିଲେ ମଧ୍ୟ ସୁନାରୀ ତାହାକୁ କାନ୍ଧରେ ଝୁଲାଇ ରଖେ।

ଆଅମ୍ବରନ୍ତ-କବୋଲଂ ଖଲିଅକ୍‌ଖର-ଜମ୍ପିରିଂ ଫୁରନ୍ତୋଟ୍‌ଠିଂ।
ମା ଛିବସୁ ତି ସରୋସଂ ସମୋସରନ୍ତିଂ ପିଅଂ ଭରିମୋ ।୯୨।
(ଆତାମ୍ରାନ୍ତଃ-କପୋଲାଂ ସ୍ଖଳିତାକ୍ଷର-ଜଳ୍ପନଶୀଳାଂ ସ୍ଫୁରଦୋଷ୍ଠୀମ୍।
ମା ସ୍ପୃଶେତି ସରୋଷଂ ସମପସର୍ପନ୍ତୀଂ ପ୍ରିୟାଂ ସ୍ମରାମଃ।)

ଆତାମ୍ରାନ୍ତ-କପୋଳ, ସ୍ଖଳିତାକ୍ଷରରେ କଳ୍ପନାକାରିଣୀ, ସ୍ଫୁରିତାଧରା 'ମୋତେ ଛୁଅଁନା' କହି ସରୋଷେ ଘୁଞ୍ଚିଯାଉଥିବା-ଏପରି ପ୍ରିୟାକୁ ସ୍ମରଣ କରୁଛି।

ବ୍ୟାଖ୍ୟା- ପ୍ରବାସରେ ନାୟକର ସଖା ପ୍ରତି ଉକ୍ତି - ସଖେ, ଆଜି ପ୍ରବାସରେ ମୋର କୋପନା ପ୍ରିୟାର ମୋହନ ଛବି ମାନସ-ନେତ୍ରରେ ଭାସି ଉଠୁଛି। ମୋର ଅପରାଧ ଦେଖିଲେ ସେ ଏପରି ରାଗିଯାଏ ଯେ ତାହାର ଗଣ୍ଡଯୁଗ ରକ୍ତବର୍ଣ ଧାରଣ କରେ, ବେଦନାରେ ଅଧର କମ୍ପିଉଠେ ଓ ସ୍ଖଳିତ-ବଚନରେ 'ମୋ ଦେହରେ ହାତ ଲଗାନାହିଁ' କହି ଦୂରକୁ ଅପସରିଯାଏ।

କୋପବେଳେ ଏହାହିଁ ତାହାର ସ୍ୱଭାବ। ରାଗିଗଲେ ସେ ମୋ ଆଖିକୁ ଭାରି ସୁନ୍ଦର ଦିଶେ। ହାୟ, ପ୍ରବାସୀର କି ବେଦନା! ପ୍ରିୟାର ସେ ରୂପ କେବେ ଦେଖିବି?

ଗୋଲା-ବିସମୋଆର-ଛଲେଣ ଅପ୍‌ପା ଭରମି ସେ ମୁକ୍‌କୋ।
ଅଣୁଅମ୍ପା-ଣିଦ୍ଦୋସଂ ତେଣ ବି ସା ଆଢ଼ମୁବଊଢ଼ା ।୯୩।
(ଗୋଦାବରୀ-ବିଷମାବତାର-ଛଳେନ ଆତ୍ମା ଭରସି ତସ୍ୟ ମୁକ୍ତଃ।
ଅନୁକମ୍ପା-ନିର୍ଦ୍ଦୋଷଂ ତେନାପି ସା ଗାଢ଼ମୁପଗୂଢ଼ା।)

ଗୋଦାବରୀର ବିଷମ ଅବତରଣ ଛଳରେ ସେ ନିଜର ଶରୀରକୁ ତାହାର ବକ୍ଷସ୍ଥଳ ଉପରେ ଛାଡ଼ିଦେଲା ଓ ସେ ମଧ୍ୟ ଅନୁକମ୍ପାରେ ନିର୍ଦ୍ଦୋଷ ମନେ କରି ତାହାକୁ ଗାଢ଼ ଆଲିଙ୍ଗନ କଲା।

ବ୍ୟାଖ୍ୟା - ନାୟକର ସଖା ପ୍ରତି ଉକ୍ତି - "ବେଗଗାମିନୀ ଗୋଦାବରୀ ତୀରର ଅବତରଣ ସ୍ଥାନ ଅତି ବିଷମ। ଓହ୍ଲାଉଥିବା ଲୋକର ପ୍ରତି ପଦେ ପଦେ ଭୟ। ତଳେ ଉପଳବିଷମ ଶଯ୍ୟାରେ ଖରଧାରା ପ୍ରବାହିତ। ଦିନେ ମୁଁ ସ୍ନାନ କରୁଥିବାବେଳେ ସେ ବାଳା ଓହ୍ଲାଉ ଥିବାବେଳେ ପଡ଼ିଯିବା ଛଳରେ ଆସି ମୋ ଛାତି ଉପରେ ଢଳିପଡ଼ିଲା। କାଳେ ପାଣିରେ ପଡିଯିବ, ସେଥିପାଇଁ ମୁଁ ବି ତାକୁ ନିର୍ଦ୍ଦୋଷ ଅନୁକମ୍ପାରେ ଛାତିରେ ଦୃଢ଼ଭାବେ ଚାପି ଧରିଲି। ପଡିଯିବା ଲୋକକୁ ଧରିପକାଇବା ମୋର କର୍ତ୍ତବ୍ୟ ବୋଲି ମନେକଲି। ଏଥିରେ ମୋର ଦୋଷ କ'ଣ?" ଏହା ଋତୁରେ ଚାତୁରୀ ରୀତି।

ସା ତୁଇ ସ-ହତ୍‌ଥ-ଦିଣ୍ଣଂ ଅଜ୍ଜ ବି ରେ ସୁହଅ ଗନ୍ଧ-ରହିଅଂପି।
ଉଦ୍‌ବସିଅ-ଣଅର-ଘର-ଦେବଦେ ବ୍‌ବ ଓମାଲିଅଂ ବହଇ । ୯୪।
(ସା ତ୍ୱୟା ସ୍ୱ-ହସ୍ତ-ଦତ୍ତାମଦ୍ୟାପିରେ ସୁଭଗ ଗନ୍ଧ-ରହିତାମପି।
ଉଦ୍‌ବାସିତ-ନଗର-ଗୃହ-ଦେବତେବ ଅବମାଳିକାଂ ବହତି।)

ହେ ସୁଭଗ, ଗନ୍ଧରହିତ ହେଲେ ମଧ୍ୟ ତୁମେ ସ୍ୱହସ୍ତରେ ଦେଇଥିବା ଅବମର୍ଦ୍ଦିତ ମାଳାକୁ ନଗର-ଗୃହ-ଦେବ ଭଳି ଆଜି ମଧ୍ୟ ଧାରଣ କରିଛି।

ବ୍ୟାଖ୍ୟା - ନାୟିକାର ଗାଢ଼ାନୁରାଗ ଜଣାଇବା ପାଇଁ ନାୟକ ପ୍ରତି ଦୂତୀ-ବଚନ-ହେ ଭାଗ୍ୟବାନ୍, ତା ଭଳି ଦୃଢ଼ ଅନୁରାଗିଣୀ ପ୍ରିୟା ପାଇ ମଧ୍ୟ ତୁମେ ତା ପ୍ରତି ଅବିଚାର କରୁଛ। ଚାଲ ଦେଖିବ, ତୁମେ ହାତରେ ତାକୁ ଯେଉଁ ମାଳାଟି ପିନ୍ଧାଇ ଦେଇଥିଲ ସେ ଆଜି ମଧ୍ୟ ତା ଗଳାରେ ଧରିରଖିଛି। ଦଳିତ କୁସୁମରେ ଆଉ ସୁଷମାର ଲେଶ ମାତ୍ର ନାହିଁ; ବାସ ମଧ୍ୟ ଉଡ଼ିଗଲାଣି। ତଥାପି ତୁମର ଆଦରର ଦାନ ବୋଲି ତାହାକୁ ଗଳାରୁ କାଢ଼ି ଫିଙ୍ଗିଦେଉନାହିଁ। ତାକୁ ଦେଖିଲେ ମନେ ହେବ, ସେ ଯେପରି ଏକ ପରିତ୍ୟକ୍ତ ଶୂନ୍ୟ ନଗରୀର ଦେବତା, ଯାହାଙ୍କର ପୂଜାବିଧି ଉଠିଗଲାଣି। ଜନପ୍ରାଣୀ

କେହି ସେ ନଗରରେ ନ ଥିବାରୁ ଭକ୍ତମାନେ କେହି ସେ ଭଗ୍ନ-ମନ୍ଦିରକୁ ଆସୁନାହାନ୍ତି କି ଫୁଲ ପାଣି ଦେଉ-ନାହାନ୍ତି। ଅପୂଜିତ ଖରାଖିଆ ଠାକୁର ଭଳି ସେ ପଡ଼ିରହିଛି। କେବେ ଭକ୍ତ ଜଣେ ମାଳାଟିଏ ଦେବତା କଣ୍ଠରେ ଲମ୍ବାଇ ଦେଇଥିଲା, ତାହା ସେହିପରି ଝୁଲୁଛି। ତୁମେ ହିଁ ତାର ପ୍ରେମ-ପୂଜାରୀ ଥିଲ। ପୁରାତନ ସ୍ମୃତିର ବ୍ୟଥାଭାର ବହନ କଲା ଭଳି ତୁମର ପ୍ରିୟ। ସେଇ ଶୁଷ୍କ ମାଲ୍ୟକୁ ଧାରଣ କରିଛି।

କେଲୀଅ ବି ରୂସେଉଂ ଣ ତୀରଏ ତମ୍ମି ଚୁକ୍କ-ବିଣଅମ୍ମି।
ଜାଇଅଏହିଁ ବ ମାଏ ଇମେହିଁ ଅବସେହିଁ ଅଙ୍ଗେହିଂ । ୯୫ ।
(କେଲ୍ୟାପି ରୁଷିତୁଂ ନ ଶକ୍ୟତେ ତସ୍ମିଂଚ୍ୟୁତ-ବିନୟେ।
ଯାଚିତକୈରିବ ମାତରେଭିରବଶୈରଙ୍ଗୋଃ।) - ପାବଶୀଳ

ଆଗୋ ମା, ବିନୟଚ୍ୟୁତ ତାଙ୍କ ପ୍ରତି ଅନ୍ୟ ଦ୍ୱାରା ନିଲାମରେ ନିଆଯାଇଥିବା ବସ୍ତୁ ଭଳି ମୋର ଅବଶ ଅଙ୍ଗକୁ କେଳି ଛଳରେ ମଧ୍ୟ ମାନ କରିବାକୁ ସମର୍ଥ ହେବନାହିଁ।

ବ୍ୟାଖ୍ୟା - ମାନ ଉପଦେଶିକା ପ୍ରୌଢ଼ ପ୍ରତି ନାୟିକାର ଉକ୍ତି- ଆଗୋ ମା, ମୋତେ ମାନ କରିବାକୁ ଶିଖାନା, ମୁଁ ମାନ କରିପାରିବି ନାହିଁ, ସେ ବିନୟଚ୍ୟୁତ ହେଲେ ମଧ୍ୟ ନୁହେଁ। ତାଙ୍କର ଇଚ୍ଛାନୁସାରେ ମୋର ଦେହକୁ ନେଇ ସେ ଯେପରି ବ୍ୟବହାର କରିପାରନ୍ତି। ମୁଁ ମନପ୍ରାଣ ସବୁ ତାଙ୍କଠାରେ ସଁପି ଦେଇଛି। ଏ ଦେହ ଆଉ ମୋ ଆୟତ୍ତରେ ନାହିଁ। ମୋର ପରାଧୀନ ଦେହ ମନକୁ ତମ ଶିକ୍ଷାରେ ଖେଳିବା ଛଳରେ ହେଲେ ମଧ୍ୟ ଯଦି ତାଙ୍କଠାରୁ ଦୂରେଇନିଏ ତଥାପି ମୋର ପ୍ରାଣ ତାଙ୍କ ପ୍ରତି ଆକୃଷ୍ଟ ହେବ; ଏତେ ଶକ୍ତି ମୋର କାହିଁ? ମନ ଯାହାର ଅଙ୍ଗ ତାହାର, ମୋର ମନ ତ ସେ ନେଇଯାଇଛନ୍ତି, ତେଣୁ ମୁଁ ତାକୁ ନିର୍ଦ୍ଦେଶ ଦେବି କିପରି? ମାନ କେବେହେଁ ଏ ଦେହର ପ୍ରଭୁ ନୁହେଁ। ଯାହାକୁ ଏ ଦେହ ଯାଚି ଦେଇଛି ବା ଯେ ମୋ ଅଙ୍ଗର ଅଧିକାରୀ ତାଙ୍କ ପ୍ରତି ଥଟ୍ଟାରେ ହେଲେ ମଧ୍ୟ ମାନ କରିହେବନାହିଁ। ଧାର କରିବା ଲୋକ ଶତ ଅନୁରୋଧରେ ପରର ଶାସନମାନେ କି?

ଉପ୍ପୁଲ୍ଲିଆଇ ଖେଲ୍ଲଉ ମା ଣଂ ବାରେହି ହୋଉ ପରିଜ୍ଜଡ଼ା।
ମା ଜହଣ-ଭାର-ଗରୁଇ ପୁରିସାଅନ୍ତୀ କିଲିମ୍ମିହିଇ । ୯୬ ।
ଉତ୍‌ଫୁଲ୍ଲିକୟା ଖେଳତୁ ମୈନାଂ ବାରୟତୁ ଭବତୁ ପରିକ୍ଷାମା।
ମା ଜଘନ-ଭାର-ଗୁର୍ବୀ ପୁରୁଷାୟିତଂ କୁର୍ବତୀ କ୍ଲମିଷ୍ୟତି।) - ବସ୍ତ

ସେ ଉତ୍‌ଫୁଲ୍ଲିକା କ୍ରୀଡ଼ା କରୁ, ତାକୁ ବାରଣ କର ନାହିଁ; ସେ କ୍ଷୀଣ ହୋଇଯାଉ, ଯାହା ଫଳରେ ଜଘନଭାର ଗୁରୁତା ହେତୁ ପୁରୁଷାୟିତ କରିବା କାଳରେ କ୍ଲାନ୍ତି ଅନୁଭବ ନ କରିବ।

ବ୍ୟାଖ୍ୟା - ଉତ୍‌ଫୁଲ୍ଲିକା ଖେଳ ଖେଳୁଥିବା ବାଳିକାକୁ ନିବୃତ୍ତ କରୁଥିବା ନାରୀ ପ୍ରତି ଅନ୍ୟ ନାରୀର ଉକ୍ତି । ଏଇ ଖେଳରେ ଶିଶୁକୁ ପାଦ ଉପରେ ବସାଇ ପାଦକୁ ବାରମ୍ବାର ଉପର ତଳ କରିବାକୁ ପଡ଼େ । ଏହାକୁ ତାଳଗଛ ଖେଳ କୁହାଯାଏ । ବାଳିକାଟି ସେଇ ଖେଳ ଖେଳୁଥିବାବେଳେ ତାକୁ ବାରଣ କରୁଥିବା ନାରୀ ପ୍ରତି ଏ ଗାଥା କୁହାଯାଇଛି । ଏ ଖେଳରେ ତାର ମଧ୍ୟଦେଶ କ୍ଷୀଣ ହୋଇଯିବ ଓ ଯୌବନରେ ସେ ବିପରୀତ-ରସରେ ଲୀନ ହୋଇ ଜଘନ ଭାରରେ କ୍ଲାନ୍ତି ଅନୁଭବ କରିବନାହିଁ ।

ପଉର-ଜୁବାଣୋ ଗାମୋ ମହୁ-ମାସୋ ଜୋଅଣଂ ପଈ ଠେରୋ
ଜୁଣ୍ଣ-ସୁରା ସାହୀଣା ଅସଈ ମା ହୋଉ କିଂ ମରଉ । ୯୭ ।
(ପ୍ରଚୁର-ଯୁବା ଗ୍ରାମୋ ମଧୁ-ମାସୋ ଯୌବନଂ ପତିଃ ସ୍ଥବିରିଃ ।
ଜୀର୍ଣ-ସୁରା ସ୍ୱାଧୀନା ଅସତୀ ମାଂ ଭବତୁ କିଂ ମ୍ରିୟତାମ୍ ।) - ହାଳ

ଗ୍ରାମରେ ପ୍ରଚୁର ଯୁବକ, ମାସ ମଧ୍ୟ ମଧୁ-ମାସ, ଯୌବନ ଅଛି, ପତି ପୁଣି ସ୍ଥବିର, ପୁରୁଣା ମଦ୍ୟ, ଏତେ ସ୍ୱାଧୀନତା-ସେ ଅସତୀ ହେବ ନାହିଁ ତ କଣ ମରିବ ?

ବ୍ୟାଖ୍ୟା - କୌଣସି କୁଳବଧୂ ଶୀଳଖଣ୍ଡିତ ହୋଇଛି । ନିନ୍ଦା-ରଟନାକାରିଣୀ ନାରୀମାନେ ହାସ-ପରିହାସର ଉପାଦାନ ପାଇଯାଇଛନ୍ତି । ସେମାନଙ୍କ ସମାଲୋଚନା ଓ ଟିଟିକାରକୁ ଖାତିର ନ କରିବାପାଇଁ କୌଣସି ପ୍ରୌଢ଼ା ଶୀଳଖଣ୍ଡିତା ନାୟିକାକୁ ଶୁଣାଇବା ଛଳରେ ସେଇ ନିନ୍ଦୁକିନୀମାନଙ୍କ ପ୍ରତି କହିଛି - ଗ୍ରାମରେ ନବବୟଃ ଯୁବାଦଳ ଭରିରହିଛନ୍ତି, ବସନ୍ତର ଉନ୍‌ମାଦକ ଅପ୍ରତିହତ ପ୍ରଭାବରୁ କେହି ଉବୁରିଯିବେ ନାହିଁ, ପ୍ରାଚୀନ ସୁରା ମଧ୍ୟ ସୁଲଭ (ଘରେ ଅଛି), ବୃଦ୍ଧ ପତି କୌଣସି କାମକୁ ନୁହେଁ, କେବଳ ଗୃହ ମଣ୍ଡନ କରୁଛି, ନିଜେ ପୂର୍ଣ୍ଣଯୌବନା, ଏତେ ସ୍ୱାଧୀନତା-ଏ ସବୁରୁ ଏକ ଏକ ଏକ କାରଣ ଜଣକୁ ଭ୍ରଷ୍ଟ କରିଦେଇପାରେ, ଆଉ ଏ ସବୁ ଯଦି ଏକତ୍ର ଜଣକ ଭାଗ୍ୟରେ ଘଟେ ତାହାର ଦୁଶ୍ଚରିତ୍ରା ହେବାରେ ଆଶ୍ଚର୍ଯ୍ୟ କ'ଣ ? ଏହା ନ କରି ସେ କ'ଣ ମରିଥାନ୍ତା ? ତାର ତ ରକ୍ତ-ମାଂସର ଦେହ ? ସମାଜର ଚଉରିଆଡୁ ପ୍ରଲୋଭନର ଇସାରା । ବର ବୋଲି ଯାହାର ହାତ ଏ ସମାଜ ଧରାଇଦେଇଛି ସେ ତ ଗଳିତ-ଦନ୍ତ ପଳିତ-କେଶ ଲୋଳିତ-ଚର୍ମ ବୃଦ୍ଧ ! କେଉଁ ମୁହୂର୍ତ୍ତରେ ଯମ-ଡାକରା ପାଇ ଖସିଯିବ । ବସନ୍ତର ମାତାଲ ପବନ କାନେ କାନେ କହିଯାଉଛି - 'ଭୋଗ କର ନତୁବା ମର' । ତୁମେସବୁ ସତୀକୁଳରାଣୀମାନେ ଦାନ୍ତ ନିକୁଟି ସତୀପଣିଆ କରୁଥା ଗୋ ସତୀ-ସାବିତ୍ରୀଦଳ ! ଏତେ ସ୍ୱାଧୀନତା ତୁମକୁ ମିଳିଥିଲେ ତମେ ସବୁ ବି ତା ବାଟ ଧରିଥାନ୍ତି । (ମଦ୍ୟ ପୁରୁଣା ହେଲେ ଉତ୍‌କୃଷ୍ଟ ବିବେଚିତ ହୁଏ ।)

ବହୁସୋ ବି କହିଜ୍ଜନ୍ତଂ ତୁହ ବଅଣଂ ମଜ୍‌ଝ ହତ୍‌ଥ-ସଦିଟ୍‌ଠଂ ।

ଣ ସୁଅଂ ଭି ଜମ୍ପମାଣା ପୃଣରୁତ୍ତ-ସଅଂ କୁଣଇ ଅଜ୍‌ଜା ।୯୮।
(ବହୁଶୋଽପି କଥ୍ୟମାନଂ ତବ ବଚନଂ ମମ ହସ୍ତ-ସଂଦିଷ୍ଟମ୍।
ନ ଶ୍ରୁତମିତ ଜଳ୍ପନ୍ତୀ ପୁନରୁକ୍ତଶତଂ କରୋତ୍ୟାର୍ଯ୍ୟା।) - ସୁରଭିବଂଶ

ମୋ ହସ୍ତରେ ତୁମେ ଯେଉଁ ବାର୍ତ୍ତା ପ୍ରେରଣ କରିଥିଲ ତାହାକୁ ଅନେକଥର ଅନେକ ପ୍ରକାରେ କହିଲେ ମଧ୍ୟ 'ଶୁଭିଲା ନାହିଁ' - ଏହିଭଳି କହି ଆର୍ଯ୍ୟ ଶହେ ଥର ପୂନରୁକ୍ତି କରୁଛି।

ବ୍ୟାଖ୍ୟା - ନାୟକ ପ୍ରତି ଦୂତୀ-ଭକ୍ତି-ତୁମେ ଯେଉଁ ବାର୍ତ୍ତା ଦେଇଥିଲ ମୁଁ ନିଜେ ଯାଇ ତାକୁ ଜଣାଇଦେଇଛି। ତାର ବାରମ୍ବାର ଅନୁରୋଧରେ ସେଇ ଏକ କଥାକୁ ଥରେ ନୁହେଁ ଶହେ ଥର କହିଛି; ଏକାପ୍ରକାର ନୁହେଁ, କେତେ ଭିନ୍ନ ଭିନ୍ନ ଢଙ୍ଗରେ କହିଛି। ଶୁଣିଲାବେଳେ ଆନନ୍ଦରେ ତାର ବକ୍ଷୁରେ ହସ ଫୁଟିଉଠିଥାଏ, ସତେକି କଥାଗୁଡିକୁ ପିଇଯାଉଛି। ମାତ୍ର ଶୁଣିସାରିଲା ପରେ ପ୍ରତିଥର ନ ଶୁଣିଲା ଭଳି ପୁଣି ସେଇ କଥା ପଚାରେ। 'ଶୁଣି ନାହିଁ' - ଏହାହିଁ ସବୁଥର ଉଚ୍ଚାରଣ କରୁଛି। ମୁଁ ବୁଝିପାରୁନାହିଁ ସେଇ କଥାରେ କ'ଣ ଏତେ ମିଠା ଅଛି। ନିଶ୍ଚୟ ପ୍ରିୟଜନର କଥା ଶୁଣିବାରେ ପ୍ରାଣର ତୃପ୍ତି ଆସି ନ ଥାଏ; ମୁଁ ତ ସାମାନ୍ୟ ଦୂତୀଟିଏ, ଏତେ ଗହନ କଥା ମୁଁ କି ଜାଣେ ? - ଦର୍ବୀ ସୂପରସଂ ଯଥା।

ପାଅଡ଼ିଅ-ଣେହ-ସଦ୍‌ଭାବ-ଣିବ୍‌ଭରଂ ତୀଅ ଜହ ତୁମଂ ଦିଟ୍‌ଠୋ।
ସଂବରଣ-ବାବଡ଼ାଏ ଅଣ୍ଣୋ ବି ଜଣୋ ତହ ବ୍‌ବେଅ ।୯୯।
(ପ୍ରକଟିତ -ସ୍ନେହ-ସଭାବ ନିର୍ଭରଂ ତୟା ଯଥା ତ୍ୱଂ ଦୃଷ୍ଟଃ।
ସଂବରଣ-ବ୍ୟାପୃତୟା ଅନ୍ୟୋଽପି-ଜନସ୍ତଥୈବ।) -ମଣିରାଗ

ସ୍ନେହ ଓ କ୍ଷୁଣ୍ଣ ସଦ୍‌ଭାବ ପ୍ରକଟ କରି ସେ ତୁମକୁ ଯେଭଳି ଦେଖିଥିଲା, ସେଇଭଳି ସମ୍ବରଣ ବ୍ୟାପୃତ ହୋଇ ଅନ୍ୟ ଲୋକଙ୍କୁ ମଧ୍ୟ ସେଇ ଦୃଷ୍ଟିରେ ଦେଖିଥିଲା।

ବ୍ୟାଖ୍ୟା - ନାୟକ ପ୍ରତି ଦୂତୀ-ଉକ୍ତି। ଲୋକେ ନ ଜାଣନ୍ତୁ ଯେ ଏଇ ଯୁବକ ପ୍ରତି ନାୟିକାର ଅନୁରାଗ ଜାତ ହୋଇଛି। ଲୋକେ ଜାଣିଲେ ସେ ଲଜ୍ଜାରେ ବୁଡ଼ିଯିବ। ମାତ୍ର ନାୟକ ତାର ଦୃଷ୍ଟିର ମର୍ମାର୍ଥ ବୁଝିପାରିନାହିଁ, ଭାବିଛି- ଅନ୍ୟମାନଙ୍କ ପ୍ରତି ଯେପରି ଦୃଷ୍ଟିପାତ କରୁଛି ତା ପ୍ରତି ମଧ୍ୟ ସେଇଭଳି ଦୃଷ୍ଟିପାତ କରୁଛି। ଦୂତୀ ନାୟକକୁ କହିଛି - ମୋ ସଖୀ ଖୁବ୍ ଚତୁରୀ। ସେ କାହାରିକୁ ଜଣାଇଦେବାକୁ ଚାହେଁ ନାହିଁ ଯେ ତୁମ ପ୍ରତି ତାର ପ୍ରଣୟ-ଭାବ ଜାତ ହୋଇଛି। ତୁମକୁ ଯେପରି ବାସନା-ସଘନ ନେତ୍ରରେ ଚାହୁଁଛି, ତାର ମନୋଭାବ ଗୋପନ ରଖିବାକୁ ଅନ୍ୟ ଲୋକଙ୍କୁ ମଧ୍ୟ ସେଇଭଳି ପ୍ରେମ ଓ ସଦ୍‌ଭାବପୂର୍ଣ୍ଣ ଦୃଷ୍ଟିରେ ଚାହୁଁଛି। ତା' ମନର ଗୋପନ ରହସ୍ୟକୁ କେହି ଉଦ୍‌ଘାଟନ

କରୁ ଏହା ତାହାର ଉଦ୍ଦେଶ୍ୟ ନୁହେଁ। ସେ ଖୁବ୍ ହୁସିଆର। ତାକୁ ଭୁଲ ବୁଝନା।

ଗେହ୍‌ଣହ ପଲୋଅହ ଇମଂ ପହସିଅ-ବଅଣା ପଇସ୍‌ସ ଅପ୍‌ପେଇ।
ଜାଆ ସୁଅ-ପଢ଼ମୁବ୍‌ଭିଣ୍ଣ-ଦନ୍ତ-ଜୁଅଲଙ୍କିଅଂ ବୋରଂ। । ୧୦୦।

(ଗୃହ୍‌ଣୀତ ପ୍ରଲୋକୟତେଦଂ ପ୍ରହସିତ-ବଦନା ପତ୍ୟୁରର୍ପୟତି।
ଜାୟା ସୁତ-ପ୍ରଥମୋଦ୍‌ଭିନ୍ନ-ଦନ୍ତଯୁଗଲାଙ୍କିତଂ ବଦରମ୍।) - ହରିତକୁ

'ଏହାକୁ ନିଅ ଓ ଦେଖ' - ଏହା କହି ପ୍ରହସିତବଦନା ଜାୟା ପୁତ୍ରର ପ୍ରଥମୋଦ୍‌ଗତ ଦନ୍ତଯୁଗଳ ଦ୍ୱାରା ଚିହ୍ନିତ ବରକୋଳିକୁ ପତିଙ୍କୁ ସମର୍ପଣ କଲା।

ବ୍ୟାଖ୍ୟା - ପତି ପତ୍ନୀ ମଧ୍ୟରେ ଆକାର ଇଙ୍ଗିତ ଦ୍ୱାରା ଯେଉଁ ପ୍ରଣୟ-ଭାବର ବିନିମୟ ହୁଏ, ଉକ୍ତ ଗାଥାରେ ତାହାର ବ୍ୟଂଜନା ରହିଛି। ପୁଅର ନୂଆ ନୂଆ ଉଠିଥିବା ଦାନ୍ତ ଦୁଇଟିରେ ଚିହ୍ନିତ ବରକୋଳିକୁ ହସି ହସି ସ୍ୱାମୀଙ୍କୁ ପ୍ରଦାନ କରି ତାହାକୁ ଦେଖିବା ପାଇଁ ଅନୁରୋଧ କରିବାରୁ ଚତୁରୀ ଜାୟାର ଅଭିଳାଷ ସ୍ପଷ୍ଟ ହୋଇଉଠୁଛି; ଅର୍ଥାତ୍, ପୁଅର ଦାନ୍ତ ଉଠିଲାଣି, ହିସାବ କର ମୋର ପ୍ରସୂତି ହେବା କେତେ ମାସ ହେଲା; ଏବେ ଶୃଙ୍ଗାର ପ୍ରଶସ୍ତ।

ରସିଅ-ଜଣ-ହିଅଅ-ଦଇଏ କଇ-ବଚ୍ଛଲ-ପମୁହ-ସୁକଇ-ଣିମ୍ମଇଏ।
ସତ୍ତ-ସଅମ୍ମି ସମତ୍ତଂ ବୀଅଂ ଗାହା-ସଅଂ ଏଅଂ । ୧୦୧ ।

(ରସିକ-ଜନ-ହୃଦୟ-ଦୟିତେ କବି-ବତ୍ସଳ-ପ୍ରମୁଖ-ସୁକବି-ନିର୍ମିତେ।
ସପ୍ତ-ଶତକେ ସମାପ୍ତଂ ଦ୍ୱିତୀୟଂ ଗାଥା-ଶତକମେତତ୍।

କବିବତ୍ସଳ (ହାଳ) ପ୍ରମୁଖ ସୁକବିରଚିତ, ରସିକ-ଜନମାନଙ୍କର ହୃଦୟ-ପ୍ରିୟ ସପ୍ତଶତୀରୁ ଏହି ଦ୍ୱିତୀୟ ଶତକ ସମାପ୍ତ ହେଲା।

ତୃତୀୟ ଶତକ

ଅଚ୍ଛଉ ତା ଜଣବାଓ ହିଅଅଂ ଦିଅ ଅତ୍ତଣୋ ତୁହ ପମାଣଂ।
ତହ ତଂ ସି ମନ୍ଦ-ଣେହୋ ଜହ ଣ ଉବାଲମ୍ଭ-ଜୋଗ୍ଗୋ ସି । ୧ ।
(ଅସ୍ତୁ ତାବଚ୍ଛନବାଦୋ ହୃଦୟମେବାତ୍ମନସ୍ତବ ପ୍ରମାଣମ୍।
ତଥା ତ୍ୱମସି ମନ୍ଦ-ସ୍ନେହୋ ଯଥା ନୋପାଲମ୍ଭ-ଯୋଗ୍ୟୋଽସି।) - ବାହବ

ଲୋକାପବାଦ ଯାହା ହେଉ, ତୁମର ନିଜ ହୃଦୟ ତ ପ୍ରମାଣ ଅଟେ। ତୁମେ ଏତେ ମନ୍ଦ-ସ୍ନେହ ହୋଇଗଲାଣି ଯେ, ଏବେ ତୁମେ ଉପାଲମ୍ଭର ଯୋଗ୍ୟ ମଧ୍ୟ ହେଲ ନାହିଁ।

ବ୍ୟାଖ୍ୟା - ପ୍ରେମିକ ମନ୍ଦ-ସ୍ନେହ ହୋଇଗଲାଣି। କାଳେ-ଅକାଳେ ନାୟିକାକୁ ପଚାରୁ ନାହିଁ। ଲୋକେ ତାର ପ୍ରେମ-ନିଷ୍ଠା ବିଷୟରେ ବିରୂପ ମନ୍ତବ୍ୟ ଦେଉଛନ୍ତି। ଦିନେ ସେ ଆସି ନାୟିକାକୁ କହିଲା ଯେ, ଖଳଲୋକେ ତାର ପ୍ରେମକୁ ଆନ୍ତରିକତାଶୂନ୍ୟ ବୋଲି କହୁଛନ୍ତି; ଏପରି ଅପବାଦ ତାର ପ୍ରାପ୍ୟ ନୁହେଁ। ତା ପ୍ରେମ ଗଙ୍ଗାରୁ ବିଶଦ ଓ ପବିତ୍ର। ନାୟକର ଚାଟୁ-ବଚନରେ ନ ଭୁଲି ମାନିନୀ ନାୟିକା ଉତ୍ତର ଦେଲା-ଲୋକଙ୍କ କଥାରେ କ'ଣ ଯାଏ-ଆସେ, ତୁମର ହୃଦୟ ତ ଏହାର ପ୍ରମାଣ। ତା'ଠାରୁ ଆଉ ବଡ଼ ପ୍ରମାଣ କ'ଣ ଅଛି ? ହୃଦୟ ଅସତ୍ୟ କହେ ନାହିଁ। ତୁମର ମୋ ପ୍ରତି ସ୍ନେହ ଅଛି କି ନାହିଁ ସେ ବିଷୟରେ ଲୋକଙ୍କ କଥାରୁ କ'ଣ ମିଳିବ ? ତୁମ ହୃଦୟ ତ ଏହାର ସାକ୍ଷୀ। ତୁମେ କୁହ, ପୂର୍ବପରି ସ୍ନେହ ମୋ ପ୍ରତି ଅଛି କି ? ତୁମର ହୃଦୟ ପାଷାଣ ବୋଲି ମୁଁ ଜାଣେ। ନିଜର ଯଥାସ୍ୱରୂପକୁ କେବେ ଚାହିଁ ଦେଖିଛ ? ଛାତିରେ ହାତ ରଖି କହିପାରିବ ? ହଉ, ମୋର ତୁମକୁ ଆକ୍ଷେପ ବା ତିରସ୍କାର କରିବାର ଅଧିକାର ନାହିଁ। ଯେଉଁଠି ସ୍ନେହ ନାହିଁ, ତାହାକୁ କେଉଁ ଅଧିକାରରେ ତିରସ୍କାର କରାଯାଇପାରେ ?

ଅପ୍ପ-ଚ୍ଛନ୍ଦ-ପହାବିର ଦୁଲ୍ଲହ-ଲମ୍ଭଂ ଜଣଂ ବି ମଗ୍ଗନ୍ତ।
ଆଆସ-ପହେ ହିଁ ଭମନ୍ତ ହିଅଅ କଇଆ ବି ଉଚ୍ଛିହିସି । ୨ ।

(ଆତ୍ମ-ଛନ୍ଦ-ପ୍ରଧାବନଶୀଳ ଦୁର୍ଲଭ-ଲମ୍ଭଂ ଜନମପି ମୃଗୟମାଣ।

ଆକାଶ-ପଥୈର୍ଭ୍ରମଦ୍ ହୃଦୟ କଦାପି ଭଙ୍କ୍ଷ୍ୟସେ।) - ପ୍ରବରସେନ

ରେ ହୃଦୟ, ତୁ ସ୍ୱେଚ୍ଛାରେ ଯାହାର ପ୍ରାପ୍ତି ଦୁର୍ଲଭ ସେପରି ଜନଙ୍କ ଅନ୍ୱେଷଣରେ ଧାଇଁବୁଲୁଛୁ। ଆକାଶପଥରେ ବିଚରଣ କରୁଛୁ। ଏପରି କରି ତୁ କେବେ ନା କେବେ ଖଣ୍ଡ ଖଣ୍ଡ ହୋଇ ଭାଙ୍ଗି ପଡ଼ିଯିବୁ।

ବ୍ୟାଖ୍ୟା - ପ୍ରେମିକକୁ ଶୁଣାଇ ଶୁଣାଇ ନିଜର ଭଗ୍ନ-ହୃଦୟ ପ୍ରତି ନାୟିକାର ଉପାଲମ୍ଭ ବଚନ-ଗୁରୁ ଗୁରୁଜନ ନିଷେଧ ନ ମାନି, ଲୋକଲାଜ ପରିହାର କରି ଯାହାଙ୍କୁ ପାଇବା ପାଇଁ ଉନ୍‌ମାର୍ଗଗାମୀ ହୋଇ ତୁ ବୁଲି ବୁଲି ଥକିପଡ଼ିଲୁଣି, ସେ ତ ତୋ ପାଇଁ ଦୁର୍ଲଭଜନ। ତୁ ବାମନ ହୋଇ ତୁ ବୁଲି ବୁଲି ଥକିପଡ଼ିଲୁରି, ସେ ତ ତୋ ପାଇଁ ଦୁର୍ଲଭଜନ। ତୁ ବାମନ ହୋଇ ଆକାଶ-ଚନ୍ଦ୍ରକୁ ହାତ ବଢ଼ାଇଛୁ, ସଖୀ ବା ଦୂତୀଙ୍କ ବିନା ଅବଲମ୍ବନରେ ନିଜେ ପ୍ରେମ-ସାଗର ପାରହେବା ପାଇଁ ନିଜକୁ ହୁଲି ଡଙ୍ଗା ଭଳି ସେଥିରେ ଭସାଇଦେଇଛୁ, ଖ-ପୁଷ୍ପ ଲୋଡ଼ିବାକୁ ଭରସା କରିଛୁ। ରେ ହୃଦୟ, ଯାହାକୁ ଖୋଜୁଛୁ ସେ କି ସହଜ ଧନ? କେତେ ନାଗରୀଙ୍କ ହୋଇ ନ ଥିବ ସେ ହୃଦୟ-ହାର! ତୁ ଖାମଖିଆଲି ହୋଇ ଯାହା କରିଚାଲିଛୁ, ମନର ଗୁଡ଼ିକୁ ଆକାଶବକ୍ଷରେ ଛାଡ଼ିଦେଇଛୁ। ଜାଣିଛୁ କି, ଶୂନ୍ୟପଥରେ ଉଡ଼ି ଉଡ଼ି ତାହା ଦିନେ ଖଣ୍ଡ ଖଣ୍ଡ ହୋଇଯିବ? ନାୟିକାର ତାତ୍ପର୍ଯ୍ୟ, ତା'ପରି ଅନନ୍ୟ ଅନୁରାଗିଣୀ କାହାର ପ୍ରିୟା ନ ହେବ? କିଏ ସେ ପ୍ରେମିକ ଯେ ତାହାର ଏଇ ନିରବଚ୍ଛିନ୍ନ ଅନ୍ୱେଷଣ ଓ ଅକ୍ଳାନ୍ତ ଭ୍ରମଣର ମୂଲ୍ୟ ଦେବ?

ଅହବ ଗୁଣଚ୍ଛିଅ ଅହବା ଗୁଣଅଣୁଓଁ ଣ ସୋଁ ଲୋଓ।

ଅହବ ହ୍ମି ଣିଗ୍ଗୁଣା ବା ବହୁ-ଗୁଣବନ୍ତୋ ଜଣୋ ତସ୍ୟ। ୩।

(ଅଥବା ଗୁଣା ଏକ ଲଘବୋଽଥବା ଗୁଣଜ୍ଞୋ ନ ସ ଲୋକଃ।

ଅଥବାସ୍ମି ନିର୍ଗୁଣା ବା ବହୁ-ଗୁଣବାଞ୍ଜନସ୍ତସ୍ୟ।) -ଚନ୍ଦ୍ରହସ୍ତୀ।

ସମ୍ଭବତଃ ମୋର ଗୁଣ ଲଘୁ ଅଥବା ସେ ଗୁଣ ଚିହ୍ନି ଜାଣେ ନାହିଁ ଅଥବା ମୁଁ ଗୁଣଶୂନ୍ୟ ଅଥବା ତାଙ୍କର ଜନ ବହୁ ଗୁଣବନ୍ତ।

ବ୍ୟାଖ୍ୟା - ସନ୍ଦେହର ଆବର୍ତ୍ତ ମଧ୍ୟରେ ନାୟିକାର ଚିତ୍ତ ଆବର୍ତ୍ତିତ। ସେ ବୁଝି ପାରୁନାହିଁ ତାର ସକଳ ଚେଷ୍ଟା ସତ୍ତ୍ୱେ ଅଭିଳଷିତ ପୁରୁଷ କାହିଁକି ତାକୁ ଉପେକ୍ଷା କରୁଛି। ସମଧର୍ମୀମାନଙ୍କ ମଧ୍ୟରେ ରୂପଗୁଣରେ ସେ କେଉଁ ଦୃଷ୍ଟିରୁ ହୀନା ଯେ ପୁରୁଷ ତା ପ୍ରତି ବୀତସ୍ପୃହ ଓ ଅନ୍ୟମାନଙ୍କ ପ୍ରତି ଆକୃଷ୍ଟ? ଆଦର-ସୋହାଗ, ରୂପ-ପରିପାଟୀ ପ୍ରଭୃତି ବାହ୍ୟ ପ୍ରଦର୍ଶନାତ୍ମକ ଗୁଣ ଦ୍ୱାରା କିମ୍ବା ପ୍ରେମମୟୀ ନାରୀର ଆଭ୍ୟନ୍ତର ଗୁଣ

ଦ୍ୱାରା ସେ ତ ତାଙ୍କର ମନୋହାରିଣୀ ହେବାରେ କୌଣସି ତ୍ରୁଟି କରିନାହିଁ। ଏପରି ଗୁଣଗର୍ବିତା ନାୟିକା ମନେ ମନେ ତାହାର ହେତୁ ନିର୍ଣ୍ଣୟ କରିଲାଗିଛି- ହୁଏତ ମୁ ଅଳ୍ପ ଗୁଣର ଭାଜନ ଅଥବା ମୋର ପ୍ରିୟ ରସିକ ନୁହଁନ୍ତି; ତେଣୁ ମୋର ଗୁଣ ଚିହ୍ନି ପାରୁନାହାନ୍ତି ଅଥବା ମୋଠାରେ କୌଣସି ଗୁଣ ନାହିଁ ଅଥବା ତାଙ୍କର ପ୍ରିୟ ଲୋକ ଅଶେଷ ଗୁଣାବଳୀ-ଗୁଣଶାଳୀ ବ୍ୟକ୍ତିଙ୍କୁ ଛାଡ଼ି ନିର୍ଗୁଣଠାରେ ସେ କାହିଁକି ରସିବେ? 'ତାଙ୍କର ଲୋକ' (ତାଙ୍କର ପ୍ରିୟା) - ନାୟିକାର ଏଇ ଅଭିବ୍ୟକ୍ତି ଅତୀବ ଚମତ୍କାର।

ଫୁଟ୍ଟନ୍ତେଣ ବି ହିଅଏଣ ମାମି କହ ଣିବ୍ଦରିଜ୍ଜଏ ତମ୍ମି।
ଆଦଂସେ ପଡ଼ିବିମ୍ବଂ ବ୍ଦି ଜମ୍ମି ଦୁଃଖଂ ଣ ସଂକମଇ । ୪ ।
(ସ୍ଫୁଟିତାପି ହୃଦୟେନ ମାତୁଲାନି କଥଂ ନିବେଦ୍ୟତେ ତସ୍ମିନ୍।
ଆଦର୍ଶେ ପ୍ରତିବିମ୍ବମିବ ଯସ୍ମିନ୍ ଦଃଖଂ ନ ସଂକ୍ରାମତି।) - ରାଜବର୍ଗ

ଆଗୋ ମାଇଁ! ବିଦୀର୍ଣ୍ଣ-ହୃଦୟ ଘେନି ମୁଁ କିଭଳି ତାଙ୍କୁ ମୋର ଦୁଃଖ ନିବେଦନ କରିବି? ଦର୍ପଣରେ ପ୍ରତିବିମ୍ବ ଭଳି ଯାହାଠାରେ ମୋର ଦୁଃଖ ସଂକ୍ରାନ୍ତ ହେବନାହିଁ।

ବ୍ୟାଖ୍ୟା - ମାତୁଳାନୀ ପ୍ରତି ନାୟିକାର ଉକ୍ତି - ମାଇଁ ଗୋ, ତୁମଠାରେ ଗୋପନ ନ କରି ସବୁ ଫିଟାଇ କହୁଛି, ତାଙ୍କୁ ସକଳ ହୃଦୟ ଅର୍ପଣ କରିଛି, ବିନିମୟରେ ମୁଁ ପାଇଛି କ'ଣ? କେବଳ ପ୍ରତ୍ୟାଖ୍ୟାନ, ଅନାଦର ଓ ଘୃଣା। ମୋର ହୃଦୟ ଫାଟିଯାଇଛି। ସେଇ ଫଟା-ହୃଦୟ ଘେନି ମୁଁ ତାଙ୍କୁ ମୋର ଦୁଃଖ କିପରି ଜଣାଇବି? ସେ ନିଷ୍ଠୁର ହୃଦୟରେ ମୋର ବେଦନା ଛାୟାପାତ କରିବି ନାହିଁ। ଯେଉଁଭଳି ଦର୍ପଣରେ ପ୍ରତିବିମ୍ବ ଉପରେ ହିଁ ରହିଥାଏ, ସେଇଭଳି ତାଙ୍କ ହୃଦୟରେ ମୋ ଦୁଃଖର ପ୍ରତିବିମ୍ବ ପଡ଼ିବ ନାହିଁ, ଅର୍ଥାତ୍, ତାଙ୍କ ପାଖରେ ମୋ ଦୁଃଖର କୌଣସି ମୂଲ୍ୟ ନାହିଁ। ସେ ଉପରୁ ଚକ୍‌ଚକ୍ ଦିଶୁଥିଲେ ମଧ୍ୟ ମୋ ଦୁଃଖ ତାଙ୍କ ଅନ୍ତରକୁ ସ୍ପର୍ଶ କରିବ ନାହିଁ। ତାଙ୍କର ମନ ମୋ ପ୍ରତି ଅନୁଦାରତାରେ କଳୁଷିତ - 'ମତିକି କଳୁଷିତ କଲେ ଯେସନେ, ଅକ୍ଷମ ଜନେ ପର-ଗୁଣ ଗ୍ରହଣେ' - ସେ ମୋ ଦୁଃଖ କିପରି ଅନୁଭବ କରିବେ।

ପାସାସଙ୍କୀ କାଓ ଣେଚ୍ଛଦି ଦିଣ୍ଣଂ ପି ପହିଅ-ଘରଣୀଏ।
ଓଅନ୍ତ-କର-ଅଲୋଗଲିଅ-ବଲଅ-ମଜ୍ଝ-ଟ୍‌ଠିଅଂ ପିଣ୍ଡଂ । ୫ ।
(ପାଶାଶଙ୍କୀ କାକୋ ନେଚ୍ଛତି ଦତ୍ତମପି ପଥିକ - ଗୃହିଣ୍ୟା।
ଅବନତ-କର-ତଳାବଗଳିତ-ବଳୟ-ମଧ୍ୟ-ସ୍ଥିତଂ ପିଣ୍ଡମ୍।) - ଭୋଜକ

ପଥିକ ବନିତା ଦ୍ୱାରା ଦିଆଯାଇଥିଲେ ମଧ୍ୟ ଅବନତ କରତଳରୁ ବିଗଳିତ ହୋଇ ବଳୟ ମଧ୍ୟସ୍ଥିତ ପିଣ୍ଡକୁ ପାଶାଶଙ୍କୀ କାକ ଗ୍ରହଣ କରୁନାହିଁ।

ବ୍ୟାଖ୍ୟା- ପଥିକ-ବନିତାର ବିରହଶୀର୍ଣ୍ଣ ତନୁଲତାର ସୂଚନା ଦେଇ ନାୟକ

ପ୍ରତି -ଦୂତୀ-ବଚନ-ତୁମ ବିରହରେ ସେ ଏପରି କ୍ଷୀଣ ହୋଇଗଲାଣି ଯେ ତାହାର ଶୀର୍ଣ୍ଣ ହାତରେ ସୁବର୍ଣ୍ଣର ବଳୟ ଖସିପଡୁଛି। ତାହାର ଶୀର୍ଣ୍ଣତାର ଗୋଟିଏ ଦୃଷ୍ଟାନ୍ତ ଦେଉଛି - ଗୃହବଳିଭୁକ୍ କାକ ନିମନ୍ତେ ସେ ଯେତେବେଳେ ତଣ୍ଡୁଳ ପିଣ୍ଡ ବାଢୁଛି ସେତେବେଳେ କୃଶତାବଶତଃ ତାହାର କଙ୍କଣ ତଳକୁ ଖସିପଡୁଛି ଓ ସେହି ଜାଲ-ବଳୟ ଭିତରେ ତଣ୍ଡୁଳକଣା ଲାଖିରହିଯାଉଛି। ତଥାପି ବନ୍ଧନଭୀତ କାକ ପାଖକୁ ଆସି ତା ହାତରୁ ତଣ୍ଡୁଳକଣା ଖାଉନାହିଁ। କାକ ଅନ୍ନପିଣ୍ଡଗଳିତ କଙ୍କଣକୁ ପାଶ ବୋଲି ଗଣନା କରୁଛି। ପ୍ରବାସୀ ପ୍ରିୟର ପ୍ରତ୍ୟାବର୍ତ୍ତନର ସୂଚନା ପାଇବା ପାଇଁ କାକକୁ ତଣ୍ଡୁଳ ଦେବା ବିଧି ଏଠାରେ ବ୍ୟଂଜିତ। କାଳିଦାସ ମେଘ ନିକଟରେ ବିରହିଣୀ ଯକ୍ଷ-ବଧୂର 'କନକବଳୟ-ଭ୍ରଂଶରିକ୍ତ ପ୍ରକୋଷ୍ଠଃ'ର ସୂଚନା ଦେଇ ତାହାର ବିରହଶୀର୍ଣ୍ଣ ତନୁର ଭାବ-ବ୍ୟଂଜନା ପ୍ରକାଶ କରିଛନ୍ତି।

ଓହି-ଦିଅହାଗମାସଂକିରୀହିଂ ସହିଆହିଂ କୁଡ୍ଡ-ଲିହିଆଓ।
ଦୋ-ତିଣ୍ଣି ତହିଂ ବିଅ ଚୋରିଆଏଁ ରେହା ପୁସିଜ୍ଜନ୍ତି। ।୬ ।
(ଅବଧି-ଦିବସାଗମାଶଙ୍କିଂ ନୀଭିଃ ସଖୀଭିଃ କୁଡ୍ୟ-ଲିଖିତାଃ।
ଦ୍ୱି-ତ୍ରାସ୍ତତ୍ରୈବ ଚୌରିକୟା ରେଖାଃ ପ୍ରୋଞ୍ଛ୍ୟନ୍ତେ।) - ପୁଣ୍ୟ ଭୋଜକ

ପ୍ରିୟତମର ପ୍ରତ୍ୟାଗମନର ଅବଧି ଦିନ ନିକଟବର୍ତ୍ତୀ ଆଶଙ୍କାରେ ସଖିମାନେ ଭିତ୍ତିଲିଖିତ ଦିବସଗଣନା ରେଖା ମଧ୍ୟରୁ ଦୁଇ ତିନୋଟିକୁ ଅଲକ୍ଷିତରେ ଲିଭାଇ ଦେଉଛନ୍ତି।

ବ୍ୟାଖ୍ୟା - ପ୍ରୋଷିତଭର୍ତ୍ତୃକାର ସଖୀ ବଚନ ପ୍ରବାସୀପ୍ରିୟ ନିକଟକୁ ଯାଉଥିବା ପଥିକ ପ୍ରତି- "ସେ ଗଲାବେଳେ ଆମ ସଖୀ ପାଇଁ ଯେଉଁ କଷ୍ଟ ଦିନ ଦେଇଯାଇଥିଲେ ସେ ପ୍ରତିଦିନ କାନ୍ଥରେ ରେଖା ଟାଣି ଗଣନା କରିଲାଗିଛି। କେବେ ସେ ଦିନ ଉପସ୍ଥିତ ହେବ କାହାରି ପ୍ରତୀକ୍ଷାରେ ଉତ୍କଣ୍ଠିତ ହୋଇ ରହିଛି। କାଳେ ସେ ନିରୂପିତ ସମୟରେ ନ ଫେରିବେ ସେଇ ଆଶଙ୍କାରେ ଆମେ ସଖିମାନେ ତାକୁ ଲୁଚାଇ ଦୁଇ-ତିନୋଟି ରେଖା ପୋଛିଦେଉଛୁ। ଏପରି କେତେ ଦିନ ତାକୁ ଭୁଲାଇ ରଖିବୁ? ତୁମେ ତାଙ୍କୁ ଶୀଘ୍ର ଆସିବାକୁ କହିବ, ନ ହେଲେ ତାର ଅବସ୍ଥା ଯାହା ହେଲାଣି, ସେ ଆଉ ବଞ୍ଚିବ ନାହିଁ।" ନାୟିକାର ବିରହ କାଳକୁ ହ୍ରାସ କରିବାପାଇଁ ମରମୀ ସଖିମାନଙ୍କର ଏପରି ପ୍ରଚେଷ୍ଟା। ନାୟିକା ବିରହିଣୀ ହେତୁ ଅବଧି ରେଖାଗୁଡିକୁ ଭୁଲରେ ଗଣୁଛି।

ତୁହ ମୁହ-ସାରିଚ୍ଛଂ ଣ ଲହଇ ତ୍ତି ସଂପୂଣ୍ଣଂ-ମଣ୍ଡଲୋ ବିହିଣା।
ଅଣ୍ଣମଅଂ ବ୍ବ ଘଡ଼ଇଉଁ ପୁଣୋ ବି ଖଣ୍ଡିଜ୍ଜଇ ମିଅଙ୍କୋ। ୭ ।
(ତବ ମୁଖ-ସାଦୃଶ୍ୟଂ ନ ଲଭତ ଇତି ସଂପୂର୍ଣ୍ଣ-ମଣ୍ଡଳୋ ବିଧିନା।
ଅନ୍ୟମୟମିବ ଘଟୟିତୁଂ ପୁନରପି ଖଣ୍ଡ୍ୟତେ ମୃଗାଙ୍କଃ।) - ରାଜହସ୍ତୀ

ପୂର୍ଣ୍ଣିମା-ଚନ୍ଦ୍ର ତୁମ ମୁଖର ସାଦୃଶ୍ୟ ଲାଭ କରିପାରୁନାହିଁ ବୋଲି ବିଧାତା ଅନ୍ୟ ପ୍ରକାରେ ଚନ୍ଦ୍ର ନିର୍ମାଣ କରିବାପାଇଁ ତାକୁ ଯେପରି ପୁଣି ଖଣ୍ଡ ଖଣ୍ଡ କରିଦେଉଛନ୍ତି।

ବ୍ୟାଖ୍ୟା - ନାୟିକାର ମୁଖ ପ୍ରଶଂସା ଛଳରେ ନାୟକର ଚାଟୁବାଣୀ-ଆଗୋ ବରାନନେ, ତୁମ ମୁଖ ସଙ୍ଗେ ପୂର୍ଣ୍ଣିମାର ଚନ୍ଦ୍ର କାହିଁ ତୁଳିତ ହୋଇପାରିବ ? ତୁମ ମୁଖ ସଦୃଶ ହେଉ ନଥିବାରୁ ବିଧାତା ତାହାକୁ ବାରମ୍ବାର ଗଢି ମନଃପୂତ ହେଉ ନ ଥିବାରୁ ପୁଣି ଭାଙ୍ଗି ଦେଉଛନ୍ତି। ଚନ୍ଦ୍ର ସହ ମୁଖର ଉପମା ଦେବା ବାତୁଳତା। ବିଧାତାର ଚେଷ୍ଟା ମଧ୍ୟ ସେହିପରି ହାସ୍ୟାସ୍ପଦ। ସୃଷ୍ଟି ଆରମ୍ଭ କାଳରୁ ଆଜିଯାଏ ଏହି ଭଙ୍ଗା-ଗଢ଼ା ଲୀଳାରେ ସେ ଲାଗିଛନ୍ତି। ତଥାପି ତୁମ ମୁଖର ସାଦୃଶ୍ୟ ଚନ୍ଦ୍ରଠାରେ ଦେଖିପାରିନାହାନ୍ତି। ସାଦୃଶ୍ୟ ଘଟୁଥିଲେ ବିଧାତାର ଗଢ଼ିବା କାମ ଶେଷ ହୁଅନ୍ତା ଓ ଚନ୍ଦ୍ର ପକ୍ଷେ ବଢ଼ି, ପକ୍ଷେ ଛିଡ଼ନ୍ତା ନାହିଁ। ବିଧାତା ହାତରେ ତାହାର ନିୟତ ନିର୍ମାଣ-ବିଧି ଚାଲିଛି। ବିଶ୍ୱ-ଶିଳ୍ପୀ ତା'ଠାରେ ହସ୍ତ ସାର୍ଥକତା କେବେ ଦେଖିବେ ଏ ବିଶ୍ୱାସ ମୋର ହେଉନାହିଁ।

ଅଜ୍ଜଂ ଗଓତ୍ତି ଅଜ୍ଜଂ ଗଓତ୍ତି ଅଜ୍ଜଂ ଗଓତ୍ତି ଗଣରୀଏ।
ପଢ଼ମ ବ୍ବିଅ ଦିଅହଦ୍ଧେ କୁଡ୍ଡୋ ରେହାହିଁ ଚିତ୍ତଲିଓ ।୮।
(ଅଦ୍ୟ ଗତ ଇତ୍ୟଦ୍ୟ ଗତ ଇତ୍ୟଦ୍ୟଗତ ଇତି ଗଣନଶୀଳୟା।
ପ୍ରଥମ ଏବ ଦିବସାର୍ଦ୍ଧେ କୁଡ଼୍ୟଂ ରେଖାଭିଶ୍ଚିତ୍ରିତମ୍।) - ପ୍ରବରସେନ

'ପ୍ରିୟତମ ଆଜି ଗଲେ', 'ଆଜି ଗଲେ', 'ଆଜି ଗଲେ' - ଏଇଭଳି ଗଣନା କରୁଥିବା ନାୟିକା ପ୍ରଥମ ଦିନାର୍ଦ୍ଧରେ ହିଁ ଗୃହଭିତ୍ତିକୁ ରେଖାଙ୍କନ ଦ୍ୱାରା ଚିତ୍ରିତ କରିଦେଇଛି।

ବ୍ୟାଖ୍ୟା - ପ୍ରବାସୀ ନାୟକ ପ୍ରତି ସଖି ଉକ୍ତି - ହେ ପ୍ରବାସୀ ବଂଧୁ, ତୁମର ବିରହଣୀ ପ୍ରିୟା ଦୀର୍ଘ ବିରହକୁ କିପରି ସହିବ, ମୁଁ ଜାଣିପାରୁନାହିଁ। ତୁମେ ଆଜି ମାତ୍ର ପ୍ରବାସୀ ହୋଇଛ ଓ ଦିନର ଅର୍ଦ୍ଧଭାଗ ମାତ୍ର ବ୍ୟତୀତ ହୋଇଛି; ଏତିକିବେଳୁ ସେ ଦିନ ଗଣିବା ଆରମ୍ଭ କରିଦେଲାଣି। ପ୍ରେମାତିଶଯ୍ୟ ହେତୁ ସେ କାନ୍ଥରେ ରେଖା ଟାଣି ଟାଣି ସାରା କାନ୍ଥକୁ ଚିତ୍ରିତ କରିସାରିଲାଣି - 'ଆଜି ଚାଲିଗଲେ, ଆଜି ଚାଲିଗଲେ, ଆଜିଠାରୁ ଆରମ୍ଭ ହେଲା' - ଏହିପରି ତାର ଗଣନାର ଧାରା। ତାହାର ପ୍ରୀତି ଏପରି ଗଭୀର, ଏପରି କଷିତ କାଞ୍ଚନ ପରି ଯେ ଦିବସର ଅର୍ଦ୍ଧେକ ବିଗତ ହେବା ପୂର୍ବରୁ କାନ୍ଥ ଚିତ୍ରମୟ ହୋଇଉଠିଲାଣି। ସମ୍ଭବତଃ ସେ ଦିନର ଗୋଟିଏ କ୍ଷଣକୁ ଗୋଟିଏ ଦିନ ବୋଲି ଗଣୁଛି। ଏମିତି ରେଖା ଟାଣିଲେ କାନ୍ଥରେ ସ୍ଥାନାଭାବ ଘଟିବ।

ଣ ବି ତହ ପଢ଼ମ-ସମାଗମ-ସୁରଅ-ସୁହେ ପାବିଏ ବି ପରିଓସୋ।
ଜହ ବୀଅ-ଦିଅହ-ସବିଲକ୍ଖ-ଲକ୍ଖିଏ ବିଅଣ-କମଲମ୍ମି । ୯ ।

(ନାପି ତଥା ପ୍ରଥମ-ସମାଗମ-ସୁରତ-ସୁଖେ ପ୍ରାପ୍ତେଽପି ପିରିତୋଷଃ।
ଯଥା ଦ୍ୱିତୀୟ-ଦିବସ-ସବିଲକ୍ଷ-ଲକ୍ଷିତେ ବଦନ-କମଳେ।) ଭାନୁଶକ୍ତି

ପ୍ରଥମ ସମାଗମର ସୁରତ-ସୁଖରେ ମଧ୍ୟ ସେଭଳି ଆନନ୍ଦ ମିଳି ନଥିଲା, ଯେଉଁ ଭଳି ଦ୍ୱିତୀୟ ଦିନ ତାହାର ସଲଜ୍ଜ ଦୃଷ୍ଟି ପାତରେ ଭୂଷିତ ବଦନକମଳକୁ ଦେଖି ମିଳିଥିଲା।

ବ୍ୟାଖ୍ୟା - ସହଚର ପ୍ରତି ବିଦଗ୍ଧ ନାୟକର ଉକ୍ତି - "ପ୍ରଥମ ଦିନର ସମ୍ଭୋଗ-ରସରେ ପ୍ରିୟାଠାରୁ ଯେଉଁ ମହାଧନ ମୁଁ ପାଇ ପାରି ନଥିଲି, ଦ୍ୱିତୀୟ ଦିନ ତାହାର ସଲ୍ଲଜ ମୁଖରେ ସେଇ ସନ୍ତୋଷର ଆଭା ଦେଖି ମନ ପୂରିଉଠିଥିଲା।" ପ୍ରଥମ ସମାଗମରେ ନାୟିକାର ମନରେ ଲଜ୍ଜା ଓ ଶଙ୍କା ତାହାର ସ୍ୱଚ୍ଛନ୍ଦ ବ୍ୟବହାରରେ ବାଧା ଜନ୍ମାଇଥାଏ। ରତିସୁଖ ଅନୁଭବ କରିବା ପରେ ଦ୍ୱିତୀୟ ଦିନ ସେ ଅଧିକ ଅନୁକୂଳା ଓ ଉତ୍ସୁକା ହୋଇ ଲଜ୍ଜାନମ୍ର ସପ୍ରେମ ଦୃଷ୍ଟିପାତରେ ନାୟକର ମନୋହରଣ କରେ।

ଜେ ସଁମୁହାଗଅ-ବୋଲନ୍ତ-ବଲିଅ-ପିଅ-ପେସିଅଚ୍ଛି-ଦିଚ୍ଛୋହା।
ଅମ୍ହଂ ତେ ମଅଣ-ସରା ଜଣସ୍ସ ଜେ ହୋନ୍ତି ତେ ହୋନ୍ତୁ। ୧୦।
(ଯେ ସଂମୁଖାଗତ-ବ୍ୟତିକ୍ରାନ୍ତ-ବଳିତ-ପ୍ରିୟ-ପ୍ରେକ୍ଷିତାକ୍ଷି-ବିକ୍ଷୋଭାଃ।
ଅସ୍ମାକଂ ତେ ମଦନ-ଶରା ଜନସ୍ୟ ଯେ ଭବନ୍ତି ତେ ଭବନ୍ତୁ।) - ବାହବରାଜ

ଅନୁନୟାର୍ଥ ସମ୍ମୁଖାଗତ ପ୍ରିୟ ଯେତେବେଳେ ବିମୁଖ ହୋଇ ଫେରିଯିବା କାଳରେ ପଛକୁ ଚାହିଁ ଯେଉଁ ବିକ୍ଷୋଭିତ ଦୃଷ୍ଟି ପ୍ରେକ୍ଷଣ କରନ୍ତି, ସେତେବେଳେ ସେ ମୋତେ ମଦନଶର ଭଳି ପ୍ରତୀତ ହୁଅନ୍ତି- ଲୋକଙ୍କ ପାଇଁ ତାହା ଯାହା ହେଉ ତା ହେଉ।

ବ୍ୟାଖ୍ୟା - ସଖୀ ପ୍ରତି ନାୟିକାର ଉତ୍ତର - କାମର ଶର ଫୁଲରେ ତିଆରି ବୋଲି ଶୁଣାଯାଏ, ହୋଇଥିବ, ମୁଁ ସେ କଥା କି ଜାଣେ। ମାତ୍ର ମୁଁ ଏତିକି ଜାଣେ, ମୋତେ ଅନୁନୟ କରିବାପାଇଁ ପ୍ରିୟତମ ଯେତେବେଳେ ମୋ ଆଗକୁ ଆସନ୍ତି ସେତେବେଳେ ତାଙ୍କର ବିକଚ ନେତ୍ର ସୋହାଗରେ ହସିଉଠୁଥାଏ। ତାଙ୍କର ଅନୁନୟକୁ ପ୍ରତ୍ୟାଖ୍ୟାନ କଲେ ବିଷମ ଆଘାତରେ ବଳିତ ନୟନରେ ଅଶ୍ରୁ ଢଳଢଳ ହୁଏ। ଫେରିଯିବାବେଳେ ମୋ ଆଡ଼କୁ ସେ ଯେଉଁ କରୁଣ ନିରାଶ ଦୃଷ୍ଟିରେ ଚାହାନ୍ତି, ସେ ଦୃଷ୍ଟିରେ ମୋର ଯେଉଁ ମନ-ବିକ୍ଷୋଭ ବା ମନ୍ଥନ ଜାତ ହୁଏ ତାହା ମୋ ପାଇଁ ମନ୍ମଥର ବାଣ ଭଳି ହୋଇଯାଏ। ଅନ୍ୟ ନାରୀମାନେ ସେତେବେଳେ କିଭଳି ଅନୁଭୂତି ଲାଭ କରନ୍ତି କେଜାଣି, ମୋ କଥା ମୁଁ କହୁଛି; କାମଦେବର ନାମ ମନ୍ମଥ, ମନ ମନ୍ଥନ କରୁଥିବାରୁ ତା ନାମ ସାର୍ଥକ। ସେ ତ ଦୃଷ୍ଟି ନୁହେଁ, ସାକ୍ଷାତ ମଦନର ବାଣ। ମୋର ହୃଦୟକୁ ସତେକି ଭେଦ କରିବାକୁ ପଠାହୋଇଥାଏ।

ଇଅରୋ ଜାଣୋ ଣ ପାବଇ ତୁହ ଜହଣାରୁହଣ-ସଂଗମ-ସୁହେଲ୍ଲିଂ।
ଅଣୁହବଇ କଅଣ-ଡ଼ୋରୋ ହୁଅବହ-ବରୁଣାଣଁ ମାହପ୍ପଂ ।୧୧।
(ଇତରୋ ଜନୋ ନ ପାପ୍ନୋତି ତବ ଜଘନାରୋହଣ-ସଂଗମ-ସୁଖ-କେଳିମ୍।
ଅନୁଭବତି କନକ-ଦୋରା ହୁତବହ-ବରୁଣୟୋର୍ମାହାତ୍ମ୍ୟମ୍।) - ବାହବରାଜ

ତୁମର ଜଘନୋପରି ଆରୋହଣପୂର୍ବକ ସଂଗମ ସୁଖ କେଳି ଇତର ଜନ ଲାଭ କରିପାରନ୍ତି ନାହିଁ; କେବଳ କନକସୂତ୍ର ଅଗ୍ନି ଓ ବରୁଣଙ୍କ ମାହାତ୍ମ୍ୟ ଅନୁଭବ କରିପାରେ।

ବ୍ୟାଖ୍ୟା - ନାୟିକା ପ୍ରତି ନାୟକ ଉକ୍ତି - ଆଗୋ ଘନଜଘନି, ତୁମର ଜଘନ ଆରୋହଣପୂର୍ବକ ସଙ୍ଗମାନନ୍ଦ ଲାଭ କରିବା ସହଜ ବ୍ୟାପାର ନୁହେଁ। ସେଥିଲାଗି କଠିନ ତପସ୍ୟା କରିବାକୁ ପଡ଼େ। ଏଇ ଯେ କାଞ୍ଚିଗୁଣ ତୁମ୍ଭର ଜଘନରେ ଶୋଭା ପାଇ ଉଜ୍ଜ୍ୱଳ ମୁଖ ହୋଇ ଉଠିଛି; ତାହା କମ୍ କୃଚ୍ଛସାଧନାର ଫଳ ନୁହେଁ। କନକସୂତ୍ର ଯେ ଏ ସୌଭାଗ୍ୟ ଲାଭ କରିଛି, ତାହା ଅଗ୍ନି ଓ ବରୁଣ ଦେବତାଙ୍କ ମହିମା ଶ୍ୟାମଣବଳବ୍ରତ (ଅଗ୍ନିପାନୀୟ) ପାଳନ କରି ପ୍ରଥମ ଅଗ୍ନିରେ ପୋଡ଼ି ହୋଇପାରେ ଶୀତଳ ସଲିଳରେ ପ୍ରଦେଶ କରି ପୁଣ୍ୟ ଅର୍ଜନ କରିଥିବାରୁ ସ୍ୱର୍ଣକାର ତାହାକୁ ଅଣ୍ଟାସୂତା ରୂପେ ତିଆରି କରିଛି ଓ ତାହା ତୁମ ଜଘନ ଆରୋହଣ କରି କୃତାର୍ଥ ହୋଇଛି। ମୁଁ ସେହିପରି ତୁମର ଜଘନ ଆରୋହଣ କରି ତପ୍ତଶୀତଳ ସୁଖ ଲାଭ କରିବାକୁ ଅଭିଳାଷୀ। ସେଥିପାଇଁ ଯେକୌଣସି କଠୋର ପରୀକ୍ଷାର ସମ୍ମୁଖୀନ ହେବା ପାଇଁ ମୁଁ ପ୍ରସ୍ତୁତ।

ଯୋ ଜସ୍‌ସ ବିହବ-ସାରୋ ତଂ ସୋ ଦେଇ ତ୍ତି କଂ ତ୍‌ଥ ଅଚ୍ଛେରଂ।
ଅଣହୋନ୍ତଂ ପି ଖୁ ପିଣ୍ଡଂ ଦୋହଗ୍‌ଗଂ ତଇ ସବତ୍ତୀଣଂ ।୧୨।
(ଯୋ ଯସ୍ୟ ବିଭବସାରସ୍ତଂ ସ ବଦାତୀତି କିମନ୍ତ୍ରାଶ୍ଚର୍ଯମ୍।
ଅଭବଦପି ଖଲୁ ଦତ୍ତଂ ଦୌର୍ଭାଗ୍ୟଂ ତ୍ୱୟା ସପତ୍ନୀନାମ୍।) - ବାହବରାଜ

ଯାହାର ଯାହା ବୈଭବ ସେ ତାହାକୁ ହିଁ ଦେଇପାରେ, ଏଥିରେ ଆଶ୍ଚର୍ଯ୍ୟ କ'ଣ ଅଛି ? କିନ୍ତୁ ଯେଉଁ ସପତ୍ନୀମାନଙ୍କର ଦୌଭାଗ୍ୟ ନ ଥିଲା ତାହାକୁ ମଧ୍ୟ ତୁ ସେମାନଙ୍କୁ ଦେଇଦେଲୁ, ଏହହିଁ ତ ଆଶ୍ଚର୍ଯ୍ୟ।

ବ୍ୟାଖ୍ୟା - ପ୍ରିୟତମଙ୍କୁ ଏକାନ୍ତଭାବେ ସ୍ୱବଶରେ ରଖିଥିବା ନାୟିକା ପ୍ରତି ସଖୀ ଉକ୍ତି ଏ ସଂସାରରେ ଦେଖାଯାଏ ଯାହାର ଯାହା ଧନ ଦୌଲତ ଥାଏ ମଣିଷ ତାକୁ ହିଁ ଅନ୍ୟକୁ ଦେଇଥାଏ, ଏହା ହିଁ ନିୟମ, ଏହା ହିଁ ସତ୍ୟ। ଏଥିରେ କିଛି ଆଶ୍ଚର୍ଯ୍ୟ ନାହିଁ। କିନ୍ତୁ ତୋ ପାଖରେ ଏ ନିୟମର ବ୍ୟତିକ୍ରମ ଦେଖି ମୁଁ ବିସ୍ମିତ ହେଉଛି। ତୁ ତ ଅଳ୍ପ ଦିନ ହେଲା ପ୍ରିୟା ହେଲୁ, ଯେଉଁମାନେ ପ୍ରିୟଙ୍କୁ ପଣତକାନିରେ ବାନ୍ଧି

ବୁଲୁଥିଲେ, ତୁ ଆସିବା ପରେ ସେମାନଙ୍କର ଦୁର୍ଭାଗ୍ୟ କହିଲେ ନ ସରେ। ସେମାନଙ୍କୁ ସୁଖ-ସୌଭାଗ୍ୟରୁ ବଞ୍ଚିତ କରି ତୁ ପ୍ରିୟଙ୍କୁ ନିଜର କରି ରଖିଲୁ। ପ୍ରିୟମିଳନରେ ସକଳ ସୌଭାଗ୍ୟ ଲାଭ କରି ତୁ ଭାଗ୍ୟବତୀ ହୋଇଛୁ, ସଉତୁଣୀମାନଙ୍କ ଭାଗ୍ୟରେ ବିପରୀତ ଘଟିଛି। ତୁ ଫଳଶେଯରେ ଗଡ଼ିଲାବେଳେ ସେମାନଙ୍କ ପାଇଁ କଣ୍ଟକଶଯ୍ୟାର ବ୍ୟବସ୍ଥା କରିଛୁ। ଆଶ୍ଚର୍ଯ୍ୟ ତ ଏଇଠି !

ଚନ୍ଦ-ସରିସଂ ମୁହଂ ସେ ସରିସୋ ଅମଅସସ ମୁହ-ରସୋ ତିସ୍‌ସା।
ସକଅ-ଗ୍ଗହ-ରହସୁଜ୍ଜଲ-ଚୁମ୍ବଣଅଂ କସ୍‌ସ ସରିସଂ ସେ । ୧୩ ।
(ଚନ୍ଦ୍ର-ସଦୃଶଂ ମୁଖଂ ତସ୍ୟାଃ ସଦୃଶୋଽମୃତସ୍ୟ ମୁଖ-ରସସ୍ତସ୍ୟାଃ।
ସକଚ-ଗ୍ରହ-ରଭସୋଜ୍ଜ୍ୱଳ ଚୁମ୍ବନକଂ କସ୍ୟ ସଦୃଶଂ ତସ୍ୟାଃ।) - ବାହବରାଜ

ତାହାର ମୁଖ ଚନ୍ଦ୍ର ସଦୃଶ, ତାହାର ଅଧରରସ ଅମୃତ ସଦୃଶ, କିନ୍ତୁ ତାହାର କେଶ ଗ୍ରହଣ କରିବା ସଂଗେ ରଭସୋଜ୍ଜ୍ୱଳ ଚୁମ୍ବନ କାହା ସଦୃଶ ?

ବ୍ୟାଖ୍ୟା - ସହଚର ପ୍ରତି ବିଦଗ୍ଧ ନାୟକର ଉକ୍ତି - "ମୋ ପ୍ରିୟାର ମୁଖ ଚନ୍ଦ୍ର ଭଳି, ଅଧରରସ ଅମୃତ ଭଳି; ମାତ୍ର କେଶାକର୍ଷଣ କରି ଆବେଶ ସହକାରେ ମୁଁ ଯେଉଁ ବେଗୋଚ୍ଛ୍ୱଳ ଚୁମ୍ବନ ତାର ଅଧରରେ ଅଙ୍କନ କରେ ତା ସହିତ କେଉଁ ବସ୍ତୁ ସମାନ ? ସ୍ୱର୍ଗ-ମର୍ତ୍ତ୍ୟ-ପାତାଳରେ ତାର ଉପମା ନାହିଁ।" ନାୟକ ପ୍ରଥମ ଦୁଇଟି ପାଇଁ ଉପମା ପାଇଥିଲା, ତାହା ପୁଣି ଦିବ୍ୟ ବସ୍ତୁ ସହ ସାଦୃଶ୍ୟ ବିଧାନ କରି; ପରବର୍ତ୍ତୀ କାର୍ଯ୍ୟ ବା ଅବସ୍ଥା ପାଇଁ ଉପମାଭାବ ଅନୁଭବ କଲା।

ଉପପଣ୍ଣତ୍‌ଥେ କଜ୍ଜେ ଅଇଚିନ୍ତନ୍ତୋ ଗୁଣାଗୁଣେ ତମ୍ମି।
ଚିର-ଆଲ-ମନ୍ଦ-ପେଚ୍ଛିରୁଣେଣ ପୁରିସୋ ହଣଇ କଜ୍ଜଂ ।୧୪।
(ଉତ୍ପନ୍ନାର୍ଥେ କାର୍ଯେଽତିଚିନ୍ତୟନ୍ ଗୁଣାଗୁଣୌ ତସ୍ମିନ୍।
ଚିର-କାଳ-ମନ୍ଦ-ପ୍ରେକ୍ଷିତ୍ୱେନ ପୁରୁଷୋ ହନ୍ତି କାର୍ଯମ୍।) - ମାନବେନ୍ଦ୍ର

ଫଳ ଉତ୍ପନ୍ନ କରିବାକୁ ଯାଉଥିବା କାର୍ଯ୍ୟରେ ତାହାର ଗୁଣାଗୁଣର ଅତି ଚିନ୍ତା କରିବାକୁ ଯାଇ ବହୁ ବିଳମ୍ବଯାଏ କେବଳ ମନ୍ଦଦିଗକୁ ଦେଖିବାହେତୁ ପୁରୁଷ କାର୍ଯ୍ୟକୁ ନଷ୍ଟକରିଦିଏ।

ବ୍ୟାଖ୍ୟା - ନାୟକ ପ୍ରତି ଦୂତୀ ଉକ୍ତି - ତୁମ କଥାନୁସାରେ ମୁଁ ସେଇ ବାଳାକୁ ତୁମ ପ୍ରତି ଆକୃଷ୍ଟ କରାଇ ତୁମ ପାଖକୁ ଆଣିଲି। ସେ ଏବେ ସାକ୍ଷାତ୍ ତୁ ସମ୍ମୁଖରେ ଉପସ୍ଥିତ। ତାହାକୁ ସ୍ୱାଗତ ନ କରି ତୁମେ ତତ୍ତ୍ୱଦର୍ଶୀ ଭଳି ତାର ପ୍ରଣୟରେ ଗୁଣ-ଦୋଷ ଚିନ୍ତା କରିଲାଗିଛ। କାର୍ଯ୍ୟ ହାସଲ ହୋଇସାରିବା ପରେ ଗୁଣାଗୁଣ ସଂପର୍କରେ ଚିନ୍ତା କରିବା ମନ୍ଦଦର୍ଶୀ ବ୍ୟକ୍ତିର କାର୍ଯ୍ୟ। ଅଭିଳଷିତ ସିଦ୍ଧ ହୋଇ ପୁରୋଭାଗରେ ଉପସ୍ଥିତ।

ଏତେବେଳେ ଭୋଗ-ବିଳାସର ଚିନ୍ତା କରିବା କଥା। ଗୁଣ-ଦୋଷର ଅତି ବିଚାରଣାରେ ଦୋଷ ହିଁ ତୁମର ଦୃଷ୍ଟିରେ ପଡ଼ିବ; ଫଳତଃ ବିଚାର-ମୂଢ଼ତାର ପରିଣାମ ସ୍ୱରୂପ ସକଳ ସିଦ୍ଧିନାଶ ଯିବ। ସେ ଅପମାନିତ ହୋଇ ଫେରିଯିବ। ଗୁଣ-ଦୋଷ ପଛେ ତଉଲିବ, ଏବେ ତାକୁ ସ୍ୱାଗତ କର।

ବାଲଅ ତୁମାହି ଅହିଅଂ ଣିଅଅଂ ବିଅ ବଲ୍ଲହଂ ମହଂ ଜୀଅଂ।
ତଂ ତଇ ବିଣା ଣ ହୋଇ ତ୍ତି ତେଣ କୁବିଅଂ ପସାଏମି ।୧୫।
(ବାଳକ ତ୍ୱତ୍ତୋଽଧିକଂ ନିଜକମେବ ବଲ୍ଲଭଂ ମମ ଜୀବିତମ୍।
ତତ୍ତ୍ୱୟା ବିନା ନ ଭବତୀତି ତେନ କୁପିତଂ ପ୍ରସାଦୟାମି।) - ହାଳ

ହେ ବାଳକ, ମୋ ପାଇଁ ମୋ ନିଜ ଜୀବନ ତୋ ଜୀବକଠାରୁ ମଧ୍ୟ ଅଧିକ ପ୍ରିୟ, ସେ ଜୀବନ ତୋ ବିନା ରହିବାକୁ ଚାହୁଁ ନାହିଁ; ତେଣୁ କୋପ କରିଥିବା ତୋତେ ପ୍ରସନ୍ନ କରିବାକୁ ଚେଷ୍ଟା କରୁଛି।

ବ୍ୟାଖ୍ୟା - ମନ୍ଦସ୍ନେହ-କୁପିତ ନାୟକ ପ୍ରତି ନାୟିକାର ଉକ୍ତି- ହେ ଅନଭିଜ୍ଞ, ମୁଁ ତୁମକୁ ପ୍ରସନ୍ନ କରିବାକୁ କାହିଁକି ଏତେ ତତ୍ପର, ତୁମେ ଆଶ୍ଚର୍ଯ୍ୟ ହେଉଛ କି? କାମ ଅଚଳ ହେଲେ ଯାହା ହୁଏ, ମୋ ପକ୍ଷରେ ତାହା ହିଁ ହୋଇଛି। ସକଳ ଲାଜ-ସରମ ମାନ-ସମ୍ମାନ ଛାଡି ମୁଁ ବାରବାର ତୁମକୁ ତୋଷାମୋଦ କରିଲାଗିଛି। ଏହାର କାରଣ ଆଉ କିଛି ନୁହେଁ; ତୁମ ବିନା ମୁଁ ବଞ୍ଚିପାରିବି ନାହିଁ। ମିଛରେ ରାଗ କରୁଛ, ମୁଁ ଜାଣେ, ତୁମଠାରୁ ମୋର ନିଜ ଜୀବନ ମୋ ପାଖରେ ଶତଗୁଣେ ପ୍ରିୟ। ତୁମକୁ ଛାଡ଼ି ମୋର ଜୀବନଯାତ୍ରା ଅଚଳ, ବୁଝି ପାରୁନାହିଁ; ସେଥିଲାଗି ତୁମକୁ ପ୍ରସନ୍ନ କରିବାକୁ ପଡୁଛି। ତୁମେ ମୋତେ ପ୍ରସନ୍ନ କରିବା କଥା। ଭାଗ୍ୟ ମୋର ଏପରି ଯେ ଶେଷକୁ ତୁମକୁ ପ୍ରସନ୍ନ କରିବାକୁ ଚେଷ୍ଟା କରି କରି ମୁଁ ନୟାନ୍ତ ହେଲିଣି। କାହାକୁ କହିବି! କାଳ ତ ବିପରୀତ।

ପଡିଅଣ ପଡିଅନ୍ତୀ ଜଇ ତୁଜ୍ଝ ଇମେଣ ମଜ୍ଝ ରୁଅଈଏ।
ପୁଟ୍‌ଠୀଅ ବାହ-ବିନ୍ଦୁ ପୁଲଉବ୍‌ଭେଏଣ ଭିଜ୍ଜନ୍ତା ।୧୬।
(ପ୍ରତୀହି ନ ପ୍ରତୀୟନ୍ତୀ ଯଦି ତବେମେ ନ ମମ ରୋଦନଶୀଳାୟାଃ।
ପୃଷ୍ଠସ୍ୟ ବାଷ୍ପ-ବିନ୍ଦବଃ ପୁଲକୋଭେଦେନ ଭିଦ୍ୟମାନାଃ।) - ପ୍ରବରସେନ

ଯଦି ରୋଦନଶୀଳ ତୁମର ଅଶ୍ରୁବିନ୍ଦୁ ମୋର ପିଠିରେ ପଡ଼ି ପୁଲକୋଦ୍‌ଗମ ଦ୍ୱାରା ଭିନ୍ନ ହୋଇ ନଯାଏ, ତେବେ ତୁମେ ମୋର ଅନୁରାଗରେ ବିଶ୍ୱାସ କରିବି ନାହିଁ।

ବ୍ୟାଖ୍ୟା - କୁପିତା ନାୟିକା ପ୍ରତି ନାୟକ ଉକ୍ତି - ଆଗୋ ରୋଦନଶୀଳେ,

ଖଳ କଥାରେ କାନ ନ ଦେଇ ମୋ କଥାରେ ବିଶ୍ୱାସ କର। ଖଳ ଲୋକେ ତ ମୋ ବିଷୟରେ ତୁମକୁ ନାନା କଥା କହି ତୁମ ମନକୁ ବିଷାକ୍ତ କରିଦେବେ। ନିଜେ ପ୍ରତ୍ୟକ୍ଷ ପ୍ରମାଣବଳରେ ମୋ ପ୍ରେମରେ ବିଶ୍ୱାସ କର; ପରକଥାରେ କାନ ଦିଅନା। ତୁମର ଯେଉଁ ଅଶ୍ରୁ ମୋ ପିଠିରେ ପଡୁଛି, ତାକୁ ଦେଖିଛ? ଅଶ୍ରୁବିନ୍ଦୁ ମୋ ପିଠିରେ ପଡି ଶତଧା ଚୂର୍ଣ୍ଣିତ ହେଉଛି। କାରଣ କ'ଣ ଜାଣିଛ? ମୋର ପିଠି ରୋମାଞ୍ଚରେ ପୂରିଉଠିଛି, ତାହାହିଁ ମୋ ପ୍ରେମର ପ୍ରମାଣ ଦେଉଛି। ତୁମ ପ୍ରତି ସ୍ନେହ ନଥିଲେ ମୋର ପୁଲକୋଦ୍‌ଗମ ହୁଅନ୍ତା କାହିଁକି? ଏଇଥିରୁ ବିଶ୍ୱାସ ହେଉନାହିଁ ମୋର ସ୍ନେହ କେତେ ଗଭୀର?

ତଂ ମିତ୍ତଂ କାଅବ୍ଦଂ ଜଂ କିର ବସଣମ୍ମି ଦେସ-ଆଲମ୍ମି।
ଆଲିହିଅ-ଭିତ୍ତି-ବାଉଲ୍ଲଅଂ ବ ଣ ପରମ୍ମୁହଂ ଠାଇ। ୧୭।
(ତନ୍ମିତ୍ରଂ କର୍ତ୍ତବ୍ୟଂ ସକ୍ରିଳ ବ୍ୟସନେ ଦେଶ-କାଳେଷୁ।
ଆଲିଖିତ-ଭିତ୍ତି-ପୁତ୍ତଳକମିବ ନ ପରାଙ୍‌ମୁଖଂ ତିଷ୍ଠତି।) - ପାଳିତ

ଯେଉଁ ମିତ୍ର ବିପଦ ଉପସ୍ଥିତ ହେଲେ ଯେକୌଣସି ସ୍ଥାନରେ ଓ ଯେକୌଣସି ସମୟରେ ଭିତ୍ତିଲିଖିତ ପ୍ରତିମା ଭଳି ପରାଙ୍‌ମୁଖ ହୋଇ ଠିଆହୁଏ ନାହିଁ, ସେପରି ମିତ୍ର କରିବା ଉଚିତ୍।

ବ୍ୟାଖ୍ୟା - ସୁଭାଷିତ ଗାଥା। ଦେଶ ଓ କାଳର ବିପ୍ଳବ କାଳରେ ଯେ ମୁଖ ଫେରାଇ ରହେ ନାହିଁ, ତାହାକୁ ପ୍ରକୃତ ବନ୍ଧୁ ବୋଲି ଜାଣିବ। ମିତ୍ର ନିର୍ବାଚନ କାଳରେ ସେହି ଲକ୍ଷଣ ବୁଝି ବନ୍ଧୁତା କରିବା ଉଚିତ। ଭିତ୍ତିଲିଖିତ ପ୍ରତିମାର କୌଣସି ଚାଞ୍ଚଲ୍ୟ ନଥାଏ, ତାହା ସବୁ ଦିନେ ଉଭା ସେହିପରି।

ବହୁଆଇ ଣଇ-ଣିଉଞ୍ଜେ ପଢ଼ମୁଗ୍‌ଗଅ-ସୀଲ-ଖଣ୍ଡଣେ-ବିଲକ୍‌ଖ।
ଉଡ୍‌ଡ଼େଇ ବିହଙ୍ଗ-ଉଲଂ ହା ହା ପକ୍‌ଖେହିଁ ବ ଭଣନ୍ତଂ। ୧୮।
(ବଧ୍ୱା ନଦୀ-ନିକୁଞ୍ଜେ ପଥମୋଦ୍‌ଗତ-ଶୀଳ-ଖଣ୍ଡନ-ବିଲକ୍ଷମ୍।
ଉଡ୍‌ଡ଼ୀୟତେ ବିହଙ୍ଗ-କୁଳଂ ହା ହା ପକ୍ଷୈରିବ ଭଣତ୍।) - ଅର୍ଦ୍ଧରାଜ

ନଦୀତଟସ୍ଥିତ ନିକୁଂଜରେ ବଧୂର ପ୍ରଥମ ସଂଘଟିତ ଶୀଳଭଙ୍ଗ ହେତୁ ପକ୍ଷ ସଞ୍ଚାଳନ - ଦ୍ୱାରା ସତେକି 'ହା' 'ହା' ଧ୍ୱନି କରି କରି ବିହଙ୍ଗକୁଳ ଉଡ଼ିଗଲେ।

ବ୍ୟାଖ୍ୟା - କୌଣସି ବିଦଗ୍‌ଧର ସହଚର ପ୍ରତି ଉକ୍ତି - ଏଇ ନଦୀତୀରର ନିଭୃତ ନିକୁଞ୍ଜରେ ବଧୂଟିର ପ୍ରଥମ ଚରିତ୍ରହାନି ଘଟିଛି। କିଏ ସେ କୌମାର-ହର? ବିହଙ୍ଗକୁଳ ପକ୍ଷ ଫଡ଼ଫଡ଼ କରି କାତର ରବରେ ଉଡ଼ିଯାଉଛନ୍ତି। ସେମାନଙ୍କର ପ୍ରସାରିତ ଡେଣା ସତେ ଯେପରି 'ହା' 'ହା' କରି ସମସ୍ତଙ୍କୁ ବଧୂଟିର ମର୍ଯ୍ୟାଦାହରଣ ରୂପକ ଅପୂରଣୀୟ କ୍ଷତି ବିଷୟରେ ଜଣାଇ ଦେଉଛନ୍ତି।" କୌଣସି ନିଭୃତ ସ୍ଥାନରେ

ଗଣ୍ଡଗୋଳର ଆଶଙ୍କା ଉପସ୍ଥିତ ହେଲେ ପକ୍ଷୀମାନେ ଉଡ଼ିଯାନ୍ତି। ଏଠାରେ ପକ୍ଷୀମାନଙ୍କର ଉଡ଼ିଯିବା ଦ୍ୱାରା ସ୍ୱାଭାବିକ ପକ୍ଷ ସଞ୍ଚାଳନ ଶବ୍ଦକୁ 'ହାୟ ହାୟ' 'କି ଅପୂରଣୀୟ କ୍ଷତି' ବୋଲି ଉତ୍‌ପ୍ରେକ୍ଷା କରାଯାଇଛି।

ସଚ୍ଚଂ ଭଣାମି ବାଲଅ ଣତ୍‌ଥି ଅସକ୍‌କଂ ବସନ୍ତ-ମାସସ୍ୟ।
ଗନ୍ଧେଣ କୁରବଆଣଂ ମଣଂ ପି ଅସଇତ୍ତଣଂ ଣ ଗଆ । ୧୦।
(ସତ୍ୟଂ ଭଣାମି ବାଳକ ନାସ୍ତ୍ୟଶକ୍ୟଂ ବସନ୍ତ-ମାସସ୍ୟ।
ଗନ୍ଧେନ କୁରୁବକାଣାଂ ମନାକ୍‌ ଅପି ଅସତୀତ୍ୱଂ ନ ଗତା।) - ଦେବରାଜ

ଆରେ ବାଳକ! ସତ କହୁଛି, ବସନ୍ତ ମାସର ଅକରଣୀୟ କିଛି ନାହିଁ; କୁରବକ ଫୁଲର ଗନ୍ଧରେ ସେ ତିଳେ ହେଲେ ମଧ୍ୟ ଅସତୀତ୍ୱ ପ୍ରାପ୍ତ ହୋଇନାହିଁ।

ବ୍ୟାଖ୍ୟା - ନାୟକ ପ୍ରତି ପ୍ରୋଷିତପତିକା ସଖୀର ଉକ୍ତି - ଆରେ ବାଳକ, ବସନ୍ତର ଆଦ୍ୟ ସମାଗମ ଧରଣୀର ଘଟିସାରିଲାଣି, କୁରବକ ଫୁଲ ସୁବାସ ବିତରଣ କରୁଛି, ବସନ୍ତ ଋତୁ ଅତି ନିଦାରୁଣ; ତାହାର ଅସାଧ କିଛି ନାହିଁ। ସତୀକୁ ମଧ୍ୟ ସେ ପଥଭ୍ରଷ୍ଟ କରେ। ଗନ୍ଧବିଧୂର କୁରବକର ଉଦ୍ଦୀପନ-ଶକ୍ତିରେ ସମଗ୍ର ପ୍ରାକୃତିକ ଜଗତ୍‌ ଉତ୍ତଳା ହୋଇ ଉଠିଛି। ଯୁବତୀମାନେ ଆଜି ବନ୍ଧନହରା। ତଥାପି କହୁଛି, ବସନ୍ତାଗମର ସୂଚନା ପାଇ ମଧ୍ୟ ସେଇ ବାଳାର ମନୋବିକାର ଦେଖା ଦେଇ ନାହିଁ - ଏହାହିଁ ସତୀ ସ୍ୱାଧୀର ରୀତି। ସଂଯମର କ୍ଷୁରଧାର ପଥରେ ସେ ଗତି କରୁଛି।

ଏକ୍‌କେକ୍‌କ ମ-ବଇ-ବେଠଣ-ବିବରନ୍ତର-ଦିଣ୍‌ଣ-ତରଲ-ଣଅଣାଏ।
ତଇ ବୋଲନ୍ତେ ବାଲଅ ପଞ୍ଜର-ସଉଣାଇଅଂ ତୀଏ ।୨୦।
(ଏକୈକ-କ୍ରମ-ବୃତ-ବେଷ୍ଟନ-ବିବରାନ୍ତର-ଦତ୍ତ-ତରଳ-ନୟନୟା।
ତ୍ୱୟି ବ୍ୟତିକ୍ରାନ୍ତେ ବାଳକ ପଞ୍ଜର-ଶକୁନାୟିତଂ ତୟା।) - ଅରିକେଶରୀ

ଆରେ ବାଳକ, ତୁ ଚାଲିଯିବା ପରେ ସେ ଏକ ଏକ କ୍ରମରେ ବୃତିବେଷ୍ଟନର ବିବରାନ୍ତରରେ ତରଳ ନେତ୍ରପାତ କରି ପଂଜୁରିପକ୍ଷୀ ଭଳି ଆଚରଣ କରିଲାଗିଥିଲା।

ବ୍ୟାଖ୍ୟା - ନାୟକ ପ୍ରତି ଦୂତୀ-ଉକ୍ତି- "ହେ କିଶୋରକୁମାର, ତୁମେ ଚାଲିଯିବାବେଳେ ତୁମକୁ ଦେଖିବା ପାଇଁ ସେଇ ହତଭାଗିନୀ ବାଳା କେତେ ପଥ ଅତିକ୍ରମ କରିନାହିଁ! ଘେର ବା ବେଡ଼ାର ଏକ ଏକ ଛିଦ୍ରରେ ନିଜର ତରଳ ଦୃଷ୍ଟି ଢାଳି ତୁମର ଯାତ୍ରାପଥକୁ ଚାହିଁଛି। ତୁମର ରଥ ଯେତେବେଳେ ଅଗ୍ରଗତି କରୁଥିଲା, ଏ ବେଢ଼ା ସେ ବେଢ଼ା ବୁଲି ବୁଲି ପଂଜୁରି ପକ୍ଷୀ ଭଳି ଯେଉଁଠି ଫାଙ୍କ ପାଇଛି, ସେଠି ଚାହିଁଛି। ଶେଷକୁ ତୁମେ ତାହାର ଦୃଷ୍ଟିରୁ ଅନ୍ତର ହୋଇଛ।" ପଂଜୁରି-ପକ୍ଷୀର ଆକୁଳତା ଓ ନାୟିକାର ତରଳ ନୟନର ଚଞ୍ଚଳତା ଗାଥାଟିକୁ ସରସ ଭାବଚିତ୍ରଧର୍ମୀ କରିଛି।

ତା କିଂ କରେଉ ଜଇ ତଂ ସି ତୀଅ ବଇ-ବେଟ୍‌ଠ-ପେଲିଅ-ଥଣୀଏ।

ପାଅଙ୍ଗୁଟ୍‌ଠଦ୍ଧ-କ୍‌ଖିତ୍ତ-ଣୀସହଙ୍ଗୀଅ ବି ଣ ଦିଟ୍‌ଠୋ । ୨୧ ।

(ତତ୍ କିଂ କରୋତୁ ଯଦି ତ୍ୱମସି ତୟା ବୃତି-ବେଷ୍ଟନ-ପ୍ରେରିତ-ସ୍ତନୟା।

ପାଦାଙ୍ଗୁଷ୍ଠାର୍ଧ-କ୍ଷିପ୍ତ-ନିଃସହାଙ୍ଗ୍ୟାପି ନ ଦୃଷ୍ଟଃ।) ବ୍ରହ୍ମଚାରୀ

ବୃତି-ବେଷ୍ଟନରେ ସ୍ତନଦ୍ୱୟକୁ ସ୍ଥାପନ କରି ଓ ପାଦର ଅର୍ଦ୍ଧାଙ୍ଗୁଷ୍ଠ ଉପରେ ନିଃସହ ଅଙ୍ଗକୁ ରକ୍ଷା କଲେ ମଧ୍ୟ ଯଦି ସେ ତୁମକୁ ଦେଖି ନପାରିଲା, ସେ ଆଉ କ'ଣ କରିପାରିଥାନ୍ତା ?

ବ୍ୟାଖ୍ୟା - ନାୟକ ପ୍ରତି ଦୂତୀ ଉକ୍ତି। ପ୍ରେମିକ ଯେତେବେଳେ ପ୍ରେମିକାର ଘର ପାଖକୁ ଯାଇଛି ଓ ତାର ଦେଖା ନପାଇ ଭଗ୍ନ-ହୃଦୟରେ ଫେରିଆସିଛି, ସେତେବେଳେ ପ୍ରେମିକାର ବଚନରେ ତାର ଆସ୍ଥା ତୁଟିଯାଇଛି। ମାତ୍ର ଏଥିରେ ପ୍ରେମିକାର କିଛି ଦୋଷ ନାହିଁ। ସେ ମଧ୍ୟ ପ୍ରେମିକ ଦୃଷ୍ଟିରେ ପଡ଼ିବା ପାଇଁ ବହୁ ସାଧ୍ୟ-ସାଧନା କରି ବିଫଳ ହୋଇଛି। ଅଭିମାନୀ ନାୟକକୁ ଦୂତୀ ପରିସ୍ଥିତି ବୁଝାଇ କହିଛି - ତାକୁ ତୁମେ ବୃଥାରେ ଦୋଷ ଦେଉଛ। ମୁଁ ଭଲ କରି ଜାଣେ, ତାର ଏଥିରେ କିଛି ଦୋଷ ନାହିଁ। ଘର ଚାରିପାଖରେ ଉଚ୍ଚ ବାଡ ଘେରି ରହିଛି। ସେ ଯେଉଁଠି ଠିଆ ହୋଇ ତୁମକୁ ଦେଖିବାକୁ ଚେଷ୍ଟା କରୁଥିଲା, ତୁମର ସେ ଆଡ଼କୁ ଦୃଷ୍ଟି ପଡ଼ିନାହିଁ। ସେ ମଧ୍ୟ ଉଚ୍ଚ ବାଡ଼ ଦେହରେ ସ୍ତନଯୁଗ ସ୍ଥାପନ କରି ଚରଣାଙ୍ଗୁଳରେ ଦେହଭାର ସମ୍ଭାଳି ତୁମକୁ ଦେଖିବା ପାଇଁ କେତେ ଚେଷ୍ଟା କଲା; ବେଦନା-ବିକଳ ଚକ୍ଷୁ ଚାଳନ କରି ମଧ୍ୟ ବିଚାରୀ ତୁମକୁ ଦେଖିପାରିଲା ନାହିଁ। ଆଉ କ'ଣ କରିପାରିଥାନ୍ତା ? ମୋ ରାଣ, ବିଶ୍ୱାସ କର।

ପିଅ-ସଂଭରଣ-ପଲୋଟ୍ଟନ୍ତ-ବାହ-ଧାରା-ଣିବାଅ-ଭୀଆଏ।

ଦିଜ୍ଜଇ ବଙ୍କ-ଗୀବାଏଁ ଦୀବଓ ପହିଅ-ଜାଆଏ । ୨୨ ॥

(ପ୍ରିୟ-ସଂସ୍ମରଣ-ପ୍ରଲୁଠଦ୍-ବାଷ୍ପ-ଧାରା-ନିପାତ-ଭୀତୟା।

ଦୀୟତେ ବକ୍ର-ଗ୍ରୀବୟା ଦୀପକଃ ପଥିକ-ଜାୟୟା।) - ବ୍ରହ୍ମଚାରୀ

ପ୍ରିୟତମଙ୍କ ସ୍ମରଣରେ ନେତ୍ରରେ ଢ଼ଳଢ଼ଳ ଅଶ୍ରୁଧାରା ପଡ଼ିଯିବା ଭୟରେ ପଥିକ-ଜାୟା ଗ୍ରୀବା ବକ୍ର କରି ଦୀପଦାନ କରୁଛି।

ବ୍ୟାଖ୍ୟା - ପ୍ରୋଷିତ-ପତିକା ସାଧ୍ୱୀ କୁଳବଧୂର ଦୀପଦାନ କାଳରେ ସ୍ୱାମୀର ଶୁଭ କାମନା ଏହି ଗାଥାର ଉପଜୀବ୍ୟ ବିଷୟ। ଦୀପ ହାତରେ ଧରି ପ୍ରୋଷିତ-ପତିକା କୁଳୀଶ-କଠୋର ପ୍ରେମର ରୀତି ବିଷୟରେ ଭାବିଲାଗିଛି। ହୃତ ସୁଖର ମଧୁର ସ୍ମୃତି ଆଜି ସଂଧ୍ୟାରେ ମନରେ ପଡ଼ିଯାଉଛି। ସେ ଦିନ କାହିଁ, ଯେତେବେଳେ ସେ ପ୍ରିୟତମଙ୍କ ସହିତ ମଧୂର ଦାଂପତ୍ୟ ଜୀବନ ଅତିବାହିତ କରୁଥିଲା ! ମଙ୍ଗଳ ଦୀପାଲୋକରେ

ତାହାର ଅଙ୍ଗ-ବିଭା ଝଟକି ଉଠୁଛି। ପ୍ରବାସୀ-ପ୍ରିୟ ଲାଗି ଅଶ୍ରୁ ଝରୁଥିଲେ ମଧ୍ୟ କାଳେ ଅଶ୍ରୁଧାରା ପଡି ମଙ୍ଗଳଦୀପ ଲିଭିଯିବ, ସେଥିଲାଗି ଗ୍ରୀବା ଭାଙ୍ଗି ତଳେ ଦୀପଟିକୁ ଥୋଇଦେଇଛି। ଅଶ୍ରୁଧାରା ଦୀପ ଉପରେ ପଡିବା ପ୍ରବାସୀ ପ୍ରିୟ ପାଇଁ ଅଶୁଭ, ଏପରି ଭାବନା ମଧ୍ୟ ତା ମନରେ ଅଛି।

ତଇ ବୋଇଓ୍ଵେ ବାଲଅ ତିସ୍‌ସା ଅଙ୍ଗାଇଁ ତହଣ୍ଣୁ ବଳିଆଇଂ।
ଜହ ପୁଟ୍‌ଠିମଜ୍‌ଝ-ଣିବଡନ୍ତ-ବାହ-ଧାରାଓଁ ଦୀସନ୍ତି। ୨୩।
(ତ୍ୱୟି ବ୍ୟତିକ୍ରାମତି ବାଳକ ତସ୍ୟା ଅଙ୍ଗାନି ତଥା ନୁ ବଳିତାନି।
ଯଥା ପୃଷ୍ଠମଧ୍ୟ-ନିପତଦ୍-ବାଷ୍ପ-ଧାରା ଦୃଶ୍ୟନ୍ତେ।) -ହାଳ

ଆରେ ବାଳକ! ତୋର ଚାଲିଯିବା ପରେ ତାହାର ଅଙ୍ଗକୁ ଏପରି ବଳିତ କରିଥିଲା, ଯେପରିକି ପିଠି ଉପରେ ପଡୁଥିବା ବାଷ୍ପଧାରାକୁ ଦେଖିପାରିବ।

ବ୍ୟାଖ୍ୟା - ନାୟକ ପ୍ରତି ଦୂତୀ-ଉକ୍ତି-ଆରେ କିଶୋର କୁମାର, ତୋ ଭଳି ଅନଭିଜ୍ଞ ବାଳସ୍ୱଭାବ ମୁଁ ସଂସାରରେ ଦେଖିନାହିଁ। ସେ ଆସି ଏତେ ଅବସ୍ଥା ହେଲାଣି; ତଥାପି ତୋ କଣ୍ଠରେ 'ଆହା' ପଦ ନାହିଁ! ସେଥିରେ ତୁ ତା' ପାଖରୁ ଚାଲିଗଲା ପରେ ତୋତେ ଦେଖିବା ପାଇଁ କି କାରୁଣ୍ୟଭରା ନୟନରେ ନିଜର ଅଂଗକୁ ଏପରି ବକ୍ର କରି ଚାହିଁଥିଲା ଯେ, ମନେ ହେଉଥିଲା, ତାର ଅଶ୍ରୁ ତାର ପିଠି ଉପରେ ହିଁ ପଡ଼ିବ; ଅର୍ଥାତ୍ ଏତେ ବୁଲିକି ଚାହିଁଥିଲା ଯେ ମୁହଁଟା ତାର ଯେମିତି ପିଠି ପଟକୁ ବୁଲିଯାଇଥିଲା। ତୋ ଚିନ୍ତାରେ ତାର ଆଜି ଏଇ ଶାରୀରିକ ଦୁର୍ବଳତାକୁ ବୁଝ, ତାକୁ ତୁ କି ଦୁଃଖ ଦେଲୁଣି!

ତା ମଜ୍‌ଝିମୋ ଚ୍ଚିଅ ବରଂ ଦୁଜ୍ଜଣ-ସୁଅଣେହିଁ ଦୋହିଁ ବି ଣ କଜ୍ଜଂ।
ଜହ ଦିଟ୍‌ଠୋ ତବଇ ଖଲୋ ତହେଅ ସୁଅଣୋ ଅଈସନ୍ତୋ। ୨୪।
(ତତ୍ ମଧ୍ୟମ ଏବ ବରଂ ଦୁର୍ଜନ-ସୁଜନାଭ୍ୟାଂ ଦ୍ୱାଭ୍ୟାମପି ନ କାର୍ଯମ୍।
ଯଥା ଦୃଷ୍ଟ ସ୍ତାପୟତି ଖଳସ୍ତଥୈବ ସୁଜନୋଽଦୃଶ୍ୟମାନଃ।) - ହାଳ

ଦୁର୍ଜନ ଓ ସୂଜନ - ଏ ଦୁହିଁଙ୍କ ମଧ୍ୟରୁ ମୋର କେହି ପ୍ରୟୋଜନ ନୁହନ୍ତି, ତହୁଁ ମଧ୍ୟମ ବା ସାଧାରଣ ଲୋକ ହିଁ ଭଲ। ଖଳ ବା ଦୁର୍ଜନ ଦେଖିଲେ ଯେଉଁପରି ସନ୍ତାପ ଦେଇଥାଏ ସଜ୍ଜନ ମଧ୍ୟ ସେହିଭଳି ଅଦୃଶ୍ୟ ହେଲେ କରିଥାଏ।

ବ୍ୟାଖ୍ୟା - ଅନ୍ୟୋପଦେଶରେ ନାୟକ ପ୍ରତି ବିରହିଣୀର ଉକ୍ତି-ସଂସାରରେ ତିନି ଶ୍ରେଣୀର ଲୋକ ଅଛନ୍ତି-ଦୁର୍ଜନ, ସୂଜନ ଓ ମଧ୍ୟମ ଜନ। ଦୁର୍ଜନ ସନ୍ତାପ ଦିଏ, କାରଣ ପରପୀଡ଼ନ ତାର ସ୍ୱଭାବ; ସୁଜନ-ବିରହରେ ନିୟତ ଦୁଃଖ ମିଳେ; ମାତ୍ର ମଧ୍ୟମ ଜନ ସହିତ ପ୍ରୀତି କଲେ ବଞ୍ଚିବାରେ ସୁଖ ଅଛି। ନାୟିକାର ତାତ୍ପର୍ଯ୍ୟ, ତୁମେ ତ ମୋ ପାଇଁ ଦୁର୍ଲଭ ଜନ।

ଅଦ୍ଧଚ୍ଛି ପେଚ୍ଛିଅଂ ମା କରେହି ସାହାବିଅଂ ପଲୋଏହି।
ସୋ ବି ସୁଦିଟ୍‌ଠୋ ହୋହିଇ ତୁମଂ ପି ମୁଦ୍ଧା କଲିଜ୍ଜି ହସି। ୨୫।
(ଅର୍ଦ୍ଧାକ୍ଷି-ପ୍ରେକ୍ଷିତଂ ମା କୁରୁ ସ୍ୱାଭାବିକଂ ପ୍ରଲୋକୟ।
ସୋଽପି ସୁଦୃଷ୍ଟୋ ଭବିଷ୍ୟତି ତ୍ୱମପି ମୁଗ୍ଧା କଳିଷ୍ୟସେ।) - ମକରନ୍ଦ

ଅର୍ଦ୍ଧନୟନରେ ଚାହଁନା, ସ୍ୱାଭାବିକ ଦୃଷ୍ଟିରେ ଦେଖ, ସେ ବି ଭଲଭାବେ ଦେଖାଯିବେ ଓ ତୋତେ ମଧ୍ୟ ମୁଗ୍ଧା ଗଣନା କରିବେ।

ବ୍ୟାଖ୍ୟା - ନାୟିକା ପ୍ରିୟତମଙ୍କ ପ୍ରତି କଟାକ୍ଷପାତ କରୁଛି। ଅନ୍ୟ ଜଣେ ନାରୀ ତାହାକୁ କହୁଛି - ତୁ ଏପରି ଅର୍ଦ୍ଧନୟନରେ ତାଙ୍କୁ କାହିଁକି ଚାହୁଁଛୁ? ସହଜ ଭାବରେ ଦେଖିଲେ ତାଙ୍କୁ ଭଲକରି ଦେଖିପାରିବୁ। ଆୟତ-ଲୋଚନରେ ତାଙ୍କୁ ଯେପରି ଦେଖିପାରିବୁ, କୁଞ୍ଚିତ ଲୋଚନରେ ସେପରି ପାରିବୁ ନାହିଁ। ତା ଛଡା ମୁଗ୍ଧା ନାୟିକା ନାମ ଅର୍ଜନ କରିବାକୁ ହେଲେ ସିଧା ଚାହିଁବାକୁ ହେବ। ନ ହେଲେ ଲୋକେ ତୋ ବାଙ୍କ ଚାହାଣିରୁ ତୋତେ ଅତି ସିହାଣୀ ମନେ କରିବେ।

ଦିଅହଂ ଖୁଡକ୍‌କିଆଏ ତୀଏ କାଊଣ ଗେହ-ବାବାରଂ।
ଗରୁଏ ବି ମଣ୍ଣୁ-ଦୁକ୍‌ଖେ ଭରିମୋ ପାଅନ୍ତ-ସୁତ୍ତସ୍‌ସା।୨୬।
(ଦିବସ ରୋଷ-ମୂକାୟା। ତସ୍ୟାଃ କୃତ୍ୱା ଗେହ-ବ୍ୟାପାରମ୍।
ଗୁରୁକେଽପି ମନ୍ୟୁ-ଦୁଃଖେ ସ୍ମରାମଃ ପାଦାନ୍ତ-ସୁପ୍ତସ୍ୟା।)- ବିଷମ

ଦିନସାରା ଘରର କାମଧନ୍ଦା କରି ରୋଷାନ୍ୱିତା। ମୋ ପ୍ରିୟାର ହୃଦୟ-ବ୍ୟଥା ଗୁରୁ ହେଲେ ମଧ୍ୟ ମୋର ପାଦ ତଳେ ତାର ଶୟନ କଥା ସ୍ମରଣ କରୁଛି।

ବ୍ୟାଖ୍ୟା - ଯେତେ ହତାଦର କଲେ ମଧ୍ୟ ଦିନସାରା ଗୃହର ଯାବତୀୟ କଠିନ କର୍ମ କରି ବଧୂଟି ରାତିରେ ସ୍ୱାମୀର ପାଦତଳେ ଆସି ଶୋଇଥାଏ। ପ୍ରବାସରେ ନାୟକ ଗୃହକର୍ମନିରତା ବଧୂର ନିର୍ଯାତନା ଓ ସହନଶୀଳତା। ସ୍ମରଣ କରି ସହଚରକୁ କହିଛି- ଆଜି ପ୍ରବାସରେ ପ୍ରିୟାର କେତେ କଥା ଛବି ଭଳି ମନରେ ଭାସି ଉଠୁଛି। ସେ ଛବିରୁ ଗୋଟିଏ ହେଲା, ଦିନସାରା ପ୍ରିୟା ମୋର ମୋ ସହିତ କଥା ନ କହି ଗୁରୁ ଅପରାଧଜନିତ କୋପ ବହି ଚୁପ୍‌ଚାପ୍ ଘରକାମ କରିସାରି ମୋ ଶଯ୍ୟା ପ୍ରାନ୍ତରେ ଆସି ଶୋଇଥାଏ; ବକ୍ଷରେ ତାର ମୋ ପ୍ରତି ଅବିନାଶୀ ପ୍ରେମ ବହନ କରିଥାଏ। ହାୟ, ଧିକ୍ ମୋତେ, ଏପରି ଅନୁଗତା ପ୍ରିୟାକୁ ମୁଁ ହତାଦର କରିଛି!

ପ୍ରାଣ-ଉଡ଼ୀଅ ବି ଜଲିଊଣ ହୁଅବହୋ ଜଲଇ ଜଣ୍ଣେ-ବାଡ଼ମ୍ମି। ୨୭।
(ତା ହୁ ତେ ପରିହରି ଅବ୍‌ବା ବିଷମ-ଦଶା-ସଂସ୍ଥିତାଃ ପୁରୁଷାଃ) - ହାଳ

ଅଗ୍ନି ମଦ୍ୟପାନ କୁଟୀରରେ ଜଳିଲେ ମଧ୍ୟ ଯଜ୍ଞବେଦୀରେ ମଧ୍ୟ ପ୍ରଜ୍ୱଳିତ

ହୋଇଥାଏ। ବିଷମ-ଅବସ୍ଥାରେ ପଡିଥିବା ପୁରୁଷଙ୍କୁ ତୋର ତ୍ୟାଗ କରିବା ଉଚିତ୍ ନୁହେଁ।

ବ୍ୟାଖ୍ୟା - କୌଣସି ନୀଚ କାମିନୀଠାରେ ଆସକ୍ତ ହୋଇ ଦୂଷିତ ହୋଇଥିବା ପୁରୁଷକୁ ଅନାଦର କରୁଥିବା ନାୟିକା ପ୍ରତି ବୟସ୍କା ନାରୀର ଉକ୍ତି - ଆଲୋ ଝିଅ, ଯେଉଁ ଅଗ୍ନି ମଦ୍ୟପାନ ଶାଳାରେ ଜଳେ, ଯଜ୍ଞଶାଳାରେ ମଧ୍ୟ ସେଇ ଅଗ୍ନି ଜଳେ। ଅଗ୍ନିର ଜାତି ବିଚାର ନାହିଁ। ନୀଚସଙ୍ଗତ ପୁରୁଷକୁ ପରିତ୍ୟାଗ କର ନାହିଁ। ପୁରୁଷ ସୁନା; ଯେଉଁଠି ପଡ଼ିଥିଲେ ମଧ୍ୟ ଆଦରପୂର୍ବକ ତୋଳିନେବା ଉଚିତ୍। ପୁରୁଷଙ୍କର ଧୂଆଁ ଅଧୁଆ ସମାନ; ଅର୍ଥାତ୍ ସେମାନଙ୍କଠାରେ କଳଙ୍କ ଲାଗେ ନାହିଁ।

ଜଂ ତୁଜ୍ଝ ସଈ ଜାଆ ଅସଈଓ ଜଂ ଚ ସୁହଅ ଅହ୍ମେ ବି।
ତା କିଂ ଫୁଟ୍‌ଟଉ ବୀଅଂ ତୁଜ୍ଝ ସମାଣୋ ନୂଆ ଣତ୍ଥି । ୨୮ ।
(ଯତ୍ତବ ସତୀ ଜାୟା ଅସତ୍ୟୋ ଯଚ୍ଚ ସୁଭଗ ବୟମପି।
ତତ୍କିଂ ସ୍ଫୁଟତୁ ବୀଜଂ ତବ ସମାନୋ ଯୁବା ନାସ୍ତି।) - ଅନୁଲକ୍ଷ୍ମୀ

ହେ ସୁଭଗ, ତୁମର ଜାୟା ସତୀ ଆଉ ଆମେ ସବୁ ଅସତୀ, ଏହାର ମୂଳ କାରଣ କ'ଣ ଜଣାଯାଉଛି ? ତୁମ ଭଳି ଯୁବକ କେହି ନାହାନ୍ତି ?

ବ୍ୟାଖ୍ୟା - ନିଜର ସତୀତ୍ୱ ପ୍ରଶଂସା କରୁଥିବା ନାୟକ ପ୍ରତି ଦୁଷ୍ଟରିତ୍ରା ନାରୀର ଆକ୍ଷେପ ଉକ୍ତି - ହେ ସୌଭାଗ୍ୟଶାଳୀ ତରୁଣ, ତୁମର ଜାୟା ସତୀଶିରୋମଣି ଆୁ ଆମେସବୁ ସ୍ୱାମୀଙ୍କୁ ଛାଡ଼ି କୁଳଶୀଳରେ ଜଳାଞ୍ଜଳି ଦେଇ ତୁମ ପ୍ରେମରେ ଉନ୍ମତ୍ତା ବୋଲି ଅସତୀ-ଲାଞ୍ଛନ ବହିଛୁ। ତାହାର କାରଣ ହେଲା, ରୂପ-ଗୁଣରେ ତୁମ ଭଳି ଯୁବକ ଏ ଭୂମଣ୍ଡଳରେ ନାହାନ୍ତି। ଏହି କାରଣ ନୁହେଁ କି ? ଆମେ ଯଦି ଅସତୀ, ତା କେବଳ ତୁମରି ପାଇଁ। ଆମକୁ ଏ ବାଟରେ ନେଇଛି କିଏ ? ଅସତୀର ତାତ୍ପର୍ଯ୍ୟ, ମୋର ଅନୁରାଗର ମର୍ମ ବୁଝ, ମୁଁ ତୁମ ପ୍ରେମ ପାଇବା ପାଇଁ କଳଙ୍କ-ପସରା ମୁଣ୍ଡାଇବାକୁ ପ୍ରସ୍ତୁତ।

ସବ୍ବସ୍‌ସମ୍ମି ବି ଦଦ୍ଧେ ତହବି ତୁ ହିଅଅସ୍‌ସ ଣିବ୍ବୁଦି ଚ୍ଚେଅ।
ଜଂ ତେଣ ଗାମ-ଡାହେ ହତ୍‌ଥାହତ୍‌ଥିଂ କୁଡ଼ୋ ଗହିଓ । ୨୯।
(ସର୍ବସ୍ୱେଽପି ଦଗ୍‌ଧେ ତଥାପି ଖଲୁ ହୃଦୟସ୍ୟ ନିର୍ବୃତ୍ତିରେବ।
ଯତ୍ତେନ ଗ୍ରାମ-ଦାହେ ହସ୍ତାହସ୍ତିକୟା କୁଟୋ ଗୃହୀତ।) - ଭୈକ୍ଷଲ

ଗାଁ ପୋଡ଼ିରେ ସବୁ କିଛି ଜଳିଗଲେ ମଧ୍ୟ ମୋର ହୃଦୟରେ ପରମ ଆନନ୍ଦ ଅନୁଭବ କରୁଥିଲି; କାରଣ ସେ ମୋ ହାତରୁ ନିଜ ହାତରେ ଘଟ ଗ୍ରହଣ କରିଥିଲା।

ବ୍ୟାଖ୍ୟା - ଗାଁରେ ନିଆଁ ଲାଗି ଘର ପୋଡ଼ିଯାଉଥିବାବେଳେ କଳସରେ

ଦୂରରୁ ପାଣି ଆଣି ଜଣକ ପରେ ଜଣକ ହାତକୁ ବଢ଼ାଇଦେବା ଦୃଶ୍ୟ ବର୍ଣ୍ଣନା। ଏହିପରି ଥରେ ଘରପୋଡ଼ିବେଳେ ନାୟିକା ଯେଉଁ ସ୍ପର୍ଶାନୁଭୂତି ଲାଭ କରିଥିଲା, ସେଇ ସୁଖ ସ୍ମରଣ କରି ସହଚରୀ ପ୍ରତି ଉକ୍ତି - 'ଆଗୋ ସହି, ସେଦିନ ଗାଁ ପୋଡ଼ିଯାଉଥାଏ, ଶହ ଶହ ଲୋକ ଧାଡ଼ି ବାନ୍ଧି ଠିଆହୋଇଥାନ୍ତି, ଜଳପୂର୍ଣ୍ଣ ମାଠିଆ ହାତୁ ହାତ ଚାଲିଥାଏ, ଆମେ ଦୁହେଁ ପାଖାପାଖି ଠିଆହୋଇଥାଉଁ, ସର୍ବନାଶର ସେଇ ବହ୍ନିଯଜ୍ଞରେ ମୋର ଗୋଟିଏ କଥା ଆଜିଯାଏ ମନେ ଅଛି - ମନର ମଣିଷ ମୋ ହାତରୁ ଜଳ କଳସ ନେଇଥିଲେ, ମୋର ହସ୍ତ ସ୍ପର୍ଶ କରିଥିଲେ। ଆଃ, ସେ କି ଆନନ୍ଦ!" ନାୟିକାର ତାତ୍ପର୍ଯ୍ୟ, ଘଟ ଗ୍ରହଣ ମୂହୂର୍ତ୍ତଟି ତାର ପରମ ସ୍ମରଣ ହୋଇ ରହିବ। ତାର ଅଭିଳଷିତ ସିଦ୍ଧ ହୋଇଛି। ଗାଁ-ପୋଡ଼ିର କ୍ଷତକୁ ସେ ଗଣନା କରୁନାହିଁ।

ଜାଏଜ୍ଜ ବଣୁଦ୍ଦେସେ କୁଜ୍ଜୋ ବି ହୁ ଣୀସାହୋ ଝଡ଼ିଅପତ୍ତୋ।
ମା ମାଣୁସମ୍ମି ଲୋଏ ଚାଈ ରସିଓ ଦରିଦ୍ଦୋ ଅ । ୩୦ ।
(ଜାୟତାଂ ବନୋଦ୍ଦେଶେ କୁବ୍‌ଜୋଽପି ଖଳୁ ନିଃଶାଖଃ ଶିଥିଳ-ପତ୍ରଃ।
ମା ମାନୁଷେ ଲୋକେ ତ୍ୟାଗୀ ରସିକୋ ଦରିଦ୍ରଶ୍ଚ।) - ଅସମସାହସ

ବନଭୂମିରେ ଶାଖାହୀନ ଓ ଗଳିତପତ୍ର ବୃକ୍ଷ ଯଦି ଉତ୍ପନ୍ନ ହେଉଛି ତ ହେଉ; କିନ୍ତୁ ମନୁଷ୍ୟ-ଲୋକରେ ତ୍ୟାଗୀ ଓ ରସିକମାନେ ଦରିଦ୍ର ନ ହୁଅନ୍ତୁ।

ବ୍ୟାଖ୍ୟା - ତ୍ୟାଗୀ ରସିକଜନଙ୍କ ପ୍ରଶଂସା। ବନରେ ଭଗ୍ନଶାଖ ଓ ଗଳିତ-ପର୍ଣ୍ଣ ବୃକ୍ଷ ଜନ୍ମିଲେ କାହାର କିଛି କ୍ଷତି ହେବ ନାହିଁ। ସେଠାରେ କେତେ କେତେ ବୃକ୍ଷ ଜନ୍ମୁଛନ୍ତି, ମାତ୍ର ମାନବ-ସମାଜରେ ତ୍ୟାଗଶୀଳ ଓ ରସିକ ବ୍ୟକ୍ତିମାନେ ଦରିଦ୍ର ହେଲେ ସମାଜର କ୍ଷତି ହୁଏ। ଦୟାଳୁ ରସିକମାନେ ସମାଜର ଗର୍ବର ହେତୁ। ଗାଥାକାରଙ୍କର ତାତ୍ପର୍ଯ୍ୟ- ତ୍ୟାଗୀ ଓ ରସିକ ହୋଇ ମଧ୍ୟ ଦାରିଦ୍ର୍ୟ ସେମାନଙ୍କର ଗୁଣରାଶିନାଶୀ। ବଞ୍ଚିରହିବା ସେମାନଙ୍କ ପକ୍ଷରେ ମହାନ୍ ବିଡ଼ମ୍ବନା। ଦାରିଦ୍ର୍ୟ ହେତୁ ସେମାନଙ୍କର ରସିକତାର ପୂର୍ଣ୍ଣ ବିକାଶ ଘଟିପାରେ ନାହିଁ। ଏହିପରି ତ୍ୟାଗୀ ଓ ରସିକମାନଙ୍କ ପ୍ରତି ସମାଜର ଦାୟିତ୍ୱ ଅଛି - ଜୟ ରସିକ ସମ୍ପ୍ରଦାୟ।

ତସ୍‌ସ ଅ ସୋହଗ୍‌ଗଗୁଣଂ ଅମହିଲସରିସଂ ଚ ସାହସଂ ମଜ୍‌ଝା।
ଜାଣଇ ଗୋଲା-ଊରୋ ବାସା-ରତ୍ତୋଦ୍ଧ-ରତ୍ତୋ ଅ । ୩୧ ।
(ତସ୍ୟ ଚ ସୌଭାଗ୍ୟ-ଗୁଣଂ ଅମହିଳା-ସଦୃଶଂ ଚ ସାହସଂ ମମ।
ଜାନାତି ଗୋଦା-ପୂରୋ ବର୍ଷା-ରାତ୍ରାର୍ଧ-ରାତ୍ରଶ୍ଚ।) - ମକରଧ୍ୱଜ

ଗୋଦାବରୀର ପ୍ରବାହ ଓ ବର୍ଷା ରାତ୍ରିର ଅର୍ଦ୍ଧରାତ୍ର ତାହାର ସୌଭାଗ୍ୟଗୁଣ ଓ ମୋର ଅମହିଳାସଦୃଶ ସାହସ କଥା ଜାଣେ।

ବ୍ୟାଖ୍ୟା - ଅଭିମାନିନୀ ନାୟିକା ନିଜର ଗାଢ଼ ଅନୁରାଗର ସୂଚନା ଦେଇ ନାୟକ ପ୍ରେରଣ କରିଥିବା ଦୂତୀକୁ କହିଛି - ଆଗୋ ଦୂତି, ସେ ସିନା ପୂର୍ବ କଥା କିଛି ମନେ ରଖିନାହାନ୍ତି; ମାତ୍ର ସେ ଦିନର ଭରା ଗୋଦାବରୀର ଜଳପ୍ରବାହ ଓ ବର୍ଷଣମୁଖର ଅର୍ଦ୍ଧରାତ୍ର ମୋ ସାହସର ସାକ୍ଷୀ ଅଛନ୍ତି। ନାରୀ ପକ୍ଷରେ ଯେଉଁ ସାହସ କରଣୀୟ ନୁହେଁ, ବର୍ଷାଦିନର ଅଧରାତିରେ ଉଛୁଳା ଗୋଦାବରୀର ବକ୍ଷ ପାର ହୋଇ ମୁଁ ତାଙ୍କୁ ଭେଟିବାକୁ ଯାଉଥିଲି। ସେଦିନ ଗୋଦାବରୀର ବକ୍ଷରେ ପ୍ରଳୟ ପ୍ଲାବନ ଜାଗିଥିଲା, ପ୍ରଖର ପବନ ବହୁଥିଲା, ଏ ଦିଗରେ ଭୀଷଣ ବୃଷ୍ଟିପାତ, ଗୃହରୁ ବହିର୍ଗତ ହେବାକୁ କେହି ଋହିଁବେ ନାହିଁ। ଗୋଦାବରୀର ଏ କୂଳରୁ ସେ କୂଳକୁ ଆଖି ପାଉ ନ ଥାଏ। ଝଂଜାମୁଖର କରାଳ ଅର୍ଦ୍ଧ-ନିଶିଥିନୀରେ ମୁଁ ତାଙ୍କ ପାଇଁ ଅସମସାହସିନୀ ହୋଇଥିଲି, ଯାହା ଅବଳା ଜନଠାରେ ଦେଖାଯାଏ ନାହିଁ। ପ୍ରକୃତି-ଜଗତରୁ ସତେ କି ମତେ ନିର୍ଦ୍ଦେଶ ଦିଆଯାଉଥିଲା 'ଯାଅନା' 'ଯାଅନା'; କିନ୍ତୁ ପ୍ରୀତି ମୋତେ ସାହସିନୀ କରିଥିଲା - ପ୍ରେମରେ ମଜ୍ଜିଲେ ଅସାଧ୍ୟ ସାଧନ ହେଲେ କରନ୍ତି ଅବଳା। ମୋ ପ୍ରେମ ହିଁ ତାଙ୍କୁ ସୌଭାଗ୍ୟଶାଳୀ କରିଛି, ଏହା ମୋର ଗର୍ବ। ମୋର ଅମହିଳାସଦୃଶ ଅତି ସାହସର ଅହଂକାରର ଫଳ ମୁଁ ଆଜି ଭୋଗୁଛି।

ତେ ବୋଲିଆ ବଅସ୍‌ସା ତାଣ କୁଡଙ୍ଗାଣ ଥାଣୁଆ ସେସା।
ଅହ୍ମେ ବି ଗଅ-ବଆଓ ମୂଲୁଚ୍ଛେଅଂ ଗଅଂ ପେମ୍ମଂ । ୩୨ ।
(ତେ ବ୍ୟତିକ୍ରାନ୍ତା ବୟସ୍ୟାସ୍ତେଷାଂ କୁଂଜାନାଂ ସ୍ଥାଣବଃ ଶେଷାଃ।
ବୟମପି ଗତ-ବୟସ୍କା ମୂଳୋଚ୍ଛେଦ୍ୟଂ ଗତଂ ପ୍ରେମ।) - ନିରୁପମ

ସେହି ବୟସ୍କ ଲୋକେ ଋଲିଗଲେଣି, ସେଇ କୁଂଜର ଥୁଣ୍ଟାଗୁଡ଼ିକ ଶେଷରେ ପଡ଼ି ରହିଛନ୍ତି। ଆମ ଭଳି ବିଗତ ବୟସ୍କାମାନଙ୍କର ମଧ୍ୟ ପ୍ରେମର ମୂଳୋଚ୍ଛେଦ ହୋଇଗଲାଣି।

ବ୍ୟାଖ୍ୟା - ଯୌବନ ବିଦାୟ ନେଇଥିବା କୁଳଟାର ଖେଦୋକ୍ତି- ହାୟ, ସେଇ ଉଦ୍ଦାମ ଯୌବନ କାହିଁ! ମୋ ସହିତ ଯେଉଁମାନଙ୍କର ପ୍ରେମ-ସମ୍ପର୍କ ଥିଲା, ସେମାନେ ଗତ ହେଲେଣି। ମୋର ପ୍ରେମ-କୁଂଜର ମୂଳ ଖୁଣ୍ଟିଗୁଡ଼ିକ ବୀଭତ୍ସ ବିକୃତ ହୋଇ ଉଭା ରହିଥିଲା ପରି ମୁଁ ଆଜି ପଡ଼ିରହିଛି। ମୋର ଅଭିସାରସ୍ଥଳୀ କୁଂଜବନ ଆଜି ନଷ୍ଟଶ୍ରୀ ଧାରଣ କରିଛି। ଯେଉଁ କୁଂଜବନ ମୋର ପ୍ରିୟ ରାସ ଦେଖିଥିଲା ତାହାର ବୃକ୍ଷମାନେ କାଳବଶରେ ଧ୍ୱଂସପ୍ରାପ୍ତ; କେବଳ ଅବଶିଷ୍ଟ ରହିଯାଇଛନ୍ତି ଖଣ୍ଡିଆ ଖୁଣ୍ଟି ଗୁଡ଼ିକ। ମୋର ଯୌବନ ମଧ୍ୟ ଅତିକ୍ରାନ୍ତ। ଆହା, ଯଉବନ ଥରେ ଗଲେ ଆଉ ଆସେନା, ବୃଥା ବିଧୂର ପରାଣ ପୁରେ ଝୁରେ ବାସନା। ମୁଁ ଯେ ଦିନେ ସୁନ୍ଦରୀ ଥିଲି, କେତେ

ଯୁବା ହୃଦୟ ଦୋହଲାଉଥିଲି, ଏ ଦେହକୁ ଦେଖି ବିଶ୍ୱାସ ହେଉନାହିଁ। ମୋର ପ୍ରେମ-ଜୀବନର ମୂଳୋଚ୍ଛେଦ ଘଟିଛି, କେଉଁ ଅଜଣା ଦେଶକୁ ପ୍ରେମ ପ୍ରସ୍ଥାନ କରିଛି। ଏ ଜୀବନରେ ତାହା ଆଉ ମିଳିବ ନାହିଁ।

ଥଣ-ଜହଣ-ଣିଅମ୍ବୋବରି ଣହରଙ୍କା ଗଅ-ବଆଣଁ ବଣିଆଣଂ।
ଉବ୍‌ବସିଆଣଙ୍ଗ-ଣିବାସ-ମୂଳବନ୍ଧ ବ୍‌ବ ଦୀସନ୍ତି । ୩୩ ।
(ସ୍ତନ-ଜଘନ-ନିତମ୍ବୋପରି ନଖରଙ୍କା ଗତ-ବୟସାଂ ବନିତାନାମ୍।
ଉଦ୍‌ବସିତାନଙ୍ଗ-ନିବାସ-ମୂଳବନ୍ଧା ଇବ ଦୃଶ୍ୟନ୍ତେ।) - ସତ୍ୟସେନ

ଗତ-ବୟସା ବନିତାମାନଙ୍କର ସ୍ତନ, ଜଘନ ଓ ନିତମ୍ବଦେଶରେ ନଖଚିହ୍ନସମୂହ ଧ୍ୱସ୍ତପ୍ରାପ୍ତ ଅନଙ୍ଗ-ନିବାସର ମୂଳବନ୍ଧନ ଭଳି ଦେଖାଯାଉଛି।

ବ୍ୟାଖ୍ୟା - ଗତ ଯୌବନା ନାରୀ ଅଙ୍ଗରେ ରତି-ଲାଞ୍ଛନାସ୍ୱରୂପ ବିରାଜିତ ନଖଚିହ୍ନଗୁଡ଼ିକୁ ଦେଖି କୌଣସି ବିଦଗ୍ଧର ଉକ୍ତି। ଅସ୍ତଯୌବନା ନାରୀ-ଅଙ୍ଗକୁ ଭଗ୍ନଗୃହ ସଙ୍ଗେ ତୁଳନା କରି ଏକ ବାସ୍ତବବାଦୀ ଚିତ୍ର ଅଙ୍କନ କରାଯାଇଛି। ବାସ୍ତୁହରା କାମଦେବ ଆଜି ଏଇ ନାରୀର ଦେହ-ଦେବାଳୟ ପରିତ୍ୟାଗ କରି ଅନ୍ୟ ଅଙ୍ଗର ଶରଣ ନେଇଛି; ସତେ ଯେପରି ତାହାର ଗୃହ ଭୁଶୁଡ଼ି ପଡ଼ିଛି। ଘର ଭାଙ୍ଗିଗଲେ ଯେପରି ଖୁଣ୍ଟ ଓ ମୂଳଦୁଆ ଠିଆ ହୋଇଥାଏ - ଇଷ୍ଟକ ଦାନ୍ତ ଦେଖାଇ ସେଇ ଗୃହର ଅତୀତ ବିଭବକୁ ଉପହାସ କରୁଥାଏ, ଅସ୍ତମିତଯୌବନା ନାରୀର ଜଘନ, ନିତମ୍ବ ଓ ସ୍ତନରେ ନଖଚିହ୍ନଗୁଡ଼ିକ ଶୁଖି ଯାଇ କି ଦୟନୀୟ ଦଶା ହୋଇଛି !

ଜସ୍‌ସଂ ଜହଂ ବିଅ ପଢ଼ମଂ ତସ୍‌ସା ଅଙ୍ଗମ୍ମି ଣିବଡିଆ ଦିଟ୍‌ଠୀ।
ତସ୍‌ସ ତାହିଂ ଚେଅ ଠିଆ ସବ୍‌ବଙ୍ଗଂ କେଣ ବିଣ ଦିଟ୍‌ଠଂ ୩୪ ।
(ଯସ୍ୟ ଯତ୍ରୈବ ପ୍ରଥମଂ ତସ୍ୟା ଅଙ୍ଗେ ନିପତିତା ଦୃଷ୍ଟିଃ।
ତସ୍ୟ ତତ୍ରୈବ ସ୍ଥିତା ସର୍ବାଙ୍ଗଂ କେନାପି ନ ଦୃଷ୍ଟମ୍।) - ଅର୍ଦ୍ଧରାଜ

ତାହାର ଯେଉଁ ଅଙ୍ଗ ଉପରେ ଯାହାର ଦୃଷ୍ଟି ଯେଉଁଠି ପଡିଯାଉଛି ସେହି ଅଙ୍ଗରେ ତାହାର ଦୃଷ୍ଟି ରହିଯାଉଛି, କେହି ତାହାର ସର୍ବାଙ୍ଗକୁ ଦେଖିନାହାନ୍ତି।

ବ୍ୟାଖ୍ୟା - ନାୟିକାର ସୌନ୍ଦର୍ଯ୍ୟ ବିଷୟରେ ପ୍ରଶ୍ନ କରିବାରୁ ନାୟକ ପ୍ରତି ସଖା-ଉକ୍ତି। ନାୟିକା ଏପରି ଅନୁପମା ଲାବଣ୍ୟବତୀ ଯେ ତା ଅଙ୍ଗର ଅତୁଲ୍ୟ ସୌନ୍ଦର୍ଯ୍ୟରେ ବିସ୍ମିତ ହୋଇ ଦର୍ଶକର ଦୃଷ୍ଟି ସେଇ ଅଙ୍ଗ ସୌନ୍ଦର୍ଯ୍ୟରେ ଅଟକିଯାଉଛି, ଅନ୍ୟ ଅଙ୍ଗର ସୌନ୍ଦର୍ଯ୍ୟ ଦେଖିବାକୁ ଥିଲେ ମଧ୍ୟ ଗୋଟିଏ ଅଙ୍ଗର ସୌନ୍ଦର୍ଯ୍ୟବଲୋକନରେ ତାର ତୃପ୍ତି ଆସୁନାହିଁ। ସଖା ନିଜର ଅସାମର୍ଥ୍ୟ ପ୍ରକାଶ କରି କହୁଛି- ଯେଉଁ ଅଙ୍ଗରେ ଯାହାର ଦୃଷ୍ଟି ପଡୁଛି, ସେ ଅଙ୍ଗରୁ ଦୃଷ୍ଟି ଅପସାରିତ

କରିନେବାକୁ କାହାର ସାଧ୍ୟ ଅଛି ? ଗୋଟିଏ ଅଙ୍ଗ ଚକ୍ଷୁକୁ ବନ୍ଦି କରୁଛି; ସର୍ବାଙ୍ଗ କିପରି ଦେଖିବେ ?

ବିରହେ ବିସଂ ବ ବିସମା ଅମଅମଆ ହୋଇ ସଂଗମେ ଅହିଅଂ ।
କିଂ ବିହିଣା ସମଅଂ ବିଅ ଦୋହିଂ ବି ପିଆ ବିଣିମ୍ମିଅଆ । ୩୫ ।
(ବିରହେ ବିଷମିବ ବିଷମାମୃତମୟା ଭବତି ସଂଗମେଽଧିକମ୍ ।
କିଂ ବିଧିନା ସମମେବ ଦ୍ୱାଭ୍ୟାମପି ପ୍ରିୟା ବିନିର୍ମିତା ।)-ହାଳ

ବିରହରେ ବିଷ ଭଳି ବିଷମା ଓ ସଙ୍ଗମରେ ଅଧିକ ଅମୃତମୟୀ ଜଣାପଡ଼େ, ତେବେ କ'ଣ ବିଧାତା ଏହି ଦୁଇଟି ଦ୍ୱାରା ସମାନ ମାତ୍ରାରେ ମଧ୍ୟ ପ୍ରିୟାକୁ ନିର୍ମାଣ କରିଛନ୍ତି ?

ବ୍ୟାଖ୍ୟା - ନାୟକ ପ୍ରବାସରୁ ଫେରି ପ୍ରିୟତମାର ମିଳନରେ ଯେଉଁ ଆନନ୍ଦ ପାଉଛି ତା ସହିତ ବିରହକାଳୀନ ଦୁଃଖର ତୁଳନା କରି ନିଜକୁ ପ୍ରଶ୍ନ କରିଛି । ସେ ନାୟିକାକୁ ବିଷାମୃତ ଗୋଳି ନିର୍ମାଣ କରାଯାଇଛି ବୋଲି ଭାବୁଛି । ପ୍ରବାସକାଳରେ ଯେଉଁ ନାୟିକାର ବିରହ ତାପ ବିଷମିବ ବିଷମା, ଅର୍ଥାତ୍, ଅତି ଉତ୍କଟ ବିଷ ଭଳି ବୋଧ ହେଉଥିଲା, ସଙ୍ଗମରେ ଅମୃତସମ ପ୍ରତୀତ ହେଉଛି । ତା ମନରେ ପ୍ରଶ୍ନ ଉଠିଛି - ବିଧି କଣ ଏ ଦୁଇଟି ଉପାଦାନ ସମାନ ଭାବରେ ଗ୍ରହଣ କରି ପ୍ରିୟାକୁ ନିର୍ମାଣ କରିଛନ୍ତି ? ବିରହରେ ତୀବ୍ର ହଳାହଳ ସାରା ହୃଦୟକୁ ଜାଳିଦେଉଥିଲା, ମଧୁର ସମ୍ଭୋଗ ରସରେ ସେଇ ପୁଣି କେତେ ଅମୃତମୟୀ ! ଗରଳ ଓ ସୁଧାର ଦୁଇ ରୂପକୁ ଏକ କରି ବିଧାତା ହୁଏତ ପ୍ରିୟାକୁ ଗଢ଼ିଛି । ନହେଲେ ଏପରି ବିପରୀତଭାବ ଅନ୍ତରରେ ଜାଗୁଛି କାହିଁକି ?

ଅଦଂସଣେଣ ପୁତ୍ତଅ ସୁଟ୍‌ଠୁ ବି ଣେହାଣୁବନ୍ଧ-ଘଡ଼ିଆଇଂ ।
ହତ୍‌ଥ-ଉଡ଼-ପାଣିଆଇଁ ବ କାଳେଣ ଗଳନ୍ତି ପେମ୍ମାଇଂ । ୩୬ ।
(ଅଦର୍ଶନେନ ପୁତ୍ରକ ସୁଷ୍ଠ୍ୱପି ସ୍ନେହାନୁବନ୍ଧ-ଘଟିତାନି ।
ହସ୍ତ-ପୁଟ-ପାନୀୟାନୀବ କାଳେନ ଗଳନ୍ତି ପ୍ରେମାଣି ।) - ବହୁରସ

ହେ ପୁଅ, ହସ୍ତାଞ୍ଜଳିସ୍ଥିତ ଜଳ ଯେଭଳି କାଳେ ଗଳିପଡ଼େ, ସ୍ନେହାନୁବନ୍ଧନରେ ସୁଷ୍ଠୁ ସଂଘଟିତ ପ୍ରେମ ମଧ୍ୟ ଦର୍ଶନ ଅଭାବରେ ଲୋପ ପାଇଯାଏ ।

ବ୍ୟାଖ୍ୟା - ବିଦେଶ ଯାଉଥିବା ନାୟକ ପ୍ରତି କୌଣସି ଗୁରୁଜନସ୍ଥାନୀୟା ବୃଦ୍ଧାର ଉକ୍ତି - ପୁଅ, ବିଦେଶ ଯାଉଛୁ ତ ଯା; ମାତ୍ର ବେଶି ଦିନ ରହିବୁ ନାହିଁ । ପାଖରୁ ଗଲେ ମନରୁ ଯାଏ - ଏ କଥା ମନେ ରଖିଥିବୁ । ତୋତେ ଦୀର୍ଘଦିନ ଦେଖିବାକୁ ନ ପାଇଲେ ତା ମନରେ ହୁଏତ ଅନ୍ୟ କେହି ସ୍ଥାନ ଅଧିକାର କରିବ । ବହୁ ସାଧନା

ଫଳରେ ଯେଉଁ ପ୍ରେମବନ୍ଧନ ରଚିତ ହୋଇଥାଏ, ବିସ୍ମରଣର ଗୋଧୂଳିବେଳାରେ ତା ପ୍ରତି ଯତ୍ନ ନ ରହିଲେ ପ୍ରେମ-ରଚନା ଶିଥିଳ ହୋଇଯାଏ, ଯେପରି ଅଂଜଳିରେ ଧରିଥିବା ସଲିଳ ଅଙ୍ଗୁଳି ଫାଙ୍କରେ ଝରିପଡ଼େ।

ପଇ-ପୁରଓ ବ୍‌ବିଅ ଣିଜ୍ଜଇ ବିଛୁଅ-ଦଟ୍‌ଠେତ୍ତି ଜାର-ବେଜ୍ଜ-ହରଂ।
ଣିଉଣ-ସହୀ-କର-ଧାରିଅ ଭୂଅ-ଜୁଅଲନ୍ଦୋଲିଣୀ ବାଲା । ୩୭ ।
(ପତି-ପୁରତ ଏବ ନୀୟତେ ବୃଶ୍ଚିକ-ଦଷ୍ଟେତି ଜାର-ବୈଦ୍ୟ-ଗୃହମ୍।
ନିପୁଣ-ସଖୀ-କର-ଧୃତା ଭୂଜ-ଯୁଗଳାନ୍ଦୋଳନଶୀଳା ବାଳା।) - ମଲ୍ଲସେନ

'ବୃଶ୍ଚିକ ଦଂଶନ କଲା' ବୋଲି ଚତୁରା ସଖୀ କର ଧରି ଭୂଜଯୁଗଳ ଆନ୍ଦୋଳନଶୀଳା ବାଳାକୁ ପତି ସମୀପରୁ ଜାର-ବୈଦ୍ୟ ଗୃହ ଉଦ୍ଦେଶ୍ୟରେ ନେଇଯାଉଛି।

ବ୍ୟାଖ୍ୟା - ନାୟିକାର ଗୁପ୍ତ ପ୍ରଣୟରେ ସାହାଯ୍ୟକାରିଣୀ ସଖୀର ପ୍ରତ୍ୟୁତ୍ପନ୍ନମତିତ୍ୱ। ନାୟିକା 'ବିଛାକାମୁଡ଼ାରେ ମୋର ଜୀବନ ଯାଉଛି, ସଖି, ମୋତେ ଧର' ବୋଲି ଅଭିନୟ କରୁଛି। ହାତ ଦୁଇଟିକୁ ହଲାଇବା ଉଦ୍ଦେଶ୍ୟ ହେଲା, ବିନ୍ଧାଛିଟିକା କରୁଛି। ବିଛା କାମୁଡ଼ାର ଅଭିନୟ କରି ଦୁଇ ହାତ ହଲାଉଥିବା ବାଳା ସଖୀ ହାତରେ ଦେହଭାର ଅର୍ପଣ କରିଛି। ସଖୀ ତାହାକୁ ସ୍ୱାମୀ ଆଗରେ ଜାର-ବୈଦ୍ୟ ପାଖକୁ ନେଇ ଯାଉଛି।

ବିକ୍‌କିଣଇ ମାହ-ମାସମ୍ମି ପାମରୋ ପାଇଡ଼ିଂ ବଇଲ୍ଲେଣ।
ଣିଦ୍ଧୂମ-ମୁମ୍ମୁର ବ୍‌ବିଅ ସାମଲୀଅ ଥଣୋ ପଡ଼ିଛନ୍ତୋ । ୩୮ ।
(ବିକ୍ରୀଣୀତେ ମାଘ-ମାସେ ପାମରଃ ପ୍ରାବରଣଂ ବଳୀବର୍ଦ୍ଦେନ।
ନିର୍ଦ୍ଧୂମ-ମୁମ୍ମୁରନିଭୌ ଶ୍ୟାମଲ୍ୟାଃ ସ୍ତନୌ ପଶ୍ୟନ୍।)

ମାଘ ମାସରେ ଗାଉଁଲି ଲୋକଟି ନିର୍ଦ୍ଧୂମ ତୁଷାଗ୍ନି ଭଳି ଶ୍ୟାମଳୀର ସ୍ତନକୁ ଦେଖି ବଳଦ କିଣିବା ଆଶାରେ ନିଜର ପ୍ରାବରଣକୁ ବିକି ଦେଲା।

ବ୍ୟାଖ୍ୟା - ମାଘ ମାସରେ ଶୀତର ନିଦାରୁଣ ପ୍ରକୋପ। ଏହା ହଳଚଳନାର ସମୟ। ମାତ୍ର ହଳ-ବଳଦ ନ ଥିବାରୁ ଗାଉଁଲି ଲୋକଟି ବଳଦ କିଣିବା ପାଇଁ ହାଟକୁ ଯାଇଛି। ପଇସା ପାଖରେ ନାହିଁ। ମନରେ କେତେ କଥା ଭାବିଛି, ଶେଷକୁ ନିଜର କମ୍ବଳ ଖଣ୍ଡି ବିକିଦେଇ ବଳଦ କିଣିବାକୁ ସ୍ଥିର କରିଛି। ମାଘ ମାସରେ କମ୍ବଳର ଉପଯୋଗିତା ସମ୍ବନ୍ଧରେ ସେ ଅଜ୍ଞ ନୁହେଁ; ମାତ୍ର ସେ ମନରେ ପାଞ୍ଚିଲା - ଶୀତ ଯେତେହେଲେ ମଧ୍ୟ ମୋ ଘରେ ତ ଶୀତନିବାରଣର ଉତ୍କୃଷ୍ଟ ଉପାଦାନ ଅଛି; ତାହା ହେଲା ଧୂମହୀନ ଗୁମ୍‌ଗୁମିଆ ତୁଷନିଆଁ ଭଳି ଶ୍ୟାମଳୀ ବଧୂର ବୁକୁ। ଏଇ କଥା ସ୍ମରଣ ହେବାମାତ୍ରେ ଗାଆଁର କୃଷକଟି ଶେଷରେ ବଳଦ କିଣିବ ବୋଲି ଦେହର କମ୍ବଳଖଣ୍ଡିକ

ବିନା ଦ୍ୱିଧାରେ ବିକି ଦେଲା। ହାଳିକ ମୂର୍ଖ ହେଲେ ମଧ୍ୟ ତାହାର ରସବୋଧକୁ ପ୍ରଶଂସା କରିବାକୁ ହେବ।

ସଚ୍ଚଂ ଭଣାମି ମରଣେ ଟ୍‌ଠିଅହ୍ମି ପୁଣ୍ଣେ ତଡ଼ମ୍ମି ତାବୀଏ।
ଅଜ୍ଜ ବି ତତ୍‌ଥ କୁଡ଼ଙ୍ଗେ ଣିବଡ଼ଇ ଦିଟ୍‌ଠୀ ତହ ଚ୍ଛେଅ। ୩୯।
(ସତ୍ୟଂ ଭଣାମି ମରଣେ ସ୍ଥିତାସ୍ମି ପୁଣ୍ୟେ ତଟେ ତାପ୍ୟାଃ।
ଅଦ୍ୟାପି ତତ୍ର ନିଙ୍କୁଜେ ନିପତିତ ଦୃଷ୍ଟିସ୍ତଥୈବ।) - ବିଦଗ୍ଧ

ସତ କହୁଛି, ମରଣପଥର ସନ୍ନିହିତ ହେଲିଣି, ତାପ୍ତୀ ନଦୀର ପୁଣ୍ୟତଟ ଉପରେ ସ୍ଥିତ ସେହି ନିକୁଂଜ ଆଡ଼କୁ ଆଜି ମଧ୍ୟ ମୋର ଦୃଷ୍ଟି ସେଇ ଭାବରେ ପଡିରହିଛି।

ବ୍ୟାଖ୍ୟା - ବୟସ ଗତ ହେଲେ ମଧ୍ୟ ନାୟିକା ମନରେ ଯୌବନର ପ୍ରଣୟସ୍ଥଳୀ ପ୍ରତି ସମାନ ଅନୁରାଗ ସଂଜୀବିତ। ପ୍ରେମ-ଜୀବନ ବୟସ ଉପରେ ନିର୍ଭର କରେ ନାହିଁ। ତେଣୁ ଗତ-ଯୌବନା ନିଜର ପ୍ରିୟ-ରାସସ୍ଥଳୀ ପ୍ରତି ନିଜର ମୋହ ପ୍ରକାଶ କରି କହିଛି-ସତ କହିବାକୁ ମୋତେ ଲାଜ ଲାଗୁନାହିଁ, ଯଦିଓ ମରଣ ପଥରେ ପାଦ ଦେଲିଣି, ତାପ୍ତୀ ନଦୀର ତଟଦେଶରେ ଥିବା ସେଇ କୁଞ୍ଜ ଆଡ଼କୁ ଦୃଷ୍ଟି ପଡ଼ିଲେ ମୋର ପୂର୍ବ ପ୍ରେମ-ଲୀଳା ସ୍ମରଣରେ ଆସୁଛି। ଶୀଳା ଭଟ୍ଟାରିକାଙ୍କର ନିମ୍ନୋକ୍ତ ଶ୍ଳୋକ ତୁଳନୀୟ-

ଯଃ କୌମାର ହରଃ ସ ଏବେ ହି ବରସ୍ତା ଏବେ ଚୈତ୍ରକ୍ଷପାସ୍ତେ
ଚୋନ୍ମୀଳିତମାଳତୀ-ସୁରଭୟଃ ପ୍ରୌଢ଼ାଃ କଦମ୍ବାନୀଳାଃ।
ସା ଚୈବାସ୍ମି ତଥାପି ତତ୍ର ସୁରତବ୍ୟାପାରଲୀଳାବିଧୌ
ରେବାରୋଧସି ବେତସୀତରୁତଳେ ଚେତଃ ସମୁତ୍‌କଣ୍ଠତେ।
ଅନ୍ଧ-ଅର-ବୋର-ପତ୍ତଂ ବ ମାଉଆ ମହ ପଇଂ ବିଲୁମ୍ପନ୍ତି।
ଈସାଅନ୍ତି ମହଂ ଦିଅ ଛେପ୍‌ପାହିନ୍ତୋ ଫଣୋ ଜାଓ। ୪୦।
(ଅନ୍ଧ-କର-ବଦର-ପାତ୍ରମିବ ମାତରୋ ମମ ପତିଂ ବିଲୁମ୍ପନ୍ତି।
ଈର୍ଷ୍ୟନ୍ତେ ମହ୍ୟମେବ ଲାଙ୍ଗୂଳେଭ୍ୟଃ ଫଣୋ ଜାତଃ।) - ଅନୁରାଗ

ଆଗୋ ମା, ଅନ୍ଧ ହାତରେ ଥିବା ବଦର ପାତ୍ର ଭଳି ମୋର ପତିଙ୍କୁ ଛଡ଼ାଇ ନେଇଛନ୍ତି ଓ ମୋତେ ଈର୍ଷା କରୁଛନ୍ତି, ସତେକି ପୁଚ୍ଛରୁ ଫଣା ଉତ୍ପତ୍ତି ହେଉଛି।

ବ୍ୟାଖ୍ୟା- ସ୍ୱାମୀକୁ କୁଳଟା ନାରୀମାନେ କୂଳବଧୂ ହାତରୁ ଛଡ଼ାଇ ନେଇଛନ୍ତି। ମା-ମାଉସୀମାନଙ୍କୁ କୁଳବଧୂ କହୁଛି - ମା'ମାନେ ଶୁଣ, ତସ୍କର ଅନ୍ଧହାତରୁ ବଦରୀ ଭାଣ୍ଡ ହରଣ କରିନେଲେ ସେ ଯେପରି ବ୍ୟାକୁଳ ହୋଇ କାହାକୁ ଧରି ପାରେ ନାହିଁ, ମୋ ସ୍ୱାମୀଙ୍କୁ ସେହିପରି କୁଳଟାମାନେ ଛଡ଼ାଇ ନେଇ ମୋତେ ଅନ୍ଧ କରି ଦେଇଛନ୍ତି;

ସେତିକିରେ ସେମାନଙ୍କର ମନ ବୋଧ ହୋଇନାହିଁ ଯେ ମୋତେ ପୁଣି ହିଂସା କରୁଛନ୍ତି ! ଛୋଟ ଲୋକମାନଙ୍କର କେତେ ସାହସ-ପର ପଦାର୍ଥରେ ଲୋଭ ! ମୋ ସ୍ୱାମୀଙ୍କୁ କ'ଣ କରି ପାରିଲେ କି ? ପୁଚ୍ଛ ଆଜି ଫଣା ହୋଇ ଦଂଶୁଛି । ହାୟ, ମୋର କର୍ମଫଳ ! ମୋ ସ୍ୱାମୀଙ୍କୁ କିପରି ରାକ୍ଷସୀମାନଙ୍କ ହାତରୁ ଫେରାଇ ଆଣିବି !

ଅପ୍ପତ୍ତ-ପତ୍ତଅଂ ପାବିଊଣ ଣବରଙ୍ଗଅଂ ହଲିଅ-ସୋଣ୍ହା ।
ଉହଅ ତଣୁଈ ଣ ମାଅଇ ରୁନ୍ଦାସୁ ବି ଗାମ-ରଚ୍ଛାସୁ । ୪୧ ।
(ଅପ୍ରାପ୍ତ-ପ୍ରାପ୍ତଂ ପ୍ରାପ୍ୟ ନବରଙ୍ଗକଂ ହଲିକ-ସ୍ନୁଷା ।
ପଶ୍ୟତ ତନ୍ୱୀ ନ ମାତି ବିସ୍ତୀର୍ଣ୍ଣାସ୍ୱପି ଗ୍ରାମ-ରଥ୍ୟାସୁ ।) - ମୟୂଖ

ଦେଖ, ଅଲଭ୍ୟ ଲାଭ ନବରଙ୍ଗୀ ଶାଢ଼ି ପାଇ ତନ୍ୱୀ ହେଲେ ମଧ୍ୟ ହାଳିକ ପୁତ୍ରବଧୂ ବିସ୍ତୀର୍ଣ୍ଣ ଗ୍ରାମ ମାର୍ଗରେ ଧରୁ ନାହିଁ ।

ବ୍ୟାଖ୍ୟା - ଗାଉଁଲି ଚଷାଘରର ବୋହୂଟିଏ ରଙ୍ଗରଙ୍ଗିଆ ଶାଢ଼ି ଖଣ୍ଡେ ପାଇ ତାହାକୁ ପିନ୍ଧି ସାହି ସାହି ବୁଲୁଛି । କୌଣସି ଅସହଣୀ ପ୍ରତିବେଶିନୀ ତାର ଏଇ ଫୁଲାପଣ ସହି ନପାରି ଅନ୍ୟମାନଙ୍କୁ ଡାକି କହୁଛି - "ଦେଖ ଗୋ, ଅପାଈକି ବିଜୁଳି ଲକ୍ଷେ ଟଙ୍କା । ଫୁଲେଇ, ରଙ୍ଗରଙ୍ଗିଆ ଶାଢ଼ି ଖଣ୍ଡେ ପାଇଛି ବୋଲି ଗର୍ବରେ ଫାଟିପଡ଼ି ଧରାକୁ ସରା ମନେକରୁଛି । ବର ତ ହଳୁଆ, ଫସଲ ଉଠିବା ପରେ ଧାନ ବିକି ଖଣ୍ଡେ ରଙ୍ଗି କସ୍ତା ଶାଢ଼ି କିଣି ଦେଇଛି, ତାକୁ ପିନ୍ଧି ସେ ଏମିତି ମତୁଆଲୀ ହୋଇ ଗାଁ ଦାଣ୍ଡରେ ବାଟ ଚାଲୁଛି ଯେ ଏଡ଼େ ବଡ଼ ଦାଣ୍ଡ ତାକୁ ଅକୁଳାଣ ହେଉଛି । ମଣିଷକୁ ତାର ଖାତିର ନାହିଁ ।" ଏବେ ମଧ୍ୟ ନାରୀମାନେ କାହାକୁ ଅସୂୟାରେ ଏପରି କହିବା ଶୁଣାଯାଏ ।

ଆକ୍‌ଖେବ ଆଇଁ ପିଅ-ଜମ୍ପିଆଇଁ ପର-ହିଅଅ-ଣିବ୍ବୁଦିଅରାଇଂ ।
ବିରଲୋ ଖୁ ଜାଣଇ ଜଣୋ ଉପ୍ପଣ୍ଣେ ଜମ୍ପିଅଦ୍ଧାଇଂ ।୪୨।
(ବାକ୍ କ୍ଷେପକାଣି ପ୍ରିୟଜଳ୍ପିତାନି ପର-ହୃଦୟ-ନିର୍ବୃତିକରାଣି ।
ବିରଳଃ ଖଲୁ ଜାନାତି ଜନ ଉତ୍ପନ୍ନେ କଳ୍ପିତ ବ୍ୟାନି ।)

ଅବସର ଅନୁସାରେ ବକ୍ତବ୍ୟ, କଥାକୁ ଉଡ଼ାଇ ଦେବା ଓ ଅନ୍ୟର ହୃଦୟକୁ ଆନନ୍ଦ ଦେଉଥିବା ପ୍ରିୟବଚନକୁ କମ୍ ଲୋକ କହିଜାଣନ୍ତି ।

ବ୍ୟାଖ୍ୟା - ସଖୀ ପ୍ରତି ନାୟିକା ଉକ୍ତି- ଆଗୋ ପ୍ରିୟ ସହି, ତୋ ଭଳି କଥା-ଚତୁରୀ ମୁଁ ଦେଖିନାହିଁ । ତୁ କେତେ ହୁନ୍ଦର ଜାଣୁ । ତୁ ଯେପରି ପ୍ରୀତିରସରେ ଭରା କଥା କହିପାରୁ, ପ୍ରତିବାଦୀର ଯୁକ୍ତିକୁ କାଟି ଉଡ଼ାଇ ଦେଇପାରୁ, ଦରକାର ବେଳେ ସେହିପରି ମନରୁ ଯୋଡ଼ି କଥା କହି ପରିସ୍ଥିତି ସମ୍ଭାଳି ନେଇପାରୁ । ତୋତେ କଥାରେ କିଏ ପାରିବ ? ସେହିପରି ଦୁର୍ଲଭ ଅମ୍ଳ-ମଧୁର ପ୍ରିୟ କଳ୍ପିତ କେତେ ଜଣ ଜାଣନ୍ତି ?

ଛଜଇ ପହୁସ୍‌ସ ଲଲିଅଂ ପିଆଇ ମାଣୋ ଖମା ସମତ୍‌ଥ ସ୍‌ସ।
ଜାଣନ୍ତସ୍‌ସ ଅ ଭଣିଅଂ ମୋଣଂ ଚ ଅଆଣମାଣସ୍‌ସ । ୪୩ ।
(ଶୋଭତେ ପ୍ରଭୋର୍ଲଳିତଂ ପ୍ରୟାୟା ମାନଃ କ୍ଷମା ସମର୍ଥସ୍ୟ।
ଜାନତଶ୍ଚ ଭଣିତଂ ମୌନଂ ଚ ଅଜାନାତଃ।) – ସୁନ୍ଦର

ପ୍ରଭୁର ସେଚ୍ଛାଚାର, ପ୍ରିୟାର ମାନ, ସମର୍ଥର କ୍ଷମା, ଜ୍ଞାନିମାନଙ୍କର କଥନ ଓ ଅଜ୍ଞାନର ମୌନତା ଶୋଭାପାଏ।

ବ୍ୟାଖ୍ୟା – ସୁଭାଷିତ ଗାଥା। ଯାହାର ଯାହା ଅଧିକାର, ତା'ଠାରେ ସେଇ ଗୁଣ ଶୋଭାପାଏ। ପ୍ରିୟ ପ୍ରଭୁର ମର୍ଜି ସହିବ, ପ୍ରେୟସୀ ବଧୂର ମାନ ସହିବ, ଶକ୍ତିଧରର କ୍ଷମା ଗୁଣ ସହିବ, ଜ୍ଞାନଗଭୀର ପୁରୁଷମାନଙ୍କଠାରୁ ଜ୍ଞାନକଥା ଶୁଣିବ, ଅଜ୍ଞାନକୁ ଚୁପ୍ ରହିବାକୁ କହିବ। ଏହାର ବିପରୀତରେ ଚାକର ଯଦି ସ୍ୱେଚ୍ଛାଚାର କରେ, ଅପ୍ରିୟା ମାନ କରେ, ଅସମର୍ଥ କ୍ଷମା ଆଚରଣ କରେ, ଅଜ୍ଞାନ ତତ୍ତ୍ୱ ବଖାଣେ ଓ ମୂର୍ଖ ବାଚାଳ ହୁଏ – ତାହା ହାସ୍ୟାସ୍ପଦ ଓ ଅସହନୀୟ ହୁଏ।

ବେବିର-ସିଣ୍ଣ-କରଙ୍ଗୁଲି-ପରିଗ୍‌ଗହ-କ୍‌ଖସିଅ-ଲେହଣୀ-ମଗ୍‌ଗେ।
ସୋତ୍‌ଥି ଚ୍ଚିଅଣ ସମପ୍‌ପଇ ପିଅସହି ଲେହମ୍ମି କିଂ ଲିହିମୋ । ୪୪॥
(ବେପନଶୀଳ-ସ୍ୱିନ୍ନ-କରାଙ୍ଗୁଳି-ପରିଗ୍ରହ-ସ୍ଖଳିତ-ଲେଖନୀ-ମାର୍ଗେ।
ସ୍ୱସ୍ତ୍ୟୈବ ନ ସମାପ୍ୟତେ ପ୍ରିୟସଖି ଲେଖେ କିଂ ଲିଖାମଃ।) – ଅନ୍ଧ

ଆଗୋ ପ୍ରିୟ ସହି! ମୋର କମ୍ପନଶୀଳ, ସ୍ୱେଦଯୁକ୍ତ, ଅଙ୍ଗୁଳିରେ ଧରିଥିବା ସ୍ଖଳିତ ଲେଖନୀ ମୁନରେ 'ସ୍ୱସ୍ତି' ଲେଖିବା ତ ସମାପ୍ତ ହେଉନାହିଁ, ପତ୍ରରେ ଆଉ କ'ଣ ଲେଖିବି ?

ବ୍ୟାଖ୍ୟା – ପତ୍ର ଲେଖିବାକୁ ବସି ପ୍ରିୟତମଙ୍କ କଥା ମନକୁ ଆସିବାରୁ ଲେଖନୀ ଚାଲୁ ନାହିଁ। ଅନୁରାଗର ଆତିଶଯ୍ୟରେ ମନର ଉଦ୍‌ବେଗବଶତଃ ଉପସ୍ଥିତ କାର୍ଯ୍ୟରେ ଅସାମର୍ଥ୍ୟ ଅନୁଭବ କରି ବିରହଣୀର ସଖୀ ପ୍ରତି ଉକ୍ତି – ସଖି, 'ସ୍ୱସ୍ତି' ବୋଲି ଦୁଇଟି ଅକ୍ଷର ପତ୍ରର ଶିରୋଦେଶରେ ଲେଖିବାକୁ ଆରମ୍ଭ କରି ସେତକ ସାରି ପାରୁନାହିଁ, ମୋର ଅଙ୍ଗୁଳି ଝାଳରେ ବୁଡିଗଲାଣି, ହାତ ଥରୁଛି, ଏହା ଲେଖିବି ବୋଲି ଭାବିଥିଲି ସେ ଭାବନା ମୋର ଶୂନ୍ୟରେ ମିଳାଇଗଲାଣି, ପୂରା ଚିଠି କିପରି ଲେଖିବି ?

ଦେବ୍‌ବମ୍ମି ପରାହୁତ୍ତେ ପଡିଅ ଘଡ଼ିଅଂ ପି ବିହଡ଼ଇ ଣରାଣଂ।
କଜ୍ଜଂ ବାଲୁଆ-ବରଣଂ ଜ୍ଜ କହଁ ବନ୍ଧଂ ବ୍‌ବିଅ ଣ ଏଇ । ୪୫ ।
(ଦୈବେ ପରାଙ୍‌ମୁଖେ ପ୍ରତୀହି ଘଟିତମପି ବିଘଟତେ ନାରାଣାମ୍।
କାର୍ଯ୍ୟଂ ବାଲୁକା-ବରଣ ଇବ କଥମପି ବନ୍ଧମେବ ନ ଦଦାତି – ଅନ୍ଧ

ବିଶ୍ୱାସ କର, ଦୈବି ପ୍ରତିକୂଳ ହେଲେ ମାନବକୃତ କାର୍ଯ୍ୟ ମଧ୍ୟ ନଷ୍ଟ ହୋଇଯାଏ, ବାଲୁକା ବନ୍ଧ ଭଳି କୌଣସି କାର୍ଯ୍ୟ ବାଧା ମାନେ ନାହିଁ।

ବ୍ୟାଖ୍ୟା - ସରଳ ଚେଷ୍ଟା ସତ୍ତ୍ୱେ ଅଭିଳଷିତ କର୍ମରେ ସାଫଲ୍ୟ ଅର୍ଜନ କରି ନପାରି ନାୟିକା ପ୍ରତି ସଖୀ-ବଚନ-ସଖି ! ବିଶ୍ୱାସ କର, ଦୈବ ଯେତେବେଳେ ବିରୂପ ହୁଏ, ମନୁଷ୍ୟର ସକଳ ଉଦ୍ୟମ ବ୍ୟର୍ଥ ହୁଏ; ଘଟିତ କର୍ମରେ ଅଘଟନ ଘଟେ। ଏହାକୁହିଁ କହନ୍ତି ଭାଗ୍ୟ-ଦୋଷ। ମୁଁ କ'ଣ ଚେଷ୍ଟାରୁ ବିରତ ହୋଇଛି ? କେତେ ସାଧ ସାଧନା କରି ତାଙ୍କୁ ଆଣିଥିଲି; ପୁଣି କ'ଣ ହେଲା ଯେ ସବୁ ବିଗିଡ଼ି ଗଲା। "ପରବ ଚନ୍ଦ୍ର ଚିପୁଡ଼ି ପିଇବା ପୀୟୁଷ, ପରିଣତି ସମୟେ ସେ ହେବ ଯେବେ ବିଷ / ପ୍ରପନ୍ନ ହେବା ଗଙ୍ଗାରେ ଜନ୍ମିଲେ କିଳ୍ବିଷ, ପ୍ରୟୋଗ କରିବା କିସ ?" ତୋର ଶକ୍ତି ନାହିଁ ଯେ ନହେବା କଥାକୁ କରାଇ ନେବୁ - ଶକ୍ତି ନାହିଁ ସଖି କାହାରି ଜଗତେ, ନିୟତିକୁ କେବେ ନିଜ ଇଚ୍ଛା ପଥେ। ବାଲିବନ୍ଧ ସ୍ଥାୟୀ ହୁଏନା, ଝୁରୁ ଝୁରୁ ହୋଇ ଝରିଯାଏ।

ମାମି ହିଅଅଂ ବ ପୀଅଂ ତେଣ ଜୁଆଣେଣ ମଜ୍ଜ ମାଣାଏ।
ଣ୍ହାଣ-ହଳିଦ୍ଦା-କଡୁଅଂ ଅଣୁସୋତ୍ତ-ଜଳଂ ପିଅନ୍ତେଣ। ୪୬।
(ମାତୁଳାନି ହୃଦୟମିବ ପୀତଂ ତେନ ଯୂନା ମଜ୍ଜନ୍ୟାଃ।
ସ୍ନାନ-ହରିଦ୍ରା-କଟୁକଂ ଅନୁସ୍ରୋତୋ-ଜଳଂ ପିବତା।) - ବଳଦେବ

ଆଗୋ ମାଈଁ, ମୋର ସ୍ନାନ-ହଳଦୀରେ ହଳଦିଆ ହୋଇଥିବା ଜଳପ୍ରବାହଗତ ହେବା ପରେ ତାକୁ ପିଇ ଏଇ ଯୁବକଟି ଯେମିତି ମୋର ହୃଦୟକୁ ପିଇଦେଇଛି।

ବ୍ୟାଖ୍ୟା - ମାତୁଳାନୀ ପ୍ରତି ନାୟିକା-ଉକ୍ତି। ନାୟିକା ନଦୀର ଯେଉଁ ଘାଟରେ ସ୍ନାନ କରିଥିଲା ତାହାର ତଳଘାଟରେ ନାୟକ ସ୍ନାନ କରୁଥିଲା। ନାୟିକାର ସ୍ନାନ-ବିଲେପନ ହଳଦି ଜଳରେ ଭାସିଯାଇଛି। ଜଳ ହରିଦ୍ରା-ରଞ୍ଜିତ ହୋଇଉଠିଛି। ତାହାକୁ ପ୍ରିୟତମ ଆଞ୍ଜୁଳିରେ ପାନ କରିଛି। ନାୟିକାର ମନେହେଉଛି ସେଇ ଜଳପାନ କରିବା ସଙ୍ଗେ ନାୟକ ତାର ହୃଦୟକୁ ମଧ୍ୟ ପାନକରିଦେଇଛି। ତାର ହୃଦୟ ଏବେ ନାୟକର ଅଧୀନ। ଏକଥା କାହାକୁ ନକହି ମାଈଁକୁ କହିବାର ତାତ୍ପର୍ଯ୍ୟ, ଏବେ ସେଇ ଯୁବକକୁ ପାଇବାର ଉପାୟ କର। ଅଭିମନ୍ୟୁଙ୍କ କୃଷ୍ଣ ଏହିପରି ରାଧା ସ୍ନାନକରିଥିବା ତଳଘାଟରେ ବୁଡ଼ି ପଡୁଥିଲେ।

ଜିଅଅଂ ଅସାସଅଂ ବିଅଣ ଣିବତ୍ତଇ ଜୋବ୍ବଣଂ ଅଇକ୍କନ୍ତଂ।
ଦିଅହା ଦିଅହେହିଁ ସମାଣ ହୋନ୍ତି କିଂ ଣିଠ୍ଠୁରୋ ଲୋଓ। ୪୭ ।
(ଜୀବିତମଶାଶ୍ୱତମେବ ନ ନିବର୍ତ୍ତତେ ଯୌବନମତିକ୍ରାନ୍ତମ୍।
ଦିବସା ଦିବସୈଃ ସମା ନ ଭବନ୍ତି କିଂ ନିଷ୍ଠୁରୋ ଲୋକଃ।) - ହାଳ

ଜୀବନ ଅଶାଶ୍ୱତ, ଯୌବନ ଥରେ ଚାଲିଗଲେ ଫେରିଆସେ ନାହିଁ, ସବୁଦିନ ସମାନ ହୋଇ ନଥାଏ; ତଥାପି ଲୋକେ ନିଷ୍ଠୁର ହୁଅନ୍ତି କାହିଁକି ?

ବ୍ୟାଖ୍ୟା - ପ୍ରଣୟ-କଳହରେ ବୃଥା ସମୟ ନଷ୍ଟକରି କଷ୍ଟ ପାଉଥିବା ପ୍ରେମିକ-ପ୍ରେମିକାଙ୍କ ପ୍ରତି ସଖୀ-ଉକ୍ତି - ଜୀବନ ଯୌବନ ଅଚିରସ୍ଥାୟୀ; ଏହା ଜାଣି ଲୋକେ ନିଷ୍ଠୁର କାହିଁକି ହୁଅନ୍ତି କେଜାଣି ? ନିଜ ଲୋକକୁ ପର କରି କି ସୁଖ ଲାଭ କରନ୍ତି ? ଚିରଚଞ୍ଚଳ ଜୀବନ-ପ୍ରବାହ-ଯୌବନ ଥରେ ଗଲେ ଆଉ ଫେରିଆସେନା; ମଣିଷ ଅନ୍ଧ, ସବୁ ବୁଝି ଶୁଣି ତଥାପି ବିଚାରରେ ଭୁଲ କରେ। ଯେଉଁ ଦିନ ଯାଉଛି, ସେ ଦିନ ଆଉ ଫେରି ଆସିବ ନାହିଁ; ଆଗାମୀ ଦିନ କଥା କିଏ ଜାଣେ ? ହୃଦୟହୀନ ମଣିଷ ପ୍ରେମର ସ୍ୱାଦ ଗ୍ରହଣ ନ କରି ଗର୍ବ-ରୋଷ-ଅଭିମାନରେ ବୃଥା ନିଜକୁ ହନ୍ତସନ୍ତ କରେ।

ଉପପାଇଅ-ଦହାଣଁ ବି ଖଲାଣଁ କୋ ଭାଅଣଂ ଖଲୋ ଚ୍ଚେଅ।
ପକ୍କାଇଁ ବି ଣିମ୍ବଫଲାଇଁ ଣବରଁ କାଏହିଁ ଖଜ୍ଜନ୍ତି । ୪୮ ।
(ଉତ୍ପାଦିତ-ଦ୍ରବ୍ୟାଣାମପି ଖଳାନାଂ କୋ ଭାଜନ ଖଳ ଏବ
ପକ୍ୱାନ୍ୟପି ନିମ୍ବ-ଫଳାନି କେବଳ କାକୈଃ ଖାଦ୍ୟନ୍ତେ।) -ପାଳିତ

ଦ୍ରବ୍ୟୋତ୍ପାଦନରେ କ୍ଷମ ଖଳର ଦାନ-ପାତ୍ର କିଏ ହୋଇପାରେ ? - କେବଳ ଖଳ। ନିମ୍ବ ଫଳ ପାଚିଲେ ମଧ୍ୟ କେବଳ କୁଆ ହିଁ ତାହାକୁ ଖାଇଥାଏ।

ବ୍ୟାଖା - ନାୟକ ଅନ୍ୟ ନାୟିକା ପ୍ରତି ଆସକ୍ତ ହୋଇ ସର୍ବସ୍ୱାନ୍ତ ହୋଇ ଫେରିଛି। ଅନୁରାଗିଣୀ ନାୟିକା ତାହାକୁ କହିଛି- ଖଳ ଜନର ସଞ୍ଚିତ ଅର୍ଥ କିଏ ଭୋଗ କରିବ ? - ଖଳମାନେ ହିଁ କରିବେ। ପାଚିଲା ନିମ୍ବଫଳ କେବଳ କୁଆ ଖାଏ - ଅନ୍ୟ ପକ୍ଷୀ ସେଠାକୁ ଯାଆନ୍ତି ନାହିଁ। ନିମ୍ବଫଳ ପିତା- ତାହା ଖଳ ହେତୁ ଏପରି ପିତା ଫଳ ଉତ୍ପାଦନ କରେ; କାକ ମଧ୍ୟ ଖଳ ସ୍ୱଭାବ ହେତୁ ତାହାକୁ ଖାଏ। ଖଳ-ଉତ୍ପାଦନ ଖଳ-ଭୋଗ୍ୟ, ସାଧୁ ତା ପାଖ ମାଡ଼େ ନାହିଁ- "ଅରସିକ କାକ ଚୁଷେ ପିତା ନିମ୍ବ ଫଳ, ରସିକ କୋକିଳ ଖାଏ ପ୍ରେମାମ୍ର ମୁକୁଳ।"

ଅଜ୍ଜ ମଏ ଗନ୍ତବ୍ବଂ ଘଣନ୍ଧଆରେ ବି ତସ୍ସ ସୁହଅସ୍ସ।
ଅଜ୍ଜା ଣିମୀଲିଅଚ୍ଛୀ ପଅ ପରିବାଡ଼ିଂ ଘରେ କୁଣଇ। ୪୯ ।
(ଅଦ୍ୟ ମୟା ଗନ୍ତବ୍ୟଂ ଘନାନ୍ଧକାରେଽପି ତସ୍ୟ ସୁଭଗସ୍ୟ।
ଆର୍ଯା ନିମୀଳିତାକ୍ଷୀ ପଦ-ପରିପାଟିଂ ଗୃହେ କରୋତି।) - ସୁଚରିତ

ଆଜି ଘନ ଅନ୍ଧକାରରେ ମଧ୍ୟ ସେଇ ସୁଭଗଙ୍କ ପାଖକୁ ଯିବାକୁ ପଡ଼ିବ - ଏହା ଚିନ୍ତା କରି ସେଇ ବରନାଗରୀ ନିମୀଳିତାକ୍ଷୀ ହୋଇ ନିଜର ଘର ଭିତରେ ପଦାଚାରଣା କରିଲାଗିଛି।

ବ୍ୟାଖ୍ୟା - ନାୟକ ପ୍ରତି ଦୂତୀ-ଉକ୍ତି-ନାୟିକାର ଅନୁରାଗ ସୂଚନାର୍ଥ। ପ୍ରିୟ ମିଳନ ପାଇଁ ପ୍ରଥମାଭିସାର ରଚନା କରିବାକୁ ଯାଉଥିବା ନାୟିକାର ରୀତି। ତୁମେ ପ୍ରକୃତରେ ଭାଗ୍ୟବାନ୍, ପ୍ରଥମାଭିସାରରେ ତାର ହୃଦୟ ଲଜ୍ଜା, ଭୟ ଓ ଅନଭ୍ୟାସରେ ଦୁରୁଦୁରୁ କଂପିଉଠୁଛି। ସେଥିରେ ପୁଣି ସେ ତିମିରାଭିସାରିକା। ଗୃହରୁ ବାହାରି ଅନ୍ଧାରରେ କିପରି ପଥ ଚାଲିବ? ଅନ୍ଧାରରେ ମଧ୍ୟ ଚାଲିବାର ନିୟମ ଅଛି; ତା'ନ ଶିଖିଲେ ନ ଚଳେ। ସେଥିଲାଗି ଆଖିବୁଜି ଘର ଭିତରେ ଏପାଖ ସେପାଖ ପଦଚାରଣା କରିଲାଗିଛି।

ସୁଅଣୋ ଣ କୁପ୍‌ପଇ ବ୍‌ବିଅ ଅହ କୁପ୍‌ପଇ ବିପ୍‌ପିଅଂ ଣ ଚିନ୍ତେଇ।
ଅହ ଚିନ୍ତେଇ ଣ ଜମ୍ପଇ ଅହ ଜମ୍ପଇ ଲଜ୍ଜିଓ ହୋଇ। ୫୦।
(ସୁଜନୋ ନ କୁପ୍ୟତ୍ୟେବ ଅଥ କୁପ୍ୟତି ବିପ୍ରିୟଂ ନ ଚିନ୍ତୟତି।
ଅଥ ଚିନ୍ତୟତି ନ ଜଳ୍ପତି ଅଥ ଜଳ୍ପତି ଲଜ୍ଜିତୋ ଭବତି।) - ଅର୍ଜୁନ

ସୃଜନ କଦାପି କୁପିତ ହୁଅନ୍ତି ନାହିଁ, ଯଦି କୁପିତ ହୁଅନ୍ତି ଅପ୍ରିୟ ଚିନ୍ତା କରନ୍ତି ନାହିଁ, ଯଦି ଚିନ୍ତା କରନ୍ତି ତେବେ କହନ୍ତି ନାହିଁ, ଯଦି କହନ୍ତି ତେବେ ଲଜ୍ଜିତ ହୁଅନ୍ତି।

ବ୍ୟାଖ୍ୟା - ସୁଜନ ପ୍ରଶଂସାମୂଳକ ସୁଭାଷିତ ଗାଥା। ସୁଜନ କୋପ କରନ୍ତି ନାହିଁ, କୋପ କଲେ ମଧ୍ୟ ଇଷ୍ଟ ଭାବନା ହିଁ କରିଥାନ୍ତି; ଯଦି ଅନିଷ୍ଟ ଚିନ୍ତା ଜାତ ହୁଏ, ତାହାକୁ ମୁଖରେ ପ୍ରକାଶ କରନ୍ତି ନାହିଁ। ଆତ୍ମ-ବିସ୍ମୃତ ହୋଇ ଯଦି ମୁଖରୁ ଅଭିଶାପବାଣୀ ପ୍ରଚାରିତ ହୁଏ, ତା'ହେଲେ ଲଜ୍ଜାରେ ଅବନତ ହୋଇ ଅନ୍ତରରେ ବ୍ୟଥିତ ହୁଅନ୍ତି।

ସୋ ଅତ୍‌ଥୋ ଜୋ ହତ୍‌ଥେ ତଂ ମିତ୍ତଂ ଜଂ ଣିରନ୍ତରଂ ବସଣେ।
ତଂ ରୂଅଂ ଜତ୍‌ଥ ଗୁଣା ତଂ ବିଣ୍ଣାଣଂ ଜହିଂ ଧମ୍ମୋ। ୫୧।
(ସୋଽର୍ଥୋ ଯୋ ହସ୍ତେ ତନ୍ମିତ୍ରଂ ଯନ୍ନିରନ୍ତରଂ ବ୍ୟସନେ।
ତଦ୍ରୂପଂ ଯତ୍ର ଗୁଣାସ୍ତଦ୍ବିଜ୍ଞାନଂ ଯତ୍ର ଧର୍ମଃ।) - ହାଳ

ତାହାହିଁ ବାସ୍ତବିକ ଅର୍ଥ ଯାହା ହସ୍ତଗତ ହୋଇଅଛି, ସେ ହିଁ ମିତ୍ର ଯେ ବ୍ୟସନରେ ନିରନ୍ତର ସଙ୍ଗରେ ଥାଏ, ତାହାହିଁ ରୂପ ଯେଉଁଥିରେ ଗୁଣର ସଂଯୋଗ ରହିଛି ଓ ତାହାହିଁ ବିଜ୍ଞାନ ଯେଉଁଥିରେ ଧର୍ମ ରହିଥାଏ।

ବ୍ୟାଖ୍ୟା - ସୁଭାଷିତ। ଯାହା ହାତକୁ ଆସେ, ତାହାହିଁ ଧନ; ପରହସ୍ତଗତ ଧନ କାର୍ଯ୍ୟକାଳ ସମୁପ୍ତନ୍ନ ହେଲେ କୌଣସି କାର୍ଯ୍ୟରେ ଆସେ ନାହିଁ। ବିପଦରେ ବନ୍ଧୁକୁ ଚିହ୍ନାଯାଏ, ରୂପର ମହତ୍ତ୍ୱ ଗୁଣଦ୍ୱାରା ଉପଲବ୍ଧି କରିହୁଏ, ନହେଲେ ନିର୍ଗନ୍ଧ କିଂଶୁକ ଭଳି ରୂପର ଭାତିରୁ କଣ ମିଳିବ? ବିଦ୍ୟା ବା ବିଜ୍ଞାନ ଧର୍ମ-ଆଧାରରେ ଶୋଭାପାଏ; ନହେଲେ ବିଜ୍ଞାନ ଧ୍ୱଂସକାରୀ ହୁଏ।

ଚନ୍ଦମୁହି ଚନ୍ଦ-ଧବଲା ଦୀହା ଦୀହଚ୍ଛି ତୁହ ବିଓଅମ୍ମି।
ଚଉ-ଜାମା ସଅ-ଜାମ ଢ ଜାମିଣୀ କହଁ ବି ବୋଲୀଣା । ୫୨ ।
(ଚନ୍ଦ୍ର-ମୁଖି ଚନ୍ଦ୍ର-ଧବଳା ଦୀର୍ଘା ଦୀର୍ଘାକ୍ଷି ତବ ବିୟୋଗେ।
ଚତୁର୍ଯାମା ଶତ-ଯାମେବ ଯାମିନୀ କଥମପ୍ୟତିକ୍ରାନ୍ତା।) - ଗର୍ଗରାଜ

ଆଗୋ ଚନ୍ଦ୍ର ବଦନେ, ଦୀର୍ଘଲୋଚନେ! ତୁମର ବିରହରେ ଚନ୍ଦ୍ର ଧବଳା ଚତୁର୍ଯାମ ବିଶିଷ୍ଟ ଦୀର୍ଘ ଯାମିନୀ ଶତଯାମା ଭଳି କୌଣସି ପ୍ରକାରେ ବିତିଗଲା।

ବ୍ୟାଖ୍ୟା - ନାୟିକା ପ୍ରତି ନାୟକ ଉକ୍ତି - ଆଗୋ ଚନ୍ଦ୍ରମୁଖି, ତୁମର ବିରହରେ ଚନ୍ଦ୍ର-ରଜନୀ କିପରି ବିତାଇଲି ବୋଲି ପଚାରୁଛ ? ସେଇ ଚନ୍ଦ୍ରୋଜ୍ଜ୍ୱଳା ରାତ୍ରିରେ ତୁମର ମୁଖ ମୋର ଧ୍ୟାନନେତ୍ରରେ ଭାସିଉଠୁଥିଲା ଓ ଦୀର୍ଘ ରାତ୍ରି ତୁମର ଦୀର୍ଘ ନେତ୍ରକୁ ସ୍ମରଣ କରାଇଦେଉଥିଲା। ଏହିପରି ଚାରିଯାମ ରାତ୍ରି ମୋ ପକ୍ଷରେ ଶତଯାମିନୀ ଭଳି ଅସହନୀୟ ହୋଇ ଉଠୁଥିଲା। ଚାରିଯାମଭରି କେବଳ ତୁମରି ପ୍ରତୀକ୍ଷାରେ ହିଁ ବିତାଇଥିଲି; ତିଳେ ହେଲେ ପଲକପାତ ଘଟି ନଥିଲା।

ଅ-ଉଲୀଣୋ ଦୋ-ମୁହଓ ତା ମହୁରୋ ଭୋଅଣଂ ମୁହେ ଜାବ।
ମୁରଓ ଢ ଖଲୋ ଜିଣ୍ଣମ୍ମି ଭୋଅଣେ ବିରସମାରସଇ । ୫୩।
(ଅ-କୁଳୀନୋ ଦ୍ୱି-ମୁଖସ୍ତାବନ୍ମଧୁରୋ ଭୋଜନଂ ମୁଖେ ଯାବତ୍।
ମୁରଜ ଇବ ଖଲୋ ଜୀର୍ଣେ ଭୋଜନେ ବିରସମାରସତି।)

ଯେ ପର୍ଯ୍ୟନ୍ତ ମୁଖରେ ଭୋଜନ ରହେ, ସେ ପର୍ଯ୍ୟନ୍ତ ଅକୁଳୀନ ଦ୍ୱିମୁଖ ଖଳମାନେ ମୃଦଙ୍ଗ ଭଳି ମଧୁର କଥା କହନ୍ତି; ଭୋଜ୍ୟ ବସ୍ତୁ ଜୀର୍ଣ ହୋଇଗଲା ପରେ ବିରସ ଆଚରଣ କରନ୍ତି।

ବ୍ୟାଖ୍ୟା - ନାୟିକାକୁ ସଖୀର ଶିକ୍ଷା। ଦୂତୀ ନିର୍ବାଚନ କାଳରେ ତାହାର କୁଳ ଓ ଆର୍ଥିକ ଅବସ୍ଥା ବୁଝି ତାହାକୁ ନିଯୁକ୍ତ କରିବା ଉଚିତ। ଉତ୍ତମ ପାରିଶ୍ରମିକ ଦେଇ ସନ୍ତୁଷ୍ଟ ନ ରଖିଲେ ସେ କାର୍ଯ୍ୟରେ ହେଳା କରିବ। ସଖୀର ତାତ୍ପର୍ଯ୍ୟ, ନୀଚକୁଳସମ୍ଭବା ଦୂତୀ ଖଳ ଭଳି ଦ୍ୱିମୁଖ-ସୁମଧୁର କଥା କହି ଶ୍ରୋତାର ହୃଦୟକୁ ତୋଷଦାନ କରେ। ଭୋଜନ ଦ୍ରବ୍ୟ ଶେଷ ହେଲେ ନିରତିଶୟ କ୍ରୋଧରେ ଫାଟିପଡ଼େ। ଖାଉଥିଲା ପର୍ଯ୍ୟନ୍ତ ଗାଉଥାଏ, ଖିଆ ଶେଷ ହେଲେ ନିନ୍ଦା ରଚନା କରି ବୁଲେ। ସେ ସତେ ଯେପରି ମୂରଜ ବାଦ୍ୟ। ମୃଦଙ୍ଗର ମୁଖରେ ପିଷ୍ଟକ-ଲେପ ପୁରୁଣା ହୋଇ ଝଡ଼ିପଡ଼ିଲେ ତାହା ବିରସ ଶବ୍ଦରେ ଶ୍ରୁତିକଟୁ ହୋଇଉଠେ; ଶ୍ରବଣସୁଖଦାୟୀ ହୁଏନାହିଁ।

ତହ ସୋଣ୍ହାଇ ପୁଲଇଓ ଦର-ବଲି ଅନ୍ତଦ୍ଧ-ତାରଅଂ ପହିଓ।
ଜହ ବାରଓ ବି ଘର-ସାମିଏଣ ଓଲିନ୍ଦଏ ବସିଓ । ୫୪ ।

(ତଥା ସ୍ନୁଷୟା ପ୍ରଲୋକିତୋ ଦର-ବଳିତାର୍ଦ୍ଧ-ତାରକଂ ପଥିକଃ।
ଯଥା ବାରିତୋଽପି ଗୃହ-ସ୍ୱାମିନୋ ଅଳିନ୍ଦକେ ସୁପ୍ତଃ।) - ସୁନ୍ଦର

ବଧୂଟି ଆଖିର ଅଧା ତାରାକୁ କିଞ୍ଚିତ୍ ବୁଲାଇ ଏପରି ଦେଖିଲା ଯେ ଗୃହସ୍ୱାମୀର ବାରଣ ସତ୍ତ୍ୱେ ପଥିକ ଅଳିନ୍ଦରେ ହିଁ ଶୋଇଗଲା।

ବ୍ୟାଖ୍ୟା - ନାୟିକା ପ୍ରୋଷିତଭର୍ତ୍ତୃକା। ସଂଧ୍ୟା ସମୟରେ ପଥିକଟି ଆସି ରାତ୍ରି-ଯାପନ ପାଇଁ ପହଞ୍ଚିଛି। ଅପରିଚିତକୁ ଆଶ୍ରୟ ଦେବା ଅନୁଚିତ, ଏଥିପାଇଁ ଗୃହସ୍ୱାମୀ ତାକୁ ଅନ୍ୟତ୍ର ଯିବା ପାଇଁ କହିଛି। ମାତ୍ର ପୁତ୍ରବଧୂ ପଥିକଟି ଆଡ଼କୁ ଦୃଷ୍ଟି ଢାଳି ବଳିତ ନୟନରେ ଅଧା ଅଧା ଚାହିଁବାରୁ ପଥିକର ହୃଦୟରେ ମଧୁ ଢାକିହେଇଯାଉଛି। ଗୃହପତି ତଡ଼ିଦେଲେ ମଧ୍ୟ ସେ ମନା ମାନୁ ନାହିଁ। ବଧୂର ଆଖିର ଭାଷାରୁ ସେ ଜାଣିପାରିଛି, ବଧୂଟି ତା ପ୍ରତି ଆସକ୍ତ। ସେ ତେଣୁ ନିଶ୍ଚିନ୍ତ ମନରେ ଅଳିନ୍ଦରେ ଶୋଇରହିଛି।

ଲହୁଅନ୍ତି ଲହୁଂ ପୁରିସଂ-ପବ୍ବଅ-ମେତ୍ତଂ ପି ଦୋ ବି କଜ୍ଜାଇଂ
ଣିବ୍ବରଣମଣିବ୍ବୂଢ଼େ ଣିବ୍ବୂଢ଼େ ଜଂ ଅ ଣିବ୍ବରଂ। ୫୫।
(ଲଘୟତୋ ଲଘୁ ପୁରୁଷଂ ପର୍ବତ-ମାତ୍ରମପି ଦ୍ୱେ ଅପି କାର୍ଯେ।
ନିର୍ବରଣମନିର୍ବ୍ୟୂଢ଼େ ନିର୍ବ୍ୟୂଢ଼େ ଯଚ୍ଚ ନିର୍ବରଣମ୍।) - ଗୋବିନ୍ଦ ସ୍ୱାମୀ

ପର୍ବତ ସମାନ ଉନ୍ନତ ପୁରୁଷକୁ ମଧ୍ୟ ଦୁଇଟି କାର୍ଯ୍ୟ ଶୀଘ୍ର ଲଘୁ କରିପକାଏ - ଯାହା ଅନିଷ୍ପନ୍ନ ହୋଇ ନିବେଦନ କରାଯାଏ ଓ ଯାହା ନିଷ୍ପନ୍ନ ହେବା ପରେ ନିବେଦନ କରାଯାଏ।

ବ୍ୟାଖ୍ୟା - ନୀତିମୂଳକ ଗାଥା। ଦୁଇଟି ଦୋଷ ଯୋଗୁ ପର୍ବତ ଭଳି ଉନ୍ନତ ଲଘୁ ହୋଇଯାନ୍ତି - ଏକରେ ଯେଉଁ କାର୍ଯ ସଂପାଦିତ ହୋଇସାରିନାହିଁ, ତା ବିଷୟରେ ଆତ୍ମଗୁଣର ପ୍ରଶଂସା ନିଜ ତୁଣ୍ଡରେ ଗାଇଲେ ବ୍ୟକ୍ତିର ଆତ୍ମଶ୍ଲାଘା ହିଁ ଘୋଷିତ ହୁଏ। "ଆତ୍ମଶ୍ଲାଘା ଘୋଡ଼ାଏ ପ୍ରତିଭା।" କାର୍ଯ୍ୟରେ ସାଫଲ୍ୟ ଅର୍ଜନ ନ କରି ପୂର୍ବରୁ କହିବୁଲିଲେ ନିଜକୁ ଲଘୁ କରିଦିଆଯାଏ। ସେହିପରି କାର୍ପ ନିଷ୍ପନ୍ନ ହୋଇସାରିବା ପରେ ମଧ୍ୟ ଆତ୍ମଶ୍ଲାଘାର ନିବେଦନ ନିଷ୍ପ୍ରୟୋଜନ; କାରଣ କାର୍ଯ୍ୟରୁ ହିଁ ତାର ପରିଚୟ ମିଳେ।

କଂ ତୁଙ୍ଗ-ଥଣୁକ୍ଖିତ୍ତେଣ ପୁତ୍ତି ଦାରଟ୍ଠିଆ ପଲୋଏସି।
ଉଣ୍ଣାମିଅ-କଲସ-ଣିବେସି ଅଗଘ-କମଲେଣ ବ ମୁହେଣ ।୫୬।
(କଂ ତୁଙ୍ଗ-ସ୍ତନୋତ୍କ୍ଷିପ୍ତେନ ପୁତ୍ରି ଦ୍ୱାର-ସ୍ଥିତା ପ୍ରଲୋକୟସି।
ଉନ୍ନାମିତ କଳଶ-ନିବେଶିତାର୍ଘ-କମଳେନେବ ମୁଖେନ।) - ପାଳିତ

ଝିଅ, ଉନ୍ନତ କଳସଦ୍ୱୟ ଉପରେ ନିବେଶିତ ଅର୍ଘ୍ୟ ପଦ୍ମ ଭଳି ତୁଙ୍ଗ ସ୍ତନଦ୍ୱୟ

ଉପରେ ଉତ୍କ୍ଷିପ୍ତ ମୁଖକୁ ରଖି ଦ୍ୱାରଦେଶରେ ଠିଆ ହୋଇ ତୁ କାହାକୁ ଚାହିଁ ରହିଛୁ ?

ବ୍ୟାଖ୍ୟା - ନାୟିକା ପ୍ରିୟ ପ୍ରତୀକ୍ଷାରେ ଦ୍ୱାର-ଦେଶରେ ଉଭା ହୋଇ ଦୂରକୁ ଉଦାସ ଦୃଷ୍ଟିରେ ଚାହିଁରହିଛି। ତାକୁ ଏଇପରି ଅବସ୍ଥାରେ ଦେଖି ବୟସ୍କା ନାରୀଟିଏ କହୁଛି - ଝିଅ, ତୋର ତୁଙ୍ଗ ସ୍ତନଯୁଗ ପୂଜାର କଳସ ଭଳି, ତା' ଉପରେ ତୋର ମୁହଁଟି ଯେପରି ରକ୍ତକମଳର ଅର୍ଘ୍ୟ। ଆହା, କି ସୁନ୍ଦର ସାମଞ୍ଜସ୍ୟ ! ଆଗୋ ସୁତନୁକା, ଦ୍ୱାରରେ ଉଭା ହୋଇ ତୁ କାହା ପଥ ଚାହିଁରହିଛୁ ? ମୋର ମନେହୁଏ, ତୁ ନିଶ୍ଚୟ କାହାକୁ ହୃଦୟ ଅର୍ପଣ କରିଛୁ। କେହି ତୋର ହୃଦୟ ହରଣ କରିନେଇଥିବାରୁ ତୋର ମନ ଓ ଦୃଷ୍ଟିରେ ଉଦାସ ଛାୟା ଭାସିବୁଲୁଛି। "ଉଦାସୀନବାଣୀ ଅଟଳ ଚାହାଁଣି, ହୃଦ ହୃଦୟର କହଇ କାହାଣୀ।"

ବଇ-ବିବର-ଣିଗ୍ଗଅ-ଦଲୋ ଏରଣ୍ଡୋ ସାହଇ ଢ ତରୁଣାଣଂ।
ଏତ୍ଥ ଘରେ ହଲିଅ-ବହୂ ଏଢହମେତ୍ତ-ତ୍ଥଣୀ ବସଇ ।୫୭।
(ବୃତି-ବିବରନିର୍ଗତ-ଦଳ ଏରଣ୍ଡଃ ସାଧୟତୀବ ତରୁଣେଭ୍ୟଃ।
ଅତ୍ର ଗୃହେ ହଲିକ-ବଧୂରେତାବନ୍ମାନ୍ତ-ସ୍ତନୀ ବସତି।) ଉଦ୍ଧବ

ବୃତିର ଛିଦ୍ରରୁ ପତ୍ର ନିର୍ଗତ କରିଥିବା ଏରଣ୍ଡ ସତେ ଯେପରି ତରୁଣମାନଙ୍କୁ ସୂଚନା ଦେଉଛି ଯେ ଏ ଘରେ ଏଇ ପରିମାଣ ସ୍ତନୀ ହାଳିକ- ବଧୂ ବାସକରୁଛି।

ବ୍ୟାଖ୍ୟା - ନାଗରିକର ସହଚର ପ୍ରତି ଉକ୍ତି। ଘର ପାଖରେ ଥିବା ବେଡ଼ାର ଛିଦ୍ରରୁ ଏରଣ୍ଡ ଦଳ ବାହାରିପଡ଼ିଛି। ତାହାକୁ ଦେଖି ରସିକତ୍ୱ ପ୍ରକାଶ କରି ନାଗରିକ କହିଛି - ହେ ସଖା, ଏରଣ୍ଡର ଦଳ ବୃତ୍ତିର ବିବରରୁ ବାହାରିଆସି ସତେକି ସ୍ତନ ଆକାରରେ ତରୁଣମାନଙ୍କୁ ନୟନଫଳ ପ୍ରଦାନ କରୁଛି। ସୂଚନାରେ ତରୁଣଦଳ ବୁଝିପାରୁଛନ୍ତି ଯେ ଏଇ ଗୃହରେ ହାଳିକବଧୂ ବାସକରୁଛି, ଯାହାର ସ୍ତନର ପ୍ରମାଣ ଏଇ ଏରଣ୍ଡ ଦଳ ଭଳି।

ଗଅ-କଲହ-କୁମ୍ଭ-ସଂଣିହ-ଘଣ-ପୀଣ-ଣିରନ୍ତରେ ହିଁ ତୁଙ୍ଗେହିଂ।
ଉସ୍ସସିଉଂ ପିଣ ତୀରଇ କିଂ ଉଣ ଗନ୍ତୁଂ ହଅ-ଥଣେହିଂ । ୫୮ ।
(ଗଜ-କଲଭ-କୁମ୍ଭ-ସଂନିଭ-ଘନ-ପୀନ-ନିରନ୍ତରାଭ୍ୟାଂ ତୁଙ୍ଗାଭ୍ୟାମ୍।
(ଗଜ-କଲଭ-କୁମ୍ଭ-ସଂନିଭ-ଘନ-ପୀନ-ନିରନ୍ତରାଭ୍ୟାଂ ତୁଙ୍ଗାଭ୍ୟାମ୍।
ଉଚ୍ଛ୍ୱସିତୁମପି ନ ତୀରୟତୀ କିଂ ପୁନର୍ଗନ୍ତୁଂ ହତ ସ୍ତାନାଭ୍ୟାମ୍।)- କବିରାଜ।

ହସ୍ତୀଶାବକର କୁମ୍ଭସଦୃଶ, ଘନ ସନ୍ନିବିଷ୍ଟ, ପୀନ, ନିରନ୍ତର ଓ ତୁଙ୍ଗ ସ୍ତନଦ୍ୱୟଭାରରେ ସେ ଶ୍ୱାସ-ପ୍ରଶ୍ୱାସ କାର୍ଯ୍ୟ ମଧ୍ୟ ସଂପାଦନ କରିପାରୁନାହିଁ; ଯିବା କଥା ତ ଦୂରରେ।

ବ୍ୟାଖ୍ୟା - ନାୟିକାର ଗୁରୁ-ଯୌବନର ସୂଚନା ଦେଇ ନାୟକର ପ୍ରୋତ୍ସାହନାର୍ଥ ଦୂତୀ-ଉକ୍ତି-ସ୍ତନଭାରରେ ସେ ବାଳା ନିଃଶ୍ୱାସ-ପ୍ରଶ୍ୱାସ-କ୍ରିୟା ସଂପାଦନ କରି ପାରୁନାହିଁ; ଚାଲିବା ତ ଦୂରର କଥା। ହାତୀଛୁଆର କୁମ୍ଭ ଭଳି ଦୁଇ ପୀନ ସ୍ତନ ଏପରି ଘନ ସନ୍ନିବିଷ୍ଟ ଓ ପରସ୍ପର ଲଗାଲଗି ହୋଇ ବଢ଼ିଛନ୍ତି ଯେ ସେଇ ଭାରରେ ତରୁଣୀଟିର ନିଃଶ୍ୱାସ ନେବାକୁ କଷ୍ଟ ହେଉଛି। ଗୁରୁ-ଯୌବନ ହେତୁ ତାର ଗତି ମନ୍ଥର। ତେଣୁ ସେ ତୁମ ପାଖକୁ ଆସିପାରିବ ନାହିଁ; ତୁମେ ତା ପାଖକୁ ଯାଅ।

ମାସ-ପସୂଅଂ ଛମ୍ମାସ-ଡବ୍‌ଭିଣିଂ ଏକ୍‌କ-ଦିଅହ-ଜରିଅଂ ଚ।
ରଙ୍ଗୁଭିଣ୍ଣଂ ତ ପିଅଂ ପୁତ୍ତଅ କାମନ୍ତଓ ଦୋହି। ୫୯।
(ମାସ-ପ୍ରସୂତାଂ ଷଣ୍ମାସ-ଗର୍ଭିଣୀଂ ଏକ-ଦିବସ-ଜ୍ୱରିତାଂ ଚ।
ରଙ୍ଗୋତ୍ତୀର୍ଣ୍ଣାଂ ଚ ପ୍ରିୟାଂ ପୁତ୍ରକ କାମୟମାନୋ ଭବ।) କବିରାଜ

ହେ ପୁଅ, ମାସ ମାତ୍ର ପ୍ରସୂତା, ଛଅ ମାସ ଗର୍ଭବତୀ, ଏକ ଦିନର ଜ୍ୱରରେ ଆତୁରା ଓ ରଙ୍ଗଭୂମିରୁ ପ୍ରତ୍ୟାବୃତ୍ତା - ଏଇ ଭଳି ପ୍ରିୟାକୁ କାମନା କରିବୁ।

ବ୍ୟାଖ୍ୟା - କେଉଁ ନାରୀ ଉପଭୋଗ ନିମନ୍ତେ ପ୍ରଶସ୍ତା, ତାହାର ସୂଚନା ଦେଇ ବେଶ୍ୟା ମାତାର କାମୁକ ପ୍ରତି ଉକ୍ତି - ପ୍ରସବ ପରେ ଯାହାର ଏକ ମାସ ଅତୀତ ହୋଇଛି, ଯେ ଛଅ ମାସ ମାତ୍ର ଗର୍ଭବତୀ, ଯେ ଗୋଟିଏ ଦିନ ଜର ଭୋଗିଛି ଓ ଯେ ଯାନିଯାତ୍ରା ଦେଖି ଫେରିଆସିଛି, ସେପରି ପ୍ରିୟାକୁ ଆଦରରେ ଭୋଗ କର। ତୋତେ ଏ ଗୁଢ଼ ରହସ୍ୟ କହିବାର ଉଦ୍ଦେଶ୍ୟ ହେଲା, ଏମାନେ ଏଇ ସମୟରେ ସହଜସାଧ ଓ ସୁଖଦାୟିନୀ।

ପଡ଼ିବକ୍‌ଖ-ମଣ୍ଣୁ-ପୁଞ୍ଜେ ଲାବଣ୍ଣ-ଉଢ଼େ ଅଣଙ୍ଗ-ଗଅ-କୁମ୍ଭେ।
ପୁରିସ-ସଅ-ହିଅଅ-ଧରିଏ କୀସ ଥଣନ୍ତୀ ଥଣେ ବହସି। ୬୦।
(ପ୍ରତିପକ୍ଷ-ମନ୍ୟୁ-ପୁଂଜୌ ଲାବଣ୍ୟ-କୁଟାବନଙ୍ଗ-ଗଜ କୁମ୍ଭୌ।
ପୁରୁଷ-ଶତ-ହୃଦୟ-ଧୃତୌ କିମିତି ସ୍ତନନ୍ତୀ ସ୍ତନୌ ବହସି।) - ଉଦ୍ଧବ

ପ୍ରତିପକ୍ଷର କ୍ରୋଧପୁଂଜ, ଲାବଣ୍ୟର ଗୃହ, ଅନଙ୍ଗ ଗଜର କୁମ୍ଭ ଓ ଶତ ଶତ ପୁରୁଷଙ୍କ ହୃଦୟରେ ଅଭିଳକ୍ଷିତ ସ୍ତନଦ୍ୱୟକୁ ତୁମେ କାହିଁକି ସଗର୍ବରେ ବହନ କରୁଛ ?

ବ୍ୟାଖ୍ୟା - ନାୟିକା ପ୍ରତି ବିଦଗ୍ଧ ନାୟକର ଉକ୍ତି - ଆଗୋ ସ୍ତନର୍ବଜୁଳା ମଂଜୁଳା ନବବଧୂ, ତୁମର ସ୍ତନ ସପତ୍ନୀରୂପ ପ୍ରତିପକ୍ଷମାନଙ୍କର ପୁଂଜୀଭୂତ କ୍ରୋଧର ପ୍ରତୀକ, ଅର୍ଥାତ୍ ତୁମ ସ୍ତନ ସେମାନଙ୍କର ମନସ୍ତାପବିଧାୟକ, ଅନଙ୍ଗ ଗଜ କୁମ୍ଭ ପ୍ରାୟ ଶତ ପୁରୁଷର କାମନାର ଧନ କୁଚଯୁଗ କାହିଁକି ବହନ କରୁଛ ଯଦି ତାହା ମୋ ଭଳି ବ୍ୟକ୍ତିର ଉପଭୋଗରେ ନ ଆସେ ? ବୃଥା ତୁମର ସ୍ତନଧାରଣ, ବୃଥା ତୁମର ସେଥିପାଇଁ ଗର୍ବ।

ଘରିଣି-ଘଣ-ତ୍ଥଣ-ପେଲ୍ଲଣ-ମୁହେଲ୍ଲି-ପଡ଼ିଅସ୍‌ସ ହୋନ୍ତ-ପହିଅସ୍‌ସ।
ଅବସଉଣଙ୍ଗାରଅ-ବାର-ବିଟ୍‌ଠି-ଦିଅହା ସୁହାବେନ୍ତି । ୬୧।
(ଗୃହିଣୀ-ଘନ-ସ୍ତନ-ପ୍ରେରଣ-ସୁଖକେଳି-ପତିତସ୍ୟ ଭବିଷ୍ୟତ୍ -ପଥିକସ୍ୟ।
ଅପଶକୁନାଙ୍ଗାରକ-ବାର-ବିଷ୍ଟି-ଦିବସାଃ ସୁଖୟତି।) - ଦୁର୍ବିଦଗ୍ଧ

ଗୃହିଣୀର ଘନସ୍ତନପୀଡ଼ନ ଜନିତ ସୁଖକେଳିରେ ନିମଗ୍ନ ତଥା ଭବିଷ୍ୟତରେ ପ୍ରବାସଗାମୀ ପଥିକର ଅପଶକୁନ ମଙ୍ଗଳବାର ଓ ଭଦ୍ରାଦୋଷରେ ଅଶୁଭ ଦିବସ ସୁଖଦାୟକ ହୋଇଥାଏ।

ବ୍ୟାଖ୍ୟା - ବିଦଗ୍ଧର ସହଚର ପ୍ରତି ଉକ୍ତି। ଗ୍ରାମର କୌଣସି ନବବିବାହିତ ଯୁବକର ବିଦେଶଯାତ୍ରା ନିରୂପିତ ହୋଇଥିଲା। ମାତ୍ର ସେଦିନ ସେ ଯାତ୍ରା ବନ୍ଦ ରଖିବାରୁ ଓ ସହଚର କାରଣ ପ୍ରଶ୍ନ କରିବାରୁ ବିଦଗ୍ଧ ଉତ୍ତର ଦେଇଛି - ଗୃହିଣୀର ସ୍ଥୁଳସ୍ତନପୀଡ଼ନ ଜନିତ ସୁଖରେ ବିଭୋର ବ୍ୟକ୍ତିର ଆଗମୀ ଦିବସରେ ପ୍ରବାସଯାତ୍ରା ମଙ୍ଗଳବାର ଓ ବିଷ୍ଟି ବା ଭଦ୍ରାତିଥି ବିଷମ ଯୋଗ ପଡୁଛି - ଏହା 'ଯାତ୍ରା-ନିଷେଧ' ସୂଚନା ଦେଉଛି। ଏଣୁ ତାହା ଆଜି ଯୁବକଟି ପକ୍ଷରେ ପରମ ସୁଖଦାୟକ ପ୍ରତୀତ ହେଉଛି। କୌଣସି ଆଳରେ ଗୃହରେ ରହିବା ଯୁବକଟିର ଉଦ୍ଦେଶ୍ୟ।

ସା ତୁହ କଏଣ ବାଲଅ ଆଣିସଂ ଘର-ଦାର-ତୋରଣ-ଣିସଣ୍ଣା।
ଓସସଈ ବନ୍ଦଣ-ମାଲିଅ ବ୍ୱ ଦିଅହଂ ଚ୍ଚିଅ ବରାଈ । ୬୨ ।
(ସା ତବ କୃତେନ ବାଳକ ଅନିଶଂ ଗୃହ-ଦ୍ୱାର-ତୋରଣ-ନିଷଣ୍ଣା।
ଅବଶୁଷ୍ୟତି ବନ୍ଦନ-ମାଳିଦେବ ଦିବସମେବ ବରାକୀ।) - ଦୁର୍ବିଦଗ୍ଧ

ହେ ବାଳକ, ସେଇ ଅଭାଗିନୀ ତୁମ ପାଇଁ ସର୍ବଦା ଗୃହଦ୍ୱାର ତୋରଣରେ ଲାଗିଥିବା ବନ୍ଦନମାଳିକା ପ୍ରାୟ ଏକାଦିନରେ ହିଁ ଶୁଖିଯିବାକୁ ଲାଗିଛି।

ବ୍ୟାଖ୍ୟା - ନାୟକ ପ୍ରତି ଦୂତୀ ଉକ୍ତି - ହେ କିଶୋର ପ୍ରେମିକ, ତୁମ ପାଇଁ ସେଇ ଦୀନା ବାଳା ତୋରଣଦେଶରେ ବସି ରହଛି - ସେ ସତେ ଯେପରି ଦ୍ୱାରଦେଶରେ ଲମ୍ବିତ ଚନ୍ଦନମାଳା; ତାକୁ ଦ୍ୱାରରେ ଠିଆହେବା ଦେଖି ମୋର ଏଇ ଉପମା ମନକୁ ଆସୁଛି। ମୁଖଟି ତାର ବିରସ ମଳିନ। "ଆସି ହେଲାଣି ସଂଜ ଆସିଲେ ନାହିଁ, ନିରାଶ କଲ ଏତେ ଭାବ ଲଗାଇ।" ଦିନ ଶେଷ ଦେଖି ବ୍ୟର୍ଥକାତର ଦୃଷ୍ଟିରେ ତୁମ୍ଭ ପଥ ଚହିଁରହି ବନ୍ଦନମାଳା ଭଳି ଶୁଖିଯିବାକୁ ଲାଗିଛି।

ହସିଅଂ ସହତ୍‌ଥ ତାଲଂ ସୁକ୍‌ଖ-ବଡ଼ଂ ଉବଗଏହିଂ ପହିଏହିଂ।
ପତ୍ତଅ-ଫଲାଣଁ ସରିସେ ଉଡ୍‌ଡ଼ୀଣେ ସୂଅ-ବିନ୍ଦମ୍ମି । ୬୩ ।
(ହସିତଂ ସହସ୍ତ-ତାଳଂ ଶୁଷ୍କ-ବଟମୁପଗତୈଃ ପଥିକୈଃ।
ପତ୍ର-ଫଳାନାଂ ସଦୃଶେ ଉଡ୍‌ଡୀନେ ଶୁକ-ବୃନ୍ଦେ।) - ଅନୁଲକ୍ଷ୍ମୀ

ପତ୍ର ଓ ଫଳସଦୃଶ ଶୁକପକ୍ଷୀମାନେ ଉଡ଼ିଯିବାରୁ ଶୁଷ୍କ ବଟବୃକ୍ଷ ନିକଟରେ ଉପସ୍ଥିତ ପଥିକ ହାତରେ ତାଳି ବଜାଇ ହସିଥିଲା।

ବ୍ୟାଖ୍ୟା - କୃତ୍ରିମ ଶୋଭା କ୍ଷଣସ୍ଥାୟୀ; ସହଜ-ସୌନ୍ଦର୍ଯ୍ୟ ଓ ଆହାର୍ଯ-ସୌନ୍ଦର୍ଯ୍ୟ ମଧ୍ୟରେ ପାର୍ଥକ୍ୟ ଦର୍ଶାଇବା ପାଇଁ ଅନ୍ୟୋପଦେଶ ଦ୍ୱାରା କୌଣସି ନାୟିକାର ଉକ୍ତି - ଫଳପତ୍ରହୀନ ବୃଦ୍ଧ ବଟବୃକ୍ଷରେ ଶୁକଦଳ ବସା ବାନ୍ଧିଛନ୍ତି। ଶୁକମାନଙ୍କର ଦେହ ଯେପରି ସବୁଜ ପତ୍ର ଓ ରକ୍ତଂଚୂସମୂହ ରକ୍ତ ବରଫଳ ସଦୃଶ। ଯେତେବେଳେ ଶୁଆଗୁଡ଼ିକ ଆକାଶରେ ଉଡ଼ିଲେ, ଗଛର ଶୋଚନୀୟ ଅବସ୍ଥା ଘଟିଲା ଓ ପଥିକଟି ତାଳି ମାରି ହସିଲା। କାରଣ ସେ ପୂର୍ବରୁ ଯାହାକୁ ପତ୍ର ଫଳ ବୋଲି ଭାବିଥିଲା, ତାହା ଏବେ ମିଥ୍ୟା ପ୍ରମାଣିତ ହେଲା। କୃତ୍ରିମ ଶୋଭାର ପରିଣତି ଏହିପରି ସିନା।

ଅଜ୍ଜ ମ୍ହି ହାସିଆ ମାମି ତେଣ ପାଏସୁ ତହ ପଡ଼ନ୍ତେଣ।
ତୀଏ ବି ଜଲନ୍ତିଂ ଦୀବ-ବତ୍ତିମବ୍ଭୁଣ୍ଣେ ଅନ୍ତୀଏ ।୬୪।
(ଅଦ୍ୟାସ୍ମି ହାସିତା ମାତୁଲାନି ତେନ ପଦୟୋସ୍ତଥା ପତତା।
ତଥାପି ଜ୍ୱଳନ୍ତୀଂ ଦୀପ-ବର୍ତିମଭ୍ୟୁତ୍ତେଜୟନ୍ତ୍ୟା।) - ହାଳ

ଆଗୋ ମାଈଁ, ସେ ସେଇଭଳି ପାଦତଳେ ପଡ଼ିଲେ ଓ ସେ ମଧ୍ୟ ଜଳୁଥିବା ଦୀପ-ବର୍ତ୍ତିକାକୁ ସମଧିକ ଉତ୍ତେଜିତ କରି ମୋତେ ଆଜି ଖୁବ୍ ହସାଇଲେ।

ବ୍ୟାଖ୍ୟା - ମାତୁଳାନୀ ପ୍ରତି ନାୟିକା ଉକ୍ତି। ମାନଲୀଳାରେ ସଖୀ ନାୟିକାକୁ ଯେପରି ନଚାଏ, ସେ ସେପରି ନାଚେ। ଆଜି କଥା ଥିଲା, ନାୟକ ପାଦତଳେ ନ ପଡିଲେ ନାୟିକାମାନ ଛାଡିବ ନାହିଁ। କୋପନା ପ୍ରିୟାକୁ ପ୍ରସନ୍ନ କରିବାପାଇଁ ନାୟକ ଶୟନଗୃହରେ ତା'ର ପାଦତଳେ ପଡ଼ିଛି। ନାୟକ-ନାୟିକାଙ୍କର ଏଇ ଖେଳ ମଝିରେ ସଖୀ ସହସା ଦୀପ ଜାଳି ଦେଲା। ସଖୀ ଖୁବ୍ ଭଲ ଖେଳ ଦେଖାଇଲା। ଏଥିରେ ନାୟିକା ହସି ହସି ଗଡ଼ିଗଲା।

ଅଣୁବତ୍ତଣଂ କୁଣନ୍ତୋ ବେସେ ବି ଜଣେ ଅହିଷ୍ଟ-ମୁହ-ରାଓ।
ଅପ୍ପ-ବସୋ ବି ହୁ ସୁଅଣୋ ପର-ବ୍ଦସୋ ଆହିଆଇଏ ।୬୫।
(ଅନୁବର୍ତନଂ କୁର୍ବନ୍‌ଦ୍ୱେଷ୍ୟେଽପି ଜନେଽଭିନ୍ନ-ମୁଖ-ରାଗଃ।
ଆତ୍ମବଶୋଽପି ଖଳୁ ସୁଜନଃ ପର-ବଶଃ ଆଭିଜାତ୍ୟସ୍ୟ।) - ହାଳ

ସୁଜନ ଅପ୍ରିୟଜନର ଅନୁବର୍ତ୍ତନ କଲେ ମଧ୍ୟ ମୁଖରାଗ ଅପରିବର୍ତ୍ତିତ ରଖିଥାନ୍ତି; ସେ ଆତ୍ମବଶ ହେଲେ ମଧ୍ୟ ଅଭିଜାତର ବଶବର୍ତ୍ତୀ ହୋଇଥାନ୍ତି।

ବ୍ୟାଖ୍ୟା - ନାୟିକା ପ୍ରତି ସଖୀ-ଉକ୍ତି। ପ୍ରିୟ ସପତ୍ନୀ ପ୍ରତି ଅନୁରକ୍ତ; ନାୟିକା ମନରେ ତେଣୁ ବ୍ୟଥା ପାଉଛି। ସଖୀ ତାହାକୁ ପରାମର୍ଶ ଦେଉଛି - ସୁଜନ ଅପ୍ରିୟ

ଲୋକର ସେବା କରି ମଧ୍ୟ ହାସ୍ୟମୁଖରେ ରହିଥାନ୍ତି; ଅର୍ଥାତ୍ ଦ୍ୱେଷ୍ୟ ପ୍ରତି ତାଙ୍କର ମୁଖରାଗରେ ଯେପରି କୌଣସି ପରିବର୍ତ୍ତନ ନ ଆସେ, ସେଥିପ୍ରତି ସେ ସାବଧାନ ରହିଥାନ୍ତି। ସେ ଅଭିଜାତର ବଶବର୍ତ୍ତୀ। ତାଙ୍କର ଆଚରଣରେ ମନ ସନ୍ତୋଷ ଲାଭ କରେ। ତୁ ପ୍ରିୟ ପ୍ରତି ସେଇପରି ବ୍ୟବହାର ପ୍ରଦର୍ଶନ କର; ଯେପରି ସେ ଜାଣି ପାରିବେ ନାହିଁ ଯେ ତୋ ମନରେ ତାଙ୍କ ପ୍ରତି ଅଶ୍ରଦ୍ଧା ଭାବ ରହିଛି।

ଅଣୁଦିଅହ-ବଡ୍‌ଢିଆଅର-ବିଣ୍ଣାଣଗୁଣେହିଁ ଜଣିଅ-ମାହପ୍ପୋ।
ପୁତ୍ତଅ ଅହିଆଅ-ଜଣୋ ବିରଜ୍ଜମାଣୋ ବି ଦୁଲ୍ଲକ୍‌ଖୋ ।୬୬।
(ଅନୁଦିବସ-ବର୍ଦ୍ଧି ତାଦର-ବିଜ୍ଞାନ-ଗୁଣୈଃ ଜନିତ-ମାହାତ୍ମ୍ୟଃ।
ପୁତ୍ରକ ଅଭିଜାତ-ଜନୋ ବିରଜ୍ୟମାନୋଽପି ଦୁର୍ଲକ୍ଷ୍ୟଃ।) -ପରାକ୍ରମ

ଏହା ପୁଅ, ପ୍ରତିଦିନ ଆଦର ଓ ଜ୍ଞାନ ଗୁଣ ଦ୍ୱାରା ଯାହାର ମହତ୍ତ୍ୱ ବୃଦ୍ଧି ପାଇଥାଏ, ସେପରି ଅଭିଜାତ ଜନ ବିରକ୍ତ ହେବା କଷ୍ଟରେ ଲକ୍ଷ୍ୟ କରାଯାଏ।

ବ୍ୟାଖ୍ୟା - ନାୟକ ପ୍ରତି ବର୍ଷୀୟସୀ ମହିଳାର ଉକ୍ତି - ପୁଅ, ତୋର ଆଚରଣରେ ସେ ସନ୍ତୁଷ୍ଟ ନ ହେଲେ ମଧ୍ୟ ମନର ବିରକ୍ତ ଭାବକୁ ତୋ ଆଗରେ ପ୍ରକାଶ କରୁନାହିଁ। ସେ ଅଭିଜାତବଂଶଜା, ଆଦର ଓ ଜ୍ଞାନଗୁଣସମନ୍ୱିତା। ସେଇ ମହତ୍ ଗୁଣର ଅଧିକାରିଣୀ ହୋଇଥିବାରୁ ତୁ ତା' ପ୍ରତି ନିଷ୍ଠୁର ଆଚରଣ କଲେ ମଧ୍ୟ ତାର ବ୍ୟବହାରରେ ଶାଳୀନତା ଫୁଟିଉଠୁଛି। ଯେଉଁ ମହାଜନ ଜ୍ଞାନଗରିମାର ତୁଙ୍ଗ ଶିଖରରେ ଆରୂଢ଼ ହୋଇଥାନ୍ତି, ତାଙ୍କୁ କେବେ ବିରାଗବଶତଃ ବିରସ ମନ ବା ବିରକ୍ତ ହେବା ଦେଖିବାକୁ ମିଳେ ନାହିଁ। ମହତ୍ ବ୍ୟକ୍ତି ଅନ୍ତରରେ ବ୍ୟଥା ପାଇଲେ ମଧ୍ୟ ମୁଖରେ ପ୍ରକାଶ କରନ୍ତି ନାହିଁ।

ବିଣ୍ଣାଣ-ଗୁଣ-ମହଗ୍‌ଘେ ପୁରିସେ ବେସତ୍ତଣଂ ପି ରମଣିଜ୍ଜଂ।
ଜଣ-ଣିନ୍ଦିଏ ଉଣ ଜଣେ ପିଅତ୍ତଣେଣାବି ଲଜ୍ଜାମୋ ।୬୭।
(ବିଜ୍ଞାନ-ଗୁଣ-ମହାର୍ଘେ ପୁରୁଷେ ଦ୍ୱେଷ୍ୟତ୍ୱମପି ରମଣୀୟମ୍।
ଜନ-ନିନ୍ଦିତେ ପୁନର୍ଜନେ ପ୍ରିୟତ୍ୱେନାପି ଲଜ୍ଜାମହେ।) - ଶବରଶକ୍ତି

ବିଜ୍ଞାନଗୁଣରେ ଗରୀୟାନ୍ ପୁରୁଷଠାରେ ଦ୍ୱେଷ୍ୟଭାବ ମଧ୍ୟ ରମଣୀୟ; ପରନ୍ତୁ ଜନ-ନିନ୍ଦିତ ବ୍ୟକ୍ତିର ପ୍ରିୟତ୍ୱ ଲାଭ କଲେ ମଧ୍ୟ ମୁଁ ଲଜ୍ଜିତ ହେଉଛି।

ବ୍ୟାଖ୍ୟା - ନାୟିକା ନିଜ ପୁରୁଷ ପ୍ରତି ବିରକ୍ତ; କାରଣ ସେ ଜନ-ନିନ୍ଦିତ। ତେଣୁ ସେପରି ଲୋକ ତାକୁ ପ୍ରେମରେ ଧନ୍ୟ କରିବାକୁ ସେ ଚାହେଁ ନାହିଁ। ପରପୁରୁଷ ପ୍ରତି ଅନୁରାଗର ସୂଚନା ଦେଇ ସେ କହିଛି - ଜ୍ଞାନ ଗରୀୟାନ୍ ଦୁର୍ଲଭଜନଙ୍କ ନିକଟରେ ମୁଁ ଅପ୍ରିୟ ହେଲେ ମଧ୍ୟ ମୋର ଦୁଃଖ ନାହିଁ; କିନ୍ତୁ ସଂସାର ଯାହାକୁ ନିନ୍ଦା କରେ, ସେପରି ବ୍ୟକ୍ତିର ସ୍ନେହ ପାଇ ମଧ୍ୟ ମୁଁ ଲଜ୍ଜିତ।

କହଁ ଣାମ ତୀଅ ତହ ସୋ ସହାବ-ଗୁରୁଓ ବି ଥଣ-ହରୋ ପଡ଼ିଓ।
ଅହବା ମହିଲାଣଁ ଚିରଂ କୋ ବି ଣ ହିଅଅମ୍ମି ସଂଠାଇ ।୬୮।
(କଥଂ ନାମ ତସ୍ୟସ୍ତଥା ସ ସ୍ୱଭାବ-ଗୁରୁକୋଽପି ସ୍ତନ-ଭରଃ ପତିତ।
ଅଥବା ମହିଳାନାଂ ଚିରଂ କୋଽପି ନ ହୃଦୟେ ସଂତିଷ୍ଠତେ।) - ଶବରଶକ୍ତି

ତାହାର ଏତେ ସ୍ୱଭାବ ଗୁରୁ ସ୍ତନଭାର କିପରି ଅବନତ ହେଲା? ଅଥବା ମହିଳାମାନଙ୍କ ହୃଦୟରେ କେହି ଚିରକାଳଯାଏ ତିଷ୍ଠି ରହି ପାରନ୍ତି ନାହିଁ?

ବ୍ୟାଖ୍ୟା - ବିଦଗ୍ଧ ନାଗରିକର ସଖା ପ୍ରତି ଉକ୍ତି - ହେ ସଖା, ଦିନେ ଏଇ ନାୟିକାର ସ୍ତନ-ଗୌରବ ପୁରୁଷର ଦମ୍ଭ-ପର୍ବତକୁ ଚୂର୍ଣ୍ଣ କରୁଥିଲା। ସେଇ ସ୍ୱଭାବ ଗୌରବମୟ ନୀରନ୍ଧ୍ର ପୀନ ଭରଜ କାଳବଶରେ ଅବନତ ହୋଇ କ୍ଷୀଣତା ପ୍ରାପ୍ତ ହୋଇଛି। ମହିଳାମାନଙ୍କର ଏହାହିଁ ତ ସ୍ୱଭାବ- ସେମାନଙ୍କ ହୃଦୟରେ କେହି କ'ଣ ଚିରକାଳ ସ୍ଥାନ ପାଇପାରେ? କାହାକୁ କିଛି ଦିନ ଭଲପାଇବା ପରେ ସେମାନେ ଅନାଦରରେ ପିଙ୍ଗିଦିଅନ୍ତି; ସ୍ନେହ ଇତି ହୁଏ।

ସୁଅଣୁ ବଅଣଂ ଛିବନ୍ତିଂ ସୂରଂ ମା ସାଉଲୀଅ ବାରେହି।
ଏଅସମ ଅଙ୍କଅସ୍‌ସ ଅ ଜାଣଉ କଅରଂ ସୁହ-ପ୍‌ଫଂସଂ । ୬୯ ।
(ସୁତନୁ ବଦନଂ ସ୍ପୃଶନ୍ତଂ ସୂର୍ଯ୍ୟଂ ମା ବସ୍ତ୍ରାଞ୍ଚଳେନ ବାରୟ।
ଏତସ୍ୟ ପଙ୍କଜସ୍ୟ ଚ ଜାନାତ୍ତୁ କତରସ୍ସୁଖ-ସ୍ପର୍ଶମ୍।) - ନୀଳ

ଆଗୋ ସୁତନୁ, ବଦନକୁ ସ୍ପର୍ଶ କରୁଥିବା ସୂର୍ଯ୍ୟଙ୍କୁ ବସ୍ତ୍ରାଞ୍ଚଳ ଦ୍ୱାରା ବାରଣ କର ନାହିଁ; ତୁମର ବଦନ ଓ କମଳ ମଧ୍ୟରେ କାହାର ସ୍ପର୍ଶ ଅଧିକ ସୁଖକର; ଏହା ସୂର୍ଯ୍ୟଙ୍କୁ ଜାଣିବାକୁ ଦିଅ।

ବ୍ୟାଖ୍ୟା - ନାୟିକାର ମୁଖ-ସୌନ୍ଦର୍ଯ୍ୟର ପ୍ରଶଂସା କରି ନାୟକର ଚଟୁକ୍ତି- ଆଗୋ ସୁତନୁକା, ତୁମେ ପଣତରେ ସୁର୍ଯ୍ୟଙ୍କୁ ବାଧା ଦିଅ ନାହିଁ। ସେ ତ କମଳ-ବାନ୍ଧବ; ଆଜି ସେ ଉପଲବ୍ଧି କରନ୍ତୁ ତାଙ୍କ କମଳ ଓ ମୋ ପ୍ରିୟାମୁଖ ମଧ୍ୟରେ କିଏ ସୁନ୍ଦର, କିଏ ଅଧିକ ସ୍ପର୍ଶସୁଖଦାୟୀ ଓ କେଉଁଥିରେ ପରମ ସୁଖ ଅଛି।

ମାଣୋସହଂ ବ ପିଜ୍ଜଇ ପିଆଇ ମଣଂସିଣୀଅ ଦଇଅସ୍‌ସ।
କର-ସଂପୁଡ଼-ବଲିଉଦ୍ଧାଣଣାଇ ମହରାଇ ଗଣ୍ଡୂସୋ। ୭୦।
(ମାନୌଷଧମିବ ପୀୟତେ ପ୍ରିୟୟା ମନସ୍ୱିନ୍ୟା ଦୟିତସ୍ୟ।
କର-ସଂପୁଟ-ବଳିତୋର୍ଦ୍ଧ୍ୱାନନୟା ମଦିରାୟା ଗଣ୍ଡୂଷ।) - ବାହବ

ପ୍ରିୟର କରସଂପୁଟ ଦ୍ୱାରା ଉପରକୁ ଉଠାଇ ଧରିଥିବା ମୁଖରେ ମନସ୍ୱିନୀ ପ୍ରିୟା ପ୍ରିୟତମ ପ୍ରଦତ୍ତ ମଦିରାଗଣ୍ଡୁଷକୁ ମାନ ଦୂର କରିବାର ଔଷଧ ଭଳି ପାନକରୁଛି।

ବ୍ୟାଖ୍ୟା - ମାନିନୀ ପ୍ରିୟାକୁ ମଦିରା ପାନ କରାଇ ବଶୀଭୂତ କରିବାର ବିଧି ଏଠାରେ ସୁଚିତ। ପ୍ରିୟତମ ମାନିନୀ ପ୍ରିୟାର ମାନ ଦୂର କରିବାପାଇଁ ତାର ମୁଖକୁ ତୋଳିଧରି ମଦିରା ଭାଣ୍ଡ ବଢ଼ାଇ ଦେଉଛି। ଆଦରରେ ମଦିରା ପାନ କରିବାକୁ ଦେଉଥିବା ପ୍ରିୟ ପ୍ରତି ମନସ୍ୱିନୀ ବାଳାର ମାନ ଅଭିମାନ ଲୋପପାଉଛି। ସେ ପ୍ରିୟ କରରୁ ସେଇ ମଦିରାପାତ୍ରକୁ ବଳିତ ଆନନରେ ମାନର ଔଷଧ ସେବା କଲା ଭଳି ପାନକରୁଛି। ମାନ-ପର୍ବ ଶେଷ ହେଉଛି।

କହଁ ସା ଣିବ୍ୱର୍ଣ୍ଣିଜଇ ଜୀଅ ଜହା ଲୋଇଅମ୍ମି ଅଙ୍ଗମ୍ମି।
ଦିଟ୍‌ଠୀ ଦୁବ୍‌ବଲ-ଗାଈ ବ୍ୱ ପଙ୍କ-ପଡ଼ିଆଣ ଉତ୍ତରଇ । ୭୧।
(କଥଂ ସା ନିବର୍ଣ୍ଣ୍ୟତାଂ ଯସ୍ୟା ଯଥାଲୋକିତେଽଙ୍ଗେ।
ଦୃଷ୍ଟିର୍ଦୁର୍ବଳା-ଗୌରିବ ପଙ୍କ-ପତିତା ନୋତ୍ତରତି।) - ପର୍ବତକୁମାର

ଯାହାର ଯେଉଁ ଅଙ୍ଗ ଉପରେ ଦୃଷ୍ଟି ପଡ଼ିଗଲେ ତହିଁରୁ ପଙ୍କ-ପତିତା ଦର୍ବୁଳ ଗାଈ ଭଳି ତାହା ପୁଣି ଉପରକୁ ଉଠିପାରେ ନାହିଁ, ତାହାର ସୌନ୍ଦର୍ଯ୍ୟ ବର୍ଣ୍ଣନା କିପରି କରାଯାଇ ପାରେ ?

ବ୍ୟାଖ୍ୟା - ନାୟକ ପ୍ରତି ଦୂତୀ-ଉକ୍ତି-ହେ ସୁନ୍ଦର, ତରୁଣୀର ପ୍ରତିଟି ଅଙ୍ଗରେ ରୂପର ଆକର୍ଷଣ ଏତେ ପ୍ରବଳ ଯେ ଯାହାର ନେତ୍ର ଯେଉଁ ଅଙ୍ଗରେ ପଡିବ, ଗଭୀର କୂପ ବା ପଙ୍କ ପୋଖରୀରେ ପଡ଼ିବା ପରି ମଗ୍ନ ହୋଇଯିବ। ଦୁର୍ବଳା ଗାଭୀ ପଙ୍କପତିତା ହେଲେ ଆଉ ନିଜକୁ ଉଠାଇପାରେ କି ? ଏପରି କେହି ନାହାନ୍ତି ଯେ କି ତାର ରୂପର ଆକର୍ଷଣକୁ ଏଡ଼ାଇ ଦେଇପାରିବେ। ଏକ ଅଙ୍ଗେ ଏତେ ରୂପ-ସମଗ୍ର ଅଙ୍ଗର ବର୍ଣ୍ଣନା କରିବା ବାତୁଳତା ମାତ୍ର।

କୀରନ୍ତୀ ବ୍ୱିଅ ଣାସଇ ଉଅଏ ରେହବ୍ୱ ଖଲ-ଅଣେ ମେତ୍ତୀ।
ସା ଉଣ ସୁଅଣମ୍ମି କଆ ଅଣହା ପାହାଣ-ରେହ ବ୍ୱ।୭୨।
(କ୍ରିୟମଣୈବ ନଶ୍ୟତ ଉଦକେ ରେଖେବ ଖଳ-ଜନେ ମୈତ୍ରୀ।
ସା ପୁନଃ ସୁଜନେ କୃତା ଅନଘା ପାଷାଣ-ରେଖେବ।)-ସରଳ

ଖଳଜନଠାରେ ସ୍ଥାପନ କରାଯାଇଥିବା ମୈତ୍ରୀ ଜଳରେ ଟଣାଯାଇଥିବା ରେଖା ଭଳି ଲୋପପାଏ; କିନ୍ତୁ ସେହି ମୈତ୍ରୀ ସୁଜନଠାରେ ସ୍ଥାପିତ ହେଲେ ପାଷାଣ-ରେଖା ଭଳି ଅକ୍ଷୟ ରହେ।

ବ୍ୟାଖ୍ୟା - ଖଳ ନିନ୍ଦା ଓ ସାଧୁ ପ୍ରଶଂସାମୂଳକ ସୁଭାଷିତ।

ଅବ୍‌ବୋ ଦୁକକର-ଆରଅ ପୁଣୋ ବି ତନ୍ତିଂ କରେସି ଗମଣସ୍‌ସ।
ଅଜ୍ଜ ବି ଣ ହୋନ୍ତି ସରଲା ବେଣୀଅ ତରଙ୍ଗିଣୋ ଚିଉରା । ୭୩ ।

(ଅବ୍ବେ ଦୁଷ୍କର-କାରକ ପୁନରପି ଚିନ୍ତାଂ ତରୋଷି ଗମନସ୍ୟ।
ଅଦ୍ୟାପି ନ ଭବନ୍ତି ସରଳା ବେଣ୍ୟାସ୍ତରଙ୍ଗିଣାଶ୍ଚିକୁରାଃ।) - ସରଳ

ଓଃ ଦୁଷ୍କର୍ମ-କାରକ, ଆଜିଯାଏ ମୋ ବେଣୀର ତରଙ୍ଗାୟିତ ଚିକୁରରାଜି ସଳଖ ହୋଇ ନାହିଁ, ତୁମେ ପୁଣି ପ୍ରବାସ ଯାତ୍ରା ପାଇଁ ଚିନ୍ତା କରୁଛ !

ବ୍ୟାଖ୍ୟା - ପ୍ରବାସରୁ ପ୍ରତ୍ୟାବୃତ୍ତ ନାୟକ ପୁନଃ ପ୍ରବାସ ଯାତ୍ରା ପାଇଁ ଚିନ୍ତା କରୁଛି। ପ୍ରବାସରେ ଥିବାବେଳେ ନାୟିକା ଯେଉଁ ଉତ୍‌କଣ୍ଠାରେ କାଳ କାଟିଥିଲା ତାହା କଟି ନାହିଁ, ନାୟକ ପୁନରପି ପ୍ରବାସ-ଗମନ ଚିନ୍ତା କରୁଥିବାରୁ ନାୟିକା କହିଛି - ତୁମର ହୃଦୟ କୁଳିଶକଠୋର। ଏଇ ସେ ଦିନ ମାତ୍ର ମୋର ବେଣୀ ଖୋଲି ଦେଇଛି। କୁଞ୍ଚିତ କୁନ୍ତଳ ଏବେଯାଏ ସରଳ ହୋଇନାହିଁ, ପୁଣି ବିଦେଶ ଯିବାକୁ ଚିନ୍ତା କଲଣି। ତୁମର ଯାହା ଇଚ୍ଛା ତାହା କର, ଅଭାଗିନୀ ମୁଁ ତୁମ ଇଚ୍ଛାରେ କାହିଁକି ବାଧା ଦେବି ? ଏଥର ମୋତେ ଭୁଲିଯାଅ। ନାୟକ ବିଦେଶରେ ଥିବାବେଳେ ନାୟିକା ଏକ ବେଣୀଧାରିଣୀ ହୋଇ କାଳ କାଟିବା ପରମ୍ପରାନୁମୋଦିତ ଓ ତାହା ବିପ୍ରଲମ୍ଭର ସ୍ମାରକ।

ଣ ବି ତହ ଛେଅ-ରଆଇଁ ବି ହରନ୍ତି ପୁଣରୁତ୍ତ-ରାଅ-ରସିଆଇଂ।
ଜହ ଜତ୍‌ଥ ବ ତତ୍‌ଥ ବ ଜହ ବ ତହ ସଦ୍‌ଭାବ-ଣେହ-ରମିଅଇଂ। ୭୪।
(ନାପି ତଥା ଛେକ-ରତାନ୍ୟପି ହରନ୍ତି ପୁନରୁକ୍ତ-ରାଗ-ରସିକାନି।
ଯଥା ଯନ୍ତ୍ର ବା ତନ୍ତ୍ର ବା ଯଥା ବା ତଥା ବା ସଭାବ-ସ୍ନେହ-ରମିତାନି।) - ଅନୁଲକ୍ଷ୍ମୀ

ବିଦଗ୍ଧଜନର ବାରମ୍ବାର ଆଚରିତ ଅନୁରାଗ ରସରେ ରମଣ ମନକୁ ସେତେ ହରଣ କରେନାହିଁ, ଯେତେ ଯେଉଁଠି-ସେଠି, ଯେମିତି-ସେମିତି ଆଚରିତ ସଦ୍‌ଭାବ ଓ ସ୍ନେହପୂର୍ବକ ରମଣ ଦେଇଥାଏ।

ବ୍ୟାଖ୍ୟା - ଅବଦଗ୍ଧ ନାୟକର ପ୍ରୋତ୍ସାହନାର୍ଥ କାମ-କେଳି-କଳା-କୁଶଳା ନାୟିକାର ଭକ୍ତି-ଉପଚାର ବା ପୂର୍ବ ପ୍ରସ୍ତୁତି ନ ଥାଇ ମଧ୍ୟ ଶୃଙ୍ଗାର-ଲୀଳା ସଂପାଦନ କରାଯାଇପାରେ। ଶୃଙ୍ଗାର-ଶାସ୍ତ୍ର ହାତରେ ଧରି ସଙ୍ଗମରେ ପ୍ରବୃତ୍ତ ହେଲେ ସେଥିରେ ରସ ନ ଥାଏ, ତାହା ଗତାନୁଗତିକ ଓ ଚର୍ବିତ ଚର୍ବଣ। ବିଦଗ୍ଧ ହେଲେ କ'ଣ ହେବ ? ସେମାନେ ଶାସ୍ତ୍ର-ବିହିତ ଯେତେ ପୁରାତନ ସଙ୍ଗମ ବିଧି ବିଧାନ ମାନି ଚଳନ୍ତି, ସେଥିରେ ଆନନ୍ଦ ମିଳେ ନାହିଁ। ପ୍ରେମ ବନ୍ୟାରେ ସ୍ଥାନ କାଳ ନାହିଁ। ରସିକ ତାହା ଭଲକରି ଜାଣେ। ଧରାବନ୍ଧା ଗତାନୁଗତିକ ପ୍ରେମରେ ଚମତ୍କାରିତା ନାହିଁ, ଅତର୍କିତ ପ୍ରେମରେ ସ୍ୱର୍ଗସୁଖ ମିଳେ।

ଉଜ୍‌ଝସି ପିଆଇ ସମଅଂ ତହ ବି ହୁରେ ଭଣସି କୀସ ପିସିଅଂ ତ୍ତି।
ଉବରି-ଭରେଣ ଅ ଅଣ୍ଣୁଅ ମୁଅଇ ବଇଲ୍ଲୋ ବି ଅଙ୍ଗାଇଂ । ୭୫ ।
(ଉହ୍ୟସେ ପ୍ରିୟୟା ସମଂ ତଥାପି ଖଲୁରେ ଭଣସି କିମିତି କୃଶେତି।
ଉପରି-ଭରେଣ ତ ହେ ଅଜ୍ଞ ମୁଞ୍ଚତି ବଳୀବର୍ଦ୍ଦୋଽପ୍ୟଙ୍ଗାନି।)- ଈଶାନ

ତୁମର ନୂତନ ପ୍ରିୟା ସହ ତୁମକୁ ବହି ଲାଗିଛି, ତଥାପି ତୁମେ ପଚାରୁଛ ମୁଁ କାହିଁକି କୃଶ ହୋଇଯାଉଛି ? ରେ ଅଜ୍ଞ,ଉପରେ ଭାର ଲଦିଦେଲେ ବଳବର୍ଦ୍ଧର ଅଙ୍ଗ ମଧ୍ୟ ଦୁର୍ବଳ ହୋଇଯାଏ।

ବ୍ୟାଖ୍ୟା - ନୂତନା ପ୍ରତି ଅନୁରକ୍ତ ନାୟକ ପ୍ରତି ଅନାଦୃତା ପ୍ରଥମାର ଉକ୍ତି- ତୁମେ ତ ନୂତନାର ପ୍ରେମରେ ମତୁଆଲ। ଆଖିରେ ତୁମର ନୂଆ ପ୍ରେମର ରଙ୍ଗ ଲାଗିଛି ସେ ପୁରୁଣା ଦୃଷ୍ଟିରେ ପଡୁନାହିଁ। ନ ଜାଣିଲା ଭଳି କ'ଣ ପ୍ରଶ୍ନ କରୁଛି ? ଜାଣ, ଏଥିରେ ମୋତେ କେତେ ବାଧୁଛି ? ତୁମେ ତାକୁ ଛାଡ଼ି ପାରୁନାହଁ, ମୁଁ ମଧ୍ୟ ତୁମକୁ କୌଣସି ପ୍ରକାରେ ଛାଡ଼ି ପାରୁନାହିଁ। ତୁମର ନୂତନ ପ୍ରିୟା ସହିତ ତୁମକୁ ମିଶାଇ ଦୁଇଟି ବୋଝ ମୋ ଛାତି ଉପରେ ଲଦି ମୁଁ କାଳ କାଟୁଛି, ଏଥିରେ କୃଶ ହୋଇ ଯିବିନାହିଁ ? ଯେତେ ହୃଷ୍ଟପୁଷ୍ଟ ବଳଦ ହେଲେ ମଧ୍ୟ ଓଜନିଆ ବୋଝ ଲଦି ଦେଲେ ବୋଝ ଉପରେ ସେ ଦୁର୍ବଳ ହୋଇଯାଏ ନାହିଁ କି ?

ଦିଢ଼-ମୂଳ-ବନ୍ଧ-ଗଣ୍ଠି ବ୍‌ବମୋଇଆ କହଁ ବି ତେଣ ସେ ବାହୂ।
ଅହ୍ମେ ହିଁ ବି ତସ୍‌ସ ଉରେ ଖୁତ୍ତ ବ୍‌ବ ସମୁକ୍‌ଖଆଥଣଆ ।୭୬।
(ଦୃଢ଼-ମୂଳ-ବନ୍ଧ-ଗ୍ରନ୍ଥୀ ଇବ ମୋଚିତୌ କଥମପି ତେନ ମେ ବାହୂ।
ଅସ୍ମାଭିରପି ତସ୍ୟୋରସି ନିଖାତାବିବ ସମୁତ୍‌ଖାତୌ ସ୍ତନୌ।) - ଅନୁଲକ୍ଷ୍ମୀ

ସେ ମୋର ବାହୁଦ୍ୱୟକୁ ଦୃଢ଼ ମୂଳବନ୍ଧ ଗ୍ରନ୍ଥି ଭଳି କୌଣସି ପ୍ରକାରେ ମୁକ୍ତ କରିଥିଲେ ଓ ମୁଁ ମଧ୍ୟ ତାଙ୍କ ବକ୍ଷରେ ଲଦିଥିବା ସ୍ତନଦ୍ୱୟକୁ ସତେକି ଖୋଳି କରି ବାହାର କରି ନେଇଥିଲି।

ବ୍ୟାଖ୍ୟା - ସଖୀ ପ୍ରତି ନାୟିକା ଉକ୍ତି। ନାୟକ ନାୟିକା ଦୀର୍ଘ ବିରହ ପରେ ଦୃଢ଼ ଆଲିଙ୍ଗନ ପାଶରେ ଆବଦ୍ଧ ଥିଲେ। ସଖୀ ମିଳନ ଅନୁଭୂତି ସମ୍ବନ୍ଧରେ ପ୍ରଶ୍ନ କରିବାରୁ ନାୟିକା ତାହାର ଅନୁଭୂତି ବର୍ଣ୍ଣନା କରିଛି - ସେ ମିଳନର ଆନନ୍ଦାନୁଭୂତି ତୋ ଆଗରେ କିପରି ବର୍ଣ୍ଣନା କରିବି ? ପରସ୍ପରର ଆଲିଙ୍ଗନ ମଧ୍ୟରେ କେତେ ଯେ ମୁହୂର୍ତ୍ତ ବିତି ଯାଇଛି ଆମେ କିଛି ଜାଣିପାରି ନଥିଲୁ। ପୁନଃ ବିଯୋଗ ଯେପରି ନ ଘଟେ ସେଇ ଆଶଙ୍କାରେ ଆମେ ପରସ୍ପରକୁ ଏପରି ନିବିଡ଼ ଆଶ୍ଲେଷରେ ଆବଦ୍ଧ କରିଥିଲୁ ଯେ ମୃଣାଳସୂତ୍ର ମଧ୍ୟ ଆମ ଦୁହିଁଙ୍କ ମଧ୍ୟରେ ଗଳିବାକୁ ଅସମର୍ଥ ଥିଲା। ସେ

କାଳରେ ଆମର ବାହ୍ୟାଭ୍ୟନ୍ତର ଜ୍ଞାନ ନଥିଲା। ଆବେଶ କଟିଯାଇ ବାସ୍ତବ ଜଗତକୁ ଫେରି ଆସିବା ପରେ ପ୍ରିୟ ମୋର ବିଷଗଣ୍ଠି ପଡ଼ିଯାଇଥିବା ରଜ୍ଜୁଭଳି ବାହୁଦ୍ୱୟରୁ ନିଜକୁ ବହୁକଷ୍ଟରେ ମୁକ୍ତ କଲେ ଓ ମୁଁ ତାଙ୍କ ବକ୍ଷସ୍ଥଳରେ ପୋତି ହୋଇ ପଡ଼ିଥିବା ସ୍ତନଦ୍ୱୟକୁ ସତେ ଯେପରି ଖୋଳି କରି ବାହାର କଲି। ନାୟିକାର ତାତ୍ପର୍ଯ୍ୟ, ଭୂମିରେ ପୋତି ହୋଇ ପଡିଥିବା ସ୍ୱର୍ଣ୍ଣ-କଳସକୁ ଯେପରି ଟାଣି ବାହାର କରାଯାଏ, ତାହାର ସ୍ୱର୍ଣ୍ଣ କଳସ ସଦୃଶ ଉରଜଦ୍ୱୟକୁ ସେ ସେହିପରି ବାହାର କରି ନେଇଥିଲା।

ଅଣୁଣଅ-ପସାଇଆଏ ତୁଜ୍ଝ ବରାହେ ଚିରଂ ଗଣନ୍ତୀଏ।
ଅପହୁତ୍ତେହଅ-ହତ୍ଥଙ୍ଗୁରୀଅ ଜୀଏ ଚିରଂ ରୁଣ୍ଣଂ। ୭୭ ।
(ଅନୁନୟ-ପ୍ରସାଦିତୟା ତବାପରାଧାଂଶ୍ଚିରଂ ଗଣୟନ୍ତ୍ୟା।
ଅପ୍ରଭୂତୋଭୟ-ହସ୍ତାଙ୍ଗୁଲ୍ୟା ତୟା ଚିରଂ ରୁଦିଦମ।) - ବିଜ୍ଜ

ମୋର ଅନୁନୟରେ ପ୍ରସନ୍ନ ହେଲେ ମଧ୍ୟ ସେ ବହୁ ବେଳଯାଏ ତୁମର ଅପରାଧଗୁଡିକୁ ଗଣନା କରି କରି ଦୁଇ ହାତରେ ଅଙ୍ଗୁଳିଗୁଡିକ ଅସମର୍ଥ ହେବାରୁ ବହୁ ବେଳଯାଏ କାନ୍ଦିଥିଲା।

ବ୍ୟାଖ୍ୟା - ନାୟକ ପ୍ରତି ସଖୀ ଉକ୍ତି - ତୁମେ ତ ଗୋଟିକ ପରେ ଗୋଟିଏ ଅପରାଧ କରି ଚାଲିଛ, ମୁଁ ଏବେ କେତେ ତାକୁ ବୁଝାଇବି ? ଏଥର ବହୁ ଅନୁନୟରେ ମାନିନୀର ମାନ ଦୂର କରିଥିଲି। ତଥାପି ପୁଣି କ'ଣ ଭାବି ଦଶ ଅଙ୍ଗୁଳିରେ ତୁମର ଦୋଷ ଗଣି ଗଣି ଯେତେବେଳେ ଗଣିବାକୁ ଆଉ କିଛି ଉପାୟ ନ ପାଇଲା ସେତେବେଳେ ନିରତିଶୟ କ୍ରୋଧରେ ଫାଟିପଡ଼ି ହାତରେ ମୁହଁ ଢ଼ାଙ୍କି ଲୁହ ଢାଳିବାକୁ ଲାଗିଲା। ସେ ତୁମର ଦୋଷଗୁଡିକୁ ଭୁଲିପାରୁନାହିଁ।

ସେଅ-ଚ୍ଛଲେଣ ପେଚ୍ଛହ ତଣୁଏ ଅଙ୍ଗମ୍ମି ସେ ଅମାଅନ୍ତଂ।
ଲାବଣ୍ଣଂ ଓସରଇ ବ୍‌ବ ତିବଲି-ସୋବାଣ-ବତ୍ତୀଏ । ୭୮ ।
(ସ୍ୱେଦ-ଚ୍ଛଲେନ ପଶ୍ୟତ ତନୁକେଙ୍ଗେ ତସ୍ୟା ଅମାତ୍।
ଲାବଣ୍ୟମପସରତୀବ ତ୍ରିବଳୀ-ସୋପାନ-ପଂକ୍ତିଭିଃ।)-ହାଳ

ଦେଖ, ତାହାର ଲାବଣ୍ୟ କୃଶ ଅଙ୍ଗରେ ନ ଧରିବାରୁ ସତେକି ସ୍ୱେଦଚ୍ଛଳରେ ତ୍ରିବଳୀସୋପାନ ଶ୍ରେଣୀରେ ଓହ୍ଲାଇଯାଉଛି।

ବ୍ୟାଖ୍ୟା - ବିଦଗ୍ଧ ନାୟକର ସଖା ପ୍ରତି ଉକ୍ତି - ତରୁଣୀର ତନ୍ୱୀ ତନୁରେ ଲାବଣ୍ୟ ଜଳ ଧରୁନାହିଁ। ତ୍ରିବଳୀ ପାହାଚ ଦେଇ ସେଇ ଲାବଣ୍ୟଧାରା ସତେ ଯେପରି ସ୍ୱେଦ ରୂପରେ ବହିଯାଉଛି। ତାର ଅଙ୍ଗ ଲାବଣ୍ୟ-ସରସୀ ସଦୃଶ। କୌଣସି ବସ୍ତୁ ପାଇଁ ସ୍ଥାନ ଅକୁଳାଣ ହେଲେ ଉଦ୍‌ବୃତ୍ତ ବସ୍ତୁ ଉକୁଟି ଉଠି ସ୍ଥାନାନ୍ତରିତ ହୁଏ। ନାୟିକାର

ଆଙ୍ଗରେ ଏତେ ଲାବଣ୍ୟ ଧରିରଖିବାକୁ ସ୍ଥାନ ନାହିଁ; ତେଣୁ ସ୍ୱେଦ ଆକାରରେ ଝରିଯାଉଛି।

ଦେଢାଅତ୍ତମ୍ମି ଫଲେ କିଂ କୀରଇ ଏତ୍ତିଅଂ ପୁଣୋ ଭଣିମୋ।
କଙ୍କେଲ୍ଲି-ପଲ୍ଲବବାଣଂ ଣ ପଲ୍ଲବା ହୋନ୍ତି ସାରିଚ୍ଛା । ୭୯ ।
(ଦୈବାୟତ୍ତେ ଫଳେ କିଂ କ୍ରିୟତାମିୟତ୍ପୁନର୍ଭଣାମଃ।
କଙ୍କେଲ୍ଲି-ପଲ୍ଲବାନାଂ ନ ପଲ୍ଲବା ଭବନ୍ତି ସଦୃଶାଃ।) - ଜୀବଦେବ

ଫଳ ଦୈବାଧୀନ, ଏଣୁ ସେ ବିଷୟରେ କ'ଣ କରାଯାଇପାରେ? ତଥାପି ଏତିକି କହିପାରେ ଯେ ଅଶୋକ ପଲ୍ଲବ ସଦୃଶ ପଲ୍ଲବ ନାହିଁ।

ବ୍ୟାଖ୍ୟା- ନାୟିକା ପ୍ରତି ଦୂତୀ ଉକ୍ତି। ନାୟକ ସର୍ବଗୁଣସଂପନ୍ନ ହେଲେ ମଧ୍ୟ ଧନହୀନ। ଅଶୋକର ଫଳ ନାହିଁ, କେବଳ ପଲ୍ଲବ-ସମ୍ପଦ ଅଛି। ଫଳ ନ ଥିଲେ ମଧ୍ୟ ତାର ପଲ୍ଲବ ଭଳି ପଲ୍ଲବ ଏ ଜଗତରେ ନାହିଁ। ଦୂତୀର ତାତ୍ପର୍ଯ୍ୟ, ଭାଗ୍ୟରେ ଥିଲେ ଧନ; ଯଦି ଭାଗ୍ୟରେ ନାହିଁ.. ତାହାକୁ କହିବା, କପାଳରେ ସିନା କର ମାରିବା। ମାତ୍ର ତୁ ଅଶୋକକୁ ପାଇଛୁ; ଯାହାର ରୂପ - ଗୁଣର ତୁଳନା ଏ ଜଗତରେ ଦୁର୍ଲ୍ଲଭ। ନାୟକ ନିର୍ଦ୍ଧନ ହେଉ, ସେଥିରେ କିଛି ଯାଏ-ଆସେ ନାହିଁ, ତୋ କପାଳକୁ ରୂପଗୁଣରେ ଅସାମାନ୍ୟ ପୁରୁଷ ପାଇଛୁ। ଯାହା
କିଛି ଯାଏ-ଆସେ ନାହିଁ, ତୋ କପାଳକୁ ରୂପଗୁଣରେ ଅସାମାନ୍ୟ ପୁରୁଷ ପାଇଛୁ। ଯାହା
ପାଇଛୁ ସେଥିରେ ସନ୍ତୁଷ୍ଟ ହୁଅ; ଦୈବ ବଳକୁ ହାତ କାହାର?

ଧୁଅଇ ଵ ମଅ-କଲଙ୍କଂ କବୋଲ-ପଡ଼ିଅସ୍ସ ମାଣିଣୀ ଉଅହ।
ଅଣବରଅ-ବାହ-ଜଲ-ଭରିଅ-ଣଅଣ-କଲସେହିଁ ଚନ୍ଦସ୍ସ। ୮୦ ।
(ଧାବତୀବ ମୃଗ-କଳଙ୍କଂ କପୋଳ ପତିତସ୍ୟ ମାନିନୀ ପଶ୍ୟତ।
ଅନବରତ-ବାଷ୍ପ-ଜଳ-ଭୃତ-ନୟନ-କଳଶାଭ୍ୟାଂ ଚନ୍ଦ୍ରସ୍ୟ।) - ବିଶମରାଜ

ଦେଖ, କପୋଳ ଉପରେ ପ୍ରତିବିମ୍ବିତ ଚନ୍ଦ୍ରର ମୃଗରୂପ କଳଙ୍କକୁ ମାନିନୀ ଅନବରତ ବାଷ୍ପଜଳପୂର୍ଣ୍ଣ ନେତ୍ରକୁମ୍ଭ ଦ୍ୱାରା ସତେ ଯେମିତି ଧୋଇଲାଗିଛି।

ବ୍ୟାଖ୍ୟା - ସହଚର ପ୍ରତି ନାୟକର ଉକ୍ତି। ପ୍ରଣୟ-କୁପିତା ନାୟିକା ପଶ୍ଚାତ୍ତାପ ହେତୁ କ୍ରନ୍ଦନ କରୁଛି। ମାନିନୀ ନାୟିକାର ବିମଳ ଦର୍ପଣ ଭଳି ଗଣ୍ଡଫଳକରେ ଚନ୍ଦ୍ରବିମ୍ବ ପ୍ରତିବିମ୍ବିତ ହେଉଛି। ନାୟକ ମିତ୍ରକୁ କହୁଛି - ତାହାର କ୍ରନ୍ଦନର କାରଣ କ'ଣ ଜାଣ? ଚନ୍ଦ୍ରବିମ୍ବ ସହ ଗଣ୍ଡଦେଶରେ ପଡ଼ିଥିବା କଳଙ୍କରେଖା ଧୋଇବାକୁ ସେ ଅଶ୍ରୁ ଝରାଉଛି; କାରଣ ଗଣ୍ଡରେ କଳଙ୍କ ଦେଖି କେହି କାଳେ କଳଙ୍କ ଭ୍ରମ କରିବ! ତାହାର ନେତ୍ର ଦୁଇଟି କଳଶ, ସେଥିରୁ ଅଶ୍ରୁଧାରା ବୁହାଇ କପୋଳ-ପ୍ରତିବିମ୍ବିତ ଚନ୍ଦ୍ର-କାଳିମାକୁ ଧୋଇ ପୋଛି ସଫା କରିଦେବା ପାଇଁ ତାର ଏପରି ପ୍ରୟାସ।

ଗନ୍ଧେଣ ଅପ୍ପଣୋ ମାଲିଆଣ ଣୋ-ମାଲିଆ ଣ ଫୁଟ୍‌ଟିହିଇ।
ଅଣ୍ଣୋ କୋ ବି ହଆସଇ ମଂସଲୋ ପରିମଲୁଗ୍‌ଗାରୋ । ୮୧ ।
(ଗନ୍ଧେନାତ୍ମନୋ ମାଲିକାନଂ ନବ-ମାଲିକା ନ ଚ୍ୟୁତା ଭବିଷ୍ୟତି।
ଅନ୍ୟାଃ କୋଽପି ହତଶାୟା ମାଂସଜଃ ପରିମଳୋଦ୍‌ଗାରଃ।) ବିତଥ

ଅନ୍ୟ ପୁଷ୍ପ ସହିତ ମାଳିକାରେ ସ୍ଥିତ ନବମାଳିକା କେବେ ନିଜର ଗନ୍ଧରୁ ଚ୍ୟୁତ ହୁଏନାହିଁ। ଏହି ହତାଶା ପୁଷ୍ପବଧୂଠାରୁ କୌଣସି ଅନ୍ୟ ପ୍ରକାର ଘନ ପରିମଳ ପ୍ରସରୁଛି।

ବ୍ୟାଖ୍ୟା-ନାୟିକା-ବହୁ-ବଲ୍ଲଭର ପ୍ରଣୟ-ଗାତ୍ରୀ। ଏତେ ସୁନ୍ଦରୀ ପତ୍ନୀଙ୍କ ମେଳରେ ସେ କିପରି ପତିର ମନୋରମା ହୋଇପାରିଲା, ସେ ବିଷୟରେ ଈର୍ଷାପରାୟଣା ନାରୀମାନଙ୍କ ମଧ୍ୟରେ ଆଲୋଚନା ପଡ଼ିଛି। ଜଣେ କହୁଛି - ବହୁ-ବଲ୍ଲଭ ପତିର ଗୃହ-ଶୋଭା-ବର୍ଦ୍ଧନକାରିଣୀ ପତ୍ନୀଙ୍କ ମେଳରେ ଏ ନାୟିକା ଅନନ୍ୟା। ମାଳିକାରେ କେତେ ଫୁଲ ଗୁନ୍ଥା ହୋଇଥାଏ। ନବମାଳିକା ଫୁଲ ସେଥି ମଧ୍ୟରେ ଲଲାମଭୂତା। ସେ ନିଜର ଗନ୍ଧ ଯୋଗୁ ସ୍ୱତନ୍ତ୍ର ଭାବେ ବାରିହୋଇପଡେ। ଆଉ କେଉଁ ଫୁଲରେ ଏପରି ସୁବାସ ଅଛି ? ଗୁରୁ ସୁଗନ୍ଧରୁ ତାହାକୁ ଜାଣିହୁଏ। କେତେ କୃଷ୍ଣକୁମାରୀଙ୍କ ମେଳରେ ବିଦ୍ୟମାନ ଥିଲେ ମଧ୍ୟ ନବ-ମାଳିକା ତାର ଗନ୍ଧ-ସ୍ୱାତନ୍ତ୍ର୍ୟ ହେତୁ ଚିହ୍ନିତ ହେବାପରି ସପତ୍ନୀ ମେଳରେ ଏଇ ନାୟିକା ପ୍ରିୟତମକୁ ବଶୀଭୂତ କରିପାରିଛି।

ଫଲ-ସଂପତ୍ତୀଅ ସମୋଣ ଆଇଁ ତୁଙ୍ଗାଇଁ ଫଲ-ବିପତ୍ତିଏ।
ହିଅଆଇଁ ସୁ-ପୁରିସାଣଂ ମହା-ତରୁଣଂ ବ ସିହରାଇଂ। ୮୨।
(ଫଳ-ସଂପତ୍ତ୍ୟା ସମବନତାନି ତୁଙ୍ଗାନି ଫଳ-ବିପତ୍ୟା।
ହୃଦୟାନି ସୁ-ପୁରୁଷାଣଂ ମହା-ତରୁଣାମିବ ଶିଖରାଣି।) - କୁବଳୟ

ସତ୍‌ପୁରୁଷମାନଙ୍କର ହୃଦୟ ମହାତରୁର ଶିଖର ଭଳି ଫଳ-ସଂପତ୍ତିରେ ଅତ୍ୟନ୍ତ ଅବନତ ଓ ଫଳ-ବିପତ୍ତିରେ ଉନ୍ନତ ରହିଥାଏ।

ବ୍ୟାଖ୍ୟା - ସତ୍‌ପୁରୁଷ ପ୍ରଶଂସାମୂଳକ ସୁଭାଷିତ। ଫଳଭାରରେ ଯେଉଁ ପାଦପ ଶ୍ରେଣୀ ନତ ହୋଇଥାନ୍ତି, ରିକ୍ତଫଳ ହେଲେ ସେଇମାନେ ପୁଣି ଉଚ୍ଚଶିର ହୋଇଥାନ୍ତି। ସେହିପରି ସତ୍‌ପୁରୁଷ ସଂପଦରେ ନମ୍ର ଓ ବିପଦରେ ଉନ୍ନତଶିର ହୋଇଥାନ୍ତି। ଏପରି କୌଣସି ବ୍ୟକ୍ତିଙ୍କୁ ଉତ୍ସାହିତ କରି ବିପଦରେ ସାହସ ଅବଲମ୍ବନ କୁହାଯାଇଛି।

ଆସାସେଇ ପରିଅଣଂ ପରିବତ୍ତନ୍ତୀଅ ପହିଅ-ଜାଆଏ।
ଣିତ୍‌ଥାଣୁବତ୍ତଣେ ବଲିଅ-ହତ୍ଥ-ମୁହଲୋ ବଲଅ-ସଦ୍ଦୋ। ୮୩ ।
(ଆଶ୍ୱାସୟତି ପରିଜନଂ ପରବର୍ତ୍ତମାନାୟାଃ ପଥିକ-ଜାୟାୟାଃ।
ନିଃସ୍ଥାମବର୍ତନେ-ବଳିତ-ହସ୍ତ ମୁଖରୋ ବଳୟ-ଶବ୍ଦଃ।) - ଅଳଙ୍କାର

ପଥିକ ଜାୟା ଶଯ୍ୟାରେ ଦୁଃସହ ଭାବରେ ପାର୍ଶ୍ୱ ପରିବର୍ତ୍ତନ କରୁଥିବାବେଳେ ତାହାର ହଲୁଥିବା ହାତରେ ମୁଖର ବଳୟର ଶବ୍ଦ ତାହାର ଜୀବନ ସମ୍ବନ୍ଧରେ ପରିଜନମାନଙ୍କୁ ଆଶ୍ୱାସ ଦାନ କରୁଥାଏ।

ବ୍ୟାଖ୍ୟା - ନାୟକ ନିକଟକୁ ଯାଉଥିବା ପଥିକ ପ୍ରତି ପ୍ରୋଷିତପତିକା ସଖୀର ସନ୍ଦେଶ। ପ୍ରବାସୀର ପତ୍ନୀ ବିରହ-ଯନ୍ତ୍ରଣାରେ ମୃତା ପ୍ରାୟ ଶଯ୍ୟାରେ ପଡିରହିଛି। ଶାଶୁ ନଣନ୍ଦ ଆଦି ପରିଜନମାନେ ତାର ସେବାରେ ଲାଗିଛନ୍ତି। ଅତି କୃଶତନୁ ହେତୁ ସେମାନେ ତା' ମୁଖରେ ମୃତ୍ୟୁ ଛାୟା ଦେଖି ଚମକି ଉଠୁଛନ୍ତି। କେବଳ ପାର୍ଶ୍ୱ ପରିବର୍ତ୍ତନ କାଳରେ ଶୀର୍ଣ୍ଣ ହସ୍ତର ବଳୟ ଶିଂଜିତ ହୋଇ ପରିଜନମାନଙ୍କୁ ବଧୂର ଜୀବନାଶାର ସୂଚନା ଦେଉଛି ।

ତୁଙ୍ଗୋ ଚ୍ଚିଅ ହୋଇ ମଣୋ ମଣଂସିଣୋ ଅନ୍ତିମାସୁ ବି ଦସାସୁ।
ଅତ୍ଥ ମଣମ୍ମି ବି ରଇଣୋ କିରଣା ଉଦ୍ଧଂ ଚିଅ ଫୁରନ୍ତି । ୮୪।
(ତୁଙ୍ଗମେବ ଭବତି ମନୋ ମନସ୍ୱିନୋଽନ୍ତିମାସ୍ୱପି ଦଶାସୁ।
ଅସ୍ତମନେଽପି ରବେଃ କିରଣା ଉର୍ଦ୍ଧ୍ୱମେବ ସ୍ଫୁରନ୍ତି।) - ମାତୃରାଜ

ଅନ୍ତିମ ଅବସ୍ଥାରେ ମଧ୍ୟ ମନସ୍ୱୀର ମନ ଉନ୍ନତ ରହିଥାଏ, ଅସ୍ତ-ଗମନ କାଳରେ ମଧ୍ୟ ସୂର୍ଯ୍ୟକିରଣ ଉପରକୁ ସ୍ଫୁରିତ ହେଉଥାଏ।

ବ୍ୟାଖ୍ୟା - ନାୟିକା ପ୍ରତି ଦୂତୀ-ଉକ୍ତି- ତୋର ପ୍ରିୟତମ ମନସ୍ୱୀ ବ୍ୟକ୍ତି। ତାଙ୍କ ବିଷୟରେ ତୋ ମନରେ କୌଣସି ଆଶଙ୍କା ସ୍ଥାନ ଦେବା ଉଚିତ ନୁହେଁ। ଅନ୍ତିମ କାଳରେ ମଧ୍ୟ ସତ୍‌ଲୋକର ମନ ଉଦାର ଥାଏ; ଅର୍ଥାତ୍ ମରଣ ବା ଚରମ ଦୁର୍ଦ୍ଦଶାରେ ମଧ୍ୟ ସେ ଅଟଳ ଓ ଉଚ୍ଚଶିରଃ। ସୂର୍ଯ୍ୟ ଅସ୍ତସାଗରରେ ନିମଜ୍ଜିତ ହେବାକୁ ଯାଉଥିଲେ ମଧ୍ୟ ତାଙ୍କର କିରଣମାଳା ଉର୍ଦ୍ଧ୍ୱକୁ ଛୁଟାଉଥାନ୍ତି। ସେହିପରି ମନସ୍ୱୀ ଲୋକ ଦୁର୍ଗତ ହେଲେ ମଧ୍ୟ ସ୍ୱକୀୟ ଉଚ୍ଚତା ହରାନ୍ତି ନାହିଁ।

ପୋଟ୍ଟଂ ଭରନ୍ତି ସଉଣା ବି ମାଉଆ ଅପ୍‌ପଣୋ ଅଣୁଦ୍ଧିଗଗା।
ବିହଲୁଦ୍ଧି ରଣ-ସହାବା ହୁବନ୍ତି ଜଇ କେ ବି ସପ୍‌ପୁରିସା । ୮୫ ।
(ଉଦରଂ ଭରନ୍ତି ଶକୁନା ଅପି ହେ ମାତର ଆତ୍ମନୋଽନୁଦ୍‌ବିଗ୍ନାଃ।
ବିହ୍ୱଳୋଦ୍ଧରଣସ୍ୱଭାବା ଭବନ୍ତି ଯଦି କେଽପି ସତ୍‌ପୁରୁଷାଃ।)- ଅଳର୍କ

ଆଗୋ ମା'! ଶକୁନ ବିନା ଉଦ୍‌ବେଗରେ ନିଜର ଉଦର ପୂରଣ କରିନିଏ: କିନ୍ତୁ ଯଦି କେହି ସଦ୍‌ପୁରୁଷ ହୋଇଥାଏ, ସେ ସ୍ୱଭାବତଃ ଦୂର୍ଗତଜନଙ୍କ ଉଦ୍ଧାରରେ ଲାଗିଥାଏ।

ବ୍ୟାଖ୍ୟା - ନାୟକ ଗୁଣର ପ୍ରଶଂସା କରି ନାୟିକା କୌଣସି ଗୁରୁଜନସ୍ଥାନୀୟା

ନାରୀକୁ କହିଛି - ସେ ଅତି ପରୋପକାରୀ। ନିଜଠାରୁ ଅନ୍ୟ ବିଷୟରେ ସେ ଅଧିକ ଚିନ୍ତିତ। କାରଣ ନିଜ ପାଇଁ ବଞ୍ଚିବା କିଛି ବଡ଼ କଥା ନୁହେଁ। କ୍ଷୁଦ୍ର ପକ୍ଷୀ ମଧ୍ୟ ଆତ୍ମଚିନ୍ତା କରେ; କାହାର ପେଟ ପୂରିଲେ ସେ ସନ୍ତୁଷ୍ଟ। କିଏ କେଉଁଠି ଭୋକ-ଉପାସରେ ରହିଲା, ପକ୍ଷୀର ସେ ଚିନ୍ତା ନଥାଏ। ମାତ୍ର ଯେ ପରୋପକାର କରିପାରେ ତାହାର ଜୀବନ ଧନ୍ୟ। ବୁଭୁକ୍ଷୁ ଦୁର୍ଗତଙ୍କ ଲାଗି ଯେ ଜୀବନ ଉତ୍ସର୍ଗ କରେ, ପୁରୁଷ ମଧ୍ୟରେ ତାହାକୁ ପୁରୁଷ ବୋଲି ଗଣନା କରାଯାଏ।

ଣ ବିଣା ସବ୍ଭାବେଣ ଗଘେପ୍ପଇ ପରମତ୍ଥ-ଜାଣୁଓ ଲୋଓ।
କୋ ଜୁଣ୍ଣ-ମଂଜରଂ କଞ୍ଜିଏଣ ବେଆରିଉଂ ତରଇ। ୮୬।
(ନ ବିନା ସତ୍‌ଭାବେନ ଗୁହ୍ୟତେ ପରମାର୍ଥକୋ ଲୋକଃ।
କୋ ଜୀର୍ଣ-ମାର୍ଜାରଂ କାଞ୍ଜିକୟା ପ୍ରତାରୟିତୁଂ ଶକ୍ନୋତି।) - ଭୋଜକ

ପରମାର୍ଥଜ୍ଞ ଲୋକ ସଦ୍‌ଭାବ ବିନା ହାତକୁ ଆସନ୍ତି ନାହିଁ। କିଏ ବୃଦ୍ଧ ବିଡ଼ାଳକୁ କେବଳ କାଂଜିପାଣିରେ ଠକାଇପାରେ?

ବ୍ୟାଖ୍ୟା - ସଖୀ ପ୍ରତି ନାୟିକା-ଉକ୍ତି। ସଖୀ କଳେ-ବଳେ-କୌଶଳେ ନାୟକକୁ ବଶରେ ଆଣିବାକୁ ଚେଷ୍ଟା କରୁଛି। ନାୟିକା ତାହାର ପ୍ରୟାସକୁ ବ୍ୟର୍ଥ ମନେ କରି କହୁଛି, ତୁ ଭାବିଛୁ ସେ ତୋ ଛଳନାରେ ଭୁଲିଯିବେ? ମନ ଭିତରେ ଛଳନା ରଖିଲେ ବିଜ୍ଞ ବ୍ୟକ୍ତି ପାଖ ମାଡ଼ନ୍ତି ନାହିଁ। ସେ କେତେ ଘାଟରେ ପାଣି ପିଇବା ଲୋକ। ତାଙ୍କୁ ଏତେ ସହଜରେ ଭୁଲାଇପାରିବୁ? କାଂଜି ପାଣି ଦେଇ କିଏ ବୃଦ୍ଧ ବିଡ଼ାଳକୁ ଠକାଇପାରେ?

ରଣ୍ଣାଉ ତଣଂ ରଣ୍ଣାଉ ପାଣିଅଂ ସଦ୍ଦଅଂ ସଅଂ-ଗାହଂ।
ତହ ବି ମଆଣଁ ମଈଣଁ ଅ ଆମରଣନ୍ତାଇଁ ପେମ୍ମାଇଁ ।୮୭।
(ଅରଣ୍ୟତ୍ତୃଣମରଣ୍ୟାତ୍ପାନୀୟଂ ସର୍ବତଃ ସ୍ୱୟଂ-ଗ୍ରାହମ୍।
ତଥାପି ମୃଗଣାଂ ମୃଗୀଣାଂଚ ଆମରଣାନ୍ତାନି ପ୍ରେମାଣି।) - ଅମନାଗର

ଅରଣ୍ୟରୁ ତୃଣ, ଅରଣ୍ୟକୁ ଜଳ ସବୁ କିଛି ନିଜ ପ୍ରଯତ୍ନରେ ଲାଭ କରିଥାନ୍ତି; ତଥାପି ମୃଗ-ମୃଗୀଙ୍କର ପ୍ରେମ ଆଜୀବନ ସ୍ଥାୟୀ ହୋଇଥାଏ।

ବ୍ୟାଖ୍ୟା - ନାୟକଠାରୁ ଅର୍ଥ ଓ ଅଳଂକାରାଦି ପ୍ରତ୍ୟାଶା କରୁଥିବା ଅପରିତୁଷ୍ଟା ନାୟିକା ପ୍ରତି ଦୂତୀବଚନ- ଦାନ ପ୍ରତିଦାନରେ ହିଁ ମାନବର ପ୍ରେମ ପର୍ଯବସିତ; ମାତ୍ର ଅରଣ୍ୟର ସୁଖୀ ମୃଗ-ଦଂପତିଙ୍କୁ ଦେଖ। ସେମାନେ ପୃଥକ୍ ଭାବେ ଅରଣ୍ୟରୁ ସ୍ୱ-ସ୍ୱ-ଖାଦ୍ୟ ପାନୀୟ ସଂଗ୍ରହ କରନ୍ତି; କେହି କାହା ଉପରେ ନିର୍ଭର କରନ୍ତି ନାହିଁ। ତଥାପି ପରସ୍ପରଠାରୁ ବିଚ୍ଛିନ୍ନ ହୁଅନ୍ତି ନାହିଁ। ସେମାନଙ୍କର ଭାବ ଜୀବନବ୍ୟାପୀ ସ୍ଥାୟୀ

ହୋଇଥାଏ। ପ୍ରେମ କଦାପି ବଣିଗ୍‌ବୃତ୍ତି ନୁହେଁ। ଦେଣନେଣ ଉପରେ ଆଧାରିତ ପ୍ରେମ ପ୍ରକୃତ ପ୍ରେମ ନୁହେଁ।

ତାବମବଣେଇ ଣ ତହା ଚନ୍ଦଣ-ପଙ୍କୋ ବି କାମି-ମିହୁଣାଣଂ।
ଜହ ଦୁସହେ ବି ଗିମ୍ହେ ଅଣ୍ଣୋଣ୍ଣାଲିଙ୍ଗଣ-ସୁହେଲ୍ଲି ।୮୮।
(ତାପଂ ଅପନୟତି ନ ତଥା ଚନ୍ଦନ-ପଙ୍କୋଽପି କାମି-ମିଥୁନାନାମ୍।
ଯଥା ଦୁଃସହେଽପି ଗ୍ରୀଷ୍ମେ ଅନ୍ୟୋନ୍ୟାଲିଙ୍ଗନ-ସୁଖକେଲିଃ।) - ହରିବୃଦ୍ଧ

ଚନ୍ଦନପଙ୍କ ମଧ୍ୟ କାମୀଜନଙ୍କର ତାପ ସେତେଦୂର କରିପାରେ ନାହିଁ, ଯେତେ ଦୁଃସହ ଗ୍ରୀଷ୍ମକାଳରେ ମଧ୍ୟ ପରସ୍ପର ଆଲିଙ୍ଗନ ସ୍ୱରୂପ ସୁଖକେଳି ଶାନ୍ତ କରିଥାଏ।

ବ୍ୟାଖ୍ୟା - ଉଶୀରମୂଳ ଓ ଚନ୍ଦନପଙ୍କ ଲେପନ କରୁଥିବା ସଖୀ ପ୍ରତି ବିରହିଣୀର ବଚନ- ତୁ ପ୍ରଚଣ୍ଡ ଗ୍ରୀଷ୍ମରେ ଚନ୍ଦନଲେପ ଦେଲେ ମଧ୍ୟ ମୋର ବିରହ-ତାପିତ ଅଙ୍ଗ ଶୀତଳ ହେବ ନାହିଁ। ପ୍ରିୟଜନଙ୍କ ଆଲିଙ୍ଗନ ଲାଭ ନ କଲାଯାଏ ସେ ତାପ ସେହିପରି ରହିଥିବ। ଚନ୍ଦନପଙ୍କ ବାହାର ଉତ୍ତାପ ଦୂର କରେ ସିନା; କିନ୍ତୁ ମୋ ଭିତରେ ଯେଉଁ ଉଷ୍ମତା ତା କିପରି ଦୂର ହେବ? କାମୀ-ଯୁଗଳ ପରସ୍ପରକୁ ଆଲିଙ୍ଗନ କଲେ ଯେଉଁ ସୁଖ ମିଳେ, ତାହା ବାହ୍ୟ ପ୍ରଲେପରୁ ମିଳିନଥାଏ। ଆଗୋ ସଜନି, ତୁ ଏ ସବୁ ଉପଚାର ପ୍ରଚାର ଛାଡ଼ି ଶୀଘ୍ର ସେଇ ନାଗରେନ୍ଦ୍ର ନିରୁପମ ବାହା କିପରି ମୋର କଣ୍ଠାଲିଙ୍ଗନ କରିବ ତାର ବ୍ୟବସ୍ଥା କର।

ଘୁପ୍‌ପାଣଣା କିଣୋ ଚିଟ୍‌ଠସି ଭିପଡ଼ିପୁଚ୍ଛିଆଏଁ ବହୁଆଏ।
ବିଉଣାବେଟ୍‌ଠିଆ-ଜହଣ-ତ୍‌ଥଲାଇ ଲଜ୍ଜୋଣଅଂ ହସିଅଂ। ।୮୯।
(ଘୃତଲିପ୍ତାନନା କିମିତି ତିଷ୍ଠସୀତି ପରିପୃଷ୍ଟୟା ବଧ୍ୱା।
ଦ୍ୱି ଗୁଣାବେଷ୍ଟିତ-ଜଘନ-ସ୍ଥଳୟା ଲଜ୍ଜାବନତଂ ହସିତମ୍।)- ଅଳର୍କ

'ଘିଅ ମୁହଁରେ ଲେପି କାହିଁକି ବସିଛ' - ଏହା ପଚାରିବାକୁ ବଧୂ ଜଘନଦେଶକୁ ଦ୍ୱିଗୁଣ ବେଷ୍ଟନ କରି ଲଜ୍ଜାବନତ ହୋଇ ହସିବାକୁ ଲାଗିଲା।

ବ୍ୟାଖ୍ୟା - ବିଦଗ୍‌ଧ ନାଗରିକର ସଖା ପ୍ରତି ଉକ୍ତି - ଋତୁମତୀ ନାୟିକାକୁ 'ମୁହଁରେ ଘିଅ ଲେପି କାହିଁକି ବସିଛ' ବୋଲି ପ୍ରଶ୍ନ କଲେ ଲଜ୍ଜାଶୀଳା ଜଘନକୁ ବସନରେ ଦ୍ୱିଗୁଣ ଢାଙ୍କିଦିଏ। ସେତେବେଳେ ବଧୂର ନେତ୍ରରେ ଆନନ୍ଦର ଝଲକ ଓ ମୁଖରେ ହାସ୍ୟ-ମଧୁ ଝରୁଥାଏ। ଇଙ୍ଗିତରେ ସେ ନିଜ ମନର ଭାବକୁ ପ୍ରକାଶ କରୁଥାଏ; ବଚନରେ କହିବା ପ୍ରୟୋଜନ ହୁଏନାହିଁ।

ହିଅଅ ଚ୍ଛେଅ ବିଲୀଣୋ ଣ ସାହିଓ ଜାଣିଉଣ ଘର-ସାରଂ।
ବାନ୍ଧବ-ଦୁହଅଣଂ ବିଅ ଦୋହଲଂଓ ଦୁଗ୍‌ଗଅ-ବହୂଏ ।୯୦।

(ହୃଦୟ ଏବ ବିଲୀନୋ ନ କଥିତୋଜ୍ଞାତ୍ୱା ଗୃହ-ସାରମ୍।
ବାନ୍ଧବ-ଦୁର୍ବଚନମିବ ଦୋହଦୋ ଦୁର୍ଗତ-ବଧ୍ୱା।) - ବିଷ୍ଣିର

ଦୁର୍ଗତ-ବଧୂ ଗୃହର ସାମର୍ଥ୍ୟ ଜାଣି ବାନ୍ଧବ-ଜନଙ୍କ ଦୁର୍ବଚନ ଭଳି ଦୋହଦ କଥା କହିଲା ନାହିଁ ଓ ତାହାର ହୃଦୟରେ ହିଁ ତାହା ବିଲୀନ ହୋଇଗଲା।

ବ୍ୟାଖ୍ୟା - ଗୁରୁଜନସ୍ଥାନୀୟ ନାରୀର କୁଳବଧୂ ପ୍ରତି ଶିକ୍ଷା। ବନ୍ଧୁଜନର ଗାଳି ଭଳି ବଧୂଟି ଦୋହଦର ଅଭିଳାଷ ପ୍ରକାଶ ନକରି ମନରେ ଚପିରଖୁଛି। ମୁହଁ ଫିଟାଇ କେବେ କହୁ ନାହିଁ; କାରଣ ସେ ଘରର ଆର୍ଥିକ ଅବସ୍ଥା ଜାଣେ। କାଳେ ଘରଲୋକେ ଅର୍ଥାଭାବରୁ ସେ ଚାହୁଁଥିବା ବସ୍ତୁ ଦେଇପାରିବେ ନାହିଁ, ତେଣୁ ସେ ନିଜର ଅଭିଳାଷ ବ୍ୟକ୍ତ ନକରି ହୃଦୟରେ ହିଁ ଲୁଚାଇ ରଖୁଛି, କାହାରିକୁ କହୁ ନାହିଁ। ନିଜେ ଦୁଃଖ ସହିଲେ ମଧ୍ୟ କୁଟୁମ୍ବ ଲୋକଙ୍କୁ ଅସୁବିଧାରେ ପକାଉ ନାହିଁ। କୁଳବଧୂର ଏହାହିଁ ଆଚରଣ ବିଧି।

ଧାବଇ ବିଅଳିଅ-ଧମ୍ମିଲ୍ଲ-ସିଚଅ-ସଂଜମଣ-ବାବଡ଼-କରଗ୍‌ଗା।
ଚନ୍ଦିଲ-ଭଅ-ବିବଲାଅନ୍ତ-ଡିମ୍ଭ-ପରିମଗ୍‌ଗିଣୀ ଘରିଣୀ । ୯୧।
(ଧାବତି ବିଗଳିତ-ଧମ୍ମିଲ୍ଲ-ସିଚୟ-ସଂଯମନ-ବ୍ୟାପୃତ-କିରାଗ୍ରା।
ଚନ୍ଦିଲ-ଭୟ-ବିପଳାୟମାନ-ଡିମ୍ଭ-ପରିମାର୍ଗିଣୀ ଗୃହିଣୀ।) - ମାତୃରାଜ

ନାପିତଭୟରେ ପଳାଇ ଯାଉଥିବା ଶିଶୁକୁ ଖୋଜି ଖୋଜି ବିଗଳିତକେଶା ଓ ଅଞ୍ଚଳ ସଂଯତ କରିବାରେ ନିରତହସ୍ତା ହୋଇ ଗୃହିଣୀ ଦୌଡ଼ିଲାଗିଛି।

ବ୍ୟାଖ୍ୟା - ଗ୍ରାମ୍ୟ ଜୀବନର ସ୍ୱଭାବ-ଚିତ୍ର। ପାଠଶାଳା ଯିବା ପାଇଁ ବା ବାଳ କାଟିବାପାଇଁ ଅନିଚ୍ଛୁକ ଶିଶୁ ଘରୁ ଧାଇଁ ପଳାଏ। ତାକୁ ଧରିବାପାଇଁ ମାତା ତା ପଛେ ପଛେ କେଶବାସ ଅସମ୍ଭାଳ ହୋଇ ଦଉଡ଼େ। ପ୍ରସ୍ତୁତ ଗାଥାରେ ବାଳ କାଟିବ ନାହିଁ ବୋଲି ଦୁଷ୍ଟ ଶିଶୁ ନାପିତଭୟରେ ପଳାଇଯାଉଛି। ନିଜର ଶିଥିଳ କବରୀକୁ ବାନ୍ଧି ବାନ୍ଧି ଓ ଅସଂଯତ ଅଞ୍ଚଳକୁ ହାତରେ ସମ୍ଭାଳି ତାର ମା' ପଛେ ପଛେ ଧାଇଁଛି। ଦୁଷ୍ଟପିଲାପାଇଁ କୁଳବଧୂ ହୋଇ ମଧ୍ୟ ତାକୁ ଗାଁଦାଣ୍ଡରେ ଏପରି ଅବସ୍ଥାରେ ଧାଇଁବାକୁ ପଡୁଛି।

ଜହ ଜହ ଉବ୍ବହଇ ବହୂ ଣବ-ଜୋବ୍ବଣ-ମଣହରାଇଁ ଅଙ୍ଗାଇଂ।
ତହ ତହ ସେ ତଣୁଆଅଇ ମଜ୍‌ଝୋ ଦଇଓ ଅ ପଡ଼ିବକ୍‌ଖୋ। ।୯୨।
(ଯଥା ସଥୋଦ୍‌ବହତେ ବଧୂର୍ନବ-ଯୌବନ-ମନୋହରାଣି ଅଙ୍ଗାନି।
ତଥା ତଥା ତସ୍ୟାସ୍ତନୂୟତେ ମଧ୍ୟୋ ଦୟିତଶ୍ଚ ପ୍ରତିପକ୍ଷ।)

ବଧୂ ନବଯୌବନରେ ଯେତେ ଯେତେ ମନୋହର ଅଙ୍ଗ ଧାରଣ କରିଲାଗିଛି, ସେତେ ସେତେ ତାହାର ମଧ୍ୟଦେଶ, ପ୍ରିୟଜନ ଓ ଶତ୍ରୁମାନେ କୃଶ ହେବାକୁ ଲାଗିଛନ୍ତି।

ବ୍ୟାଖ୍ୟା - ସହଚରୀମାନଙ୍କ ମଧ୍ୟରେ ନାୟିକାର ନବଯୌବନର ସୌଭାଗ୍ୟବର୍ଣ୍ଣନା। ଜଣେ ସଖୀ କହୁଛି - ଏହି ବାଳାର ଯୌବନ ତିନିଜଣଙ୍କୁ କ୍ଷୀଣ କରିଛି- ମଧ୍ୟଦେଶ, ପ୍ରିୟତମ ଓ ପ୍ରତିପକ୍ଷ ବା ସପତ୍ନୀଗଣ। ଯୌବନ ତାର ସମଗ୍ର ଅଙ୍ଗରେ ଯେତେ ସୁଷମା ଭରିଦେଉଛି, ମଧ୍ୟଭାଗ ସେତେ କୃଶରୁ କୃଶତର ହେବାକୁ ଲାଗିଛି। ସ୍ତନ ଓ ନିତମ୍ବ ବୃଦ୍ଧି ସଙ୍ଗେ ସଙ୍ଗେ ତାର କଟି କ୍ଷୀଣ ହେବାକୁ ଲାଗିଛି ଓ ସପତ୍ନୀମାନେ ଈର୍ଷାରେ ଜଳିପୋଡ଼ି କ୍ଷୀଣ ହେଉଛନ୍ତି। ତାହାକୁ ଭଲପାଉଥିବା ଲୋକେ କୃଶତା ବ୍ୟାଧି ଭୋଗିବା ତ ସ୍ୱାଭାବିକ କଥା।

ଜହ ଜହ ଜରା-ପରିଣଓ ହୋଇ ପଈ ଦୁଗ୍‌ଗଓ ବିରୂଓ ବି।
କୁଲ-ବାଲିଆଣଁ ତହ ତହ ଅହିଅଅରଂ ବଲ୍ଲହୋ ହୋଇ । ୯୩ ।
(ଯଥା ଯଥା ଜରା-ପରିଣତୋ ଭବତି ପତି ଦୁର୍ଗତୋ ବିରୂପୋଽପି।
କୁଳ-ପାଳକାନଂ ତଥା ତଥାଧିକତରଂ ବଲ୍ଲଭୋ ଭବତି।)- ପୋଟ୍ଟିସ

ପତି ଯେତେ ଅଧିକ ଜରାଜୀର୍ଣ୍ଣ, ଦୁର୍ଗତ ଓ ବିରୂପ ହେବାକୁ ଲାଗନ୍ତି, କୁଳପାଳିକା ନାରୀମାନଙ୍କ ନିମନ୍ତେ ସେତେ ଅଧିକ ପ୍ରିୟ ହେବାକୁ ଲାଗନ୍ତି।

ବ୍ୟାଖ୍ୟା - ବୃଦ୍ଧ ପତି ପ୍ରତି ଉଦାସୀନ ନାୟିକା ପ୍ରତି ପ୍ରତିବ୍ରତା ନାରୀର ଉକ୍ତି - ପତି ହିଁ ନାରୀର ଧର୍ମ, ସ୍ୱର୍ଗ ଓ ସର୍ବସ୍ୱ। ପତିଙ୍କୁ କେନ୍ଦ୍ର କରି ତାର ଜୀବନ-ରଥ ଚଳେ। ସେ ଦରିଦ୍ର ହୁଅନ୍ତୁ, ବୃଦ୍ଧ ହୁଅନ୍ତୁ ବା ଅସୁନ୍ଦର ହୁଅନ୍ତୁ, ସେଥିପାଇଁ ସାଧ୍ୱୀ କୁଳବତୀ ନାରୀମାନଙ୍କର ପତିଭକ୍ତି ଊଣା ହୁଏ ନାହିଁ, ବରଂ ଦିନୁ ଦିନ ସ୍ୱାମୀସୋହାଗ ବୃଦ୍ଧିପାଏ। ଦୁର୍ଗତ ପତି ଜରା ପ୍ରଭାବରେ ରୂପ ଯୌବନ ହରାଇ ବସିଲେ ମଧ୍ୟ ତୁ ତାଙ୍କୁ ଆଦର ସୋହାଗ ଦେବାରେ ଅବହେଳା କରିବୁ ନାହିଁ। ପରିଣାମରେ ତୋ ପ୍ରେମର ହିଁ ଜୟ ହେବ।

ଏସୋ ମାମି ଜୁବାଣୋ ବାରଂବାରେଣ ଜଂ ଅଡ଼ଅଣାଓ।
ଗିମ୍‌ହେ ଗାମେକ୍‌କ-ବଡ଼ୋଅଅଂ ବ କିଚ୍ଛେଣ ପାବନ୍ତି । ୯୪।
(ଏଷ ମାତୁଳାନି ଯୁବା ବାରଂବାରେଣ ଯଂ ଅସତ୍ୟଃ।
ଗ୍ରୀଷ୍ମେ ଗ୍ରାମୈକ-ବଟୋଦକମିବ କୃଚ୍ଛେଣ ପ୍ରାପ୍ନୁବନ୍ତି।) - ମନ୍ଦସୁଜନ

ଆଗୋ ମାଇଁ! ଏ ସେଇ ଯୁବକ, ଯାହାଙ୍କୁ ଗ୍ରାମର ଅସତୀମାନେ ଗ୍ରୀଷ୍ମକାଳରେ ଗ୍ରାମ ସନ୍ନିକଟସ୍ଥ ବଟବୃକ୍ଷ ପାଖରେ ମିଳୁଥିବା କୂପର ଜଳ ଭଳି ଅତି କଷ୍ଟରେ ଜଣ ଜଣ କରି ପାଇଥାନ୍ତି।

ବ୍ୟାଖ୍ୟା - ମାତୁଳାନି ପ୍ରତି ନାୟିକାର ଉକ୍ତି - ତୁମ ଆଗରେ ଫିଟାଇ କହୁଛି। ଏ ସେଇ ଯୁବକ ଯାହାଙ୍କୁ ପାଳିକରି ଗାଁର ସ୍ୱୈରିଣୀମାନେ ପାଇଥାନ୍ତି। ସେଇ ରୂପବନ୍ତ

ନବଯୁବା ଯେପରି ଗ୍ରୀଷ୍ମର ଶୀତଳ ଜଳ। ଗାଁ ମୁଣ୍ଡରେ ଥିବା ବରଗଛ ମୂଳେ ଗୋଟିଏ ମାତ୍ର କୂଅ ଅଛି। ଗାଁର ନାରୀମାନେ ସେଇଥିରୁ ପାଣି ନେବାକୁ ଧାଡ଼ି ବାନ୍ଧି ଆସନ୍ତି। ଏକାଥରକେ ପାଣି ନେବା ସମ୍ଭବ ହେଉ ନଥିବାରୁ ଜଣ ଜଣ କରି ପାଣି ନିଅନ୍ତି। ଏ ଯୁବକ ସୁନ୍ଦର; ତେଣୁ ଅସତୀମାନେ ନିଜର କରିବାକୁ ପରସ୍ପର ମଧ୍ୟରେ ପ୍ରତିଦ୍ୱନ୍ଦ୍ୱିତା କରି ଖୁବ୍ କଷ୍ଟରେ ତାକୁ ପାଇଥାନ୍ତି। ନାୟିକାର ତାତ୍ପର୍ଯ୍ୟ, ଯାହାକୁ ପାଇବା ପାଇଁ ଅନ୍ୟମାନଙ୍କୁ ଏତେ ପ୍ରତିଯୋଗିତା କରିବାକୁ ପଡ଼େ, ମୁଁ ତାକୁ ଅନାୟାସରେ ପାଇଥାଏ।

ଗାମ-ବଡ଼ସ୍‌ସ ପିଉଚ୍ଛା ଆବଣ୍ଡୁ-ମୁହୀଣଁ ପଣ୍ଡୁର-ଛାଅଂ।
ହିଅଏଣ ସମଂ ଅସଈଣଁ ପଡ଼ଇ ବାଆହଅଂ ପତ୍ତଂ ।୯୫ ।
(ଗ୍ରାମ-ବଟସ୍ୟ ପିତୃଷ୍ୱସ ଆପାଣ୍ଡୁ-ମୁଖୀନାଂ ପାଣ୍ଡୁର-ଛାୟମ।
ହୃଦୟେନ ସମମସତୀନାଂ ପତତି ବାତାହତଂ ପତ୍ରମ୍।) - ଖଣ୍ଡ

ପିଉସୀ, ଗ୍ରାମ ବଟବୃକ୍ଷର ପୀତବର୍ଣ୍ଣ ପତ୍ରସମୂହ ପବନରେ ଆହତ ହୋଇ ପଡ଼ିଯିବା ସଙ୍ଗେ ସଙ୍ଗେ ପୀତମୁଖୀ ଅସତୀମାନଙ୍କର ହୃଦୟ ଝଡ଼ିପଡୁଛି।

ବ୍ୟାଖ୍ୟା - ପିଉସୀ ପ୍ରତି ନାୟିକା ଉକ୍ତି - କିଏ ଅପଣା କିଏ ପର, ତୁମର ଜାମାତାର ମନ ବୁଝିଲା ନାହିଁ। ସେ ଗାଁର ଅସତୀମାନଙ୍କ ପ୍ରେମରେ ମଜ୍ଜି ମୋତେ ହତାଦର କରୁଛନ୍ତି। ଗ୍ରାମ ପ୍ରାନ୍ତରେ ଅସତୀମାନଙ୍କର ମିଳନ ସ୍ଥଳ ସ୍ୱରୂପ ଏଇ ଯେ ବରଗଛ ଦେଖୁଛ, ହେମାଳିଆ ପବନରେ ତାହାର ପତ୍ରରାଜି ପାଣ୍ଡୁର ପଡ଼ି ଝଡ଼ିବାକୁ ଲାଗିଲେଣି। ସଂକେତ ସ୍ଥାନ ଭଗ୍ନ ହେବାକୁ ବସିଲାଣି ବୋଲି ସେମାନଙ୍କ ମୁହଁ ହଳଦିଆ ପଡ଼ିଗଲାଣି। ବରଗଛର ପତ୍ର ଝଡୁନାହିଁ ଯେ ପାଣ୍ଡୁର-ଛାୟା ଅସତୀମାନଙ୍କର ହୃଦୟ ସତେ ଯେପରି ତା ସହିତ ଝଡ଼ିପଡୁଛି।

ପେଚ୍ଛଇ ଅଲଦ୍ଧ-ଲକ୍‌ଖଂ ଦୀହଂ ଣୀସସଇ ସୁଣ୍ଣଅଂ ହସଇ।
ଜହ କମ୍ପଇ ଅଫୁଡ଼ତ୍‌ଥଂ ତହ ସେ ହିଅଅ-ଟଠିଅଂ କିଂ ପି। ୯୬।
(ପ୍ରେକ୍ଷତେ ଅଲବ୍‌ଧ-ଲକ୍ଷ୍ୟଂ ଦୀର୍ଘଂ ନିଃଶ୍ୱସିତି ଶୂନ୍ୟଂ ହସତି।
ଯଥା କଳ୍ପତି ଅସ୍ଫୁଟାର୍ଥଂ ତଥା ତଥା ହୃଦୟ-ସ୍ଥିତଂ କିମପି।) - ଦ୍ୱ୍ୟଧେନ୍ଦ୍ର

ଯେ ଲକ୍ଷ୍ୟଶୂନ୍ୟ ଭାବରେ ଚାହୁଁଥାଏ, ଦୀର୍ଘନିଃଶ୍ୱାସ ଛାଡୁଥାଏ, ଶୂନ୍ୟ ହସ ହସୁଥାଏ ଓ ଅସ୍ପଷ୍ଟାର୍ଥ ଭାବରେ କ'ଣ ଆଳାପ କରୁଥାଏ, ଜଣାଯାଏ ସତେ ଅବା ତା ହୃଦୟରେ କିଛି ରହିଛି।

ବ୍ୟାଖ୍ୟା - ନାଗରିକର ସଖା ପ୍ରତି ଉକ୍ତି - ଯେତେବେଳେ ଦେଖିବ କୌଣସି ଯୁବତୀ ଚାରିଦିଗକୁ ଶୂନ୍ୟନୟନରେ ଚାହୁଁଥିବ, ଦୀର୍ଘଶ୍ୱାସ ଛାଡୁଥିବ, ମଝିରେ ମଝିରେ ଗମ୍ଭୀର ହୋଇ ଗଭୀର ଚିନ୍ତାରେ ନିମଗ୍ନ ହେଉଥିବ, ଅନ୍ୟ ପ୍ରତି ଅକାରଣରେ ଚାହିଁ

କେବଳ ହସୁଥିବ, ଅସଙ୍ଗତ କଥା ପ୍ରଳାପ ଭଳି ଅସ୍ଫୁଟ ସ୍ୱରରେ ମନକୁ ମନ କହୁଥିବ - ସେପରି ନାରୀ ହୃଦୟକୁ ଇଙ୍ଗିତରେ ବୁଝିନେବ; ସେ କଥା ସ୍ପଷ୍ଟ କରି ବୁଝାଇ କହିବା ଦରକାର ନାହିଁ। ଏତିକି ଜାଣ ଯେ ତା' ହୃଦୟରେ ଏପରି କିଛି ଘଟୁଛି ଯାହା ତା ଉପରୋକ୍ତ ଲକ୍ଷଣ ଦ୍ୱାରା ପ୍ରକାଶ ପାଉଛି।

ଗହ-ବଇ ଗଓମ୍ହ ସରଣଂ ରକ୍‌ଖସୁ ଏଅଂ ତି ଅଡ଼ଅଣା ଭଣିରୀ।
ସହସାରଅସ୍‌ସ ତୁରିଅଂ ପଇଣୋ ଚ୍ଚିଅ ଜାରମପ୍‌ପେଇ । ୯୭।
(ଗୃହ-ପତେ ଗତୋଽସ୍ମାକଂ ଶରଣଂ ରକ୍ଷୈନମିତ୍ୟସତୀ ଭଣିତ୍ୱା।
ସହସାଗତସ୍ୟ ତ୍ୱରିତଂ ପତ୍ୟୁରେବ ଜାରମର୍ପୟତି।) - ଦୁର୍ବ୍ୟୁଧେନ୍ଦ୍ର

ହେ ଗୃହପତି! ଏ ଆମର ଶରଣାଗତ, ଏହାକୁ ରକ୍ଷାକର- କହି ଅସତୀ ସହସାଗତ ପତି ହାତରେ ଜାରକୁ ସମର୍ପିଦେଲେ।

ବ୍ୟାଖ୍ୟା - ଦୁଷ୍ଟଚିତ୍ରା ନାରୀର ପ୍ରତ୍ୟୁତ୍ପନ୍ନମତିତ୍ୱ ବିଷୟରେ ଆଲୋଚନା କରୁଥିବା ବ୍ୟକ୍ତିର ଉକ୍ତି। ଏ ଧରଣର ନାରୀର ଅସାଧ୍ୟ କିଛି ନାହିଁ। ଗୁପ୍ତ ପ୍ରଣୟରେ ଲିପ୍ତ ଥିବାବେଳେ ଯଦି ପତି ହଠାତ୍ ଗୃହରେ ଉପସ୍ଥିତ ହୋଇଯାଏ, ତେବେ ସେ ଉପସ୍ଥିତ ବୁଦ୍ଧି ଦ୍ୱାରା ଯେ ପରିସ୍ଥିତିକୁ ସମ୍ଭାଳିନିଏ ଓ ପତିର ସନ୍ଦେହ କରିବାର ଅବକାଶ ରହେ ନାହିଁ। ପ୍ରସ୍ତୁତ ନାୟିକା ଜାର ସହିତ ପୂର୍ବରୁ ଗୃହରେ ଥିଲା; ସ୍ୱାମୀ ବାହାରୁ ଆସି ପହଞ୍ଚିବା ମାତ୍ରେ "ଏ ପୁରୁଷ ଭୟଭୀତ ହୋଇ ବିକଳରେ ଶରଣ ପାଇଁ ଆମ ଘରେ ପହଞ୍ଚିଛି - ଏହାକୁ ତୁମେ ରକ୍ଷାକର" ଏହା କହି ତାଙ୍କ ହାତରେ ସମର୍ପଣ କରିଦେଉଛି।

ହିଅଅ-ଟୁଠିଅସ୍‌ସ ଦିଜ୍ଜଉ ତଣୁଆ ଅନ୍ତିଂ ଣ ପେଚ୍ଛହ ପିଉଚ୍ଛା।
ହିଅଅ-ଟୁଠିଓମ୍ହ କଂତୋ ଭଣିଉଂ ମୋହଂ ଗଆ କୁମରୀ । ୯୮ ।
(ହୃଦୟେପ୍‌ସିତସ୍ୟ ଦୀୟତାଂ ତନୂଭବନ୍ତୀଂ ନ ପଶ୍ୟଥ ପିତୃଷ୍ୱସଃ।
ହୃଦୟେପ୍‌ସିତୋଽସ୍ମାକଂ କୁତୋ ଭଣିତ୍ୱା ମୋହଂ ଗତା କୁମାରୀ।) - ସତ୍ୟସେନ

ଆଗୋ ପିଉସୀ, ତାହାର ମନୋବାଞ୍ଛିତଙ୍କୁ ତାକୁ ଦିଅ, ସେ ଦୁର୍ବଳ ହୋଇଯାଉଛି, ଏହା କ'ଣ ତୁମେ ଦେଖୁନାହଁ? 'ମୋର ହୃଦୟ-ଧନ କାହାନ୍ତି' - ଏହା କହି କୁମାରୀ ମୋହଗତ ହେଲା।

ବ୍ୟାଖ୍ୟା - ନାୟିକା କୁମାରୀ। କୌଣସି ଯୁବକଠାରେ ତାର ଅନୁରାଗ ଜାତ ହୋଇଛି; ମାତ୍ର ପ୍ରତିବନ୍ଧକ ହେତୁ ତାର ମନୋଭିଳାଷ ପୂରଣ ହୋଇ ନ ପାରିବାରୁ ସେ ଉନ୍ମାଦ ଦଶାରେ ପହଞ୍ଚିଲାଣି। ସେଇ କୁମାରୀର ମାଉସୀମାନଙ୍କ ମଧ୍ୟରୁ କାହାକୁ ସମ୍ବୋଧନ କରି ବିଦଗ୍ଧାର ଉକ୍ତି - ଏଇ କୁମାରୀକୁ ତାର ବାଞ୍ଛିତ ପ୍ରିୟ ହାତରେ ଦିଅ। ତାହାର ତନୁ ଦିନକୁ ଦିନ କ୍ଷୀଣ ହେଉଛି, ଏହା ଦେଖି ତୁମ୍ଭେମାନେ କିପରି

ପ୍ରତିକାର ଚିନ୍ତା ନ କରୁଛ ? ଏତିକି କହିବାମାତ୍ରେ ପାଖରେ ଠିଆ ହୋଇ ଶୁଣୁଥିବା ଉନ୍ମାଦରୋଗିଣୀ କୁମାରୀଟି 'ମୋର ହୃଦୟହାର ପୁରୁଷ କାହାନ୍ତି' ବୋଲି କହି ମୂର୍ଚ୍ଛା ହୋଇଗଲା ।

ଖିଣସ୍‌ସ ଉରେ ପଇଣୋ ଠବେଇ ଗିମ୍‌ହାବରଣ୍‌ହେ-ରମିଅସ୍‌ସ ।
ଓଲଂ ଗଲନ୍ତ-କୁସୁମଂ ଣ୍‌ହାଣ-ସୁଅନ୍ଧଂ ଚିଉର-ଭାରଂ ।୯୯।
(ଖିନ୍ନସ୍ୟୋରସି ପତ୍ୟୁଃ ସ୍ଥାପୟତି ଗ୍ରୀଷ୍ମାପରାହ୍‌ଣ-ରମିତସ୍ୟ ।
ଆର୍ଦ୍ରଂ ଗଳତ୍‌-କୁସୁମଂ ସ୍ନାନ-ସୁଗନ୍ଧଂ ଚିକୁର-ଭାରମ୍ ।) - ଅବନ୍ତିବର୍ମା

ଗ୍ରୀଷ୍ମ ଅପରାହ୍ଣରେ ରମଣ କରିଥିବା କାନ୍ତ ପତିର ବକ୍ଷଦେଶରେ ସେ ନିଜର ଆର୍ଦ୍ର ଗଳିତ ପୁଷ୍ପ ଓ ସ୍ନାନ-ସୁଗନ୍ଧିତ କେଶଭାର ସ୍ଥାପନ କରିଛି ।

ବ୍ୟାଖ୍ୟା - ନାୟିକାର ରତି-ରସକିନୀ ଗୁଣ ବର୍ଣ୍ଣନା କରି ଦୂତୀ ଉକ୍ତି - ଏଇ ନାୟିକା ରତିଭଙ୍ଗରେ ବିଶେଷ ନିପୁଣା । କେବଳ ରତି-ନାଟକର ଅଭିନୟ କାଳରେ ନୁହେଁ, ନାଟକ ଶେଷ ହେବା ପରେ ମଧ୍ୟ ପୁରୁଷର ମନ ନେବା ଓ କ୍ଳାନ୍ତି ଅପନୋଦନ କରିବାର କୌଶଳ ଏଇ ପ୍ରଗଲ୍‌ଭାକୁ ଭଲ ରୂପେ ଜଣାଅଛି । ନିଦାଘତପ୍ତ ଦିବସ ଶେଷରେ ପତି ରମଣଲୀଳା ସଂପନ୍ନ କରିସାରିଲେ ସେ ତାଙ୍କର ବକ୍ଷ ଉପରେ ଚିକୁରଭାର ଥୋଇଦିଏ । ନିଦାଘ ଅପରାହ୍‌ଣରେ ଗନ୍ଧ-ଜଳରେ ସ୍ନାନ କରିଥିବାରୁ ତାହାର ଚିକୁର ସିକ୍ତ ହୋଇଥାଏ । ସେହି ସିକ୍ତ କେଶର ଗନ୍ଧ ରତି-ମନ୍ଦିରରେ ଭାସି ବୁଲୁଥାଏ ଓ ରତି ଶେଷରେ କେଶରୁ ଫୁଲ ଖସିପଡୁଥାଏ - ଏଇଭାବେ ଶ୍ରାନ୍ତ ପତିକୁ ସ୍ନେହରସରେ ଆବିଷ୍ଟ କରି ସେ ତାଙ୍କୁ ନିଦ୍ରାରାଜ୍ୟକୁ ଘେନିଯାଏ ।

ଅହ ସର-ଦନ୍ତ-ମଣ୍ଡଲ-କୋବଲ-ପଡ଼ିମା-ଗଓ ମଅଚ୍ଛୀଏ ।
ଅନ୍ତୋ ସିନ୍ଦୂରିଅ-ସଙ୍ଖ-ବତ୍ତ-କରଣିଂ ବହଇ ଚନ୍ଦୋ । ୧୦୦।
(ଅସୌ-ସରସ-ଦନ୍ତ-ମଣ୍ଡଳ-କପୋଳ-ପ୍ରତିମା-ଗତୋ ମୃଗାକ୍ଷ୍ୟାଃ ।
ଅନ୍ତଃ ସିନ୍ଦୂରିତ-ଶଂଖ-ପାତ୍ର-ସାଦୃଶ୍ୟଂ ବହତି ଚନ୍ଦ୍ରଃ ।) - ଅଭବ

ମୃଗାକ୍ଷୀର ସରସ ଦନ୍ତକ୍ଷତ ମଣ୍ଡଳଯୁକ୍ତ କପୋଳ ଉପରେ ପ୍ରତିବିମ୍ବିତ ଚନ୍ଦ୍ର ମଝିରେ ସିନ୍ଦୂରବର୍ଣ୍ଣ ଶଙ୍ଖପାତ୍ରର ସାଦୃଶ୍ୟ ବହନ କରୁଛି ।

ବ୍ୟାଖ୍ୟା - ରସିକ ନାୟକ ପ୍ରିୟତମାର ଗଣ୍ଡଦେଶରେ ପ୍ରତିବିମ୍ବିତ ଚନ୍ଦ୍ରକୁ ଦେଖି ଅପୂର୍ବ ସୌନ୍ଦର୍ଯ୍ୟାନୁଭୂତି ଲାଭ କରିଛି- ଆଃ, କି ଚମତ୍କାର ଦୃଶ୍ୟ ଦେଖୁଛି ! ମୃଗନୟନାର ଗଣ୍ଡ ଉପରେ ଚୁମ୍ବନରେଖା ରକ୍ତରାଗ ସୃଷ୍ଟି କରିଛି । ତା ଉପରେ ଚନ୍ଦ୍ର ପ୍ରତିବିମ୍ବିତ ହୋଇଛି । ଗଣ୍ଡଦେଶରେ ପ୍ରତିବିମ୍ବିତ ଚନ୍ଦ୍ର ଶଙ୍ଖପାତ୍ର ସଦୃଶ ଓ ଚୁମ୍ବନରେଖା ସିନ୍ଦୁର ସଦୃଶ । ଶୁଭ୍ର ଚନ୍ଦ୍ରର କିରଣମାଳା ରକ୍ତରେଖାର ଚାରିପାଖରେ ପଡ଼ିବାରୁ ଅମଳ

ଧବଳ ଶଙ୍ଖପାତ୍ର ସିନ୍ଦୁରରେଖାରେ ଅଙ୍କିତ ହେବା ଭଳି ପ୍ରତୀୟମାନ ହେଉଛି ।

ରସିଅ-ଜଣ-ହିଅଅ-ଦଇଏ କଇ-ବଚ୍ଛଲ-ପମୁହ-ସୁକଇ-ଣିମ୍ମଅଏ ।
ସତ୍ତ-ସଅମ୍ମି ସମତ୍ତଂ ତୀଅଂ ଗାହା-ସଅଂ ଏଅଂ । ୧୦୧ ।

(ରସିକ-ଜନ-ହୃଦୟ-ଦୟିତେ କବି-ବତ୍ସଳ-ପ୍ରମୁଖ-ସୁକବି-ନିର୍ମିତେ
ସପ୍ତ-ଶତକେ ସମାପ୍ତଂ ତୃତୀୟ ଗାଥା-ଶତକମେତତ୍ ।)

ରସିକଜନ-ହୃଦୟ-ହାର, ଶ୍ରୀକବି ହାଳ ଯେଉଁମାନଙ୍କର ଅଗ୍ରଣୀ, ସେଇ ସୁକବିମାନଙ୍କ ରଚିତ ସପ୍ତଶତୀ ମଧ୍ୟରୁ ଏହି ତୃତୀୟ ଗାଥା ଶତକ ସମାପ୍ତ ହେଲା ।

■

ଚତୁର୍ଥ ଶତକ

ଅହ ଅମ୍ହ ଆଅଦୋ ଅଜ୍ଜ କୁଲ-ହରାଓ ତ୍ତି ଛେଞ୍ଛଇ ଜାରଂ ।
ସହସାଗଅସ୍‌ସ ତୁରିଅଂ ପଇଣୋ କଣ୍ଠଂ ମିଲାବେଇ । ୧ ।
(ଅସାବସ୍ମାକମାଗତୋଽଦ୍ୟ କୁଲ-ଗୃହାତ୍ ଇତି ଅସତୀ ଜାରମ୍ ।
ସହସାଗତସ୍ୟ ତ୍ୱରିତଂ ପତ୍ୟୁଃ କଣ୍ଠେ ଲଗୟତି ।)- ଅଭବ

'ଏଇ ବ୍ୟକ୍ତି ଆଜି ଆମ ନବରରୁ ଆସିଛି' - ଏହା କହି ଅସତୀ ନିଜର ଉପପତିକୁ ସହସାଗତ ପତିଙ୍କ କଣ୍ଠରେ ମିଳାଇଦେଲା ।

ବ୍ୟାଖ୍ୟା - ଦୁଷ୍ଟରିତ୍ରା ସ୍ତ୍ରୀ ନିଜର ଉପସ୍ଥିତ ବୁଦ୍ଧି ଦ୍ୱାରା କିପରି ସ୍ୱାମୀକୁ ଭୁଲାଇ ଦେଇପାରେ ତାହାର ଦୃଷ୍ଟାନ୍ତ । କୁଳଟା ପିତୃ-ସମ୍ପର୍କ ଯୋଡ଼ି ଜାରକୁ ସ୍ୱାମୀର ଗଳାରେ ମିଳାଇଦେବାର ତାତ୍ପର୍ଯ୍ୟ-ଏହାକୁ ବିଶ୍ୱାସ କର, ଏ ତୁମର ବଂଧୁ; କାରଣ ଏ ଆମ ଘରୁ ଆସିଛି ।

ପୁସିଆ ଅଣ୍ଣାହରଣେନ୍ଦଣୀଲ-କିରଣାହଆ ସସି-ମଊହା ।
ମାଣିଣି-ବଅଣମ୍ମି ସକଜ୍ଜଲଂସୁ-ସଙ୍କାଇ ଦଇଏଣ । ୨ ।
(ପ୍ରୋଞ୍ଛିତାଃ କର୍ଣ୍ଣାଭରଣେନ୍ଦ୍ରନୀଳ-କିରଣାହତାଃ ଶଶି-ମୟୂଖାଃ ।
ମାନିନୀ-ବଦନେ ସକଜ୍ଜଳାଶ୍ରୁ-ଶଙ୍କୟା ଦୟିତେନ ।) - ଜଳସଗନ୍ଧ

ମାନିନୀର ବଦନରେ କର୍ଣ୍ଣାଭରଣର ଇନ୍ଦ୍ରନୀଳମଣି କିରଣ ସହ ମିଶ୍ରିତ ଚନ୍ଦ୍ର କିରଣକୁ ପ୍ରିୟତମ କଜ୍ଜଳାଶ୍ରୁ ଶଙ୍କାରେ ପୋଛିଦେଉଛି ।

ବ୍ୟାଖ୍ୟା - ପୁରୁଷ ଅତି ସ୍ନେହରେ ନାୟିକାର ଗଣ୍ଡଦେଶ ପୋଛିଦେଉଛି । ତାହାର କାର୍ଯ୍ୟ ଭ୍ରାନ୍ତିମୂଳକ । ମାନିନୀ ପ୍ରିୟାର କର୍ଣ୍ଣାବତଂସ ମଝିରେ ଇନ୍ଦ୍ରନୀଳମଣିର ରଶ୍ମି ଚନ୍ଦ୍ରକିରଣରେ ଗଣ୍ଡରେ ପ୍ରତିଫଳିତ ହୋଇ ଚମତ୍କାର ଦିଶୁଛି । ପ୍ରିୟତମର ଆଶଙ୍କା ହୋଇଛି ଯେ ମାନିନୀ ପ୍ରିୟା କଜ୍ଜ୍ୱଳସିକ୍ତ ଅଶ୍ରୁ ଝରାଉଛି । ସେ ତେଣୁ ତାହାକୁ ପୋଛିବାକୁ

ଯାଉଛି। ଏହା ଭ୍ରାନ୍ତିମାନ୍ ଅଳଂକାରର ଦୃଷ୍ଟାନ୍ତ। ଜଣେ ସଖୀ ପାଖରେ ଥିବା ସଖୀକୁ ନାୟିକାର ଏଇ ସୌଭାଗ୍ୟ ସୂଚନା ଦେଇ ଉକ୍ତ ଗାଥା କହିଛି।

ଏଦ୍ଦହ-ମେତ୍ତମ୍ମି ଜଏ ସୁନ୍ଦର-ମହିଲା-ସହସ୍ସ-ଭରିଏ ବି।
ଅଣୁହରଇ ଣବର ତିସ୍ସା ବାମଦ୍ଧଂ ଦାହିଣଦ୍ଧସ୍ସ ।୩ ।
(ଏତାବନ୍ମାତ୍ରେ ଜଗତି ସୁନ୍ଦର-ମହିଳା-ସହସ୍ର-ଭୃତେଽପି।
ଅନୁହରତି କେବଳ ତସ୍ୟା ବାମାର୍ଦ୍ଧଂ ଦକ୍ଷିଣାର୍ଦ୍ଧସ୍ୟ।) - ଶ୍ରୀରାଜ

ସହସ୍ର ସୁନ୍ଦରୀ ମହିଳା ପରିପୂର୍ଣ ଏତେ ବଡ଼ ସଂସାରରେ କେବଳ ତାହାର ବାମାଙ୍ଗ ଦକ୍ଷିଣାଙ୍ଗର ଅନୁକରଣ କରୁଛି।

ବ୍ୟାଖ୍ୟା - ସହଚର ପ୍ରତି ନାୟକର ବଚନ। ଜଗତରେ ନାୟିକା ଅଙ୍ଗ-ସୌନ୍ଦର୍ଯ୍ୟର ଉପମାଭାବ ଅନୁଭବ କରି 'ରାଧା ପରି ରାଧା ସିନାରେ ସଙ୍ଗାତ', 'ସାଗର ସାଗରୋପମ' ଅଥବା 'ଆକାଶ ଆକାଶ ସମ' କହିବା ପରି ନାୟକ ତାହାର ପ୍ରଶଂସା କରି କହିଛି - ହେ ସଖା, ତାହାର ସୌନ୍ଦର୍ଯ୍ୟର ତୁଳନା ନାହିଁ। ହଜାର ହଜାର ସୁନ୍ଦରୀ ଏଇ ବିରାଟ ପୃଥିବୀରେ ପୂରିରହିଥିଲେ ହେଁ ନିଖୁଣ ସୁଷମା ତାହାରି ଅଙ୍ଗରେ ହିଁ ବିରାଜିତ। ତାହାର ବାମଭାଗ ଦକ୍ଷିଣଭାଗର ସମାନ। ସେ ନିଜେ ନିଜର ଉପମାନ; ତାହା ସମ ସୁନ୍ଦରୀ ଏ ସଂସାରରେ ବିରଳ।

ଜହ ଜହ ବାଏଇ ପିଓ ତହ ତହ ଣଚ୍ଚାମି ଚଞ୍ଚଲେ ପେମ୍ମେ।
ବଲ୍ଲୀ ବଲେଇ ଅଙ୍ଗଂ ସହାବ-ଥଦ୍ଧେ ବି ରୁକ୍‌ଖମ୍ମି । ୪ ।
(ଯଥା ଯଥା ବାଦୟତି ପ୍ରିୟସ୍ତଥା ତଥା ନୃତ୍ୟାମି ଚଞ୍ଚଳେ ପ୍ରେମ୍‌ଣି।
ବଲ୍ଲୀ ବଳୟତ୍ୟଙ୍ଗଂ ସ୍ୱଭାବ-ସ୍ତବ୍‌ଧେଽପି ବୃକ୍ଷେ।) - ଶଶିପ୍ରଭା

ପ୍ରିୟ ଯେମିତି ଯେମିତି ବଜାଉଛନ୍ତି, ମୁଁ ସେମିତି ଚଞ୍ଚଳ ପ୍ରେମରେ ନୃତ୍ୟ କରୁଛି; ସ୍ୱଭାବସ୍ତବ୍‌ଧ ବୃକ୍ଷରେ ମଧ୍ୟ ଲତା ଅଙ୍ଗ ଜଡ଼ାଇ ଦେଇଥାଏ।

ବ୍ୟାଖ୍ୟା - ସହଚରୀ ପ୍ରତି ନାୟିକାର ଉକ୍ତି - ମୋର ପ୍ରେମିକ ଯେପରି ଚାହିଁବେ, ମୁଁ ସେଇ ଛନ୍ଦରେ ନୃତ୍ୟ କରି ତାଙ୍କର ଇଚ୍ଛା ପୂରଣ କରିବି। ବାଦ୍ୟକାରର ତାଳ ଅନୁସାରେ ନୃତ୍ୟ କରିବା ହିଁ ନଟୀର ଧର୍ମ। ସେ ସ୍ୱଚ୍ଛନ୍ଦରେ ନୃତ୍ୟ କରିପାରେ ନାହିଁ। "ନାରୀ ତ ବୀଣା ହୁଏ; ବାଜଣା ରସିକ ପୁଂସ କରେ" - ପ୍ରେମ-ବନ୍ଧନର ମଧୁର ସଙ୍ଗୀତ ସୃଷ୍ଟି ନିମନ୍ତେ ବାଦ୍ୟକାର ପୁଂସର ନିର୍ଦ୍ଦେଶ ଅନୁସାରେ ଚଳିବା ନାରୀର ଧର୍ମ। ନାୟକ ଇଚ୍ଛାରେ ପରିଚାଳିତ ହେବାକୁ ସେ ଅଭିଳାଷିଣୀ। ନିଜର ଅସ୍ତିତ୍ୱ ସମ୍ବନ୍ଧରେ ସେ ସଚେତନ ନୁହେଁ। ଚଞ୍ଚଳ ବାୟୁ ତରୁ ବୁକୁରେ ଦିବସଯାମିନୀ ବଲ୍ଲୀକୁ ନଚାଏ ନାହିଁ କି ? ପ୍ରକୃତି ଜଗତ୍‌ର ଉଦାହରଣ ଦେଇ ନାୟିକା ନିଜର ଲତା-ସ୍ୱଭାବ

ପ୍ରତିପାଦନ କରିଛି। ପ୍ରେମ ହିଁ ତାର ଚାଞ୍ଚଲ୍ୟ ବିଧାୟକ। ପ୍ରିୟ-ପ୍ରଣୟରେ ଅନନ୍ୟ ଅନୁରାଗିଣୀ ବାଳାର ଏକାନ୍ତ ପୁରୁଷ-ନିର୍ଭରତା ଗାଥାରେ ଧ୍ୱନିତ। ନିଜର ଅସ୍ତିତ୍ୱ ଭୁଲି ସେ ତାହାରି ଇଙ୍ଗିତ ଓ ଇଛାନୁସାରେ ଚାଳିତ ହେବାକୁ ଚାହେଁ।

ଦୁକ୍‌ଖେହିଁ ଲମ୍ଭଇ ପିଓ ଲଦ୍ଧୋ ଦୁକ୍‌ଖେହିଁ ହୋଇ ସାହୀଣୋ।
ଲଦ୍ଧୋ ପି ଅଲଦ୍ଧୋ ବ୍‌ବିଅ ଜଇ ଜହ ହିଅଅଂ ତତ ଣ ହୋଇ ।୫ ।
(ଦୁଃଖୈର୍ଲଭ୍ୟତେ ପ୍ରିୟୋ ଲବ୍‌ଧୋ ଦୁଃଖୈର୍ଭବତି ସ୍ୱାଧୀନଃ।
ଲବ୍‌ଧୋଽପ୍ୟଲବ୍‌ଧ ଏବ ଯଦି ଯଥା ହୃଦୟଂ ତଥା ନ ଭବତି।)

ପ୍ରିୟଜନଙ୍କୁ ବହୁ କଷ୍ଟରେ ଲାଭ କରାଯାଏ; ଲାଭ କଲା ପରେ ତାହାଙ୍କୁ କଷ୍ଟରେ ବଶରେ ରଖାଯାଏ ଓ ଯଦି ସେ ହୃଦୟ ଅନୁରୂପ ନ ହୁଅନ୍ତି, ତେବେ ଲବ୍‌ଧ ହୋଇ ମଧ୍ୟ ଅଲବ୍‌ଧ ଭଳି ମନେହୁଅନ୍ତି।

ବ୍ୟାଖ୍ୟା - ସହଚରୀ ପ୍ରତି ନାୟିକାର ଖେଦୋକ୍ତି - ସଖି! ତୋତେ ମୋ ଦଃଖ କ'ଣ କହିବି! ବୁକୁ ଫାଟିଯାଉଛି। ଏ ଦୁନିଆରେ ବହୁ ପୁରୁଷ ସ୍ୱାମୀ ହୋଇପାରନ୍ତି; ନାରୀ ଉପରେ ଅଧିକାର ସାବ୍ୟସ୍ତ କରିବା ଯେକୌଣସି ପୁରୁଷର ସ୍ୱାମୀତ୍ୱର ଗୌରବ ହୋଇପାରେ; ମାତ୍ର କେତେ ଜଣ ପୁରୁଷ ନାରୀର ପ୍ରିୟ ହୋଇପାରନ୍ତି? କେତେ ସାଧ-ସାଧନା ଫଳରେ ପ୍ରିୟ ପୁରୁଷ ଲାଭ କରାଯାଏ। ଲାଭ କଲା ପରେ ଅଧିକାରରେ ରଖିବା ଆହୁରି କଷ୍ଟକର। ଯାହାଙ୍କୁ ଭଲ କଲ, ସେ ଯଦି ହୃଦୟ ଯେପରି ଚାହେଁ ସେପରି ନ ହୁଅନ୍ତି, ସେ ଲାଭରେ କି ଫଳ? ନାୟିକାର ତାତ୍ପର୍ଯ୍ୟ, ପ୍ରିୟଲାଭ ସତ୍ତ୍ୱେ ପ୍ରଣୟ-ସୁଖ ଲାଭ ତା କପାଳରେ ନାହିଁ। କାରଣ ତାର ହୃଦୟାଭିଳାଷ ବୁଝିବା ପାଇଁ ସେ ତତ୍ପର ନୁହନ୍ତି।

ଅବ୍‌ବୋ ଅଣୁଣଅ-ସୁହ-କାଂକ୍ଷିରୀଅ ଅକଅଂ କଅ କୁଣନ୍ତୀଏ।
ସରଲ-ସହାବୋ ବି ପିଓ ଅବିଣଅ-ମଗ୍‌ଗଂ ବଲଣ୍ଣୀଓ ।୬।
(କଷ୍ଟ ମନୁନୟ-ସୁଖ-କାଙ୍‌କ୍ଷଣଶୀଳୟା ଅକୃତଂ କୃତଂ କୁର୍ବତ୍ୟା।
ସରଳ-ସ୍ୱଭାବୋଽପି ପ୍ରିୟୋଽବିନୟ ମାର୍ଗଂ ବଳାନ୍ନୀତଃ।) - ସିଂହ

ହାୟ, ଅନୁନୟ-ସୁଖ କାମନା କରି ମୁଁ ତାଙ୍କରି ଅକୃତ ଅପରାଧକୁ ମଧ୍ୟ କୃତ ବୋଲି କହି ସରଳସ୍ୱଭାବ ପ୍ରିୟଙ୍କୁ ବଳପୂର୍ବକ ଅବିନୟ ମାର୍ଗରେ ଉପସ୍ଥିତ କରାଇଦେଲଣି।

ବ୍ୟାଖ୍ୟା - ପଶ୍ଚାତ୍ତାପ ହେତୁ କଳହାନ୍ତରିତାର ସହଚରୀ ପ୍ରତି ଉକ୍ତି- ମୁଁ ମାନ କଲେ ପ୍ରିୟତମ ମୋତେ ଅନୁନୟ କରିବେ, ଚାଟୁବାଣୀ ଭାଷି ମୋତେ ସନ୍ତୁଷ୍ଟ କରିବେ, ଏପରି ଅଭିଳାଷ ପୋଷଣ କରି କୌତୁହଳବଶତଃ ମୁଁ ତାଙ୍କ ନ କଲା ଅପରାଧରେ

ଅପରାଧୀ କରିଅଛି । ପଦେ ପଦେ ତାଙ୍କର ଭୁଲ ଧରି କ୍ରୋଧବଶତଃ ତିରସ୍କାର କରିଅଛି । ସରଳସ୍ୱଭାବ ସେଇ ପ୍ରିୟଙ୍କୁ ମିଥ୍ୟା ଦୋଷରେ ଆଘାତ ଦେଇ ଦେଇ ମୁଁ ଆଜି ନିଜର ସର୍ବନାଶ କଲିଣି । ଏବେ ମୁଁ ମୋର କୃତକର୍ମର ଫଳ ଭୋଗୁଛି । ମୋ ଦୋଷରୁ ସେ ଆଜି ହାତରୁ ଖସିଯିବାକୁ ବସିଲେଣି; ଅସତ୍, ଅବିନୟ ମାର୍ଗରେ ଗତି କଲେଣି ।

ହତ୍ଥେସୁ ଅ ପାଏସୁ ଅ ଅଙ୍ଗୁଲି-ଗଣଣାଇ ଅଇ-ଗଆ ଦିଅହା ।
ଏଣ୍ହିଂ ଉଣ କେଣ ଗଣିଜ୍ଜଇ ତ୍ତି ଭଣେଉ ରୁହଇ ମୁଦ୍ଧା ।୭ ।
(ହସ୍ତୟୋଶ୍ଚ ପାଦୟୋଶ୍ଚ ଅଙ୍ଗୁଳି-ଗଣନୟା ଅତି-ଗତା-ଦିବସାଃ ।
ଇଦାନୀଂ ପୁନଃ କେନ ଗଣ୍ୟତାମିତ ଭଣିତ୍ୱା ରୋଦିତ ମୁଗ୍ଧା ।)- ପାଳିତ

ହାତ ଓ ପାଦର ଅଙ୍ଗୁଳିଗୁଡ଼ିକୁ ଗଣୁ ଗଣୁ ଦିନ ବିତିଗଲା । 'ଏବେ ଆଉ କେଉଁଥିରେ ଗଣନା କରିବି' - ଏହା କହି ମୁଗ୍ଧା କାନ୍ଦିବାକୁ ଲାଗିଲା ।

ବ୍ୟାଖ୍ୟା - ବିରହରେ ଦିବସ-ଗଣନାକାରିଣୀ ପ୍ରୋଷିତପତିକା ସଖୀର ପଥିକ-ପ୍ରତି ଉକ୍ତି - ହେ ପଥିକ ! ମୋର ମୁଗ୍ଧା ସଖୀର ପ୍ରିୟତମଙ୍କୁ କହିବ, ଶୀଘ୍ର ପ୍ରବାସରୁ ଫେରିଆସିବେ । ତାଙ୍କ ବିରହରେ ସେ ହାତ ଓ ପାଦର ଅଙ୍ଗୁଳିଗୁଡ଼ିକୁ ଗଣି ଗଣି ଶେଷ କରିଦେଲାଣି । ଏବେ ବିରହ-ଦିବସ ଗଣନା ପାଇଁ ଉପାୟାଭାବ ଅନୁଭବ କରି ସେ କାନ୍ଦିଲାଗିଛି ।

କୀର-ମୁହ-ସଚ୍ଛହେହିଂ ରେହଇ ବସୁହା ପଲାସ-କୁସୁମେହିଂ ।
ବୁଦ୍ଧସ୍‌ସ ଚଲଣ-ବନ୍ଦଣ-ପଡ଼ିଏହିଁ ବ ଭିକ୍‌ଖୁ-ସଂଘେହିଂ ।୮।
(କୀର-ମୁଖ-ସଦୃକ୍ଷୈ ରଜତେ ବସୁଧା ପଳାଶ-କୁସୁମୈଃ ।
ବୁଦ୍ଧସ୍ୟ ଚରଣ-ବନ୍ଦନ-ପତିତୈରିବ ଭିକ୍ଷୁ-ସଂଘୈଃ ।)

ବୁଦ୍ଧଦେବଙ୍କ ଚରଣବନ୍ଦନା ଉଦ୍ଦେଶ୍ୟରେ ପ୍ରଣତ ଭିକ୍ଷୁ-ସଂଘ ସଦୃଶ ଶୁକମୁଖ-ସଦୃଶ ପଳାଶପୁଷ୍ପରେ ବସୁଧା ଶୋଭା ପାଉଛି ।

ବ୍ୟାଖ୍ୟା - ପ୍ରବାସଗମନାର୍ଥ ପ୍ରସ୍ତୁତ ନାୟକ ପ୍ରତି ନାୟିକାର ଉକ୍ତି - 'ଦେଖ, ନବବସନ୍ତରେ ଧରଣୀ କି ଶୋଭା ପାଉଛି । ଚତୁର୍ଦ୍ଦିଗରେ ଶୁକଚଂଚୁର ରକ୍ତିମା ଭଳି ରକ୍ତବର୍ଣ୍ଣ କିଂଶୁକର ଦର୍ପ ପ୍ରକାଶ ପାଉଛି । ଚୀବରଧାରୀ ବୌଦ୍ଧଭିକ୍ଷୁଗଣ ବୁଦ୍ଧଚରଣ ବନ୍ଦନା ଉଦ୍ଦେଶ୍ୟରେ ପ୍ରଣତ ହେବା ପରି ତାହା ପ୍ରତୀତ ହେଉଛି । ବସନ୍ତର ଏଇ ଉଦ୍ଦୀପନମୟ ପରିବେଶରେ ତୁମେ କିପରି ମୋତେ ଏକା ଛାଡ଼ି ପ୍ରବାସଯାତ୍ରା ପାଇଁ ମନ ବଳାଇଛ ?

ଜଂ ଜଂ ପିହୁଲଂ ଅଙ୍ଗଂ ତଂ ତଂ ଜାଅଂ କିସୋଅରି କିସଂ ତେ ।
ଜଂ ଜଂ ତଣୁଅଂ ତଂ ତଂ ପି ଣିଟ୍‌ଠିଅଂ କିଂ ତ୍ଥ ମାଣେଣ । ୯।

(ଯତ୍ ଯତ୍ ପୃଥୁଳମଙ୍ଗଂ ତତ୍ ତତ୍ ଜାତଂ କୃଶୋଦରି କୃଶଂ ତେ।
ଯତ୍ ଯତ୍ ତନୁକଂ ତତ୍ତଦପି ନିଷ୍ଠିତଂ କିମତ୍ର ମାନେନ।) - କୁଳପୁତ୍ର

ଆଗୋ କୃଶୋଦରି! ତୋର ଯେଉଁ ଯେଉଁ ଅଙ୍ଗ ପୃଥୁଳ ଥିଲା ସେହି ସେହି ଅଙ୍ଗ କୃଶ ହୋଇଗଲେଣି ଓ ଯେଉଁ ଯେଉଁ ଅଙ୍ଗ ସ୍ୱଭାବତଃ କୃଶ ଥିଲେ ସେଗୁଡ଼ିକ ମଧ୍ୟ ଚରମ ସୀମା ପ୍ରାପ୍ତ ହେଲେଣି; ଏଣୁ ମାନରୁ କ'ଣ ମିଳିବ ?

ବ୍ୟାଖ୍ୟା - ମାନିନୀ ନାୟିକା ପ୍ରତି ସଖୀ ଉକ୍ତି - 'ସହି, ମାନ ପର୍ବ ସମାପ୍ତ କର। ବିଚାର କରି ଦେଖ, ତୋର ଅବସ୍ଥା ଆସି କ'ଣ ହେଲାଣି। କାମର ଦଶମ ଦଶା ତୋ ପାଇଁ ଦୂରବର୍ତ୍ତୀ ନୁହେଁ। ପ୍ରିୟତମଙ୍କ ଅନୁନୟ ସ୍ୱୀକାର କରି ପ୍ରସନ୍ନ ହୁଅ। ନିଜକୁ କଷ୍ଟ ଦେଇ ମାନଧାରଣ କରିବା ନିରର୍ଥକ।

ଣ ଗୁଣେଣ ହୀରଇ ଜଣୋ ହୀରଇ ଜୋ ଜେଣ ଭାବିଓ ତେଣ।
ମୋତ୍ତୂଣ ପୁଳିନ୍ଦା ମୋତ୍ତିଆଇଁ ଗୁଞ୍ଜାଓଁ ଗେହ୍ଣନ୍ତି । ୧୦ ।
(ନ ଗୁଣେନ ହ୍ରିୟତେ ଜନୋ ହ୍ରିୟତେ ଯୋ ଯେନ ଭାବିତସ୍ତେନ।
ମୁକ୍ତ୍ୱା ପୁଳିନ୍ଦା ମୌକ୍ତିକାନି ଗୁଂଜା ଗୃହ୍ଣନ୍ତି।) - ସମର୍ଣ

ବ୍ୟକ୍ତି କେବଳ ଗୁଣରେ ଆକର୍ଷିତ ହୁଏ ନାହିଁ, ଯେଉଁ ବସ୍ତୁରେ ରମଣ କରେ ତହିଁରେ ଆକୃଷ୍ଟ ହୋଇଥାଏ। ପୁଳିନ୍ଦମାନେ ମୁକ୍ତା ଛାଡ଼ି ଗୁଞ୍ଜାକୁ ହିଁ ଗ୍ରହଣ କରିଥାନ୍ତି।

ବ୍ୟାଖ୍ୟା - ସଖୀ ପ୍ରତି ନାୟିକାର ଉକ୍ତି - ତୁ ମିଛରେ ମୋ ମନ ଭୁଲାଇବା ପାଇଁ କାହିଁକି ମୋ ଗୁଣର ପ୍ରଶଂସା କରୁଛୁ ? 'ମଣିଷର ମନ ଗୁଣରେ ବଶୀଭୂତ' - ଏ କଥାର କିଛି ମୂଲ୍ୟ ଅଛି ? 'ଭିନ୍ନରୁଚିହି ଲୋକଃ - ଯେଉଁ ବସ୍ତୁରେ ତାର ମନ ରମଣ କରେ, ସେହି ବସ୍ତୁରେ ତାହାର ପ୍ରେମ ଜାତ ହୁଏ, ସେଥିରେ ଗୁଣ ଅଛି କି ନାହିଁ ସେ କଥା ବିଚାର କରେ ନାହିଁ। ଯେଉଁ ବସ୍ତୁରେ ଯାହାର ମନ ସଂଯୋଗ ହୁଏ, ସେହି ବସ୍ତୁ ତାହାକୁ ଟାଣେ, ଏପରିକି ଅସାର ବସ୍ତୁ ମଧ୍ୟ ମନୋହରଣ କରେ; ସାରବାନ୍ ବସ୍ତୁ ଦୃଷ୍ଟିରେ ପଡ଼ିଲେ ମଧ୍ୟ ସେଥିପ୍ରତି ବ୍ୟକ୍ତି ଆଖି ବୁଜିଦିଏ -

ଶବରୀ ଶର୍ବରୀ ଶେଷେ ଅରଣ୍ୟକୁ ଯାଇ
ହରି-ବିଦାରିତ କରୀ ମୋତି ପଡ଼ିଥାଇ;
ବଦରୀ ଆଦରି ତାକୁ ସରୋବରେ ଧୋଇ
ବିକା ତ ନଯିବ ବୋଲି ଆସନ୍ତି ପକାଇ।
ସେହି ଶବର ମୁକ୍ତା ଛାଡ଼ି ବନେ ବନେ ଗୁଞ୍ଜା ଖୋଜି ବୁଲେ ନାହିଁ କି ?

ଲଙ୍କାଲଆଣଁ ପୁତ୍ତଅ ବସନ୍ତ-ମାସେକ୍କ-ଲଦ୍ଧ-ପସରାଣଂ।
ଆପୀଅ-ଲୋହିଆଣଂ ବୀହେଇ ଜଣେ ପଳାସାଣଂ। ୧୧ ।

(ଲଙ୍କାୟାନାଂ ପୁତ୍ରକ ବସନ୍ତ-ମାସୈକ-ଲବ୍ଧ-ପ୍ରସରାଣାମ୍।
ଆପୀତ-ଲୋହିତାନାଂ ବିଭେତି ଜନଃ ପଳାଶାନାମ୍।) - ଅନୁରାଗ

ହେ ପୁତ୍ର ! ଲଙ୍କାନିବାସୀ ଚର୍ବୀ, ଅନ୍ତ୍ର ଓ ମାଂସ ପ୍ରିୟ ରୁଧିରପାୟୀ ରାକ୍ଷସ ଭଳି ଶାଖାସ୍ଥାୟୀ, ବସନ୍ତ ମାସରେ ପ୍ରସାର ଲାଭ କରିଥିବା ଗୀତ ଓ ଲୋହିତ ବର୍ଣ ପଳାଶ ଫୁଲଠାରୁ ଲୋକେ ଭୟ ପାଇଥାନ୍ତି।

ବ୍ୟାଖ୍ୟା - ପ୍ରବାସଗମନାର୍ଥ ନାୟକ ପ୍ରତି ଗୁରୁଜନସ୍ଥାନୀୟା ବୃଦ୍ଧାର ଉକ୍ତି - ହେ ପୁଅ, ଏଇ ବସନ୍ତ ମାସରେ ଭୟଭୀତା ପ୍ରିୟାକୁ ଏକା ଛାଡ଼ି ବିଦେଶଯାତ୍ରା କରିବା ଉଚିତ୍ ନୁହେଁ। ଦେଖ, ଆପୀତ ଲୋହିତ ପଳାଶ ବହ୍ନି-କଳସ ଧରି ଉଭା ହୋଇଛି। ଲଙ୍କାନିବାସୀ ରାକ୍ଷସଗଣ ଯେପରି ଚର୍ବୀ, ଅନ୍ତ୍ର ଓ ମାଂସରେ ତଥା ରୁଧିରସ୍ନାନରେ ଆନନ୍ଦଲାଭ କରନ୍ତି, ଏଇ ପଳାଶ ଫୁଲ ରକ୍ତସ୍ନାନ କରି ସେଇଭଳି ପ୍ରମଦାମାନଙ୍କୁ ଭୟ ପ୍ରଦର୍ଶନ କରୁଅଛି। ତେଣୁ ତୋର ବିରହିଣୀ ପ୍ରିୟାର ପ୍ରାଣ କମ୍ପିଉଠୁଛି। ଏଠାରେ ଲଙ୍କା ଶବ୍ଦ-ଲଙ୍କା ଦେଶ ଓ ଶାଖା ଅର୍ଥରେ ତଥା ପଳାଶ-ପଳାଶଫୁଲ ଓ ଆମ ମାସଭୋଜୀ ରାକ୍ଷସ ଅର୍ଥରେ ଶ୍ଳେଷ। ଲଙ୍କା ରାକ୍ଷସଙ୍କ ବାସସ୍ଥାନ ରୂପେ ଗାଥା-ରଚନା କାଳରୁ ପରିଚିତ।

ଘେତ୍ତୂଣ ଚୁଣ୍ଣ-ମୁଟ୍‌ଠିଂ ହରିସୂସସିଆଏ ବେପମାଣାଏ।
ଭିସିଣେମି ତ୍ତି ପିଅଅମଂ ହତ୍‌ଥେ ଗନ୍ଧୋଦଅଂ ଜାଅଂ ।୧୨।

(ଗୃହୀତ୍ୱା ଚୂର୍ଣ-ମୁଷ୍ଟିଂ ହର୍ଷୋତ୍ସୁକିତାୟା ବେପମାନାୟାଃ।
ଅବକିରାମୀତି ପ୍ରିୟତମଂ ହସ୍ତେ ଗନ୍ଧୋଦକଂ ଜାତମ୍।) - କାନ୍ତସ୍ପର୍ଶ

ହର୍ଷୋତ୍ସୁକ ହୋଇ ଚୂର୍ଣମୁଷ୍ଟି ଗ୍ରହଣ କରି ପ୍ରିୟତମଙ୍କ ଉପରେ ପକାଇବି ବୋଲି ଚିନ୍ତା କରିବାମାତ୍ରେ କମ୍ପିତ ହସ୍ତରେ ଗନ୍ଧୋଦକ ଜାତ ହୋଇଗଲା।

ବ୍ୟାଖ୍ୟା - ଅତିଶୟ ଅନୁରାଗବଶତଃ ନାୟିକା ମନରେ ସାତ୍ତ୍ୱିକ ଭାବୋଦୟ ହେତୁ ହସ୍ତସ୍ଥିତ ଚୂର୍ଣମୁଷ୍ଟି ସ୍ୱେଦ-ସଂସକ୍ତ ହୋଇ ଗନ୍ଧଜଳରେ ପରିଣତ ହୋଇଯିବାରୁ ତାହାର ଉଦ୍ଦେଶ୍ୟ ସାଧିତ ହୋଇପାରିଲା ନାହିଁ। ନାୟିକା କୌତୂହଳବଶତଃ କୁଙ୍କୁମ, କର୍ପୂର ଆଦି ଚୂର୍ଣ କରି ସେହି ଚୂର୍ଣକୁ ମୁଠାରେ ଧରି ପ୍ରିୟତମଙ୍କ ଉପରକୁ ଫିଙ୍ଗିବା ପାଇଁ ମାନସ କରି କମ୍ପିତ ହସ୍ତ ଉଠାଇବା ବେଳେ ତାହାର ଅଙ୍ଗେ ଅଙ୍ଗେ ସାତ୍ତ୍ୱିକ ଭାବର ଉଦୟ ହୋଇଛି। ତାହାର ହସ୍ତ କମ୍ପି ଉଠିଛି ଓ ସ୍ୱେଦବାରିରେ ଚୂର୍ଣ ମୁଷ୍ଟି ଭିଜିଯାଇଛି। ସେ ଆଉ ଫିଙ୍ଗିବ କିପରି ?

ପୁଟ୍‌ଠିଂ ପୁସସ୍ କିସୋଅରି ପଡ଼ୋହରଙ୍କୋଲ୍ଲ-ପତ୍ତ-ଚିତ୍ତଲିଅଂ।
ଛେଆହଁ ଦିଅର-ଜାଆହଁ ଉଜ୍ଜୁଏ ମା କଲିଜ୍ଝିହିସି ।୧୩।

(ପୃଷ୍ଠଂ ପ୍ରୋଞ୍ଛ କୃଶୋଦରି ପଶ୍ଚାଦ୍‌ଗୃହାଙ୍କୋଟ-ପତ୍ର-ଚିତ୍ରତମ୍।
ବିଦଗ୍ଧାଭିର୍ଦେବର-ଜାୟାମି ରଜ୍ଜୁକେ ମା କଳିଷ୍ୟସେ।)- ପଣ୍ଡୀ

ଆଗୋ କୃଶୋଦରି! ଗୃହ ପଶ୍ଚାଦ୍‌ଭାଗରେ ଥିବା ଅଙ୍କୋଟ ପତ୍ରରେ ଚିହ୍ନିତ ତୋର ପୃଷ୍ଠଦେଶକୁ ପୋଛି ଦେ'। ଆଗୋ ସରଳେ, ନ ହେଲେ ଚତୁରୀ ଦେବର ଜାୟାମାନେ ତୋତେ କଳନା କରିନେବେ।

ବ୍ୟାଖ୍ୟା - ନାୟିକା ପ୍ରତି ସଖୀ ଉକ୍ତି। ନାୟିକା ଦେବର ପ୍ରତି ଅନୁରାଗିଣୀ ହୋଇ ଘର ପଛଆଡ଼େ ଥିବା ଅଙ୍କୋଟ ଗଛ ତଳେ ସୁରତ ଲୀଳା ସମାପ୍ତ କରି ଫେରିଛି। ସଖୀ କହିଛି - ତୋର ପିଠିରେ ଅଙ୍କୋଟ ପତ୍ରର ଦାଗ ପଡ଼ିଯାଇଛି। ଏଗୁଡ଼ିକୁ ପୋଛିପକା। ତୁ ଅତି ସରାଳ, ବୁଝିପାରୁନାହୁଁ ଏଇ ଦାଗଗୁଡିକୁ ଦେଖି ଚତୁରୀ ଦେବର-ବଧୂମାନେ ତୋର ମରମ ବୁଝିନେବେ, ତୁ ହାତେ ହାତେ ଧରାପଡ଼ି ଲଜ୍ଜିତ ହେବୁ।

ଅଚ୍ଛୀଇଁ ତା ଥଇସ୍‌ସଂ ଦୋହିଁ ବି ହତ୍‌ଥେହିଁ ବି ତସ୍‌ସିଂ ଦିଟ୍‌ଠେ।
ଅଙ୍ଗଂ କଲମ୍ବ-କୁସୁମଂ ବ ପୁଲଇଅଂ କହିଁ ଣୁ ଢକ୍‌କିସ୍‌ସଂ । ୧୪ ।
(ଅକ୍ଷିଣୀ ତାବତ୍ ସ୍ଥଗୟିଷ୍ୟାମି ହାଭ୍ୟାମପି ହସ୍ତାଭ୍ୟାଂ ତସ୍ମିନ୍ ଦୃଷ୍ଟେ।
ଅଙ୍ଗଂ କଦମ୍ବ-କୁସୁମମିବ ପୁଲକିତଂ କଥଂ ନୁ ଛାଦୟିଷ୍ୟାମି।) - ନରସିଂହ

ତାଙ୍କୁ ଦେଖିଲାମାତ୍ରେ ମୁଁ ଦୁଇ ହାତରେ ନେତ୍ରଦ୍ୱୟକୁ ତ ଢାଙ୍କିଦେବି; କିନ୍ତୁ କଦମ୍ବ-କୁସୁମ ଭଳି ପୁଲକଭରା ସମଗ୍ର ଅଙ୍ଗକୁ କିପରି ଢାଙ୍କିବି ?

ବ୍ୟାଖ୍ୟା - ନାୟକ ସମ୍ମୁଖକୁ ଆସିଲେ ମାନଧାରଣ କରି ହାତରେ ଆଖି ବନ୍ଦ କରିଦେବାକୁ ସଖୀ ଉପଦେଶ ଦେଇଛି। ନିଜର ଅସାମର୍ଥ୍ୟ ପ୍ରକାଶ କରି ନାୟିକାର ଉତ୍ତର-ସଖି, ତୋ କଥା ମାନି ମୁଁ ହୁଏତ ପ୍ରିୟତମ ସମ୍ମୁଖରେ ଉଭାହେଲେ ଦୁଇ ହାତରେ ଆଖି ଦୁଇଟି ମୁଦିଦେବି। ହାତ ଦୁଇଟି ମୋର ଅଧୀନ, ତେଣୁ ଆଖି ବନ୍ଦ କରିବା କାର୍ଯ୍ୟ ସେଥିରେ କରାଯାଇପାରେ। ମାତ୍ର ପ୍ରିୟତମଙ୍କୁ ଦେଖି ମୋର ଅଙ୍ଗେ ଅଙ୍ଗେ କଦମ୍ବଫୁଲର କେଶର ଭଳି ସାତ୍ତ୍ୱିକାନୁଭାବର ଯେଉଁ ଚିହ୍ନ ରୋମାଞ୍ଚ ରୂପରେ ଫୁଟିଉଠିବ ତା' ଉପରେ ମୋର କର୍ତ୍ତୃତ୍ୱ କାହିଁ? ସେଥିରୁ ହିଁ ମୋର ଅନୁରାଗର ଆତିଶଯ୍ୟ ପ୍ରିୟ ଉପଲବ୍ଧ କରିପାରିବେ।

ଝଂଝା-ବାଉତ୍ତାଣିଏ ଘରମ୍ମି ରୋଉଣ ଣୀସହ-ଣିସଣ୍ଣଂ।
ଦାବେଇ ବ ଗଅ-ବଇଅଂ ବିଜ୍ଜୁଜ୍ଜୋଓ ଜଲହରାଣଂ । ୧୫ ।
(ଝଂଝା-ବାତୋତ୍ତୃଣିତେ ଗୃହେ ରୁଦିତ୍ୱା ନିଃସହ-ନିଷଣ୍ଣାମ୍।
ଦର୍ଶୟତୀବ ଗତ-ପତିକାଂ ବିଦ୍ୟୁତ୍‌ଦ୍ୟୋତୋ ଜଳଧରାଣାମ୍।) - ରାଜହସ୍ତୀ।

ଝଞ୍ଜାବାତରେ ତୃଣ ଶୂନ୍ୟକୃତ ଗୃହରେ ଦୁଃସହ କ୍ଲେଶବଶତଃ ରୋଦନ

କରୁଥିବା ପ୍ରୋଷିତପତିକାକୁ ବିଦ୍ୟୁତ୍ ଜ୍ୟୋତି ସତେ ଯେପରି ମେଘକୁ ଦେଖାଇଦେଉଛି ।

ବ୍ୟାଖ୍ୟା - ପଥିକ ପ୍ରତି ସଖୀ ବଚନ- ହେ ପଥିକ ! ତୁମେ ମୋ ସଖୀର ପ୍ରିୟତମଙ୍କୁ ଯାଇ କହିବ, ଏ ଘୋର ଦୁର୍ଦ୍ଦିନରେ ସେ ପ୍ରବାସରୁ ନ ଫେରିବାରୁ ତାର ବଞ୍ଚିବା ଅସମ୍ଭବ ହେଲାଣି। କୁଟୀରର ଛାଳ ଝଞ୍ଜାବାତ ବେଗରେ ଉଡ଼ିଯାଇଛି। ପଥିକବନିତା ଦୁଃସହ ବ୍ୟଥାରେ କପାଳ ଆଦରି ସେଇ ଗୃହରେ କାନ୍ଦି କାନ୍ଦି ଲୋଟିଯାଉଛି। ତାହାର ସେଇ ଦୟନୀୟ ଅବସ୍ଥା ମେଘକୁ ଦେଖାଇବା ପାଇଁ ମଝିରେ ମଝିରେ ବିଜୁଳି ଚମକିଉଠୁଛି । ମେଘର ରୁଦ୍ର ରୂପ ଦେଖି ସେଇ ହତଭାଗିନୀ ଶଙ୍କିତ ହୋଇଉଠୁଛି। ବିଦ୍ୟୁତ୍‌ର ଅଭିପ୍ରାୟ ହେଲା, ନିଷ୍ଠୁର ମେଘକୁ ବିରହିଣୀର ଅବସ୍ଥା ଦେଖାଇଦେବା; କାରଣ ମେଘ ହିଁ ତାର ପ୍ରିୟକୁ ଅନ୍ତର କରିଛି।

ଭୁଞ୍ଜସୁ ଜଂ ସାହାଣୀଂ କୁତ୍ତୋ ଲୋଣଂ କୁ-ଗାମ-ରିଦ୍ଧମ୍ମି।
ସୁହଅ ସଲୋଣେଣ ବି କିଂ ତେଣ ସିଣେହୋ ଜହିଂ ଣ ତଥି। ୧୬ ।
(ଭୁଙ୍କ୍ଷ୍ୱ ଯତ୍ ସ୍ୱାଧୀନଂ କୁତୋ ଲାବଣଂ କୁ-ଗ୍ରାମ-ରିଦ୍ଧେ।
ସୁଭଗ ସଲବଣେନାପି କିଂ ତେନ ସ୍ନେହୋ ଯତ୍ର ନାସ୍ତି।) - ତ୍ରିଲୋଚନ

ଯାହା ନିଜ ଅଧୀନରେ ଅଛି, ତାହାକୁ ହିଁ ଭୋଜନ କର। ଏହି କୁଗ୍ରାମରେ ରାନ୍ଧିବା ପାଇଁ ଲବଣ କାହୁଁ ମିଳିବ ? ହେ ସୁଭଗ ! ଯେଉଁଠି ସ୍ନେହ ନାହିଁ, ତାହା ଲବଣଯୁକ୍ତ ହେଲେ କି ଲାଭ ?

ବ୍ୟାଖ୍ୟା - ନାୟକ ଲାବଣ୍ୟହୀନା ଗ୍ରାମ୍ୟା ନାୟିକା ପ୍ରତି ଅନୁରାଗ ପ୍ରକାଶ କରୁ ନଥିବାରୁ ଦୂତୀ ଉକ୍ତି-ହେ ରସିକବନ୍ଧୁ, ଅଜାଗାରେ ଲୁଣ ଖୋଜିଲେ କାହୁଁ ମିଳିବ ? ଯାହା ମିଳୁଛି ତାହାକୁ ଭୋଗ କର। ଯେଉଁ ବସ୍ତୁରେ ସ୍ନେହ (ସ୍ନିଗ୍‌ଧତା) ନାହିଁ, ତାହା କେବଳ ଲବଣ (ଲାବଣ୍ୟ) ଯୁକ୍ତ ହେଲେ କ'ଣ ହେବ ? ଦୂତୀର ତାତ୍ପର୍ଯ୍ୟ, ଏଇ ନାୟିକାଠାରେ ଲାବଣ୍ୟ ନଥାଇପାରେ; ମାତ୍ର ସ୍ନେହ ବା ପ୍ରେମ ପୂର୍ଣ୍ଣମାତ୍ରାରେ ଅଛି। ଏଠାରେ ଲବଣ (ଲାବଣ୍ୟ) ଓ ସ୍ନେହ (ଘୃତ) ଶ୍ଳେଷାର୍ଥରେ ପ୍ରଯୁକ୍ତ। ତୁମେ ସ୍ନେହ ଚାହିଁ ନା ଲାବଣ୍ୟ ଚାହିଁ ? ସ୍ନେହହୀନା ହୋଇ ଲାବଣ୍ୟମୟୀ ହେଲେ କି ଫଳ ? ହେ ସୁଭଗ, ଇଙ୍ଗିତରେ ବୁଝି ନିଅ, ଲବଣଠାରୁ ସ୍ନେହ ଅଧିକ ହିତକାରୀ। ଏଇ ନାୟିକା ତୁମକୁ ସ୍ନେହରେ ଶୀତଳ କରିବାକୁ ସମର୍ଥା। ଆଉ ଯଦି ଲାବଣ୍ୟ ଅଭିଳାଷ କର ତ ଅନ୍ୟତ୍ର ଦେଖ; ମାତ୍ର ଏହା ଭଳି ପ୍ରେମମୟୀ ଆଉ କେଉଁଠି ପାଇବ ନାହିଁ।

ସୁହ-ପୁଚ୍ଛିଆଇ ହଲିଓ ମୁହ-ପଙ୍କଅ-ସୁରହି-ପବଣ-ଣିବ୍‌ବବିଅଂ।
ତହ ପିଅଇ ପଅଇ-କଡୁଅଂ ପି ଓସହଂ ଜହ ଣ ଣିଠାଇ ।୧୭।

(ସୁଖ-ପୃଚ୍ଛିକାୟା ହଲିକୋ ମୁଖ-ପଙ୍କଜ-ସୁରଭି-ପବନ-ନିର୍ବାପିତମ୍।
ତଥା ପିବତି ପ୍ରକୃତି-କଟୁକମପ୍ୟୌଷଧଂ ଯଥା ନ ତିଷ୍ଠତି।)-ତ୍ରିଲୋଚନ

ଶରୀରସୁଖ ଜିଜ୍ଞାସାକାରିଣୀର ମୁଖକମଳର ସୁବାସିତ ସମୀର ଦ୍ୱାରା ଶୀତଳ କରାଯାଇଥିବା ସ୍ୱଭାବ-କଟୁ ଔଷଧକୁ ମଧ୍ୟ ହଲିଆଟି ଏପରି ପିଇଦେଲା ଯେ ତିଳେ ହେଲେ ଅବଶେଷ ରହିଲା ନାହିଁ।

ବ୍ୟାଖ୍ୟା - ଅନୁରାଗ ଓ ସଦିଚ୍ଛାରେ ପ୍ରଦତ୍ତ ନୀରସ ବସ୍ତୁ ମଧ୍ୟ ସରସ ଭାବେ ଗୃହୀତ ହୁଏ। ରୋଗାକ୍ରାନ୍ତ ହଳିକ-ପ୍ରେମିକକୁ ରୋଗଶଯ୍ୟାରେ ଭେଟି ହସି ହସି ମଧୁରବଚନରେ କୁଶଳ ପ୍ରଶ୍ନ କରୁଥିବା ତାହାର ପ୍ରେମିକା ଯେତେବେଳେ ତିକ୍ତ-କଷାୟ ଔଷଧକୁ ଫୁଙ୍କି ଥଣ୍ଡା କରି ମୁଖ ପାଖରେ ଟେକିଧରିଲା, ହଲିଆଟି ତାର ସୁନ୍ଦର ମୁଖକୁ ଚାହିଁ ସେ ଔଷଧକୁ ନିଃଶେଷରେ ପାନକରିଦେଲା। ଔଷଧର କଟୁତା ସେ କିଛି ଅନୁଭବ କରିପାରିଲା ନାହିଁ। ପ୍ରେମିକାର ସ୍ନିଗ୍ଧ ମୁଖର ଆଳାପ ଶୁଣି ଓ ତାହାର ସେବାରେ ମୁଗ୍ଧ ହୋଇ ସେ ଔଷଧର କଟୁଗୁଣ କିଛି ଜାଣିପାରିଲା ନାହିଁ। କୌଣସି ନାୟିକା ନିଜର ପ୍ରେମଦାନର ଅନନ୍ୟତା ପ୍ରମାଣ କରିବାପାଇଁ ଏଇ ଦୃଷ୍ଟାନ୍ତ ଦେଇଛି।

ଅହ ସା ତହିଂ ବ୍‌ବିଅ ବାଣୀର-ବଣମ୍ମି ଚୁକ୍‌କ-ସଂକେଆ।
କୁହ ଦଂସଣଂ ବିମଗ୍‌ଗଇ ପବ୍‌ଭଟ୍‌ଠ-ଣିହାଣ-ଠାଣଂ ବ ।୧୮।
(ଅଥ ସା ତତ୍ର ତତ୍ରୈବ ବାନୀର-ବନେ ବିସ୍ମୃତ ସଂକେତା।
ତବ ଦର୍ଶନଂ ବିମାର୍ଗତି ପ୍ରଭ୍ରଷ୍ଟ-ନିଧାନ-ସ୍ଥାନମିବ।)

ସଂକେତ-ସ୍ଥାନ ବିସ୍ମୃତ ହୋଇ ସେ ବାନୀର ବନରେ ଏଠିସେଠି ନିଧିଭ୍ରଷ୍ଟ ସ୍ଥାନ ଭଳି ତୁମ ଦର୍ଶନ ଅନ୍ୱେଷଣ କରିଲାଗିଛି।

ବ୍ୟାଖ୍ୟା - ନାୟକ ପ୍ରତି ଦୂତୀ ଉକ୍ତି। ନାୟିକା ସଂକେତ-ସ୍ଥାନକୁ ପ୍ରେମିକ ସହିତ ମିଳନ ଉଦ୍ଦେଶ୍ୟରେ ଯାଇଥିଲା। ମାତ୍ର ଭ୍ରମବଶତଃ ବେତସ ବନରେ ସଂକେତ ସ୍ଥାନ ଭୁଲି ଏଠିସେଠି ଖୋଜି ସେ ସ୍ଥାନକୁ ନିଶ୍ଚିତ ରୂପେ ଚିହ୍ନିପାରୁନାହିଁ। କେହି ଯେପରି ଏକ ସ୍ଥାନରେ ନିଧି-କଳସ ପୋତି ରଖିଥାଏ, କେତେ ଦିନ ପରେ ସେ ସ୍ଥାନକୁ ଚିହ୍ନିନପାରି ଯତ୍ର ତତ୍ର ଅନ୍ୱେଷଣ କରିଲାଗେ, ନାୟିକା ସେହିପରି ସଂକେତ ସ୍ଥଳ ଚିହ୍ନିବା ପାଇଁ ବିଫଳ ପ୍ରଯତ୍ନ କରିଲାଗିଛି; ନାୟକର ଦର୍ଶନ ଲାଭ କରିପାରୁନାହିଁ।

ଦଢ଼-ରୋସ-କଲୁସିଅସ୍‌ସ ବି ସୁଅଣସ୍‌ସ ମୁହାହିଁ ବିପ୍‌ପିଅଂ କତ୍ତୋ।
ରାହୁ-ମୁହମ୍ମି ବି ସସିଣୋ କିରଣା ଅମଅଂ ବିଅ ମୁଅନ୍ତି ।୧୯।
(ଦୃଢ଼-ରୋଷ-କଲୁଷିତସ୍ୟାପି ସୁଜନସ୍ୟ ମୁଖାଦପ୍ରିୟଂ କୁତଃ।
ରାହୁ-ମୁଖେଽପି ଶଶିନଃ କିରଣା ଅମୃତମେବ ମୁଞ୍ଚନ୍ତି।)-ଅବନ୍ତିବର୍ମା

ଦୃଢ଼ ରୋଷ ଯୋଗୁ କଳୁଷିତ ହେଲେ ମଧ୍ୟ ସୁଜନ ମୁଖରୁ ଅପ୍ରିୟ ବଚନ କେବେ ବାହାରିଥାଏ ? ରାହୁ ମୁଖରେ ପଡ଼ି ମଧ୍ୟ ଚନ୍ଦ୍ରକିରଣ ଅମୃତ ହିଁ ଦାନ କରିଥାଏ।

ବ୍ୟାଖ୍ୟା – ମହତ୍ ବ୍ୟକ୍ତିର ପ୍ରଶଂସାମୂଳକ ସୁଭାଷିତ ଗାଥା। ଉତ୍ତ ମ ସ୍ୱଭାବର ବ୍ୟକ୍ତି କାହା ପ୍ରତି କ୍ରୋଧପରବଶ ହେଲେ, ଅନ୍ତରରେ ବ୍ୟଥା ପାଉଥିଲେ ମଧ୍ୟ କାହାର ବାହ୍ୟ ଅଭିବ୍ୟକ୍ତି ଘଟାନ୍ତି ନାହିଁ; ମୁଖରେ ମଧୁର ହାସ୍ୟ ପ୍ରକାଶ କରି ନିଜ ଅନ୍ତରରେ ସେହି ଉତ୍କଟ ରୋଷ ଗୋପନ କରି ରଖନ୍ତି। ତାହାର ଦୃଷ୍ଟାନ୍ତ ସ୍ୱରୂପ ଦେଖ, ରାହୁମୁଖରେ ପଡ଼ିଥିଲେ ମଧ୍ୟ ଚନ୍ଦ୍ର ତା ମୁଖରେ ଅମୃତ ବୃଷ୍ଟି କରିଥାଏ।

ଅବମାଣିଓ ବି ଣ ତହା ଦୁମିଜଇ ସଜ୍ଜଣୋ ବିହବ-ହୀଣୋ।
ପଡ଼ିକାଉଂ ଅସମତ୍‌ଥୋ ମାଣିଜ୍‌ଜନ୍ତୋ ଜହ ପରେଣ । ୨୦।
(ଅବମାନିତୋଽପି ନ ତଥା ଦୂୟତେ ସଜ୍ଜନୋ ବିଭବ-ହୀନଃ।
ପ୍ରତିକର୍ତ୍ତୁଂ ଅସମର୍ଥୋ ମାନ୍ୟମାନୋ ଯଥା ପରଣେ।) – ଅବନ୍ତିବର୍ମା

ବୈଭବହୀନ ସଜ୍ଜନ ଅପମାନିତ ହେଲେ ମଧ୍ୟ ସେତେ କ୍ଷୁବ୍‌ଧ ହୁଏ ନାହିଁ ଯେତେ ଅନ୍ୟଦ୍ୱାରା ସମ୍ମାନିତ ହୋଇ ପ୍ରତ୍ୟୁପକାରରେ ଅସମର୍ଥ ହେଲେ ବ୍ୟଥିତ ହୋଇଥାଏ।

ବ୍ୟାଖ୍ୟା – ବହୁମାନପୂର୍ବକ କେହି ଉପହାର ଅର୍ପଣ କଲେ ଗ୍ରହୀତା ନିଜକୁ ସେହି ସମ୍ମାନ ଓ ଉପହାରର ଯୋଗ୍ୟ ପ୍ରତ୍ୟୁପକାର କରିବାରେ ଅସମର୍ଥ ଜ୍ଞାନ କରି ଉକ୍ତ ଗାଥା କହିଥାଇପାରେ। କାରଣ ଦାତାର ଅଭିମତ ସଂପାଦନ କରିବାକୁ ତାର ସାମର୍ଥ୍ୟ ବା ସମ୍ବଳ ନଥାଏ। ବିତ୍ତହୀନ ସୁଜନ ଅପମାନରେ ଯେଉଁ ମନସ୍ତାପ ଭୋଗ କରେ, ତାହାକୁ ସେ ବିଧିଲିପି ରୂପେ ଗ୍ରହଣ କରି ଅଳ୍ପଦିନ ପରେ ଭୁଲିଯାଇଥାଏ। ମାତ୍ର ସେ ଯଦି ସମ୍ମାନ ସହକାରେ କାହାଠାରୁ ଉପକାର ଲାଭ କରେ ତେବେ ପ୍ରତି-ଉପକାରରେ ଅକ୍ଷମ ହୋଇ ସନ୍ତପ୍ତ ହୁଏ। ବିତ୍ତହୀନତାହିଁ ତାର ମନସ୍ତାପର କାରଣ।

କଲହନ୍ତରେ ବି ଅବିଣିଗ୍‌ଗଆଇ ହିଅଅମ୍ମି ଜରମୁବଗଆଇଁ।
ସୁଅଣ-କଆଇ ରହସ୍‌ସାଇଁ ଡହଇ ଆଉକ୍‌ଖଏ ଅଗ୍‌ଗୀ ।୨୧।
(କଲହାନ୍ତରେଽପ୍ୟବିନିର୍ଗତାନି ହୃଦୟେ ଜରାମୁପଗତାନି।
ସୁଜନ-ଶ୍ରୁତାନି ରହସ୍ୟାନି ଦହତ୍ୟାୟୁଃ କ୍ଷୟେଽଗ୍ନିଃ।) – ହାଳ

ସୁଜନ ଶ୍ରବଣ କରିଥିବା ରହସ୍ୟ ବାଣୀ ମଧ୍ୟ କଳହରେ ତାଙ୍କ ମୁଖରୁ ବାହାରି ନଥାଏ, ହୃଦୟରେ ହିଁ ଜୀର୍ଣ ବା ନଷ୍ଟ ହୋଇଯାଏ ଓ ତାଙ୍କର ଆୟୁ କ୍ଷୟ ସଙ୍ଗେ ଅଗ୍ନି କାହାକୁ ଦଗ୍‌ଧ କରିଥାଏ।

ବ୍ୟାଖ୍ୟା – ଭେଦବାଣୀକୁ ଗୋପନ ରଖିବା ପାଇଁ ଅନ୍ୟ ମନରେ ପ୍ରତ୍ୟୟ

ଜାତ ଉଦ୍ଦେଶ୍ୟରେ ଏହି ସୁଭାଷିତ ଗାଥା କୁହାଯାଇଛି। ଦୁର୍ଜନ ଯେଉଁ ଗୋପନ କଥାକୁ କଳହ ବା ମତଭେଦ ହେଲେ ପ୍ରଘଟ କରିଦିଏ, ସୁଜନ ତାହାକୁ କସ୍ମିନ୍‌କାଳେ ପ୍ରକାଶ ନକରି ଆମରଣାନ୍ତ ଗୋପନ ରଖିଥାଏ। ସେହି ରହସ୍ୟବାଣୀ ତା ହୃଦୟରେ ଜୀର୍ଣ୍ଣ ହୋଇ ଶେଷରେ ଶ୍ମଶାନଚିତାରେ ନିଃଶେଷ ହୋଇଯାଏ। ବକ୍ତାର ତାତ୍ପର୍ଯ୍ୟ, ସେ ଏହିପରି କଥା ଗୋପନ ରଖିବାକୁ ପ୍ରତିଶ୍ରୁତି ଦେଉଛି।

ଲୁମ୍ବୀଓ ଅଙ୍ଗଣ-ମାହବୀଣଁ ଦାରଗ୍‌ଗଲାଉ ଜାଅଉ।
ଆସାସୋ ପାନ୍ଥ-ପଲୋଅଣେ ବି ପିଟ୍‌ଠୋ ଗଅ-ବଈଣଂ । ୨୨ ।
(ସ୍ତବକା ଅଙ୍ଗଣ-ମାଧବୀନାଂ ଦ୍ୱାରାର୍ଗଳା ଜାତାଃ।
ଆଶ୍ୱାସଃ ପାନ୍ଥ-ପ୍ରଲୋକନେଽପି ନଷ୍ଟୋ ଗତ-ପତିକାନାମ୍।) – ବସ୍ତ

ଅଙ୍ଗନର ମାଧବୀଲତାର ଗୁଚ୍ଛ ଗୃହଦ୍ୱାରରେ ଅର୍ଗଳ-ସ୍ୱରୂପ ହୋଇଯାଇଛି। ପ୍ରୋଷିତ-ପତିକାମାନଙ୍କର ପଥିକମାନଙ୍କ ପ୍ରତି ଦୃଷ୍ଟକ୍ଷେପର ଅବଲମ୍ବ ମଧ୍ୟ ନଷ୍ଟ ହୋଇଯାଇଛି।

ବ୍ୟାଖ୍ୟା – ପଥିକ ପ୍ରତି ପ୍ରୋଷିତପତିକା ସଖୀର ଉକ୍ତି – ଏବେ ବସନ୍ତ ସମାଗତ; ସ୍ତବକିତ ମାଧବୀକୁଞ୍ଜ ଗୃହଦ୍ୱାରା ରୁଦ୍ଧ କରିଦେଲାଣି। ଗୁଚ୍ଛ ଗୁଚ୍ଛ ପୁଷ୍ପଭାର ଝୁଲିପଡ଼ି ଦ୍ୱାରରେ ଅର୍ଗଳ ଭଳି ହେଲାଣି। ପଥର ପଥିକମାନଙ୍କୁ ଦେଖି ପ୍ରୋଷତପ୍ରିୟ ନିକଟକୁ କାଳେ ବିରହିଣୀ ସନ୍ଦେଶ ପ୍ରେରଣ କରିବ, ନିର୍ଦ୍ଦୟ ମାଧବୀକୁଞ୍ଜ ସେଥିରେ ମଧ୍ୟ ବାଦ ସାଧୁଛି। ସଖୀର ତାତ୍ପର୍ଯ୍ୟ, ନାୟିକାର ଉତ୍‌କଣ୍ଠିତ ଅବସ୍ଥା ଦୃଷ୍ଟିରୁ ପ୍ରିୟ-ସମାଗମ ଏକାନ୍ତ କାମ୍ୟ।

ପିଅ-ଦଂପୁଣ ସୁହ-ରସ-ମଉଲିଆଇଁ ଜଇ ସେ ଣ ହୋନ୍ତି ଣଅଣାଇଂ।
ତା କେଣ କଣ୍ଣ-ରଇଅଂ ଲକ୍‌ଖିଜ୍ଜଇ କୁବଲଅଂ ତିସ୍‌ସା ।୨୩ ।
(ପ୍ରିୟ ଦର୍ଶନ-ସୁଖ-ରସ-ମୁକୁଳିତେ ଯଦି ତସ୍ୟା ନ ଭବତୋ ନୟନେ।
ତଦା କେନ କର୍ଣ୍ଣ-ରଚିତଂ ଲକ୍ଷ୍ୟତେ କୁବଳୟଂ ତସ୍ୟାଃ।) – ବସନ୍ତସେନ

ପ୍ରିୟଦର୍ଶନସୁଖ-ରସରେ ଯଦି ତାହାର ନେତ୍ର ମୁକୁଳିତ ହେଉ ନଥାନ୍ତା, ତେବେ ତାହାର କର୍ଣ୍ଣ-ରଚିତ ନୀଳ-କମଳାକୁ କ'ଣ ଲକ୍ଷ୍ୟ କରିପାରନ୍ତେ!

ବ୍ୟାଖ୍ୟା – ପ୍ରିୟଦର୍ଶନରେ ନାୟିକାର ହର୍ଷ-ବିକଶିତ ନେତ୍ର କୁବଳୟର ଶୋଭା ଓ ତାହାର ପ୍ରଣୟ-ଉଚ୍ଛ୍ୱାସ ବ୍ୟଂଜନାର୍ଥ ସଖୀ ଉକ୍ତି। ନାୟିକାର ନେତ୍ର ନୀଳ-କମଳ ଭଳି; ସେ ମଧ୍ୟ କର୍ଣ୍ଣ-ଭୂଷଣ ରୂପେ ନୀଳ-କମଳ ପରିଧାନ କରିଛି। ସାଧାରଣ ଲୋକେ ଏ ଦୁଇଟିକୁ ସହଜରେ ଲକ୍ଷ୍ୟ କରିପାରନ୍ତି ନାହିଁ। ମାତ୍ର ପ୍ରିୟତମଙ୍କୁ ଦେଖି ଯେତେବେଳେ ନାୟିକାର ନେତ୍ର ଆନନ୍ଦରସରେ ମୁକୁଳିତ ହୋଇଗଲା, କର୍ଣ୍ଣଭୂଷା

କୁବଳୟଦଳ ଓ ନେତ୍ର-କମଳ ମଧ୍ୟରେ ପାର୍ଥକ୍ୟ ଜଣାପଡ଼ଗଲା। ସଖୀର ତାତ୍ପର୍ଯ୍ୟ, ନାୟକକୁ ଦେଖିବା ମାତ୍ରେ ଯାହାର ଏପରି ଆନନ୍ଦ, ମିଳନରେ ସେ କେତେ ରସମୟୀ ଓ ଆନନ୍ଦଦାୟିନୀ ନହେବ!

ଚିକ୍‌ଖିଲ୍ଲ-ଖୁତ୍ତ-ହଲ-ମୁହ-କଡ୍‌ଢଣ-ସିଠିଲେ ପଇମ୍ମି ପାସୁତ୍ତେ।
ଅପ୍‌ପତ୍ତ-ମୋହଣ-ସୁହା ଘଣ ସମଅଂ ପାମରୀ ସବଇ।୨୪।
(କର୍ଦମ-ମଗ୍ନ-ହଲ-ମୁଖ-କର୍ଷଣ-ଶିଥିଳେ ପତ୍ୟୌ ପ୍ରସୁପ୍ତେ।
ଅପ୍ରାପ୍ତ-ମୋହନ-ସୁଖା ଘନ-ସମୟଂ ପାମରୀ ଶପତି।) ଚୁଲ୍ଲୋହ

କର୍ଦ୍ଦମରେ ନିମଗ୍ନ ହୋଇଯାଇଥିବା ହଳର ଅଗ୍ରଭାଗକୁ ଟାଣି ଟାଣି କ୍ଲାନ୍ତ ହୋଇ ପଡିଥିବା ପତି ଶୋଇଯିବାରୁ ଅପ୍ରାପ୍ତ-ମୋହନ-ସୁଖା ଗ୍ରାମ୍ୟବଧୂଟି ବର୍ଷାକାଳକୁ ଅଭିଶାପ ଦେବାକୁ ଲାଗିଲା।

ବ୍ୟାଖ୍ୟା - ବିଦଗ୍ଧ ନାଗରିକର ସହଚର ପ୍ରତି ଉକ୍ତି-ବର୍ଷାକାଳ ଉପାକାରୀ ହେଲେ ମଧ୍ୟ କାହାରି କାହାରି ପକ୍ଷରେ କଷ୍ଟପ୍ରଦ ହୋଇଥାଏ; ଯଥା -ହଳ କର୍ଷଣରେ କ୍ଲାନ୍ତ ଶରୀର କୃଷକଟି ରାତ୍ରି କିପରି କଟିବ? ସେ ତେଣୁ ଘନକାଳକୁ ଅଭିଶାପ ଦେଉଛି; କାରଣ ତାହା ପତିକୁ ହଳକାମରେ ପରିଶ୍ରାନ୍ତ କରିଛି।

ଦୁମ୍ମେନ୍ତି ଦେନ୍ତି ସୋକ୍‌ଖଂ କୁଣନ୍ତି ଅଣୁରାଅଂ ରମାବେନ୍ତି।
ଅରଇ-ରଇ-ବନ୍ଧବାଣଂ ଣମୋ ଣମୋ ମଅଣ-ବାଣାଣଂ ।୨୫।
(ଦୂନ୍ୱନ୍ତି ଦଦତି ସୌଖ୍ୟଂ କୁର୍ବନ୍ତ୍ୟନୁରାଗଂ ରମୟନ୍ତି।
ଅରତି-ରତି-ବାନ୍ଧବେଭ୍ୟୋ ନମୋ ନମୋ ମଦନ-ବାଣେଭ୍ୟଃ।) - ବସନ୍ତବର୍ମା

ମଦନର ବାଣ ମନୋବ୍ୟଥା ଉତ୍ପନ୍ନ କରେ, ସୁଖ ମଧ୍ୟ ପ୍ରଦାନ କରେ; ଅନୁରାଗ ଜାତ କରେ ଓ ମନକୁ ରମଣ କରେ- ଅରତି ରତିର ବାନ୍ଧବ ମଦନବାଣକୁ ନମସ୍କାର, ନମସ୍କାର।

ବ୍ୟାଖ୍ୟା - ମଦନବାଣର ଅପ୍ରତିହତ ଶକ୍ତି ସମ୍ବନ୍ଧରେ ନାୟିକାର ସଖୀ ପ୍ରତି ଉକ୍ତି-ହେ ସଖୀ, ଅତନୁର ଫୁଲଧନୁର ଗୁଣ କହିଲେ ନସରେ। ପ୍ରିୟର ଅନୁପସ୍ଥିତିରେ ତାହା ଦେହ-ମନକୁ ପୋଡ଼ିଦିଏ, ପୁଣି ସଙ୍ଗମକାଳରେ ଶାନ୍ତିସଲିଳ ସିଞ୍ଚନ କରେ, ଅନୁରାଗ ବୃଦ୍ଧି କରେ ଓ ମନରେ ସୁଖ ଜାତ କରେ। ମଦନବାଣର ଏତେଗୁଡ଼ିଏ ଗୁଣ-ବ୍ୟଥା ଦିଏ, ସୁଖ ଦିଏ, ଅନୁରାଗ ଜାତ କରେ ଓ ମନରେ ଆନନ୍ଦ ଦିଏ। ନମୋ ନମୋ-ସୁଖ-ଦୁଃଖ ଆଶା-ନିରାଶା ରତି-ଅରତିର ବାନ୍ଧବ ମଦନଦେବଙ୍କ ସାୟକସମୂହ। କାମବାଣର ଅଲୌକିକ ଗୁଣ ଦୃଷ୍ଟିରୁ ନାୟିକା ତାହାକୁ ଉକ୍ତି ଓ ସମ୍ଭ୍ରମରେ ଦ୍ୱିବାର ନମସ୍କାର କରିଛି।

କୁସୁମମଆ ବି ଅଇ-ଖରା ଅଲଦ୍ଧ-ଫଂସା ବି ଦୂସହ-ପଆବା।
ଭିନ୍ଦନ୍ତା ବି ରଇଅରା କାମସ୍‌ସ ସରା ବହୁ-ବିଅପ୍‌ପା ।୨୬।
(କୁସୁମମୟା ଅପ୍ୟତିଖରା ଅଲବ୍ଧ-ସ୍ପର୍ଶା ଅପି ଦୁଃସହ-ପ୍ରତାପାଃ।
ଭିନ୍ଦନ୍ତୋଽପି ରତିକରାଃ କାମସ୍ୟ ଶରା ବହୁ-ବିକଳ୍ପା।) - ହାଳ

କାମଦେବର ବାଣ ବହୁ ବିକଳ୍ପବିଶିଷ୍ଟ; ଅର୍ଥାତ୍, ପରସ୍ପର-ବିରୁଦ୍ଧଧର୍ମୀ। କୁସୁମମୟ ହେଲେ ମଧ୍ୟ ଅତ୍ୟନ୍ତ ତୀକ୍ଷ୍ଣ, ସ୍ପର୍ଶ ନ କରି ମଧ୍ୟ ଦୁଃସହ ପ୍ରତାପଶାଳୀ ଓ ହୃଦୟ-ଭେଦ କରୁଥିଲେ ମଧ୍ୟ ରତି-ସଂପାଦନକାରୀ ହୋଇଥାଏ।

ବ୍ୟାଖ୍ୟା - କାମବାଣର ପରସ୍ପର ବିରୁଦ୍ଧଧର୍ମୀ ଗୁଣ ସଂପର୍କରେ ନାୟକ ପ୍ରତି ନାୟିକାର ଉକ୍ତି- କାମବାଣର ମହିମା ମୁଁ କହି ଶେଷ କରିପାରିବ ନାହିଁ। ତାହାର ଅଙ୍ଗ ବହୁ ବିକଳ୍ପରେ ଗଠିତ। ଧନୁଟି ଯଦିଓ ଫୁଲରେ ତିଆରି, ତାହାର ବେଧ କିନ୍ତୁ ଅମୋଘ; ଲକ୍ଷ୍ୟବସ୍ତୁକୁ ସ୍ପର୍ଶ ନକରି ମଧ୍ୟ ତହିଁରେ ଦୁଃସହ ତାପ ଜାତ କରେ; ଅର୍ଥାତ୍ ତାହାର ପ୍ରଭାବ ମନର ଖେଦ ବଢ଼ାଇଦିଏ, ହୃଦୟରେ ଭେଦିଲେ ମନରେ ଆନନ୍ଦ ଜାତ କରେ- କାମଶରର ଏହାହିଁ ବିପରୀତ ଗୁଣ। ବିରୋଧାଳଂକାର। ଅଭିମନ୍ୟୁଙ୍କ 'ଅଳନ ନୁହଇ ଦେହ ଦହଇ। ଅସ୍ତ୍ର ନୁହଇ ମରମ ଭେଦଇ' ଆଦି ପଦ ତୁଳନୀୟ।

ଈସଂ ଜଣେନ୍ତି ଦାବେନ୍ତି ମମ୍ମହଂ ବିପ୍‌ପିଅଂ ମହାବେନ୍ତି।
ବିରହେଣ ଦେନ୍ତି ମରିଭଂ ଅହୋ ଗୁଣା ତସ୍‌ସ ବହୁ-ମଗ୍‌ଗା । ୨୭ ।
(ଈର୍ଷ୍ୟା ଜନୟନ୍ତି ଦୀପୟନ୍ତି ମନ୍ମଥଂ ବିପ୍ରିୟଂ ସାହୟନ୍ତି।
ବିରହେ ନ ଦଦତି ମର୍ତ୍ତୁମହୋ ଗୁଣାସ୍ତସ୍ୟ ବହୁ-ମାର୍ଗାଃ।) - ମାଧବସେନ

ଅହୋ, ପ୍ରିୟତମ ବା କାମବାଣର ଗୁଣାବଳୀ ବହୁବିଧ- କେବେ ଈର୍ଷା ଜାତ କରେ, କେବେ ମନ୍ମଥକୁ ଉଦ୍ଦୀପ୍ତ କରେ, କେବେ ଅପ୍ରିୟ ଆଚରଣ ସହ୍ୟ କରାଏ ଓ ବିରହରେ ମରିବାକୁ ଦିଏ ନାହିଁ।

ବ୍ୟାଖ୍ୟା - ବିରହିଣୀ ଅବସ୍ଥାରେ ପ୍ରିୟତମ ଓ କାମବାଣର ମହିମା ଉପଲବ୍ଧି କରି ପ୍ରୋଷିତପତିକାର ଉକ୍ତି - ପ୍ରିୟ ଓ କୁସୁମଶରର ଗୁଣର ସୀମା ନାହିଁ। ପ୍ରିୟତମଙ୍କ ପ୍ରତି ଅନ୍ୟ ନାରୀମାନେ ଅନୁରାଗ ପ୍ରଦର୍ଶନ କରନ୍ତି; ତେଣୁ ତାଙ୍କର ଗୁଣ ନାୟିକାଠାରେ ଈର୍ଷ୍ୟା ଜଗାଇ ପ୍ରେମକୁ ଗାଢ଼ କରେ, ମନ୍ମଥକୁ ଦୀପ୍ତ କରେ, ଅର୍ଥାତ୍, ପ୍ରିୟ କାମକଳାରେ ବିଦ୍‌ଗଧ; ଯେତେକ ଅପ୍ରିୟ ଆଚରଣ ସେଗୁଡିକୁ ସହନ ସୀମା ମଧ୍ୟକୁ ଆଣେ - ପ୍ରିୟର ଚଟୁବାଣୀ ଶୁଣିବା ଲାଳସାରେ ସେ ସବୁ ପ୍ରକାର କଷ୍ଟ ସହିନିଏ ଓ ପ୍ରିୟ ସମାଗମର ଆଶା ମନରେ ବଳବତୀ ଥିବାରୁ ବିରହାନଳରେ ଦଗ୍ଧ ହୋଇ ମଧ୍ୟ ମରିପାରେ ନାହିଁ।

ଣୀଆଇଁ ଅଜ୍ଜ ଣିକ୍‌କିବ ପିଣଦ୍ଧ-ଣବ-ରଙ୍ଗଆଁଇ ବରାଈଏ।
ଘର-ପରିବାଡ଼ୀଅ ପହେଣଆଇଁ ତୁହ ଦଂସଣାସାଏ ।୨୮।
(ନୀତାନ୍ୟଦ୍ୟ ନିଷ୍ଠୁର ପିନଦ୍ଧ-ନବ-ରଙ୍ଗକୟା ବରାକ୍ୟା।
ଗୃହ-ପରିପାଟ୍ୟା ପ୍ରହେଣକାନି ତବ ଦର୍ଶନାଶୟା।) - ଧନଞ୍ଜୟ

ହେ ନିଷ୍ଠୁର, ତୁମର ଦର୍ଶନ ଆଶାରେ ସେ ବିଚାରୀ ନୂଆ ରଙ୍ଗର ଶାଢ଼ି ପିନ୍ଧି ଆଜି ଘରେ ଘରେ ପ୍ରହେଣକ ବାଣ୍ଟିଲାଗିଛି।

ବ୍ୟାଖ୍ୟା - ନାୟକ ପ୍ରତି ଦୂତୀ ଉକ୍ତି - ପଲ୍ଲୀ ଜୀବନରେ ଦେଖାଯାଏ, କୌଣସି ଉତ୍ସବ ଅବକାଶରେ କିମ୍ବା ଘରକୁ ଭାର-ବେଭାର ଆସିଥିଲେ ଘରର ଝିଅ-ବୋହୂମାନେ ସେହି ବସ୍ତୁକୁ ସାଇପଡିଶାରେ ଉପହାର ରୂପେ ବାଣ୍ଟିଥାନ୍ତି। ଏଠାରେ ନାୟିକାଟି ରଙ୍ଗିନ ଶାଢ଼ିରେ ତନୁ ମଣ୍ଡନ କରି ଘରେ ଘରେ ଉପହାର ବାଣ୍ଟିଲାଗିଛି। ଉପହାର ବାଣ୍ଟିବା ଛଳନା ମାତ୍ର, ପରିକ୍ରମଣ କାଳରେ ଯଦି ନାୟକର ଦର୍ଶନ ମିଳିଯାଏ- ଏଇ ଆଶାରେ ବିଚାରୀ ଉତ୍ସୁକ ହୋଇଉଠିଛି। ଦୂତୀର ତାତ୍ପର୍ଯ୍ୟ, ନାୟିକା ତୁମ ପ୍ରତି ଅନୁରାଗିଣୀ। ନୂଆ ରଙ୍ଗ ଶାଢ଼ୀ ପିନ୍ଧିବା ଓ ଘରେ ଘରେ ବୁଲିବା ତାହାର ଅନୁରାଗର ସୂଚନା ଦିଏ। ଦରଦୀ ହୃଦୟ ସିନା ଦରଦ ବୁଝିବ; ତୁମଭଳି ପଥରକୁ ବୁଝାଇବା କଷ୍ଟକର।

ସୂଚଇଜ୍ଜଇ ହେମନ୍ତମ୍ମି ଦୁଗ୍ଗଣ ପୁପ୍‌ଫୁଆ-ସୁଅନ୍ଧେଣ।
ଧୂମ-କବିଲେଣ ପରିବିରଲ-ତନ୍ତୁଣା ଜୁଣ୍ଣ-ବଡ଼ଏଣ ।୨୯।
(ସୂଚ୍ୟତେ ହେମନ୍ତେ ଦୁର୍ଗତଃ କରୀଷାଗ୍ନି-ସୁଗନ୍ଧେନ।
ଧୂମ-କପିଳେନ ପରିବିରଳ-ତନ୍ତୁନା ଜୀର୍ଣ-ପଟକେନ।)- ଅହ୍ମକ

ହେମନ୍ତକାଳରେ ଗଈଠା ନିଆଁର ସୁଗନ୍ଧ ବିଶିଷ୍ଟ, ଧୂମରେ ପିଙ୍ଗଳ ବର୍ଣ ଓ ବିରଳ ତନ୍ତୁମୟ ଜୀଣ ବସ୍ତ୍ରରେ ସେ ଅତ୍ୟନ୍ତ ଦରିଦ୍ର ସୂଚିତ ହେଉଛି।

ବ୍ୟାଖ୍ୟା - ହେମନ୍ତକାଳରେ କୌଣସି ବ୍ୟକ୍ତିର ରୂପଭେକ ଦେଖି କେହି ତାହାର ଦୁର୍ଗତି ସମ୍ବନ୍ଧରେ ଚିନ୍ତା କରୁଛି। ଆହା ! ବିଚାରାର କପାଳରେ କେତେ ଦୁଃଖ ଲେଖା ହୋଇଛି। ବିରଳତନ୍ତୁ ଜୀଣବସ୍ତ୍ର ପରିଧାନ କରିଛି, ଦେହରୁ ଗଈଠା ନିଆଁର ଗନ୍ଧ ଆସୁଛି, ଦୂମରେ ଦେହ ଓ ବସ୍ତ୍ର ପିଙ୍ଗଳବର୍ଣ ଧାରଣ କରିଛି, ସହଜରେ ଜାଣି ହେଉଛି ହୈମନ୍ତ ପବନ ତାର ହାଡ଼ ଥରାଇ ଦେଉଛି। ଏହିପରି ତାର ବେଶଭୂଷା ମହାନ୍ ଦାରିଦ୍ର୍ୟର ସୂଚନା ଦେଉଛି। ସୁଖର ଶିଶିରକାଳ ତା ପକ୍ଷରେ କେତେ ଦୁଃଖଦ ସତେ !

ଖର-ସିପ୍‌ପିର-ଉଲ୍ଲିହିଆଇ କୁଣଇ ପହିଓ ହିମାଗମ-ପହାଏ।
ଆଅମଣ-ଜଲୋଲ୍ଲିଅ-ହତ୍‌ଥ-ଫଂସ- ମସିଣାଇଂ ଅଙ୍ଗାଇଂ । ୩୦ ।

(ତୀକ୍ଷ୍ଣ-ପଲାଳୋଲ୍ଲିଖିତାନି କରୋତି ପଥିକୋ ହିମାଗମ-ପ୍ରଭାତେ।
ଆଚମନ-ଜଳାର୍ଦ୍ଦିତ-ହସ୍ତ-ସ୍ପର୍ଶ-ମସୃଣାନ୍ୟଙ୍ଗାନି।)- ପ୍ରସନ୍ନ

ହେମନ୍ତ ପ୍ରଭାତରେ ତୀକ୍ଷ୍ଣ ନଡ଼ାଦ୍ୱାରା କ୍ଷତ ଅଙ୍ଗକୁ ପଥିକ ଆଚମନ ଜଳରେ ଓଦା ହାତରେ ସ୍ପର୍ଶ ଦ୍ୱାରା ମସୃଣ କରିଲାଗିଛି।

ବ୍ୟାଖ୍ୟା - ଶୀତଦିନେ ଧାନକଟା ଶେଷ ହୋଇଗଲେ କିଆରିରେ ନଡ଼ାଗୁଡ଼ିକ ମୁଣ୍ଡ ଟେକି ଠିଆ ହୋଇଥାଏ। ପଥିକ ସେହି କିଆରି ଭିତରେ ପଶି ଆସିଲେ ଆଣ୍ଠୁ ପର୍ଯ୍ୟନ୍ତ ନଡ଼ାର ଖେଂଜ ବାଜି କ୍ଷତ ହୋଇଯାଏ ଓ ପୋଡ଼ାଜଳା କରେ। ହେମନ୍ତ-ପ୍ରଭାତରେ କୁଣିଆ ଘର ଆସିଥିବା ପଥିକଟିକୁ ଆଚମନ ଜଳ ଦିଆଯିବାରୁ ସେ ମୁହଁ ଧୋଇସାରି ଓଦା ହାତର ସ୍ପର୍ଶ ପାଦରେ ବୁଲାଇ ନେଉଛି; ଉଦ୍ଦେଶ୍ୟ, ବେଦନା କିଞ୍ଚିତ୍ ଉପଶମ ହେବ ଓ ରୁକ୍ଷ ସ୍ଥାନଗୁଡ଼ିକ ଚିକ୍କଣ ହେବ। ପଥିକର ଏ ରୀତି କେହି ଜଣେ ଲକ୍ଷ୍ୟ କରି ଏ ଗାଥା କହିଛି।

ଣକ୍ଖକ୍ଖୁଡ଼ୀଅଂ ସହଆର-ମଂଜରିଂ ପାମରସ୍ସ ସୀମନ୍ମି।
ବନ୍ଦିମ୍ମିବ ହୀରନ୍ତଂ ଭମର-ଜୁଆଣା ଅଣୁସରନ୍ତି। ୩୧ ।
(ନଖୋତ୍ଖଣ୍ଡିତାଂ ସହକାର-ମଂଜରୀଂ ପାମରସ୍ୟ ଶୀର୍ଷେ।
ବନ୍ଦୀମିବ ହ୍ରିୟମାଣାଂ ଭ୍ରମର-ଯୁବାନୋଽନୁସରନ୍ତି।)-ମହାରାଜ

ନଖଦ୍ୱାରା ଖଣ୍ଡିତ ଆମ୍ର-ମଂଜରୀକୁ ପାମର ମୁଣ୍ଡ ଉପରେ ଅପହୃତା ବନ୍ଦିନୀ ମନେକରି ଭ୍ରମର ଯୁବା ତାହାର ଅନୁସରଣ କରୁଛି।

ବ୍ୟାଖ୍ୟା - ଗାଉଁଲି ଲୋକଟିଏ ମୁଣ୍ଡ ଉପରେ ଆମ୍ର-ମୁକୁଳଗୁଡ଼ିଏ ବହିଯାଉଛି। ମୁକୁଳଗୁଡ଼ିକ ନଖରେ ଖଣ୍ଡିତ ହୋଇଛି। ଭ୍ରମର ମୁକୁଳ-ସୌରଭରେ ପଛେ ପଛେ ଧାଉଁଛି। ଏ ଦୃଶ୍ୟ ଦେଖି କେହି କହିଛି - ଗାଉଁଲି ଲୋକଟି ଆମ୍ର-ମଂଜରୀକୁ ବହିନେବାକୁ ଭ୍ରମର ସହ୍ୟ କରିପାରୁନାହିଁ। ସେ ଭାବିଛି, ଏ ଅଧମ କୌଣସି ଲଳନାକୁ ନଖରେ କ୍ଷତ ବିକ୍ଷତ କରି ବଳପୂର୍ବକ ଘେନିଯାଉଛି। ଗାଉଁଲି ଲୋକଟି ତାହାର ଯୋଗ୍ୟ ନୁହେଁ, ମୁଁ ତାକୁ ଉଦ୍ଧାର କରିବି।

ସୂର-ଛଲେଣ ପୁତ୍ତଅ କସ୍ସ ତୁମଂ ଅଂଜଲିଂ ପଣାମେସି।
ହାସ-କଡ଼କ୍ଖୁମ୍ମିସ୍ସା ଣ ହୋନ୍ତି ଦେବାଣ ଜେକ୍କାରା। ୩୨ ।
(ସୂର୍ଯ୍ୟ-ଛଳେନ ପୁତ୍ରକ କସ୍ମୈ ତ୍ୱମଞ୍ଜଳଂ ପ୍ରଣାମୟସି।
ହାସ-କାଟକ୍ଷୋନ୍ମିଶ୍ରା ନ ଭବନ୍ତି ଦେବାନାଂ ଜୟକାରାଃ।) ବିଗ୍ରହରାଜ

ହେ ପୁଅ, ସୂର୍ଯ୍ୟ ଛଳରେ ତୁ କାହାକୁ ଅଂଜଳିରେ ପ୍ରଣାମ କରୁଛୁ? ଦେବତାମାନଙ୍କର ଜୟକାର ହାସ୍ୟ-କଟାକ୍ଷମିଶ୍ରିତ ହେବା ଉଚିତ୍ ନୁହେଁ।

ବ୍ୟାଖ୍ୟା - ନାୟକ ପ୍ରତି ବୟସ୍କା ନାରୀର ଉକ୍ତି। ଯୁବକଟି ସୂର୍ଯ୍ୟ-ପ୍ରଣାମ ଛଳନା କରି ଅଂଜଳିବଦ୍ଧ ହୋଇ ହସି ହସି କାହା ଉଦ୍ଦେଶ୍ୟରେ ପ୍ରଣାମ କରୁଛି। ଏହା ଦେଖି ଉକ୍ତ ନାରୀଟି ତାକୁ 'ପୁତ୍ର' ସମ୍ବୋଧନ କରି 'ସେ କିଏ, ଯାହାକୁ ତୁ ପ୍ରଣାମ କରୁଛୁ' ବୋଲି ପଚାରିଛି ଓ ଦେବତାମାନଙ୍କ ପ୍ରତି ଏଥର ଥଟ୍ଟା-ପରିହାସପୂର୍ଣ୍ଣ ନମସ୍କାର ଓ ସ୍ତୁତି ଅସଙ୍ଗତ ବୋଲି କହିଛି।

ମୁହ-ବିଜ୍ଝବିଅ-ପଈବଂ ଣିରୁଦ୍ଧ-ସାସଂ ସସଙ୍କିଓଲ୍ଲାବଂ।
ସବହ-ସଅ-ରକ୍‌ଖିଓଟଠଂ ଚୋରିଅ-ରମିଅଂ ସୁହାବେଇ । ୩୩ ।
(ମୁଖ-ବିଧ୍ମାପିତ-ପ୍ରଦୀପଂ ନିରୁଦ୍ଧ-ଶ୍ୱାସଂ ସଶଙ୍କି ତୋଲ୍ଲାପଂ।
ଶପଥ-ଶତ ରକ୍ଷିତୋଷ୍ଠଂ ଚୌରିକା-ରମିତଂ ସୁଖୟତି।) - ବଜ୍ରଦେବ

ଯେଉଁଥିରେ ମୁଖରେ ଫୁଙ୍କି ଦୀପ ଲିଭାଇ ଦିଆଯାଏ, ଶ୍ୱାସ ରୁଦ୍ଧ କରାଯାଏ, ସଶଙ୍କ ଭାବରେ ଆଳାପ ଚଳେ ଓ ଶତ ଶତ ଶପଥଦ୍ୱାରା ଓଷ୍ଠକୁ ରକ୍ଷା କରାଯାଏ, ସେହି ଚୌର୍ଯ୍ୟ-ରମଣ ଆନନ୍ଦଦାୟକ ହୋଇଥାଏ।

ବ୍ୟାଖ୍ୟା - ଚୌର୍ଯ-ରତିର ପ୍ରଶଂସା କରି ନାୟିକାକୁ ତହିଁରେ ପ୍ରବର୍ତ୍ତ କରିବା ଉଦ୍ଦେଶ୍ୟରେ ଦୂତୀ ଉକ୍ତି-ଚୋରାପ୍ରୀତିରେ ମଜ୍ଜିଲେ କି ଆନନ୍ଦ ମିଳେ ତୁ ନିଜେ ଅନୁଭବ କରିପାରିବୁ।

ରସିକ ଯେ, ତାଙ୍କୁ ଜଣା ସିନା ଚୋରା-
ସୁଖ ସେ ଛଣା ପୀୟୁଷ!
ଅଳି ରୂପେ ଗୁପ୍ତ- ପ୍ରୀତିରୁ ଯେ ମଧୁ
ପିଅନ୍ତି ପୁଂସ ନାଗରୀ,
ରସିଙ୍କ ମତେ ସୁନାଶୀର-ଶିରୀ
ସେ ସୁଖକୁ ନୋହେ ସରି।

ସେଥିରେ ମୁଖରେ ଫୁତ୍‌କାର ଦେଇ ପ୍ରଦୀପ ଲିଭାଇ ଦିଆଯାଏ, ନିଃଶ୍ୱାସ ରୋଧ କରି କାଳେ କିଏ ଶୁଣିବ ବୋଲି ଡରି ଡରି ଗୋପନ କଥାବାର୍ତ୍ତା ଚଳେ ଓ ଅନ୍ୟମାନେ ରତି-ଚିହ୍ନ ଦେଖି ସେମାନଙ୍କ ମିଳନ ବିଷୟ ଅବଗତ ନ ହୁଅନ୍ତୁ, ସେଥିଲାଗି ଶତ ଶତ ଶପଥ ଦ୍ୱାରା ଅଧର ଦଂଶନ ବର୍ଜିତ ହୁଏ।

ଗେଅ-ଛଲେଣ ଭରିଉଂ କସ୍‌ସ ତୁମଂ ରୁଅସି ଣିବ୍‌ଭରୁକ୍‌କଣ୍ଠଂ।
ମଣ୍ଣୁ-ପଡ଼ିରୁଦ୍ଧ-କଣ୍ଣଦ୍ଧ-ଣିନ୍ତ-ଖଲିଅକ୍‌ଖରୁଲ୍ଲାବଂ। ୩୪ ।
(ଗେୟ-ଛଳେନ ସ୍ମୃତ୍ୱା କସ୍ୟ ତ୍ୱଂ ରୋଦିଷି ନିର୍ଭରୋତ୍କଣ୍ଠମ୍।
ମନ୍ୟୁ-ପ୍ରତିରୁଦ୍ଧ-କଣ୍ଠାର୍ଦ୍ଧ-ନିର୍ଯତ୍-ସ୍ଖଳିତାକ୍ଷରୋଲ୍ଲାପମ୍।) ୦ ଅଭବ

ଗାନ ଛଳରେ କାହାକୁ ସ୍ମରଣ କରି ଉତ୍କଣ୍ଠାପୂର୍ଣ ଭାବରେ ଶୋକନିରୁଦ୍ଧ କଣ୍ଠ ହେତୁ ଅର୍ଦ୍ଧନିଃସୃତ ସ୍ଖଳିତାକ୍ଷର ପ୍ରଳାପରେ ତୁ କାନ୍ଦୁଛୁ ?

ବ୍ୟାଖ୍ୟା - ନାୟିକା ପ୍ରତି ସଖୀ-ଉକ୍ତି। ନାୟକ ଗୀତ ଗାଉଥିବାବେଳେ ପ୍ରିୟତମଙ୍କ ସ୍ମୃତି ଉଦ୍‌ବୋଧନ ହେତୁ ଶୋକାବେଗରେ କଣ୍ଠରୋଧ ହେବାରୁ ସ୍ପଷ୍ଟ ଗାଇପାରୁନାହିଁ। ସଖୀ ତାହାର ଗୀତର ମର୍ମ ବୁଝିପାରି ପଚାରିଛି - ତୁ ଗୀତ ଗାଇବାଛଳରେ ରୋଦନ କରୁଛୁ। ଗୀତରୁ ତୋ ମନର ଉତ୍କଣ୍ଠାର ଆତିଶଯ୍ୟ ପ୍ରକଟ ହେଉଛି ଓ ଶୋକାବେଗରେ ତୋର କଣ୍ଠରୋଧ ହେଉଥିବାରୁ ଆଳାପ ଅକ୍ଷରଗୁଡ଼ିକ ସ୍ଖଳିତ ପ୍ରାୟ; ଅଧା ଅଧା ସ୍ୱରରେ ପ୍ରକାଶ ପାଉଛି। ଆଗୋ ପ୍ରେମମୟି, ତୁ ନିଶ୍ଚୟ କାହାକୁ ସ୍ମରଣ କରି ଗୀତ ଗାଉଛୁ। ମୋତେ କହ, କାହାକୁ ସ୍ମରଣ କରୁଛୁ। ଆକାଶର ଚାନ୍ଦ ଆଣି ମୁଁ ତୋ ହାତରେ ଦେବି।

ବହଲ-ତମା ହଅ-ରାଈ ଅଜ୍ଜ ପଉତ୍‌ଥୋ ପଈ ଘରଂ ସୁଣ୍ଣଂ।
ତହ ଜଗ୍‌ଗେସୁ ସଅଜ୍ଝିଅ ଣ ଜହା ଅମ୍‌ହେ ମୁସିଜ୍ଜାମୋ। ୩୫ ।
(ବହଲ- ତମା ହତ-ରାତ୍ରିରଦ୍ୟ ପ୍ରୋଷିତଃ ପତିର୍ଗୃହଂ ଶୂନ୍ୟମ୍।
ତଥା ଜାଗୃହି ପ୍ରତିବେଶିନ୍ ନ ଯଥା ବୟଂ ମୁଷ୍ୟାମହେ।) - ଅଭବ

ଦୁର୍ଭାଗ୍ୟପୂର୍ଣ ରାତ୍ରି ଗାଢ଼ାନ୍ଧକାରଚ୍ଛନ୍ନ, ପତି ଆଜି ବିଦେଶ ଯାଇଛନ୍ତି, ମୋର ଗୃହ ଶୂନ୍ୟ। ହେ ପ୍ରତିବେଶି ! ଜାଗ୍ରତ ରୁହ, ଆମର ଯେପରି ଚୋରି ନହୁଏ।

ବ୍ୟାଖ୍ୟା - ନାୟିକା ସ୍ୱୟଂ ଦୂତୀ ହୋଇ ପ୍ରତିବେଶୀ ନାୟକକୁ ଗୃହର ପରିସ୍ଥିତି ସମ୍ବନ୍ଧରେ ସଚେତନ କରିଦେବା ସଙ୍ଗେ ମିଳନର ସୂଚନା ଦେଇଛି। ଅନ୍ଧାର ରଜନୀ ହେତୁ ଜାର ଆଗମନ ପ୍ରତି କେହି ଲକ୍ଷ୍ୟ କରିବେ ନାହିଁ। ପତି ଆଜିହିଁ ପ୍ରବାସାର୍ଥ ଯାତ୍ରା କରିଥିବାରୁ ଶୀଘ୍ର ପ୍ରତ୍ୟାବର୍ତ୍ତନର ସମ୍ଭାବନା ନାହିଁ। ଗୃହ ଶୂନ୍ୟ; ଅର୍ଥାତ୍ ମୋ ଛଡ଼ା ଘରେ ଅନ୍ୟ ଲୋକ ନାହାନ୍ତି। ପଡ଼ୋଶୀ ଜାଗି ରୁହ, ଅର୍ଥାତ୍, ମିଳନ ମୁହୂର୍ତ୍ତ ଯେପରି ବିସ୍ମୃତ ନ ହୁଏ। ଚୋରିର ଭୟ ଅଛି, ମୋର ଯେପରି କ୍ଷତି ନହୁଏ, ଅର୍ଥାତ୍ ମୋର ଯୌବନଧନ ଯେପରି ଲୁଣ୍ଠିତ ନହୁଏ। ନାୟିକାର ତାତ୍ପର୍ଯ୍ୟ, ଏ ଯୌବନ ତୁମର ଉପଭୋଗରେ ଆସୁ।

ସଂଜୀବଣୋସହିମ୍ମିବ ସୁଅସ୍‌ସ ରକ୍‌ଖଇ ଅଣଣ୍ଣ-ବାବରା।
ସାସୂ ଣବବ୍‌ଭ-ଦଂସଣ-କଣ୍ଠାଗଅ-ଜୀବିଅଂ ସୋହ୍‌ଣଂ । ୩୬ ।
(ସଂଜୀବନୌଷଧମିବ ସୁତସ୍ୟ ରକ୍ଷତ୍ୟନନ୍ୟ-ବ୍ୟାପାର।
ଶ୍ୱଶ୍ରୂର୍ନବାଭ୍ର-ଦର୍ଶନ-କଣ୍ଠାଗତ-ଜୀବିତାଂ ସ୍ନୁଷାମ୍।)-ବିହ୍ୱଳ

ଶାଶୂ ଅନନ୍ୟକର୍ମା ହୋଇ ନବମେଘଦର୍ଶନ ହେତୁ କଣ୍ଠଗତପ୍ରାଣା ପୁତ୍ରବଧୂକୁ ପୁତ୍ର ନିମନ୍ତେ ସଂଜୀବନ ଔଷଧ ଭଳି ରକ୍ଷା କରିଲାଗିଛି।

ବ୍ୟାଖ୍ୟା - ଏକମାତ୍ର ପୁତ୍ର ବିଦେଶରେ ଅବସ୍ଥାନ କରୁଛି। ନବଜଳଧରଦର୍ଶନ ହେତୁ ବିରହିଣୀ ପୁତ୍ରବଧୂର ପ୍ରାଣ ଯିବା ଉପରେ ହେଲାଣି। କାରଣ ବର୍ଷା ତାହାର ସକଳ ଭରସା ହରଣ କରିଛି। ଏ ଘୋର ଘନକାଳରେ ପତି ଆଉ ବିଦେଶରୁ ଫେରିବାର ସମ୍ଭାବନା ନାହିଁ। ଶାଶୁ ଘରର ସକଳ କାମଧନ୍ଦା ଛାଡ଼ି ବଧୂର ଜୀବନରକ୍ଷା ପାଇଁ ବ୍ୟସ୍ତ; କାରଣ ପୁତ୍ର ପକ୍ଷରେ ବଧୂ ସଂଜୀବନୀ ଔଷଧ ସଦୃଶ। ବିରହ-କଷ୍ଟ ଭୋଗି ସେ ଯଦି ଜୀବନ ତ୍ୟାଗ କରେ, ତେବେ ପ୍ରବାସରୁ ଫେରି ପୁତ୍ର ଆଉ ଜୀବନ ରଖିବ ନାହିଁ। ଉକ୍ତ ଗାଥା ପ୍ରୋଷିତ-ଭର୍ତ୍ତୃକା ସଖୀର ପଥିକ ପ୍ରତି ଉକ୍ତି ରୂପରେ ଗ୍ରହଣ କରାଯାଇପାରେ।

ଣୂଣଂ ହିଅଅ-ଣିହିଉାଇ ବସସି ଜାଆଇ ଅମ୍ହ ହିଅଅମ୍ମି।
ଅଣ୍ଣହ ମଣୋରହା ମେ ସୁହଅ କହଂ ତୀଅ ବିଣ୍ଣାଆ। ୩୭।
(ନୂନଂ ହୃଦୟ-ନିହିତୟା ବସସି ଜାୟୟାସ୍ମାକଂ ହୃଦୟେ।
ଅନ୍ୟଥା ମନୋରଥା ମେ ସୁଭଗ କଥଂ ତୟା ବିଜ୍ଞାତାଃ।) - ମହାଦେବ

ହେ ସୁଭଗ! ତୁମେ ହୃଦୟରେ ଜାୟାକୁ ରଖି ନିଶ୍ଚୟ ମୋ ହୃଦୟରେ ବାସକରୁଛ; ନହେଲେ ମୋର ମନୋରଥକୁ ସେ କିପରି ଜାଣିପାରିଲା?

ବ୍ୟାଖ୍ୟା - ନାୟିକା ଏକଦା ନାୟକକୁ ନିଜର ଗୋପନ ମନୋରଥ କହିଥିଲା। ସମ୍ଭବତଃ ନାୟକ ସେହି ରହସ୍ୟ-ବଚନକୁ ନିଜର ପତ୍ନୀ ନିକଟରେ ଅସତର୍କ ଅବସ୍ଥାରେ ପ୍ରକାଶ କରିଦେଇଛି। ପ୍ରସ୍ତୁତ ନାୟିକା ସହିତ ଯେତେବେଳେ ବଧୂର ସାକ୍ଷାତ ହୋଇଛି; କଥାପ୍ରସଙ୍ଗରେ ସେ ହୁଏତ ସେ କଥା କହିଦେଇଛି। ପୁଣି ଯେତେବେଳେ ନାୟକ ତା' ପାଖକୁ ଆସିଛି ସେତେବେଳେ ନାରୀ-ସୁଲଭ ଈର୍ଷ୍ୟାବଶତଃ ତାହାର ବୈଦଗ୍ଧ୍ୟପୂର୍ଣ ଆକ୍ଷେପୋକ୍ତି- ତୁମେ ନିଶ୍ଚୟ ତୁମର ବଧୂ ସହିତ ମୋ ହୃଦୟରେ ବାସକରୁଛ; ନହେଲେ ମୁଁ ଆଶ୍ଚର୍ଯ୍ୟ ହେଉଛି, ସେ ମୋର ମନକଥା କିପରି ଜାଣିପାରିଲା? ନାୟିକାର ତାତ୍ପର୍ଯ୍ୟ, ତୁମେ ରହସ୍ୟଭଙ୍ଗକାରୀ, ମୋ ମନୋଭାବକୁ ଅନ୍ୟମାନେ କାହିଁକି ଜାଣିବେ?

ତଇ ସୁହଅ ଅଈସନ୍ତେ ତିସ୍‌ସା ଅଚ୍ଛୀହିଁ କଣ୍ଣ ଲଗ୍‌ଗେ ହିଂ।
ଦିଣ୍ଣଂ ଘୋଲିଆହେହିଁ ପାଣିଅଂ ଦଂସଣ-ସୁହାଣଂ। ୩୮।
(ତ୍ୱୟିଂ ସୁଭଗ ଅଦୃଶ୍ୟମାନେ ତସ୍ୟା ଅକ୍ଷିଭ୍ୟାଂ କର୍ଣଲଗ୍ନାଭ୍ୟାଂ।
ଦତ୍ତଂ ଘୂର୍ଣନଶୀଳବାଷ୍ପାଭ୍ୟାଂ ପାନୀୟଂ ଦର୍ଶନସୁଖେଭ୍ୟଃ।) - ମନୋରଥ

ହେ ସୁଭଗ! ତୁମେ ଅଦୃଶ୍ୟ ହେବାପରେ ତାହାର ଆକର୍ଣବିସ୍ତୃତ ବାଷ୍ପରେ ଘୂର୍ଣନଶୀଳ ନେତ୍ରଦ୍ୱୟ ତୁମର ଦର୍ଶନସୁଖରେ ଜଳାଂଜଳି ଦେଇଥିଲା।

ବ୍ୟାଖ୍ୟା - ନାୟକ ପ୍ରତି ଦୂତୀ ଉକ୍ତି - ହେ ସୁନ୍ଦର, ତାହାର ନୟନପଥର

ସୀମା ପାର ହୋଇ ତୁମେ ଚାଲିଗଲ। ତାହାର ଆକର୍ଣବିସ୍ତୃତ ନେତ୍ରରେ ଅଶ୍ରୁ ଢଳଢଳ ହେଉଥିଲା। ସେତିକିବେଳୁ ତା ନେତ୍ରରୁ ଅବିଶ୍ରାନ୍ତ ଭାବରେ ଅଶ୍ରୁଧାରା ଝରିଲାଗିଛି। ସେ ତୁମର ଦର୍ଶନସୁଖରେ ଜଳାଂଜଳି ଦେଇଛି; ଅର୍ଥାତ୍ ତୁମକୁ ଆଉ ଦେଖିବ ବୋଲି ଆଶା ବାନ୍ଧିପାରୁନାହିଁ। ତାହାର ସୁଖର ସୌଧ ଧୂଳିସାତ୍ ହୋଇଛି।

ଉପ୍‌ପେକ୍‌ଖାଗଅ-ତୁହ-ମୁହ-ଦଂସଣ-ପଡ଼ିରୁଦ୍ଧ-ଜୀବିଆସାଇ।
ଦୁହିଆଇ ମଏ କାଲୋ କିତ୍ତିଅ-ମେତ୍ତୋ ବ୍‌ବ ଣେଅବ୍‌ବୋ । ୩୯ ।
(ଉତ୍‌ପ୍ରେକ୍ଷାଗତ-ତ୍ୱନ୍ମୁଖ-ଦର୍ଶନ-ପ୍ରତିରୁଦ୍ଧ-ଜୀବିତାଶୟା।
ଦୁଃଖିତୟା ମୟା କାଳଃ କିୟନ୍ମାତ୍ରୋ ବା ନେତବ୍ୟଃ।)- ବିଷମସେନ

ଧ୍ୟାନରେ ତୁମ ମୁଖଦର୍ଶନଦ୍ୱାରା ମୋର ଜୀବନର ଆଶା ବାନ୍ଧିରଖିଛି; କିନ୍ତୁ ଏହିପରି ଦୁଃଖିନୀ ହୋଇ ମୁଁ କେତେ କାଳ କଟାଇବି ?

ବ୍ୟାଖ୍ୟା - ନାୟକର ଦର୍ଶନାକାଂକ୍ଷାରେ ଉତ୍‌କଣ୍ଠିତା ବିରହିଣୀର ନାୟକ ପ୍ରତି ସନ୍ଦେଶ ବାଣୀ-ହେ ଜୀବିତେଶ, ତୁମର ମୁଖ କଳ୍ପନା-ନେତ୍ରରେ ଦର୍ଶନ କରି ଏ ପର୍ଯ୍ୟନ୍ତ ଜୀବନରକ୍ଷା କରପାରିଲି। ଜୀବନର ଆଶା ପଦେ ପଦେ ତୁଟିଯିବାକୁ ବସିଥିବାବେଳେ ତୁମ ମୁଖ ଧ୍ୟାନ କରିବା ଫଳରେ ତାହାହିଁ ମୋ ପକ୍ଷରେ ନବରସାୟନ ହୋଇ ମୋର ଜୀବନରକ୍ଷା କରିଛି। ଦିନୁ ଦିନ ମନୋବଳ ତୁଟିଯାଉଛି। କେତେ କାଳ ଏଇଭାବେ ନିଜକୁ ବୋଧ ଦେବି ? ମୁଁ ଜାଣେ, ଏଇ ହୃଦୟ-ଦର୍ଶନ ମୋତେ ବେଶି ଦିନ ବଞ୍ଚାଇ ରଖି ପାରିବ ନାହିଁ। ସ୍ୱପ୍ନଜଳରେ କେବେ ତୃଷା ମେଣ୍ଟିଲାଣି ? କେବେ ମୋର ପ୍ରତୀକ୍ଷାର ଇତି ହେବ ? ଜୀବନ-ଯୌବନ ଧନ୍ୟ କରି କେବେ ଏଇ ଅଭାଗିନୀର ମନ୍ଦିରରେ ପଦପାତ କରିବ ହେ ସୁନ୍ଦର !

ବୋଲୀଣାଲକ୍‌ଖିଅ-ରୁଅ-ଜୋବ୍‌ବଣା ପୁତ୍ତି କଂ ଣ ଦୁମ୍ମେସି।
ଦିଟ୍‌ଠା ପଣଟ୍ଠ-ପୋରାଣ-ଜଣବଆ-ଜମ୍ମ-ଭୂମି ବ୍‌ବ ।୪୦।
(ବ୍ୟତିକ୍ରାନ୍ତାଲକ୍ଷିତ-ରୂପ-ଯୌବନା ପୁତ୍ରି କଂ ନ ଦୁନୋଷି।
ଦୃଷ୍ଟ୍ୱା-ପୌରାଣ-ଜନପଦା ଜନ୍ମ-ଭୂମିରିବ।) - ପ୍ରବରରାଜ

ଝିଅ, ତୋର ରୂପ-ଯୌବନ ବିଗଳିତ ହୋଇଯିବାରୁ ଏବେ ସେପରି ଦେଖିବାକୁ ମିଳୁନାହିଁ ଓ ତୁ ବିନିଷ୍ଟ ପୂର୍ବଜମାନଙ୍କର ଜନ୍ମଭୂମି ପରି ଦେଖାଯାଉଥିବାରୁ କାହାକୁ ଦୁଃଖ ଦେଉନାହୁଁ ?

ବ୍ୟାଖ୍ୟା - ରୂପ-ଯୌବନବିଗତା କନ୍ୟା ପ୍ରତି ବେଶ୍ୟାମାତାର ଉକ୍ତି - ଝିଅ, କେତେ ଶୀଘ୍ର ତୋର ରୂପ ଯୌବନ ଅତିକ୍ରାନ୍ତ ହୋଇଗଲା ! ତୋର ରୂପ ଯେଉଁମାନଙ୍କର ଦୃଷ୍ଟି-ନନ୍ଦନ ହେଉଥିଲା ଓ ତୋର ଯୌବନ ଯେଉଁମାନଙ୍କୁ ପ୍ରଲୁବ୍‌ଧ କରୁଥିଲା,

ସେମାନେ ସମସ୍ତେ ଆଜି ତୋର ଏଇ ଦୁର୍ଦ୍ଦଶା ଦେଖି ବ୍ୟଥିତ। ରିକ୍ତ-ନିବାସ ବାନ୍ଧବଶୂନ୍ୟ ଜନ୍ମଭୂମିକୁ ଦେଖି ମନରେ ଯେଉଁ ବ୍ୟଥା ଜାତ ହୁଏ, ତୋର ଏଇ ନଷ୍ଟଶ୍ରୀ ଦେଖି ଲୋକଙ୍କ ମନରେ ସେଇପରି ବ୍ୟଥା ଜାତ ହେଉଥିବ। ଏକଦା ରୂପ-ଯୌବନବତୀ କନ୍ୟାର ଏଇ ଦୁର୍ଦ୍ଦଶା ବେଶ୍ୟାମାତା ପକ୍ଷରେ ଘୋର ଦୁଃଖଦାୟକ।

ପରିଓସ-ବିଅସିଏହିଂ ଭଣିଅଂ ଅଚ୍ଛୀ ହିଁ ତେଣ ଜଣ-ମଜ୍‌ଝେ।
ପଡ଼ିବଣ୍ଣଂ ତୀଅ ବି ଉବ୍‌ବମନ୍ତ-ସେଏହିଁ ଅଙ୍ଗେ ହିଁ॥୪୧।
(ପରିତୋଷ-ବିକସିତାଭ୍ୟାଂ ଭଣିତଂ ଅଭିଭ୍ୟାଂ ତେନ ଜନ-ମଧ୍ୟେ।
ପ୍ରତିପନ୍ନଂ ତୟା ଅପି ଉଦ୍‌ବମତ୍‌-ସ୍ୱେଦୈଃ ଅଙ୍ଗୈଃ।)- ଜୀବଦେବ

ଲୋକଗହଳି ମଧ୍ୟରେ ସେ ପରିତୋଷ ବିକଶିତ ନେତ୍ରରେ ଯେଉଁ ଅଭିମତ ପ୍ରକାଶ କଲା, ସେ ମଧ୍ୟ ସ୍ୱେଦଜଳ ବହୁଥିବା ନିଜ ଅଙ୍ଗଦ୍ୱାରା ତାହାକୁ ଅଙ୍ଗୀକାର କରିନେଲା।

ବ୍ୟାଖ୍ୟା - ସଖା ନାୟକ ପ୍ରତି ନାୟିକାର ମନୋଭାବ ସମ୍ବନ୍ଧରେ ପ୍ରଶ୍ନ କରିବାରୁ ଦୂତୀର ଉତ୍ତର-ତୁମ ସଖା ଏତେ ଅଜ୍ଞ ବୋଲି ମୁଁ ଜାଣି ନଥିଲି। ସେଦିନ ଜନତା ମଧ୍ୟରେ ଦୁହେଁ ଉପସ୍ଥିତ ଥିଲେ। ତୁମ ସଖା ତାକୁ ଦେଖି ଆନନ୍ଦଭରେ ବିକଚନୟନରେ ଯେଉଁ ପ୍ରେମ-ନିବେଦନ କଲେ, ମୋର ସଖୀ ସେହି ଅଭିପ୍ରାୟକୁ ସ୍ୱେଦଜଳରେ ଭାସି ଅଙ୍ଗୀକାର କରି ନେଇଥିଲା। ଦୂତୀର ତାତ୍ପର୍ଯ୍ୟ, ନାୟକର ହର୍ଷ-ବିକଶିତ ନେତ୍ରର ଭାଷା ଓ ନାୟିକାର ସାତ୍ତ୍ୱିକ ଭାବୋଦୟ ହେତୁ ସ୍ୱେଦ-ଜର୍ଜର ଅଙ୍ଗ ଦୁହିଁଙ୍କ ମନୋଭାବ ବ୍ୟକ୍ତ କରିଥିଲା। ପ୍ରେମ-ନିବେଦନ ଓ ସ୍ୱୀକାର କରିବାର ଏହାଠାରୁ ଉତ୍କୃଷ୍ଟ ନିଦର୍ଶନ କ'ଣ ହୋଇପାରେ ?

ଏକ୍‌କକ୍‌କମ-ସଂଦେସାଣୁରାଅ-ବଡ୍‌ଢନ୍ତ-କୋଉହଲ୍ଲାଇଂ।
ଦୁକ୍‌ଖଂ ଅସମତ୍ତ-ମଣୋରହାଇଁ ଅଚ୍ଛନ୍ତି ମିହୁଣାଇଂ ।୪୨।
(ଅନ୍ୟୋନ୍ୟ-ସଂଦେଶାନୁରାଗ-ବର୍ଧମାନ-କୌତୂହଳାନି।
ଦୁଃଖମସମାପ୍ତ-ମନୋରଥାନି ତିଷ୍ଠନ୍ତି ମିଥୁନାନି।)

ପରସ୍ପରର ପ୍ରଣୟ-ସନ୍ଦେଶ ଦ୍ୱାରା ଜାତ ହୋଇଥିବା ଅନୁରାଗ ହେତୁ କୌତୂହଳ ବୃଦ୍ଧି ପାଇବାରୁ ମିଳନ-ମନୋରଥ ପୂର୍ଣ୍ଣ କରି ନ ପାରି ପ୍ରେମିକ-ଯୁଗଳ ଦୁଃଖରେ ଅବସ୍ଥାନ କରୁଛନ୍ତି।

ବ୍ୟାଖ୍ୟା - କୌଣସି ତରୁଣ-ତରୁଣୀଙ୍କ ମଧ୍ୟରେ ପ୍ରୀତି-ସମ୍ପର୍କ ସ୍ଥାପିତ ହୋଇଛି। ମାତ୍ର ତାହା କେବଳ ସଖାସଖୀଙ୍କ କରିଆରେ ବାର୍ତ୍ତାପ୍ରେରଣ, ଚିତ୍ରପଟଦର୍ଶନ, ପତ୍ରଲିଖନ ସ୍ତରରେ ରହିଛି। କେହି ସେମାନଙ୍କ ପ୍ରେମ-ଜୀବନର ଅଗ୍ରଗତି ସମ୍ବନ୍ଧରେ ପ୍ରଶ୍ନ କରିବାରୁ

ଉକ୍ତ ଗାଥା କୁହାଯାଇଛି- ପ୍ରେମିକଯୁଗଳ ପରସ୍ପର ମଧ୍ୟରେ ବାର୍ତ୍ତା ପ୍ରେରଣ କରି ଓ ଉତ୍ତର ପାଇ ଅନୁରାଗ-ମାର୍ଗରେ କିଛି ପଥ ଅତିକ୍ରମ କଲେଣି। ସେଥିରେ ସେମାନେ ଅପାର ସୁଖ ପାଇଛନ୍ତି। ଏହିପରି କିଛି କାଳ ଚଳିବାପରେ ପ୍ରଣୟ-କୌତୂହଳର ଚରମ ସୀମାରେ ଉପନୀତ ହେଲେ ମଧ୍ୟ ମିଳନ-ମନୋରଥ ସଫଳ ହୋଇପାରୁ ନଥିବାରୁ ଦୁହେଁ ଖୁବ୍ ଦୁଃଖରେ କାଳ କାଟୁଛନ୍ତି। ଦୁହିଁଙ୍କ ମନରେ ମିଳନ ଉତ୍ସୁକ୍ୟ ବୃଦ୍ଧି ପାଇଥିଲେ ମଧ୍ୟ ମିଳନ ଘଟୁନାହିଁ; ହାୟ, କି ଦୁଃଖରେ ସେମାନେ ଅଛନ୍ତି।

ଜଇ ସୋ ଣ ବଲ୍ଲହୋ ବ୍ଵିଅ ଗୋତ୍ତ-ଗ୍ଗାହଣେଣ ତସ୍ସ ସହି କୀସ।
ହୋଇ ମୁହଂ ତେ ରବି-ଅର-ଫଂସ-ବ୍ଵିସଦ୍ଧଂ ବ ତାମରସଂ । ୪୩ ।
(ଯଦି ସ ନ ବଲ୍ଲଭ ଏବ ଗୋତ୍ର-ଗ୍ରହଣେନ ତସ୍ୟ ସଖି କମିତି।
ଭବତି ମୁଖଂ ତବ ରବି-କର-ସ୍ପର୍ଶ-ବିକସିତମିବ ତାମରମସମ୍।)- ସୁଶୀଳ

ଅଗୋ ସଖି! ଯଦି ସେ ତୋର ପ୍ରିୟ ନୁହନ୍ତି ତେବେ ତାଙ୍କ ନାମ ଗ୍ରହଣମାତ୍ରେ ତୋର ମୁଖ ସୂର୍ଯ୍ୟକିରଣସ୍ପର୍ଶରେ ବିକଶିତ ପଦ୍ମ ଭଳି କାହିଁକି ହୋଇଯାଉଛି?

ବ୍ୟାଖ୍ୟା - ନାୟକ ପ୍ରତି ଅନୁରାଗକୁ ଗୋପନ କରୁଥିବା ନାୟିକା ପ୍ରତି ସଖୀ-ଉକ୍ତି-ସେ ତୋର ପ୍ରିୟ ନୁହନ୍ତି? ତୁ ଲୁଚେଇଲେ କ'ଣ ହେବ; ମୁଁ ସବୁ ଜାଣେ। ମୁଁ ଯେତେବେଳେ ପ୍ରିୟ ନାମ ଉଚ୍ଚାରଣ କଲି, ତୁ କାହିଁକି ତାଙ୍କ ନାମ ଶୁଣିବାମାତ୍ରେ ଏତେ ନନ୍ଦିତ ହୋଇଉଠିଲୁ? ନିଶ୍ଚୟ ସେ ନାମରେ କେତେ ମଧୁଅଛି, ଯାହା ଶୁଣି ତୋର ମୁଖ ରବିକିରଣସ୍ପର୍ଶରେ ଶତଦଳ ବିକଶିଉଠିବା ପରି ପ୍ରସନ୍ନ ହୋଇଉଠିଲା! ନିଶ୍ଚୟ ସେ ତୋର ପ୍ରିୟ; ତୁ ନ କହିଲେ ମୁଁ ଜାଣୁନାହିଁ କି?

ମାଣ-ଦୁମ-ପରୁସ-ପବଣସ୍ସ ମାମି ସବ୍ଵଙ୍ଗ-ଣିବ୍ଵୁଇଅରସ୍ସ।
ଅବଉହଣସ୍ସ ଭଦ୍ଦଂ ରଇ-ଣାଡ଼ଅ-ପୁବ୍ଵରଙ୍ଗସ୍ସ । ୪୪।
(ମାନ-ଦ୍ରୂମ-ପରୁଷ-ପବନସ୍ୟ ମାତୁଳାନି ସର୍ବାଙ୍ଗାନିର୍ବୃତିକରସ୍ୟ।
ଅବଗୂହନସ୍ୟ ଭଦ୍ରଂ ରତି-ନାଟକ-ପୂର୍ବରଙ୍ଗସ୍ୟ।)

ଆଗୋ ମାଈଁ, ମାନରୂପୀ ବୃକ୍ଷର କଠୋର ପବନ, ସକଳ ଅଙ୍ଗର ସୁଖବିଧାୟକ, ରତି-ନାଟକର ପୂର୍ବରଙ୍ଗ ଆଲିଙ୍ଗନର ଶୁଭ (ଜୟ) ହେଉ।

ବ୍ୟାଖ୍ୟା - ମାତୁଳାନୀ ପ୍ରତି ନାୟିକା ଉକ୍ତି - ମୁଁ କେତେ ଯତ୍ନରେ ଯେଉଁ ମାନତରୁଟିକୁ ରୋପଣ କରି ବଢ଼ାଇଲାଗିଥିଲା ତାହା ପ୍ରିୟତମଙ୍କ ଆଲିଙ୍ଗନରୂପୀ କଠୋର ପବନ ବେଗରେ ଭୂମିସାତ୍ ହେଲା; ଅର୍ଥାତ୍ ଆଲିଙ୍ଗନ ମୋର ମାନକୁ ଅବିଚଳ ରଖି ଦେଲା ନାହିଁ; ମୋର ଅଙ୍ଗେ ଅଙ୍ଗେ ପ୍ରିୟ-ମିଳନ ପାଇଁ ଯେଉଁ ପିପାସା ଜାଗିଥିଲା, ଆଲିଙ୍ଗନ ଲାଭ କରି ମୋର ସର୍ବାଙ୍ଗ ଆନନ୍ଦରେ ଭରିଗଲା! ସେ କି ସୁଖ, ମୋର

ବାହ୍ୟାଭ୍ୟନ୍ତର ଶୀତଳ ହୋଇଗଲା; ଯେଉଁପରି ନାଟକରେ ନିର୍ବିଘ୍ନ ପରିସମାପ୍ତି ପାଇଁ ପୂର୍ବରଙ୍ଗ ଯୋଜନା କରାଯାଏ, ରତି-ନାଟକର ପୂର୍ବରଙ୍ଗ ଯୋଜନା କରାଯାଏ, ରତି-ନାଟକର ପୂର୍ବରଙ୍ଗ ରୂପେ ସେହିପରି ଆଲିଙ୍ଗନ ଲାଭ କଲେ ମାନାଦି ବିଘ୍ନର ସମ୍ଭାବନା ନଥାଏ। ମୁଁ ସେହି ବାହୁ-ବନ୍ଧନର ଜୟ ଘୋଷଣା କରୁଛି।

ଣିଅ ଆଣୁ ମାଣ-ଣୀସଙ୍କଂ ହିଅଅ ଦେ ପସିଅ ବିରମ ଏ ଊହେ।
ଅମୁଣିଆ-ପରମତ୍‌ଥ-ଜଣାଣୁଲଗ୍‌ଗ କୀସମ୍ହ ଲହୁଏସି । ୪୫ ।
(ନିଜକାନୁମାନ-ନିଃଶଙ୍କା ହୃଦୟ ହେ ପ୍ରସୀଦ ବିରମେଦାନୀମ୍।
ଅଜ୍ଞାତ-ପରମାର୍ଥ-ଜନାନୁଲଗ୍ନ କିମିତ୍ୟାସ୍ମାଂଲ୍ଲଘୟସି।) - କୈଳାସ

ହେ ହୃଦୟ, ତୁ ନିଜ ସମାନ ଅନୁମାନ କରି ଶଙ୍କାରହିତ ହୋଇଛୁ; ଏବେ ବିରତ ହୁଅ, ପରମାର୍ଥ-ଅଜ୍ଞ ବ୍ୟକ୍ତିଠାରେ ଆସକ୍ତ ହୋଇ ତୁ କାହିଁକି ମୋତେ ଲଘୁ କରି ଦେଉଛୁ ?

ବ୍ୟାଖ୍ୟା - ନାୟକକୁ ଶୁଣାଇ ଶୁଣାଇ ନିଜ ହୃଦୟ ପ୍ରତି ନାୟିକାର ଆକ୍ଷେପୋକ୍ତିରେ ଅଶାନ୍ତ ହୃଦୟ, ଏବେ ଶାନ୍ତ ହୁଅ। ତୁ ନିଜ ଭଳି ସମସ୍ତଙ୍କୁ ଜ୍ଞାନ କରୁଛୁ। ପର ମନକଥା ବୁଝିବାକୁ ଯେ ଶିଖି ନାହିଁ, ସେଭଳି ଅଜ୍ଞାତ ମର୍ମ ବ୍ୟକ୍ତିଠାରେ ଆସକ୍ତ ହୋଇ ତୁ ମୋ ଭଳି ଲଳନାମାନଙ୍କୁ କାହିଁକି ଏତେ ଛୋଟ କରିଦେଉଛୁ? ପର ସବୁଦିନେ ପର; ଯେତେ ନିଜର କରିବାକୁ ଚାହିଁଲେ ସେ କେବେ ନିଜର ହେଲାଣି ? ସେଥିଲାଗି ତ ମୁଁ ଆଜି ଉପେକ୍ଷିତା, ଅନାଦୃତା !

ଓସହିଅ-ଜଣୋ ପଈଣା ସଲାହମାଣେଣ ଅଇ-ଚିରଂ ହସିଓ।
ଚନ୍ଦୋ ତ୍ତି ତୁଜ୍‌ଝ ବଅଣେ ବିଇଣ୍ଣ-କୁସୁମାଂଜଳି-ବିଲକ୍‌ଖୋ ।୪୬ ।
(ଆବସଥିକ-ଜନଃ ପତ୍ୟା ଶ୍ଳାଘମାନେନାତିଚିରଂ ହସିତଃ।
ଚନ୍ଦ୍ର ଇତି ତବ ବଦନେ ବିତୀର୍ଣ୍ଣ-କୁସୁମାଂଜଳି-ବିଲକ୍ଷଃ।) -ମନ୍ଦର

ତୋର ମୁଖ ଚନ୍ଦ୍ର ବୋଲି ଭାବି କୁସୁମାଂଜଳି ପ୍ରଦାନ କରି ଲଜ୍ଜିତ ଧାର୍ମିକ ପୁରୁଷର ପ୍ରଶଂସାରେ ପତି ବହୁବେଳଯାଏ ହସିଥିଲେ।

ବ୍ୟାଖ୍ୟା - ନାୟିକା ମୁଖ-ସୌନ୍ଦର୍ଯ୍ୟର ପ୍ରଶଂସା କରି ଦୂତୀ-ଉକ୍ତି-ସେଦିନ ଜଣେ ଧାର୍ମିକ ପୁରୁଷ ତୋର ମୁଖ ଦେଖି ଚନ୍ଦ୍ର ବୋଲି ଅର୍ଘ୍ୟ ପ୍ରଦାନ କଲାବେଳେ ପତି ସେ ଦୃଶ୍ୟ ଦେଖି ଧାର୍ମିକ ପୁରୁଷର ପ୍ରଶଂସା କରିଲାଗିଲେ। ଅଞ୍ଜଳି-ବଦ୍ଧ ଅତିଥିର ଚନ୍ଦ୍ରପୂଜା ଯେ ଭ୍ରାନ୍ତିମୂଳକ, ଏହା ପତିଙ୍କ ପ୍ରଶଂସାର ଅଭିପ୍ରାୟ ଥିଲା। ଲଜ୍ଜିତ ଅତିଥିର ଆଚରଣରେ ପତି ଖୁବ୍ ହସିଲେ। ତୁ ଯେ କେତେ ସୁନ୍ଦରୀ, ଏ କଥା ଜାଣୁ କି ?

ଛିଜ୍ଜନ୍ତେହିଁ ଅଣୁଦିଣଂ ପଚ୍ଚକ୍‌ଖମ୍ମି ବି ତୁମମ୍ମି ଅଙ୍ଗେହିଂ।
ବାଲଅ ପୁଚ୍ଛିଜ୍ଜନ୍ତୀ ଣ ଅଣିମୋ କସ୍‌ସ କିଂ ଭଣିମୋ ।୪୭।
(କ୍ଷୀୟମାଣୈରନୁଦିନଂ ପ୍ରତ୍ୟକ୍ଷେଽପି ତ୍ୱୟ୍ୟଙ୍ଗୈଃ।
ବାଳକ ପୃଚ୍ଛାମାନା ନ ଜାନୀମଃ କସ୍ୟ କିଂ ଭଣାମଃ।) - ମାଣିକ୍ୟରାଜ

ହେ ବାଳକ, ତୁମର ପ୍ରତ୍ୟକ୍ଷ ହେଲେ ମଧ୍ୟ ଅନୁଦିନ ଦୁର୍ବଳ ହେଉଥିବା ଅଙ୍ଗର କାରଣ ପଚରାଗଲେ, ଜାଣେ ନାହିଁ, ମୁଁ କାହାକୁ କି ଉତ୍ତର ଦେବି।

ବ୍ୟାଖ୍ୟା - ମନ୍ଦସ୍ନେହ ନାୟକ ପ୍ରତି ନାୟିକାର ଉକ୍ତି। ନାୟକ ନିକଟରେ ଥାଇ ମଧ୍ୟ ନାୟିକା ପ୍ରତି ଅନାଦର ଭାବ ପ୍ରକାଶ କରୁଛି ଓ ତାହାର ଦୁର୍ବଳତାର କାରଣ ପଚାରୁଛି। ଏହାର ଉତ୍ତରରେ ନାୟିକା କହିଛି - ହେ ଧୂର୍ତ୍ତ, ମୁଁ ପ୍ରତିଦିନ ଦୁର୍ବଳ ହୋଇଯାଉଛି, ଏହା ଦେଖି ମଧ୍ୟ ତୁମେ କାରଣ ପଚାରୁଛ ! ଏହାର ଉତ୍ତର ମୁଁ କ'ଣ ଦେବି ? ସର୍ବଦା ପାଖେ ପାଖେ ଥିବା ଲୋକ ସବୁ ଦେଖି ଶୁଣି ମଧ୍ୟ ଯଦି ମୋ ଅଙ୍ଗ ଦୁର୍ବଳତାର କାରଣ ପଚାରେ ସେ କଥାର କି ଜବାବ ଦିଆଯାଇପାରେ ? ଚିନ୍ତା ଚିତାରେ ମୁଁ ପୋଡ଼ିଲାଗିଛି। ମୁଁ ଆଶ୍ଚର୍ଯ୍ୟ ହେଉଛି, ତୁମେ ନିଜେ ମୋର ଦୁର୍ବଳତାର କାରଣ ହୋଇ ମଧ୍ୟ କେମିତି ଏପରି ପଚାରିପାରୁଛ ?

ଅଙ୍ଗାଣଂ ତଣୁ ଆରଅ ସିକ୍‌ଖାବଅ ଦୀହ-ରୋଇଅବ୍‌ବାଣଂ।
ବିଣଆଇକ୍‌କମ ଆରଅ ମା ମା ଣଂ ପମ୍‌ହସିଜ୍ଜାସୁ । ୪୮ ।
(ଅଙ୍ଗାନାଂ ତନୁକାରକ ଶିକ୍ଷକ ଦୀର୍ଘ-ରୋଦିତବ୍ୟାନାମ୍।
ବିନୟାତିକ୍ରମକାରକ ମା ମା ଏନାଂ ପ୍ରସ୍ମରିଷ୍ୟସି।)- ମିହର

ହେ ଅଙ୍ଗସମୂହର ତନୁକାରକ, ଦୀର୍ଘରୋଦନର ଶିକ୍ଷକ ଓ ଶୀଳ ଅତିକ୍ରମଣକାରୀ- ତାହାକୁ ଆଉ ସ୍ମରଣ କରିବ ନାହିଁ।

ବ୍ୟାଖ୍ୟା - ନାୟିକାର ଶୀଳଭଙ୍ଗ ଘଟାଇ ପରବର୍ତ୍ତୀ ସମୟରେ ମନ୍ଦସ୍ନେହ ହୋଇଯାଇଥିବା ନାୟକ ପ୍ରତି ଦୂତୀର ଉପାଲମ୍ଭ ବଚନ-ହେ ଶଠଶିରୋମଣି ! ତୁମର ସ୍ୱଭାବ ଜଣାଅଛି। ତାକୁ ଲଜ୍ଜା-ହାଟରେ ବସାଇ, କନ୍ଦାଇ କନ୍ଦାଇ ମାରିଲଣି। ସର୍ବସ୍ୱ ଲୁଣ୍ଠନ କରି ମଧ୍ୟ ତୁମର ଅଭିଳାଷ ପୂରଣ ହୋଇନାହିଁ। ସଖୀର ଅଙ୍ଗ କ୍ଷୀଣରୁ କ୍ଷୀଣତର ହେଲାଣି। ସରଳା ବାଳାକୁ ତୁମେ ହିଁ ଶିକ୍ଷା ଦେଲ ଦୀର୍ଘ ରୋଦନରେ କିପରି ନୟନଜଳ ଝରାଇବାକୁ ହୁଏ। ଯେ ପଦାକୁ ଗୋଡ଼ କାଢ଼ି ନଥିଲା, ତାକୁ ତୁମେ କୁଳମର୍ଯ୍ୟାଦା ଲଙ୍ଘନ କରିବାକୁ ଶିକ୍ଷା ଦେଲ। ମୁଁ ତୁମକୁ କହିଦେଉଛି, ଆଉ ତାକୁ ସ୍ମରଣ କରିବ ନାହିଁ।

ଅଣ୍ଣହ ଣଂ ତୀରଇ ଛିଅ ପରିବଡ୍‌ଢ଼ନ୍ତ-ଗରୁଅଂ ପିଅଅମସ୍‌ସ।

ମରଣ-ବିଣୋଏଣ ବିଣା ବିରମାବେଭଂ ବିରହ-ଦୁକ୍‌ଖଂ ।୪୯।

(ଅନ୍ୟଥା ନ ଶକ୍ୟତ ଏବ ପରିବର୍ଧମାନ-ଗୁରୁକଂ ପ୍ରିୟତମସ୍ୟ।

ମରଣ-ବିନୋଦେନ ବିନା ବିରମୟିତୁଂ ବିରହ-ଦୁଃଖମ୍।) - ଅନବସ୍ଥ

ପ୍ରିୟତମଙ୍କ ବିରହରେ ବୃଦ୍ଧିପ୍ରାପ୍ତ ହେଉଥିବା ଗୁରୁ ବିରହ-ଦୁଃଖ ମରଣରୂପ ବିନୋଦ ବିନା ଅନ୍ୟ କୌଣସି ଉପାୟରେ ଶାନ୍ତ କରିବା ସମ୍ଭବ ନୁହେଁ।

ବ୍ୟାଖ୍ୟା - ପ୍ରବାସଗମନେଚ୍ଛୁ ନାୟକଙ୍କୁ ଶୁଣାଇ ଯାତ୍ରା ନିଷେଧ ଉଦ୍ଦେଶ୍ୟରେ ନାୟିକାର ସଖୀ ପ୍ରତି ଉକ୍ତି- ସଖି, ମୃତ୍ୟୁ ହିଁ ମୋର ଗୁରୁ ବିରହ-ଦୁଃଖର ଶାନ୍ତିବିଧାନ କରିବ। ଯାହାର ଏଇ ଦୁଃସହ ବିରହ-ବ୍ୟଥା ସହିବାକୁ ଉପାୟ ନାହିଁ, ତାର ମରଣ ଛଡ଼ା ଆଉ କେଉଁ ଆଶ୍ରୟ ଅଛି ? ନାୟିକା ବିରହ-ବ୍ୟଥାକୁ ମରଣରୂପ ବିନୋଦ ଦ୍ୱାରା ହ୍ରାସ କରିବାକୁ ଚାହେଁ। ରବୀନ୍ଦ୍ରନାଥଙ୍କ ରାଧା 'ମରଣରେ ତୁହୁଁ ମମ ଶ୍ୟାମ ସମାନ' କହିବା ପରି ଗାଥାର ନାୟିକା ମରଣକୁ ବିନୋଦ ରୂପେ ଗ୍ରହଣ କରି ପ୍ରିୟ-ବିରହ ଦୁଃଖ ଲାଘବ କରିବାକୁ ଚାହେଁ। ପ୍ରିୟ ପ୍ରତି ନାୟିକାର ତାତ୍ପର୍ଯ୍ୟ, ତୁମେ ଯିବ ତ ଯାଅ; ମାତ୍ର ତୁମ ବିରହରେ ମୃତ୍ୟୁ ହିଁ ମୋ ପକ୍ଷରେ ଏକମାତ୍ର ବିନୋଦ; ମୁଁ ମଲି ବୋଲି ଜାଣ।

ବଣ୍ଣନ୍ତୀହିଁ ତୁହ ଗୁଣେ ବହୁସୋ ଅମ୍ହିଁ ଛିଞ୍ଛଇ-ପୁରଓ।

ବାଲଅ ସଅମେଅ କଓସି ଦୁଲ୍ଲହୋ କସ୍‌ସ କୁପ୍‌ପାମୋ । ୫୦ ।

(ବର୍ଣୟନ୍ତୀଭିସ୍ତବ ଗୁଣାନ୍ ବହୁଶୋଽସ୍ମାଭିରସତୀ-ପୁରତଃ।

ବାଲକ ସ୍ୱୟମେବ କୃତୋଽସି ଦୁର୍ଲଭଃ କସ୍ମୈ କୁପ୍ୟାମଃ।) - ଶଙ୍କରଶକ୍ତି

ହେ ବାଳକ, ଅସତୀମାନଙ୍କ ଆଗରେ ତୁମର ଗୁଣାବଳୀ ବହୁଭାବେ ବର୍ଣ୍ଣନା କରି ମୁଁ ନିଜେ ତୁମକୁ ଦୁର୍ଲଭ କରିଦେଇଛି, କାହା ଉପରେ କୋପ କରିବି ?

ବ୍ୟାଖ୍ୟା - ଅନ୍ୟାସକ୍ତ ନାୟକ ପ୍ରତି ନାୟିକାର ଆକ୍ଷେପୋକ୍ତି। କୌଣସି ବସ୍ତୁ ଯେତିକି ମୂଲ୍ୟବାନ୍ ଅନ୍ୟମାନଙ୍କ ନିକଟରେ ତା'ଠାରୁ ଅଧିକ ବୋଲି ପ୍ରତିପାଦନ କଲେ ଶେଷକୁ ଏପରି ହୁଏ ଯେ ସେ ବସ୍ତୁ କ୍ରୟ କରିବା ପାଇଁ ନିଜର ମଧ୍ୟ ସାମର୍ଥ୍ୟ ନଥାଏ। ନାୟିକାର ତାତ୍ପର୍ଯ୍ୟ, 'ଆପଣା ହସ୍ତେ ଜିହ୍ୱା ଛେଦି; କେ ତାର ଅଛି ପ୍ରତିବାଦୀ।' ସେ ନିଜେ ହିଁ ନାୟକର ଗୁଣ ବିଷୟରେ ଅସତୀ ନାରୀମାନଙ୍କ ଆଗରେ ଏତ ବଢ଼ାଇ କରି କହିଛି ଯେ ନାୟକ ଆଜି ତା ପ୍ରତି ଉଦାସୀନ ହୋଇ ସେଇ ନାରୀମାନଙ୍କ ପ୍ରେମରେ ପାଗଳ ହୋଇଉଠିଛି। ତେଣୁ ନାୟକକୁ ଦୋଷ ନଦେଇ ସେ ନିଜେ ନିଜକୁ ଅପରାଧୀ ମନେକରୁଛି।

ଜାଓ ସୋ ବି ବିଲକ୍‌ଖୋ ମଏ ବି ହସିଊଣ ଗାଢ଼ମୁବଗୂଢ଼ୋ।

ପଢ଼ମୋସରିଅସ୍‌ସ ଣିଅଂସଣସ୍‌ସ ଗଣ୍ଠିଂ ବିମଗ୍‌ଗନ୍ତୋ ।୫୧।

(ଜାତଃ ସୋଽପି ବିଲକ୍ଷୋ ମୟାପି ହସିତ୍ୱା ଗାଢ଼ମୁପଗୂଢ଼ଃ
ପ୍ରଥମାପର ତସ୍ୟ ନିବସନସ୍ୟ ଗ୍ରନ୍ଥିଂ ବିମାର୍ଗୟମାଣଃ।) - ଚନ୍ଦ୍ର

ପ୍ରଥମରୁ ହିଁ ବିଗଳିତ ବସ୍ତ୍ରର ଗଣ୍ଠି ଖୋଜି ସେ ଲଜ୍ଜିତ ହେଲେ ଓ ମୁଁ ମଧ୍ୟ ହସି ହସି ଗାଢ଼ ଆଲିଙ୍ଗନ କଲି।

ବ୍ୟାଖ୍ୟା - ପ୍ରିୟ ସୋହାଗିନୀତ୍ୱ ପ୍ରକାଶ କରି ନାୟିକାର ସଖୀ ପ୍ରତି ଉକ୍ତି। ନାୟକ ସହିତ ମିଳିତ ହେବା ମାତ୍ରେ ଅନୁରାଗର ଆଧିକ୍ୟ ହେତୁ ନାୟିକାର ବସ୍ତ୍ର ଗଣ୍ଠି ଶିଥିଳ ହୋଇ ଖସିପଡିଛି। ସ୍ଖଳିତ ବସନର ଗଣ୍ଠି ଖୋଜିବାକୁ ଉଦ୍ୟତ ହୋଇ ନାୟକ ନିଜ କାର୍ଯ୍ୟ ନିମନ୍ତେ ଲଜ୍ଜିତ ହୋଇଛି। ନାୟକକୁ ବିଫଳ ପ୍ରଯନ୍ ଓ ଲଜ୍ଜିତ ହେବା ଦେଖି ଚତୁରୀ ନାୟିକା ହସ ହସ ମୁଖରେ ତାହାର କଣ୍ଠାଲିଙ୍ଗନ କରି ନିଜର ମିଳନ-ଅଧୀରତା ପ୍ରକାଶ କରିଛି।

କଣ୍ଡୁଜ୍ଜୁଆ ବରାଈ ଅଜ୍ଜ ତଏ ସା କଆବରାହେଣ।
ଅଲସାଇଅ-ରୁଣ୍ଣେ-ବିଅମ୍ଭିଆଇଁ ଦିଅହେଣ ସିକ୍‌ଖବିଆ ।୫୨।
(କାଣ୍ଡର୍ଜୁକା ବରାକୀ ଅଦ୍ୟ ତ୍ୱୟା ସା କୃତାପରାଧେନ।
ଅଲସାୟିତ-ରୁଦିତ-ବିଜୃମ୍ଭିତାନି ଦିବସେନ ଶିକ୍ଷିତା।)-କଦଳୀହର

କାଣ୍ଡ ଭଳି ସରଳସ୍ୱଭାବା ସେଇ ବିଚରୀକୁ ତୁମେ ଆଜି ଅପରାଧ କରି ଏକାଦିନକେ ଅଳସାୟିତ, ରୁଦିତ ଓ ଜୃମ୍ଭାୟିତ ଶିକ୍ଷା ଦେଇଛ।

ବ୍ୟାଖ୍ୟା - ନାୟିକାର ବିରହବିଧୂରତା ପ୍ରକାଶ କରି ନାୟକ ପ୍ରତି ଦୂତୀ-ଉକ୍ତି-ତା ପ୍ରତି ତୁମେ କି ଅନ୍ୟାୟ କରିଛ ଜାଣ କି? ତୁମରି ଅପରାଧ ପାଇଁ ଆଜି ଯାଅ ଦେଖିବ, ସରଳା ଅଭାଗିନୀ ବାଳାର କି ଦଶା ହେଲାଣି। ଦିନ ସାରା ଜଡ଼ତା, ରୋଦନ ଓ ଆଳସ୍ୟବଶତଃ ହାଇ ତୋଳିବା ହିଁ ତାର ସାର ହେଉଛି। ଏସବୁ ତୁମେ ତାକୁ ଶିଖାଇଛ; ନହେଲେ କାଣ୍ଡ ଭଳି ରଜୁସ୍ୱଭାବା ସୁକୁମାରୀ ଏ ଅବସ୍ଥାରେ କାହିଁକି ପଡ଼ନ୍ତା?

ଅବରାହେହିଁ ବି ଣ ତହା ପତ୍ତିଅ ଜହ ମଂ ଇମେହିଁ ଦୁମ୍ମେସି।
ଅବହତ୍‌ଥିଅ-ସବ୍‌ଭାବେହିଁ ସୁହଅ ଦକ୍‌ଖିଣ୍ଣ-ଭଣିଏହିଂ । ୫୩ ।
(ଅପରାଧୈରପି ନ ତଥା ପ୍ରତୀହି ଯଥା ମାମେଭିର୍ଦୁନୋଷି।
ଅପହସ୍ତିତ-ସଭାବୈଃ ସୁଭଗ ଦାକ୍ଷିଣ୍ୟ-ଭଣିତୈଃ।) - ଜୟରାଜ

ହେ ସୁଭଗ! ବିଶ୍ୱାସ କର, ଅପରାଧ କରି ତୁମେ ମୋତେ ଯେତେ କଷ୍ଟ ଦେଉନାହିଁ, ସେତେ ସଦ୍‌ଭାବବିରହିତ ଦାକ୍ଷିଣ୍ୟ-ଭାଷଣ ଦ୍ୱାରା ଦେଉଛ।

ବ୍ୟାଖ୍ୟା - ପ୍ରେମଶୂନ୍ୟ ମଧୁର ବଚନ କହୁଥିବା ଶଠ ନାୟକ ପ୍ରତି ନାୟିକା

ଉକ୍ତି-ହେ ମୋ ସୁଭଗ ! ତୁମେ ଯାହା ହୁଅ, ମୋର ପ୍ରୀତିପାତ୍ର ରୂପେ ତୁମକୁ ତ ଗ୍ରହଣ କରିସାରିଛି । ତୁମେ ମୋ ପ୍ରତି ଯେତେ ଯେତେ ଅପରାଧ କରି ଚାଲିଛ ଓ ସେଥିରେ ମୁଁ ଯେତେ କଷ୍ଟ ପାଉଛି, ସେସବୁକୁ ମୁଁ ଗଣନା କରୁନାହିଁ; ତାହା ମୋର ଦେହସୁହା ହୋଇଗଲାଣି । ମାତ୍ର ତୁମର ଏଇ ମୁଖାପିନ୍ଧା ଭଦ୍ରଲୋକ ପରି କୋମଳ ମଧୁର ଭାଷଣ ମୋତେ ଅଧିକ କଷ୍ଟ ଦେଉଛି । ଏପରି ସ୍ନେହଶୂନ୍ୟ ମନରଖା କଥାରେ କ'ଣ ପେଟ ପୂରେ ?

ମା କୂର ପିଆଲିଙ୍ଗଣ-ସରହସ-ଭମିରୀଣ ବାହୁ-ଲଇଆଣଂ ।
ତୁହ୍ଣିକ୍କ-ପରୁଣ୍ଣେଣ ଅ ଇମିଣା ମାଣଂସିଣି ମୁହେଣ । ୫୪।
(ମା କ୍ରୁଧସ୍ୱ ପ୍ରିୟାଲିଙ୍ଗନ-ସରଭସ-ଭ୍ରମଣଶୀଳାଭ୍ୟାଂ ବାହୁଲତିକାଭ୍ୟାମ୍ ।
ତୂଷ୍ଣୀକ-ପ୍ରରୁଦିତେନ ଚନେନେ ମନସ୍ୱିନି ମୁଖେନ ।)- ଅଲ୍ଲି

ଆଗୋ ମାନିନ ! ନୀରବରେ କାନ୍ଦୁଥିବା ଏଇ ମୁଖରେ ତୁମେ ପ୍ରିୟର ଆଲିଙ୍ଗନ ନିମନ୍ତେ କମ୍ପନଶୀଳ ବାହୁଲତା ଉପରେ କ୍ରୋଧ କର ନାହିଁ ।

ବ୍ୟାଖ୍ୟା - ମାନିନୀ ନାୟିକା ପ୍ରତି ନାୟକ-ଉକ୍ତି । ନାୟକର ଆଲିଙ୍ଗନରେ ମାନ ଭୁଲିଯାଇ ମାନବତୀ ନାୟିକା ଆଲିଙ୍ଗନ ନିମନ୍ତେ ବ୍ୟଗ୍ର ଭୁଜଦ୍ୱୟ ବଢ଼ାଇଦେଇଛି । ମାନ ସମ୍ବନ୍ଧରେ ସଚେତନ ହେବା ପରେ ସେ ନିଜ ବାହୁଦ୍ୱୟ ଉପରେ କ୍ରୋଧ ପ୍ରକାଶ କରୁଛି । ନାୟକ କହିଛି- ମାନବଶତଃ ତୁମେ କେତେ କାନ୍ଦି ସାରିଛ । ମିଳନ ମୁହୂର୍ତ୍ତରେ ତୁମର କୃତ୍ରିମ ମାନ ଦୂର ହୋଇଯାଇ ବାହୁଲତିକାରେ ସ୍ପନ୍ଦନ ସୃଷ୍ଟି ହୋଇଛି । ଏ ବାହୁଦ୍ୱୟ ନିରପରାଧ, ମୁଁ ନିଜେ ଅପରାଧୀ; ତେଣୁ ମୋ ଉପରେ କ୍ରୋଧ ପ୍ରକାଶ କର । ନାୟକର ତାତ୍ପର୍ଯ୍ୟ, ମୋତେ ସେଇ କଂପିତ ଭୁଜଲତାରେ ବାନ୍ଧି ଦେଇ ଯାହା ଦଣ୍ଡ ଦେଉଚ, ଦିଅ ।

ମା ବଚ୍ଚ ପୁପ୍ଫ-ଲାବିର ଦେବା ଉଅଅଞ୍ଜଲୀହିଁ ତୂସନ୍ତି ।
ଗୋଆଅରୀଅ ପୁଉଅ ସୀଲୁମ୍ମୁଲାଇଁ କୂଲାଇଂ । । ୫୫ ।
(ମା ବ୍ରଜ ପୁଷ୍ପ-ଲବନଶୀଳା ଦେବା ଉଦକାଂଜଳିଭିସ୍ତୁଷ୍ୟନ୍ତି
ଗୋଦାବର୍ଯ୍ୟାଃ ପୁତ୍ରକ ଶୀଳୋନ୍ମୁଳାନି କୂଳାନି ।) - ନନ୍ଦନ

ହେ ପୁଷ୍ପଚୟନକାରୀ ପୁତ୍ର ! ଯାଅ ନାହିଁ, ଦେବତା ଜଳାଂଜଳିରେ ହିଁ ସନ୍ତୁଷ୍ଟ ହୋଇଥାନ୍ତି । ଗୋଦାବରୀର କୂଳ ଶୀଳୋନ୍ମୂଳନକାରୀ ଅଟେ ।

ବ୍ୟାଖ୍ୟା - ନାୟକ ପ୍ରତି କୌଣସି ବୃଦ୍ଧାର ଉକ୍ତି - ହେ ପୁଅ, ଫୁଲ ତୋଳିବା ବାହାନାରେ ତୋର ଗୋଦାବରୀ ତୀରରେ ନିତି ନିତି ବୁଲିବା ଉଦ୍ଦେଶ୍ୟ ମୁଁ ଭଲ କରି ଜାଣେ । ଦେବତାଙ୍କୁ ସନ୍ତୁଷ୍ଟ କରିବା ପାଇଁ ପୁଷ୍ପ ଚୟନ କରୁଛୁ ତ ? ମାତ୍ର ଦେବତା

ଉଦକାଂଜଳିରେ ହିଁ ସନ୍ତୁଷ୍ଟ ହୋଇଥାନ୍ତି। ବାପ, ଗୋଦାବରୀର ତୀରଦେଶ କୁଳଶୀଳ ନଷ୍ଟ କରେ। ତାର ତୀରଦେଶରେ ସୁନ୍ଦରୀ ତରୁଣୀମାନେ ବୁଲୁଥାନ୍ତି। ତରୁଣମାନଙ୍କୁ ପଥଭ୍ରଷ୍ଟ କରାଇବା ସେମାନଙ୍କ ପକ୍ଷରେ ଅସମ୍ଭବ ନୁହେଁ। ଭଲ ଭଲ ଘରର ପୁଅମାନେ ସେଠାକୁ ଯାଇ ଶୀଳ ହରାଇବା କଥା ମୁଁ ଜାଣେ। ତେଣୁ ତୋତେ ସାବଧାନ କରିଦେଉଛି, ସେଠାକୁ ଯା' ନାହିଁ।

ବଅଣେ ବଅଣମ୍ମି ଚଲନ୍ତ-ସୀସ-ସୁଣ୍ଣୋବହାଣ-ହୁଙ୍କାରଂ।
ସହି ଦେନ୍ତି ଣୀସାସନ୍ତରେସୁ କୀସ ମ୍ହ ଦୁମ୍ମେସି । ୫୬ ।
(ବଚନେ ବଚନେ ଚଲଚ୍ଛୀର୍ଷ-ଶୂନ୍ୟାବଧାନ-ହୁଙ୍କାରମ୍।
ସଖି ଦଦତୀ ନିଃଶ୍ୱାସାନ୍ତରେଷୁ କିମିତ୍ୟସ୍ମାନ୍ ଦୁନୋଷି।)-ଅଶୋକ

ସଖି ! ପ୍ରତ୍ୟେକ କଥାରେ ନିଃଶ୍ୱାସ ମଝିରେ ଶୀର୍ଷକମ୍ପନ ପୂର୍ବକ ଶୂନ୍ୟାବଧନାର 'ହୁଁ' 'ହୁଁ' କରି ତୁ ଆମକୁ ଦୁଃଖୀ କରୁଛୁ କାହିଁକି ?

ବ୍ୟାଖ୍ୟା - ନାୟିକା ପ୍ରତି ସଖୀ-ଉକ୍ତି। ପ୍ରିୟ ଧ୍ୟାନରେ ନିବିଷ୍ଟଚିତ୍ତା ନାୟିକା ସଖୀମାନଙ୍କ ପ୍ରଶ୍ନର ଉତ୍ତର ନ ଦେଇ ଦୀର୍ଘଶ୍ୱାସ ସହିତ 'ହୁଁ-ହାଁ'ରେ ଉତ୍ତର ଦେଉଛି। ସଖୀମାନେ ତାର ଏପରି ଅବସ୍ଥା ଦେଖି ଭୟ ପାଇଗଲେଣି। ଯାହା ପଚାରିଲେ ନାୟିକାର ସେଇ ଗୋଟିଏ ଉତ୍ତର- ହୁଁ ଛଡ଼ା ଆଉ କିଛି ନାହିଁ। ପୁଣି ଯେଉଁ କଥାରେ ସେ 'ହୁଁ' ବୋଲି କହୁଛି, ତାହାକୁ ବୁଝି ବିଚାରି କହୁଛି ବୋଲି ସଖୀମାନଙ୍କର ହୃଦ୍‌ବୋଧ ହେଉ ନାହିଁ। ଦୀର୍ଘଶ୍ୱାସ ସଙ୍ଗେ ସଙ୍ଗେ ଏଇ 'ହୁଁ-କାର' ତାହାର ଶୂନ୍ୟମନର ବ୍ୟର୍ଥ ଧ୍ୱନି ଭଳି ପ୍ରତୀତ ହେଉଛି। ଏଥିରୁ ତାହାର ହୃଦୟ ଚୋରି ହୋଇଯାଇଛି ବୋଲି ସ୍ପଷ୍ଟ ଜଣାଯାଏ -

ଉଦାସୀନ ବାଣୀ ଅଟଳ ଚାହାଣି
ହୃତ ହୃଦୟର କହଇ କାହାଣୀ।

ମାତ୍ର କିଏ ସେ ଚିତ୍ତଚୋର; ଯାହା ପ୍ରତି ନାୟିକା ଦତ୍ତଚିତ୍ତା ? ସଖୀର ତାତ୍ପର୍ଯ୍ୟ, ଆମେ ଆଉ ତୋତେ ଏପରି ଅବସ୍ଥାରେ ଦେଖି ଧୈର୍ଯ୍ୟ ଧରିପାରିବୁ ନାହିଁ।

ସବ୍‌ଭାବଂ ପୁଚ୍ଛନ୍ତୀ ବାଲଅ ରୋଆବିଆ ତୁଅ ପିଆଏ।
ଣତ୍‌ଥି ବ୍‌ବିଅ କଅ-ସବହଂ ହାସୁମ୍ମିସ୍‌ସଂ ଭଣନ୍ତୀଏ ।୫୭।
(ସଭାବଂ ପୃଚ୍ଛନ୍ତୀ ବାଳକ ରୋଦିତା ତବ ପ୍ରିୟୟା।
ନାସ୍ତ୍ୟେବ କୃତ-ଶପଥଂ ହାସୋନ୍ମିଶ୍ରଂ ଭଣନ୍ତ୍ୟା।)- ଶକ

ହେ ବାଳକ, ସଦ୍‌ଭାବ ସମ୍ବନ୍ଧରେ ପଚାରିବାରୁ ତୁମର ପ୍ରିୟା ରାଣ ଦେଇ ଓ ହାସ ମିଶାଇ 'ଜମା ନାହିଁ' ବୋଲି କହିବାରୁ ମୁଁ କାନ୍ଦିପକାଇଲି।

ବ୍ୟାଖ୍ୟା - ନାୟିକା ନିକଟକୁ ଦୂତୀ ପ୍ରେଷଣ କରି ନାୟକ ତାହାର ପ୍ରତୀକ୍ଷାରେ ଥିଲା। ଦୂତୀ ଫେରିଆସି ନାୟକକୁ କହିଛି- ହେ ଚପଳମତି କିଶୋର! ତୁମେ ତା ପ୍ରତି କାହିଁକି ଏପରି ନିର୍ଦ୍ଦୟ ଆଚରଣ କରୁଛ? ଏଡ଼େ ସାନ ଝିଅଟିଏ ହେଲେ ମଧ୍ୟ ତା କଥା ଶୁଣି ମୁଁ କାନ୍ଦି କାନ୍ଦି ଫେରିଛି। ମୁଁ ଯେତେବେଳେ ତାକୁ ପଚାରିଲି, 'ପ୍ରିୟତମଙ୍କ ପ୍ରତି ତୋର ସ୍ନେହ ଅଛି ତ?' ସେ କ'ଣ କହିଲା ଜାଣ? ରାଣ ନିୟମ ପକାଇ 'ଯା କହିବୁ ମୋର ତାଙ୍କ ପ୍ରତି କୌଣସି ସ୍ନେହଭାବ ନାହିଁ' ବୋଲି କହିଲା। ଏହା କହିସାରି ଅନ୍ତର ବେଦନା ଲୁଚାଇବା ପାଇଁ ଟିକେ ହସିଦେଲା। କାରଣ କହିଦେବା ଯେତେ ସହଜ, ତୁମକୁ ମନରୁ ଦୂର କରିଦେବା ସେତେ ସହଜ ନୁହେଁ। କେତେ ମନୋବେଦନା ଭୋଗିଲେ ପ୍ରିୟଜନର ସ୍ନେହକୁ ଜଣେ ଅସ୍ୱୀକାର କରେ, ବୁଝିବାକୁ ଚେଷ୍ଟା କର।

ଏତ୍ଥ ମଏ ରମିଅବ୍ବଂ ତୀଅ ସମଂ ଚିନ୍ତିଊଣ ହିଅଏଣ।
ପାମର-କର-ସେଓଲ୍ଲା ଣିବଅଇ ତୁବରୀ ବବିଜ୍ଜନ୍ତୀ ।୫୮।
(ଅତ୍ର ମୟା ରନ୍ତବ୍ୟଂ ତୟା ସମଂ ଚିନ୍ତୟିତ୍ୱା ହୃଦୟେ ନ।
ପାମର-କର-ସ୍ୱେଦାର୍ଦ୍ରା ନିପତତି ତୁବରୀ ଉପ୍ୟମାନା।) - ଗୁଣମନ୍ଦିକ

ଏଠାରେ ମୁଁ ତା ସହିତ ରମଣ କରିବି- ଏହା ହୃଦୟରେ ଚିନ୍ତା କରିବାମାତ୍ରେ ଗାଉଁଲି ଲୋକଟିର ହସ୍ତ ସ୍ୱେଦରେ ଆର୍ଦ୍ର ହୋଇ ବୁଣାଯାଉଥିବା ହରଡ଼ ପଡ଼ିଗଲା।

ବ୍ୟାଖ୍ୟା - କାର୍ଯ୍ୟ କରିବା ମୁହୂର୍ତ୍ତରୁ ଫଳପ୍ରାପ୍ତି ସମ୍ବନ୍ଧରେ ଚିନ୍ତା କରି କିପରି ଆନନ୍ଦ ଲାଭ କରାଯାଏ ତାହାର ଦୃଷ୍ଟାନ୍ତ ଦେଇ କୌଣସି ବିଦଗ୍ଧ ନାଗରିକର ଉକ୍ତି- କୃଷକଟି ଆଜି କିଆରିରେ ହରଡ଼ ବୁଣିବାବେଳେ ମନରେ କେତେ କଥା ଭାବିଚାଲିଛି। ଅଳ୍ପ ଦିନ ପରେ ଏଇ ହରଡ଼ କ୍ଷେତ ଗହଳିଆ ହୋଇ ଉଠିବ ଓ ଏଇ ନିର୍ଜନ କ୍ଷେତରେ ସେ ପ୍ରିୟା ସହ ବିହାର କରିବ; ଏଇପରି ସଂକଳ୍ପ ମାତ୍ରେ ତାହାର ଆନନ୍ଦ ଜାତ ହୋଇଛି। ଫଳତଃ ସାତ୍ତ୍ୱିକ ଭାବର ଉଦୟ ହେତୁ ହସ୍ତ ସ୍ୱେଦୋଦ୍‌ଗମରେ ଆର୍ଦ୍ର ହୋଇ ଉଠିଛି। ଘର୍ମସିକ୍ତ ହରଡ଼ବୀଜ ହସ୍ତରୁ ଖସି ତଳେ ବୁଣି ହୋଇଯାଇଛି। ସଂକଳ୍ପମାତ୍ରେ ଆନନ୍ଦ ତାର ମନର ଉତ୍ସୁକତା ପ୍ରମାଣିତ କରେ।

ଗହବଇ-ସୁଓଚ୍ଚିଏସୁ ବି ଫଳହୀ-ବେଣ୍ଟେସୁ ଉଅହ ବହୁଆଏ।
ମୋହଂ ଭମଇ ପୁଲଇଓ ବିଲଗ୍ଗ-ସେଅଙ୍ଗୁଲୀ ହତ୍‌ଥୋ । ୫୯ ।
(ଗୃହପତି-ସୁତାବଚିତେଷ୍ୱପିକର୍ପାସ-ବୃନ୍ତେଷୁ ପଶ୍ୟତ ବଧ୍ୱାଃ।
ମୋଘଂ ଭ୍ରମତି ପୁଲକିତୋ ବିଲଗ୍ନ-ସ୍ୱେଦାଙ୍ଗୁଳିର୍ହସ୍ତଃ।) -ହାଳ

ଦେଖ, ମୋର ସ୍ୱାମୀ ଗୃହପତି ସୁତଙ୍କ ଦ୍ୱାରା ସଂଗ୍ରହ କରାଯାଇଥିବା କପାବୃନ୍ତ- ସମୂହରେ ବଧୂର ବିଲଗ୍ନ ସ୍ୱେଦାଙ୍ଗୁଳି ହସ୍ତ ପୁଲକିତ ହୋଇ ବୃଥା ବୁଲିଲାଗିଛି।

ବ୍ୟାଖ୍ୟା - କୃଷକପୁତ୍ରର ପତ୍ନୀ ସ୍ୱାମୀ ଉପରେ ଅଗାଧ ବିଶ୍ୱାସ ସ୍ଥାପନ କରି ନିଜର ସୌଭାଗ୍ୟ ସୂଚନାପୂର୍ବକ ସଖୀଙ୍କୁ କହିଛି- ଦେଖିଲଟି, ଏଇ ପରକୀୟା ମୋ ସ୍ୱାମୀଙ୍କୁ ଅନୁରାଗ-ଫାନ୍ଦରେ ପକାଇବା ପାଇଁ କିପରି ସେ ତୋଳିଥିବା ଫୁଟିଲା କପାବୃନ୍ତ-ଗୁଡିକୁ ତାଙ୍କଠାରୁ ନେଇଯାଇଛି। ମାତ୍ର ତାର ଚେଷ୍ଟା ବ୍ୟର୍ଥ ହେବ। କାରଣ ମୋ ସ୍ୱାମୀ କେବେହେଲେ ତା ପ୍ରେମରେ ପଡିବେ ନାହିଁ। କପାବଅନ୍ତ ଉପରେ ବୁଲାଉଥିବା ତାର ସ୍ୱିନ୍ନ କମ୍ପିତ ହସ୍ତରୁ ତୁ ଏହା ଭଲ କରି ଜାଣିପାରିବୁ। କପା ଫୁଲ ନେଇ ସେ କାନଫୁଲ ରୂପେ ପିନ୍ଧିଥାନ୍ତା ବୋଲି ମନ କରିଥିଲା ଓ ସେଇ ଛଳରେ ପ୍ରେମ-ସମ୍ପର୍କ ସ୍ଥାପନ କରିଥାନ୍ତା। ବାମନ ହୋଇ ଚନ୍ଦ୍ରକୁ ହାତ ବଢ଼ାଉଛି; ଆଶା ମେଣ୍ଟିବ କିପରି ?

ଅଜ୍ଜଂ ମୋହଣସୁହିଅଂ ମୁଅତ୍ତି ମୋତ୍ତୂ ପଳାଇଏ ହଲିଏ।
ଦର-ଫୁଡ଼ିଅବେଣ୍ଟ-ଭାରୋଣଆଇ ହସିଅଂ ବ ଫଲହୀଏ । ୬୦ ।
(ଆର୍ଯାଂ ମୋହନ-ସୁଖିତାଂ ମୃତେତି ମୁକ୍ତ୍ୱା ପଳାୟିତେ ହଲିକେ।
ଦର-ସ୍ଫୁଟିତ-ବୃନ୍ତ-ଭାରାବନତୟା ହସିତମିବ କାର୍ପାସ୍ୟା।) - ଯଜ୍ଞେନ୍ଦ୍ରସାର

ସୁରତସୁଖିନୀ ଆର୍ଯ୍ୟାକୁ ମୃତ ଭାବି ହଳିକଟି ତାହାକୁ ଛାଡ଼ି ପଳାଇଗଲା - ଦରସ୍ଫୁଟ ବୃନ୍ତସମୂହର ଭାରରେ ଅବନତ କାର୍ପାସୀ ସତେକି ହସିଲା।

ବ୍ୟାଖ୍ୟା - ଗ୍ରାମୀଣ ହାଳିକର ଉପହସନୀୟ ଆଚରଣ ଉଲ୍ଲେଖ କରି ନାଗରିକର ସହଚର ପ୍ରତି ଉକ୍ତି- ମିଳନତୃପ୍ତା ନବବଧୂ ନିମୀଳିତ ଲୋଚନରେ ଶୋଇଯାଇଛି। ମୂର୍ଖ ହାଳିକ ବଧୂର ତତ୍‌କାଳୀନ ସୁରତସୁଖ ଅବସ୍ଥା ବୁଝି ନପାରି ତାକୁ ମୃତା ଭାବି ପଳାୟନ କରିଛି। ତାହାର ଏଇ ଅଜ୍ଞତାକୁ ଉପହାସ କରିବା ଭଳି ଦରସ୍ଫୁଟ କାର୍ପାସୀ ଫୁଲ ସହିତ ହସି ହସି ଲୋଟିଯାଇଛି। ନାଗରିକର ତାତ୍ପର୍ଯ୍ୟ, କାମାନ୍ଧ ମୂର୍ଖ ହାଳିକର ଉପହସନୀୟ ଆଚରଣରେ କପାଫୁଲ ହସିଉଠିଛି। ହାସ ଧଳା ଓ କପା ଧଳା ହେତୁ ଏପରି ତର୍କଣା ଯଥାର୍ଥ ହୋଇଛି।

ଣୀସାସୁକ୍‌କମ୍ପିଅ-ପୁଲଇଏହିଁ ଜାଣନ୍ତି ଣଚ୍ଚିଉଂ ଧଣ୍ଣା।
ଅମ୍ହାରିସୀ ହିଁ ଦିଟ୍‌ଠେ ପିଅମ୍ମି ଅପ୍‌ପା ବି ବୀସରିଓ । ୬୧।
(ନିଃଶ୍ୱାସୋତ୍କମ୍ପିତ-ପୁଲକିତୈର୍ଜାନନ୍ତି ନର୍ତ୍ତିତୁଂ ଧନ୍ୟାଃ।
ଅସ୍ମାଦୃଶୀଭିର୍ଦୃଷ୍ଟେ ପ୍ରିୟେ ଆତ୍ମାପି ବିସ୍ମୃତଃ।)-ରୋଳଦେବ

ଯେଉଁମାନେ ନିଃଶ୍ୱାସ, କଂପ ଓ ପୁଲକ ସହ ନୃତ୍ୟ କରି ଜାଣନ୍ତି, ସେମାନେ ଧନ୍ୟା; କିନ୍ତୁ ଆମ୍ଭେମାନେ ତ ପ୍ରିୟଙ୍କୁ ଦେଖିବାମାତ୍ରେ ଆତ୍ମବିସ୍ମୃତ ହୋଇଯାଉଁ।

ବ୍ୟାଖ୍ୟା - ନିଜର ପ୍ରେମାତିଶଯ୍ୟ ପ୍ରଖ୍ୟାପନ କରି ଗୁଣଗର୍ବିତା ନାୟିକାର

ଅନ୍ୟ ପ୍ରେମିକାମାନଙ୍କୁ ନିନ୍ଦା-ନୃତ୍ୟକାଳରେ ପ୍ରେମିକର ଅଙ୍ଗସ୍ପର୍ଶ ଲାଭ କରି ନିଃଶ୍ୱାସ, କଂପ ଓ ରୋମାଞ୍ଚ ସହକାରେ ଯେଉଁମାନେ ନର୍ତ୍ତନକଳାରେ ପଟୁତା ପ୍ରଦର୍ଶନ କରିପାରନ୍ତି, ସେମାନେ ଧନ୍ୟ। କାରଣ ପ୍ରିୟ ଅଙ୍ଗରେ ଅଙ୍ଗ ଜଡ଼ିଗଲେ ମଧ୍ୟ ନୃତ୍ୟ-ଉନ୍ମାଦନାରେ ସେମାନଙ୍କର କୌଣସି ପ୍ରତିକ୍ରିୟା ଆସେ ନାହିଁ। ମୋ ଭଳି ନାରୀମାନେ ତ ପ୍ରିୟଙ୍କ ଉପରେ ଦୃଷ୍ଟି ପଡ଼ିବାମାତ୍ରେ ନିଜକୁ ଭୁଲିଯାନ୍ତି, ଚେତନାଶୂନ୍ୟ ହୋଇ ନୃତ୍ୟ-ରୀତି ପ୍ରଦର୍ଶନ କରିବା ବିସ୍ମୃତ ହୁଅନ୍ତି। ନାୟିକା ଆତ୍ମନିନ୍ଦା ଛଳରେ ଅନ୍ୟ ପ୍ରେମିକାମାନଙ୍କର ନିନ୍ଦା କରିଛି।

ତଣୁଏଣ ବି ତଣୁଇଜ୍ଜଇ ଖୀଏଣ ବି କ୍ଖିଜ୍ଜଏ ବଲା ଇମିଣ।
ମଜ୍‌ଝତ୍‌ଥେଣ ବି ମଜ୍‌ଝଣେ ପୁତ୍ତି କହଁ ତୁଜ୍‌ଝ ପଡ଼ିବକ୍‌ଖେ । ୬୨ ।
(ତନୁକେନାପି ତନୂୟତେ କ୍ଷୀଣେନାପି କ୍ଷୀୟତେ ବଳାଦନେନ।
ମଧ୍ୟସ୍ଥେନାପି ମଧ୍ୟେନ ପୁତ୍ରି କଥଂ ତବ ପ୍ରତିପକ୍ଷ।) - ଭାକୁଳ

ଝିଅ, ତୋର ମଧ୍ୟଭାଗ ମଧ୍ୟସ୍ଥ ହୋଇ ମଧ୍ୟ ଦୁର୍ବଳ ଓ କ୍ଷୀଣ; ତୁ ନିଜର ପ୍ରତିପକ୍ଷମାନଙ୍କୁ ବଳପୂର୍ବକ କିପରି ଦୁର୍ବଳ ଓ କ୍ଷୀଣ କରି ପାରୁଛ ?

ବ୍ୟାଖ୍ୟା - ନାୟିକା ପ୍ରତି ଜରତୀ ଦୂତୀର ଉକ୍ତି। ନାୟିକାର କ୍ଷୀଣ କଟିର ପ୍ରଶଂସା କରି ଦୂତୀ କହିଛି- ତୋର କଟିମଧ୍ୟସ୍ଥ ବା ନିରପେକ୍ଷ ରହିବା କଥା। ତା ପରେ ତୋର କଟିଦେଶ ମଧ୍ୟ ଅତି କ୍ଷୀଣ ଓ ଦୁର୍ବଳ। ମାତ୍ର ତୋର ମଧ୍ୟଦେଶ ପକ୍ଷପାତ ରୀତି ଆଚରଣ କରୁଛି ତଥା କ୍ଷୀଣ ଓ ଦୁର୍ବଳ ହୋଇ ମଧ୍ୟ ସେଥିରେ ଏତେ ବଳ ଅଛି ଯେ ପ୍ରତିପକ୍ଷକୁ ପରାସ୍ତ କରି ଦେଇପାରୁଛି। ଝିଅ, ତୋ କଟିର ମହିମା କହିଲେ ନ ସରେ।

ବାହିବ୍ବ ବେଜ୍ଜ-ରହିଓ ଧଣ-ରହିଓ ସୁଅଣ-ମଜ୍‌ଝ-ବାସୋ ବ୍ବ।
ରିଉ-ରିଦ୍ଧି-ଦଂସଣମ୍ମିବ ଦୂସହଣୀଓ ତୁହ ବିଓଓ। ୬୩ ।
(ବ୍ୟାଧିରିବ ବୈଦ୍ୟ-ରହିତୋ ଧନ-ରହିତଃ ସ୍ୱଜନ-ମଧ୍ୟ-ବାସ ଇବ।
ରିପୁ-ଋଦ୍ଧି-ଦର୍ଶନମିବ ଦୁଃସହନୀୟସ୍ତବ ବିୟୋଗଃ।) - ବାମଦେବ

ତୁମର ବିରହ ବୈଦ୍ୟ-ରହିତ ବ୍ୟାଧି ଭଳି, ସ୍ୱଜନମାନଙ୍କ ମଧ୍ୟରେ ନିର୍ଦ୍ଧନ ହୋଇ ବାସ କଲାଭଳି ତଥା ଶତ୍ରୁର ସମୃଦ୍ଧି ଦେଖିବା ଭଳି ପ୍ରତୀତ ହେଉଛି।

ବ୍ୟାଖ୍ୟା - ନାୟକ ପ୍ରତି ବିଦଗ୍ଧା ନାୟିକାର ପ୍ରଣୟ-ନିବେଦନ-ପ୍ରିୟତମ, ବିରହ ମୋ ପକ୍ଷରେ ଦୁଃସହନୀୟ। ଭେଷଜରହିତ ବ୍ୟାଧିକୁ ଯେଉଁପରି ସହ୍ୟ କରାଯାଏ, ସ୍ୱଜନ ମଧ୍ୟରେ ଧନହୀନ ହୋଇ ବାସକଲେ ଯେଉଁ ମନସ୍ତାପ ଭୋଗିବାକୁ ପଡ଼େ ଓ ନିଜ ଚକ୍ଷୁରେ ରିପୁର ଧନ ବୃଦ୍ଧି ଦେଖିଲେ ଯେଉଁ ଅନ୍ତର୍ଦାହ ଭୋଗିବାକୁ ପଡ଼େ,

ତୁମର ବିଚ୍ଛେଦ ସେହିପରି ମୋର ମନକୁ ପୋଡ଼ି ଛାରଖାର କରିଦେଉଛି। ନାୟିକାର ତାତ୍ପର୍ଯ୍ୟ, ମୁଁ ତୁମ ବିନା ବଞ୍ଚିପାରିବି ନାହିଁ। ମୋତେ ଏ ଦୁଃସହ ବିରହ-ବ୍ୟଥା ଭୋଗିବାକୁ ଦିଅ ନାହିଁ।

କୋ ଏ୍ତ ଜଅମ୍ମି ସମତ୍ଥୋ ଥଇଉଂ ବିତ୍ଥିଣ୍ଣ-ଣିମ୍ମଲୁତ୍ତୁଙ୍ଗଂ।
ହିଅଅଂ ତୁଜ୍ଝ ଣରାହିବ ଗଅଣଂ ଚ ପଓହରଂ ମୋତ୍ତୁଂ । ୬୪ ।
(କୋଽତ୍ର ଜଗତିସମର୍ଥଃ ସ୍ଥଗୟିତୁଂ ବିସ୍ତୀର୍ଣ-ନିର୍ମଲୋତ୍ତୁଙ୍ଗମ୍।
ହୃଦୟଂ ତବ ନରାଧିପ ଗଗନଂ ଚ ପୟୋଧରାନ୍ମୁକ୍ତ୍ୱା।) - ବିଳାସ

ହେ ରାଜନ୍, ପୟୋଧରକୁ ଛାଡ଼ି କେଉଁ ବସ୍ତୁ ଏଇ ଜଗତ୍‌ରେ ବିସ୍ତୀର୍ଣ, ନିର୍ମଳ ଓ ଉତ୍ତୁଙ୍ଗ ତୁମର ହୃଦୟ ଓ ଆକାଶ ଉପରେ ଅଧିକାର ବିସ୍ତାର କରିବାରେ ସମର୍ଥ ?

ବ୍ୟାଖ୍ୟା - ରାଜାଙ୍କର ପ୍ରଶଂସାଗାନ କରି ବନ୍ଦୀ-ସ୍ତୁତି-ହେ ରାଜା ! ତୁମର ଉଦାର ହୃଦୟ ଗଗନ ପ୍ରାୟ ଅତି ପ୍ରଶସ୍ତ, ନିର୍ମଳ ଓ ଉଚ୍ଚ। ପୟୋଧର, ଅର୍ଥାତ୍ ସ୍ତନ ବା ମେଘ-ଏ ଦୁଇଟିକୁ ଛାଡ଼ିଦେଲେ ଏ ଜଗତ୍‌ର ଅନ୍ୟ କୌଣସି ବସ୍ତୁ ତୁମର ହୃଦୟ ଆକାଶକୁ ଢ଼ାଙ୍କି ଦେଇ ପାରିବ ନାହିଁ କିମ୍ବା ତୁମର ହୃଦୟ ଅଧିକାର କରିପାରିବ ନାହିଁ।

ଆଅଣ୍ଣେଇ ଅଡ଼ଅଣା କୁଡ଼ଙ୍ଗ-ହୋନ୍ତମ୍ମି ଦିଣ୍ଣ-ସଙ୍କେଆ।
ଅଗ୍‌ଗ-ପଅ-ପେଲ୍ଲିଆଣଂ ମମ୍ମରଅଂ ଜୁଣ୍ଣ-ପତ୍ତାଣଂ । ୬୫।
(ଆକର୍ଷଣୟତ୍ୟସତୀ କୁଂଜାଦୋ ଦତ୍ତ-ସଙ୍କେତା।
ଅଗ୍ର-ପଦ-ପ୍ରେରିତାନାଂ ମର୍ମରକଂ ଜୀର୍ଣ-ପତ୍ରାଣାମ୍।) - ମଜ୍ଝ

କୁଂଜ ତଳେ ସଙ୍କେତ ଦେଇଥିବା ଅସତୀ ଚରଣର ଅଗ୍ରଭାଗ ଦ୍ୱାରା ପ୍ରେରିତ ଜୀର୍ଣପତ୍ରର ମର୍ମର ଧ୍ୱନି ଶୁଣିଲାଗିଛି।

ବ୍ୟାଖ୍ୟା - ନିକୁଂଜ ଛାୟା ତଳେ ମଳନ ପାଇଁ ଅସତୀ ଜାରକୁ ସଂକେତ ଦେଇଥିଲା। ନାୟକ ନିରୂପିତ ସମୟରେ ଅତି ସାବଧାନରେ ସେଠାକୁ ଆସୁଥିବାବେଳେ ପାଦର ଅଗ୍ରଭାଗର ଆଘାତରେ ଶୁଖିଲା ପତ୍ରଗୁଡିକର ମର୍ମରଧ୍ୱନି ଶୁଣି ଅସତୀ ଜାରର କୁଂଜକୁ ଆସିବା ବିଷୟ ଜାଣି ଉଲ୍ଲସିତ ହେଉଛି।

ଅହିଲେନ୍ତି ସୁରହି-ଣୀସସିଅ-ପରିମଳାବନ୍ଧ-ମଣ୍ଡଳଂ ଭମରା।
ଅମୁଣିଅ-ଚନ୍ଦ-ପରିହବଂ ଅପୁବ୍ୱ-କମଲଂ ମୁହଂ ତିସ୍‌ସା ।୬୬।
(ଅଭିଲିୟନ୍ତେ ସୁରଭି-ନିଃଶ୍ୱସିତ-ପରିମଳାବନ୍ଧ-ମଣ୍ଡଳଂ ଭ୍ରମରାଃ।
ଅଜ୍ଞାତ-ଚନ୍ଦ୍ର-ପରିଭବମପୂର୍ବ-କମଳଂ ମୁଖଂ ତସ୍ୟାଃ।) - ବସନ୍ତ

ଚନ୍ଦ୍ରମାଠାରୁ ପରାଜିତ ହୋଇ ନଥିବା ତାହାର ଅପୂର୍ବ କମଳ ଭଳି ମୁଖ ଉପରେ ସୁରଭିଯୁକ୍ତ ନିଃଶ୍ୱାସର ପରିମଳ ଲୋଭରେ ଭ୍ରମରମାନେ ଦଳ ବାନ୍ଧି ଛୁଟିଆସୁଛନ୍ତି।

ବ୍ୟାଖ୍ୟା - ନାୟିକାର ମୁଖ-ସୌନ୍ଦର୍ଯ୍ୟ ଓ ମୁଖ-ସୌରଭ ବର୍ଣ୍ଣନା କରି ନାୟକ ପ୍ରତି ଦୂତୀ-ଉକ୍ତି। ଚନ୍ଦ୍ରୋଦୟରେ କମଳ ମୁଦ୍ରିତ ହୁଏ; ମାତ୍ର ଦାୟିକାର ମୁଖ ଏକ ଅପୂର୍ବ କମଳ, ଯେ କି କେବେହେଲେ ଚନ୍ଦ୍ରଠାରୁ ପରାଜିତ ହୋଇନାହିଁ; ଅର୍ଥାତ୍ ଯେଉଁ ପଦ୍ମକୁ ଚନ୍ଦ୍ର କେବେ ନିମୀଳିତ କରିପାରିନାହିଁ। ଦୂତୀର ତାତ୍ପର୍ଯ୍ୟ, ନାୟିକାର ମୁଖକମଳ ତ ଚନ୍ଦ୍ରଠାରୁ ଅଧିକ ଶୋଭାଶାଳୀ। ତାହାର ସେଇ ମୁଖ ପ୍ରତି ଭ୍ରମରମାନେ ଅନ୍ଧ ଆବେଗରେ ଧାଇଁଛନ୍ତି। କାରଣ ତାର ମୁଖରୁ ବହିର୍ଗତ ସୁରଭିତ ନିଃଶ୍ୱାସର ସୁଗନ୍ଧ ଭାସିଆସୁଥିବାରୁ ଦଳ ଦଳ ଭ୍ରମର ସେଥି ପ୍ରତି ଛୁଟି ଆସୁଛନ୍ତି। ସେମାନେ ଭ୍ରମର ରୂପରେ ସୁରଭି-ଶ୍ୱାସଲୋଲୁପ କାମୁକଦଳ।

ଧୀରାବଲମ୍ବିରୀଅ ବି ଗୁରୁ-ଅଣ-ପୁରଓ ତୁମମ୍ମି ବୋଲୀଣେ।
ପଡ଼ିଓ ସେ ଅଚ୍ଛିଣିମୀଲଣେଣ ପମ୍ହ-ଟ୍‌ଠିଓ ବାହୋ ।୬୭।
(ଧୈର୍ଯାବଲମ୍ବନଶୀଳାୟା ଅପି ଗୁରୁଜନ-ପୁରତସ୍ତ୍ୱୟି ବ୍ୟତିକ୍ରାନ୍ତେ।
ପତିତସ୍ତସ୍ୟା ଅକ୍ଷି-ନିମୀଳନେନ ପକ୍ଷ୍ମ-ସ୍ଥିତୋ ବାଷ୍ପଃ।) - ବାସବ

ଗୁରୁଜନଙ୍କ ଆଗରେ ଧୈର୍ଯ୍ୟ ଅବଲମ୍ବନ କରି ରହିଥିଲେ ମଧ୍ୟ, ତୁମେ ଚାଲିଯିବା ପରେ ତାହାର ଆଖି ବୁଜିହୋଇଯିବାରୁ ପକ୍ଷ୍ମସ୍ଥିତ ଅଶ୍ରୁ ଝରିପଡ଼ିଲା।

ବ୍ୟାଖ୍ୟା - ନାୟକ ପ୍ରତି ଦୂତୀ-ଉକ୍ତି। ଗୁରୁଜନଙ୍କ ଆଗରେ ନାୟକ ବିଦେଶଗମନ ନିମନ୍ତେ ବିଦାୟ ମାଗୁଥିବାବେଳେ ନାୟିକା କୌଣସି ପ୍ରକାରେ ଧୈର୍ଯ ଧରି ତାହାର ବିକାର ଗୋପନ ରଖିଥିଲା। ନାୟକ ଚାଲିଯିବା ପରେ ସେ ଚକ୍ଷୁ ମୁଦିଦେବାରୁ ଅଶ୍ରୁବିନ୍ଦୁ ଝରିପଡ଼ିଲା। ଗୁରୁଜନଙ୍କ ଆଗରେ ପ୍ରିୟ ପାଇଁ କାନ୍ଦିବା ବଧୂ ପକ୍ଷରେ ଲଜ୍ଜାଜନକ। ମାତ୍ର ପ୍ରିୟ ଚାଲିଯିବା ପରେ ଅଶ୍ରୁପାତ କରିବାରୁ ଜଣାଯାଏ ସେ ଶେଷ ପର୍ଯ୍ୟନ୍ତ ଅନ୍ତରାବେଗ ରୋଧ କରି ନ ପାରି ପଲକ ଉପରେ ଥିବା ଅଶ୍ରୁବିନ୍ଦୁ ଝରାଇଦେଇଛି। ଦୂତୀର ତାତ୍ପର୍ଯ୍ୟ, ତୁମ ଯିବା ପଛେ ପଛେ ତାହାର ଅଶ୍ରୁ ଝରିଲାଗିଛି।

ଭରିମୋ ସେ ସଅଣ-ପରମ୍ମୁହୀଅ ବିଅଲନ୍ତ-ମାଣ-ପସରାଏ।
କଇଅବ-ସୁତ୍ତବ୍‌ବତ୍ତଣ-ଥଣ-କ୍କସ-ପ୍‌ପେଲ୍ଲଣ-ସୁହେଲ୍ଲିଂ ।୬୮।
(ସ୍ମରାମସ୍ତସ୍ୟାଃ ଶୟନ-ପରାଙ୍‌ମୁଖ୍ୟା ବିଗଳନ୍ମାନ-ପ୍ରସରାୟାଃ)
କୈତବ-ସୁପ୍ତୋଦ୍‌ବର୍ତ୍ତନ-ସ୍ତନ-କଳଶ-ପ୍ରେରଣ-ସୁଖ-କେଳିମ୍ ।)- ଉତ୍‌ସେତୁକ
ଶୟନ-ପରାଙ୍‌ମୁଖୀ ହେଲେ ମଧ୍ୟ ମାନବେଗ ବିଗଳିତ ହେବାରୁ କପଟ

ନିଦ୍ରାରେ ବନ୍ଧୁ, ତାର ଦିନ-ଦିନକର ସ୍ନେହୋତ୍‌କଣ୍ଠା ଆଜି ପ୍ରବାସରେ ମୋର ମନକୁ ଆଚ୍ଛନ୍ନ କରିଛି। କି ସୁଖ ସେ ଦେଉନଥିଲା! ମାନଲୀଳାରେ ମଧ୍ୟ ତାର ମୋ ପ୍ରତି ସ୍ନେହଭାବ ଅତୁଟ ରହୁଥିଲା। ଏକ ଶଯ୍ୟାରେ ମୁହଁ ବୁଲାଇ ଶୋଇଲେ ମଧ୍ୟ କିଛି କାଳ କଟିଗଲା ପରେ ବିଗଳିତମାନା ହୋଇ କପଟ ନିଦ୍ରା ଛଳରେ ପାର୍ଶ୍ୱ ପରିବର୍ତ୍ତନ କରୁଥିବାବେଳେ ଆଜି ମୋର ଜପା-ମାଳି ହୋଇଛି।

ଫଗ୍‌ଗୁଚ୍ଛଣ-ଣିଦ୍ଦୋସଂ କେଣ ବି କଦ୍ଦମ-ପସାହଣଂ ଦିଣ୍ଣଂ।

ଥଣ-ଅଲସ-ମୂହ-ପଲୋଟ୍‌ଠନ୍ତ-ସେଅ-ଧୋଅଂ କିଣୋ ଧୂଅସି । ୬୯ ।

(ଫାଲ୍‌ଗୁନୋତ୍ସବ-ନିର୍ଦ୍ଦୋଷଂ କେନାପି କର୍ଦ୍ଦମ-ପ୍ରସାଧନଂ ଦତ୍ତମ୍।

ସ୍ତନ-କଳଶ-ମୁଖ-ପ୍ରଲୁଠତ୍-ସ୍ନେହ-ଧୌତଂ କିମିତି ଧାବୟସି।) - ସୂର

କେହି ଫାଲ୍‌ଗୁନ ଉତ୍ସବରେ ନିର୍ଦ୍ଦୋଷ ଗଣନା କରି ପଙ୍କ-ପ୍ରସାଧନ ଦେଇଥିବାରୁ ସ୍ତନକଳସ ମୁଖରୁ ବିଗଳିତ ସ୍ୱେଦରେ ଧୌ୍ ତାହାକୁ ପୁଣି କାହିଁକି ଧୋଉଛୁ?

ବ୍ୟାଖ୍ୟା - ନାୟିକା ପ୍ରତି ସଖୀ-ଉକ୍ତି। ଫାଲ୍‌ଗୁନ ଉତ୍ସବର କୌତୁକ କ୍ରୀଡ଼ାରେ ଯୁବା-ଯଉବନୀମାନେ ପରସ୍ପରଠାରେ ଫଗୁ ବୋଳିବା ସହିତ ପଙ୍କ ମଧ୍ୟ ବୋଳି ଦେଇଥାନ୍ତି ଓ ତାହା ଏକ ନିର୍ଦ୍ଦୋଷ ଅପରାଧ ରୂପେ ଗଣନା କରାଯାଏ। ପରିହାସ-ରସିକା ସଖୀ ନାୟିକାକୁ କହିଛି - ତୋର ସ୍ତନମଣ୍ଡଳରେ କିଏ ପଙ୍କ ବୋଳି ଦେଇଛି ଓ ସେଥିଲାଗି ତାହା ମଳିନ ହୋଇଯାଇଛି। ଏ ଫଗୁଣ ମାସର ମନମତାଣିଆ ଖେଳରେ ତରୁଣ-ତରୁଣୀଙ୍କର ଆପଣା-ପର ଜ୍ଞାନ ନଥାଏ। ତୋର ସ୍ତନକଳସରୁ ତ ଅବିରଳ ସ୍ୱେଦଧାରା ଝରି ସେଇ ପଙ୍କକୁ ଲିଭାଇ ସାରିଛି; ଆଉ ତାହାକୁ ବୃଥା ପରିଶ୍ରମ କରି ଜଳରେ କାହିଁକି ଧୋଉଛୁ? ସଖୀର ତାତ୍ପର୍ଯ୍ୟ, ପଙ୍କ ବୋଳିଥିବା ତରୁଣ ତୋର ପ୍ରିୟତମ ହୋଇଥିବେ।

କିଂ ଣ ଭଣିଓ ସି ବାଲଅ ଗାମଣି-ଧୂଆଇ ଗୁରୁ-ଅଣ-ସମକ୍‌ଖଂ।

ଅଣିମିସମୀସୀସି-ବଲନ୍ତ-ବଅଣ-ଣଅଣଦ୍ଧ-ଦିଟ୍‌ଠେହିଂ ।୭୦।

(କିଂ ନ ଭଣିତୋଽସ୍ମି ବାଳକ ଗ୍ରାମଣୀ-ପୁତ୍ର୍ୟାଗୁରୁଜନ-ସମକ୍ଷମ୍।

ଅନମିଷଂ ଈଷଦୀଷଦ୍-ବଳଦ୍-ବଦନ-ନୟନାର୍ଦ୍ଧ-ଦୃଷ୍ଟୈଃ।) - ବର୍ଦ୍ଧରାଜ

ହେ ବାଳକ, ଗୁରୁଜନଙ୍କ ସମ୍ମୁଖରେ ଅପଲକ ନୟନରେ କିଞ୍ଚିତ୍ ମୁଖ ବକ୍ର କରି ଓ ଅର୍ଦ୍ଧନୟନରେ ଦୃଷ୍ଟିପାତ କରି ଗ୍ରାମଣୀର କନ୍ୟା ତୁମକୁ କ'ଣ ନ କହିଲା?

ବ୍ୟାଖ୍ୟା - ନାୟକ ପ୍ରତି ଦୂତୀ-ଉକ୍ତି। ଦିନେ ନାୟିକା ଗୁରୁଜନମାନଙ୍କ ଗହଣରେ ଥିବାବେଳେ ନାୟକ ସେଠାକୁ ଯାଇଥିଲା। ମାତ୍ର ନାୟିକା ତାକୁ କିଛି ନ କହିବାରୁ ସେ ଅଭିମାନ କରିଛି। ଦୂତୀ ତାକୁ କହିଛି- ତୁମ ଭଳି ନିର୍ବୋଧ ମୁଁ ଦୁନିଆରେ ଦେଖି

ନାହିଁ। ସେଇ ଗ୍ରାମଣୀର କନ୍ୟା ସେତେବେଳେ ଗୁରୁଜନମାନଙ୍କ ମେଳରେ ଠିଆ ହୋଇ ପଲକପାତ ନ କରି ମୁଖ ବକ୍ର କରି କଟାକ୍ଷରେ ତୁମକୁ ଦେଖୁଥିଲା। ସେଭଳି ସ୍ଥାନରେ ତୀର୍ଯକ୍ ଦୃଷ୍ଟିପାତ ଛଡ଼ା ସେ ଆଉ କ'ଣ କରି ପାରିଥାନ୍ତା? ତଥାପି ସେଇ ଆଖିରେ ସେ ତୁମକୁ ଯାହା କହିବା କଥା, କିଛି ବାକି ନରଖି ସବୁ କହିଦେଇଥିଲା। ତୁମେ ତାର ଆଖିର ଭାଷା ବୁଝିନପାରି ଏପରି ଭ୍ରମ ଧାରଣା କରି ବସିଛ। ସମସ୍ତଙ୍କୁ ବୁଝାଇ ହେବ; ବାଳକକୁ ବୁଝାଇବା ମହା ଅସୁବିଧା!

ଣଅଣବ୍ଭନ୍ତର-ଘୋଲନ୍ତ-ବାହ-ଭର-ମନ୍ଥରାଇ ଦିଟ୍ଠୀଏ।
ପୁଣରୁତ୍ତ-ପେଚ୍ଛିରୀଏ ବାଲଅ କିଂ ଜଂ ଣ ଭଣିଓ ସି ।୭୧।
(ନୟନାଭ୍ୟନ୍ତର-ଘୂର୍ଣମାନ-ବାଷ୍ପ-ଭର-ମନ୍ଥରୟା ଦୃଷ୍ଟ୍ୟା।
ପୁନରୁକ୍ତ-ପ୍ରେକ୍ଷଣଶୀଳୟା ବାଳକ କିଂ ଯନ୍ନଭଣିତୋଽସି।)-ହାଳ

ବାଳକ, ନୟନାଭ୍ୟନ୍ତରରେ ଘୂର୍ଣମାନ ବାଷ୍ପଭରିତ ମନ୍ଥର ଦୃଷ୍ଟିରେ ବାରମ୍ବାର ଦେଖି ଏପରି କ'ଣ ଅଛି ଯାହା ତୁମକୁ କହିଦେଇନାହିଁ?

ବ୍ୟାଖ୍ୟା - ପୂର୍ବଗାଥାର ଅନୁରୂପ - ନାୟକ ପ୍ରତି ଦୂତୀ-ଉକ୍ତି- ତୁମକୁ ଦେଖିବା ମାତ୍ରେ ତାହାର ଚକ୍ଷୁରେ ଅଶ୍ରୁ ଭରିଗଲା। ତଥାପି ଅଶ୍ରୁବିନ୍ଦୁ ଢଳଢଳ ହେଉଥିବା ନେତ୍ରରେ ଦୃଷ୍ଟିଶକ୍ତି ସ୍ତମିତ ହୋଇପଡ଼ିଲେ ମଧ୍ୟ, ସେଇଥିରେ ଥକୁ ଥର ଫେରି ଚାହିଁ ସେ ବାଳା ତାହାର ସମସ୍ତ କଥା ତୁମକୁ କହିଦେଇଛି। ତୁମେ ତାକୁ ଠିକ୍ ରୂପେ ବୁଝିପାରିନାହଁ।

ଜୋ ସୀମମ୍ମି ବିଇଣ୍ଣୋ ମଜ୍ଝ ଜୁଆଣେ ହିଁ ଗଣ-ବଇ ଆସୀ।
ତଂ ବ୍ବିଅ ଏହ୍ଣିଂ ପଣମାଣି ହଅ-ଜରେ ହୋହି ସଂତୁଟ୍ଠା । ୭୨ ।
(ଯଃ ଶୀର୍ଷେ ବିତୀର୍ଣୋ ମମ ଯୁବର୍ଭିଗଣପତିରାସୀତ୍।
ତମେବେଦାନୀଂ ପ୍ରଣମାମି ହତ-ଜରେ ଭବ ସଂତୁଷ୍ଟା।)

ଯୁବକମାନେ ମୋର ମୁଣ୍ଡ ତଳେ ଯେଉଁ ଗଣପତିଙ୍କୁ ଥୋଇଦେଇଥିଲେ, ଏବେ ମୁଁ ତାହାଙ୍କୁ ପ୍ରଣାମ କରୁଛି। ହେ ହତଭାଗା ଜରା, ତୁ ସନ୍ତୁଷ୍ଟ ହୁଅ।

ବ୍ୟାଖ୍ୟା - ବିଗତ-ଯୌବନା ଅସତୀର ବୃଦ୍ଧାବସ୍ଥା ପ୍ରତି ଆକ୍ଷେପୋକ୍ତି-ରେ ପୋଡ଼ା ଜରାବସ୍ଥା, ଯୌବନକାଳରେ ମୋର ଯୁବକ-ପ୍ରେମିକମାନେ ଯେଉଁ ଗଣେଶଙ୍କୁ ମୋର ମୁଣ୍ଡ ତଳେ ତକିଆ ଭଳି ଗୁଞ୍ଜି ଦେଉଥିଲେ, ଯୌବନ ମଦରେ ଯେତେବେଳେ ମୋର ଦେବତାଜ୍ଞାନ ସୁଦ୍ଧା ନଥିଲା, ଏବେ ଯୌବନ ବିଗତ ହେବା ପରେ ମୁଁ ତାଙ୍କୁ ପ୍ରଣାମ କରିବାକୁ ବାଧ୍ୟ ହେଉଛି। ଜରା, ଏବେ ତୋର ମହିମା ବୁଝୁଛି। ସବୁ ତ ନେଲୁଣି, ଏବେ ତୋର କୋପ ଶାନ୍ତ ହେଉ।

ଅନ୍ତୋହୁତ୍ତଂ ଡଜ୍ଝଇ ଜାଆ-ସୁଣ୍ଣେ ଘରେ ହଲିଅ-ଉତ୍ତୋ।
ଉକ୍‌ଖାଅ-ଣିହାଣାଇଁ ବ ରମିଅ-ଟ୍‌ଠାଣାଇଁ ପେଚ୍ଛନ୍ତୋ । ୭୩।
(ଅନ୍ତରଭିମୁଖଂ ଦହ୍ୟତେ ଜାୟା-ଶୂନ୍ୟେ ଗୃହେ ହାଳିକ-ପୁତ୍ରଃ।
ଉତ୍‌ଖାତ-ନିଧାନାନୀବ ରମିତ-ସ୍ଥାନାନି ପଶ୍ୟନ୍‌।) - ନାଥହସ୍ତୀ

ଜାୟାଶୂନ୍ୟ ଗୃହରେ ରମଣସ୍ଥଳଗୁଡ଼ିକୁ ସଞ୍ଚିତ ନିଧି ଉତ୍‌ଖାତ ସ୍ଥାନ ଭଳି ଦେଖି ହାଳିକପୁତ୍ର ଅନ୍ତର ଭିତରେ ଦହନ ଅନୁଭବ କରୁଛି।

ବ୍ୟାଖ୍ୟା - ହାଳିକ-ପୁତ୍ରର ଭର୍ଯାକୁ କିଏ ହୁଏତ ଅପହରଣ କରି ନେଇଛି। ପତ୍ନୀକୁ ଉଦ୍ଧାର କରିବାରେ ଅସମର୍ଥ ହୋଇ ସେ ଜାୟା-ଶୂନ୍ୟ ଗୃହରେ ନିଃସଙ୍ଗ ଜୀବନ ଯାପନ କରୁଛି। ଗୃହର ଯେଉଁ ଯେଉଁ ସ୍ଥାନରେ ସେ ଜାୟା ସହ ରମଣ କରୁଥିଲା, ସେଇ ସ୍ଥଳଗୁଡ଼ିକ ଦୃଷ୍ଟିରେ ପଡ଼ିଲେ ତାର ଅନ୍ତର ପୋଡ଼ିଗଲା ଭଳି ଅନୁଭବ କରୁଛି। ମାଟିତଳେ ପୋତି ରଖିଥିବା ନିଧିକଳସକୁ କେହି ଖୋଳି ନେଇଗଲେ ସଞ୍ଚୟକାରୀ ସେଇ ଖୋଳା ସ୍ଥାନକୁ ଯେପରି ଦେଖେ, ହଳିଆଟି ଜାୟାଶୂନ୍ୟ ଗୃହର ରମଣ ସ୍ଥାନଗୁଡ଼ିକୁ ସେହିପରି ଦେଖି ଅନ୍ତରଜ୍ୱାଳା ଅନୁଭବ କରୁଛି।

ଣିଦ୍ଦା-ଭଙ୍ଗୋ ଆବଣ୍ଡୁରତ୍ତଣଂ ଦୀହରା ଅ ଣୀସାସା।
ଜାଅନ୍ତି ଜସ୍‌ସ ବିରହେ ତେଣ ସମଂ କୀରିସୋ ମାଣୋ । ୭୪ ।
(ନିଦ୍ରା-ଭଙ୍ଗ ଆପାଣ୍ଡୁରତ୍ୱଂ ଦୀର୍ଘାଶ୍ଚ ନି।ଶ୍ୱାସାଃ।
ଜାୟନ୍ତେ ଯସ୍ୟ ବିରହେ ତେନ ସମଂ କୀଦୃଶୋ ମାନଃ।) - ହାଳ

ଯାହାଙ୍କ ବିରହରେ ନିଦ୍ରା-ଭଙ୍ଗ, ପାଣ୍ଡୁରତା ଓ ଦୀର୍ଘନିଃଶ୍ୱାସ ଜାତ ହୁଏ, ତାଙ୍କ ସହିତ ମାନ କିପରି କରିବି ?

ବ୍ୟାଖ୍ୟା - ମାନ ଧାରଣ ନିମନ୍ତେ ଅସମାର୍ଥ୍ୟ ପ୍ରକାଶ କରି ମାନୋପଦେଶିନୀ ସଖୀ ପ୍ରତି ନାୟିକା ଉକ୍ତି - ଆଗୋ ସଖୀ, ଯେ ପାଖରେ ନଥିଲେ ଆଖିରେ ନିଦ ଆସେନା, ଦେହ ପାଣ୍ଡୁ ବର୍ଣ୍ଣ ଧାରଣ କରେ, ଅହରହ ଦୀର୍ଘଶ୍ୱାସରେ ଜଳିପୋଡ଼ି ମରେ, ସେଇ ପ୍ରିୟତମଙ୍କ ସହିତ ମାନ କରି ବସିବି- ଏପରି ଅସମ୍ଭବ ଆଲୋଚନା କିପରି କରୁଛୁ ?

ତେଣ ଣ ମରାମି ମଣ୍ଣୁହିଁ ପୂରିଆ ଅଜ୍ଜ ଜେଣରେ ସୁହଅ।
ତୋଗ୍‌ଗଅ-ମଣା ମରନ୍ତୀ ମା ତୁଜ୍‌ଝ ପୁଣୋ ବି ଲଗ୍‌ଗିସ୍‌ସଂ। ୭୫।
(ତେନ ନ ମ୍ରିୟେ ମନ୍ୟୁଭିଃ ପୂରିତାଦ୍ୟ ଯେନରେ ସୁଭଗ !
ଉଦ୍‌ଗତ-ମନା ମ୍ରିୟମାଣା ମା ତତ ପୁନରପି ଲଗିଷ୍ୟାମି।)

ହେ ସୁଭଗ, କ୍ରୋଧପୂର୍ଣ ହେଲେ ମଧ୍ୟ ଆଜି ଏଇଥିପାଇଁ ମରିବାକୁ ଚାହୁଁ ନାହିଁ ଯେ ଉଦ୍‌ଗତମନା ହୋଇ ମରିଗଲେ ପୁଣି ତୁମଠାରେ ଲାଗିନଯାଏ।

ବ୍ୟାଖ୍ୟା - ନାୟକର ପ୍ରେମଲାଭ କରି ନପାରି ପ୍ରଣୟ-ଦୁଃଖିନୀ ନାୟିକାର ଉପାଲମ୍ଭ ଉକ୍ତି - ତୁମେ ମୋ ପ୍ରତି ଅପ୍ରିୟ ଆଚରଣ କଲେ ମଧ୍ୟ ତୁମେ ମୋର ପ୍ରାଣର ସର୍ବସ୍ୱ। ଆଜି ମୋର ହୃଦୟ କ୍ରୋଧରେ ଫାଟିଯାଉଛି। ଏପରି ଉପେକ୍ଷିତା ଜୀବନ ବଞ୍ଚିବା ଅପେକ୍ଷା ମୃତ୍ୟୁ ମୋ ପକ୍ଷରେ ଶତଗୁଣେ ଶ୍ରେୟସ୍କର। ମାତ୍ର ମରିବାକୁ ଚାହିଁଲେ ମଧ୍ୟ ମରିବାକୁ ଭୟ ହେଉଛି। କାରଣ ମୋର ମନ ପ୍ରାଣ ତୁମକୁ ସଁପି ଦେଇଥିବାରୁ ପରଜନ୍ମରେ ପୁଣି ତୁମକୁ ପାଇବା ନିଶ୍ଚିତ। ମୃତ୍ୟୁକାଳରେ ଜୀବ ଯାହା ଦେଖେ ବା ଯାହାକୁ ଚିନ୍ତା କରେ, ପରଜନ୍ମରେ ତାହାକୁ ପାଏ। ଏ ଜନ୍ମରେ ତ ତୁମର ହୃଦୟେଶ୍ୱରୀ ହୋଇପାରିଲି ନାହିଁ; ପରଜନ୍ମରେ ତୁମକୁ ପାଇଲେ ଏହି ଅବସ୍ଥାର ପୁନରାବୃତ୍ତି ହେବ। ତେଣୁ ଏହା ଚିନ୍ତା କରି ଯେତେ ରାଗିଲେ ମଧ୍ୟ ମରିପାରୁନାହିଁ। ନାୟିକାର ତାତ୍ପର୍ଯ୍ୟ, ତୁମେ ଯେତେ ବିପ୍ରିୟ ହେଲେ ମଧ୍ୟ ମନ-ପ୍ରାଣରେ ମୁଁ ତୁମକୁ ଦେବତା ରୂପେ ସ୍ଥାପନ କରିଛି। ଏଇଥିରୁ ବୁଝ, ତୁମେ କିପରି ସୁଭଗ।

ଅବରଜ୍‌ଝସୁ ବୀସଦ୍ଧଂ ସବ୍‌ବଂ ତେ ସୁହଅ ବିସହିମୋ ଅମ୍‌ହେ।
ଗୁଣ-ଣିବ୍‌ଭରମ୍ମି ହିଅଏ ପଡ଼ିଅ ଦୋସା ଣ ମାଅନ୍ତି। ୭୬।
(ଅପରାଧସ୍ୱ ବିସ୍ରବ୍‌ଧଂ ସର୍ବଂ ତେ ସୁଭଗ ବିଷହାମହେ ବୟମ୍।
ଗୁଣ-ନିର୍ଭର ହୃଦୟେ ପ୍ରତୀହି ଦୋଷା ନ ମାନ୍ତି।) - ମାତୃରାଜ

ହେ ସୁଭଗ, ବିସ୍ରବ୍‌ଧ ହୋଇ ଅପରାଧ କରିଯାଅ, ଆମେ ତୁମର ସବୁ ସହିନେବୁ। ବିଶ୍ୱାସ କର, ଗୁଣ ନିର୍ଭର ହୃଦୟରେ ଦୋଷ ଧରେ ନାହିଁ।

ବ୍ୟାଖ୍ୟା - ଅପରାଧୀ ନାୟକ ପ୍ରତି ବିଦଗ୍‌ଧା ନାୟିକାର ଉକ୍ତି- ତୁମେ ନିଃଶଙ୍କ ଚିତ୍ତରେ ଯେତେ ପାର ସେତେ ଦୋଷ କରିଯାଅ। ତୁମ ଗୁଣରେ ମୋର ହୃଦୟ ଏପରି ଭରିଯାଇଛି ଯେ ଦୋଷ ଧରି ରଖିବାକୁ ସ୍ଥାନ ନାହିଁ। ନାୟିକାର ତାତ୍ପର୍ଯ୍ୟ, ମୋ ପରି ଅନନ୍ୟ-ଅନୁରାଗିଣୀ ପ୍ରତି ତୁମେ ବିରୂପ ଆଚରଣ କରୁଛି; ଅଥଚ ମୁଁ ତୁମ ଦୋଷ ନଧରି ତୁମ ପ୍ରତି ଅକୈତନ ଅନୁରାଗ ରଖିଛି। ପ୍ରିୟତମର ଗୁଣରେ, କେବଳ ମୁଁ କାହିଁକି, ମୋ ଭଳି ଅକୃତ୍ରିମ ଅନୁରାଗିଣୀମାନଙ୍କର ମନ ଭୋର ହୋଇ ରହିଥାଏ; ଦୋଷ ପାଇଁ ସେଠାରେ ସ୍ଥାନ ନଥାଏ।

ଭରିଉଚ୍ଛରନ୍ତ-ପସରିଅ-ପିଅ-ସଂଭରଣ-ପିସୁଣୋ ବରାଈଏ।
ପରିବାହୋ ବିଅ ଦୁକ୍‌ଖସ୍‌ସ ବହଇ ଣଅଣ-ଟ୍‌ଠିଓ ବାହୋ । ୭୭ ।
(ଭୂତୋଚ୍ଛରତ୍‌-ପ୍ରସୃତ-ପ୍ରିୟ-ସଂସ୍ମରଣ-ପିଶୁନୋ ବରାକ୍ୟାଃ

ପରୀବାହ ଇବ ଦୁଃଖସ୍ୟ ବହତି ନୟନ-ସ୍ଥିତୋ ବାଷ୍ପଃ।) - ବିଶ୍ୱେଶ୍ୱରସିଂହ

ପରିପୂର୍ଣ ହୋଇ ବାହାରି ବହିଲାଗିଥିବା ପ୍ରିୟର ସ୍ମରଣସୂଚକ ଅଭାଗିନୀର ନୟନସ୍ଥିତ ଅଶ୍ରୁ ଦୁଃଖର ପ୍ରବାହ ଭଳି ପ୍ରବାହିତ ହେଉଛି।

ବ୍ୟାଖ୍ୟା - ନାୟକ ପ୍ରତି ଦୂତୀ ଉକ୍ତି - ସେଇ ଅଭଗାଗିନୀ ତୁମକୁ ପ୍ରେମ କରି ଆଜି ଶୋକ-ସାଗରରେ ଭାସୁଛି। ତୁମକୁ ସ୍ମରଣ କରି ଅଭିମାନରେ ଫୁଲି ଫୁଲି ହତଭାଗିନୀର ନୟନରେ ଅଶ୍ରୁ ଭରିଯାଇ ଏକ ଝରଣାରେ ପରିଣତ ହେଲାଣି। ଅଶ୍ରୁ-ଝରଣାର ବେଗ ରୋଧ କରି ନପାରିବାରୁ ବନ୍ୟା-ଜଳଧାରା ପରି ତାହା ପ୍ରଖର ବେଗରେ ଛୁଟି ଚାଲିଛି। ଦୁଃଖର ଆଘାତରେ ତାର ହୃଦୟ ବିଦୀର୍ଣ, ଅମାନିଆ ଅଶ୍ରୁ-ବନ୍ୟା ତାର ଚକ୍ଷୁର ଦୁଇ କୂଳ ପ୍ଲାବନ କରୁଛି। ସେ ତ ଅଶ୍ରୁ ନୁହେଁ; ଦୁଃଖର ଏକ ଅସରନ୍ତି ପ୍ରବାହ।

ଜଂ ଜଂ କରେସି ଜଂ ଜଂ ଜଂପସି ଜହ ତୁମ ଣିଅଚ୍ଛେସି।
ତଂ ତମଣୁସିକ୍‌ଖିରୀଏ ଦୀହୋ ଦିଅହୋ ଣ ସଫଡ଼ଇ ।୭୮।
(ଯଦ୍ୟତ୍ କରୋଷି ଯସ୍ୟଜ୍ଜଳ୍ପସି ଯଥା ତ୍ୱଂ ନିରୀକ୍ଷସେ।
ତତ୍ତଦନୁ ଶିକ୍ଷଣଶୀଳାୟା ଦୀର୍ଘୋ ଦିବସୋ ନ ସଂପଦ୍ୟତେ।) - କଲ୍ୟାଣସିଂହ

ତୁମେ ଯାହା ଯାହା କରୁଛ, ଯାହା ଯାହା କହୁଛ ଓ ଯେଉଁପରି ଦେଖୁଛ, ସେ ସବୁକୁ ଅନୁକରଣ କରି ଶିଖୁଥିବାରୁ ତାହାର ଦିନ ଦୀର୍ଘ ଜଣାପଡୁନାହିଁ।

ବ୍ୟାଖ୍ୟା - ନାୟିକାର ପ୍ରଣୟରେ ତନ୍ମୟତାର ସୂଚନା ଦେଇ ନାୟକ ପ୍ରତି ଦୂତୀ ଉକ୍ତି - ତୁମେ ଯେପରି କାମ କର, ଯେପରି କଥା, କୁହ, ଯେପରି ଚାହଁ, ସେ ଠିକ୍ ସେଇପରି ତୁମକୁ ଅନୁକରଣ କରି ଶିଖିଛି। ତୁମର ପ୍ରେମିକା ତନ୍ମୟାବସ୍ଥା ପ୍ରାପ୍ତ ହୋଇ ସାରିଛି; ଏଣୁ କେତେବେଳେ ଦିନ ଯାଇ ରାତି ଆସୁଛି ତାକୁ ଜଣା ପଡୁନାହିଁ। ପ୍ରେମିକମୟ ବା ପ୍ରେମିକସର୍ବସ୍ୱ ତାର ହୃଦୟର ଏକାଗ୍ରତା ଏତେ ବୃଦ୍ଧି ପାଇଛି ଯେ ଦିନର ଦୀର୍ଘତା ସମ୍ବନ୍ଧରେ ସେ ସଚେତନ ହୋଇପାରୁନାହିଁ। ପ୍ରିୟ ବସ୍ତୁର ସାନ୍ନିଧ ବା ଭାବନାରେ ସମୟର ଦୀର୍ଘତା ଜଣା ପଡେ ନାହିଁ; ଏକ ଘଣ୍ଟା ଏକ ମୁହୂର୍ତ୍ତ ଭଳି ଲାଗେ - ତାହାର ରୀତିରୁ ଏହା ପ୍ରମାଣିତ ହେଉଛି। ଏହା ପ୍ରୀତିଆ ଲକ୍ଷଣ ସିନା !

ଭଣନ୍ତୀଅ ତଣାଇଂ ସୋତ୍ତୁଂ ଦିଣ୍ଣାଇଁ ଜାଇଁ ପହିଅସ୍‌ସ୧
ତାଇଂ ଚ୍ଚେଅ ପହାଏ ଅଜ୍ଜା ଆଅଟ୍‌ଟଇ ରୁଅନ୍ତୀ । ୭୯ ।
(ଭର୍ତ୍ସୟନ୍ତ୍ୟା ତୃଣାଣି ସ୍ୱପ୍ତୁଂ ଦତ୍ତାନି ଯାନି ପଥିକସ୍ୟ।
ତାନ୍ୟେବ ପ୍ରଭାତେ ଆର୍ଯା ଆକର୍ଷତି ରୁଦତୀ।) - ଅର୍ଥ

ଭର୍ତ୍ସନା କରି ପଥିକର ଶୋଇବା ପାଇଁ ଯେଉଁ ପୁଆଳ ଦେଇଥିଲା ପ୍ରଭାତ ହେବାରୁ ଆର୍ଯା ତାହାକୁ କାନ୍ଦି କାନ୍ଦି ଟାଣିଲାଗିଛି।

ବ୍ୟାଖ୍ୟା - ପ୍ରଭାତ କାଳରେ କୁଟାଗୁଡ଼ିକୁ ଓଟାରି ଲାଗିଥିବା ନାୟିକାକୁ ଦେଖି ନିଜର ବିଦଗ୍‌ଧତା ପ୍ରକାଶ କରି କେହି ସହଚରକୁ କହିଛି - ହେ ଦେଖ ଦେଖ, ଏଇ ରମଣୀଟି କାଲି ରାତିରେ ଘରକୁ ଆସିଥିବା ପଥିକଟିକୁ ବିରାଗଭରେ ଯେଉଁ ତୃଣ ପୁଳାଏ ଶଯ୍ୟା କରିବା ପାଇଁ ଫିଙ୍ଗି ଦେଇଥିଲା, ରାତି ପାହିବାରୁ ସେଗୁଡିକୁ ଏକାଠି କଲାବେଳେ କାନ୍ଦି କାନ୍ଦି ଲୋଟିଯାଉଛି। କାରଣ ପ୍ରଥମେ ସିନା ବିରକ୍ତ ହୋଇଥିଲା, ପରେ ପଥିକର ରୂପ-ଶୋଭା ଦେଖି ମୁଗ୍‌ଧ ହେଲେ ମଧ୍ୟ ସକାଳୁ ପଥିକଟି ଚାଲିଯିବାରୁ କୁଟାଗୁଡ଼ିକରେ ପଥିକର ସ୍ପର୍ଶ ରହିଛି ବୋଲି ସେଗୁଡିକୁ ଅଣ୍ଡାଳି କାନ୍ଦିଲାଗିଛି - ଖୋଜିଲେ ଆଉ କାହୁଁ ପାଇବ ?

ବସଣମ୍ମି ଅଣୁବ୍‌ବିଗ୍‌ଗା ବିହବମ୍ମି ଅଗଗବ୍‌ବିଆ ଭଏ ଧୀରା।
ହୋନ୍ତି ଅହିଣ୍ଣ-ସହାବା ସମେସୁ ବିସମେସୁ ସପ୍ପୁରିସା ।୮୦।
(ବ୍ୟସନେଽନୁଦ୍‌ବିଗ୍ନା ବିଭବେଽଗର୍ବିତା ଭୟେ ଧୀରାଃ।
ଭବନ୍ତ୍ୟଭିନ୍ନ-ସ୍ୱଭାବାଃ ସମେଷୁ ବିଷମେଷୁ ସତ୍ପୁରୁଷାଃ।) - ପ୍ରନାଳ

ସତ୍‌ପୁରୁଷ ବିପଦରେ ଅନୁଦ୍‌ବିଗ୍ନ, ସଂପଦରେ ଅଗର୍ବିତ ଓ ଭୟରେ ଧୀର ରହି ସମ-ବିଷମ ପରିସ୍ଥିତିରେ ଅଭିନ୍ନ-ସ୍ୱଭାବ ରହନ୍ତି।

ବ୍ୟାଖ୍ୟା - ସତ୍‌ପୁରୁଷ ପ୍ରଶଂସାମୂଳକ ସୁଭାଷିତ। ଯାହାର ବିପଦରେ ଉଦ୍‌ବେଗ ନାହିଁ, ଯେ ବିଭବ ଲାଭ କଲେ ଗର୍ବ କରନ୍ତି ନାହିଁ, ଭୟ ଉପସ୍ଥିତ ହେଲେ ଯେ ନିର୍ଭୀକ ଓ ଧୈର୍ଯ୍ୟର ସହ ତାହାର ସମ୍ମୁଖୀନ ହୁଅନ୍ତି - ସୁଖଦୁଃଖରେ ସଦା ଅବିଚଳିତ ସେହି ବ୍ୟକ୍ତି ହିଁ ପୁରୁଷଶ୍ରେଷ୍ଠ ରୂପେ ପରିଗଣିତ ହୁଅନ୍ତି। ଅନୁକୂଳ ଓ ପ୍ରତିକୂଳ ପରିସ୍ଥିତିରେ ସମ-ସ୍ୱଭାବ ବ୍ୟକ୍ତ ସଂସାରରେ ପୂଜ୍ୟ।

ଅଜ୍ଜ ସହି କେଣ ଗୋସେ କଂ ପି ମଣେ ବଲ୍ଲହଂ ଭରନ୍ତେଣ।
ଅମ୍ହଂ ମଅଣ-ସରାହଅ-ହିଅଅ-ବ୍‌ବଣ-ଫୋଡ଼ଣଂ ଗୀଅଂ । ୮୧ ।
(ଅଦ୍ୟ ସଖି କେନ ପ୍ରାତଃ କାମପି ମନ୍ୟେ ବଲ୍ଲଭାଂ ସ୍ମରତା।
ଅସ୍ମାକଂ ମଦନ-ଶରାହତ-ହୃଦୟ-ବ୍ରଣ-ସ୍ଫୋଟନଂ ଗୀତମ୍।) - କେଶବ

ସଖି ! ମନେ ହେଉଛି, ଆଜି ପ୍ରଭାତକାଳରେ କେହି ଯେପରି ପ୍ରିୟତମାକୁ ସ୍ମରଣ କରି ଗୀତ ଗାଉଛି, ଯେଉଁଥିରେ ମଦନବାଣାହତ ମୋର ହୃଦୟର ବ୍ରଣ ଫାଟିପଡୁଛି।

ବ୍ୟାଖ୍ୟା - ସଖୀ ପ୍ରତି ବିରହିଣୀର ଉକ୍ତି। ପ୍ରଭାତ କାଳରେ କୌଣସି ବିରହୀ-ପ୍ରେମିକ ପ୍ରିୟତମାକୁ ସ୍ମରଣ କରି ବିରହ-ଗୀତି ଗାନ କରୁଥିବା ଶୁଣି ସମାନ ବିରହ-ଦଶା ଭୋଗୁଥିବା ବିରହିଣୀର ବିସ୍ମୃତ ପ୍ରୀତି ଜାଗିଉଠିଲା। ସେ ମଧ୍ୟ ଏଇ ବିରହୀ

ପ୍ରେମିକଟି ଭଳି ପ୍ରିୟତମର ସ୍ମୃତିକୁ ସମ୍ବଳ କରି ବଞ୍ଚିଛି। ସେଇ ବିରହ-ଗୀତିର କରୁଣ ବେହାଗର ଝଙ୍କାର ଶୁଣି ତାହାର ହୃଦୟର କ୍ଷତ ଚେଇଁ ଉଠିଛି। ବିରହିଣୀ ସଖୀକୁ କହିଛି - ଏଇ ପଥିକର ଗୀତ ଶୁଣି ମୋର ଅନ୍ତରରେ ଦାରୁଣ ବେଦନା ଜାତ ହେଉଛି। ସଙ୍ଗୀତ-ପ୍ରଭାବରେ ମୋର ହଜିଲା ଦିନର ସ୍ମୃତି ଜାଗିଉଠୁଛି। ମଦନବାଣବିଦ୍ଧ ବିଷାକ୍ତ ବ୍ରଣରେ ଏ ଗୀତ ଆଘାତ ଦେଉଛି। ମୋର ମନ ଉନ୍‌ମନା ହୋଇ ଅତୀତକୁ ଫେରିଯାଉଛି।

ଉଟ୍‌ଠନ୍ତ-ମହାରମ୍ଭେ ଥଣଏ ଦଟ୍‌ଠୁଣ ମୁଦ୍ଧ-ବହୁଆଏ।
ଓସଣ୍ଣେ-କବୋଲାଏ ଣୀସସିଅଂ ପଢ଼ମ-ଘରିଣୀଏ। । ୮୨।
(ଉତ୍ତିଷ୍ଠନ୍ମହାରମ୍ଭୌ ସ୍ତନୌ ଦୃଷ୍ଟ୍ୱା ମୁଗ୍ଧ-ବଧ୍ୱାଃ।
ଅବସନ୍ନ-କପୋଳୟା ନିଃଶ୍ୱସିତଂ ପ୍ରଥମ-ଗୃହିଣ୍ୟା।) - ମତ୍ତଗଜେନ୍ଦ୍ର

ନବବଧୂର ଆରବ୍ଧ ମହାବିସ୍ତାର ସ୍ତନକୁ ଦେଖି ପ୍ରଥମା ପତ୍ନୀ ଶୁଷ୍କକପୋଳବିଶିଷ୍ଟା ହୋଇ ନିଃଶ୍ୱାସ ଛାଡ଼ିଲା।

ବ୍ୟାଖ୍ୟା - ସ୍ୱାମୀଙ୍କର ଦ୍ୱିତୀୟା ପତ୍ନୀର ସମୁନ୍ନତ ସ୍ତନ ଯୌବନ ଦେଖି ପ୍ରଥମାର ବିଷାଦ। ନବ ପରିଣିତା ସପତ୍ନୀର ଏଇ ମହାରମ୍ଭରେ ଉନ୍ନତ ସ୍ତନ ଦେଖିଲେ ସ୍ୱାମୀ ଆଉ ତାକୁ ଆଦର କରିବେ ନାହିଁ, ଏଇ ଚିନ୍ତାରେ ଶୀର୍ଣ୍ଣ-କପୋଳ ପ୍ରଥମା ମନୋଦୁଃଖରେ ଦୀର୍ଘ ନିଃଶ୍ୱାସ ପକାଇ ନିଜ କପାଳ ଫାଟିଲା ବୋଲି ଭାବୁଛି- ସେ ପତି-ସୋହାଗିନୀ ହେଲେ ତାର ଅବସ୍ଥା କ'ଣ ହେବ! ସ୍ୱାମୀ ଉପରେ ତାର ଆଉ କର୍ତ୍ତୃତ୍ୱ ରହିବ ନାହିଁ। ହାୟ, କି କଷ୍ଟ! ଛାତି ଫାଟିଯାଉଛି। ଏପରି ଅଗୌରବ ପୁଣି ତା ଭାଗ୍ୟରେ ଥିଲା! ଏ ଘରେ ମୋର ଆଉ ସ୍ଥାନ ନାହିଁ? ସ୍ଥାନ ମିଳିଲେ ମଧ୍ୟ ଅବମାନନା ହିଁ ସାର ହେବ।

ଗରୁଅ-ଛୁଆଉଲିଅସ୍‌ସ ବି ବଲ୍ଲହ-କରିଣୀ-ମୁହଂ ଭରନ୍ତୁସ୍‌ସା
ସରସୋ ମୁଣାଲ-କବଲୋ ଗଅସ୍‌ସ ହତ୍‌ଥେ ଚ୍ଚିଅ ମିଲାଣୋ। ୮୩।
(ଗୁରୁକ-କ୍ଷୁଧାକୁଳିତସ୍ୟାପି ବଲ୍ଲଭ-କରିଣୀ-ମୁଖଂ ସ୍ମରତଃ।
ସରସୋ ମୃଣାଳ-କବଲୋ ଗଜସ୍ୟ ହସ୍ତେ ଏବ ମ୍ଳାନଃ।)

ଗୁରୁକ୍ଷୁଧାରେ ଆକୁଳ ହେଲେ ମଧ୍ୟ ପ୍ରିୟତମା କରିଣୀର ମୁଖ ସ୍ମରଣ କରି ହସ୍ତୀର ଶୁଣ୍ଢରେ ଥିବା ସରସ ମୃଣାଳ-କବଳ ମ୍ଳାନ ହୋଇଗଲା।

ବ୍ୟାଖ୍ୟା - ନାୟିକା ପ୍ରତି ଅନୁରକ୍ତ କରିବା ପାଇଁ ଅନ୍ୟୋକ୍ତି ମାଧ୍ୟମରେ ନାୟକ ପ୍ରତି ଦୂତୀ-ଉକ୍ତି-କ୍ଷୁଧାପୀଡ଼ିତ ହେଲେ ମଧ୍ୟ ଗଜ ଶୁଣ୍ଢରେ ଧରିଥିବା ମୃଣାଳ-ଖଣ୍ଡକୁ ଭକ୍ଷଣ କରୁ ନାହିଁ। ଚିର ସହଚରୀ କରିଣୀ ଆଜି ତା ପାଖରେ ନାହିଁ। ଏଇ

ସରୋବରରେ କ୍ରୀଡ଼ା କଲାବେଳେ ସେ ପ୍ରିୟାକୁ ସରସ ମୃଣାଳ-ଖଣ୍ଡ ଶୁଣ୍ଡରେ ଉତ୍ତୋଳନ କରି ପ୍ରେମଭରେ ଖୁଆଉଥାନ୍ତା। ବିଚ୍ଛେଦରେ ପ୍ରିୟାମୁଖ ମନେ ପଡ଼ି ହୃଦୟ ବିଦୀର୍ଣ୍ଣ ହେଉଛି, ସେ ଆଉ ଏକା ଏକା ମୃଣାଳ ଗ୍ରାସ କରିବ କିପରି ? ତାହା ସେହିପରି ଶୁଣ୍ଡରେ ରହି ରହି ଶୁଖିଯାଉଛି। ଦୂତୀର ତାତ୍ପର୍ଯ୍ୟ, ମୃଣାଳଗ୍ରାସ କରି ବଞ୍ଚୁଥିବା ଇତର ପ୍ରାଣୀର ପ୍ରିୟାନୁରାଗରୁ ବୁଝ, ତୁମର ପ୍ରିୟା ପ୍ରତି ତୁମେ କିପରି ନିଷ୍ଠୁର ଆଚରଣ କରୁଛ !

ପସିଅ ପିଏ କା କୁବିଆ ସୁଅଣୁ ତୁମଂ ପର-ଅଣମ୍ମି କୋ କୋବୋ।
କୋ ହୁ ପରୋ ନାହ ତୁମଂ କୀସ ଅପୁଣ୍ଣାଣ ମେ ସତ୍ତୀ ୮୪ ।
(ପ୍ରସୀଦ ପ୍ରିୟେ, କା କୁପିତା, ସୁତନୁ ତ୍ୱଂ, ପର-ଜନେ କଃ କୋପଃ।
କଃ ଖଲୁ ପରୋ, ନାଥ ତ୍ୱଂ, କିମିତି, ଅପୁଣ୍ୟାନାଂ ମେ ଶକ୍ତିଃ।) - କୁବିନ୍ଦ

ପିୟେ, ପ୍ରସନ୍ନ ହୁଅ। କୁପିତ କିଏ ? ଗୋ ସୁତନୁ, ତୁମେ ! ପରଜନଙ୍କ ପ୍ରତି କୋପ କିପରି ? ପର କିଏ ? ହେ ନାଥ, ତୁମେ। କିପରି ? ମୋର ଅପୁଣ୍ୟବଳରୁ।

ବ୍ୟାଖ୍ୟା - ଅନୁନୟକାରୀ ନାୟକ ଓ ମାନିନୀ ନାୟିକାର ପ୍ରଶ୍ନୋତ୍ତର। ନାୟକ "ଗୋ ମୋର ପ୍ରିୟା, ତୁମେ ପ୍ରସନ୍ନ ହୁଅ" କହିବାରୁ ନାୟିକା "କିଏ କୋପ କରିଛି କି" ବୋଲି ଉତ୍ତର ଦେଇଛି। ନାୟକ କହିଛି, "ତୁମେ କୋପ କରିଛ।" ନାୟିକାକୁ ସୁଯୋଗ ମିଳିଯାଇଛି ଉପାଳମ୍ଭ ବଚନ କହିବାକୁ - "କିଏ ପର ଉପରେ କୋପ କରେ ?" ନାୟିକାର ତାତ୍ପର୍ଯ୍ୟ, ମୋର ତ ତୁମ ଉପରେ କୌଣସି ଅଧିକାର ନାହିଁ, କେଉଁ ଅଧିକାର ବଳରେ ପରଲୋକ ଉପରେ କୋପ କରିବି ? ନାୟକ କହିଛି- "ମୁଁ ତ ତୁମର ପ୍ରେମାସ୍ପଦ; ପର ହେଲି କିପରି ? ନିଜ ଲୋକକୁ ଏପରି ପର କରି ଦିଆଯାଏ ?" ନାୟିକା କହିଛି - "ହେ ନାଥ, ତୁମେ ପର। ତୁମର ପତ୍ନୀ ହୋଇ ଯଦି ମୁଁ ତୁମର ଅନୁରାଗରୁ ବଞ୍ଚିତ ହୁଏ, ତେବେ ମୋତେ ପର କରିଦେଉନାହଁ କି ?" ନାୟକ ଯେତେବେଳେ "କିପରି ପର କରିଦେଲି" ବୋଲି କହୁଛି, ନାୟିକା ବଚନରେ ଶାଳୀନତା ଓ ପ୍ରେମ-ବ୍ୟଞ୍ଜନା ଫୁଟାଇ ନିଜର ଭାଗ୍ୟକୁ ଦୋଷ ଦେଇ କହୁଛି - "ଏହା ମୋର ପାପର ପ୍ରଭାବ। ମୁଁ କ୍ଷୀଣପୁଣ୍ୟ ହେବା ହେତୁ ତୁମେ ନିଜର ହେଲେ ମଧ୍ୟ ମୋ ପାଇଁ ପର ହୋଇଯାଇଛ। ତୁମ ମୋ ଭିତରେ ଦୁସ୍ତର ବ୍ୟବଧାନ ସୃଷ୍ଟି ହୋଇଛି। ମୋର ଅପୁଣ୍ୟବଳରୁ ଏପରି ହୋଇଛି। ପୂଣ୍ୟବଳରୁ ତୁମକୁ ପାଇଥିଲି; ଏବେ କ୍ଷୀଣପୂଣ୍ୟ ହେବାରୁ ତୁମକୁ ହରାଇ ବସିଛି।

ଏହିସି ତୁମଂ ତି ଣିମିସଂ ବ ଜଗ୍‌ଗିଅଂ ଜାମିଣୀଅ ପଢ଼ମଦ୍ଧଂ।
ସେସଂ ସଂତାବ-ପରବ୍‌ବସାଇ ବରିସଂ ବ ବୋଲୀଣଂ । ୮୫ ।

(ଏଷ୍ୟସି ତ୍ୱମିତ ନିମିଷମିବ ଜାଗରିତଂ ଯାମିନ୍ୟାଃ ପ୍ରଥମାର୍ଦ୍ଧମ୍।

ଶେଷଂ ସନ୍ତାପ-ପରବଶାୟା ବର୍ଷମିବ ବ୍ୟତିକ୍ରାନ୍ତମ୍।) - ଅଲ୍ଲ

'ତୁମେ ଆସିବ' - ଏହା ଭାବି ସେ ରାତ୍ରିର ପ୍ରଥମ ଅର୍ଦ୍ଧଭାଗକୁ ଏକ ନିମିଷ ଭଳି ଉଜାଗର ରହିଥିଲା; ଶେଷ ଅର୍ଦ୍ଧଭାଗକୁ ବିରହ-ସନ୍ତପ୍ତ ହୋଇ ବର୍ଷ ଭଳି ବିତାଇଥିଲା।

ବ୍ୟାଖ୍ୟା - ବିପ୍ରଲବ୍ଧାର ଦୂତୀ ନାୟକକୁ କହିଛି - ତୁମେ ଗତ ରାତିରେ ତା ପୂରକୁ ଯିବ ବୋଲି କହି ଶେଷକୁ ତାହାକୁ ବଞ୍ଚିତା କଲ କାହିଁକି ? ଜାଣ, ସେ ତୁମ ଯିବା ପଥକୁ ଚାହିଁ ରାତ୍ରିର ପ୍ରଥମ ଭାଗରେ ମନର ଉତ୍ସୁକତାରେ କେତେ ଆକାଶକୁସୁମ ତୋଳୁଥିଲା ! ଆଉ ଯାମିନୀର ସେଇ ଅର୍ଦ୍ଧଭାଗକୁ ନିମିଷ ପ୍ରାୟ ବିତାଇଦେଇଥିଲା; କାରଣ ତୁମ ଆଗମନର ଆଶା ସେ ପର୍ଯ୍ୟନ୍ତ ବଳବତୀ ଥିଲା। ଯାମିନୀର ଅର୍ଦ୍ଧଭାଗ ଅତୀତ ହେଲା, ତୁମର ଦର୍ଶନ ମିଳିଲା ନାହିଁ। ମିଳନର ଆଶା-ବନ୍ଧ ତାର ଭୁଷୁଡି ପଡ଼ିଲା। ହାୟ, ସେ ଅର୍ଦ୍ଧଭାଗକୁ ସେ କେତେ କଷ୍ଟରେ କଟାଇଛି, କ'ଣ କହିବି ? ଶେଷ ଅର୍ଦ୍ଧେକ ଅଭାଗିନୀ ପକ୍ଷରେ ଅସରା ପ୍ରାୟ ବୋଧ ହୋଇଥିଲା।

ଅବଲମ୍ବହ ମା ସଙ୍କହ ଣ ଇମା ଗହ-ଲଙ୍ଘିଆ ପରିବ୍ଭମଇ।

ଅତ୍ଥକ୍କ-ଗଜ୍ଜିଉବ୍ଭନ୍ତ-ହିତ୍ଥ-ହିଅଆ ପହିଅ-ଜାଆ।।୮୬।

(ଅବଲମ୍ବଧ୍ୱଂ ମା ଶଙ୍କଧ୍ୱଂ ନେୟଂ ଗ୍ରହ-ଲଙ୍ଘିତା ପରିଭ୍ରମତି।

ଆକସ୍ମିକ-ଗର୍ଜିତୋଦ୍‌ଭ୍ରାନ୍ତ-ତ୍ରସ୍ତ-ହୃଦୟା ପଥିକ-ଜାୟା।) ଦୁର୍ଦ୍ଧର

ଏହାକୁ ଧର, କୌଣସି ଆଶଙ୍କା କର ନାହିଁ; ସେ ଗ୍ରହାଦି ଦ୍ୱାରା ଆକ୍ରାନ୍ତ ହୋଇ ପରିଭ୍ରମଣ କରୁନାହିଁ, ଏହି ପଥିକଜାୟାର ହୃଦୟ ଆକସ୍ମିକ ମେଘଗର୍ଜନରେ ଉଦ୍‌ଭ୍ରାନ୍ତ ହୋଇ ତ୍ରସ୍ତ ହୋଇଛି।

ବ୍ୟାଖ୍ୟା - ପ୍ରୋଷିତପତିକା ସଖୀର ଉକ୍ତି ନିକଟବର୍ତ୍ତୀ ଲୋକଙ୍କ ପ୍ରତି। ଶୂନ୍ୟ ହୃଦୟା ପଥିକ-ବନିତା ନବବର୍ଷାର ଗୁରୁ-ଗୁରୁ ଧ୍ୱନି ଶୁଣି ଭୟଭୀତ ହୋଇ ପଥ-ଅପଥରେ ଧାଉଁଛି। ଉନ୍ମାଦିନୀ ବିରହିଣୀକୁ ଭୂତାବିଷ୍ଟ ପରି ଧାଇଁବାର ଦେଖି ସଖୀ ତାକୁ ଧରିବା ପାଇଁ ଅନ୍ୟମାନଙ୍କୁ କହିଛି - ଭୟ କରନା, ତାକୁ ସମ୍ଭାଳି ଧର; ସେ କୌଣସି ଗ୍ରହଦୋଷରେ ଏପରି ହେଉନାହିଁ, ସେ ଏକ ପ୍ରବାସୀ-ବଧୂ। ଦୀର୍ଘ ବିରହ ଭୋଗୀ ଉନ୍ମାଦ ଅବସ୍ଥାରେ ପହଞ୍ଚିଛି। ନବବର୍ଷାର ଆକସ୍ମିକ ଗୁରୁ-ଗର୍ଜନ ଶୁଣି ସେ ଉଦ୍‌ଭ୍ରାନ୍ତ ଓ ତ୍ରସ୍ତ ହୋଇଯାଇଛି।

କେସର-ରଅ-ବିଚ୍ଛଡ୍‌ଡ଼େ ମଅରନ୍ଦୋ ହୋଇ ଜେତ୍ତିଓ କମଲେ।

ଜଇ ଭମର ତେତ୍ତିଓ ଅଣ୍ଣହିଂ ପି ତା ସୋହସି ଭମନ୍ତୋ ।।୮୭।

(କେସର-ରଜଃ-ସମୂହେ ମରନ୍ଦୋ ଭବତି ଯାବାନ୍ କମଲେ।
ଯଦି ଭ୍ରମର ତାବାନନ୍ୟନ୍ତାପି ତଦା ଶୋଭସେ ଭ୍ରମନ୍।)

ରେ ଭ୍ରମର, ଯଦି କମଳର କେଶର ପରାଗରେ ଯେତେ ମକରନ୍ଦ ଥାଏ, ଅନ୍ୟ କୌଣସି ପୁଷ୍ପରେ ଥାନ୍ତା, ତେବେ ତୋର ବୁଲିବା ଶୋଭାପାନ୍ତା।

ବ୍ୟାଖ୍ୟା - ଭ୍ରମରକୁ କହିବା ଛଳରେ ସଖୀର ନାୟକ ପ୍ରତି ଉକ୍ତି - ହେ ଭ୍ରମର-ବନ୍ଧୁ, ମୋ କଥା ଟିକେ ମନ ଦେଇ ଶୁଣ। ଯଦି କମଳ କେଶରରେ ଥିବା ପରାଗ-ମଧୁଁ (ପଦ୍ମକେଶରର ପରାସଗ-ରସ ଓ ନାୟିକାର ପ୍ରେମ-ମଧୁ) ଅନ୍ୟ କୁସୁମରେ (ଅନ୍ୟ ନାୟିକା ପ୍ରେମରେ)। ଭଲ କରୁଥାଅ, ତେବେ ସେଠାରେ ରମଣ କର; ମୋର କିଛି କହିବାର ନାହିଁ। ମାତ୍ର ମୁଁ ଜାଣେ, ତା ଭଳି ଗୁଣ-ରସଶାଳିନୀ ପ୍ରେମିକା ତୁମେ ଅନ୍ୟତ୍ର ପାଇବ ନାହିଁ। ସେ କେତେ ସୁରସଦାୟୀ, ତାହା ତୁମ ମନ ଜାଣୁଥିବ। ତୁମର ଚପଳତା ବା ଏଠିସେଠି ଉଡ଼ିବୁଲିବା ସ୍ୱଭାବ। ତୁମର ବାଛବିଚାର ନଥାଏ; ଯେଉଁଠି ମଧୁ, ସେଠି ତୁମେ ରହିଯାଅ। କମଳ ଓ ଅନ୍ୟ ପୁଷ୍ପର ମଧୁ ଭିତରେ ତୁମର ପାର୍ଥକ୍ୟ-ଜ୍ଞାନ ନଥାଏ। ସେଥିଲାଗି କହୁଛି, ରସ-ଗ୍ରହଣ ବେଳେ ରସ-ରନ୍ଧ୍ର ଚିହ୍ନା ଗ୍ରାହିକା ଶକ୍ତି ନଥିଲେ ଯେକୌଣସି ରସରେ ତୃପ୍ତ ହୋଇ ତୁମେ ନିଜକୁ ଠକାଇବା ସାର ହେବ।

ପେଚ୍ଛନ୍ତି ଅଣିମିସଚ୍ଛା ପହିଆ ହଲିଅସ୍‌ସ ପିଟ୍‌ଠ-ପଣ୍ଡୁରିଅଂ।
ଧୂଅଂ ଦୁଦ୍ଧ-ସମୁଦ୍ଦୁତ୍ତରନ୍ତ-ଲଚ୍ଛିଂ ବିଅ ସହଦ୍‌ଣା । ୮୮ ।
(ପ୍ରେକ୍ଷନ୍ତେଽନିମିଷାକ୍ଷାଃ ପଥିକା ହଳିକସ୍ୟ ପିଷ୍ଟ-ପାଣ୍ଡୁରିତାମ୍।
ଦୁହିତରଂ ଦୁଗ୍ଧ-ସମୁଦ୍ରୋତ୍ତର-ଲକ୍ଷ୍ମୀମିବ ସତୃଷ୍ଣାଃ।)-ସୁରଭିବସ୍ତ

ପିଷ୍ଟ-ପାଣ୍ଡୁରିତା କୃଷକ-ଦୁହିତା ପ୍ରତି ସତୃଷ୍ଣ ପଥିକ କ୍ଷୀରସାଗରରୁ ଉଠିଥିବା ଲକ୍ଷ୍ମୀଙ୍କ ଭଳି ନିର୍ନିମେଷ ନେତ୍ରରେ ଦେଖିଲାଗିଛି।

ବ୍ୟାଖ୍ୟା - ବିଦଗ୍ଧ ନାଗରିକର ସହଚର ପ୍ରତି ଉକ୍ତି- ଏଇ ଯେଉଁ କୃଷାଣ କନ୍ୟାଟି ଦାଣ୍ଡିପିଣ୍ଡାରେ ବସି ଚକି ପେଷୁଛି, ପିଠଉ ଚୂନା ଉଡ଼ି ତାର ସାରା ଦେହ ପାଣ୍ଡୁ ହୋଇଯାଇଛି; ପଥିକମାନେ ତା ଆଡ଼କୁ ନିର୍ନିମେଷ ଦୃଷ୍ଟିରେ ଚାହିଁ ରହିଛନ୍ତି। ସେ ଦୃଷ୍ଟିରେ କେତେ ତୃଷ୍ଣା; ଯେତେ ଦେଖିଲେ ମଧ ସେ ତୃଷ୍ଣା ମେଣ୍ଟୁନାହିଁ। କ୍ଷୀରସାଗର ସମୁଦ୍‌ଭୂତା ପୀତବର୍ଣ୍ଣା ଲକ୍ଷ୍ମୀ ଯେପରି ଅନିମିଷଲୋଚନ ଦେବତାମାନଙ୍କର ତୃଷ୍ଣା ବଢ଼ାଇଥିଲେ, ତଣ୍ଡୁଲାଦି ଚୂର୍ଣ୍ଣ ଲେପନ ଦ୍ୱାରା ପାଣ୍ଡୁବର୍ଣ୍ଣଧାରଣ କରିଥିବା କୃଷାଣ କନ୍ୟାଟି ସେହିପରି ପଥିକମାନଙ୍କର ବାସନା ବୃଦ୍ଧି କରିଲାଗିଛି।

କସ୍‌ମ ଭରିସି ତ୍ତି ଭଣିଏ କୋ ମେ ଅତ୍ଥି ତ୍ତି ଜମ୍ପମାଣାଏ।
ଉଦ୍‌ବିଗ୍‌ଗ-ରୋଇରୀଏ ଅମ୍‌ହେ ବି ରୁଆବିଆ ତୀଏ । ୮୯।

(କସ୍ୟ ସ୍ମରସୀତି ଭଣିତେ କୋ ମେଽସ୍ତୀତି ଜଳ୍ପମାନୟା ।
ଉଦ୍‌ବିଗ୍ନ-ରୋଦନଶୀଳୟା ବୟମପି ରୋଦିତାସ୍ତୟା ।) - ସୁରଭିବସ୍ତ

'କାହାକୁ ସ୍ମରଣ କରୁଛ ?" - ଏହା ପଚାରିଲେ 'ମୋର କିଏ ଅଛି !' ଏହା କହି ସେ ଉଦ୍‌ବେଗରେ କାନ୍ଦିବାକୁ ଲାଗିଲା ସ ଆମ ସମସ୍ତଙ୍କୁ ବି କନ୍ଦାଇ ଛାଡ଼ିଲା ।

ବ୍ୟାଖ୍ୟା - ନାୟକ ପ୍ରତି ସଖୀ-ଉକ୍ତି-ତୁମ ସହିତ କଳହ ପରେ ପଶ୍ଚାତ୍ତାପ ହେତୁ ଏକାନ୍ତରେ ମନ ମାରି ବସିଥିବାବେଳେ 'କାହାକୁ ସ୍ମରର କରି ରୋଦନ କରୁଛୁ' - ଏଇ କଥା ଜାଣିବାକୁ ଚାହିଁଲେ ତାହାର ରୁଦ୍ଧ ବେଦନାର ଦ୍ୱାର ଖୋଲି ହୋଇଯାଉଛି । 'ମୋର କିଏ କିଛି ଯେ ସ୍ମରଣ କରିବି' - ସେ ବାଳା ଯେତେବେଳେ ଏଇ କଥା କହି ନିଜେ ଆକୁଳ ହୋଇ କାନ୍ଦିଲା, ଆମେ ପାଖ ସଖୀମାନେ ମଧ୍ୟ କାନ୍ଦିପକାଇଲୁ । 'ମୋର କିଏ ଅଛି' ଏପରି କହିବା ଦ୍ୱାରା ତାର ଅଭିମାନଭରା ସ୍ୱରରୁ ଜଣାଗଲା ଯେ ତାର ନିଜର ବୋଲି କହିବାକୁ କେହି ନାହାନ୍ତି ।

ପାଅ-ପଡ଼ିଅଂ ଅହବ୍‌ବେ କିଂ ଦାଣିଁଣ ଅଟ୍‌ଠବେସି ଭତ୍ତାରଂ ।
ଏଅଂ ବିଅ ଅବସାଣଂ ଦୂରଂ ପି ଗଅସ୍‌ସ ପେମ୍ମସ୍‌ସ ।୯୦।
(ପାଦ-ପତିତମଭବ୍ୟେ କିମିଦାନୀଂ ନୋତ୍‌ଥାପୟସି ଭର୍ତରମ୍ ।
ଏତଦେବାବସାନଂ ଦୂରମପି ଗତସ୍ୟ ପ୍ରେମ୍‌ଣଃ ।) - ହାଳ

ଆରେ ଅଭାଗିନି, ପାଦତଳେ ପଡିଥିବା ପତିଙ୍କୁ ତୁ କାହିଁକି ଏଯାଏ ଉଠାଉନାହୁ ? ଅତି ବୃଦ୍ଧିପ୍ରାପ୍ତ ପ୍ରେମର ମଧ୍ୟ ଏହାହିଁ ଚରମ ସୀମା ।

ବ୍ୟାଖ୍ୟା - ପତି ପାଦତଳେ ପଡ଼ିଥିଲେ ମଧ୍ୟ ମାନ ଛାଡୁନଥିବା ନାୟିକା ପ୍ରତି ସଖୀର ଝିଙ୍କାସ ବଚନ-ଆଗୋ ଅନୁଚିତ ଆଚରଣକାରିଣୀ, ପ୍ରଣୟ ମାନର ଚରମ ଅବସ୍ଥା ହେଲା ନାୟକ ପାଦତଳେ ପଡିବ ? ମାତ୍ର ତୋର ପ୍ରିୟତମ ପାଦପତିତ ହୋଇ ପ୍ରଣାମ କଲେ ମଧ୍ୟ ତୁ ମାନ ଛାଡୁନାହୁଁ ! ପ୍ରିୟ ତୋର ଚରଣ ଧରି କେତେବେଳୁ ପଡ଼ି ରହିଛନ୍ତି; ତାଙ୍କୁ ଆଦରରେ ଉଠାଇ ନେ, ମନରେ ତିଳେହେଲେ ମାନ ରଖନା । ତୁ କ'ଣ ଜାଣିନାହୁଁ, ପ୍ରଣୟ-କଳହ ଯେତେ ଦୂର ଗଲେ ମଧ୍ୟ ପ୍ରଣିପାତରେ ହିଁ ଶେଷ ହୋଇଥାଏ ! ମୁଁ ଦେଖୁଛି, ତୋର ଗର୍ବ ବଢ଼ିଗଲାଣି, ତୋ କପାଳରେ କେତେ ଦୁଃଖ ଅଛି । ଅନୁନୟ ବିନୟ କରୁଥିବା ପ୍ରିୟ ଯଦି ବିମୁଖ ହୁଅନ୍ତି, ଆଉ ତାଙ୍କୁ ପାଇ ପାରିବୁ ନାହିଁ ।

ତଡ଼-ବିଣିହିଅଗ୍‌ଗହତ୍‌ଥା ବାରି-ତରଙ୍ଗେହିଁ ଘୋଳିର-ଣିଅମ୍ବା
ସାଲୂରୀ ପଡ଼ିବମ୍ବେ ପୁରିସାଅନ୍ତିବ୍‌ବ ପଡ଼ିହାଇ । ୯୧ ।
(ତଟ-ବିନିହିତାଗ୍ରହସ୍ତା ବାରି-ତରଙ୍ଗୈର୍ଘୂର୍ଣନଶୀଳ-ନିତମ୍ବା ।
ଶାଲୂରୀ ପ୍ରତିବିମ୍ବେ ପୁରୁଷାୟମାଣେବ ପ୍ରତିଭାତି ।) - ହାଳ

ତଟଦେଶରେ ଆଗ ହାତ ରଖି ଓ ଜଳତରଙ୍ଗ ଦ୍ୱାରା ନିତମ୍ବ ଘୂର୍ଣ୍ଣନ-କରି ନବଯୌବନୀ ନିଜର ପ୍ରତିବିମ୍ବ ଉପରେ ସତେକି ପୁରୁଷୋଚିତ ଅଭ୍ୟାସ କରିବା ଭଳି ପ୍ରତୀତ ହେଉଛି।

ବ୍ୟାଖ୍ୟା - ନାୟକ ପ୍ରତି ବିପରୀତରତି ଅଭିଳାଷିଣୀ ନାୟିକାର ଉକ୍ତି - ଦେଖ, ଏଇ ନବୀନବୟସୀ ବାଳା ତଟଦେଶରେ ଡାହାଣ ହାତ ରଖି ନିତମ୍ବପ୍ରଦେଶକୁ ଜଳ-ତରଙ୍ଗରେ ଘୂରାଇ ଲାଗିଛି। ମନେହେଉଛି, ସେ ନିଜର ଛାୟା ଉପରେ ପୁରୁଷାୟିତ ଆଚରଣ କରୁଛି।

ସିକ୍‌କରିଅ-ମଣିଅ-ମୁହ-ବେବିଆଇଁ ଧୂଅ-ହତ୍‌ଥ-ସିଞ୍ଜି ଅବ୍‌ବାଇଂ।
ସିକ୍‌ଖନ୍ତୁ ବୋଡ଼ହୀଓ କୁସୁମ୍ଭ ତୁମ୍‌ହ ପ୍‌ପସାଏଣ ।୯୨ ।
(ସୀତ୍‌କୃତ-ମଣିତ-ସୁଖ-ବେପିତାନି ଧୂତ-ହସ୍ତ-ଶିଞ୍ଜି ତବ୍ୟାନି।
ଶିକ୍ଷନ୍ତୁ କୁମାର୍ଯଃ କୁସୁମ୍ଭ ଯୁଷ୍ମତ୍ ପ୍ରସାଦେନ।) - ନନ୍ଦିବୃଦ୍ଧ

ହେ କୁସୁମ୍ଭ, ତୁମ କୃପାରୁ କୁମାରୀମାନେ ସୀତ୍‌କାର, ମଣିତ, ମୁଖବେପ, ହସ୍ତକଂପ ଓ ନୂପୁର-ଶିଂଜିତ ଶିକ୍ଷା କରନ୍ତୁ।

ବ୍ୟାଖ୍ୟା - ତରୁଣୀ କୁସୁମ୍ଭ ବାଟିକାରେ ନାୟକ ସହିତ ସଙ୍ଗମଲୀଳାବିଧି ସଂପାଦନ କରି ଫେରିଆସିଛି। କୁସୁମ୍ଭ-ସ୍ତୁତି ଛଳରେ ସେଇ ନାୟକ ରମଣ-ଚାତୁର୍ଯ ବିଷୟରେ ପ୍ରଶଂସା କରି କହିଛି- ହେ କୁସୁମ୍ଭ ତରୁ, ତୁମ ସହିତ ମିଳିତ ହେଲେ କୁମାରୀମାନେ କମ୍ପିତ ଅଧରରେ ସୀତ୍‌କାର, ମଣିତ ନାମକ ରତି-କୂଜନ (ଚୁମ୍ବନାଦି ସଙ୍ଗମଧ୍ୱନି), ମୁଖକମ୍ପ, କର-କମ୍ପନରେ ଭୂଷଣଧ୍ୱନି ଓ ନୂପୁରଶିଂଜିତ- ଏ ସମସ୍ତ ଶିକ୍ଷା କରନ୍ତି। ଧନ୍ୟ ତୁମେ, କେତେ ବିଦ୍ୟା ତୁମକୁ ଜଣା ଓ କୁମାରୀମାନଙ୍କୁ କେତେ ଆଦରରେ ସେ ସବୁ ଶିଖାଇଦିଅ ସତେ!

ଉଜେଉଅ-ମେତ୍ତା ରଚ୍ଛା ଣିଅମ୍ବ କହ ତେତ୍ତିଓ ଣ ଜାଓ ସି।
ଜଂ ଛିପ୍‌ପଇ ଗୁରୁ-ଅଣ-ଲଜ୍ଜି ଓ ସରନ୍ତୋ ବି ସୋ ସୁହଓ ।୯୩ ।
(ଯାବତ୍-ପ୍ରମାଣା ରଥ୍ୟା ନିତମ୍ବ କଥଂ ତାବନ୍ନ ଜାତୋଽସି।
ଯେନ ସ୍ପୃଶ୍ୟତେ ଗୁରୁ-ଜନ-ଲଜ୍ଜାପସୃତୋଽପି ସ ସୁଭଗଃ)-ପାଳିତ

ହେ ନିତମ୍ବ, ରଥ୍ୟାର ପ୍ରମାଣ ଯେତେ, ତୁ ସେତେ ଓସାରିଆ ହେଲୁ ନାହିଁ କାହିଁକି ? ଯାହାଦ୍ୱାରା ଗୁରୁଜନଙ୍କ ଆଗରେ ଲଜ୍ଜିତ ହୋଇ ଅପସୃତ ହେଲେ ମଧ୍ୟ ସେଇ ସୁଭଗ ଛୁଇଁହେଇଯାନ୍ତେ!

ବ୍ୟାଖ୍ୟା - ଗୁରୁଜନଙ୍କ ମେଳରେ ନାୟିକାକୁ ଦେଖି ନାୟକ ଲଜ୍ଜାରେ ସେଠାରୁ ଚାଲିଯାଇଛି। କୌଣସି ଛଳରେ ପ୍ରିୟତମଙ୍କ ଅଙ୍ଗ-ସ୍ପର୍ଶ ଲାଭ କରିବା ପାଇଁ ନାୟିକାର

ଅଭିଳାଷ ଥିଲା। ମାତ୍ର ସେଥିରୁ ବଞ୍ଚିତା ହେବାରୁ ସେ ନିତମ୍ବ ପ୍ରତି ଉପାଳମ୍ଭ ବଚନ କହିଛି- ହତ ନିତମ୍ବ! ପ୍ରିୟତମ ଚାଲିଯାଇଥିବା ପଥର ପ୍ରମାଣ ଅନୁସାରେ ତୁ ବଢ଼ିଲୁ ନାହିଁ କାହିଁକି? ତା ହୋଇଥିଲେ ଗୁରୁଜନଙ୍କ ଲାଜରେ ଘୁଞ୍ଚିଯାଉଥିବା ପ୍ରିୟଙ୍କୁ ସ୍ପର୍ଶ କରି ତୁ ମୋତେ ସ୍ୱର୍ଗସୁଖ ଦେଇଥାନ୍ତୁ! ଏଥିରୁ ପ୍ରିୟତମଙ୍କ ପ୍ରତି ନାୟିକାର ଅନୁରାଗର ଅତିଶୟତା ଧ୍ୱନିତ।

ମରଗଅ-ସୁଈ-ବିଦ୍ଧଂ ବ ମୋତ୍ତିଅଂ ପିଅଇ ଆଅଅ-ଗ୍ଗୀଓ।
ମୋରୋ ପାଉସ-ଆଲେ ତଣଗ୍ଗ-ଲଗ୍ଗଂ ଉଅଅ-ବିନ୍ଦୁଂ। ୯୪ ।
(ମରକତ-ସୂଚୀ-ବିଦ୍ଧମିବ ମୌକ୍ତିକଂ ପିବତ୍ୟାୟତ-ଗ୍ରୀବଃ।
ମୟୂର ପ୍ରାବୃଟ-କାଳେ ତୃଣାଗ୍ର-ଲଗ୍ନମୁଦକ-ବିନ୍ଦୁମ୍।) - ପାଳିତ

ବର୍ଷାକାଳରେ ମୟୂର ମର୍କତମଣି ସୂଚୀରେ ବିଦ୍ଧ ମୁକ୍ତା ସମ ତୃଣର ଅଗ୍ରଭାଗରେ ଲାଗିଥିବା ଜଳବିନ୍ଦୁକୁ ଗ୍ରୀବା ଦୀର୍ଘ କରି ପାନକରୁଛି।

ବ୍ୟାଖ୍ୟା - କୌଣସି ସୌନ୍ଦର୍ଯ୍ୟପ୍ରିୟା ନାୟିକା ତୃଣଲତା ଗୃହକୁ ସଂକେତ ସ୍ଥାନ ରୂପେ ନିର୍ବାଚନ କରି ସେଠାରେ ବିହାର କରିବା ପାଇଁ ନାୟକକୁ କହିଛି। ବର୍ଷା ପ୍ରକୃତିର ସ୍ୱଭାବ-ଚିତ୍ର ଉକ୍ତ ଗାଥାରେ ଫୁଟିଉଠିଛି। ଗ୍ରୀଷ୍ମର ଦାବଦାହ ପରେ ବର୍ଷାଜଳ ପୃଥିବୀକୁ ଶାନ୍ତ ଶୀତଳ କରିଛି। ମେଘଦର୍ଶନରେ ମୟୂର କଳାପ ବିସ୍ତାର କରି ନୃତ୍ୟ କରିଛି। ନୃତ୍ୟଶ୍ରାନ୍ତ ମୟୂରର କଣ୍ଠ ତୃଷା-ଆକୁଳ ହେଲେ ମଧ୍ୟ ବର୍ଷାର ପ୍ରଚୁର ସଲିଳରେ ତାର ତୃଷା ମେଣ୍ଟୁ ନାହିଁ। ସେ ତୃଣର ଶୀର୍ଷଦେଶରେ ମର୍କତ ସୂଚୀରେ ବିଦ୍ଧ ମୋତି ଭଳି ଢଳଢଳ ହେଉଥିବା ଗୋଟିଏ ଜଳବିନ୍ଦୁକୁ ପିଇବା ପାଇଁ ଗ୍ରୀବା ପ୍ରସାରଣ କରୁଛି। ହେ ପ୍ରିୟତମ, ଏଇ ସ୍ୱଭାବ-ସୁନ୍ଦର ପ୍ରାବୃଟ-ପ୍ରକୃତି କୋଳରେ ତୁମ ସହ ବିହାର କରିବାକୁ ମୋର ଅଭିଳାଷ।

ଅଜ୍ଜାଇ ଣୀଲ-କଞ୍ଚୁଅ-ଭରିଉବ୍‌ବରିଅଂ ବିହାଇ ଥଣ-ବଟ୍‌ଟଂ।
ଜଲ-ଭରିଅ-ଜଲହରନ୍ତର-ଦରୁଗ୍‌ଗଅଂ ଚନ୍ଦ-ବିମ୍ବ ବ୍ବ ।୯୫।
(ଆର୍ଯାୟା ନୀଳ-କଞ୍ଚୁକ-ଭୃତୋର୍ବରିତଂ ବିଭାତି ସ୍ତନ-ପୃଷ୍ଠମ୍।
ଜଳ-ଭୃତ-ଜଳଧରାନ୍ତର-ଦରୋଦ୍‌ଗତଂ ଚନ୍ଦ୍ର-ବିମ୍ବବିମ।)-ମୀନ ସ୍ୱାମୀ

ଆର୍ଯାର ସ୍ତନପୃଷ୍ଠ ନୀଳକଞ୍ଚୁକରେ ଆବୃତ ହେଲେ ମଧ୍ୟ ଊର୍ଦ୍ଧ୍ୱଗତ ହୋଇ ଜଳଭରା ମେଘ ମଝିରେ ଈଷତ୍ ଉଦ୍‌ଗତ ଚନ୍ଦ୍ରବିମ୍ବ ଭଳି ଶୋଭାପାଉଛି।

ବ୍ୟାଖ୍ୟା - ବିଦଗ୍ଧ ନାୟକର ସହଚର ପ୍ରତି ଉକ୍ତି। ନୀଳ-କଞ୍ଚୁକପରିହିତା ତିମିରାଭିସାରିକା ବରକାମିନୀର ସ୍ତନପୃଷ୍ଠ ନୀଳଚୋଲର ଆବରଣ ଠେଲି ବାହାରକୁ ଉପୁଚି ପଡ଼ିଛି। ଜଳଭରା ମେଘ ମଝିରେ ଦର-ପ୍ରକାଶିତ ଚନ୍ଦ୍ରବିମ୍ବ ପ୍ରକାଶ ପାଇଲା

ପରି ତାହା ପ୍ରତୀତ ହେଉଛି। ଏଠାରେ ନୀଳଗୋଳକୁ ଜଳଭୃତ ମେଘ ସହିତ ଓ ଉର୍ବରିତ ସ୍ତନପୃଷ୍ଠକୁ ଈଷତ୍ ଉଦ୍‌ଗତ ଚନ୍ଦ୍ରମଣ୍ଡଳ ସହିତ ଉପମିତ କରାଯାଇଛି।

ରାଅ-ବିରୁଦ୍ଧଂ ବ କହଂ ପହିଓ ପହିଅସ୍‌ସ ସାହଇ ସସଙ୍କଂ।
ଜତ୍ତୋ ଅମ୍ବାଣ ଦଲଂ ତତ୍ତୋ ଦର-ଣିଗ୍‌ଗଅଂ କିଂ ପି।୯୬।
(ରାଜ-ବିରୁଦ୍ଧାମପି କଥାଂ ପଥିକଃ ପଥିକସ୍ୟ କଥୟତି ସଶଙ୍କମ୍।
ଯତ ଆମ୍ରାଣାଂ ଦଲଂ ତତ ଈଷନ୍ନିର୍ଗତଂ କିମପି।) - ବହୁଲ୍ୟ

'ଆମ୍ବଗଛର ଯେଉଁ ସ୍ଥାନରୁ ପୁତ୍ର ଉଦ୍‌ଗମ ହେଉଛି ସେଠାରୁ କିଛି ବାହାରିଯାଇଛି'- ଏହି କଥାକୁ ପଥିକଟି ଅନ୍ୟ ପଥିକକୁ ରାଜବିରୁଦ୍ଧ ଚର୍ଚ୍ଚା ଭଳି ଅତି ଅଙ୍କିତ ହୋଇ କହୁଛି।

ବ୍ୟାଖ୍ୟା - ବସନ୍ତକାଳରେ ପ୍ରବାସ ଯାତ୍ରା ପାଇଁ ପ୍ରସ୍ତୁତ ନାୟକ ପ୍ରତି ନାୟିକା ଉକ୍ତି - ହେଇ ଦେଖ, ବସନ୍ତ ଆଗମନର ସୂଚନା ମିଳିଲାଣି। ପଥିକଟିଏ ନବ ଆମ୍ରାଙ୍କୁର ଦେଖି ଶଙ୍କିତ ଭାବରେ ଅନ୍ୟ ଜଣେ ପଥିକକୁ ଦେଖାଇଦେଉଛି। ଆମ୍ବଗଛର ଯେଉଁ ସ୍ଥାନରୁ ନବ ମଂଜରୀ ବାହାରିଛି, ସେଠାରୁ କିଛି ଯେପରି ବାହାରିଆସିଛି - ଏଥ କଥା ସେ ପଥିକଟି କାନରେ ଯେପରି କହୁଛି। ବସନ୍ତ ବିରହୀମାନଙ୍କର ସନ୍ତାପ ବୃଦ୍ଧି କରେ- ପଥିକଟି ଏ କଥା କହିଲାବେଳେ ଏତେ ଶଙ୍କିତ କାହିଁକି? ବସନ୍ତାଗମର ବାର୍ତ୍ତା ରାଜବିରୁଦ୍ଧ କଥା କହୁଥିବା ବ୍ୟକ୍ତି ଦଣ୍ଡିତ ହେବ। ନବ ବସନ୍ତରେ ତୁମର ପ୍ରବାସଗମନ ମୋ ହୃଦୟର ବ୍ୟଥା ବଢ଼ାଇଦେବ- ଏହାହିଁ ନାୟକର ତାତ୍ପର୍ଯ୍ୟ।

ଧଣ୍ଣା ତା ମହିଳାଓ ଜା ଦଇଅଂ ସିବିଣେଏ ବି ପେଚ୍ଛନ୍ତି।
ଣିଦ୍ଦ ବ୍‌ବିଅ ତେଣ ବିଣା ଣ ଏଇ କା ପେଚ୍ଛଏ ସିବିଣଂ।୯୭।
(ଧନ୍ୟାସ୍ତା ମହିଳା ଯା ଦୟିତଂ ସ୍ୱପ୍ନେଽପି ପ୍ରେକ୍ଷନ୍ତେ।
ନିଦ୍ରୈବ ତେନ ବିନା ନୈତି କା ପ୍ରେକ୍ଷତେ ସ୍ୱପ୍ନମ୍।) - ମଳୟଶେଖର

ଯେଉଁମାନେ ସ୍ୱପ୍ନରେ ମଧ୍ୟ ପ୍ରିୟଙ୍କ ଦର୍ଶନ ଲାଭ କରନ୍ତି ସେଇ ନାରୀମାନେ ଧନ୍ୟ; ତାଙ୍କ ବିନା ମୋତେ ନିଦ୍ରା ଆସୁନାହିଁ, ସ୍ୱପ୍ନ କିଏ ଦେଖେ?

ବ୍ୟାଖ୍ୟା - ବିରହିଣୀ ନାୟିକାର ସଖୀ ପ୍ରତି ଉକ୍ତି - ସଖି, ଏପରି ଶୁଣିବାକୁ ମିଳେ, ବିରହିଣୀମାନେ ସ୍ୱପ୍ନରେ ପ୍ରିୟ-ଦର୍ଶନ ଲାଭ କରିଥାନ୍ତି; ସେମାନଙ୍କୁ ଧନ୍ୟ କହିବ। ମାତ୍ର ପ୍ରିୟତମଙ୍କ ବିରହରେ ମୋ ଭଳି ଅଭାଗିନୀର ଆଖିକୁ ତ ନିଦ ଆସୁନାହିଁ; ସ୍ୱପ୍ନ ଦେଖିବି କୁଆଡୁ? ନାୟିକାର ତାତ୍ପର୍ଯ୍ୟ, ଯେଉଁମାନେ ସ୍ୱପ୍ନରେ ପ୍ରିୟ-ମୁଖ ଦେଖନ୍ତି ସେମାନେ ଅଧନ୍ୟ। କାରଣ ସେମାନେ ବିରହ-ବ୍ୟାକୁଳ ଅବସ୍ଥାରେ ଶୋଇପାରନ୍ତି କେମିତି କେଜାଣି! ବିରହରେ କିଏ ନିଦଯାଏ? ମୋର ତ ମନେହୁଏ, ସେମାନଙ୍କ

ବିରହ-ବେଦନା ମୋ ଭଳି ସେତେ ତୀବ୍ର ନୁହେଁ; ନ ହେଲେ ସେମାନେ କେବେ ସୁଖ-ନିଦ୍ରା ଯାଇ ସ୍ୱପ୍ନ ଦେଖିପାରେନ୍ତ ?

ପରିରଦ୍ଧ-କଣଅ-କୁଣ୍ଡଅଲ-ମଣହରେସୁ ସବଣେସୁ ।
ଅଣ୍ଣଅ-ସମଅଂ ବସେଣ ଅ ପହିରଜ୍ଜଇ ତାଲ-ବେଣ୍ଟ-ଜୁଅଂ । ୯୮ ।
(ପରିରବ୍ଧ-କନକ-କୁଣ୍ଡଳ-ଗଣ୍ଡସ୍ଥଳ-ମନୋହରୟୋଃ ଶ୍ରବଣୟୋଃ ।
ଅନ୍ୟ-ସମୟ-ବଶେନ ଚ ପରିଧ୍ରିୟତେ ତାଳବୃନ୍ତ-ଯୁଗମ୍ ।)

କନକ-କୁଣ୍ଡଳ-ଆଲିଙ୍ଗିତ ଗଣ୍ଡସ୍ଥଳରେ ମନୋହରଣ କରୁଥିବା କର୍ଣ୍ଣରେ କାଳାନ୍ତରବଶତଃ ତାଳପତ୍ରନିର୍ମିତ ଯୁଗଳ କର୍ଣ୍ଣଭୂଷଣ ମଧ୍ୟ ଧାରଣ କରାଯାଏ ।

ବ୍ୟାଖ୍ୟା - ନାୟିକାକୁ ଭୂଷଣହୀନା ଦେଖି ଆକୃଷ୍ଟ ହେଉ ନଥିବା ନାୟକ ପ୍ରତି ଦୂତୀ ଉକ୍ତି-ଅଳଂକାରର ମିଥ୍ୟା ଆଡମ୍ବରରେ ସେ ତୁମକୁ ମୋହିତ କରିବାକୁ ଚାହେଁ ନାହିଁ; ତେଣୁ ନିତାନ୍ତ ସାଦାସିଧା ବେଶଭୂଷଣରେ ସେ ତୁମ ଆଗକୁ ଆସିଛି । ଆଉ ଏହା ମଧ୍ୟ ଦେଖାଯାଏ, ଯେଉଁ କାନରେ କନକ କର୍ଣ୍ଣଭୂଷା ଦୋଳାୟିତ ହୋଇ ଗଣ୍ଡର ଶୋଭା ବର୍ଦ୍ଧନ କରିଥାଏ, ସମୟକ୍ରମେ ସେଇଠାରେ ତାଳବୃନ୍ତର କାନଫୁଲ ପିନ୍ଧାଯାଏ । ଭାଗ୍ୟ କ'ଣ ନ କରେ ? ଭାଗ୍ୟ -ବିପର୍ଯ୍ୟୟ ଘଟିଲେ ସୁନା ନୋଳି ପିନ୍ଧୁଥିବା କାନରେ ତାଳପତ୍ର ସ୍ଥାନ ପାଏ । ତୁମେ ରୂପ-ଯୌବନବତୀ ତାହାକୁ ଚାହଁ, ନା ଅଳଙ୍କାରର ମିଥ୍ୟା ଆଡ଼ମ୍ବରରେ ମୋହିତ ହେବାକୁ ଚାହଁ ?

ମଜ୍‌ଝହ୍‌ଣ-ପତ୍‌ଥିଅସ୍‌ସ ବି ଗିମ୍‌ହେ ପହିଅସ୍‌ସ ହରଇ ସଂତାବଂ ।
ହିଅଅ-ଟ୍‌ଠଅ-ଜାଆ-ମୁହ-ଅଙ୍କ-ଜୋହ୍‌ଣା-ଜଲ-ପ୍‌ପବହୋ । ୯୯ ।
(ମଧ୍ୟାହ୍ନ ପ୍ରସ୍ଥିତସ୍ୟାପି ଗ୍ରୀଷ୍ମେ ପଥିକସ୍ୟ ଇତି ସଂତାପମ୍ ।
ହୃଦୟ-ସ୍ଥିତ-ଜାୟା-ମୁଖ-ମୃଗାଙ୍କ-ଜ୍ୟୋତ୍ସ୍ନା-ଜଳ-ପ୍ରବାହଃ ।) - ମଙ୍ଗଳକଳସ

ଗ୍ରୀଷ୍ମକାଳରେ ମଧ୍ୟାହ୍ନ ସମୟରେ ପ୍ରସ୍ଥାନ କରିଥିବା ପଥିକର ସନ୍ତାପକୁ ହୃଦୟସ୍ଥିତ ଜାୟାର ମୁଖଚନ୍ଦ୍ରର ଜ୍ୟୋତ୍ସ୍ନାଜଳପ୍ରବାହ ଦୂର କରୁଛି ।

ବ୍ୟାଖ୍ୟା - ବିଦଗ୍ଧ ନାଗରିକର ସହଚର ପ୍ରତି ଉକ୍ତି । ପଥିକଟିଏ ଗ୍ରୀଷ୍ମ-ମଧ୍ୟାହ୍ନରେ ପଥ ଚାଲୁଛି । ମୁଣ୍ଡ ଉପରେ ଦ୍ୱିପ୍ରହରର ଜ୍ୱଳନ୍ତ ସୂର୍ଯ୍ୟ, ଆକାଶରୁ ସତେକି ଅଗ୍ନି ବୃଷ୍ଟି ହେଉଛି । ମାତ୍ର ପଥିକଟି ପ୍ରିୟା ଦର୍ଶନନୋତ୍କଣ୍ଠାରେ ପ୍ରଚଣ୍ଡ ଖରାରେ ମଧ୍ୟ ଯାତ୍ରାରୁ ବିରତ ହେଉ ନାହିଁ । ନାଗରିକ କହିଛି - ପଥିକଟିର ଆତପ-ଜନିତ ସନ୍ତାପକୁ ତାହାର ହୃଦୟରେ ସ୍ଥିତ ପ୍ରିୟାର ମୁଖଚନ୍ଦ୍ରର ଚାନ୍ଦିନୀ-ପ୍ରବାହ ଦୂର କରିଦେଉଛି । ଅର୍ଥାତ୍ ପ୍ରେୟସୀର ମୁଖରୁ ଜ୍ୟୋତ୍ସ୍ନା-ଜଳ ଗଳି ତାହାର ଅନ୍ତର-ତାପକୁ ଶୀତଳ କରୁଥିବାରୁ ମୁଣ୍ଡ ଉପରେ ସୂର୍ଯ୍ୟତାପ ତାକୁ ବାଧୁ ନାହିଁ ।

ଭଣ କୋ ଣ ରୁସ୍‌ସଇ ଜଣୋ ପତ୍‌ଥିଜ୍ଜନ୍ତୋ ଅଏସ-କାଳମ୍ମି ।
ରତି-ବାଅଡ଼ା ରୁଅନ୍ତଂ ପିଅଂ ବି ପୁତ୍ତଂ ସବଇ ମାଆ ।୧୦୦।
(ଭଣ କୋ ନ ରୁଷ୍ୟତି ଜନଃ ପ୍ରାର୍ଥ୍ୟମାନୋଽଦେଶ-କାଳେ ।
ରତି-ବ୍ୟାପୃତା ରୁଦନ୍ତଂ ପ୍ରିୟମତି ପୁତ୍ରଂ ଶପତେ ମାତା ।) - ମହୌଧିକ

ଅସ୍ଥାନ ଓ ଅସମୟରେ ପ୍ରାର୍ଥନା କଲେ, କୁହ, କିଏ ରୁଷ୍ଟ ନ ହୁଏ ? ରତି-ବ୍ୟାପୃତା ମାତା ମଧ୍ୟ କ୍ରନ୍ଦନ କରୁଥିବା ପ୍ରିୟ ପୁତ୍ରକୁ ଅଭିଶାପ ଦେଇଥାଏ ।

ବ୍ୟାଖ୍ୟା - ନାୟକ କୌଣସି ବିଶେଷ ପରିସ୍ଥିତିରେ ନାୟିକାର ସାନ୍ନିଧ ଲୋଡ଼ିଥିଲା; ମାତ୍ର ନାୟିକା ତାହାର ପ୍ରାର୍ଥନା ପୂରଣ ନ କରି ଭର୍ତ୍ସନା କରିଥିଲା । ତେଣୁ ନାୟକ କ୍ଷୁବ୍‌ଧ ହୋଇ ଆଉ ତା ପାଖକୁ ଯାଉ ନ ଥିବାରୁ ଦୂତୀ ଆସି ତାକୁ ପରିସ୍ଥିତି ବୁଝାଇ କହିଛି - ହେ ଅବୋଧ, ତୁମେ କହିଲ, ସେ ଯେଉଁ ପରିସ୍ଥିତିରେ ଥିଲା, ତୁମର ଅନୁନୟ ପୂରଣ କରିବା ତା ପକ୍ଷରେ ସମ୍ଭବ ଥିଲା କି ? ସେଥିପାଇଁ ତୁମ୍ଭର ଅସମ୍ଭବ ଅଳିରେ ରାଗିଯାଇ ସେ ଦି'ପଦ କଡ଼ା କଥା କହିଦେଇଛି । ତୁମେ ବୃଥା ତାକୁ ଭୁଲ ବୁଝୁଛ । ମାଗିବାର ଦେଶ-କାଳ ଅଛି; ଅସ୍ଥାନ ଓ ଅକାଳରେ ମାଗିଲେ କେଉଁ ଲୋକ ନ ରାଗିବ ? ମୋହନଦଶାରେ ଜନନୀର ମନ ମଧ୍ୟ ପ୍ରିୟ ପୁତ୍ର ରୋଦନ କଲେ ବିରକ୍ତ ହୋଇଉଠେ । ଆଉ ସେ ତ ଏକ ଲଜ୍ଜାଶୀଳା ବାଳା; ଲୋକଲାଜ ଛାଡ଼ି କିପରି ସାଙ୍ଗେ ସାଙ୍ଗେ ତୁମର ପ୍ରାର୍ଥନା ପୂରଣ କରିଥାନ୍ତା ।

ଏତ୍‌ଥ ଚଉତ୍‌ଥଂ ବିରମଇ ଗାହାଣଁ ସଅଂ ସହାବ-ରମଣିଜ୍ଜଂ ।
ସୋଉଣ ଜଂ ଣ ଲଗ୍‌ଗଇ ହିଅଏ ମହୁରତ୍ତଣେଣ ଅମିଅଂ ବି । ୧୦୧ ।
(ଅତ୍ର ଚତୁର୍ଥଂ ବିରମତି ଗାଥାନଂ ଶତ ସ୍ୱଭାବ-ରମଣୀୟମ୍ ।
ଶ୍ରୁତ୍ୱା ଯନ୍ନ ଲଗତି ହୃଦୟେ ମଧୂରତ୍ୱେନାମୃତମପି ।)

ସ୍ୱଭାବରମଣୀୟ ଗାଥାସମୂହର ଚତୁର୍ଥ ଶତକ ଏଇଠାରେ ସମାପ୍ତି ଲାଭ କଲା; ଯାହାକୁ ଶୁଣିଲେ ମଧୁରତାରେ ହୃଦୟକୁ ଅମୃତ ମଧ୍ୟ ରୁଚେନାହିଁ ।

■

ପଞ୍ଚମ ଶତକ

ଡଜ୍ଝସି ଡଜ୍ଝସୁ କଟ୍‌ଟସି କଟ୍‌ଟସୁ ଅହ ଫୁଡସି ହିଅଅ ତା ଫୁଡସୁ।
ତହ ବି ପରିସେସିଓ ଚ୍ଚିଅ ସୋ ହୁ ମଏ ଗଲିଅ-ସବ୍‌ଭାବୋ । ୧ ।
(ଦହ୍ୟସେ ଦହ୍ୟସ୍ୱ କ୍ୱଥଂସେ କ୍ୱଥସ୍ୱ ଅଥ ସ୍ଫୁଟସି ହୃଦୟ ତତ୍ ସ୍ଫୁଟ।
ତଥାପି ପରିଶେଷିତ ଏବ ସଃ ଖଲୁ ମୟା ଗଳିତ-ସଭାବଃ।)- ହାଲ

ରେ ହୃଦୟ, ଦଗ୍‌ଧ ହେବୁ ତ ଦଗ୍‌ଧ ହୁଅ, କୁଟିହେବୁ ତ କୁଟିହୁଅ, ଫାଟିଯିବୁ ତ ଫାଟିଯାଆ; ତଥାପି ମୁଁ ସେଇ ସ୍ନେହହୀନଙ୍କୁ ଛାଡ଼ିସାରିଲିଣି।

ବ୍ୟାଖ୍ୟା - ଅପରାଧୀ ନାୟକଠାରେ ଆସକ୍ତ ହୃଦୟ ପ୍ରତି ମାନିନୀର ଉପାଲମ୍ଭ ବଚନ- ରେ ଅଲାଜୁକ ହୃଦୟ, ଧିକ୍ ତୋତେ। ଯେ ତୋତେ ପଚ୍ଚରୁ ନାହିଁ, ତୁ ତା'ରି ପଛରେ ଧାଇଁଛୁ। ତୁ ଜଳି ଯା, ଗଳି ଯା କି ଫାଟିଫୁଟି ଯା, ମୁଁ ମନାକରୁନାହିଁ। ମୋର କିନ୍ତୁ ତା ପ୍ରତି ପ୍ରେମ ତୁଟିଯାଇଛି ବୋଲି ଜାଣ। ମୁଁ ପଛେ ବିରହର ଦହନ ସହିବି, ତା' ଭଳି ସ୍ନେହମମତାଶୂନ୍ୟ ବ୍ୟକ୍ତି ସହିତ ମିଳାମିଶା କରିବି ନାହିଁ। ମୁଁ ତାକୁ ଭଲ କରି ଚିହ୍ନି ସାରିଲିଣି। ତୋ ଅବସ୍ଥା ଯାହାହେଉ, ତୁ ଯେତେ ପାରି ସେତେ ସନ୍ତୁଳି ହେଉଥା, ମୁଁ ଆଉ ସେ ସଦ୍‌ଭାବଶୂନ୍ୟ ନିଷ୍ଠୁର କଥା ଭାବିବି ନାହିଁ। - ଯେତିକି ଗଙ୍ଗା ଗଲି, ସେତିକି ଫଳ ପାଇଲି। ନାୟିକାର ତାତ୍ପର୍ଯ୍ୟ, ତୁମ ବିରହରେ ଏଇପରି ଜଳିପୋଡ଼ି ମରୁଥିବା ମୋ ଭଳି ଅନୁରାଗିଣୀ ପ୍ରିୟାକୁ ତୁମେ ହତାଦର କରୁଛ।

ଦଟ୍‌ଠୁଣ ରୁନ୍ଦ-ତୁଣ୍ଡଗ୍‌ଗ-ଣିଗ୍‌ଗଅଂ ଣିଅ-ସୁଅସ୍‌ସ ଦାଢ଼ଗ୍‌ଗଂ।
ଭୋଣ୍ଡୀ ବିଣାବି କଜ୍ଜେଣ ଗାମ-ଣିଅଡ଼େ ଜବେ ଚରଇ ।୨ ।
(ଦୃଷ୍ଟ୍ୱା ବିଶାଳ-ତୁଣ୍ଡାଗ୍ର-ନିର୍ଗତଂ ନିଜ-ସୁତସ୍ୟ ଦଂଷ୍ଟ୍ରାଗ୍ରମ୍।
ସୂକରୀ ବିନାପି କାର୍ଯ୍ୟେଣ ଗ୍ରାମ-ନିକଟେ ଯବାଂଶ୍ଚରତି।) - ବିଗ୍ରହ

ନିଜ ପୁଅର ଆଗ ଦାନ୍ତକୁ ତାହାର ବିଶାଳ ମୁଖର ଆଗକୁ ବାହାରିଥିବା ଦେଖି ଶୂକରୀ କୌଣସି କାମ ନ ଥିଲେ ମଧ୍ୟ ଗାଁ ନିକଟରେ ଥିବା ଯଅ-ଖେତରେ ଚରିବାକ ଲାଗିଛି।

ବ୍ୟାଖ୍ୟା - ଶୂକରୀ ଯେତେବେଳେ ଦେଖିଲା ଯେ ତାର ପିଲାର ତୀକ୍ଷ୍ଣ ଦଂଷ୍ଟ୍ରା ଉଠି ତାହାର ମୁଖ ଭୟଙ୍କର ଦେଖାଗଲାଣି, ସେତେବେଳେ ତାହାର ମନ ସୁଖ ପ୍ରଚୁର କରିବାପାଇଁ ସେ ଯବକ୍ଷେତରେ ନିର୍ଭୟରେ ବିଚରଣ କରିବାକୁ ଲାଗିଲା। କାରଣ ସନ୍ତାନ ଏବେ ନିଜକୁ ରକ୍ଷା କରିବାକୁ ଓ ଚରିବୁଲି ଉଦର ପୂରଣ କରିବାକୁ ସମର୍ଥ ହୋଇଉଠିଲାଣି। ତେଣୁ ମାତା ତରୁଣ ପୁତ୍ର ସମ୍ବନ୍ଧରେ ନିଶ୍ଚିନ୍ତ ହୋଇ ସ୍ୱେଚ୍ଛା ବିହାର କରିବାକୁ ବାହାରିପଡ଼ିଛି। କୌଣସି ଅସତୀ ମାତାର ସ୍ୱେଚ୍ଛା-ବିହାରକୁ ଲକ୍ଷ୍ୟ କରି ଏ ଗାଥା କୁହାଯାଇଥିବା ସମ୍ଭବ।

ହେଲା-କରଗ୍‌ଗ-ଅଟ୍‌ଠିଅ-ଜଲ-ରିକ୍‌କଂ ସାଅରଂ ପଆସନ୍ତୋ।
ଜଅଇ ଅଣିଗ୍‌ଗଅ-ବଡ଼ବଗ୍‌ଗି-ଭରିଅ-ଗଗଣୋ ଗଣାହିବଈ । ୩ ।
(ହେଳା କରାଗ୍ରାକୃଷ୍ଟ-ଜଲ-ରିକ୍ତଂ ସାଗରଂ ପ୍ରକାଶୟନ୍।
ଜୟତ୍ୟନିଗ୍ରହ-ବଡ଼ବାଗ୍ନି-ଭୃତ-ଗଗନୋ ଗଣାଧିପତିଃ।) - ପୋଛିସ

ସମୁଦ୍ରଜଳକୁ ହେଳାଭରେ ଶୁଣ୍ଢଦ୍ୱାରା ଅଗ୍ରଭାଗଦ୍ୱାରା ଆକର୍ଷଣ କରି ପ୍ରକାଶିତ କରି ଓ ନିଗ୍ରହରହିତ ବଡ଼ବାନଳଦ୍ୱାରା ଗଗନମଣ୍ଡଳକୁ ପରିବ୍ୟାପ୍ତ କରିଦେଉଥିବା ଗଣାଧବପତିଙ୍କର ଜୟ ହେଉ।

ବ୍ୟାଖ୍ୟା - ଗଣେଶ-ବନ୍ଦନା, ବ୍ୟପଦେଶରେ ଗଣ-ଅଧିପତିଙ୍କର ପ୍ରଶଂସା। ଗଣେଶ ସମୁଦ୍ରର ଜଳରାଶିକୁ ଅନାୟାସରେ ଶୁଣ୍ଢରେ ଶୋଷଣ କରି ସାଗରକୁ ଶୂନ୍ୟ କରି ଦିଅନ୍ତି। ତାଙ୍କର ଅସୀମ କ୍ଷମତା। ସେ ନିଗ୍ରହ-ସମର୍ଥ। ସେ ନିଗ୍ରହରହିତ ବଡ଼ବାନଳ-ଦ୍ୱାରା ଆକାଶକୁ ଛାଇଦେଇପାରନ୍ତି। ସେଇ ଗଣପତି ଜୟଯୁକ୍ତ ହୁଅନ୍ତୁ। ଗ୍ରାମଣୀ ପକ୍ଷେ - ସେ ହେଳାଭରେ ସମସ୍ତ ସିଦ୍ଧ କରିପାରନ୍ତି। ତାଙ୍କର ଅକରଣୀୟ କିଛି ନାହିଁ। ସେ ସିଦ୍ଧିଦାତା ଗଣେଶଙ୍କ ପରି ଅସୀମ ପରାକ୍ରମଶାଳୀ। ତାହାଙ୍କୁ ଆଶ୍ରୟ କରି ନିର୍ଭୟ ହୁଅ।

ଏଏଣ ଛିଅ କଂକେଲ୍ଲି ତୁଜ୍‌ଟ ତଂ ଣତ୍‌ଥି ଜଂ ଣ ପଜ୍ଜତ୍ତଂ।
ଉବମିଜ୍ଜଇ ଜଂ ତୁହ ପଲ୍ଲବେଣ ବର-କାମିଣୀ-ହତ୍‌ଥୋ ।୪।
(ଏତେନୈବ କଙ୍କେଲ୍ଲେ ତବ ତନ୍ନାସ୍ତି ଯନ୍ନ ପର୍ଯାପ୍ତମ୍।
ଉପମୀୟତେ ଯତ୍ତବ ପଲ୍ଲବେନ ବର-କାମିନୀ-ହସ୍ତଃ।) - କର୍ଷଣଶୀଳ
ହେ ଅଶୋକ, ତୁମର ପଲ୍ଲବ ସହିତ ବରକାମିନୀମାନଙ୍କର ହସ୍ତ ଯେଣୁ ଉପମିତ

ହୋଇଥାଏ, ଏଥିରୁ ପ୍ରତୀତ ହେଉଛି ତୁମ ପାଖରେ ତାହା ନାହିଁ ଯାହା ପର୍ଯ୍ୟାପ୍ତ ନୁହେଁ।

ବ୍ୟାଖ୍ୟା - ଅଶୋକ ବୃକ୍ଷ ପ୍ରଶଂସା ଛଳରେ ନାୟିକାର ନାୟକ ସ୍ତୁତି- ହେ ଅଶୋକ, ତୁମ ଗୁଣର ପ୍ରଶଂସା କରିବା ପାଇଁ ମୁଁ ଭାଷା ପାଉ ନାହିଁ। ତୁମର ଅଶୋକ ନାମ ସାର୍ଥକ; ତୁମେ ସମସ୍ତ ଦିଗରୁ ସାର୍ଥକ। ସୁନ୍ଦରୀ ନାରୀମାନଙ୍କ ହସ୍ତ ସହିତ ତୁମର ପଲ୍ଲବକୁ ଉପମାନ ରୂପେ ଯୋଜନା କରି କବି ଉପମା-ପ୍ରୟୋଗର ନୈପୁଣ୍ୟ ପ୍ରଦର୍ଶନ କରନ୍ତି। ଏତିକିରୁ ଜଣାଯାଏ, ତୁମେ କେତେ ଗୁଣଶାଳୀ। ତୁମର ସମସ୍ତ ଗୁଣ ବିଷୟରେ କହିବା ନିଶ୍ଚୟ ପର୍ଯ୍ୟାପ୍ତ ହେବନାହିଁ। ନାୟିକାର ତାତ୍ପର୍ଯ୍ୟ, ତୁମର ଗୁଣ ଅବର୍ଣ୍ଣନୀୟ।

ରସିଅ-ବିଅଟ୍‌ଠ ବିଲାସିଅ ସମଅଣ୍ଣଅ ସଚ୍ଚଅଂ ଅସୋଓ ସି।
ବର-ଜୁଅଇ-ଚଲଣ-କମଲାହଓ ବି ଜଂ ବିଅସସି ସଏହ୍ଣଂ । ୫ ।
(ରସିକ ବିଦଗ୍ଧ ବିଳାସିନ୍‌ସମୟଜ୍ଞ ସତ୍ୟମଶୋକୋଽସି।
ବର-ଯୁବତି-ଚରଣ-କମଳାହତୋଽପି ଯତ୍‌ବିକସସି ସତୃଷ୍ଣମ୍।) - ବ୍ରହ୍ମଚାରୀ

ହେ ରସିକ, ବିଦଗ୍ଧ, ହେ ବିଳାସୀ ଓ ଅନୁକୂଳ ସମୟଜ୍ଞ ଅଶୋକ! ବାସ୍ତବରେ ତୁ ଅଶୋକ; କାରଣ ବରଯୁବତୀମାନଙ୍କ ଚରଣକମଳ ଦ୍ୱାରା ଆହତ ହେଲେ ମଧ୍ୟ ତୁ ସତୃଷ୍ଣ ହୋଇ ବିକଶିତ ହେଉ।

ବ୍ୟାଖ୍ୟା - ଅଶୋକ ବୃକ୍ଷର ଗୁଣ ବର୍ଣ୍ଣନା ଛଳରେ ନାୟକ ପ୍ରତି ସଖୀ-ଉକ୍ତି- ତୋର ଅଶୋକ ନାମ ସାର୍ଥକ; କାରଣ ତୁ ଶୋକରହିତ। ତୁ ଏକାଧରରେ ରସିକ, ବିଳାସୀ, ସମୟଜ୍ଞ ଓ ବିଦଗ୍ଧ। ବରବର୍ଣ୍ଣିନୀର ଚରଣ-ତାଡ଼ନରେ ମଧ୍ୟ ତୁ କୁପିତ ନ ହୋଇ ତୃଷ୍ଣାସହକାରେ ବିକଶିତ ହୋଇଉଠୁ; ଅର୍ଥାତ୍ ସେମାନଙ୍କ ପଦ-ପ୍ରହାର ସହିବା ପାଇଁ ଯେପରି ତୁ ଅପେକ୍ଷା କରି ରହିଥାଉ। ସେମାନଙ୍କ ରକ୍ତ-ଚରଣ ଚୁମ୍ବନ କରି ତୁ ସତୃଷ୍ଣ ନେତ୍ରରେ ଚାହିଁ ରହୁ। ପଦ-ତାଡ଼ନ ସହିବା ତୋର ବିଦଗ୍ଧତ୍ୱ ଓ ରସିକତ୍ୱର ପରିଚାୟକ। ପ୍ରିୟାର ପ୍ରଣୟ-ରୋଷ ଦେଖି ତୁ ସମୟୋଚିତ ଅନୁନୟଦ୍ୱାରା ତାହାର ମାନ ଦୂର କରିପାରୁ- ଏଣୁ ତୁ ସମୟଜ୍ଞ। ସଖୀର ତାତ୍ପର୍ଯ୍ୟ, ହେ ଚତୁରଙ୍କ ଶିରୋମଣି, ତୁମେ ପ୍ରିୟାର ପ୍ରଣୟକୋପ ବଚନରେ ରୁଷ୍ଟ ହୋଇଛ। ମାତ୍ର ଅଶୋକଦୋହଦ ଭଳି ତୁମ ମନର ବାସନା ହେବା ଉଚିତ। ତେବେ ଯାଇ ପ୍ରିୟା ପ୍ରେମର ସତ୍ୟ ପରିଚୟ ଲାଭ କରିବ।

ବଲିଣୋ ବାଆ-ବନ୍ଧେ ଚ୍ଛେଜ୍ଜଂ ଣିଉଅତ୍ତଣଂ ଚ ପଅଡ଼ନ୍ତୋ।
ସୁର-ସତ୍‌ଥ-କଆଣନ୍ଦୋ ବାମଣ-ରୂବୋ ହରୀ ଜଅଇ ।୬।
(ବଳେର୍ବାଚା-ବନ୍ଧେ ଆଶ୍ଚର୍ଯ୍ୟଂ ନିପୁଣତ୍ୱଂ ଚ ପ୍ରକଟୟନ୍।
ସୁର-ସାର୍ଥ-କୃତାନନ୍ଦୋ ବାମନ-ରୂପୋ ହରିର୍ଜୟତି।)-ଭୋଜକ

ବଳିଙ୍କୁ ବାକ୍ୟ ପ୍ରୟୋଗରେ ବାନ୍ଧି ନେବାରେ ଆଶ୍ଚର୍ଯ୍ୟ ନିପୁଣତା ପ୍ରକଟ କରି ଦେବ-ସଙ୍ଘଙ୍କୁ ଆନନ୍ଦିତ କରିଥିବା ବାମନରୂପୀ ହରିଙ୍କର ଜୟ ହେଉ।

ବ୍ୟାଖ୍ୟା - ବାମନରୂପୀ ହରିଙ୍କୁ ସ୍ତୁତି। ବଳିଙ୍କୁ ଛଳନାରେ ବା ବାଗ୍‌ବନ୍ଧରେ ପରାସ୍ତ କରି ନିଜର ଅଦ୍ଭୁତ ନୈପୁଣ୍ୟ ପ୍ରକାଶ କରି ଯେ ଦେବସଙ୍ଘର ଆନନ୍ଦ ବର୍ଦ୍ଧନ କରିଥିଲେ, ସେଇ ବାମନରୂପୀ ହରିଙ୍କର ଜୟ ହେଉ। ଅନ୍ୟ ଅର୍ଥରେ ନାୟକ ପ୍ରତି ଦୂତୀ ଉକ୍ତି-ବାକ୍ୟ-ପ୍ରବନ୍ଧଦ୍ୱାରା ବା କଥା ଚତୁରୀରେ ଯେ ଦ୍ୱାରରକ୍ଷକଙ୍କୁ ପରାଭୂତ ବା ନିରୁତ୍ତର କରିବାରେ ଆଶ୍ଚର୍ଯ୍ୟ ନିପୁଣତା ପ୍ରଦର୍ଶନ କରିପାରେ, ସେଇ ପରଦାରାପହାରୀ ସୁରସ-ସଂପନ୍ନ ବଚନ-କୌଶଳ ଦ୍ୱାରା ସମସ୍ତଙ୍କୁ ଆନନ୍ଦିତ କରି ବିନୟ (ବାମନ) ହୋଇ ବିଜୟ ଲାଭ କରି ଚାଲିଯାଏ; ଅର୍ଥାତ୍, ସୁରସାର୍ଥ (ରସପୂର୍ଣ ବଚନ) ଦ୍ୱାରା ଏପରି ମାୟାଜାଲ ସୃଷ୍ଟି କରେ ଯେ ଗୃହସ୍ୱାମୀର ମନୋହରଣ କରିନିଏ ଓ ନାୟିକାକୁ ହରଣପୂର୍ବକ କାର୍ଯ ସିଦ୍ଧ କରି ଚାଲିଯାଏ। ଏପରି ନାୟକର ଜୟ ହେଉ।

ବିଜ୍ଝାବିଜ୍ଜଇ ଜଲଣୋ ଗହ-ବଇ-ଧୂଆଇ ବିତ୍‌ଥଅ-ସିହୋ ବି।
ଅଣୁମରଣ-ଘଣାଲିଙ୍ଗଣ-ପିଅଅମ-ସୁହ-ସିଜ୍ଜିରଙ୍ଗୀଏ । ୭ ।
(ନିର୍ବାପ୍ୟତେ ଜ୍ୱଳନୋ ଗୃହ-ପତି-ଦୁହିତ୍ରା ବିସ୍ତୃତ-ଶିଖୋଽପି।
ଅନୁମରଣ-ଘନାଲିଙ୍ଗନ-ପ୍ରିୟତମ-ସୁଖ-ସ୍ୱେଦଶୀତାଙ୍ଗ୍ୟା।) - ଅନୁରାଗ

ଗୃହପତିର କନ୍ୟା ଅନୁମରଣକାଳରେ ପ୍ରିୟତମଙ୍କୁ ଘନାଲିଙ୍ଗନଜନିତ ସୁଖରୁ ଉତ୍ପନ୍ନ ସ୍ୱେଦଜଳ ହେତୁ ଶୀତଳାଙ୍ଗିନୀ ହୋଇ ବିସ୍ତୃତ ଶିଖାଗ୍ନିକୁ ମଧ୍ୟ ଲିଭାଇ ଦେଉଛି।

ବ୍ୟାଖ୍ୟା - ପତିବ୍ରତା ନାରୀର ଦୃଢ଼ାନୁରାଗର ଦୃଷ୍ଟାନ୍ତ ଦେବା ପାଇଁ ନାୟକଙ୍କୁ ଶୁଣାଇ ସଖୀ ପ୍ରତି ନାୟିକାର ଉକ୍ତି- ସାଧ୍ୱୀ କୁଳବତୀ ନାରୀ ପ୍ରେମ ଜୀବନ-ମରଣରେ ମଧ୍ୟ ଅପରିବର୍ତ୍ତନୀୟ ରହେ। ହେଇ ଦେଖ, ଏଇ ସତୀଶିରୋମଣି ଆଜି ସତୀ ହେବା ପାଇଁ ସ୍ୱାମୀର ଚିତାଗ୍ନିରେ ପ୍ରବେଶ କରିଛି। ଅଗ୍ନି ଲେଲିହାନ ଶିଖା ବିସ୍ତାର କରିଛି। ସତୀ ବାହୁପାଶରେ ସ୍ୱାମୀଙ୍କୁ ଗାଢ଼ ଆଲିଙ୍ଗନରେ ବାନ୍ଧି ସେଇ ଚିତା ମଧ୍ୟରେ ବସିଛି। ପ୍ରିୟତମଙ୍କୁ ଆଲିଙ୍ଗନ କରି ସ୍ପର୍ଶ-ସୁଖର ଅସହ୍ୟ ପୁଲକରେ ତାର ଶରୀରରୁ ସ୍ୱେଦଧାରା ଝରି ବିସ୍ତାରିତ ହୋଇ ସାରିଥିବା ଅଗ୍ନିଶିଖାକୁ ଲିଭାଇ ଦେଉଛି। ନାୟିକାର ତାତ୍ପର୍ଯ୍ୟ, ସତୀ ନାରୀର ପ୍ରେମ ଏତେ ଗଭୀର ଯେ ଅନୁମରଣକାଳରେ ମଧ୍ୟ ପ୍ରଜ୍ୱଳିତ ଚିତାଗ୍ନି ମଧ୍ୟରେ ମୃତ ପତିଙ୍କୁ ଆଲିଙ୍ଗନ କରି ପୁଲକ-ସୁଖ ଲାଭ କରିପାରେ।

ଜାର-ମସାଣ-ସମୁବ୍‌ଭବ-ଭୂଇ-ସୁହ-ପ୍‌ଫଂସ-ସିଜ୍ଜିରଙ୍ଗୀଏ।
ଣ ସମପ୍ପଇ ଣବ-କାବାଲିଆଇ ଉଦ୍ଧୂଳଣାରମ୍ଭୋ। ୮ ।
(ଜାର-ଶ୍ମଶାନ-ସମୁଦ୍ଭବ-ଭୂତି-ସୁଖ-ସ୍ପର୍ଶ-ସ୍ୱେଦଶୀଳାଙ୍ଗ୍ୟାଃ।

ନ ସମାପ୍ୟତେ ନବ-କାପାଳିକ୍ୟା ଉଦ୍ଧୂଳନାରମ୍ଭଃ ।)-ହାଳ

ଉପପତିର ଶ୍ମଶାନ ସମୁଦ୍‌ଭୂତ ଭସ୍ମର ସ୍ପର୍ଶ-ସୁଖଦ୍ୱାରା ଉତ୍ପନ୍ନ ସ୍ୱେଦରେ ଶୀତଳାଙ୍ଗ ନୀ ନବକାପାଳିକ ବ୍ରତଧାରିଣୀର ଭସ୍ମାନୁଲେପନ ସମାପ୍ତ ହେଉ ନାହିଁ ।

ବ୍ୟାଖ୍ୟା - ଉପପତିଠାରେ ଆସକ୍ତ କୌଣସି ରମଣୀର ଦୃଢ଼ାନୁରାଗର ବର୍ଣ୍ଣନା- ଏଇ ସେ ନବକାପାଳିକା ନାରୀଟି ଶ୍ମଶାନରେ ବିଚରଣ କରୁଛି, ତାହା ପ୍ରେମର ତୁଳନା ନାହିଁ । ଜାରର ମୃତ୍ୟୁ ପରେ ଅସହ୍ୟ ବିରହବେଦନା ହେତୁ ସେ ପ୍ରତିଦିନ ଶ୍ମଶାନଭୂମିକୁ ଆସି ଶ୍ମଶାନ-ଭସ୍ମରେ ତନୁ ବିଲେପନ କରୁଛି । ଆଞ୍ଜୁଳା ଆଞ୍ଜୁଳା ଭସ୍ମ ତୋଳି ସେ ଯେତେବେଳେ ଅଙ୍ଗରେ ବୋଳୁଛି, ସେତେବେଳେ ସ୍ପର୍ଶସୁଖଜନିତ ପୁଲକରଭସରେ ତାର ସର୍ବାଙ୍ଗରୁ ସ୍ୱେଦଧାରା ଝରି ଲେପିତ ଭସ୍ମ ଧୋଇ ହୋଇଯାଉଛି; ତେଣୁ ତାର ଭୂତି ଅନୁଲେପନ କାର୍ଯ୍ୟ ସମାପ୍ତ ହେଉ ନାହିଁ ।

ଏକ୍‌କୋ ପଣ୍ହୁଅଇ ଥଣୋ ବୀସ ପୁଲଏଇ ଣହ-ମୁହାଳିହିଓ ।
ପୁତ୍ତମଓ ପିଅଅମସ୍‌ସ ଅ ମଜ୍‌ଝ-ଣିସଣ୍ଣୋଏଁ ଘରଣୀଏ । ୯ ।
(ଏକଃ ପ୍ରସ୍ନୌତି ସ୍ତନୌ ଦ୍ୱିତୀୟଃ ପୁଲକିତୋ ଭବତି ନଖ-ମୁଖାଲିଖିତଃ ।
ପୁତ୍ରସ୍ୟ ପ୍ରିୟତମସ୍ୟ ଚ ମଧ୍ୟ-ନିଷଣ୍ଣୟା ଗୃହିଣ୍ୟାଃ ।) - ହାଳ

ପୁତ୍ର ଓ ପ୍ରିୟତମଙ୍କ ମଝିରେ ବସିଥିବା ଗୃହିଣୀର ଏକ ସ୍ତନ ଦୁଗ୍ଧ ଝରାଉଛି ଓ ଅନ୍ୟଟି ନଖାଗ୍ର ଦ୍ୱାରା ଚିହ୍ନିତ ହୋଇ ପୁଲକିତ ହୋଇ ଉଠୁଛି ।

ବ୍ୟାଖ୍ୟା - ବାତ୍ସଲ୍ୟ ଓ ଅନୁରାଗ, ମାତୃତ୍ୱ ଓ ପତ୍ନୀତ୍ୱ କିପରି ନାରୀ ଏକ ଅଙ୍ଗରେ ପ୍ରକାଶ କରିପାରେ, ତାହାର ଉଦାହରଣ ଦେଇ କେହି କହିଛି - ଏଇ ନାରୀର ଦୁଇ ପାଖରେ ପ୍ରିୟତମ ଓ ଶିଶୁ ସନ୍ତାନ ବସିଛନ୍ତି । ତାର ଦୃଷ୍ଟିରେ ଦୁହିଙ୍କ ପ୍ରତି ସମାନ ଅନୁରାଗ; ମାତ୍ର ଅନୁରାଗ ପ୍ରକାଶର ଧାରା ଭିନ୍ନ । ଏକ ପୟୋଧରରୁ କ୍ଷୀରଧାର ଝରୁଛି, ତାହା ସନ୍ତାନ-ସ୍ନେହର ଚିହ୍ନ ! ଅପରଟିରେ ପୁଲକ ଫୁଟିଉଠୁଛି- କାରଣ ପ୍ରିୟତମର ନଖାଘାତରେ ପୁଲକିତାଙ୍ଗୀ ହୋଇ ଉଠିବା ହେତୁ ସ୍ତନମଣ୍ଡଳରେ ରୋମାଞ୍ଚ ଜାତ ହେଉଛି । ଏହିପରି ଏକ ଅଙ୍ଗରେ ସେ ଯୁଗପତ୍ ବାତ୍ସଲ୍ୟ ଓ ଅନୁରାଗର ଚିହ୍ନ ବହନ କରିଛି ।

ଏତ୍ତାଇଚ୍ଚିଅ ମୋହଂ ଜଣେଇ ବାଲତ୍ତଣେ ବି ବଟ୍‌ଟନ୍ତୀ ।
ଗାମଣି-ଧୂଆ ବିସ-କନ୍ଦଲିବ୍ୱ ବଡ୍‌ଢ଼ୀଆଁ କାହିଇ ଅଣତ୍‌ଥଂ ।୧୦ ।
(ଏତାବତ୍ୟେବ ମୋହଂ ଜନୟତି ବାଲତ୍ୱେଽପି ବର୍ତ୍ତମାନା ।
ଗ୍ରାମଣୀ-ଦୁହିତା ବିଷ-କନ୍ଦଳୀବ ବର୍ଦ୍ଧିତା କରିଷ୍ୟତି ଅନର୍ଥମ୍ ।) - ଭୋଜକ

ଏତେ ବାଳିକା ଅବସ୍ଥାରେ ଥାଇ ମଧ୍ୟ ଗ୍ରାମପତିର ଦୁହିତା ମୋହ ଜାତ କରୁଛି, ବିଷକନ୍ଦଳୀ ଭଳି ବର୍ଦ୍ଧିତ ହେଲେ ଅନର୍ଥହିଁ ଘଟାଇବ ।

ବ୍ୟାଖ୍ୟା - କୌଣସି ବାଳିକା ପ୍ରତି ଆସକ୍ତ ନାୟକର ସହଚର ପ୍ରତି ଉକ୍ତି - ହେ ବଂଧୁ, ଏଇ ଗ୍ରାମପତି - ସୁତା ଏତେ ବାଲ୍ୟତ ବୟସରୁ ଯେପରି ମୋହମୟୀ ହେଲାଣି, ଯୌବନରେ ଉପନୀତ ହେଲେ ସେ ନିଶ୍ଚୟ ଅନର୍ଥ ଘଟାଇବ। ଏ ବୟସରେ ଯେ ମୋହିନୀ, ବିଷବୃକ୍ଷ ଭଳି ବଢ଼ି ସେଇ ବାଳିକା ଯେତେବେଳେ ଯୁବତୀ ହେବ, ସେତେବେଳେ ତରୁଣ ସଂସାରକୁ ଉଚ୍ଛନ୍ନ କରିଦେବ। ନାୟକର ତାତ୍ପର୍ଯ୍ୟ, ଏ ବାଳିକା ତରୁଣୀ ହେଲେ ଅପୂର୍ବ ଶୋଭାମୟୀ ହେବ।

ଅପହୁପ୍ପନ୍ତଂ ମହି-ମଣ୍ଡଳମ୍ମି ଣହ-ସଂଠିଅଂ ଚିରଂ ହରିଣୋ।
ତାରା-ପୁପ୍ଫ-ପ୍ପଅରଞ୍ଚିଅଂ ବ ତଇଅଂ ପଅଂ ଣମହ ।୧୧।
(ଅପ୍ରଭବନ୍ମହୀମଣ୍ଡଳେ ନଭଃ-ସଂସ୍ଥିତଃ ଚିରଂ ହରେଃ।
ତାରା-ପୁଷ୍ପ-ପ୍ରକରାଞ୍ଚିତମିବ ତୃତୀୟଂ ପଦଂ ନମତ।) - ଉଦଧି

ମହୀମଣ୍ଡଳରେ ନ ଅଣ୍ଟିବାକୁ ବହୁକାଳଯାଏ ନଭୋମଣ୍ଡଳରେ ସଂସ୍ଥିତ ତାରାରୂପୀ ପୁଷ୍ପସମୂହଦ୍ୱାରା ପରିବ୍ୟାପ୍ତ ହେବା ପରି ହରିଙ୍କର ସେଇ ତୃତୀୟଚରଣକୁ ନମସ୍କାର କର।

ବ୍ୟାଖ୍ୟା - ତ୍ରିବିକ୍ରମ ହରିଙ୍କର ବନ୍ଦନା। ବାମନରୂପୀ ହରିଙ୍କର ଦୁଇ ପାଦ ଭୂମି ଉପରେ ରହି ତୃତୀୟ ପାଦ ଧରାରେ ନଧରିବାରୁ ଉନ୍ନତ ପଦବୀ ପ୍ରାପ୍ତ ହୋଇ ଆକାଶରେ ରହିଥିଲା। ଉକ୍ତ ସେହି ତୃତୀୟ ଚରଣକୁ ନମସ୍କାର କରୁଛି। ସେହି ପାଦ ତାରାମାଳରେ ଶୋଭା ପାଉଥିଲା।

ସୁପ୍ପଉ ତଇଓ ବି ଗଓ ଜାମୋତ୍ତି ସହୀଓଁ କୀସ ମଂ ଭଣହ।
ସେହାଲିଆଣଁ ଗନ୍ଧୋ ଣ ଦେଇ ସୋତ୍ତୁଂ ସୁଅହ ତୁମ୍ହେ ।୧୨।
(ସୁପ୍ୟତାଂ ତୃତୀୟୋଽପି ଗତୋ ଯାମ ଇତି ସଖ୍ୟଃ କିମିତି ମାଂ ଭଣଥ।
ଶେଫାଳିକାନାଂ ଗନ୍ଧୋ ନ ଦଦାତି ସ୍ୱପ୍ତୁଂ ସ୍ୱପିତ ଯୂୟମ୍।) - ଶ୍ରୀଶକ୍ତି

ସଖିଗଣ, ତୁମେମାନେ ମୋତେ କାହିଁକି ଏହା କହୁଛ ଯେ, 'ତୃତୀୟ ଯାମ ମଧ୍ୟ ଗତ ହେଲା, ତୁ ଶୋଇ ଯା' - ଶେଫାଳିକାର ଗନ୍ଧ ତ ମୋତେ ଶୋଇଦେଉନାହିଁ, ତୁମେ ସବୁ ଶୋଇଯାଅ।

ବ୍ୟାଖ୍ୟା- ବିରହୋତ୍କଣ୍ଠିତା ନାୟିକାର ସଖୀମାନଙ୍କ ପ୍ରତି ଉକ୍ତି। ନାୟକର ପ୍ରତୀକ୍ଷାରେ ରାତ୍ରିର ତୃତୀୟ ପ୍ରହର ପର୍ଯ୍ୟନ୍ତ ସେ ଉଜ୍ଜାଗ୍ରତ ରହିଲାଣି। ନାୟକ ଆଗମନର ସମ୍ଭାବନା ନଥିବା ଦେଖି ସଖୀମାନେ ଶେଷକୁ ତାକୁ ଶୋଇଯିବାକୁ କହିବାରୁ ସେ ଉତ୍ତର ଦେଇଛି- ତୁମ୍ଭମାନଙ୍କୁ ମୋର ଅନୁରୋଧ, ତ୍ରିଯାମା ଯାମିନୀ ବିତିଗଲା, ମୋତେ ଶୋଇବାକୁ କୁହ ନାହିଁ। ବାତାୟନ ନିକଟରେ ବିକଶିତ ଶେଫାଳିକାର

ବାସ ମୋତେ ଉନ୍‌ମନା କରୁଛି। ତାର ମହକରେ ମୋର ମନପ୍ରାଣ ମାଦକତାରେ ଭରିଯାଇଛି। ତୁମେ ସବୁ ଶୋଇଯାଅ, ନିଦ୍ରାର ସୁଖସ୍ପର୍ଶ ମୋ କପାଳରେ ନାହିଁ। ନାୟିକାର ତାତ୍ପର୍ଯ୍ୟ-ପ୍ରିୟ ମିଳନ ନିମନ୍ତେ ମୋର ମନ ଉତ୍‌କଣ୍ଠିତ, ସେଥିରେ ପୁଣି ଶେଫାଳିର ଭୂରୁ ଭୂରୁ ଉନ୍‌ମାଦକ ଗନ୍ଧରେ ମୋର ପ୍ରାଣ ପାଗଳ-ଏଥିରେ କିପରି ନିଦ ଆସିବ ?

କହଁ ସୋ ଣ ସଂଭରିଜ୍ଜଇ ଜୋ ମେ ତହ ସଂଠିଆଇଁ ଅଙ୍ଗାଇଂ।
ଣିବ୍‌ବତ୍ତିଏ ବି ସୁରଏ ଣିଜ୍‌ଝାଅି ସୁରଅ-ରସିଓ ବ୍‌ବ ।୧୩।
(କଥଂ ସ ନ ସଂସ୍ମର୍ଯତେ ଯୋ ମମ ତଥା ସଂସ୍ଥିତାନ୍ୟଙ୍ଗାନି।
ନିବର୍ତିତେଽପି ସୁରତେ ନିଧ୍ୟାୟତି ସୁରତ-ରସିକ ଇବ।) - ଶଙ୍କର

ସୁରତ କ୍ରିୟା ସମାପ୍ତ ହେଲେ ମଧ୍ୟ ଯେଉଁ ସୁରତ-ରସିକ ପ୍ରିୟ ମୋର ଅଙ୍ଗକୁ ତଥା ସଂସ୍ଥିତ ଭଳି ଦେଖନ୍ତି, ତାହାଙ୍କୁ କିପରି ସ୍ମରଣ ନ କରିବ ?

ବ୍ୟାଖ୍ୟା - ନିର୍ଦ୍ଦୟ ପ୍ରିୟଙ୍କୁ ସ୍ମରଣ କରି ଅଧିକ କଷ୍ଟ ନ ଭୋଗିବା ପାଇଁ ସଖୀମାନେ ପରାମର୍ଶ ଦେବାରୁ ନାୟିକାର ଉତ୍ତର- ସଖୀମାନେ, ମୋତେ ଆଚ୍ଛା ପରାମର୍ଶ ଦେଉଛ ତ ? ଯେଉଁ ପ୍ରିୟତମ ଭୋଗ ସମାପ୍ତ ହେବା ପରେ ମଧ୍ୟ ମୋର ଅଙ୍ଗାବଳୀକୁ ଅନନ୍ତ ଭୋଗବାସନା ଦୃଷ୍ଟିରେ ଦେଖନ୍ତି, ସେଇ ସୁରତ-ରସିକ ପ୍ରିୟଙ୍କୁ କିପରି ଭୁଲି ରହିବି ? କୁହ, ରତିଲୀଳା ଅବସାନାନ୍ତେ ମୋର ଅଙ୍ଗାବଳୀ ପ୍ରତି ତାଙ୍କର ଏଇ ଯେ ସୂରତ ସଂଲଗ୍ନ ହେବା ଭଳି ଦୃଷ୍ଟିପାତ, ସେଥିରୁ ମୁଁ କଣ ଜାଣେ ନାହିଁ ମୋ ପ୍ରତି ତାଙ୍କର ଅନୁରାଗ କେତେ ନିବିଡ଼ ?

ସୁକ୍‌ଖନ୍ତ-ବହଲ-କଦ୍ଦମ୍ମ-ଘମ୍ମ-ବିସୂରନ୍ତ-କମଠ-ପାଠୀଣଂ।
ଦିଟ୍‌ଠଂ ଅଦିଟ୍‌ଠ-ଉବ୍‌ବ୍ କାଲେଣ ତଲଂ ତଡ଼ାଅସ୍‌ସ ।୧୪।
(ଶୁଷ୍ୟଦ୍-ବହଲ-କର୍ଦ୍ଦମ-ଘର୍ମ-ଖିଦ୍ୟମାନ-କମଠ-ପାଠୀନମ୍।
ଦୃଷ୍ଟଂ ଅଦୃଷ୍ଟ-ପୂର୍ବଂ କାଳେନ ତଳଂ ତଡ଼ାଗସ୍ୟ।)

ତଡ଼ାଗର ବହଳ କର୍ଦ୍ଦମ ଶୁଷ୍କ ହୋଇଯାଇଛି ଓ ତାପ ହେତୁ କମଠ ପାଠୀନ ମତ୍ସ୍ୟମାନେ କଷ୍ଟ ପାଉଛନ୍ତି। ଗ୍ରୀଷ୍ମକାଳରେ ତାହାର ଅଦୃଷ୍ଟ-ପୂର୍ବ ତଳଭାଗ ଦେଖିବାକୁ ମିଳୁଛି।

ବ୍ୟାଖ୍ୟା - ସଂକେତ-ସ୍ଥଳର ସୂଚନା ଦେଇ ନାୟିକାର ପ୍ରେମିକ ପ୍ରତି ଉକ୍ତି- ଏଇ ପୋଖରୀର ଜଳ ନିଦାଘ-ତାପରେ ଶୁଷ୍କ ହୋଇଯାଇଛି, ତାର ତଳଭାଗ ପଙ୍କମୟ, ପୋଖରୀରେ ରହୁଥିବା କଇଁଛ ଓ ଶେଉଳ ଆଦି ପଙ୍କୁଆ ମାଛମାନଙ୍କର ଜୀବନୀଶକ୍ତି କ୍ଷୟ ହେବାକୁ ଲାଗିଛି। ଯେଉଁ ପୋଖରୀର ଗଭୀର ତଳ ଏକଦା

ଅଦୃଶ୍ୟ ଥିଲା ଆଜି ତାହା ସମସ୍ତଙ୍କୁ ଦୃଶ୍ୟ ହେଉଛି। ତେଣୁ ଏଠାକୁ ଜଳ ନେବା ଓ ମାଛ ଧରିବାପାଇଁ କାହାରି ଆସିବାର ସମ୍ଭାବନା ନାହିଁ। ଏହା ଆମର ଉପଯୁକ୍ତ ମିଳନସ୍ଥଳ ହେବ।

ଚେରିଅ-ରଅ-ସଦ୍ଧାଲୁଇ ମା ପୁତ୍ତି ବ୍‌ଭମସୁ ଅନ୍ଧଆରମ୍ମି।
ଅହିଅ ଅରଂ ଲକ୍‌ଖିଜସି ତମ-ଭରିଏ ଦୀବ-ସୀହବ୍‌ବ ।୧୫।
(ଚୌର୍ଯ୍ୟ-ରତ-ଶ୍ରଦ୍ଧାଶୀଳେ ମା ପୁତ୍ରି ଭ୍ରମାନ୍ଧକାରେ।
ଅଧିକତରଂ ଲକ୍ଷ୍ୟସେ ତମୋଭୃତେ ଦୀପ-ଶିଖେବ।) - ବ୍ରହ୍ମଯନ୍ତ

ଚୌର୍ଯ୍ୟରତିରେ ଶ୍ରଦ୍ଧାଶୀଳା ହେ ଝିଅ! ଅନ୍ଧକାରରେ ଭ୍ରମଣ କରନା; ତମୋପୂର୍ଣ୍ଣ ରାତ୍ରିରେ ଦୀପଶିଖା ସଦୃଶ ଅଧିକତର ଦେଖାଯିବୁ।

ବ୍ୟାଖ୍ୟା - ତିମିରାଭିସାରିକା ପ୍ରତି କୌଣସି ବୃଦ୍ଧାର ଉକ୍ତି- ହେ ଝିଅ, ତୁ ତ ଚୋରା ପ୍ରୀତିରେ ମଜିଛୁ। ଏଇ ଘନ ଅନ୍ଧକାର ରାତ୍ରିରେ ତୁ ଗୋପନ-ଅଭିସାରରେ ବାହାରି ପଡିଛୁ। ମାତ୍ର ତୁ ଜାଣୁ କି, ତୋର ତନୁ-ଲାବଣ୍ୟ ହେତୁ ଲୋକେ ତୋତେ ସହଜରେ ଅନ୍ଧକାର ମଧ୍ୟରେ ଚିହ୍ନିପାରିବେ? ତୁ ତ ପ୍ରଦୀପ-ଶିଖା ଭଳି ରୂପର ଶିଖାରେ ଜଳୁଛୁ! ମୋର ଛୋଟ କଥା ମାନ, ମୁଁ ତୋର ଉଦ୍ଦେଶ୍ୟ ବୁଝିପାରୁଛି। ତୁ ଅନ୍ଧାରରେ ଯିବାବେଳେ ସାବଧାନରେ ଯିବୁ।

ବାହିତ୍ତା ପଡିବଅଣଂ ଣ ଦେଇ ରୂସେଇ ଏକ୍‌କମେକ୍‌କସ୍‌ସ।
ଅସଈ କଜ୍ଜେଣ ବିଣା ପଈପ୍‌ପମାଣେ ଣଈ-କଚ୍ଛେ। ୧୬।
(ବ୍ୟାହୃତା ପ୍ରତିବଚନଂ ନ ଦଦାତି ରୁଷ୍ୟତ୍ୟେକୈକସ୍ୟ।
ଅସତୀ କାର୍ଯ୍ୟେଣ ବିନା ପ୍ରଦୀପ୍ୟମାନେ ନଦୀ-କଚ୍ଛେ।) - ରୋଳଦେବ

ନଦୀକଚ୍ଛ ଜଳିଯିବାରୁ ଅସତୀ ଅକାରଣ ପ୍ରତ୍ୟେକଙ୍କ ଉପରେ କୁପିତ ହୋଇଉଠୁଛି ଓ କିଛି ପଚରାଗଲେ ଉତ୍ତର ଦେଉ ନାହିଁ।

ବ୍ୟାଖ୍ୟା - ଅସତୀକୁ କୁପିତମନା ଦେଖି ବିଦଗ୍ଧର ସହଚର ପ୍ରତି ଉକ୍ତି - ନଦୀ ତୀରର ନିଘଞ୍ଚ ଅରଣ୍ୟରେ ଦିନବେଳେ ମଧ୍ୟ ଅନ୍ଧକାର ଭରିରହିଥାଏ। ତାହା ଅସତୀ ନାରୀର ସଂକେତ ସ୍ଥଳ ଥିଲା। ଆଜି ଗ୍ରୀଷ୍ମର ଦାବଦହନରେ ସେଇ ମିଳନସ୍ଥଳ ଭଗ୍ନ। ଜାର ସହିତ ମିଳିତ ହେବା ପାଇଁ ଏହାଠାରୁ ନିର୍ଜନ ଓ ନିରାପଦ ସ୍ଥାନ ଆଉ ମିଳିବ ନାହିଁ। ଏଣୁ ଅସତୀ ମନରେ ଗଭୀର ଦୁଃଖ। ଯେ ଯେଉଁ ବିଷୟରେ ଦୁଃଖୀ, ତାକୁ ସେ କଥା ପ୍ରଶ୍ନ କଲେ ସେ କି ଉତ୍ତର ଦେବ? କେହି ଯେତେବେଳେ ତାକୁ ପଚାରିଛି- 'ନଦୀ-ତଟ ବନ ଦାବାଗ୍ନିରେ ଭସ୍ମୀଭୂତ ହୋଇଯାଉଛି' ସେ କିଛି ଉତ୍ତର ଦେଉ ନାହିଁ ଓ ପ୍ରତ୍ୟେକ ଲୋକଙ୍କ ଉପରେ ଅକାରଣ ରାଗିଯାଉଛି।

ଆମ ଅସଇ ହ୍ମ ଓସର ପଇ-ବ୍‌ବଏ ଣ ତୁହ ମଇଲିଅଙ୍ଗୋତ୍ତଂ।
କି ଉଣ ଜଣସ୍‌ସ ଜାଅବ୍‌ବ ବନ୍ଦିଲଂ ତା ଣ କାମେମୋ ।୧୭।
(ଆମ ଅସତ୍ୟୋ ବୟମପସର ପତି-ବ୍ରତେ ନ ତବ ମଳିନତଂ ଗୋତ୍ରମ୍।
କିଂ ପୁନର୍ଜନସ୍ୟ ଜାୟେବ ନାପିତଂ ତାବନ୍ନ କାମୟାମହେ।) - ପାଳିତ

ହେଲା, ଆମେ ଅସତୀ; ତୁ ଏଠାରୁ ଚାଲିଯା'। ଗୋ ପତିବ୍ରତେ! ତୋର ଗୋତ୍ର, ଅର୍ଥାତ୍, ନାମ ବା କୁଳ ମଳିନ ହୋଇନାହିଁ। ତଥାପି କୌଣସି ବ୍ୟକ୍ତିର ଜାୟା ଭଳି ଆମେ ନାପିତକୁ କାମନା କରୁନାହୁଁ।

ବ୍ୟାଖ୍ୟା - ଗ୍ରାମ୍ୟ ସ୍ତ୍ରୀଲୋକଙ୍କ କଳହ ବର୍ଣନା। ପରସ୍ପରକୁ ଅଶ୍ଳୀଳ ଭାଷାରେ ଇଂଗିତ କରି କଥା କହିବା ଗ୍ରାମ୍ୟ ନାରୀମାନଙ୍କର ରୀତି। କୌଣସି ପ୍ରତିବେଶିନୀ ନାରୀ ଯେତେବେଳେ ଗାଥାର ନାୟିକାକୁ ଅସତୀ ବୋଲି ଆକ୍ଷେପ କରିଛି, ସେତେବେଳେ ସେ ତାକୁ ପ୍ରତ୍ୟୁତ୍ତରରେ ପ୍ରତି-ଅକ୍ଷେପ କରିଛି- "ଭଲ ହେଲା, ମୁଁ ମାନୁଛି, ଆମେ ଅସତୀ; ଆଗୋ ସତୀଶିରୋମଣି, ତୁ ଆମଠାରୁ ଦୂରେଇ ରହ। କାରଣ ତୋର କୁଳ ବା ନାମ ଅମଳିନ ରହିଛି; ମାତ୍ର ଏକଥା ଜାଣିରଖ, ଆମେ ତୋ ଭଳି ସତୀ ସାବିତ୍ରୀ ବୋଲାଇ ଇତର ସ୍ତ୍ରୀଲୋକଙ୍କ ଭଳି ନାପିତକୁ ପ୍ରେମ କରୁନାହୁଁ। କେଉଁ ବଡ଼ମୁହଁରେ ତୁ ଆମକୁ ଅସତୀ କହୁଛୁ? ନିଜେ ଧୂଆ ମୂଳା ହୋଇଥାନ୍ତୁ କି ଆମକୁ ଅଧୁଆ ମୂଳା କହିଲେ ଶୋଭାପାନ୍ତା।

ଣିଦ୍ଦଂ ଲହନ୍ତି କହିଅଂ ସୁଣନ୍ତି ଖଲିଅକ୍‌ଖରଂ ଣ ଜମ୍ପନ୍ତି।
ଜାହିଁ ଣ ଦିଟ୍‌ଠୋ କଥିତଂ ଶୃଣ୍ୱନ୍ତି ସ୍‌ଖଳିତାକ୍ଷରଂ ନ ଜଳ୍ପନ୍ତି।
ଯାଭିର୍ନ ଦୃଷ୍ଟୋଽସି ତ୍ୱଂ ତା ଏବ ସୁଭଗ ସୁଖିତା।) - ଦେବଦେବ

ହେ ସୁଭଗ! ଯେଉଁମାନେ ତୁମକୁ ଦେଖିନାହାନ୍ତି, ସେମାନେହିଁ ସୁଖୀ। କାରଣ ସେମାନେ ଶୋଇପାରନ୍ତି, ଅନ୍ୟର କଥା ଶୁଣିପାରନ୍ତି ଓ ସେମାନଙ୍କୁ ଅକ୍ଷର ସ୍ଖଳନ ସହିତ କଥା କହିବାକୁ ପଡ଼େନାହିଁ।

ବ୍ୟାଖ୍ୟା - ବିଦଗ୍ଧା ପ୍ରେମଗର୍ବିତା ନାୟିକାର ନାୟକ ପ୍ରତି ଅନୁରାଗ-ବଚନ- ହେ ପ୍ରିୟତମ, ତୁମର ଅଭିରାମ ରୂପ ଯେଉଁ ରମଣୀମାନେ ଦେଖିନାହାନ୍ତି ସେମାନଙ୍କର ଭାଗ୍ୟର ଜୋର ସ୍ୱୀକାର କରିବାକୁ ପଡ଼ିବ। ସେମାନେ ସୁଖରେ ନିଦ୍ରା ଯାନ୍ତି, କହିବା କଥା ଶୁଣିପାରନ୍ତି ଓ କଥା କହିଲାବେଳେ ସେମାନଙ୍କ ତୁଣ୍ଡରୁ ଅକ୍ଷରସ୍ଖଳନ ଘଟେ ନାହିଁ; ଅଥଚ ମୋ ଭଳି ରମଣୀ, ଯେ କି ତୁମ ରୂପରେ ମୁଗ୍ଧ, ତା ଭାଗ୍ୟରେ ଏ ସମସ୍ତ ଘଟେ, ଆଉ ତା' ପୁଣି ତୁମରି ପାଇଁ ଘଟେ। ନାୟିକାର ତାତ୍ପର୍ଯ୍ୟ, ଏ ସମସ୍ତ ଲକ୍ଷଣ ବା ପ୍ରତିକ୍ରିୟା ମୋ ନିଜଠାରେ ପ୍ରକାଶ ପାଏ। ତୁମକୁ ଦେଖିବା ଦିନୁ ମୋର

ନିଦ୍ରା ହେଉନାହିଁ, ଜଡ଼ତା ହେତୁ କୁହାଯାଉଥିବା କଥା ମୋ କାନରେ ପଶୁନାହିଁ ଓ କଥା କହିଲାବେଳେ ସ୍ଖଳିତ ସ୍ୱରରେ କଥା କହୁଛି । ହେ ସୁନ୍ଦର, ତୁମ ରୂପରେ ଆସକ୍ତ ହୋଇ ଏଇ ଶେଷ ଫଳ ପାଇଲି !

ବାଲଅ ତୁମାଇ ଦିଣ୍ଣଂ କଣ୍ଣେ କାଊଣ ବୋର-ସଂଘାଡ଼ିଂ ।
ଲଜ୍ଜାଲୁଇଣୀ ବି ବହୂ ଘରଂ ଗଆ ଗାମ-ରଚ୍ଛାଏ । ୧୯ ।
(ବାଳକ ତ୍ୱୟା ଦତ୍ତାଂ କର୍ଣ୍ଣେ କୃତ୍ୱା ବଦର-ସଙ୍ଘାଟୀମ୍ ।
ଲଜ୍ଜାଲୁରପି ବଧୂର୍ଗୃହଂ ଗତା ଗ୍ରାମ-ରଥ୍ୟୟା ।) - ତୁଙ୍ଗକ

ହେ ବାଳକ, ଲଜ୍ଜାଶୀଳା ହେଲେ ମଧ୍ୟ ବଧୂ ତୁମେ ଦେଇଥିବା ବରକୋଳିଗୁଚ୍ଛକୁ କର୍ଣ୍ଣରେ ଧାରଣ କରି ଗ୍ରାମପଥରେ ଚାଲିଗଲା ।

ବ୍ୟାଖ୍ୟା - ନାୟକ ପ୍ରତି ଦୂତୀ-ଉକ୍ତି-ସେଇ କୁଳବଧୂର ଆନ୍ତରିକ ପ୍ରଣୟ ସତ୍ତ୍ୱେ ତୁମର ତା ପ୍ରଣୟରେ ପ୍ରତ୍ୟୟ ଆସୁନାହିଁ । ସେଥିଲାଗି ତୁମକୁ ଅବୋଧ ବାଳକ ଛଡ଼ା ଆଉ କ'ଣ କୁହାଯାଇପାରେ ? ତୁମେ ସେଦିନ ତାକୁ ବାଟରେ ଦେଖି, କେଉଁ ବହୁମୂଲ୍ୟ ରତ୍ନ-ଭୂଷଣ ନୁହେଁ, ସାମାନ୍ୟ ବଦରୀ-ଗୁଚ୍ଛ କେତୋଟି ଉପହାର ଦେଇଥିଲା । ବାଟରେ କୌଣସି ଲଜ୍ଜାଶୀଳା ବଧୂ କୌଣସି ପୁରୁଷଠାରୁ କିଛି ଉପହାର ନେବା ଲୋକଚକ୍ଷୁରେ ନିନ୍ଦାଜନକ ହେଲେ ମଧ୍ୟ ତାହାକୁ କର୍ଣ୍ଣଭୂଷା ରୂପେ ପରିଧାନ କରି ସେ ଗାଁଦାଣ୍ଡରେ ଚାଲିଯାଇଥିଲା । ପ୍ରିୟତମଦତ୍ତ ସାମାନ୍ୟ ବସ୍ତୁକୁ ମଧ୍ୟ ଆଦରରେ ଧାରଣ କରି ଲୋକଲଜ୍ଜାକୁ ଖାତିର ନ କରି ଗାଁଦାଣ୍ଡରେ ଚାଲିଯିବାରୁ, ବୁଝିବା ଉଚିତ୍, ପ୍ରଣୟିନୀର ଗୌରବରେ ସେ କେତେ ଗୌରବାନ୍ୱିତା ! ଏହା ତାହାର ଅନୁରାଗସୂଚକ ।

ଅହ ସୋ ବିଲକ୍‌ଖ-ହିଅଓ ମଏ ଅହବ୍‌ବାଏଁ ଅଗହିଆଣୁଣଓ ।
ପର-ବଜ୍ଜ-ଣଚ୍ଚରୀହିଂ ତୁହ୍ମେହିଁ ଉବେକ୍‌ଖିଓ ଣେନ୍ତୋ ।୨୦।
(ଅଥ ସ ବିଲକ୍ଷ-ହୃଦୟୋ ମୟା ଅଭବ୍ୟୟା ଅଗୃହୀତାନୁନୟଃ
ପର-ବାଦ୍ୟ-ନର୍ତନଶୀଳାଭିର୍ଯୁଷ୍ମାଭିରୁପେକ୍ଷିତୋ ନିର୍ଯନ୍ ।) - ହାଳ

ମୁଁ ଅଶିଷ୍ଟା ହୋଇ ତାଙ୍କର ଅନୁନୟ ସ୍ୱୀକାର କଲିନାହିଁ । ଏଣୁ ସେ ବିଧୁର-ହୃଦୟ ହୋଇଯିବାକୁ ବାହାରିଲାବେଳେ ତୁମେମାନେ ତାଙ୍କୁ ଉପେକ୍ଷା କଲ ଓ ଅଟକାଇଲ ନାହିଁ । ତୁମମାନଙ୍କର କାମ ହେଲା ବାଜା ବଜାଇ ଅନ୍ୟକୁ ନଚାଇବା ।

ବ୍ୟାଖ୍ୟା - ସଖୀମାନଙ୍କ ପ୍ରତି ନାୟିକା ଉକ୍ତ । ସଖୀମାନେ ମାନ କହିବା ପାଇଁ ଯେଉଁ ଉପଦେଶ ଦେଇଥିଲେ ତାର ଫଳ ଓଲଟା ହେଲା । ନାୟକର ଅନୁନୟ-ବିନୟକୁ ଉପେକ୍ଷା କରି ସେ ମାନ କରି ବସିଲା । ବହୁ ପ୍ରଯତ୍ନ ସତ୍ତ୍ୱେ ମାନ ନ ଛାଡିବାରୁ ନାୟକ ଲଜ୍ଜା ଓ ଦୁଃଖରେ ଭାଙ୍ଗିପଡ଼ି ତା'ଠାରୁ ଫେରିଗଲା । ପରେ ଅନୁତାପ

କରି ସେ ମାନଶିକ୍ଷା ଦେଇଥିବା ସଖୀମାନଙ୍କୁ କହୁଛି- ତୁମମାନଙ୍କର କାମ ହେଲା ବାଜା ବଜାଇ ପରକୁ ନଚାଇ ମଜା ଦେଖିବା। ମୁଁ ଅନୁତାପ କରୁଛି ଯେ, ମୁଁ ପ୍ରିୟତମଙ୍କ ପ୍ରତି ଅଶିଷ୍ଟ ଆଚରଣ କରିଛି। କିନ୍ତୁ ତୁମେସବୁ ତାମସା ଦେଖୁଥିବା ସଖୀମାନେ କହିଲ, ପ୍ରିୟ ଗୃହରୁ ଚାଲିଗଲାବେଳେ ଯଦି ତାଙ୍କ ହାତ ଧରି ଅଟକାଇଥାନ୍ତ, ସେ ରହି ନ ଥାନ୍ତେ? ମାତ୍ର ତୁମେ ତ ତାମସା ଦେଖିବା ଲୋକ; ଅନ୍ୟକୁ ନଚାଇ ତାଳି ମାରି ଆନନ୍ଦ ପାଇବା ତୁମର କାମ। ଆଉ ଦିନେ ତୁମ ବୁଦ୍ଧିରେ ପଡ଼ିବି ନାହିଁ।

ଦୀସନ୍ତୋ ଣଅଣ-ସୁହୋ ଣିବ୍‌ବୁଇ-ଜଣଓ କରେହିଁ ବି ଛିବନ୍ତୋ।
ଅବ୍‌ଭତ୍‌ଥିଓ ଣ ଲବ୍‌ଭଇ ଚନ୍ଦୋ ବ୍‌ବପିଓ କଲା-ଣିଲଓ ।୨୧।
(ଦୃଶ୍ୟମାନୋ ନୟନ-ସୁଖୋ ନିର୍ବୃତି-ଜନନଃ କରାଭ୍ୟାଂ ଅପି ସ୍ପୃଶନ୍।
ଅଭ୍ୟର୍ଥିତୋ ନ ଲଭ୍ୟତେ ଚନ୍ଦ୍ର ଇବ ପ୍ରିୟଃ କଳା-ନିଳୟଃ।) - ରାଜରସିକ

ଦୃଷ୍ଟିପଥରେ ପଡ଼ିଲେ ନୟନର ସୁଖଦାୟକ, କର-ସ୍ପର୍ଶରେ ସନ୍ତାପହର, କଳା-ନିଳୟ ପ୍ରିୟ ଚନ୍ଦ୍ରଙ୍କ ଭଳି ପ୍ରାର୍ଥିତ ହୋଇ ମଧ୍ୟ ଦୁଷ୍ପ୍ରାପ୍ୟ।

ବ୍ୟାଖ୍ୟା - ଦୁର୍ଲଭ ପ୍ରିୟ-ପ୍ରାପ୍ତିରେ ଉତ୍‌କଣ୍ଠିତା ନାୟିକାର ସଖୀ ପ୍ରତି ଉକ୍ତି- ସଖୀ, ମୋ ମନୋବେଦନା ତୋତେ କି କହିବ! ହାୟ, ମୁଁ ହତଭାଗିନୀ ଆକାଶ-ଚାନ୍ଦକୁ ହାତ ବଢ଼ାଇ ବୃଥା ଝୁରି ହେଉଛି। ସେ କି ସହଜ ଧନ! କେତେ ଦୂର ମେଘରାଇଜରେ ସେ ଭାସି ବୁଲୁଛନ୍ତି। ସେ ଦୃଷ୍ଟିପଥରେ ପଡ଼ିଲେ ନୟନର ସୁଖ ଜାତ କରନ୍ତି, ଯାହାଙ୍କର କର ବା କିରଣସ୍ପର୍ଶରେ ଜ୍ୱାଳା ଶାନ୍ତ ହୁଏ, ସେଇ ମୋର ପ୍ରିୟତମ ସକଳ କଳାର ନିଧାନ-ଚୌଷଠି କଳାରେ ନିପୁଣ ଚନ୍ଦ୍ର-ସଦୃଶ ପ୍ରିୟଙ୍କୁ ଲାଭ କରିବା ଅତି ଦୁଷ୍କର। ଉର୍ଦ୍ଧ୍ୱକୁ ହସ୍ତ ପ୍ରସାରଣ କରି 'ଆସ ଆସ' ବୋଲି ଯେତେ ବ୍ୟାକୁଳ ପ୍ରାର୍ଥନା କଲେ ମଧ୍ୟ ସେ ହାତକୁ ଆସନ୍ତି ନାହିଁ। ନାୟିକାର ତାତ୍ପର୍ଯ୍ୟ, ପ୍ରିୟତମ ତା ପକ୍ଷରେ ଚନ୍ଦ୍ର ଭଳ ଦୁର୍ଲଭ।

ଜେ ଣୀଲ-ବ୍‌ଭମର-ଭର-ଭଗ୍‌ଗ-ଗୋଛଆ ଆସି ଉଇ-ଅଡ୍ଡୁଚ୍ଛଙ୍ଗେ।
କାଲେଣ ବଂଜୁଲା ପିଅ-ଅବସ୍‌ସ ତେ ଥଣ୍ଣୁଆ ଜାଆ । ୨୨।
(ଯେ ନୀଳ-ଭ୍ରମର-ଭର-ଭଗ୍ନ-ଗୁଚ୍ଛକା ଆସନ୍ନଦୀ-ତଟୋତ୍ସଙ୍ଗେ।
କାଳେନ ବଂଜୁଳାଃ-ବୟସ୍ୟ ତେ ସ୍ଥାଣବୋ ଜାତାଃ।)

ହେ ପ୍ରିୟ ବୟସ୍ୟ, ନିକଟବର୍ତ୍ତୀ ନଦୀକୂଳରେ ଯେଉଁ ବଂଜୁଳର ଗୁଚ୍ଛ ନୀଳ ଭ୍ରମର ଭାରରେ ଭାଙ୍ଗିପଡୁଥିଲା ତାହା କାଳ ପ୍ରଭାବରେ ସ୍ଥାଣୁ ହୋଇଯାଇଛି।

ବ୍ୟାଖ୍ୟା - ସହଚର ପ୍ରତି ନାୟକ-ଉକ୍ତି-ପ୍ରିୟ ବନ୍ଧୁ, ମହାବଳୀ କାଳ କ'ଣ କରି ନ ପାରେ? ଏଇ ଦେଖ, ଆଗରେ ବହିଯାଉଥିବା ନଦୀତଟରେ ଥିବା ବେତସ

ଲତାସମୂହ ଥୁଣ୍ଟା ହୋଇଯାଇଛନ୍ତି। ଯେଉଁ ବେତସଲତା ଗୁଚ୍ଛ ଗୁଚ୍ଛ ଫଳ-ସମ୍ପଦରେ ଶୋଭା ପାଉଥିଲା ଓ ନୀଳ ଭ୍ରମରମାନଙ୍କର ପଦ-ପ୍ରହାର ଲାଭ କରି ଦୋହଲି ଉଠି ତଳେ ଲୋଟିପଡୁଥିଲା, ତାହା ଆଜି ଶାଖାହୀନ ! ନଦୀତଟରେ ସେଇ ନିବିଡ଼ ବେତସ-କୁଂଜ ଆଜି ଆଉ ନାହିଁ, ସର୍ବଙ୍କଷ କାଳ-ପ୍ରଭାବରେ ଶୁଷ୍କ ବେତ୍ରଲତା ଜଳ ନିକଟରେ କେବଳ ଠିଆ ହୋଇରହିଛି।

ଖଣ-ଭଙ୍ଗୁରେଣ ପେମ୍‌ମେଣ ମାଉଆ ଦୂମ୍ମିଅମ୍ହ ଏତ୍ତାହେ।
ସିବିଣଅ-ଣିହ-ଲମ୍ଭେଣ ବ ଦିଟ୍‌ଠ ପଣଟ୍‌ଠେଣ ଲୋଅମ୍ମି । ୨୩ ।
(କ୍ଷଣ-ଭଙ୍ଗୁରେଣ ପ୍ରେମ୍‌ଣା ମାତୃଷ୍ୱସଃ ଦୂନାଃ ସ୍ମ ଇଦାନୀମ୍‌।
ସ୍ୱପ୍ନ-ନିଧି-ଲମ୍ଭେନେବ ଦୃଷ୍ଟ-ପ୍ରନଷ୍ଟେନ ଲୋକେ।)

ଆଗୋ ମାଉସୀ, ସ୍ୱପ୍ନରେ ପ୍ରାପ୍ତ ଦୃଷ୍ଟ-ନଷ୍ଟ ନିଧି ଭଳି କ୍ଷଣଭଙ୍ଗୁର ପ୍ରେମରେ ମୁଁ ଏବେ ସଂସାରରେ ଅତି ଦୁଃଖିନୀ।

ବ୍ୟାଖ୍ୟା - ନାୟକକୁ ଶୁଣାଇ ପ୍ରଣୟରେ ଭଗ୍ନ-ମନୋରଥା ନାୟିକାର ମାତୃଷ୍ୱସା ପ୍ରତି ଉକ୍ତି-ଆଗୋ ମାଉସୀ, ମୁଁ ଅଭାଗିନୀ ଯାହାଙ୍କୁ ପାଇ ମହାର୍ଘ ରତ୍ନ ଲାଭ କଲା ପରି ମଣୁଥିଲି; ଜାଣିନଥିଲି ତାହାଙ୍କୁ ସ୍ୱପ୍ନରେ ଲାଭ କରିଥିବା ନିଧି ଭଳି ଏତେ ଶୀଘ୍ର ହରାଇ ବସିବ। ସ୍ୱପ୍ନରେ ନିଧି ଲାଭ ଦ୍ୱାରା କେବଳ ଦୁଃଖ ବୃଦ୍ଧିପାଏ। ସେଥିରେ ବାସ୍ତବତାର ଲେଶ ମାତ୍ର ନଥାଏ; ଋହୁଁ ଋହୁଁ ତାହା ମିଳାଇଯାଏ। ନାୟିକାର ତାତ୍ପର୍ଯ୍ୟ, ତାର ପ୍ରିୟଲାଭ ଅତି କ୍ଷଣସ୍ଥାୟୀ ସ୍ୱପ୍ନ ଭଳି। ସ୍ୱପ୍ନ-ଲଭ୍ୟ ପ୍ରିୟ ପ୍ରତିମା ପ୍ରାୟ ପ୍ରିୟତମକୁ ହାତରେ ପାଇ ସେ ହରାଇ ବସିଛି। ତାର ପାଇବା ନ ପାଇବା ସଙ୍ଗେ ସମାନ। କେତେ ଅଳ୍ପଦିନ ପାଇଁ ତାର ଜୀବନାକାଶକୁ ଆଲୋକିତ କରି ପ୍ରେମ-ତପନ ଉଇଁଥିଲା; ମାତ୍ର ଏବେ ଚତୁର୍ଦ୍ଦିଗ ଅନ୍ଧକାରପୂର୍ଣ୍ଣ। ଆକାଶ-କୁସୁମ ଭଳି ପ୍ରେମ ତାର ହାତକୁ ଆସି ହାତରୁ ପଡ଼ିଯାଇଛି। ହାୟ, ବୃଥା ବିଧୁର ପରାଣ ପୁରେ ଝୁରେ ବାସନା !

ଚାବୋ ସାହବ-ସରଲଂ ବିଛିବଇ ସରଂ ଗୁଣମ୍ମି ବି ପଡ଼ନ୍ତଂ।
ବଙ୍କସ୍‌ସ ଉଜ୍ଜୁଅସ୍‌ସ ଅ ସମ୍ବନ୍ଧୋ କିଂ ଚିରଂ ହୋଇ ।୨୪।
(ଋପଃ ସ୍ୱଭାବ-ସରଳଂ ବିକ୍ଷିପତି ଶରଂ ଗୁଣେଽପି ପତନ୍ତମ୍‌।
ବକ୍ରସ୍ୟ ଋଜୁକସ୍ୟ ଚ ସମ୍ବନ୍ଧଃ କିଂ ଚିରଂ ଭବତି।)

ଧନୁ ସ୍ୱଭାବ-ସରଳ ଓ ଗୁଣ ଉପରେ ଆଶ୍ରିତ ଶରକୁ ମଧ୍ୟ ଫିଙ୍ଗିଦିଏ; ବକ୍ର ଓ ସରଳର ସମ୍ବନ୍ଧ କେବେ କ'ଣ ଚିରସ୍ଥାୟୀ ହୋଇଥାଏ ?

ବ୍ୟାଖ୍ୟା - ପ୍ରିୟ ପ୍ରତ୍ୟାଖ୍ୟାତା ନାୟିକା ପ୍ରତି ସଖୀର ପ୍ରବୋଧନ ବଚନ-ସଖୀ, ତୁ ନ ବୁଝି ନ ଶୁଣି ସେହି କୁଟିଳ-ସ୍ୱଭାବ ନାଗର ପ୍ରତି ଆସକ୍ତ ହେଲୁ। ତୁ ତ

ସ୍ୱଭାବ-ସରଳା; ଛନ୍ଦ କପଟ କିପରି, ତୁ ଜାଣୁନା। ତାଙ୍କ ଗୁଣରେ ମୁଗ୍‌ଧ ହୋଇ ତୁ ହୃଦୟ-ଅର୍ପଣ କରିଥିଲୁ। ତୁ କି ଜାଣିଥିଲୁ ତାଙ୍କର ହୃଦୟ ଏତେ କୁଟିଳ। ଧନୁ ଗୁଣଲଗ୍ନ ସରଳ ଶରକୁ ଦୂରକୁ ଫିଙ୍ଗିଦିଏ। ଏ କଥା ଜଣା ଯେ, ଏ ଦୁନିଆରେ ବକ୍ର ସରଳ ମଧ୍ୟରେ ବନ୍ଧୁତା-ସମ୍ପର୍କ ଅଧିକ କାଳ ଅତୁଟ ରହେ ନାହିଁ। ସଖୀର ତାତ୍ପର୍ଯ୍ୟ, ବଙ୍କା ଓ ସିଧାର ସମ୍ପର୍କ ଚିରକାଳ ରହେ ନାହିଁ। ତୁ ସରଳ, ସେ ବକ୍ର; ତେଣୁ ତୋତେ ଅନାଦରରେ ଫିଙ୍ଗିଦେବା ବିଚିତ୍ର ନୁହେଁ। ମୁଁ ପ୍ରଥମରୁ ତାଙ୍କର ଶଠ-ସ୍ୱଭାବ କଥା ତୋତେ କାନେ କାନେ କହିଛି। ତୋତେ ତ ଅମଳ ଘାରିଥିଲା। ଏବେ ଆପଣା କଲା କର୍ମର ଫଳ ଭୁଞ୍ଜୁଛୁ।

ପଢ଼ମଂ ବାମଣ-ବିହିଣା ପଚ୍ଛା ହୁ କଓ ବିଅମ୍ଭମାଣେଣ।
ଥଣ-ଜୁଅଲେଣ ଇମୀଏ ମହୁ-ମହଣେଣ ବ୍ୱ ବଲି-ବନ୍ଧୋ । ୨୫ ।
(ପ୍ରଥମଂ ବାମନ-ବିଧିନା ପଶ୍ଚାତ୍ ଖଲୁ କୃତୋ ବିଜୃମ୍ଭମାଣେନ।
ସ୍ତନ-ଯୁଗଳେନୈତସ୍ୟା ମଧୁ-ମଥନେନେବ ବଲି-ବନ୍ଧଃ।)

ମଧୁ-ମଥନ ବିଷ୍ଣୁଙ୍କ ଭଳି ତାହାର ସ୍ତନଯୁଗଳ ପ୍ରଥମେ ବାମନରୂପ ଥିଲା, ପରେ ବିସ୍ତାର ଲାଭ କରି ବଳି-ବନ୍ଧ କରିଛି।

ବ୍ୟାଖ୍ୟା - ବିଦଗ୍‌ଧର ସହଚର ପ୍ରତି ଉକ୍ତି - ହେ ବନ୍ଧୁ, ମଧୁସୂଦନ ବିଷ୍ଣୁଙ୍କ ଲୀଳା ଓ ସ୍ତନଲୀଳା ମଧ୍ୟରେ କୌଣସି ପାର୍ଥକ୍ୟ ନାହିଁ। ବିଷ୍ଣୁ ଯେପରି ପ୍ରଥମେ ବାମନରୂପ ଧାରଣ କରି ପରେ ବିସ୍ତାରିତ ହୋଇ ବଳିକୁ ରୋଧ କରିଥିଲେ, ଏଇ ନାୟିକାର ସ୍ତନଯୁଗଳ ସେହିପରି ପ୍ରଥମ ବୟସରେ ବାମନାକାର ଧାରଣ କରିଥିଲେ ହେଁ ପରେ ଧୀରେ ଧୀରେ ବିସ୍ତାରିତ ହୋଇ ବଳି (ତ୍ରିବଳି) - ବନ୍ଧନ ଲାଭ କରିଛନ୍ତି।

ମାଲଇ-କୁସୁମାଇଁ କୁଲୁଞ୍ଚିଉଣ ମା ଜାଣି ଣିବ୍‌ବୁଓ ସିସିରୋ।
କାଅବ୍ୱା ଅଜ୍ଜବି ଣିଗଗୁଣାଣଂ କୁନ୍ଦାଣଁ ବି ସମିଦ୍ଧି । ୨୬ ।
(ମାଲତୀ-କୁସୁମାନି ଦଗ୍‌ଧା ମା ଜାନୀହି ନିର୍ବୃତଃ ଶିଶିରଃ।
କର୍ତ୍ତବ୍ୟାଦ୍ୟାପି ନିର୍ଗୁଣାନାଂ କୁନ୍ଦାନାମପି ସମୃଦ୍ଧିଃ।)

ଏହା ମନେକର ନାହିଁ ଯେ କେବଳ ମାଳତୀ କୁସୁମକୁ ପୋଡ଼ି ଶିଶିର ସନ୍ତୁଷ୍ଟ ହୋଇଛି; ଏବେ ମଧ୍ୟ ଗୁଣହୀନ କୁନ୍ଦ ପୁଷ୍ପର ସମୃଦ୍ଧି କରିବା ତାର ବାକି ଅଛି।

ବ୍ୟାଖ୍ୟା - ଖଳ କେବଳ ଗୁଣୀ ବ୍ୟକ୍ତିର ଅପକାର କରେ ନାହିଁ, ନିର୍ଗୁଣ ଓ ଅସାଧୁ ବ୍ୟକ୍ତିର ଉପକାର କରେ- ଅନ୍ୟାପଦେଶରେ କେହି କହିଛି- ଏକଥା ମନରେ ସ୍ଥାନ ଦିଅ ନାହିଁ ଯେ, ସଗୁଣ ମାଳତୀ ଫୁଲକୁ ବିନାଶ କରି ଶିଶିର ବିରାମ ଲାଭକରେ। ସେ ନିଶ୍ଚୟ ନିର୍ଗୁଣ କୁନ୍ଦ-କୁସୁମରେ ହାସ ଫୁଟାଇବ। ଏହା ପୁଣି କୋମଳା ଗୁଣବତୀ

ମାଳତୀ ଆଖିରେ ଦେଖିବ। ଶିଶିର, ତୋ ବିଚାରକୁ ଧିକ୍। ଗୁଣବାନ୍‌ର ସମୃଦ୍ଧି ନଷ୍ଟ କରି ନିର୍ଗୁଣର ସମୃଦ୍ଧି ସାଧନ କରି ତୁ କି ଯଶ ପାଇବୁ?

ତୁଙ୍ଗାଣଁ ବିସେସ୍ ନିରନ୍ତରାଣ ବଣ-ଲଦ୍ଧ-ସୋହାଣଂ।
କଅ-କଜ୍ଜାଣଁ ଉଡ଼ାଣଁ ବ ଥଣାର ପଡ଼ଣଂ ବି ରମଣୀୟମ୍। ୨୭।
(ତୁଙ୍ଗୟୋର୍ବିଶେଷ-ନିରନ୍ତରୟୋଃ ବ୍ରଣ-ଲବ୍ଧ-ଶୋଭାୟୋଃ।
କୃତ-କାର୍ଯୟୋର୍ଭଟୟୋରିବ ସ୍ତନୟୋଃ ପତନମପି ରମଣୀୟମ୍।)

ତୁଙ୍ଗ, ବିଶେଷ ନିରନ୍ତର, ବ୍ରଣବିଶିଷ୍ଟ ହେବା ହେତୁ ଶୋଭାଶାଳୀ, ବିଜୟୀ ଯୋଦ୍ଧା ଦ୍ୱୟ ତୁଲ୍ୟ ସ୍ତନଦ୍ୱୟର ପତନ ମଧ୍ୟ ରମଣୀୟ।

ବ୍ୟାଖ୍ୟା - କୌଣସି ଶିଥିଳସ୍ତନୀ ନାୟିକାକୁ ଦେଖି ସହଚର ପ୍ରତି ନାଗରିକର ଉକ୍ତି- ନାୟିକାର ସ୍ତନ କୃତକାର୍ଯ ଯୋଦ୍ଧାଦ୍ୱୟଙ୍କର ପତନତୁଲ୍ୟ ରମଣୀୟ। କାରଣ ସ୍ତନଦ୍ୱୟ ଏକଦା ଉନ୍ନତ ଥିଲେ, ବିଶେଷ ନିରନ୍ତର ବା ଅନ୍ୟୋନ୍ୟ ସଂଲଗ୍ନ ଥିଲେ ସ ସରସବ୍ରଣବିଶିଷ୍ଟ ବା ନଖାଦିରେ କ୍ଷତବିକ୍ଷତ ହୋଇ ଶୋଭାପାଉଥିଲେ - ଆଜି ସେହି ସ୍ତନଯୁଗଳର ପତନ ଘଟିଥିଲେ ମଧ୍ୟ ସମସ୍ତଙ୍କର ମନ ହରଣ କରୁଛନ୍ତି। ପତିତ କୁଚଦ୍ୱୟ ଯେ ରତି-ସମରରେ କୃତିତ୍ୱ ଅର୍ଜନ କରିଛନ୍ତି ସେଥିଲାଗି ପତନ ମଧ୍ୟ ସ୍ତନଦ୍ୱୟ ପକ୍ଷରେ ଗୌରବାବହ। କୃତକାର୍ଯ୍ୟ ଯୋଦ୍ଧାର ପତନ ହେଲେ ମଧ୍ୟ କେହି ନିନ୍ଦା କରନ୍ତି ନାହିଁ; କାରଣ ଯୁଦ୍ଧରେ ତାହାର ପତନ ଘଟିଥାଏ। ମାନାଦି ହେତୁ ଯେଉଁ ଯୋଦ୍ଧାଦ୍ୱୟ ଉନ୍ନତ-ଶିର ଥିଲେ, ବିଶେଷ ନିରନ୍ତର ଅର୍ଥାତ୍, ସମକକ୍ଷ ପ୍ରାୟ ଥିଲେ ଓ ଯୁଦ୍ଧରେ ପ୍ରାପ୍ତ ବ୍ରଣ ହେତୁ କିଣାଙ୍କିତ ଶରୀର ଥିଲେ - ସେହି ବିଜୟୀ ଯୋଦ୍ଧାଦ୍ୱୟଙ୍କର ଯଦି ଶେଷରେ ପତନ ଘଟେ ତେବେ ସେ ଦୃଶ୍ୟ ମଧ୍ୟ ରମଣୀୟ ହୋଇଥାଏ।

ପରିମଲଣ-ସୁହା ଗୁରୁଆ ଅଲଦ୍ଧ-ବିବରା ସଲକ୍‌ଖଣାହରଣା।
ଥଣଆ କବ୍‌ବାଲାବ ବ୍‌ବ କସ୍‌ସ ହିଅଏ ଣ ଲଗନ୍ତି। ୨୮।
(ପରିମଲନ-ସୁଖା ଗୁରୁକା ଅଲବ୍ଧ-ବିବରାଃ ସଲକ୍ଷଣାଭରଣାଃ।
ସ୍ତନକାଃ କାବ୍ୟାଳାପା ଇବକସ୍ୟ ହୃଦୟେ ନ ଲଗନ୍ତି।)

ମର୍ଦ୍ଦନରେ ସୁଖଦାୟୀ, ସ୍ଥୂଳ, ରନ୍ଧ୍ରଶୂନ୍ୟ ଓ ସୁଲକ୍ଷଣାକ୍ରାନ୍ତ ଆଭରଣଯୁକ୍ତ ସ୍ତନ ବାରମ୍ବାର ଅନୁସନ୍ଧାନ ଦ୍ୱାରା ସୁଖକର, ଅର୍ଥଗୁରୁ, ଦୋଷରହିତ ଓ ସୁଲକ୍ଷଣବିଶିଷ୍ଟ ଅଳଙ୍କାରରେ ଶୋଭିତ କାବ୍ୟାଳାପ ସମ କାହାର ହୃଦୟ ସ୍ପର୍ଶ ନକରେ?

ବ୍ୟାଖ୍ୟା - ସ୍ତନ ଓ କାବ୍ୟର ସାମ୍ୟ ପ୍ରଦର୍ଶନ କରି କୌଣସି ବିଦଗ୍ଧର ଉକ୍ତି - ଦେଖ, ନାୟିକାର ସ୍ତନ କାବ୍ୟ ଭଳି ମନରେ ଲଗ୍ନ ହେଉଛି। ସ୍ତନଗୁଣ ଓ କାବ୍ୟଗୁଣ ମଧ୍ୟରେ କୌଣସି ପାର୍ଥକ୍ୟ ନାହିଁ। କାବ୍ୟକୁ ପରିମଳନ କଲେ ତାହା ବିଚାର ସୁଖକର

ହୁଏ; ଅର୍ଥାତ୍ କାବ୍ୟର ପୁନଃ ପୁନଃ ଅନୁସନ୍ଧାନ କଲେ ରସ ଉପଚିତ ହୁଏ; କାବ୍ୟ ଗମ୍ଭୀର ବା ଅର୍ଥଗୁରୁ; ଅଲବ୍ଧ-ବିବର ବା ନିର୍ଦ୍ଦୋଷ ଓ ଲକ୍ଷଣଯୁକ୍ତ ଅଳଙ୍କାର ମଣ୍ଡିତ ହେଲେ ସହୃଦୟର ପ୍ରିୟ ହୁଏ। ସେହିପରି ସ୍ତନ ପରିମଳନ ବା ମର୍ଦ୍ଦନରୁ ସୁଖ ଜାତ ହୁଏ, ପୀନ ବା ଉନ୍ନତ ପୟୋଧର ଅଲବ୍ଧ-ବିବର, ଅର୍ଥାତ୍, ରନ୍ଧ୍ରଶୂନ୍ୟ ଓ ଲକ୍ଷଣଯୁକ୍ତ ଅଳଙ୍କାରଦ୍ୱାରା ମଣ୍ଡିତ ହୋଇଥିଲେ ଜନମନ ହରଣ କରେ।

ଖିପ୍‌ପଇ ହାରୋ ଥଣ-ମଣ୍ଡଳାହି ତରୁଣୀଅ ରମଣ-ପରିରମ୍ଭେ।
ଅଚ୍ଚିଅ-ଗୁଣା ବି ଗୁଣିନୋ ଲହନ୍ତି ଲହୁଅତ୍ତଣଂ କାଲେ ।୨୯।
(କ୍ଷିପ୍ୟତେ ହାରଃ ସ୍ତନମଣ୍ଡଳାତ୍ତରୁଣୀଭି ରମଣ-ପରିରମ୍ଭେ।
ଅର୍ଚ୍ଚିତ-ଗୁଣା ଅପି ଗୁଣିନୋ ଲଭନ୍ତେ ଲଘୁତ୍ୱଂ କାଳେନ।)

ରମଣକାଳର ଆଲିଙ୍ଗନରେ ତରୁଣୀମାନେ ସ୍ତନମଣ୍ଡଳରୁ ହାରକୁ ଅପସାରଣ କରନ୍ତି; ସମୟ ଆସିଲେ ଅର୍ଚ୍ଚିତ ଗୁଣଯୁକ୍ତ ଗୁଣିଗଣ ମଧ୍ୟ ଲଘୁତା ପ୍ରାପ୍ତ ହୋଇଥାନ୍ତି।

ବ୍ୟାଖ୍ୟା - ଯାହା ଉପାଦେୟ ବସ୍ତୁ ଭାବେ ବିବେଚିତ ହେଉଥାଏ, ଏପରି ବେଳ ଆସେ ତାହା ଅନାଦୃତ ଓ ବର୍ଜିତ ହୁଏ। ଏହାର ଦୃଷ୍ଟାନ୍ତସ୍ୱରୂପ କୁହାଯାଇଛି - ହାର ସ୍ତନମଣ୍ଡଳର ଶୋଭା ବୃଦ୍ଧି କରେ; ମାତ୍ର ମୋହନ ଦଶାରେ ଆଲିଙ୍ଗନରେ ବାଧା ସୃଷ୍ଟି କରେ ବୋଲି ତାହାକୁ ରତି-ଲାଳସୀ ତରୁଣୀମାନେ ଦୂର କରିଦିଅନ୍ତି। ଜନବନ୍ଦିତ ଗୁଣୀ ବ୍ୟକ୍ତି ମଧ୍ୟ କାଳବଶରେ ହୀନ ବିବେଚିତ ହୁଅନ୍ତି।

ଅଣ୍ଣୋ କୋ ବି ସୁହାଓ ମମ୍ମହ-ସିହିଣୋ ହଲା ହଆସସ୍‌ସ।
ବିଜ୍‌ଝାଇ ଣୀରସାଣଂ ହିଅଏ ସରସାଣଁ ଝତ୍ତି ପଜ୍ଜଲଇ ।୩୦।
(ଅନ୍ୟଃ କୋଽପି ସ୍ୱଭାବୋ ମନ୍ମଥ-ଶିଖିନୋ ହଲା ହତାଶସ୍ୟ।
ନିର୍ବାତି ନୀରସାନାଂ ହୃଦୟେ ସରସାନାଂ ଝଟିତ ପ୍ରଜ୍ୱଳତି।)

ଆଗୋ, ହତାଶ କାମାଗ୍ନିର ସ୍ୱଭାବ ସାଧାରଣ ଅଗ୍ନିଠାରୁ ନିଶ୍ଚୟ ବିଲକ୍ଷଣ। ଏହା ନୀରସ ହୃଦୟରେ ଲିଭିଯାଏ ଓ ସରସ ହୃଦୟରେ ଅତି ଶୀଘ୍ର ଜଳିଉଠେ।

ବ୍ୟାଖ୍ୟା - ନାୟିକା ନିଜକୁ ସରସ ପ୍ରେମମୟୀ ଓ ନାୟକକୁ ନୀରସ ପ୍ରେମଶୂନ୍ୟ ରୂପେ ପ୍ରତିପାଦନ କରିବା ପାଇଁ ସାଧାରଣ ଅଗ୍ନି ଓ କାମାଗ୍ନି ମଧ୍ୟରେ ବୈପରୀତ୍ୟର ସୂଚନା ଦେଇ ସଖୀକୁ କହିଛି- ଆଗୋ ପ୍ରିୟ ସହି, ସାଧାରଣ ଅଗ୍ନି ସିନା ଶୁଷ୍କ ନୀରସ କାଷ୍ଠକୁ ପୋଡ଼ିଦିଏ; ମାତ୍ର ସରସ ବା ଓଦା କାଠରେ ଲିଭିଯାଏ, ଏହା ଆମ ଜଣା କଥା। ଅଭାଗା ମଦନ-ବହ୍ନିର ବ୍ୟବହାର ସମ୍ପୂର୍ଣ୍ଣ ବିପରୀତ; ତାହା ନୀରସ ହୃଦୟରେ ଲିଭିଯାଏ ଓ ମୋ ଭଳି ରସବତୀ ହୃଦୟରେ ଅତି ତୀବ୍ର ବେଗରେ ସଞ୍ଚରି ଯାଇ ଧକ୍‌ଧକ୍ ହୋଇ ଜଳିଉଠେ। କି ବିଷମ ବିରୂପ ତାର ରୀତି କହ ତ !

ତହ ତସ୍ସ ମାଣ-ପରିବଡ୍ଢି ଅସ୍ସ ଚିର-ପଣଅ-ବନ୍ଧ-ମୂଲସ୍ସ।
ମାମି ପଡ଼ନ୍ତସ୍ସ ସୁସ ସଦ୍ଦୋ ବି ଣ ପେମ୍ମ-ରୁକ୍‌ଖସ୍ସ । ୩୧ ।
(ତଥା ତସ୍ୟ ମାନ-ପରିବର୍ଦ୍ଧିୟତସ୍ୟ ଚିର-ପ୍ରଣୟ-ବନ୍ଧ-ମୂଳସ୍ୟ।
ମାତୁଳାନି ପତତଃ ଶ୍ରୁତଃ ଶବ୍ଦୋଽପିନ ପ୍ରେମ-ବୃକ୍ଷସ୍ୟ।) - ହାଳ

ଆଗୋ ମାଈଁ, ଯେଉଁ ପ୍ରେମତରୁ ଏତେ ମାନରେ ପରିବର୍ଦ୍ଧିତ ହୋଇଥିଲା ଓ ଯାହାର ମୂଳ ଚିରପ୍ରଣୟରେ ଆବଦ୍ଧ ଥିଲା, ତାହାର ପତନ କାଳରେ କୌଣସି ଶବ୍ଦ ମଧ୍ୟ ଶୁଣିବାକୁ ମିଳିଲା ନାହିଁ।

ବ୍ୟାଖ୍ୟା - ଖଣ୍ଡିତ-ସୌଭାଗ୍ୟା ନାୟିକାର ମାତୁଳାନୀ ପ୍ରତି ଉକ୍ତି। ପ୍ରଣୟରାଜ୍ୟରେ ପ୍ରଚଳିତ ମାନ-ଅଭିମାନ ଆଦି ବ୍ୟାପାର କେତେବେଳେ କି ପରିଣତିରେ ପହଞ୍ଚେ ତାହାର ଦୃଷ୍ଟାନ୍ତ ସ୍ୱରୂପ ନାୟିକା କହିଛି- ଏଇ ପ୍ରେମତରୁ ସତେ ବଡ଼ ଅଦ୍ଭୁତ, ତାହାର ଦେହ ମନରେ ବର୍ଦ୍ଧିତ। ମୁଁ ତାହାକୁ ଚିରପ୍ରଣୟରେ ଦୃଢ଼ମୂଳ ବୋଲି ନିଶ୍ଚିତ ଥିଲି। ମାତ୍ର ଅତି ଆଶ୍ଚର୍ଯ୍ୟର କଥା ଯେ ସେଇ ପ୍ରେମବୃକ୍ଷ ଆଜି ଯେତେବେଳେ ନିଃଶବ୍ଦରେ ଭୂପତିତ ହେଲା, ତାର ପତନ ଶବ୍ଦ ମଧ୍ୟ କେହି ଶୁଣି ପାରିଲେ ନାହିଁ। ମୋର ଦୁଃଖରେ ସମବେଦନା ପ୍ରକାଶ କରିବା ତ ଦୂରର କଥା। ନାୟିକାର ତାତ୍ପର୍ଯ୍ୟ, କେବଳ ମାନ ଉପରେ ଯେଉଁ ପ୍ରେମର ସ୍ଥିତି ତାହାର ପରିଣତି ଏଇପରି ହୁଏ। ମାନ ବୃଦ୍ଧି ପାଇଲେ ପ୍ରେମର ଇତି ହୁଏ। ଏହା କିପରି ଘଟିଲା ବୋଲି ସେ ବିସ୍ମିତ ହେଉଛି।

ପାଅ-ପଡ଼ିଓ ଣ ଗଣିଓ ପିଅଂ ଭଣନ୍ତୋ ବି ଅପ୍ପିଅଂ ଭଣିଓ।
ବଚ୍ଚନ୍ତୋ ବି ଣ ରୁଦ୍ଧୋ ଭଣ କସ୍ସ କଏ କିଓ ମାଣୋ ।୩୨।
(ପାଦ-ପତିତୋ ନ ଗଣିତଃ ପ୍ରିୟଂ ଭଣନ୍ନପ୍ୟପ୍ରିୟଂ ଭଣିତଃ।
ବ୍ରଜନ୍ନପି ନ ରୁଦ୍ଧୋ ଭଣ କସ୍ୟ କୃତେ କୃତୋ ମାନଃ।)

ପାଦ ପତିତ ହେଲେ ମଧ୍ୟ ତାହାକୁ ଗଣନା କଲୁ ନାହିଁ। ସେ ପ୍ରିୟ କହିଲେ; ତୁ ତାହାଙ୍କୁ ଅପ୍ରିୟ କହିଲୁ; ସେ ଚାଲିଯିବାକୁ ଆରମ୍ଭ କଲେ ମଧ୍ୟ ତାହାଙ୍କୁ ରୋଧ କଲୁ ନାହିଁ; କହ ତ, କାହା ପାଇଁ ତୁ ମାନ କରିଥିଲୁ ?

ବ୍ୟାଖ୍ୟା - ଦୁର୍ଜୟ ମାନ ହେତୁ ନାୟକକୁ ପ୍ରତ୍ୟାଖ୍ୟାନ କରି ପଶ୍ଚାତ୍ତାପ ଭୋଗ କରୁଥିବା ନାୟିକା ପ୍ରତି ସଖୀ ଉକ୍ତି- ତୁ ମାନ କରିଥିବାରୁ ତ ସେ ତୋ ପାଦତଳେ ପଡ଼ିଲେ, ତୋ ମନ ଭୁଲାଇବା ପାଇଁ କେତେ ମିଠା କଥା କହିଲେ; ମାତ୍ର ତୁ ଝିଙ୍ଗାସ ବେଳେ ତୁ ଯଦି ଆଦରରେ ତାଙ୍କୁ ଅଟକାଇଥାନ୍ତୁ; ତେବେ କଥା ଏତେ ବାଟ ଯାଇନଥାନ୍ତା। ଏବେ ମାନର ଫଳ ଭୋଗକର। ସଖୀର ତାତ୍ପର୍ଯ୍ୟ-ମାନ କରିବାର ଏକ ସୀମା ଅଛି, ତାହାକୁ ଅତିକ୍ରମ କଲେ ନାନା ଅନର୍ଥ ଘଟିବାର ସମ୍ଭାବନା ଥାଏ।

ପୁସଇ ଖଣଂ ଧୂବଇ ଖଣଂ ପପ୍‌ଫୋଡଇ ତକ୍‌ଖଣଂ ଅଆଣନ୍ତୀ।
ମୂଦ୍ଧ-ବହୂ ଥଣ-ବଟ୍ଟେ ଦିଣ୍ଣଂ ଦଇଏଣ ଣହର-ବଅଂ । ୩୩।
(ପ୍ରୋଞ୍ଛତି କ୍ଷଣଂ କ୍ଷାଳୟତି କ୍ଷଣଂ ପ୍ରସ୍ଫୋଟୟତି ତତ୍ କ୍ଷଣମଜାନତୀ।
ମୁଗ୍ଧ-ବଧୂଃ ସ୍ତନପଦେ ଦତ୍ତଂ ଦୟିତେନ ନଖର-ପଦମ୍।)

ସ୍ତନପୃଷ୍ଠଉପରେ ପ୍ରିୟତମ ପ୍ରଦତ୍ତ ନଖଚିହ୍ନକୁ ମୁଗ୍ଧା ବଧୂ ବୁଝି ନ ପାରିବା ହେତୁ କ୍ଷଣେ ପୋଛୁଛି, କ୍ଷଣେ ଧୋଉଛି ଓ ସେହିକ୍ଷଣି ଝାଡୁଛି।

ବ୍ୟାଖ୍ୟା- କାନ୍ତୋପଭୁକ୍ତା ନବଯୌବନା ନାୟିକାର ମୁଗ୍ଧାତ୍ୱର ସୂଚନା ଦେଇ ନାୟକ ପ୍ରତି ସଖୀ-ଉକ୍ତି-ତୁମର ନବବଧୂର ମୁଗ୍ଧା ଲକ୍ଷଣ ଶୁଣ। ତାର ସ୍ତନପୃଷ୍ଠ ଉପରେ ତୁମେ ଯେଉଁ ନଖ ଚିହ୍ନଗୁଡ଼ିକ ଆଙ୍କିଦେଇଛ, ସେଇ ରକ୍ତଚିହ୍ନଗୁଡ଼ିକୁ ବଳିତ ନୟନରେ ଦେଖି ସେ ବ୍ୟାକୁଳିତ ହୋଇଉଠୁଛି। ତୁମର ବଧୂ ଏତେ ମୁଗ୍ଧା ଯେ ସ୍ତନର କ୍ଷତଚିହ୍ନଗୁଡ଼ିକୁ ଅନ୍ୟ କିଛି ଭାବି ବୃଥାରେ ପୋଛି ପକାଉଛି, କେତେବେଳେ ଧୋଇପକାଉଛ ଓ ସେଥିରେ ମନବୋଧ ନ ହେବାରୁ ବସ୍ତ୍ରାଦିରେ ଝାଡ଼ି ଲିଭାଇ ଦେବାକୁ ଚହୁଁଛି। ଯେତେ ଝାଡ଼ିଲେ, ଧୋଇଲେ କି ପୋଛିଲେ ସେଗୁଡ଼ିକ କ'ଣ ସହଜେ ଲୋପ ପାଇବେ?

ବାସରତ୍ତେ ଉଣ୍ଣଅ-ପଓହରେ ଜୋବ୍‌ବଣେ ବ୍‌ବ ବୋଲୀଣେ।
ହଢ଼ମେକ୍‌କ-କାସ-କୁସୁମଂ ଦୀସଇ ପଲିଅଂ ବ ଧରଣୀଏ ।୩୪।
(ବର୍ଷାକାଳେ ଉନ୍ନତ-ପୟୋଧରେ ଯୌବନ ଇବ ବ୍ୟତିକ୍ରାନ୍ତେ।
ପ୍ରଥମୈକ-କାଶ-କୁସୁମଂ ଦୃଶ୍ୟତେ ପଳିତମିବ ଧରଣ୍ୟାଃ।)

ଉନ୍ନତ ପୟୋଧରଯୁକ୍ତ ଯୌବନ ସମ ଉନ୍ନତ ପୟୋଧର (ମେଘ) ବିଶିଷ୍ଟ ବର୍ଷାକାଳ ଅତୀତ ହେବାରୁ ଧରଣୀର ପକ୍ୱ କେଶ ଭଳି ଏକ କାଶ-କୁସୁମ ପ୍ରଥମେ ଦେଖାଦେଲା।

ବ୍ୟାଖ୍ୟା - ନାୟିକା ଦ୍ୱାରା ଶରତ୍‌ବର୍ଣ୍ଣନା ଛଳରେ ଜାରକୁ ସଙ୍କେତ ସ୍ଥଳର ସୂଚନା-ଏବେ ବର୍ଷା ଶେଷ ହୋଇ ଶରତ୍ ଆରମ୍ଭ ହୋଇଗଲାଣି। ଏଇ ଦେଖ, ଉନ୍ନତ ସ୍ତନଯୁକ୍ତ ଯୌବନ ଭଳି ଉନ୍ନତ ମେଘବିଶିଷ୍ଟ ବର୍ଷାକାଳ ଶେଷ ହେବାକୁ ଯାଉଛି। ଆଜି ପୟୋଧରରେ ଦୃଢ଼ ବନ୍ଧନ ନାହିଁ, ଯୌବନ ବିଦାୟ ଲାଗି ଯାତ୍ରା ରଥରେ ପ୍ରସ୍ତୁତ। ତେଣୁ ଯୌବନ ଶେଷରେ ଧବଳ କେଶ ଭଳି ଧରିତ୍ରୀର ମଥାରେ କାଶଫୁଲ ଫୁଟିଉଠିଲାଣି; "ଜରତୀ ବରଷାର ଧବଳ ଜଟା। କାଶ-କୁସୁମେ ଶୋହେ ତଟିନୀ ପଠା।" ସେଇ ବିଜନ କାଶତଣ୍ଡିଶୋଭିତ ତଟିନୀ ପଠା ଆମର ଅଭିସାର ସ୍ଥଳ ହେବ।

କତ୍‌ଥଂ ଗଅଂ ରଇ-ବିମ୍ବଂ କତ୍‌ଥ ପଣଟ୍‌ଠାଓଁ ଚନ୍ଦ-ତାରାଓ।
ଗଅଣେ ବଲାଅ-ପନ୍ତିଂ କାଲୋ ହୋରଂ ବ କଟ୍‌ଠେଇ ।୩୫।
(କୁତ୍ର ଗତଂ ରବି-ବିମ୍ବଂ କୁତ୍ର ପ୍ରଣଷ୍ଟାଶ୍ଚନ୍ଦ୍ରତାରକାଃ।
ଗଗନେ ବଲାକା-ପଂକ୍ତି କାଲୋ ହୋରାମିବାକର୍ଷତି।)

ରବି-ବିମ୍ବ କୁଆଡ଼େ ଗଲା ? ଚନ୍ଦ୍ର ଓ ତାର କୁଆଡ଼େ ନଷ୍ଟ ହେଲେ ? ଆକାଶରେ କାଳ ବଳାକାପଂକ୍ତି ରୂପରେ ସତେକି ହୋରାକୁ ରେଖାଙ୍କିତ କରିଲାଗିଛି।

ବ୍ୟାଖ୍ୟା - ନାୟକ ପ୍ରତି ସଖୀ-ଉକ୍ତି- ଏବେ ଆକାଶ ମେଘାଚ୍ଛନ୍ନ ହୋଇଉଠିଛି। ଦିନରେ ରବିଙ୍କର ଛବି ଲୁଚିଯାଇଛି, ରାତିରେ ମଧ୍ୟ ଚନ୍ଦ୍ର ତାରକା ବିଲୁପ୍ତ। ଆକାଶରେ ଶୁଭ୍ର ବଳାକାପଂକ୍ତି ଶୁଭ ସୂଚନା ଦେଉଛନ୍ତି। ଏହି ନିବିଡ଼ ପ୍ରାବୃଟ କାଳ ଅଭିସାର ନିମନ୍ତେ ପ୍ରଶସ୍ତ। ଜ୍ୟୋତିର୍ବିଦର ଗ୍ରହଣନାର୍ଥ ଖଡ଼ିରେ ରେଖାଙ୍କନ କଲା ଭଳି କାଳ ଏକ ଜ୍ୟୋତିଷ ରୂପରେ ବର୍ଷାକାଳୀନ ଆକାଶର ବଳାକାପଂକ୍ତିର ରେଖା ଟାଣି ସୂର୍ଯ୍ୟ-ଚନ୍ଦ୍ରଙ୍କର ଅବସ୍ଥିତି ସ୍ଥିର କରୁଛି।

ଅବିରଲ-ପଡ଼ନ୍ତ-ଣବ-ଜଲ-ଧାରା-ରଜ୍ଜୁ-ଘଡ଼ିଅଂ ପଅତ୍ତେଣ।
ଅପହୁତ୍ତୋ ଉକ୍‌ଖେତ୍ତୁଂ ରସଇ ବ ମେହୋ ମହିଂ ଉଅହ । ୩୬ ।
(ଅବିରଳ-ପତନ୍ନବ-ଜଲ-ଧାରା-ରଜ୍ଜୁ-ଘଟିତାଂ ପ୍ରଯତ୍ନେନ।
ଅପ୍ରଭବନ୍ ଉତ୍‌କ୍ଷେପ୍ତୁଂ ରସତୀବ ମେଘୋ ମହୀଂ ପଶ୍ୟତ।)

ଦେଖ, ଅବିରଳ ପତିତ ନବଜଳଧାରାରୂପ ରଜ୍ଜୁରେ ଆବଦ୍ଧ ପୃଥିବୀକୁ ଉପରକୁ ଟେକିବାରେ ଅସମର୍ଥ ହୋଇ ମେଘ ସତେ ଯେପରି ଶବ୍ଦ କରିଲାଗିଛି।

ବ୍ୟାଖ୍ୟା - ମେଘଗର୍ଜନ ଶୁଣି ଶଂକିତ ନାୟକ ପ୍ରତି ଦୂତୀ-ଉକ୍ତି। ବର୍ଷାକାଳରେ ଅବିରାମ ଧାରାରେ ଜଳ ଆକାଶରୁ ପଡୁଛି। ଦୂତୀ ବର୍ଷାଧାରାକୁ ମୋଟା ମୋଟା ଦଉଡ଼ି ରୂପରେ ତର୍କଣା କରି କହିଛି - ମେଘ ଏଇ ଜଳଧାରାରୂପ ରଶି ଦ୍ୱାରା ଓଜନିଆ ପୃଥିବୀକୁ ବାନ୍ଧି ଉପରକୁ ଉଠାଇବାକୁ ଚେଷ୍ଟା କରି କଷ୍ଟ ହେଉଥିବାରୁ ଗୁରୁ-ଗୁରୁ ଗର୍ଜନ କରି ଲାଗିଛି। ଦୂତୀର ତାତ୍ପର୍ଯ୍ୟ, ଏଇ ମେଘ-ଡମ୍ବରୁ- ଘୋଷିତ ପରିବେଶରେ ତୁମ ଦୁହିଁଙ୍କର ମିଳନ ସୁଖକର ହେବ।

ଓ ହିଅଅ ଓହି-ଦିଅହଂ ତଇଆ ପଡ଼ିବଜ୍ଜି ଉଣ ଦଇଅସ୍‌ସ।
ଅତ୍‌ଥେକ୍‌କାଉଲ ବୀସମ୍ଭ-ଘାଇ କିଂ ତଇ ସମାରଦ୍ଧଂ ।୩୭।
(ହେ ହୃଦୟ ଅବଧି-ଦିବସଂ ତଦା ପ୍ରତିପଦ୍ୟ ଦୟିତସ୍ୟ।
ଅକସ୍ମାଦାକୁଳ ବିସ୍ରମ୍ଭ-ଘାତିନ୍ କିଂ ତ୍ୱୟା ସମାରବ୍ଧମ୍।)

ହେ ହୃଦୟ, ସେତେବେଳେ ଅବଧି-ଦିବସକୁ ସ୍ୱୀକାର କରି ଅକସ୍ମାତ ଆକୁଳ ହୋଇ ବିଶ୍ୱାସଘାତୀ ଭଳି ତୁ କ'ଣ କରିବାକୁ ଆରମ୍ଭ କରିଦେଇଛୁ ?

ବ୍ୟାଖ୍ୟା - ପ୍ରିୟ ମିଳନ-ଉତ୍କଣ୍ଠିତା ନାୟିକାର ହୃଦୟ ପ୍ରତି ଉପାଲମ୍ଭ ବଚନ। ପ୍ରିୟତମଙ୍କର ପ୍ରବାସଯାତ୍ରା କାଳରେ ନାୟିକା ପ୍ରଥମେ ବିରହ-ବ୍ୟଥାକୁ ସହିଯିବ ବୋଲି ହୃଦୟକୁ ବୋଧ ଦେଇଥିଲା। ଏବେ ମଧ୍ୟ କଷ୍ଟ-ଦିନ ପୂରା ହୋଇନାହିଁ। ବିରହର ତୀବ୍ର ଜ୍ୱାଳା ସହି ନ ପାରି ହୃଦୟ ବ୍ୟାକୁଳ ହୋଇଉଠିଛି। ଯେଉଁ କଥାକୁ ହୃଦୟ ମାନିନେଇଥିଲା, ଆଜି ସେ କଥା ଭୁଲି ଆକୁଳ ହୋଇଉଠିବା ତା ପକ୍ଷରେ ବିଶ୍ୱାସଘାତୀ କାର୍ଯ୍ୟ ବୋଲି ନାୟିକା ଦୋଷାରୋପ କରିଛି। ନାୟିକାର ତାତ୍ପର୍ଯ୍ୟ, ଏଇ ବ୍ୟାକୁଳ ହୃଦୟକୁ ମୁଁ କୌଣସି ମତେ ବୁଝାଇ ଥୟ କରିପାରିବି ନାହିଁ। ତାର ଶେଷ ପରିଣାମ କ'ଣ ହେବ, କିଏ ଜାଣେ।

ଜୋ ବି ଣ ଆଣଇଁ ତସ୍ସ ବି କହେଇ ଭଗ୍ଗାଇଁ ତେଣ ବଲଆଇଁ।
ଅଇ-ଉଜ୍ଜୁଆ ବରାଈ ଅଇ ବ ପିଓ ସେ ହଆସାଏ । ୩୮ ।
(ଯୋଽପି ନ ଜାନାତି ତସ୍ୟାପି କଥୟତି ଭଗ୍ନାନି ତେନ ବଳାୟାନି।
ଅତି-ଋଜୁକା ବରାକୀ ଅଥବା ପ୍ରିୟସ୍ତସ୍ୟା ହତାଶାୟା।)

ଯେ ଜାଣେ ନାହିଁ ତାହାକୁ ମଧ୍ୟ କହୁଛି, "ସେ ମୋର ବଳୟ ଭାଙ୍ଗି ଦେଇଛନ୍ତି।" ବିଚରା ହୁଏତ ଅତି ସରଳା ଅଥବା ସେଇ ହତାଶାର ପ୍ରିୟ ଅତି ସରଳ।

ବ୍ୟାଖ୍ୟା - କୌଣସି ସରଳ-ସ୍ୱଭାବା ତରୁଣୀର ଶୀଳ-ଖଣ୍ଡନ ବିଷୟରେ ଗ୍ରାମ ମହିଳାମାନଙ୍କ ମଧ୍ୟରେ ଆଲୋଚନା ପଡ଼ିଛି। ସୁରତକାଳର ଉଚ୍ଛନ୍ନତା ହେତୁ ତାହାର ବଳୟ ଭଗ୍ନ ହୋଇଛି। ଏକଥା ଅନ୍ୟମାନଙ୍କ ଆଗରେ ପ୍ରକାଶ କରିବା ଉଚିତ୍ ନୁହେଁ। ମାତ୍ର ନାୟିକାଟି ସେ କଥା ନିଜେ ଡାକି-ବଜାଇ ଜାଣି ନଥିବା ଲୋକଙ୍କୁ କହି ତାହାର ବୋକାମିର ପରିଚୟ ଦେଉଛି। "ସେ ମୋର ବଳୟ ଭାଙ୍ଗି ଦେଇଛନ୍ତି" - ଏହା କହିବା ଦ୍ୱାରା ସେ ଯେ ଅତ୍ୟନ୍ତ ସରଳା, ତାହା ଜଣାପଡ଼ିଯାଉଛି। ତା ଛଡ଼ା ତାହାର ପ୍ରିୟତମ ମଧ୍ୟ ଏତେ ଅସାବଧାନ ଯେ, ତାର ବଳୟ ଭାଙ୍ଗିଦେଇ ତାକୁ ସମସ୍ତଙ୍କ ଆଗରେ ଅପଦସ୍ଥ କରୁଛି।

ସାମାଇ ଗରୁଅ-ଜୋବ୍ବଣ-ବିସେସ-ଭରିଏ କବୋଲ-ମୂଲମ୍ମି।
ପିଜ୍ଜଇ ଅହୋମୁହେଣ ବ କଣ୍ଣବଅଂସେଣ ଲାବଣ୍ଣଂ। ୩୯।
(ଶ୍ୟାମାୟା ଗୁରୁକ-ଯୌବନ-ବିଶେଷ-ଭୃତେ କପୋଲ-ମୂଳେ।
ପୀୟତେଽଧୋମୁଖେନେବ କର୍ଣ୍ଣାବତଂସେନ ଲାବଣ୍ୟମ୍।)

ଶ୍ୟାମାର ଗୁରୁ-ଯୌବନ ଓ ବିଶେଷ ମାଂସଳିତ କପୋତ ମୂଳରେ କର୍ଣ୍ଣାଭରଣ ସତେକି ଅଧୋମୁଖ ହୋଇ ଲାବଣ୍ୟ ପାନ କରିଲାଗିଛି।

ବ୍ୟାଖ୍ୟା - ନିଜର ଚୁମ୍ବ-ଦାନ ଅଭିଳାଷର ସୂଚନା ଦେଇ ନାୟିକାର କପୋଳ-ବର୍ଣ୍ଣନ ଛଳରେ ନାୟକ-ଉକ୍ତି-କର୍ଣ୍ଣାବତଂସ କେତେ ଭାଗ୍ୟବାନ୍ ସତେ ! ଶ୍ୟାମା ନାୟିକାର ଭରା ଗାଲରେ ଝୁଲିପଡି, ତଳକୁ ମୁହଁ କରି ତାର ମାଂସଳ କପୋଳ ମୂଳରେ ଲାବଣ୍ୟ ପାନ କରି ପିପାସା ମେଣ୍ଟାଉଛି । ମୁଁ ସେହି କର୍ଣ୍ଣାଭରଣ ଭଳି ହେଇଥାନ୍ତି କି !

ସେଉଲ୍ଲିଅ-ସବ୍‌ବଙ୍ଗୀ ଗୋତ୍ତ-ଗ୍‌ଗଣେସ ତସ୍‌ସ ସୁହଅସ୍‌ସ ।
ଦୁଇଂ ପଟ୍‌ଠାଏନ୍ତୀ ତସ୍‌ସେଅ ଘରଙ୍ଗଣଂ ପତ୍ତା । ୪୦ ।
(ସ୍ୱେଦାର୍ଦ୍ରୀକୃତ-ସର୍ବାଙ୍ଗୀ ଗୋତ୍ର-ଗ୍ରହଣେନ ତସ୍ୟ ସୁଭଗସ୍ୟ ।
ଦୂତୀଂ ପ୍ରସ୍ଥାପୟନ୍ତୀ (ସଂଦିଶନ୍ତୀ ବା) ତସ୍ୟୈବ ଗୃହାଙ୍ଗଣଂ ପ୍ରାପ୍ତା ।)

ସେହି ସୁଭଗଙ୍କ ନାମ ଧରିବାମାତ୍ରେ ସର୍ବାଙ୍ଗ ସ୍ୱେଦରେ ଆର୍ଦ୍ର ହୋଇଉଠିବାରୁ ଦୂତୀକୁ ପଠାଇ ସ୍ୱୟଂ ତାଙ୍କର ଗୃହ-ପ୍ରାଙ୍ଗଣରେ ଉପସ୍ଥିତ ହେଲା ।

ବ୍ୟାଖ୍ୟା - ପ୍ରିୟ ଦର୍ଶନରେ ଔତ୍ସୁକ୍ୟବଶତଃ ଅଧୀରା ନାୟିକାର ବ୍ୟବହାର ସମ୍ବନ୍ଧରେ କାହାର ଉକ୍ତି-ନାୟକର ଗୃହକୁ ଦୂତୀକୁ ପଠାଇଛି । ଦୂତୀ ଏ ପର୍ଯ୍ୟନ୍ତ ଫେରିନାହିଁ, ଏତିକିବେଳେ ପ୍ରିୟତମଙ୍କ ନାମ-ଗ୍ରହଣମାତ୍ରେ ତାର ସର୍ବାଙ୍ଗରୁ ଝାଳ ବହିଗଲା । ସେ ଯେ ଦୂତୀକୁ ନାୟକ ପାଖକୁ ପଠାଇଛି, ପରମୁହୂର୍ତ୍ତରେ ସେ କଥା ଭୁଲିଯାଇ ନିଜେ ତାର ଘର-ଅଗଣାରେ ପହଞ୍ଚିଗଲା । ମନର ଉତ୍ସୁକତାବଶତଃ ଦୂତୀ ଫେରିବା ପର୍ଯ୍ୟନ୍ତ ବିଳମ୍ବ ସହିପାରିଲା ନାହିଁ ।

ଜମ୍ମନ୍ତରେ ବି ଚଲଣଂ ଜୀଏଣ ଖୁ ମଅଣ ତୁଜ୍‌ଝ ଅଚ୍ଚସ୍‌ସଂ ।
ଜଇ ତଂ ପି ତେଣ ବାଣେଣ ବିଜ୍‌ଝସେ ଜେଣ ହଂ ବିଜ୍‌ଝା । ୪୧ ।
(ଜନ୍ମାନ୍ତରେପି ଚରଣୌ ଜୀବେନ ଖଲୁ ମଦନ ତବାର୍ଚୟିଷ୍ୟାମି ।
ଯଦି ତମପି ତେନ ବାଣେନ ବିଧ୍ୟସି ସେନାହଂ ବିଦ୍ଧା ।)

ହେ ମଦନ ! ଜନ୍ମାନ୍ତରରେ ମଧ୍ୟ ମୁଁ ମୋର ଜୀବନ ଦେଇ ତୁମର ଚରଣ ଅର୍ଚ୍ଚନା କରିବାକୁ ପ୍ରସ୍ତୁତ ଅଛି, ଯଦି ତୁମର ଯେଉଁ ବାଣଦ୍ୱାରା ମୁଁ ବିଦ୍ଧ ହୋଇଛି ତୁମେ ତାହାଙ୍କୁ ମଧ୍ୟ ସେଇ ବାଣରେ ବିଦ୍ଧକର ।

ବ୍ୟାଖ୍ୟା - ଦୁଃସହ ବିରହ-ବେଦନାରେ ସଂତପ୍ତା ନାୟିକା ମିଳନ-ଉତ୍‌କଣ୍ଠାରେ କାମଦେବଙ୍କୁ ପ୍ରାର୍ଥନା କରିଛି - ହେ କାମଦେବ, ଯେଉଁ ବାଣରେ ମୋତେ ବିଦ୍ଧ କରି ଏପରି କଲବଲ କରୁଛ, ସେଇ ବାଣରେ ଯଦି ମୋର ପ୍ରିୟତମଙ୍କୁ ବିଦ୍ଧ କର ତା'ହେଲେ ମୁଁ ଜନ୍ମେ ଜନ୍ମେ ତୁମର ପାଦପୂଜା କରିବି । ଫଳତଃ, ଆମେ ଦୁହେଁ ସମାନ ବେଦନା ଭୋଗିବୁ ଓ ସେଇ ନିଷ୍ଠୁର ପ୍ରିୟ ମଧ୍ୟ ବିରହ-ଯନ୍ତ୍ରଣା ଅନୁଭବ

କରିପାରିବେ । ପ୍ରତ୍ୟୁପକାର ସ୍ୱରୂପ ପରଜନ୍ମମାନଙ୍କରେ ନିଜ ଜୀବନ ଦେଇ ମୁଁ ତୁମର ଚରଣ-ଅର୍ଚ୍ଚନା କରିବାକୁ ପ୍ରସ୍ତୁତ । ଏ ଜନ୍ମରେ ତ ତୁମର ଋଣ ଶୁଝିପାରିବି ନାହିଁ; କାରଣ ଏ ବିରହ-ବ୍ୟଥା ସହି ବଞ୍ଚିବା ଦୁଷ୍କର । ନାୟକ ପ୍ରତି ନାୟିକାର ତାତ୍ପର୍ଯ୍ୟ, ମୁଁ ମଦନବାଣରେ ଯେପରି ଜର୍ଜରିତା, ତୁମେ ଯେପରି ବେଦନା ଭୋଗି ନାହଁ ।

ଣିଅ-ବକ୍ଖାରୋବିଅ-ଦେହ-ଭାର-ଣିଉଣଂ ରସଂ ଲିହନ୍ତେଣ ।
ବିଅସାବିଊଣ ପିଜ୍ଜଇ ମାଲଈ-କଲିଆ ମହୁଅରେଣ । ୪୨ ।
(ନିଜ-ପକ୍ଷାରୋପିତ-ଦେହ-ଭାର-ନିପୁଣଂ ରସଂ ଲଭମାନେନ ।
ବିକାସ୍ୟ ପୀୟତେ ମାଲତୀ-କଳିକା ମଧୁକରେଣ ।)

ନିଜର ପକ୍ଷ ଉପରେ ଦେହ-ଭାର ଆରୋପ କରି ଭ୍ରମର ଅତି ନିପୁଣ ଭାବରେ ରସ-ଲାଭପୂର୍ବକ ମାଳତୀ କଳିକାକୁ ବିକଶିତ କରି ପାନକରିଲାଗିଛି ।

ବ୍ୟାଖ୍ୟା - ନିପୁଣ ବ୍ୟକ୍ତିର ସମସ୍ତେ ବଶ-ଏହାର ଦୃଷ୍ଟାନ୍ତ ସ୍ୱରୂପ ନିପୁଣ ଭ୍ରମରର ରସ-ଗ୍ରହଣର ରୀତି ବର୍ଣ୍ଣନା କରି ସୁରତ-ଅନଭିଜ୍ଞା ବାଳା ପ୍ରତି ଦୂତୀ-ଉକ୍ତି-ଏଇ ଦେଖ, ଭ୍ରମର ନିଜ ଡେଣା ଉପରେ ଦେହ-ଭାର ସ୍ଥାପନ କରି ମାଳତୀ ଫୁଲରୁ ରସ ପାନ-କରୁଛି । କାରଣ ମାଳତୀ କଳିକା ଅତି ସୁକୁମାରୀ । ପ୍ରଥମେ ତାହାକୁ ବିକଶିତ କରି ରସାସ୍ୱାଦନପୂର୍ବକ ରସ ପାନ କରିବା ଦ୍ୱାରା ଭ୍ରମରର ରସ-ଗ୍ରହଣରେ ନିପୁଣତା ପ୍ରକାଶ ପାଉଛି । ତା ଛଡ଼ା ସୁକୁମାରୀ ମାଳତୀ ଉପରେ ଦେହ-ଭାର ଲଦି ନଦେଇ ସେ ଅର୍ଦ୍ଧଉଡ୍‌ଡୀନ ଭଙ୍ଗୀରେ ନିଜର ଡେଣା ଉପରେ ଦେହର ଓଜନକୁ ସମ୍ଭାଳି ଅତି ସାବଧାନତାସହକାରେ ମାଳତୀର ରସ ପାନକରୁଥିବାରୁ ମାଳତୀ ବୃନ୍ତଚ୍ୟୁତ ହେଉନାହିଁ । ପ୍ରଥମେ ମାଳତୀକୁ ବିକଶିତ କରି ଲେହନ-ପୂର୍ବକ ରସପାନ କରୁଥିବାରୁ ଭ୍ରମରର ରସ-ବୈଦଗ୍ଧ ବ୍ୟଂଜିତ ହେଉଛି । ନାୟିକା ପ୍ରତି ଦୂତୀର ତାତ୍ପର୍ଯ୍ୟ, ନାୟକ ଅତି ଉପଚାର ନିପୁଣ । ସେ ତୋର ବାଳାବସ୍ଥା ଦୃଷ୍ଟିରୁ ଯଥୋଚିତ ରମଣ-ବିଧି ଆଚରଣ କରିବେ ।

କରୁଣାହୋ ବ୍‌ବିଅ ପହିଓ ଦୁମିଜ୍ଜଇ ମାହବସ୍‌ସ ମିଲଏଣ ।
ଭୀମେଣ ଜହିଚ୍ଛିଆଏ ଦାହିଣ-ବାଏଣ ଛିପ୍‌ପନ୍ତୋ । ୪୩ ।
(କୁରୁ-ନାଥ ଇବ ପଥିକୋ ଦୂୟତେ ମାଧବସ୍ୟ ମିଳିତେନ ।
ଭୀମେନ ଯଥେଚ୍ଛୟା ଦକ୍ଷିଣ-ବାତେନ ସ୍ପୃଶ୍ୟମାନଃ ।)

ମାଧବଙ୍କ ସହ ମିଳିତ ହୋଇ ଯଥେଚ୍ଛଭାବେ ଭୀମ ଦକ୍ଷିଣ ପାଦରେ ସ୍ପର୍ଶ କରି ଦୁର୍ଯ୍ୟୋଧନକୁ ଯେଉଁଭଳି ବ୍ୟଥିତ କରିଥିଲେ, ମାଧବ (ବସନ୍ତ) ସହିତ ମିଳି ଭୟଙ୍କର ଦକ୍ଷିଣ-ପବନ ସେହିଭଳି ଯଥେଚ୍ଛଭାବେ ପଥିକକୁ ସ୍ପର୍ଶ କରି କଷ୍ଟ ଦେଉଛି ।

ବ୍ୟାଖ୍ୟା - ବିରହିଣୀ ନାୟିକା ପ୍ରତି ସଖୀ-ଉକ୍ତି-ଦେଖ, ବସନ୍ତକାଳର ହୃଦୟ-ବିଦାରକ ଦକ୍ଷିଣା-ପବନ ଏଇ ପଥିକକୁ ମର୍ମାନ୍ତିକ ଯନ୍ତ୍ରଣା ଦେଉଛି। ମାଧବ-ସନାଥ ଭୀମଙ୍କର ଭୀମ ପଦାଘାତ ସହ କୁରୁନାଥ ଯେପରି ମର୍ମବ୍ୟଥା ଭୋଗିଥିଲା, ସେହିଭଳି ବସନ୍ତ ସହିତ ମିଶି ଭୟଙ୍କର ଦକ୍ଷିଣା-ପବନ ବିରହୀ ପଥିକଟିକୁ ପୀଡ଼ିତ କରୁଛି। ନିଷ୍ଠୁର ଭୀମ ଦକ୍ଷିଣ-ପାଦରେ ଦୁର୍ଯ୍ୟୋଧନକୁ ଆଘାତ କରିଥିଲା ଓ ବସନ୍ତର ଦକ୍ଷିଣା-ପବନ ବିରହୀମାନଙ୍କୁ ପୀଡ଼ା ଦିଏ। ତୋର ପ୍ରିୟ ମଧ୍ୟ ସେହିପରି ବେଦନା ଭୋଗୁଥିବେ ଓ ଶୀଘ୍ର ଫେରିଆସିବେ।

ଜାବ ଣ କୋସ-ବିକାସଂ ପାବଇ ଈସୀମ ମାଲଈ-କାଲିଆ।
ମଅରନ୍ଦ-ପ୍ରାଣ-ଲୋହିଲ୍ଲ ଭମର ତାବଛିଅ ମେଲସି । ୪୪ ।
ଯାବତ୍ ନ କୋଷ-ବିକାସଂ ପ୍ରାପ୍ନୋତି ଈଷତ୍ ମାଳତୀ-କଳିକା।
ମକରନ୍ଦ-ପାନ-ଲୋଭଶୀଳ ଭ୍ରମର ତାବଦେବ ମର୍ଦ୍ଦୟସି।)

ଯେ ପର୍ଯ୍ୟନ୍ତ ମାଳତୀ-କଳିକାର ଈଷତ୍ କୋଷ-ବିକାଶ ହୋଇନାହିଁ, ରେ ମକରନ୍ଦପାନ ଲୋଲୁପ ଭ୍ରମର, ସେ ପର୍ଯ୍ୟନ୍ତ ମର୍ଦ୍ଦନ କର।

ବ୍ୟାଖ୍ୟା - ନାୟକ ପ୍ରତି ଅନ୍ୟାପଦେଶରେ ଦୂତୀ-ଉକ୍ତି। ଯାହା ଉପଯୁକ୍ତ ସମୟ ଓ ଉପଯୁକ୍ତ ସ୍ଥିତିରେ-ସ୍ୱାଦ୍ୟ ହୋଇଥାଏ, ସେହି ବସ୍ତୁ ଅସମୟ ଓ ଭିନ୍ନ ସ୍ଥିତିରେ ବିସ୍ୱାଦ୍ୟ ହୋଇଥାଏ। ଦୂତୀ ଭ୍ରମରକୁ କହିଛି - ହେ ରସଲୋଭୀ ଭ୍ରମର, ତୁ ଏବେ ମାଳତୀର ରସରେ ଲୋଭ କର ନାହିଁ। ଏବେ ମଧ୍ୟ ମାଳତୀ-କଳିକାର କୋଷ ବିକାଶପ୍ରାପ୍ତ ହୋଇନାହିଁ। ଏତେବେଳେ ତୁ ଯଦି ମର୍ଦ୍ଦନ କରି ତାର କୋଷ ବିକାଶ ଘଟାଇବୁ, ତେବେ ତାର ଅନ୍ତରରେ କେବଳ ବେଦନା ଜାତ କରିବୁ ସିନା ! ତେଣୁ ତୁ ଏତେ ଅଧୀର ନ ହୋଇ ଧୈର୍ଯ୍ୟ ଧରି ଅପେକ୍ଷା କର। ତାର କୋଷ ପୂର୍ଣ୍ଣରୂପରେ ବିକାଶପ୍ରାପ୍ତ ହେଲେ ମନ ଇଚ୍ଛା ରସପାନ କରିବୁ। ନାୟକ ପ୍ରତି ଦୂତୀର ତାତ୍ପର୍ଯ୍ୟ, ଏଇ ନାୟିକା ଏବେ ମଧ୍ୟ ଅପ୍ରାପ୍ତଯୌବନା। ତୁମେ ବୃଥା ତାର ରସପାନ ଲୋଭ କରି ତାକୁ ବେଦନାକ୍ଲିଷ୍ଟ କରୁଛ।

ଅକଅଣ୍ଣୁଅ ତୁଜ୍ଝ କଏ ପାଉସ-ରାଈସୁ ଜଂ ମଏ ଖୁଣ୍ଣଂ।
ଉପ୍ପେକ୍ଖାମି ଅଲଜ୍ଜିର ଅଜ୍ଜ ବି ତଂ ଗାମ-ଚିକ୍ଖିଲ୍ଲଂ ।୪୫।
(ଅକୃତଜ୍ଞ ତବ କୃତେ ପ୍ରାବୃଡ୍-ରାତ୍ରିଷୁ ଯୋ ମୟା କ୍ଷୁଣ୍ଣଃ।
ଉତ୍ପଶ୍ୟାମ୍ୟଲଜ୍ଜାଶୀଳ ଅଦ୍ୟାପି ତଂ ଗ୍ରାମ-ପଙ୍କମ୍।)

ଅକୃତଜ୍ଞ, ତୋ ପାଇଁ ବର୍ଷା-ରାତ୍ରିରେ ମୁଁ ଯେଉଁ ଗ୍ରାମ ପଙ୍କକୁ ଖର୍ବ କରିଥିଲି, ଆରେ ନିର୍ଲଜ୍ଜ, ଆଜି ମଧ୍ୟ ମୁଁ ସେଇ ପଙ୍କକୁ ଦେଖୁଛି।

ବ୍ୟାଖ୍ୟା - ମନ୍ଦସ୍ନେହ-ନାୟକ ପ୍ରତି ନାୟିକାର ସରୋଷ ଉପାଲମ୍ଭ ବଚନ- ବର୍ଷା-ରାତିର ଭୟଙ୍କରତାକୁ ନ ଗଣି ଲୋକଲାଜ ମୁଣ୍ଡରେ ପାଦ ଦେଇ ଓ ନିଜର ଅସ୍ତିତ୍ୱ ବିସ୍ମୃତ ହୋଇ ମୁଁ ଯେଉଁ ଗ୍ରାମପଥର କାଦୁଅ ପଙ୍କ ନ ମାନି ତୁମ ପାଖକୁ ଧାଇଁଯାଉଥିଲି, ସେ କଷ୍ଟ ଏବେ ମଧ୍ୟ ଭୁଲି ନାହିଁ। ଗାଁର ସେ ପଥର ପଙ୍କ ଏବେ ମଧ୍ୟ ଶୁଖି ନାହିଁ କି ପଙ୍କ ଉପରେ ପଡ଼ିଥିବା ମୋର ପାଦଚିହ୍ନ ମଧ୍ୟ ଏ ପର୍ଯ୍ୟନ୍ତ ଲିଭି ନାହିଁ। ମୁଁ ଆଶ୍ଚର୍ଯ୍ୟ ହେଉଛି, ଏତେ ଶୀଘ୍ର ତୁମର ସ୍ନେହ-ଭାବ ମୋ ପ୍ରତି କିପରି ଶୁଖିଗଲା! କୌଣସି ସାକ୍ଷୀ ପ୍ରମାଣ ନ ଥିଲେ ମଧ୍ୟ ଏଇ ଗ୍ରାମପଥର ପଙ୍କ ହିଁ ତାହାର ସାକ୍ଷୀ। ତୁମ ଭଳି ଅକୃତଜ୍ଞ ଓ ନିର୍ଲଜ୍ଜ ଦ୍ୱିତୀୟ କାହାକୁ ଦେଖୁନାହିଁ।

ରେହଇ ଗଲନ୍ତ-କେସ-କ୍‌ଖଲନ୍ତ-କୁଣ୍ଡଲ-ଲଲନ୍ତ-ହାର-ଲତା
ଅଦ୍ଧୁପ୍ପଇଆ ବିଜ୍ଜାହରି ବ୍‌ବ ପୁରୁସାଇରୀ ବାଲା । ୪୬ ।
(ରାଜତେ ଗଲତ୍-କେଶ-ସ୍ଖଲତ୍-କୁଣ୍ଡଳ-ଲଲଦ୍ଧାର-ଲତା।
ଅର୍ଦ୍ଧୋପ୍ପତିତା ବିଦ୍ୟାଧରୀବ ପୁରୁଷାୟିତା ବାଳା।)

ଅର୍ଦ୍ଧପତିତା ବିଦ୍ୟାଧରୀ ଭଳି ପୁରୁଷାୟିତରେ ନିରତ ବାଳାର ଲୋଟୁଥିବା କେଶ, ଆନ୍ଦୋଳିତ ହେଉଥିବା କୁଣ୍ଡଳ ଓ ହଲୁଥିବା ହାରଲତା ଶୋଭା ପାଉଛି।

ବ୍ୟାଖ୍ୟା - ପୁରୁଷାୟିତରେ ରତ ବାଳାର ଶୋଭା ବର୍ଣ୍ଣନା କରି ନାଗରିକର ଉକ୍ତି। ବିଦ୍ୟାଧରୀମାନେ ଦେବଯୋନି ଓ ପକ୍ଷଯୁକ୍ତ ହୋଇଥିବାରୁ ଉଡ଼ିପାରନ୍ତି। ପୁରୁଷଲୀଳାରେ ସଙ୍ଗତ ବାଳା ସତେ ଯେପରି ଅର୍ଦ୍ଧ-ଉଡ୍‌ଡ଼ୀନ ବିଦ୍ୟାଧରୀ! ପୃଥିବୀ ସହିତ ତାହାର ସଂପର୍କ ନାହିଁ। ତାର ମୁକ୍ତ କୁନ୍ତଳ ଲୋଟିଯାଉଛି, କର୍ଣ୍ଣରେ କୁଣ୍ଡଳ ଦୋଳାୟିତ ହେଉଛି ଓ କଣ୍ଠରେ ହାରଲତା ଆନ୍ଦୋଳିତ ହେଉଛି। ତାହାକୁ ଏକ ଅବସ୍ଥାରେ ଦେଖିଲେ ଅର୍ଦ୍ଧପତିତା ସ୍ୱର୍ଗ-ବିଦ୍ୟାଧରୀ ଭ୍ରମ ଜାତ ହେଉଛି।

ଜଇ ଭମସି ଭମସୁ ଏମେଅ କଣ୍ହ ସୋହଗ୍‌ଗ-ଗବ୍‌ବିରୋ ଗୋଟ୍‌ଠେ।
ମହିଲାଣଂ ଦୋସ-ଗୁଣେ ବିଆରକ୍‌ଖମୋ ଅଜ୍ଜ ବିଣ ହୋସି । ୪୭ ।
(ଯଦି ଭ୍ରମସି ଭ୍ରମ ଏବମେବ କୃଷ୍ଣ ସୌଭାଗ୍ୟଗର୍ବିତୋ ଗୋଷ୍ଠେ।
ମହିଳାନାଂ ଦୋଷଗୁଣୌ ବିଚାରକ୍ଷମୋଦ୍ୟାପି ନ ଭବସି।)

ହେ କୃଷ୍ଣ, ସୋଭାଗ୍ୟଗର୍ବିତ ହୋଇ ଯଦି ଗୋଷ୍ଠରେ ଏଇଭଳି ଭ୍ରମଣ କରୁଛ ତ ଭ୍ରମଣ କର; ମହିଳାଗଣଙ୍କ ଦୋଷଗୁଣ ବିଚାର କରିବାକୁ ସମର୍ଥ ହୁଅ।

ବ୍ୟାଖ୍ୟା - କୌଣସି ଗୁଣଗର୍ବିତା ଗୋପୀ କୃଷ୍ଣଙ୍କୁ କହୁଛି- କାହ୍ନୁ, ଏଇ ଗୋଷ୍ଠ ତ ତୁମର ଲୀଳାସ୍ଥଳ; ଏଠାରେ ତୁମକୁ ବାଧା ଦେବାକୁ କେହି ନାହିଁ। କେତେ ବ୍ରଜବଧୂ ତୁମକୁ ପାଇବା ପାଇଁ ବ୍ୟାକୁଳ। ତେଣୁ ନିର୍ବାଧରେ ଏଠାରେ ଭ୍ରମଣ କରି ନିଜର

ସୌଭାଗ୍ୟ ଗର୍ବ ପ୍ରକଟ କର। ତୁମ ଭଳି ଭାଗ୍ୟବାନ୍ କିଏ ଅଛି ? ଯାହାପାଇଁ କୁଳବତୀ ଗୋପବଧୂମାନେ ଉନ୍ମାଦିନୀ ହୋଇ ଏଇ ଗୋଷ୍ଠକୁ ଧାଇଁଛନ୍ତି; ଫଳତଃ ମହିଳାମାନଙ୍କର ଦୋଷ-ଗୁଣ ବିଚାର କରିପାରିବ। ଗୋପୀର ତାତ୍ପର୍ଯ୍ୟ, ତୁମେ ମହିଳାମାନଙ୍କର ଦୋଷ-ଗୁଣ ବିଚାର କରିବାରେ ସମର୍ଥ ହୋଇପାରିବ ନାହଁ। ତୁମେ ଯେତେ ଖୋଜିଲେ ମଧ୍ୟ ମୋ ଭଳି ରସବତୀ ପ୍ରିୟା ପାଇବ ନାହିଁ, ଏ କଥା ଜାଣି ଯେତେ ଇଚ୍ଛା ସେତେ ବୁଲୁଥା।

ସଂଝା-ସମଏ ଜଲ-ପୂରିଅଞ୍ଜଲିଂ ବିହଡ଼ିଏକ୍‌କ-ବାମ-ଅରଂ
ଗୋରୀଅ କୋସ-ପାଣୁଜ୍ଜଅଂ ବ ପମହାହିର୍ବ ଣମହ । ୪୮ ।
(ସନ୍ଧ୍ୟା-ସମୟେ ଜଲ-ପୂରିତାଂଜଳି ବିଘଟିତୈକ-ବାମ-କରମ୍।
ଗୌର୍ଯ୍ୟେ କୋଷ-ପାନୋଦ୍ୟତମିବ ପ୍ରମଥାଧିପଂ ନମତ।)

ସଂଧ୍ୟା ସମୟରେ ଜଳପୂରିତ ଅଂଜଳି ଧରି ବାମହସ୍ତ ବିଘଟିତ ହେବାରୁ ଗୌରୀଙ୍କ ନିମନ୍ତେ କୋଷପାନ ଉଦ୍ୟତ ହେବା ଭଳି ପ୍ରଥମାଧିପ ଶିବଙ୍କୁ ନମସ୍କାର କର।

ବ୍ୟାଖ୍ୟା - ନାୟକ ପ୍ରତି ସଖୀ ଉକ୍ତି-ତୁମେ ଯାଇ ମାନିନୀ ନାୟିକାର ମାନ ଦୂର କରିବାକୁ ଅନୁନୟ କର। ସେ ନିଶ୍ଚୟ ପ୍ରସନ୍ନ ହେବ। ଏଥିରେ ଲଜ୍ଜିତ ହେବା ଉଚିତ ନୁହେଁ। ଯଦି ଅପରାଧ କରିଛ ତ ଅରାଧ ସ୍ୱୀକାର କରିବାକୁ ଏତେ କୁଣ୍ଠିତ କାହିଁକି ? ଦେବଦେବ ମହାଦେବ ମଧ୍ୟ ମାନିନୀ ପାର୍ବତୀଙ୍କ କୋପ ଶାନ୍ତ କରିବାପାଇଁ କୋଷପାନ କରନ୍ତି। ପ୍ରମଥେଶ ଯେତେବେଳେ ହସ୍ତରେ ଜଳାଂଜଳି ଧରି ସଂଧ୍ୟା ବନ୍ଦନା କରିବାକୁ ବାହାରନ୍ତି, ସେତେବେଳେ ପାର୍ବତୀଙ୍କର ସଂଧ୍ୟା ପ୍ରତି ସପତ୍ନୀଭାବ ଥିବାରୁ ସେ ରୋଷାନ୍ୱିତ ହୋଇଉଠନ୍ତି। ତେଣୁ ପାର୍ବତୀଙ୍କୁ ପ୍ରସାଦିତ କରିବାପାଇଁ ଶିବ ନିଜର ଅପରାଧ ସ୍ୱୀକାର କଲାଭଳି କୋଷମାନ କରନ୍ତି। 'କୋଷମାନ' ଆତ୍ମଶୁଦ୍ଧି ନିମନ୍ତେ ପବିତ୍ର ଜଳପାନ କରିବାର ବିଧି ରୂପେ ପ୍ରଚଳିତ। ଅପରାଧ ବା ପାପ କରିଥିବା ବ୍ୟକ୍ତିକୁ କୋଷପାନ କରିବାକୁ ପଡ଼ିଥାଏ। ଏହାକୁ ନମସ୍କାରାତ୍ମକ ଗାଥା ରୂପେ ମଧ୍ୟ ଗ୍ରହଣ କରାଯାଇପାରେ।

ଗାମଣିଣୋ ସବ୍‌ବାସୁ ବି ପିଆସୁ ଅଣୁମରଣ-ଗହିଅ-ବେସାସୁ।
ମମ୍ମଚ୍ଛେଏସୁ ବି ବିଲ୍ଲହାଇ ଉବରୀ ବଲଇ ଦିଟ୍‌ଠୀ । ୪୯ ।
(ଗ୍ରାମଣ୍ୟାଃ ସର୍ବସ୍ୱପି ପ୍ରିୟାସ୍ୱନୁମରଣ-ଗୃହୀତ-ବେଷାସୁ।
ମର୍ମଚ୍ଛେଦେଷ୍ୱପି ବଲ୍ଲଭାୟା ଉପରି ବଳତେ ଦୃଷ୍ଟିଃ।)

ଗ୍ରାମ-ନାୟକର ସକଳ ପ୍ରିୟା ଅନୁମରଣ ବେଶ ଧାରଣ କରି ସାରିଛନ୍ତି। ସେହି ମର୍ମବିଦାରକ ଦଶାରେ ମଧ୍ୟ ତାହାର ଦୃଷ୍ଟି ବଲ୍ଲଭା ପ୍ରିୟା ଉପରେ ପଡିଯାଇଛି।

ବ୍ୟାଖ୍ୟା - ଗ୍ରାମନାୟକ ମରଣ-ଶଯ୍ୟାରେ ଶାୟିତ। ଚାରିପାଖରେ ତାହାର ବଧୂମାନେ ସହମରଣ ବେଶ ଧାରଣ କରି ବେଢ଼ି ରହିଛନ୍ତି। ମୃତ୍ୟୁମୁଖୀ ଗ୍ରାମନାୟକର ଛାତି ଫାଟିଯାଉଛି। ଆଉ କିଛି ସମୟ ପରେ ତାହାର ଜୀବନ-ଦୀପ ଲିଭିଯିବ। ତଥାପି ସେଇ ଅତ୍ୟନ୍ତ ମର୍ମବିଦାରକ ଦଶାରେ ମଧ୍ୟ ତାହାର ବଲ୍ଲଭା ପ୍ରିୟାଠାରୁ ମନ ଛାଡ଼ିନାହିଁ। ତେଣୁ ମୃତ୍ୟୁ-ପାଣ୍ଡୁର ନେତ୍ରରେ ସେ ଶେଷଥର ପାଇଁ ବଧୂଗହଣରେ ଉପସ୍ଥିତ ଥିବା ବଲ୍ଲଭା ପ୍ରିୟାର ମୁଖକୁ ଚାହିଁରହିଛି। ଏ ପୃଥିବୀରୁ ବିଦାୟ ନେବା ପୂର୍ବରୁ ନାୟକ ସେହି ପ୍ରିୟାର ବକ୍ଷରେ ତାର ପ୍ରେମକୁ ଥୋଇଯିବାପାଇଁ ଚାହେଁ। ବକ୍ତ୍ରୀର ତାତ୍ପର୍ଯ୍ୟ, ସୁଭଗା ପ୍ରିୟା ପ୍ରତି ମୃତ୍ୟୁକାଳରେ ମଧ୍ୟ ପ୍ରିୟର ଅନୁରାଗ ଅବିଚଳ ରହେ।

ମାମି ସରସକ୍‌ଖରାଣଁ ବି ଅତ୍‌ଥି ବିସେସୋ ପଅମ୍ପିଅବ୍‌ବାଣଂ।
ଣେହମଇଆଣଁ ଅଣ୍‌ଣୋ ଅଣ୍‌ଣୋ ଭବରୋହମଇଆଣଂ ।୫୦।
(ମାତୁଲାନି ସଦୃଶାକ୍ଷରାଣାମପ୍ୟସ୍ତି ବିଶେଷଃ ପ୍ରଜଳ୍ପିତବ୍ୟାନାମ୍।
ସ୍ନେହମୟାନାମନ୍ୟୋନ୍ୟ ଉପରୋଧମୟାନାମ୍।)

ଆଗେ ମାଇଁ, ସମାନ ଅକ୍ଷର ପ୍ରୟୋଗ କରାଗଲେ ମଧ୍ୟ ବାକ୍ୟରେ ବୈଶିଷ୍ଟ୍ୟ ବ୍ୟଂଜିତ ହୋଇଥାଏ, ସ୍ନେହମୟ ବଚନର ବୈଶିଷ୍ଟ୍ୟ ଏକପ୍ରକାର ଓ ଅନୁରୋଧ ବଚନର ବୈଶିଷ୍ଟ୍ୟ ଆଉ ଏକପ୍ରକାର ହୋଇଥାଏ।

ବ୍ୟାଖ୍ୟା - ନାୟକର ମଧୁର-ବଚନକୁ ମନରଖା କଥା ବୋଲି ମନେକରୁଥିବା ନାୟିକାର ମାତୁଳାନୀ ପ୍ରତି ଉକ୍ତି - ମାଇଁ, ତୁମେ ଜାଣି ନାହଁ ବୋଲି ଏପରି କହୁଛ। ତାଙ୍କର ମଧୁର-ବଚନରେ ଆନ୍ତରିକତା ନାହିଁ। ଖା, ଭୁଂଜ, ଗିଳ-ଏକା କଥା ହେଲେ ମଧ୍ୟ ଅର୍ଥ ଭିନ୍ନ; କାରଣ ହୃଦୟର ଭାଷା ଓ ମୁଖର ଭାଷା ଏକ ନୁହେଁ। ହୃଦୟ ନିଃସୃତ ଭାଷା ଆନ୍ତରିକତାପୂର୍ଣ୍ଣ ହୋଇଥାଏ; କିନ୍ତୁ କଣ୍ଠ-ନିଃସୃତ ଭାଷା ଉପରଦେଖାଣିଆ, ସେଥିରେ ମନ ଭେଦେ ନାହିଁ। ମୋତେ ଭୁଲାଇବା ପାଇଁ ସେ ମନରଖା କଥା କହୁଛନ୍ତି। ସମାନ ବର୍ଣ୍ଣରେ ସମାନ କଥା କୁହାଗଲେ ମଧ୍ୟ ସେ ଦୁଇ କଥାର ଭାବରେ କେତେ ପାର୍ଥକ୍ୟ ! ପ୍ରେମପୂର୍ଣ୍ଣ କଥାରେ ଗୋଟିଏ ଭାବ, ଉପରୋଧ ବଚନରେ ଅନ୍ୟ ଭାବ ଜାଗିଉଠେ। ମୁଁ ତାଙ୍କର କଥାର ସ୍ୱରରୁ ଜାଣେ, ସେ ମୋତେ ଖୁସି କରିବାପାଇଁ କୈତବ-ମଧୁର ବଚନ କହୁଛନ୍ତି।

ହିଅଆହିନ୍ତୋ ପସରନ୍ତି ଜାଇଁ ଅଣ୍‌ଣାଇଁ ତାଇଁ ବଅଣାଇଂ।
ଓସରସୁ କିଂ ଇମେହିଂ ଅହରୁତ୍ତର-ମେତ୍ତ ଭଣିଏହିଂ ।୫୧।
(ହୃଦୟେଭ୍ୟଃ ପ୍ରସରନ୍ତି ଯାନ୍ୟନ୍ୟାନି ତାନି ବଚନାନି।
ଅପସର କିମେଭିରଧରୋତ୍ତର-ମାତ୍ର-ଭଣିତୈଃ।)

ଯେଉଁ ବଚନ ହୃଦୟରୁ ବାହାରିଥାଏ, ତାହା ଅନ୍ୟ ପ୍ରକାର ହୋଇଥାଏ। ମୋ ପାଖରୁ ଦୂରେଇଯାଅ। ଏସବୁ ଓଠ କଥାରେ କ'ଣ ପ୍ରୟୋଜନ ?

ବ୍ୟାଖ୍ୟା - ମଧୁରଭାଷୀ ମନ୍ଦସ୍ନେହୀ ନାୟକ ପ୍ରତି ନାୟିକାର ରୋଷପୂର୍ଣ୍ଣ ବାଣୀ - ମୁଁ କ'ଣ ଏତେ ବୋକା ଯେ ହୃଦୟରୁ ଯେଉଁ କଥା ବାହାରେ ଓ ଓଠରୁ ଯେଉଁ କଥା ବାହାରେ, ତା ଭିତରେ ପାର୍ଥକ୍ୟ ବୁଝିପାରୁନାହିଁ ? ମୁଁ ତୁମର ଚତୁରୀ ବୁଝିସାରିଲିଣି। ତୁମକୁ କେତେ ବାଗରେ କଥା କହିଆସେ ! ଯା, ଯା, ଏ ଚିକଣିଆ କପଟ ବଚନ ତୁମ ପାଖରେ ଥାଉ। ମିଥ୍ୟା କଥାରେ ସତ୍ୟ ଆଭରଣ ପିନ୍ଧାଇ ଯେତେ ବାଗେଇ ଚୂନେଇ କହିଲେ ମଧ ମୁଁ ଆଉ ବିଶ୍ୱାସ କରିବି ନାହିଁ।

କହଁ ସା ସୋହଗ୍‌ଗ-ଗୁଣଂ ମଏ ସମଂ ବହଇ ଣିଗ୍‌ଘିଣ ତୁମନ୍ମି।
ଜୀଅ ହରିଜ୍ଜଇ ଗୋତ୍ତଂ ହରିଊଣ ଅ ଦିଜ୍ଜଏ ମଜ୍‌ଝ ।୫୨।
(କଥଂ ସା ସୌଭାଗ୍ୟ-ଗୁଣଂ ମୟା ସମଂ ବହତି ନିର୍ଘୃଣ ତ୍ୱୟି।
ଯସ୍ୟା ହ୍ରିୟତେ ଗୋତ୍ରଂ ହୃତ୍ୱା ଚ ଦୀୟତେ ମହ୍ୟମ୍।)

ହେ ନିର୍ଦ୍ଦୟ, ତୁମେ ଯାହାର ଗୋତ୍ର ହରଣ କରିଛ ଓ ମୋତେ ଅର୍ପଣ କରୁଛ, ମୋ ତୁଳନାରେ ସେ ତୁମ ସମ୍ବନ୍ଧରେ କିପରି ଅଧିକ ସୌଭାଗ୍ୟ ଗୁଣ ବହନ କରେ ?

ବ୍ୟାଖ୍ୟା - ଗୋତ୍ରସ୍ଖଳନ-ଅପରାଧୀ ନାୟକ ପ୍ରତି ନାୟିକାର ଉପାଳମ୍ଭ ବଚନ। ନାୟକ ଅନ୍ୟ ପ୍ରେମିକାର ନାମ ଧରି ପ୍ରସ୍ତୁତ ନାୟିକାକୁ ଡାକିଛି। ନାୟିକାର ତାତ୍ପର୍ଯ୍ୟ, ଯଦି ତୁମେ ତା ନାମ ଧରି ମୋତେ ଡାକିଲ, ତେବେ ସେ କିପରି ସୁଭଗା ହେବ ? ତାହାର ନାମ ହରଣ କରି ମୋତେ ଦେଇଛ, ଏଥିରେ ମୋର ଲାଭ; ମାତ୍ର ତାହାର କ୍ଷତି। ମୁଁ ବୁଝିପାରୁନାହିଁ, ସେ ନାରୀ ମୋ ଉପରେ କାହିଁକି ବିଜୟ-ବୈଜୟନ୍ତୀ ଉଡ଼ାଇବ ? ମୋର କ'ଣ ନିଜର ନାମ ନାହିଁ ? ମୁଁ ଜାଣେ, ତୁମେ ଅହରହ ତାହାକୁ ଧ୍ୟାନ କରୁଥିବାରୁ ମୋ ନାମ ଭୁଲି ତା ନାମ ଧରି ମୋତେ ଡାକୁଛ। ହାୟ, ତୁମ ହୃଦୟ ଏତିକି ନିଷ୍ଠୁର ! ମୋ ପ୍ରତି ତୁମର ଟିକିଏ ହେଲେ ପ୍ରେମ ନାହିଁ। ମୋ କପାଳରେ ପୁଣି ଏତେ କଦର୍ଥନା ଭୋଗିବାକୁ ଥିଲା !

ସହି ସାହସୁ ସବ୍‌ଭାବେଣ ପୁଚ୍ଛିମୋ କିଂ ଅସେସ-ମହିଲାଣଂ।
ବଡ୍‌ଢନ୍ତି କର-ଠିଆ ବ୍‌ବିଅ ବଲଆ ଦଇଏ ପଉଟ୍‌ଟମ୍ମି ।୫୩।
(ସଖି କଥମ ସଦ୍‌ଭାବେନ ପୃଚ୍ଛାମଃ କିମଶେଷ-ମହିଳାନାମ୍।
ବର୍ଦ୍ଧନ୍ତେ କର-ସ୍ଥିତା ଏବ ବଳୟା ଦୟିତେ ପ୍ରୋଷିତେ।

ସଖି ! କହ ତ, ସଦ୍‌ଭାବରେ ପଚାରୁଛି, କ'ଣ ପ୍ରିୟତମ ପ୍ରବାସ ଗଲେ ସବୁ ମହିଳାଙ୍କ ହାତର ବଳୟ ବଢ଼ିଯାଏ ?

ବ୍ୟାଖ୍ୟା - ମୁଗ୍ଧା-ନାୟିକାର ସରଳ ପ୍ରଶ୍ନ ଅନ୍ତରଙ୍ଗା ସଖୀ ପ୍ରତି। ପ୍ରିୟ-ବିରହରେ ବିରହିଣୀମାନେ କୃଶ ହୋଇଥାନ୍ତି ଓ ସେମାନଙ୍କ ହାତର ବଳୟ ଢିଲା ହୋଇଯାଏ। ମାତ୍ର ମୁଗ୍ଧା ଏତେ ସରଳା ଯେ, ଏଇ ସହଜ କାରଣଟି ଜାଣି ନ ପାରି ସଖୀକୁ ସ୍ନେହରେ ଏକ ସାର୍ବଜନୀନ ସତ୍ୟ ବିଷୟରେ ପ୍ରଶ୍ନ କଲା ଭଳି ପଚାରିଛି- ସଖି, ସତ କରି କହିଲୁ, ପ୍ରବାସରେ ପତି ରହିଥିଲେ ହାତର ବଳୟ କ'ଣ ବଢ଼ିଯାଏ? ପ୍ରକୃତରେ ବଳୟ ବଢ଼ିଯାଏ ନାହିଁ । କୃଶତା ହେତୁ ପ୍ରକୋଷ୍ଠକୁ ବଳୟ ଖସିପଡ଼େ। ନାୟିକା ମୁଗ୍ଧ ହେତୁ ତାହାକୁ ବଳୟ ବଢ଼ିଯାଏ ବୋଲି ଭାବି ସଖୀକୁ ଗୋପନରେ ପଚାରିଛି।

ଭମଇ ପଲିଓଇ ଜୂରଇ ଉକ୍‌ଖିବିଉଂ ସେ କରଂ ପସାରେଇ।
କରିଣୋ ପଙ୍କ-କ୍‌ଖୂତ୍ତସ୍‌ସ ଣେହ-ଣିଅଲାଇଆ କରିଣୀ ।୫୪।
(ଭ୍ରମିତି ପରିତଃ ଖିଦ୍ୟତେ ଉତ୍‌କ୍ଷେପ୍ତୁଂ ତସ୍ୟ କରଂ ପ୍ରସାରୟତି।
କରିଣଃ ପଙ୍କ-ନିମଗ୍ନସ୍ୟ ସ୍ନେହ-ନିଗଡ଼ିତା କରିଣୀ।)

ପଙ୍କରେ ପଡିଥିବା କରୀର ସ୍ନେହରେ ବନ୍ଧା କରିଣୀ ଚାରିପାଖରେ ବୁଲିଲାଗିଛି, ଖେଦ ପ୍ରକାଶ କରୁଛି ଓ ତାହାକୁ ଉଠାଇବା ଲାଗି ଶୁଣ୍ଢ ପ୍ରସାରଣ କରୁଛି।

ବ୍ୟାଖ୍ୟା - ଦୁର୍ଗତ ସ୍ୱାମୀକୁ ଛାଡ଼ି ପରପୁରୁଷରେ ଅନୁରକ୍ତା ନାୟିକା ପ୍ରତି ସଖୀର ଅନ୍ୟାପଦେଶ-ଉକ୍ତି-ଦେଖ, ହାତୀ ପଙ୍କରେ ପଡ଼ିଯାଇଥିବାରୁ ହସ୍ତିନୀଟି ବିକଳ ହୋଇ ତା ଚାରିପାଖରେ ବୁଲୁଛି, ଖିନ୍ନ ହେଉଛି ଓ ଶୁଣ୍ଢ ବଢ଼ାଇ ତାହାକୁ ଟେକିଆଣିବ ବୋଲି ଆଶା କରୁଛି; ମାତ୍ର ତାର ସାଧ ନାହିଁ ଯେ ପଙ୍କରେ ପଶି ପ୍ରିୟ ହାତୀକୁ ଉଦ୍ଧାର କରି ପାରିବ। ପ୍ରେମ-ବନ୍ଧନ ଅତି ନିବିଡ଼; ତାହାକୁ ଛିନ୍ନ କରିବାକୁ ସାଧ କାହାର? ହସ୍ତିନୀ ସେଇ ସ୍ନେହନିଗଡ଼ର ନିବିଡ଼ ବନ୍ଧନର ମହିମା ଉପଲବ୍ଧି କରିଛି ବୋଲି ଜଳାଧାର ନିକଟରେ ବୁଲିଲାଗିଛି। ଇତର ପ୍ରାଣୀର ପ୍ରେମ-ନିଷ୍ଠାରୁ ତୋର ବହୁତ ଶିକ୍ଷା କରିବାକୁ ଅଛି।

ରଇ-କେଲି-ହିଅ-ଣିଅଂସଣ-କର-କିସଲଅ-ରୁଦ୍ଧ-ଣଅଣ-ଜୁଅଲସ୍‌ସ।
ରୁଦସ୍‌ସ ତଇଅ-ଣଅଣଂ ପବ୍‌ବଇ-ପରିଉମ୍ବିଅଂ ଜଅଇ ।୫୫।
(ରତି-କେଲି-ହୃତ-ନିବସନ-କର-କିସଲୟ-ରୁଦ୍ଧ-ନୟନ-ଯୁଗଳସ୍ୟ।
ରୁଦ୍ରସ୍ୟ ତୃତୀୟ-ନୟନଂ ପାର୍ବତୀ-ପରିଚୁମ୍ବିତଂ ଜୟତି।)

ଯେଉଁ ରୁଦ୍ର ରତିକେଳି କାଳରେ ପାର୍ବତୀଙ୍କର ବସ୍ତ୍ରହରଣ କରି ନେଇଥିଲେ ଓ ଯାହାଙ୍କ ନୟନଯୁଗଳ କର-କିଶଳୟଦ୍ୱାରା ରୁଦ୍ଧ କରି ଦିଆଯାଇଥିଲା, ସେହି ରୁଦ୍ରଙ୍କର ପାର୍ବତୀଚୁମ୍ବିତ ତୃତୀୟ-ନୟନର ଜୟ ହେଉ।

ବ୍ୟାଖ୍ୟା - ନମସ୍କାରାତ୍ମକ ଗାଥା, 'ଜୟ' ଶବ୍ଦ ଦ୍ୱାରା ଅଭିପ୍ରାୟ ସୂଚିତ। ରତିକେଳିରେ ମାତି ଭଗବାନ୍ ଶଙ୍କର ପାର୍ବତୀଙ୍କର ବସନ ହରଣ କରିନେଲେ। ଶିବ ଯେପରି ତାଙ୍କର ବିବସନ ଶୋଭା ଦେଖି ନପାରିବେ, ସେଥିପାଇଁ ପାର୍ବତୀ ନିଜର ଦୁଇ ହାତରେ ଶିବଙ୍କ ନେତ୍ରଦ୍ୱୟ ଢାଙ୍କିଦେଲେ। ମାତ୍ର ତା ସତ୍ତ୍ୱେ ସମସ୍ୟାର ସମାଧାନ ହେଲା ନାହିଁ। ଶିବଙ୍କର ତୃତୀୟ-ନେତ୍ର ଏ ପର୍ଯ୍ୟନ୍ତ ଉନ୍ମୁକ୍ତ ଓ ପାର୍ବତୀଙ୍କର ପଣ୍ଡ ଶ୍ରମ ଦେଖି ହସିଉଠୁଛି। ଦେବୀ ପାର୍ବତୀ ହଠାତ୍ ପ୍ରତ୍ୟୁତ୍ପନ୍ନମତି ବଳରେ ଲଜ୍ଜାରୁଣ ହୋଇ ଶିବଙ୍କର ତୃତୀୟ-ନେତ୍ରକୁ ଚୁମ୍ବନରେ ଛାଇ ଦେଲେ। ଉକ୍ତ ପାର୍ବତୀଚୁମ୍ବିତ ଶିବଙ୍କର ସେହି ତୃତୀୟନେତ୍ର ବିଜୟୀ ହେଉ ବୋଲି କାମନା କରେ।

ଧାବଇ ପୁରଓ ପାସେସୁ ଭମଇ ଦିଟ୍ଠୀ-ପହମ୍ମି ସଂଠାଇ।
ଣବ-ଲଇକରସ୍ସ ତୁହ ହଲିୟା-ଉତ୍ତ ଦେ ପହରସୁ ବରାଇଂ ।୫୬ ।
(ଧାବତି ପୁରତଃ ପାର୍ଶ୍ୱୟୋର୍ଭମତି ଦୃଷ୍ଟି-ପଥେ ସଂତିଷ୍ଠତେ।
ନବ-ଲତିକା-କରସ୍ୟ ତବ ହଲିକ-ପୁତ୍ର ହେ ପ୍ରହରସ୍ୱ ବରାକୀମ୍।)

ହେ ହଳିକପୁତ୍ର, ତୁମେ ହାତରେ ନବଲତିକା ଧରିଥିବାରୁ ସେ ତୁମ ଆଗରେ ଧାଉଁଛି, ପାଖରେ ବୁଲୁଛି ଓ ଦୃଷ୍ଟି ପଥରେ ସଂସ୍ଥିତ ରହୁଛି। ତୁମେ ସେଇ ବିଚରୀକୁ ପ୍ରହାର କର।

ବ୍ୟାଖ୍ୟା - ନାୟକ ପ୍ରତି କୌଣସି ବର୍ଷୀୟସୀ ମହିଳାର ଉକ୍ତି। ନାୟକ ହଳିଆର ପୁଅ। ସେ ହାତରେ ନବଲତା ଧରି ଯାଉଥିବା ଦେଖି ଗାଁର କୌଣସି ତରୁଣୀ ତାର ପ୍ରେମ ଲାଭ କରିବାପାଇଁ ସ୍ପଷ୍ଟ ସଂକେତ ଦେଉଛି; ଯଥା - ତା ଆଗରେ ଧାଇଁଯାଉଛି, ପାଖକୁ ଫେରିଆସି ଦେହରେ ଲାଗିଯାଉଛି ଓ ନାୟକର ଦୃଷ୍ଟିପଥରେ ଠିଆ ହୋଇ ରହୁଛି- ଉଦ୍ଦେଶ୍ୟ, ନାୟକ ତାକୁ ଭଲ କରି ଦେଖୁ। ବୃଦ୍ଧାର ତାତ୍ପର୍ଯ୍ୟ, ସେ ତୁମଠାରୁ ନବଲତାଦ୍ୱାରା ତାଡ଼ନ ଅଭିଳାଷ ରଖିଛି। ତୁମେ ତାକୁ ସେଥିରେ ପ୍ରହାର କଲେ ତାର ଅଭିଳାଷ ପୂରଣ ହେବ (ନବଲତିକା-ଚୂତଲତିକା ନାମକ କ୍ରୀଡାବିଶେଷ)।

କାରିମଣାଣନ୍ଦବଡ଼ଂ ଭାମିଜ୍ଜଉଂ ବହୂଅ ସହିଆହିଂ।
ପେଚ୍ଛଇ କୁମରି-ଜାରୋ ହାସୁମ୍ମିସ୍ସେହିଂ ଅଚ୍ଛୀହିଂ । ୫୭ ।
(କୃତ୍ରିମମାନନ୍ଦ-ପଟଂ ଭ୍ରାମ୍ୟମାଣଂ ବଧ୍ୱା ସଖୀଭିଃ।
ପ୍ରେକ୍ଷତେ କୁମାରୀ-ଜାରୋ ହାସୋନ୍ମି ଶ୍ରାଭ୍ୟାମକ୍ଷିଭ୍ୟାମ୍।)

ବଧୂର ସଖିମାନଙ୍କ ଦ୍ୱାରା ବୁଲାଯାଉଥିବା କୃତ୍ରିମ ଆନନ୍ଦପଟକୁ କୁମାରୀର ଜାର ହାସମିଶ୍ରିତ ନେତ୍ରରେ ଦେଖୁଛି।

ବ୍ୟାଖ୍ୟା - ବିଦଗ୍ଧ ନାଗରିକର ସହଚର ପ୍ରତି ଉକ୍ତି। ଦେଶବିଶେଷର ଲୋକାଚାରର ଅନୁସାରେ ପ୍ରଥମ ମିଳନ ପରେ ଆନନ୍ଦପଟକୁ ସର୍ବସାଧାରଣରେ ପ୍ରଦର୍ଶନ

କରାଯାଏ। ଆଲୋଚ୍ୟ ଗାଥାରେ ତାହାର ସଂକେତ ରହିଛି। ସଖିମାନେ ବଧୂର ଆନନ୍ଦପଟ ଘୂରାଉଥିବା ଦେଖି ବଧୂର କୁମାରୀଜୀବନର ପ୍ରେମିକ ତାହାକୁ କୃତ୍ରିମ ବୋଲି ଜାଣିପାରି ହସ ହସ ନେତ୍ରରେ ଦେଖୁଛି। ବଧୂକୁ ଅନାଘ୍ରାତ ଅକ୍ଷତ ପ୍ରମାଣ କରିବା ପାଇଁ ସଖିମାନଙ୍କର କୃତ୍ରିମ ପ୍ରୟାସ ତା ମନରେ କୌତୁକ ଜାତ କରୁଛି।

ସଣିଅଂ ସଣିଅଂ ଲଲିଅଙ୍ଗୁଲୀଅ ମଅଣ-ବଡ଼-ଲାଅଣ-ମିସେଣ।
ବନ୍ଧେଇ ଧବଲ-ବଣ-ଟ୍‌ଟଅଂ ବ ବଣିଆହରେ ତରୁଣୀ । ୫୮।
(ଶନକୈଃ ଶନକୈର୍ଲଲିତାଙ୍ଗୁଲ୍ୟା ମଦନ-ପଟ-ଲାପନ-ମିଷେଣ।
ବଧ୍ନାତି ଧବଲ-ବ୍ରଣ-ପଟ୍ଟମିବ ବ୍ରଣିତାଧରେ ତରୁଣୀ।)

ବ୍ରଣଯୁକ୍ତ ଅଧର ଉପରେ ଲଳିତ ଅଙ୍ଗୁଳିଦ୍ୱାରା ଧୀରେ ଧୀରେ ମହଣ ଲେପନ କରିବା ଛଳରେ ତରୁଣୀ ସତେକି ପଟି ବାନ୍ଧିଦେଉଛି।

ବ୍ୟାଖ୍ୟା - ଶୀତଦିନେ ଅଧରରେ ମହଣ ଲେପନ କରୁଥିବା ତରୁଣୀକୁ ଦେଖି ସଖୀ ଉକ୍ତି-ଶୀତ-ପ୍ରକୋପରେ ମହମ ଘଷିବା ଛଳନା କରି ଅଧରର ଦଂଶନ-କ୍ଷତର ଜ୍ୱାଳା ଉପଶମ ପାଇଁ ସେ ପ୍ରଲେପ ବୋଲି ଧଳା ପଟି ଭିଡ଼ିଦେଉଛି।

ରଇ-ବିରମ-ଲଜ୍ଜିଆଓ ଅପ୍ପତ୍ତ ଣିଅଂ ସଣାଓଁ ସହସ ବ୍ଵ।
ଢକ୍‌କନ୍ତି ପିଅଅମାଲିଙ୍ଗଣେଣ ଜହଣଂ କୁଲ-ବହୂଓ । ୫୯।
(ରତି-ବିରାମ-ଲଜ୍ଜିତାଃ ଅପ୍ରାପ୍ତ-ନିବସନାଃ ସହସୈବ।
ଆଚ୍ଛାଦୟନ୍ତି ପ୍ରିୟତମାଲିଙ୍ଗନେନ ଜଘନଂ କୁଳ-ବଧ୍ୱଃ।)

ରମଣ-ବିରତି କାଳରେ ଲଜ୍ଜାତୁରା କୁଳବଧୂମାନେ ସହସା ବସ୍ତ୍ର ନପାଇ ପ୍ରିୟତମଙ୍କୁ ଆଲିଙ୍ଗନ କରି ନିଜର ଜଘନ ଆଚ୍ଛାଦନ କରିଥାନ୍ତି।

ବ୍ୟାଖ୍ୟା - କୁଳବଧୂର ଆଚରଣ ସମ୍ବନ୍ଧରେ ନାୟିକାକୁ ସଖୀ-ଶିକ୍ଷା-ଲଜ୍ଜା କୁଳବଧର ଭୂଷଣ। ରତିବିରାମାନ୍ତେ କୂଳବଧୂ ଲଜ୍ଜାରୁଣ ହୋଇ ସହସା ଅପସୃତ ବସନ ନ ପାଇ ପ୍ରିୟର ଆଲିଙ୍ଗନରେ ନିଜର ଜଘନ ଢାଙ୍କିଦିଏ ସିନା; ଆବରଣହୀନା ହୋଇ ପ୍ରିୟତମର ଦୃଷ୍ଟିରେ ପଡ଼େ ନାହିଁ। ପରିସ୍ଥିତି ଦୃଷ୍ଟିରୁ ଏହାହିଁ କରଣୀୟ।

ପାଅଡ଼ିଅଂ ସୋହଗ୍‌ଗଂ ତମ୍ଭାଏ ଉଅହ ଗୋଟ୍‌ଠ-ମଜ୍‌ଝମ୍ମି।
ଦୁଟ୍‌ଠ-ବସହସ୍ସ ସିଙ୍ଗେ ଅକ୍‌ଖି-ଉଡ଼ଂ କଣ୍ଡୁଅନ୍ତୀଏ । ୬୦ ।
(ପ୍ରକଟିତଂ ସୌଭାଗ୍ୟଂ ଗବା ପଶ୍ୟତେ ଗୋଷ୍ଠ-ମଧ୍ୟେ।
ଦୁଷ୍ଟ-ବୃଷଭସ୍ୟ ଶୃଙ୍ଗେ ଅକ୍ଷି-ପୁଟଂ କଣ୍ଡୂୟନ୍ତ୍ୟା।)

ଦେଖ, ଗୋଷ୍ଠ ମଧ୍ୟରେ ଦୁଷ୍ଟ ବୃଷଭର ଶିଙ୍ଗରେ ଆଖିପତା କୁଣ୍ଡାଇ ଗାଈ ନିଜର ସୌଭାଗ୍ୟ ପ୍ରକଟ କରୁଛି।

ବ୍ୟାଖ୍ୟା - ବକ୍ତା କାହାରି ସୌଭାଗ୍ୟ ସମ୍ବନ୍ଧରେ କହିବାକୁ ଯାଇ ଅନ୍ୟାପଦେଶ ମାଧ୍ୟମରେ କହିଛି- ଏଇ ଗାଭୀର ଭାଗ୍ୟବଳ ଦେଖ। ଦୁଷ୍ଟ ବୃଷଭ ନିଶ୍ଚଳ ହୋଇ ଉଭା ରହିଛି ଓ ଗାଭୀ ତାହାର ଶିଙ୍ଗରେ ଆଖିପତା କୁଣ୍ଡାଇ ହେଉଛି। ଯେଉଁ ଦୁଷ୍ଟ ବୃଷଭକୁ ଭୟ କରି ଗାଭୀ ଦୂରରେ ରହିବା କଥା, ନୟନ-କଣ୍ଡୁ ନିବାରଣ ପାଇଁ ଏଇ ଗୋଚରଣ ପ୍ରାନ୍ତର ମଧ୍ୟରେ ନୟନ-ପତ୍ର ତାହାରି ଶୃଙ୍ଗରେ ଘର୍ଷଣ କରିବା ନିଶ୍ଚୟ ସୌଭାଗ୍ୟସୂଚକ। ଭାଗ୍ୟବଳ ଥିଲେ ଏହିପରି ଅସମ୍ଭବ ସମ୍ଭବ ହୁଏ।

ଉଅ ସଂଭମ-ବିକ୍‌ଖିତ୍ତଂ ରମିଅବ୍‌ବଅ-ଲେହଲାଏଁ ଅସଈଏ।
ଣବରଙ୍ଗଅଂ କୁଡ଼ଙ୍ଗେ ଧଅଂ ବ ଦିଣ୍ଣଂ ଅବିଣଅସ୍‌ସ ।୬୧।
(ପଣ୍ୟ ସଂଭ୍ରମ-ବିକ୍ଷିପ୍ତଂ ରନ୍ତସ୍ୟ-କଳାପଟ୍ୟା ଅସତ୍ୟା।
ନବରଙ୍ଗକଂ କୁଂଜେ ଧ୍ୱଜମିବ ଦତ୍ତମବିନୟସ୍ୟ।)

ଦେଖ, ରତିଲମ୍ପଟା ଅସତୀ ସଂଭ୍ରମ-ବିକ୍ଷିପ୍ତ କୁସୁମ୍ଭୀ ବସ୍ତ୍ରକୁ କୁଂଜରେ ଅବିନୟର ଧ୍ୱଜ ଭଳି ଥୋଇଦେଇଛି।

ବ୍ୟାଖ୍ୟା - କୌଣସି ନାୟିକାର ରତିଲମ୍ପଟତାର ସୂଚନା ଦେବା ପାଇଁ ନିଭୃତ କୁଞ୍ଜରେ ଫିଙ୍ଗାଯାଇଥିବା କୁସୁମ୍ଭୀରଙ୍ଗ ରଞ୍ଜିତ ବସ୍ତ୍ରକୁ ଦେଖି କାହାରି ଉକ୍ତି - ରମଣଲମ୍ପଟା ଅସତୀ ଲଜ୍ଜା ପରିହାର କରି ଗର୍ବୋଦ୍ଧତ ଭାବେ ତାହାର ଚରିତ୍ର-ସଂହାର ପତାକା ରୂପରେ କୁଞ୍ଜଦ୍ୱାରରେ କୁସୁମ୍ଭାରଙ୍ଗର ବସ୍ତ୍ରଟିକୁ ଟଙ୍ଗାଇଦେଇଛି। ଏହା ତାହାର ଅବିନୟର ଧ୍ୱଜ ଭଳି ପ୍ରତୀତ ହେଉଛି। ବକ୍ତାର ତାତ୍ପର୍ଯ୍ୟ, ଏହା ତାହାର ଅସତୀତ୍ୱ, ଅବିନୟତ୍ୱ ଓ ରତିଲମ୍ପଟ୍ୟର ଚରମ ନିଦର୍ଶନ।

ହତ୍‌ଥ-ପ୍‌ଫଂସେଣ ଜରଗ୍‌ଗବୀ ବି ପଣ୍ହହଈ ଦୋହଅ-ଗୁଣେଣ।
ଅବଲୋଅଣ-ପଣ୍ହୁହରିଂ ପୁତ୍ତଅ ପୁଣ୍ଣେହିଁ ପାବିହିସି । ୬୨।
(ହସ୍ତ-ସ୍ପର୍ଶେନ ଜରଦ୍-ଗବୀ ଅପି ପ୍ରସ୍ନୌତି ଦୋହଦ-ଗୁଣେନ।
ଅବଲୋକନ-ପ୍ରସ୍ନବନଶୀଳାଂ ପୁତ୍ରକ ପୁଣ୍ୟୈଃ ପ୍ରାପ୍‌ସ୍ୟସି।)

ଆରେ ପୁଅ, ଦୋହନ-ଗୁଣରୁ ହସ୍ତସ୍ପର୍ଶମାତ୍ରେ ବୃଦ୍ଧା ଗାଭୀ ମଧ୍ୟ ପହ୍ନାଇ ଦୁଗ୍ଧପାତ କରେ; ଦେଖିବାମାତ୍ରେ ପ୍ରସ୍ରବଣଶୀଳାକୁ ତୁ ନିଜର ସୁକୃତ ବଳରେ ହିଁ ଲାଭ କରିବୁ।

ବ୍ୟାଖ୍ୟା - ଅତି ଅନୁରାଗବତୀ ନାୟିକା ପ୍ରତି ଆକୃଷ୍ଟ କରିବା ପାଇଁ ଜାର ପ୍ରତି କରତୀ ଦୂତୀର ଉକ୍ତି- ସେଇ ବାଳା ତୋତେ ଦେଖିବାମାତ୍ରେ ହିଁ ଅନୁରାଗିଣୀ ହୋଇ ଉଠିଲାଣି। ଗୋପାଳର ହାତର ଗୁଣରୁ ବୁଢ଼ୀ ଗାଈ ମଧ୍ୟ ଦୁଗ୍ଧପାତ କରେ; ମାତ୍ର ସେ ଦର୍ଶନରେ ପ୍ରସୁତା ହୁଏ, ଭାଗ୍ୟବଳ ଥିଲେ ସେପରି ଅନୁରାଗବତୀ ପ୍ରେମିକା ଲାଭ

କରାଯାଏ। ବୃଦ୍ଧା ଦୂତୀର ତାତ୍ପର୍ଯ୍ୟ, ଦେଖିବାମାତ୍ରେ ଯେ ବାଳା ଅନୁରାଗ-ବିଗଳିତ ହୋଇଉଠେ, ସେପରି ନିସର୍ଗ-ପ୍ରେମମୟୀଙ୍କୁ ଛାଡ଼ିବା ଉଚିତ୍ ନୁହେଁ। ଏପରି ଗୁଣବତୀ ସର୍ବତ୍ର ସୁଲଭ ନୁହନ୍ତ; ତୁ ତାହାକୁ ଉପଭୋଗ କର।

ମସିଣଂ ଚଙ୍କମ୍ମନ୍ତୀ ପଏ ପଏ କୁଣଇ କୀସ ମୁହ-ଭଙ୍ଗଂ।
ଣୂଣଂ ସେ ମେହଲିଆ ଜହଣ-ଗଅଂ ଛିବଇ ଣହ-ବନ୍ତିଂ ।୬୩
(ମସୃଣଂ ଚଙ୍କ୍ରମ୍ୟମାଣା ପଦେ ପଦେ କରୋତି କିମିତି ମୁଖ-ଭଙ୍ଗମ୍।
ନୂନଂ ତସ୍ୟା ମେଖଳିକା ଜଘନ-ଗତାଂ ସ୍ପୃଶତି ନଖପଂକ୍ତିମ୍।)

ବ୍ୟାଖ୍ୟା - ନାୟିକାଟି ସମତଳ ଭୂମିରେ ଚାଲୁଥିଲେ ମଧ୍ୟ ପ୍ରତି ପଦପାତରେ ତାହାର ମୁଖରେ ବେଦନାର ଚିହ୍ନ ପ୍ରକଟ ହେଉଛି। ତାହାକୁ ଦେଖି କୌଣସି ବିଦଗ୍ଧ ନାଗରିକ ସହଚରଙ୍କୁ କହୁଛି-ଦେଖ, ଏଇ ମନ୍ଦଗମନା ରମଣୀଟି ଯଦିଓ ସମତଳ ଭୂମିରେ ପଦଚାଳନା କରୁଛି, ତଥାପି ତାହାର ଭ୍ରୂକୁଟି କୁଟିଳ ମୁଖଭଙ୍ଗୀରୁ ଜଣାଯାଉଛି ଯେ, ତାହାର ଜଘନଦେଶରେ ନାୟକ ପ୍ରଦତ୍ତ ନଖଚିହ୍ନଗୁଡ଼ିକରେ ମେଖଳାର ଘର୍ଷଣ ନିଶ୍ଚୟ ବେଦନା ଜାତ କରୁଛି। ଅନୁମାନ-କଳ୍ପନା ବଳରେ ବିଦଗ୍ଧ ନାଗରିକ ତରୁଣୀର ମୁଖ ବିକୃତିର କାରଣ ନିର୍ଦ୍ଦେଶ କରିଛି।

ସଂବାହଣ-ସୁହ-ରସ-ତୋସିଏଣ ଦେନ୍ତେଣ ତୁହକରେ ଲକ୍ଖଂ।
ଚଲଣେଣ ବିକ୍କମାଇତ୍ତ-ଚରିଅଁ ଅଣୁସିକ୍ଖିଅଂ ତିସ୍ସା ।୬୪।
(ସଂବାହନ-ସୁଖ-ରସ-ତୋଷିତେନ ଦଦତା ତବ କରେ ଲକ୍ଷାମ୍।
ଚରଣେନ ବିକ୍ରମାଦିତ୍ୟ-ଚରିତମନୁଶିକ୍ଷିତଂ ତସ୍ୟାଃ।)

ସଂବାହନ ସୁଖ ଉପରେ ସନ୍ତୁଷ୍ଟ ହୋଇ ତୁମ ହାତରେ 'ଲାକ୍ଷା' ଚିହ୍ନ ପ୍ରଦାନ କରୁଥିବାରୁ ତାହାର ଚରଣ ବିକ୍ରମାଦତ୍ୟଚରିତ ଅନୁସରଣ କରିବା ଶିକ୍ଷା କରିଛି।

ବ୍ୟାଖ୍ୟା - ସପତ୍ନୀର ଚରଣ ସମ୍ବାହନ କରି ଲକ୍ଷା-ରସ ଲାଂଛିତ-ହସ୍ତ ହୋଇ ଫେରିଥିବା ନାୟକ ପ୍ରତି ଖଣ୍ଡିତାର ଉପାଳମ୍ଭ ବଚନ-ତାହାର ଚରଣଯୁଗଳର ସେବା କରି ବିନିମୟରେ ତୁମର ହସ୍ତଦ୍ୱୟ ଲକ୍ଷାରାଗ ଲାଭ କରିଛି; ଅର୍ଥାତ୍ ତାହାର ପଦଯୁଗଳକୁ ସୁଖ-ରସଦାନରେ ସନ୍ତୁଷ୍ଟ କରିଥିବାରୁ ପ୍ରତିଦାନ ସ୍ୱରୂପ ତାହାଠାରୁ ଲକ୍ଷାରସ ଲାଭ କରିଛି। ଏଥିରୁ ଜଣାଯାଏ, ତାହାର ଚରଣ ରାଜା ବିକ୍ରମାଦିତ୍ୟଙ୍କର ଚରିତକୁ ଅନୁକରଣ କରୁଛି। କାରଣ ରାଜା ବିକ୍ରମ ପଦ-ସମ୍ବାହନକାରୀ ବା ଶତ୍ରୁ-ମର୍ଦ୍ଦନକାରୀ ସେବକ ହାତରେ ଲକ୍ଷ ମୁଦ୍ରା ଅବଲୀଳାକ୍ରମେ ଦାନ କରୁଥିଲେ। ନାୟିକାର ତାତ୍ପର୍ଯ୍ୟ, ମୁଁ ତୁମର ପ୍ରେମ ପାଇବା ପାଇଁ ଅହରହ ଉତ୍କଣ୍ଠିତ ହେଲେ ମଧ୍ୟ ମୋତେ ଉପେକ୍ଷା କରୁଛ ଓ ସପତ୍ନୀର ଚରଣ ଚାପିବାରେ ସୁଖ ପାଉଛ। ଧନ୍ୟ କହିବା ତୁମକୁ!

ପାଅ-ପଡ଼ଣାଣଁ ମୁଦ୍ଧେ ରହସ-ବଲାମୋଡ଼ି-ଚୁମ୍ବି ଅବ୍ବାଣଂ।
ଦଂସଣ-ମେତ୍ତ-ପସଣ୍ଣେ ଚୁକ୍କାସି ସୁହାଣଁ ବହୁଆଣଂ ।୬୫।
(ପାଦ-ପତନାନଂ ମୁଗ୍ଧେ ରଭସ-ବଲାତ୍କାର-ଚୁମ୍ବିତବ୍ୟାନାମ୍।
ଦର୍ଶନ-ମାତ୍ରେ-ପ୍ରସନ୍ନେ ଭ୍ରଷ୍ଟାମି ସୁଖାନାଂ ବହୁକାନାମ୍।)

ଦର୍ଶନମାତ୍ରେ ପ୍ରସନ୍ନ ଆଗୋ ମୁଗ୍ଧେ, ପାଦ-ପତନ, ବେଗରେ ବଲାତ୍କାର ଓ ଚୁମ୍ବନାଦି ବହୁ ପ୍ରକାର ସୁଖରୁ ଭ୍ରଷ୍ଟ ବା ବଞ୍ଚିତ ହେଉଛୁ।

ବ୍ୟାଖ୍ୟା - ପ୍ରିୟ-ଦର୍ଶନମାତ୍ରେ ପ୍ରସନ୍ନ ହୋଇ ଆତ୍ମ-ସମର୍ପଣ କରୁଥିବା ମାନବତୀ ନାୟିକା। ପ୍ରତି ସଖୀ ଶିକ୍ଷା-ହେ ମୁଗ୍ଧେ, ତୁ ପ୍ରୀତି-ରୀତି କିଛି ଜାଣିନାହୁଁ। ପ୍ରିୟଙ୍କୁ ଦେଖିଲାମାତ୍ରେ ତୁ ଆନନ୍ଦ ଗଦ୍‌ଗଦ୍ ହୋଇ ତାହାଙ୍କୁ ବାହୁବନ୍ଧନରେ ବାନ୍ଧି ପକାଉଛୁ। ଫଳତଃ ପ୍ରିୟର ଅନ୍ୟାନ୍ୟ ସୁଖରୁ ତୁ ବଞ୍ଚିତ ହେଉଛୁ; ଯଥା - ରଭସ ଲଳସାରେ ପ୍ରିୟତମ ଯେତେବେଳେ ତୋତେ ଆସି ବଳାତ୍କାରରେ ଚୁମ୍ବିବେ, ମାନ ଭାଙ୍ଗିବା ପାଇଁ ପାଦତଳେ ପଡି ଅନୁନୟ କରିବେ ଓ କାନ୍ଦି କାନ୍ଦି ତଳେ ଲୋଟିବେ- ସେତେବେଳେ ଯାଇ ଆଲିଙ୍ଗନ କରିବୁ। ତୁ ଅତି ସହଜରେ ଧରାଦେଲେ ପ୍ରିୟତମଙ୍କଠାରୁ ଏହିପରି ବହୁ ସୁଖରୁ ବଞ୍ଚିତ ହେବୁ।

ଦେ ସୁଅଣୁ ପସିଅ ଏଣ୍ହିଂ ପୁଣୋ ବି ସୁଲହାଇଂ ରୁସିଅବ୍ବାଇଂ।
ଏସା ମଅଚ୍ଛି ମଅ-ଲାଛଣୁଜ୍ଜଲା ଗଲଇ ଛଣ-ରାଈ । ୬୬ ।
(ହେ ସୁତନୁ ପ୍ରସୀଦେଦାନୀଂ ପୁନରପି ସୁଲଭାନି ରୋଷିତବ୍ୟାନି।
ଏଷା ମୃଗାକ୍ଷି ମୃଗ-ଲାଞ୍ଛନୋଜ୍ଜ୍ୱଳା ଗଳତି କ୍ଷଣରାତ୍ରିଃ।)

ହେ ସୁତନୁ, ଏବେ ପ୍ରସନ୍ନ ହୁଅ, ରୋଷ ପୁଣି ସୁଲଭ ହେବ; ହେ ମୃଗଲୋଚନେ, ଚନ୍ଦ୍ରୋଜ୍ଜ୍ୱଳା ଉତ୍ସବ-ରଜନୀ ବିତିଯାଉଛି।

ବ୍ୟାଖ୍ୟା - ମାନିନୀ ନାୟିକା ପ୍ରତି ନାୟକର ଅନୁନୟ ବାଣୀ-ଆଗୋ ସୁତନୁକା ସଖୀ, ଆଜି ପର୍ବଶର୍ବରୀ ବୃଥା ହେବାକୁ ଦିଅ ନାହିଁ। ମାନ ତ୍ୟାଗ କର, କେତେ ରାତି ଜୀବନରେ ଆସିବ ମାନ କରିବା ପାଇଁ; ମାତ୍ର ଆଜି ଭଳି ଚନ୍ଦ୍ରୋଜ୍ଜ୍ୱଳା ରଜନୀ ଆଉ ଫେରିପାଇବା ନାହିଁ। ତୁ ଯଦି ମାନ କରି ବସିବୁ, ତେବେ ଏଇ ଚାନ୍ଦିନୀ ରାତିର ଉତ୍ସବ ବିଫଳରେ ଗତ ହେବ। ଏ ରାତିକୁ ପରିପୂର୍ଣ୍ଣ ଭାବେ ଭୋଗ କରିବା ପାଇଁ ଆଗୋ ହରିଣନେତ୍ରା, ଆସ, ତନୁରେ ତନୁ ମିଶାଇ ଚାନ୍ଦିନୀରେ ମିଶିଯିବା।

ଆବଣ୍ଣାଇଁ କୁଲାଇଂ ଦୋ ବ୍ବିଅ ଜାଣନ୍ତି ଉଣ୍ଣଇଂ ଣେଉଂ।
ଗୋରୀଅ ହିଅଅଦଇଓ ଅହବା ସାଲାହଣ-ଣରିନ୍ଦୋ । ୬୭ ।

(ଅପନ୍ନାନି କୁଳାନି ଦ୍ୱାବେବ ଜାନୀତ ଉନ୍ନତିଂ ନେତୁମ୍।
ଗୌର୍ଯାହୃଦୟ-ଦୟିତୋଽଥବା ଶାଳିବାହନ-ନରେନ୍ଦ୍ରଃ।)

ଆପନ୍ନ କୁଳର ଉନ୍ନତି ଦୁଇଜଣ ବ୍ୟକ୍ତି କରିପାରନ୍ତି- ଗୌରୀ-ହୃଦୟ-ବଲ୍ଲଭ ଅଥବା ଶାଳିବାହନ ନରେନ୍ଦ୍ର।

ବ୍ୟାଖ୍ୟା - ଶାଳିବାହନ ନରପତିଙ୍କ ସ୍ତୁତି-ଗାଥା-ଆପନ୍ନକୁଳ, ଅର୍ଥାତ୍ ବିପଦଗ୍ରସ୍ତ ପରିବାର ଓ ଅପର୍ଣାକୁଳ, ଅର୍ଥାତ୍ ପାର୍ବତୀଙ୍କ ବଂଶ-ଏ ଦୁଇ କୁଳର ଯାହା ସମୁନ୍ନତି ତାହା କେବଳ ନୃପେନ୍ଦ୍ର ହାଳ ଓ ଦେବ ଗୌରୀପତି ସାଧନ କରିବାକୁ ସମର୍ଥ। ଶିବ ଯେଉଁପରି ବୈବାହିକ ସୂତ୍ରରେ ପାର୍ବତୀ-କୁଳ ବା ହିମାଳୟର ବଂଶ-ମର୍ଯ୍ୟାଦା ବୃଦ୍ଧି କରିଥିଲେ, ଶାଳିବାହନ ନରପତି ସେହିପରି ବିପଦଗ୍ରସ୍ତର ତ୍ରାଣକର୍ତ୍ତା ରୂପେ ବିଖ୍ୟାତ ଥିଲେ।

ଣିକ୍‌କଣ୍ଡ-ଦୁରାରୋହଂ ପୁତ୍ତଅ ମା ପାଡ଼ଲିଂ ସମାରୁହସ୍‌ସୁ।
ଆରୁଢ଼-ଣିବଡ଼ିଆ କେ ଇମୀଅ ଣ କଆ ହଆସାଏ । ୬୮ ।
(ନିଷ୍କାଣ୍ଡ-ଦୁରାରୋହାଂ ପୁତ୍ରକ ମା ପାଟଳିଂ ସମାରୋହ।
ଆରୁଢ଼-ନିପତିତାଃ କେ ଅନୟା ନ କୃତା ହତାଶୟା।)

ହେ ପୁଅ, ଶାଖାହୀନ, ଆରୋହଣରେ କଷ୍ଟସାଧ ଏହି ପାଟଳି ବୃକ୍ଷରେ ଆରୋହଣ କର ନାହିଁ। ଏହି ହତାଶା ପାଟଳି କାହାକୁ ଆରୋହଣ କରାଇ ନିପତିତ କରିନାହିଁ ?

ବ୍ୟାଖ୍ୟା - ବହୁ ତରୁଣଙ୍କୁ ଆକୃଷ୍ଟ କରି ଶେଷରେ ନିରାଶ କରିଥିବା ନାୟିକା ପ୍ରତି ଆସକ୍ତ ନାୟକକୁ ସାବଧାନ କରିଦେଇ ଅନ୍ୟାପଦେଶରେ ଦୂତୀ-ଉକ୍ତି-ହେ ପୁଅ, ପାଟଳି ଫୁଲ ଗଛର ଶାଖା ନାହିଁ; ତେଣୁ ତା ଉପରେ ଚଢ଼ିବା କଷ୍ଟକର। ଏଇ ପାଟଳି ବୃକ୍ଷରେ ଚଢ଼ି କିଏ ଖସି ପଡ଼ିନାହିଁ ? ଦୂତୀର ତାତ୍ପର୍ଯ୍ୟ, କେତେ ଅଭାଗାଙ୍କୁ ଉପରକୁ ଚଢ଼ାଇ ଏଇ ହତାଶା ପାଟଳି ସେମାନଙ୍କୁ ତଳକୁ ଫିଙ୍ଗି ଜୀବନରେ ମାରିଦେଇଛି। ତୁ ସେପରି ଦୁଃସାହସ କଲେ ତୋର ଅବସ୍ଥା ମଧ୍ୟ ସେଇପରି ହେବ।

ଗାମଣି-ଘରମ୍ମି ଅତ୍ତା ଏକ୍‌କ ବ୍ବିଅ ପାଡ଼ଲା ଇହ ଗଗାମେ।
ବହୁ-ପାଡ଼ଲଂ ଚ ସୀସଂ ଦିଅରସ୍‌ସ ଣ ସୁନ୍ଦରଂ ଏଅଂ । ୬୯।
(ଗ୍ରାମଣି-ଗୃହେ ଶ୍ୱଶ୍ରୁ ଏକୈବ ପାଟଳା ଇହ ଗ୍ରାମେ।
ବହୁ-ପାଟଳଂ ଚ ଶୀର୍ଷଂ ଦେବରସ୍ୟ ନ ସୁନ୍ଦରମେତତ୍।)

ଆଗୋ ଶାଶୁ, ଏଇ ଗାଁରେ କେବଳ ଗ୍ରାମଣୀର ଘରେ ଗୋଟିଏ ପାଟଳୀ ଗଛ ଅଛି। ଦେବରଙ୍କ ମୁଣ୍ଡ ଉପରେ ତ ବହୁ ପାଟଳୀ ଫୁଲ ଦେଖିବାକୁ ମିଳୁଛି; ଏହା ଭଲ ହେଉନାହିଁ।

ବ୍ୟାଖ୍ୟା - ଅନ୍ୟାସକ୍ତ ଦେବରର କର୍ମ ସମ୍ବନ୍ଧରେ ଶାଶୁର କର୍ଣ୍ଣଗୋଚର କରି ବଧୂ କହିଛି- ତୁମ ପୁଅକୁ ଟିକେ ବୁଝାଇ କୁହ, ସେ ଗ୍ରାମଣୀର ଘରକୁ ଏତେ ଯିବାଆସିବା କରନ୍ତୁ ନାହିଁ। ଗ୍ରାମଣୀର ଘରେ ଗୋଟିଏ ପାଟଳା ଅଛି (ଗ୍ରାମ-ମୁଖ୍ୟର ସୁନ୍ଦରୀ ପତ୍ନୀ)। ଦେବରଙ୍କର ସେଠାକୁ ଗତାଗତ ଅଛି, କେହି ତାଙ୍କୁ ମନା କରୁନାହାନ୍ତି। ନିଜେ ବିବାହିତ, ପର-ନାରୀ ସେବା କରି ନିଜେ ଦୁର୍ନାମରେ ଭାଗୀ ହେଉଛନ୍ତି ଓ ବଂଶକୁ ମଧ୍ୟ ଲଜ୍ଜା ଦେଉଛନ୍ତି। ଦୁନିଆ ଆଖିରେ ଏହା ସୁନ୍ଦର ଦିଶୁଛି କି ?

ଅଣ୍ଣାଣଁ ବି ହୋନ୍ତି ମୁହେ ପମ୍ହଲ-ଧବଲାଇଁ ଦୀହ-କସଣାଇଂ।
ଣଅଣାଇଁ ସୁନ୍ଦରୀଣଂ ତହ ବି ହୁ ଦଟ୍ଠୁଂ ଣ ଜାଣନ୍ତି । ୭୦ ।
(ଅନ୍ୟାସାମପି ଭବନ୍ତି ମୁଖେ ପକ୍ଷ୍ମଳ-ଧବଳାନି ଦୀର୍ଘ-କୃଷ୍ଣାନି।
ନୟନାନି ସୁନ୍ଦରୀଣାଂ ତଥାପି ଖଲୁ ଦ୍ରଷ୍ଟୁଂ ନ ଜାନନ୍ତି।)

ଅନ୍ୟ ସୁନ୍ଦରୀମାନଙ୍କ ମୁଖରେ ପକ୍ଷ୍ମଳ, ଧବଳ ଓ ଦୀର୍ଘ କୃଷ୍ଣ ନୟନଯୁଗଳ ଅଛି; ତଥାପି ସେମାନେ ଦେଖିଜାଣନ୍ତି ନାହିଁ।

ବ୍ୟାଖ୍ୟା - ନାୟିକାର ରମଣୀୟ କଟାକ୍ଷର ପ୍ରଶଂସା କରି ନାୟକ ପ୍ରତି ଦୂତୀ-ଉକ୍ତି- ସୁନ୍ଦରୀ ରମଣୀ ସମାଜରେ ଧବଳ-କୃଷ୍ଣ ବିଲୋକନ ଓ ପକ୍ଷ୍ମଳ ନେତ୍ରଦ୍ୱୟ ପ୍ରତ୍ୟେକ ରମଣୀଙ୍କଠାରେ ଦେଖିବାକୁ ମିଳେ। ମାତ୍ର ସୁନ୍ଦର ଆଖି ଥିଲେ କ'ଣ ହେବ; ସମସ୍ତେ ଦେଖିଜାଣନ୍ତି ନାହିଁ। ରମଣୀୟ ନେତ୍ର ସହିତ କଟାକ୍ଷ-କଳା ଜାଣିଥିବା ଦରକାର। ଦୂତୀର ତାତ୍ପର୍ଯ୍ୟ, ମୋ ସଖୀର ଚାହାଣିରେ ମଧୁ ଅଛି; ସେ ତୁମକୁ ଚାହିଁବାମାତ୍ରେ ସ୍ୱର୍ଗସୁଖ ଦେଇପାରେ। ମୋ ସଖୀ ରୂପବତୀ ଓ କଟାକ୍ଷ-ନିପୁଣା। ତାର ନୟନରେ ଯେଉଁ ଭାଷା ଅଭିବ୍ୟକ୍ତ ହେବା ଲକ୍ଷ୍ୟ କରିବ, ତାହା ଅନ୍ୟ କେଉଁ ରମଣୀ ନେତ୍ରରେ ସୁଲଭ ନୁହେଁ।

ହଂସେହିଁ ବ ତୁହ ରଣ-ଜଲଅ-ସମଅ-ଭଅ-ଚଲିଅ-ବିହଲ-ବକ୍ଖେହିଂ।
ପରିସେସିଅ-ପୋମ୍ମାସେହିଁ ମାଣସଂ ଗମ୍ମଇ ରିଉହିଂ । ୭୧।
(ହିଂସୈରିବ ତବ ରଣ-ଜଳଦ-ସମୟ-ଭୟ-ଚଳିତ-ବିହ୍ୱଳ-ପେକ୍ଷୈଃ।
ପରିଶେଷିତ-ପଦ୍ମାଶୈର୍ମାନସଂ ଗମ୍ୟତେ ରିପୁଭି।)

ରଣରୂପୀ ଜଳଦ-କାଳଭୟରେ ଚଞ୍ଚଳ ଓ ବିହ୍ୱଳପକ୍ଷ, ପଦ୍ମାଙ୍କର ହେବାବେଳେ ବନ୍ଦୀମାନଙ୍କର ରାଜ-ପ୍ରଶସ୍ତିମୂଳକ ଗାଥା-ହେ ରାଜନ୍, ଆପଣଙ୍କର ଯୁଦ୍ଧଯାତ୍ରା ଦେଖି ଶତ୍ରୁମାନଙ୍କର ସୈନ୍ୟବାହିନୀ ପୃଷ୍ଠଭଙ୍ଗ ଦେଇ ବିହ୍ୱଳଚିତ୍ତରେ ପଳାୟନ କରୁଛନ୍ତି। ଆପଣଙ୍କର ରାଜଶ୍ରୀ ହରଣ କରିବା ଅଭିଳାଷ ପୂରଣ ନ ହେବାରୁ ସେମାନେ ଆପଣଙ୍କର ମନ ଅନୁଗମନ କରୁଛନ୍ତି; ଅର୍ଥାତ୍ ବଶ୍ୟତା ସ୍ୱୀକାର କରୁଛନ୍ତି। ମେଘ ଗର୍ଜନରେ

ଚକିତ ହଂସ ଯେପରି ପଦ୍ମବନ ନିଃଶେଷ ହୋଇଥିବାରୁ ମାନସରୋବର ଅଭିମୁଖରେ ଯାତ୍ରା କରେ, ଆଜି ଜଳଦ ସମ ଆପଣଙ୍କର ଘନ ଘୋର ରଣସଜ୍ଜା ଦେଖି ଗଳିତପକ୍ଷ ଶତ୍ରୁମାନେ ତୁମକୁ ସେବା କରି ସେହିପର ଆତ୍ମରକ୍ଷା କରୁଛନ୍ତି ।

ଦୁଗ୍‌ଗଅ-ଘରମ୍ମି ଘରିଣୀ ରକ୍‌ଖନ୍ତୀ ଆଉଲତ୍ତଣଂ ପଇଣୋ ।

ପୁଚ୍ଛିଅ-ଦୋହଲ-ସଦ୍ଧା ପୁଣୋ ବି ଉଅଅଂ ବିଅ କହେଇ । ୭୨ ।

(ଦୁର୍ଗତ-ଗୃହେ ଗୃହିଣୀ ରକ୍ଷନ୍ତୀ ଆକୁଳତ୍ୱଂ ପତ୍ୟୁଃ ।

ପୃଷ୍ଟ-ଦୋହଦ-ଶ୍ରଦ୍ଧା ପୁନରପ୍ୟୁଦକମେବ କଥୟତି ।)

ଦୁର୍ଗତ ଗୃହରେ ଗୃହିଣୀ ପତିର ଆକୁଳତା ରକ୍ଷା କରିବାପାଇଁ ଦୋହିଦ ଶ୍ରଦ୍ଧା ପୁଚ୍ଛା କରାଗଲେ ମଧ୍ୟ 'ପାଣି' ବୋଲି କହୁଛି ।

ବ୍ୟାଖ୍ୟା - ପତ୍ନୀ ଦୁର୍ଲଭ ବସ୍ତୁ ପାଇଁ ଅଳି କଲେ ବହୁ ସମୟରେ ପତି ତାହା ପୂରଣ କରିବାକୁ ଅସମର୍ଥ ହୋଇଥାନ୍ତି । ଉପଦେଶିକା ସଖୀ ନାୟିକାକୁ ଗୋଟିଏ ଦରିଦ୍ର ପରିବାରର ବଧୂର ଉଦାହରଣ ଦେଇ କହିଛି - ସେ ଦରିଦ୍ର-ପତିର ଆର୍ଥିକ ଅବସ୍ଥା ଜଣେ । ସ୍ୱାମୀର ମାନ ରକ୍ଷା କରିବା ପାଇଁ ସେ ନିଜର ଦୋହଦ ଅଭିଳାଷ ପ୍ରକାଶ କରେ ନାହିଁ । ତଥାପି ପତି ଯେତେବେଳେ ସ୍ନେହରେ ତାହାକୁ ପଚାରନ୍ତି, "ତୁମର ଦୋହଦ ଶ୍ରଦ୍ଧା କେଉଁଥିରେ ?" - ସେ ପତିର ବ୍ୟାକୁଳତା ବା ବ୍ୟସ୍ତତା ଦୂର କରିବା ପାଇଁ କେବଳ 'ପାଣି' ବୋଲି କହେ । ବଧୂଟିର ତାତ୍ପର୍ଯ୍ୟ, ପାଣି ପାଇଁ ପତିଙ୍କୁ ଅର୍ଥବ୍ୟୟ କରିବାକୁ ପଡ଼ିବ ନାହିଁ ।

ଆଅମ୍ବ-ଲୋଅଣାଣଂ ଓଲ୍ଲଂସୁଅ-ପାଅଡ଼ୋରୁ-ଜହଣାଣଂ ।

ଅବରହ୍ଣ-ମଜ୍ଜିରୀଣଂ କଏ ଣ କାମୋ ବହଇ ଚାବଂ । ୭୩।

(ଆତାମ୍ର-ଲୋଚନାମାଦ୍ରାଂଶୁକ-ପ୍ରକଟୋରୁ-ଜଘନାନାମ୍ ।

ଅପରାହ୍ଣ-ମଜ୍ଜନଶୀଳାନଂ କୃତେ ନ କାମୋ ବହତି ଚାପମ୍ ।)

ଯେଉଁମାନଙ୍କର ନେତ୍ର ତାମ୍ରବର୍ଣ୍ଣ, ଓଦା ଲୁଗା ପିନ୍ଧିଥିବାରୁ ଯେଉଁମାନଙ୍କର ଉରୁ ଓ ଜଘନ ପ୍ରକଟ ହେଉଥାଏ ଓ ଅପରାହ୍ଣ କାଳର ସ୍ନାନ କରିଥିବା ନାରୀମାନଙ୍କ ନିମନ୍ତେ କାମଦେବ ଧନୁ ଧାରଣ କରନ୍ତି ନାହିଁ ।

ବ୍ୟାଖ୍ୟା - ଗ୍ରୀଷ୍ମ-ଅପରାହ୍ଣରେ ସ୍ନାନୋତ୍ତୀର୍ଣ୍ଣା କୌଣସି ରମଣୀର ଅଙ୍ଗ-ସୌନ୍ଦର୍ଯ୍ୟ ବର୍ଣ୍ଣନା କରି ନାଗରିକର ସହଚର ପ୍ରତି ଉକ୍ତି-ବନ୍ଧୁ, ଦିନ ଅବସାନ କାଳରେ ଏଇ ବର ନାଗରୀ ଅବଗାହନ କରି ସିକ୍ତ ବସନରେ ଗୃହାଭିମୁଖରେ ଗତି କଲାବେଳେ କନ୍ଦର୍ପର ଚଳମାନ୍ ତୀକ୍ଷଣ ଆଶୁଗଟିଏ ଭଳି ପ୍ରତୀତ ହେଉଛି । ତାହାର ଉରୁ ଓ ଜଘନ-ଦେଶରେ ଆର୍ଦ୍ର ବସନ ଜଡ଼ିଯାଇଛି । ତରୁଣୀର ଅଧରେ ବଙ୍କିମ ମଧୁର ହାସ ଖେଳୁଛି,

ଅପାଙ୍ଗ ତାହାର ତାମ୍ରବର୍ଣ । ସେଇ ମୋହିନୀ କାମଦେବର ସହାୟତା ବିନା ଜନଚିତ୍ତରେ ମୋହ ସଞ୍ଚାର କରୁଛି । ମାଜଣା ଶେଷରେ ଓଦା ବସ୍ତ୍ର ଭିତରୁ ପ୍ରକଟିତ ସ୍ତନ ଯୌବନ ଓ ମଦିର ଆରକ୍ତନେତ୍ରା ଏଇ ରମଣୀ ପ୍ରତି ପୁରୁଷ ସ୍ୱତଃ କାମାର୍ତ୍ତ ହୁଏ; କାମଦେବଙ୍କୁ ତା ପ୍ରତି ପୁଷ୍ପଧନୁରେ ଶର ସନ୍ଧାନ କରିବାକୁ ପଡ଼େ ନାହିଁ ।

କେ ଉବ୍‌ବରିଆ କେ ଇହ ଣ ଖଣ୍ଡିଆ କେ ଣ ଲୁତ୍ତ-ଗୁରୁ-ବିହବା ।
ଣହରାଇଂ ବେସିଣିଓ ଗଣଣା-ରେହା ଉବ ବହନ୍ତି । ୭୪ ।
(କେ ଉର୍ବରିତାଃ କେ ଇହ ନ ଖଣ୍ଡିତାଃ କେ ନ ଲୁପ୍ତ-ଗୁରୁ-ବିଭବାଃ ।
ନଖରାଣି ବେଶ୍ୟା ଗଣନା-ରେଖା ଇବ ବହନ୍ତି ।)

କିଏ ଉବୁରିଯାଇଛି, କିଏ ଖଣ୍ଡିତ ନ ହୋଇଛି, କିଏ ଗୁରୁ ବିଭବ ହରାଇ ନାହିଁ - ବେଶ୍ୟା ଗଣନା-ରେଖା ସ୍ୱରୂପ ନଖଚିହ୍ନଗୁଡ଼ିକୁ ଧାରଣ କରିଥାଏ ।

ବ୍ୟାଖ୍ୟା - ବେଶ୍ୟା ଅଙ୍ଗରେ କାମୁକ-ପ୍ରଦତ୍ତ ନଖଚିହ୍ନାବଳୀ ଦେଖି ବିଦଗ୍ଧର ନବୀନ ବ୍ୟାଖ୍ୟା - ଏପରି କିଏ ଅଛି ଯେ କି ବେଶ୍ୟା ଦ୍ୱାରା ଆକୃଷ୍ଟ ହୋଇନାହିଁ; ଅର୍ଥାତ୍ ବେଶ୍ୟାର ପାଲରୁ କେହି ଉବୁରି ଯାଇ ନାହାନ୍ତି । କେତେ ପୁରୁଷ ତା' ପୁରକୁ ଅସି ତା' ପ୍ରେମରେ ମଜିଛନ୍ତି । ସମସ୍ତଙ୍କର ଶୀଳ ବା ବ୍ରତ ଖଣ୍ଡିତ ହୋଇଛି, ଗୁରୁ ବିଭବ ହରାଇ କେତେ ଧନିକ-ନନ୍ଦନ କାନ୍ଦି କାନ୍ଦି ଫେରିଛନ୍ତି; ନିଃସ୍ୱ ହେବା ପରେ ବେଶ୍ୟା ସେମାନଙ୍କୁ ପାଦରେ ଠେଲିଦେଇଛି । ଏହିଭଳି ଖଣ୍ଡିତଶୀଳ, ଲୁପ୍ତବିଭବ ଜାରମାନଙ୍କର ସଂଖ୍ୟା କିଏ ଗଣନା କରିବ ? ଆଜି ବେଶ୍ୟା ଅଙ୍ଗରେ ଯେଉଁ ନଖଚିହ୍ନଗୁଡ଼ିକ ଦେଖିବାକୁ ମିଳେ, ତାହାହିଁ ସେମାନଙ୍କ ସଂଖ୍ୟା ସୂଚନା କରେ । ସେଗୁଡ଼ିକ ନଖଚିହ୍ନ ନୁହେଁ । ମୋର ମନେହୁଏ, ଜାର-ସଂଖ୍ୟା ଗଣନା କରିବା ପାଇଁ ବେଶ୍ୟା ନଖଚିହ୍ନ-ଗୁଡ଼ିକୁ ଗଣନା-ରେଖା ରୂପରେ ବ୍ୟବହାର କରୁଛି ।

ବିରହେଣ ମନ୍ଦରେଣ ବ ହିଅଅଂ ଦୁଦ୍ଧୋଅହିଂ ବ ମହିଉଣ ।
ଉନ୍ମୁଲିଆଇଁ ଅବ୍‌ବୋ ଅମ୍ହଂ ରଅଣାଇଁ ବ ସୁହାଇଂ । ୭୫ ।
(ବିରହେଣ ମନ୍ଦରେଣେବ ହୃଦୟଂ ଦୁଗ୍ଧୋଦଧିମିବ ମଥିତ୍ୱା ।
ଉନ୍ମୁଲିତାନି ଅହୋ ଅସ୍ମାକଂ ରତ୍ନାନୀବ ସୁଖାନି ।)

ମନ୍ଦର ପର୍ବତ ଯେପରି କ୍ଷୀରସମୁଦ୍ର ମନ୍ଥନ କରି ରତ୍ନସକଳ ନିଷ୍କାଷିତ କରିଥିଲା, ହାୟ ! ବିରହ ମଧ୍ୟ ସେହିପରି ହୃଦୟ ମନ୍ଥନ କରି ମୋର ସମସ୍ତ ସୁଖ ଉତ୍‌ପାଟିତ କରିଅଛି ।

ବ୍ୟାଖ୍ୟା - ପ୍ରବାସ-ପ୍ରତ୍ୟାଗତ ନାୟକ ପ୍ରତି ନାୟିକାର ବିରହ-ବେଦନା ନିବେଦନ-ହେ ପ୍ରିୟ, କ୍ଷୀରସାଗର ମନ୍ଥନ କରି ମନ୍ଦର ରତ୍ନନିଚୟ ନିଷ୍କାସ କଲାପରି

ତୁମର ବିରହ ହୃଦୟ-ସାଗର ମନ୍ଥନ କରି ମୋର ସକଳ ସୁଖ ସମୂଳ ନଷ୍ଟ କରିଦେଇଛି। ଜୀବନରେ ଆଉ ସୁଖ ପାଇବି ବୋଲି ମୋର ବିଶ୍ୱାସ ନଥିଲା। ଆଜି ଏ ମିଳନରେ ମୋର ପୂର୍ବ ମୁଖ-ରତ୍ନ ଫେରିପାଇଲା ଭଳି ମନେହେଉଛି। ତୁମେ ଆଉ ମୋତେ ବିରହ-ଦଶା ଭୋଗିବାକୁ ଦେବ ନାହିଁ ବୋଲି ସତ କରି କୁହ।

ଉଜ୍ଜୁଅ-ରଏ ଣ ତୂସଇ ବକ୍‌କମ୍ମି ବି ଆଅମଂ ବିଅପ୍‌ପେଇ।
ଏତ୍‌ଥ ଅହବ୍‌ମାଏଁ ମଏ ପିଏ ପିଅଂ କହଁ ଣୁ କାଅବ୍‌ର୍ବ ।୭୬।
(ଋତୁଜ-ରତେ ନ ତୁଷ୍ୟତି ବକ୍ରେଽପ୍ୟାଗମଂ ବିକଳ୍ପୟତି।
ଅତ୍ରାଭବ୍ୟୟା ମୟା ପ୍ରିୟେ ପ୍ରିୟଂ କଥଂ ନୁ କର୍ତ୍ତବ୍ୟମ୍।)

ସରଳ ରତିରେ ତୁଷ୍ଟ ହୁଅନ୍ତି ନାହିଁ, ବକ୍ର ରତିରେ ମଧ୍ୟ ଶଙ୍କା କରି ସନ୍ଦେହ କରନ୍ତି। ଏଥିରେ ଅଶିକ୍ଷା ମୁଁ ପ୍ରିୟ ପ୍ରତି ପ୍ରିୟ ଆଚରଣ କିପରି କରିବି ?

ବ୍ୟାଖ୍ୟା - "ପ୍ରିୟ ପ୍ରତି ପ୍ରିୟ ଆଚରଣ କରିବା ପ୍ରେମିକାର ପରମ କର୍ତ୍ତବ୍ୟ" - ସଖୀ ଏହିଭଳି ଉପଦେଶ ଦେବାରୁ ମାନସିକ ଦ୍ୱନ୍ଦ୍ୱରେ ପଡ଼ି କର୍ତ୍ତବ୍ୟ ସ୍ଥିର କରି ପାରୁନଥିବା ନାୟିକାର ଉତ୍ତର-ଆଗୋ ସଖି, ତୁ ଖାଲି ଉପଦେଶଗୁଡାଏ ଝାଡୁଛୁ। ମୋର ମାନସିକ ଅବସ୍ଥା ବୁଝୁଥିଲେ ଏପରି କହନ୍ତୁ ନାହିଁ। ପ୍ରିୟତମଙ୍କର ଗୁଆଁର ବୁଦ୍ଧି କଥା କ'ଣ କହିବି ! ସହଜ ସରଳ ବିଭ୍ରମହୀନ ଲୀଳାବିଳାସରେ ସେ ସନ୍ତୁଷ୍ଟ ହେଉନାହାନ୍ତି। କ'ଣ କହିବି ! ସହଜ ସରଳ ବିଭ୍ରମହୀନ ଲୀଳାବିଳାସରେ ସେ ସନ୍ତୁଷ୍ଟ ହେଉନାହାନ୍ତି। ସେଥିଲାଗି ମୁଁ ଯଦି ବିକ୍ରଲୀଳା ଆରମ୍ଭ କରେ, ସେଥିରେ ସନ୍ଦେହ କରି 'କିଏ ଶିଖାଇଲ', 'କେଉଁଠୁ ଶିଖିଲା' ବୋଲି ପ୍ରଶ୍ନ କରନ୍ତି। କେଉଁ ଦାଇରେ ମୁଁ ମରିବି ? 'ଅଶିଷ୍ଟ' ବୋଲି ତିରସ୍କାର ମଧ୍ୟ ଲାଭ କରିବାକୁ ପଡୁଛି। କହିଲୁ, କେଉଁ ଉପାୟରେ ମୁଁ ତାଙ୍କର ପ୍ରିୟତା ସଂପାଦନ କରିବି ? ଏଭିଳ ଅବୁଝା ପ୍ରିୟଙ୍କୁ ପ୍ରସନ୍ନ କରିବା ପାଇଁ କି ବୁଦ୍ଧି କରିବିରେ ସଜନି !

ବହୁ-ବିହ-ବିଲାସ-ସରସିଏ ସୁରଏ ମହିଲାଣ କୋ ଭବଜ୍‌ଝାଓ।
ସିକ୍‌ଖଇ ଅସିକ୍‌ଖିଆଇଁ ବି ସବ୍‌ବୋ ଣେହାଣୁବନ୍ଧେଣ । ୭୭।
(ବହୁ-ବିଧ-ବିଳାସ-ସରସିକେ ସୁରତେ ମହିଳାନାଂ କ ଉପାଧ୍ୟାୟଃ।
ଶିକ୍ଷ୍ୟତେ ଅଶିକ୍ଷିତାନ୍ୟପି ସର୍ବଃ ସ୍ନେହାନୁବନ୍ଧେନ।)

ବହୁବିଧ ବିଳାସରସପୂର୍ଣ୍ଣ ସୁରତରେ ମହିଳାମାନଙ୍କର ଉପାଧ୍ୟାୟ କିଏ ? ସ୍ନେହାନୁବନ୍ଧହିଁ ଅଶିକ୍ଷିତ ବିଷୟକୁ ସମସ୍ତଙ୍କୁ ଶିକ୍ଷା ଦେଇଥାଏ।

ବ୍ୟାଖ୍ୟା - କେଳି-କୁତୂକିନୀ ନାୟିକାର ରସବୈଦଗ୍ଧ ସମ୍ବନ୍ଧରେ ନାୟକର ସଂଶୟ କରିବା ପାଇଁ ସଖି-ଉକ୍ତି-ତୁମେ ଆଶ୍ଚର୍ଯ୍ୟ ହେଉଛ କି ତୁମର ଛଇଳା ପ୍ରିୟା ଏତେ

ସୁରତ ବିଳାସ-କଳା କାହୁଁ ଶିଖିଲା ? କିଏ ତାହାର ଗୁରୁ ? ହେ ଛଇଳ ନାଗର ! ଏତିକି ଜାଣିନାହ, ପ୍ରେମ ନିଜେ ନିଜର ଗୁରୁ। ସ୍ନେହହିଁ ଶିକ୍ଷାଲାଭର ଉପାୟ। ସୁରତକଳା ଶିକ୍ଷା କରିବା ପାଇଁ ଲଳନାମାନଙ୍କୁ କାହାକୁ ଶିକ୍ଷକ ରୂପେ ବରଣ କରିବାକୁ ପଡ଼େ ନାହିଁ। ପ୍ରଗାଢ଼ ପ୍ରଣୟ ଶିଖି ନଥିବା ବିଷୟ ମଧ୍ୟ ସମସ୍ତଙ୍କୁ ଶିଖାଇଦିଏ। ପ୍ରଣୟରସରେ ମଜ୍ଜିଲେ ସବୁ କଥା ମନକୁ ମନ ଶିଖି ହୋଇଯାଏ। ସେଥିପାଇଁ କୌଣସି ଅବଧାନ ରଖିବାକୁ ପଡ଼େ ନାହିଁ। ସବୁ ବିଦ୍ୟା ଗୁରୁଠାରୁ ଶିଖିହୁଏ; ମାତ୍ର କାମବିଦ୍ୟା ହେଲା ଅଗୁରୁବିଦ୍ୟା। ବାତ୍ସ୍ୟାୟନ ଋଷିଙ୍କୁ ଯେଉଁ ଶାସ୍ତ୍ର ଗୋଚର, ସେଥିରେ ନାରୀର ପ୍ରୟୋଜନ ନାହିଁ।

ବଣ୍ଣେ-ବସିଏ ବିଅତ୍‌ଥସି ସଚ୍ଚଂ ବିଅ ସୋ ତୁଏ ଣ ସଂଭବିଓ।
ଣ ହୁ ହୋନ୍ତି ତମ୍ମି ଦିଟ୍‌ଠେ ସୁତ୍‌ଥାବତ୍ଥାଇଁ ଅଙ୍ଗାଇଂ । ୭୮ ।
(ବର୍ଣ୍ଣେ ବଶିତେ ବିକତ୍‌ଥସେ ସତ୍ୟମେବ ସ ତ୍ୱୟା ନ ସମ୍ଭାବିତଃ
ନ ଖଲୁ ଭବନ୍ତି ତସ୍ମିନ୍ ଦୃଷ୍ଟେ ସ୍ୱସ୍ଥାବସ୍ଥାନ୍ୟଙ୍ଗାନି।)

ଆଗୋ, ତାଙ୍କର ଗୁଣ ବର୍ଣ୍ଣନାମାତ୍ରକେ ତୁ ତ ବଶୀଭୂତ ହୋଇସାରିଲୁଣି ଓ ଗର୍ବରେ ଫାଟିପଡ଼ିଲୁଣି। ବସ୍ତୁତଃ ତୁ ତାହାଙ୍କୁ ଦେଖିନାହୁଁ; ତାହାଙ୍କୁ ଦେଖିଲେ ଅଙ୍ଗମାନଙ୍କର ଅବସ୍ଥା ସୁସ୍ଥ ରହିପାରିବ ନାହିଁ।

ବ୍ୟାଖ୍ୟା - ଦୂତୀମୁଖରୁ ନାୟକର ରୂପ-ଗୁଣ-ବର୍ଣ୍ଣନା ଶୁଣି ଆତ୍ମଶ୍ଳାଘା ପ୍ରକଟ କରୁଥିବା ନାୟିକା ପ୍ରତି ଦୂତୀ-ଉକ୍ତି- ତୁ ତ ମୋଠାରୁ ତାଙ୍କର ରୂପ-ଗୁଣର ପ୍ରଶଂସା ଶୁଣି ପୂରାପୂରି ବଶୀଭୂତ ହୋଇ ଗର୍ବରେ ଫାଟିପଡ଼ିଲୁଣି। ସେ ଯେପରି ତୋର ଅତି ପରଚିତ ଓ ସଂପୂର୍ଣ୍ଣ ଆପଣାର ଲୋକ ବୋଲି ତୋ କଥାରୁ ଜଣାପଡୁଛି। ଏତିକିରେ ତ ତୁ ନିଜତ୍ୱ ହରାଇ ପୂରା ତାଙ୍କର ହୋଇଯିବା ପରି କଥା କହୁଛୁ। ତାଙ୍କୁ ଆଖିରେ ନ ଦେଖି ତ ତୋର ଏପରି ଅବସ୍ଥା; ସେ ଅନୁପମଙ୍କୁ ଥରେ ଦେଖିଲେ କ'ଣ ନ ହେବୁ? ଜାଣିଥା, ସେତେବେଳେ ତୋର ଅନୁପମଙ୍କୁ ଥରେ ଦେଖିଲେ କ'ଣ ନ ହେବୁ? ଜାଣିଥା, ସେତେବେଳେ ତୋର ଅଙ୍ଗମାନେ ତୋ ନିଜର ଆୟତ୍ତରେ ରହିବେ ନାହିଁ। ତୋର ଅଙ୍ଗ-ବୈକଲ୍ୟ ଘଟିବ। ସ୍ତମ୍ଭ, ସ୍ୱେଦ, ରୋମାଞ୍ଚ, ସ୍ୱରଭଙ୍ଗ, ବେପଥ ଆଦି ସାତ୍ତ୍ୱିକ ବିକାରହେତୁ ସେମାନେ ତୋ ବୋଲ ନ ମାନି ତାଙ୍କର ହୋଇଯିବେ। ଦୂତୀର ତାତ୍ପର୍ଯ୍ୟ, ଏବେ ସେଇ ସୁନ୍ଦରଙ୍କୁ ଦର୍ଶନ କରି ଜୀବନ ଧନ୍ୟ କର।

ଆସନ୍ନ-ବିଆହ-ଦିଣେ ଅହିଣବ-ବହୁ-ସଙ୍ଗମସ୍‌ସୁଅ-ମଣସ୍‌ସ।
ପଢ଼ମ-ଘରିଣୀଅ ସୁରଅଂ ବରସ୍‌ସ ହିଅଏ ଣ ସଂଠାଇ । ୭୯।
(ଆସନ୍ନ-ବିବାହ-ଦିନେ ଅଭିନବ-ବଧୂ-ସଙ୍ଗମୋତ୍ସୁକ-ମନସଃ।
ପ୍ରଥମ-ଗୃହିଣ୍ୟାଃ ସୁରତଂ ବରସ୍ୟ ହୃଦୟେ ନ ସଂତିଷ୍ଠତେ।)

ଆସନ୍ନ ବିବାହ ଦିବସରେ ନବବଧୂର ମିଳନ ନିମନ୍ତେ ଉତ୍ସୁକମନା ବର ହୃଦୟରେ ପ୍ରଥମା ପତ୍ନୀର ସୂରତ-ସମ୍ଭୋଗ ସ୍ଥାନ ପାଇ ନଥାଏ ।

ବ୍ୟାଖ୍ୟା - ନୂତନ ବସ୍ତୁ ଲାଭ କଲେ ପୁରାତନ ବସ୍ତୁ ପ୍ରତି ଆଦର କମିଯାଏ; ଏପରିକି ତାହା ସ୍ମରଣରେ ମଧ୍ୟ ଆସେ ନାହିଁ । ଏ କଥାର ଦୃଷ୍ଟାନ୍ତ ସ୍ୱରୂପ କେହି କହିଛି-ଏଇ ନାୟକ ଦ୍ୱିତୀୟ ବିବାହ କରିବାକୁ ବାହାରିଛି । ବିବାହ-ଦିବସ ନିକଟ ହେଲାଣି । ନବବଧୂର ଅଜ୍ଞାତ ମୁଖଶ୍ରୀ ତାର କଳ୍ପନା-ନେତ୍ରରେ ଭାସିଉଠୁଛି । ମିଳନ-ଉତ୍ସକ ତାର ହୃଦୟରେ ପ୍ରଥମ ବଧୂର ମିଳନସୁଖ ଛାୟାପାତ କରୁନାହିଁ । ନୀବନା ମିଳନ ନିମନ୍ତେ ସେ ଏତେ ତନ୍ମୟ ସେ ପ୍ରଥମାର ପ୍ରଣୟ ଅସ୍ପଷ୍ଟ ହୋଇଉଠୁଛି ।

ଜଇ ଲୋକ-ଣିନ୍ଦିଅଂ ଜଇ ଅମଙ୍ଗଲଂ ଜଇ ବିମୁକ୍‌କ-ମଜ୍ଜାଅଂ ।
ପୁପ୍‌ଫବଇ-ଦଂସଣଂ ତହ ବି ଦେଇ ହିଅଅସ୍‌ସ ଣିବ୍‌ବାଣଂ । ୮୦।
(ଯଦି ଲୋକ-ନିନ୍ଦିତଂ ଯଦ୍ୟମଙ୍ଗଳଂ ଯଦି ବିମୁକ୍ତ-ମର୍ଯାଦମ୍ ।
ପୁଷ୍ପବତୀ-ଦର୍ଶନଂ ଯଦ୍ୟମଙ୍ଗଳଂ ଯଦି ବିମୁକ୍ତ-ମର୍ଯାଦମ୍ ।
ପୁଷ୍ପବତୀ-ଦର୍ଶନଂ ତଥାପି ଦଦାତି ହୃଦୟସ୍ୟ ନିର୍ବାଣମ୍ ।)

ପୁଷ୍ପବତୀର ଦର୍ଶନ ଯଦି ଲୋକନିନ୍ଦିତ ହୁଏ, ଯଦି ଅମଙ୍ଗଳଜନକ ହୁଏ ଓ ଯଦି ମର୍ଯ୍ୟାଦାବିରୁଦ୍ଧ ହୁଏ, ତଥାପି ହୃଦୟକୁ ନିର୍ବାଣ ଦାନ କରେ ।

ବ୍ୟାଖ୍ୟା - କାମାସକ୍ତ ନାୟକର ଉକ୍ତି ପୁଷ୍ପବତୀ ନାୟିକା ଦର୍ଶନ ନିଷେଧ ବୋଲି କହୁଥିବା ସଖୀ ପ୍ରତି-ମୁଁ ଜାଣେ, ଅଶୁଚି ନାରୀ ଦର୍ଶନ କଲେ ଲୋକରେ ନିନ୍ଦିତ ହେବାକୁ ପଡ଼େ, ଭ୍ରଷ୍ଟାଚାର ଦୋଷରେ ଦୂଷିତ ହେବାକୁ ପଡ଼େ, ମର୍ଯାଦା ଲଙ୍ଘନ କରାଯାଏ, ଅମଙ୍ଗଳ ହୁଏ - ଏତେ ସତ୍ତ୍ୱେ ମୋର ମନ ସେଇ ନିଷିଦ୍ଧ ବିଷୟ ପ୍ରତି ଧାବିତ ହେଉଛି । କାରଣ ସେଥିରେ ମନ ଭୟଭୀତ ନ ହୋଇ ମୋକ୍ଷସୁଖ ଲାଭ କରେ । ଗାଥାଟିରେ ଏକପକ୍ଷରେ ସମାଜିକ ରୀତିନୀତି ଓ ଅନ୍ୟ ପକ୍ଷରେ ମନସ୍ତାତ୍ତ୍ୱିକ ବାସ୍ତବତାର ସଙ୍କେତ ରହିଛି ।

ଜଇ ଣ ଛିବସି ପୁପ୍‌ଫବଇଂ ପୁରଓ ତା କୀସ ବାରିଓ ଠାସି ।
ଛିତ୍ତୋସି ଚୁଲଚୁଲନ୍ତେହିଁ ଧାବିଊଣ ଅମ୍ହ ହତ୍‌ଥେହିଂ । ୮୧।
(ଯଦି ନ ସ୍ପୃଶସି ପୁଷ୍ପବତୀଂ ପୁରତସ୍ତତ୍ କିମିତ ବାରିତସ୍ତିଷ୍ଠସି ।
ସ୍ପୃଷ୍ଟୋଽସି ଚୁଳଚୁଳାୟମାନୈର୍ଧାବିତ୍ୱାସ୍ମାକଂ ହସ୍ତୈଃ ।)

ଯଦି ପୁଷ୍ପବତୀକୁ ଛୁଅନ୍ତି ନାହିଁ, ତେବେ ବାରଣ କଲେ ମଧ୍ୟ କାହିଁକି ମୋ ଆଗରେ ଠିଆହୋଇଛ ? ମୋର ଚଞ୍ଚଳ ହାତ ଧାଇଁଯାଇ ତୁମକୁ ଛୁଇଁଦେଲା ।

ବ୍ୟାଖ୍ୟା - ନାୟକ ପ୍ରତି ପୁଷ୍ପବତୀ ନାୟିକାର ଉକ୍ତି - ହେ ପ୍ରିୟ, ରଜସ୍ୱଳାକୁ

ଛୁଇଁବା ଯଦି ଦୋଷ ବୋଲି ପରିଗଣିତ ହୁଏ, ତେବେ ମୁଁ ବାରଣ କଲେ ମଧ୍ୟ ତୁମେ ମୋ ସମ୍ମୁଖରେ ଉଭା ରହୁଚ କାହିଁକି ? ମୁଁ କ'ଣ କରିବି ? ମୋର ଖୁଜୁବୁଜ୍ (ଚୂଳଚୂଳାୟମାନ) ହାତ ମଧ୍ୟ ନିଷେଧ ମାନୁ ନାହିଁ; ତୁମକୁ ଛୁଇଁଦେଉଛି। ଏଣୁ ଆମେ ଉଭୟେ ଦୋଷୀ- ରଜସ୍ୱଳାକୁ ସ୍ପର୍ଶ କରିବାକୁ ଭୟ କଲେ ମଧ୍ୟ ତୁମର ଆଗରେ ଠିଆହେବା ଓ ମୋର ଉତ୍‌କଣ୍ଠିତ ହସ୍ତ ତୁମକୁ ଛୁଇଁଦେବା- ଭୟଙ୍କର ମାନସିକ ଉତ୍‌କଣ୍ଠା ପ୍ରକାଶ କରୁନାହିଁ କି ?

ଉଜ୍ଜାଗରଅ-କସାଇଅ-ଗୁରୁଅଚ୍ଛୀ ମୋହ-ମଣ୍ଡଣ-ବିଲକ୍‌ଖା।
ଲଜ୍ଜଇ ଲଜ୍ଜାଲୁଇଣୀ ସା ସୁହଅ ସହୀହିଁ ବି ବିରାଈ । ୮୨ ।
(ଉଜ୍ଜାଗରକ-କଷାୟିତ-ଗୁରୁକାକ୍ଷୀ ମୋଘ-ମଣ୍ଡନ-ବିଲକ୍ଷା।
ଲଜ୍ଜତେ ଲଜ୍ଜାଶୀଳା ସା ସୁଭଗ ସଖୀଭ୍ୟୋଽପି ବରାକୀ।)

ହେ ସୁଭଗ, ଉଜାଗର ହେତୁ ଆରକ୍ତ ଓ ଭାରାକ୍ରାନ୍ତ ଚକ୍ଷୁ, ନିରର୍ଥକ ଅଳଂକରଣରେ ଲଜ୍ଜାବତୀ ସେ ହତଭାଗିନୀ ସଖୀମାନଙ୍କଠାରେ ମଧ୍ୟ ଲଜ୍ଜିତ ହେଉଛି।

ବ୍ୟାଖ୍ୟା - ବିପ୍ରଲବ୍‌ଧା ନାୟିକାର ଅବସ୍ଥା ବର୍ଣନା କରି ନାୟକ ପ୍ରତି ଦୂତୀ ଉକ୍ତି- ହେ ସୁଭଗ, ତୁମ ଅଭିସାରରେ ଯାଇ ମୋର ସଖୀ ବିଫଳ-ମନୋରଥା ହୋଇ ଫେରିଲା। ତାର ଅବସ୍ଥା କାହାକୁ କହିବି, କିଏ ବା ବୁଝିବ ତାର ଦୁଃଖ ! ନିଶି-ଜାଗରଣରୁ ତାର ଚକ୍ଷୁ ଅରୁଣ ବର୍ଣ ଧାରଣ କରିଛି। ସେଇ କଷାୟିତ ନୟନଯୁଗଳ ଏତେ ଗୁରୁ ଯେ ସେ ଭଲ କରି ଚହିଁପାରୁନାହିଁ। ମଦ-ବିଘୂର୍ଣିତ ରକ୍ତନୟନା ସେଇ ବାଳା ତୁମ ସହିତ ମିଳନ ପାଇଁ ନିଜ ଅଙ୍ଗରେ ଯେତେ ମଣ୍ଡନ କଳା ଫୁଟାଇଥିଲା, ସେସବୁ କୌଣସି କାମକୁ ନ ଆସିବାରୁ ଭାର ସଦୃଶ ମନେକରୁଛି। ବୃଥା ତାର ଅଙ୍ଗରାଗ ଧାରଣ, ବୃଥା ତାର ବେଶଭୂଷଣ ! ସଖିମାନଙ୍କ ଆଗରେ ସେ ଲାଜରେ ମୁହଁ ଟେକିପାରୁନାହିଁ। କାରଣ ତାର ଏ ଅଳଂକରଣରେ କି ପ୍ରୟୋଜନ ? ସଖୀର ତାତ୍ପର୍ଯ୍ୟ, ତାହାକୁ ବିରହ କଷ୍ଟରୁ ଓ ସଖୀମାନଙ୍କ ଠାରୁ ଲଜ୍ଜା ପାଇବାରୁ ଉଦ୍ଧାର କର।

ଣ ବି ତହ ଅଇ ଗୁରୁଏଣ ବି ତମ୍ମଇ ହିଅଏ ଭରେଣ ଗବ୍‌ଭସ୍‌ସ।
ଜହ ବିପରୀଅ-ଣିହୁଅଣଂ ପିଅମ୍ମି ସୋହ୍‌ଣା ଅପାବନ୍ତୀ । ୮୩।
(ନାପି ତଥାତିଗୁରୁକେଣାପି ତାମ୍ୟତି ହୃଦୟେ ଭରେଣ ଗର୍ଭସ୍ୟ।
ଯଥା ବିପରୀତ-ନିଧୁବନଂ ପ୍ରିୟେ ସ୍ନୁଷା ଅପ୍ରାପ୍ନୁବତୀ।)

ଗୁରୁ ଗର୍ଭଭାରରେ ବଧୂ ଯେତେ ଦୁଃଖୀ ନ ହେଉଛି, ପ୍ରିୟତମ ସହ ବିପରୀତ-ବିହାର-ଭୋଗ କରିପାରୁ ନଥିବାରୁ ସେତେ ଦୁଃଖୀ ହେଉଛି।

ବ୍ୟାଖ୍ୟା - ସମ୍ପର୍କୀୟା ନାରୀମାନଙ୍କ ମଧ୍ୟରେ ଗର୍ଭବତୀ ନାୟିକା ସମ୍ବନ୍ଧରେ

ଆଲୋଚନା ଚାଲିଥିବାବେଳେ ଜଣେ ପରିହାସ କରି କହୁଛି- ଗର୍ଭିଣୀ ବଧୂ ପ୍ରିୟତମ ସହିତ ନିଧୁବନଲୀଳା ସମ୍ପାଦନ କରିପାରୁନାହିଁ। ଗୁରୁଭାର ହେତୁ ବିପରୀତ-ସୁଖ-ବଞ୍ଚିତା ହୋଇ ତା ମନରେ ଯେତେ ଦୁଃଖ, ବିଚାରୀ ଗୁରୁ ଗର୍ଭଭାରରେ ସେତେ ଦୁଃଖୀ ନୁହେଁ।

ଅଗଣିଅ-ଜଣାବବାଅଂ ଅବହତ୍ଥିଅ-ଗୁରୁ-ଅଣଂ ବରାଈଏ।
ତୁହ ଗଲିଅ-ଦଂସଣାଏ ତୀଏ ବଲିଉଣ ଚିରଂ ରୁଣ୍ଣଂ । ୮୪।
(ଅଗଣିତ-ଜନାପବାଦମପହସ୍ତିତ-ଗୁରୁଜନଂ ବରାକ୍ୟା।
ତବ ଗଳିତ-ଦର୍ଶନୟା ତୟା ବଳିତ୍ୱା ଚିରଂ ରୁଦିତମ୍।)

ତୁମକୁ ଦେଖି ନ ପାରିବାରୁ ସେଇ ଅଭାଗିନୀ ଜନାପବାଦକୁ ଗଣନା ନକରି ଓ ଗୁରୁଜନମାନଙ୍କୁ ଅବଜ୍ଞା କରି ମୁହଁ ବୁଲାଇ ବହୁ ବେଳଯାଏ କାନ୍ଦିଥିଲା।

ବ୍ୟାଖ୍ୟା - ନାୟକ ପ୍ରତି ଦୂତୀ-ଉକ୍ତି- ମୋର ସଖୀ ତୁମର ଦର୍ଶନରୁ ବଞ୍ଚିତା। ଗୁରୁଜନ ଓ ଲୋକଲଜ୍ଜାରେ ତାର ଶଙ୍କା ନାହିଁ। ତୁମେ ତାର ସମ୍ମୁଖରେ ଥିଲାଯାଏ ସେ ସୁଖ ଲାଭ କରୁଥିଲା। ତୁମେ ଯେତେବେଳେ ଚାଲିଆସିଲ, ସେ ମୁହଁ ବୁଲାଇ କେବଳ କାନ୍ଦୁଛି। ଗୁରୁଜନଙ୍କ ଆଗରେ ପ୍ରିୟତମଙ୍କ ପାଇଁ କାନ୍ଦିବା ନାରୀ ପକ୍ଷରେ ଲଜ୍ଜାଜନକ ହେଲେ ମଧ୍ୟ ସେଥିପ୍ରତି ଶଙ୍କା ନ ରଖି ସେ କାନ୍ଦି କାନ୍ଦି ତୁମକୁ ଝୁରି ହେଉଛି।

ହିଅଅ ହିଅଏ ଣିହଅଂ ଚିତ୍ତାଲିହିଅ ବ୍ବ ତୁହ ମୁହେ ଦିଟ୍ଠୀ।
ଆଲିଙ୍ଗଣ-ରହିଆଇଂ ଣବରଂ ଖିଜ୍ଜନ୍ତି ଅଙ୍ଗାଇଂ । ୮୫ ।
(ହୃଦୟଂ ହୃଦୟେ ନିହିତଂ ଚିତ୍ରାଲିଖିତେବ ତବ ମୁଖେ ଦୃଷ୍ଟି।
ଆଲିଙ୍ଗନ-ରହିତାନି କେବଳଂ କ୍ଷୀୟନ୍ତେଽଙ୍ଗାନି।)

ତୁମ ହୃଦୟରେ ନିଜର ହୃଦୟ ସଂସ୍ଥାପିତ କରିଛି, ତାର ଦୃଷ୍ଟି ତୁମର ସୁଖ ଉପରେ ଚିତ୍ରାଙ୍କିତ ଭଳି ହୋଇଗଲାଣି, କେବଳ ଆଲିଙ୍ଗନରହିତ ହେବା ହେତୁ ତାହାର ଅଙ୍ଗ କ୍ଷୀଣ ହୋଇଯାଉଛି।

ବ୍ୟାଖ୍ୟା - ନାୟକ ପ୍ରତି ପ୍ରୋଷିତପତିକା ସଖୀର ଉକ୍ତି- ମୋର ସଖୀ ତୁମ ହୃଦୟରେ ହୃଦୟ ସଂଯୋଗ କରି ତୁମ ମୁଖକୁ ଚିତ୍ରଲିଖିତ ଭଳି ଧ୍ୟାନ କରି ସୁଖ ପାଉଥିଲେ ମଧ୍ୟ ତାହାର ଅଙ୍ଗ କ୍ଷୀଣ ହେବାକୁ ଲାଗିଛି। କାରଣ ହୃଦୟ-ସଂଯୋଗ ଓ ମୁଖଦର୍ଶନ ସତ୍ତ୍ୱେ ସେ ଯେ ତୁମର ଆଲିଙ୍ଗନରୁ ବଞ୍ଚିତା !

ଅହଅଂ ବିଓଅ-ତଣୁଈ ଦୁସହୋ ବିରହାଣଲୋ ଚଲଂ ଜୀଅଂ।
ଅପ୍ପାହିଜ୍ଜଉ କିଂ ସହି ଜାଣସି ତଂ ଚେବ ଜଂ ଜୁତ୍ତଂ ।୮୬।
(ଅହଂ ବିୟୋଗ-ତନ୍ୱୀ ଦୁଃସହୋ ବିରହାନଳଶ୍ଚଳଂ ଜୀବମ୍।
ଅଭିଧୀୟତାଂ କିଂ ସଖି ଜାନାସି ତ୍ୱମେବ ଯତ୍ ଯୁକ୍ତମ୍।)

ମୁଁ ବିରହ-ତାପରେ କ୍ଷୀଣ ହେଲିଣି, ବିରହାଗ୍ନି ଦୁଃସହ, ଜୀବନ ଚଞ୍ଚଳ; ଅର୍ଥାତ୍ ଯିବାକୁ ବାହାରିଲାଣି। ସଖୀ, କ'ଣ କହିବି ? ଯାହା ଉଚିତ ତୁ ତ ଜାଣିଛୁ।

ବ୍ୟାଖ୍ୟା - ପ୍ରୋଷିତପତିକାର ସଖୀ ପ୍ରତି ଉକ୍ତି-ସଖି, ବିଚ୍ଛେଦରେ ତନୁ ମୋର ତନୁତର ହେଲାଣି; ଆଉ ସହି ହେଉନାହିଁ। ତୋର ହାତ ଧରି କହୁଛି, ମୋର ଜୀବନ ଯିବାକୁ ସଜ ହେଲାଣି, ଏକଥା ତାଙ୍କୁ ବୁଝାଇଦେବୁ। ତୋତେ ଆଉ ଅଧିକ କ'ଣ କହିବି ? ତୋତେ କ'ଣ ମୋର ଅନ୍ତର ଜଣା ନାହିଁ ? ଏ ବେଳରେ ଯାହା ଉପଯୁକ୍ତ; ସେହି ଉପଦେଶ ଦିଅ। "କହୁଛି ମୁଁ ଏତେ ମାତ୍ରେ ଗୋ ଲଳିତେ, ଯାହା ଇଚ୍ଛା ତୋର ତାହା କର / ଜ୍ୱଳନରୁ ବଳି ସେହିଦିନୁ କେଳି କରେ ବିଭାବରୀ-ନାହା-କର।" ନାୟିକାର ତାତ୍ପର୍ଯ୍ୟ, ସଖୀ ଶୀଘ୍ର ନାୟକକୁ ତା ସହିତ ମିଳାଇଦେଉ।

ତୁହ ବିରହୁଜ୍ଜାଗରଓ ସିବିଣେ ବି ଣ ଦେଇ ଦଂସଣ-ସୁହାଇଂ।
ବାହେଣ ଜହାଲୋଅଣ-ବିଣୋଅଣଂ ସେ ହଅଂ ତଂ ପି। ୮୭।
(ତବ ବିରହୋଜ୍ଜାଗରକଃ ସ୍ୱପ୍ନେଽପି ନ ଦଦାତି ଦର୍ଶନ-ସୁଖାନି।
ବାଷ୍ପେଣ ଯଦାଲୋକନ-ବିନୋଦନଂ ତସ୍ୟା ହତଂ ତଦପି।)

ତୁମର ବିରହଜନିତ ଜାଗରଣ ସ୍ୱପ୍ନରେ ମଧ୍ୟ ତାହାକୁ ଦର୍ଶନ-ସୁଖ ଦେଉନାହିଁ। ଯାହା ଦେଖିବାକୁ ଭଲଲାଗେ, ତାହା ମଧ୍ୟ ଅଶ୍ରୁରେ ଆଚ୍ଛନ୍ନ ହେବାରୁ ନଷ୍ଟ ହୋଇଯାଉଛି।

ବ୍ୟାଖ୍ୟା - ନାୟକ ପ୍ରତି କଳହାନ୍ତରିତାର ସଖୀ-ଉକ୍ତି-ବିରହ-ଜ୍ୱାଳା ତାହାର ନିଦ ଛଡ଼ାଇ ନେଇଛି, ସେଥିଲାଗି ସ୍ୱପ୍ନରେ ତୁମର ମୂର୍ତ୍ତି ଦେଖି ଯେଉଁ ଆନନ୍ଦ ଲାଭ କରନ୍ତା, ତାହା ମଧ୍ୟ ସମ୍ଭବ ହେଉ ନାହିଁ। ଯାହା ଦେଖି ହୁଏତ ମନ ଭୁଲାନ୍ତା; ତାହା ମଧ୍ୟ ନୟନରେ ଅଶ୍ରୁ ପୂରିଯାଉଥିବାରୁ ଦର୍ଶନରେ ବାଧା ସୃଷ୍ଟି କରୁଛି। ସେ ନିଜର କୃତକର୍ମରେ ଫଳ ପାଇସାରିଲାଣି। ଆଉ ତା ପ୍ରତି ନିଷ୍ଠୁର ନ ହୋଇ ଅତି ଶୀଘ୍ର ତାକୁ ଦର୍ଶନ ଦିଅ।

ଅଣ୍ଣୋବରାହ-କୁବିଓ ଜହ ତହ କାଲେଣ ଗଚ୍ଛଇ ପସାଅଂ।
ବେସତ୍ତଣାବରାହେ କୁବିଅଂ କହଁ ତଂ ପସାଇସ୍‌ସଂ। ୮୮।
(ଅନ୍ୟାପରାଧ-କୁପିତୋ ଯଥାତଥା କାଳେନ ଗଚ୍ଛତି ପ୍ରସାଦମ୍।
ଦ୍ୱେଷ୍ୟତ୍ୱାପରାଧେ କୁପିତଂ କଥଂ ତଂ ପ୍ରସାଦୟିଷ୍ୟାମି।)

ଯଦି ସେ ମୋର ଅନ୍ୟ କୌଣସି ପ୍ରକାର ଅପରାଧରେ କୃପିତ ହୋଇଥାନ୍ତେ, ତେବେ ଯେକୌଣସି ପ୍ରକାରେ ସମୟ-ସୁଯୋଗ ଦେଖି ତାହାଙ୍କୁ ପ୍ରସାଦିତ କରିପାରନ୍ତି, ମାତ୍ର ଦ୍ୱେଷ୍ୟଭାବରୂପ ଅପରାଧରେ କୁପିତ ତାହାଙ୍କୁ କିପରି ପ୍ରସନ୍ନ କରିବି ?

ବ୍ୟାଖ୍ୟା - ସଖୀ ପ୍ରତି ନାୟିକା-ଉକ୍ତି-ତାଙ୍କର ଚିତ୍ତପ୍ରସାଦ ସାଧନ କରିବାକୁ ତୁ ମୋତେ କହୁଛୁ। ମାତ୍ର ସେ ତ ମୋତେ ଦି'ଆଖିରେ ଦେଖିପାରୁନାହାନ୍ତି; ସବୁବେଳେ ମୋ ଉପରେ ଚିଡ଼ିଚିଡ଼ି ହେଉଛନ୍ତି; ମୁଁ ତାଙ୍କ ଦୃଷ୍ଟିରେ ପଡ଼ିଲେ ବିରକ୍ତି, ଘୃଣା ଓ ଅବଜ୍ଞାରେ ମୁହଁ ବୁଲାଇ ନେଉଛନ୍ତି। କିଛି ଦୋଷ କରିଥିଲେ ନିଜକୁ ଶୋଧନ କରିବାକୁ ମୁଁ ପ୍ରସ୍ତୁତ; ମାତ୍ର ସେ ତ ମୋତେ ଦେଖିପାରୁନାହାନ୍ତି। ମୋର ଛାଇ ପଡ଼ିଲେ ତାଙ୍କର ନାହି ଡେଉଁଛି। ଏଥିରେ ମୁଁ କି ଉପାୟରେ ତାଙ୍କୁ ସନ୍ତୁଷ୍ଟ କରି ପାରିବି ?

ଦୀସସି ପିଆଣି ଜମ୍ପସି ସବ୍‌ଭାବୋ ସୁହଅ ଏତ୍ତିଅ ବ୍ବେଅ।
ଫାଲେଇଊଣ ହିଅଅଂ ସାହସୁ କୋ ଦାବଏ କସ୍‌ସ । ୮୯।
(ଦୃଶ୍ୟସେ ପ୍ରିୟାଣି ଜଳ୍ପସି ସଦ୍‌ଭାବଃ ସୁଭଗ ଏତାବାନେବ।
ପାଟୟିତ୍ୱା ହୃଦୟଂ କଥୟ କୋ ଦର୍ଶୟତି କସ୍ୟ।)

ହେ ସୁଭଗ, ଦର୍ଶନ ଦେଉଛ, ପ୍ରିୟ ବଚନ କହୁଛ, ତୁମର ଏତେ ସ୍ନେହ! କୁହ ତ, ହୃଦୟ ଚିରି କିଏ କାହାକୁ ଦେଖାଇପାରେ ?

ବ୍ୟାଖ୍ୟା - ଅନ୍ୟାସକ୍ତ ନାୟକ ପ୍ରତି ନାୟିକାର ଉପାଲମ୍ଭ ବଚନ-ତୁମେ ତ ସୁଭଗ, କେତେ ଯୁବତୀଙ୍କ ମନୋହରଣ କରୁଛ। ତଥାପି ମୋତେ କେତେ ମଧୁର କଥା ଶୁଣାଉଛ। ମୋ ପ୍ରତି ଏତେ ସ୍ନେହ ଯେ, ଦର୍ଶନ ଦେଇ ଅନୁଗୃହୀତ କରୁଛ। ମାତ୍ର ଏସବୁ ତ ବାହାରଦେଖାଣିଆ ଛାପଚିକଣିଆ ପ୍ରେମ। ଏଥିରୁ ତୁମର ମୋ ପ୍ରତି ସ୍ନେହଭାବର ପ୍ରକୃତ ପରିଚୟ ମିଳିନପାରେ। ତୁମର ବଚନ ମଧୁର ହେଲେ କ'ଣ ହେବ, ଅନ୍ତରରେ ମୋ ପାଇଁ ହଳାହଳ ଭରିରହିଛି। ମୁଁ ହତଭାଗିନୀ ତୁମ ପାଇଁ ଯାହା ବୃଥା ଝୁରି ହେଉଛି !

ଉଅଅଂ ଲହିଉଣ ଉତ୍ତାଣିଆଣଣା ହୋନ୍ତି କେ ବି ସବିସେସଂ।
ରିତ୍ତା ଣମନ୍ତି ସୁଇରଂ ରହଟ୍‌ଟ-ଘଡ଼ିଅ ବ୍ବ କାପୁରିସା ।୯୦।
(ଉଦକଂ ଲବ୍ଧ୍ୱା ଉତ୍ତାନିତାନନା ଭବନ୍ତି କେଽପି ସବିଶେଷମ୍।
ରିକ୍ତା ନମନ୍ତି ସୁଚିରଂ ରହଟ୍‌ଟ-ଘଟିକା ଇବ କାପୁରୁଷାଃ।)

କେତେକ କାପୁରୁଷ ଅରଘଟ୍ଟ ଘଟିକା ଭଳି ଜଳ ପାଇବା ପରେ ଖୁବ୍ ଉପରକୁ ମୁହଁ କରିଦିଅନ୍ତି ଓ ରିକ୍ତ ହେବା ପରେ ବହୁ ବେଳଯାଏ ନମ୍ର ହୋଇ ରହନ୍ତି।

ବ୍ୟାଖ୍ୟା - ନୀଚ ବ୍ୟକ୍ତିର ସ୍ୱଭାବ ସମ୍ବନ୍ଧରେ ସୁଭାଷିତ ଗାଥା- ଉଦ୍ଦେଶ୍ୟ ପୂର୍ଣ୍ଣ ହେବା ପରେ କ୍ଷୁଦ୍ର-ହୃଦୟ ବ୍ୟକ୍ତିମାନେ ଉପରମୁହାଁ ହୋଇ ବୁଲନ୍ତି। ଯେତେବେଳେ ପୁଣି ଦରକାର ପଡ଼େ ସେତେବେଳେ ଅତି ନମ୍ର ଭାବରେ ଆଚରଣ କରନ୍ତି; ଦେଖିଲେ ମନେହେବ, ସେ ନମ୍ରତାର ଏକ ଅବତାର। ଘଟିଯନ୍ତ୍ରରେ ଥିବା ଘଟିକା ଉଦରରେ

ଜଳପୂର୍ଣ୍ଣ କରି ଉର୍ଦ୍ଧ୍ୱମୁଖରେ ଉଠିଗଲାବେଳେ ଗର୍ବରେ ଫାଟିପଡୁଥାଏ। ଜଳ ଢାଳିଦେଲା ପରେ ଶୂନ୍ୟଉଦର ଘଟିକା ଘଟିଯନ୍ତ୍ର ସହିତ ତଳକୁ ନଇଁଆସିଲାବେଳେ କେତେ ନମ୍ର ଜଣାପଡ଼େ।

ଉଗ୍‌ଗ-ପିଅ-ସଙ୍ଗମଂ କେତ୍ତିଅଂ ବ ଜୋହ୍‌ଣାଜଲଂ ଣହ-ସରମ୍ମି।
ଚଁନ୍ଦ-ଅର-ପଣାଲ-ଣିଜ୍‌ଝର-ଣିବହ-ପଡ଼ନ୍ତଂ ଣ ଣିଟ୍‌ଠାଇ ।୯୧।
(ଭଗ୍ନ-ପ୍ରିୟ-ସଙ୍ଗମଂ କିୟଦିବ ଜ୍ୟୋସ୍ନା-ଜଳଂ ନଭଃ-ସରସି।
ଚନ୍ଦ୍ର-କର-ପ୍ରଣାଳ-ନିର୍ଝର-ନିବହ-ପତତ୍ ନ ନି ଷ୍ଠିଷ୍ଟତି।)

ଆକାଶ-ସରୋବରରେ ପ୍ରିୟ-ସଙ୍ଗମଭଙ୍ଗକାରୀ ଜ୍ୟୋସ୍ନାଜଳ ଆଉ କେତେ ଅଛି ? ଚନ୍ଦ୍ରକିରଣରୂପ ପ୍ରଣାଳ ନିର୍ଝରସମୂହରୁ ଝରୁଥିଲେ ମଧ୍ୟ ସମାପ୍ତ ହେଉନାହିଁ।

ବ୍ୟାଖ୍ୟା - ପ୍ରିୟ-ସଙ୍ଗମ-ଅଭିଳାଷିଣୀ ଅଭିସାରିକାର ଚତୁର୍ଦ୍ଦିଗରେ ଜ୍ୟୋସ୍ନାର ଅନନ୍ତ ପ୍ଳାବନ ଦେଖି ବିସ୍ମୟପୂର୍ଣ୍ଣ ସ୍ୱଗତ-ବଚନ-ଆକାଶ-ସରସୀରେ ଜ୍ୟୋସ୍ନାର ପ୍ଳାବନ ପ୍ରିୟ-ମିଳନରେ ବାଦ ସାଧୁଛି। ଚନ୍ଦ୍ରକିରଣ ସତେ ଯେପରି ପ୍ରଣାଳ; ସେଥିରେ ଜ୍ୟୋସ୍ନାଧାରା ବହିଯାଉଛି। ଏହି ଅନନ୍ତ ଆଲୋକପ୍ରବାହର ଯେପରିକି ଶେଷ ନାହିଁ। ତିମିରାଭିସାରିକା ଜ୍ୟୋସ୍ନା-ଚର୍ଚ୍ଚିତ ରଜନୀରେ ପ୍ରିୟ-ସଙ୍ଗମରୁ ବଞ୍ଚିତା ହୋଇ ଚନ୍ଦ୍ରର କେତେ ଜ୍ୟୋସ୍ନା ଝରୁଛି ବୋଲି ବିସ୍ମୟ ପ୍ରକାଶ କରୁଛି।

ସୁନ୍ଦର-ଜୁଆଣ-ଜଣ-ସଂକୁଲେ ବି ତୁହ ଦଂସଣଂ ବିମଗ୍‌ଗନ୍ତୀ।
ରଣ୍ଣେ ବ୍‌ବ ଭମଇ ଦିଟ୍‌ଠୀ ବରାଇଆଏ ସମୁବ୍‌ବିଗ୍‌ଗା ।୯୨।
(ସୁନ୍ଦର-ଯୁବ-ଜନ-ସଂକୁଲେଽପି ତପ ଦର୍ଶନଂ ବିମାର୍ଗୟନ୍ତୀ।
ଅରଣ୍ୟ ଇବ ଭ୍ରମତି ଦୃଷ୍ଟି ର୍ବରାକିକାୟାଃ ସମୁଦ୍‌ବିଗ୍ନା)

ବହୁ ସୁନ୍ଦର ଯୁବକଙ୍କ ଗହଣରେ ମଧ୍ୟ ତୁମର ଦର୍ଶନର ଅନ୍ୱେଷଣ କରି ବିଚରୀର ଦୃଷ୍ଟି ସମୁଦ୍‌ବିଗ୍ନ ହୋଇ ସତେ କି ଅରଣ୍ୟରେ ଭ୍ରମଣ କରୁଛି।

ବ୍ୟାଖ୍ୟା - ନାୟକ ପ୍ରତି ନାୟିକାର ଅନୁରାଗର ଆତିଶଯ୍ୟ ପ୍ରକାଶ କରି ଦୂତୀ ଉକ୍ତି- ଏଇ ସଂସାରରେ କେତେ ସୁନ୍ଦର ଯୁବା ନାହାନ୍ତି। ବହୁ ସୁନ୍ଦର ତରୁଣଙ୍କ ମେଳରେ ତୁମକୁ ଦେଖିବାକୁ ନପାଇ ବିଚରୀର ଦୃଷ୍ଟି ବ୍ୟାକୁଳ ହୋଇ ତୁମକୁ ଖୋଜିବୁଲୁଛି। ଅଭାଗିନୀର ଦୁଇଟି ନୟନରେ କି ଆକୁଳ ଆଶା-ନିରାଶାର ପୁଲକ ଖେଳିବୁଲୁଛି। ଅରଣ୍ୟରେ ପଶି ବାଟବଣା ହେବାପରି ସୁନ୍ଦର ଯୁବ-ଅରଣ୍ୟରେ ତାହାର ଆଖିପକ୍ଷୀ ତୁମକୁ ଖୋଜି ଖୋଜି ଥକିପଡ଼ିଲାଣି। ଦୂତୀର ତାତ୍ପର୍ଯ୍ୟ, ସେ ଏକମାତ୍ର ତୁମକୁ ଋହେଁ; ଅନ୍ୟ ଯୁବକମାନଙ୍କୁ ସେ ଗଣନା କରୁନାହିଁ।

ଅଇ-କୋବଣା ବି ସାସୂ ରୁଆବିଆ ଗଅ-ବଇଅ ସୋହ୍‌ଣାଏ।

ପାଅ-ପଡ଼ଣୋଣ୍ଣଆଏ ଦୋସୁ ବି ଗଲିଏସୁ ବଲଏସୁ ।୯୩।
(ଅତି-କୋପନାପି ଶ୍ୱଶ୍ରୂ ରୋଦିତା ଗତ-ପତିକୟା ସ୍ନୁଷୟା।
ପାଦ-ପତନାବନତୟା ଦ୍ୱୟୋରପି ଗଳିତୟୋର୍ବଳୟୟୋଃ।)

ପାଦତଳେ ପ୍ରଣାମ ନିମନ୍ତେ ଅବନତା ପ୍ରୋଷିତପତିକା ପୁତ୍ରବଧୂର ବଳୟଦ୍ୱୟ ମଧ୍ୟ ଗଳିପଡ଼ିବାରୁ ଅତି କୋପନ-ସ୍ୱଭାବର ଶାଶୁ ମଧ୍ୟ କାନ୍ଦିପକାଇଲା।

ବ୍ୟାଖ୍ୟା - ପଥିକ ପ୍ରତି ପ୍ରୋଷିତପତିକା ସଖୀର ଉକ୍ତି। ସ୍ୱାମୀ ବିଦେଶରେ ଅଛି। ପ୍ରୋଷିତପତିକାର ଶାଶୁ ଅତି କୋପନସ୍ୱଭାବ ବିଶିଷ୍ଟା - ଏ କଥା ଗାଁ ସାରା ଜାଣନ୍ତି। ପୁତ୍ରବଧୂ ଉପରେ ସେ ସର୍ବଦା କାରଣ-ଅକାରଣରେ ଚିଡିଚିଡି ହେଉଛି। ପୁତ୍ରବଧୂ ଯେତେବେଳେ ପାଦତଳେ ପଡ଼ି ନମସ୍କାର କରି ପଦଧୂଳି ନେବା ପାଇଁ ହାତ ଦୁଇଟି ବଢ଼ାଇଦେଉଛି ଶୀର୍ଣତା ହେତୁ କଙ୍କଣ ଖସିପଡୁଛି। ବଧୂର ଏପରି ଦୟନୀୟ ଶୀର୍ଣାବସ୍ଥା ଦେଖି କୁପିତା ଶାଶୁ ମଧ୍ୟ ନୀରବରେ ଅଶ୍ରୁପାତ କରୁଛି। ଶାଶୁ ଭାବୁଛି, ମୋର ପୁତ୍ରର ବିରହରେ ବଧୂର ଆଜି ଏପରି ଅବସ୍ଥା! ସଖୀର ତାତ୍ପର୍ଯ୍ୟ, ନାୟିକାର ଅବସ୍ଥା ଦୃଷ୍ଟିରୁ ନାୟକ ଶୀଘ୍ର ଗୃହ-ପ୍ରତ୍ୟାବର୍ତ୍ତନ କରିବା ଉଚିତ୍।

ରୋବନ୍ତି ବ୍ୱ ଅରଣ୍ଣେ ଦୂସହ-ରଇ-କିରଣ-ଫଂସ ସଂତତ୍ତା।
ଅଇ-ତାର-ଝିଲ୍ଲି-ବିରୁଏହିଁ ପାଅବା ଗିମ୍ହ-ମଜ୍ଝହ୍ଣେ ।୯୪।
(ରୁଦନ୍ତୀବାରଣ୍ୟେ ଦୁଃସହ-ରବି-କିରଣ-ସ୍ପର୍ଶ-ସଂତପ୍ତାଃ।
ଅତି-ତାର-ଝିଲ୍ଲୀ-ବିରୁତୈଃ ପାଦପା ଗ୍ରୀଷ୍ମ-ମଧ୍ୟାହ୍ନେ।)

ଗ୍ରୀଷ୍ମକାଳର ମଧ୍ୟାହ୍ନରେ ଦୁଃସହ ସୂର୍ଯ୍ୟକିରଣ ସ୍ପର୍ଶରେ ଯନ୍ତପ୍ତ ହୋଇ ଅରଣ୍ୟରେ ବୃକ୍ଷସମୂହ ଅତି ତାର ଝିଲ୍ଲୀ ସ୍ୱରରେ ସତେକି କାନ୍ଦୁଛନ୍ତି।

ବ୍ୟାଖ୍ୟା - ଝିଲ୍ଲୀ ମୁଖରେ ଅରଣ୍ୟାନୀର ମଧ୍ୟାହ୍ନିକ ପରିବେଶ-ବର୍ଣନା। ଗ୍ରୀଷ୍ମକାଳରେ ପ୍ରବାସଯାତ୍ରା କରୁଥିବା ନାୟକ ପ୍ରତି ନାୟିକା ଉକ୍ତି- ଦେଖ, ପ୍ରଚଣ୍ଡ ସୂର୍ଯ୍ୟକିରଣରେ ଆକାଶରୁ ଅନଳକଣା ଝରୁଛି। ସମସ୍ତେ କାମଦାମ ଛାଡ଼ି ଗୃହକୋଣରେ ଆଶ୍ରୟ ନେଇଛନ୍ତି। ଅରଣ୍ୟରେ ଅଛିଣ୍ଡା ଝିଲ୍ଲୀରବ। ବନାନୀର ବକ୍ଷ ଦଗ୍ଧ ହେଉଛି; ସତେକି ପ୍ରଚଣ୍ଡ ସୂର୍ଯ୍ୟକିରଣ ସହି ନପାରି ବୃକ୍ଷତତି ଝଲ୍ଲୀସ୍ୱନ ଛଳରେ ରୋଦନ କରୁଛନ୍ତି। ଏତେବେଳେ ତୁମେ କିପରି ଗୃହରୁ ବହିର୍ଗତ ହେବାକୁ ମନବଳାଉଛ ?

ପଢ଼ମ-ଣିଲୀଣ-ମହୁର-ମହୁ-ଲୋହଲ୍ଲାଲି-ଉଲ-ବଦ୍ଧ-ଝଙ୍କାରଂ।
ଅହିମ-ଅର-କିରଣ-ଣିଉରମ୍ବ-ଚୁମ୍ବିଅଂ ଦଲଇ କମଲ-ବଣଂ ।୯୫।
(ପ୍ରଥମ-ନିଲୀନ-ମଧୂର-ମଧୂ-ଲୁବ୍ଧାଳିକୁଳ-ବଦ୍ଧ-ଝଙ୍କାରମ୍।
ଅହିମ-କର-କିରଣ-ନିକୁରମ୍ବ-ଚୁମ୍ବିତଂ ଦଳତି କମଳ-ବନମ୍।)

ପ୍ରଥମେ ବସିଥିବା ମଧୁର ମଧୁଲୋଭୀ ଅଳିକୁଳର ଝଙ୍କାରରେ ମୁଖରିତ, ସୂର୍ଯ୍ୟକିରଣ ଦ୍ୱାରା ପରିଚୁମ୍ବିତ କମଳବନ ବିକଶିତ ହେଉଛି।

ବ୍ୟାଖ୍ୟା - ପଦ୍ମବନର ଶୋଭାବର୍ଣ୍ଣନା ଛଳରେ ନାୟକପ୍ରତି ନାୟିକାର ମନୋଭାବ ନିବେଦନ- ଦେଖ, ପଦ୍ମବନ ବକ୍ଷରେ ସଞ୍ଚିତ ମଧୁକୁ ଅଧରରେ ଧାରଣ କରିଛି ଓ ପ୍ରଥମେ ଆସି ବସିଥିବା ମଧୁଲୁବ୍ଧ ମଧୁକର ତାହାକୁ ପାନକରୁଛି। କମଳକାନନ ଅଳିଗୁଂଜନରେ ମୁଖରିତ। ତହିଁରେ କେତେ ରହସ୍ୟ ଭରିରହିଛି। ଅଳିଗୁଂଜନ ପ୍ରେମ-ସଂଗୀତର ଗୁଞ୍ଜନ ଭଳି ଅର୍ଥ ପ୍ରକାଶ କରୁଛି। ସୂର୍ଯ୍ୟକିରଣ-ସଂପାତରେ ପଦ୍ମବନର ସମଗ୍ର ଶରୀରରେ ରୂପ ଓ ପୁଲକର ବନ୍ୟା ଛୁଟୁଛି।

ଗୋତ୍ତ-କ୍ଖଲଣଂ ସୋଊଣ ପିଅଅମେ ଅଜ୍ଜ ତୀଅ ଖଣ-ଦିଅହେ।
ବଜ୍‌ଝ-ମହିସ୍‌ସ ମାଲ ବ୍‌ବ ମଣ୍ଡଣଂ ଉଅହ ପଡ଼ିହାଇ ।୯୬।
(ଗୋତ୍ର-ସ୍ଖଳନଂ ଶ୍ରୁତ୍ୱା ପ୍ରିୟତମେ ଅଦ୍ୟ ତସ୍ୟାଃ କ୍ଷଣ-ଦିବସେ।
ବଧ-ମହିଷସ୍ୟ ମାଲେବ ମଣ୍ଡନଂ ପଶ୍ୟତ ପ୍ରତିଭାତି।)

ଦେଖ, ଆଜି ଏଇ ପର୍ବଦିନରେ ପ୍ରିୟତମଙ୍କ ମୁଖରୁ ଗୋତ୍ରସ୍ଖଳନ ଶୁଣି ତାହାର ମଣ୍ଡନ ବଧମହିଷ ବେକରେ ପଡ଼ିଥିବା ମାଳା ଭଳି ପ୍ରତିଭାତ ହେଉଛି।

ବ୍ୟାଖ୍ୟା - ଉତ୍ସବଦିନରେ ନାୟିକା ବହୁଭାବେ ନିଜକୁ ଅଳଂକୃତ କରି ନାୟକ ସମୀପକୁ ଆସିଛି; ମାତ୍ର ନାୟକ ଭ୍ରମବଶତଃ ଅନ୍ୟ ନାୟିକାର ନାମ ଧରି ସମ୍ବୋଧନ କରିବାରୁ ତାହାର ଆଗ୍ରହରେ ଭଙ୍ଗା ପଡିଯାଇଛି। ପାଖରେ ଥିବା ସହଚରୀ ପ୍ରତି ଦୂତୀ ଉକ୍ତି - 'କାହା ପାଇଁ ଏ ବେଶ! ପ୍ରିୟଙ୍କ ତୁଣ୍ଡରୁ ଆଜି ଯାହା ନାମରେ ସମ୍ବୋଧିତ ହେଉଛି, ସେ ତ ତାଙ୍କର ପ୍ରିୟା।' ସ୍ଖଳିତବଚନ ଶ୍ରବଣ କରି ନାୟିକାର ମୁହଁ କଳା ପଡ଼ିଯାଉଛି। ଉତ୍ସବରଜନୀ ବିଷ ଭଳି ଲାଗୁଛି। ଯେତେ ମଣ୍ଡନ, ଅଙ୍ଗରାଗଧାରଣ ସବୁ ବ୍ୟର୍ଥ ଗଲା ବୋଲି ମନେ କରୁଛି। ବଧଭୂମିରେ ଶୂଳୀରେ ଚଢ଼ାଇବାକୁ ନିଆଯାଉଥିବା ମହିଷ ଗଳରେ ପଡିଥିବା ଫୁଲମାଳା ଯେପରି ଆସନ୍ନ ମୃତ୍ୟୁ ହେବାକୁ ଥିବାରୁ ମ୍ଳାନ ଦିଶେ, ସେପରି ଆଜି ଉତ୍ସବଦିବସରେ ତାହାର ବେଶଭୂଷଣ ଶୋଭା ପାଉନାହିଁ।

ମହମହଇ ମଲଅ-ବାଓ ଅତ୍ତା ବାରେଇ ମଂ ଘରାଣେନ୍ତୀଂ।
ଅଙ୍କୋଲ୍ଲ-ପରିମଳେଣ ବି ଜୋ କ୍ଖୁମଓ ସୋ ମଓ ବ୍‌ବେଅ । ୯୭ ।
(ମହମହାୟତେ ମଳୟ-ବାତଃ ଶ୍ୱଶ୍ରୂର୍ବାରୟତି ମାଂ ଗୃହନ୍ନିର୍ଯାନ୍ତୀମ୍।
ଅଙ୍କୋଟ-ପରିମଳେନାପି ଯଃ ଖଲୁ ମୃତଃ ସ ମୃତ ଏବ।)

ମଳୟ ପବନ ମହମହ କରୁଛି, ଘରୁ ବାହାରିବାକୁ ଶାଶୁ ବାରଣ କରୁଛନ୍ତି; କିନ୍ତୁ ଅଙ୍କୋଟ ପରିମଳରେ ଯେ ମରିବା କଥା, ସେ ମରିବ ହିଁ ମରିବ।

ବ୍ୟାଖ୍ୟା- ବିରହିଣୀର ସଖୀପ୍ରତି ଉକ୍ତି - ସଖି, ମଳୟବାତର ଉତ୍କଟ ସୌରଭ ଭାସିଆସୁଛି। ଶାଶୁ ଡାକି କହୁଛନ୍ତି - 'ବାହାରକୁ ଯାଅ ନାହିଁ। ଶାଶୁ ଭାବୁଛନ୍ତି, ମଳୟ ପବନ ବିରହିଣୀ ବଧୂର ଜୀବନ ଘେନିଯିବ। ମାତ୍ର ତୁ କହିଲୁ, ଗୃହବାଟିକାସ୍ଥିତ ଅଙ୍କୋଟ-ବୃକ୍ଷ ମୋତେ ହାତଠାରି ଡାକୁଛି; ମୁଁ କିପରି ଗୃହକୋଣରେ ସ୍ଥିର ହୋଇ ରହିପାରିବି ? ଅଙ୍କୋଟ ବୃକ୍ଷର ପରିମଳ ତ ମୋତେ ଉନ୍‌ମନା କରୁଛି। ବଧୂର ତାତ୍ପର୍ଯ୍ୟ, ଯେ ଯେତେ ବାରଣ କରନ୍ତୁ ପଛେ ଅଙ୍କୋଟ-ପରିମଳ ଯେ ଆଘ୍ରାଣ କଲାଣି, ସେ ଘରେ ରହୁ କି ବାହାରକୁ ଯାଉ, ନିଶ୍ଚୟ ମରିବ।

ମୁହ-ପେଚ୍ଛଓ ପଈ ସେ ସା ବି ହୁ ସବିସେସ ଦଂସଣୁମ୍ମଇଆ।
ଦୋବି କଅତ୍ଥା ପୁହଇଂ ଅମହିଲ-ପୁରିସଂ ବ ମଣ୍ଣନ୍ତି ।୯୮।
(ମୁଖ-ପ୍ରେକ୍ଷକଃ ପତିସ୍ତସ୍ୟାଃ ସାପି ଖଲୁ ସବିଶେଷ-ଦର୍ଶନୋନ୍ମତ୍ତା।
ଦ୍ୱାବପି କୃତାର୍ଥୌ ପୃଥିବୀମମହିଳା-ପୁରୁଷାମିବ ମନ୍ୟେତେ।)

ପତି ତାହାର ମୁଖ ଦେଖୁଛନ୍ତି ଓ ସେ ମଧ ତାହାଙ୍କୁ ଦେଖିବାକୁ ବିଶେଷଭାବରେ ଉନ୍‌ମତ୍ତ ହୋଇଉଠିଛି। ଏହିପରି କୃତାର୍ଥ-ଯୁଗଳ ପୃଥିବୀକୁ ମହିଳା-ଶୂନ୍ୟ ଓ ପୁରୁଷ-ଶୂନ୍ୟ ଭଳି ମନେ କରୁଛନ୍ତି।

ବ୍ୟାଖ୍ୟା - ଦୀର୍ଘ ବିରହ ପରେ ନାୟକ-ନାୟିକାଙ୍କର ମିଳନ ଘଟିଛି। ପରସ୍ପର ପ୍ରତି ଅନୁରାଗର ଗଭୀରତା ହେତୁ ସେମାନେ ବାହ୍ୟ-ଜଗତ ସଂପର୍କରେ ସଂପୂର୍ଣ୍ଣ ଅଚେତନ। ଏହି ଅବସ୍ଥାକୁ ବର୍ଣ୍ଣନା କରି ଜଣେ ସହଚରୀ କହୁଛି- ପତି ପ୍ରିୟତମାର ମୁଖକୁ ନିବିଷ୍ଟ-ଚିତ୍ତରେ ଚାହିଁରହିଛନ୍ତି; ଦେଖିବାରେ ତାଙ୍କର ତୃପ୍ତି ଆସୁନାହିଁ। ପ୍ରିୟତମା ମଧ ତାଙ୍କୁ ଦେଖିବାରେ ମଜ୍ଜିଯାଇଛି। ସେ ଦୁହେଁ ନିଜ ନିଜକୁ ଧନ୍ୟ ମନେକରୁଛନ୍ତି। ନିବିଡ ରସୋପଲବ୍ଧିର ଅବସ୍ଥା ଭଳି ଦୁହେଁ ମୁହାଁମୁହିଁ ହୋଇ ଜଗତରେ ଯେପରି ଆଉ କେହି ପୁରୁଷ ନାରୀ ନାହାନ୍ତି- କେବଳ ଗୋଟିଏ ନାରୀ ଓ ଗୋଟିଏ ପୁରୁଷ ଅଛନ୍ତି, ଏହିଭଳି ମନେକରୁଛନ୍ତି।

ଖେମଂ କତ୍ତୋ ଖେମଂ ଜୋ ସୋ ଖୁଜ୍ଜମ୍ବ ଓ ଘରଦ୍ୱାରେ।
ତସ୍‌ସ କିଲ ମତ୍‌ଥଆଓ କୋ ବି ଅଣତ୍‌ଥୋ ସମୁପ୍ପଣୋ । ୯୯ ।
(କ୍ଷେମଂ କୁତଃ କ୍ଷେମଂ ଯୋଽସୌ କୁବ୍‌ଜାମ୍ରକୋ ଗୃହ-ଦ୍ୱାରେ।
ତସ୍ୟ କିଲ ମସ୍ତକାତ୍ କଃ ଅପି ଅନର୍ଥଃ ସମୁତ୍ପନ୍ନଃ।)

କୁଶଳ ? କୁଶଳ କାହିଁ ? ଗୃହଦ୍ୱାରରେ ଏଇ ଯେ କୁଜା ଆମ୍ବଗଛ ଅଛି ତାହାର ମୁଣ୍ଡରୁ କି ଗୋଟାଏ ଅନର୍ଥ ଜାତ ହେଲାଣି।

ବ୍ୟାଖ୍ୟା - ପ୍ରୋଷିତପତିକାକୁ ସଖୀର ପ୍ରଶ୍ନ - ତୋର ସବୁ କୁଶଳ ତ ?

ଉତ୍ତରରେ ନାୟିକା କହିଛି - ମୋର ପୁଣି କୁଶଳ ? ମୋର କୁଶଳ-ଜିଜ୍ଞାସା କର ନାହିଁ। କୁଶଳ ମୋ ଜାତକରେ ନାହିଁ। ଏଇ ଦେଖୁ ନାହୁଁ, ଘର-ଦୁଆରେ ଯେଉଁ ଛୋଟ ଆମ୍ବଗଛଟି ଅଛି, ତା ମୁଣ୍ଡରୁ କ'ଣ ଗୋଟାଏ ଅନର୍ଥ ପୁଣି ବାହାରିଲାଣି। ନାୟିକାର ତାତ୍ପର୍ଯ୍ୟ, ବସନ୍ତ କାଳରେ ଆମ୍ବଗଛରେ ମୁକୁଳ ଉଦ୍‌ଗମ ତା ପକ୍ଷରେ ଅନର୍ଥର କାରଣ ହେଲାଣି। କିଶଳୟ ବିରହଣୀର ସନ୍ତାପ ବୃଦ୍ଧି କରେ।

ଆଉଚ୍ଛଣ-ବିଚ୍ଛାଅଂ ଜାଆଇ ମୁହଂ ଣିଅଚ୍ଛମାଣେଣ।
ପହିଏଣ ସୋଅ-ଣିଅଲାବିଏଣ ଗନ୍ତୁଂ ଚ୍ଚିଅ ଣ ଇଟ୍‌ଠଂ। ୧୦୦।
(ଆପୃଚ୍ଛନ୍ନ-ବିଚ୍ଛାୟଂ ଜାୟାୟାଃ ମୁଖଂ ନିରୀକ୍ଷମାଣେନ।
ପଥିକେନ ଶୋକ-ନିଗଡ଼ିତେନ ଗନ୍ତୁମେବ ନେଷ୍ଟମ୍।)

ବିଦାୟ ମାଗିବାକୁ ଯାଇ ଜାୟାର ଶୁଷ୍କ ଓ ମଳିନ ମୁଖ ଦେଖି ପଥିକଟି ଶୋକ-ନିଗଡ଼ିତ ହୋଇଯିବାକୁ ଇଚ୍ଛା କଲା ନାହିଁ।

ବ୍ୟାଖ୍ୟା - ଦୁଇ ସହଚର ନାୟକ-ବନ୍ଧୁର ବିଦେଶ-ଗମନ ସ୍ଥଗିତ ରହିବା ସମ୍ବନ୍ଧରେ ଆଲୋଚନା କରୁଛନ୍ତି - ପ୍ରବାସ ଗମନ କାଳରେ ପତ୍ନୀଠାରୁ ବିଦାୟ ମାଗିବାକୁ ଯାଇ ପଥିକ ଯେତେବେଳେ ଦେଖିଲା ଯେ ଆସନ୍ନ ବିଚ୍ଛେଦ-ଦୁଃଖରେ ତାହାର ମୁଖ ଶୁଷ୍କ ଓ ମଳିନ ପଡ଼ିଯାଇଛି ଓ ଦୁଃଖରେ ତାହାର ହୃଦୟ ଫାଟିଯିବା ପରି ତା କଥାରୁ ଜଣାପଡୁଛି, ସେତେବେଳେ ସେ ପ୍ରବାସଯାତ୍ରା କରିବାକୁ ଇଚ୍ଛା କଲାନାହିଁ। ପତ୍ନୀର ଶୋକନିଗଡ଼ରେ ସେ ମଧ୍ୟ ବନ୍ଧା ପଡ଼ିଯାଉଛି।

ରସିଅ-ଜଣ-ହିଅଅ-ଦଇଏ କଇ-ବଚ୍ଛଲ ପମୁହ-ସୁକଇ-ଣିମ୍ମଇଏ।
ସତ୍ତ-ସଅମ୍ମି ସମତ୍ତଂ ପଞ୍ଚମଂ ଗାହା-ସଅଂ ଏଅଂ। ୧୦୧ ।
(ରସିକ-ଜନ-ହୃଦୟ-ଦୟିତେ କବି-ବତ୍ସଳ-ପ୍ରମୁଖ-ସୁକବି-ନିର୍ମିତେ।
ସପ୍ତ-ଶତକେ ସମାପ୍ତଂ ପଞ୍ଚମଂ ଗାଥା-ଶତକମେତତ୍।)

ରସିକଜନଙ୍କର ହୃଦୟ-ପ୍ରିୟ ଓ କବି ବତ୍ସଳ ପ୍ରମୁଖ ସୁକବିଗଣ ରଚିତ ସପ୍ତଶତୀରୁ ଏଠାରେ ପଞ୍ଚମ ଗାଥାଶତକ ସମାପ୍ତ ହେଲା।

ଷଷ୍ଠ ଶତକ

ସୂଇ-ବେହେ ମୁସଲଂ ବିଚ୍ଛୁହମାଣେଣ ଦଡ୍‌ଢ଼-ଲୋଏଣ।
ଏକ୍‌କଗ୍‌ଗାମେ ବି ପିଓ ସମଅଂ ଅଚ୍ଛୀହିଁ ବି ଣ ଦିଟ୍‌ଠୋ। ୧।
(ସୂଚୀ-ବେଧେ ମୁଷଲଂ ନିକ୍ଷିପତା ଦଗ୍‌ଧ-ଲୋକେନ।
ଏକଗ୍ରାମେଽପି ପ୍ରିୟଃ ସମାଭ୍ୟାମକ୍ଷିଭ୍ୟାମପି ନ ଦୃଷ୍ଟା।)

ଦଗ୍‌ଧଲୋକେ ସୂଚୀ-ବେଧ ସ୍ଥାନରେ ମୂଷଳ ପକାଉଛନ୍ତି। ଏକା ଗାଁରେ ଥାଇ ପ୍ରିୟତମଙ୍କୁ ପୂରା ଆଖିରେ ଦେଖିପାରିଲି ନାହିଁ।

ବ୍ୟାଖ୍ୟା - ସହଚରୀ ପ୍ରତି ନାୟିକା-ଉକ୍ତି - ସହି, ତୁ ଶୁଣ। ଏ ଗାଁର ଲୋକଙ୍କ ମୁହଁ ପୋଡ଼ିଯାଉ। ଏ ଲୋକେ କୁଆ ଉଡ଼ିଗଲେ ଛୁଆ ଉଡ଼ିଗଲା ବୋଲି କହନ୍ତି, ତିଳକୁ ତାଳ କରନ୍ତି, ଛୁଞ୍ଚି ଧରିବା ସ୍ଥାନରେ ମୁଷଳ ନିକ୍ଷେପ କରନ୍ତି। ଛୋଟ କଥାକୁ ବଡ଼ କରି କହିବା ଲୋକଙ୍କ ଯୋଗୁ ଏକା ଗାଁରେ ରହି ମଧ୍ୟ ଲୋକାପବାଦ ଭୟରେ ପ୍ରିୟଙ୍କୁ ଆଖି ପୂରାଇ ଦେଖିପାରିଲି ନାହିଁ; ମୁଁ ଅଭାଗିନୀ ଆଖି ବୁଜି ପଡ଼ିରହିଛି।

ଅଜ୍ଜଂ ପି ତାବ ଏକ୍‌କଂ ମା ମଂ ବାରେହି ପିଅସହି ରୁଅନ୍ତିଂ।
କଲ୍ଲିଂ ଉଣ ତମ୍ମି ଗଏ ଜଇ ଣ ମୁଆ ତା ଣ ରୋଦିସ୍‌ସଂ।୨।
(ଅଦ୍ୟାପି ତାବଦେକଂ ମା ମାଂ ବାରୟ ପ୍ରିୟସଖି ରୁଦତୀମ୍।
କଲ୍ୟେ ପୁନସ୍ତସ୍ମିନ୍‌ଗତେ ଯଦି ନ ମୃତା ତଦା ନ ରୋଦିଷ୍ୟାମି।)

ପ୍ରିୟ ସହି, କେବଳ ଆଜି ଗୋଟିଏ ଦିନ ପାଇଁ ତୁ ମୋତେ କାନ୍ଦିବାକୁ ମନା କରନାହିଁ। କାଲି ତାଙ୍କର ଚାଲିଯିବା ପରେ ମୁଁ ଯଦି ନ ମରେ, ତେବେ କାନ୍ଦିବି ନାହିଁ।

ବ୍ୟାଖ୍ୟା - ପ୍ରୋଷିତପତିକାର ଉକ୍ତି ସଖୀପ୍ରତି- ଗୋ ସହି, ଆଜିକ ମୋତେ କାନ୍ଦିବାକୁ ଦିଅ। ପ୍ରିୟତମ ପ୍ରବାସ ଯିବେ। ତେଣୁ ଆଜି ମୋତେ କାନ୍ଦିବାରୁ ନିବୃତ୍ତ କରନାହିଁ। ବିରହ ସହିବାକୁ କାଲିକୁ ମୁଁ ଯଦି ବଞ୍ଚିରହେ, ତେବେ କାନ୍ଦିବି ନାହିଁ।

ନାୟିକାର ତାତ୍ପର୍ଯ୍ୟ, ପ୍ରିୟତମ ବିଦେଶ ଗଲେ ମୁଁ ନିଶ୍ଚୟ ମରିବି। ତେଣୁ କାଲିକୁ କାନ୍ଦିବା ପ୍ରଶ୍ନ ଉଠୁନାହିଁ; ଯାହା କାନ୍ଦିବା କଥା ଆଜି ହିଁ କାନ୍ଦିବି।

ଏହି ତ୍ତି ବାହରନ୍ତମ୍ମି ପିଅଅମେ ଉଅହ ଓଣଅମୂହୀଏ।
ବିଉଣାବେଟ୍‌ଠିଅ-ଜହଣ-ତ୍ଥଲାଇ ଲଜ୍ଜାଣଅଂ ହସିଅଂ । ୩।
(ଏହୀତ୍ତି ବ୍ୟାହରତି ପ୍ରିୟତମେ ପଶ୍ୟତାବନତ-ମୁଖ୍ୟା।
ଦ୍ୱିଗୁଣାବେଷ୍ଟିତ-ଜଘନ-ସ୍ଥଳୟା ଲଜ୍ଜାବନତଂ ହସିତମ୍।)

ଦେଖ, ପ୍ରିୟ 'ଆସ' ବୋଲି କହି ଡାକିବାରୁ ଅବନତମୁଖୀ ହୋଇ ସେ ଜଘନ-ସ୍ଥଳକୁ ଦୁଇଗୁଣ ଢାଙ୍କି ହସିଲା।

ବ୍ୟାଖ୍ୟା - ରତୁମତୀ ନାୟିକାର ବୈଦଗ୍ଧ ସମ୍ବନ୍ଧରେ ସଖୀ ଉକ୍ତି- ପ୍ରିୟତମ ଯେତେବେଳେ ତାହାକୁ ଆଦରରେ 'ଆସ' ବୋଲି ଡାକନ୍ତି, ସେତେବେଳେ ଚତୁରୀ ବାଳା ଜଘନଦେଶକୁ ଦ୍ୱିଗୁଣିତ କରି ଭିଡ଼ିଦିଏ। ଲଜ୍ଜାରେ ତାହାର ମୁଖ ନତ ହୋଇଯାଏ; ମୁଖରେ କିଛି ନ କହିଲେ ମଧ୍ୟ ଅଧରରେ ମଧୁର ହାସ ଫୁଟାଏ। ଏପରି ଆଚରଣଦ୍ୱାରା ସେ ପ୍ରିୟତମଙ୍କ ପ୍ରତି ନିଜର ଅନୁରାଗ ବ୍ୟକ୍ତ କରିବା ସଙ୍ଗେ ରତି-ବିଳାସ ପାଇଁ ସମୟର ଅନୁପଯୋଗିତା ସୂଚାଇଦିଏ।

ମାରେସି କଂ ଣ ମନ୍ଧେ ଇମେଣ ପେରନ୍ତ-ରତ୍ତ-ବିସମେଣ।
ଭୂ-ଲଆ-ଚ୍ଚବ-ବିଣିଗ୍‌ଗଅ-ତିକ୍‌ଖରଦ୍ଧଚ୍ଛି-ଭଲ୍ଲେଣ । ୪ ।
(ମାରୟସି କଂ ନ ମୁଗ୍ଧେ ଅନେନ ପର୍ଯନ୍ତ-ରକ୍ତ-ବିଷମେଣ।
ଭ୍ରୂ-ଲତା-ଚାପ-ବିନିର୍ଗତ-ତୀକ୍ଷ୍ଣତରାର୍ଧାକ୍ଷି-ଭଲ୍ଲେନ।)

ଗୋ ମୁଗ୍ଧେ, ଅଗ୍ରଭାଗରେ ରକ୍ତିମ ଓ ବିଷମ ଭ୍ରୂଲତାଚାପରୁ ବିନିର୍ଗତ ତୀକ୍ଷ୍ଣତର ଅର୍ଦ୍ଧନିମୀଳିତ ଏହି ନୟନଭାଲ ଦ୍ୱାରା ତୁମେ କାହାକୁ ମାରୁନାହିଁ?

ବ୍ୟାଖ୍ୟା - ନାୟିକାର କଟାକ୍ଷ ପ୍ରଶଂସା କରି ନାୟକ-ଉକ୍ତି- ପ୍ରିୟେ, ତୁମର ନୟନ ଅତି ନିଦାରୁଣ। ସେଇ ବିଷମ ଚାପାକୃତି ବକ୍ର ଭ୍ରୂଯୁଗ ମୋ ଭଳି କେତେ ନିର୍ଦ୍ଦୋଷଙ୍କ ଜୀବନ ନାଶ କରୁଛି, ଜାଣ କି? ଆମ୍ଭମାନଙ୍କୁ ବିନାଶ କରି ତୁମ ନୟନର ପ୍ରାନ୍ତଭାଗ ରକ୍ତିମ ହୋଇଉଠିଛି। ଆଖି ଅଧେ ବୁଜି ତୁମେ ଯେତେବେଳେ କୋଣ ଆଡ଼କୁ ଡୋଳା ଢ଼ାଳିଦେଉଛି, ମୁଁ ତାହାକୁ ଭୀଷଣ ମାରଣାସ୍ତ୍ର ରୂପେ ଗଣନା କରୁଛି। ଭଲ୍ଲ ନାମକ ଅସ୍ତ୍ର ଅର୍ଦ୍ଧ-ଚନ୍ଦ୍ରାକୃତି। ଏଠାରେ ନାୟିକାର ଭ୍ରୂ-ଲତାକୁ ଅର୍ଦ୍ଧ-ଚନ୍ଦ୍ରବାଣ ରୂପେ ଗ୍ରହଣ କରାଯାଇଛି।

ତୁହ ଦଂସଣେ ସଅହ୍ଣା ସଦ୍ଦଂ ସୋଉଣ ଣିଗ୍‌ଗଦା ଜାଇଂ।
ତଇ ବୋଲୀଣେ ତାଇଂ ପିଆଇଁ ବୋଢ଼ବ୍‌ବିଆ ଜାଆ । ୫।

(ତବ ଦର୍ଶନେ ସତୃଷ୍ଣା ଶବ୍ଦଂ ଶ୍ରୁତ୍ୱା ନିର୍ଗତା ଯାନି।

ତ୍ୱୟି ବ୍ୟତିକ୍ରାନ୍ତେ ନାନି ପଦାନି ବୋଢ଼ବ୍ୟା ଜାତା।)

ତୁମକୁ ଦେଖିବା ନିମନ୍ତେ ତୃଷ୍ଣାସହକାରେ ସେ କଣ୍ଠସ୍ୱର ଶୁଣି ଘରୁ ଯେତେ ପାଦ ବାହାରିଥିଲା, ତୁମେ ଚାଲିଯିବା ପରେ ତାକୁ ସେତିକି ପାଦ ଫେରାଇ ଆଣିବାକୁ ପଡ଼ିଥିଲା।

ବ୍ୟାଖ୍ୟା - ନାୟକ ପ୍ରତି ଦୂତୀ - ଉକ୍ତି - ତୁମକୁ ବହୁ ଦିନୁ ଦେଖିନଥିବାରୁ ସେଇ ବାଳା ଶୀର୍ଣ୍ଣ-ଶରୀରରେ ଅବସ୍ଥାନ କରୁଛି। ସେ ଯେତେବେଳେ ତୁମର କଣ୍ଠସ୍ୱର ବା ପାଦଶବ୍ଦ ଶୁଣୁଛି, ସେତେବେଳେ ତାହାର ଚରଣଦ୍ୱୟ ତୁମ ପ୍ରତି ପ୍ରବଳ ସ୍ନେହ ଓ ଅନ୍ଧ ଆବେଗ ହେତୁ ଗୃହରୁ ନିଷ୍କ୍ରାନ୍ତ ହେଉଛି; ମାତ୍ର ହାୟ, ତୁମେ ଚାଲିଯିବା ପରେ ଯେଉଁଠୁ ଆସିଥିଲ ସେଠାକୁ ପୁଣି ଚାଲିଯାଉଛି - ସେତିକି ପଥ ସେ କେତେ କଷ୍ଟରେ ତାର ଦୁର୍ବଳ ଶରୀର ବହନ କରି ଆସିଥିଲା। ଆଶା ନ ମେଣ୍ଟିବାରୁ ନିଜ ସ୍ଥାନକୁ ବହୁ କଷ୍ଟରେ ଫେରିଯାଇ ମୂର୍ଚ୍ଛା ଘାତରେ ତାର ଦେହଟି ଢଳିପଡୁଛି। ତୁମେ ଏତିକି ନିଷ୍ଠୁର।

ଇସା-ମଚ୍ଛର-ରହିଏହିଁ ଣିବ୍‌ବିଆରେହିଁ ମାମି ଅଚ୍ଛୀହିଂ।

ଏହିଣଂ ଜଣୋ ଜଣମ୍ମିବ ଣିରଚ୍ଛଏ କହଁ ଣ ଛିଜ୍ଜାମୋ । ୬ ।

(ଈର୍ଷ୍ୟା-ମତ୍ସର-ରହିତାଭ୍ୟାଂ ନିର୍ବିକାରାଭ୍ୟାଂ ମାତୁଳାନ୍ୟକ୍ଷିଭ୍ୟାମ୍।

ଇଦାନୀଂ ଜନୋ ଜନମିବ ନିରୀକ୍ଷତେ କଥଂ ନ କ୍ଷୀୟାମହେ।)

ମାଈଁ, ସେ ଏବେ ଯେତେବେଳେ ମୋତେ ଈର୍ଷ୍ୟା ଓ ମତ୍ସରଶୂନ୍ୟ ନିର୍ବିକାର ନେତ୍ରରେ ସାଧାରଣ ଲୋକ ଭଳି ଦେଖୁଛନ୍ତି, ମୁଁ କିପରି କ୍ଷୀଣ ହେଇ ନ ଯିବି ?

ବ୍ୟାଖ୍ୟା - ମାତୁଳାନୀର ପ୍ରଶ୍ନ- 'ତୁ କାହିଁକି ଶୀର୍ଣ୍ଣ ହେଇଯାଉଛୁ ?' - ନାୟିକାର ଉତ୍ତର-ଲୋକେ ବାଟରେ ଯାଉଥିବା ଲୋକଙ୍କୁ ଦେଖିପାରୁନାହାନ୍ତି; ଯେମିତିକି ସଂପୂର୍ଣ୍ଣ ଅପରିଚିତ, ସମ୍ବନ୍ଧହୀନ; ସେହିଭଳି ସାଧାରଣ ଦୃଷ୍ଟିରେ ଦେଖି ବାଟ ଭାଙ୍ଗି ଚାଲିଯାଉଛନ୍ତି। ମୁଁ ଯେପରି ତାଙ୍କର କେହି ନୁହେଁ, ସାତପର। ମୁଁ କ'ଣ ଏପରି କାଠ ପଥର ଯେ ଟିକେ ସ୍ନେହପୂର୍ଣ୍ଣ ନୟନରେ ମୋ ଆଡ଼କୁ ଚାହିଁଲେ ତାଙ୍କର ସମ୍ମାନ-ହାନି ଘଟନ୍ତା ? ପ୍ରିୟତମଙ୍କଠାରେ ଆଜି ସେଇପରି ଉଦାସୀନ ଭାବ ଦେଖି ମୋର ଦେହ ଚିନ୍ତାରେ କ୍ଷୀଣ ହୋଇଯାଉଛି। ମୋତେ ଯଦି ସେ ସାଧାରଣ ଦୃଷ୍ଟିରେ ଦେଖନ୍ତି, ତା'ହେଲେ ମୁଁ ଝଡ଼ିଯିବି ନାହିଁ ? ନାୟିକାର ତାତ୍ପର୍ଯ୍ୟ, ନାୟକ ତାହାକୁ ଅସାଧାରଣ, ପ୍ରଣୟ-ଈର୍ଷ୍ୟା ଓ ବିକାରପୂର୍ଣ୍ଣ ଦୃଷ୍ଟିରେ ଦେଖନ୍ତୁ। ଅନ୍ୟ ପାଞ୍ଚଜଣଙ୍କୁ ଯେଉଁ ଦୃଷ୍ଟିରେ ଦେଖେ, ସେପରି ଦେଖିଲେ ତା'ର ଗର୍ବ ରହିବ କିପରି ?

ବାଉଦ୍ଧଅ-ସିଚଅ-ବିହାବିଓରୁ-ଦିଟ୍‌ଠେଣ ଦନ୍ତମଗଘଗେଣ।
ବହୁ-ମାଆ ତୋସିଜ୍ଜଇ ଣିହାଣ-କଲସସ୍‌ସ ବ ମୁହେଣ ।୭।
(ବାତୋଦ୍ଧତ-ସିଚୟ-ବିଭାବିତୋରୁ-ଦୃଷ୍ଟେନ ଦନ୍ତ-ମାର୍ଗେଣ।
ବଧୂ-ମାତା ତୋଷ୍ୟତେ ନିଧାନ-କଳଶସ୍ୟେବ ମୁଖେନ।)

ପବନରେ ବସ୍ତ୍ରାଞ୍ଚଳ ଉଡ଼ିଯିବାରୁ ଊରୁଦେଶରେ ଦନ୍ତକ୍ଷତ ଦେଖି ନିଧି କଳସର ମୁଖ ଭଳି ବଧୂମାତା ସନ୍ତୋଷ ଅନୁଭବ କରୁଛି।

ବ୍ୟାଖ୍ୟା - କନ୍ୟାର ସୌଭାଗ୍ୟରେ ମାତା ହର୍ଷ ଜାତ ହୁଏ। କନ୍ୟାର ଊରୁପ୍ରଦେଶରୁ ପବନରେ ବାସ ଉଡ଼ିଯିବାରୁ ନବ-ବିବାହିତା କନ୍ୟାର ମାତା ଯେତେବେଳେ ଊରୁପୃଷ୍ଠରେ ଦଶନ-ଚିହ୍ନ ଦେଖିପାରିଲେ, ସେତେବେଳେ ତାଙ୍କ ହୃଦୟରେ ଅପାର ସନ୍ତୋଷ ଲାଭ କଲେ। କନ୍ୟା ପ୍ରତି ଜାମାତାଙ୍କର ପ୍ରେମର ଆତିଶଯ୍ୟ ସ୍ୱରୂପ ଅଙ୍କିତ ଦନ୍ତକ୍ଷତ ଦେଖି ତାଙ୍କର ଛାତି ପୂରିଉଠିଲା। ଯାହା ହେଉ, କନ୍ୟା ପତି-ସୋହାଗିନୀ ହୋଇଛି। ଭୂମି ଖୋଳିବା ସମୟରେ ମୃତ୍ତିକା ତଳେ ନିଧି-କଳସର ମୁଖ ଦେଖିପାରିଲେ ଖନନକାରୀର ଯେଉଁ ପ୍ରସନ୍ନତା ହୁଏ, ମାତା ସେହିପରି ସନ୍ତୋଷ ଅନୁଭବ କଲା।

ହିଅଅମ୍ମି ବସସି ଣ କରେସି ମଣ୍ଣଅଂ ତହ ବି ଣେହ-ଭରିଏହିଂ।
ସଙ୍କିଜ୍ଜସି ଜୁଅଇ-ସୁହାବ-ଗଳିଅ-ଧୀରେହିଁ ଅମ୍ହେହିଂ ।୮।
(ହୃଦୟେ ବସସି ନ କରୋଷି ମନ୍ୟୁଂ ତଥାପି ସ୍ନେହ-ଭୃତାଭିଃ।
ଶଙ୍କ୍ୟସେ ଯୁବତୀ-ସ୍ୱଭାବ-ଗଳିତ-ଧୈର୍ଯ୍ୟାଭିରସ୍ମାଭିଃ।)

ହୃଦୟରେ ବାସକରୁଛ, କ୍ରୋଧ ବା ଅପରାଧ ପ୍ରକଟ କରୁନାହିଁ; ତଥାପି ସ୍ନେହଭରା ଓ ଯୁବତୀ-ସ୍ୱଭାବଶତଃ ଧୈର୍ଯ୍ୟ-ବିଗଳିତ ହେବା ହେତୁ ମୋର ଆଶଙ୍କା ହେଉଛି।

ବ୍ୟାଖ୍ୟା - ନାୟକ ପ୍ରତି ଗଭୀର ଅନୁରାଗ ପ୍ରକଟ କରି ନାୟିକା-ଉକ୍ତି- ହେ ପ୍ରିୟତମ, ତୁମେ ମୋର ହୃଦୟରେ ବାସ କର। ମୋ ପ୍ରତି କୌଣସି ଅପରାଧ କରୁନାହିଁ ବା ମୋର ଦୁଃଖ ବଢ଼ାଉ ନାହିଁ; ମାତ୍ର ତୁମର ହୃଦୟ ଜୟ କରି ମୋର ଅଧିକାର ସାବ୍ୟସ୍ତ କଲେ ମଧ ଯୁବତୀ-ସ୍ୱଭାବ ବଡ଼ ଚଞ୍ଚଳ। ତେଣୁ ସହଜରେ ଆମର ଧୈର୍ଯ୍ୟ ଭାଙ୍ଗିଯାଏ ଓ ମନରେ ଭୟ ହୁଏ। ଯାହାକୁ ଯେତେ ପ୍ରେମ କରାଯାଏ, ତା' ପ୍ରତି ସେତେ ଆଶଙ୍କା ବା ସନ୍ଦେହ ମନରେ ଉଦୟ ହୁଏ। ଏହା କେବଳ ମୋର ନୁହେଁ; ଏହା ଆମ ନାରୀଜାତିର ସ୍ୱଭାବ। ପାଇ ନପାଇବା ଭାବ ଆମଠାରେ ସବୁବେଳେ ପ୍ରବଳ ଥାଏ। ପୁରୁଷକୁ ଅଧିକ ନିଜର କରି ପାଇବା ପାଇଁ ଆମେ ଅଭିଳାଷ ପୋଷଣ କରୁ। ଯଦିଓ ତୁମର କୌଣସି ତ୍ରୁଟି ନାହିଁ, ତଥାପି ତୁମ ପ୍ରତି ଅତିଶୟ ପ୍ରେମ ହିଁ ମୋ ମନରେ ଶଙ୍କା ଜାତ କରୁଛି।

ଅଣ୍ଣଂ ପିକିଂ ପି ପାବିହସି ମୂଢ଼ ମା ତମ୍ମ ଦୁକ୍‌ଖ-ମେତ୍ତେଣ।
ହିଅଅ ପରାହୀଣ-ଜଣଂ ମଗ୍‌ଗଁନ୍ତ ତୁହ କେତ୍ତିଅଂ ଏଅଂ । ୯।
(ଅନ୍ୟଦପି କିମପି ପ୍ରାପ୍‌ସ୍ୟସି ମୂଢ଼ ମା ତାମ୍ୟ ଦୁଃଖ-ମାତ୍ରେଣ।
ହୃଦୟ ପରାଧୀନ-ଜନଂ ମୃଗୟମାଣ ତବ କିୟନ୍ମାତ୍ରମିଦମ୍।)

ରେ ମୂଢ଼ ହୃଦୟ, ଦୁଃଖ ମାତ୍ରରେ ପୀଡ଼ିତ ହୁଅନା; ଏହା କେତେ ବା? ପରାଧୀନ ଜନର ଅନ୍ବେଷଣ କରି ତୁ ଆହୁରି କିଛି ପ୍ରାପ୍ତ ହେବୁ।

ବ୍ୟାଖ୍ୟା - ନାୟକ ଅତିମାତ୍ରାରେ ଭାର୍ଯାପରାୟଣ ହୋଇଥିବାରୁ ନାୟିକା ପ୍ରତି ଉଦାସୀନ। ଏଣୁ ଅନୁରାଗିଣୀ ନାୟିକା ନିଜ ହୃଦୟକୁ ସମ୍ବୋଧନ କରି କହିଛି- ରେ ମୂର୍ଖ ହୃଦୟ, କେବଳ ବିରହ-ଦୁଃଖରେ କଷ୍ଟ ଅନୁଭବ କରି ତୁ ଭାଙ୍ଗିପଡୁଛୁ। ଏ ଦୁଃଖ ତ କିଛି ନୁହେଁ; ଆଗକୁ ଆହୁରି କେତେ ଭୋଗିବାକୁ ଅଛି। ଏହା ଶେଷ ନୁହେଁ; ଆରମ୍ଭ ମାତ୍ର। ଏହାଠାରୁ ଆହୁରି ଭୀଷଣ କିଛି, ଅର୍ଥାତ୍ ମୃତ୍ୟୁ ମଧ୍ୟ ହୋଇପାରେ; ସେଥିପାଇଁ ପ୍ରସ୍ତୁତ ରହ। ପରାଧୀନ ଜନଠାରେ (ଭାର୍ଯାପ୍ରେମୀ ନାୟକ) ହୃଦୟ ସମର୍ପଣ କରି ଆହୁରି ଫଳ ପାଇବୁ। 'ମରଣ' ଶବ୍ଦ ଅମଙ୍ଗଳନକ ବୋଲି ନାୟିକାଟି 'ଆଉ କଣ ଅଛି' ବୋଲି କହିଛି।

ବେସୋସି ଜୀଅ ପଂସୁଲ ଅହିଅଅରଂ ସା ହୁ ବଲ୍ଲହା ତୁଜ୍‌ଝ।
ଇଅ ଜାଣିଊଣ ବି ମଏଣ ଈସିଅଂ ଦଡ୍‌ଡ-ପେମ୍ମସ୍‌ସ ।୧୦।
(ଦ୍ୱେଷ୍ୟୋଽସି ଯସ୍ୟାଃ ପାଂଶୁଳ ଅଧିକତରଂ ସା ଖଳୁ ବଲ୍ଲଭା ତବ।
ଇତି ଜ୍ଞାତ୍ୱାପି ମୟା ନ ଈର୍ଷ୍ୟିତଂ ଦଗ୍‌ଧ-ପ୍ରେମ୍ଣଃ।)

ହେ ପାଂଶୁଳ, ତୁମେ ଯାହାର ଦ୍ୱେଷର ପାତ୍ର ସେ ତୁମର ଅଧିକ ବଲ୍ଲଭା, ଏହା ଜାଣି ମଧ୍ୟ ମୁଁ ଦଗ୍‌ଧ ପ୍ରେମବଶତଃ ଈର୍ଷା କରୁନାହିଁ।

ବ୍ୟାଖ୍ୟା - ସପତ୍ନୀ ପ୍ରତି ଅନୁରକ୍ତ ନାୟକପ୍ରତି ନାୟିକା ଉକ୍ତି-ଧନ୍ୟ କହିବା ତୁମକୁ! ଯେଉଁ ନାରୀ ତୁମକୁ ଉପେକ୍ଷା କରେ, ଆଖିର କଣ୍ଟା ରୂପେ ଅନୁକ୍ଷଣ ଗଣନା କରେ, ତାର ବିଭାଗଭାଜନ ହୋଇ ମଧ୍ୟ ତୁମେ ତାକୁ ପ୍ରିୟ ଓ ଆପଣାର ଭାବୁଛ। ତା'ଠାରେ ତୁମର ମନ ଏତେ ମଜ୍ଜିଛି ଯେ ମୋ ଭଳି ଅନନ୍ୟଅନୁରାଗିଣୀ ପ୍ରିୟାକୁ ହତାଦର କରି ଚାଲିଛି। ତୁମର ବୁଦ୍ଧିକୁ ଧିକ୍! ଯେଣୁ ତୁମ ଉପରେ ମୋର କିଛି ଅଧିକାର ନାହିଁ, ସେହେତୁ ତୁମ ପ୍ରତି ମୋର କୌଣସି ଦ୍ୱେଷ ନାହିଁ। କିନ୍ତୁ ମୋର ହୃଦୟକୁ ତ ନିବାରଣ କରିପାରୁନାହିଁ; ଅର୍ଥାତ୍ ଏ ହୃଦୟ ହିଁ ମୋର ବିପଦରେ ପକାଉଛି। ପୋଡ଼ା ପ୍ରେମ ମୋତେ ଜଳାଇ-ପୋଡାଇ ମାରୁଛି।

ସା ଆମ ସୁହଅ ଗୁଣ-ରୁଅ-ସୋହିରୀ ଆମ ଣିଗଗୁଆ ଅ ଅହଂ।
ଭଣ ତୀଅ ଜୋ ଣ ସରିସୋ କିଂ ସୋ ସବ୍‌ବୋ ଜଣୋ ମରଉ । ୧୧।
(ସା ସତ୍ୟଂ ସୁଭଗ ଗୁଣ-ରୂପ-ଶୋଭନଶୀଳ ସତ୍ୟଂ ନିର୍ଗୁଣା ଋହମ୍।
ଭଣ ତସ୍ୟା ଯୋ ନ ସଦୃଶଃ କିଂ ସ ସର୍ବୋ ଜନୋ ମ୍ରିୟତାମ୍।)

ହେ ସୁଭଗ, ବାସ୍ତବରେ ସେ ରୂପଗୁଣଶାଳିନୀ ଓ ସତ୍ୟ ଯେ, ମୁଁ ଗୁଣହୀନ ! ତେବେ କୁହ ତ, ଯେଉଁମାନେ ତା ସଦୃଶ ନୁହନ୍ତି, ସେ ଲୋକେ କ'ଣ ମରିବେ ?

ବ୍ୟାଖ୍ୟା - ଅନ୍ୟ ନାରୀ-ଅନୁରକ୍ତ ପ୍ରେମିକ ପ୍ରତି ନାୟିକାର ଈର୍ଷ୍ୟାପୂର୍ଣ୍ଣ ବଚନ- ହେ ସୁଭଗ ! ସତ୍ୟ, ତୁମର ପ୍ରେମିକା ହୁଏତ ରୂପ-ଗୁଣରେ ଅତୁଳନୀୟା ! ଏ କଥା ମଧ୍ୟ ସତ୍ୟ ଯେ ମୁଁ ତା ତୁଳନାରେ ଗୁଣହୀନ। ମାତ୍ର କ'ଣ କରାଯାଇପାରେ ? ଯାହାକୁ ଯାହା କରିଛି ଦଇବ। ମୁଁ ଯେତେବେଳେ ତୁମକୁ ହୃଦୟ ଅର୍ପଣ କରିସାରିଛି, ଏପରି ଘୃଣା ଅବଜ୍ଞା ତ ମୋର କପାଳ-ଲିଖନ ! ହେ ପ୍ରିୟତମ, ମୋ କଥାର ଉତ୍ତର ଦିଅ- ଏ ସଂସାରରେ ରୂପ-ଗୁଣରେ ଯେଉଁମାନେ ତାର ସମାନ ନୁହନ୍ତି, ତୁମ ବିଋରରେ ସେମାନେ ସମସ୍ତେ ମରିବେ ? ଏ ପୃଥିବୀରେ ସେମାନଙ୍କର ବଞ୍ଚିବାର ଅଧିକାର ନାହିଁ ? ନାୟିକାର ତାତ୍ପର୍ଯ୍ୟ, ତା ପ୍ରତି ତୁମର ଅନ୍ଧ ଆବେଗ ଓ ଅନୁରାଗ ହିଁ ତୁମଠାରୁ ଅନ୍ୟମାନଙ୍କର ରୂପଗୁଣର ବିଋରଶକ୍ତି ହରଣ କରିଛି।

ସନ୍ତମସନ୍ତଂ ଦୁକ୍‌ଖଂ ସୁହଂ ଚ ଜାଓ ଘରସ୍‌ସ ଜାଣନ୍ତି।
ତା ପୁତ୍ତଅ ମହିଲାଓ ସେସାଓଁ ଜରା ମନୁସ୍‌ସାଣଂ । ୧୨ ।
(ସଦସଦ୍ ଦୁଃଖଂ ସୁଖଂ ଚ ଯା ଗୃହସ୍ୟ ଜ୍ୟନନ୍ତି।
ତାଃ ପୁତ୍ରକ ମହିଳାଃ ଶେଷା ଜରା ମନୁଷ୍ୟାଣାମ୍।)

ହେ ପୁଅ, ଯେଉଁମାନେ ଗୃହର ଭାବ-ଅଭାବ ଓ ସୁଖ-ଦୁଃଖ ଜାଣନ୍ତି, ସେହିମାନେ ହିଁ ମହିଳାପଦ-ବାଚ୍ୟା; ଅନ୍ୟମାନେ ପୁରୁଷମାନଙ୍କର ଜରାବସ୍ଥା।

ବ୍ୟାଖ୍ୟା - ସ୍ୱାମୀ ଦରିଦ୍ର ହେତୁ ଧନବାନ୍ ପୁରୁଷଠାରେ ଆସକ୍ତ ବଧୂର ସ୍ୱଭାବ- ଚରିତ୍ର ପ୍ରତି ଆକ୍ଷେପ କରି ପୁତ୍ର ପ୍ରତି ମାତାର ଉକ୍ତି - ପୁଅ, ଏ ବହୂ କୁଳ-କଳଙ୍କିନୀ; ଘରର ଭାବ-ଅଭାବ ଓ ସମସ୍ତଙ୍କ ସୁଖ-ଦୁଃଖ ବିଋର କରି ଚଳିବା ଜାଣେ ନାହିଁ। ଯେଉଁ ବହୂ ଘରର ସୁଖ-ଦୁଃଖ ଓ ଭଲ-ମନ୍ଦ ଗଣନା କରି କାମ କରେ, ସେ ହିଁ ମହୀୟସୀ ମହିଳା; ଅନ୍ୟମାନେ ନାମକୁ ନାରୀ ମାତ୍ର। ସେମାନଙ୍କର ଜୀବନଧାରଣ ବୃଥା। ଜରାବସ୍ଥା ଯେପରି ଦୁଃଖଦାୟକ ଓ ଅନିବାରଣୀୟ, ସେମାନେ ସେହିଭଳି ପୁରୁଷର ଗଳଗ୍ରହ ବା ବୋଝି ରୂପେ ପରିଗଣିତ ହୁଅନ୍ତି।

ହସିଏହିଁ ଉବାଲମ୍ଭା ଅଚ୍ଚୁବଆରେହିଁ ରୂସିଅବ୍‌ବାଇଂ ।
ଅଂସହିଁ ମଣ୍ଡଣାଇଂ ଏସୋ ମଗ୍‌ଗୋ ସୁମହିଲାଣଂ । ୧୩ ।
(ହସିତୈରୁପାଲମ୍ଭା ଅତ୍ୟୁପଚାରେଃ ଖେଦିତବ୍ୟାନି ।
ଅଶ୍ରୁଭିଃ କଳହା ଏଷ ମାର୍ଗଃ ସୁମହିଳାନାମ୍ ।)

ହାସ୍ୟରେ ଆକ୍ଷେପ, ଅତି ଆଦରରେ ଖେଦ ପ୍ରକାଶ ଓ ଅଶ୍ରୁରେ କଳହ ପ୍ରକଟ- ଏହାହିଁ ଉତ୍ତମ ମହିଳାମାନଙ୍କର ରୀତି ।

ବ୍ୟାଖ୍ୟା - କୁଳବତୀ ମହିଳାପ୍ରତି ବୃଦ୍ଧାର ଶିକ୍ଷା- ଝିଅ ! ମାନ ପ୍ରକଟ କରିବାର ରୀତି ହେଲା ପ୍ରିୟତମଙ୍କୁ ହସି ହସି ତିରସ୍କାର କରିବା, ଖେଦ ପାଇଲେ ବହୁ ମାନ ବା ଉପଚାର ବିଧାନ କରିବା ଓ କଳହକୁ ବଚନରେ ନୁହେଁ, ଚକ୍ଷୁଜଳରେ ପ୍ରକଟ କରିବା । ଉତ୍ତମା କୁଳୀନ ବଧୂମାନେ ଏଇ ରୀତି ଅବଲମ୍ବନ କରନ୍ତି ।

ଉଲ୍ଲବୋ ମା ଦିଜ୍ଜୁ ଲୋଅ-ବିରୁଦ୍ଧ ତ୍ତି ଣାମ କାଉଣ ।
ସଁମୁହାପଡ଼ିଏ କୋ ଉଣ ବେସେଁ ବି ଦିଟ୍‌ଠିଂ ଣ ପାଡ଼େଇ । ୧୪ ।
(ଉଲ୍ଲାପୋ ମା ଦୀୟତାଂ ଲୋକ-ବିରୁଦ୍ଧ ଇତି ନାମ କୃତ୍ୱା ।
ସଂମୁଖାପତିତେ କଃ ପୁନର୍ଦ୍ୱେଷ୍ୟେଽପି ଦୃଷ୍ଟିଂ ନ ପାତୟତି ।)

ଲୋକ-ବିରୁଦ୍ଧ କାର୍ଯ୍ୟ ବିଚାର କରି ଆଳାପ ନ କରନ୍ତୁ; ମାତ୍ର ସାମ୍ମୁଖରେ ପଡ଼ିଯାଉଥିବା ଶତ୍ରୁ ଉପରେ ମଧ୍ୟ କିଏ ଦୃଷ୍ଟିପାତ କରେ ନାହିଁ ?

ବ୍ୟାଖ୍ୟା - ଦିନେ ପଥ ମଧ୍ୟରେ ନାୟିକାଙ୍କୁ କଥା ନ କହି ନାୟକ ଚାଲିଯାଇଥିଲା । ପରବର୍ତ୍ତୀ ସମୟରେ ନାୟକ ଦୂତୀ ପ୍ରେଷଣ କରି ନାୟିକାଙ୍କୁ ପ୍ରଣୟ-ନିବେଦନ କରିଛି । ନାୟିକା ସେଦିନର ଉପେକ୍ଷା କଥା କହିବାରୁ ଦୂତୀ କହିଛି ଯେ, ଲୋକନିନ୍ଦାଭୟରେ ପଥ ମଧ୍ୟରେ ନାୟକ ତା ସହିତ କଥା ନ କହି ଚାଲିଯାଇଥିଲା; ତେଣୁ ସେ କଥାକୁ ଏତେ ବଡ଼ କରି ଧରିବା ଉଚିତ୍ ନୁହେଁ । ଉତ୍ତରରେ ନାୟିକା କହିଛି - ଲୋକବିରୁଦ୍ଧ ହେବ ବୋଲି ସେ ଗୁରୁଜନଙ୍କ ସମ୍ମୁଖରେ ମୋତେ କଥା ନ କହିଲେ ମଧ୍ୟ ମୋ ଆଡ଼କୁ ଟିକେ ଚାହିଁବେ ନାହିଁ ? ଶତ୍ରୁ ବି ସମ୍ମୁଖରେ ପଡ଼ିଗଲେ ଲୋକେ ତାକୁ ଚାହିଁଥାନ୍ତି । ମୁଁ ଏପରି ହୀନ ଯେ ମୋତେ ଆଖି ଟେକି ଚାହିଁଲେ ପାପ ହୋଇଯିବ, ନା ତାଙ୍କ ବଡ଼ପଣରେ ଆଞ୍ଚ ଆସିବ ?

ସାହୀଣ-ପିଅଅମୋ ଦୁଗ୍‌ଗଓ ବି ମଣ୍ଣଇ କଅତ୍‌ଥମପ୍‌ପାଣଂ ।
ପିଅ-ରହିଓ ଉଣ ପୁହବିଂ ବି ପାବିଉଣ ଦୁଗ୍‌ଗଓ ଚ୍ଚେଅ ।୧୫।
(ସ୍ୱାଧୀନ-ପ୍ରିୟତମୋ ଦୁର୍ଗତୋଽପି ମନ୍ୟତେ କୃତାର୍ଥମାତ୍ମାନମ୍
(ପ୍ରିୟା-ରହିତଃ ପୁନଃ ପୃଥିବୀମପି ପ୍ରାପ୍ୟ ଦୁର୍ଗତ ଏମ ।)

ପ୍ରିୟତମା ଯାହାର ଅଧୀନା ସେ ଦୁର୍ଗତ ହେଲେ ମଧ୍ୟ ନିଜକୁ କୃତାର୍ଥ ମନେକରେ; ମାତ୍ର ପ୍ରିୟା-ରହିତ ବ୍ୟକ୍ତି ପୃଥିବୀକୁ ପାଇଲେ ମଧ୍ୟ ଦୁର୍ଗତ ରହିଥାଏ।

ବ୍ୟାଖ୍ୟା - କୌଣସି ବ୍ୟକ୍ତି ମନ ଅନୁସାରେ ପ୍ରିୟା ପାଇ ନ ଥିବାରୁ ସହଚରକୁ କହିଛି - ହେ ବଂଧୁ, ପ୍ରିୟା ଯାହାର ବଶରେ ଅଛି, ସେ ବ୍ୟକ୍ତି ଦରିଦ୍ର ହେଲେ ମଧ୍ୟ ତାହାର ଜୀବନ ସାର୍ଥକ ବୋଲି କହିବାକୁ ହେବ। କାରଣ ସେ ଅନୁରୂପ ପ୍ରିୟତମା ଲାଭ କରିଛି। ମାତ୍ର ପୃଥିବୀର ପତି ହୋଇ ପ୍ରିୟା-ବିରହତ ହେଲେ ତା'ଠାରୁ ଦୁର୍ଗତ ବ୍ୟକ୍ତି କେହି ନାହାନ୍ତି ବୋଲି ସ୍ୱୀକାର କରିବାକୁ ପଡ଼ିବ।

କିଂ ରୁବସି କିଂ ଅ ସୋଅସି କିଂ କୁପ୍‌ପସି ସୁଅଣୁ ଏକ୍‌କମେକ୍‌କସ୍‌ସ।
ପେମ୍ମଂ ବିସଂ ବ ବିସମଂ ସାହସୁ କୋ ରୁନ୍ଧିଉଂ ତରଇ ।୧୬।
(କିଂ ରୋଦିଷି କିଂ ଚ ଶୋଚସି କିଂ କୁପ୍ୟସି ସୁତନୁ ଏକୈକସ୍ମୈ।
ପ୍ରେମ ବିଷମିବ ବିଷମଂ କଥୟ କୋ ରୋଦ୍ଧୁଂ ଶକ୍ନୋତି।)

କାହିଁକି କାନ୍ଦୁଛ, କାହିଁକି ଶୋକ କରୁଛ, କାହିଁକି ବା ହେ ସୁତନୁ, ସମସ୍ତଙ୍କ ଉପରେ କରୁଛ କୋପ? ବିଷ ଭଳି ବିଷମ ପ୍ରେମ; କୁହ, କିଏ ତାହା ରୋଧ କରିବାକୁ ସମର୍ଥ?

ବ୍ୟାଖ୍ୟା - କୌଣସି ନାୟିକା ତାହାର ହୃଦୟ-ଈପ୍‌ସିତ ପୁରୁଷକୁ ପାଇପାରୁ ନାହିଁ; ଅଥଚ ନିଜର ପ୍ରଣୟ ଭାବକୁ ନାୟକଠାରେ ବ୍ୟକ୍ତ ନ କରି ଗୋପନ ରଖି ନିଜେ ସନ୍ତପ୍ତ ହେଉଛି। ଏପରି ନାୟିକା ପ୍ରତି ସଖୀ-ଉକ୍ତି- ତୁ କାନ୍ଦୁଛୁ, ବୃଥା ଖେଦ କରୁଛୁ, ପ୍ରତ୍ୟେକ ଲୋକଙ୍କ ଉପରେ ରାଗିଯାଉଛୁ। ଏତେ କଷ୍ଟ ପାଇବା ଅପେକ୍ଷା ପ୍ରିୟତମଙ୍କୁ ସବୁକଥା ଖୋଲି କହିଦେଉନାହୁଁ କାହିଁକି? ସଖୀର ତାତ୍ପର୍ଯ୍ୟ, ନିଜର ମନକଥା ପ୍ରିୟକୁ ଜଣାଇଦେ; ନହେଲେ ତାହା ଦୁଶ୍ଚିକିତ୍ସ୍ୟ ବ୍ୟାଧି ଭଳି ହେବ। ସମଗ୍ର ଅଙ୍ଗରେ ବିଷ ଚରିଗଲା ପରେ ଯେଉଁପରି ଚିକିତ୍ସାରେ କୌଣସି ଫଳ ମିଳେ ନାହିଁ, ପ୍ରେମ ସେହିପରି ଏକ ବିଷମ ବ୍ୟାଧି। ତାର ଏକମାତ୍ର ଚିକିତ୍ସା ପ୍ରିୟତମଙ୍କୁ ପ୍ରଣୟ-ଭାବ ନିବେଦନ।

ତେ ଅ ଜୁଆଣା ତା ଗାମ-ସଂପଆ ତଂ ଚ ଆମ୍‌ହ ତାରୁଣ୍‌ଣଂ।
ଅକ୍‌ଖାଣଅଂ ବ ଲୋଓ କହେହି ଅମ୍‌ହେ ବି ତଂ ସୁଣିମୋ ।୧୭।
(ତେ ଚ ଯୁବାନସ୍ତା ଗ୍ରାମ-ସଂପଦସ୍ତଚ୍ଚାସ୍ମାକଂ ତାରୁଣ୍ୟମ୍।
ଆଖ୍ୟାନକମିବ ଲୋକଃ କଥୟତି ବୟମପି ତଚ୍ଛୃଣୁମଃ।)

ଏଇ ଯୁବକମାନେ ଯେତେବେଳେ ଥିଲେ, ଗ୍ରାମର ଏଇ ସୁଖ-ସମ୍ପଦ ଓ ଆମର ସେଇ ଯୌବନ ଥିଲା। ଲୋକେ ଆଖ୍ୟାନ ଭଳି ସେ ସବୁର ବର୍ଣ୍ଣନା କରୁଛନ୍ତି ଓ ଆମେ ଶୁଣୁଛୁ।

ବ୍ୟାଖ୍ୟା- ଅତୀତର ସ୍ମୃତି-ରୋମନ୍ଥନ କରି ବ୍ୟଥିତା ବିଗତଯୌବନା କୁଳଟାର ଉକ୍ତି- ଦିନେ ଆମ୍ଭମାନଙ୍କର ନବୀନ ବୟସ ଥିଲା। ଆଜି ଭଳି ସେଦିନ ମଧ୍ୟ ଏ ଗ୍ରାମ ସମୃଦ୍ଧିଶାଳୀ ଥିଲା ଓ ଗ୍ରାମରେ ତରୁଣଦଳ ଯୌବନର ଜୟଗୀତି ଗାନ କରୁଥିଲେ। ସେ ଦିନ, ସେ ଜୀବନ, ସେ ଯୌବନ କୁଆଡ଼େ ଗଲା! ସବୁ ଆଶା ମରିଯାଇଛି। ସେତେବେଳେ ଯେଉଁମାନେ ଆମର ପ୍ରଣୟ-ଉଚ୍ଛ୍ୱାସର ସାକ୍ଷୀ ଥିଲେ, ସେମାନଙ୍କ ଭିତରୁ ଆଜି ଯେଉଁମାନେ ବଞ୍ଚିରହିଛନ୍ତି, ସେମାନେ ଆମର ପ୍ରଣୟ-କାହାଣୀ ଶତଜିହ୍ୱ ହୋଇ ବଖାଣୁଛନ୍ତି। ଲୋକେ କାହାଣୀ ବା ଆଖ୍ୟାନକୁ ମନଖୁସିରେ ଶୁଣୁଛୁ। କୁଳଟାର ତାତ୍ପର୍ଯ୍ୟ-ହାୟ, ଦିନେ ଯାହା ଆମ ଜୀବନର ଘଟଣା ଥିଲା, ତାହା ଆଜି ଅନ୍ୟମାନଙ୍କ ତୁଣ୍ଡରୁ ଆଖ୍ୟାନ ରୂପେ ଶୁଣୁଛୁ। କି ଥିଲା; କି ହେଲା! ଭାଗ୍ୟର କି ପରିହାସ, ବଞ୍ଚିବା କେତେ ଦୁର୍ବିସହ!

ବାଦୋହ-ଭରିଅ-ଗଣ୍ଡାହରାଏଁ ଭଣିଅଂ ବିଲକ୍‌ଖ-ହସିରୀଏ।
ଅଜ୍ଜ ବି କିଂ ରୁସିଜ୍ଜଇ ସବହାବତ୍‌ଥଂ ଗଅଂ ପେମ୍ମଂ ।୧୮।
ବାଷ୍ପୌଘ-ଭୃତ ଗଣ୍ଡାଧରୟା ଭଣିତଂ ବିଲକ୍ଷ-ହସନଶୀଳୟା।
ଅଦ୍ୟାପି କିଂ ରୁଷ୍ୟତେ ଶପଥାବସ୍ଥାଂ ଗତଂ ପ୍ରେମ।)

ବାଷ୍ପପ୍ରବାହରେ ଗଣ୍ଡ ଓ ଅଧର ପୂର୍ଣ୍ଣ କରି ସେ ଲଜ୍ଜାରେ ହସି କହିଲା - ଏବେ ଆଉ କ'ଣ ଶପଥାବସ୍ଥା ପ୍ରାପ୍ତ ହୋଇଥିବା ପ୍ରେମ ଉପରେ ରୋଷ ପ୍ରକାଶ କରାଯାଇପାରେ ?

ବ୍ୟାଖ୍ୟା - ପ୍ରେମର ପ୍ରମାଣ ଦେବା ପାଇଁ ଶପଥର ଆଶ୍ରୟ ନେଉଥିବା ନାୟକକୁ ନାୟିକା କି ଉତ୍ତର ଦେଇଥିଲା, ସଖୀ ପାଖ ସଖୀକୁ କହିଛି-ଦିନେ ନାୟକ ରାଣ-ନିୟମ ପକାଇ ନାୟିକାର ପ୍ରତ୍ୟୟ ଜାତ କରିବା ପାଇଁ ଯିବାରୁ ନାୟିକା ନୟନଜଳରେ ଗଣ୍ଡସ୍ଥଳ ଓ ଅଧର ଭସାଇଲା। ଲଜ୍ଜାନତମୁଖୀ ହୋଇ ଅଧରରେ କୌତୁକ ହାସ୍ୟ ଖେଳାଇ ନାୟକକୁ କହିଲା - ପ୍ରିୟତମ, ମୋର ବିଶ୍ୱାସଭାଜନ ହେବା ପାଇଁ ତୁମେ ବୃଥା ଘେନୁଛ। ବିନୟ ଓ ଦାକ୍ଷିଣ୍ୟ ପ୍ରକାଶ କରି ତୁମ ପ୍ରତି ମୋର ଯାହା ଧାରଣା ଓ ନିଶ୍ୱାସ, ତାହାକୁ କ'ଣ ବଦଳାଇ ପାରିବ ? ତେବେ ମୁଁ ପଚାରୁଛି, ଏ ସବୁର କି ପ୍ରୟୋଜନ ? ମୋର ବିଶ୍ୱାସ ତୁଟିଯାଇଛି। ଶପଥ ଦ୍ୱାରା କେବେ ପ୍ରେମର ଅସ୍ତିତ୍ୱ ପ୍ରମାଣିତ ହୋଇପାରିଲାଣି କି ଶପଥ ଦ୍ୱାରା ପ୍ରେମର ପ୍ରତୀତ ଘଟିଲାଣି ? ମୋ ହୃଦୟରୁ ତ ଭିନ୍ନ କଥା ଶୁଣିପାରୁଛି। ଏହା ଜାଣିଥା' - ଶପଥର ସ୍ପର୍ଶ ଲାଗିଲେ ପ୍ରେମ ଝାଉଁଳିପଡ଼େ।

ବଣ୍ଣଅ-ଘଅ-ଲିପ୍‌ପ-ମୁହିଂ ଜୋ ମଂ ଅଇ-ଆଅରେଣ ଚୁମ୍ବନ୍ତୋ।
ଏହ୍‌ଣିଂ ସୋ ଭୂସଣ-ଭୂସିଅଂ ପି ଅଲସାଅଇ ଛିବନ୍ତୋ । ୧୯ ।

(ବର୍ଣ୍ଣ-ଘୃତ-ଲିପ୍ତମୁଖୀଂ ଯୋ ମାମତ୍ୟାଦରେଣ ଚୁମ୍ବନ୍।
ଇଦାନୀଂ ସ ଭୂଷଣ-ଭୂଷିତାମପ୍ୟଲସାୟତେ ସ୍ପୃଶନ୍।)

ଯେ ଅତ୍ୟନ୍ତ ଆଦରରେ ବର୍ଣ୍ଣ-ଘୃତଲିପ୍ତମୁଖୀ ମୋତେ ଚୁମ୍ବିଥିଲେ ସେ ଏବେ ଭୂଷଣଭୂଷିତା ହେଲେ ମଧ୍ୟ ମୋତେ ଛୁଇଁବାକୁ ସଂକୋଚବୋଧ କରୁଛନ୍ତି।

ବ୍ୟାଖ୍ୟା - ନାୟିକାର ଯୌବନ-ରବି ଅସ୍ତମିତ। ନାୟକ ଅନ୍ୟାସକ୍ତ। ସହଚରୀ ନିକଟରେ ନାୟିକା ମନୋବେଦନା ପ୍ରକାଶ କରିଛି- ପୁଷ୍ପବତୀ ଅବସ୍ଥାରେ ମୁଁ ଯେତେବେଳେ ମୁଖରେ ଘୃତ ଓ ହଳଦୀ ମାଖିଥାଏ, ସେତେବେଳେ ଯେଉଁ ପୁରୁଷ ମୋତେ ଆଦରରେ ଚୁମ୍ବଦାନ କରି ଆନନ୍ଦ ପୂଲକଭରା ନେତ୍ରରେ ମୋର ମୁଖକୁ ଚାହିଁ ରହୁଥିଲେ, ସେ ଆଜି ମୋର ସାଳଂକାରା ତନୁ ସ୍ପର୍ଶ କରିବାକୁ ସଙ୍କୁଚିତ ହେଉଛନ୍ତି। ସେ ଦିନ ଆଉ ନାହିଁ। ସେ ଲୋକ ମଧ୍ୟ ବଦଳିଯାଇଛନ୍ତି। ନୂଆ-ପୁରୁଣାରେ ଏତେ ବ୍ୟବଧାନ ଥାଏ ବୋଲି ଜାଣି ନଥିଲି।

ଣୀଲ-ପଡ଼-ପାଉଅଙ୍ଗୀ ତି ମା ହୁ ଣଂ ପରିହରିଜ୍ଜାସୁ।
ପଟ୍‌ଟଂସୁଅଂ ପି ଣଦ୍ଧଂ ରଅମ୍ମି ଅବଣିଜ୍ଜଇ ଚ୍ଚେଅ ।୨୦।
(ନୀଳପଟ-ପ୍ରାବୃତାଙ୍ଗୀତି ମା ଖଲ୍ୱେନାଂ ପରିହର।
ପଟ୍ଟାଂଶୁକମପି ନଦ୍ଧଂ ରତେଽପନୀୟତ ଏବ।)

ଏ ନୀଳବସ୍ତ୍ରରେ ଅଙ୍ଗ ଆବୃତ କରିଛି ବୋଲି ତାହାକୁ ପରିହାର କର ନାହିଁ। ପିନ୍ଧିଥିବା ପଟ୍ଟବସ୍ତ୍ର ମଧ୍ୟ ରମଣକାଳରେ ଦୂର କରିଦିଆଯାଏ।

ବ୍ୟାଖ୍ୟା - ମଳିନ-ବସନ-ପରିହିତା ନାୟିକାର ଅନନୁରକ୍ତ ନାୟକ ପ୍ରତି ଦୂତୀ ଉକ୍ତି - ତାହାର ତନୁ ମଳିନ ବସ୍ତ୍ରରେ ମଣ୍ଡିତ ହେଲେ ହେଁ ସେ ଗ୍ରହଣଯୋଗ୍ୟ। ତୁମେ ତାହାର ଅଙ୍ଗସୌନ୍ଦର୍ଯ୍ୟ ଉପଭୋଗ କରିବାକୁ ଚାହଁ ନା ତୁଚ୍ଛ ବସ୍ତ୍ର-ଭୂଷଣରେ ଭୁଲିବାକୁ ଚାହଁ? ସୁରତ-ସୁଖ କାମନା କରୁଥିବା ବ୍ୟକ୍ତି ବେଶ-ଭୂଷଣ ପ୍ରତି ଦୃଷ୍ଟି ଦିଏ ନାହିଁ। ମିଳନବେଳାରେ ମହାର୍ଘ ପଟ୍ଟବସ୍ତ୍ର ମଧ୍ୟ ଦୂରକୁ ଫିଙ୍ଗିଦିଆଯାଏ।

ସଚ୍ଚଂ କଲହେ କଲହେ ସୁରଆରମ୍ଭା ପୁଣୋ ଣବା ହୋନ୍ତି।
ମାଣୋ ଉଣ ମାଣଂସିଣି ଗରୁଓ ପେମ୍ମଂ ବିଣାସେଇ। ୨୧ ।
(ସତ୍ୟଂ କଲହେ-କଲହେ ସୁରତାରମ୍ଭାଃ ପୁନର୍ନବା ଭବନ୍ତି।
ମାନଃ ପୁନର୍ମନସ୍ୱିନି ଗୁରୁକଃ ପ୍ରେମ ବିନାଶୟତି।)

ଏହି ସତ୍ୟ ଯେ, ପ୍ରତ୍ୟେକ କଳହ ଶେଷରେ ଆରମ୍ଭ ହେଉଥିବା ରମଣ ପୁଣି ନବୀନ ହୋଇଥାଏ। କିନ୍ତୁ ଗୋ ମନସ୍ୱିନ! ମାନ ଭାରି ହେଲେ ପ୍ରେମର ବିନାଶ ଘଟାଇଥାଏ।

ବ୍ୟାଖ୍ୟା - ଦୁର୍ଜୟ ମାନ କରିଥିବା ନାୟିକା ପ୍ରତି ଦୂତୀ-ଉକ୍ତି-ଆଗୋ ମାନମୟି ! ମୁଁ ମାନୁଛି, ପ୍ରଣୟ-କଳହ ଶେଷରେ ଯେଉଁ ମିଳନ-ସୁଖ ମିଳେ ତାହା ନବୀନ ବୋଧ ହୋଇଥାଏ। ତୁ ପ୍ରିୟତମଙ୍କ ସହିତ କଳହ କରି ମାନ ଧାରଣ କରିଛୁ- ଏଇଥିପାଇଁ ଯେ, ସୁରତ-ସୁଖ ନବୀନ ଭାବେ ଆସ୍ୱାଦନ କରିବୁ; ମାତ୍ର ଜାଣିଥା, ଦୁର୍ଜୟ ମାନ ସର୍ବନାଶକୁ ଡାକି ଆଣେ, ପ୍ରେମତରୁକୁ ଶିଥିଳମୂଳ କରିଦିଏ। ଦୂତୀର ତାତ୍ପର୍ଯ୍ୟ, ନୂତନତାର ସନ୍ଧାନ କରିବାକୁ ଯାଇ ତୁ ଅତି ମାନବଶତଃ ପ୍ରିୟତମଙ୍କର ବିରାଗଭାଜନ ହେବୁ। କାରଣ ଅତି ମାନ କରି ବସିଲେ ମୂଳ ପ୍ରେମ ନଷ୍ଟ ହେବ।

ମାଣୁମ୍ମୁତ୍ତାଇ ମଏ ଅକାରଣଂ କାରଣଂ କୁଣନ୍ତୀଏ।
ଅଦ୍ଦଂସଣେଣ ପେମ୍ମଂ ବିଣାସିଅଂ ପୋଢ଼-ବାଏଣ ।୨୨।
(ମାନୋନ୍ମତ୍ତୟା ମୟା ଅକାରଣଂ କାରଣଂ କୁର୍ବତ୍ୟା।
ଅଦର୍ଶନେନ ପ୍ରେମ ବିନାଶିତଂ ପ୍ରୌଢ଼-ବାଦେନ।)

ମାନରେ ଉନ୍ମତ୍ତ ହୋଇ ଅକାରଣକୁ କାରଣ କରି ମୁଁ ଦର୍ଶନ ନଦେଇ ଓ ପ୍ରୌଢ଼ବାଦରେ ପ୍ରେମକୁ ସମୂଳେ ନଷ୍ଟ କରିଦେଲି।

ବ୍ୟାଖ୍ୟା - କଳହାନ୍ତରିତାର ସଖୀ ପ୍ରତି ଉକ୍ତି। ପ୍ରିୟତମଙ୍କ ପ୍ରେମ ପରୀକ୍ଷା କରିବା ପାଇଁ ସେ ଯେଉଁମାନ କରିଥିଲା ତାହା ସଂପୂର୍ଣ୍ଣ କାରଣଶୂନ୍ୟ; ଅର୍ଥାତ୍ ମାନ କରିବା ପାଇଁ ପ୍ରିୟତମଙ୍କର କୌଣସି ଦୋଷକୁ କାରଣ ସ୍ୱରୂପ ଗ୍ରହଣ କରିବା କଥା। ମାତ୍ର ନାୟିକା ମାନ-ଉନ୍ମାଦନାରେ ଅକାରଣକୁ ମଧ୍ୟ କାରଣ ବୋଲି ଗ୍ରହଣ କରିଛି ତଥା ପ୍ରିୟତମଙ୍କ ମୁହଁ ଦେଖିବ ନାହିଁ ବୋଲି ପ୍ରତିଜ୍ଞାବଦ୍ଧ ହୋଇ ପ୍ରୌଢ଼ବାଦ ବା କଠୋର କଥା କହିଛି। ଫଳତଃ ତାହାର ଏପରି ବ୍ୟବହାରରେ ନାୟକ ରୁଷ୍ଟ ହୋଇଉଠିଛି। ନାୟିକାର ତାତ୍ପର୍ଯ୍ୟ, ତାହାର କୃତକର୍ମ ପାଇଁ ପ୍ରେମ ସମୂଳେ ବିନଷ୍ଟ ହୋଇଛି।

ଅଣୁଉଲଂ ବିଅ ବୋତ୍ତୁଂ ବହୁ-ବଲ୍ଲହ ବଲ୍ଲହେ ବି ବେସେ ବି।
କୁବିଅଂ ଅ ପସାଏଉଂ ସିକ୍‌ଖଇ ଲୋଓ ତୁମାହିତ୍ତୋ । ୨୩ ।
(ଅନୁକୂଳମେବ ବକ୍ତୁଂ ବହୁ-ବଲ୍ଲଭ-ବଲ୍ଲଭୋଽପି ହେଷ୍ୟେଽପି।
କୁପିତଂ ଚ ପ୍ରସାଦୟିତୁଂ ଶିକ୍ଷତେ ଲୋକୋ ଯୁଷ୍ମତ୍ତଃ।)

ହେ ବହୁବଲ୍ଲଭ, ପ୍ରିୟ ପ୍ରତି ଓ ଶତ୍ରୁ ପ୍ରତି ମଧ୍ୟ ଅନୁକୂଳ କଥନ ଓ କୁପିତ ବ୍ୟକ୍ତିକୁ ପ୍ରସନ୍ନ କରିବା ଲୋକେ ତୁମଠାରୁ ଶିକ୍ଷା କରିବେ।

ବ୍ୟାଖ୍ୟା - ବହୁବଲ୍ଲଭ ନାୟକ ପ୍ରତି ନାୟିକାର ଉପାଳମ୍ଭ ବଚନ- ହେ ବହୁବଲ୍ଲଭ, ମୋର ସପତ୍ନୀମାନେ ତ ତୁମରି ପ୍ରେମାଧୀନ। ତେବେ ମୋତେ ଯେ

ଚାଟୁବାଣୀରେ ବଶ କରିବାକୁ ଚାହୁଁଛ, ଏହା ତୁମର ଅସାଧାରଣ ବାକ୍-ଚାତୁର୍ଯ୍ୟର ପରିଚାୟକ। କାରଣ ତୁମେ ଅନୁକୂଳ ଓ ପ୍ରତିକୂଳ ବ୍ୟକ୍ତିଙ୍କୁ ସମାନଭାବେ ବଚନ-ରସ ବିତରଣ କରୁଛ। ଯେଉଁ ଲୋକ ରୁଷ୍ଟ, ସେ ତୁମ କଥା ଶୁଣି ତୁଷ୍ଟ ହେଉଛି। ଜଗତର ଲୋକେ ତୁମଠାରୁ କଥା କହିବାର ରୀତି ଶିଖିବା ଉଚିତ। ତୁମେ ଅପରାଧୀ ହେଲେ ମଧ୍ୟ କଥା କହିବାର କଳାଟି ଏପରି ହାସଲ କରିଛ ଯେ, ରାଗିବା ଲୋକେ ମଧ୍ୟ ତୁମ କଥାଚାତୁରୀରେ ଭଳିଯାଇ ରାଗ ଭୁଲି ଯାଉଛନ୍ତି।

ଲଜ୍ଜା ଚଟ୍ଟା ସୀଲଂ ଅ ଖଣ୍ଡିଅଂ ଅଜସ-ଘୋସଣା ଦିଣ୍ଣା।
ଜସ୍ସ କଏଣଂ ପିଅ-ସହି ସୋ ଚ୍ଚେଅ ଜଣୋ ଜଣୋ ଜାଓ ।୨୪ ।
(ଲଜ୍ଜା ତ୍ୟକ୍ତା ଶୀଲଂ ଚ ଖଣ୍ଡିତମଯଶୋଘୋଷଣା ଦତ୍ତା।
ଯସ୍ୟ କୃତେନ ପ୍ରିୟ ସଖି ସେ ଏବ ଜନୋ ଜନୋ ଜାତଃ।)

ଗୋ ପ୍ରିୟ ସହି, ଯାହାପାଇଁ ମୁଁ ଲାଜ ସରମ ତ୍ୟାଗ କରିଛି, ଶୀଳ ଖଣ୍ଡନ କରିଛି ଓ ଅପଯଶ ଘୋଷଣା କରିଛି, ସେଇ ଲୋକ ଏବେ ଉଦାସୀନ ଭଳି ହୋଇଗଲେଣି!

ବ୍ୟାଖ୍ୟା - ମନ୍ଦସ୍ନେହ ନାୟକ ପ୍ରତି ଆକ୍ଷେପ କରି ନାୟିକାର ସଖୀ ପ୍ରତି ଉକ୍ତି - ଯା ଲାଗି ଲାଜ-ସରମରେ ଜଳାଂଜଳି ଦେଲି, କୁଳ-ଶୀଳ ହରାଇଲି, ଯା ଲାଗି ମୋ ନାମରେ ନିନ୍ଦା ନାଗରା ବାଜିଲା, ସେହି ପ୍ରିୟ ଆଜି ପର ହୋଇଯାଇଛନ୍ତି, ଅନ୍ୟ ପାଞ୍ଚ ଜଣଙ୍କ ଭଳି ସେ ଆଜି ମୋ ପ୍ରତି ଉଦାସୀନ ବ୍ୟବହାର କରୁଛନ୍ତି, ଯେପରିକି ତାଙ୍କ ସହିତ ମୋର କୌଣସି ସଂପର୍କ ନାହିଁ କି ନଥିଲା! ଲୋକେ ଏତେ ଅକୃତଜ୍ଞ କିପରି ହୁଅନ୍ତି? ସ୍ନେହ ବଢ଼ାଇ ଶେଷକୁ ଉଦାସୀନ ଭଳି ଆଚରଣ କରନ୍ତି। ମନର ବେଦନା କାହାକୁ କହିବି!

ହସିଅଂ ଅଦିଟ୍ଠ-ଦନ୍ତଂ ଭମିଅମଣିକ୍କନ୍ତ-ଦେହଲୀ-ଦେସଂ।
ଦିଟ୍ଠମଣୁକ୍ଖିତ୍ତ-ମୁହଂ ଏସୋ ମଗ୍ଗୋ କୁଳ-ବହୂଣଂ ।୨୫।
(ହସିତମଦୃଷ୍ଟ-ଦନ୍ତଂ ଭ୍ରମିତମନିଷ୍କ୍ରାନ୍ତ-ଦେହଲୀ-ଦେଶମ୍।
ଦୃଷ୍ଟମନୁତ୍କ୍ଷିପ୍ତ-ମୁଖମେଷ ମାର୍ଗଃ କୁଳ-ବଧୂନାମ।)

ଦନ୍ତ ବିକାଶ ନ କରି ହସିବା, ଦେହଲୀ ପାର ନ ହୋଇ ବୁଲିବା ଓ ଉପରକୁ ମୁଖ ନ ଟେକି ଦେଖିବା-ଏହା କୁଳବଧୂମାନଙ୍କର ରୀତି।

ବ୍ୟାଖ୍ୟା - କୁଳସ୍ତ୍ରୀମାନଙ୍କର ରୀତି ସମ୍ବନ୍ଧରେ ସଖୀ ଶିକ୍ଷା।

ଧୂଳି-ମଇଲୋ ବି ପଙ୍କଙ୍କି ଓ ବି ତଣ-ରଇଅ-ଦେହ-ଭରଣୋ ବି।
ତହ ବି ଗଇନ୍ଦୋ ଗରୁଅତ୍ତଣେଣ ଢକ୍କଂ ସମୁବ୍ବହଇ । ୨୬।
(ଧୂଳି-ମଳିନୋଽପି ପଙ୍କାଙ୍କିତୋଽପି ତୃଣ-ରଚିତା-ଦେହ-ଭରଣୋଽପି।
ତଥାପି ଗଜେନ୍ଦ୍ରୋ ଗୁରୁକତ୍ୱେନ ଢକ୍କାଂ ସମୁଦ୍ବହତି।)

ଧୂଳି ମଳିନ ହେଲେ ମଧ୍ୟ, ପଙ୍କାଙ୍କିତ ହେଲେ ମଧ୍ୟ ଓ ତୃଣରେ ଦେହପୋଷଣ କରୁଥିଲେ ମଧ୍ୟ ଗଜେନ୍ଦ୍ର ଗୁରୁତା ହେତୁ ଢକ୍କା ବହନ କରେ।

ବ୍ୟାଖ୍ୟା - ନାୟକର ନିନ୍ଦା ରଟନା ହେତୁ ନାୟିକା ତା ସହିତ ସଂପର୍କ ସ୍ଥାପନ ନିମନ୍ତେ କୁଣ୍ଠିତା। ଦୂତୀ ଅପ୍ରସ୍ତୁତ ପ୍ରଶଂସା ଛଳରେ ହସ୍ତୀର ଦୃଷ୍ଟାନ୍ତ ଦେଇ କହିଛି- ହାତୀ ପଙ୍କରେ ଲୋଟୁ, ଧୂଳିମଳିନ ହେଉ, ଘାସ ଖାଇ ଜୀବନଧାରଣ କରୁ ପଛେ ବୃହତ୍ କଳେବର ହେତୁ ସେ ଗଜରାଜ ଓ ଜୟଢକ୍କା ବହନ କରିବାକୁ ସମର୍ଥ। ସେହିପରି ସମସ୍ତେ ନାୟକର ନିନ୍ଦା ରଟନା କଲେ ମଧ୍ୟ ଓ ବେଶଭୂଷା, ଖାଦ୍ୟପାନୀୟ ବିଷୟରେ ଉପହାସ କଲେ ମଧ୍ୟ ତାଙ୍କର ଗୌରବ ଲୋକଙ୍କ କଥାରେ ହ୍ରାସ ହେବ ନାହିଁ।

କରମରି କିସ ଣ ଗମ୍ମଇ କୋ ଗବ୍‌ବୋ ଜେଣ ମସିଣ-ଗମଣାସି।
ଅଦ୍ଦିଟ୍‌ଠ-ଦନ୍ତ-ହସିରୀଅ ଜମ୍ପିଅଂ ଚୋର ଜାଣିହସି ।୨୭।
(ବନ୍ଦି କିମିତି ନ ଗମ୍ୟତେ କୋ ଗର୍ବୋ ଯେନ ମସୃଣ-ଗମନାସି।
ଅଦୃଷ୍ଟ-ଦନ୍ତ-ହସନଶୀଳୟା ଜଳ୍ପିତଂ ଚୈର ଜ୍ଞାସ୍ୟସି।)

ରେ ବନ୍ଦି, ଚାଲୁନାହୁଁ କାହିଁକି ? କେଉଁ ଗର୍ବରେ ଏତେ ମନ୍ଥର ଗତିରେ ଗମନ କରୁଛୁ? ଦାନ୍ତ ନ ଦେଖାଇ ହସୁଥିବା ରମଣୀଟି କହିଲା, 'ଚୈର, ଜାଣିବୁ।'

ବ୍ୟାଖ୍ୟା - ଶତ୍ରୁର ଅଧୀନ ହେଲେ ମଧ୍ୟ ସମ୍ଭ୍ରାନ୍ତ ବ୍ୟକ୍ତି ନିଜର ମନୋବଳ ବିସର୍ଜନ ଦିଏ ନାହିଁ - ଦୃଷ୍ଟାନ୍ତ ସ୍ୱରୂପ ସଖୀ ନାୟିକାକୁ ଶିକ୍ଷା ଦେଇ କହିଛି - କୌଣସି ଉଚ୍ଚବଂଶୀୟା ରମଣୀକୁ ଯେତେବେଳେ ଶତ୍ରୁପକ୍ଷୀୟ ସୈନ୍ୟ ଅପହରଣ କରିନେଇ ଯାଉଥିଲା, ସେତେବେଳେ ତାହାକୁ ତାଚ୍ଛଲ୍ୟ କରି କହିଥିଲା - ତୁ ମୋ ହାତରେ ବନ୍ଦିନୀ, କେଉଁଥିପାଇଁ ତୋର ଏତେ ଗର୍ବ ଯେ ମନ୍ଥର ଗତିରେ ଚାଲୁଛୁ? ମୋ ସାଙ୍ଗରେ ଚାଲୁ ନାହୁଁ? ଏହା ଶୁଣି ବନ୍ଦିନୀ କୁଳବଧୂ ଦାନ୍ତ ଚାପି ଉତ୍ତର ଦେଇଥିଲା - ଚୈର, ଅପେକ୍ଷା କର, ମୋର ଗର୍ବ କରିବାର କାରଣ ଅଛି କି ନାହିଁ ଜାଣିପାରିବୁ। ଯେତେବେଳେ ମୋର ପରାକ୍ରମଶାଳୀ ସ୍ୱାମୀ ଆସି ପହଞ୍ଚିଯିବେ, ସେତେବେଳେ ତୋ ପ୍ରଶ୍ନର ଉତ୍ତର ପାଇଯିବୁ।

ଥୋରଂସୁଏହିଁ ରୁଣ୍ଣଂ ସବତ୍ତି-ବଗ୍‌ଗେଣ ପୁପ୍‌ଫବଈଆଏ।
ଭୁଅ-ସିହରଂ ପଈଣୋ ପେଚ୍ଛିଊଣ ସିର-ଲଗ୍‌ଗ-ତୁପ୍‌ପ-ଲିଅଂ ।୨୮।
(ସ୍ଥୂଳାଶ୍ରୁଭୀ ରୁଦିତଂ ସପତ୍ନୀ-ବର୍ଗେଣ ପୁଷ୍ପବତ୍ୟାଃ।
ଭୂଜ-ଶିଖରଂ ପତ୍ୟୁ ପ୍ରେକ୍ଷ୍ୟ ଶିରୋ-ଲଗ୍ନ-ବର୍ଣ୍ଣଘୃତ-ଲିପ୍ତମ୍।)

ପତିର ଭୂଜ-ଶିଖରକୁ ପୁଷ୍ପବତୀର ଶିରୋଲଗ୍ନ ବର୍ଣ୍ଣଘୃତରେ ଲିପ୍ତ ହୋଇଥିବା ଦେଖି ସପତ୍ନୀବର୍ଗ ଅବିରଳ ଅଶ୍ରୁଧାରା ବୁହାଇ କାନ୍ଦିବାକୁ ଲାଗିଲେ।

ବ୍ୟାଖ୍ୟା- ନାୟିକା ପ୍ରତି ନାୟକର ଅତିଶୟ ଅନୁରାଗର ଦୃଷ୍ଟାନ୍ତ ସ୍ୱରୂପ କୌଣସି ମହିଳାର ଉକ୍ତି। ପୁଷ୍ପବତୀ ଅବସ୍ଥାରେ ନାୟିକାର ଘୃତବର୍ଣ୍ଣିକା ସ୍ୱାମୀର ବାହୁର ଶିଖର ଦେଶରେ (ସ୍କନ୍ଧରେ) ଶୋଭା ପାଉଥିବା ଦେଖି ସଉତୁଣୀମାନଙ୍କର ବୁଝିବାକୁ ବାକି ରହିଲା ନାହିଁ ଯେ ନାୟିକା ପତିର ସ୍କନ୍ଧଦେଶରେ ମସ୍ତକ ସ୍ଥାପନ କରି ଶୋଇଥିଲା। ଈର୍ଷ୍ୟାରେ ସଉତୁଣୀମାନଙ୍କର ଦେହ ଜଳିଗଲା ଓ ଚକ୍ଷୁରୁ ପ୍ରବଳ ଧାରାରେ ଅଶ୍ରୁ ଝରିବାକୁ ଲାଗିଲା।

ଲୋଓ ଜୂରଇ ଜୂରଉ ବଅଣିଜ୍ଜଂ ହୋଉ ହୋଉ ତଂ ଣାମ।
ଏହି ଣିମଜ୍ଜସୁ ପାସେ ପୁପ୍ପଫବଇ ଣ ଏଇ ମେ ଣିଦ୍ଦା ।୨୯।
(ଲୋକଃ ଖିଦ୍ୟତେ ଖିଦ୍ୟତୁ ବଚନୀୟଂ ଭବତି ଭବତୁ ତନ୍ନାମ।
ଏହି ନିମଜ୍ଜ ପାର୍ଶ୍ୱେ ପୁଷ୍ପବତି ନୈତି ମେ ନିଦ୍ରା।)

ଲୋକେ ରାଗିବେ ତ ରାଗନ୍ତୁ, ନିନ୍ଦା ହେବ ତ ହେଉ, ଗୋ ପୁଷ୍ପବତି ! ଆସ, ମୋ ପାଖରେ ଶୟନ କର, ମୋର ନିଦ୍ରା ହେଉ ନାହିଁ।

ବ୍ୟାଖ୍ୟା - ଅତି ଅନୁରାଗୀ ପୁରୁଷର ରଜୋବତୀ ନାୟିକା ପ୍ରତି ଉକ୍ତି।

ଜଂ ଜଂ ପୁଲଏମି ଦିସଂ ପୁରଓ ଲିହିଅ ବ୍ୱ ଦୀସସେ ତତ୍ତୋ।
ତୁହ ପଡ଼ିମା-ପଡ଼ିବାଡ଼ିଂ ବହଇ ବ୍ୱ ସଅଲଂ ଦିସା-ଅକ୍‌କଂ । ୩୦ ।
(ଯାଂ ଯାଂ ପ୍ରଲୋକୟାମି-ଦିଶଂ ପୁରତୋ ଲିଖିତ ଏବ ଦୃଶ୍ୟସେ ତତ୍ର।
ତବ-ପ୍ରତିମା-ପରିପାଟୀଂ ବହତୀବ ସକଳଂ ଦିଶା-ଚକ୍ରବ।)

ମୁଁ ଯେଉଁ ଯେଉଁ ଦିଗକୁ ଦେଖୁଛି, ସେଠାରେ ସତେ ଯେପରି ତୁମକୁ ଆଗରେ ଚିତ୍ରିତ ହେବା ଭଳି ଦେଖୁଛି। ସକଳ ଦିକ୍‌ଚକ୍ର ତୁମରି ପ୍ରତିମାଗୁଡ଼ିକୁ ସତେ ଯେପରି ବହନ କରିଛନ୍ତି।

ବ୍ୟାଖ୍ୟା - ପ୍ରବାସୀ ପ୍ରିୟ ନିକଟକୁ ନାୟିକା ପତ୍ର ମାଧ୍ୟମରେ ଅନୁରାଗ ପ୍ରକାଶ କରି ଲେଖିଛି - ମୁଁ ଯେଉଁ ଦିଗକୁ ଚାହୁଁଛି, ତୁମରି ଛବି ସେ ଦିଗରେ ଭାସିଉଠୁଛି। ମନେ ହେଉଛି, ପ୍ରତ୍ୟେକ ଦିଗ୍‌ବଳୟ ତୁମରି ଛବି ବହନ କରି ଭରା ରହିଛନ୍ତି। ତୁମେ ମୋର ପାଖରେ ନଥିଲେ ମଧ୍ୟ ମୋର ଦୃଷ୍ଟିପଥରେ ତୁମରି ମୂର୍ତ୍ତି ଅହରହ ଭାସିବୁଲୁଛି।

ଓସରଇ ଧୁଣଇ ସାହଂ ଖୋକ୍‌ଖା-ମୁହଲୋ ପୁଣୋ ସମୁଲ୍ଲିହଇ।
ଜମ୍ବୁ-ଫଲଂ ଣ ଗେହ୍‌ଣଇ ଭମରୋ ତ୍ତି କଈ ପଢ଼ମ-ଡକ୍‌କୋ । ୩୧ ।
(ଅପସରତି ଧୂନୋତି ଶାଖାଂ ଖୋକ୍‌ଖା-ମୁଖରଃ ପୁନଃ ସମୁଲ୍ଲିଖତି।
ଜମ୍ବୁ-ଫଲଂ ନ ଗୃହ୍ଣାତି ଭ୍ରମର ଇତି କପିଃ ପ୍ରଥମ-ଦଷ୍ଟଃ।)

ଭଅଁର ପ୍ରଥମେ କାମୁଡ଼ିବାରୁ ବାନର ଦଉଡ଼ି ପଳାଇଯାଉଛି, ଡାଳକୁ ହଲାଇ ଲାଗିଛି ଓ ଖେଁ ଖେଁ କରି ପୁଣି ନଖରେ ଦାଗ କରିଲାଗିଛି। ଭ୍ରମର ବୋଲି ମନେ କରି ଜାମୁଫଳକୁ ଗ୍ରହଣ କରୁନାହିଁ।

ବ୍ୟାଖ୍ୟା - କେହି ଅନ୍ୟାପଦେଶରେ କହିଛି ଯେ, ଥରେ ଧକ୍କା ଖାଇଥିବା ବ୍ୟକ୍ତି ସେଇ ବସ୍ତୁରେ ବା ତତ୍ ସଦୃଶ ବସ୍ତୁରେ ପୁଣି ଥରେ ଆସକ୍ତ ହେବାକୁ ଭୟ କରେ। କୌଣସି ନାୟିକା ଥରେ ନାୟକକୁ ଆଘାତ ଦେଇ ପରିତ୍ୟାଗ କରିଥିବାରୁ ସେ ଆଉ କୌଣସି ରସବତୀ (ଜାମୁଫଳପରି) ଲୋଭନୀୟା ନାୟିକା ପ୍ରତି ପୂର୍ବ ଆଘାତ ସ୍ମରଣ କରି ଆକୃଷ୍ଟ ହେଉନାହିଁ। ପ୍ରସ୍ତୁତ ଉଦାହରଣ- ପକ୍ୱ ଜମ୍ବୁ ବୃକ୍ଷରେ ଭ୍ରମରଦଳ ବାନରମାନଙ୍କୁ ଦଂଶନ କରିବାରୁ ସେମାନେ ଖୋକ୍ ଖୋକ୍ ଶବ୍ଦ କରି ଦୂରକୁ ପଳାଇଯାଉଛନ୍ତି। କିନ୍ତୁ ଲୋଭନୀୟ ଜମ୍ବୁଫଳଗୁଡ଼ିକୁ ଛାଡ଼ିବାକୁ ମନ ବଳୁନାହିଁ। ତେଣୁ ଭ୍ରମରଦଳଙ୍କୁ ତଡ଼ିବାକୁ ଜାମୁ ଗଛକୁ ହଲାଉଛନ୍ତି ଓ ନଖରେ ଆମ୍ପୁଡ଼ି ପକାଉଛନ୍ତି। ତା ସତ୍ତ୍ୱେ ଭ୍ରମରଦଂଶନର ଅନୁଭୂତି ହେତୁ ଜାମୁଫଳକୁ ଭଅଁର ଭାବି ପୁଣି ଦଂଶନ ଭୟରେ ଜଡ଼ୀଭୂତ ହୋଇ ସ୍ପର୍ଶ କରୁନାହାନ୍ତି।

ଣ ଛିବଇ ହତ୍ଥେଣ କଈ କଣ୍ଡୂଇ-ଭଏଣ ପଉଲ-ଣିଉଞ୍ଜେ।
ଦର-ଲମ୍ବିଅ-ଗୋଚ୍ଛ-କଚ୍ଛୁ ସଚ୍ଛହଂ ବାଣରୀ-ହତ୍ଥଂ ।୩୨।
(ନ ସ୍ପୃଶତି ହସ୍ତେନ କପିଃ କଣ୍ଡୂତି-ଭୟେନ ପତ୍ରଲ-ନିକୁଞ୍ଜେ।
ଈଷଲ୍ଲମ୍ବିତ-ଗୁଚ୍ଛ-କପି-କଚ୍ଛୁ-ସଦୃଶଂ ବାନରୀ-ହସ୍ତମ୍।)

ବାନର ପତ୍ରବହୁଳ ନିକୁଞ୍ଜରେ କିପକଚ୍ଛୁ ସଦୃଶ ଈଷତ୍ ଲମ୍ବମାନ ବାନରୀ ହସ୍ତକୁ କୁଣ୍ଡାଇ ହେବା ଭୟରେ ନିଜ ହାତରେ ଛୁଉଁ ନାହିଁ।

ବ୍ୟାଖ୍ୟା - ପୂର୍ବ ଗାଥା ଭଳି ଅନ୍ୟାପଦେଶରେ କୁହାଯାଇଛି ଯେ, ମୂର୍ଖ ବ୍ୟକ୍ତି ଗ୍ରହଣୀୟ ବସ୍ତୁକୁ ମଧ୍ୟ ବୁଦ୍ଧିମାନ୍ଦ୍ୟ ହେତୁ ପରିତ୍ୟାଗ କରିଥାଏ। ଥରେ ବାନର କୌଣସି ଅଜଣା ବୃକ୍ଷର ପତ୍ର ଧରିଥିଲା; ଫଳରେ ତାର ହାତ କୁଣ୍ଡାଇ ହୋଇଥିଲା। ଏବେ ପତ୍ରବହୁଳ ବନ ମଧ୍ୟରେ ବାନରୀର ହାତ ଦେଖି ତାହାକୁ ଲମ୍ବିତଗୁଚ୍ଛ ବଣସାରୁ ମନେ କରି ଭୟରେ ଧରୁ ନାହିଁ; କାରଣ ଧରିଲେ ହାତ କୁଣ୍ଡାଇ ହେବ।

ସରସା ବି ସୂସଇ ଚ୍ଚିଅ ଜାଣଇ ଦୁକ୍ଖାଇଁ ମୁଦ୍ଧ-ହିଅଆ ବି।
ରତ୍ତା ବି ପଣ୍ଡୁର ଚ୍ଚିଅ ଜାଆ ବରଈ ତୁହ ବି ବିଓଏ । ୩୩।
(ସରସାପି ଶୁଷ୍ୟତ୍ୟେବ ଜାନାତି ଦୁଃଖାନି ମୁଗ୍‌ଧ-ହୃଦୟାପି।
ରକ୍ତାପି ପାଣ୍ଡୁରୈବ ଜାତା ବରାକୀ ତବ ବିଯୋଗେ।)

ତୁମ ବିଯୋଗରେ ବରାକୀ ରସଯୁକ୍ତା ହେଲେ ମଧ୍ୟ ଶୁଖିଯାଉଛି, ମୁଗ୍‌ଧହୃଦୟ ହୋଇ ମଧ୍ୟ ଦୁଃଖ ଅନୁଭବ କରୁଛି ଓ ଅନୁରକ୍ତା ହୋଇ ମଧ୍ୟ ପାଣ୍ଡୁର ହୋଇଗଲାଣି।

ବ୍ୟାଖ୍ୟା - ନାୟକ ପ୍ରତି ଦୂତୀ ଉକ୍ତି - ହତଭାଗିନୀର ବିରହ ତାହାକୁ ଅତି ବିଷମ ଅବସ୍ଥାରେ ପକାଇଛି। ବିରୋଧ ଓ ଅବିରୋଧ ଭାବ ଏକ ସଙ୍ଗେ ତା'ଠାରେ ପ୍ରକାଶ ପାଉଛି। ସେ ସରସ ବା ଆର୍ଦ୍ର ହୋଇ ମଧ୍ୟ ଶୁଖିଯାଉଛି ବା କ୍ଷୀଣ ହୋଇଯାଇଛି। ମୁଗ୍ଧ-ହୃଦୟା ହୋଇ ମଧ୍ୟ ଦୁଃଖ ପାଉଛି, ରକ୍ତ (ଲାଲ) ହୋଇ ମଧ୍ୟ ପାଣ୍ଡୁର ଭଜୁଛି ବା ଅନୁରାଗିଣୀ ହୋଇ ବିରହ ହେତୁ ପାଣ୍ଡୁବର୍ଣ୍ଣ ହୋଇଯାଉଛି। ବିଚାର କରି ଦେଖ, ବିରହରେ ସକଳ ସୁଖର ସାଧନ ତା ପକ୍ଷରେ ଦୁଃଖର ସାଧନ ହେଲାଣି।

ଆରୁହଇ ଜୁଣ୍ଣଅଂ ଖୁଜ୍ଜଅଂ ବି ଜଂ ଉଅହ ବଲ୍ଲରୀ ତଉସୀ।
ଣୀଲୁପ୍ପଲ-ପରିମଲ-ବାସିଅନ୍ସ ସରଅସ୍ସ ସୋ ଦୋସୋ । ୩୪ ।
(ଆରୋହିତ ଜୀର୍ଣ୍ଣଂ କୁବ୍‌ଜକ୍‌ମପି ଯତ୍ ପଶ୍ୟତ ବେଲ୍ଲନଶୀଳ ତ୍ରପୁସୀ
ନୀଲୋତ୍ପଲ-ପରିମଲ-ବାସିତାୟାଃ ଶରଦଃ ସ ଦୋଷଃ।)

ଦେଖ, ଲଟେଯାଇଥିବା କାକୁଡ଼ି ଯେ ଜୀର୍ଣ୍ଣ ଓ କୁବ୍‌ଜ ବୃକ୍ଷ ଉପରେ ମଧ୍ୟ ଆରୋହଣ କରୁଛି, ତାହା ନୀଳ-କମଳ-ପରିମଳ-ବାସିତ ଶରତ୍ ଋତୁର ଦୋଷ।

ବ୍ୟାଖ୍ୟା - କୌଣସି ନବଯୌବନା ଜଣେ କୁବ୍‌ଜାଙ୍ଗ ବୃଦ୍ଧକୁ ନିବିଡ଼ ଆଲିଙ୍ଗନରେ ଆବଦ୍ଧ କରିଥିବା ଦେଖି ବିଦଗ୍ଧ ନାଗରିକର ସହଚର ପ୍ରତି ପରିହାସପୂର୍ଣ୍ଣ ଉକ୍ତି - ଏଇ ଦେଖ, କାକୁଡ଼ି ଲତା କୁବ୍‌ଜ ଓ ଜୀର୍ଣ୍ଣ ବୃକ୍ଷରେ ବେଢ଼ିଯାଇଛି। ଏଥିରେ ବଲ୍ଲବୀର କିଛି ଦୋଷ ନାହିଁ। ବେଷ୍ଟିତ ଆଲିଙ୍ଗନ-ଚତୁରା ଏଇ ବଲ୍ଲଭୀ ଶରତ୍-ଋତର ପଦ୍ମ-ସୁରଭି ଆଘାଣ କରି ମଉଆଳୀ ହୋଇଉଠିଛି। ବିଦଗ୍ଧର ତାତ୍ପର୍ଯ୍ୟ, ଏଇ ନବଯୌବନା ସେଇଭଳି ଶରତ୍‌କାଳର ନୀଳକମଳର ପରିମଳ ଆଘ୍ରାଣ କରି ଉଦ୍‌ଭ୍ରାନ୍ତ ହୋଇଉଠିଛି।

ଉପ୍ପହ-ପହାବିହ-ଜଣୋ ପବିଜିମ୍ଭିଅ-କଲଅଲୋ ପହଅ-ତୂରୋ।
ଅବ୍‌ବୋ ସୋ ଚ୍ଛେଅ ଛଣୋ ତେଣ ବିଣା ଗାମ-ଡାହୋ ବ୍ବ । ୩୫ ।
(ଉପଥ-ପ୍ରଧାବିତ-ଜନଃ ପ୍ରବିଜୃମ୍ଭିତ-କଳକଳଃ ପ୍ରହତ-ତୂର୍ଯ୍ୟଃ।
ଦୁଃଖଂ ସ ଏବ କ୍ଷଣସ୍ତେନ ବିନା ଗ୍ରାମ-ଦାହ ଇବ।)

ହାୟ, ଯେଉଁ ଉତ୍ସବରେ ଲୋକେ ଅପଥରେ ଧାଆଁନ୍ତି, ଗୀତାଦି ଦ୍ୱାରା କଳକଳ ରବ ଉଠେ ଓ ତୂର୍ଯ୍ୟ-ନିନାଦ ତୋଳାଯାଏ, ସେଇ ଉତ୍ସବ ତାଙ୍କ ବିନା ଗ୍ରାମଦାହ ଭଳି ପ୍ରତୀତ ହେଉଛି।

ବ୍ୟାଖ୍ୟା - ନାୟିକାର ସହଚରୀ ପ୍ରତି ଉକ୍ତି। ପୂର୍ବବର୍ତ୍ତୀ ଦୋଳୋତ୍ସବରେ ନାୟିକା ପ୍ରିୟତମଙ୍କ ସହିତ ଉତ୍ସବ ଉପଭୋଗ କରିଥିଲା। ଏ ବର୍ଷ ପ୍ରିୟ-ବିରହରେ ଦୋଳୋତ୍ସବ ତାହାକୁ ଗ୍ରାମରେ ଅଗ୍ନି-ଉତ୍ପାତ ଭଳି ପ୍ରତୀତ ହେଉଛି। ମଧୂ-ଉତ୍ସବରେ

ଲୋକେ ମତୁଆଲା ହୋଇ ଏଣେତେଣେ ଧାଆଁନ୍ତି, ତୂର୍ଯ-ନିନାଦ ସହ କୋଳାହଳ ଉଠେ। ଆଜି ସେହିପରି ଦୃଶ୍ୟ ଦେଖିବାକୁ ମିଳୁଥିଲେ ମଧ୍ୟ ନାୟିକା ତାହାକୁ ଗରପୋଡ଼ି ବେଳେ ଲୋକଙ୍କର ଧାଁ-ଦଉଡ଼ା ଓ କୋଳାହଳ ପରି ମନେକରୁଛି। ପ୍ରିୟ-ସାନ୍ନିଧ ବିନା ଏ ଉତ୍ସବରେ ମାଦକତା କାହିଁ?

ଉଲ୍ଲାବନ୍ତେଣ ଣ ହୋଇ କମ୍‌ସ ପାସ-ଟ୍‌ଠିଏଣ ଠଡ୍‌ଢେଣ।
ସଙ୍କା ମସାଣ-ପାଅବ-ଲମ୍ବିଅ-ଚୋରେଣ ବ ଖଲେଣ ।୩୬।
(ଉଲ୍ଲାପୟମାନେନ ନ ଭବତି କସ୍ୟ ପାର୍ଶ୍ୱସ୍ଥିତେନ ସ୍ତବ୍‌ଧେନ।
ଶଙ୍କା ଶ୍ମଶାନ-ପାଦପ-ଲମ୍ବିତ-ଚୋରେଣେବ ଖଲେନ।)

ଶ୍ମଶାନ ବୃକ୍ଷରେ ଓହଳିଥିବା ଚୋର ଭଳି ଅଭୀଭୂତ କରି, ସ୍ତବ୍‌ଧ ହୋଇ, କଥା କହି ଓ ପାଖରେ ଠିଆ ହୋଇଥିବା ଖଳ ପ୍ରତି କାହାର ଶଙ୍କା ହୋଇ ନଥାଏ?

ବ୍ୟାଖ୍ୟା - ଦୁଷ୍ଟ ସହିତ ମିଳାମିଶା କରିବାପାଇଁ ନିଷେଧ କରି କେହି ସଖାକୁ କହିଛି - ପ୍ରତାରକ ଚୋର ଆଖି ବୁଜି ନିର୍ଜନ ଶ୍ମଶାନ ବୃକ୍ଷରେ ଗଳାରେ ଫାଶ ଲଗାଇ ଶବ ହୋଇ ଝୁଲି ପଡ଼ିଥାଏ। ରାତ୍ରିରେ ପଥିକମାନେ ତାହାକୁ ଭୂତ ଭାବି ଭୟ ପାଇଥାନ୍ତି। ସେ ମଧ୍ୟ ଲୋକଙ୍କୁ ବିକଟ ସ୍ୱରରେ କଥା କହି ଚମକାଇ ଦେଇଥାଏ। ଦୁଷ୍ଟ ଲୋକ ସେହିଭଳି ନିଶ୍ଚଳ ନୀରବ ଭାବେ ପାଖରେ ଠିଆ ହୁଏ, ସୁଯୋଗ ଉଣ୍ଡି କଥା କୁହେ। ବକ୍ତାର ତାତ୍ପର୍ଯ୍ୟ, ଦଉଡ଼ିରେ ଝୁଲୁଥିବା ଶବ ଓ ପ୍ରତାରକ ଦୁଷ୍ଟ - ଉଭୟ ଶଙ୍କା ଜାତ କରନ୍ତି।

ଅସମତ୍ତ-ଗୁରୁଅ-କଜ୍ଜେ ଏହ୍‌ଣିଂ ପହିଏ ଘରଂ ଣିଅତ୍ତନ୍ତେ।
ଣବ-ପାଉସୋ ପିଉଚ୍ଛା ହସଇ ବ କୁଡ଼ଅଟ୍‌ଟ-ହାସେହିଂ । ୩୭।
(ଅସମାପ୍ତ-ଗୁରୁକ-କାର୍ଯେ ଇଦାନୀଂ ପଥିକେ ଗୃହଂ ପ୍ରତିନିବର୍ତମାନେ।
ନବ-ପ୍ରାବୃଟ୍ ପିତୃଷ୍ୱସଃ ହସତୀବ କୁଟଜାଟ୍ଟ-ହାସୈଃ।)

ପିଉସି! ଗୁରୁତର କାର୍ଯ୍ୟ ଅସମାପ୍ତ ରଖି ସଂପ୍ରତି ପଥିକ ଗୃହକୁ ପ୍ରତ୍ୟାବର୍ତ୍ତନ କରୁଥିବାରୁ ନୂଆ ମେଘ କୁଟଜ ଅଟ୍ଟହାସ୍ୟରେ ସତେକି ହସୁଛି।

ବ୍ୟାଖ୍ୟା - ପିଉସୀ ପ୍ରତି ଝିଆରୀର ଉକ୍ତି - ଗୁରୁତର କାର୍ଯ୍ୟ ପଛରେ ପକାଇ ପ୍ରବାସୀ ଗୃହାଭିମୁଖରେ ଫେରିଆସୁଛି। ନବ ବର୍ଷାର ଉଦୟ ଦେଖି ରସିକ ପ୍ରବାସୀ ବିରହିଣୀ ପ୍ରିୟାର ମୁଖ ସ୍ମରଣ କରି ଶୀଘ୍ର ଗୃହକୁ ପ୍ରତ୍ୟାବର୍ତ୍ତନ କରୁଥିବାରୁ ଗିରିମଲ୍ଲିକା ଟହଟହ ହୋଇ ହସୁଛି। ବିରହୀ ପଥିକର ବ୍ୟସ୍ତତା ଦେଖି କୁଟଜ ଫୁଟିବା ଛଳରେ ନୂଆ ମେଘ ହସୁଛି।

ଦଟ୍‌ଠୁଣ ଉଣ୍ଣମନ୍ତେ ମେହେ ଆମୁକ୍କ-ଜୀବିଆ ସାଏ।

ପହିଅ-ଘରିଣୀଅ ଡ଼ିମ୍ଭୋ ଓରୁଣ୍ଣ-ମୁହୀଅ ସଚ୍ଚବିଓ । ୩୮।
(ଦୃଷ୍ଟ୍ୱା ଉନ୍ନମତୋ ମେଘାନାମୁକ୍ତ-ଜୀବିତାଶୟା।
ପଥିକ-ଗୃହିଣ୍ୟା ଡ଼ିମ୍ଭୋଽବରୁଦିତ-ମୁଖ୍ୟା ଦୃଷ୍ଟ।)

ମେଘମାଳା ଉଠିବା ଦେଖି ପଥିକ-ଗୃହିଣୀ ଜୀବନାଶା ପରିତ୍ୟାଗ କରି ଓ କାନ୍ଦି କାନ୍ଦି ଶିଶୁକୁ ଦେଖିବାକୁ ଲାଗିଲା।

ମେଘମାଳା ଉଠିବା ଦେଖି ପଥିକ-ଗୃହିଣୀ ଜୀବନାଶା ପରିତ୍ୟାଗ କରି ଓ କାନ୍ଦି କାନ୍ଦି ଶିଶୁକୁ ଦେଖିବାକୁ ଲାଗିଲା।

ବ୍ୟାଖ୍ୟା - ପ୍ରୋଷିତପତିକାର ସଖୀ ପଥିକକୁ କହୁଛି - ଆକାଶରେ ନୂଆ ମେଘର ଉଦୟ ଦେଖି ବିରହିଣୀ ପଥିକ-ବନିତାର ଜୀବନାଶା କ୍ଷୀଣ ହେଲାଣି। ଦୁର୍ଦ୍ଦିନ ଆଗମନରେ ନିଜକୁ ଅରକ୍ଷଣୀୟା ମନେ କରି ତଥା ବିରହଯନ୍ତ୍ରଣାରେ ଜୀବନାଶା ତ୍ୟାଗ କରି କୋଳରେ ଧରିଥିବା ଶିଶୁର ମୁଖକୁ ଚାହିଁ ଅଶ୍ରୁ ଝରାଉଛି। ବିରହିଣୀର ତାତ୍ପର୍ଯ୍ୟ, ସେ ମରିଗଲେ ଶିଶୁର ଭବିଷ୍ୟତ କିଏ ଦେଖିବ ? ହାୟ, ଏଇ ଦୁଗ୍ଧପୋଷ୍ୟ ଶିଶୁଟି ଅନାଥ ହୋଇଯିବ।

ଅବିହବ-ଲ୍‌ଖଣ-ବଲଅଂ ଠାଣଂ ଣେନ୍ତୋ ପୁଣୋ ପୁଣୋ ଗଲିଅଂ।
ସହି-ସତ୍‌ତୋ ଚ୍ଚିଅ ମାଣଂସିଣୀଅ ବଲଆରଓ ଜାଓ । ୩୯ ।
(ଅବିଧବା-ଲକ୍ଷଣ-ବଳୟଂ ସ୍ଥାନ ନୟନ୍ ପୁନଃ ପୁନର୍ଗଳିତମ୍।
ସଖୀ-ସାର୍ଥଃ ଏବ ମନସ୍ୱ ନ୍ୟା ବଳୟ-କାରକୋ ଜାତଃ।)

ମନସ୍ୱିନୀର ଅବୈଧବ୍ୟର ଲକ୍ଷଣ ସ୍ୱରୂପ ବାରମ୍ବାର ପଡ଼ିଯାଉଥିବା ବଳୟକୁ ସ୍ଥାନରେ ପହଞ୍ଚାଇ ଦେଇ ସଖିମାନେ ହିଁ ତାହାର ବଳୟ ପିନ୍ଧାଇବା ଲୋକ ହୋଇଗଲାଣି।

ବ୍ୟାଖ୍ୟା - ନାୟକ ପ୍ରତି ସଖୀ ଉକ୍ତି - ତୁମର ପ୍ରିୟା ମାନବଶତଃ ତୁମ ସହିତ କଳହ କରି ଏବେ ବିରହରେ ଏତେ କ୍ଷୀଣ ହୋଇଗଲାଣି ଯେ, ସୌଭାଗ୍ୟ ବା ସଧବାର ଚିହ୍ନ ସ୍ୱରୂପ ପରିଧାନ କରିଥିବା ସ୍ୱର୍ଣ୍ଣବଳୟ ହାତରୁ ଖସିପଡୁଛି ଓ ସଖିମାନେ ବାରମ୍ବାର ତାହାକୁ ବଳୟ ପିନ୍ଧାଇ ଦେଉଛନ୍ତି। ସଖୀର ତାତ୍ପର୍ଯ୍ୟ, ବଳୟ ପିନ୍ଧାଇଦେବା ଅନ୍ୟ ଦେହଲଗା ଦାସିମାନଙ୍କର କାର୍ଯ୍ୟ; ମାତ୍ର ସଖିମାନଙ୍କର ଏହାହିଁ ଏବେ କାର୍ଯ୍ୟରେ ପରିଣତ ହୋଇଛି।

ପହିଅ-ବହୂ ବବରନ୍ତର ଗାଲିଅ-ଜଲୋଲ୍ଲୋ ଘରେ ଅଣୋଲ୍ଲଂ ପି।
ଉଦ୍ଦେସଂ ଅବିରଅ-ବାହ-ସଲିଲ-ଣିବହେଣ ଉଲ୍ଲେଇ ।୪୦।
(ପଥିକ-ବଧୂର୍ବିବରାନ୍ତର ଗଳିତ ଜଳାର୍ଦ୍ରେ ଗୃହେଽନାର୍ଦ୍ରମପି।
ଉଦ୍ଦେଶମବିରତ-ବାଷ୍ପ-ସଲିଲ-ନିବହେନାର୍ଦ୍ରୟତି।)

ବିବର ଭିତରୁ ଝରୁଥିବା ଜଳରେ ଆର୍ଦ୍ର ଗୃହରେ ଯେଉଁ ଯେଉଁ ସ୍ଥାନ ଅନାର୍ଦ୍ର ରହିଯାଇଛି, ସେହି ସେହି ସ୍ଥାନକୁ ପଥିକ-ବଧୂଟି ଅବିରଳ ନେତ୍ର-ଜଳଧାରାରେ ଆର୍ଦ୍ର କରୁଛି ।

ବ୍ୟାଖ୍ୟା - ପ୍ରୋଷିତପତିକାର ସଖୀ ନାୟକ ନିକଟକୁ ଯାଉଥିବା ପଥିକକୁ କହିଛି- ମୋର ପ୍ରିୟସଖୀ ପଥିକ-ବନିତା ବର୍ଷା-ଉତ୍ପାତରେ ଭଗ୍ନ ଗୃହରେ ଅବସ୍ଥାନ କରୁଛି । ପ୍ରବାସୀ ଦୟିତଙ୍କୁ ସ୍ମରଣ କରି କରି ତା'ର ସାରା ରାତି ବିତିଯାଉଛି । ସ୍ୱାମୀ ବିଦେଶରେ ଥିବାରୁ ଏ ବର୍ଷ ଘର ଛପର ହୋଇନାହିଁ । ବର୍ଷା ହେବାରୁ ଛପର ଉଡ଼ିଯାଇଥିବା ଜୀର୍ଣ୍ଣଗୃହର ବିବର ମଧ୍ୟଦେ ଜଳଧାରା ଗୃହ ମଧ୍ୟରେ ଜରିପଡୁଛି । ବର୍ଷାରୁ ରକ୍ଷା ପାଇବାପାଇଁ ସେ ଗୃହର ଯେଉଁ ଅଂଶରେ ଟିକିଏ ଅନାର୍ଦ୍ର ସ୍ଥାନ ଅଛି, ସେଠାକୁ ଯାଉଛି । ମାତ୍ର ସେ ସ୍ଥାନ ମଧ୍ୟ କିଛି ସମୟ ପରେ ଆର୍ଦ୍ର ହୋଇଉଠୁଛି । କାରଣ ବିରହରେ ତା'ର ଚକ୍ଷୁରୁ ଅବିରଳ ଅଶ୍ରୁଧାରା ବହି ଶୁଷ୍କ ସ୍ଥାନକୁ ମଧ୍ୟ ଆର୍ଦ୍ର କରିଦେଉଛି । ତା'ପାଇଁ ଏବେ ବାହାରେ ଭିତରେ ବର୍ଷାର ଧାରା ଝରୁଛି । ଦାରିଦ୍ର୍ୟ ଓ ବିରହ ଏକା ସଂଗେ ତାହାକୁ ଉତ୍ପୀଡିତ କରୁଛନ୍ତି ।

ଜୀହାଇ କୁଣନ୍ତି ପିଅଂ ଭବନ୍ତି ହିଅଅମ୍ମି ଣିବ୍ବୁଇଂ କାଉଂ ।
ପୀଡ଼ିଜ୍ଜନ୍ତା ବି ରସଂ ଜଣନ୍ତି ଉଚ୍ଛୁ କୁଲୀଣା ଅ । ୪୧ ।
(ଜିହ୍ୱାୟାଂ କୁର୍ବନ୍ତି ପ୍ରିୟଂ ଭବନ୍ତି ହୃଦୟେ ନିର୍ବୃତିଂ କର୍ତ୍ତୁମ୍ ।
ପ୍ରୀଡ଼୍ୟମାନା ଅପି ରସଂ ଜନୟନ୍ତୀକ୍ଷବଃ କୁଲୀନାଶ୍ଚ ।)

କୁଳୀନ ଲୋକ ଓ ଭିକ୍ଷୁ ଜିହ୍ୱାର ପ୍ରିୟତା ଉତ୍ପନ୍ନ କରନ୍ତି, ହୃଦୟରେ ଶାନ୍ତି ପ୍ରଦାନ କରନ୍ତି ଓ ପୀଡ଼ିତ ହୋଇ ମଧ୍ୟ ରସ ଉତ୍ପନ୍ନ କରନ୍ତି ।

ବ୍ୟାଖ୍ୟା - କୁଳୀନ ବ୍ୟକ୍ତିର ପ୍ରଶଂସାମୂଳକ ଗାଥା - ଇକ୍ଷୁ ଜିହ୍ୱାର ସ୍ୱାଦ ଉତ୍ପନ୍ନ କରେ, ହୃଦୟରେ ପରମ ସୁଖ ଲାଭ କରେ । କୁଳୀନ ବ୍ୟକ୍ତି ପ୍ରିୟ ବା ଅନୁକୂଳ ବଚନ କହି ହୃଦୟକୁ ଶାନ୍ତି ପ୍ରଦାନ କରନ୍ତି । ଇକ୍ଷୁ ଦନ୍ତରେ ପୀଡ଼ିତ ହୋଇ ରସ ଦାନ କରେ; କୁଳୀନ ବ୍ୟକ୍ତି ନିଷ୍ଠୁର ବଚନରେ ପୀଡ଼ିତ ହୋଇ ମଧ୍ୟ ପ୍ରୀତି-ରସ ବିତରଣ କରନ୍ତି, ତେଣୁ ଉଭୟ ସୁଖର କାରଣ ।

ଦୀସଇ ଣ ଚୂଅ-ମଉଲଂ ଅତ୍ତା ଣ ଅ ବାଇ ମଲଅ-ଗନ୍ଧବହୋ ।
ପତ୍ତଂ ବସନ୍ତ-ମାସଂ ସାହଇ ଉକ୍କଣ୍ଠିଅଂ ଚେଅଂ । ୪୨ ।
(ଦୃଶ୍ୟତେ ନ ଚୂତ-ମୁକୁଳଂ ଶ୍ୱଶ୍ରୁନ ତ ବାତି ମଳୟ-ଗନ୍ଧବହଃ ।
ପ୍ରାପ୍ତଂ ବସନ୍ତ-ମାସଂ କଥୟତ୍ୟୁତ୍କଣ୍ଠିତଂ ଚେତଃ ।)

ଗୋଶ ଶାଶୁ, ଆମ୍ର ମଂଜରୀ ଦେଖାଯାଉ ନାହିଁ କି ମଳୟ ପବନ ମଧ୍ୟ ବହୁ

ନାହିଁ। ତଥାପି ଉତ୍କଣ୍ଠିତ ଚିତ୍ତ ତାର କାନେ କାନେ କହିଯାଉଛି ସେ, ବସନ୍ତକାଳ ଆସିଗଲା, ତାକୁ ସ୍ୱାଗତ କର।

ଆମ୍ବ-ବଣେ ଭମର-ଉଲଂ ଣ ବିଣା କଜ୍ଜେଣ ଉସୁଅଂ ଭମଇ।
କତ୍ତୋ ଜଲଣେଣ ବିଣା ଧୂମସ୍‌ସ ସିହାଉ ଦୀପନ୍ତି । ୪୩ ।
(ଆମ୍ର-ବନେ ଭ୍ରମରକୁଳଂ ନ ବିନା କାର୍ଯେଣୋତ୍ସକଂ ଭ୍ରମତି।
କୁତୋ ଜ୍ୱଳନେନ ବିନା ଧୂମସ୍ୟ ଶିଖା ଦୃଶ୍ୟନ୍ତେ।)

ଆମ୍ରବନରେ ଭ୍ରମର ବିନା କାର୍ଯ୍ୟରେ ଉତ୍ସୁକ ହୋଇ ଭ୍ରମଣ କରୁନାହିଁ; ଅଗ୍ନି ବିନା ଧୂମଶିଆ କେବେ ଦେଖିବାକୁ ମିଳେ ?

ବ୍ୟାଖ୍ୟା - ସହଚରୀ ପ୍ରତି ନାୟିକା ଉକ୍ତି - ବସନ୍ତ ଆସିଗଲାଣି, ପ୍ରିୟତମଙ୍କ ସହିତ ମିଳନ ଉପାୟ କର। ଏଇ ଦେଖ, ଆମ୍ରବନରେ ଭ୍ରମଣକୁଳ କାରଣହୀନ ଭାବେ ଉତ୍ସୁକ ହୋଇ ବୁଲୁନାହାନ୍ତି- ମଧୁପାନଲୋଭ ସେମାନଙ୍କ ଉତ୍ସୁକତାର ପ୍ରଚ୍ଛନ୍ନ ହେତୁ। ତେଣୁ ସାରା ବନକୁ ଅବିରତ ଗୁଞ୍ଜରଣରେ ମୁଖରିତ କରିଲାଗିଛନ୍ତି। ଅଗ୍ନିତାପ ଗୁପ୍ତ ରହିଥିଲେ ହେଁ ଧୂମ ତାର କାର୍ଯ୍ୟ ରୂପେ ପ୍ରକାଶ ପାଇଥାଏ। ଯେଉଁପରି ଧୂମଶିଖା ବହ୍ନିର ସାଧକ ହେତୁ, ଭ୍ରମରକୂଳର ଆମ୍ରବନରେ ଭ୍ରମଣ ସେହିପରି ବସନ୍ତାଗମର ସୂଚକ।

ଦଇଅ-କର-ଗ୍ଗହ-ଲୁଲିଓ ଧମ୍ମିଲ୍ଲୋ ସୀହୁ-ଗନ୍ଧିଅଂ ବଅଣଂ।
ମଅଣମ୍ମି ଏତ୍ତିଅଂ ଚିଅ ପସାହଣଂ ହରଇ ତରୁଣୀଣଂ । ୪୪ ।
(ଦୟିତ-କର-ଗ୍ରହ-ଲୁଳିତୋ ଧମ୍ମିଲଃ ସୀଧୁ-ଗନ୍ଧିତଂ ବଦନମ୍।
ମଦନେ ଏତାବଦେବ ପ୍ରସାଧନଂ ହରତି ତରୁଣୀନାମ୍।)

ପ୍ରିୟତମଙ୍କ କର ଗ୍ରହ ହେତୁ ଖୋଲିଯାଇଥିବା କବରୀ ଓ ମଦିରା ଗନ୍ଧରେ ଆମୋଦିତ ସୁଖ-ମଦନୋତ୍ସବରେ ତରୁଣୀମାନଙ୍କର ଏତକ ପ୍ରସାଧନ ମନୋହରଣ କରିଥାଏ।

ବ୍ୟାଖ୍ୟା - ନାୟିକା ପ୍ରତି ଦୁଃଖ-ଉକ୍ତି-ଦୂତୀ ପ୍ରିୟତମଙ୍କ ସହିତ ମିଳନ ନିମନ୍ତେ ତ୍ୱରାନ୍ୱିତ କରି ପ୍ରସାଧନରେ ବ୍ୟସ୍ତ ଥିବା ନାୟିକାକୁ କହିଛି - ମଦନୋତ୍ସବରେ ଅଳଙ୍କାରଧାରଣ ଓ ପ୍ରସାଧନର ପ୍ରୟୋଜନ ନାହିଁ। ପ୍ରିୟତମଙ୍କ କରାଘାତରେ ଅସ୍ତବ୍ୟସ୍ତ କବରୀ ଓ ମଦିରାବାସିତ ସୁଖ - ଏଇ ଦୁଇଟି କାମ-ଉତ୍ସବରେ କାମିନୀକୁଳର ଅଳଙ୍କାର ରୂପେ ପରିଗଣିତ ହୁଏ ଓ ସେମାନଙ୍କର ଶୋଭା ବୃଦ୍ଧି କରେ।

ଗାମ-ତରୁଣୀଓଁ ହିଅଅଂ ହରନ୍ତି ଛେଆଣଁ ଥଣ-ହରିଲ୍ଲୀଓ।
ମଅଣେ କୁସୁମ୍ଭ-ରଂଜିଅ-କଞ୍ଚୁଆହରଣ-ମେତ୍ତାଓ । ୪୫ ।
(ଗ୍ରାମ-ତରୁଣ୍ୟୋ ହୃଦୟଂ ହରନ୍ତି ବିଦଗ୍‌ଧାନାଂ ସ୍ତନ-ଭାରବତ୍ୟଃ।
ମଦନେ କୁସୁମ୍ଭ ରାଗଯୁଗ-କଞ୍ଚୁକାଭରଣ-ମାତ୍ରାଃ।)

ମଦନୋତ୍ସବରେ କୁସୁମ୍ଭରଙ୍ଗରଞ୍ଜିତ କଞ୍ଚୁକ ମାତ୍ର ଆଭରଣଯୁକ୍ତା ହୋଇ ସ୍ତନଭାରବତୀ ଗ୍ରାମ-ତୁଣୀମାନେ ବିଦଗ୍ଧମାନଙ୍କ ହୃଦୟ ହରଣ କରୁଛନ୍ତି ।

ବ୍ୟାଖ୍ୟା - ମଦନୋତ୍ସବ ବା ଦୋଳୋତ୍ସବରେ ଗ୍ରାମ-ତରୁଣୀମାନେ କୌଣସି ଅଳଙ୍କାର ପରିଧାନ ବିନା ରମଣୀୟ ପ୍ରତୀକ ହୁଅନ୍ତି - ଏଇ ପ୍ରସଙ୍ଗରେ କେହି ସହଚରକୁ କହିଛି - ରସିକ ବା ଛଇଳ ତରୁଣମାନଙ୍କର ହୃଦୟ ହରଣ କରିବା ପାଇଁ ବସନ୍ତକାଳୀନ ଦୋଳୋତ୍ସବରେ ସ୍ତନଭାରଗୁର୍ବୀ ତରୁଣୀମାନେ କୁସୁମରଙ୍ଗର କାଞ୍ଚୁଲି ମାତ୍ର ପରିଧାନ କରିଥାନ୍ତି । ଏଥିରୁ ଅଧିକ ଅଳଂକାର ଓ ଆବରଣରେ ସେମାନଙ୍କର ପ୍ରୟୋଜନ ନଥାଏ ।

ଅଲୋଅନ୍ତ ଦିସାଓ ସସନ୍ତ ଜମ୍ଭନ୍ତ ଗନ୍ତ ରୋଅନ୍ତ ।
ମୁଚ୍ଛନ୍ତ ପଡ଼ନ୍ତି ଖଲନ୍ତ ପହିଅ କିଂ ତେ ପଉତ୍ଥେଣ ।୪୬।
(ଆଲୋକୟନ୍ଦିଶଃ ଶ୍ୱସନ୍ ଜୃମ୍ଭମାଣୋ ଗାୟନ୍ରୁଦନ୍ ।
ମୂର୍ଚ୍ଛନ୍ପତନ୍ସ୍ଖଳନ୍ପଥିକ କିଂ ତେ ପ୍ରବାସିତେନ ।)

ହେ ପଥିକ, ଦିଗ ଆଡକୁ ଚାହିଁ ନିଃଶ୍ୱାସ ପକାଇ, ଜୃମ୍ଭା ତୋଳି, ଗାନ ଗାଇ, ରୋଦନ କରି, ମୂର୍ଚ୍ଛା ଯାଇ, ପତନ ଓ ସ୍ଖଳନ ଘଟାଇ ତୁମର ପ୍ରବାସଗମନରେ ପ୍ରୟୋଜନ କ'ଣ ?

ବ୍ୟାଖ୍ୟା - ବିରହବିଧୂର ପ୍ରବାସ-ପଥିକର ଦୟନୀୟ ଅବସ୍ଥା ଦେଖି ତାହାକୁ ପ୍ରବାସ-ଗମନରୁ ନିରସ୍ତ କରିବାପାଇଁ କେହି କହିଛି- ହେ ପଥିକ, ତୁମେ ସେ କାହିଁକି ପ୍ରବାସ ଯାତ୍ରା ପାଇଁ ମନବଳାଇଛ ତାହା ମୁଁ ବୁଝିପାରୁନାହିଁ । ପଥର ଦୀର୍ଘତା ଦେଖି ଓ ପ୍ରିୟାର ମୁଖ ସ୍ମରଣ କରି ତୁମେ ଦିଗ୍‌ବଳୟ ପ୍ରତି ଚକିତ ଦୃଷ୍ଟିରେ ଚାହିଁ ରହୁଛ ଓ ଦୀର୍ଘଶ୍ୱାସ ପକାଉଛ । କେତେବେଳେ ହାଇ ତୋଳୁଛ, ଦୁଃଖ ଭୁଲିବା ପାଇଁ କେତେବେଳେ ଗୀତ ଗାଉଛ, ଯାଉଁ ଯାଉଁ କାନ୍ଦି କାନ୍ଦି ଲୋଟିପଡୁଛ, କେତେବେଳେ ମୂର୍ଚ୍ଛିତ ହେଉଛ ଓ ପ୍ରତି ପଦପାତରେ ତୁମର ଚରଣ ସ୍ଖଳିତ ହେଉଛି । ପଥ ଚାଲିବାକୁ ଆରମ୍ଭ କରି ତ ତୁମର ଏପରି ଅବସ୍ଥା ! ଏପରି ହେଲେ ଏତେ ଦୂର ପଥ କିପରି ଯାତ୍ରା କରିବ ? ମୁଁ ପଚାରୁଛି, ତୁମେ ବିଦେଶ ଯାଉଛ କାହିଁକି, କି ଲାଭ ଆଶାରେ ?

ଦଟ୍‌ଠୂଣ ତରୁଣ-ସୁରଅଂ ବିବିହ-ବିଲାସେହିଁ କରଣ-ସୋହିଲ୍ଲଂ ।
ଦୀଓ ଓ ତଗ୍‌ଗଅ-ମଣୋ ଗଅଂ ପି ତେଲ୍ଲଂ ଣ ଲକ୍‌ଖେଇ । ୪୭ ।
(ଦୃଷ୍ଟ୍ୱା ତରୁଣ-ସୁରତଂ ବିବିଧ-ବିଳାସୈଃ କରଣ-ଶୋଭିତମ୍ ।
ଦୀପୋଽପି ତଦ୍‌ଗତ-ମନା ଗତମପି ତୈଳଂ ନ ଲକ୍ଷୟତି ।)

ବିବିଧ ବିଳାସ ଓ କରଣଶୋଭିତ ତରୁଣ-ତରୁଣୀଙ୍କ ସୁରତ ଦେଖି ଦୀପ ମଧ୍ୟ ଏତେ ତଦ୍‌ଗତମନା ହୋଇଛି ଯେ, ତୈଳ ନିଃଶେଷ ହେବାରେ ତାହାର ଧ୍ୟାନ ରହିଲା ନାହିଁ ।

ବ୍ୟାଖ୍ୟା - ସହଚରୀ ପ୍ରତି ସହଚରୀର ଉକ୍ତି-ପ୍ରେମିକ-ପ୍ରେମିକାଙ୍କ ସୁରତ-ଲୀଳା-ବିଧି ଦର୍ଶନରେ ରତି-ମନ୍ଦିରରେ ଜଳୁଥିବା ନିର୍ଜୀବ ଦୀପ ମଧ୍ୟ ଆତ୍ମ-ବିସ୍ମୃତ ହୋଇପଡ଼େ। କାରଣ ଆଲିଙ୍ଗନ, ଚୁମ୍ବନ ଆଦି ବିଳାସପୂର୍ଣ୍ଣ ଓ କାମଶାସ୍ତ୍ରୋକ୍ତ କରଣାଦି ଶୋଭିତ ତରୁଣ-ତରୁଣୀଙ୍କ ସୁରତଲୀଳା ଦେଖି ଦୀପ ସେଥିରେ ଏତେ ଗତମନା ହୋଇଯାଇଥାଏ ଯେ ତୈଳ ଶେଷ ହୋଇ ସଳିତା ପର୍ଯ୍ୟନ୍ତ ଜଳିଗଲେ ମଧ୍ୟ ଦୀପର ଦେଖିବା ଶେଷ ହୁଏ ନାହିଁ।

ପୁଣରୁତ୍ତ-କରପ୍‌ଫାଲଣ-ଉହଅ-ତଡୁଲ୍ଲିହଣ-ବଡ୍‌ଢଣ-ସଆଇଂ
ଜୁହାହିବସ୍‌ସ ମାଏ ପୁଣୋ ବି ଜଇ ଣମ୍ମଆ ସହଇ ।୪୮।
(ପୁନରୁକ୍ତ-କରାସ୍ଫାଳନୋଭୟ-ତଟୋଲ୍ଲିଖନ-ପୀଡ଼ନ-ଶତାନି।
ଯୂଥାଧିପସ୍ୟ ମାତଃ ପୁନରପି ଯଦି ନର୍ମଦା ସହତେ।)

ଏ ମା, ଯୂଥପତିର ବାରମ୍ବାର କରଦ୍ୱାରା ଅଜସ୍ର ତାଡ଼ନ, ଉଭୟ ତଟରେ ଅଜସ୍ର ଉତ୍‌ଖନନ ଓ ଅଜସ୍ର ପୀଡ଼ନ ନର୍ମନା ଯଦି ପୁଣି ସହିପାରେ।

ବ୍ୟାଖ୍ୟା - ଅନ୍ୟାପଦେଶ ମାଧ୍ୟମରେ ସୁରତମଲ୍ଲ ନାୟକର ଆଚରଣ ସମ୍ବନ୍ଧରେ ଦୂତୀ-ଉକ୍ତି। ନର୍ମଦା ନଦୀ ଅର୍ଥରେ ଓ ନର୍ମଦାୟିନୀ ନାୟିକା ଅର୍ଥରେ ତଥା ଯୂଥପତି ହସ୍ତୀ ଅର୍ଥରେ ଗୋଷ୍ଠୀ-ନାୟକ ବା ଦଳପତି ଅର୍ଥରେ ପ୍ରଯୁକ୍ତ। ହସ୍ତୀ ପ୍ରମତ୍ତ ହୋଇ ଶୁଣ୍ଢ ଦ୍ୱାରା ଜଳରେ ଆସ୍ଫାଳନ, ନଦୀର ଉଭୟ ତଟରେ ଖନନ ଆଦି କାର୍ଯ୍ୟ କରିଥାଏ। ବାରମ୍ବାର କରାଘାତରେ ସେ ନର୍ମଦାକୁ ବହୁଭାବେ ପୀଡ଼ିତ କରିଥାଏ। ପ୍ରସ୍ତୁତ ସୁରତମଲ୍ଲ ଦଳପତି ସେହିପରି ନର୍ମଦାୟିନୀ ନାୟିକାର ପୃଷ୍ଠଦେଶରେ କରଦ୍ୱାରା ଆସ୍ଫାଳନ, ଉଭୟ ପାର୍ଶ୍ୱରେ ନଖ-ଚିହ୍ନ ଅଙ୍କନ ଓ ଗାଢ଼ାଲିଙ୍ଗନଦ୍ୱାରା ପୀଡ଼ନ କରିଥାଏ। ଦୂତୀର ତାତ୍ପର୍ଯ୍ୟ, ନର୍ମଦା ହୁଏତ ଏ ସମସ୍ତ ସହ୍ୟ କରିପାରିବ ନାହିଁ; ଅର୍ଥାତ୍ କାମଶାସ୍ତ୍ର-ବିଶାରଦ ଏହି ନାୟକ ସହିତ ନାୟିକା ଶୃଙ୍ଗାର ବିନୋଦରେ ପ୍ରବୃତ୍ତ ହେବା ଉଚିତ୍।

ବୋଡ଼-ସୁଣଓ ବିଅଣ୍ଣୋ, ଅତ୍ତା ମତ୍ତା, ପଈ ବି ଅଣ୍ଣତ୍‌ଥୋ।
ଫଲିହଂ ବ ମୋଡ଼ିଅଂ ମହିସଏଣ, କୋ ତସ୍‌ସ ସାହେଉ ।୪୯।
(ଦୁଷ୍ଟ-ଶୁନକୋ ବିପନ୍ନଃ ଶ୍ୱଶ୍ରୂର୍ମତ୍ତା ପତିରପ୍ୟନ୍ୟସ୍ଥଃ।
କାର୍ପାସ୍ୟପି ଭଗ୍ନା ମହିଷକେଣ କସ୍ତସ୍ୟ କଥୟତୁ।)

ଦୁଷ୍ଟ କୁକୁର ବେମାର ପଡ଼ିଛି, ଶାଶୁ ଉନ୍ମାଦ ରୋଗଗ୍ରସ୍ତା, ପତି ଅନ୍ୟ ସ୍ଥାନରେ ରହିଛନ୍ତି, ମଇଁଷି ମଧ୍ୟ କପା ଖେତ ଭାଙ୍ଗି ଉଜାଡ଼ିଦେଲାଣି; କେହି ନାହିଁ ଯେ ତାଙ୍କୁ ଯାଇ କହିବ।

ବ୍ୟାଖ୍ୟା - ନାୟିକାର ଉପପତିକୁ ସୂଚନା- ଯେଉଁ ଦୁଷ୍ଟ କୁକୁର ଘର ଜଗୁଥିଲା

ସେ ବେମାର ପଡ଼ିଥିବାରୁ ତା'ଠାରୁ କୌଣସି ଭୟ ନାହିଁ, ଶାଶୁ ପାଗଳ ହୋଇଯାଇଛନ୍ତି ଓ ପୁରୁଷ ବିଦେଶ ଚାଲିଯାଇଛନ୍ତି। ମଇଁଷି ମଝିରେ ମଝିରେ ଆସି କପା ଖେତ ନଷ୍ଟ ଭ୍ରଷ୍ଟ କରୁଛି। ପ୍ରବାସୀ ପତିକୁ ଘରର ଏ ସମସ୍ତ ଘଟଣା କହିବା ପାଇଁ କେହି ନାହାନ୍ତି। ଏଣୁ କପା ଖେଦ ନୁହେଁ, ତୁମେ ନିଃଶଙ୍କରେ ଘରକୁ ଆସ।

ସକଅ-ଗ୍‌ଗହ-ରହସୁତ୍ତାଣିଆଣଣା ପିଅଇ ପିଅ-ମୁହ-ବିଇଣ୍ଣଂ।
ଥୋଅଂ ଥୋଅଂ ରୋସୋସହଂ ବ ଉଅ ମାଣିଣୀ ମଇରଂ । ୫୦।
(ସକଚ-ଗ୍ରହ-ରଭସୋତ୍ତାନିତାନନା ପିବତି ପ୍ରିୟ-ମୁଖ-ବିତୀର୍ଣାମ୍।
ସ୍ତୋକଂ ସ୍ତୋକଂ ରୋଷୌଷଧମିବ ପଶ୍ୟ ମାନିନୀ ମଦିରାମ୍।)

ଦେଖ, ପ୍ରିୟତମ ମାନିନୀର ମୁଖକୁ କଚ ଗ୍ରହଦ୍ୱାରା ବଳପୂର୍ବକ ଉପରକୁ ଉଠାଇ ନିଜ ମୁଖର ମଦିରା ଅର୍ପଣ କରୁଛି ଓ ସେ ତାହାକୁ ରୋଷ ନିବାରକ ଔଷଧ ଭଳି ଧୀରେ ଧୀରେ ପିଉଛି।

ବ୍ୟାଖ୍ୟା - ମାନିନୀ ନାୟିକାର ମାନ-ଭଙ୍ଗ ଦୃଶ୍ୟ ପ୍ରତି ସହଚରର ଦୃଷ୍ଟି ଆକର୍ଷଣ କରି ବିଦଗ୍‌ଧର ଉକ୍ତି-ମାନିନୀ ନାୟିକାର ମାନଭଙ୍ଗ କରିବାପାଇଁ ପ୍ରିୟତମ ତାହାର କେଶଗୁଚ୍ଛକୁ ଧରି ନୁଆଁଇଥିବା ମୁଖକୁ ଉପରକୁ ଉଠାଇ ନିଜ ମୁଖରେ ଥିବା ମଦିରାକୁ ନାୟିକା ମୁଖରେ ଢାଳିଦେଉଛି। ରୋଗୀ ଯେପରି କଟୁ ଔଷଧକୁ ଅନିଚ୍ଛା ସତ୍ତ୍ୱେ ଧୀରେ ଧୀରେ ପାନକରେ, ମାନବଶତଃ ନାୟିକା ସେହିପରି ପ୍ରିୟତମଦତ୍ତ ମୁଖ-ମଦିରାକୁ ମାନ-ନିବାରକ ଔଷଧ ରୂପେ ଆସ୍ତେ ଆସ୍ତେ ପିଉଛି।

ଗିରି-ସୋତ୍ତୋ ତ୍ତି ଭୂଅଂଗଂ ମହିସୋ ଜୀହଇ ଲିହର ସଂତତ୍ତୋ।
ମହିଷସ୍‌ସ କହ୍‌ଣ-ବତ୍‌ଥର-ଝରୋ ତ୍ତି ସପ୍ପୋ ପିଅଇ ଲାଲାଂ । ୫୧ ।
(ଗିରି-ସ୍ରୋତ ଇତି ଭୂଜଙ୍ଗ ମହିଷୋ ଜିହ୍ୱାୟା ଲେଢ଼ି ସଂତପ୍ତଃ।
ମହିଷସ୍ୟ କୃଷ୍ଣ-ପ୍ରସ୍ତର-ଝର ଇତ ସର୍ପଃ ପିବତି ଲାଲାମ୍।

ଗ୍ରୀଷ୍ମ-ସନ୍ତାପରେ ସନ୍ତପ୍ତ ମହିଷ ଗିରିସ୍ରୋତ ମନେକରି ସର୍ପକୁ ଚାଟିଲାଗିଛି ଓ ସର୍ପ କଳା ପଥରର ଝରଣା ମନେକରି ମହିଷର ଲାଳକୁ ପିଉଛି।

ବ୍ୟାଖ୍ୟା - ଆର୍ତ୍ତ ବ୍ୟକ୍ତି ବୈରଭାବ ଭୁଲି ଶତ୍ରୁକୁ ମଧ୍ୟ ଆଲିଙ୍ଗନ କରେ। ଗ୍ରୀଷ୍ମ-ମଧ୍ୟାହ୍ନରେ ନିଦାଘତପ୍ତ ମହିଷ ସର୍ପର ଦେହକୁ ଗିରିସ୍ରୋତ ମନେକରି ତୃଷିତ ରସନାରେ ଲେହନ କରିବାକୁ ଲାଗେ। ତାହାର କାରଣ ବୋଧଜ୍ଞାନ ଲୋପ ପାଇଥାଏ। ଅନ୍ୟ ପକ୍ଷରେ, ଗ୍ରୀଷ୍ମ-ଦଗ୍‌ଧ ମହିଷର ମୁଖରୁ ଝରୁଥିବା ଲାଳକୁ ସାପ ମଧ୍ୟ କୃଷ୍ଣଶିଳାରୁ ଜଳଧାରା ଝରୁଥିବା ଜ୍ଞାନକରି ପାନକରେ। ମହିଷ ଓ ସର୍ପ ପରସ୍ପରର ବୈରୀ; ତଥାପି ଗ୍ରୀଷ୍ମ-ମଧ୍ୟାହ୍ନରେ ଉଭୟ ତତ୍ତ୍ୱଜ୍ଞାନବିରହିତ ଓ ସମାନ ଭ୍ରାନ୍ତିର ଅଧୀନ।

ପଞ୍ଜରି-ସାରିଂ ଅତ୍ତା ଣ ଣେସି କିଂ ଏତ୍‌ଥ ରଇ-ହରାହିନ୍ତୋ।
ବୀସମ୍ଭ-ଜମ୍ପିଆଇଂ ଏସା ଲୋଆଣଁ ପଅଡ଼େଇ । ୫୨ ।
(ପଞ୍ଜର-ଶାରୀଂ ଶ୍ୱଶ୍ରୁ ନ ନୟତି କିମନ୍ତ ରତି-ଗୃହାତ୍।
ବିସ୍ରମ୍ଭ-ଜଳ୍ପିତାନ୍ୟେଷା ଲୋକାନାଂ ପ୍ରକଟୟତି।)

ଆଗୋ ଶାଶୁ, ପଂଜର-ସାରୀକୁ ଏଇ ରତିଗୃହରୁ କାହିଁକି ନେଇଯାଉନାହାନ୍ତି? ସେ ହିଁ ବିସ୍ରମ୍ଭ କଥାଗୁଡ଼ିକୁ ଲୋକଙ୍କ ଆଗରେ ପ୍ରଘଟ କରିଦେଉଛି।

ବ୍ୟାଖ୍ୟା - ରତିଗୃହରେ ଶୁକ-ସାରୀଙ୍କ ପଂଜୁରି ରଖାଯାଇଥାଏ। ନାୟକ-ନାୟିକା ରତି-ଗୃହରେ ଯେଉଁ ରହସ୍ୟ ବା ଗୋପନୀୟ ଆଳାପ କରିଥାନ୍ତି, ସାରୀ ପ୍ରଭାତ ହେଲେ ପରିବାରର ସଭ୍ୟମାନଙ୍କୁ ତାହା ଶୁଣାଇଦିଏ। ତେଣୁ ପ୍ରସ୍ତୁତ ନାୟିକା ରତିଗୃହରୁ ପକ୍ଷୀଟିକୁ କାଢ଼ିନେବା ପାଇଁ କହିଛି।

ଏଦ୍ଦହ-ମେତ୍ତେ ଗାମେ ଣ ପଡ଼ଇ ଭିକ୍‌ଖ ତ୍ତି କୀସ ମଂ ଭଣସି।
ଧମ୍ମିଅ କରଞ୍ଜ-ଭଞ୍ଜଅ ଜଂ ଜୀଅସି ତଂ ପି ଦେ ବହୁଅଂ ।୫୩ ।
(ଏତାବନ୍-ମାତ୍ରେ ଗ୍ରାମେ ନ ପତତି ଭିକ୍ଷେତି ନ କିମିତି ମାଂ ଭଣସି।
ଧାର୍ମିକ କରଞ୍ଜ-ଭଞ୍ଜକ ଯଜ୍ଜୀବସି ତଦପି ତେ ବହୁକମ୍।

ହେ କରଞ୍ଜଶାଖା ଭଗ୍ନକାରୀ ଧର୍ମାତ୍ମା, ଏଡ଼େ ବଡ଼ ଗାଁରେ 'ଭିକ୍ଷା ମିଳୁନାହିଁ' ବୋଲି ମୋତେ କାହିଁକି କହୁଛ? ତୁମେ ଯେ ଜୀବିତ ରହିଛ, ତାହାହିଁ ତୁମ ପାଇଁ ବହୁତ।

ବ୍ୟାଖ୍ୟା - ସଂକେତ ସ୍ଥାନ କରଂଜକୁଂଜକୁ ଭାଙ୍ଗୁଥିବା ଭିକ୍ଷୁକକୁ ଭୟ ପ୍ରଦର୍ଶନ କରି ନାୟିକା ଉକ୍ତି- ତୁମେ ତ କରଞ୍ଜ ଗଛ ଶାଖାଗୁଡ଼ିକୁ ଭାଙ୍ଗି ଅପରାଧ କରୁଛ, ଏଣେ କହୁଛ, "ଏ ଅପାଣ୍ଡବ ଦେଶରେ ଭିକ୍ଷା ମିଳୁନାହିଁ।" ଶାଖା ଭାଙ୍ଗିବା ଓ ଗାଁ ପ୍ରତି ଅପମାନଜନକ ଭାଷା ବ୍ୟବହାର କରିବା - ଏ ଦୁଇଟି ଅପରାଧ ସତ୍ତ୍ୱେ ତୁମେ ଯେ ବଞ୍ଚି ରହିଛ ତାହାହିଁ ତୁମର ବଡ଼ ଭାଗ୍ୟ। ଶୀଘ୍ର ପଳାଇ ଯା', ନ ହେଲେ ଗାଁ ଲୋକେ ତୁମକୁ ମାରିଦେବେ।

ଜନ୍ତିଅ ଗୁଳଂ ବିମଗ୍‌ଗସି ଣ ଅ ମେ ଇଚ୍ଛାଇ ବାହସେ ଜନ୍ତଂ।
ଅଣରସିଅ କିଂ ଣ ଆଣସି ଣ ରସେଣ ବିଣା ଗୁଲୋ ହୋଇ । ୫୪।
(ଯାନ୍ତ୍ରିକ ଗୁଡଂ ବିମାର୍ଗୟସେ ନ ଚ ମନେଚ୍ଛୟା ବାହୟସି ଯନ୍ତ୍ରମ୍।
ଅରସିକ କିଂ ନ ଜାନାସି ନ ରସେନ ବିନା ଗୁଡ଼ୋ ଭବତି।)

ଆରେ ଯନ୍ତ୍ରଚାଳକ, ଗୁଡ଼ ଖୋଜୁଛୁ ଓ ମୋ ଇଚ୍ଛାନୁସାରେ ଯନ୍ତ୍ର ଚଳାଇ ପାରୁନାହୁଁ। ଆରେ ଅରସିକ, ତୁ କ'ଣ ଜାଣିନାହୁଁ ଯେ ରସ ବିନା ଗୁଡ଼ ହୁଏ ନାହିଁ?

ବ୍ୟାଖ୍ୟା - ନାୟକ ପ୍ରତି ନାୟିକା ଉକ୍ତି- ଆରେ କଳଚାଳକ, ରସ ଉତ୍ପନ୍ନ

ନକରି ତୁ ଗୁଡ଼ ଖୋଜୁଛୁ ? ଆଗେ ରସ, ତା'ପରେ ଗୁଡ଼ ହୁଏ । ମୋ ମନରେ ଅନୁରାଗରୂପ ରସ ଜାତ ନ କରି ତୁ ଆନନ୍ଦଗୁଡ଼ ଖୋଜିଲେ ମିଳିବ କିପରି ?

ପତ୍ତା-ଣିଅମ୍ବ-ଫଂସା ଣ୍ହାଣୁତ୍ତିଣ୍ଣାଏଁ ସାମଲଙ୍ଗୀଏ ।
ଜଲ-ବିନ୍ଦୁଏହିଁ ଚିହୁରା ରୁଅନ୍ତି ବନ୍ଧସ୍ସ ବ ଭଏଣ । ୫୫।
(ପ୍ରାପ୍ତ-ନିତମ୍ବ-ସ୍ପର୍ଶାଃ ସ୍ନାନୋତ୍ତୀର୍ଣାୟାଃ ଶ୍ୟାମଳାଙ୍ଗ୍ୟାଃ ।
ଜଳ-ବିନ୍ଦୁକୈଶ୍ଚିକୁରା ରୁଦନ୍ତି ବନ୍ଧସ୍ୟେବ ଭୟେନ ।)

ସ୍ନାନୋତ୍ତୀର୍ଣା ଶ୍ୟାମଳାଙ୍ଗୀର ଚିକୁରରାଜି ନିତମ୍ବର ସ୍ପର୍ଶ ଲାଭ କରି ସତେକି ବନ୍ଧନ ଭୟରେ ଜଳବିନ୍ଦୁ ରୂପରେ କାନ୍ଦୁଛନ୍ତି ।

ବ୍ୟାଖ୍ୟା - ସ୍ନାନ ସମାପନ କରି କୂଳକୁ ଉଠିଆସିଥିବା ନାୟିକାକୁ ଦେଖି ବିଦଗ୍ଧର ସହଚର ପ୍ରତି ଉକ୍ତି-ଶ୍ୟାମା ଲାବଣ୍ୟବତୀର ନିତମ୍ବସ୍ପର୍ଶୀ ଚିକୁରରାଜି ଜଳବିନ୍ଧ ଛଳରେ ପରବର୍ତ୍ତୀ ସମୟରେ ବନ୍ଧନରେ ପଡିବେ ବୋଲି କାନ୍ଦୁଛନ୍ତି । ଦେଖ, କେଶକଳାପରୁ ଝରୁଥିବା ଜଳବିନ୍ଦୁ ଛଳରେ ସେମାନେ ସତେ ଯେପରି ଅଶ୍ରୁ ବିସର୍ଜନ କରୁଛନ୍ତି । ନିତମ୍ବତଟରେ ଲୋଟୁଥିବା ଚିକୁରଭାରକୁ ରୂପସୀ କବରୀବନ୍ଧନରେ ବାନ୍ଧିଦେଲେ ସେମାନେ ଯେ ନିତମ୍ବ ସ୍ପର୍ଶମୁଖରୁ ବଞ୍ଚିତ ହେବେ ।

ଗାମଙ୍ଗଣ-ଣିଅଡ଼ିଅ-କହ୍ଣ ବକ୍ଖ ବଡ଼ ତୁଜ୍ଝ ଦୂରମଣୁଲଗ୍ଗୋ ।
ତିତ୍ତିଲ୍ଲ ପଡ଼ିକ୍ଖକ-ଭୋଇଓ ବି ଗାମୋ ଣ ଉବ୍‌ବିଗ୍ଗୋ ।୫୬।
(ଗ୍ରାମଙ୍ଗଣ-ନିଗଡ଼ିତ କୃଷ୍ଣପକ୍ଷ ବଟ ତବ ଦୂରମନୁଲଗ୍ନଃ ।
ଦୌଃ ସନ୍ଧିକ-ପ୍ରତୀକ୍ଷକ-ଭୋଗିକୋଽପି ଗ୍ରାମୋ ନୋଦ୍‌ବିଗ୍ନଃ ।)

ହେ ବଟବୃକ୍ଷ, ତୁମେ ଗ୍ରାମର ଅଙ୍ଗନରେ କୃଷ୍ଣପକ୍ଷର ଅନ୍ଧକାରକୁ ବାନ୍ଧି ରଖିଛ । ତୁମେ ଦୂରରେ ରହିଥିବାରୁ ଗ୍ରାମ ଉଦ୍‌ବିଗ୍ନ ହେଉନାହିଁ । ଭୋଗାସକ୍ତ କାମିମାନଙ୍କର ଦ୍ୱାରପାଳ ପ୍ରତୀକ୍ଷା କରି ରହିଛି ।

ବ୍ୟାଖ୍ୟା - ଜାରକୁ ସୂଚନା ଦେଇ ଅସତୀ କହିଛି- କୃଷ୍ଣପକ୍ଷର ପୁଞ୍ଜିତ ଅନ୍ଧକାରକୁ ଗ୍ରାମ ସମାପର ଯେଉଁ ବଟବୃକ୍ଷ ବାନ୍ଧିରଖିଛି, ସେଇଠାରେ ଆମର ମିଳନ ଘଟିବ । କାମୁକ ବା ଭୋଗୀ ଲୋକେ ସୁଯୋଗ ଖୋଜି ବୁଲୁଥିଲେ ହେଁ ଭୋଜିକରକ୍ଷୀ ବା ଗାଁ ଚଉକିଆ ଚୋର ଧରିବାକୁ ସୁଯୋଗ ଅପେକ୍ଷାରେ ରହିଛି ।

ସୁପ୍ପଂ ଡଡ୍‌ଢ଼ଂ ଚଣଆ ଣ ଭଜ୍ଜିଆ ସୋ ଜୁଆ ଅଇକ୍‌କନ୍ତୋ ।
ଅତ୍ତା ବି ଘରେ କୁବିଆ ଭୁଆଣଁ ବ ବାଇଓ ବଂସୋ ।୫୭।
(ଶୂର୍ପଂ ଦଗଧଂ ଚଣକା ନ ଭୃଷ୍ଟାଃ ସ ଯୁବାତିକ୍ରାନ୍ତଃ ।
ଶ୍ୱଶ୍ରୂରପି ଗୃହେ କୁପିତା ଭୂତାନାମପି ବାଦିତୋ ବଂଶଃ ।)

ଡଙ୍କି ଜଳିଗଲା, ଚଣା ଭଜାଯାଇ ପାରିଲା ନାହିଁ, ସେଇ ଯୁବକ ମଧ୍ୟ ଚାଲିଗଲା। ଘରେ ଶାଶୁ ରାଗଗଲେ। ସତେ ଯେପରି ଭୁତ ଆଗରେ ବଂଶୀ ବଜାଯାଉଛି।

ବ୍ୟାଖ୍ୟା- ଅସାବଧାନତା ହେତୁ କୌଣସି ରନ୍ଧନକର୍ମନିରତା ବଧୂର ସକଳ ଚେଷ୍ଟା କିପରି ବ୍ୟର୍ଥ ହୁଏ, ଏଇ ପ୍ରସଙ୍ଗରେ ସହଚରୀର ଉକ୍ତି। ବଧୂଟି ରନ୍ଧନରେ ବ୍ୟସ୍ତ ଥିବା ବେଳେ ପ୍ରେମିକ ଯୁବକଟି ତାକୁ ଭେଟିବାକୁ ଆସିଥିଲା। ଏଣେ ଚଣା ଭାଜିବା ପାଇଁ ଚୁଲିରେ ବସାଇଛି, ତେଣେ ପ୍ରେମିକ ଆସିଛି। ଦୁଇ ଦିଗ ପ୍ରତି ଏକକାଳରେ ଦୃଷ୍ଟି ଦେଉଁ ଦେଉଁ ଡଙ୍କଟି ଜଳିଗଲା, ଚଣା ପୋଡ଼ି ପାଉଁଶ ହୋଇଗଲା, ନିରୂପିତ ସମୟରେ ଯୁବକ ସହିତ ମିଳିତ ହୋଇ ନପାରିବାରୁ ସେ ମଧ୍ୟ ଚାଲିଗଲା, ଘରକାମରେ ହେଳା କରିବାରୁ ଶାଶୁ କୁପିତା ହେଲେ - ଏହିପରି ତାହାର ସକଳ ଚେଷ୍ଟା ବ୍ୟର୍ଥ ହେଲା। ଏହା ଶ୍ରୁତିବିକଳ ଭୂତ ଆଗରେ ବଂଶୀ ବଜାଇବା ଭଳି କଥା ହେଲା।

ପିସୁଣନ୍ତି କାମିଣୀଣଂ ଜଲ-ଲୁକ୍କ ପିଆବଊହଣ-ସୁହେଲ୍ଲିଂ।
କଣ୍ଟଇଅ-କବୋଲପ୍ପୁଲ୍ଲ-ଣିଚ୍ଚଲଚ୍ଛୀଇଁ ବଅଣାଇଂ । ୫୮ ।
(ପିଶୁନୟନ୍ତି କାମିନୀନାଂ ଜଳ-ନିଲୀନ-ପ୍ରିୟାବଗୂହନ-ସୁଖକେଳିମ୍।
କଣ୍ଟକିତ-କପୋଳୋତ୍‌ଫୁଲ୍ଲ-ନିଶ୍ଚଳାକ୍ଷୀଣି ବଦନାନି।)

ରୋମାଞ୍ଚିତ କପୋଳବିଶିଷ୍ଟା ଉତ୍‌ଫୁଲ୍ଲ-ନିଶ୍ଚଳ-ନୟନା କାମିନୀମାନଙ୍କର ବଦନରାଜି ଜଳରେ ନିଲୀନ ପ୍ରିୟତମଙ୍କ ଆଲିଙ୍ଗନରୁ ଉତ୍ପନ୍ନ ସୁଖକେଳିର ସୂଚନା ଦେଉଛନ୍ତି।

ବ୍ୟାଖ୍ୟା - ଗ୍ରୀଷ୍ମକାଳରେ ତରୁଣ-ତରୁଣୀମାନଙ୍କର ଜଳକ୍ରୀଡ଼ାର ରହସ୍ୟ ବର୍ଣ୍ଣନା କରି ବିଦଗ୍ଧର ସହଚର ପ୍ରତି ଉକ୍ତି - ଏଇ ତରୁଣୀମାନେ ଜଳରେ ବୁଡ଼ି ପ୍ରିୟତମଙ୍କର ବାହୁ-ବନ୍ଧନ ଲାଭ କରିଥିବାରୁ ଗୁପ୍ତଲୀଳାର ଅଭାବିତ ସୁଖରେ ସେମାନଙ୍କ ଗଣ୍ଡଦେଶ କଣ୍ଟକିତ ହୋଇଉଠିଛି ତଥା ନିଶ୍ଚଳ ନୟନରେ ନୀରବ ହାସ୍ୟ ପ୍ରକାଶ ପାଉଛି। ପ୍ରିୟତମଙ୍କ ଆଲିଙ୍ଗନ ଯେ ସେମାନଙ୍କର ସୁଖର କାରଣ, ଏଇଥିରୁ ପ୍ରମାଣ ମିଳୁଛି।

ଅହିଣବ-ପାଉସ-ରସିଏସୁ ସୋଁହଇ ସାଆଇଏସୁ ଦିଅହେସୁ।
ରହସ-ପସାରିଅ-ଗୀବାଣଁ ଣଚ୍ଚିଅଂ ମୋର-ବୃନ୍ଦାଣଂ । ୫୯।
(ଅଭିନବ-ପ୍ରାବୃଡ୍-ରସିତେଷ୍ଟୁ ଶୋଭତେ ଶ୍ୟାମାୟିତେଷ୍ଟୁ ଦିବସେଷ୍ଟୁ।
ରଭସ-ପ୍ରସାରିତ-ଗ୍ରୀବାଣାଂ ନୃତ୍ୟଂ ମୟୂର-ବୃନ୍ଦାନାମ୍।)

ନବବର୍ଷାର ଗର୍ଜନଭରା ଶ୍ୟାମାୟମାନ ଦିବସମାନଙ୍କରେ ଉଲ୍ଲସିତଗ୍ରୀବ ମୟୂରମାନଙ୍କର ନୃତ୍ୟ ଶୋଭା ପାଉଛି।

ବ୍ୟାଖ୍ୟା - ନାୟକ ପ୍ରତି ନାୟିକା ଉକ୍ତି- ଶୁଣ, ନବବର୍ଷାର ମେଘ ଗର୍ଜନ

କରୁଛି। ଦିନରେ ଅନ୍ଧାର ଘନାଇ ଉଠୁଛି। ମତ୍ତମୟୂର ଆନନ୍ଦଭରେ ଗ୍ରୀବା ପ୍ରସାରଣ କରି ନୃତ୍ୟ କରୁଛି। ନାୟିକାର ତାତ୍ପର୍ଯ୍ୟ, ଏଇ ମେଘାନ୍ଧାରିତ ଦିବସରେ ବନମୟୂରଶୋଭିତ ଲତାଗୃହ ଆମର ଅଭିସାର ସ୍ଥଳ ହେବ।

ମହିସ-କ୍ଖନ୍ଧ-ବିଲଗ୍‌ଗଂ ଘୋଲଇ ସିଙ୍ଗାହଅଂ ସିମିସିମନ୍ତଂ।
ଆହଅ-ବୀଣା-ଝଙ୍କାର-ସଦ୍ଦ-ମୁହଲଂ ମସଅ-ବୁନ୍ଦଂ ।୬୦।
(ମହିଷ-ସ୍କନ୍ଧ-ବିଲଗ୍ନଂ ଘୂର୍ଣତେ ଶୃଙ୍ଗାହତଂ ସିମସିମାୟମାନମ୍।
ଆହତ-ବୀଣା-ଝଙ୍କାର-ଶବ୍ଦ-ମୁଖରଂ ମଶକ-ବୃନ୍ଦମ୍।)

ମଇଁଷିର କାନ୍ଧ ଉପରେ ଲାଗିଥିବା ମଶାମାନେ ଶିଙ୍ଗରେ ଆହତ ହୋଇ ସିଂ ସିଂ ଶବ୍ଦ କରି ଆହତ ବୀଣା-ଝଙ୍କାର ଶବ୍ଦ ଭଳି ମୁଖର ହୋଇ ବୁଲୁଛନ୍ତି।

ବ୍ୟାଖ୍ୟା - ସ୍ୱଭାବ ବର୍ଣନା। ଗୋଠରେ ମଶାପଲ ମଇଁଷି କାନ୍ଧରେ ବସି କାମୁଡ଼ି ଲାଗିଛନ୍ତି। ଦଂଶନ-କାତର ମଇଁଷି ବ୍ୟସ୍ତ ହୋଇ ଶିଙ୍ଗରେ ତାଡ଼ନା କଲେ ମଶାମାନେ ପଳାଇଯାଉଛନ୍ତି। ପଳାୟନ କାଳରେ ସେମାନଙ୍କର ସିଁ ସିଁ ଶବ୍ଦ ବୀଣା-ଝଙ୍କାର ଭଳି ଶୁଭୁଛି।

ରେହନ୍ତି କୁମୁଅ-ଦଲ-ଣିଚ୍ଚଇ-ଝଠିଆ ମତ୍ତ-ମହୁଅର-ଣିହାଆ।
ସସି-ଅର-ଣୀସେସ-ପଣାସିଅସ୍‌ସ ଗଣ୍ଠି ବ୍‌ବ ତିମିରସ୍‌ସ ।୬୧।
(ରାଜନ୍ତେ କୁମୁଦ-ଦଳ-ନିଶ୍ଚଳ-ସ୍ଥିତା ମତ୍ତ-ମଧୁକର-ନିକାୟାଃ।
ଶଶିକର-ନିଃଶେଷ-ପ୍ରଣାଶିତସ୍ୟ ଗ୍ରନ୍ଥୟ ଇବ ତିମିରସ୍‌ସ।)

କୁମୁଦଦଳ ଉପରେ ନିଶ୍ଚଳ ଭାବେ ବସି ମତ୍ତ ମଧୁକର ନିକର ଚନ୍ଦ୍ରକିରଣଦ୍ୱାରା ନିଃଶେଷରେ ନଷ୍ଟପ୍ରାପ୍ତ ଅନ୍ଧକାରର ଗ୍ରନ୍ଥି ଭଳି ଶୋଭା ପାଉଛନ୍ତି।

ବ୍ୟାଖ୍ୟା - ଅଭିସାର ନିମନ୍ତେ କୁମୁଦ ସରୋବର ତୀରକୁ ଯାଇ ଫେରିଆସିଥିବା ନାୟିକାର ନାୟକ ପ୍ରତି ଉକ୍ତି- ରାତ୍ରିର ବିଳମ୍ବିତ ପ୍ରହରରେ ଚନ୍ଦ୍ରୋଦୟ ପର୍ଯ୍ୟନ୍ତ ମୁଁ କୁମୁଦସରସୀ ତୀରରେ ତୁମକୁ ଅପେକ୍ଷା କରି କରି ଫେରିଆସିଲି। ସେତେବେଳେ ଜ୍ୟୋସ୍ନାଲୋକରେ ସର୍ବ ଦିଗ ଭରିଯାଇଥିଲା। କୁମୁଦଦଳ ଉପରେ ନିଶ୍ଚଳ ମତ୍ତ ମଧୁକରମାନେ ବସିଥିଲେ। ଧବଳ ଜ୍ୟୋସ୍ନାରେ ବିକ୍ଷିପ୍ତ ହୋଇ ବସିଥିବା ସେମାନଙ୍କର ଲୁପ୍ତ ଶରୀର ଅନ୍ଧକାରର ଗ୍ରନ୍ଥି (ଅବଶେଷ) ଭଳି ପ୍ରତୀତ ହେଉଥିଲା।

ଉଅହ ତରୁ-କୋଡ଼ରାଓ ଣିକ୍‌କନ୍ତଂ ପୁଂ-ସବୁାଣଁ ରିଞ୍ଛୋଲିଂ।
ସରିଏ ଜରିଓ ବ୍‌ବ ଦୁମୋ ପିତ୍ତଂ ବ୍‌ବ ସଲୋହିଅଂ ବମଇ ।୬୨ ।
(ପଶ୍ୟତ ତରୁ-କୋଟେରାନିଷ୍କ୍ରାନ୍ତାଂ ପୁଂ-ଶୁକାନାଂ ପଂକ୍ତିମ୍।
ଶରଦି ଜ୍ୱରିତ ଇବ ଦ୍ରୁମଃ ପିତ୍ତମିବ ସଲୋହିତଂ ବମତି।)

ବୃକ୍ଷକୋଟରରୁ ବାହାରୁଥିବା ପୁଂ ଶୁକପଂକ୍ତିକୁ ଦେଖି, ସତେ ଯେପରି ଶରତ୍‌କାଳରେ ବୃକ୍ଷ ଜ୍ୱରାକ୍ରାନ୍ତ ଭଳି ରକ୍ତ-ମିଶ୍ରିତ ପୀତ ବମନ କରୁଛି।

ବ୍ୟାଖ୍ୟା -ପଶୁପକ୍ଷୀମାନଙ୍କର ସ୍ୱାଭାବିକ ରୂପବର୍ଣ୍ଣନା। ଶରତ୍‌କାଳରେ ବୃକ୍ଷ-କୋଟରରେ ବାସକରୁଥିବା ଶୁକପକ୍ଷୀମାନେ ଶ୍ୟାମଳ ଶସ୍ୟକ୍ଷେତ୍ର ଆଡ଼କୁ ଧାଡ଼ିବାନ୍ଧି ଉଡ଼ିଯାଉଥିବା ଦେଖି ଶାଳି-ଗୋପୀର ଉକ୍ତି। ଶୁକମାନଙ୍କର ଦେହ ସବୁଜ ଓ ଚଂଚୁରକ୍ତବର୍ଣ୍ଣ ହୋଇଥିବାରୁ ଜ୍ୱର ପ୍ରକୋପରେ ବୃକ୍ଷ ରକ୍ତ ସହିତ ପୀତ ବାନ୍ତି କରୁଥିବା ତର୍କଣା କରାଯାଇଛି।

ଧାରା-ଧୁବ୍‌ବନ୍ତ-ମୁହା ଲମ୍ବିଅ-ବକ୍‌ଖା ଣିଉଞ୍ଚିଅ-ଗ୍‌ଗୀବ।
ବଇ-ବେଢ଼ନେସୁ କ ଆ ସୂଳାହିଣ୍ଣୋ ବ୍ୱ ଦୀସନ୍ତି ।୬୩।
(ଧାରା-ଧାବ୍ୟମାନ-ମୂଖା ଲମ୍ବିତ-ପକ୍ଷା ନିକୁଂଚିତ-ଗ୍ରୀବାଃ।
ବୃତି-ବେଷ୍ଟନେସୁ କାକାଃ ଶୂଳାଭିନ୍ନା ଇବ ଦୃଶ୍ୟନ୍ତେ।)

ବୃତି-ବେଷ୍ଟନ ଉପରେ ବୃଷ୍ଟିଧାରା ଦ୍ୱାରା ଧୌତମୁଖ, ଲମ୍ବପକ୍ଷ ଓ ନିକୁଞ୍ଚିତଗ୍ରୀବ କାକ ଶୂଳବିଦ୍ଧ ହେବା ପରି ପ୍ରତୀତ ହେଉଛି।

ବ୍ୟାଖ୍ୟା - ସ୍ୱଭାବ-ବର୍ଣ୍ଣନା। କୁଆ ଆଖି ବୁଜି ବାଡ଼ ଉପରେ ବସି ବର୍ଷାଜଳରେ ଭିଜୁଛି। ଡେଣା ମେଲାଇ ଓ ବେକକୁ କୁଞ୍ଚିତ କରି ମୁହଁକୁ ଜଳରେ ଧୋଇବାବେଳେ କୁଆଟି ଶୂଳରେ ଭିନ୍ନ ହେବା ଭଳି ପ୍ରତୀତ ହେଉଛି।

ଣବି ତହ ଅଣାଲବନ୍ତୀ ହିଅଅଂ ଦୁମେଇ ମାଣିଣୀ ଅହିଅଂ।
ଜହ ଦୂର-ବିଅମ୍ଭିଅ-ଗରୁଅ-ରୋସ ମଜ୍‌ଝତ୍‌ଥ-ଭଣିଏହିଂ । ୬୪ ।
(ନାପି ତଥା ନାଲପନ୍ତୀ ହୃଦୟଂ ଦୁନୋତି ମାନିନ୍ୟଧିକମ୍।
ଯଥା ଦୂର-ବିଜୃମ୍ଭିତ-ଗୁରୁକ-ରୋଷ-ମଧ୍ୟସ୍ଥ-ଭଣିତୈଃ।)

ମାନିନୀ କଥା ନ କହି ହୃଦୟକୁ କଷ୍ଟ ଦେଉନାହିଁ, ଯେତେ ଦୀର୍ଘ ହାଇ ଓ ଗୁରୁକୋପବିଶିଷ୍ଟ ଉଦାସୀନ ବଚନଦ୍ୱାରା ଦେଉଛି।

ବ୍ୟାଖ୍ୟା - ନାୟିକା-ସଖୀ ପ୍ରତି ନାୟକ-ଉକ୍ତି- ମାନିନୀ ପ୍ରିୟା ମୋତେ କଥା ନ କହିଲେ ମଧ୍ୟ ମୁଁ ସେତେ ଦୁଃଖିତ ନୁହେଁ; ମାତ୍ର ତାର ଦୀର୍ଘ ହାଇ ତୋଳି ଗୁରୁରୋଷ ସହିତ ଉଦାସୀନ ବାଣୀ ମୋ ଛାତିରେ ଶେଳସମ ବିନ୍ଧୁଛି। ଏ ରୋଷ ଓ ନିଷ୍ଠୁର ବଚନର ଶେଷ କେଉଁଠି ?

ଗନ୍ଧଂ ଅଗଘାଅନ୍ତଅ ପକ୍‌କ-କଲମ୍ବାଣଁ ବାହ-ଭରିଅଚ୍ଛ।
ଆସସୁ ପହିଅ-ଜୁଆଣଅ ଘରିଣି-ମୁହଂ ମା ଣ ପେଚ୍ଛିହସି । ୬୫।
(ଗନ୍ଧମାଜିଘ୍ରନ୍ ପକ୍ୱ-କଦମ୍ବାନାଂ ବାଷ୍ପ-ଭୃତାକ୍ଷ।
ଆଶ୍ୱସିହି ପଥିକ-ଯୁବନ୍ ଗୃହିଣୀ-ମୁଖଂ ମା ନ ପ୍ରେକ୍ଷିଷ୍ୟସେ।)

ହେ ଯୁବ-ପଥିକ, ପୁଷ୍ଟ କଦମ୍ବର ଗନ୍ଧ ଆଘ୍ରାଣ କରି ତୁମର ନେତ୍ର ବାଷ୍ପପୂର୍ଣ୍ଣ ହୋଇଉଠୁଛି। ତୁମେ ଆଶ୍ୱସ୍ତ ହୁଅ, ଗୃହିଣୀର ମୁଖ ଦେଖିବ ନାହିଁ, ଏପରି ନୁହେଁ।

ବ୍ୟାଖ୍ୟା - ବିରହୀ ପଥିକ ପ୍ରତି କୌଣସି ସମ-ଦରଦୀ ବ୍ୟକ୍ତିର ଉକ୍ତି-ପକ୍ୱ କଦମ୍ବର ଘ୍ରାଣ ତୁମକୁ ଉତଲା କରୁଛି; ସେଥିଲାଗି ତୁମ ନୟନ ଅଶ୍ରୁପୂର୍ଣ୍ଣ ହୋଇଉଠୁଛି। ତୁମେ ଭାବୁଛ, ତୁମର ବିହରଣୀ ପ୍ରିୟା ଆଉ ଜୀବନରେ ନଥିବ। କାରଣ କଦମ୍ବ ବର୍ଷା ଆରମ୍ଭରୁ ଫୁଟି ଏବେ ପରିପକ୍ୱ ହୋଇଗଲାଣି। ତେଣୁ ଏତେ ଦୀର୍ଘ ବିରହ ସହି ନପାରି ତୁମର ପ୍ରିୟା ଜୀବନ ହରାଇ ଦେଇଥିବ। ମାତ୍ର ସାନ୍ତ୍ୱନା ଲାଭ କରି ପ୍ରିୟା ସହିତ ନିଶ୍ଚୟ ମିଳିତ ହେବ।

ଗଜ୍ଜ ମହଂ ଚିଅ ଉବରିଂ ସବ୍‌ବ-ତ୍ଥାମେଣ ଲୋହ-ହିଅଅସ୍‌ସ।
ଜଲହ ଲମ୍ବାଲଇଅଂ ମା ରେ ମାରେହିସି ବରାଇଂ । ୬୬

(ଗର୍ଜ ମାମୈବୋପରି ସର୍ବ-ସ୍ଥାମ୍ନା ଲୋହ-ହୃଦୟସ୍ୟ।
ଜଲଧର ଲମ୍ବାଳକିକାଂ ମା ରେ ମାରୟିଷ୍ୟସି ବରାକୀମ୍‌।)

ରେ ଜଳଧର, ଲୁହା ଭଳି କଠୋର-ହୃଦୟ ମୋ ଉପରେ ତୋର ସମସ୍ତ ବଳ ପ୍ରୟୋଗ କରି ଗର୍ଜନ କର, ଦୀର୍ଘ ଅଳକା-ଶୋଭିନୀ ସେଇ ବିଚାରୀକୁ ମାର ନାହିଁ।

ବ୍ୟାଖ୍ୟା - ମେଘ ପ୍ରତି ପ୍ରବାସୀର ଅନୁରୋଧ-ବଚନ-ହେ ଜଳଧର, ତୁମେ କରୁଣାଶରଣ। ମୋର ଏକବେଶୀଧାରିଣୀ ପ୍ରିୟା ନିକଟରେ ଘୋର ଗର୍ଜନ କରି ଅଶନିପାତ କଲେ ସେ ବିଚାରୀ ଜୀବନ ରଖିପାରିବ ନାହିଁ। ମୁଁ ହିଁ ନିଷ୍ଠୁର; ବର୍ଷାକାଳରେ ତାକୁ ଛାଡ଼ି ଆସି ବିରହ-ଯନ୍ତ୍ରଣା ଭୋଗାଉଛି। ମୋ ଭଳି ଲୌହ ହୃଦୟ ପ୍ରତି କୋପ କରି ବଜ୍ରପାତ କର ପଛେ, ତା ପ୍ରତି ସଦୟ ହୁଅ।

ପଙ୍କ-ମଇଲେଣ ଛୀରେକ୍‌କ-ପାଇଣା ଦିଣ୍ଣେ-ଜାଣୁ-ବଡ଼ଣେଣ।
ଆନନ୍ଦିଜ୍ଜଇ ହଲିଓ ପୁତ୍ତେଣ ବ ସାଲି-ଛେତ୍ତେଣ । ୬୭ ।

(ପଙ୍କ-ମଳିନେନ କ୍ଷୀରୈକ-ପାୟିନା ଦତ୍ତ-ଜାନୁ-ପତନେନ।
ଆନନ୍ଦ୍ୟତେ ହାଳିକଃ ପୁତ୍ରେଣେବ ଶାଳି-କ୍ଷେତ୍ରେଣ।)

ପଙ୍କମଳିନ, କେବଳ ଦୁଗ୍ଧପାନକାରୀ ଓ ଆଣ୍ଠୁରେ ଚାଲୁଥିବା ପୁତ୍ର ଭଳି ଶାଳିକ୍ଷେତ୍ରରେ କୃଷକ ଆନନ୍ଦିତ ହେଉଛି।

ବ୍ୟାଖ୍ୟା - କୃଷକଟି ଧାନବିଲ ପଥଦେଇ ଗଲାବେଳେ ଖେତଗୁଡ଼ିକୁ ଦେଖି ଅପାର ଆନନ୍ଦ ଲାଭ କରୁଛି। ପଙ୍କମଳିନ, କ୍ଷୀର-ନୀରପାୟୀ ଓ ଆଣ୍ଠେଇ ପଡ଼ିଥିବା ଶିଶୁଭଳି ଧାନ ଖେତଗୁଡ଼ିକ ପ୍ରତୀତ ହେଉଛନ୍ତି। ତଣ୍ଡୁଳାରମ୍ଭ ଅବସ୍ଥାରେ ଧାନଗଛଗୁଡିକ

ପଙ୍କମଳିନ, ଦେଖାଯାନ୍ତି, କ୍ଷୀର ବା ଜଳପାନ କରି ବଞ୍ଚନ୍ତି ଓ ଉଠିବାକୁ ଚେଷ୍ଟାକରି ଆଣ୍ଠେଇ ପଡ଼ନ୍ତି।

କହଁ ମେ ପରିଣଇ-ଆଲୋ ଖଲ-ସଙ୍ଗୋ ଦୋହିଇ ତ୍ତି ଚିନ୍ତନ୍ତୋ।

ଓଣଅ-ମୁହୋ ସସୂଓ ରୁଵଇ ବ ସାଲୀ ତୁସାରେଣ ।୬୮।

(କଥଂ ମେ ପରିଣତି-କାଳେ ଖଳ-ସଙ୍ଗୋ ଭବିଷ୍ୟତୀତ ଚିନ୍ତୟନ୍।

ଅବନତ-ମୁଖଃ ସଶୂକୋ ରୋଦିତୀବ ଶାଳିସ୍ତୁଷାରେଣ।)

ମୋର ପରିଣତିକାଳରେ ଖଳର ସଙ୍ଗୀ କିପରି ହେବି-ଏହା ଚିନ୍ତା କରି ମୁଖ ତଳକୁ ପୋତି ଶୂକଯୁକ୍ତ (ଚକ୍ଷୁ ଓ ଶୋକ) ଶାଳିଧାନ୍ୟ ତୁଷାର ଛଳରେ ସତେ ଯେପରି କାନ୍ଦୁଛି।

ବ୍ୟାଖ୍ୟା - ଶାଳିଧାନ୍ୟ ପାଚିଯାଇ ତଳକୁ ନଇଁପଡ଼ିଛି। ତା ଉପରେ ତୁଷାରବିନ୍ଦୁ ପଡ଼ିଛି। କେହି ତର୍କଣା କରିଛି ଯେ, ଶାଳିଧାନ୍ୟ ପାଚିଗଲା ପରେ ଢିଙ୍କିରେ କୁଟାଯିବା ଆଶଙ୍କାରେ ମୁହଁ ତଳକୁ ପୋତି ରୋଦନ କରୁଛି। ଖଳର ସଂଯୋଗରେ ପରିଣାମରେ ତାହାର କି ଦଶା ହେବ-ଏଇ ଦୁଃଖ ସ୍ମରଣ କରି ସେ ଶିଶିର ଛଳରେ କାନ୍ଦୁଛି କି ?

ସଂଝା-ରାଓତ୍ଥଇଓ ଦୀସଇ ଗଅଣମ୍ମି ପଡ଼ିବଆ-ଚନ୍ଦୋ।

ରତ୍ତ-ଦୁଉଲନ୍ତରିଓ ଥଣ-ଣହ-ଲେହୋ ବ୍ବ ଣବ-ବହୁଏ ।୬୯।

(ସଂଧ୍ୟା-ରାଗାବସ୍ଥଗିତୋ ଦୃଶ୍ୟତେ ଗଗନେ ପ୍ରତିପଚ୍ଚନ୍ଦ୍ରଃ।

ରକ୍ତ-ଦୁକୂଳାନ୍ତରିତଃ ସ୍ତନ-ନଖ-ଲେଖ ଇବ ନବ-ବଧ୍ୱାଃ।)

ଆକାଶରେ ସଂଧ୍ୟାରାଗରେ ଢାଙ୍କିହୋଇଥିବା ପ୍ରତିପଦର ଚନ୍ଦ୍ର ରକ୍ତ ଦୁକୂଳରେ ଆବୃତ ନବବଧୂର ସ୍ତନ ଉପରେ ନଖଚିହ୍ନ ଭଳି ଦେଖାଯାଉଛି।

ବ୍ୟାଖ୍ୟା- ସଂଧ୍ୟାରାଗରେ ଢାଙ୍କି ହୋଇଥିବା ପ୍ରତିପଦର ଚନ୍ଦ୍ର ରକ୍ତ ଦୁକୂଳରେ ଆବୃତ୍ତ ନବବଧୂର ସ୍ତନ ଉପରେ ନଖଚିହ୍ନ ଭଳି ଦେଖାଯାଉଛି।

ବ୍ୟାଖ୍ୟା - ସଂଧ୍ୟା ବର୍ଣ୍ଣନା କରି ବିଦଗ୍ଧର ସହଚର ପ୍ରତି ଉକ୍ତି- ନବୀନା ବଧୂର ରକ୍ତ-ଦୁକୂଳ ତଳେ ସ୍ତନପୃଷ୍ଠୋପରି ପ୍ରିୟତମଦତ୍ତ ନଖଚିହ୍ନ ଭଳି ସଂଧ୍ୟାରାଗରେ ଆବୃତ ପ୍ରତିପଦର ଏଇ ବଙ୍କିମ ଚନ୍ଦ୍ରକୁ ଦେଖ।

ଅଇ ଦିଅର କିଂ ଣ ପେଚ୍ଛସି ଆଆସଂ କିଂ ମୁହା ପଲୋଏସି।

ଜାଆଇ ବାହୁ-ମୂଲମ୍ମି ଅଦ୍ଧ-ଅନ୍ଦାଣଁ ପରିବାଡ଼ିଂ । ୭୦ ।

(ଅୟି ଦେର କିଂ ନ ନ ପ୍ରେକ୍ଷସେ ଆକାଶଂ କିଂ ମୁଧା ପ୍ରଲୋକୟସି

ଜାୟାୟା ବାହୁ-ମୂଳେଽର୍ଧେ-ଚନ୍ଦ୍ରାଣାଂ ପରିପାଟୀମ୍।)

ହେ ଦେବର, ଆକାଶ ଆଡ଼କୁ ବୃଥା କାହିଁକି ଚାହୁଁଛ ? ଜାୟାର ବାହୁମୂଳରେ ଅର୍ଦ୍ଧଚନ୍ଦ୍ରର ପରିପାଟୀ ପ୍ରତି କାହିଁକି ଦୃଷ୍ଟିପାତ କରୁନାହିଁ ?

ବ୍ୟାଖ୍ୟା - ଦେବର ପ୍ରତି ଭ୍ରାତୃବଧୂର ପରିହାସ-ଦେବର, ଆକାଶକୁ ଚାହିଁ ଅର୍ଦ୍ଧଚନ୍ଦ୍ରର ଶୋଭା ଦେଖିବାକୁ ଅଭିଳାଷ କାହିଁକି ? ଗୃହରେ ତ ଜାୟାର ବାହୁମୂଳରେ ନଖାଘାତରେ ଧାଡ଼ି ଧାଡ଼ି ଚନ୍ଦ୍ର ବିରାଜିତ ହେବା ଦେଖିପାରିବ।

ବାଆଇ କିଂ ଭଣିଜ୍ଜଉ କେତ୍ତିଅ-ମେତ୍ତଂ ବ ଲିକ୍‌ଖଏ ଲେହେ।

ତୁହ ବିରହେ ଜଂ ଦୁକ୍‌ଖଂ ତସ୍‌ସ ତୁମଂ ଚେଅ ଗହିଅତ୍‌ଥୋ ।୭୧।

(ବାଚାୟା କିଂ ଭଣ୍ୟତାଂ କିୟନ୍‌ମାତ୍ରଂ ବା ଲିଖ୍ୟତେ ଲେଖେ।

ତବ ବିରହେ ଯତ୍ ଦୁକ୍‌ଖଂ ତସ୍ୟ ତ୍ୱଂ ଏବ ଗୃହୀତାର୍ଥଃ।)

ବଚନରେ ଆଉ କ'ଣ କୁହାଯିବ ଅଥବା ପତ୍ରରେ ମଧ୍ୟ କେତେ ଲେଖିହେବ? ତୁମ ବିରହରେ ଯେତେ ଦୁଃଖ ତାହା ତୁମେ ହିଁ ଭଲଭାବେ ବୁଝିପାରୁଥିବ।

ବ୍ୟାଖ୍ୟା - ପ୍ରୋଷିତପତିକାର ପ୍ରିୟତମଙ୍କ ପ୍ରତି ସନ୍ଦେଶ, କୌଣସି ପଥିକ ମାଧ୍ୟମରେ ହୃଦୟର ବେଦନା ବଚନରେ ପ୍ରକାଶ କରିବାପାଇଁ ମୋର ଭାଷାର ଅଭାବ। ପତ୍ରରେ ମଧ୍ୟ ସବୁ କଥା ଲେଖି ହେବ ନାହିଁ; କାରଣ ମୋର ସେପରି ପ୍ରକାଶ କ୍ଷମତା ନାହିଁ। ତାଙ୍କ ବିରହରେ ମୋର ବେଦନାକୁ ସେ ନିଜ ମନରେ ପରିମାପ କରନ୍ତୁ, ବୁଝିପାରିବେ। କାରଣ ସେ ତ ମୋରି ଭଳି ବେଦନା ଅନୁଭବ କରୁଥିବେ।

ମଅଣଗ୍‌ଗିଣୋ ବ୍‌ବ ଧୂମଂ ମୋହଣ-ପିଚ୍ଛିଂ ବ ଲୋଅ-ଦିଟ୍‌ଠୀଏ।

ଜୋବ୍‌ବଣ-ଧଅଂ ବ ମୁଦ୍ଧା ବହଇ ସୁଅନ୍ଧଂ ଚିଉର-ଭାରଂ ।୭୨।

(ମଦନାଗ୍ନେରିବ ଧୂମଂ ମୋହନ-ପିଚ୍ଛିକାମିବ ଲୋକ-ଦୃଷ୍ଟେଃ।

ଯୌବନ-ଧ୍ୱଜମିବ ମୁଗ୍‌ଧା ବହତି ସୁଗନ୍ଧଂ ଚିକୁର-ଭାରମ୍।)

ମୁଗ୍‌ଧା ମଦନାଗ୍ନିର ଧୂମ ଭଳି, ଲୋକଙ୍କ ଦୃଷ୍ଟିକୁ ମୋହି ଦେଉଥିବା ଐନ୍ଦ୍ରଜାଳିକର ପିଚ୍ଛିକା ଭଳି ଓ ଯୌବନର ଧ୍ୱଜସମ ସୁଗନ୍ଧିତ ଚିକୁରଭାର ବହନ କରିଛି।

ବ୍ୟାଖ୍ୟା - ନାୟିକାର କେଶପାଶ ବର୍ଣ୍ଣନା କରି ସହଚର ପ୍ରତି ନାୟକ-ଉକ୍ତି- ମୁଗ୍‌ଧ-ବଧୂର ଗନ୍ଧ-ଉତଲା କୃଷ୍ଣ-ଚିକୁରଭାର କାମବହ୍ନିର ଧୂମ ସଦୃଶ ପ୍ରତୀତ ହେଉଛି। ଯାଦୁକରର ଚାମର ସଦୃଶ ତାହା ସମସ୍ତଙ୍କର ନୟନମୋହନ। ଯୌବନ ଯେପରି ଧ୍ୱଜ ଉଡ଼ାଇ ଜୟଯାତ୍ରା କରୁଛି - ଏପରି କେଶଭାର ବହନ କରି ସେ ଧନ୍ୟ। ଏଇ କୃଷ୍ଣଚିକୁରା ବରକାମିନୀ କାହାର ହୃଦୟହାରିଣୀ ନ ହେବ!

ରୁଅଂ ସିଟ୍‌ଠ ଚିଅ ସେ ଅସେସ-ପୁରିସେ ଣିଅତ୍ତିଅଚ୍ଛେଣ।

ବାହୋଲ୍ଲେଣ ଇମୀଏ ଅଜମ୍ପମାଣେଣ ବି ମୁହେଣ ।୭୩।

(ରୂପଂ ଶିଷ୍ଟମେବ ତସ୍ୟାଶେଷ-ପୁରୁଷେ ନିବର୍ତିତାକ୍ଷେଣ।
ବାଷ୍ପାର୍ଦ୍ରେଣାସ୍ୟା ଅଜଳ୍ପତାପି ମୁଖେନ।)

ତାହାର ମୁଖ ଅଶେଷ ପରୁଷଙ୍କ ଆଡୁ ନେତ୍ର ଫେରାଇଆଣି ଓ ବାଷ୍ପାର୍ଦ୍ର ହୋଇ କିଛି ନ କହିଲେ ମଧ୍ୟ ନାୟକର ରୂପ ବଖାଣି ଦେଉଛି।

ବ୍ୟାଖ୍ୟା - ଜଣେ ସଖୀ ନାୟିକାଙ୍କୁ ନାୟକର ରୂପ ସମ୍ବନ୍ଧରେ ପ୍ରଶ୍ନ କରିବାରୁ ସେ କିଛି ଉତ୍ତର ଦେଲାନାହିଁ; ମାତ୍ର ତାହାର ମୁଖ ଓ ନେତ୍ରର ଭାବ ଲକ୍ଷ୍ୟ କରି ଅପର ସଖୀ ଉତ୍ତର ଦେଇଛି- ପ୍ରିୟ ତାହାର ନିରୁପମ, ନୟନଦ୍ୱୟ ତାହାହିଁ ବ୍ୟାଖ୍ୟା କରୁଛନ୍ତି। ଅନ୍ୟ ପୁରୁଷମାନଙ୍କ ଉପରେ ତାହାର ଦୃଷ୍ଟି ପଡୁନାହିଁ; କେବଳ ପ୍ରିୟତମହିଁ ତାହାର ନେତ୍ର ସଂପତ୍ତି। ସ୍ମରଣଜନିତ ଉତ୍କଣ୍ଠାବଶତଃ ମନଗହନରେ ଯେଉଁ ପ୍ରେମ ରହିଛି, ମୁଖରେ କଥା ନ କହିଲେ ମଧ୍ୟ ତାହା ନେତ୍ରଜଳରେ ଅଭିବ୍ୟକ୍ତି ଲାଭ କରୁଛି। ପ୍ରିୟତମଙ୍କର ଅନିର୍ବଚନୀୟ ରୂପକୁ ବଚନରେ କିପରି କହିପାରିବ ?

ରୁନ୍ଦାରବିନ୍ଦ-ମନ୍ଦିର-ମଅରନ୍ଦାଣନ୍ଦିଆଲି-ରିଞ୍ଛୋଲୀ।
ଝଣଝଣଇ କସଣ-ମଣି-ମେହଲ ବ୍ୱ ମହୁ-ମାସ-ଲଚ୍ଛୀଏ ।୭୪।
(ବୃହଦରବିନ୍ଦ-ମନ୍ଦିର-ମକରନ୍ଦାନନ୍ଦିତାଲି-ପଂକ୍ତିଃ।
ଝଣ୍ଝଣାୟତେ କୃଷ୍ଣ-ମଣି-ମେଖଲେବ ମଧୁ-ମାସ-ଲକ୍ଷ୍ମ୍ୟାଃ।)

ବୃହତ୍ ଅରବିନ୍ଦ-ମନ୍ଦିରରେ ମଧୁପାନରେ ଆନନ୍ଦିତ ଭ୍ରମରକୁଳ ମଧୁମାସ ଲକ୍ଷ୍ମୀଙ୍କର କୃଷ୍ଣମଣିରଚିତ ମେଖଳା ସଦୃଶ ଝନ୍‌ଝନ୍ କରୁଛନ୍ତି।

ବ୍ୟାଖ୍ୟା - ବୃହତ୍ ପଦ୍ମ-ପୁଷ୍କରିଣୀକୁ ଉଦ୍ଦୀପନ-ବିଭାବ ରୂପେ ସୂଚନା କରି ନାୟିକା ପ୍ରତି ଦୂତୀ-ଉକ୍ତି-ବିଶାଳ କମଳଭବନରୂପୀ ପୁଷ୍କରିଣୀରେ ମଧୂ-ମତୁଆଲ ଭ୍ରମରପଂକ୍ତି ଗୁଞ୍ଜନଧ୍ୱନି କରି ବୁଲୁଛନ୍ତି। ସେମାନେ ସତେ ଯେପରି ବସନ୍ତ-ଲକ୍ଷ୍ମୀଙ୍କର କଟିଦେଶରେ ଘେରିରହିଥିବା କୃଷ୍ଣମଣି-ନିର୍ମିତ ମେଖଳା। ମେଖଳା ଧ୍ୱନି ଭଳି ସେମାନଙ୍କର ଝଣ୍‌ଝଣ୍ ଶବ୍ଦ ଶୁଣାଯାଉଛି। ସେଇଠାରେ ତୁ ପ୍ରିୟତମଙ୍କ ସହିତ କ୍ରୀଡ଼ାରସରେ ମାତିବୁ।

କସ୍‌ସ କରୋ ବହୁ-ପୁଣ୍‌ଣ-ପ୍‌ଫଲକ୍‌କ-ତରୁଣୋ ତୁହଂ ବିସମ୍ମିହଇ।
ଥଣ-ପରିଣାହେ ସମ୍ମହ-ଣିହାଣ-କଲସେ ବ୍ୱ ପାରୋହୋ । ୭୫।
(କସ୍ୟ କରୋ ବହୁ-ପୁଣ୍ୟ-ଫଲୈକ-ତରୋସ୍ତବ ବିଶ୍ରମିଷ୍ୟତି।
ସ୍ତନ-ପରିଣାହେ ମନ୍ମଥ-ନିଧାନ-କଳଶ ଇବ ପ୍ରରୋହଃ।)

ବହୁ ପୁଣ୍ୟ ଫଳର ଏକମାତ୍ର ବୃକ୍ଷର ପଲ୍ଲବ ଭଳି କାହାର କର ତୁମର କାମଦେବଙ୍କ ନିଧାନ କଳସ ଭଳି ବିଶାଳ ସ୍ତନ ଉପରେ ବିଶ୍ରାମ କରିବ ?

ବ୍ୟାଖ୍ୟା - କୌଣସି ଅନୂଢ଼ା ପ୍ରତି ଅନୁରାଗୀ ନାୟକର ଉକ୍ତି। କଳସ ମୁଖରେ ନବପଲ୍ଲବ ରଖାଯାଏ। ନାୟିକାର ସ୍ତନଦ୍ୱୟ ମନ୍ମଥଦେବଙ୍କର ନିଧି କଳସ ସ୍ୱରୂପ। କେତେ ତପସ୍ୟା କରିଥିଲେ, କେତେ ପୁଣ୍ୟ କରିଥିଲେ, ସେଇ ସ୍ତନଦ୍ୱୟ ଉପରେ କର ସ୍ଥାପନ କରିହେବ, ତାହା କୁହାଯାଇ ନପାରେ। ବକ୍ତାର ତାତ୍ପର୍ଯ୍ୟ, ବହୁ ପୁଣ୍ୟ ଫଳ ହେତୁ ଫଳବାନ୍ ତରୁ ସଦୃଶ କେଉଁ ପୁରୁଷର କରପଲ୍ଲବ ତୁମର ବିଶାଳ ସ୍ତନଦ୍ୱୟ ଉପରେ ପଡ଼ିବ ? କିଏ ସେ ଭାଗ୍ୟବାନ୍ ?

ଚୋରା ସଭଅ-ସତହ୍‌ଣଂ ପୁରୋ ପୁଣୋ ପେସଅନ୍ତି ଦିଟ୍‌ଠୀଓ।
ଅହି-ରକ୍‌ଖିଅ-ଣିହି-କଲସେ ବ୍ବ ପୋଢ଼-ବଇଆ-ଥଣୁଚ୍ଛଙ୍ଗେ।୭୬।
(ଚୋରାଃ ସଭୟଃ-ସତୃଷ୍ଣଂ ପୁନଃ ପୁନଃ ପ୍ରେଷୟନ୍ତି ଦୃଷ୍ଟୀଃ।
ଅହି-ରକ୍ଷିତ-ନିଧି-କଳଶ ଇବ ପ୍ରୌଢ଼-ପତିକା-ସ୍ତନୋତ୍ସଙ୍ଗେ।)

ସର୍ପ-ରକ୍ଷିତ-ନିଧି-କଳଶ ଭଳି ପ୍ରୌଢ଼-ପତିକାର ସ୍ତନୋତ୍ସଙ୍ଗରେ ଚୋରମାନେ ଭୟ ଓ ଲାଳସାସହ ବାରମ୍ବାର ଦୃଷ୍ଟି ପକାଉଛନ୍ତି।

ବ୍ୟାଖ୍ୟା - ସହଚର ପ୍ରତି ନାଗରିକର ଉକ୍ତି- ନିଧି-କଳସକୁ ସର୍ପ ଜଗି ରହିଥାଏ ବୋଲି ଲୋକ-ବିଶ୍ୱାସ ରହିଛି। ଯେଉଁପରି ଚୋର ନିଧି-କଳସ ପ୍ରତି ଲୋଲୁପ ଦୃଷ୍ଟିପାତ କଲେ ହେଁ ସର୍ପଭୟରେ ପାଖ ପଶିପାରେ ନାହିଁ; ମାତ୍ର ଲୋଭ ଦୃଷ୍ଟି ସମ୍ବରଣ କରି ନପାରି ତା' ପ୍ରତି ବାରମ୍ବାର ଚାହୁଁଥାଏ, ସେହିପରି ପ୍ରୌଢ଼-ପତିକାର ବକ୍ଷରେ ଚୋର-କାମୁକର ଲାଳସା ଦୃଷ୍ଟି ବୁଲି ଲାଗିଥାଏ, ଯଦିଓ ସେ ଚାହାଣି ଭୟରେ ଜଡ଼ୀଭୂତ। କାରଣ ପତି ତାହାର ବିକ୍ରମଶାଳୀ।

ଉଦବ୍‌ବହଇ ଣବ-ତଣଙ୍କୁର-ରୋମଞ୍ଚ-ପସାହିଆଇଁ ଅଂଗାଇଁ।
ପାଉସ-ଲଚ୍ଛୀଅ ପଓହରେ ହିଁ ପରିପେଲ୍ଲି ଓ ବିଂଝୋ ।୭୭।
(ଉଦ୍‌ବହତି ନବ-ତୃଣାଙ୍କୁର-ରୋମାଞ୍ଚ-ପ୍ରସାଧିତାନ୍ୟଙ୍ଗାନି।
ପ୍ରାବୃଡ୍‌-ଲକ୍ଷ୍ମ୍ୟା ପୟୋଧରୈଃ ପରିପ୍ରେରିତୋ ବିନ୍ଧ୍ୟଃ।)

ବିନ୍ଧ ପର୍ବତ ବର୍ଷା-ଲକ୍ଷ୍ମୀଙ୍କର ପୟୋଧରଦ୍ୱାରା ପରିପ୍ରେରିତ ହୋଇ ନବ ତୃଣାଙ୍କୁର ରୂପ ରୋମାଞ୍ଚରେ ପ୍ରସାଧିତ ଅଙ୍ଗ ଧାରଣ କରିଛି।

ବ୍ୟାଖ୍ୟା - ପ୍ରବାସ-ପଥିକ ନାୟକ ପ୍ରତି ନାୟିକା-ଉକ୍ତି- ଏଇ ଘୋର ବର୍ଷାକାଳରେ ବିନ୍ଧ୍ୟ-ପର୍ବତ ତୃଣରେ ପୁଲକାଞ୍ଚିତ ବପୁ ଧାରଣ କରିଛି। ବର୍ଷା-ନାୟିକା ପୀନ-ପୟୋଧରରେ ତାହାକୁ ପ୍ରେରଣା ଦେଉଥିବାରୁ ତାହାର ଏପରି ଆନନ୍ଦ-ବିଭୋର ରୂପ। ନାୟିକାର ତାତ୍ପର୍ଯ୍ୟ, ଏଇ ବର୍ଷାକାଳରେ ଗୃହରେ ନବକାମିନୀର ସ୍ତନ ପ୍ରେରଣାରେ ରୋମାଞ୍ଚିତ ନହୋଇ ପ୍ରବାସ-ଯାତ୍ରା ପାଇଁ ତୁମର କିପରି ମନ ହେଉଛି ?

ଆମ ବହଲା ବଣାଲୀ ମୁହଲା ଜଲ-ରଙ୍କୁଣୋ ଜଲଂ ସିସିରଂ।
ଅଣ୍ଣେ-ଉଈଣଁ ବି ରେବାଇ ତହ ବି ଅଣ୍ଣେ ଗୁଣା କେ ବି । ୭୮ ।
(ସତ୍ୟଂ ବହଲା ବନାଲୀ ମୁଖରା ଜଲରଙ୍କବୋ ଜଲଂ ଶିଶିରମ୍।
ଅନ୍ୟ-ନଦୀନାମପି ରେବାୟାସ୍ତଥାପ୍ୟନ୍ୟେ ଗୁଣାଃ କେଽପି।)

ଏହା ସତ୍ୟ ଯେ, ଅନ୍ୟ ନଦୀମାନଙ୍କର ମଧ୍ୟ ବିସ୍ତୃତ ବନପଂକ୍ତି, ଶବ୍ଦମୁଖର ଜଳରଙ୍କୁ ପକ୍ଷିଗଣ ଓ ସୁଶୀତଳ ଜଳ ବିଦ୍ୟମାନ; ତଥାପି ରେବାର କିଛି ଅତିରିକ୍ତ ଗୁଣ ମଧ୍ୟ ଅଛି।

ବ୍ୟାଖ୍ୟା - ଅନନ୍ୟା ପ୍ରିୟତମାର ଗୁଣାବଳୀର ପ୍ରଶଂସା ଛଳରେ ଅନ୍ୟାପଦେଶରେ ସହଚର ପ୍ରତି ନାୟକ-ଉକ୍ତି- ମୁଁ ଜାଣେ, ଅନ୍ୟ ନଦୀମାନଙ୍କର ପୁଳିନ ପ୍ରଦେଶରେ ବନରାଜି ରହିଛି, ପକ୍ଷୀମାନଙ୍କର ରବରେ ତାହାର ମୁଖରିତ ଓ ଶୀତଳ ସଲିଳପ୍ରବାହରେ ସମସ୍ତଙ୍କୁ ଆକୃଷ୍ଟ କରୁଅଛନ୍ତି; ତଥାପି ରେବା ନଦୀର ରହସ୍ୟ କାହାରି ନାହିଁ, ସେ ଅନନ୍ୟା। ନାୟକର ତାତ୍ପର୍ଯ୍ୟ, ଅନ୍ୟ ରମଣୀମାନଙ୍କର ବେଶଭୂଷଣ ଅତି ଆଡ଼ମ୍ବର-ପୂର୍ଣ୍ଣ, ପାଦର ନୂପୂରରେ ସେମାନଙ୍କର ଚଲାପଥ ହୁଏତ ମୁଖର ଓ ଅଙ୍ଗ-ସାନ୍ନିଧ ହୁଏତ ଶୀତଳ-ଦାୟିନୀ; ମାତ୍ର ମୋର ପ୍ରିୟତମା ସହିତ ତୁଳନାରେ ସେମାନେ ନିଷ୍ପ୍ରଭ।

ଏଇ ଇମୀଅ ଣିଅଚ୍ଛଇ ପରିଣଅ-ମାଲୂର-ସଚ୍ଛହେ ଥଣଏ।
ତୁଙ୍ଗେ ସପ୍ପୁରିସ-ମଣୋରହେ ବ୍ବ ହିଅଏ ଅମାଅନ୍ତେ ।୭୯।
(ଆଗଚ୍ଛତାସ୍ୟା ନିରୀକ୍ଷଧ୍ୱଂ ପରିଣତ-ମାଲୂର-ସଦୃଶୌ ସ୍ତନୌ।
ତୁଙ୍ଗୌ ସତ୍‌ପୁରୁଷ-ମନୋରଥାବିବ ହୃଦୟେ ଅମାନ୍ତୌ।)

ଆସ ଓ ସତ୍‌ପୁରୁଷର ମନୋରଥ ସଦୃଶ ହୃଦୟରେ ଧରୁ ନଥିବା ଏହାର ତୁଙ୍ଗ ଓ ପକ୍ୱ ବିଲ୍ୱଫଳ ଭଳି ସ୍ତନଦ୍ୱୟକୁ ନିରୀକ୍ଷଣ କର।

ବ୍ୟାଖ୍ୟା - କୌଣସି ଉନ୍ନତସ୍ତନୀ ନାୟିକାର ସ୍ତନକୁ ସତ୍‌ପୁରୁଷର ଉନ୍ନତ ମନୋରଥ ସହିତ ତୁଳନା କରି ସହଚର ପ୍ରତି ବିଦଗ୍ଧର ଉକ୍ତି-ବନ୍ଧୁ, ଏଇ ବରଯୁବତୀର ବିଲ୍ୱ ସଦୃଶ ଉନ୍ନତ ସ୍ତନଯୁଗଳକୁ ଦେଖ, ତାହା ଧରାତଳ ଛାଡ଼ି ମହାପୁରୁଷର ମନୋରଥ ଯେପରି ଊର୍ଦ୍ଧ୍ୱକୁ ଉଠିଯାଏ, ସେହିପରି ବକ୍ଷରେ ସ୍ଥାନ ଆକୁଳାଣ ହେବାରୁ ଊର୍ଦ୍ଧ୍ୱମୁଖ ହୋଇଛି। ମହାପୁରୁଷଙ୍କ ମନୋରଥ ହୃଦୟରେ ଲୁକ୍‌କାୟିତ ହୋଇ ନ ରହି ବାହାରେ ପ୍ରକାଶ ପାଇଥାଏ। ନାୟିକାର ଉନ୍ନତ ସ୍ତନ ମହାପୁରୁଷଙ୍କ ବିଶ୍ୱ-ବିସାରୀ ମନୋରଥ ଭଳି ସୀମାର ବନ୍ଧନ ମାନୁନାହିଁ।

ହତ୍‌ଥାହତ୍‌ଥିଂ ଅହ ମହ ମିଆଇ ବାସାଗମମ୍ମି ମେହେହିଂ।
ଅବ୍‌ବୋ କିଂ ପି ରହସ୍‌ସଂ ଛଣ୍ଣଂ ପି ଣହଙ୍ଗଣଂ ଗଲଇ ।୮୦।

(ହସ୍ତାହସ୍ତି ଅହମହମିକୟା ବର୍ଷାଗମେ ମେଘୈଃ।
ଆଶ୍ଚର୍ଯ୍ୟଂ କିମପି ରହସ୍ୟଂ ଛନ୍ନମପି ନଭୋଙ୍ଗନଂ ଗଳତି।)

ଅହୋ, ଏହା ନିଶ୍ଚୟ କୌଣସି ରହସ୍ୟ ଯେ, ବର୍ଷାରମ୍ଭରେ ଅହଂ-ଅହଂ କରି ହାତକୁ ହାତ ମିଳିଥିବା ମେଘ-ଘଟାଦ୍ୱାରା ଆଚ୍ଛନ୍ନ ହେଲେ ମଧ୍ୟ ଆକାଶର ଅଙ୍ଗନ ଖସିପଡୁଛି।

ବ୍ୟାଖ୍ୟା - ବର୍ଷା-ବିରହିଣୀର ସଖୀ ପ୍ରତି ଉକ୍ତି - ଏ ଘନକାଳରେ ପ୍ରିୟ ପାଖରେ ନାହାନ୍ତି। ଆକାଶବଧୂର ସକଳ ରହସ୍ୟ ମେଘ ଘଟାଦ୍ୱାରା ଆଚ୍ଛନ୍ନ; ତଥାପି ମେଘ-ଗର୍ଜନରେ ଆକାଶର ଗୋପନ-ରହସ୍ୟ ଫିଟିଯାଉଛି। ମେଘ-ପଟଳ ପରସ୍ପରର ହାତ ମିଳାଇ ଆକାଶକୁ ଢ଼ାଙ୍କି ରଖିଥିଲେ ମଧ୍ୟ ଗଗନାଙ୍ଗନ ନିଜ ସ୍ଥାନରେ ସ୍ଥିର ରହି ନ ପାରି ପଡିଯାଉଛି।

କେତ୍ତିଅ-ମେତ୍ତଂ ହୋହିଇ ସୋହଗ୍‌ଗଂ ପିଅଅମସ୍‌ସ ଭମିରସ୍‌ସ।
ମହିଳା-ମଅଣ ଛୁହଉଲ-କଡ଼କ୍‌ଖ-ବିକ୍‌ଖେବ-ଘେପ୍‌ପନ୍ତଂ ।୮୧।
(କିୟନ୍ମାତ୍ରଂ ଭବିଷ୍ୟତି ସୌଭାଗ୍ୟଂ ପ୍ରିୟତମସ୍ୟ ଭ୍ରମଣ-ଶୀଳସ୍ୟ।
ମହିଳା-ମଦନ-କ୍ଷୁଧାକୁଳ-କଟାକ୍ଷ-ବିକ୍ଷେପ-ଗୃହ୍ୟମାଣମ୍।)

ପ୍ରିୟତମଙ୍କର ଭ୍ରମଣଶୀଳ ସୁଭଗତ୍ୱ କେତେବେଳଯାଏ ରହିବ ? ମହିଳାମାନେ କେବଳ ମଦନକ୍ଷୁଧାରେ ଆକୁଳ କଟାକ୍ଷ-ବିକ୍ଷେପରେ ବଶ କରିବାକୁ ଚାହାନ୍ତି।

ବ୍ୟାଖ୍ୟା - ଗୁଣ-ଗର୍ବିତା ନାୟିକାର ସଖୀ ପ୍ରତି ଉକ୍ତି, ନାୟକକୁ ଶୁଣାଇ-ମୋର ପ୍ରିୟତମ ଗୋଟିକରେ ସନ୍ତୁଷ୍ଟ ନୁହନ୍ତି। ବହୁ କାମିନୀଙ୍କୁ ଅନୁରାଗ-ମଧୂ ବିତରଣ କରିବାରେ ତାଙ୍କର ସୁଖ। ସୁଖ-ଭ୍ରମଣରେ କାମିନୀମାନଙ୍କର ବକ୍ର-ଚାହାଣି ତାଙ୍କୁ ମୁଗ୍ଧ କରୁଛି। ମାତ୍ର କାମ କ୍ଷୁଧାଜର୍ଜର କଟାକ୍ଷ-ବିକ୍ଷେପର ସୌଭାଗ୍ୟ କେତେ ଦିନ ରହିବ? ମୁଁ ତାଙ୍କୁ ବଶରେ ରଖିବା ପାଇଁ କୃତ୍ରିମ ପ୍ରେମ ନିବେଦନ କରେ ନାହିଁ। କାମ-ଚେଷ୍ଟାରେ ପ୍ରୟୋଜନ କ'ଣ? ମୋର ପ୍ରେମ ଶୁଦ୍ଧ ନିକଷିତ ହେମ। ସେ ତ ମୋ ହୃଦୟରେ ଅଙ୍କିତ ହୋଇ ରହିଛନ୍ତି। ନିଶା କଟିଗଲେ ଦିନେ ନା ଦିନେ ପୁଣି ମୋ ପାଖକୁ ସେ ଫେରିଆସିବେ।

ଣିଅ-ଧଣିଅଂ ଉବଉହସୁ କୁକ୍‌କଟ-ସଦ୍ଦେନ ଝତ୍ତି ପଡ଼ିବୁଦ୍ଧ।
ପର-ବସଇ-ବାସ-ସଙ୍କିର ଣିଅଏ ବି ଘରମ୍ମି, ମା ଭାସୁ ।୮୨।
(ନିଜ-ଗୃହିଣୀମୁପଗୂହସ୍ୱ କୁକ୍‌କୁଟ-ଶବ୍ଦେନ ଝଟିତି ପ୍ରତିବୁଦ୍ଧ।
ପର-ବସତି-ବାସ-ଶଙ୍କିନ୍ନି ଜକେଽପି ଗୃହେ, ମା ଭୈଷୀଃ।)

କୁକ୍‌କୁଟ ରବରେ ଶୀଘ୍ର ଉଠିପଡୁଥିବା ଓ ପର ଘରେ ରହିବାରେ ଶଙ୍କିତ ତୁମେ ନିଜ ଗୃହିଣୀକୁ ଆଲିଙ୍ଗନ କର; ନିଜ ଘରେ ଭୟ କର ନାହିଁ।

ବ୍ୟାଖ୍ୟା - ନାୟକ ଅନ୍ୟ ନାରୀ ଗୃହରେ ରାତ୍ରି କଟାଇବାରେ ଅଭ୍ୟସ୍ତ। ତେଣୁ ଅଭ୍ୟାସବଶତଃ ନିଜ ଘରେ ମଧ୍ୟ ଖୁବ୍ ଭୋରୁ ଉଠିପଡ଼ିଛି। ନାୟିକା ତାହାକୁ ଉପାଲମ୍ଭ ବଚନରେ କହିଛି- ପର ଘରେ ରାତି କଟାଇବା ତୁମର ମଜ୍ଜାଗତ ହୋଇଗଲାଣି। କୁକ୍‌କୁଟ ରଟ ଶୁଣି ତୁମେ ତରବର ହୋଇ ବାହାରିପଡୁଛ। ମୁଁ ସତ କଥା କହୁଛି, ଏଥିରେ ରାଗ କର ନାହିଁ। ନିଜ ଘରେ କିଏ ନିଜ ଘରଣୀକୁ ଆଲିଙ୍ଗନ କରିବାକୁ ଭୟ କରେ ? ନାୟିକାର ତାତ୍ପର୍ଯ୍ୟ, ତୁମର ଗତିବିଧି ମୁଁ ସବୁ ଜାଣେ। ତଥାପି ତୁମ ପ୍ରତି ମୋର ପ୍ରେମ ଅଟଳ।

ଖର-ପବଣ-ରଅ-ଗଲତ୍‌ଥିଅ-ଗିରିଊଡ଼ା-ବଡ଼ଣ-ଭିଣ୍ଣ-ଦେହସ୍‌ସ।
ଧୁକ୍‌କାଧୁକ୍‌କଇ ଜୀଅଂ ବ ବିଜ୍ଜୁଆ କାଲ-ମେହସ୍‌ସ ।୮୩।
(ଖର-ପବନ-ରୟ-ଗଳହସ୍ତିତ-ଗିରିକୂଟା-ପତନ-ଭିନ୍ନ-ଦେହସ୍ୟ।
ଧୁକଧୁକାୟତେ ଜୀବ ଇବ ବିଦ୍ୟୁତ୍ କାଲ-ମେଘସ୍ୟ।)

ପ୍ରବଳ ପବନବେଗରେ ଗଳହସ୍ତିତ ଓ ଗିରିକୂଟରୁ ପଡ଼ି ଭିନ୍ନ ଦେହ କୃଷ୍ଣମେଘର ଜୀବ ଭଳି ବିଦ୍ୟୁତ୍ ଧକ୍‌ଧକ୍ କରୁଛି।

ବ୍ୟାଖ୍ୟା - ମେଘଦର୍ଶନରେ ଉତ୍‌କଣ୍ଠିତପ୍ରାଣୀ ପ୍ରୋଷିତପତିକାର ସଖୀ ପ୍ରତି ଉକ୍ତି-ଦେଖ, ବିଜୁଳିର ଚମକ ଶ୍ୟାମ ମେଘର କଣ୍ଠାଗତପ୍ରାଣ ଭଳି ଧକ୍‌ଧକ୍ କରୁଛି। ପ୍ରଚଣ୍ଡ ପବନ ମେଘକୁ ଗଳଥା ଦେଇ ଗରିକୂଟରୁ ତଳକୁ ପକାଇଦେଇଛି। ଏତେ ଉଚ୍ଚ ସ୍ଥାନରୁ ପଡ଼ି ତାହା ଛିନ୍‌ଛତର ହୋଇଯାଇଛି। ମୁମୂର୍ଷୁ ଜୀବର ପ୍ରାଣ ଭଳି ବିଦ୍ୟୁତ୍ ରହି ରହି ଚମକୁଛି। ମୋର ଜୀବନ ମଧ୍ୟ ସେଇପରି ଯିବା ଉପରେ।

ମେହ-ମହିସସ୍‌ସ ଣଜ୍ଜଇ ଉଅରେ ସୁର-ଚ୍ଚବ-କୋଡ଼ି-ଭିଣ୍ଣସ୍‌ସ।
କନ୍ଦନ୍ତସ୍‌ସ ସବିଅଣଂ ଅନ୍ତଂ ବ ପଲମ୍ବଏ ବଜ୍ଜୁ ।୮୪।
(ମେଘ-ମହିଷସ୍ୟ ଜ୍ଞାୟତେ ଉଦରେ ସୁର-ଚ୍ଚପ-କୋଟି-ଭିନ୍ନସ୍ୟ।
କ୍ରନ୍ଦତଃ ସବେଦନମନ୍ତ୍ରମିବ ପ୍ରଲମ୍ବତେ ବିଦ୍ୟୁତ୍।)

ଇନ୍ଦ୍ରଧନୁର କୋଟି ଦ୍ୱାରା ଭିନ୍ନ ହୋଇ ଆର୍ତ୍ତନାଦ କରୁଥିବା ମେଘରୂପୀ ମହିଷର ଉଦରସ୍ଥିତ ଅନ୍ତ୍ର ଭଳି ବିଜୁଳି ଲମ୍ବିଯିବା ପ୍ରତୀତ ହେଉଛି।

ବ୍ୟାଖ୍ୟା - ପୂର୍ବ ଗାଥା ଭଳି ଏ ଗାଥାର ବକ୍ତ୍ରୀ ମଧ୍ୟ ବର୍ଷା-ବିରହିଣୀ, ସଖୀକୁ କହିଛି- ସହି ଦେଖ, ଇନ୍ଦ୍ରଧନୁର କୋଟିରେ ଫାଡ଼ିଦିଆଯାଇଥିବାରୁ ମେଘରୂପୀ ମହିଷ କ୍ରନ୍ଦନ କରୁଛି। ବିଦ୍ୟୁତ୍ ତାହାର ଅନ୍ତ୍ର ଭଳି ଝୁଲିପଡ଼ିଛି। କୃଷ୍ଣ ମେଘକୁ ମହିଷ ଓ ବିଦ୍ୟୁତ୍‌କୁ ଅନ୍ତ୍ର ରୂପେ ସମ୍ଭାବନା କରାଯାଇଛି।

ଣବ-ପଲ୍ଲବଂ ବିସଣ୍ଣା ପହିଆ ପେଚ୍ଛନ୍ତି ଚୂଅ-ରୁକ୍ଖସ୍ସ।
କାମସ୍ସ ଲୋହିଉପ୍ପଙ୍ଗ-ରାଇଅଂ ହତ୍ଥ-ଭଲ୍ଲଂ ବ । ୮୫।
(ନବ-ପଲ୍ଲବଂ ବିଷଣ୍ଣା ପଥିକାଃ ପଶ୍ୟନ୍ତି ଚୂତ-ବୃକ୍ଷସ୍ୟ।
କାମସ୍ୟ ଲୋହିତ-ସମୂହ-ରାଜିତଂ ହସ୍ତ-ଭଲ୍ଲମିବ।)

ଦୁଃଖିତ ପଥିକଟି ଆମ୍ର ବୃକ୍ଷର ନବ ପଲ୍ଲବକୁ ରକ୍ତରେଖା ଶୋଭିତ କାମଦେବଙ୍କ ହସ୍ତସ୍ଥିତ ଭଲ୍ଲ ସମ ଦେଖୁଛି।

ବ୍ୟାଖ୍ୟା- ବସନ୍ତକାଳରେ ପ୍ରବାସ-ଗମନେଚ୍ଛୁ ନାୟକ ପ୍ରତି ନାୟିକା-ଉକ୍ତି- ଏଇ ବିରହୀ ପଥିକଟି ଆମ୍ର ବୃକ୍ଷରେ ନବ ପଲ୍ଲବର ଶୋଭା ନିରୀକ୍ଷଣ କରି କରି ପଥ ଅତିକ୍ରମ କରୁଛି। ମଦନଦେବଙ୍କର ରକ୍ତଜର୍ଜର ଉଦ୍ୟତ ରୋଷ ବର୍ଛା ଭଳି ତାହା ତାକୁ ପ୍ରତୀତ ହେଉଛି। ଆମ୍ର ପଲ୍ଲବ ସହିତ କାମଦେବଙ୍କ ଭଲ୍ଲର ସାଦୃଶ୍ୟ ପ୍ରଦର୍ଶନ କରି ନାୟିକାଟି ପ୍ରିୟତମଙ୍କୁ ପ୍ରବାସଗମନ ନିମନ୍ତେ ନିଷେଧ କରିଛି।

ମହିଲାଣଂ ଚିଅ ଦୋସୋ ଜେଣ ପବାସମ୍ମି ଗବ୍ବିଆ ପୁରିସା।
ଦୋ-ତିଣ୍ଣି ଜାବ ଣ ମରନ୍ତ ତା ଣ ବିରହା ସମପ୍ପନ୍ତି ।୮୬।
(ମହିଳାନାମେବ ଦୋଷୋ ଯେନ ପ୍ରବାସେ ଗର୍ବିତାଃ ପୁରୁଷାଃ।
ହେ ତିସ୍ରୋ ଯାବନ୍ନ ମ୍ରିୟନ୍ତେ ତାବନ୍ନ ବିରହାଃ ସମାପ୍ୟନ୍ତେ।)

ପୁରୁଷ ଯେ ପ୍ରବାସ ବିଷୟରେ ଏତେ ଗର୍ବ ଅନୁଭବ କରେ ତାହା ମହିଳାମାନଙ୍କର ହିଁ ଦୋଷ। ଯେ ପର୍ଯ୍ୟନ୍ତ ଦୁଇ ତିନିଜଣ ମରିଯାଇନାହାନ୍ତି, ସେ ପର୍ଯ୍ୟନ୍ତ ବିରହର ସମାପ୍ତି ଘଟିବ ନାହିଁ।

ବ୍ୟାଖ୍ୟା - ବିଦଗ୍ଧା ନାୟିକାର ସଖୀ ପ୍ରତି ଉକ୍ତି- ପୁରୁଷମାନଙ୍କ ଆଚରଣ ଓ ମନୋଭାବରୁ ଜଣାଯାଏ ଯେ, ସେମାନେ ପ୍ରବାସ ଗର୍ବିତ। ମୋର କହିବା କଥା, ସେମାନଙ୍କର ଏ ଗର୍ବ ରହନ୍ତା ନାହିଁ ଯଦି କେତେଜଣ ବିରହକାତରା ନାରୀ ପ୍ରିୟତମଙ୍କ ପ୍ରବାସ ଗମନ ଯୋଗୁ ମରିଯାନ୍ତେ। ତା' ନହେଲେ ସେମାନଙ୍କର ଏହିପରି ଜୟ ହେଉଥିବ। ନାୟିକାର ତାତ୍ପର୍ଯ୍ୟ, ନାୟକର ପ୍ରବାସ-ଗମନରେ ତା'ର ମୃତ୍ୟୁ ଅବଧାରିତ।

ବାଲଅ ଦେ ବଚ୍ଛ ଲହୁଂ ମରଇ ବରାଈ ଅଲଂ ବିଲମ୍ୱେଣ।
ସା ତୁଜ୍ଝ ଦଂସଣେଣ ବି ଜୀବେଜ୍ଜଇ ଣତ୍ଥି ସଂଦେହୋ । ୮୭ ।
(ବାଳକ ହେ ବ୍ରଜ ଲଘୁମ୍ରିୟତେ ବିରକୀ ଅଲଂ ବିଳମ୍ୱେନ।
ସା ତବ ଦର୍ଶନେନାପି ଜୀବିଷ୍ୟତି ନାସ୍ତି ସଂଦେହଃ।)

ହେ ବାଳକ, ଶୀଘ୍ର ଚାଲ, ବିଚାରୀ ମରିବାକୁ ବସିଛି, ବିଳମ୍ୱ କର ନାହିଁ। ତୁମ ଦର୍ଶନ ପାଇଲେ ସେ ବଞ୍ଚିଯିବ, ଏଥିରେ ସନ୍ଦେହ ନାହିଁ।

ବ୍ୟାଖ୍ୟା - ନାୟିକା ନିକଟକୁ ଯିବା ପାଇଁ ନାୟକକୁ ତ୍ୱରାନ୍ୱିତ କରି ଦୂତୀ-ଉକ୍ତି-ହେ ଅନଭିଜ୍ଞ କିଶୋର, ତୁମେ ସେଇ ଦୟନୀୟା ନାରୀଟି ନିକଟକୁ ଶୀଘ୍ର ନଗଲେ ବିଷମ ଫଳ ଫଳିବ। ଅଭାଗିନୀ ମରିବାକୁ ବସିଛ; ତୁମ ଦର୍ଶନରେ ସେ ବଳ ପାଇବ। ଦୂତୀର ତାତ୍ପର୍ଯ୍ୟ, ତୁମ ପ୍ରତି ଏତେ ନିବିଡ଼ ପ୍ରେମ ସତ୍ତ୍ୱେ ତୁମେ ତାକୁ ଚିହ୍ନିପାରିଲ ନାହିଁ।

ତମ୍ବିର-ପସରିଅ-ହୁଅବହ-ଜାଲାଲି-ପଲୀବିଏ ବଣାହୋଏ।

କିଂସୁଅ-ବଣନ୍ତ କଲିଉଣ ମୁଦ୍ଧ-ହରିଣୋ ଣ ଣିକ୍କମଇ । ୮୮ ।

(ତାମ୍ରବର୍ଣ୍ଣ-ପ୍ରସୃତ-ହୁତବହ-ଜ୍ୱାଳାବଳି-ପ୍ରଦୀପିତେ ବନାଭୋଗେ।

କିଂଶୁକ-ବନମିତ କଳୟିତ୍ୱା ମୁଗ୍ଧ-ହରିଣୋ ନ ନିଷ୍କ୍ରାମତି।)

ତାମ୍ରବର୍ଣ୍ଣ ପ୍ରସାରିତ ଅଗ୍ନିଶିଖାସମୂହ ଦ୍ୱାରା ପ୍ରଦୀପ୍ତ ବନପ୍ରଦେଶକୁ କିଂଶୁକ-ଅରଣ୍ୟ ମନେକରି ମୁଗ୍ଧ-ହରିଣ ବାହାରୁନାହିଁ।

ବ୍ୟାଖ୍ୟା - ଅନ୍ୟାପଦେଶରେ ସହଚର ପ୍ରତି ଉକ୍ତି- ଦେଖ, ଅଗ୍ନିଶିଖାରେ ଚତୁର୍ଦ୍ଦିଗ ଭରିଗଲାଣି, ବନପ୍ରାନ୍ତର ତମ୍ର ହୋଇଉଠିଲାଣି। ଲେଲିହାନ ଅଗ୍ନିଶିଖା ବେଳକୁ ବେଳ ପାଖକୁ ମାଡ଼ିଆସୁଛି। ତଥାପି ତାହାକୁ ପଳାଶ କାନନର ଶୋଭା ମନେକରି ମୁଗ୍ଧ-ହରିଣ ସନ୍ଦର୍ଶନ କରି ଲାଗିଛି; ଭୟଭୀତ ହେଉ ନାହିଁ। ବିନାଶ କାରଣକୁ ସୁଖର ହେତୁ ମନେକରି ମୁଗ୍ଧଜନ ପ୍ରେୟସୀକୁ ଛାଡ଼ିପାରେ ନାହିଁ। ଆତ୍ମ-ବିସ୍ମୃତି ହେତୁ ସେ ଅନିଷ୍ଟକୁ ମଧ୍ୟ ଇଷ୍ଟ ମନେକରେ। ବକ୍ତାର ତାତ୍ପର୍ଯ୍ୟ, ଲୋଚନ-ନନ୍ଦନ ପ୍ରେୟସୀର ରୂପ ହିଁ ତାର ମରଣର କାରଣ ହୁଏ।

ଣିହୁଅଣ-ସପ୍ପଂ ତହ ସାରିଆଇ ଉଲ୍ଲାବିଅଂ ମ୍ହ ଗୁରୁ-ପୁରଓ।

ଜହ ତଂ ବେଲଂ ମାଏ ଣ ଆଣିମୋ କତ୍ଥ ବଚ୍ଚାମୋ ।୮୯।

(ନିଧୁବନ-ଶିଳ୍ପଂ ତଡା ଶାରିକୟୋଲ୍ଲପିତମସ୍ମାକଂ ଗୁରୁ-ପୁରତଃ।

ଯଥା ତାଂ ବେଳାଂ ମ ତର୍ନ ଜାମୀମଃ କୁତ୍ର ବ୍ରଜାମଃ।)

ଗୋ ମା, ସାରିକାଟି ଗୁରୁଜନଙ୍କ ଆଗରେ ଆମର ନିଧୂବନ-ଶିଳ୍ପକୁ ଏପରି ବର୍ଣ୍ଣନ କଲା ଯେ ସେତେବେଳେ ମୁଁ ଲଜ୍ଜାରେ କୁଆଡ଼ ଯିବି ତାହା ଜାଣିପାରିଲି ନାହିଁ।

ବ୍ୟାଖ୍ୟା - ଅନ୍ତରଙ୍ଗ ସଖୀ ପ୍ରତି ନାୟିକା-ଉକ୍ତି-ରତି-ମନ୍ଦିରରେ ଥିବା ପୋଷା ସାରିକାଟି ଗୁରୁଜନମାନଙ୍କ ଆଗରେ ଆମର ସୁରତ-ବିଳାସ କାହାଣୀକୁ ଏପରି ନିଖୁଣ ଭାବରେ କହିଯାଉଥିଲା ଯେ, କିପରି ସେମାନଙ୍କୁ ମୁହଁ ଦେଖାଇବି ଭାବିପାରିଲି ନାହିଁ ଓ ଲଜ୍ଜାରେ ଜଡ଼ସଡ଼ ହୋଇ କୁଆଡ଼େ ଯାଇ ଲୁଚିବି ବାଟ ପାଇଲି ନାହିଁ।

ପଇଗ୍‌ଗ-ପ୍ପୁଲ୍ଲ-ଦଲୁଲ୍ଲସନ୍ତ-ମଅରନ୍ଦ-ପାଣ-ଲେହଲଓ।

ତଂ ଣତ୍ଥ କୁନ୍ଦ-କଲିଆଇ ଜଂ ଣ ଭମରୋ ମହଇ କାଉଂ । ୯୦ ।

(ପ୍ରତ୍ୟଗ୍ରୋତ୍‌ଫୁଲ୍ଲ-ଦଳୋଲ୍ଲସନ୍-ମକରନ୍ଦ-ପାନ-ଲୁବ୍‌ଧଃ।
ତନାସ୍ତି କୁନ୍ଦ-କାଳିକାୟା ଯନ୍ନ ଭ୍ରମରୋ ବାଞ୍ଛତି କର୍ତ୍ତୁମ୍।)

ଉତ୍‌ଫୁଲ୍ଲ ଦଳବିଶିଷ୍ଟ କୁନ୍ଦ-କଳିକାର ମକରନ୍ଦ ପାନ ନିମନ୍ତେ ଲୋଲୁପ ଭ୍ରମର ଏପରି କିଛି ନାହିଁ ଯାହା କରିବାକୁ ଚାହେଁ ନାହିଁ।

ବ୍ୟାଖ୍ୟା - ନବୀନା ନାୟିକାର ପ୍ରଣୟ-ପ୍ରାର୍ଥୀ ନାୟକ ପ୍ରତି ଅନ୍ୟାପଦେଶରେ ଦୂତୀ-ଉକ୍ତି-କୁନ୍ଦ-କୁସୁମ ଅଳ୍ପକାଳ ହେଲା ନବପ୍ରସ୍ଫୁଟିତା; ତାର ମଧୁପାନ ଆଶାରେ ଲୁବ୍‌ଧ-ଭ୍ରମର ଛୁଟିଆସିଛି। ପାନୋଲ୍ଲାସରେ ସେ ନିଜକୁ ଭୁଲିଛି। ତା'ର ଶରୀର ମଝିରେ ମଝିରେ ଦୋହଲିଉଠୁଛି। ରସ-ରଭସରେ ଏପରି କିଛି ନାହିଁ, ଯାହା ସେ କରି ନ ପାରେ; ଅର୍ଥାତ୍ ସବୁ ପ୍ରକାର କର୍ମ କରିପାରେ। ପ୍ରସ୍ତୁତାର୍ଥରେ ଦୂତୀର ତାତ୍ପର୍ଯ୍ୟ, ନବପ୍ରସ୍ଫୁଟିତା ବାଳା ସହିତ ସମ୍ପର୍କ ସ୍ଥାପନ ପାଇଁ ତୁମର ଅକରଣୀୟ କିଛି ନାହିଁ।

ସୋକୋ ବି ଗୁଣାଇସଓଣ ଆଣିମୋ ମାମି କୁନ୍ଦ-ଲଇଆଏ।
ଅଚ୍ଛୀ ହିଂ ଛିଅ ପାଉଂ ଅହିଲସ୍‌ସଇ ଜେଣ ଭମରେହିଂ ।୯୧।
(ସ କୋଽପି ଗୁଣାତିଶୟୋ ନ ଜାନୀମୋ ମାତୁଳାନି କୁନ୍ଦ-ଲତିକାୟାଃ।
ଅକ୍ଷିଭ୍ୟାମେବ ପାତୁମଭିଲଷ୍ୟତେ ଯେନ ଭ୍ରମରୈଃ।)

ଗୋ ମାଇଁ, କୁନ୍ଦଲତାର ତାହା କୌଣସି ଅତିଶୟ ଗୁଣ ଜାଣି ନାହୁଁ, ଯେଉଁ କାରଣରୁ ଭ୍ରମର ନୟନରେ ହିଁ ପାନ କରିବାକୁ ଅଭିଳାଷୀ।

ବ୍ୟାଖ୍ୟା - ସପତ୍ନୀ-ଈର୍ଷାବଶତଃ ନାୟିକାର ଅନ୍ୟାପଦେଶରେ ମାତୁଳାନୀ ପ୍ରତି ଉକ୍ତି-କୁନ୍ଦଲତିକାର କେତେ ଗଉଣ ଅଛି, ଜାଣିନାହାନ୍ତି। କାରଣ ଭ୍ରମର ତାହାକୁ ମୁଖରେ ନୁହେଁ, କେବଳ ଚକ୍ଷୁରେ ଦେଖି ପିଇଦେବାକୁ ଚାହେଁ। ନାୟିକାର ତାତ୍ପର୍ଯ୍ୟ, ନବଯୌବନା ସପତ୍ନୀ ଉପରେ କାମୁକଜନଙ୍କ ପିପାସିତ ଦୃଷ୍ଟି ପଡ଼ିଛି।

ଏକ ଛିଅ ରୁଅ-ଗୁଣଂ ଗାମଣି-ଧୂଆ ସମୁବ୍‌ବହଇ।
ଅଣିମିସ-ଣଅଣୋ ସଅଲୋ ଜୀଏ ଦେବୀ-କଓ ଗାମୋ । ୯୨।
(ଏକୈବ ରୂପ-ଗୁଣଂ ଗ୍ରାମଣୀ-ଦୁହିତା ସମୁଦ୍‌ବହତି।
ଅନିମିଷ-ନୟନଃ ସକଲୋ ଯୟା ଦେବୀ-କୃତୋ ଗ୍ରାମଃ।)

ଗ୍ରାମ-ନାୟକର ଦୁହିତା ଏକା ଏତେ ରୂପ ଓ ଗୁଣ ଧାରଣ କରୁଛି, ଯେଉଁଥିରେ ସାରା ଗ୍ରାମ ଅପଲକନୟନ ହୋଇ ଦେବତାରେ ପରିଣତ ହୋଇଗଲେଣି।

ବ୍ୟାଖ୍ୟା - ଗ୍ରାମ-ପ୍ରଧାନର ଅସାମାନ୍ୟା ରୂପବତୀ ଦୁହିତାର ସୌନ୍ଦର୍ଯ୍ୟ ପ୍ରଶଂସା କରି ନାୟିକକୁ ଉତ୍‌କଣ୍ଠିତ କରିବାପାଇଁ ଦୂତୀ-ଉକ୍ତି- ଯାହାର ଶ୍ରୀଅଙ୍ଗରେ ରୂପର ବନ୍ୟା ଛୁଟୁଛି ସେଇ ଗ୍ରାମଣୀ ଦୁହିତାର ରୂପ-ଗୁଣ କ'ଣ କହିବ ! ସେହି ଗୋଟିଏ

ମାତ୍ର ବାଳିକାର ରୂପ-ଶୋଭା ଦେଖି ଦେଖି ସାରା ଗ୍ରାମବାସୀ ପଲକ-ବିହୀନ ଦେବତାରେ ପରିଣତ ହୋଇସାରିଲେଣି। ଦୂତୀର ତାତ୍ପର୍ଯ୍ୟ, ସମସ୍ତେ ନିମେଷ-ବିହୀନ ହୋଇ ତାର ସୌନ୍ଦର୍ଯ୍ୟ ଅବଲୋକନ କରୁଛନ୍ତି; କାହାରି ତୃପ୍ତି ଆସୁନାହିଁ।

ମଣ୍ଣେ ଆସାଓ ଚ୍ଚିଅ ଣ ପାବିଓ ପିଅଅମାହର-ରସସ୍ସ।

ତିଅସେହିଁ ଜେଣ ରଅଣାଅରାହି ଅମଅଂ ସମୁଦ୍ଧରିଅଂ ।୯୩।

(ମନ୍ୟେ ଆସ୍ୱାଦ ଏବ ନ ପ୍ରାପ୍ତଃ ପ୍ରିୟତମାଧର-ରସସ୍ୟ।

ତ୍ରିଦଶୈର୍ଯେନ ରତ୍ନାକରାଦମୃତଂ ସମୁଦ୍ଧୃତମ୍।)

ମନେହେଉଛି, ଦେବତାମାନେ ପ୍ରିୟତମାର ଅଧର-ରସର ଆସ୍ୱାଦ ପାଇନାହାନ୍ତି, ଏଣୁ ସେମାନେ ସମୁଦ୍ରରୁ ଅମୃତ ବାହାର କରିଥିଲେ।

ବ୍ୟାଖ୍ୟା - ନାୟିକାର ଅଧରାମୃତର ପ୍ରଶଂସା କରି ନାୟକର ଚାଟୂକ୍ତି- ଦେବତାମାନେ ମୋର ପାର୍ଥିବୀ ପ୍ରିୟାର ଅଧର-ସୁଧାର ଆସ୍ୱାଦସୁଖ ଲାଭ କରିନାହାନ୍ତି ବୋଲି ଅମୃତ ନିମନ୍ତେ ସମୁଦ୍ରମନ୍ଥନ ରୂପ କ୍ଳାନ୍ତିକର କର୍ମରେ ବୃଥା ଶ୍ରମ କରିଥିଲେ। ଅମୃତରେ ପ୍ରିୟା ଅଧର-ସୁଧାର ତୁଲ୍ୟ ଆସ୍ୱାଦ କାହୁଁ ମିଳିବ? ଉପେନ୍ଦ୍ର ଭଞ୍ଜଙ୍କର ନାୟକର ଅନୁରୂପ ଉକ୍ତି -ମଧୁ ଅଛି ବଧୂ ବିମ୍ବାଧରେ,

ତାହା ନ ହେଜିଲେ ଦେବାସୁରେ।

ସୁଧାରେ କି ସ୍ୱାଦୁ ଅଛି ବୋଲି

ଦ୍ୱନ୍ଦ୍ୱ ଆରମ୍ଭିଲେ ସିନ୍ଧୁ-ମନ୍ଥନରେ।

ଆଅଣ୍ଣାଅଡ୍ଢିଅ-ଣିସିଅ-ଭଲ୍ଲ-ମମ୍ମାହଆଇ ହରିଣୀଟିଏ।

ଅଦଂସଣୋ-ନିଶିତ-ଭଲ୍ଲ-ମର୍ମାହତୟା ହରିଣ୍ୟା।

ଅଦର୍ଶନଃ ପ୍ରିୟୋ ଭବିଷ୍ୟତୀତି ବଳିତ୍ୱା ଚିରଂ ଦୃଷ୍ଟଃ।)

ଆକର୍ଣ୍ଣ ଆକୃଷ୍ଟ ତୀକ୍ଷ୍ଣ ଭଲ୍ଲଦ୍ୱାରା ମର୍ମାହତ ହରିଣୀ 'ପ୍ରିୟ ଅଦର୍ଶନ ହେବେ'- ଏହା ଚିନ୍ତା କରି ଗ୍ରୀବା ବକ୍ର କରି ବହୁବେଳଯାଏ ଚାହିଁରହିଲା।

ବ୍ୟାଖ୍ୟା - ଅନ୍ୟାପଦେଶରେ ନାୟକପ୍ରତି ନାୟିକା-ଉକ୍ତି- ନିଷ୍ଠୁର ବ୍ୟାଧ ଶାଣିତ ଭଲ୍ଲ ଫିଙ୍ଗିଛି, ହରିଣୀର ମର୍ମସ୍ଥାନରେ ଆଘାତ ବାଜିଛି, ଜୀବନ ଯିବା ଉପରେ; ତଥାପି ମରଣ ପୂର୍ବରୁ ପ୍ରିୟ ସହଚର ହରିଣକୁ ଶେଷଥର ପାଇଁ ଦେଖିବ ବୋଲି ଗ୍ରୀବା ଭାଙ୍ଗି ଚାହୁଁଛି। ନାୟିକାର ତାତ୍ପର୍ଯ୍ୟ, ମାନବେତର ପ୍ରାଣୀର ଏଇ ପ୍ରେମ ପ୍ରମାଣ କରେ ଯେ, ମୃତ୍ୟୁ-ବେଦନାଠାରୁ ପ୍ରିୟ-ବିଯୋଗ ଅଧିକ ଦୁଃଖଦାୟକ।

ବିସମ-ଟ୍ଠିଅ-ପିକ୍କେକ୍କମ୍ବ-ଦଂସଣେ ତୁଜ୍ଝ ସତ୍ତୁ-ଘରିଣୀଏ।

କୋ କୋ ଣ ପତ୍ଥିଓ ପହିଆଅଂ ଡିମ୍ଭେ ରୁଅନ୍ତମ୍ମି ।୯୫।

(ବିଷମ-ସ୍ଥିତ-ପକ୍ୱୈକାମ୍ର-ଦର୍ଶନେ ତବ ଶତ୍ରୁ-ଗୃହିଣ୍ୟା ।
କଃ କୋ ନ ପ୍ରାର୍ଥିତଃ ପଥିକାନାଂ ଡିମ୍ଭେ ରୁଦତି ।)

ବିଷମ ସ୍ଥାନରେ ଥିବା ଗୋଟିଏ ପାଚିଲା ଆମ୍ବକୁ ଦେଖି ଶିଶୁପୁତ୍ର କାନ୍ଦିବାରୁ ତୁମର ଶତ୍ରୁ-ଗୃହିଣୀ କାହାକୁ ପ୍ରାର୍ଥନା କରି ନଥିଲା ?

ବ୍ୟାଖ୍ୟା - ରାଜ-ପ୍ରଶସ୍ତିମୂଳକ-ଗାଥା-ହେ ରାଜନ୍, ଆପଣଙ୍କ ପ୍ରତାପରେ ଶତ୍ରୁ ସର୍ବସ୍ୱାନ୍ତ ହୋଇଛି । ଶତ୍ରୁ-ବନିତା ଏକମାତ୍ର ଶିଶୁପୁତ୍ରକୁ ଘେନି ପଥପାର୍ଶ୍ୱରେ ଆଶ୍ରୟ ନେଇଛି । ଏତିକିବେଳେ ବିଷମ ଶାଖା ଅଗ୍ରରେ ଥିବା ଗୋଟିଏ ମାତ୍ର ଆମ୍ବ ପାଇଁ ଶିଶୁଟି କ୍ରନ୍ଦନ କରିବାରୁ ମାତା ପଥିକମାନଙ୍କୁ ଆମ୍ବଟି ତୋଳି ଆଣିଦେବା ପାଇଁ ଅନୁରୋଧ କରୁଛି; ମାତ୍ର ହାୟ, ପଥିକମାନେ ତୁମ ଭୟରେ ଆମ୍ବ ତୋଳିବାକୁ ସାହସ କରୁନାହାନ୍ତି; ଅର୍ଥାତ୍ ଶତ୍ରୁ-ଗୃହିଣୀକୁ ସାହାଯ୍ୟ କରି କେହି ରାଜରୋଷଭାଗୀ ହେବାକୁ ଚାହୁଁନାହାନ୍ତି ।

ମାଲରୀ ଲଲିଉଲ୍ଲୁଲିଅ-ବାହୁ ମୂଲେହିଁ ତରୁଣ-ହିଅଆଇଂ ।
ଉଲ୍ଲୂରଇ ସଜ୍ଜୁଲ୍ଲୂରିଆଇଁ କୁସୁମାଇଁ ଦାବେନ୍ତୀ । ୯୬ ।
(ମାଳାକାରୀ ଲଳିତୋଲ୍ଲୁକିତ-ବାହୁ-ମୂଳାଭ୍ୟାଂ ତରୁଣ-ହୃଦୟାନି ।
ଉଲ୍ଲୁନାତି ସଦ୍ୟୋଽବଲୂନାନି-କୁସୁମାନି ଦର୍ଶୟନ୍ତୀ ।)

ମାଲ୍ୟାଣୀ ସଜ ତୋଳା ଫୁଲଗୁଡ଼ିକୁ ଦେଖାଇବାକୁ ଯାଇ ଲଳିତ ଓ ଉନ୍ନତ ବାହୁମୂଳ ଦ୍ୱାରା ତରୁଣମାନଙ୍କ ହୃଦୟକୁ ବ୍ୟାକୁଳ କରି ଲାଗିଛି ।

ବ୍ୟାଖ୍ୟା - ମାଲ୍ୟାଣୀଠାରୁ ଫୁଲ କିଣିବାବେଳେ ବିଦଗ୍ଧର ସହଚର ପ୍ରତି ଉକ୍ତି-ସଜ ତୋଳା ଫୁଲ ଦେଖାଇବାବେଳେ ମାଲ୍ୟାଣୀର ବାହୁମୂଳ ଉପରକୁ ଉଠିଯାଉଛି । ବସନ ମଧ୍ୟରୁ ଏଇ ଯୁଗଳ କୁସୁମ ଦୃଶ୍ୟ ହେଉଛି । ତରୁଣପ୍ରାଣ ସୁଖରେ ନାଚିଉଠି ଲୁବ୍ଧ ନୟନରେ ଚାହିଁରହୁଛି । ଗୋଟି ଗୋଟିଫୁଲ ଦେଖାଇ ସେ ଆଜି ଯୁବକମାନଙ୍କ ହୃଦୟକୁ ଖଣ୍ଡ ଖଣ୍ଡ କରି ଭାଙ୍ଗି ଲାଗିଛି । ମାଲ୍ୟାଣୀର ତାତ୍ପର୍ଯ୍ୟ, ଏଇ ସଦ୍ୟ ତୋଳା ଫୁଲ ଭଳି ତରୁଣମାନଙ୍କ ହୃଦୟକୁ ମୁଁ ଛିନ୍ନ କରିବି ।

ମଜ୍‌ଝୋ, ପିଓ, କୁଅଣ୍ଡୋ, ପଲ୍ଲି-ଜୁଆଣା, ସବତ୍ତୀଓ ।
ଜହ ଜହ ବଡ଼୍ଢନ୍ତି ଥଣା ତହ ତହ ଛିଜନ୍ତି ପଞ୍ଚ ବାହୀଏ । ୯୭ ।
(ମଧ୍ୟଃ, ପ୍ରିୟଃ କୁଟୁମ୍ବଂ ପଲ୍ଲୀ-ଯୁବାନଃ ସପତ୍ନ୍ୟଃ
ଯଥା ଯଥା ବର୍ଦ୍ଧେତେ ସ୍ତନୌ ତଥା କଥା କ୍ଷୀୟନ୍ତେ ପଞ୍ଚ ବ୍ୟାଧ୍ୟାଃ ।)

ବ୍ୟାଥପତ୍ନୀର ସ୍ତନଯୁଗଳ ଯେତେ ଯେତେ ବଢ଼ିଲାଗିଛି ସେତେସେତେ ମଧ୍ୟ, ପ୍ରିୟ, କୁଟୁମ୍ବ, ପଲ୍ଲୀର ଯୁବାଦଳ ଓ ସପତ୍ନୀଗଣ କ୍ଷୀଣ ହୋଇଯାଉଛନ୍ତି ।

ବ୍ୟାଖ୍ୟା - ବ୍ୟାଧପତ୍ନୀର ଯୌବନ ବୃଦ୍ଧି ସଙ୍ଗେ ସଙ୍ଗେ ଏଇ ପାଞ୍ଚଟି ବସ୍ତୁ କ୍ଷୀଣ ହେବାକୁ ଲାଗିଲେ - ତାହାର କଟିଦେଶ, ପ୍ରିୟତମ, ପରିବାର ପରିଜନ, ଗ୍ରାମ ଯୁବାଦଳ ଓ ସଉତୁଣୀଗଣ । କାରଣ ସ୍ତନ ବୃଦ୍ଧିହେବାରୁ କଟି କ୍ଷୀଣ ହୋଇଛି, ରତିବିଳାସ ହେତୁ ପ୍ରିୟତମ ଦୁର୍ବଳ ହୋଇଯାଇଛି, ଦୁର୍ବଳତା ହେତୁ ପରିବାର ପରିପୋଷଣରେ ଅସମର୍ଥ ହେବାରୁ ବ୍ୟାଧର କୁଟୁମ୍ବ ଚିନ୍ତିତ, ଗ୍ରାମ ଯୁବାଦଳ ସ୍ତନ-ଶୋଭା ଦେଖି ଉତ୍କଣ୍ଠିତ ଓ ସପତ୍ନୀମାନେ ଈର୍ଷା-କାତର ହୋଇ କ୍ଷୀଣ ହେବାକୁ ଲାଗିଛନ୍ତି ।

ମାଲାରୀଏ ବେଲ୍ଲହଲ-ବାହୁ-ମୂଲାବଲୋଅଣ-ସଅହ୍‌ଣୋ ।
ଅଲିଅଂ ପି ଭମଇ କୁସୁମଗଘ-ପୁଚ୍ଛିରୋ ପଂସୁଲ-ଜୁଆଣୋ । ୯୮ ।
(ମାଲାକାର୍ଯାଃ ସୁନ୍ଦର-ବାହୁ-ମୂଳାବଲୋକନ-ସତୃଷ୍ଣଃ ।
ଅଳୀକମପି ଭ୍ରମତି କୁସୁମାର୍ଘ ପ୍ରଶ୍ନଶୀଳଃ ପାଂସୁଳ-ଯୁବା ।)

ମାଲ୍ୟାଣୀର ସୁନ୍ଦର ବାହୁମୂଳ ଅବଲୋକନ ଲାଳସାରେ ଲମ୍ପଟ ଯୁବକ ଫୁଲର ମୂଲ୍ୟ ପ୍ରଶ୍ନ କରିବା ଛଳରେ ବୁଲୁଛି ।

ବ୍ୟାଖ୍ୟା - କେହି ସହଚରକୁ କହିଛି- ଏଇ ଫୁଲହାଟରେ ଫୁଲ ବିକୁଥିବା ମାଲ୍ୟାଣୀର ସୁନ୍ଦର ବହୁମୂଳ ଦେଖି କାମନା-ଅଧୀର ଲମ୍ପଟ ତରୁଣ ଫୁଲ ନ କିଣିଲେ ମଧ୍ୟ ମୂଲ୍ୟ ପଚାରିଲାଗିଛି । ମାଲ୍ୟାଣୀକୁ ଅଧିକ କ୍ଷଣ ଦେଖିବା ପାଇଁ ଏହା ତାହାର ଛଳନା ମାତ୍ର ।

ଅକଅଣ୍ଣୁଅ ଘଣ-ବଣ୍ଣଂ ଘଣ-ପଣ୍ଣନ୍ତରିଅ-ତରଣ-ଅର-ଣିଥରଂ ।
ଜଇ ରେ ରେ ବାଣୀରଂ ରେବା-ଣୀରଂ ପି ଣୋ ଭରସି । ୯୯ ।
(ଅକୃତଜ୍ଞ ଘନ-ବର୍ଣ୍ଣଂ ଘନ-ପର୍ଣ୍ଣାନ୍ତରିତ-ତରଣି-କର-ନିକରମ୍ ।
ଯଦି ରେ ରେ ବାନୀରଂ ରେବା-ନୀରମପି ନ ସ୍ମରସି ।)

ଯେଉଁ ବେତସ ନିକୁଞ୍ଜ ମେଘଶ୍ୟାମଳ ଓ ଯେଉଁଠି ସୂର୍ଯ-କିରଣ ଘନ ପଲ୍ଲବରାଜିରେ ଆଚ୍ଛାଦିତ ତାହାକୁ ଯଦି ସ୍ମରଣ ନକରୁ, ରେ ଅକୃତଜ୍ଞ, ତୁ କ'ଣ ରେବାର ଜଳକୁ ମଧ୍ୟ ସ୍ମରଣ କରିପାରୁନାହୁଁ ?

ବ୍ୟାଖ୍ୟା - ଅକୃତଜ୍ଞ ନାୟକ ପ୍ରତି ନାୟିକାର ଧିକ୍କାର ବଚନ-ସୂର୍ଯକିରଣ ଯେଉଁ ମେଘବର୍ଣ୍ଣ ବେତସ କୁଞ୍ଜର ଘନପଲ୍ଲବ ଭେଦ କରିପାରୁନଥିଲା, ତୁମେ ତାହାକୁ ଭୁଲିଯାଇଛ, ରେବାର ଜଳକୁ ମଧ୍ୟ ଭୁଲିଯାଇଛ । ନାୟିକାର ତାତ୍ପର୍ଯ, ରେବା-ତଟ ନିକୁଞ୍ଜ ଓ ରେବାର ଜଳ- ଏ ଦୁଇଟିରୁ ପ୍ରଥମଟିକୁ ଭୁଲିଗଲେ ମଧ୍ୟ ଖୋଦ୍ ରେବାର ଜଳକୁ ସ୍ମରଣ ନ କରିବା ଦ୍ୱାରା ତୁମର ଅକୃତଜ୍ଞତା ପ୍ରମାଣିତ ହେଉଛି ।

ମନ୍ଦଂ ପି ଣ ଆଣଇ ହଲିଅ-ଣନ୍ଦଣୋ ଇହ ହି ଡ଼ଡ୍ଢ଼-ଗାମମ୍ମି ।

ଗହ-ବଈ-ସୁଆ ବିବଜ୍ଜଇ ଅବେଜ୍ଜଏ କସ୍ସ ସାହାମୋ । ୧୦୦।

(ମନ୍ଦମପି ନ ଜାନାତି ହଳିକ-ନନ୍ଦନ ଇହ ହି ଦଗ୍ଧ-ଗ୍ରାମେ।

ଗୃହ-ପତି-ସୁତା ବିପଦ୍ୟତେଽବୈଦ୍ୟକେ କସ୍ୟ କଥୟାମଃ।)

ଏହି ବୈଦ୍ୟହୀନ ଦଗ୍ଧ ଗ୍ରାମରେ ଗୃହପତି-ସୁତା କଷ୍ଟ ପାଉଛି, ହଳିକନନ୍ଦନକୁ କିଛି ଜଣା ନାହିଁ-କାହାକୁ ଏକଥା କହିବି ?

ବ୍ୟାଖ୍ୟା - ହଳିକନନ୍ଦନ ପ୍ରତି କାହାରି ଉପାଲମ୍ଭ ଉକ୍ତି-ତୁମର ପ୍ରିୟା ଗୃହପତି-ସୁତା ଆଜି ଔଷଧ ବିନା ମରିବାକୁ ଯାଉଛି। ତୁମେ ତାର ଖବର କିଛି ରଖି ନାହଁ। ଏଇ ପୋଡ଼ା ଗାଁରେ ବୈଦ୍ୟ ବି ନାହିଁ। ତାତ୍ପର୍ଯ୍ୟ, ସେ ଏବେ ତୁମ ବିନା ହନ୍ତସନ୍ତ ହେଉଛି; ଅଥଚ ପ୍ରଣୟ-ସଂପର୍କ ସ୍ଥାପନ କରି ତା କଥା ଭୁଲିଯାଇଛ।

ରସିଅ-ଜଣ-ହିଅଅ-ଦଈଏ କଈ-ବଚ୍ଛଈ-ପମୁହ-ସୁକଈ-ଣିମ୍ମିହଏ।

ସତ୍ତ-ସଅମ୍ମି ସମତ୍ତଂ ଛଟ୍‌ଠଂ ଗାହା-ସଅଂ ଏଅଂ ।୧୦୧।

(ରସିକ-ଜନ-ହୃଦୟ-ଦୟିତେ କବି-ବତ୍ସଳ-ପ୍ରମୁଖ-ସୁକବି-ନିର୍ମିତେ।

ସପ୍ତ-ଶତକେ ସମାପ୍ତଂ ଷଷ୍ଠଂ ଗାଥା-ଶତକମେତତ୍।)

ରସିକଜନଙ୍କ ହୃଦୟ-ପ୍ରିୟ, କବିବତ୍ସଳପ୍ରମୁଖ ସୁକବି-ବିରଚିତ ସପ୍ତଶତକରୁ ଏହି ଷଷ୍ଠ ଗାଥା-ଶତକ ସମାପ୍ତ ହେଲା।

■

ସପ୍ତମ ଶତକ

ଏକ୍‌କକ୍‌କମ-ପରିରକ୍‌ଖଣ-ପହାର-ସମୁହେ କୁରଙ୍ଗ-ମିହୁଣମ୍ମି।
ବାହେଣ ମଣ୍ଣୁ-ବିଅଲନ୍ତ-ବାହ-ଧୋଅଂ ଅଣୁଂ ମୁକ୍‌କଂ ।୧।
(ଅନ୍ୟୋନ୍ୟ-ପରିରକ୍ଷଣ-ପ୍ରହାର-ସଂମୁଖେ କୁରଙ୍ଗ-ମିଥୁନେ।
ବ୍ୟାଧେନ ମନ୍ୟୁ-ବିଗଳଦ୍‌ବାଷ୍ପ-ଧୌତଂ ଧନୁର୍ମୁକ୍ତମ୍।)

ପରସ୍ପରକୁ ରକ୍ଷା କରିବା ନିମନ୍ତେ କୁରଙ୍ଗ-ମିଥୁନଙ୍କୁ ପ୍ରହାରର ସମ୍ମୁଖୀନ ହେବା ଦେଖି ବ୍ୟାଧ କରୁଣାବଶତଃ ବିଗଳିତ-ଅଶ୍ରୁଧୌତ ଧନୁ ତ୍ୟାଗ କଲା।

ବ୍ୟାଖ୍ୟା- ମନ୍ଦସ୍ନେହ ନାୟକ ପ୍ରତି ନାୟିକା-ସଖୀର ଉପାଲମ୍ଭ ଉକ୍ତି-ମୃଗ-ମିଥୁନ ପରସ୍ପରକୁ ରକ୍ଷା କରିବା ପାଇଁ ବ୍ୟାଧର ଶରସନ୍ଧାନର ସମ୍ମୁଖୀନ ହେଉଛନ୍ତି। କିଏ ଆମଗ ମରିବ, ସେଥିପାଇଁ ସେ ଦୁହିଁଙ୍କ ମଧ୍ୟରେ ପ୍ରତିଯୋଗିତା ଚାଲିଛି। ଅନ୍ୟ ପକ୍ଷରେ, ସେ ଦୁହିଁଙ୍କର ଏକର ଅନ୍ୟ ପ୍ରତି ସ୍ନେହ ଦେଖି କରୁଣାରେ ବ୍ୟାଧର ମୁଷ୍ଟି ଶିଥିଳ; ଧନୁ ଉପରେ ଅଶ୍ରୁ ଝରିପଡୁଛି। ପ୍ରାକୃତିକ ଜଗତ୍‌ରେ ସ୍ନେହର ଏଇ ମୃତ୍ୟୁଞ୍ଜୟୀ ରୂପ ଦେଖି ବ୍ୟାଧର ନିଷ୍ଠୁର ହୃଦୟ ତରଳିଯାଉଛି। ଏହା ସ୍ନେହର ଶକ୍ତି ପ୍ରମାଣ କରେ।

ତା ସୁହଅ ବିଲମ୍ବ ଖଣଂ ଭଣାମି କୀଅ ବି କଏଣ ଅଲମହବା।
ଅବିଆରିଅ-କଜ୍ଜାରମ୍ଭ-ଆରିଣୀ ମରଉ ଣ ଭଣିସ୍‌ସଂ ।୨ ।
(ତତ୍ସୁଭଗ ବିଳମ୍ବସ୍ୱ କ୍ଷଣଂ ଭଣାମି କସ୍ୟା ଅପି କୃତେନାଳମଥବା।
ଅବିଚାରିତ-କାର୍ଯ୍ୟାରମ୍ଭ-କାରିଣୀ ମ୍ରିୟତାଂ ନ ଭଣିଷ୍ୟାମି।)

ହେ ସୁଭଗ, କ୍ଷଣେ ବିଳମ୍ବ କର; ମୁଁ କାହାରି ବିଷୟରେ ତୁମକୁ କିଛି କହିବାକୁ ଚାହେଁ, ଅଥବା କହିବାରେ କି କାର୍ଯ୍ୟ? ଅବିଚାରିତଭାବେ କାର୍ଯ୍ୟାରମ୍ଭ କରିଥିବା ସେ ମରିବ ତ ମରୁ; ମୁଁ ତା ପାଇଁ ତୁମକୁ କିଛି କହିବି ନାହିଁ।

ବ୍ୟାଖ୍ୟା - ନାୟକ ପ୍ରତି ସଖୀ -ଉକ୍ତି- 'ହେ ସୁଭଗ, ତୁମର ପ୍ରଣୟ-ପାତ୍ରୀ

ଅନେକ; ଏବେ ତୁମେ ହୁଏତ ସେମାନଙ୍କ ଭିତରୁ କାହାକୁ ଅନୁଗୃହୀତ କରିବାକୁ ଚାଲିଛ; ମାତ୍ର କ୍ଷଣେ ବିଳମ୍ୱ କର; ମୁଁ ଗୋଟିଏ ଅବଳା ବିଷୟରେ ତୁମକୁ କିଛି କହିବାକୁ ଚାହେଁ।' ଏତିକି କହି ସଖୀ ହଠାତ୍ କଥାର ଧାରା ବଦଳାଇ ଦେଇ କହିଛି- ହଁ, ତୁମକୁ କହି କି ଲାଭ ? ଯେ ବୁଝି ବିଚାରି କାମ ନ କରେ, ତାର ଫଳ ସେ ଭୋଗ ନକରି ଆଉ କିଏ କରିବ ? ଯେ ପଛକେ ମରୁ; ଆପଣା କଲା-କର୍ମର ଫଳ ତ ତାକୁ ଭୋଗିବାକୁ ପଡ଼ିବ। ସଖୀର ତାତ୍ପର୍ଯ୍ୟ, ନାୟିକାର ମରଣ ସୁନିଶ୍ଚିତ; ତୁମେ ସ୍ତ୍ରୀ-ହତ୍ୟା ଦୋଷରେ ଭାଗୀ ହେବ। ଶୀଘ୍ର ଯାଇ ତାକୁ ଦର୍ଶନ ଦିଅ।

ଭୋଇଣି-ଦିଣ୍ଣ-ପହେଣଅ-ଚକ୍ଖିଅ-ଦୁସ୍‌ସିକ୍‌ଖିଓ ହଲିଓ-ଉତ୍ତୋ।
ଏତ୍ତାହେ ଅଣ୍ଣ-ପହେଣଆଣଁ ଛିଓଲ୍ଲଅଂ ଦେଇ । ୩ ।
(ଭୋଗିନୀ-ଦତ୍ତ-ପ୍ରହେଣକା-ସ୍ୱାଦନ-ଦୁଃଶିକ୍ଷିତୋ ହଳିକ-ପୁତ୍ରଃ।
ଇଦାନୀମନ୍ୟ ପ୍ରହେଣକାନାଂ ଛୀ-ଇତି ବଚନଂ ଦଦାତି।)

ଭୋଗିନୀଦତ୍ତ ପ୍ରହେଣକୁ ଚାଖି ମୂର୍ଖ ହଳିକପୁତ୍ର ଏବେ ଅନ୍ୟର ପ୍ରେଷିତ ପ୍ରହେଣକ-ଗୁଡ଼ିକୁ 'ଛି' ବୋଲି କହି ନିନ୍ଦା କରୁଛି।

ବ୍ୟାଖ୍ୟା - ସଖୀ ପ୍ରତି ନାୟିକା-ଉକ୍ତି-ନବ-କାମିନୀ ଗ୍ରାମୀଣ ବ୍ୟାପାରୀର ପତ୍ନୀ ପ୍ରେରଣ କରିଥିବା ଉପହାର ମୋଦକ ବା ମୁଆଁ ଖାଇ ହଳିଆର ପୁଅ ତୁଷ୍ଟ ହୋଇଛି। ମୋଦକ ଖୋଇ ଭୋଗିନୀ (ସାହୁକାରପତ୍ନୀ) ହଳିକପୁତ୍ରକୁ ବଶ କରିଛି। ନୂଆ ପ୍ରେମର ସ୍ୱାଦ ଚାଖି ସେ ପୁରାତନ ପ୍ରେମକୁ 'ଛି-ଛି' କରୁଛି। ଏଭଳି ଅବୋଧ କେଉଁଠି ଦେଖିଛୁ ?

ପଚ୍ଚୂସ-ମଊହାବିଲ-ପରିମଲଣସମୂସସନ୍ତ-ବତ୍ତାଣଂ।
କମଲାଣଂ ରଅଣି-ବିରମେ ଜିଅ-ଲୋଅ-ସିରୀ ମହମ୍ମହଇ । ୪ ।
(ପ୍ରତ୍ୟୁଷ-ମୟୂଖାବଳି-ପରିମଳନ-ସମୁଚ୍ଛ୍ୱସତ୍-ପତ୍ରାଣମ୍।
କମଳାନାଂ ରଜନି-ବିରାମେ ଜିତ-ଲୋକ-ଶ୍ରୀର୍ମହମହାୟତେ।)

ରଜନୀ ପାହିବା ପରେ ପ୍ରାତଃ-କିରଣ-ସଂସ୍ପର୍ଶରେ ପ୍ରସ୍ଫୁଟିତ କମଳଦଳର ଲୋକବିଜୟିନୀ ଶୋଭା ସୌରଭଯୁକ୍ତ ହୋଇ ଚତୁର୍ଦ୍ଦିଗରେ ମହମହ କରି ଉଠୁଛି।

ବ୍ୟାଖ୍ୟା - ପ୍ରିୟ-ମିଳନରେ ନିଶି ଅବସାନ ସମ୍ବନ୍ଧରେ ସଂପୂର୍ଣ୍ଣ ବିସ୍ମୃତା ନାୟିକା ପ୍ରତି ପ୍ରଭାତବର୍ଣ୍ଣନା କରି ଦୂତୀ-ଉକ୍ତି-ହେ ସଖି, ରାତ୍ରି ଶେଷ ହେଲାଣି, ପ୍ରଭାତ ଆଲୋକ ସ୍ପର୍ଶରେ ପଦ୍ମଦଳ ଖୋଲିଯାଇ ଶୋଭା-ସୌରଭରେ ସର୍ବତ୍ର ବ୍ୟାପ୍ତ ହୋଇଗଲାଣି। ଚତୁର୍ଦ୍ଦିଗରେ ଜନପ୍ରାଣୀ ମୁଲିଲେଣି। ଏବେ ପ୍ରିୟତମଙ୍କୁ ବିଦାୟ ଦେଇ ଗୃହକୁ ଫେରିଯାଅ।

ବାଉବ୍‌ବେଲ୍ଲିଅ-ସାଉଲି ଥଏସୁ ଫୁଡ଼-ଦନ୍ତ-ମଣ୍ଡଲଂ ଜହଣଂ ।
ଚଡୁ ଆରଅଂ ପଇଂ ମା ହୁ ପୁତ୍ତି ଜଣ-ହାସିଅଂ କୁଣସୁ ।୫।
(ବାତୋଦ୍‌ବେଲିତ-ବସ୍ତ୍ରେ ସ୍ଥଗୟ ସ୍ଫୁଟ-ଦନ୍ତ-ମଣ୍ଡଳଂ ଜଘନମ୍ ।
ଚଟୁକାରକଂ ପତିଂ ମା ଖଲୁ ପୁତ୍ରି ଜନ-ହାସ୍ୟଂ କୁରୁ ।)

ହେ ଝିଅ, ପବନରେ ତୋର ବସ୍ତ୍ର ଉଦ୍‌ବେଳିତ; ତୋର ଜଘନରେ ଦନ୍ତ-ଚିହ୍ନ ସ୍ପଷ୍ଟ ଦୃଷ୍ଟିରେ ପଡୁଛି । ଜଘନକୁ ଢାଙ୍କି ଦେ, ଚଟୁକାର ପତିଙ୍କୁ ଲୋକଙ୍କଠାରେ ଉପହସିତ କରନା ।

ବ୍ୟାଖ୍ୟା - ନାୟିକା ପ୍ରତି ପ୍ରୌଢ଼ା ଦୂତୀର ଉକ୍ତି । ଅତିଶୟ ପ୍ରେମର ସୂଚନା-ସ୍ୱରୂପ ପତି ନାୟିକାର ଜଘନରେ ଦନ୍ତ-ଚିହ୍ନ ଅଙ୍କନ କରିଛି । ଏହା ନାୟିକାର ସୌଭାଗ୍ୟ-ସୂଚକ । ପବନରେ ବସନ ଉଡ଼ିଯିବାରୁ ଦନ୍ତକ୍ଷତ ସ୍ପଷ୍ଟ ବାରିହୋଇପଡୁଛି । ଜଘନର ଏଇ ଚିହ୍ନଗୁଡିକୁ ସପତ୍ନୀମାନଙ୍କୁ ଦେଖାଇ ପତିଙ୍କୁ ସେମାନଙ୍କ ଉପହାସର ପାତ୍ର ନ କରିବା ପାଇଁ ପ୍ରୌଢ଼ ଦୂତୀ ଆକଟ କରିଛି ।

ବୀସତ୍‌ଥ-ହସିଅ-ପରିସକ୍‌କିଆଣଁ ପଢ଼ମଂ ଜଲଞ୍ଜଲୀ ଦିଣ୍‌ଣୋ ।
ପଚ୍ଛା ବହୂଅ ଗହିଓ କୁଡ଼ୁମ୍ବ-ଭାରୋ ଣିମଜ୍ଜନ୍ତୋ । ୬ ।
(ବିସ୍ରବ୍‌ଧ-ହସିତ-ପରିକ୍ରମାଣାଂ ପ୍ରଥମଂ ଜଳାଂଜଳିର୍ଦ୍ଦତ୍ତଃ ।
ପଶ୍ଚାତ୍ ବଧ୍ୱା ଗୃହୀତଃ କୁଟୁମ୍ବ-ଭାରୋ ନିମଜ୍ଜନ୍ ।)

ବଧୂ ପ୍ରଥମେ ବିସ୍ରବ୍‌ଧ ହାସ ଓ ପରିକ୍ରମଣରେ ଜଳାଞ୍ଜଳି ଦେଇଛି, ପରେ ଦୁର୍ଗତ କୁଟୁମ୍ବଜନଙ୍କ ଭାର ଗ୍ରହଣ କରିଛି ।

ବ୍ୟାଖ୍ୟା - କାମୁକ ପ୍ରତି ଦୂତୀ-ଉକ୍ତି । ବଧୂଟି ଲଘୁ ପରିହାସ-କ୍ରିୟା ଓ ସ୍ୱାଧୀନ ଭ୍ରମଣଶୀଳା ଥିବାରୁ କାମୀଜନମାନେ ତା' ପ୍ରତି ଆକୃଷ୍ଟ ହୋଇଥିଲେ । ମାତ୍ର ସେ ଏବେ ହାସ-ପରିହାସ ଓ ସ୍ୱାଧୀନ ଭାବେ ଘୂରିବୁଲିବା ଛାଡ଼ି ଦୁର୍ଗତ କୁଟୁମ୍ବ ଲୋକଙ୍କ ଦାୟିତ୍ୱ ବହନ କରିଥିବାରୁ କାମୁକର ଅଭିଳାଷ ସଫଳ ହେବ ନାହିଁ ବୋଲି ଦୂତୀ ଜଣାଇ ଦେଇଛି ।

ଗମିହିସି ତସ୍‌ସ ପାସଂ ସୁନ୍ଦରି ମା ତୁରଅ ବଡ୍‌ଢ଼ଉ ମିଅଙ୍କୋ ।
ଦୁଦ୍ଧେ ଦୁଦ୍ଧଂ ମିଅ ଚନ୍ଦିଆଇ କୋ ପେଚ୍ଛଇ ମୁହଂ ତେ । ୭।
(ଗମିଷ୍ୟସି ତସ୍ୟ ପାର୍ଶ୍ୱଂ ସୁନ୍ଦରି ମା ତ୍ୱରସ୍ୱ ବର୍ଧତାଂ ମୃଗାଙ୍କଃ ।
ଦୁଗ୍‌ଧେ ଦୁଗ୍‌ଧମିବ ଚନ୍ଦ୍ରିକାୟାଂ କଃ ପ୍ରେକ୍ଷତେ ମୁଖଂ ତେ ।)

ଗୋ ସୁନ୍ଦରୀ ! ତାଙ୍କ ପାଖକୁ ଯିବାକୁ ପଡ଼ିବ ତ ଏତେ ଚଞ୍ଚଳ କାହିଁକି ? ଚନ୍ଦ୍ର ବୃଦ୍ଧି ପାଉ; ଦୁଧରେ ଦୁଧ ଭଳି ଚନ୍ଦ୍ରିକାରେ ତୋ ମୁଖ କିଏ ଦେଖିପାରିବ ?

ବ୍ୟାଖ୍ୟା - ଶୁକ୍ଳାଭିସାରିକା ପ୍ରତି ସଖୀର ପ୍ରେରଣାସୂଚକ ପରିହାସୋକ୍ତି-ପ୍ରିୟ-ମିଳନ ନିମନ୍ତେ ତୁ ଉତ୍ସୁକ ହୋଇଉଠିଛୁ। ତେବେ ଏତେ ତ୍ୱରା କାହିଁକି ? ଆକାଶରେ ଜ୍ୟୋତ୍ସ୍ନାର ପ୍ଲାବନ ଘଟୁ। ଦୁଗ୍ଧରେ ଦୁଗ୍ଧ ମିଶ୍ରିତ ହେବା ପରି ତୋ ଅଙ୍ଗର ସ୍ୱଭାବଗୌରତା ସହ ଚନ୍ଦ୍ରାଲୋକର ଧବଳତାର ମିଶ୍ରଣ ଘଟିବ। ସେତେବେଳେ ତୋର ମୁଖ କେହି ଦେଖି ପାରିବେ ନାହିଁ। ସଖୀ ନାୟିକାକୁ ପରିହାସ କରିବା ସଙ୍ଗେ ତାର ସୌନ୍ଦର୍ଯ୍ୟର ପ୍ରଶଂସା କରିଛି।

ଜଇ ଜୂରଇ ଜୂରଉ ଣାମ ମାମି ପର-ଲୋଅ-ବସିଣିଓ ଲୋଓ।

ତହ ବି ବଲା ଗାମଣି-ଣନ୍ଦଣସ୍‌ସ ବଅଣେ ବଲଇ ଦିଟ୍‌ଠୀ ।୮ ।

(ଯଦି ଖିଦ୍ୟତେ ଖିଦ୍ୟତାଂ ନାମ ମାତୁଳାନୀ ପର-ଲୋକ-ବ୍ୟସନିକୋ ଲୋକଃ।

ତଥାପି ବଲାତ୍ ଗ୍ରାମଣୀ-ନନ୍ଦନସ୍ୟ ବଦେନ ବଲତେ ଦୃଷ୍ଟିଃ।)

ଆଗୋ ମାଈ ! ପରଲୋକରେ ଆସକ୍ତ ଲୋକେ ଯଦି ଖିନ୍ନ ହେବେ ତ ହୁଅନ୍ତୁ, ତଥାପି ମୋର ଦୃଷ୍ଟି ଗ୍ରାମଣୀ-ନନ୍ଦନର ମୁଖ ପ୍ରତି ବଳପୂର୍ବକ ପଡ଼ିଯାଉଛି।

ବ୍ୟାଖ୍ୟା - ମାତୁଳାନୀ ପ୍ରତି ନାୟିକା-ଉକ୍ତି- ପରପୁରୁଷାସକ୍ତି ନିମନ୍ତେ ମୃତ୍ୟୁ ପରେ ଯେଉଁ ଦଶା ଭୋଗିବାକୁ ପଡ଼େ, ଧାର୍ମିକ ଲୋକେ ସେ ବିଷୟରେ ଯେଉଁ ବିଧାନ ବାଢ଼ନ୍ତୁ ପଛେ, ମୋର ସେଥିରେ ତିଳେ ହେଲେ ଭୟ ନାହିଁ। ଅସତୀତ୍ୱ ପାଇଁ କୁମ୍ଭୀପାକ ନର୍କଭୋଗ ନିମନ୍ତେ ମୁଁ ପ୍ରସ୍ତୁତ ଅଛି। ପୁରାଣ-ପୋଥିରେ କ'ଣ ଲେଖା ଅଛି ସେ କଥା ମୋ ଆଗରେ କହ ନାହିଁ। 'ପରକାଳ ପରକାଳ' ବୋଲି ହୁରି କରି ସେମାନେ ମରୁଥାନ୍ତି। ଗ୍ରାମପତି-ସୁତ ରୂପରେ ମୋର ମନ ମଜ୍ଜିଛି, ନେତ୍ର ତାହାରି ମୁଖ ପ୍ରତି ଧାବିତ ହେଉଛି।

ଗେହଂ ବ ବିତ୍ତ-ରହିଅଂ ଣିଜ୍‌ଝର-କୁହରଂ ବ ସଲିଲ-ସୁଣ୍ଣବିଅଂ।

ଗୋହଣ-ରହିଅଂ ଗୋଟ୍‌ଠଂ ବ ତୀଅ ବଅଣଂ ତୁହ ବିଓଏ ।୯ ।

(ଗୃହମିବ ବିତ୍ତ-ରହିତଂ ନିର୍ଝର-କୁହରମିବ ସଲିଲ-ଶୂନ୍ୟମ୍।

ଗୋଧନ-ରହିତଂ ଗୋଷ୍ଠମିବ ତସ୍ୟା ବଦନଂ ତବ ବିୟୋଗେ।

ତୁମ ବିରହରେ ତାହାର ମୁଖ ବିତ୍ତଶୂନ୍ୟ ଗୃହ ଭଳି, ସଲିଳଶୂନ୍ୟ ନିର୍ଝରଗହ୍ୱର ଭଳି ଓ ଗୋଧନରହିତ ଗୋଷ୍ଠ ଭଳି ପ୍ରତୀତ ହେଉଛି।

ବ୍ୟାଖ୍ୟା - ନାୟକ ପ୍ରତି ଦୂତୀ-ଉକ୍ତି-ଧାନ ନଥିଲେ ଗୃହର ରକ୍ଷଣାବେକ୍ଷଣ କରାଯାଇ ପାରେ ନାହିଁ, ସଲିଳହୀନ ଝରଣାର ଗୁହା ଯେଉଁପରି ଅସୁନ୍ଦର ଦିଶେ ଓ ଗୋଧନରହିତ ଗୋଷ୍ଠ ଯେଉଁପରି ଶୂନ୍‌ଶାନ୍ ଜଣାପଡ଼େ, ତୁମ ବିରହରେ ସେଇ ଦୀନା

ନାୟିକାର ମୁଖ ସେହିପରି ଅନଳଂକୃତ, ଅରମଣୀୟ ଓ ନୀରବ ପ୍ରତୀତ ହେଉଛି।

ତୁହ ଦଂସଣେଣ ଜଣିଓ ଇମୀଅ ଲଜ୍ଜାଉଲାଇ ଅଣୁରାଓ।
ଦୁଗ୍‌ଗଅ-ମଣୋରହେ ବିଅ ହିଅଅ ଛିଅ ଜାଇ ପରିଣାମଂ ।୧୦।
(ତବ ଦର୍ଶନେନ ଜନିତୋଽସ୍ୟା ଲଜ୍ଜାଲୁକାୟା ଅନୁରାଗଃ।
ଦୁର୍ଗତ-ମନୋରଥ ଇବ ହୃଦୟ ଏବ ଯାତି ପରିଣାମମ୍।)

ତୁମ ଦର୍ଶନରୁ ଜାତ ଅନୁରାଗ ସେଇ ଲଜ୍ଜାଶୀଳାର ହୃଦୟରେ ହିଁ ଦରିଦ୍ରର ମନୋରଥ ଭଳି ସମାପ୍ତ ହୋଇଯାଉଛି।

ବ୍ୟାଖ୍ୟା - ନାୟକ ପ୍ରତି ଦୂତୀ-ଉକ୍ତି- ସେ ଦର୍ଶନମାତ୍ରେ ତୁମ ପ୍ରତି ଅନୁରାଗିଣୀ ହୋଇଉଠିଛି; ମାତ୍ର ସେ ଲଜ୍ଜାଶୀଳା ହୋଇଥିବାରୁ ମନକଥାକୁ ମନରେ ମାରି ବ୍ୟଥିତ ହେଉଛି। ଦରିଦ୍ର ବ୍ୟକ୍ତିର ମନରେ ଲାଳିତ ନାନା ବାସନା ଧନାଭାବ ହେତୁ ଯେଉଁପରି ପୂର୍ଣ ହୋଇପାରେ ନାହିଁ, ବାସନାର ଉଦୟ ସଙ୍ଗେ ତାହା ଯେପରି ହୃଦୟରେହିଁ ବିଳୟ ଭଜେ, ସେହିପରି ତାହାର ନବାରୁରାଗ ଲଜ୍ଜା ହେତୁ ପ୍ରକାଶ କରି ନପାରି ହୃଦୟରେହିଁ ପରିସମାପ୍ତି ଲାଭ କରୁଛି। ଦୂତୀର ତାତ୍ପର୍ଯ, ନାୟିକା ଲଜ୍ଜା ଓ ଅନୁରାଗ-ଉଭୟ ଅବସ୍ଥା ମଧ୍ୟରେ ଆନ୍ଦୋଳିତ।

ଜଂ ତଣୁଆଅଇ ସା ତୁହ କଏଣ କିଂ ଜେଣ ପୁଚ୍ଛମି ହସନ୍ତୋ।
ଅହ ଗିମ୍‌ହେ ମହ ପଅଇ ଏବ୍‌ବଂ ଭଣିଉଣ ଓରୁଣ୍ଣା ।୧୧।
(ଯା ତନୁକାୟତେ ସା ତବ କୃତେନ କିଂ ଯେନ ପୃଚ୍ଛସି ହସନ୍।
ଅସୌ ଗ୍ରୀଷ୍ମେ ମମ ପ୍ରକୃତିରିତି ଭଣିତ୍ୱାବରୁଦିତା।)

"ଯେ କୃଶ ହୋଇଯାଉଛି, ସେ କ'ଣ ତୁମର ପାଇଁ? କୃଶ ହେବାର କାରଣ ହସସି ହସି ପଚାରୁଛ? ଗ୍ରୀଷ୍ମକାଳରେ କୃଶ ହେବା ମୋର ସ୍ୱଭାବ" - ଏହା କହି ସେ କାନ୍ଦିବାକୁ ଲାଗିଲା।

ବ୍ୟାଖ୍ୟା - ଅଶ୍ରୁପୂର୍ଣେକ୍ଷଣା ଅଭିମାନୀ ପ୍ରିୟା ଅନ୍ୟାନୁରକ୍ତ ନାୟକକୁ କହିଲା-ଦୁନିଆରେ ଯେତେ ନାରୀ କ୍ଷୀଣ ହେଇଯାଆନ୍ତି, ତାହା କ'ଣ କେବଳ ତୁମରି ପାଇଁ? ମୋର କୃଶତା ବିଷୟରେ ହସି ହସି ପଚାରି ମୋତେ କାହିଁକି ଉପହାସ କରୁଛ? ଗ୍ରୀଷ୍ମକାଳରେ ପତଳା ହେଇଯିବା ମୋର ସ୍ୱଭାବ। ଗ୍ରୀଷ୍ମକୁ ପତଳା ହେବାର କାରଣ ରୂପେ ଉଲ୍ଲେଖ କଲେ ମଧ୍ୟ ତାହା ଯେ ସତ୍ୟ ନୁହେଁ - ନାୟକର ଔଦାସୀନ୍ୟ ପ୍ରକୃତ କାରଣ; ସେଥିପାଇଁ ବାଳା କାନ୍ଦିପକାଇଲା।

ବଣ୍ଣେ କ୍‌କମ-ରହିଅସ୍‌ସ ବି ଏସ ଗୁଣୋ ଣବରି ଚିତ୍ତ-କମ୍ମସ୍‌ସ।
ଣିମିସଂ ପି ଜଂଣ ମୁଞ୍ଚଇ ପିଓ ଜଣୋ ଗାଢ଼ମୁବଊଢ଼ୋ ।୧୨।

(ବର୍ଣ୍ଣ-କ୍ରମ-ରହିତସ୍ୟ ଅପି ଏଷଃ ଗୁଣଃ କେବଳଂ ଚିତ୍ର-କର୍ମଣଃ ।
ନିମିଷମପି ଯନ୍ନ ମୁଞ୍ଚତି ପ୍ରିୟୋ ଜନୋ ଗାଢ଼ମୁପଗୂଢ଼ଃ ।)

ବର୍ଣ୍ଣବିନ୍ୟ ସରହିତ ହେଲେ ମଧ୍ୟ କେବଳ ଚିତ୍ରକର୍ମର ଏପରି ଗୁଣ ଦେଖାଯାଏ ଯେ ଗାଢ଼ାଲିଙ୍ଗନରେ ଭିଡ଼ିଧରିଥିବା ପ୍ରିୟ ପଲକମାତ୍ର ପ୍ରିୟାକୁ ଛାଡ଼େ ନାହିଁ।

ବ୍ୟାଖ୍ୟା - ପ୍ରିୟତମର ନିବିଡ଼ ଆଲିଙ୍ଗନଲାଳସୀ ନାୟିକାର ଉକ୍ତି- ଯେଉଁ ଚିତ୍ରରେ ନାନା ରଙ୍ଗର ସମାବେଶ ଘଟି ନଥାଏ ଓ କୌଣସି ଅଙ୍କନକ୍ରମ ଅନୁସୃତ ହୋଇ ନଥାଏ, ସେଥିରେ ମଧ୍ୟ ଏପରି ବିଶେଷତ୍ୱ ଦେଖାଯାଏ ଯେ, ତହିଁରେ ଅଙ୍କିତ ନାୟକ-ନାୟିକାଙ୍କର ଆଲିଙ୍ଗନାବଦ୍ଧ ଅବସ୍ଥା ଚିରସ୍ଥାୟୀ ହୋଇଥାଏ। କେହି କାହାରିଠାରୁ ନିମିଷ ମାତ୍ର ବିଚ୍ଛିନ୍ନ ହୁଅନ୍ତି ନାହିଁ। ତୁମ ହୃଦୟ ତ ଅନୁରାଗରଙ୍ଗରେ ରଞ୍ଜିତ ଓ ତୁମେ କାମକଳାର କ୍ରମ ବିଷୟରେ ଦକ୍ଷ। ଏରୁ ତୁମର ଆଲିଙ୍ଗନରେ ଆବଦ୍ଧ ହେଲେ ମୋର ମନ ମିଳନରସରେ ଭରିଉଠିବ, ହୃଦୟ-ତାପ ଦୂର ହେବ।

ଅବିହତ୍ତ-ସଂଧି-ବନ୍ଧଂ ପଢ଼ମ-ରସୁବ୍ଭେଅ-ପାଣ-ଲୋହିଲ୍ଲୋ।
ଉବ୍ବେଲିଉଂ ଣ ଆଣହ ଖଣ୍ଡଇ କଳିଆ-ମୁହଂ ଭମରୋ ।୧୩ ।
(ଅବିଭକ୍ତ-ସଂଧି-ବନ୍ଧଂ ପ୍ରଥମ-ରସୋଦ୍ଭେଦ-ପାନ-ଲୁବ୍ଧଃ।
ଉଦ୍ବେଲ୍ଲିତୁଂ ନ ଜାନାତି ଖଣ୍ଡୟତି କଳିକା-ମୁଖଂ ଭ୍ରମରଃ।)

ପୁଷ୍ପର ପ୍ରଥମୋଦ୍ଭିନ୍ନ ରସ-ପାନ-ଲୋଲୁପ ଭ୍ରମର କଳିକାର ମୁଖ ପ୍ରସ୍ଫୁଟିତ କରି ଜାଣେ ନାହିଁ; ତାହାର ସନ୍ଧିବନ୍ଧକୁ ବିଭକ୍ତ ନକରି ଖଣ୍ଡିତ କରିଦେଉଛି।

ବ୍ୟାଖ୍ୟା - ଅନ୍ୟାପଦେଶରେ ଜଣେ ସଖୀ ଅନ୍ୟ ଜଣେ ସଖୀକୁ କହିଛି- ଅନିପୁଣ ଭ୍ରମର ପ୍ରଥମ ରସପାନ ନିମନ୍ତେ ପ୍ରମତ୍ତ ହୋଇଛି। ପୁଷ୍ପର ସନ୍ଧିବନ୍ଧ ଖୋଲି ଜାଣେ ନାହିଁ କି କଳିକାର ମୁଖ ଫୁଟାଇ ଜାଣେ ନାହିଁ। ମତ୍ତତା ହେତୁ କେବଳ ପାଖୁଡ଼ାଗୁଡିକୁ କାଟିପକାଇ ରସପାନ କରୁଛି। ନାୟକ ପକ୍ଷେ-ବ୍ୟଗ୍ରତା ହେତୁ ଅବିଦଗ୍ଧ ନାୟକ ମୁଗ୍ଧା ନବୋଢ଼ାକୁ ବିକଶିତ ନକରି କ୍ଲେଶପ୍ରଦ ଉପାୟରେ ରସଭୋଗ କରୁଛି। ସଖୀର ତାତ୍ପର୍ଯ୍ୟ, ବିଦଗ୍ଧ ନାୟକ ଏପରି ନବୋଢ଼ାକୁ ପ୍ରସନ୍ନ କରି କ୍ଲେଶବିନା ଉପଭୋଗ କରେ।

ଦର-ବେବିରୋରୁ-ଜୁଅଲାସୁ ମଉଲିଅଚ୍ଛୀସୁ ଲୁଳିଅ-ଚିହୁରାସୁ।
ପୁରିସାଇରୀସୁ କାମୋ ପିଆସୁ ସଜ୍ଜାଉହୋ ବସଇ ।୧୪।
(ଈଷଦ୍ବେପନଶୀଳୋରୁ-ଯୁଗଳାସୁ ମୁକୁଳିତାକ୍ଷୀଷୁ ଲୁଳିତ-ଚିକୁରାସୁ।
ପୁରୁଷାୟିତଶୀଳାସୁ କାମଃ ପ୍ରିୟାସୁ ସଜ୍ଜାୟୁଧୋ ବସତି।)

ପୁରୁଷାୟିତ ବିହାରରେ ଯେଉଁମାନଙ୍କର ଉରୁଯୁଗଳ ଈଷତ୍ କମ୍ପମାନ,

ନେତ୍ରଯୁଗଳ ମୁକୁଳିତ ଓ କେଶପାଶ ଲୁଳିତ, ସେହିପରି ପ୍ରିୟତମାମାନଙ୍କଠାରେ କାମଦେ ଅସ୍ତ୍ର ସଜ୍ଜିତ ହୋଇ ବାସକରେ।

ବ୍ୟାଖ୍ୟା - ବିପରୀତରତିରେ ପ୍ରବୃତ୍ତ ହେବା ନିମନ୍ତେ ଉତ୍ସାହିତ କରି ପ୍ରିୟତମା ପ୍ରତି ନାୟକ-ଉକ୍ତି-ପ୍ରିୟେ, ପ୍ରତୀପ-ବିହାରରେ ମତ୍ତ ହେଉଥିବା କାମିନୀମାନଙ୍କ ଶୋଭା ଅବର୍ଣ୍ଣନୀୟ। ସେତେବେଳେ ସେମାନଙ୍କର ଉରୁଦେଶ ଈଷତ୍ କମ୍ପିତ ହେଉଥାଏ, ରତି-ଆନନ୍ଦରେ ନେତ୍ର ବୁଜିହୋଇଆସେ, ଚିକୁରଭାର ଲୁଳିତ ଓ ଅଧରରେ ହାସ ଫୁଟିଉଠୁଥାଏ। ଏପରି ପ୍ରିୟତମା ପୁରୁଷକୁ ସ୍ୱତଃ ମୋହିତ କରେ। ସଜ୍ଜିତ ଧନୁ କାମଦେବ ସାକ୍ଷାତ୍ ତା'ଠାରେ ନିବାସ କରେ।

ଜଂ ଜଂ ତେ ଣ ସୁହାଅଇ ତଂ ତଂ ଣ କରେମି ଜଂ ମମାଅତ୍ତଂ।
ଅହଅଂ ଚିଅ ଜଂ ଣ ସୁହାମି ସୁହଅ ତଂ କିଂ ମମାଅତ୍ତଂ।୧୫।
(ଯଦ୍ୟତେ ନ ସୁଖାୟତେ ତତ୍ତନ୍ନ କରୋମି ଯନ୍ମମାୟତ୍ତମ।
ଅହମେବ ଯନ୍ନ ସୁଖାୟେ ସୁଭଗ ତତ୍କିଂ ମମାୟତ୍ତମ୍।)

ହେ ସୁଭଗ, ଯାହା ମୋର ଅଧୀନ ଓ ଯାହା ତୁମକୁ ସୁଖ ଲାଗେ ନାହିଁ, ତାହା ତାହା ମୁଁ କରିବି ନାହିଁ ; ମାତ୍ର ମୁଁ ନିଜେ ଯେତେବେଳେ ତୁମକୁ ସୁଖ ଲାଗୁନାହିଁ, ସେତେବେଳେ ତାହା କଣ ମୋର ଅଧୀନ ?

ବ୍ୟାଖ୍ୟା - କଣ୍ଠସ୍ୱରରେ ଅଭିମାନର ବ୍ୟଞ୍ଜନା ଫୁଟାଇ ଅନ୍ୟାସକ୍ତ ନାୟକ ପ୍ରତି ନାୟକା-ଉକ୍ତି-ମାନୁଛି, ମୋର ଆଚରଣରେ ତୁମେ ତୁଷ୍ଟ ନୁହଁ, ସେଥିଲାଗି ଯଥାସାଧ୍ୟ ଚେଷ୍ଟା କରି ମୋର ଆଚରଣଗତ ତ୍ରୁଟି ଦୂର କରିବି ଓ ଯେଉଁଥିରେ ତୁମର ସୁଖ ଜାତ ହେବ ସେହିପରି କାର୍ଯ୍ୟ କରିବି। କିପରି ତୁମର ମନ ପାଇବି ସେଥିପାଇଁ ଯତ୍ନର ହେଳା କରିବି ନାହିଁ; ମାତ୍ର ଖୋଦ୍ ମୁଁ ଯେତେବେଳେ ତୁମକୁ ଭଲଲାଗୁନାହିଁ, ତାହା କଣ ମୋର ଅଧୀନରେ ବା ଆୟତ୍ତରେ ଅଛି ? ମୁଁ ତ ତୁମ ଆଖିର କଣ୍ଟା ! ଏ ପୋଡ଼ା ଜୀବନ ନ ଯାଇ କଦର୍ଥନା ଭୋଗିବା ପାଇଁ ଏହା ରହିଛି।

ବାବାର-ବିସଂବାଅଂ ସଅଲାବଅବାଣଁ କୁଣଇ ହଅ-ଲଜ୍ଜା।
ସବଣାର୍ଣ ଉଣୋ ଗୁରୁ-ସଂଣିହେ ବି ଣ ଣିରୁଜ୍ଝଇ ଣିଓଅଂ ।୧୬।
(ବ୍ୟାପାର-ବିସଂବାଦଂ ସକଳାବୟବାନାଂ କରୋତି ହତ-ଲଜ୍ଜା।)
ଶ୍ରବଣୟୋଃ ପୁନର୍ଗୁରୁ-ସଂନିଧାବପି ନ ନିରୁଣଦ୍ଧି ନିୟୋଗମ୍।)

ନିଲଠା ଲଜ୍ଜା ସକଳ ଅବୟବର ବ୍ୟବହାରରେ ବାଧା ଉପସ୍ଥିତ କରାଉଛି; କିନ୍ତୁ ତାହା ଗୁରୁଜନଙ୍କ ସମୀପରେ ମଧ୍ୟ ଶ୍ରବଣର ବ୍ୟବହାର ବନ୍ଦ କରିପାରୁନାହିଁ।

ବ୍ୟାଖ୍ୟା - ନାୟକ ପ୍ରତି ନାୟିକା ଉକ୍ତି- ହେ ପ୍ରିୟତମ, ତୁମକୁ ଆଗରେ

ଦେଖିଲେ ପୋଡ଼ା ଲାଜ ବାଦ ସାଧୁଥିବାରୁ ମୋର ଅବୟବମାନେ ନିଜ ନିଜ କାର୍ଯ୍ୟ ଭୁଲି ଅନ୍ୟ କାର୍ଯ୍ୟରେ ପ୍ରବୃତ୍ତ ହୋଇଉଠନ୍ତି। ଅଙ୍ଗମାନଙ୍କର ବ୍ୟାପାରରେ ଏପରି ବିସମ୍ବାଦ ଉପସ୍ଥିତ ହେଉଥିବାରୁ ତୁମକୁ ଦେଖିବା ଓ ତୁମର ମଧୁର କଥା ଶୁଣିବାରୁ ମୁଁ ବଞ୍ଚିତା ହୁଏ। ମାତ୍ର ଗୁରୁଜନମାନଙ୍କ ପାଖରେ ତୁମ କଥା ପଡ଼ିଥିଲେ ଶୁଣିବାପାଇଁ ମୁଁ ଉତ୍‌କର୍ଣ୍ଣ ହୋଇ ରହିଥିବାବେଳେ ଲାଜ ତ କାହିଁ ବାଧା ଦେଇପାରେ ନାହିଁ? କାନ ଉପରେ ତାହାର କିଛି କରଣି କାଟୁ ନାହିଁ। ନାୟିକାର ତାତ୍ପର୍ଯ୍ୟ, ପ୍ରିୟ ସମୀପରେ ଲଜ୍ଜା ଏପରି ସ୍ୱାଧୀନତା କାହିଁକି ଦେଉ ନାହିଁ?

କିଂ ଭଣହ ମଂ ସହୀଓ ମା ମର ଦୀସିହଇ ସୋ ଜିଅନ୍ତୀଏ।
କଜ୍ଜାଲାଓ ଏସୋ ସିଣେହ-ମଗ୍‌ଗୋ ଉଣ ଣ ହୋଇ। ୧୭।
(କିଂ ଭଣଥ ମାଂ ସଖ୍ୟୋ ମା ମ୍ରିୟସ୍ୱ ଦ୍ରକ୍ଷ୍ୟତେ ସ ଜୀବନ୍ତ୍ୟା।
କାର୍ଯାଳାପ ଏଷ ସ୍ନେହ-ମାର୍ଗଃ ପୁନର୍ନ ଭବତି।)

"ତୁମ ମରନା, ଜୀବିତ ରହିଲେ ତାଙ୍କୁ ଦେଖି ପାରିବୁ"- ଗୋ ସଖୀମାନେ, ତୁମ୍ଭେମାନେ ମୋତେ କି କହୁଛ? ଉଦ୍ଦେଶ୍ୟ ଦୃଷ୍ଟିରୁ ତ ଏହା କରିବା କଥା; ମାତ୍ର ଏହା ପ୍ରେମ-ପଥ ନୁହେଁ।

ବ୍ୟାଖ୍ୟା - ପ୍ରୋଷିତପତିକାର ସଖୀମାନଙ୍କ ପ୍ରତି ଉକ୍ତି। ସଖୀମାନେ ନାୟିକାକୁ ଜୀବନ ଧାରଣ କରି ପ୍ରିୟର ପ୍ରବାସ-ପ୍ରତ୍ୟାବର୍ତ୍ତନ ପର୍ଯ୍ୟନ୍ତ ଅପେକ୍ଷା କରିବାକୁ ଆଶ୍ୱାସନା ଦେଇଛନ୍ତି। ମାତ୍ର ନାୟିକା ପ୍ରତୀକ୍ଷାର ସୀମା ପାରହୋଇଯାଇଥିବାରୁ ଜୀବନ ହରାଇ ଦେବାକୁ ବସିଲାଣି। ସଖୀମାନଙ୍କର ଆଶ୍ୱାସନା ବାଣୀ "ଜୀବିତ ରହି ପ୍ରିୟତମଙ୍କୁ ଦର୍ଶନ କରିବୁ" ଶୁଣି ସେ ଉତ୍ତର ଦେଇଛି- ଏହା ତ ଉଦ୍ଦେଶ୍ୟମୂଳକ କଥା। ପ୍ରିୟ-ବିରହରେ ପ୍ରିୟା ଜୀବନ ତ୍ୟାଗ କରେ- ଏହାହିଁ ପ୍ରେମେ-ମାର୍ଗର ନିୟମ। ମରଣ ପରେ ଯଦି ପ୍ରିୟ-ଦର୍ଶନ ଲାଭ ହେବ, ତେବେ ବଞ୍ଚିରହି ନିଷ୍ଫଳ ପ୍ରତୀକ୍ଷାରେ କି ଲାଭ? ଜୀବନ ରଖିଲେ ମଧ୍ୟ ଯଦି ପ୍ରିୟ ପ୍ରବାସରୁ ଫେରିବାର ସମ୍ଭାବନା ନଥାଏ?

ଏକ୍‌କଲ୍ଲ-ମଓ ଦିଟ୍‌ଠୀଅ ମଇଅ ତହ ପୁଲଇଓ ସଅହ୍‌ଣାଏ।
ପିଅ-ଜାଅସ୍‌ସ ଜହ ଧଣୁଂ ପଡ଼ିଅଂ ବାହସ୍‌ସ ହତଥାଓ।୧୮।
(ଏକାକୀ-ମୃଗୋ ଦୃଷ୍ଟ୍ୱା ମୃଗ୍ୟା ତଥା ପ୍ରଲୋକିତଃ ସତୃଷ୍ଣୟା।
ପ୍ରିୟ-ଜାୟସ୍ୟ ଯଥା ଧନୁଃ ପତିତଂ ବ୍ୟାଧସ୍ୟ ହସ୍ତାତ୍।)

ମୃଗୀଟି ଏପରି ସତୃଷ୍ଣ ନେତ୍ରରେ ଏକାକୀ ମୃଗ ଆଡ଼କୁ ଚାହିଁଲା ଯେ ପତ୍ନୀ-ଅନୁରକ୍ତ ବ୍ୟାଧ ହସ୍ତରୁ ଧନୁ ଖସିପଡ଼ିଲା।

ବ୍ୟାଖ୍ୟା - ଅନ୍ୟାପଦେଶରେ ନାୟକ ପ୍ରତି ସଖୀ-ଉକ୍ତି। ଯୂଥଭ୍ରଷ୍ଟ ମୃଗୀଟି

ଯେତେବେଳେ ଦେଖିଲା ଯେ ବ୍ୟାଧର ବାଣ ତା ପ୍ରତି ଉଦ୍ୟତ, ଏ ଦୃଶ୍ୟ ଦେଖି ନିଷ୍ଠୁର ବ୍ୟାଧ ନେତ୍ରରେ ନିଜ ପ୍ରିୟର ସ୍ନେହମୂର୍ତ୍ତି ଭାସିଉଠିଲା। ବ୍ୟାଧଟି ପତ୍ନୀପ୍ରେମୀ। ବୃତ୍ତିରେ ବ୍ୟାଧ ହେଲେହେଁ ଶର-ସନ୍ଧାନବେଳେ ପତ୍ନୀର ମୁଖ ମନେପଡ଼ିବାରୁ ତା ହାତରୁ ଧନୁ ଖସିପଡ଼ିଲା। ସ୍ନେହ ଓ କରୁଣା ଯୁଗପତ୍ ତା ମନରେ ଉଦୟ ହେଲା। ନିଜ ପତ୍ନୀ ପ୍ରତି ସ୍ନେହ ଓ ହରିଣୀ ପ୍ରତି କରୁଣା। ସଖୀର ତାତ୍ପର୍ଯ୍ୟ, ମୋର ସଖୀ ପ୍ରତି ତୁମେ ଏତେ ନିଷ୍କରୁଣ କାହିଁକି ? ନିଷ୍ଠୁର ବ୍ୟାଦର ପ୍ରେୟସୀ-ସ୍ନେହରୁ ତୁମର ଯଥେଷ୍ଟ ଶିକ୍ଷା କରିବାକୁ ଅଛି।

ଣଲିଣୀସୁ ଭମସି ପରିମଲସି ସତ୍ତଲଂ ମାଲଇଂ ପି ଣୋ ମୁଅସି।
ତରଲତ୍ତଣଂ ତୁଇ ଅହୋ ମହୁଅର ଜଇ ପାଡ଼ଲା ହରଇ ।୧୯।
(ନଳିନୀଷୁ ଭ୍ରମସି ପରିମୃଦ୍‌ଗାସି ସପ୍ତଲାଂ ମାଲତୀମପି ନୋ ମୁଞ୍ଚସି।
ତରଲତ୍ୱଂ ତବାହୋ ମଧୁକର ଯଦି ପାଟଳା ହରତି।)

ହେ ମଧୁକର! ତୁ ନଳିନୀ ନିକଟରେ ଉଡ଼ିବୁଲୁଛୁ, ନବମାଳିକାକୁ ମର୍ଦ୍ଦନ କରୁଛୁ ଓ ମାଳତୀକୁ ମଧ ଛାଡୁନାହୁଁ। ଏବେ ତୋର ଏହି ଚପଳାତକୁ ପାଟଳା ଯଦି ଦୂର କରିପାରେ।

ବ୍ୟାଖ୍ୟା- ଚଞ୍ଚଳଚିତ୍ତ ନାୟକ ପ୍ରତି ଅନ୍ୟାପଦେଶରେ ଦୂତୀ-ଉକ୍ତି-ହେ ରସିକ ଭ୍ରମର, ତୁ ନଳିନୀର ଚାରିପାଖରେ ଘୂରିବୁଲିଛୁ, ନବମାଳିକାକୁ ଦଳି ରସପାନ କରିଛୁ, ମାଳତୀକୁ ମଧ ଭୋଗକରିବାକୁ ଛାଡ଼ିନାହୁଁ। ମୋର ବିଶ୍ୱାସ, ତୋର ଏଇ ଚପଳ ଭାବକୁ ପାଟଳା ଧନୀ ହିଁ ହରଣ କରିପାରେ। ଦୂତୀର ତାତ୍ପର୍ଯ୍ୟ, ପାଟଳା (ନାୟିକା)କୁ ପାଇଲେ ତୁମେ ତାହାର ସୌନ୍ଦର୍ଯ୍ୟରେ ବଶୀଭୂତ ହେବ, ତୁମର ରସତୃଷ୍ଣା ପ୍ରଶମିତ ହେବ ଓ ଏ ଚପଳତା ଦୂର ହେବ।

ଦୋ-ଅଙ୍ଗୁଲଅ-କବାଲଅ-ପିଣଦ୍ଧ-ସବିସେସ-ଣୀଲ-କଞ୍ଚୁଇଆ।
ଦାବେଇ ଥଣ-ଡ଼ଥଲ-ବଣ୍ଣିଅଂ ବ ତରୁଣୀ ଜୁଅ-ଜଣାଣଂ ।୨୦ ।
(ହୃଦୟଙ୍ଗୁଳକ-କପାଟ-ପିନଦ୍ଧ-ସବିଶେଷ-ନୀଳ-କଞ୍ଚୁଳିକା।
ଦର୍ଶୟତି ସ୍ତନ-ସ୍ଥଳ-ବର୍ଣ୍ଣିକାମିବ ତରୁଣୀ ଯୁବ-ଜନେଭ୍ୟଃ।)

ତରୁଣୀ ଦୁଇ ଅଙ୍ଗୁଳି ପରିମିତ କପାଟଯୁକ୍ତ ବିଶେଷ ନୀଳରଙ୍ଗର କାଞ୍ଚୁଳି ପିନ୍ଧି ସତେ କି ଯୁବକମାନଙ୍କୁ ସ୍ତନ-ସ୍ଥଳରେ ଆଦର୍ଶ ପ୍ରଦର୍ଶନ କରୁଛି।

ବ୍ୟାଖ୍ୟା- ବିଦଗ୍ଧର ସହଚର ପ୍ରତି ଉକ୍ତି- ଏଇ ନବତରୁଣୀ ନୀଳରଙ୍ଗର କାଞ୍ଚୁଳି ଭିଡ଼ି ପିନ୍ଧିଥିଲେ ହେଁ ଦୁଇ ଅଙ୍ଗୁଳି ପରିମିତ ଶୂନ୍ୟ ସ୍ଥାନରେ ତାହାର ସ୍ତନର କିଛି ଅଂଶ ଦେଖାଯାଉଛି। କଞ୍ଚୁକିକା ଦୃଢ଼-ପିନଦ୍ଧ ହେବା ସତ୍ତ୍ୱେ ସ୍ତନର ଈଷଦାଂଶ

ଦୃଶ୍ୟ ହେଉଛି। ଏଥିରୁ ତାହାର ସ୍ତନର କଠିନତା ସୂଚିତ ହେଉଛି। ତରୁଣୀଟି ଯୁବଜନ ମାନଙ୍କୁ ସ୍ତନର ପରିଧି ପ୍ରଦର୍ଶନ କରି ପ୍ରମାଣ କରିବାକୁ ଚାହେଁ ଯେ ତାର ଯୌବନ ଅକ୍ଷୁର୍ଣ୍ଣ ରହିଛି। ଈଷତ୍ ଦୃଶ୍ୟ ସ୍ତନର ନମୁନାରୁ ସମଗ୍ର ସ୍ତନର ମୂଲ୍ୟ କଳନା କରି କ୍ରୟ କରିବା ପାଇଁ ସତେ କି ଯେ ଯୁବକମାନଙ୍କୁ ଇଙ୍ଗିତ ଦେଉଛି।

ରକ୍‌ଖେଇ ପୁତ୍ତଅଂ ମତ୍‌ଥଏଣ ଓଚ୍ଛୋଅଅଂ ପଡ଼ିଚ୍ଛନ୍ତୀ।
ଅଂସୁହିଁ ପହିଅ-ଘରିଣୀ ଓଲ୍ଲିଜ୍ଜନ୍ତଂ ଣ ଲକ୍‌ଖେଇ ।୨୧।
(ରକ୍ଷତି ପୁତ୍ରକଂ ମସ୍ତକେନ ପଟଳପ୍ରାନ୍ତୋଦକଂ ପ୍ରତୀଚ୍ଛନ୍ତୀ।
ଅଶ୍ରୁଭିଃ ପଥିକ-ଗୃହିଣୀ ଆର୍ଦ୍ରୀଭବନ୍ତଂ ନ ଲକ୍ଷୟତି।)

ପଥିକ-ଗୃହିଣୀ ଗୃହ ଛାତରୁ ଝରୁଥିବା ବର୍ଷାଜଳକୁ ମୁଣ୍ଡ ଉପରେ ସହି ପୁଅଟିକୁ ରକ୍ଷା କରୁଛି; ମାତ୍ର ସେ ଯେ ନିଜର ଅଶ୍ରୁରେ ତାହାକୁ ତିନ୍ତାଇ ଦେଲାଣି ସେଥିପ୍ରତି ତାହାର ଲକ୍ଷ୍ୟ ନାହିଁ।

ବ୍ୟାଖ୍ୟା - ପ୍ରବାସରେ ପ୍ରୋଷିତପତିକାର ଦୟନୀୟ ଅବସ୍ଥା ବର୍ଣ୍ଣନା କରି ନାୟକ ପ୍ରତି ସ୍ୱଗ୍ରାମରୁ ଆଗତ ଅନ୍ୟ ପ୍ରବାସୀର ଉକ୍ତି-ଏକେ ତ ବିରହିଣୀ, ଦ୍ୱିତୀୟରେ ଦରିଦ୍ର ପରିବାର। ଅର୍ଥାଭାବରୁ ସେ ବର୍ଷ ଘର ଛପର ହାଇପାରିନାହିଁ। ପିଢ଼ାରୁ ବର୍ଷାଧାରା ଗଳୁଛି, ଗୋଟିଏ ବୋଲି ପୁଅ ଘର ମଝିରେ ଶୋଇଛି। ପ୍ରୋଷିତ-ବନିତା ସେଇ ଜଳଧାରାକୁ ନିଜ ମୁଣ୍ଡରେ ସମ୍ଭାଳି ପୁଅକୁ ରକ୍ଷାକରୁଛି; ମାତ୍ର ତେଣେ ନିଜ ଆଖି ଲୁହରେ ପୁଅକୁ ତିନ୍ତାଇସାରିଲାଣି, ସେଥିପ୍ରତି ତାହାର ଦୃଷ୍ଟି ନାହିଁ। ବାହାରର ଜଳଧାରା ଓ ଆଖି ଜଳଧାରା-କେଉଁ ଜଳକୁ ସେ ରୋଧ କରିବ ଭାବିପାରୁନାହିଁ।

ସରଏ ସରମ୍ମି ପହିଆ ଜଲାଇଁ କନ୍ଦୀଟ୍‌ଟ-ସୁରହି-ଗନ୍ଧାଇଂ।
ଧବଲଚ୍ଛାଇଁ ସଅଣ୍ହା ପିଅନ୍ତି ଦଇଆଣି ବ ମୁହାଇଂ ।୨୨।
(ଶରଦି ସରସି ପଥିକା ଜଳାନି ନୀଳୋତ୍ପଳ-ସୁରଭି- ଗନ୍ଧାନୀ
ଧବଳାଚ୍ଛାନି ସତୃଷ୍ଣାଃ ପିବନ୍ତି ଦୟିତାନାମିବ ମୁଖାନି।)

ଶରତ୍ ଋତୁରେ ପଥିକ ସରୋବରରେ ନୀଳକମଳର ସୁରଭି ଗନ୍ଧବିଶିଷ୍ଟ ଧବଳ ଓ ସ୍ୱଚ୍ଛ ଜଳକୁ ପ୍ରିୟାର ମୁଖ ଭଳି ସତୃଷ୍ଣ ଭାବେ ପାନକରୁଛି।

ବ୍ୟାଖ୍ୟା - ନାୟିକା ପ୍ରତି ସଖୀ ଉକ୍ତି- ଏବେ ବର୍ଷାକାଳ ଶେଷ ହୋଇ ଶରତ୍ କାଳ ଆରମ୍ଭ ହେଲାଣି। ତୋର ପ୍ରିୟତମ ଗୃହକୁ ଫେରିବାପଥରେ ଶରତ୍-ପ୍ରସନ୍ନ ନୀଳୋତ୍ପଳ-ସୌରଭପୂର୍ଣ୍ଣ ସରୋବରର ଧବଳ ସ୍ୱଚ୍ଛ ଜଳ ପାନକରି ତା ତୀରରେ ବିଶ୍ରାମ ନେଉଛନ୍ତି। ଆନନ୍ଦରେ ତାଙ୍କର ରୋମାଞ୍ଚ ଜାତ ହେଉଛି। ତାଙ୍କ ଦୃଷ୍ଟିରେ ସରୋବର ପ୍ରେୟସୀ ବଧୂର ମୁଖ ଓ ନୀଳୋତ୍ପଳ ତାହାର ନେତ୍ର ଭଳି ପ୍ରତୀତ ହେଉଛି।

ନୀଳକମଳ ସୌରଭଯୁକ୍ତ ସ୍ୱଚ୍ଛ ଜଳରେ ପ୍ରିୟାର ସୁରଭିତ ଓ ସ୍ୱଚ୍ଛ ମୁଖର ଆସ୍ୱାଦ ପାଇ ସେ ପରମ ପରିତୃପ୍ତି ଲାଭ କରୁଛନ୍ତି। ସଖୀର ତାତ୍ପର୍ଯ୍ୟ, ପ୍ରିୟତମ ତୋର ମୁଖପାନର ଅଭିଳଷିତ ଆସ୍ୱାଦ ସରୋବର ଜଳରେ ଲାଭ କରୁଛନ୍ତି; ଏଣୁ ବିଳମ୍ବ ହେଉଛି।

ଅବ୍‌ଭନ୍ତର-ସରସାଓ ଉବରିଂ ପବ୍‌ବାଅ-ବଦ୍ଧ-ପଙ୍କାଓ।
ଚଙ୍କମନ୍ତମ୍ମି ଜଣେ ସମୁସ୍‌ସନ୍ତି ବ୍‌ବ ରଚ୍ଛାଓ ।୨୩ ।
(ଅଭ୍ୟନ୍ତର-ସରସା ଉପରି ପ୍ରବାତ-ବଦ୍ଧ-ପଙ୍କାଃ।
ଚଙ୍‌କ୍ରମମାଣେ ଜନେ ସମୁଚ୍ଛ୍ୱସନ୍ତୀବ ରଥ୍ୟାଃ।)

ଅଭ୍ୟନ୍ତରରେ ସରସ ଓ ଉପରେ ପବନ ବାଜି ପଙ୍କ ଜମାଟ ବାନ୍ଧିଯାଇଛି। ସେଇ ପଥରେ ଲୋକେ ଯିବା ଆସିବା କରୁଥିବାବେଳେ ତାହା ସତେ ଯେପରି ଊର୍ଦ୍ଧ୍ୱଶ୍ୱାସ ଛାଡୁଛି।

ବ୍ୟାଖ୍ୟା - ନାୟକ ପ୍ରତି ଦୂତୀ-ଉକ୍ତି-ତୁମେ ତାହାକୁ ନୀରସ ମନେ କରି ପରିତ୍ୟାଗ କର ନାହିଁ। ତାହାର ଆପାତଃ ନୀରସତାର ଆବରଣ ତଳେ ଏକ ସରସ ପ୍ରେମମୟୀ ସତ୍ତା ବିଦ୍ୟମାନ। ପଙ୍କପୂର୍ଣ୍ଣ ଗ୍ରାମପଥର ଉପରିଭାଗ ପବନ ବାଜି ଶୁଖିଯାଇଥାଏ; ମାତ୍ର ଭିତରେ ସରସ ଥାଏ। ଯେତେବେଳେ ତା ଉପରେ ଲୋକେ ପାଦ ପକାଇ ଚାଲନ୍ତି, ସେତେବେଳେ ପଙ୍କ ଦବିଯାଇ ଉଚ୍ଛ୍ୱାସରେ ଜଳ ବାହାରିଆସେ। ସାଂସାରିକ ଜଞ୍ଜାଳର ତାପ ହେତୁ ଏଇ ନାୟିକାର ବାହ୍ୟରୂପ ରୁକ୍ଷ କଠିନ ହେଲେହେଁ ତାହାକୁ ସ୍ପର୍ଶ କରି ଦେଖ, ଅନ୍ତରରେ ସେ କିପରି ରସୋଚ୍ଛ୍ୱାସମୟୀ ଅନୁରାଗିଣୀ।

ମୂହ-ପୁଣ୍ଡରୀଅ-ଛାଆଇ ସଂଠିଆ ଉଅହ ରାଅ-ହଂସେ ବ୍‌ବ।
ଛଣ-ପିଟ୍‌ଠ-କୁଟ୍‌ଟଣୁଚ୍ଛଲିଅ-ଧୂଳି-ଧବଲେ ଥଣେ ବହଇ ।୨୪।
(ମୁଖ-ପୁଣ୍ଡରୀକ-ଛାୟାୟାଂ ସଂସ୍ଥିତୌ ପଶ୍ୟତ ରାଜ-ହିଂସାବିବ।
କ୍ଷଣ-ପିଷ୍ଟ-କୁଟ୍ଟନୋଚ୍ଛଦଳିତ-ଧୂଳି-ଧବଳୌ ସ୍ତନୌ ବହିତ।)

ଦେଖ, ତାହାର ମୁଖପଦ୍ମର ଛାୟାରେ ବସିଥିବା ରାଜହଂସଦ୍ୱୟ ଭଳି ପର୍ବଦିନ ଚାଉଳ ଚୂନା କୁଟିବାରୁ ଉଡୁଥିବା ଧୂଳିରେ ଧବଳିତ ସ୍ତନଦ୍ୱୟ ବହନ କରିଛି।

ବ୍ୟାଖ୍ୟା- ନାଗରିକର ସହଚର ପ୍ରତି ଉକ୍ତି-ସଖା,ଏଇ ତରୁଣୀର ସ୍ତନ ଚାଉଳ-ଚୂନା ଧୂଳିରେ ଧବଳିତ ହୋଇଥିବା ଦେଖ। ଆଜି ଉତ୍ସବ ଦିନରେ କୁଟୁଥିବା ଚାଉଳ-ଚୂନା ଉଡ଼ି ଉଡ଼ି ତାହାର ସ୍ତନଦ୍ୱୟକୁ ଧବଳ କରିଦେଇଛି; ମନେ ହେଉଛି, ଧବଳ ହଂସମିଥୁନ କମଳ ଛାୟା ତଳେ ବିଶ୍ରାମ ନେଉଛନ୍ତି ! ଧୂଳି-ଧୂସରିତ ସ୍ତନଦ୍ୱୟକୁ ପଦ୍ମଛାୟାଶ୍ରିତ ରାଜହଂସ ପରି ଦେଖିବାରେ ପଲ୍ଲୀକବିର ସୌନ୍ଦର୍ଯ୍ୟ-ଦୃଷ୍ଟିର ପ୍ରମାଣ ମିଳେ।

ତହ ତେଣ ବି ସା ଦିଟ୍‌ଠା ତୀଅ ବି ତହ ତସ୍‌ସ ପେସିଆ ଦିଟ୍‌ଠୀ।
ଜହ ଦୋଣ୍ଣ ବି ସମଅଂ ଚିଅ ଣିବ୍‌ବୁତ୍ତ-ରଆଇଁ ଜାଆଇଂ ।୨୫।
(ତଥା ତେନାପି ସା ଦୃଷ୍ଟା ତୟାପି ତଥା ତସ୍ମୈ ପ୍ରେଷିତା ଦୃଷ୍ଟିଃ।
ଯଥା ଦ୍ୱାବପି ସମମେବ ନିର୍ବୃ-ରତୌ ଜାତୌ।)

ସେ ମଧ୍ୟ ତାକୁ ସେଇଭଳି ଦେଖିଲା ଓ ସେ ମଧ୍ୟ ତା' ପ୍ରତି ସେଇଭଳି ଦୃଷ୍ଟିପାତ କଲା; ଯେଉଁଥିରେ ସେ ଦୁହିଙ୍କର ଏକ ସଙ୍ଗେ ପ୍ରେମଭାବ ଜାତ ହେଲା।

ବ୍ୟାଖ୍ୟା - ସହଚର ପ୍ରତି ବିଦଗ୍‌ଧର ଉକ୍ତି-ନାୟକ-ନାୟିକାଙ୍କର ପ୍ରଥମ ଦୃଷ୍ଟି ବିନିମୟରେ ସେ ଦୁହିଙ୍କ ହୃଦୟରେ ପ୍ରଣୟ ଜାତ ହୋଇଯାଇଛି। ଏ ଯେପରି ତାହାକୁ ଦେଖିଲା, ସେ ମଧ୍ୟ ସେଇପରି ଦୃଷ୍ଟିରେ ତାକୁ ଚାହିଁଲା। ଏହା ଏପରି ଏକ ଅସାଧାରଣ ଦୃଷ୍ଟି ବିନିମୟ ଯେ ଆଖିରେ ଆଖିରେ ପ୍ରେମ ଜାତ ହୋଇ ଦୁହିଙ୍କୁ ଏକସଙ୍ଗେ ସମାନ ଅନୁରାଗ-ସୁଖରେ ଭସାଇନେଲା।

ବାଉଲିଆ-ପରିସୋସଣ କୁଡ଼ଙ୍ଗ-ପତ୍ତଲଣ-ସୁଲହ-ସଂକେଅ।
ସୋହଗ୍‌ଗ-କଣଅ-କସ-ବଟ୍‌ଟ ଗିମ୍‌ହ ମା କହ ବି ଝିଜ୍ଝିହିସି । ୨୬ ।
(ସ୍ୱଚ୍ଛଖାତିକା-ପରିଶୋଷଣ ନିକୁଂଜ-ପତ୍ରକରଣ ସୁଲଭ-ସଂକେତ।
ସୌଭାଗ୍ୟ-କନକ-କଷ-ପଟ୍ଟ ଗ୍ରୀଷ୍ମ ମା କଥମପି କ୍ଷୀଣୋ ଭବିଷ୍ୟସି।

ହେ ଗ୍ରୀଷ୍ମ, ତୁ ସ୍ୱଚ୍ଛଖାତଗୁଡ଼ିକୁ ଶୋଷଣ କରୁ, ନିକୁଞ୍ଜବନରେ ପତ୍ର ଉତ୍ପାଦନ କରୁ, ତୁ ଆସିଲେ ସଙ୍କେତ ସ୍ଥଳ ସୁଲଭ ହୁଏ ଓ ତୁ ସୌଭାଗ୍ୟ-ସୁବର୍ଣ୍ଣର କଷଟି; ତୁ କୌଣସିମତେ କ୍ଷୀଣ ହେବୁ ନାହିଁ।

ବ୍ୟାଖ୍ୟା - ଗ୍ରୀଷ୍ମଋତୁକୁ ସ୍ୱାଗତ କରି ଜାର-ବିନତାର ଉକ୍ତି-ତୁମର ଆଗମନରେ କ୍ଷୁଦ୍ର ଜଳାଶୟମାନ ଶୁଷ୍କ ହୋଇଯାଏ, ନିକୁଂଜବନରେ କଅଁଳ ପତ୍ରାବଳି ଜାତ ହୋଇ ପ୍ରିୟ ମିଳନର ସଙ୍କେତ ସ୍ଥାନ ସୁଗମ ହୋଇଉଠେ। ଶୁଷ୍କ ଜଳାଶୟ ଓ ସୁଲଭ ସଙ୍କେତ ସ୍ଥାନ ଯୋଗାଇ ତୁମେ ମୋ ପାଇଁ ମହାଭାଗ୍ୟ ବିଧାନ କରୁଛ। ପ୍ରିୟ-ମିଳନ ରୂପ ସୌଭାଗ୍ୟ-ସୁବର୍ଣ୍ଣର ତୁମେ କଷଟି ସ୍ୱରୂପ। ତୁମେ ତିଳେହେଲେ କ୍ଷୀଣ ହୁଅ ନାହିଁ। ନାୟିକାର ତାତ୍ପର୍ଯ୍ୟ, ଗ୍ରୀଷ୍ମଋତୁ ଦୀର୍ଘସ୍ଥାୟୀ ହେଉ।

ଦୁସ୍‌ସିକ୍‌ଖିଅ-ରଅଣ-ପରିକ୍‌ଖଏହିଁ ଘିଟ୍‌ଟୋସି ପତ୍‌ଥରେ ତାବା।
ଜା ତିଲ-ମେତ୍ତଂ ବଟ୍‌ଟସି ମରଗଅ କା ତୁଜ୍‌ଝ ମୂଲ୍ଲ-କହା । ୨୭ ।
(ଦୁଃଶିକ୍ଷିତ-ରତ୍ନ-ପରୀକ୍ଷକୈର୍ଘୃଷ୍ଟୋଽସି ପ୍ରସ୍ତରେ ତାବତ୍।
ଯାବତ୍ତିଳମାତ୍ରଂ ବର୍ତ୍ତସେ ମରକତ କା ତବ ମୂଲ୍ୟ-କଥା।)

ହେ ମରକତ, ଦୁଃଶିକ୍ଷତ ରତ୍ନ-ପରୀକ୍ଷକ ତୋତେ ତିଳପ୍ରମାଣେ ରହିବା ପର୍ଯ୍ୟନ୍ତ ପଥରରେ ଘଷିଛି; ତୋର ମୂଲ୍ୟ ନିର୍ଦ୍ଧାରଣ ତ ଦୂରର କଥା।

ବ୍ୟାଖ୍ୟା - ନାୟକ ପ୍ରତି ଗୁଣଜ୍ଞ ନାୟିକାର ଉକ୍ତି - ହେ ମରକତ, ଚିହ୍ନରା ଜହୁରୀ ବ୍ୟତୀତ ଅନ୍ୟ କେହି ରତ୍ନ-ପରୀକ୍ଷା ଓ ରତ୍ନର ମୂଲ୍ୟ ନିର୍ଦ୍ଧାରଣ କରିପାରନ୍ତି ନାହିଁ। ଅତତ୍ତ୍ୱଜ୍ଞ ରତ୍ନ-ପରୀକ୍ଷକ ହାତରେ ପଡ଼ିବାରୁ ସେ ତୋତେ ପଥରରେ ଘଷି ଘଷି ତିଳ ପ୍ରମାଣେ ପର୍ଯ୍ୟବସିତ କଲାଣି। ଫଳତଃ ମୂଲ୍ୟ ନିର୍ଦ୍ଧାରଣ କଥା ଦୂରେ ଥାଉ, ତୋର ଅସ୍ତିତ୍ୱ ଲୋପ ପାଇବାକୁ ବସିଲାଣି। ପ୍ରେମିକ ନାୟକ ପ୍ରତି ନାୟିକାର ତାତ୍ପର୍ଯ୍ୟ, ମୋ ଦୃଷ୍ଟିରେ ତୁମେ ଖାଣ୍ଟି ମରକତ। ସାରା ଦୁନିଆ ତୁମର ଗୁଣ ନ ଚିହ୍ନିଲେ ମଧ୍ୟ ମୋ ଦୃଷ୍ଟିରେ ତୁମେ ଅମୂଲ୍ୟନିଧି। ଲୋକେ ତୁମକୁ ଯେତେ ହୀନ ଦୃଷ୍ଟିରେ ଦେଖନ୍ତୁ ପଛେ ମୁଁ ତୁମର ଗୁଣାନୁରାଗିଣୀ। ତୁମର ସାମାଜିକ ପ୍ରତିଷ୍ଠା ନ ଥାଇପାରେ, ତୁମେ ଦରିଦ୍ର ହୋଇପାର ଓ ସମାଜର ନିମ୍ନ ସ୍ତରରେ ତୁମର ସ୍ଥାନ ହୋଇପାରେ- ତଥାପି ମୁଁ ତୁମର ଗୁଣ ହେତୁ ତୁମ ପ୍ରତି ଅନୁରକ୍ତା। ଅନ୍ଧ ଦୁନିଆ ତୁମ ଭଳି ରତ୍ନର ମୂଲ୍ୟ କ'ଣ ବୁଝିବ ?

ଜହ ଚିନ୍ତେଇ ପରିଅଣୋ ଆସଙ୍କଇ ଜହ ଅ ତସ୍ସ ପଡ଼ିବକ୍‌ଖୋ।
ବାଲେଣ ବି ଗାମଣି-ଣନ୍ଦଣେଣ ତହ ରକ୍‌ଖିଆ ପଲ୍ଲୀ। ୨୮।
(ଯଥା ଚିନ୍ତୟତି ପରିଜନ ଆଶଙ୍କତେ ଯଥା ଚ ତସ୍ୟ ପ୍ରତିପକ୍ଷଃ।
ବାଳେନାପି ଗ୍ରାମଣୀ-ନନ୍ଦନେନ ତଥା ରକ୍ଷିତା ପଲ୍ଲୀ।)

ତାହାର ପରିଜନ ଯେଉଁପରି ଚିନ୍ତିତ ଥିଲେ ଓ ଶତ୍ରୁମାନେ ଯେଉଁପରି ଶଙ୍କା କରିଥିଲେ - ଗ୍ରାମ-ମୁଖ୍ୟର ପୁତ୍ର ବାଳକ ହେଲେ ମଧ୍ୟ ଗ୍ରାମକୁ ସେହିପରି ରକ୍ଷା-କରିଥିଲା।

ବ୍ୟାଖ୍ୟା - ନାୟକର ବଳ-ବିକ୍ରମର ପ୍ରଶଂସା କରି ନାୟିକାକୁ ଅନୁରାଗିଣୀ କରିବା ପାଇଁ ଦୂତୀ-ଉକ୍ତି-ଗ୍ରାମଣୀ-ପୁତ୍ର ଯଦିଓ ବାଳକ, ତଥାପି ତାର ପରାକ୍ରମ ହିଁ ଆତ୍ମୀୟମାନଙ୍କ ଚିନ୍ତା ଦୂର କରିଛି। ଗ୍ରାମ ପ୍ରତି ଶତ୍ରୁ ଆକ୍ରମଣର ଭୟ ଲାଗିରହିଥିବାବେଳେ ଆତ୍ମୀୟମାନେ ଏତେ ଅଳ୍ପ ବୟସ୍କ ଯୁବକ ଦ୍ୱାରା ଗ୍ରାମ କିପରି ରକ୍ଷା ପାଇବ ବୋଲି ଚିନ୍ତିତ ଥିଲେ। ଶତ୍ରୁ ମଧ୍ୟ ସେହି ବିକ୍ରମୀ ବାଳକର ଭୟରେ ଗ୍ରାମ ଆକ୍ରମଣ କରି ନଥିଲା।

ଅଣ୍ଣେସୁ ପିହଅ ! ପୁଚ୍ଛସୁ ବାହଅ-ପୁତ୍ତେସୁ ପୁସିଅ-ରମ୍ମାଇଂ।
ଅମ୍ହଂ ବାହ-ଜୁଆଣୋ ହରିଣେସୁ ଧଣୁଂ ଣ ଣାମେଇ।୨୯।
(ଅନ୍ୟେଷୁ ପଥିକ ! ପୃଚ୍ଛ ବ୍ୟାଧକ-ପୁତ୍ରେଷୁ ପୃଷତ-ଚର୍ମାଣି।
ଅସ୍ମାକଂ ବ୍ୟାଧ-ଯୁବା ହରିଣେଷୁ ଧନୁର୍ନ ନାମୟତି।)

ହେ ପଥିକ, ତୁମେ ଅନ୍ୟ ବ୍ୟାଧ-ପୁତ୍ରମାନଙ୍କୁ ଚିତ୍ରମୃଗର ଛାଲ ବିଷୟରେ ପଚାର, ଆମର ବ୍ୟାଧ-ପୁବା ତ ହରିଣମାନଙ୍କ ଉପରକୁ ଧନୁ ଚଳାଏ ନାହିଁ।

ବ୍ୟାଖ୍ୟା - କୌଣସି ପଥିକ ବ୍ୟାଧ-ପଲ୍ଲୀକୁ ଯାଇ ଚିତ୍ରାଙ୍ଗ ହରିଣର ଚର୍ମ ବିଷୟରେ ପଚାରିବାରୁ ନିଜର ସୌଭାଗ୍ୟ ପ୍ରକାଶ କରି ବ୍ୟାଧ-ପତ୍ନୀର ଉତ୍ତର-ଚିତ୍ର ହରଣ ଚର୍ମ କଥା ଅନ୍ୟ ବ୍ୟାଧମାନଙ୍କ ଘରକୁ ଯାଇ ଅନୁସନ୍ଧାନ କର। ଆମ ପୁରୁଷ ତ ହରିଣ ପ୍ରତି ଧନୁ ଉତ୍ତୋଳନ କରେ ନାହିଁ; ମାରିବା ତ ଦୂରର କଥା। ଅନ୍ୟ ବ୍ୟାଧ-ପତ୍ନୀମାନଙ୍କୁ ଶୁଣାଇ ବ୍ୟାଧ-ପତ୍ନୀର କହିବାର ତାତ୍ପର୍ଯ୍ୟ, ବ୍ୟାଧ-ଯୁବା ମୋର ସଂପୂର୍ଣ୍ଣ ଅଧୀନ; ଶିକାର କରିବାକୁ ତାର ବେଳ ନାହିଁ।

ଗଅ-ବହୁ-ବେହବ୍ୱଅରୋ ପୁତ୍ତୋ ମେ ଏକ୍କ-କଣ୍ଡ-ବିଣିବାଇ।
ତଇ ସୋଣ୍ହାଇ ପୁଲଇଓ ଜହ କଣ୍ଡ-କରଣ୍ଡଅଂ ବହଇ ।୩୦।
(ଗଜ-ବଧୂ-ର୍ବୈଧବ୍ୟକରଃ ପୁତ୍ରୋ ମେ ଏକ-କାଣ୍ଡ-ବିନିପାତୀ।
ତଥା ସ୍ନୁଷୟା ପ୍ରଲୋକିତୋ ଯଥା କାଣ୍ଡ-ସମୂହଂ ବହତି।)

ଗୋଟିଏ ବାଣ ମାରି ଗଜ-ବଧୂମାନଙ୍କୁ ବିଧବା କରୁଥିବା ମୋର ପୁତ୍ର ଏବେ ବଧୂର ଦୃଷ୍ଟିରେ ପଡ଼ି ବାଣଗୁଡ଼ାଏ ବହନ କରୁଛି।

ବ୍ୟାଖ୍ୟା - ବଧୂର ନିନ୍ଦା କରି ବ୍ୟାଧମାତା ଲୋକଙ୍କୁ କହୁଛି- ଦିନ ଥିଲା, ମୋ ପୁତ୍ର ଶର ମାରି ହସ୍ତିନୀଦଳଙ୍କୁ ବୈଧବ୍ୟ ଦାନ କରୁଥିଲା। ମୋର ଏପରି ବିକ୍ରମଶାଳୀ ପୁତ୍ରର ଅବସ୍ଥା ଆଜି କ'ଣ ହେଲାଣି ! ଏ ଡାହାଣୀ ବୋହୂର ଦୃଷ୍ଟି ପଡ଼ିଲା ଦିନୁ ପୁଅ ମୋର ଦୁର୍ବଳ ହୋଇ କାଣ୍ଡ ବହିବା ସାର ହେଉଛି। ଗୋଛାଏ ବାଣ ଧରି ଶିକାରକୁ ଗଲେ ମଧ୍ୟ ହାତୀ ମାରିପାରୁନାହିଁ। ତୁମେ ସବୁ ଶୁଣ, ମୋ ପୁଅକୁ ଶୋଷି ଶୋଷ ସେ ଅଲକ୍ଷଣୀ କି ଅବସ୍ଥା କଲାଣି।

ବିଂଝାରୁହଣାଲାବଂ ପଲ୍ଲୀ ମା କୁଣଉ ଗାମଣୀ ସସଇ।
ପଚ୍ଛଜ୍ଜିବିଓ ଜଇ କହ ବି ସୁଣଇ ତା ଜୀବିଅଂ ମୁଅଇ ।୩୧।
(ବିନ୍ଧ୍ୟାରୋହଣାଳାପଂ ପଲ୍ଲୀ ମା କରୋତୁ ଗ୍ରାମଣୀଃ ଶ୍ୱମିତି।
ପ୍ରତ୍ୟୁଚ୍ଛୀବିତୋ ଯଦି କଥମପି ଶୃଣୋତି ତଜ୍ଜୀବିତଂ ମୁଞ୍ଚତି।)

ଗ୍ରାମବାସୀ ବିନ୍ଧ୍ୟ ପର୍ବତ ଉପରେ ଚଢ଼ିବା କଥା ଯେପରି ଆଳାପ ନ କରନ୍ତି, ଗ୍ରାମଣୀ ଜୀବିତ ଅଛି, ଯଦି ପୁଣି ଜୀବିତ ଅବସ୍ଥାରେ କୌଣସି ପ୍ରକାରେ ଶୁଣିପାରେ ତେବେ ପ୍ରାଣତ୍ୟାଗ କରିଦେବ।

ବ୍ୟାଖ୍ୟା - ଗ୍ରାମବାସୀଙ୍କ ପ୍ରତି ଗ୍ରାମନାୟକ-ପତ୍ନୀର ଉକ୍ତି-ପଲ୍ଲୀର ଲୋକେ ଦସ୍ୟୁ ଭୟରେ ବିନ୍ଧ୍ୟ ପର୍ବତରେ ଯାଇ ଆତ୍ମଗୋପନ କରିବେ, ଏ କଥା ପଲ୍ଲୀପତି

ଆଗରେ ଯାଇ କେହି କୁହ ନାହିଁ। ତୁମରି ଲାଗି ସେ ଦୁର୍ଦ୍ଦାନ୍ତ ଦସ୍ୟୁ ସହିତ ଲଢ଼ି କ୍ଷତବିକ୍ଷତ ଶରୀରରେ ଶର୍ଯାଶାୟୀ। ରୋଗଶଯ୍ୟାରେ ସେ ଯଦି ଲୋକଙ୍କର ଏଇ ଭୀରୁତା ସମ୍ବାଦ ଶୁଣିବେ, ତେବେ ମୃତ୍ୟୁମୁଖରୁ ବଞ୍ଚି ଉଠୁ ଉଠୁ ପୁଣି ଜୀବନ ହରାଇଦେବେ; କାରଣ ଏ ଧକ୍‌କା ସେ ସହି ପାରିବେ ନାହିଁ। ତାଙ୍କ ପାଖରେ କଥାବାର୍ତ୍ତା କଲାବେଳେ ଭୁଲରେ ସୁଦ୍ଧା ଏ କଥା ଯେପରି କେହି ପ୍ରକାଶ ନ କର।

ଅପ୍‌ପାହେଇ ମରନ୍ତୋ ପୁତ୍ତଂ ପଲ୍ଲୀବଈ ପଅତ୍ତେଣ।

ମହ ଣାମେଣ ଜହ ତୁମଂ ଣ ଲଜ୍ଜସେ ତହ କରେଜ୍ଜାସୁ ।୩୨।

(ଶିକ୍ଷୟତି ମ୍ରିୟମାଣଃ ପୁତ୍ରଂ ପଲ୍ଲୀ-ପତିଃ ପ୍ରଯତ୍ନେନ।

ମମ ନାମ୍ନା ଯଥା ତ୍ୱଂ ନ ଲଜ୍ଜସେ ତଥା କରିଷ୍ୟସି।)

ମୃତ୍ୟୁ କାଳରେ ଗ୍ରାମପତି ଯତ୍ନସହକାରେ ପୁତ୍ରକୁ ଶିଖାଉଛି ଯେ ମୋର ନାମରେ ତୁ ଯେପରି ଲଜ୍ଜିତ ନ ହେବୁ ସେଇପରି କାମ କରିବୁ।

ବ୍ୟାଖ୍ୟା - ମୃତ୍ୟୁମୁଖୀ ପିତାର ପୁତ୍ର ପ୍ରତି ଉପଦେଶ-ମୋର ନାମର ମର୍ଯାଦା ରକ୍ଷା କରିବୁ। ଏପରି କାମ କରିବୁ ନାହିଁ ଯେଉଁଥିରେ ମୋ ନାମ ନିନ୍ଦା ହେବ। ଅପଯଶ ହେଲେ ମୋର ଆତ୍ମାକୁ ବାଧିବ। ବାବୁ, ମୋର ଯିବା ବେଳ ହେଲା। ବଂଶମର୍ଯାଦା, ପିତୃ ନାମରେ କଳଙ୍କ ଲଗାଇବୁ ନାହିଁ।

ଅଣୁମରଣ-ପତ୍‌ଥିଆଏ ପଚ୍ଚାଗଅ-ଜୀବିଏ ପିଅଅମମ୍ମି।

ବେହବ୍‌ବ-ମଣ୍ଡଣଂ କୁଲ-ବହୂଅ ସୋହଗ୍‌ଗଅଂ ଜାଅଂ । ୩୩ ।

(ଅନୁମରଣ-ପ୍ରସ୍ଥିତାୟାଃ ପ୍ରତ୍ୟାଗତ-ଜୀବିତେ ପ୍ରିୟତମେ।

ବୈଧବ୍ୟ-ମଣ୍ଡନଂ କୁଳ-ବଧ୍ୱାଃ ସୌଭାଗ୍ୟକଂ ଜାତମ୍।)

ପ୍ରିୟତମ ଜୀବିତ ହୋଇଉଠିବାରୁ ଅନୁମରଣ ନିମନ୍ତେ ଯାଇଥିବା କୁଳବଧୂର ବୈଧବ୍ୟ ବେଶ ସୌଭାଗ୍ୟରେ ପରିଣତ ହେଲା।

ବ୍ୟାଖ୍ୟା - ବିଧି ଅନୁକୂଳ ହେଲେ ଅମଙ୍ଗଳ ମଧ ମଙ୍ଗଳ ହୁଏ - ଏହାର ଦୃଷ୍ଟାନ୍ତ ସ୍ୱରୂପ କାହାରି ଉକ୍ତି- ପ୍ରିୟତମଙ୍କର ମୃତ୍ୟୁ ହେବାରୁ ବଧୂ ସହମରଣ ନିମନ୍ତେ ସଜ୍ଜିତା, ଏତିକିବେଳେ ପତି ପ୍ରାଣ ଫେରିପାଇ ଉଠି ବସିଲେ। ପୂର୍ବ ମୁହୂର୍ତ୍ତରେ ବିଧବାବେଶରେ ଯେ ଉଭା ହୋଇଥିଲା, ସେଇ ପୁଣି କୁଳବଧୂମଣ୍ଡନରେ ସର୍ବସମକ୍ଷରେ ଉଭା ହେଲେ।

ମହୁ-ମଚ୍ଛିଆଇ ଦଟ୍‌ଠଂ ଦଟ୍‌ଠୁଣ ମୁହଂ ପିଅସ୍‌ସ ସୂଣୋଟ୍‌ଠଂ।

ଈସାଲୁଈ ପୁଲିନ୍ଦୀ ରୁକ୍‌ଖଚ୍ଛାଅଁ ଗଆ ଅଣ୍ଣଂ । ୩୪ ।

(ମଧୁ-ମକ୍ଷିକାୟା ଦଷ୍ଟଂ ଦୃଷ୍ଟ୍ୱା ମୁଖଂ ପ୍ରିୟସ୍ୟୋଚ୍ଛୂନୋଷ୍ଟମ୍।

ଈର୍ଷାଲୁଃ ପୁଳିନ୍ଦୀ ବୃକ୍ଷ-ଛାୟାଂ ଗତାନ୍ୟାମ୍।)

ପ୍ରିୟତମଙ୍କର ମହୁମାଛିଦଂଶନରେ ଫୁଲି ଉଠିଥିବା ଓଠ ଓ ମୁହଁକୁ ଦେଖି ଈର୍ଷାପରାୟଣା ଶବର ପତ୍ନୀ ଅନ୍ୟ ବୃକ୍ଷର ଛାୟାତଳ ଯାଇ ବସିଲା।

ବ୍ୟାଖ୍ୟା - ଶବର-ଶବରୀ ଗାଥା। ବନରେ ବୁଲୁଥିବାବେଳେ ଶବରୀ ଯେତେବେଳେ ଦେଖିଲା ଯେ ଶବରର ମୁହଁ ପାଟି ଫୁଲିଉଠିଛି, ପ୍ରଣୟକୋପବଶତଃ ସେ ଶବର ପାଖରୁ ଚାଲିଯାଇ ଆଉ ଗୋଟିଏ ଗଛ ଛାଇତଳେ ବସିଲା। ମନେ ମନେ ଭାବିଲା, ଏବେ ସୁଖର ଦିନ ଶେଷ ହେଲା। ବନରେ ଅନ୍ୟ କେଉଁ ତରୁଣୀର ଚୁମ୍ବ-ଦାନରେ ଶବରର ଓଠ ଓ ମୁଖର ଏପରି ଅବସ୍ଥା ହୋଇଛି। ମାତ୍ର ମଧୁମକ୍ଷିକାଦଂଶନରେ ଶବରର ମୁଖ ଓ ଓଷ୍ଠ ଯେ ଖଣ୍ଡିତ ହୋଇଛି। ଏକଥା ସରଳ ଶବରୀ ଜାଣେ ନାହିଁ।

ଧଣ୍ଣା ବସନ୍ତି ଣୀସଙ୍କ-ମୋହଣେ ବହଲ-ପତ୍ତଲ-ବଇମ୍ମି।
ବାଅନ୍ଦୋଲଣ-ଓଣବିଅ-ବେଣୁ-ଗହଣେ ଗିରି-ଗ୍ଗୋମେ। ।୩୫।
(ଧନ୍ୟା ବସନ୍ତି ନିଃଶଙ୍କ-ମୋହନେ ବହଲ-ପତ୍ରଲ-ବୃତୌ।
ବାତାନ୍ଦୋଳନାବନାମିତ-ବେଣୁ-ଗହନେ ଗିରି-ଗ୍ରାମେ।)

ଯେଉଁ ଗିରିଗ୍ରାମ ବହଳପତ୍ର ବୃକ୍ଷରାଜି ଦ୍ୱାରା ଆବୃତ୍ତ, ଯେଉଁଠାରେ ଘନ ବଂଶବନ ବାତାନ୍ଦୋଳନରେ ଅବିନମିତ ଓ ନିଃଶଙ୍କ ମୋହନ ଲୀଳା ଚଳିପାରେ - ସେହିପରି ପାର୍ବତୀୟ ଗ୍ରାମରେ ଧନୀ ପୁରୁଷମାନେ ବାସକରନ୍ତି।

ବ୍ୟାଖ୍ୟା - ପାର୍ବତୀୟ ଗ୍ରାମର ପ୍ରଶଂସା କରି ଜାର ପ୍ରତି ନାୟିକାର ଉକ୍ତି - ଏଇ ପାହାଡ଼ିଆ ଗାଁର ଚାରିପାଖରେ ଲତାପତ୍ରପୂର୍ଣ୍ଣ ଶୀତଳ କୁଞ୍ଜମାନ ଅଛି, ବେଣୁବନ ପବନରେ ଆନ୍ଦୋଳିତ ହୋଇ ନଇଁପଡୁଛି, ଦିନରେ ଅନ୍ଧାର ପୂରିରହିଥିବାରୁ କେହି କାହାକୁ ଚିହ୍ନି ପାରିବେ ନାହିଁ। ଏଠାରେ ଗୋପନ ମିଳନରେ ଭୟ ନାହିଁ। ଏପରି ସ୍ଥାନ ଯେଉଁମାନେ ପାଇବେ ସେମାନଙ୍କର ଭାଗ୍ୟ ଟାଣ ବୋଲି ଜାଣ। ନାୟିକାର ତାତ୍ପର୍ଯ୍ୟ, ନିଃଶଙ୍କ ସୁରତ-ସୁଖ ଉପଭୋଗ କରିବାକୁ ଚାହୁଁ ଥିଲେ ଏଇ ଗ୍ରାମରେ ବାସକର।

ପପ୍ଫୁଲ୍ଲ-ଘଣ-କଲମ୍ବା ଣିଦ୍ଧୋଅ-ସିଲା-ଅଲା ମୂଇଅ-ମୋରା।
ଣସରନ୍ତୋଜ୍ଝର-ମୁହଲା ଓସାହନ୍ତେ ଗିରି-ଗ୍ଗାମା । ୩୬।
(ପ୍ରୋତ୍ଫୁଲ୍ଲ-ଘନ-କଦମ୍ବା ନିର୍ଧୌତ-ଶିଳା-ତଳା ମୁଦିତ-ମୟୂରାଃ।
ପ୍ରସରନ୍ନିର୍ଝର-ମୁଖରା ଉତ୍ସାହୟନ୍ତି ଗିରି-ଗ୍ରାମାଃ।)

ଯେଉଁଠାରେ ଘନ କଦମ୍ବ ବୃକ୍ଷ ଉତ୍ଫୁଲ୍ଲ, ଶିଳାତଳ-ସମୂହ ଧୌତ, ମୟୂରକୁଳ ଆନନ୍ଦିତ ଓ ଝରିପଡୁଥିବା ନିର୍ଝରସମୂହରେ ଯାହା ମୁଖରିତ-ସେହି ଗିରିଗ୍ରାମ ଉତ୍ସାହ ଦାନ କରୁଛି।

ବ୍ୟାଖ୍ୟା - ଘୋର ବର୍ଷାକାଳରେ ଗିରିଗ୍ରାମରେ ନିବାସ ସୁଖକର ତଥା ସୁରତବ୍ୟାପାର ନିମନ୍ତେ ତାହା ପ୍ରଶସ୍ତ-ପ୍ରଶଂସାମୁଖରେ କୌଣସି ରସିକର ଉକ୍ତି- ଯେଉଁ ଗିରିଗ୍ରାମ ଫୁଲ୍ଲ କଦମ୍ବ-ସୁରଭିରେ ଆମୋଦିତ, ବର୍ଷାକାଳରେ ଯାହାର ଶିଳାତଳ ଧୌତ, ମୁଦିତ ମୟୂର ଯେଉଁଠାରେ ନୃତ୍ୟପାଗଳ, ନିର୍ଝରର ଝର୍ଝର ନାଦରେ ନିନାଦିତ ପାର୍ବତୀୟ ଗ୍ରାମ ଏଇ ନିବିଡ଼ ଘନକାଳରେ ଉତ୍ତଳା ହୋଇଉଠିଛି। ଏଠାରେ କଦମ୍ବ-ସୁରଭି ଆଘ୍ରାଣ କରି ମନରେ ଉନ୍ମାଦନା ଭରିଯାଏ। ଏଇପରି ଉଦ୍ଦୀପିତ ପରିବେଶ ଶୃଙ୍ଗାର-ବିଳାସ ନିମନ୍ତେ ଅନୁକୂଳ।

ତହ ପରିମଲିଆ ଗୋବେଣ ତେଣ ହତ୍ଥଂ ପି ଜାଣ ଓଲ୍ଲେଇ।
ସଚ୍ଚିଅ ଧେଣୁ ଏହ୍‌ଣିଂ ପେଛସୁ କୁଡ଼-ଦୋହିଣୀ ଜାଆ ।୩୭।
(ତଥା ପରିମଳିତା ଗୋପେନ ତେନ ହସ୍ତମପି ଯା ନାର୍ଦ୍ରୟତି।
ସୈବ ଧେନୁରିଦାନୀଂ ପ୍ରେକ୍ଷଧ୍ୱଂ କୁଟ-ଦୋହିଣୀ ଜାତା।)

ଯେଉଁ ଧେନୁ ହାତ ମଧ୍ୟ ଭିଜାଉ ନଥିଲା, ଏଇ ଗୋପାଳ ଦ୍ୱାରା ଏପରି ଦୁହାଁଗଲା ଯେ ସେଇ ଏବେ ଦେଖ ଭାଣ୍ଡ ପୂରାଇ ଦେଉଛି।

ବ୍ୟାଖ୍ୟା- ଦୂତୀର ଅନ୍ୟପଦେଶରେ ନାୟକ-ପ୍ରଶଂସା-ଚିର ମଳି ମଳି ଯେଉଁ ଗାଭୀର କ୍ଷୀର ମିଳୁ ନଥିଲା, ଗୋପାଳର ହାତ ଭିଜିବା କଷ୍ଟକର ହେଉଥିଲା, ସେଇ ଗାଭୀ ଗୋପାଳର ହସ୍ତ-ନୈପୁଣ୍ୟ ହେତୁ ଘଟଭରା କ୍ଷୀର ଦାନ କରୁଛି। ହାତ ଘେନି କ୍ଷୀର; ଗାଭୀର କିଛି ଦୋଷ ନାହିଁ। ଦୂତୀର ତାତ୍ପର୍ଯ୍ୟ, ଏଇ ନାୟକ ସୁରତ-ନିପୁଣ, ଅସାଧ୍ୟ ନାୟିକାକୁ ମଧ୍ୟ ସାଧ୍ୟ କରିପାରେ।

ଧବଲୋ ଜିଅଇ ତୁହ କଏ ଧବଲସ୍‌ସ କଏ ଜିଅନ୍ତି ଗିଟ୍‌ଠୀଓ।
ଜିଅ ତମ୍ଭେ ଅମ୍ହ ବି ଜୀବିଏଣ ଗୋଟ୍‌ଠଂ ତୁମାଅତ୍ତଂ । ୩୮।
(ଧବଲୋ ଜୀବତି ତବ କୃତେ ଧବଳସ୍ୟ କୃତେ ଜୀବନ୍ତି ଗୃଷ୍ଟୟଃ।
ଜୀବ ହେ ଗୌଃ ଅସ୍ମାକମପି ଜୀବିତେନ ଗୋଷ୍ଠଂ ତ୍ୱଦାୟତ୍ତମ୍।)

ହେ ଧେନୁ, ତୋରି ପାଇଁ ଧବଳ ବଞ୍ଚିଛି, ଧବଳ ପାଇଁ ଏକବସ୍ତା ଜନନୀମାନେ ବଞ୍ଚିଛନ୍ତି। ତୁ ବଞ୍ଚିରହ, ବଞ୍ଚିରହ ତୁ ଗୋଠକୁ ନିଜ ଅଧୀନରେ ରଖ।

ବ୍ୟାଖ୍ୟା - ଅନ୍ୟାପଦେଶରେ ସଖୀର ନାୟିକା ସୌଭାଗ୍ୟ- ପ୍ରଶଂସା-ତୋରି ପାଇଁ ଧବଳକାନ୍ତି ବୃଷଭ ବଞ୍ଚିରହିଛି, ପ୍ରଥମ-ପ୍ରସୂତା ଧେନୁମାନେ ତା'ରି ଲାଗି ଜୀବିତ ଅଛନ୍ତି। ତୋର ଜୀବନ ଧନ୍ୟ। ଆଗୋ ସୁରଭି-ରାଣି, ଆମ୍ଭମାନଙ୍କ ଆୟୁଷ ଘେନି ତୁ ବଞ୍ଚିରହ। କାରଣ ତୁ ଗୋଷ୍ଠର ଆଶା-ଭରସାର ସ୍ଥଳ। ସଖୀର ତାତ୍ପର୍ଯ୍ୟ, ନାୟିକାର ପ୍ରେମ ଲାଭ କରି ନାୟକ ଜୀବନଧାରଣ କରିଛି, ତା'ର ଲାଗି ତାଙ୍କୁ ଆମେ ଦେଖିବାକୁ

ପାଇ ନେତ୍ର ସାର୍ଥକ କରୁଛୁ। ସଖୀ ସମାଜର ଶୁଭ-କାମନା ସେଥିପାଇଁ ତୋ ଉପରେ ବର୍ଷିତ ହେଉଛି।

ଅଗ୍‌ଘାଇ ଛିବଇ ଚୁମ୍ବଇ ଠେବଇ ହିଅଅମ୍ମି ଜଣିଅ-ରୋମଞ୍ଚୋ

ଜାଆ-କବୋଲ-ସରିସଂ ପେଚ୍ଛହ ପହିଓ ମହୁଲ-ପୁପ୍‌ଫଂ । ୩୯ ।

(ଆଜିଘ୍ରତି ସ୍ପୃଶତ ଚୁମ୍ବତି ସ୍ଥାପୟତି ହୃଦୟେ ଜନିତ-ରୋମାଞ୍ଚ।

ଜାୟା-କପୋଲ-ସଦୃଶଂ ପଶ୍ୟତ ପଥିକୋ ମଧୂକ-ପୁଷ୍ପମ୍।

ଦେଖ, ପଥିକଟି ଜାୟାର କପୋଳ ସଦୃଶ ମଧୂକପୁଷ୍ପକୁ ଆଘ୍ରାଣ କରୁଛି, ସ୍ପର୍ଶ କରୁଛି, ଚୁମ୍ବନ କରଛି, ହୃଦୟରେ ଧାରଣ କରୁଛି ଓ ତାହାର ରୋମାଞ୍ଚ ଜାତ ହେଉଛି।

ବ୍ୟାଖ୍ୟା - ସହଚର ପ୍ରତି ନାଗରିକର ଉକ୍ତି- ବନରେ ମହୁଲ ଫୁଟିଛି। ବିରହୀ ପଥିକଟି ତା'ଠାରେ ପ୍ରେୟସୀ-ବଧୂର କପୋଳ ସାଦୃଶ୍ୟ ଦେଖି ତାହାକୁ ଆଘ୍ରାଣ, ସ୍ପର୍ଶନ, ଚୁମ୍ବନ କରିବା ସଙ୍ଗେ ସଙ୍ଗେ ହୃଦୟରେ ସ୍ଥାପନ କରୁଛି। ଆନନ୍ଦରେ ସେ ଆଜି ଆତ୍ମହରା; ସମଗ୍ର ଶରୀର ପୁଲକାଞ୍ଚିତ। ମଧୁକ ପୁଷ୍ପ ପ୍ରତି ତାହାର ଏଇ ସୋହାଗ ଅର୍ପଣ ଓ ଭାବବିହ୍ୱଳତାରୁ ଜଣାଯାଏ, ପ୍ରିୟଜନର ଅଙ୍ଗ-ସାଦୃଶ୍ୟ ବହନ କରୁଥିବା ବସ୍ତୁକୁ ମଧ ବ୍ୟକ୍ତି ସ୍ନେହଦୃଷ୍ଟିରେ ଦେଖେ।

ଉଅ ଓଲ୍ଲିଜ୍ଜଇ ମୋହଂ ଭୂଅଂଗ-କିତ୍ତୀଅ କଡ଼ଅ-ଲଗ୍‌ଗାଇ।

ଓଜ୍‌ଝର-ଧାରା-ସଦ୍ଧାଲୁଏଣ ସୀସଂ ବଣ-ଗଏଣ ।୪୦।

(ପଶ୍ୟର୍ଦ୍ରା

ଦେଖ, ନିର୍ଭରଧାରାପ୍ରେମୀ ବନଗଜ ଗିରି କଟକରେ ଲଗ୍ନ ସର୍ପ କଞ୍ଚୁକରେ ମସ୍ତକକୁ ଆର୍ଦ୍ର କରିବାକୁ ବୃଥା ଚେଷ୍ଟା କରୁଛି।

ବ୍ୟାଖ୍ୟା - ବିପଦରେ ବ୍ୟକ୍ତିର ତତ୍ତ୍ୱଜ୍ଞାନ ଲୋପ ପାଏ - ଏହାର ଦୃଷ୍ଟାନ୍ତ ସ୍ୱରୂପ କେହି କହିଛି- ପାହାଡ଼ ଦେହରେ ସାପକାତି ଜଳ ଭଳି ଚକ୍‌ଚକ କରୁଥିବା ଦେଖି ଗ୍ରୀଷ୍ମତାପରେ ସନ୍ତପ୍ତ ହାତୀ ତାହାକୁ ଝରଣାର ଧାରା ମନେକରି ମଥାରେ ଥୋଉଛି। ସାପକାତିରେ ତପ୍ତ ମସ୍ତକ ଶୀତଳ ହେବ କିପରି ?

କମଲଂ ମୁଅନ୍ତ ମହୁଅର ପିକ୍କ-କଇତ୍‌ଥାଣଁ ଗନ୍ଧ ଲୋହେଣ।

ଆଲେକ୍‌ଖ-ଲଡ୍‌ଡୁ କଂ ପାମରୋ ବ୍‌ବ ଛିବିଉଣ ଜାଣିହସି

(କାମଲଂ ମୂଞ୍ଚନ୍ ମଧୂକର ପକ୍ୱ-କପିତ୍‌ଥାନାଂ ଗନ୍ଧ-ଲୋଭେନ।

ଆଲେଖ୍ୟ-ଲଡ୍‌ଡୁକଂ ପାମର ଇବ ସ୍ପୃଷ୍ଟ୍ୱା ଜ୍ଞାସ୍ୟସି।)

ହେ ମଧୂକର, କମଳକୁ ଛାଡ଼ି ପକ୍ୱ କପିତ୍‌ଥର ଗନ୍ଧଲୋଭରେ ପାମର ଚିତ୍ରାଙ୍କିତ ଲଡ଼୍‌ଡକୁ ସ୍ପର୍ଶ କଲାଭଳି ବୁଝିପାରିବୁ।

ବ୍ୟାଖ୍ୟା - ନାୟକ ଗୁଣବତୀ ନାୟିକାକୁ ଛାଡ଼ି ଗୁଣହୀନା ପ୍ରତି ଆକୃଷ୍ଟ। ଦୂତୀ ଅନ୍ୟାପଦେଶରେ ନାୟକକୁ କହିଛି- ତୁ ଅନ୍ଧ-ଆବେଗରେ ଅଧୀର ହୋଇ କପିତ୍ଥ ଗନ୍ଧଲୋଭରେ କମଳକୁ ଛାଡ଼ିଲୁ! ବାହ୍ୟ ଋକଚକ୍ୟ ଓ ଗନ୍ଧଲୋଭରେ ଭୁଲି ତୁ ଶେଷକୁ ନିରାଶ ହେବୁ। ପାମର ଲୋକ ଯେପରି ହାତ ପାଖରେ ସୁମିଷ୍ଟ ପଦାର୍ଥକୁ ଛାଡ଼ି ଚିତ୍ରମୋଦକକୁ ହାତ ବଢ଼ାଇ ନିରାଶ ହୁଏ, ତୁ ସେହିପରି କମଳକୁ ଛାଡ଼ି କର୍କଶ କପିତ୍ଥ-ଗନ୍ଧରେ ଲୁବ୍ଧ ହୋଇ ବିଋର-ବିମୂଢ଼ କାର୍ଯ୍ୟ କରୁଛୁ। ହେ ମଧୁକର, କମଳ ଓ କପିତ୍ଥ ଭିତରେ ପାର୍ଥକ୍ୟ ପରେ ବୁଝିପାରିବୁ।

ଗିଜ୍ଜନ୍ତେ ମଙ୍ଗଲ-ଗାଇଆହିଁ ବର-ଗୋତ୍ତ-ଦିଣ୍ଣ-ଅଣ୍ଣାଏ।
ସୋଉଂ ବ ଣିଗ୍ଗଓ ଉଅହ ହୋନ୍ତ-ବହୁଆଇ ରୋମଞ୍ଚୋ ।୪୨।
(ଗୀୟମାନେ ମଙ୍ଗଲ-ଗାୟିକାଭିର୍ବର-ଗୋତ୍ର-ଦତ୍ତ-କର୍ଣାୟାଃ।
ଶ୍ରୋତୁମିବ ନିର୍ଗତଃ ପଶ୍ୟତ ଭବିଷ୍ୟଦ୍‌ବଧୂକାୟା ରୋମାଞ୍ଚଃ।)

ଦେଖ, ମଙ୍ଗଳଗାୟିକାମାନଙ୍କର ଗୀତ ଗାଇବାବେଳେ ବରର ନାମରେ କାନ ଡେରିଥିବା ଭବୀ ବଧୂର ରୋମାଞ୍ଚ ସତେ କି ଶୁଣିବା ପାଇଁ ଜାତ ହୋଇଛି।

ବ୍ୟାଖ୍ୟା - ଆସନ୍ନ-ବିବାହ ବେଳେ ପରିହାସୀ ସଖିମାନଙ୍କ ମଧ୍ୟରୁ ଜଣେ କହିଛି-ଆଗୋ ସଖିମାନେ ଦେଖ, ଆଜି ବିବାହର ମଙ୍ଗଳ ଉତ୍ସବରେ ସୁକଣ୍ଠୀ ଗାୟିକାମାନେ ବରର ନାମ ଗୀତ ମଧ୍ୟରେ ଉଚ୍ଚାରଣ କଲାବେଳେ ଭାବୀ ବଧୂ ସେଇ ନାମ ବାରମ୍ବାର ଶୁଣିବା ପାଇଁ କାନ ଡେରି ରହିଛି। ତାହା ଶୁଣି ସେ ରସାବେଶରେ ଭାସିଯାଉଛି ଓ ତାର ସାରା ଅଙ୍ଗରେ ରୋମାଞ୍ଚ ଜାତ ହେଉଛି। ସଖୀର ତାତ୍ପର୍ଯ୍ୟ, ମଙ୍ଗଳ ଗାୟିକାମାନଙ୍କ ଗୀତରୁ ବର କଥା ଶୁଣିବା ପାଇଁ ନାୟିକାର ରୋମାବଳୀ ସତେକି ଉତ୍ସୁକ ହୋଇ ବହିର୍ଗତ ହୋଇଛନ୍ତି। ନାମଶ୍ରବଣରେ ଯାହାର ଏପରି ଅବସ୍ଥା, ବରର ସ୍ପର୍ଶ ଲାଭ କଲେ ତାହାର କି ଅବସ୍ଥା ନ ହେବ?

ମଣ୍ଣେ ଆଅଣ୍ଣନ୍ତା ଆସଣ୍ଣ-ବିଆହ-ମଙ୍ଗଲ୍ଲ ଗ୍‌ଗାଇଇଂ।
ତେହିଁ ଜୁଆଣେହିଁ ସମଂ ହସନ୍ତି ମଂ ବେଅମ-କୁଡ଼ଙ୍ଗା ।୪।
(ମନ୍ୟେ ଆକର୍ଣୟନ୍ତଃ ଆସନ୍ନ-ବିବାହ-ମଙ୍ଗଳୋଦ୍‌ଗୀତମ୍।
ତୈର୍ଯୁବାଭିଃ ସମଂ ହସନ୍ତି ମାଂ ବେତସ-ନିକୁଂଜାଃ।

ଜଣାଯାଉଛି, ଏଇ ଯୁବକମାନଙ୍କ ସହିତ ବେତସ-କୁଞ୍ଜ ମଧ୍ୟ ମୋର ଆସନ୍ନ ବିବାହର ମଙ୍ଗଳଗୀତ ଶୁଣି ମୋତେ ଉପହାସ କରୁଛି।

ବ୍ୟାଖ୍ୟା - କୁମାରୀ ଜୀବନରେ ଶୀଳଖଣ୍ଡିତା ନାୟିକାର ଆସନ୍ନ ବିବାହାକାଳର ମନୋଭାବ- ଆଜି ମହୁରିର ସ୍ୱରରେ ମୋର ବିବାହ ମଙ୍ଗଳଗୀତ ବାଜିଉଠୁଛି। ସେ

ଗୀତଲହର ମୋର ଗୋପନ-ମିଳନ କୁଞ୍ଜରେ ଖେଳିଯାଉଛି। ଏଇ ବେତସ-କୁଞ୍ଜ ମୋର କେତେ ସୁରତଲୀଳାର ସାକ୍ଷୀ। ସତେ ଯେପରି ବେତସ-କୁଞ୍ଜ ମୋର ବିବାହକଥା ଶୁଣି ଗାଁର ଯୁବାଦଳ ସହ ମିଶି ହସୁଛି। ଯୁବାଦଳ ଓ ବେତସ-କୁଞ୍ଜ ନାୟିକାକୁ ହସୁଥିବା ଭଳି ପ୍ରତୀତ ହେବାର ତାତ୍ପର୍ଯ୍ୟ, ବିବାହ-ମଙ୍ଗଳଗୀତ ତୋର ଚରିତ୍ର୍ୟ ସଂପଦ ଫେରାଇ ପାରିବ ନାହିଁ। କେହି ନ ଜାଣିଲେ ମଧ୍ୟ ଆମେ ଜାଣିଛୁ।

ଉଅଗଅ-ଚଉତ୍‌ଥ୍‌-ମଙ୍ଗଳ-ହୋନ୍ତ-ବିଓଅ-ସବିସେସ-ଲଗ୍‌ଗେହିଂ।
ତୀଅ ବରସ୍‌ସ ଅ ସେ ଅଂସୁଏହିଁ ରୁଣ୍‌ଣଂ ବ ହତ୍‌ଥେହିଂ ।୪୪।
(ଉପଗତ-ଚତୁର୍ଥୀ-ମଙ୍ଗଳ-ଭବିଷ୍ୟଦ୍‌ବିୟୋଗ-ସବିଶେଷ-ଲଗ୍ନାଭ୍ୟାମ୍।
ତସ୍ୟା ବରସ୍ୟ ଚ ସ୍ୱେଦାଶ୍ରୁଭୀ ରୁଦିତମିବ ହସ୍ତାଭ୍ୟାମ୍।)

ଚତୁର୍ଥୀ ମଙ୍ଗଳ ଉପସ୍ଥିତ ହେବାରୁ ଭବିଷ୍ୟତ ବିଯୋଗ ଭୟରେ ବିଶେଷ ଭାବରେ ସଂଶ୍ଳିଷ୍ଟ ତାହାର ଓ ବରର ହସ୍ତଦ୍ୱୟ ସ୍ୱେଦାଶ୍ରୁ ବୁହାଇ ସତେ କି କାନ୍ଦୁଛନ୍ତି।

ବ୍ୟାଖ୍ୟା - ଚତୁର୍ଥୀ ବେଦୀରେ ବର-ବଧୂଙ୍କର ହସ୍ତ-ମିଳନ କାଳରେ ସ୍ୱେଦ ଜାତ ହେବା ଦେଖି ବଧୂର ସଖି ପରିହାସ କରି କହିଛି - ବିବାହ ପରେ ଆଜି ଚତୁର୍ଥୀ ସମାଗତ। ଚତୁର୍ଥୀ-ମଙ୍ଗଳ ଅନୁଷ୍ଠାନ କାଳରେ ବର-ବଧୂ ହାତ ଉପରେ ହାତ ରଖି ମୁହାଁମୁହିଁ ହୋଇ ବସିଛନ୍ତି। ବରର ପାଣିପୀଡ଼ରୁ ଦୁହିଁଙ୍କ ହସ୍ତରେ ସ୍ୱେଦ ଜାତ ହୋଇଛି। ଚତୁର୍ଥୀ ପରେ ବିଚ୍ଛେଦ ଘଟିବା ଆଶଙ୍କାରେ ସ୍ୱେଦଛଳରେ ସତେ ଯେପରି ହାତ ଦୁଇଟି କାନ୍ଦୁଛନ୍ତି। ଏଥିରୁ ସେ କାଳର ବିବାହ-ଆଚାର ସମ୍ବନ୍ଧରେ ସୂଚନା ମିଳେ ଯେ, ଚତୁର୍ଥୀ ପରେ ବର-ବଧୂ ପରସ୍ପରଠାରୁ ବିଚ୍ଛିନ୍ନ ହୋଇ ଦ୍ୱିରାଗମନ ପରେ ପୁନର୍ମିଳିତ ହେଉଥିଲେ।

ଣ ଅ ଦିଟ୍‌ଠିଂ ଣେଇ ମୁହଂ ଣ ଅ ଛିବଅଂ ଦେଇ ଣାଲବଇ କିଂ ପି।
ତହ ବି ହୁ କିଂ ପି ରହସ୍‌ସଂ ଣବ-ବହୁ-ସଙ୍ଗୋ ପିଓ ହୋଇ ।୪୫।
(ନ ଚ ଦୃଷ୍ଟିଂ ନୟତି ମୁଖଂ ନ ଚ ସ୍ପୃଷ୍ଟୁଂ ଦଦାତି ନାଲପତି କିମପି।
ତଥାପି ଖଳୁ କିମପି ରହସ୍ୟଂ ନବ-ବଧୂ-ସଙ୍ଗ ପ୍ରିୟୋ ଭବତି।)

ମୁଖ ପ୍ରତି ଦୃଷ୍ଟି ଢାଳୁନାହିଁ କି ଛୁଆଁଇ ଦେଉନାହିଁ କି କିଛି ମଧ୍ୟ କହୁନାହିଁ। ତଥାପି ନବବଧୂସଙ୍ଗ ଯେ ପ୍ରିୟ ହୋଇଥାଏ, ତହିଁରେ କିଛି ରହସ୍ୟ ଅଛି।

ବ୍ୟାଖ୍ୟା - ନବ-ବିବାହିତ ନାୟକର ସହଚର ପ୍ରତି ଉକ୍ତି- ନବୋଢ଼ା ଲଜ୍ଜାରେ ମରି ସ୍ୱାମୀମୁଖ ପ୍ରତି ଚାହିଁପାରେ ନାହିଁ, ନିଜକୁ ସ୍ପର୍ଶ କରିବାକୁ ମଧ୍ୟ ଦିଏ ନାହିଁ, କି ଆଳାପ-ସୁଖ ଦାନ କରି ସ୍ୱାମୀର ମନୋହରଣ କରେ ନାହିଁ। ତଥାପି ନବବଧୂର ସଙ୍ଗ ଲାଭରେ କି ଏକ ଅଲୌକିକ ସୁଖ ଅନୁଭୂତ ହୁଏ। ତାର ସାନ୍ନିଧ୍ୟ ଲାଭରେ ପ୍ରାଣରେ

ଯେଉଁ ସୁଖର ଧାରା ପ୍ରବାହିତ ହୁଏ, ତା'ର ରହସ୍ୟ ଫେଡ଼ିବା କଷ୍ଟକର। ତଥାପି ସେ ସୁଖରେ ପ୍ରାଣର ବନ୍ଧନ-ମୁକ୍ତି ଘଟେ ବୋଲି ମୁଁ କହିବି।

ଅଲିଅ-ପସୁତ୍ତ-ବଲନ୍ତମ୍ମି ଣବ-ବରେ ଣବ-ବହୂଅ ବେବନ୍ତୋ।
ସଂବେଲ୍ଲିଓରୁ-ସଂଜମିଅ-ବତ୍ଥ-ଗଣ୍ଠିଂ ଗଓ ହତ୍ଥୋ ।୪୬।
(ଅଳୀକ-ପ୍ରସୁପ୍ତ-ବଳମାନେ ନବ-ବରେ ନବ-ବଧ୍ୱା ବେପମାନଃ।
ସଂବେଷ୍ଟିତୋରୁ-ସଂଯମିତ-ବସ୍ତ୍ର-ଗ୍ରନ୍ଥିଂ ଗତୋ ହସ୍ତଃ।)

ନବବର ଅଳୀକ ନିଦ୍ରାରେ ପାର୍ଶ୍ୱ ପରିବର୍ତ୍ତନ କରିବାରୁ ନବବଧୂର ହସ୍ତ କମ୍ପିଉଠି ଅନ୍ୟୋନ୍ୟ ସଂବେଷ୍ଟିତ ଊରୁଯୁଗଳ ଦ୍ୱାରା ସଂଯମିତ ବସ୍ତ୍ରଗଣ୍ଠି ଆଡ଼କୁ ଚାଲିଯାଉଛି।

ବ୍ୟାଖ୍ୟା - ନାୟକ ପ୍ରତି ଦୂତୀ-ଉକ୍ତି-ସେ ତୁମ ପ୍ରତି ଅନୁକୂଳ ଆଚରଣ କରୁନାହିଁ ବୋଲି ତୁମର ଧାରଣା ହୋଇଯାଇଛି; ମାତ୍ର ତାହା ସତ୍ୟ ନୁହେଁ। ଏହା ନବବଧୂର ସ୍ୱଭାବ। ଏପରିକି କପଟ ନିଦ୍ରାର ଅଭିନୟ କରି ତୁମେ ଯେତେବେଳେ ମୁହଁ ବୁଲାଇ ଶୁଅ, ସେତେବେଳେ ତାର ବୁକୁ ଲଜ୍ଜା ଓ ଭୟରେ ଦୂରୁଦୂରୁ କମ୍ପିଉଠେ। ଉରୁଦେଶରେ ବସନ ଜଡ଼ିରହିଥିଲେ ମଧ୍ୟ ତାହାର ବ୍ୟାକୁଳ ହସ୍ତ ବସ୍ତ୍ର-ଗଣ୍ଠି ଠିକ୍ ଅଛି କି ନାହିଁ ଜାଣିବାକୁ ନୀବି-ବନ୍ଧ ଉପରେ ଆପେ ଆପେ ଯାଇ ପଡ଼ିଯାଏ।

ପୁଚ୍ଛିଜ୍ଜନ୍ତୀ ଣ ଭଣଇ ଗହିଆ ପପ୍ଫୁରଇ ଚୁମ୍ବିଆ ରୁଅଇ।
ତୁଣ୍ହିକ୍କା ଣବ-ବହୁଆ କଆବରାହେଣ ଉବଊଢ଼ା ।୪୭।
(ପୃଚ୍ଛ୍ୟମାନା ନ ଭଣତି ଗୃହୀତା ପ୍ରସ୍ଫୁରତି ଚୁମ୍ବିତା ରୋଦିତ।
ତୂଷ୍ଣୀକା ନବ-ବଧୂ କୃତାପରାଧେନୋପଗୂଢ଼ା।)

ପ୍ରଶ୍ନ କଲେ କହୁ ନାହିଁ, ଧରିଲେ ଥରୁଛି ଓ ଚୁମ୍ବନ ଦେଲେ କାନ୍ଦୁଛି। କୃତାପରାଧ ନାୟକ ନିର୍ବାକ୍ ନବବଧୂକୁ ଆଲିଙ୍ଗନ କଲା।

ବ୍ୟାଖ୍ୟା - ସଖୀମାନଙ୍କ ମଧ୍ୟରୁ ଜଣେ କହିଛି- ଏକେ ତ ନବବର ଅପରାଧୀ, କୋପନା ନବବଧୂକୁ ଅନୁକୂଳ ନ କରାଇବାରୁ ଯାହା ପଚାରିଲେ ମଧ୍ୟ ସେ କିଛି ଉତ୍ତର ଦେଉନାହିଁ। ସ୍ୱାମୀ ହାତ ଧରିପକାଇଲେ ଥରଥର ହୋଇ କମ୍ପୁଛି, ହାତ ଛିଞ୍ଚାଉଛି, ବଳେ ଚୁମ୍ବ ଦେଲେ ନୀରବରେ ଅଶ୍ରୁ ଝରାଉଛି। ଏପରି ନାୟିକାକୁ ଆଉ କିଛି ନ କହି ପତି ଆଲିଙ୍ଗନ କଲା। ସଖୀର ତାତ୍ପର୍ଯ୍ୟ, କୋପନାକୁ ଆଲିଙ୍ଗନ ଦ୍ୱାରା ହିଁ ବଶ କରିବାକୁ ପଡ଼ିଥାଏ।

ତତ୍ତୋ ଚିଅ ହୋନ୍ତି କହା ବିଅସନ୍ତି ତହିଁ ତହିଁ ସମପ୍ପନ୍ତି।
କିଂ ମଣ୍ଣେ ମାଉଚ୍ଛା ଏକ୍କ-ଜୁଆଣୋ ଇମୋ ଗାମୋ ।୪୮।
(ତତ ଏବ ଭବନ୍ତି କଥା ବିକସନ୍ତି ତତ୍ର ତତ୍ର ସମାପ୍ୟନ୍ତେ।
କିଂ ମନ୍ୟେ ମାତୃଷ୍ୱସଃ ଏକ-ଯୁବକୋଽୟଂ ଗ୍ରାମଃ।)

ଆଗୋ ମାଉସି ! ତା'ରିଠାରୁ କଥା ଆରମ୍ଭ ହୁଏ, ବିକଶିତ ହୁଏ ଓ ତା'ରିଠାରେ ଶେଷ ହୁଏ। ଜଣାଯାଏ, ଏଇ ଗାଁଆରେ କ'ଣ ଗୋଟିଏ ମାତ୍ର ଯୁବକ ଅଛି ?

ବ୍ୟାଖ୍ୟା – ସଖିମାନେ ଗାଁର ଗୋଟିଏ ଯୁବକ ବିଷୟରେ ସଦାସର୍ବଦା ଚର୍ଚ୍ଚା କରିବା ଫଳରେ ନାୟିକାର ମାଉସୀ ପ୍ରତି ଉକ୍ତି- ସେଇ ଏକ ତରୁଣକୁ ଘେନି କଥାର ଉଦ୍‌ଭବ, ବିକାଶ ଓ ସମାପ୍ତି। ସମସ୍ତେ କେବଳ ତା'ର କଥା କହିହେଉଛନ୍ତି। ଯା ତୁଣ୍ଡରୁ ଶୁଣିବ ତା'ରି ରୂପ -ଗୁଣର ପ୍ରଶଂସା।

ଏ ଗାଁରେ ସେ କ'ଣ ଏକକ ଯୁବା ?

ଜାଣି ବଅଣାଣି ଅମ୍‌ହେ ବି ଜମ୍ପିଓ ତାଇଁ ଜମ୍ପଇ ଜଣୋ ବି।
ତାଇଂ ଚିଅ ତେଣ ପଜମ୍ପି ଆଇଂ ହିଅଅଂ ସୁହାବେନ୍ତି ।୪୯।
(ଯାନି ବଚନାନି ବୟମପି ଜଳ୍ପାମସ୍ତାନି ଜଳ୍ପତି ଜନୋଽପି।
ତାନ୍ୟେବ ତେନ ପ୍ରଜଳ୍ପିତାନି ହୃଦୟଂ ସୁଖୟନ୍ତି।)

ଯେଉଁ ବଚନ ଆମ୍ଭେମାନେ କହୁଁ, ଲୋକେ ମଧ୍ୟ ତାହାହିଁ କହନ୍ତି; କିନ୍ତୁ ସେହି କଥାକୁ ସେ କହିଲେ ହୃଦୟକୁ ସୁଖ ଦିଏ।

ବ୍ୟାଖ୍ୟା – ପ୍ରିୟଜନର ବଚନ ମଧୁର-ନାୟିକା ଏ ବିଷୟରେ ନିଜର ଅନୁଭବକୁ ନର୍ମ-ସଖୀ ନିକଟରେ ପ୍ରକାଶ କରିଛି- ସଂସାରରେ ସମସ୍ତେ ବଚନରେ ନିଜ ନିଜର ଭାବ ପ୍ରକାଶ କରନ୍ତି। ମୁଁ ଯେଉଁ ଶବ୍ଦ ଯୋଡ଼ି କଥା କହେ, ସେଇଭଳି କଥା ଅନ୍ୟ ଲୋକେ ମଧ୍ୟ କହନ୍ତି। କଥା ସମାନ; ମାତ୍ର ପ୍ରିୟତମଙ୍କ ତୁଣ୍ଡରୁ ସେଇ କଥା ଶୁଣିଲେ କାହିଁକି ଏତେ ମଧୁର ଲାଗେ ? ମୋତେ ଲାଗେ, ତାଙ୍କ ବଚନରେ ହୃଦୟ କାହିଁକି ଯେପରି ତରଳିଯାଏ।

ସବ୍‌ବାଅରେଣ ମଗ୍‌ଗହ ପିଅଂ ଜଣଂ ଜଇ ସୁହେଣ ବୋ କଜ୍ଜଂ।
ଜଂ ଜସ୍‌ସ ହିଅଅ-ଦଇଅଂ ତଂ ଣ ସୁହଂ ଜଂ ତହିଂ ଣତ୍‌ଥି ।୫୦।
(ସର୍ବାଦରେଣ ମୃଗୟଧ୍ୱଂ ପ୍ରିୟଂ ଜନଂ ଯଦି ସୁଖେନ ବଃ କାର୍ଯମ୍।
ଯଦ୍ୟସ୍ୟ ହୃଦୟ-ଦୟିତଂ ତନ୍ନ ସୁଖଂ ଯତ୍ତତ୍ର ନାସ୍ତି।)

ଯଦି ତୁମର ସୁଖରେ ପ୍ରୟୋଜନ, ତେବେ ସକଳ ଆଦର ସହକାରେ ପ୍ରିୟତମଙ୍କର ଅନୁସରଣ କର। ଯେ ଯାହାର ହୃଦୟ-ପ୍ରିୟ, ଏପରି ସୁଖ ନାହିଁ, ଯାହା ତା'ଠାରେ ନାହିଁ।

ବ୍ୟାଖ୍ୟା – ପ୍ରିୟତମହିଁ ସକଳ ସୁଖର ଆଧାର। ତାଙ୍କୁ ଛାଡ଼ି ପ୍ରିୟତମା ଜୀବନରେ ଅନ୍ୟ କୌଣସି ସୁଖର କଳ୍ପନା କରାଯାଇ ନ ପାରେ। କଳହାନ୍ତରିତା ପ୍ରତି ଦୂତୀର ଉପଦେଶ-ତୋର ସୁଖରେ ଯଦି ଅଭିଳାଷ ଥାଏ, ତେବେ ସବୁମନ୍ତେ ପ୍ରିୟଜନର ଅନ୍ୱେଷଣ କର। ଏପରି କି ସୁଖ ଅଛି, ଯାହା ତୁ ତାଙ୍କଠାରେ ନ ପାଇବୁ ? ଦୂତୀର

ତାତ୍ପର୍ଯ୍ୟ, ତୋର ଜୀବନ-ଯୌବନକୁ ସାର୍ଥକ କରିବାକୁ ଋହୁଁଥିଲେ ପ୍ରିୟତମଙ୍କୁ ସମାଦର କରି ଖୋଜି ଆଣ।

ଦୀସନ୍ତୋ ଦିଟ୍‌ଠି-ସୁଓ ଚିନ୍ତିଜ୍ଜନ୍ତେଁ। ମଣ-ବଲ୍ଲହୋ ଅତ୍ତା।
ଉଲ୍ଲାବନ୍ତେଁ। ସୁଇ-ସୁହୋ ପିଓ ଜଣୋଣିଚ୍ଚରମଣିଜ୍ଜୋ ।୫୧।
(ଦୃଶ୍ୟମାନୋ ଦୃଷ୍ଟି-ସୁଖଶ୍ଚିନ୍ତ୍ୟମାନୋ ମନୋ-ବଲ୍ଲଭଃ ଶ୍ୱଶ୍ରୁ।
ଉଲ୍ଲପ୍ୟମାନଃ ଶ୍ରୁତି-ସୁଖଃ ପ୍ରିୟ ଜନୋ ନିତ୍ୟ-ରମଣୀୟଃ।)

ଆଗୋ ଶାଶୁ! ଦେଖିଲେ ଦୃଷ୍ଟି ସୁଖକର, ଚିନ୍ତା କଲେ ମନୋ-ବଲ୍ଲଭ ଓ କଥା କହିଲେ ଶ୍ରୁତି ସୁଖକର-ପ୍ରିୟଜନ ନିତ୍ୟ ମରଣୀୟ।

ବ୍ୟାଖ୍ୟା - ଶାଶୁ ପ୍ରତି ନାୟିକା ଉକ୍ତି-ପ୍ରିୟଜନ ଯେ ସର୍ବଦା ରମଣୀୟ, ଏକଥା ତୁମକୁ କ'ଣ ବୁଝାଇ କହିବି ? ଦେଖିଲେ ଆଖିର ସୁଖ, ରୂପ ଚିନ୍ତା କଲେ ମନମୋହକ, କଥା ଶୁଣିଲେ କର୍ଣ୍ଣର ପିପାସା ଶାନ୍ତ ହୁଏ, ମନ-ପ୍ରାଣ ଆନନ୍ଦରେ ଭରିଯାଏ। ସେଇ ମୋର ନିତ୍ୟ-ନୂତନ-ସୁନ୍ଦର ଭଳି ଆଉ ଜଣେ କାହାକୁ ଦେଖୁନାହିଁ।

ଠାଣ-ବ୍‌ଭଟ୍‌ଠା ପରିଗଲିଅ-ପୀଣଆ ଉଣ୍ଣଇଅ ପରିଚତ୍ତା।
ଅମ୍‌ହେ ଉଣ ଠେର-ପଓହର୍ ବ୍ୱ ଉଅରେ ଛିଅ ଣିସଣ୍ଣା ।୫୨।
(ସ୍ଥାନ-ଭ୍ରଷ୍ଟା ପରିଗଲିତ-ପୀନତ୍ୱା ଉନ୍ନତ୍ୟା ପରିତ୍ୟକ୍ତାଃ।
ବୟଂ ପୁନଃ ସ୍ଥାବିରା-ପୟୋଧରା ଇବୋଦର ଏବ ନିଷଣ୍ଣାଃ)

ସ୍ଥାନଚ୍ୟୁତ, ପୀନତ୍ୱବିହୀନ ଓ ଉନ୍ନତିରହିତ ବୃଦ୍ଧାର ସ୍ତନ ଭଳି ଆମେ ଉଦର ଉପରେ ହିଁ ପଡ଼ିରହିଛୁ।

ବ୍ୟାଖ୍ୟା - ବେଶ୍ୟାମାତା ପ୍ରତି ଭୂଜଙ୍ଗର ଉକ୍ତି- ସ୍ଥାନଚ୍ୟୁତ, କୃଶତାପ୍ରାପ୍ତ, ଉନ୍ନତିହୀନ, ନତମୁଖ ସ୍ଥବିରାର ସ୍ତନ ଭଳି ମୁଁ ଏବେ କେବଳ ଉଦର ପୋଷଣ ନିମନ୍ତେ କେତେ ଆଦର ମିଳୁଥିଲା; ଏବେ ଧନହୀନ ହେବାରୁ ଧିକ୍‌କାର ଶୁଣିବାକୁ ମିଳୁଛି। ହାତରେ ଧନ ହେଲେ ପୁଣି କଥାବାର୍ତ୍ତବା।

ପଚ୍ଚୂସାଗଅ ରଞ୍ଜିଅ-ଦେହ ପିଆଲୋଅ ଲୋଅଣାଣନ୍ଦ।
ଅଣ୍ଣତ୍ତ ଖବିଅ-ସବ୍‌ବରି ଣହ-ଭୂସଣ ଦିଣବଇ ଣମୋ ଦେ । ୫୩।
(ପ୍ରତ୍ୟୁଷାଗତ ରକ୍ତ-ଦେହ ପ୍ରିୟାଲୋକ ଲୋଚନାନନ୍ଦ।
ଅନ୍ୟତ୍ର-କ୍ଷପିତ-ଶର୍ବରୀକ ନଭୋଭୂଷଣ ଦିନ-ପତେ-ନମସ୍ତେ।

ତୁମେ ପ୍ରଭାତକାଳରେ ଆସ, ତୁମର ଶରୀର ରକ୍ତ-ବର୍ଣ୍ଣ, ତୁମେ ପ୍ରିୟଦର୍ଶନ ଓ ଲୋଚନାନନ୍ଦଦାୟକ, ତୁମେ ଅନ୍ୟତ୍ର ରାତ୍ରି କଟାଇଛ ଓ ତୁମେ ଆକାଶଭୂଷଣ, ହେ ସୂର୍ଯ୍ୟ, ତୁମକୁ ନମସ୍କାର।

ବ୍ୟାଖ୍ୟା - ନାୟକ ପ୍ରତି ସୂର୍ଯ୍ୟ-ନମସ୍କାର ଛଳରେ ଖଣ୍ଡିତାର ଆକ୍ଷେପୋକ୍ତି- ସାରା ରାତି କାହା ପୁରରେ କଟାଇ ସମଗ୍ର ଶରୀରରେ ନଖଚିହ୍ନର ଶୋଭା ଧାରଣ କରି ତୁମେ କାହିଁକି ଆଜି ପ୍ରଭାତରେ ମୋ କୁଟୀରରେ ଉଦୟ ହେଲ ? ଗତ-ରଜନୀର ପ୍ରିୟାକୁ ଛାଡ଼ି ଏ ଅଭାଗିନୀ ପୁରରେ ପଥ ଭୁଲି ସମ୍ଭବ ପାଦ ଦେଇଛ । ମୋର ନେତ୍ରାନନ୍ଦବର୍ଦ୍ଧନକାରୀ ହେଲେ ମଧ୍ୟ ତୁମେ ତ ନଭୋ-ଭୂଷଣ; ସୁଦୂର ଗଗନ-ମଣ୍ଡଳରେ ତୁମର ଅଧିଷ୍ଠାନ । ତୁମକୁ ନମସ୍କାର ।

ବିବରୀଅ-ସୁରଅ-ଲେହଲ ପୁଚ୍ଛସି ମହ କୀସ ଗବ୍‌ଭ-ସଂଭୂଇଂ ।
ଓଅତ୍ତେ କୁମ୍ଭ-ମୁହେ ଜଲ-ଲବ-କଣିଆ ବି କିଂ ଠାଇ । ୫୪ ।
(ବିପରୀତ-ସୁରତ-ଲମ୍ପଟ ପୃଚ୍ଛସି ମମ କିମିତି ଗର୍ଭ-ସଂଭୂତିମ୍ ।
ଅପବୃତ୍ତେ କୁମ୍ଭ-ମୁଖେ ଜଳ-ଲବ-କଣିକାପି କିଂ ତିଷ୍ଠତି ।)

ହେ ବିପରୀତ-ସୁରତ-ଲମ୍ପଟ, ମୋର ଗର୍ଭ ସମ୍ଭାବନା ବିଷୟରେ କାହିଁକି ପଚାରୁଛ ? କୁମ୍ଭର ମୁଖ ତଳକୁ ହେଲେ କ'ଣ ଜଳ କଣିକାଏ ମାତ୍ର ରହିପାରେ ?

ହେ ବିପରୀତ-ସୁରତ-ଲମ୍ପଟ, ମୋର ଗର୍ଭ ସମ୍ଭାବନା ବିଷୟରେ କାହିଁକି ପଚାରୁଛ ? କୁମ୍ଭର ମୁଖ ତଳକୁ ହେଲେ କ'ଣ ଜଳ କଣିକାଏ ମାତ୍ର ରହିପାରେ ?

ବ୍ୟାଖ୍ୟା - ନାୟକ ପ୍ରତି ନାୟିକା-ଉକ୍ତି- ହେ ପ୍ରତୀପ-ଲୀଳା-ଲୁବ୍‌ଧ ପ୍ରିୟତମ, ମୋର ଗର୍ଭୋଦୟ କଥା କାହିଁକି ପଚାରୁଛ ? କଳସ ଯଦି ଅଧୋମୁଖ ହୁଏ, ସେଥିରେ କ'ଣ ଜଳକଣା ରହିପାରେ ?

ଅଚ୍ଚାସଣ୍ଣେ-ବିବାହେ ସମଂ ଜସୋଆଇଂ ତରୁଣ-ଗୋବୀହିଂ ।
ବଡ୍‌ଢନ୍ତେ ମହୁମହଣେ ସଂବନ୍ଧା ଣିହ୍ନୁ ବିଜ୍ଜନ୍ତି । ୫୫ ।
(ଅତ୍ୟାସନ୍ନ-ବିବାହେ ସମଂ ଯଶୋଦୟା ତରୁଣ-ଗୋପୀଭିଃ ।
ବର୍ଦ୍ଧମାନେ ମଧୁମଥନେ ସଂବନ୍ଧା ନିହ୍ନୁୟନ୍ତେ ।)

ମଧୁସୂଦନଙ୍କ ବୟଃବୃଦ୍ଧି ହେବାରୁ ଯେତେବେଳେ ତାଙ୍କର ବିବାହ ସମୟ ପାଖେଇ ଆସିଲା, ସେତେବେଳେ ତରୁଣୀ ଗୋପୀମାନେ ଯଶୋଦାଙ୍କଠାରେ ସମ୍ବନ୍ଧ ଗୋପନ କରିବାକୁ ଲାଗିଲେ ।

ବ୍ୟାଖ୍ୟା - କୃଷ୍ଣଙ୍କର ବିବାହ-ବୟସ ହୋଇ ଆସିଲା । ପିତାମାତା ପୁତ୍ରର ବିବାହ ଆୟୋଜନରେ ଲାଗିଲେ । କିଶୋର କୃଷ୍ଣଙ୍କ ସହିତ ଯେଉଁ ତରୁଣୀ ଗୋପୀମାନେ ସମ୍ବନ୍ଧ ସ୍ଥାପନ କରିଥିଲେ, ସେମାନେ ମାତା ଯଶୋଦାଙ୍କ ନିକଟରେ ସେମାନଙ୍କର ସଂଯୋଗ ବିଷୟ ଲୁଚେଇବାକୁ ଚେଷ୍ଟା କଲେ । କୌଣସି ନାୟକାକୁ ପ୍ରେମ-ବ୍ୟାପାରରେ ସାବଧାନତା ଅବଲମ୍ବନ ପାଇଁ ଦୂତୀର ଉକ୍ତି ରୂପେ ଏ ଗାଥାକୁ ଗ୍ରହଣ କରାଯାଇପାରେ ।

ଜଂ ଜଂ ଆଲିହଇ ମଣୋ ଆସା-ବଟ୍‌ଟୀହିଁ ହିଅଅ-ଫଳଅମ୍ମି।
ତଂ ତଂ ବାଲୋ ବ୍ୱ ବିହୀ ଣିହୁଅଂ ହସିଉଣ ପମ୍ହୁସଇ । ୫୬ ।
(ଯଦ୍ୟଦାଲିଖତି ମନ ଆଶା-ବର୍ତିକାଭିର୍ହୃଦୟ-ଫଳକେ।
ତତ୍ତଦ୍‌ବାଳ ଇବ ବିଧିର୍ନିଭୃତଂ ହସିତ୍ୱା ପ୍ରୋଞ୍ଛତି।)

ମନ ଆଶା-ତୁଳିକାରେ ହୃଦୟ-ଫଳକରେ ଯାହା ଯାହା ଲେଖେ, ବିଧାତା ସଂଗୋପନରେ ବାଳକ ଭଳି ହସି ସେ ସମସ୍ତ ପୋଛିଦିଏ।

ବ୍ୟାଖ୍ୟା - ପ୍ରଣୟରେ ଭଗ୍ନ-ମନୋରଥା ନାୟିକାର ଉକ୍ତି-ମନ୍ଦ ବିଧିର ବାଳ ସ୍ୱଭାବ; ସେ କାହାର ମନୋବେଦନା ବୁଝେ ନାହିଁ। ତାର ଯାହା ଶୈଶବ ଖେଳା, ଅନ୍ୟ ପାଇଁ ତାହା କାଳ। ମନ ଆଶାର ବହୁବର୍ଣ୍ଣୀ ତୁଳିକାରେ ହୃଦୟପଟରେ କେତେ ଚିତ୍ର ଅଙ୍କନ କରେ, ତାହାକୁ ସଯତ୍ନରେ ଲାଳନ କରି ପ୍ରାପ୍ତି ନିମନ୍ତେ ଅପେକ୍ଷା କରି ରହେ। ବାଳକକୁ ମନା କଲେ ମଧ୍ୟ ସେ ଯେପରି ହସି ହସି ଗଢ଼ାଯାଇଥିବା ମୂର୍ତ୍ତିକୁ ଲୁଚାଇ ଲୁଚାଇ ଭାଙ୍ଗିଦିଏ, ବିଧାତା ପୁରୁଷ ସେଇପରି ବହୁ ଶ୍ରମପୂର୍ବକ ରଚିତ ଆଶାର ଚିତ୍ରଗୁଡିକୁ ହସି ହସି ନଷ୍ଟ କରିଦିଏ। ସଯତ୍ନ-ରଚିତ ଆଶା-ପ୍ରତିମାଗୁଡ଼ିକୁ ଭାଙ୍ଗିବାରେ ତାହାର କି ପୌରୁଷ ପ୍ରକାଶ ପାଏ କେ ଜାଣେ ?

ଅଣୁହୁତ୍ତୋ କର-ଫଂସୋ ସଅଲ-ଅଲା-ପୁଣ୍ଣେ ପୁଣ୍ଣେ-ଦିଅହମ୍ମି।
ବୀଆ-ସଙ୍ଗ-କିସଙ୍ଗଅ ଏହ୍ଣିଂ ତୁହ ବନ୍ଦିମୋ ଚଲଣେ । ୫୭ ।
(ଅନୁଭୂତଃ କର-ସ୍ପର୍ଶଃ ସକଳ-କଳା-ପୂର୍ଣ୍ଣ ପୂର୍ଣ୍ଣ-ଦିବସେ।
ଦ୍ୱିତୀୟା-ସଙ୍ଗ-କୃଶାଙ୍ଗ ଇଦାନୀଂ ତବ ବନ୍ଦାମହେ ଚରଣୌ।

ହେ ସକଳ କଳାପୂର୍ଣ୍ଣ ଚନ୍ଦ୍ର, ପୂର୍ଣ୍ଣିମା ଦିନ ତୁମର କରସ୍ପର୍ଶ ଅନୁଭୂତ ହୋଇଛି, ହେ ଦ୍ୱିତୀୟାର ସଙ୍ଗ ହେତୁ କୃଶ, ତୁମର ଚରଣ ବନ୍ଦନା କରୁଛୁ।

ବ୍ୟାଖ୍ୟା - ଚନ୍ଦ୍ରକୁ କହିବାଛଳରେ ନାୟକ ପ୍ରତି ଖଣ୍ଡିତାର ଉକ୍ତି - ବିବାହର ପୂଣ୍ୟ ଦିବସରେ ମୁଁ ତୁମର କରସ୍ପର୍ଶ ଲାଭ କରି ନିଜକୁ ଧନ୍ୟ ମନେ କରିଥିଲି। ତୁମେ ଯେତେବେଳେ ସକଳ କଳାରେ ପୂର୍ଣ୍ଣ ଥିଲ। ଆଜି ଦ୍ୱିତୀୟାର ସଙ୍ଗଲାଭ କରି ତୁମେ କଳା ହରାଇଛ ଓ ତୁମର ଅଙ୍ଗ କୃଶ ହୋଇଯାଇଛି। ଦ୍ୱିତୀୟା ତିଥିର ଚନ୍ଦ୍ରକୁ ଲୋକେ ନମସ୍କାର କରନ୍ତି; ମାତ୍ର ମୁଁ ତୁମର ଚରଣବନ୍ଦନା କରୁଛି ଏଇଥିପାଇଁ ଯେ ତୁମେ ଦୂରରେ ରୁହ।

ଦୂରନ୍ତରିଏ ବି ପିଏ କହ ବି ଣିଅତ୍ତାଇଁ ମଜ୍ଝ ଣଅଣାଇଁ।
ହିଅଅଂ ଉଣ ତେଣ ସମଂ ଅଜ୍ଜ ବି ଅଣିବାରିଅଂ ଭମଇ । ୫୮ ।
(ଦୂରାନ୍ତରିତେଽପି ପ୍ରିୟେ କଥମପି ନିବର୍ତତେ ମମ ନୟନେ।
ହୃଦୟଂ ପୁନସ୍ତେନ ସମଂ ଅଦ୍ୟାପି ଅନିବାରିତଂ ଭ୍ରମତି।)

ପ୍ରିୟତମ ଦୂରକୁ ଚାଲିଯିବା ପରେ ମୋର ନେତ୍ରକୁ କୌଣସି ପ୍ରକାରେ ଲେଉଟାଇ ଆଣିଲି; ମାତ୍ର ହୃଦୟ ଏବେ ମଧ୍ୟ ତାଙ୍କ ସଙ୍ଗେ ଅନିବାରିତ ଭାବରେ ବିଚରଣ କରୁଛି।

ବ୍ୟାଖ୍ୟା - ଦୂତୀ ପ୍ରତି ବିରହିଣୀ ନାୟିକାର ଉକ୍ତି - ପ୍ରିୟତମ ଦୃଷ୍ଟି ସୀମାର ବାହାରକୁ ଚାଲିଯବାକୁ ନେତ୍ର ସିନା ଅନୁସରଣ କରିବାରୁ ନିରସ୍ତ ହେଲା; ମାତ୍ର ମୋର ହୃଦୟ (ସୂକ୍ଷ୍ମ) ଏବେ ମଧ୍ୟ ତାଙ୍କ ପଛେ ପଛେ ଘୂରିବୁଲୁଛି। ତାହାକୁ ମୁଁ କିପରି ନିବାରଣ କରିବି? ତାତ୍ପର୍ଯ୍ୟ, ଦୃଷ୍ଟି ପହଞ୍ଚି ପାରୁନଥିବା ସ୍ଥାନରେ ହୃଦୟ ପହଞ୍ଚିପାରେ।

ତସ୍ସ କହା-କଣ୍ଟଇଏ ସଦ୍ଦାଅଣ୍ଣେଣ-ସମୋସରିଅ-କୋବେ।
ସମ୍ମୁହାଲୋଅଣ-କମ୍ପିରି ଉବଊଢ଼ା କିଂ ପବଜ୍ଜିହିସି । ୫୯ ।
(ତସ୍ୟ କଥା-କଣ୍ଟକିତେ ଶବ୍ଦାକର୍ଣନ-ସମପସୃତ-କୋପେ।
ସଂମୁଖାଲୋକନ-କମ୍ପନଶୀଳେ ଉପଗୂଢ଼ା କିଂ ପ୍ରପତ୍ସ୍ୟସେ।)

ତାଙ୍କ କଥା ପଡ଼ିଲାମାତ୍ରେ ତୁ କଣ୍ଟକିତ ହୋଇ ଉଠୁଛୁ, ଶବ୍ଦ ଶୁଣିଲାମାତ୍ରେ କୋପ ପରିହାର କରୁଛୁ ଓ ତାଙ୍କୁ ସମ୍ମୁଖରେ ଦେଖିଲେ କମ୍ପିଉଠୁଛୁ- ଆଲିଙ୍ଗିତ ହେଲେ ତୋର ଅବସ୍ଥା କ'ଣ ହେବ?

ବ୍ୟାଖ୍ୟା- ମାନ ଧାରଣରେ ଅସମର୍ଥା ପ୍ରଣୟମୟୀ ନାୟିକା ପ୍ରତି ଦୂତୀ ଉକ୍ତି- କେଉଁଠି ତାଙ୍କ ବିଷୟରେ ଆଲୋଚନା ହେଉଥିବା ଶୁଣିଲେ ତୋର ସାର ଅଙ୍ଗ ରୋମାଞ୍ଚିତ ହୋଇଉଠେ, ତାଙ୍କର ଶବ୍ଦ ଶୁଣିଲେ ତୋ ମନରୁ ସବୁ ରାଗ, ରୁଷା ଓ ବେଦନା ଦୂର ହୋଇଯାଏ। ସେ ଯେତେବେଳେ ସମ୍ମୁଖରେ ଆସି ଉଭା ହୁଅନ୍ତି ତୋର ତନୁ କମ୍ପି ଉଠେ; ପୁଣି ପ୍ରିୟ ଯେତେବେଳେ ତୋତେ ବାହୁପାଶରେ ବାନ୍ଧିବେ ସେତେବେଳେ ତୋର କି ଦଶା ହେବ?

ଭର-ଣମିଅ-ଣୀଲ-ସାହଗ୍ଗ-ଖଲିଅ-ଚଲଣଦ୍ଧ-ବିହୁଅ-ବକ୍ଖ-ଉଡ଼ା।
ତରୁ-ସିହରେଷୁ ବିହଙ୍ଗା କହ କହ ପି ଲହନ୍ତି ସଂଠାଣଂ । ୬୦ ।
(ଭର-ନମିତ-ନୀଳ-ଶାଖାଗ୍ର-ସ୍ଖଳିତ-ଚରଣାର୍ଧବିଧୂତ-ପକ୍ଷ-ପୁଟାଃ।
ତୁରୁ-ଶିଖରେଷୁ ବିହଙ୍ଗାଃ କଥଂ କଥମପି ଲଭନ୍ତେ ସଂସ୍ଥାନମ୍।

ବୋଝରେ ଝୁଲି ପଡ଼ିଥିବା ନୀଳଶାଖାର ଅଗ୍ରଭାଗରେ ଚରଣାର୍ଦ୍ଧ ସ୍ଖଳିତ ହେବାରୁ ପକ୍ଷପୁଟକୁ କମ୍ପିତ କରି ପକ୍ଷୀ ତରୁଶିଖର ଉପରେ କୌଣସି ପ୍ରକାରେ ତିଷ୍ଠି ରହୁଛି।

ବ୍ୟାଖ୍ୟା - ଅଭିସାର ରଚନା ପାଇଁ ତ୍ୱରାନ୍ୱିତ କରି ନାୟିକା ପ୍ରତି ଦୂତୀ ଉକ୍ତି- ସଂଧ୍ୟା ହେବାରୁ ବିହଙ୍ଗ ବୃକ୍ଷରେ ଆଶ୍ରୟ ନେବାକୁ ଯାଉଛି। ଶାଖା ଉପରେ

ବସିବାବେଳେ ବାର ବାର ତାର ପାଦ ଖସିଯାଉଛି, ତଥାପି ସେ ଡେଣା ଫଡ଼ଫଡ଼ କରି ତାହାକୁ ଜାବୁଡ଼ି ଧରି କୌଣସି ପ୍ରକାରେ ସ୍ଥାନ ପାଇଯାଉଛ।

ଅହର-ମହୁ-ପାଣ-ଧାରିଲ୍ଲିଆଇ ଜଂ ଚ ରମିଓ ସବିସେସଂ।
ଅସଇ ଅଲାଜ୍ଜିରି ବହୁ-ସିକ୍ଖିର ତ୍ତି ମା ଣାହ ମଣ୍ଣୁହିସି । ୬୧ ।
(ଅଧର-ମଧୂ-ପାନ-ଲାଳସୟା ଯଚ୍ଚ ରମିତୋଽସି ସବିଶେଷମ୍।
ଅସତୀ ଅଲଜ୍ଜାଶୀଳା ବହୁ-ଶିକ୍ଷିତେତି ମା ନାଥ ମଂସ୍ଥାଃ।)

ଅଧର ମଧୁପାନ ଲାଳସାରେ ଯେଉଁ ବିଶେଷ ରୀତିରେ ତୁମ ସହିତ ରମଣ କରିଛି, ହେ ନାଥ, ସେଥିପାଇଁ ମୋତେ ଅସତୀ, ଲଜ୍ଜାହୀନ ଓ ବହୁବିଧଶିକ୍ଷିତା ବୋଲି ଭାବ ନାହିଁ।

ବ୍ୟାଖ୍ୟା - ନାୟିକାର ରତିକଳାକୁଶଳତା ଲକ୍ଷ୍ୟ କରି ତାର ସ୍ୱଭାବ ଚରିତ୍ର ବିଷୟରେ ସନ୍ଦେହ କରୁଥିବା ନାୟକ ପ୍ରତି ନାୟିକା ଉକ୍ତି - ମୁଁ ଯେ ନାନା ଭାବେ ରମଣ କରିଛି ସେଥିରୁ ମନେକରନାହିଁ ଯେ ମୁଁ ଲଜ୍ଜାଶୀଳା ନୁହେଁ ଓ ବହୁ-ଶିକ୍ଷିତା ହୋଇଥିବାରୁ ଅସତୀ। ତୁମର ଅଧରାମୃତ ପାନ ଲାଳସାରେ କେବଳ ଚପଳତାବଶତଃ ମୁଁ ସେପରି କଳା-କୌଶଳ ପ୍ରଦର୍ଶନ କରିଛି।

ଖାଣେଣ ଅ ପାଣେଣ ଅ ତହ ଗହିଓ ମଣ୍ଡଲୋ ଅଡ଼ଅଣାଏ।
ଜହ ଜାରଂ ଅହିଣନ୍ଦଇ ଭୁକ୍କଇ ଘର-ସାମିଏ ଏନ୍ତେ । ୬୨ ।
(ଖାଦନେନ ଚ ପାନେନ ଚ ତଥା ଗୃହୀତୋ ମଣ୍ଡଳୋଽସତ୍ୟା।
ଯଥା ଜାରମଭିନନ୍ଦତି ଭୁକ୍କତି ଗୃହସ୍ୱାମିନ୍ୟେତି।)

ଅସତୀ ଆହାର ଓ ପାନ ଦ୍ୱାରା କୁକୁରକୁ ଏପରି ବଶୀଭୂତ କରି ରଖିଛୁ ଯେ ସେ ଜାରକୁ ଅଭିନନ୍ଦନ କରେ ଓ ଗୃହସ୍ୱାମୀକୁ ଆସିବା ଦେଖି ଭୁକିଉଠେ।

ବ୍ୟାଖ୍ୟା - ଅସତୀ ପକ୍ଷରେ କିଛି ଅସାଧ ନୁହେଁ - ଏ ବିଷୟରେ କାହାର ଉକ୍ତି - ଘର କୁକୁରକୁ ସେ ଖୁଆଇ ପିଆଇ ଏପରି ପୋଷ ମନାଇ ରଖିଛି ଯେ ଜାରକୁ ଆସିବା ଦେଖିଲେ ସେ ଗାତ୍ରଲେହନ କରି ଅଭିନନ୍ଦନ ଜଣାଏ ଓ ଘର ମାଲିକକୁ ଦେଖିଲେ ଭୁକି ଉଠେ।

କଣ୍ଡନ୍ତେଣ ଅକଣ୍ଡଂ ପଲ୍ଲୀ-ମଜ୍ଝମ୍ମି ବିଅଡ଼-କୋଅଣ୍ଡଂ।
ପଇ-ମରଣାହିଁ ବି ଅହିଅଂ ବାହେଣ ରୁଆବିଆ ଅତ୍ତା । ୬୩ ।
(କଣ୍ଡୂୟତା ଅକାଣ୍ଡେ ପଲ୍ଲୀ-ମଧ୍ୟେ ବିକଟ-କୋଦଣ୍ଡମ୍।
ପତି-ମରଣାଦପ୍ୟଧିକଂ ବ୍ୟାଧେନ ରୋଦିତା ଶ୍ୱଶ୍ରୂଃ।)

ବ୍ୟାଧ ପଲ୍ଲୀ ମଧ୍ୟରେ ବିଶାଳ ଧନୁକୁ ପିତଳା କରି ଶାଶୁକୁ ପତି ମରଣ ଅପେକ୍ଷା ମଧ୍ୟ ଅଧିକ କନ୍ଦାଇଲା।

ବ୍ୟାଖ୍ୟା - ଜାମାତାକୁ ହୀନବଳ ଦେଖି ଦୁହିତାର ଭବିଷ୍ୟତ ବିଷୟରେ ଶୋକାକୁଳା ଜନନୀର ମନୋବସ୍ଥା ସମ୍ବନ୍ଧରେ କାହାରି ଉକ୍ତି- ଜାମାତା ବ୍ୟାଧଯୁବା ଏବେ ଅନ୍ୟ ନାରୀ-ସଂସର୍ଗ ହେତୁ ହୀନବଳ ହୋଇଯାଇଛି। ତେଣୁ ଓଜନିଆ ଧନୁକୁ ବହି ନପାରି ପତ୍ନୀ ଦାଣ୍ଡରେ ତାହାକୁ ଚାଞ୍ଚି ହାଲୁକା କରୁଛି। ଏ ଦୃଶ୍ୟ ଦେଖି ତାର ଶାଶୁର ମୁଣ୍ଡ ଲଜ୍ଜାରେ ତଳକୁ ନଇଁଯାଉଛି। ଏଇ ବିଶାଳ ଧନୁକୁ ଦିନେ ତାର ସ୍ୱାମୀ ବହନ କରୁଥିଲା। ତାଙ୍କରି ଜାମାତା ହୋଇ ଏପରି ନିର୍ଲଜ୍ଜ କାଣ୍ଡ କରୁଥିବା ଦେଖି କେଉଁ ଶାଶୁର ଛାତି ଫାଟି ନ ଯିବ? ଏଡ଼େ ବଳଶାଳୀ ଜାମାତା ପାଇଥିବାରୁ ଦୁହିତାର ଭବିଷ୍ୟତ ବିଷୟରେ ସେ ନିଶ୍ଚିନ୍ତ ଥିଲା। ମାତ୍ର ଆଜି ଜାମାଜାର କର୍ମ ଦେଖି ସେ ପତି ମରଣ ଅପେକ୍ଷା ଶତଗୁଣ ବେଦନା ଅନୁଭବ କଲା।

ଅମ୍ହେ ଉଜ୍ଜୁଅ-ସୀଲା ପିଓ ବି ପିଅ-ସହି ବିଆର-ପରିଓସୋ।
ଣ ହୁ ଅଣ୍ଣୋ କା ବି ଗଈ ବାହୋହା କହଁ ପୁସିଜ୍ଜନ୍ତୁ। ୬୪।
(ବୟଂ ରଜୁକ-ଶୀଳାଃ ପ୍ରିୟୋଽପି ପ୍ରିୟ-ସଖି ବିକାର-ପରିତୋଷଃ।
ନ ଖଲ୍ୱନ୍ୟା କାପି ଗତିର୍ବାଷ୍ପୌଘାଃ କଥଂ ପ୍ରୋଞ୍ଛ୍ୟନ୍ତାମ୍।)

ଗୋ ପ୍ରିୟ ସଖୀ, ଆମେ ସରଳାବାଳା, ପ୍ରିୟ ମଧ୍ୟ ହାବଭାବାଦି ବିକାରରେ ପ୍ରସନ୍ନ ହୁଅନ୍ତି। ଅନ୍ୟ କୌଣସି ଉପାୟ ନାହିଁ, ଅଶ୍ରୁ-ପ୍ରବାହ କିପରି ପୋଛିବୁ?

ବ୍ୟାଖ୍ୟା - ବିଭ୍ରମପ୍ରିୟ ପ୍ରିୟତମଙ୍କୁ ସନ୍ତୁଷ୍ଟ କରିପାରୁ ନଥିବାରୁ ରୋଦନଶୀଳା ନାୟିକାକୁ ରୋଦନର କାରଣ ପ୍ରଶ୍ନ କରିବାରୁ ସଖୀ ପ୍ରତି ନାୟିକା ଉକ୍ତି - ସଖି, ମୁଁ ରଜୁସ୍ୱଭାବବିଶିଷ୍ଟା ବାଳା, ଛଳନା କ'ଣ ଜାଣେ ନାହିଁ; ମାତ୍ର ମୋର ବିଭ୍ରମପ୍ରିୟ ପ୍ରିୟତମ ବିଳାସ-କଳା-କୁତୁହଳିନୀମାନଙ୍କର ହାବଭାବାଦି ବିକାର ମୋଠାରୁ ପ୍ରତ୍ୟାଶା କରନ୍ତି। ଏହା ମୋ ପକ୍ଷରେ ବିଷମ ସମସ୍ୟା ହୋଇଛି। ନୟନର ଜଳ ଝରାଇବା ଛଡ଼ା ଅନ୍ୟ କୌଣସି ଉପାୟ ଦେଖୁ ନାହିଁ। ମରମର କଥା ତୋତେ କହୁଛି। କିପରି ତାଙ୍କୁ ପ୍ରସନ୍ନ କରିବି ଉପାୟ କହିଦିଅ।

ଧବଲୋ ସି ଜି ବି ସୁନ୍ଦର ତହ ବି ତୁଏ ମଜ୍ଝ ରଞ୍ଜିଅଂ ହିଅଅଂ।
ରାଅ-ଭରିଏ ବି ହିଅଏ ସୁହଅ ଣିହିତ୍ତୋ ଣ ରତ୍ତୋ ସି। ୬୫।
(ଧବଲୋଽସି ଯଦ୍ୟପି ସୁନ୍ଦର ତଥାପି ତ୍ୱୟା ମମ ରଂଜିତଂ ହୃଦୟମ୍।
ରାଗ-ଭୃତେଽପି ହୃଦୟେ ସୁଭଗ ନିହିତୋ ନ ରକ୍ତୋଽସି।)

ହେ ସୁନ୍ଦର, ତୁମେ ଯଦ୍ୟପି ଧବଳ ଅଟ ତଥାପି ତୁମେ ମୋର ହୃଦୟକୁ ରାଗରଂଜିତ କରିଦେଇଛ ଓ ହେ ସୁଭଗ, ମୋର ରାଗପୂର୍ଣ୍ଣ ହୃଦୟରେ ରହି ମଧ୍ୟ ତୁମେ ରଂଜିତ ହେଉନାହଁ।

ବ୍ୟାଖ୍ୟା - ନାୟକ ପ୍ରତି ନାୟିକାର ଉପାଲମ୍ଭ ବଚନ- ତୁମେ ଗୌରବର୍ଣ ହୋଇ ମଧ୍ୟ ମୋର ହୃଦୟକୁ ଅନୁରାଗ ବର୍ଣରେ (ଅନୁରାଗର ବର୍ଣ ଲାଲ) ରଂଜିତ କରିଦେଇଛ। ସେହି ରାଗରଂଜିତ ହୃଦୟରେ ମୁଁ ତୁମକୁ ସ୍ଥାନ ଦେଇଛି। ତଥାପି ହେ ସୌଭାଗ୍ୟଦୃପ୍ତ ପ୍ରିୟତମ, ତୁମେ ମୋ ପ୍ରତି ଅନୁରକ୍ତ ହେଉନାହଁ। ନାୟିକାର ତାତ୍ପର୍ଯ୍ୟ, ମୋର ଅନୁରାଗଭରା ହୃଦୟରେ ରହି ମଧ୍ୟ ତୁମର ମୋ ପ୍ରତି ଅନୁରାଗ ଜାତ ହେଉନାହିଁ।

ଚଞ୍ଚୁ-ପୁଡ଼ାହଅ-ବିଅଲିଅ-ସହଆର-ରସେଣ ସିତ୍ତ-ଦେହସ୍ସ।
କୀରସ୍ସ ମଗ୍ଗ-ଲଗ୍ଗଂ ଗନ୍ଧନ୍ଧଂ ଭମଇ ଭମର-ଉଲଂ। ୬୬।
(ଚଂଚୂ-ପୁଟାହତ-ବିଗଳିତ-ସହକାର-ରସେନ ସିକ୍ତ-ଦେହସ୍ୟ।
କୀରସ୍ୟ ମାର୍ଗ- ଲଗ୍ନଂ ଗନ୍ଧାନ୍ଧଂ ଭ୍ରମତି ଭ୍ରମର-କୁଳମ୍।)

ଚଂଚୂପୁଟ ଆଘାତରେ ବିଗଳିତ ଆମ୍ରରସରେ ସିକ୍ତଦେହ ଶୁକପକ୍ଷୀର ମାର୍ଗରେ ଲାଗି ଗନ୍ଧାନ୍ଧ ଭ୍ରମରକୁଳ ଉଡ଼ି ବୁଲୁଛନ୍ତି।

ବ୍ୟାଖ୍ୟା - ଅନ୍ୟାପଦେଶରେ ନାୟକ ପ୍ରତି ନାୟିକା ଉକ୍ତି - ଗନ୍ଧପାଗଳ ଭ୍ରମର ଦଳ ଶୁକପକ୍ଷୀମାନଙ୍କ ପଛେ ପଛେ ଧାଉଁଛନ୍ତି। କାରଣ ଚଂଚୂପୁଟର ଆଘାତରେ ଆମ୍ରରସ ଧାରା ଝରି ସେମାନଙ୍କ ଦେହ ସିକ୍ତ ହୋଇଯାଇଛି। ଶୁକ ଦେହର ସୁରଭି ଆଘ୍ରାଣ କରି ଭ୍ରମର କୁଳ ଉନ୍ମତ୍ତ ହେଲେ ମଧ୍ୟ ସେମାନେ ଭ୍ରାନ୍ତ। କାରଣ ତାହା ଶୁକ ଦେହର ସୁରଭି ନୁହେଁ, ସହକାର-ରସର ସୁରଭି। ନାୟିକାର ତାତ୍ପର୍ଯ୍ୟ, ଚାକଚକ୍ୟଭରା ଅନ୍ୟ ନାୟିକା ପ୍ରତି ଲୋଭାସକ୍ତ ନ ହୋଇ ମୋ ଭଳି ଗୁଣଶାଳିନୀର ପ୍ରଣୟରେ ଆବଦ୍ଧ ହୁଏ।

ଏତ୍ଥ ଣିମଜ୍ଜଇ ଅତ୍ତା ଏତ୍ଥ ଅହଂ ଏତ୍ଥ ପରିଅଣୋ ସଅଲୋ।
ପନ୍ଥିଅ ରତ୍ତୀ-ଅନ୍ଧଅ ମା ମିଁ ସଅଣେ ଣିମଜ୍ଜହିସି।। ୬୭।
(ଅତ୍ର ନିମଜ୍ଜିତ ଶ୍ୱଶ୍ରୂରତ୍ରାହମନ୍ତ୍ର ପରିଜନଃ ସକଳଃ।
ପଥିକ ରାତ୍ର୍ୟନ୍ଧକ ମା ମମ ଶୟନେ ନିମଙ୍କ୍ଷ୍ୟସି।)

ଏଠାରେ ଶାଶୁ ଗଭୀର ନିଦରେ ଶୁଅନ୍ତି, ଏଠାରେ ମୁଁ ଓ ଏଠାରେ ପରିଜନବର୍ଗ ଶୁଅନ୍ତି; ରେ ଅନ୍ଧାରକଣା ପଥିକ, ତୁ ଯେପରି ମୋ ଶଯ୍ୟାରେ ଆସି ନ ପଡୁ।

ବ୍ୟାଖ୍ୟା - ପଥିକକୁ ନିଜର ଶଯ୍ୟାକୁ ନିମନ୍ତ୍ରଣ କରି ପ୍ରୋଷିତପତିକାର ଉକ୍ତି- ପଥିକ, ଗଭୀର ନିଦ୍ରାରେ ଅଚେତନ ହୋଇ ମୋର ବୃଦ୍ଧା ଶାଶୁ ଏଇଠାରେ ଶୁଅନ୍ତି, ପରିଜମାନେ ଏଇଠି ଏକତ୍ର ଶୟନ କରନ୍ତି, ଏଇ ସ୍ଥାନରେ ମୁଁ ଶୁଏ; ମୋର କେବଳ ଭୟ, ତୁମେ ଅନ୍ଧାରକଣା; ତେଣୁ କାଳେ ମୋ ବିଛଣାରେ ଆସି ପଡ଼ିଯିବ। ନାୟିକାର

ଏଇ ଉକ୍ତିରେ ନିଷେଧ ମୁଖରେ ପଥିକକୁ ଶଯ୍ୟାକୁ ନିମନ୍ତ୍ରଣ ସୂଚିତ ହେଉଛି । ଏହାଦ୍ୱାରା ରହସ୍ୟ ଭେଦ ହେଉ ନାହିଁ ଓ ପଥିକ ମଧ୍ୟ ନାୟିକାର ମର୍ମାଭିଳାଷ ବୁଝିପାରୁଛି ।

ପରିଓସ-ସୁନ୍ଦରାଇଂ ସୁରଏସୁ ଲହନ୍ତି ଜାଇଁ ସୋକ୍‌ଖାଇଂ ।
ତାଇଂ ଚ୍ଚିଅ ଉଣ ବିରହେ ଖାଉଗ୍‌ଗଣ୍ଣାଇଁ କୀରନ୍ତି । ୬୮ ।
(ପରିତୋଷ-ସୁନ୍ଦରାଣି ସୁରତେଷୁ ଲଭନ୍ତେ ଯାନି ସୌଖ୍ୟାନି ।
ତାନ୍ୟେବ ପୁନର୍ବିରହେ ଖାଦିତୋଦ୍‌ଗୀର୍ଣାନି କୁର୍ବନ୍ତି ।)

ନାରୀମାନେ ସୁରତରେ ଯେଉଁ ସବୁ ପରିତୋଷ-ସୁନ୍ଦର ସୁଖାନୁଭୂତି ଲାଭ କରିଥାନ୍ତି ସେ ସବୁକୁ ପୁଣି ବିରହରେ ଖାଇ ଉଦ୍‌ଗୀର୍ଣ କରିଥାନ୍ତି ।

ବ୍ୟାଖ୍ୟା- ସଖୀ ପ୍ରତି ବିରହିଣୀ ନାୟିକାର ଉକ୍ତି - ସଖି, ସମାଗମକାଳ ଅଯେ ସୁଖର ସମୟ, ବିଦାୟ-ଲୋତକ ଆହା କି ବିଷାଦମୟ ! ନାରୀ ଭାଗ୍ୟରେ ଭୋଗନିଶି ଯେତେ ସୁଖରାଶି ବହିଆଣେ, ବିଚ୍ଛେଦକାଳରେ ସେଇ ସୁଖ-ଭୋଗ ତାହାର ମନରେ ଗଭୀର ରେଖା ଅଙ୍କନ କରେ । କାରଣ ସୁରତପ୍ରସଙ୍ଗର ପରିତୋଷ-ସୁନ୍ଦର ସୁଖଦ ଅନୁଭୂତିସକଳ ବିରହରେ ତାହାକୁ ଦୁଃଖ ରୂପରେ ପରିଣତ ହେବା ଭଳି ପ୍ରତୀତ ହୋଇଥାଏ ।

ମଗ୍‌ଗଂ ଚ୍ଚିଅ ଅଲହନ୍ତୋ ହାରୋ ପୀଣୁଣ୍ଣଆଣଁ ଥଣଆଣଂ ।
ଉବ୍‌ବିଗ୍‌ଗୋ ଭମଇ ଉରେ ଜମୁଣା-ଣଇ-ଫେଣ-ପୁଞ୍ଜୋ ବ୍ୱ ।୬୯।
(ମାର୍ଗମିବାଲଭମାନୋ ହାରଃ ପୀନୋନ୍ନତୟୋଃ ସ୍ତନୟୋଃ ।
ଉଦ୍‌ବିଗ୍ନୋ ଭ୍ରମତ୍ୟୁରସି ଯମୁନା-ନଦୀ-ଫେନ-ପୁଞ୍ଜ ଇବା ।)

ପୀନ ଓ ଉନ୍ନତ ସ୍ତନଦ୍ୱୟ ମଧ୍ୟରେ ସତେକି ମାର୍ଗ ନ ପାଇବା ହେତୁ ହାର ଯମୁନା ନଦୀର ଫେନପୁଂଜ ଭଳି ବକ୍ଷ ଉପରେ ବ୍ୟାକୁଳ ହୋଇ ବୁଲୁଛି ।

ବ୍ୟାଖ୍ୟା - ନାୟିକା ବକ୍ଷରେ ଲମ୍ବିତ ହାରଲତାର ଆନ୍ଦୋଳନ-ଶୋଭା ସନ୍ଦର୍ଶନ କରି ସାଭିଳାଷା ନାୟକର ଉକ୍ତି - ଗତି କଲାବେଳେ ତୁମର ପୀନୋନ୍ନତ ପୟୋଧରରେ ମୁକ୍ତାହୋଇ ଆନ୍ଦୋଳିତ ହେଉଛି । ମନେହେଉଛି, ପୃଥୁଳ ଓ ଉତ୍ତୁଙ୍ଗ ସ୍ତନ ମଧ୍ୟରେ ପଥ ନ ପାଇ ତାହା ଯମୁନା ବକ୍ଷରେ ଫେନପୁଞ୍ଜ ଭଳି ଏପାଖ ସେପାଖ ହଲିଲାଗିଛି । ନାୟକର ତାତ୍ପର୍ଯ୍ୟ, ତୁମର ସ୍ତନମଣ୍ଡଳ ମଧ୍ୟରେ ମୋର ମନ ସେହିପରି ଆକୁଳ ବିକଳ ହୋଇ ଭ୍ରମି ଲାଗିଛି ।

ଏକ୍‌କେଣ ବି ବଡ଼-ବୀଅଙ୍କୁରେଣ ସଅଲ-ବଣ-ରାଇ ମଜ୍‌ଝମ୍ମି ।
ତହ ତେଣ କଓ ଅପ୍‌ପା ଜହ ସେସ-ଦୁମା ତଲେ ତସ୍‌ସ । ୭୦ ।
(ଏକେନାପି ବଟ-ବୀଜାଙ୍କୁରେଣ ସକଳ-ବନ-ରାଜି-ମଧ୍ୟେ ।
ତଥା ତେନ କୃତ ଆତ୍ମା ଯଥା ଶେଷ-ଦ୍ରୁମାସ୍ତଳେ ତସ୍ୟ ।)

ଗୋଟିଏ ବଟ-ବୀଜର ଅଙ୍କୁର ସମଗ୍ର ବନମଧ୍ୟରେ ନିଜକୁ ଏପରି କରିସାରିଛି ଯେ ଅବଶିଷ୍ଟ ଦ୍ରୁମ ତାହାର ତଳେ ପଡ଼ି ରହିଗଲେ।

ବ୍ୟାଖ୍ୟା - ଅଳ୍ପକାଳ ମଧ୍ୟରେ ନିଜର ପ୍ରଭୁତ୍ୱ ବିସ୍ତାର କରି ଅନ୍ୟମାନଙ୍କୁ ଅଧସ୍ତନ କରି ରଖିଥିବା ବ୍ୟକ୍ତି ସମ୍ବନ୍ଧରେ କାହାରି ଅନ୍ୟାପଦେଶରେ ଉକ୍ତି- ଗହନ ବନ ମଧ୍ୟରେ ଗୋଟିଏ ମାତ୍ର ବଟ-ବୀଜାଙ୍କୁର ଏପରି କାୟା ବିସ୍ତାର କରିଲାଗିଛି ଯେ ଅନ୍ୟ ବୃକ୍ଷମାନେ ତାର ପାଦ ତଳେ ପଡ଼ିରହିଛନ୍ତି। ପ୍ରତାପୀ ବ୍ୟକ୍ତି ପକ୍ଷରେ, ନଜର ବଳ ପ୍ରତାପରେ ସେ ଅନ୍ୟ ସମସ୍ତଙ୍କୁ ଖର୍ବ କରିଦେଇଛି।

ଜେ ଜେ ଗୁଣିନୋ ଜେ ଜେ ଅ ଚ୍ଚଇଣୋ ଜେ ବିଡ଼ଡଢ-ବିଣ୍ଣାଣା।
ଦାରିଦ୍ଦରେ ବିଅକ୍‌ଖଣ ତାଣଁ ତୁମଂ ସାଣୁରାଓ ସି । ୭୧ ।
(ଯେ ଯେ ଗୁଣିନୋ ଯେ ଯେ ଚ ତ୍ୟାଗିନୋ ଯେ ବିଦଗ୍ଧ-ବିଜ୍ଞାନାଃ।
ଦାରିଦ୍ର୍ୟରେ ବିଚକ୍ଷଣ ତେଷାଂ ତ୍ୱଂ ସାନୁରାଗମସି।)

ଯେଉଁ ଯେଉଁମାନେ ଗୁଣୀ, ଯେଉଁ ଯେଉଁମାନେ ତ୍ୟାଗୀ ଓ ଯେଉଁମାନେ ବିଜ୍ଞାନନିପୁଣ, ଆରେ ବିଚକ୍ଷଣ ଦାରିଦ୍ର୍ୟ, ସେମାନଙ୍କ ପ୍ରତି ତୋର ଅନୁରାଗ।

ବ୍ୟାଖ୍ୟା - ଗୁଣୀ, ଦାତା, ନିପୁଣ ଓ ବିଜ୍ଞାନମନା ବ୍ୟକ୍ତିମାନେ ଏ ସଂସାରରେ ଦରିଦ୍ର ହୁଅନ୍ତି, ଏଥିପାଇଁ ଦାରିଦ୍ର୍ୟ ପ୍ରତି କାହାରି ଉପାଳମ୍ଭ ବଚନ।

ଜଇ କୋଉଓ ସି ସୁନ୍ଦର ସଅଲ-ତିହୀ-ଚନ୍ଦ-ଦଂସଣ-ସୁହାଣଂ।
ତା ମସିଣଂ ମୋଇଜ୍ଜନ୍ତ-କଞ୍ଚୁଅଂ ପେକ୍‌ଖସୁ ମୁହଂ ସେ । ୭୨।
(ଯଦି କୌତୁକିକୋଽସି ସୁନ୍ଦର ସକଳ-ତିଥି-ଚନ୍ଦ୍ର-ଦର୍ଶନ-ସୁଖାନାମ୍।
ତନ୍ମସୃଣଂ ମୋଚ୍ୟମାନ-କଞ୍ଚୁକଂ ପ୍ରେକ୍ଷସ୍ୱ ମୁଖଂ ତସ୍ୟାଃ।)

ହେ ସୁନ୍ଦର, ଯଦି ସକଳ ତିଥିର ଚନ୍ଦ୍ର ଦର୍ଶନଜନିତ ସୁଖରେ ତୁମର କୌତୂହଳ ଥାଏ, ତେବେ ଧୀରେ ଧୀରେ କଞ୍ଚୁକ ମୋଚନ ବେଳେ ତାହାର ମୁଖକୁ ଦେଖ।

ବ୍ୟାଖ୍ୟା- ନାୟକ ପ୍ରତି ଦୂତୀ ଉକ୍ତି -ତୁମ ମନରେ ଯଦି ସକଳ ତିଥିର ଚନ୍ଦ୍ର (ପୂର୍ଣ୍ଣିମା ଚନ୍ଦ୍ର) ଦେଖିବାର ଅଭିଳାଷ ଥାଏ, ବରନାଗରୀ ଯେତେବେଳେ କଞ୍ଚୁକ-ମୁକ୍ତା ହୁଏ ସେତେକିବେଳର ମୁଖଶୋଭା ନିରୀକ୍ଷଣ କର। ଚନ୍ଦ୍ରୋଦୟ ଶୋଭା ଦେଖି ନ ଥିଲେ କଞ୍ଚୁକର ବନ୍ଧନ ଖୋଲୁଥିବା ନାୟିକାର ମୁଖଚନ୍ଦ୍ରର ଶୋଭା ଦେଖି ତୁମର ଆନନ୍ଦବିଷୟକ କୌତୂହଳ ଦୂର ହେଉ। ବସନ-ବିନିର୍ମୁକ୍ତା ତାହାର ଅଙ୍ଗେ ଅଙ୍ଗେ ଚନ୍ଦ୍ରକଳାର ଉଜ୍ଜ୍ୱଳ ଶୋଭା ଦେଖିବାକୁ ପାଇବ। ପୂର୍ଣ୍ଣିମା ଚନ୍ଦ୍ରର ଉଦୟ କାଳରେ ତାହାର ପ୍ରତ୍ୟେକ ଭାଗ ଧୀରେ ଧୀରେ ସ୍ପଷ୍ଟତର ହୋଇଉଠେ ଓ ସେଥି ସଙ୍ଗେ ମନର ଆନନ୍ଦ ବୃଦ୍ଧିପାଏ। ବିବସନା ନାରୀ ପୂର୍ଣ୍ଣିମା ଚନ୍ଦ୍ରର ଉଦୟ ଭଳି ଶନୈଃ ଶନୈଃ ନୟନାନନ୍ଦ ଦାନ କରେ।

୩୫୬ | ଡକ୍ଟର ବୈରାଗୀଚରଣ ଜେନା

ସମ-ବିସମ-ଣିବ୍‌ବିସେସା ସମସ୍ତ ଓ ମନ୍ଦ-ମନ୍ଦ-ସଂଆରା।
ଅଇରା ହୋହିନ୍ତି ପହା ମଣୋରହାଣଂ ପି ଦୁଲ୍ଲଙ୍‌ଘା । ୭୩।
(ସମ-ବିଷମ-ନିର୍ବିଶେଷାଃ ସମନ୍ତ ତୋ ମନ୍ଦ-ମନ୍ଦ-ସଞ୍ଚାରାଃ।
ଅଚିରାଦ୍‌ଭବିଷ୍ୟନ୍ତି ପନ୍ଥାନୋ ମନୋରଥାନାମପି ଦୁର୍ଲଘ୍ୟାଃ।)

ଅଳ୍ପଦିନ ମଧ୍ୟରେ ଘରିଆଡ଼େ ସମତଳ ଓ ବିଷୟ ମଧ୍ୟରେ କୌଣସି ଅନ୍ତର ରହିବ ନାହିଁ, ଯିବାଆସିବା ଧୀରେ ଧୀରେ ହେବ; ଏପରିକି ସେହି ପଥରେ ମନୋରଥ ମଧ୍ୟ ଦୁର୍ଲଙ୍ଘ୍ୟ ହୋଇଯିବ।

ବ୍ୟାଖ୍ୟା - ବିରହିଣୀ ନାୟିକାର ସାନ୍ତ୍ୱନାଦାୟିନୀ ସଖୀ ପ୍ରତି ଉକ୍ତି - ଗ୍ରୀଷ୍ମକାଳ ଆସି ଶେଟ ହେଲା, ପ୍ରିୟ ପ୍ରବାସରୁ ଲେଉଟିଲେ ନାହିଁ। ଅଚିରେ ପଥର ଅବସ୍ଥା ଏପରି ହେବ ଯେ ସମ ବିଷମ ପଥ ଏକାକାର ହୋଇ ପାଣିରେ ବୁଡ଼ିଯିବ। ଗମନାଗମନ ମଧ୍ୟ ବନ୍ଦ ହୋଇଯିବ। ସେତେବେଳେ ମନୋରଥ ମଧ୍ୟ ସେଠାରେ ଚଳିବ ନାହିଁ। ବର୍ଷାକାଳରେ ପ୍ରିୟଙ୍କର ଗୃହ-ପ୍ରତ୍ୟାବର୍ତ୍ତନ ସମ୍ଭବ ହେବ କି?

ଅଇ-ଦୀହରାଇଁ ବହୁଏ ସୀସେ ଦୀସନ୍ତି ବଂସ-ବତ୍ତାଇଂ।
ଭଣିଏ ଭଣାମି ଅତ୍ତା ତୁମ୍‌ହାଣଁ ବି ପଣ୍ଡୁରା ପୁଟ୍‌ଠୀ । ୭୪ ।
(ଅତି-ଦୀର୍ଘାଣି ବଧ୍ୱାଃ ଶୀର୍ଷେ ଦୃଶ୍ୟନ୍ତେ ବଂଶ-ପତ୍ରାଣି।
ଭଣିତେ ଭଣାମି ଶ୍ୱଶ୍ରୁ ଯୁସ୍ମାକମପି ପାଣ୍ଡୁରଂ ପୃଷ୍ଠମ୍।)

ବହୂର ମୁଣ୍ଡ ଉପରେ ଅତି ଲମ୍ବ ବାଉଁଶ ପତ୍ର ଦେଖିବାକୁ ମିଳୁଛି କହିଲେ ମୁଁ କହିବି, ଶାଶୁ, ତୁମ ପିଠି ମଧ୍ୟ ପାଣ୍ଡୁର ହୋଇଛି।

ବ୍ୟାଖ୍ୟା - ଗ୍ରାମ୍ୟ ଜୀବନରେ ଶାଶୁ ବୋହୂ ପରସ୍ପରର ଚରିତ୍ରରେ କିପରି କଳଙ୍କ ଲେପନ କରନ୍ତି ତାହାର ଏକ ଦୃଷ୍ଟାନ୍ତ-ବହୂ ଶାଶୁକୁ ଉତ୍ତର ଦେଉଛି - ମୋ ମୁଣ୍ଡ ଉପରେ ବାଉଁଶ ପତ୍ର ଲାଗିଛି ବୋଲି ତୁମେ ମୋତେ ଥଟ୍ଟା କରୁଛ। ତୁମେ କେଉଁ ସତୀ କି? ତୁମର ପୃଷ୍ଠଦେଶ ତ ଧୂଳି-ପାଣ୍ଡୁର। ବଂଶବନରେ ମୋର ଶୀଳଖଣ୍ଡନ ହୋଇଥିଲେ କେଉଁ ଧୂଳି-ମଳିନ ସ୍ଥାନ ତୁମର ମିଳନ ସ୍ଥଳ ହୋଇଥିବ।

ଅତ୍‌ଥକ୍‌କ-ରୂସଣଂ ଖଣ-ପସିଜ୍ଜଣଂ ଅଲିଅ-ବଅଣ-ଣିବ୍‌ବନ୍ଧୋ।
ଉମ୍ମଚ୍ଛଇ-ସଂତାବୋ ପୁତ୍ତଅ ପଅବୀ ସିଣେହସ୍‌ସ । ୭୫ ।
(ଆକସ୍ମିକ-ରୋଷକରଣଂ କ୍ଷଣ-ପ୍ରସାଦନଂ ଅଲୀକ-ବଚନ-ନିର୍ବନ୍ଧଃ।
ଉନ୍ମତ୍ସର-ସଂତାପଃ ପୁତ୍ରକ ପଦବୀ ସ୍ନେହସ୍ୟ।)

ହେ ପୁଅ, ହଠାତ୍ ରୂଷ୍ଟ, କ୍ଷଣକରେ ତୁଷ୍ଟ, ମିଥ୍ୟା କଥା ସୃଷ୍ଟି ଓ ଦ୍ୱେଷରୁ ଜାତ ମନସ୍ତାପ- ଏହା ସ୍ନେହର ପଦବୀ।

ବ୍ୟାଖ୍ୟା - ମାନିନୀର ରୀତି ବୁଝି ନ ପାରି ଆଶଙ୍କା କରୁଥିବା ନାୟକ ପ୍ରତି ବୃଦ୍ଧା ଦୂତୀର ଉକ୍ତି - ହଠାତ୍ ରାଗରେ ରୁଷିବସିବା, କ୍ଷଣକରେ ସୁଖୀ ହେବା, ମିଛ କଥା ମନରୁ ସୃଷ୍ଟି କରିବା, ଈର୍ଷ୍ୟାରେ ଜର୍ଜର ହୋଇ ସନ୍ତାପିତ ହେବା - ଏସବୁ ପ୍ରେମର ଫଳ। ପ୍ରେମର ପଥ ଅତି ଜଟିଳ। ଏହା ପ୍ରିୟ ସ୍ନେହର ରୀତି। ତୁ ବୁଝିବାକୁ ଚେଷ୍ଟା ନକରି ବୃଥା ଆଶଙ୍କିତ ହେଉଛୁ।

ପିଜ୍ଜଇ କଣ୍ଣଞ୍ଜଲିହିଂ ଜଣ-ରବ-ମିଲଅଂ ବି ତୁଜ୍ଝ ସଂଲାର୍ବ।
ଦୁଦ୍ଧଂ ଜଣ-ସଂମିଲିଅଂ ସା ବାଲା ରାଅ-ହଂସି ବ୍ବ । ୭୬ ।
(ପିବତି କର୍ଣାଞ୍ଜଲିଭିର୍ଜନ-ରବ-ମିଳିତମପି ତବ ସଂଲାପମ୍।
ଦୁଗ୍ଧଂ ଜଳ-ସଂମିଳିତଂ ସା ବାଲା ରାଜ-ହଂସୀବ।)

ସେଇ ବାଳା ଜଳରେ ମିଶିଥିବା ଦୁଧକୁ ରାଜହଂସୀ ଭଳି ଜନରବ ସହିତ ମିଶିଥିବା ତୁମର ସଂଳାପକୁ କର୍ଣାଞ୍ଜଳି ଦ୍ୱାରା ପାନ କରୁଛି।

ବ୍ୟାଖ୍ୟା - ନାୟିକା ପ୍ରତି ଅନୁରାଗୀ କରାଇବା ପାଇଁ ନାୟକ ପ୍ରତି ଦୂତୀ ଉକ୍ତି - ସେ ବାଳା ଲଜ୍ଜାରେ ତୁମ ଆଗକୁ ଆସୁ ନଥିଲେ ମଧ୍ୟ ତୁମ କଥା ଶୁଣିବା ପାଇଁ ଉଦ୍‌ଗ୍ରୀବ ହୋଇ ରହିଛି। ଗୃହ-କୋଣରେ ଥିବାବେଳେ ଜନତା କୋଳାହଳରେ ମିଶ୍ରିତ ତୁମର ସୁର-ମାଧୁରୀକୁ ଶ୍ରବଣ କରି ଆନନ୍ଦ-ପୁଲକ ଲାଭ କରୁଛି। ସେ ଚମତ୍କାର ଭାବରେ ରାଜହଂସୀର ରୀତି ଆଚରଣ କରୁଛି। ରାଜହଂସୀ ଯେଉଁପରି ଦୁଧ ମିଶା ଜଳରୁ କେବଳ ଦୁଧକୁ ପାନ କରେ, ଜନତାର କଥା ସହିତ ମିଶିଥିବା ତୁମର ସଂଳାପକୁ ସେ ବର୍ଣାଂଜଳି ପାତ ଗ୍ରହଣ କରୁଛି। ଅନ୍ୟ ଲୋକଙ୍କ କଥା ତା କାନରେ ପଶୁ ନାହିଁ।

ଅଇ ଉଜ୍ଜୁଏ ଣ ଲଜ୍ଜସି ପୁଚ୍ଛିଜନ୍ତୀ ପିଅସ୍‌ସ ଚରିଆଇଂ।
ସବ୍‌ବଙ୍ଗ-ସୁରହିଣୋ ମରୁବଅସ୍‌ସ କିଂ କୁସୁମ-ରିଦ୍ଧୀହିଂ । ୭୭।
(ଅୟି ଋଜୁକେ ନ ଲଜ୍ଜସେ ପୃଚ୍ଛନ୍ତୀ ପ୍ରିୟସ୍ୟ ଚରିତାନି।
ସର୍ବାଙ୍ଗ-ସୁରଭେର୍ମରୁବକସ୍ୟ କିଂ କୁସୁମର୍ଦ୍ଧିଭିଃ।)

ଅୟି ସରଳେ! ପ୍ରିୟର ଚରିତ ପଚାରି ତୁ କାହିଁକି ଲଜ୍ଜିତ ହେଉ ନାହୁଁ? ସର୍ବାଙ୍ଗସୁରଭିତ ମରୁବକର ପୁଷ୍ପ ସମୃଦ୍ଧିରେ କି ପ୍ରୟୋଜନ?

ବ୍ୟାଖ୍ୟା - ନାୟକର ଗୁଣ ସମ୍ବନ୍ଧରେ ସଖୀକୁ ବାରମ୍ବାର ପ୍ରଶ୍ନ କରିବାରୁ ନାୟିକା ପ୍ରତି ସଖୀ ଉକ୍ତି- ତୋତେ ଲାଜ ଲାଗୁ ନାହିଁ? ସର୍ବାଙ୍ଗ-ସୁରଭିତ ମରୁବକର ସୁମନ-ସମୃଦ୍ଧିରେ କି ଲୋଡ଼ା? ଆମୂଳ-ସୁରଭି ମରୁବକର ଫୁଲ କିପରି? - ଏ ପ୍ରଶ୍ନ ପଚାରିବା ଯାହା, ସକଳ ଗୁଣାଧାର ପ୍ରିୟର ବିଶେଷ ଗୁଣ ସମ୍ବନ୍ଧରେ ପ୍ରଶ୍ନ କରିବା ତାହା। ମରୁଆ ଫୁଲର ଗୁଣ-ସୌନ୍ଦର୍ଯ୍ୟ ସମ୍ବନ୍ଧରେ ପ୍ରଶ୍ନ କରିବା ନିରର୍ଥକ। ନାୟକ ସର୍ବାଙ୍ଗସୁନ୍ଦର, ସର୍ବଗୁଣସଂପନ୍ନ।

ମୁଦେ ଅପତ୍ତିଅନ୍ତୀ ପବାଲ-ଅଙ୍କୁରିଅ-ବଣ୍ଣେ-ଲୋହିଅଏ ।
ଣଦ୍ଧୋଅ-ଧାଉ-ରାଏ କୀସ ସହତ୍‌ଥେ ପୁଣୋ ଧୁଅସି । ୭୮ ।
(ମୁଗ୍‌ଧେଃପ୍ରତ୍ୟୟନ୍ତୀ ପ୍ରବାଳାଙ୍କୁର-ବର୍ଣ-ଲୋହିତୌ ।
ନିଧୌତ- ଧାତୁ-ରାଗୌ କିମିତ ସ୍ୱହସ୍ତୌ ପୁନର୍ଧାବୟସି ।)

ମୁଗ୍‌ଧେ, ପ୍ରବାଳାଙ୍କୁର ଭଳି ଲୋହିତବର୍ଣ ନିଜ ହାତର ଧୋଇଥିବା ଧାତୁରାଗକୁ ବିଶ୍ୱାସ ନ କରି କାହିଁକି ପୁଣି ଧୋଇ ଲାଗିଛି ?

ବ୍ୟାଖ୍ୟା - ରକ୍ତ-କରତଳକୁ ଧୋଇ ଲାଗିଥିବା ନାୟିକା ପ୍ରତି ଦୂତୀ ଉକ୍ତି- ସଖି, ତୁ ପ୍ରକୃତରେ ମୁଗ୍‌ଧା । କରତଳର ରକ୍ତିମା ଭୟରେ ତୋର ହାତ ଧୋଇବା ଢ଼ଙ୍ଗ ଦେଖି ହସ ଲାଗୁଛି । ଏ ରଙ୍ଗ ହାତ ଧୋଇଲେ ଛାଡ଼େ ନାହିଁ । ନିସର୍ଗ-ନିୟମରେ ତୋର କରତଳର ବର୍ଣ ପ୍ରବାଳ-ଲୋହିତ ! ତାହା ବିଧାତାର ଦାନ । ଦୂତୀର ତାତ୍ପର୍ଯ୍ୟ, ନାୟିକା ନିସର୍ଗ ସୌନ୍ଦର୍ଯ୍ୟଶାଳିନୀ ।

ଉଅ ସିନ୍ଧବ-ପବ୍‌ବଅ-ସଚ୍ଛହାଇଁ ଧୁଅ-ତୂଲ-ପୁଞ୍ଜ-ସରିସାଇଂ ।
ସୋହନ୍ତି ସୁଅଣୁ ମୁକ୍‌କୋଅଆଇଂ ସରଏ ସିଅବ୍‌ଭାଇଂ । ୭୯ ।
(ପଶ୍ୟ ସୌନ୍ଧବ-ପର୍ବତ-ସଦୃକ୍ଷାଣି ଧୂତ-ତୂଳ-ପୁଞ୍ଜ-ସଦୃଶାନି ।
ଶୋଭନ୍ତେ ସୁତନୁ ମୁକ୍ତୋଦକାନି ଶରଦି ସିତାଭ୍ରାଣି ।)

ଗୋ ସୁତନୁ, ଦେଖ, ଶରତରେ ଜଳହୀନ ଧଳା ମେଘମାଳ ସୈନ୍ଧବ ପର୍ବତସମ ଓ କମ୍ପିତ ତୂଳାପୁଞ୍ଜ ପ୍ରାୟ ଶୋଭା ପାଉଛି ।

ବ୍ୟାଖ୍ୟା - ନାୟିକା ପ୍ରତି ସଖୀ ଉକ୍ତି- ଆଗୋ ସୁତନୁକେ, ଦେଖ, ବର୍ଷାକାଳ ଶେଷ ହୋଇ ଘରିଆଡ଼େ ଶୁଭ୍ର-ଶରତର ସମାରୋହ । ଜଳହୀନ ଉଜ୍ଜ୍ୱଳ ମେଘଖଣ୍ଡ କି ଶୋଭା ଧାରଣ କରିଛନ୍ତି ! ସୈନ୍ଧବ-ପର୍ବତ (ଲବଣ) ବା ଭିଣା ହୋଇଥିବା ତୂଳାପୁଞ୍ଜର ଶୋଭାକୁ ଏହି ଶୁଭ୍ରକାୟ ମେଘମାଳ ଜିଣିଯାଇଛି । ତୁ ଧୈର୍ଯ୍ୟ ଧର, ପ୍ରିୟ ଏଇ ଉଜ୍ଜ୍ୱଳ ଶରତରେ ତୋ ପୂରକୁ ଆସିବେ ।

ଆଉଛନ୍ତି ସିରେ ହିଁ ବିବଲିଏହିଁ ଉଅ ଖଅଡ଼ିଏହିଁ ଣିଜ୍ଜନ୍ତା ।
ଣିପ୍ପଚ୍ଛିମ-ବଲିଅ-ପଲୋଇଏହିଁ ମହିମା କୁଡ଼ଙ୍ଗଇଂ । ୮୦ ।
(ଆପୃଚ୍ଛନ୍ତି ଶିରୋଭିର୍ବିବଳିତୈଃ ପଶ୍ୟ ଖଙ୍ଗିକୈର୍ନୀୟମାନାଃ ।
ନିଃପଶ୍ଚିମ-ବଳିତ-ପ୍ରଲୋକିତୈର୍ମହିଷାଃ କୁଞ୍ଜାନ୍ ।)

ଦେଖ, ଖଡ୍‌ଗଧାରୀ କଂସେଇ ଘେନି ଯାଉଥିବା ମହିଷ ମୁଣ୍ଡ ବୁଲାଇ କୁଂଜରୁ ଶେଷଥର ପାଇଁ ଆଖି ବୁଲାଇ ଦୃଷ୍ଟିପାତ କରି ବିଦାୟ ନେଉଛି ।

ବ୍ୟାଖ୍ୟା - ଗୋଟିଏ କୁଂଜରେ ବାସ କରୁଥିବା ମହିଷକୁ କଂସେଇ ବଧ କରିବା

ପାଇଁ ଧରିନେଉଥିବା ବେଳେ ସବୁଦିନ ପାଇଁ କୁଂଜକୁ ଛାଡ଼ି ଯାଉଥିବା ମହିଷର ବିକଳ ଦୃଷ୍ଟିପାତ ସମ୍ବନ୍ଧରେ କାହାରି ଉକ୍ତି- ମହିଷ ପଛରେ କାନ୍ଧରେ ଖଡ଼୍ଗ ପକାଇ ଘାତକ ଚାଲିଛି। ମହିଷଟି ମୁଣ୍ଡ ବୁଲାଇ ପଛକୁ ଚାହୁଁଛି। ଏହା ତାହାର କୁଂଜ ପ୍ରତି ଅନ୍ତିମ ଦୃଷ୍ଟିପାତ। ବଧଭୂମିରେ ତାହାର ଜୀବନାବସନ ହେବ। କୁଂଜ-ନିବାସ ତାହାର ଶେଷ ହେଲା।

ପୁସଉ ମୁହଂ ତା ପୁତ୍ତିଅ ବାହୋଅରଣଂ ବିସେସ-ରମଣିଜ୍ଜଂ।
ମା ଏଅଂ ଚିଅ ମୁହ-ମଣ୍ଡଣଂ ତି ସୋ କାହାରି ପୁଣୋ ବି। ୮୧ ।
(ପ୍ରୋଞ୍ଛସ୍ୟ ମୁଖଂ ତାବତ୍ ପୁତ୍ରିକେ ବାଷ୍ପୋକରଣଂ ବିଶେଷ-ରମଣୀୟମ୍।
ମା ଇଦମେବ ମୁଖ-ମଣ୍ଡନ ମିତ କରିଷ୍ୟସି ପୁନରପି।)

ଝିଅ, ଅଶ୍ରୁ ଝରାଉଥିବା ବିଶେଷ ରମଣୀୟ ତୋର ମୁଖକୁ ପୋଛି ଦେ; ସେ ପୁଣି ଯେପରି ଏହାକୁ ମୁଖର ମଣ୍ଡନ ବୋଲି ନ ବୁଝେ।

ବ୍ୟାଖ୍ୟା - ନାୟିକା ପ୍ରତି ବୃଦ୍ଧା ଦୂତୀର ଉକ୍ତି - ରୋଦନଶୀଳା ତୋର ଗଣ୍ଡବାହୀ ଅଶ୍ରୁଧାର ତୋର ମୁଖକୁ ବିଶେଷ ରମଣୀୟତା ଦାନ କରୁଛି। ତାହାକୁ ପୋଛି ଦେ। ରମଣୀୟ ପ୍ରସାଧନ ଦେଖିଲେ ପୁରି ଦେଖିବାକୁ ଇଚ୍ଛା ହୁଏ। ମୋର ଭୟ ହୁଏ, ପ୍ରିୟତମ ତୋର କାନ୍ଦୁଥିବା ସୁନ୍ଦର ମୁହଁକୁ ଦେଖିବାକୁ ଯଦି ବାରମ୍ବାର ଅଭିଳାଷୀ ହୁଏ।

ମଜ୍‌ଝେ ପଅଣୁଅପଙ୍କଂ ଅବହୋ-ବାସେସୁ ସାଣ-ଚିକ୍‌ଖଲ୍ଲଂ।
ଗାମସ୍‌ସ ସୀସ-ସୀମନ୍ତଅଂ ବ ରଚ୍ଛା-ମୁହଂ ଜାଅଂ। ୮୨ ।
(ମଧ୍ୟେ ପ୍ରତନୁକ-ପଙ୍କମୁଭୟୋଃ-ପାର୍ଶ୍ୱୟୋଃ ଶ୍ୟାନ-କର୍ଦ୍ଦମମ୍।
(ମଧ୍ୟେ ପ୍ରତନୁକ-ପଙ୍କମୁଭୟୋଃ-ପାର୍ଶ୍ୱୟୋଃ ଶ୍ୟାନ-କର୍ଦ୍ଦମମ୍।
ଗ୍ରାମସ୍ୟ ଶୀର୍ଷ-ସୀମନ୍ତମିବ ରଥ୍ୟା-ମୁଖଂ ଜାତମ୍।)

ମଝିରେ ପତଳା ପଙ୍କ ଓ ଉଭୟ ପାଖରେ ଶୁଖିଲା କାଦୁଅ, ଗାଁ ରାସ୍ତାର ମୁହଁ ମଥାର ସୀମନ୍ତ ଭଳି ପ୍ରତୀତ ହେଲାଣି।

ବ୍ୟାଖ୍ୟା - ପଙ୍କପୂର୍ଣ ଗ୍ରାମପଥରେ ଅଭିସାର ରଚନା କରିବାକୁ ଆଶଙ୍କିତା ନାୟିକା ପ୍ରତି ଦୂତୀ ଉକ୍ତି - ଏଇ ଯେ ଗ୍ରାମ ରଥ୍ୟାର ମୁଖ ଦେଖାଯାଉଛି, ତାର ମଝିରେ କିଛି ପଙ୍କ ଥିଲେ ମଧ୍ୟ ଦୁଇ ପାଖରେ କାଦୁଅ ଶୁଖିଗଲାଣି। କୃଷ୍ଣକେଶରାଶିଭରା ମଥାରେ ଯତ୍ନ ରଚିତ ସୁନ୍ଥା ଭଳି ତାହା ପ୍ରତୀତ ହେଉଛି।

ଅବରହ୍‌ଣାଗଅ-ଜାମାଉଅସ୍‌ସ ବିଉଣେଇ ମୋହଣୁକ୍‌କଣ୍ଠଂ।
ବହୁଆଇ ଘର-ପଲୋହର-ମଜ୍ଜଣ-ପିସୁଣୋ ବଲଅ-ସଦ୍ଦୋ। ୮୩ ।
(ଅପରାହ୍‌ଣାଗତ-ଜାମାତୁର୍ଦ୍ଦିଗୁଣୟତି ମୋହନୋତ୍କଣ୍ଠାମ୍।
ବଧ୍ୱା ଗୃହ-ପଶ୍ଚାଦ୍‌ଭାଗ-ମଜ୍ଜନ-ପିଶୁନୋ ବଳୟ-ଶବ୍ଦଃ।)

ବଧୂର ଗୃହ ପଶ୍ଚାତ୍‌ଭାଗରେ ମଜ୍ଜନସୂଚକ ବଳୟ ଶବ୍ଦ ଅପରାହ୍ଣରେ ଆଗତ ଜାମାତାର ସୁରତୋତ୍କଣ୍ଠାକୁ ଦ୍ୱିଗୁଣିତ କରୁଛି।

ବ୍ୟାଖ୍ୟା - ସହଚରୀମାନଙ୍କ ମଧ୍ୟରେ ଆଲୋଚନା ପ୍ରସଙ୍ଗରେ କାହାରି ଉକ୍ତି - ବଧୂ ପିତା ଗୃହରେ ଅବସ୍ଥାନ କରୁଛି। ଆଜି ଅପରାହ୍ଣରେ ଜାମାତା ଆସି ପହଞ୍ଚିଛି। ସ୍ୱାମୀ ଆସିଥିବାରୁ ମିଳନ ଉଦ୍ଦେଶ୍ୟରେ ନିଜକୁ ପ୍ରସାଧିତ କରିବା ପାଇଁ ବଧୂ ଗୃହର ପଶ୍ଚାତ୍ ଭାଗରେ ମାଜଣା ବିଧି ବଢ଼ାଉଛି। ସେତେବେଳେ ତା'ର କଙ୍କଣ ବାଜିଉଠୁଛି। ବଳୟଧ୍ୱନି ଶ୍ରବଣ କରି ସ୍ୱାମୀ ମନରେ କେତେ ଆଶାର ଚିତ୍ର ଭାସିଉଠୁଛି। ପ୍ରିୟାର ବଳୟ ଧ୍ୱନୀ ଦୀର୍ଘ ବିରହର ଅବସାନର ସୂଚନା ଦେବା ସଙ୍ଗେ ନୈଶ-ମିଳନ ନିମନ୍ତେ ପତିର ଉତ୍କଣ୍ଠା ବୃଦ୍ଧି କରୁଛି।

ଜୁଜ୍‌ଝ-ଚବେଡ଼ାମୋଡ଼ିଅ-ଜଜ୍ଜର-କଣ୍ଣସ୍‌ସ ଜୁଣ୍ଣ-ମଲ୍ଲସ୍‌ସ।
କଚ୍ଛା-ବନ୍ଧୋ ଚ୍ଚିଅ ଭୀରୁ-ମଲ୍ଲ-ହିଅଅଂ ସମୁକ୍‌ଖଣାଇ । ୮୪ ।
(ଯୁଦ୍ଧ-ଚପେଟାମୋଟିତ-ଜର୍ଜର-କର୍ଣସ୍ୟ ଜୀର୍ଣ-ମଲ୍ଲସ୍ୟ।
କକ୍ଷାବନ୍ଧ ଏବ ଭୀରୁ-ମଲ୍ଲ-ହୃଦୟଂ ସମୁତ୍‌ଖନତି।)

ଯୁଦ୍ଧରେ ଚପେଟାଘାତ ପାଇଁ ଅମର୍ଦ୍ଦିତ ଓ ଜର୍ଜରକର୍ଣ ବୃଦ୍ଧ ମଲ୍ଲର ମଲ୍ଲକଚ୍ଛ ବନ୍ଧନ ଭୀରୁମଲ୍ଲର ହୃଦୟକୁ ଖୋଳିପକାଉଛି।

ବ୍ୟାଖ୍ୟା - ଗ୍ରାମ ମଲ୍ଲ ବୃଦ୍ଧ ହେଲେ ମଧ୍ୟ ତାହାର ମାଲକଚ୍ଛାର ବନ୍ଧନ ଦେଖି ପ୍ରତିଯୋଦ୍ଧା ତରୁଣ ମଲ୍ଲର ହୃଦୟ କମ୍ପିଉଠୁଛି। ମଲ୍ଲମାନେ ଯୁଦ୍ଧରେ ପ୍ରତିଯୋଦ୍ଧା କାଳେ ଚପେଟାଘାତ କରିବ ସେଥିପାଇଁ କାନକୁ ଚିରିଦେଇଥାନ୍ତି। ଆଲୋଚ୍ୟ ବୃଦ୍ଧମଲ୍ଲ ଚିରା କାନକୁ ହଲାଇ ମାଲକଚ୍ଛା ଭିଡ଼ି ଯେତେବେଳେ ଲଢ଼ିବା ପାଇଁ ପ୍ରସ୍ତୁତ ହେଉଛି ସେତେବେଳେ ଭୀରୁ ମଲ୍ଲ ଯେଉଁ ଗୋପନ ବାସନା ପୋଷଣ କରିଥିଲା ତାହା ଲୋପପାଉଛି। ସମ୍ଭବତଃ ବୃଦ୍ଧମଲ୍ଲର ତରୁଣୀ ପତ୍ନୀ ପ୍ରତି ତରୁଣମଲ୍ଲ ଆସକ୍ତ; ମାତ୍ର ବୃଦ୍ଧମଲ୍ଲ କମରବନ୍ଧ ଭିଡ଼ି ବାହାରିବାରୁ ତାର ଆଶା ପ୍ରତିହତ ହେଲା।

ଆଣତ୍ତଂ ତେଣ ତୁମଂ ପଇଣୋ ପହଏଣ ପଡ଼ହ-ସଦ୍ଦେଣ।
ମଲ୍ଲି ଣ ଲଜ୍ଜସି ଣଚ୍ଚସି ଦୋହଗ୍‌ଗେ ପାଅଡ଼ିଜ୍ଜନ୍ତେ । ୮୫ ।
(ଆଜ୍ଞପ୍ତଂ ତେନ ତ୍ୱାଂ ପତ୍ୟା ପ୍ରହତେନ ପଟହ-ଶବ୍ଦେନ।
ମଲ୍ଲି ନ ଲଜ୍ଜସେ ନୃତ୍ୟସି ଦୌର୍ଭାଗ୍ୟେ ପ୍ରକଟୀକ୍ରିୟମାଣେ।)

ଗୋ ମଲ୍ଲପତ୍ନୀ, ପତି ପଟହ ଶବ୍ଦରେ ତୋତେ ଆଦେଶ ଦେଲେ ମଧ୍ୟ ତୁ ଲଜ୍ଜିତ ନ ହୋଇ ଦୁର୍ଭାଗ୍ୟ ପ୍ରକଟ ହେବାରୁ ନୃତ୍ୟ କରୁଛୁ।

ବ୍ୟାଖ୍ୟା - ନାୟିକା ପ୍ରତି ସଖୀ ଉକ୍ତି- ପ୍ରିୟତମ ଢୋଲ ବଜାଇ ତୋତେ

ଅପମାନ ଦେଲେ ମଧ୍ୟ ତୁ ଲଜ୍ଜିତ ନ ହୋଇ ନୃତ୍ୟ କରୁଛୁ। ଅନ୍ୟ ନାରୀ ହୋଇଥିଲେ ଏହାକୁ ଦୁର୍ଭାଗ୍ୟ ମନେ କରି କ୍ଷୋଭରେ ଫାଟିପଡ଼ନ୍ତା; ମାତ୍ର ତୁ ଭାବୁଛୁ ପ୍ରିୟଙ୍କର ଅପମାନ ସହି ତାଙ୍କର ପ୍ରୀତିଭାଜନ ହେବୁ।

ମା ବଚ୍ଚହ ବୀସମ୍ଭଂ ଇମାଣଁ ବହୁ-ଚଡୁ-କମ୍ମ-ଣିଉଣାଣଂ।
ଣିବ୍‌ବତ୍ତିଅ-କଜ୍ଜ-ପରମ୍ମୁହାଣଁ ସୁଣଆଣଁ ବ ଖଲାଣଂ । ୮୬।
(ମା ବ୍ରଜତ ବିସ୍ରମ୍ଭମେଷାଂ ବହୁ-ଚଟୁକର୍ମ-ନିପୁଣାନାମ୍।
ନିର୍ବର୍ତ୍ତିତ-କାର୍ଯ-ପରାଙ୍ମୁଖାନାଂ ଶୁନକାନାମିବ ଖଲାନାମ୍।)

ବହୁ ପ୍ରକାର ଚଟୁକର୍ମରେ ନିପୁଣ, କାମ ସରିଗଲା ପରେ ପରାଙ୍ମୁଖ-କୁକୁର ଭଳି ଏହି ଖଳମାନଙ୍କୁ ବିଶ୍ୱାସ କର ନାହିଁ।

ଅଣ୍ଣ-ଗଗାମ-ପଉତ୍‌ଥା-କଡ୍‌ଢନ୍ତୀ ମଣ୍ଡଲାଣଁ ବିଞ୍ଛୋଲିଂ।
ଅକ୍‌ଖଣ୍ଡିଅ-ସୋହଗ୍‌ଗା ବରିସ-ସଅଁ ଜିଅଉ ମେ ସୁଣିଆ । ୮୭ ।
(ଅନ୍ୟ-ଗ୍ରାମ-ପ୍ରସ୍ଥିତା କର୍ଷୟନ୍ତୀ ମଣ୍ଡଳାନାଂ ପଂକ୍ତିମ୍।
ଅଖଣ୍ଡିତ-ସୌଭାଗ୍ୟ ବର୍ଷ-ଶତଂ ଜୀବତୁ ମେ ଶୁନୀ।)

କୁକୁର ଦଳଙ୍କୁ ଆକୃଷ୍ଟ କରି ଅନ୍ୟ ଗ୍ରାମ ଉଦ୍ଦେଶ୍ୟରେ ଚାଲିଯାଇଥିବା ଅଖଣ୍ଡିତ ସୌଭାଗ୍ୟ ମୋର କୁକୁରୀ ଶହେ ଜୀବିତ ରହ।

ବ୍ୟାଖ୍ୟା - କୌଣସି ଅସତୀ ନାରୀକୁ ଅନୁସରଣ କରି ଗ୍ରାମର କାମୁକମାନେ ଅନ୍ୟ ଗ୍ରାମକୁ ଚାଲିଯିବାରୁ କେହି ପରିହାସ କରିଛି - ମୋ କୁତୀଟି କୁକୁର ଦଳଙ୍କୁ ଏ ଗାଁରୁ ଅନ୍ୟ ଗାଁକୁ ଟାଣି ନେଇଯାଇଛି। ତୁ ମହା ଭାଗ୍ୟବତୀ ହେବା ସଙ୍ଗେ ଶହେ ବର୍ଷ ବଞ୍ଚିରହ। ତୋ ପାଇଁ ଏ ଗାଁରୁ କୁକୁର ଦଳ ବିଦା ହେଲେ।

ସଚ୍ଚଂ ସାହସୁ ଦେଅର ତହ ତହ ଚଡୁଆରଏଣ ସୁଣଏଣ।
ଣିବ୍‌ବତ୍ତିଅ-କଜ୍ଜ-ପରମ୍ମୁହତ୍ତଣଂ ସିକ୍‌ଖିଅଂ କତ୍ତୋ । ୮୮ ।
(ସତ୍ୟଂ କଥୟ ଦେବର ତଥା ତଥା ଚଟୁକାରକେଣ ଶୁନକେନ।
ନିର୍ବର୍ତ୍ତିତ-କାର୍ଯ୍ୟ-ପରାଙ୍ମୁଖତ୍ୱଂ ଶିକ୍ଷିତଂ କସ୍ମାତ୍।)

ହେ ଦେବର, ସତ କୁହ ତ, ଏଇ ଚଟୁକାର କୁକୁରଗୁଡ଼ାକ କାମ ଶେଷ ହେବା ପରେ ଯେ ମୁହଁ ବୁଲାଇ ନିଅନ୍ତି ତାହା ସେମାନେ କାହାଠାରୁ ଶିଖିଥାନ୍ତି ?

ବ୍ୟାଖ୍ୟା - ଦେବର ପ୍ରତି ନାୟିକାର ଉପାଲମ୍ଭ ବଚନ- କେତେ ଆଦର ଓ ପ୍ରଭୁ ଭକ୍ତି ଦେଖାଇ, ଲାଙ୍ଗୁଡ଼ ହଲାଇ କୁକୁର ତାହାର ଉଦ୍ଦେଶ୍ୟ ପୂରଣ କରିଥାଏ। କାମ ଶେଷ ହେବା ପରେ ସେ ମୁହଁ ବୁଲାଇ ଚାଲିଯାଏ। ସେତେବେଳେ ତାର ଆଦର ସୋହାଗ ଓ ପ୍ରଭୁଭକ୍ତି କୁଆଡ଼େ ଯାଏ ? ହେ ଦେବର, ଏ କଥା ମୁଁ ବୁଝିପାରୁ

ନାହିଁ, ମୋତେ ଫିଟାଇ କୁହ। ଏପରି ଆଗ୍ରହ-ଦୀକ୍ଷା ସେ କାହାଠାରୁ ଘେନିଥାଏ ? ନାୟିକାର ତାତ୍ପର୍ଯ୍ୟ, କୁକୁର ତୁମରିଠାରୁ ଏଇ କଳା-କୌଶଳ ଶିଖିଥାଏ।

ଣିପ୍‌ପଣ୍ଣ-ମସ୍‌ସ-ରିଦ୍ଧୀ ସଚ୍ଛନ୍ଦଂ ଗାଇ ପାମରୋ ସରଏ।

ଦଳିଅ-ଣବ-ସାଲି-ତଣ୍ଡୁଲ-ଧବଲ-ମିଅଙ୍କାସୁ ରାଈସୁ । ୮୯ ।

(ନିଷ୍ପନ୍ନ-ଶସ୍ୟ-ରିଦ୍ଧିଃ ସ୍ୱଚ୍ଛନ୍ଦଂ ଗାୟତି ପାମରଃ ଶରଦି।

ଦଳିତ-ନବ-ଶାଳି-ତଣ୍ଡୁଳ-ଧବଳ-ମୃଗାଙ୍କାସୁ ରାତ୍ରିଷୁ।)

ଶସ୍ୟ ସମ୍ପଦ ବୃଦ୍ଧି ପାଇବାରୁ ଗ୍ରାମ୍ୟ କୃଷକଟି ଶରତ୍ କାଳରେ ଦଳିତ ନବ ଶାଳିଧାନ୍ୟ ତଣ୍ଡୁଳ ଭଳି ଧବଳ ଚନ୍ଦ୍ର ରଜନୀରେ ଆନନ୍ଦରେ ଗୀତ ଗାଉଛି।

ବ୍ୟାଖ୍ୟା- ଫସଲର ଉଜ୍ଜ୍ୱଳ ସମ୍ଭାବନା ଦେଖି କୃଷକଟିଏ ଚନ୍ଦ୍ରପକ୍ଷ ରାତ୍ରିରେ ମନ ଫୁରୁଣା ଗୀତ ଗାଉଥିବା ଦେଖି କାହାରି ଉକ୍ତି- ଦଳିତ ଶାଳି ତଣ୍ଡୁଳପରି ଶୁଭ୍ର ଶରତ ଆକାଶରେ ଜ୍ୟୋତ୍ସ୍ନାର ପ୍ଳାବନ, କ୍ଷେତରେ ଶସ୍ୟସମ୍ପଦ ରୂପରେ ଲକ୍ଷ୍ମୀ ବିରାଜିତ। ତେଣୁ ଆଜି ରଜନୀକୁ ହାଳିକ ସଙ୍ଗୀତ ମୁଖରା କରି ତୋଳିଛି। ସଙ୍ଗୀତରୁ ତାହାର ମନସୁଖ ଜଣାଯାଉଛି।

ଅଲିହିଜ୍ଜଇ ପଙ୍କ-ଅଲେ ହଲାଲି-ଚଲଣେଣ କଲମ-ଗୋବୀଏ।

କେଆର-ସୋଅ-ରୁମ୍ଭଣ-ତଂସ-ଟ୍‌ଠିଅ କୋମଲୋ ଚଲଣୋ । ୯୦।

(ଆଲିଖ୍ୟତେ ପଙ୍କ-ତଳେ ହଳାଳି-ଚଳନେନ କଳମ-ଗୋପ୍ୟାଃ।

କେଦାର-ସ୍ରୋତୋବରୋଧ-ତୀର୍ଯକ୍-ସ୍ଥିତଃ-କୋମଳଶ୍ଚରଣଃ।)

କ୍ଷେତର ସ୍ରୋତ ରୋଧ କରିବା ପାଇଁ ତିର୍ଯକ୍ ଭାବେ ଥିବା କଳମରୋଗୀପର କୋମଳ ଚରଣଚିହ୍ନ ହଳରେଖା ଚଳାଇବାରୁ ପଙ୍କ ତଳେ ଟାଣି ହୋଇଯାଉଛି।

ବ୍ୟାଖ୍ୟା - କଳମ-ଗୋପୀ ବା କ୍ଷେତ ଜଗୁଥିବା ନାରୀର ଚରଣ ଚିହ୍ନ ବିଦ୍ୟମାନ ଥିବା ସ୍ଥାନମାନଙ୍କରେ ମନ୍ଦା ମନ୍ଦା ପାଣି ଜମି ରହିଥିଲା। ଆଜି କୃଷକ ହଳ ଚଳାଇବାବେଳେ ସେଇ ପାଦଚିହ୍ନଗୁଡ଼ିକ ପୋଛି ହୋଇ ଯାଉଥିବା ଦେଖି କାହାରି ଉକ୍ତି।

ଦିଅହେ ଦିଅହେ ସୂସଇ ସଙ୍କେଅଅ-ଭଙ୍ଗ-ବଡ଼୍‌ଢ଼ିଆସଙ୍କା।

ଆବଣ୍ଡୁଣଅ-ମୁହୀ କଲମେଣ ସମ କଲମ-ଗୋବୀ । ୯୧।

ଦିବସେ ଦିବସେ ଶୁଷ୍ୟତି ସଙ୍କେତକ-ଭଙ୍ଗ-ବର୍ଦ୍ଧିତାଶଙ୍କା।

ଆପାଣ୍ଡୁରାବନତ-ମୁଖୀ କଳମେନ ସମଂ କଳମ-ଗୋପୀ।)

ସଙ୍କେତ ଭଙ୍ଗର ଆଶଙ୍କା ବୃଦ୍ଧି ପାଇବାରୁ କଳମ-ଗୋପୀ କଳମ ସହିତ ପାଣ୍ଡୁବର୍ଣ୍ଣ ଓ ଅବନତମୁଖୀ ହୋଇ ଦିନୁଦିନ ଶୁଖିଯାଉଛି।

ବ୍ୟାଖ୍ୟା - ମିତ୍ର ପ୍ରତି ବିଦଗ୍ଧର ଉକ୍ତି- ଏଇ ଧାନ କ୍ଷେତ ତାହାର ସଙ୍କେତ ସ୍ଥଳ ଥିଲା। ଏବେ କଲମ-ଧାନ ବଢ଼ିଗଲାଣି, ଅଳ୍ପ ଦିନ ପରେ ପଚିଯାଇ କଟାଯିବ। ସେଥିପାଇଁ ସଙ୍କେତ-ଭଙ୍ଗ ଆଶଙ୍କାରେ କଳମ-ପାଳିକା ନାରୀଟି କଳମ ଭଳି ଦିନୁ ଦିନ କ୍ଷୀଣ ହେବାକୁ ଲାଗିଛି, ସାରା ଅଙ୍ଗ ପାଣ୍ଡୁବର୍ଣ୍ଣ ଧାରଣ କଲାଣି। ଅବନତମୁଖୀ ହୋଇ ସେ ଅଶ୍ରୁପାତ କରୁଛି।

ଣବ-କମ୍ମିଏଣ ହଅ-ପାମରେଣ ଦଟ୍ଠୂଣ ପାଉ-ହାରୀଓ।
ମୋତ୍ତବ୍ବେ ଜୋଉଅ-ପଗ୍ଗହମ୍ମି ଅବହାସିଣୀ ମୁକ୍କା । ୯୨ ।
(ନବ-କର୍ମିଣା ହତ-ପାମରେଣ ଦୃଷ୍ଟ୍ୱା ଭକ୍ତ-ହାରିକାମ୍।
ମୋକ୍ତବ୍ୟେ ଯୋକ୍ତ୍ର-ପ୍ରଗ୍ରହେଽବହାସିନୀ ମୁକ୍ତା।)

ନବୀନ କର୍ମୀ ନିର୍ଲଜ୍ଜ କୃଷକଟି ଭାତ ଆଣୁଥିବା ସ୍ତ୍ରୀକୁ ଦେଖି ଜୋତର ପଘା ଖୋଲିବାକୁ ଯାଇ ଅବହାସିନୀକୁ ଖୋଲି ଦେଲା।

ବ୍ୟାଖ୍ୟା - କୌଣସି ଗ୍ରାମ୍ୟ କୃଷକର ଚରିତ- ନୂଆ ଚଷ କାମ କରୁଥିବା ଗାଉଁଲି ଲୋକଟି ଅଧିକ ବେଳଯାଏ ଭୋକ ସମ୍ଭାଳିବାରେ ଅଭ୍ୟସ୍ତ ନୁହେଁ। କେତେବେଳେ ସ୍ତ୍ରୀ ଭାତ ଘେନି କ୍ଷେତକୁ ଆସିବ, ଅପେକ୍ଷା କରି ରହିଛି। ଯେମିତି ଦୂରରୁ ଖାଦ୍ୟବାହିକା ପତ୍ନୀକୁ ଭାତ ପାଣି ଧରି ଆସିବା ଦେଖିଛି, ବଳଦର କାନ୍ଧ ଜୁଆଳିକୁ ମୁକ୍ତ କରିବାକୁ ଯାଇ ବଳଦର ନାକ ଦଉଡ଼ି ବା ତୁଣ୍ଡିକୁ ଖୋଲି ଦେଇଛି।

ଦଟ୍ଠୂଣ ହରିଅ-ଦୀହଂ ଗୋସେ ଣଇ-ଜୂରଏ ହଲିଓ।
ଅସଈ-ରହସ୍‌ସ-ମଗ୍‌ଗଂ ତୁସାର-ଧବଲେ-ତିଲ-ଚ୍ଛେତ୍ତେ । ୯୩ ।
(ଦୃଷ୍ଟ୍ୱା ହରିତ-ଦୀର୍ଘଂ ପ୍ରାତର୍ନୋତିଖିଦ୍ୟତେ ହଳିକଃ।
ଅସତୀ-ରହସ୍ୟ-ମାର୍ଗଂ ତୁଷାର-ଧବଲେ-ତିଳ-କ୍ଷେତ୍ରେ।)

ପ୍ରାତଃକାଳରେ ତୁଷାର-ଧବଳ ତିଳ କ୍ଷେତ୍ରରେ ଅସତୀର ହରିଥ ବର୍ଣ୍ଣ ଓ ଦୀର୍ଘ ରହସ୍ୟ ମାର୍ଗକୁ ଦେଖି ହଳିକଟି କୁପିତ ହେଉ ନାହିଁ।

ବ୍ୟାଖ୍ୟା - ସହଚର ପ୍ରତି ନାଗରିକର ଉକ୍ତି- ସକାଳୁ ହଳିଆଟି ତିଳ କ୍ଷେତ ଦେଖିବାକୁ ଯାଇଛି। ତୁଷାରପାତ ହେତୁ ତିଳ କ୍ଷେତ ଧବଳ ହୋଇଉଠିଛି। ସେଥିରେ ଅସତୀର ଗୋପନ ଅଭିସାର ମାର୍ଗ ହରିଦ୍ରା-ରେଖା ରୂପରେ ବହୁ ଦୂର ଯାଏ ଲମ୍ବିଯାଇଛି। ଅସତୀର ରୀତି ଦେଖି ହଳିଆ ମନରେ ଖେଦ ପରିବର୍ତ୍ତେ ବିସ୍ମୟ ପ୍ରକାଶ ପାଉଛି।

ସଙ୍କେଲ୍ଲିଓ ବ୍ବ ଣିଜ୍ଜଇ ଖଣ୍ଡଂ ଖଣ୍ଡଂ କଓ ବ୍ବ ପୀଓ ବ୍ବ।
ବାସାଗମମ୍ମି ମଗ୍‌ଗୋ ଘର-ହୁତ୍ତ-ସୁହେଣ ପହିଏଣ । ୯୪।

(ସଙ୍କୋଚିତ ଇବ ନୀୟତେ ଖଣ୍ଡଂ ଖଣ୍ଡଂ କୃତ ଇବ ପୀତ ଇବ।
ବର୍ଷାଗମେ ମାର୍ଗୋ ଗୃହ-ଭବିଷ୍ୟତ୍-ସୁଖେନ ପଥିକେନ।) - ହାଳ

ବର୍ଷ ଗମନରେ ଭାବୀ ଗୃହ ସୁଖ କଥା ସ୍ମରଣ କରି ପଥିକ ସତେକି ପଥକୁ ସଂକ୍ଷିପ୍ତ କରିଦେଉଛି, ସତେକି ଖଣ୍ଡ ଖଣ୍ଡ କରିଦେଉଛି ଓ ସତେକି ପିଇ ଶେଷ କରିଦେଉଛି।

ବ୍ୟାଖ୍ୟା - ପ୍ରିୟା ସହ ମିଳିତ ହେବାର ସୁଖାଶାରେ ଘୋର ବର୍ଷାକାଳରେ ପଥିକଟି ପଥର ଦୀର୍ଘତାକୁ ଖାତିର କରୁନାହିଁ - କୌଣସି ବର୍ଷା-ପଥିକକୁ ଦେଖି କାହାରି ଉକ୍ତି- ସମ୍ମୁଖରେ ଦୀର୍ଘ ପଥ ପଡ଼ି ରହିଥିଲେ ହେଁ ପ୍ରବାସୀ ସ୍ୱାମୀ ପଥର ଦୂରତାକୁ ମାନୁ ନାହିଁ। କାରଣ ତା ପାଇଁ ଗୃହକୋଣରେ ଅପେକ୍ଷା କରି ରହିଛି ସୁଖର କାରଣ ସ୍ୱରୂପିଣୀ ତା'ର ପ୍ରିୟା। ଦୀର୍ଘ ପଥକୁ ଖଣ୍ଡ ଖଣ୍ଡ କରିବ ଅଥବା ସମସ୍ତ ପଥକୁ ଏକାଠି କରିବ ଅଥବା ନିଃଶେଷରେ ପାନ କରିବ - ଏହିପରି ଭାବି ସେ ପଥ ଅତିକ୍ରମ କରୁଛି।

ଧଣ୍ଣା ବହିରା ଅନ୍ଧା ତେ ଚ୍ଚିଅ ଜୀଅନ୍ତି ମାଣୁସେ ଲୋଏ।
ଣ ସୁଣନ୍ତି ପିସୁଣ-ବଅଣଂ ଖଲାଣି ରିଦ୍ଧିଂ ଣ ପେକ୍‌ଖନ୍ତି । ୯୫ ।
(ଧନ୍ୟା ବଧିରା ଅନ୍ଧାସ୍ତ ଏବ ଜୀବନ୍ତି ମାନୁଷେ ଲୋକେ।
ନ ଶୃଣ୍ୱନ୍ତି ପିଶୁନ-ବାଚନଂ ଖଳାନାମୃଦ୍ଧିଂ ନ ପ୍ରେକ୍ଷନ୍ତେ।)

ଯେ ବଧିର ଓ ଅନ୍ଧ ସେ ହିଁ ମନୁଷ୍ୟ-ଲୋକରେ ଧନ୍ୟ ଜୀବିତ। କାରଣ ସେମାନେ ପିଶୁନ ବଚନ ଶୁଣନ୍ତି ନାହିଁ ଓ ଖଳମାନଙ୍କର ସମୃଦ୍ଧି ଦେଖନ୍ତି ନାହିଁ।

ବ୍ୟାଖ୍ୟା - ଖଳଜନ ମେଳରେ ବାସ କରୁଥିବା ଉତ୍ତମ ଲୋକର ପରିତାପ- ଅନ୍ଧ ଓ ବଧିରମାନେ ଦର୍ଶନ ଓ ଶ୍ରବଣ ସୁଖରୁ ବଞ୍ଚିତ ହେଲେ ମଧ୍ୟ ସେମାନଙ୍କର ଜୀବନ ଧନ୍ୟ। ମୋର କାନ ଥିବାରୁ ଖଳବଚନ ଶୁଣୁଛି, ଚକ୍ଷୁ ଥିବାରୁ ଖଳର ସମୃଦ୍ଧି ଦେଖୁଛି। ହେ ଭଗବାନ୍, ମୁଁ ବଞ୍ଚି ରହି ମରୁଛି। ଆଖି କାନ ନଥିବା ଅନ୍ଧ ବଧିରମାନେ ମୋଠାରୁ ଶତଗୁଣେ ସୁଖରେ ଅଛନ୍ତି।

ଏଣ୍ହିଂ ବାରେଇ ଜଣୋ ତଇଆ ମୂଇଲ୍ଲଓ କହିଂ ବ୍‌ବ ରାଓ।
ଜାହେ ବିସଂ ବ୍‌ବ ଜାଅଂ ସବ୍‌ବଙ୍ଗ-ପହୋଲିରଂ ପେମ୍ମ । ୯୬ ।
(ଇଦାନୀଂ ବାରୟତି ଜନସ୍ତଦା ମୂକଃ କୃତ୍ରାପି ବା ଗତଃ।
ଯଦା ବିଷମିବ ଜାତ ସର୍ବାଙ୍ଗ-ଘୂର୍ଣିତଂ ପ୍ରେମ।)- ଶ୍ରୀ ସୁନ୍ଦର।

ସେତେବେଳେ କୁଆଡ଼େ ମୂକ ହୋଇ ଚାଲି ଯାଇଥିଲେ ? ଯେତେବେଳେ ପ୍ରେମ ବିଷ ଭଳି ସର୍ବାଙ୍ଗରେ ସଞ୍ଚରି ଗଲାଣି- ଏବେ ଲୋକେ ବାରଣ କରୁଛନ୍ତି।

ବ୍ୟାଖ୍ୟା - ସହଚରୀ ପ୍ରତି ନାୟିକା ଉକ୍ତି- ଏତେବେଳେ ସମସ୍ତେ ବାରଣ

କରୁଛନ୍ତି ବୋଲି ତୁ ମୋତେ କହୁଛୁ। ସେତେବେଳେ ସମସ୍ତେ ମୂକ ଥିଲେ, କେହି ତ ମୁହଁ ଫିଟାଇ ପଦେ ନିଷେଧବାଣୀ କହି ନଥିଲେ। ଆଜି ମୋର ଭୁଲ ପାଇଁ ତନୁ ମନ ବିଷମ ବିଷରେ ଜରଜର। ନାୟିକାର ତାତ୍ପର୍ଯ୍ୟ, ବିଷ କ୍ରିୟା କରିବା ପୂର୍ବରୁ ତାର ନିର୍ମୂଳନ କରିବା ଉଚିତ। ବିଷ ଭଳି ପ୍ରେମ ବାଧା ନ ପାଇଲେ ଆଉ ରୋଧ କରିହୁଏ ନାହିଁ।

କହଂ ତଂପି ତୁଇ ଣ ଣାଅଂ ଜହ ସା ଆସନ୍ଦିଆଣଁ ବହୁଆଣଂ।
କାଊଣ ଉଚ୍ଚବଚିଅଂ ତୁହ ଦଂସଣ-ଲେହଲା ପଡ଼ିଆ । ୯୭।
(କଥଂ ତଦପି ତ୍ୱୟା ନ ଜ୍ଞାତଂ ଯଥା ସା ଆସଂଦିକାନାଂ ବହୂନାମ୍।
କୃତ୍ୱା ଉଚ୍ଚାବଚିକାଂ ତବ ଦର୍ଶନ-ଲାଳସା ପତିତା।) -ମେଘନାଦ

ତୁମେ କ'ଣ ଏହା ଜାଣ ନାହିଁ ଯେ, ତୁମର ଦର୍ଶନ-ଲାଳସାରେ ସେ ବହୁତ ଖଟୁଲି ଯୋଡ଼ି ତିଆରି କରିଥିବା ଉଚ୍ଚ ମଞ୍ଚା ଉପରୁ ପଡ଼ିଯାଇଥିଲା ?

ବ୍ୟାଖ୍ୟା - ନାୟକ ପ୍ରତି ସଖୀ ଉକ୍ତି- ଅଲକ୍ଷ୍ୟରେ ଥାଇ ତୁମକୁ ଦର୍ଶନ କରିବା ବାସନା ପୋଷଣ କରି ସେଇ ବାଳା ତୁମ ପଥର ଅଦୂରରେ ବେତ ଚଉକିଗୁଡିକୁ ରଖି ଏକ ଉଚ୍ଚ ମଞ୍ଚା ବାନ୍ଧିଥିଲା। ଶେଷକୁ ବିଚାରୀ ସେଇ ମଞ୍ଚା ଉପରୁ ତଳକୁ ଗଡ଼ିପଡ଼ିଲା। ସଖୀର ତାତ୍ପର୍ଯ୍ୟ, ନାୟିକା ଅତିଶୟ ଅନୁରାଗବଶତଃ ଅସାବଧାନତା ହେତୁ ପଡ଼ିଗଲା।

ଚୋରାଣ କାମୁଆଣଁ ଅ ପାମର-ପହିଆଣଁ କୁକ୍‌କୁଡ଼ୋ ବଅଇ।
ରେ ରମହ ବହହ ବାହୟହ ଏତ୍‌ଥ ତଣୁଆଅଏ ରଅଣୀ । ୯୮।
(ଚୌହାନାଂ କାମୁକାନାଂ ଚ ପାମର-ପଥିକାଂଶ୍ଚ କୁକ୍‌କୁଟୋ ବଦତି।
ରେ ରମତ ପହତ ବାହୟତ ଅତ୍ର ତନ୍ୱୀ ଭବତି ରଜନୀ।)

ଚୋର, କାମୁକ ଓ ଗାଉଁଲି ପଥିକମାନଙ୍କୁ କୁକ୍‌କୁଟ କହୁଛି- ଆରେ, ଘେନି ପଳା, ରମଣ କର, ଗାଡ଼ି ଚଳାଅ- ଏବେ ରାତ୍ରି ଶେଷ ହୋଇ ଆସୁଛି।

ବ୍ୟାଖ୍ୟା- ରାତ୍ରି ଶେଷ ହେବାରୁ କୁକ୍‌କୁଟ ରଟ ଶୁଣି କେହି ଉତ୍‌ପ୍ରେକ୍ଷା କରିଛି। କୁକ୍‌କୁଟ ରଟରୁ ନାନା କଥାର ବ୍ୟଞ୍ଜନା ମିଳେ। କାମୁକ ଲୋକ ବୁଝେ, ରମଣ କାର୍ଯ୍ୟ ଶେଷ କର, ଚୋର ବୁଝେ, ଚୋରି ଧନ ଧରି ପଳାଇ ଯା' ଓ ଗାଉଁଲି ବାଟୋଇ ବୁଝେ, ଗାଡ଼ିରେ ଜିନିଷ ଲଦି ଶୀଘ୍ର ଶୀଘ୍ର ଚାଲ - ରାତି ସରି ଆସିଲା।

ଅଣ୍ଣୋଣ୍ଣ-କଡ଼କ୍‌ଖନ୍ତର-ପେସିଅ-ମେଲୀଣ-ଦିଟ୍‌ଠି-ପସରାଣଂ।
ଦୋ ଚ୍ଚିଅ ମଣ୍ଣେ କଅ-ଭଣ୍ଡଣାଇଁ ସମହଂ ପହସିଆଇଂ । ୯୯ ।
(ଅନ୍ୟୋନ୍ୟ-କଟାକ୍ଷାନ୍ତର-ପ୍ରେଷିତ-ମିଳିତ-ଦୃଷ୍ଟି-ପ୍ରସରୌ।
ଦ୍ୱାବପି ମନ୍ୟେ କୃତ-କଳହୌ ସମକଂ ପ୍ରହସିତୌ।)

ପରସ୍ପର କଟାକ୍ଷ ମଧ୍ୟରେ ଦୃଷ୍ଟି ପ୍ରେଷଣ କରି ମିଳାଇ, କଳହ କରିଥିବା ଦୁହେଁ, ମନେହୁଏ, ଏହା ସଙ୍ଗେ ହସି ପକାଇଲେ।

ବ୍ୟାଖ୍ୟା - ପ୍ରଣୟ-କଳହ ପରେ ପରସ୍ପରକୁ ଦେଖି ମାନ-ପର୍ବ ଶେଷ କରିଥିବା ନାୟକନାୟକାଙ୍କ ସମ୍ବନ୍ଧରେ ସଖୀ ଉକ୍ତି-ପ୍ରଣୟ-କୋପବଶତଃ ଦୁହେଁ ଦୁହିଁଙ୍କୁ କଥାନ କହି କିଛିକ୍ଷଣ ରହିବା ପରେ ପରସ୍ପରର ଦୃଷ୍ଟି ବିନିମୟ ଘଟିଲା। ଥରକୁ ଥର ଦୃ.. ବିନିମୟରେ ମାନ ଅଭିମାନ ଦୂର ହୋଇଗଲା। ଶେଷକୁ ଦୁହେଁ ଏହା ସଙ୍ଗେ ... ପକାଇଲେ।

ସଂଝା-ଗହିଅ-ଜଲଞ୍ଜଇ-ପଡ଼ିମା-ସଂକନ୍ତ-ଗୋରି-ମୁହ-କମଲଂ।
ଅଲିଅଂ ଚିଅ ଫୁରିଓଟ୍ଠଂ ବିଅଲିଅ-ମନ୍ତଂ ହରଂ ଣମହ। ୧୦୦।
(ସଂଧ୍ୟା-ଗୃହୀତ-ଜଳାଞ୍ଜଳି-ପ୍ରତିମା-ସଂକ୍ରାନ୍ତ-ଗୌରୀ-ମୁଖ-କମଳମ୍।
ଅଳୀକମେବ ସ୍ଫୁରିତୋଷ୍ଠଂ ବିଗଳିତ-ମନ୍ତ୍ରଂ ହରଂ ନମତ।)

ସଂଧ୍ୟା ନିମନ୍ତେ ଧାରଣ କରିଥିବା ଜଳାଞ୍ଜଳିରେ ପ୍ରତିବିମ୍ବିତ ଗୌରୀଙ୍କର ମୁଖକମଳ ଦେଖି ଅଳୀକଭାବେ ଓଷ୍ଠ ସ୍ଫୁରିତ କରୁଥିବା ଓ ବିଗଳିତ ମନ୍ତ୍ର ହରଙ୍କୁ ନମସ୍କାର।

ବ୍ୟାଖ୍ୟା - ଗ୍ରନ୍ଥ ସମାପ୍ତିସୂଚକ ମଙ୍ଗଳାଚରଣ ଗାଥା। ଶିବ ସଂଧ୍ୟା ଉପାସନା କାଳରେ ଅଞ୍ଜଳିରେ ଧରିଥିବା ଜଳରେ ଗୌରୀଙ୍କ ମୁଖ ବିମ୍ବିତ ହୋଇଗଲା। ଗୌରୀଙ୍କ ମୁଖ-କମଳରେ ପ୍ରତିବିମ୍ବ ଦେଖି ଶିବ ମନ୍ତ୍ର ଭୁଲିଯାଇ କେବଳ ମିଛରେ ଓଠ ଥରାଇବାକୁ ଲାଗିଲେ। ବକ୍ତାର ତାତ୍ପର୍ଯ୍ୟ, ପ୍ରିୟା ମୁଖର ପ୍ରତିବିମ୍ବ ସନ୍ଦର୍ଶନ କରି ଶିବଙ୍କ ପରି ସଂଯମୀ ପୁରୁଷଙ୍କର ମଧ୍ୟ ଏପରି ଦଶା ହୁଏ।

ଇହ ସିରି-ହାଲ ବିରଇଏ ପାଉଅ-କବ୍ବମ୍ମି ସତ୍ତସଏ।
ସତ୍ତମ-ସଅଂ ସମତ୍ତଂ ଗାହାଣଁ ସହାବ-ରମଣିଜ୍ଜଂ ।୧୦୧।
(ଇତି ଶ୍ରୀ ହାଳ-ବିରଚିତେ ପ୍ରାକୃତ-କାବ୍ୟେ ସପ୍ତ-ଶତେ।
ସପ୍ତମ-ଶତଂ ସମାପ୍ତଂ ଗାଥା ସ୍ୱାଭବ-ରମଣୀୟମ୍।)

ଇତି ଶ୍ରୀ ହାଳ ବିରଚିତ ପ୍ରାକୃତ କାବ୍ୟ ସପ୍ତଶତୀ ନାମକ ସ୍ୱଭାବରମଣୀୟ ଗାଥା ସପ୍ତମ ଶତକ ସମାପ୍ତ ହେଲା।

■

ଗାଥା ସଂକେତ

ଗାଥା	ଶତକ
ଅଇ ଉଚ୍ଛୁଏ	୭-୭୭
ଅଇ କୋବଣା	୫-୯୩
ଅଇ ଦିଅର	୬-୭୦
ଅଇ ଦୀହରାଇଁ	୭-୭୪
ଅଉଲୀଣୋ ଦୋମୁହଓ	୩-୫୩
ଅକଅଣ୍ଣୁ ଘଣ।	୬-୯୯
ଅକ ଣ୍ଣୁଅ ତୁଜ୍ଝ	୫-୪୫
ଅକ୍ଖଡ଼ଇ ପିଆ	୧-୪୪
ଅଗଣିଅ ଜଣାବ	୫-୮୪
ଅଗଣି ଅସେସ	୧-୫୬
ଅଗ୍ଘାଇ ଛିବଇ	୭-୩୯
ଅଙ୍ଗାଣଂ ତଣ୍ଣୁସାରଅ	୪-୪୮
ଅଚ୍ଛାସଣ୍ଣେ ବିବାହେ	୭-୫୫
ଅଚ୍ଛଉ ତା ଜଣବାଓ	୩-୧
ଅଚ୍ଛଉ ଦାବ	୨-୬୮
ଅଚ୍ଛୀଇଁ ତା ଥଇସ୍ସଂ	୪-୧୪
ଅଚ୍ଛେରଂ ବ ଣିହଂ	୨-୨୫
ଅଚ୍ଛୋଡ଼ି ଅବତ୍ଥ	୨-୬୦
ଅଚ୍ଛଅ ଣାହଂ	୨-୮୪
ଅଜ୍ଜଂ ଗଓତ୍ତି	୩-୮
ଅଜ୍ଜ ମଏ ଗନ୍ତବ୍ବଂ	୩-୪୯
ଅଜ୍ଜ ମଏ ତେଣ	୧-୨୯
ଅଜ୍ଜଂ ପି ତାବ	୬-୨
ଅଜ୍ଜଂ ମୋହଣ	୪-୬୦
ଅଜ୍ଜଂ ହ୍ମି ହାସିଆ	୩-୬୪
ଅଜ୍ଜ ବି ବାଲୋ	୨-୧୨
ଅଜ୍ଜଂ ବ୍ବେଅ ପଉତ୍ଥୋ ଉଜ୍ଜା	୧-୫୮
ଅଜ୍ଜ ସହି କେଣ	୪-୮୧
ଅଜ୍ଜାଇ ଣୀଲ	୪-୯୫
ଅଜ୍ଜାଏଁ ଣବଣହ	୨-୫୦
ଅଣଉଲ୍ଲଂ ବିଅ	୬-୨୩
ଅଣ୍ଣୁଣ ଅପସାଇଆଏ	୩-୭୭
ଅଣ୍ଣୁଦିଅହ ବଡ଼୍ଢ଼ି	୩-୬୬
ଅଣ୍ଣୁମରଣ ପତ୍ଥିଆଏ	୭-୩୩
ଅଣ୍ଣୁବଉଣଂ	୩-୬୫
ଅଣ୍ଣୁହୁତ୍ତୋ	୭-୫୭
ଅଣ୍ଣେଗ୍ଗାମପଉତ୍ଥା	୭-୮୭
ଅଣ୍ଣଣଂ କୁସୁମ	୨-୩୯
ଅଣ୍ଣମହିଲା	୧-୪୮
ଅଣ୍ଣଂ ପି କିଂ ପି	୬-୯

ଗାଥା	ଶତକ	ଗାଥା	ଶତକ
ଅଣ୍ଡହଣଂ ତୀରଇ	୪-୪୯	ଅବମାଣିଓ ବି	୪-୭୦
ଅଣ୍ଡାଁ ବି ହୋନ୍ତି	୫-୧୦	ଅବରଜ୍ଜସୁ	୪-୭୭
ଅଣ୍ଡା ବରାହ	୫-୮୮	ଅବରଣ୍ହୋଗଅଜାମାଉ	୭-୮୩
ଅଣ୍ଡା ସଆଳିଁ	୧-୨୩	ଅବରାହେହିଁ	୪-୫୩
ଅଣ୍ଡେସୁ ପହିଅ	୭-୨୯	ଅବଲମ୍ବହ	୪-୮୭
ଅଣ୍ଡୋ କୋ ବି	୫-୩୦	ଅବଲମ୍ବିଅମାଣ	୧-୮୭
ଅଣ୍ଡୋଣ୍ଡ କଡ଼କ୍ଖୀ	୭-୯୯	ଅବହଟ୍ଠଜଣ	୨-୪୮
ଅତା ତହ	୧-୮	ଅବିଅଣ୍ହ ପେକ୍ଖଣିଜ୍ଜେଣ	୧-୯୩
ଅତଥକ୍କରୁସଣଂ	୭-୭୪	ଅବିଲଣ୍ହପେଚ୍ଛନ୍ତୀଜଂ	୧-୯୯
ଅଦଂସଣେଣ ପୁଭଅ	୩-୩୬	ଅବିରଲ ପଦ୍ଦତଣ ବ	୫-୩୬
ଅଦଂସଣେଣ ପେମ୍ମଂ	୧-୮୧	ଅବିହଡ ସଂଧୁବନ୍ଧଂ	୭-୧୩
ଅଦଂସଣେଣ ମହିଲା	୧-୮୨	ଅବିହବଲକ୍ଖଣ	୬-୩୯
ଅଚ୍ଛିପେଚ୍ଛିଅଂ	୩-୨୫	ଅବ୍ବୋ ଅଣୁଅଅ	୪-୬
ଅତ୍ତୋ ହୁଡଂ ଡଜ୍ଝଇ	୪-୭୩	ଅବ୍ବୋ ଦୁକ୍କର	୩-୭୩
ଅନଥରବୋ ପଇଂ	୩-୪୦	ଅସମଭଗୁରୁଅ କଜ୍ଜେ	୬-୩୭
ଅପ୍ପହୁପ୍ପତ୍ତଂ	୫-୧୧	ଅସମଭମଣ୍ଡଣାବିଅ	୧-୨୧
ଅପ୍ପଚ୍ଛନ୍ଦପହାବିର	୩-୨	ଅସରିସ ଚିତ୍ତେ	୧-୫୯
ଅପ୍ପଉ ପଉଅଂ	୩-୪୧	ଅହ ଅମ୍ହ ଆଅଦୋ	୪-୧
ଅପ୍ପଉ ମଣ୍ଟୁ	୨-୪୭	ଅହଅଂ ଲଜ୍ଜାଲୁଇଣୀ	୨-୨୭
ଅପ୍ପାହେଇ ମରନ୍ତୋ	୭-୩୨	ଅହଅଂ ବିଓଅ	୫-୮୬
ଅବ୍ଭତ୍ତରସରସାଓ	୭-୨୩	ଅହର ମହୁପାଣ	୭-୬୧
ଅମଅମଅ ଗଅଣ	୧-୧୬	ଅହବ ଗୁଣବ୍ବିଅ	୩-୩
ଅମିଅଂ ପାଉଅ	୧-୨	ଅହ ସଂଭାବିଅ	୧-୩୨
ଅୟବଣେ ଭମର	୬-୪୩	ଅହ ସରସଦନ୍ତ	୩-୧୦୦
ଅମ୍ହେ ଉଜ୍ଜୁ ଅସୀଲା	୬-୬୪	ଅହ ସା ତହିଁ	୪-୧୮
ଅଲିଅ ପସୁଅଅ	୧-୨୦	ଅହ ସୋ ବିଲକ୍ଖ	୫-୨୦
ଅଲିଅ ପସୁଅବଲନ୍ତମ୍ମି	୭-୪୬	ଅହିଆଅ ମାଣିଣୋ	୧-୩୮
ଅଲିହିଜ୍ଜଇ	୭-୯୦	ଅହିଣବ ପାଉସ	୬-୪୯

ଗାଥା ସପ୍ତଶତୀ | ୩୬୯

ଗାଥା	ଶତକ	ଗାଥା	ଶତକ
ଅହିଲେଣ୍ଡି ସୁରଭି	୪-୬୭	ଉଅ ଶିଇଲ	୧-୪
ଆଅଣ୍ଡା	୬-୯୪	ଉଅ ପୋଞ୍ଜରାଅ	୧-୭୪
ଆଅଣ୍ଡେଇ ଅଢଅଣା	୪-୬୫	ଉଅରି ଦରଦିଟ୍ଠ	୧-୭୪
ଆଅମରଅକବୋଲଂ	୭-୯୭	ଉଅ ସଂଭମ	୫-୭୧
ଆଅମଲୋ ଅଣାଣଂ	୫-୭୩	ଉଅ ସିନ୍ଦବପବ୍ବଅ	୭-୭୯
ଆଅରପଣାମିଓଟ୍ଠଂ	୧-୬୬	ଉଅହ ତରୁକୋଡରାଓ	୬-୬୭
ଆଅସ୍ସ କିଂ ଶୁ	୭-୮୭	ଉଅହ ପଡଲନ୍ତରୋ	୧-୬୭
ଆଉଚ୍ଛଣ ବିଲ୍ଲାଅଂ	୫-୧୦୦	ଉକ୍ଖିପ୍ପଇ	୭-୧୦
ଆଉଚ୍ଛନ୍ତି ସିରେହିଁ	୭-୮୦	ଉଜ୍ଜାଗର ଅକସାଇଅ	୫-୮୭
ଆକ୍ଖେବଆଇଁ	୩-୪୭	ଉଜ୍ଜୁଅରଏଣ ତୂସଇ	୫-୭୬
ଆଣଉଂ ତେଣ ତୁମଂ	୭-୮୫	ଉଜ୍ଜୁସି ପିଆଇ	୩-୭୫
ଆମ ଅସଇ ହୁ	୫-୭୭	ଉତ୍ତତ୍ତ ମହାରଣ୍ଣେ	୪-୮୭
ଆମଜରୋ ମେ ମନ୍ଦୋ	୧-୫୧	ଉହ୍ହାଇଁ ଣୀସସଂତୋ	୧-୩୩
ଆମ ବହଲା	୬-୭୮	ଉଦ୍ଧଛ୍ଛୋ ପିଆଇଁ	୭-୭୧
ଆରମ୍ଭଅସ୍ସ	୧-୪୭	ଉପ୍ପତ୍ଥେ କଞ୍ଜେ	୩-୧୪
ଆରୁହଇ କୃଣ୍ଠଂ	୬-୩୪	ଉପ୍ପହପହା ବିହଜଣୋ	୬-୩୫
ଆଲୋଅନ୍ତ ଦିସାଓ	୬-୪୬	ଉପ୍ପାଇଅ ଦବ୍ବାଁ	୩-୪୮
ଆଲୋଅନ୍ତି ପୁଲିନ୍ଦା	୭-୧୬	ଉପେକ୍ଖାଗଅ ତୁହମୁହ	୪-୩୯
ଆବଣ୍ଡାଇଁ କୁଲାଇଂ	୫-୬୭	ଉପ୍ପଫୁଲ୍ଲିଆଇ	୭-୯୪
ଆସଣ୍ଣ ବିଆହ	୫-୭୯	ଉମ୍ମୁଲ୍ଲେନ୍ତି ବ ହିଅଂ ଇମାଇଁ	୭-୪୭
ଆସାସେଇ ପରିଅଣଂ	୩-୮୩	ଉଲ୍ଲବଟ୍ଟେଣ ଣ ହୋଇ	୬-୩୭
ଇଅରୋ ଜଣୋ	୩-୧୧	ଉଲ୍ଲୁବୋ ମା ଦିଜ୍ଜଉ	୩-୧୪
ଈସଂ ଜଣେତି	୪-୭୧	ଉବ୍ବହଇ ଣ ବତଣଂକୁର	୬-୭୧
ଈସା ମଚ୍ଛର	୬-୬	ଏଇ ଇମୀଣ ଶୀଅଚ୍ଛଇ	୭-୧୯
ଇସାଲୁଓ ପଇ	୭-୫୯	ଏଏଣ ଛିଅ	୫-୪
ଉଅଅଂ ଲହିଉଣ	୫-୯୦	ଏକ୍କକ୍କମପରିରକ୍ଖଣ	୧-୧
ଉଅ ଓଲିଜ୍ଜଇ	୭-୪୦	ଏକ୍କକ୍କମସଂଦେସା	୪-୪୭
ଉଅଗଅ ଚଉତ୍ଥ	୭-୪୪	ଏକ୍କ ଛିଅ ରୁଅ	୬-୯୭

୩୭୦ | ଡକ୍ଟର ବୈରାଗୀଚରଣ ଜେନା

ଗାଥା	ଶତକ	ଗାଥା	ଶତକ
ଏକ୍କଂ ପହରୂବ୍ବିଣ୍ଠଂ	୧-୮୬	କରିମରି ଅଆଲ	୧-୪୧
ଏକଲ୍ଲମ୍ଓ ଦିଟ୍ଠିଅ	୭-୧୮	କଲହନ୍ତରେ	୪-୨୧
ଏକ୍କେକ୍କମବଇବେଠଣ	୩-୨୦	କଲ୍ଲୁ କିଲ	୧-୪୬
ଏକ୍କେଣ ବି ବଡ	୭-୭୦	କସ୍ସ କରୋ	୬-୬୪
ଏକ୍କୋ ପଣ୍ତୁଠିଅ	୫-୯	କସ୍ସ ଭରିସିରି	୪-୮୯
ଏକ୍କୋ ବି କଣହ	୧-୨୫	କହଁ ଶାମ	୩-୬୮
ଏହିଁ ବାରେଇ ଜଣୋ	୭-୯୬	କହଁ ତଂପିତୁଲ	୭-୯୭
ଏଡାଇଛିଅ ମୋହଁ	୫-୧୦	କହଁ ମେ ପରିଣଇଅ	୬-୬୮
ଏତ୍ଥ ଶିମଞ୍ଜଇ	୭-୬୭	କହଁ ସା ଶିବବର୍ଷ୍ଜଇ	୩-୭୧
ଏତ୍ଥ ମଏ ରମିଅବ୍ବଂ	୪-୪୮	କହଁ ସା ସୋହଗ୍ଗ	୫-୪୨
ଏଦହମେଉଣ୍ଣି ଜଅ	୪-୩	କହଁ ସୋ ଶ	୫-୧୩
ଏଦହମେଢେ ଗାମେ	୬-୫୩	କାରିମ ମାଅନ୍ଦ ବଡଂ	୫-୪୧
ଏସୋ ମାମି ଜୁବାଣୋ	୩-୯୪	କି କିଂ ଦେ	୧-୧୫
ଏହିଳ ସୋ ବି	୧-୧୧	କିଂ ଣ ଭଣିଓ ସି	୪-୭୦
ଏହି ଠି ବାହରନ୍ତମ୍ମି	୬-୩	କିଂ ଦାବ କଥା	୧-୯୦
ଏହିସି ତୁମଂ ଠି	୪-୮୫	କିଂ ଭଣହ ମାଂ ସହାଓ	୭-୧୭
ଓସରଇ ଧୁଣିଲ	୬-୩୧	କିଂ ରୁଅସି ଓଣଅ	୧-୯
ଓସହିଅ ଜଣୋ	୪-୪୬	କିଂ ରୁଇବସି କିଂ ଅ	୬-୧୬
ଓହିଅଅ ମଢହ	୨-୫	କାରନ୍ତି ବ୍ବିଅ	୩-୭୨
ଓହିଦିଅ ହାଗମା	୩-୬	କାରମୁହ ସଚ୍ଚ	୪-୮
କଇଅବରହିଅଂ	୨-୨୪	କୁରୁଣାହୋ ବ୍ବିଅ	୫-୪୩
କଣ୍ଠତ୍ରେଣ ଅକଣ୍ଠ	୭-୬୩	କୁସୁମମଆ	୪-୨୬
କଣ୍ଡୁଜ୍ଜୁଆ	୪-୪୨	କେ ଉବ୍ବରିଅ	୫-୭୪
କତ୍ଥଂ ଗଅଁରଇ	୫-୩୫	କେଣ ମଣେ ଭଗ୍ଗ	୨-୧୧
କଂ ତୁଙ୍ଗଥଣୁ	୩-୪୬	କେଇଥ ମେଢଂ	୬-୮୯
କମଲଂ ମୁଠ୍ଠଅ	୭-୪୧	କେଲାଇଅ ବି ରୁସେଉଂ	୨-୯୫
କମଲାଅରା ଣ ମଲିଆ	୨-୧୦	କେସର ରଥ	୪-୮୭
କରମରି କୀସ ଣ	୬-୨୭	କୋତ୍ଥ ଜଅନ୍ତି	୪-୨୪

ଗାଥା ସପ୍ତଶତୀ | ୩୭୧

ଗାଥା	ଶତକ	ଗାଥା	ଶତକ
କୋସଁମ୍ୟ-କିସଲଅ	୧-୧୯	ଗିରସୋରୋ	୬-୪୧
ଖଣଭଙ୍ଗୁରେଣ	୫-୨୩	ଗେଅଚ୍ଛଲେଣ	୪-୩୪
ଖଣମେଘଂ	୨-୮୩	ଗେହ୍ନହ ପଲୋଅହ	୨-୧୦୦
ଖଣଗ୍ରିଣା	୧-୧୧	ଗେହଂ ବ ବିଉରହିଅଁ	୧-୯
ଖରପବଣର ଅଲଗ	୬-୮୩	ଗୋଉକ୍ଖଲଣଂ	୫-୯୬
ଖରସିପ୍ପିର	୪-୩୦	ଗୋଲାଅଡ୍ଟଠିଅଁ	୨-୧
ଖାଣେଣ ଅ ପାଣେଣ	୧-୧୨	ଗୋଲଣଇଏ	୨-୧୧
ଖିଂସସ୍ସ ଉରେ	୩-୯୯	ଗୋଲାବିସମୋଆର	୨-୯୩
ଖିପ୍ପଇ ହାରୋ	୫-୨୯	ଘରିଣି ଘଣ ତଠଣ	୩-୬୧
ଖେମଂ କଟ୍ଟୋ	୫-୯୯	ଘରିଣିଏଁ ମହା	୧-୧୩
ଗଅ କଲହ	୩-୪୮	ଘେଉଣ ତୃଣ୍ହ	୪-୧୨
ଗଅ ଗଣ୍ଡତ୍ଥଲ	୨-୨୧	ଚଞ୍ଚୁପୁଡ଼ାହଅବି	୧-୨୬
ଗଅବହୁବେହବ୍ବଅରୋ	୧-୩୦	ଚଉର ଘରିଣୀ	୧-୩୭
ଗଜ ମହଂ	୬-୨୨	ଚନ୍ଦମୁହି	୩-୪୨
ଗଣଂ ଅଗ୍ଗାଅଂଅ	୬-୨୫	ଚନ୍ଦସରିସଂ	୩-୧୩
ଗଢ଼େଣ ଅପ୍ପଣୋ	୩-୮୧	ଚଲଣୋଆସଣୀ	୨-୮
ଗଞ୍ଜିହିସି ତସ୍ସ	୧-୧	ଢ଼ ବୋ ସହାବସରଲଂ	୫-୨୪
ଗରୁଅ ଛୁଆଉଲି	୪-୮୩	ଚିକ୍ଖିଲ୍ଲଖୁଭ	୪-୨୪
ଗହଇଅ ଗଓମ୍ହ	୩-୯୧	ଚିଆଣିଅଦଇଅ	୧-୨୦
ଗହବଇଣା	୨-୧୨	ଚିରଢ଼ଂ ପି ଅ ଆଣ୍ତୋ	୨-୯୧
ଗହବଇ ସୁଙ୍ଗିଏସୁ	୪-୪୯	ଛେରାଣଁ କାମୁଆଣଁ	୧-୯୮
ଗାମଙ୍ଗଣ ଶିଅଢ଼ି	୬-୪୭	ଛେରିଅରଅସଞ୍ଚାଲୁଇ	୫-୧୫
ଗାମଣିଘରଣ୍ଣି	୫-୪୯	ଛଜ୍ଜଇ ପହୁସ୍ସ	୩-୪୩
ଗାମଣିଣୋ ସବ୍ବାସୁ	୫-୪୯	ଛିଜ୍ଜନ୍ତେ ହିଁ	୪-୪୬
ଗାମତରୁଣୀଓଁ	୬-୪୫	ଜଇ କୋଇଓ	୨-୧୨
ଗାମବଡ଼୍ଡସ୍ସ	୩-୯୫	ଜଇ ଚିକ୍ଖଲ୍ଲୁ	୧-୧୧
ଗିଜ୍ଜନ୍ତେ ମଙ୍ଗଲ	୧-୪୨	ଜଇ କୁରଇ	୧-୮
ଗିନ୍ଦ୍ରେ ଦବଗ୍ଗି	୧-୧୦	ଜଇଣ ଛିବସି	୫-୮୧

ଗାଥା	ଶତକ	ଗାଥା	ଶତକ
ଜଇ ଭମସି	୫-୪୭	କୁଞ୍ଚଟବେଡାମୋଡ଼ି	୭-୮୪
ଜଇ ଲୋଅଣିଦିଅଁ	୫-୮୦	ଜେ ଜେ ଗୁଣିଣୋ	୭-୮୧
ଜଇ ସୋ ଣ ବଲ୍ଲୁହୋ	୪-୪୩	ଜେଣ ବିଣା	୭-୬୩
ଜଇ ହୋସି ଣ	୧-୬୫	ଜେ ଣୀଲବ୍ଭମର	୫-୨୨
ଜଂ ଜଂ ଆଲିହଇ	୭-୪୭	ଦେଇଅମେଇଁ ଚୀରଇ	୧-୭୧
ଜଂ ଜଂ କରେସି	୪-୭୮	ଜେଇଅମେଇଆ ରଚ୍ଛା	୪-୯୩
ଜଂ ଜଂ ତେ ଣ	୭-୧୫	ଜେ ସଁ ମୁହାଗଅ	୩-୧୦
ଜଂ ଜଂ ପିହୁଲଂ	୪-୯	ଜୋ କହଁ ବି	୨-୪୪
ଜଂ ଜଂ ପୁଲଏମି	୬-୩୦	ଜୋ ଜସ୍ସ ବିହବ	୩-୧୨
ଜଂ ଜଂ ସୋ ଣିଜ୍ଝାଇ	୧-୭୩	ଜୋ ତୀଅଁ ଅହରରାଓ	୨-୬
ଜଂ ତଣୁଆଇ	୭-୧୧	ଜୋ ବି ଣ ଆଣଇଁ	୫-୮୩
ଜତ୍ତିଅ ଗୁଲଂ	୬-୪୪	ଜୋ ସାମଣ୍ଣି	୪-୭୨
ଜଂ ତୁଜ୍ଝ ସଇ	୩-୨୮	ଝଞ୍ଝା ବାଉଭିଣିଅ	୨-୭୦
ଜନ୍ତନ୍ତରେ ବି ଚଲଣଂ	୫-୪୭	ଝଞ୍ଝାବାଉଭିଣିଏ	୪-୧୫
ଜସ୍ସଂ ଜହଁ	୩-୩୪	ଚିଟ୍ଠା ଚୂଆ	୧-୯୭
ଜହ ଚିନ୍ତେଇ ପରି	୭-୨୮	ଠାଣବ୍ଭଟ୍ଠା	୭-୪୭
ଜହ ଜହ ଉବ୍ବହଇ	୩-୯୨	ଡଜ୍ଝସି ଡଜ୍ଝସୁ	୫-୧
ଜହ ଜହ ଜରା	୩-୯୩	ଣ ଅ ଦିଟ୍ଠି	୭-୪୫
ଜହ ଜହ ବାଏଇ	୪-୪	ଣଅଣବ୍ଭନ୍ତର	୪-୭୧
ଜାଏଜ ବଣ୍ଢେସେ	୩-୩୦	ଣଇଜର ସଙ୍ଗହେ	୧-୪୫
ଜାଓ ସୋ ବି	୪-୫୧	ଣ କୁଣନ୍ତେ	୧-୨୬
ଜାଣଇ ଜାଣାବେଉଁ	୧-୮୮	ଣକ୍ଖକଂଖୁଡ଼ିଅଁ	୪-୩୧
ଜାଣି ବଅଣାଣି	୭-୪୯	ଣ ଗୁଣେଣ	୪-୧୦
ଜାର ମସାଣ	୫-୮	ଣ ଇଣସଲାହଣ	୨-୧୪
ଜାବ ଣ କୋସବିଲାସଂ	୫-୪୪	ଣ ଛିବଇ ହତଥେଣ	୬-୩୨
ଜିବିଅଁ ଅସାସଅଁ	୩-୪୭	ଣଦନ୍ତୁ ସୁରଅସୁହ	୨-୫୭
ଜୀବିଅ ସେସାଇ	୨-୪୯	ଣ ମୁଠ୍ଠି	୨-୪୭
ଜୀହାଇ କୁଣନ୍ତି	୬-୪୧	ଣିଳଣୀସୁ ଭମସି	୭-୧୯

ଗାଥା	ଶତକ	ଗାଥା	ଶତକ
ଶବ କନ୍ଦିଏଣ	୭-୯୨	ଶୁଣଁ ହିଅଥ	୪-୩୧
ଶବ ପଲ୍ଲୁବଂ	୬-୮୫	ଶୁମେନ୍ତ ଜେ ପହୁଢ଼ଁ	୧-୯୧
ଶବଲ ଅପହରଂ	୧-୨୮	ଶେଉର କୋଢ଼ି	୨-୮୮
ଶବ ବହୁ ପେଣ୍ଣଂ	୨-୨୨	ସୋହଲିଅ	୧-୬
ଶ ବିଣା ସବ୍ଭାବେଣ	୩-୮୬	ତଇଆ କଅଗ୍ଗଅ	୧-୯୨
ଶ ବି ତହ ଥଇ	୫-୮୩	ତଇ ବୋଲଭେ	୩-୨୩
ଶ ବି ତହ ଅଣାଲବନ୍ତୀ	୬-୨୪	ତଇ ସୁହଅ	୪-୩୮
ଶ ବି ତହ ଛେଅ	୩-୭୪	ତଡ଼ ବିଣିହିଅଗ୍ଗ	୪-୯୧
ଶ ବି ତହ ପଢ଼ମ	୩-୯	ତଡ଼ ସଂଠିଅ	୨-୨
ଶ ବି ତହ ବିଅସ	୧-୭୬	ତଣୁ ଏସ ବି	୪-୬୨
ଶାସଂ ବ ସା	୧-୯୨	ତଂ ଣମହ	୨-୪୧
ଶାହଂ ଦୂଇ ଣ ତୁମଂ	୨-୨୮	ତଓ ଛିଅ	୭-୪୮
ଶିଅ ଆସୁମାଣ	୪-୪୫	ତଂ ମିଢ଼ଂ କାଅବଅଂ	୩-୧୯
ଶିଅ ଧଣିଅଂ	୫-୮୨	ତଣ୍ଡିର ପସରିଅ	୬-୮୮
ଶିଅ ବକ୍ଖା ରୋବିଅ	୫-୪୭	ତସ୍ସ ଅ ସୋହଗ୍ଗ	୩-୩୧
ଶିକ୍କଣ୍ଠ ଦୂରାରୋହଂ	୫-୬୮	ତସ୍ସ କହା କଣ୍ଡଇଏ	୧-୫୯
ଶିକ୍କଣ୍ଠାହିଁ	୨-୬୯	ତହ ତସ୍ସ ମାଣ	୫-୮୧
ଶିକ୍କିବ ଜାଥା	୧-୩୦	ତହି ତେଣବି ସା	୭-୨୫
ଶିଢ଼ଂ ଲହନ୍ତି	୫-୧୮	ତହ ପରିମଲିଆ	୭-୩୧
ଶିଢ଼ାଭଙ୍ଗୋ	୪-୨୪	ତହ ମାଣୋ	୨-୨୯
ଶିଢ଼ାଲସ	୨-୪୮	ତହ ସୋଣହାଇ	୩-୪୪
ଶିପପଣ୍ଣିମାଇଂ	୨-୪	ତା କିଂ କରେଉ ଜଇ	୩-୨୧
ଶିପପଣଶସରି	୭-୮୯	ତା ମଜ୍ଝିମୋ	୩-୨୪
ଶିବ୍ବୁଭରଥା	୨-୪୫	ତା ରୁଣ୍ଣଂ	୨-୪୧
ଶିହୁଅଣ ସିପ୍ପଂ	୬-୮୯	ତାଲୁର ଉମାଉଲ	୧-୩୧
ଶାଆଁ ଅଜ	୪-୨୮	ତାବଇଅ	୧-୫
ଶୀଲ ପଡ଼ ପାଅଙ୍ଗୀ	୬-୨୦	ତାବମବଣେଇ	୩-୮୮
ଶୀସାସୁକ୍କଣ୍ଠଅ	୪-୨୧	ତାବିଜ୍ଜନ୍ତି	୧-୨

ଗାଥା	ଶତକ	ଗାଥା	ଶତକ
ତା ସୁହଅ	୧-୨	ଦିଅରସ୍ସ	୧-୩୫
ତାଅ ମୁହାହିଁ	୨-୧୯	ଦିଅହଁ ଖୁଡକ୍କିଆ	୩-୧୬
ତୁଙ୍ଗାଁ ବିସେସ	୫-୧୭	ଦିଅହେ ଦିଅହେ ସୁସଇ	୧-୯୧
ତୁଙ୍ଗୋ ଛିଅ	୩-୮୪	ଦିଟ୍ଠା ଚୂଆ	୧-୯୭
ତୁଜ୍ଝଙ୍ଗରାଅ	୨-୮୯	ଦିଢ ମଣ୍ଡ	୧-୭୪
ତୁଜ୍ଝ ବସଇ ଡି	୧-୪୦	ଦିଢମୂଲବନ୍ଧ	୩-୧୬
ତୁପପାଣଣା	୩-୮୯	ଦୀସଇ ଣ ଚୂଅ	୬-୪୨
ତୁହ ଦଂସଣେଣ ଜଣିଓ	୧-୧୦	ଦାସନ୍ତୋ ଶଅଶସୁହୋ	୫-୨୧
ତୁହ ଦଂସଣେଣ ସଅଣ୍ହା	୬-୫	ଦାସନ୍ତୋ ଦିଟ୍ଠିସୁହୋ	୧-୫୧
ତୁହ ମୁହସାରିଚ୍ଛଂ	୩-୭	ଦାସସି ପିଆଣି	୫-୮୯
ତୁହ ବିରହୁଜ୍ଜାଗରଓ	୫-୮୭	ଦୀହୁହ୍ଣ ପଅର	୨-୮୫
ତୁହ ବିରହେ	୧-୩୪	ଦୁକ୍ଖଂ ଦେନ୍ତୋ	୧-୧୦୦
ତେ ଅ ଜୁଆଣା	୬-୧୭	ଦୁକ୍ଖେହିଁ ଲମ୍ଭଇ	୪-୫
ତେଣ ଣ ମରାମି	୪-୭୫	ଦୁଗଅଅ କୁଟୁମ୍ୱ	୧-୧୮
ତେ ବିରଲା	୨-୧୩	ଦୁଗଅଅ ଘରଣି	୫-୭୨
ତେ ବୋଲିଆ	୩-୩୨	ଦୁର୍ଣ୍ଣକ୍ଖେବଅ	୨-୪୪
ଥଣ ଜହଣ ଶୀଅ	୩-୩୩	ଦୁଜ୍ଜେତ୍ତି ଦେନ୍ତି	୪-୨୫
ଥୋଅଁ ପି ଣ	୧-୪୯	ଦୁସ୍ସିକ୍ଖିଅରଅ	୧-୨୭
ଥୋରଂ ସୁଏହିଁ ରିଣଂ	୬-୨୮	ଦୂଇ ତୁମଂ	୨-୮୧
ଦଇଅକରଗ୍ଗହ	୬-୪୪	ଦୂରନ୍ତରିଏ	୧-୪୮
ଦକ୍ଖିଣେଣ	୧-୮୫	ଦେବନ୍ତି ପରାହୁଅେ	୩-୪୫
ଦଟ୍ଠୁଣ ଉଣ୍ଣମନ୍ତେ	୬-୩୮	ଦେବ୍ବା ଅଇନ୍ତି	୩-୧୯
ଦଟ୍ଠୁଣ ତରୁଣସୁରଅଁ	୬-୪୭	ଦେ ସୁଅଣୁ	୫-୬୬
ଦଟ୍ଠୁଣ ରୁହତୁଣ୍ଡ	୫-୨	ଦୋ ଅଙ୍ଗୁଲ	୧-୭୦
ଦଟ୍ଠୁଣ ହରିଅଦୀହଁ	୧-୯୩	ଧଣ୍ଣା ତା ମହିଲାସ	୪-୯୧
ଦଢରୋସ	୪-୧୯	ଧଣ୍ଣା ବହିରା	୧-୯୫
ଦରଫୁଡିଅ	୧-୬୨	ଧଣ୍ଣା ବସନ୍ତି	୧-୩୫
ଦରବେବିରୋରୁ	୧-୧୪	ଧରିଓ ଧରିଓ	୨-୧

ଗାଥା	ଶତକ	ଗାଥା	ଶତକ
ଧବଳୋ ଜିଅଇ	୭-୩୮	ପସିଅ ପିଏ	୪-୮୪
ଧବଳୋ ସି ଜଇ	୭-୬୫	ପସୁବଇଣୋ	୧-୧
ଧାରାଧର୍‌ବନ୍ତ	୬-୬୩	ପହରବଣ ମଗଣ	୧-୩୧
ଧାବଇ ପୁରଓ	୫-୫୬	ପହିଅ ବହୁ	୬-୪୦
ଧାବଇ ବିଅଲିଅ	୩-୯୧	ପହିଉଲ୍ଲୁରଣ	୭-୬୬
ଧୀରାବଲମ୍ବିରୀଅ	୪-୬୭	ପାଅଡ଼ିଅଁ ସୋହଗଗଂ	୫-୬୦
ଧୂଅଇ ବ୍ବ	୩-୮୦	ପାଅଡ଼ିଅନେହ	୭-୯୯
ଧୂଳିମଇଲୋ ବି	୬-୬୬	ପାଅ ପଡ଼ଣାଁ	୫-୬୫
ପଇ ପୁରଓ ବ୍ବିଅ	୩-୩୭	ପାଅ ପଡ଼ିଅଁ	୪-୯୦
ପଉର ଜୁବାଣୋ	୧-୯୬	ପାଅପଡ଼ିଅସ୍ସ	୧-୧୧
ପକ୍‌ଂମଇଲେଣ	୬-୬୭	ପାଅ ପଡ଼ିଓ	୫-୩୬
ପଜ୍ଜଗ୍ଗପଯ୍ଫୁଲ୍ଲ	୬-୯୦	ପାଣ ଉଡ଼ାଇ	୩-୧୧
ପକୂସମଞ୍ଜୁହାବଳି	୭-୪	ପାଣିଗ୍ରହଣେ	୧-୬୯
ପଟ୍ଟସାଗଅ ରଂଜିଅ	୭-୫୩	ପାସା ସଙ୍କୀ	୩-୫
ପଞ୍ଜର ସାରିଂ	୬-୪୭	ପିଅ ଦଂସଣ	୪-୬୩
ପଡ଼ିବକ୍‌ଖ ମଣ୍ଡୁ	୩-୬୦	ପିଅ ବିରହୋ	୧-୭୪
ପଢ଼ମ ବାମଣ	୫-୬୫	ପିଅ ସଂଭରଣ	୩-୭୭
ପଢ଼ମ ଶିଲୀଣ	୫-୯୫	ପିଜଇ କଣଣଜ	୭-୧୬
ପଣଅ କୁବିଆଁ	୧-୭୬	ପିସୁଣେନ୍ତି କାମିଣୀଣଂ	୬-୪୮
ପଣାଇ ଅଯଫଂସା	୬-୪୫	ପୁଚ୍ଛିଜ୍ଜଈ	୧-୪୧
ପଇଅଣ ପଇଅତ୍ତୀ	୩-୧୬	ପୁଟ୍ଟି ପୁସସୁ	୪-୧୩
ପଓ ଛଣେଶ	୧-୬୯	ପୁନରୁବ୍ବକରପଯ୍ଫାଲଣ	୬-୪୮
ପପ୍ଫୁଲ୍ଲୁଘଣ କଲ୍‌ମଃ	୭-୩୭	ପୁସଇ ଖଂ	୫-୩୩
ପରିଓସ ବିଅସିଏହିଁ	୪-୪୧	ପୁସଉ ମୁହଂ	୧-୮୧
ପରିଓସ ସୁନ୍ଦରାଇଂ	୭-୬୮	ପୁସିଅ ଅଣୋ	୪-୭
ପରିମଳମୁହା	୫-୭୮	ପେଞ୍ଚଇ ଅଲଦ୍ଧ	୩-୯୬
ପରରଦ୍ଧ କଣଠ	୪-୯୮	ପେଞ୍ଚନ୍ତି ଅଣିମିସ	୪-୮୮
ପରିହୁ ଏଣ ବି	୬-୩୪	ପେଞ୍ଜସ୍ସ ବିରୋହଅ	୧-୫୩

୩୧୬ | ଡକ୍ଟର ବୈରାଗୀଚରଣ ଜେନା

ଗାଥା	ଶତକ	ଗାଥା	ଶତକ
ପୋଟ୍ଟ ପଡ଼ିଏହିଁ	୧-୮୩	ବିଲ୍ଲାଅରୋଁ	୨-୭୧
ପୋଟ୍ଟଣଂ ଭରନ୍ତି	୩-୮୫	ଭଞ୍ଜସୁ ଜଂ ସାହୀଣଂ	୪-୧୭
ଫଗ୍ଗୁଚ୍ଛଣ	୪-୭୯	ଭୋଇଣି ଦିଣ୍ଣପହେଣ	୭-୩
ଫଳସଂପଡ଼ାଅ	୩-୮୭	ମଅଣଗ୍ରିଣୋ	୭-୭୭
ଫଳହୀବାହଣ	୭-୭୫	ମଗ୍ଗଂ ଛିଅ	୭-୭୯
ଫାଲେଇ ଅଚ୍ଛଭଲୁଂ	୭-୯	ମଜ୍ଜଣ୍ଣ ପଠଥ୍ଅସ୍ସ	୪-୯୯
ପୁଚ୍ଚନ୍ତେଣ ବବି	୩-୪	ମଜ୍ଜେ ପଅଣ୍ଠ	୭-୮୭
ପୂରିଅ ବାମଚ୍ଛି	୭-୩୭	ମଜ୍ଜୋ ପିଅ	୭-୯୭
ବଳିଣୋ ବାଆବନ୍ଦେ	୫-୭	ମଣେ ଆଅଣନ୍ତା	୭-୪୩
ବହଲତମା	୪-୩୫	ମଣେ ଆସାଓ	୭-୯୩
ବହୁଆଇ	୩-୧୮	ମନ୍ଦଂ ପିଅ	୭-୧୦୦
ବହୁପୁଫଂ	୭-୩	ମରଗଅ ସୁଇ	୪-୯୪
ବହୁବଲ୍ଲହସ୍ସ	୧-୭୨	ମସିଣଂ ଚକ୍କମ୍ମନ୍ତୀ	୫-୭୩
ବହୁବିହ ବିଲାସସରସିଏ	୫-୭୭	ମହମହଇ	୫-୯୭
ବହୁସୋ ବି	୭-୯୭	ମହିଲାଣଂ ଚିଅ	୭-୮୭
ବାଲଅ ତୁମାଇ ଦିଣ୍ଣଂ	୫-୧୯	ମହିଲା ସହସ୍ସ	୨-୮୭
ବାଲଅ ତୁମାହ ଅହିଅଂ	୩-୧୫	ମହିସ କୁଥନ୍ଦ	୭-୭୦
ବାଲଅ ଦେ ବଇ	୭-୮୭	ମହୁ ମଞ୍ଛିଆଇ	୭-୩୪
ଭଗଗପିଅ ସଙ୍ଗମଂ	୫-୯୯	ମହୁମାସ ମାରୁଆ	୨-୨୮
ଭଞ୍ଜସ୍ସସ	୭-୭୭	ମା କୁଣ ପଡ଼ିବକ୍ଖ	୨-୪୨
ଭଣ କୋଣ	୪-୧୦୦	ମା ଜୂର ପିଆ	୪-୪୪
ଭଣ୍ଟାଇଅ	୪-୭୯	ମାଣ ଦୁମ ପରୁସ	୪-୪୪
ଭମଇ ପଲିଉଇ	୫-୪୪	ମାଣ୍ଣଭାଇ	୭-୭୭
ଭମ ଧମ୍ମିଅ	୨-୧୫	ମାଣୋସହଂ	୩-୭୦
ଭରଣ ମିଅଣୀଲ	୭-୭୦	ମାମି ସରସକ୍ଖରାଣଁ	୫-୪୦
ଭରିଉଚରନ୍ତ	୪-୧୭	ମାମି ହିଅଅଂ	୩-୪୭
ଭରିମୋ ସେ ଗହିଆହର	୧-୭୮	ମାରେସି କଂଣ	୭-୪
ଭରିମୋ ସେ ସଅଣ	୪-୭୮	ମାଳଇ କୁସୁମାଇଁ	୫-୭୭

ଗାଥା ସପ୍ତଶତୀ | ୩୭୭

ଗାଥା	ଶତକ	ଗାଥା	ଶତକ
ମାଲରୀଏ ବେଲ୍ହେଲ	୬-୯୮	ଲହୁଥନ୍ତି	୩-୪୫
ମାଲରୀ ଲଲିଉଲ୍ଲୁଲିଅ	୬-୯୬	ଲୁମ୍ଭିଓ ଅଗାଣ	୪-୨୨
ମା ବଟ ପୁଅଙ୍ଗା	୪-୪୫	ଲେଓ ଜୁରଇ	୬-୨୯
ମା ବଝହ ବୀସମଂ	୭-୮୮	ବଅଣେ ବଅଣମ୍ମି	୪-୪୬
ମାସ ପ୍ରସଙ୍ଗ	୩-୫୯	ବଇ ବିବର	୩-୪୭
ମୁଢେ ଅପଭିଅତୀ	୭-୭୮	ବକ୍କଂ କୋ ପୁଲ	୨-୨୪
ମୁହପୁଣ୍ଡରୀଅ	୭-୨୪	ବଙ୍କଚ୍ଛି ପେଚ୍ଛି	୭-୨୪
ମୁହପେଞ୍ଚଓ ପଇ	୫-୯୮	ବଜ୍ଜ ବଢ଼ଣା	୧-୪୪
ମୁହମାରୁଏଣ	୧-୮୯	ବଣଦବମାସି	୨-୧୭
ମୁହ ବିଜ୍ଝବିଅ	୪-୩୩	ବଣଏଅଘଅଲିଯପ	୬-୧୯
ମେହ ମହିସସ୍ସ	୬-୮୪	ବଣକ୍କ ମରହି ଅସ୍ସ	୭-୧୨
ରଇକେଲିହିଅଣି	୫-୪୫	ବଣତ୍ରୀହିଁ	୪-୪୦
ରଇବିରମଲଜିଆଓ	୫-୪୯	ବଣ ବସିଏ	୫-୭୮
ରକ୍ଖେଇ ପୁଡଅଂ	୭-୨୧	ବଦଅଣ ଶିହଅ	୨-୧୮
ରଣଇଉ ତଣଂ	୩-୮୭	ବସଇ ଜହିଁ	୨-୩୫
ରତ୍ଥା ପଇଣଣ	୨-୪୦	ବସଣ ଞ୍ଜି	୪-୮୦
ରଷଣ କଜ୍ଜ	୧-୧୪	ବାଆଇ କିଂ	୬-୧୧
ରମିଜଣ ପଥଂ	୧-୯୮	ବାଉଜ୍ଝଅସିଚଅ	୬-୭
ରସିଅ ବିଅଟ୍ଠ	୫-୫	ବାଉବ୍ବେଲ୍ଲିଅ	୭-୪
ରାଅବିରୁଦ୍ଧ	୪-୯୬	ବାଏରିଏଣ	୨-୧୧
ରୁଦାରବିନ୍ଦ	୬-୨୪	ବାବାରବିସଂବାହଂ	୭-୧୬
ରୁଅଂ ଅଙ୍ଗାସୁ	୨-୩୨	ବାସରଓଏ ଉଣ୍ଠ	୫-୩୪
ରୁଅଂ ସିଠଂ	୬-୭୩	ବାହର ଉମଂ	୨-୩୧
ରେହଇ ଗଲନ୍ତ	୫-୪୭	ବାହୋହଉରିଅ	୬-୧୮
ରେହନ୍ତି କୁମୁଅ	୬-୭୧	ବାହିଆ ପଡିବଅଣଂ	୫-୧୭
ରୋବନ୍ତି ବ୍ବ ଅରଣେ	୫-୯୪	ବାହିବ୍ବ ବେଜ୍ଜ	୪-୬୩
ଲଙ୍କାଲ ଆଣଂ	୪-୧୧	ବିକ୍କିଣଇ	୩-୩୮
ଲଜ୍ଜା ଚରା	୬-୨୪	ବିଜ୍ଜା ବିଜ୍ଜଇ	୫-୭

ଗାଥା	ଶତକ	ଗାଥା	ଶତକ
ବିଝ୍ଝୋଁରୁ ହଶାଲବଂ	୭-୩୧	ସବ୍ଭାବଂ ପୁଚ୍ଛନ୍ତୀ	୪-୪୧
ବିଶ୍ଣୀଣ ଗୁଣ	୩-୬୭	ସବ୍ଭାବନେହ ଭରିଏ	୧-୪୧
ବିରହ କରବଉ	୨-୫୩	ସମବିସମଣିବ୍ବିସେମା	୭-୭୩
ବିରହାଣଲୋ	୧-୪୩	ସମସୋକ୍ଖ ଦୁକ୍ଖେ	୨-୪୨
ବିରହେଣ ମନ୍ଦରେଣ	୫-୭୫	ସରଏ ମହଣ୍ଡଦାଣଂ	୨-୮୬
ବିରହେ ବିସଂ	୩-୩୫	ସରଏ ସରନ୍ତି	୭-୨୨
ବିବରିଅ ସୁରଅ	୭-୪୪	ସରସା ବି ସୂସଇ	୬-୩୩
ବିସମଟ୍ଠିଅ ପିକ୍କେ	୬-୯୫	ସଂବାହଣସୁହରସ	୬-୭୪
ବୀସତ୍ଥ ହସିଅ	୭-୬	ସବ୍ବତ୍ଥଦିସା	୨-୧୫
ବେବିର ସିଣ୍ଣ	୩-୪୪	ସବ୍ବସ୍ସସନ୍ଧି	୩-୨୯
ବେସୋସି ଜୀଅ	୬-୧୦	ସବ୍ବାଅରେଣ	୧-୪୦
ବୋଡ଼ ସୁଣଓ	୬-୪୯	ସହଇ ସହଇ ଭି	୧-୫୫
ବୋଲୀଣାଲକ୍ଖିଅ	୪-୪୦	ସହିଆହିଁ	୨-୪୪
ସଅଣେ ଚିନ୍ତା	୨-୩୩	ସହି ଇରସିବ୍ବିଅ	୧-୧୦
ସକଅଗ୍ଗହରହ	୬-୪୦	ସହି ଦୁକ୍ଖେନ୍ତି	୨-୭୭
ସଙ୍କେଲିଓ	୭-୯୪	ସହି ସାହସୁ	୫-୪୩
ସଙ୍ଗ କଲହେ	୬-୨୧	ସା ଆମ	୬-୧୧
ସଙ୍ଗ ଜାଣାଇ	୧-୧୨	ସା ତୁଇସଂହତ୍ଥ	୨-୯୪
ସଙ୍ଗ ଭଣାମି ବାଲଅ	୩-୧୯	ସା ତୁକ୍ଖୁ ବଲୁହା	୨-୨୬
ସଙ୍ଗ ଭଣାମି ମରଣେ	୩-୩୯	ସା ତୁହ କଏଣ	୩-୬୭
ସଙ୍ଗ ସାହସୁ	୭-୮୮	ସାମାଇ ଗରୁଅ	୫-୩୯
ସଂଜୀବଣୋ ସହି	୪-୩୬	ସାମାଇ ସାମଲିଜ୍ଜଇ	୨-୮୦
ସଂଝା ଗହିଅ ଜଲ	୧-୧୦୦	ସାଲ୍ଲୋଅଁ ବୃବିଅ	୨-୩୦
ସଂଝାରାଓତ୍ଥ ଇଓ	୨-୬୯	ସାହୀଣ ପିଅଅମୋ	୬-୧୫
ସଂଝା ସମଏ	୫-୪୮	ସାହୀଣେ ବି ପିଅଅମୋ	୧-୩୯
ସଣିଅଁ ସଣିଅଁ	୫-୪୮	ଉକ୍କରିଅ ମଣିଅ	୪-୯୨
ସଉ ସଟାଙ୍ଗ	୧-୩	ସିହିପିଛଲ୍ଲୁଇଅ	୧-୪୭
ସତ ସମନ୍ତଂ	୬-୧୨	ସିହିପେହୁଣାବ ଅଁସା	୨-୭୩

ଗାଥା ସପ୍ତଶତୀ | ୩୭୯

ଗାଥା	ଶତକ	ଗାଥା	ଶତକ
ସୁଅଣୁ ବଅଣଂ	୩-୬୯	ହତ୍ଥ ପଫେସେଣ	୬-୬୧
ସୁଅଣୋ ଜଂ ଦେସ	୧-୯୪	ହତ୍ଥା ହତ୍ଥଂ	୬-୮୦
ସୁଅଣୋ ଣ କୁପଇ	୩-୫୦	ହତ୍ଥେସୁ ଅ ପାଏସୁ	୪-୭
ସୁକ୍ଖେତ୍ତ ବହଲକଦମ	୫-୧୪	ହରିହିଇ ପଅସ୍ସ	୨-୪୩
ସୁଣଅପଭରନ୍ତି	୨-୩୮	ହଲ୍ଲଫଲଣହୋଣ	୧-୭୯
ସୁନ୍ଦରଜୁଆଣ	୫-୯୨	ହ୍ଲାଣ ହଲିଦା	୧-୮୦
ସୁପ୍ପଅଉତଲଓ	୫-୧୭	ହସିଅଂ ଅଦିଟ୍ଠଦନ୍ତଂ	୬-୨୫
ସୁପ୍ପଢଡ଼୍ଢଂଢ	୬-୪୭	ହସିଅଂ ସହତ୍ଥ	୩-୬୩
ସୁହଉଲ୍ଲଅଂ	୧-୫୦	ହସିଏହିଁ ଉବାଲମ୍ଭ	୬-୧୩
ସୁହପୁଚ୍ଛିଆଇ	୪-୧୭	ହାସାବିଓ ଜଣୋ	୨-୨୩
ସୁହଜ୍ଜଇ ହେମ	୪-୨୯	ହିଅଂ ହିଅଏ	୫-୮୫
ସୂଇବେହେ ମୁସଲଂ	୬-୧	ହିଅଅ ଚେଟ୍ଠ	୩-୯୦
ସୂରଚ୍ଛଲେଣ	୪-୩୨	ହିଅଅଟ୍ଠିଅସ୍ସ	୩-୯୮
ସେଅଚ୍ଛଲେଣ	୩-୭୮	ହିଅ ଅଣ୍ଣ ଏହିଁ	୧-୬୧
ସେଉଲ୍ଲଅସବ୍ବଙ୍ଗୀ	୫-୪୦	ହିଅଅନ୍ନିବସ୍ସି	୬-୮
ସୋ ଅତ୍ଥୋ ଜୋ	୩-୫୧	ହିଅ ଆହିତ୍ତୋ	୫-୫୧
ସୋ କୋ ବି ଗୁଣାଇ	୬-୯୧	ହେମନ୍ତିଆସୁ	୧-୬୬
ସୋ ଣାମ ସଂଭରିଜ୍ଜଇ	୧-୯୫	ହେଲାକରଗ୍ଗ	୫-୩
ସୋ ତୁଜ୍ଝ କଏ	୧-୮୪	ହୋନ୍ତ ପହିଅସ୍ସ	୧-୪୭
ହଂସେହିଁ ବ ତୁହ	୫-୭୧	ହୋନ୍ତୀ ବି ଣିଫ୍ଫଲ	୨-୩୬

www.ingramcontent.com/pod-product-compliance
Lightning Source LLC
Chambersburg PA
CBHW030856110526
R18274100001B/R182741PG44587CBX00004B/7
9781645601012